**Diplom-Geograph
Ulrich Stüdemann**
Büro für Umwelt- und Stadtplanung
Im Erlengrund 27   35510 Butzbach

Das beschleunigte Verfahren für Bebauungspläne
der Innenentwicklung

Regensburger Beiträge zum Staats- und Verwaltungsrecht

Herausgegeben von Gerrit Manssen

Band 15

Frankfurt am Main · Berlin · Bern · Bruxelles · New York · Oxford · Wien

Marion Robl

Das beschleunigte Verfahren für Bebauungspläne der Innenentwicklung

Ein Aspekt des Innenstadtentwicklungsgesetzes („BauGB 2007")

PETER LANG
Internationaler Verlag der Wissenschaften

Bibliografische Information der Deutschen Nationalbibliothek
Die Deutsche Nationalbibliothek verzeichnet diese Publikation in
der Deutschen Nationalbibliografie; detaillierte bibliografische Daten
sind im Internet über http://dnb.d-nb.de abrufbar.

Zugl.: Regensburg, Univ., Diss., 2009

Gedruckt auf alterungsbeständigem,
säurefreiem Papier.

D 355
ISSN 1860-319X
ISBN 978-3-631-60014-6
© Peter Lang GmbH
Internationaler Verlag der Wissenschaften
Frankfurt am Main 2010
Alle Rechte vorbehalten.

Das Werk einschließlich aller seiner Teile ist urheberrechtlich
geschützt. Jede Verwertung außerhalb der engen Grenzen des
Urheberrechtsgesetzes ist ohne Zustimmung des Verlages
unzulässig und strafbar. Das gilt insbesondere für
Vervielfältigungen, Übersetzungen, Mikroverfilmungen und die
Einspeicherung und Verarbeitung in elektronischen Systemen.

www.peterlang.de

Vorwort

Die vorliegende Arbeit wurde im Sommersemester 2009 von der Juristischen Fakultät der Universität Regensburg als Dissertation angenommen. Die mündliche Prüfung fand am 11.11.2009 statt.

Mein ganz besonderer Dank gilt meinem Doktorvater, Herrn Prof. Dr. Gerrit Manssen, der die Untersuchung der Thematik anregte und die Entstehung der Dissertation mit fachlichem und persönlichem Rat und Verständnis begleitete. Er gewährte mir auch bei meiner Tätigkeit als wissenschaftliche Mitarbeiterin an seinem Lehrstuhl in weitem Umfang eine freie Zeiteinteilung, wodurch Kollisionen mit der Arbeit an der Dissertation vermieden wurden und mein Ziel, ein aktuelles Thema in kurzer Zeit abzuhandeln, zusätzlich unterstützt wurde. Mein Dank gilt auch Herrn Prof. Dr. Udo Steiner für die zügige Erstellung des Zweitgutachtens.

Herzlichst gedankt sei zudem meinem Eltern, Dr. Elisabeth und Günther Robl, die mich im Rahmen der Ausbildung und insbesondere in der Dissertationsphase stets unterstützt und ermutigt haben.

Nicht zu vergessen sind meine ehemaligen, die Dissertationszeit begleitenden Kommilitoninnen und Kommilitonen sowie das Lehrstuhl-Team, die dazu beigetragen haben, dass die Arbeit in einer sehr freundschaftlichen und produktiven Atmosphäre entstehen konnte. Insbesondere danke ich dabei Herrn Andreas Bäuml für die Hilfe bei der EDV-technischen Umsetzung der Arbeit.

Regensburg, im November 2009

Marion Robl

Inhaltsübersicht

A. Einleitung 33
   I. Anlass des Innenstadtentwicklungsgesetzes 33
   II. Allgemeine Zielsetzung des Innenstadtentwicklungsgesetzes 34
   III. Zentrale Regelungen des Innenstadtentwicklungsgesetzes 36
   IV. Gesetzgebungshistorie 36
     1. Gesetz zur Umsetzung der Richtlinie 85/337/EWG des Rates vom 27.06.1985 über die Umweltverträglichkeitsprüfung bei bestimmten öffentlichen und privaten Projekten 36
     2. Maßnahmengesetz zum Baugesetzbuch (BauGB-MaßnahmenG) 37
     3. Investitionserleichterungs- und Wohnbaulandgesetz 38
     4. Bau- und Raumordnungsgesetz 1998 (BauROG) 39
     5. Gesetz zur Umsetzung der UVP-Änderungsrichtlinie, der IUV-Richtlinie und weiterer EG-Richtlinien zum Umweltschutz (UVP-Änderungsgesetz 2001) 39
     6. Europarechtsanpassungsgesetz Bau (EAG-Bau) 41
     7. Gesetz zur Verbesserung des vorbeugenden Hochwasserschutzes 42
     8. Öffentlichkeitsbeteiligungsgesetz 42
   V. Erlass des Innenstadtentwicklungsgesetzes 43
     1. Gesetzgebungskompetenz 43
     2. Gesetzgebungsverfahren 45
        a) Parlamentarisches Gesetzgebungsverfahren 45
        b) Praxistest 45
   VI. Anlass der Arbeit 46
   VII. Vorgehensweise 47

B. Beschleunigtes Verfahren für Bebauungspläne der Innenentwicklung gem. § 13a BauGB 49

I. Hintergrund und Zielsetzung der Regelung 49
  1. Siedlungsentwicklung in Deutschland 49
     a) Flächenverbrauch 49
     b) Ökologische Gesichtspunkte 52
     c) Ökonomische und demografische Gesichtspunkte 53
     d) Soziale Gesichtspunkte 55
  2. Bisherige rechtliche Instrumente zur Verminderung der Flächeninanspruchnahme 56
     a) Überblick 56
     b) Bodenschutzklausel, § 1a Abs. 2 S. 1 BauGB 57
        aa) Entwicklung und Bedeutung der Bodenschutzklausel 57
        bb) Inhalt der Bodenschutzklausel 58
        cc) Effektivität der Bodenschutzklausel 63
  3. Zielsetzung des beschleunigten Verfahrens gem. § 13a BauGB 63
  4. Zusammenhang der Regelung des § 13a BauGB mit anderen durch das Innenstadtentwicklungsgesetz vorgenommenen Änderungen im Baugesetzbuch 66
     a) § 33 Abs. 3 S. 1 BauGB 66
     b) § 12 Abs. 3a BauGB 69
     c) § 34 Abs. 3a S. 1 Nr. 1 BauGB 70
     d) § 171f BauGB 73
II. Anwendungsbereich des beschleunigten Verfahrens gem. § 13a Abs. 1 BauGB 74
  1. Maßnahmen der Innenentwicklung 75
     a) Begriff der Innenentwicklung 75
        aa) Grammatikalische, historische und teleologische Auslegung 76
        bb) Systematische Auslegung 84
        cc) Zwischenbilanz 106
     b) Schwierig einzuordnende Fälle 109
        aa) Außenbereich im Innenbereich, sog. Außenbereichsinsel 109
        bb) Konversionsflächen 115
        cc) Änderung des Bebauungsplans für ursprünglich im Außenbereich liegende Flächen 122

dd) Kleingartenanlagen 129
2. Wiedernutzbarmachung von Flächen 131
   a) Begriffsbestimmung 131
   b) Beurteilung als Innenentwicklungsflächen durch historische und teleologische Interpretation 132
   c) Zusammenhang mit dem sonstigen Siedlungsbereich 133
      aa) Lage im Außenbereich 133
      bb) Ursprüngliche Lage im Innenbereich 134
      cc) Lage im Grenzbereich zwischen Außen- und Innenbereich 135
      dd) Lage im Außenbereich innerhalb des Siedlungsbereichs 136
      ee) Lage im Innenbereich 136
3. Nachverdichtung 137
   a) Begriffsbestimmung 137
   b) Nachverdichtung als Maßnahme der Innenentwicklung 138
      aa) Anknüpfen an einen vorhandenen Ortsteil 138
      bb) Erhöhung der Bebauungsdichte auf bisher bebaubaren, aber nicht bebauten Flächen 139
4. § 13a Abs. 4 BauGB 141
   a) Änderung oder Ergänzung eines Bebauungsplans 141
      aa) Änderung oder Ergänzung von Bebauungsplänen der Innenentwicklung 141
      bb) Weitere Restriktionen bei der Änderung und Ergänzung von Bebauungsplänen 143
   b) Aufhebung eines Bebauungsplans 147
5. Umstellung schon laufender Bebauungsplanungsverfahren auf das beschleunigte Verfahren – Überleitungsrecht 152
6. Schwellenwerte des § 13a Abs. 1 S. 2 BauGB 155
   a) Europarechtlicher Hintergrund 155
      aa) Umweltprüfungspflichtigkeit nach der Plan-UP-RL 155
      bb) Nutzung kleiner Gebiete auf lokaler Ebene 157
   b) Grundflächenfestsetzung im Bebauungsplan 161
      aa) Relevanz der Grundfläche für Anlagen i. S. v. § 19 Abs. 4 S. 1 BauNVO 161
      bb) Gesamtheit der festgesetzten Grundfläche 170

c) Subsidiärer Maßstab der voraussichtlichen Versiegelungsfläche gem. § 13a Abs. 1 S. 3 BauGB 179
   aa) Gesetzgebungshistorischer Hintergrund 179
   bb) Absolute Subsidiarität des Maßstabs der Versiegelungsfläche gem. § 13a Abs. 1 S. 3 BauGB 181
   cc) Unterschiede zwischen dem Maßstab der zulässigen Grundfläche bzw. Größe der Grundfläche des § 13a Abs. 1 S. 2 BauGB und dem der voraussichtlichen Versiegelungsfläche des § 13a Abs. 1 S. 3 BauGB 187
d) Kleinflächige Bebauungspläne der Innenentwicklung gem. § 13a Abs. 1 S. 2 Nr. 1 BauGB 190
   aa) Europarechtlicher Hintergrund 190
   bb) Kumulationsregelung 226
e) Großflächige Bebauungspläne der Innenentwicklung gem. § 13a Abs. 1 S. 2 Nr. 2 BauGB 259
   aa) Europarechtlicher Hintergrund 259
   bb) Vorprüfung des Einzelfalls 261

7. Ausschluss des beschleunigten Verfahrens 322
   a) Europarechtlicher Hintergrund 322
      aa) UVP-RL 322
      bb) FFH-RL und Vogelschutz-RL 324
      cc) Plan-UP-RL 326
   b) Ausschluss wegen Umweltverträglichkeitsprüfungspflichtigkeit geplanter Vorhaben, § 13a Abs. 1 S. 4 BauGB 327
      aa) Begründung der Zulässigkeit umweltverträglichkeitsprüfungspflichtiger Vorhaben 327
      bb) Integration des UVP-Screenings in das UP-Screening des § 13a Abs. 1 S. 2 Nr. 2 BauGB 339
      cc) Planerhaltungsvorschrift des § 214 Abs. 2a Nr. 4 BauGB 343
   c) Ausschluss wegen Anhaltspunkten für eine Beeinträchtigung der in § 1 Abs. 6 Nr. 7 lit. b BauGB genannten Schutzgüter, § 13a Abs. 1 S. 5 BauGB 351
      aa) Einordnung in die Systematik des Baugesetzbuchs 351
      bb) Prüfung des Ausschlussgrundes 353
      cc) Keine Planerhaltungsvorschrift 359
   d) Bewertung der Ausschlussgründe 359

aa) Erweiterung der Notwendigkeit eines UVP-Screenings und Harmonisierung verschiedener städtebaulicher Instrumente....359

bb) Verfahrensbeschleunigung aufgrund des UVP-Screenings......361

cc) Schwellenwertunterschiede zwischen § 13a Abs. 1 S. 2 BauGB und Nr. 18.5 u. Nr. 18.7 Anlage 1 UVPG..............363

dd) Europarechtliche Bedenken im Hinblick auf die Planerhaltungsvorschrift des § 214 Abs. 2a Nr. 4 BauGB................365

e) Forderung nach weiteren Ausschlussgründen..................373

aa) Ausschluss bei Anhaltspunkten für eine Beeinträchtigung von Belangen des Hochwasserschutzes..................374

bb) Ausschluss bei Anhaltspunkten für eine Beeinträchtigung der Störfallvorsorge in der Umgebung von Seveso-II-Betrieben..................375

cc) Ausschluss zum Schutz der Erhaltung und Entwicklung zentraler Versorgungsbereiche..................378

8. Planerhaltungsvorschrift des § 214 Abs. 2a Nr. 1 BauGB................386

a) Verhältnis zu § 214 Abs. 1 und Abs. 2 BauGB..................387

b) Anwendungsbereich der Planerhaltungsvorschrift des § 214 Abs. 2a Nr. 1 BauGB..................394

aa) Keine gezielte Inanspruchnahme von Flächen außerhalb der Ortslage..................394

bb) Tatsächliche Beurteilung des Vorliegens der Voraussetzung nach § 13a Abs. 1 S. 1 BauGB..................396

cc) Anwendung nur in Bezug auf die Voraussetzung nach § 13a Abs. 1 S. 1 BauGB..................399

c) Bewertung des Anwendungsbereichs..................404

aa) Weite des Anwendungsbereichs..................404

bb) Europarechtliche Aspekte..................408

III. Verfahrensbesonderheiten des beschleunigten Verfahrens..................411

1. Entsprechende Geltung der Vorschriften des vereinfachten Verfahrens nach § 13 Abs. 2 und Abs. 3 S. 1 BauGB, § 13a Abs. 2 Nr. 1 BauGB..................411

a) Entfallen der umweltbezogenen Verfahrensschritte entsprechend § 13 Abs. 3 S. 1 BauGB..................412

aa) Ausgangslage..................412

bb) Verfahren der Umweltprüfung und seine Wirkung..................414

cc) Verzicht auf die Umweltprüfung im beschleunigten Verfahren ... 424
dd) Hinweispflicht gem. § 13a Abs. 3 S. 1 Nr. 1 BauGB ... 425
ee) Bewertung des Verzichts auf die speziellen, umweltbezogenen Verfahrensschritte ... 439
b) Öffentlichkeits- und Behördenbeteiligung gem. § 13 Abs. 2 BauGB ... 456
   aa) Öffentlichkeitsbeteiligung ... 457
   bb) Behördenbeteiligung ... 483
   cc) Bewertung des Beschleunigungseffekts der modifizierten Öffentlichkeits- und Behördenbeteiligung ... 492

2. Verhältnis zwischen Bebauungsplan (der Innenentwicklung) und Flächennutzungsplan, § 13a Abs. 2 Nr. 2 BauGB ... 506

a) Gehalt der Regelung im Hinblick auf den Bebauungsplan ... 507
   aa) Entwicklungsgebot gem. § 8 Abs. 2 S. 1 BauGB und Modifikationen gem. § 8 Abs. 2 S. 2, Abs. 3 und Abs. 4 BauGB – Ausgangslage ... 507
   bb) Verhältnis der Regelung des § 13a Abs. 2 Nr. 2 BauGB zu § 8 Abs. 3 und Abs. 4 BauGB ... 514
   cc) Verhältnis der Regelung des § 13a Abs. 2 Nr. 2 BauGB zu § 8 Abs. 2 S. 1 BauGB ... 520
   dd) Genehmigungspflichtigkeit des Bebauungsplans ... 544
b) Gehalt der Regelung im Hinblick auf den Flächennutzungsplan ... 549
   aa) Formelle Anforderungen an die Berichtigung des Flächennutzungsplans ... 552
   bb) Materielle Anforderungen an die Berichtigung des Flächennutzungsplans ... 560
c) Planerhaltungsvorschriften ... 561
   aa) § 214 Abs. 2a Nr. 1 BauGB ... 561
   bb) Fehlbeurteilung der Voraussetzung des § 13a Abs. 2 Nr. 2 2. Hs. BauGB ... 562
d) Kritik an § 13a Abs. 2 Nr. 2 BauGB ... 570
e) Bewertung des Beschleunigungseffekts ... 573
   aa) Verzicht auf ein Planungsverfahren zur Anpassung des Flächennutzungsplans und auf eine Genehmigung des Bebauungsplans ... 573

bb) Prüfung der Anforderungen des § 13a Abs. 2 Nr. 2 2. Hs. BauGB...576
cc) Stärkung der Innenentwicklung 578
f) Wandel der Bedeutung des Flächennutzungsplans 579
aa) Im Bereich (qualifizierter) Bebauungspläne 579
bb) Im (nicht qualifiziert überplanten) Innenbereich 581
cc) Im (nicht qualifiziert überplanten) Außenbereich..................581
dd) Zusammenfassung...583

3. Hervorhebung bestimmter Abwägungsbelange gem. § 13a Abs. 2 Nr. 3 BauGB...585

a) Dogmatische Einordnung der Regelung..................................585
b) Systemwidrigkeit der Regelung 592
c) Planerhaltungsvorschrift...593

4. Besonderheiten bei der naturschutzrechtlichen Eingriffsregelung für kleinflächige Bebauungspläne der Innenentwicklung, § 13a Abs. 2 Nr. 4 BauGB 594

a) Die naturschutzrechtliche Eingriffsregelung gem. § 1a Abs. 3 BauGB und ihr Geltungsbereich 594
b) Besonderheit im beschleunigten Verfahren gem. § 13a Abs. 2 Nr. 4 BauGB...601
c) Hintergrund des § 13a Abs. 2 Nr. 4 BauGB und Rechtfertigung der Fiktion...604
d) Bewertung des Beschleunigungseffekts...................................607
e) Kritik an § 13a Abs. 2 Nr. 4 BauGB 615
aa) Kritikpunkte im Einzelnen 616
bb) Reaktion innerhalb des Gesetzgebungsverfahrens..................618
cc) Auseinandersetzung mit den Kritikpunkten 623

C. Resümee...653

Abkürzungsverzeichnis...663

Literaturverzeichnis 669

Inhaltsverzeichnis

A. Einleitung 33

   I. Anlass des Innenstadtentwicklungsgesetzes 33

   II. Allgemeine Zielsetzung des Innenstadtentwicklungsgesetzes 34

   III. Zentrale Regelungen des Innenstadtentwicklungsgesetzes 36

   IV. Gesetzgebungshistorie 36

      1. Gesetz zur Umsetzung der Richtlinie 85/337/EWG des Rates vom 27.06.1985 über die Umweltverträglichkeitsprüfung bei bestimmten öffentlichen und privaten Projekten 36

      2. Maßnahmengesetz zum Baugesetzbuch (BauGB-MaßnahmenG) 37

      3. Investitionserleichterungs- und Wohnbaulandgesetz 38

      4. Bau- und Raumordnungsgesetz 1998 (BauROG) 39

      5. Gesetz zur Umsetzung der UVP-Änderungsrichtlinie, der IUV-Richtlinie und weiterer EG-Richtlinien zum Umweltschutz (UVP-Änderungsgesetz 2001) 39

      6. Europarechtsanpassungsgesetz Bau (EAG-Bau) 41

      7. Gesetz zur Verbesserung des vorbeugenden Hochwasserschutzes 42

      8. Öffentlichkeitsbeteiligungsgesetz 42

   V. Erlass des Innenstadtentwicklungsgesetzes 43

      1. Gesetzgebungskompetenz 43

      2. Gesetzgebungsverfahren 45

         a) Parlamentarisches Gesetzgebungsverfahren 45
         b) Praxistest 45

   VI. Anlass der Arbeit 46

   VII. Vorgehensweise 47

B. Beschleunigtes Verfahren für Bebauungspläne der Innenentwicklung gem. § 13a BauGB 49

I. Hintergrund und Zielsetzung der Regelung 49
  1. Siedlungsentwicklung in Deutschland 49
     a) Flächenverbrauch 49
     b) Ökologische Gesichtspunkte 52
     c) Ökonomische und demografische Gesichtspunkte 53
     d) Soziale Gesichtspunkte 55
  2. Bisherige rechtliche Instrumente zur Verminderung der Flächeninanspruchnahme 56
     a) Überblick 56
     b) Bodenschutzklausel, § 1a Abs. 2 S. 1 BauGB 57
        aa) Entwicklung und Bedeutung der Bodenschutzklausel 57
        bb) Inhalt der Bodenschutzklausel 58
        cc) Effektivität der Bodenschutzklausel 63
  3. Zielsetzung des beschleunigten Verfahrens gem. § 13a BauGB 63
  4. Zusammenhang der Regelung des § 13a BauGB mit anderen durch das Innenstadtentwicklungsgesetz vorgenommenen Änderungen im Baugesetzbuch 66
     a) § 33 Abs. 3 S. 1 BauGB 66
     b) § 12 Abs. 3a BauGB 69
     c) § 34 Abs. 3a S. 1 Nr. 1 BauGB 70
     d) § 171f BauGB 73
II. Anwendungsbereich des beschleunigten Verfahrens gem. § 13a Abs. 1 BauGB 74
  1. Maßnahmen der Innenentwicklung 75
     a) Begriff der Innenentwicklung 75
        aa) Grammatikalische, historische und teleologische Auslegung 76
           (1) Bodenschutzklausel, § 1a Abs. 2 S. 1 BauGB 76
           (2) Weitere Konkretisierungen in der Gesetzesbegründung 77
           (3) Negativdefinition und grammatikalische Auslegung 81
        bb) Systematische Auslegung 84
           (1) § 171a BauGB 84
           (2) § 34 Abs. 4 S. 1 Nr. 2 und Nr. 3 BauGB 86

    (a) Verfahrensrechtliche Parallelität von Entwicklungs-
        und Ergänzungssatzungen und Bebauungsplänen der
        Innenentwicklung 86
    (b) Entwicklungssatzung 87
    (c) Ergänzungssatzung 89
    (d) Parallelwertung 90
        (aa) Parallelwertung zur Ergänzungssatzung 90
        (bb) Erweiterungen und Einschränkungen 91
        (cc) Parallelwertung zur Entwicklungssatzung 93
        (dd) Darstellung als Baufläche im Flächennutzungsplan 94
        (ee) Zusammenfassung der Parallelwertung 97
        (ff) Einschränkung der Parallelwertung entsprechend
             des Telos von § 13a BauGB – Notwendigkeit einer
             baulichen Vornutzung 98
        (gg) Einschränkung der Parallelwertung entsprechend
             des Telos von § 13a BauGB – Abrundungen des
             Siedlungsbereichs in den Außenbereich hinein 99
    (e) Unterschiede 103
  cc) Zwischenbilanz 106
b) Schwierig einzuordnende Fälle 109
  aa) Außenbereich im Innenbereich, sog. Außenbereichsinsel 109
    (1) Begriffsbestimmung 109
    (2) Allgemeine Überlegungen zur Einordnung als Fläche für
        die Innenentwicklung 110
    (3) Baulich nicht vorgenutzte, grün geprägte Außenbereichs-
        inseln 111
    (4) Baulich vorgenutzte Außenbereichsinseln 112
        (a) Teleologische Aspekte 112
        (b) Europarechtliche Erwägungen 113
    (5) Zusammenfassung 114
  bb) Konversionsflächen 115
    (1) Begriffsbestimmung 115
    (2) Systematische Aspekte 115
    (3) Anknüpfung an die bauplanungsrechtliche Einordnung der
        Konversionsflächen 116
        (a) Lage im Außenbereich 116
        (b) Lage im Grenzbereich zwischen Innen- und Außenbe-
            reich 119
        (c) Lage im Innenbereich 119
        (d) Nur durch eine Nutzungsbrache bedingte Lage im
            Außenbereich 119

(aa) Lage innerhalb des sonstigen Siedlungsbereichs 120
(bb) Lage außerhalb des sonstigen Siedlungsbereichs 120
cc) Änderung des Bebauungsplans für ursprünglich im Außenbereich liegende Flächen 122
(1) Ausgangsproblematik 122
 (a) Gesetzesbegründung und Telos von § 13a BauGB 122
 (b) Anforderungen der naturschutzrechtlichen Eingriffsregelung 123
 (c) Europarechtliche Aspekte 124
 (d) Parallelität zur Einordnung von Außenbereichsinseln 124
(2) Lösungsansätze 124
 (a) Bisherige Überplanung 124
 (b) Berücksichtigung der naturschutzrechtlichen Eingriffsregelung 125
 (c) Teleologische Aspekte und Harmonisierung mit § 13a Abs. 2 Nr. 4 BauGB 126
 (d) Berücksichtigung der Anforderungen der Plan-UP-RL ... 127
dd) Kleingartenanlagen 129
(1) Weitgehend grün geprägte Anlagen 129
(2) Kleingartenanlagen mit ausgeprägter Wohnnutzung 130

2. Wiedernutzbarmachung von Flächen 131
 a) Begriffsbestimmung 131
 b) Beurteilung als Innenentwicklungsflächen durch historische und teleologische Interpretation 132
 c) Zusammenhang mit dem sonstigen Siedlungsbereich 133
  aa) Lage im Außenbereich 133
  bb) Ursprüngliche Lage im Innenbereich 134
  cc) Lage im Grenzbereich zwischen Außen- und Innenbereich 135
  dd) Lage im Außenbereich innerhalb des Siedlungsbereichs 136
  ee) Lage im Innenbereich 136

3. Nachverdichtung 137
 a) Begriffsbestimmung 137
 b) Nachverdichtung als Maßnahme der Innenentwicklung 138
  aa) Anknüpfen an einen vorhandenen Ortsteil 138
  bb) Erhöhung der Bebauungsdichte auf bisher bebaubaren, aber nicht bebauten Flächen 139

4. § 13a Abs. 4 BauGB 141

a) Änderung oder Ergänzung eines Bebauungsplans 141
   aa) Änderung oder Ergänzung von Bebauungsplänen der Innenentwicklung 141
   bb) Weitere Restriktionen bei der Änderung und Ergänzung von Bebauungsplänen 143
b) Aufhebung eines Bebauungsplans 147

5. Umstellung schon laufender Bebauungsplanungsverfahren auf das beschleunigte Verfahren – Überleitungsrecht 152

6. Schwellenwerte des § 13a Abs. 1 S. 2 BauGB 155
   a) Europarechtlicher Hintergrund 155
      aa) Umweltprüfungspflichtigkeit nach der Plan-UP-RL 155
      bb) Nutzung kleiner Gebiete auf lokaler Ebene 157
          (1) Lokale Ebene 157
          (2) Kleines Gebiet 157
              (a) Kritik am deutschen Gesetzgeber 157
              (b) Interpretation des Begriffs „kleines Gebiet" 158
   b) Grundflächenfestsetzung im Bebauungsplan 161
      aa) Relevanz der Grundfläche für Anlagen i. S. v. § 19 Abs. 4 S. 1 BauNVO 161
          (1) Grammatikalische Auslegung von § 13a Abs. 1 S. 2 BauGB 161
          (2) Teleologische Aspekte 162
          (3) Anforderungen der Rechtsprechung an die Grundflächenfestsetzung und Telos von § 19 Abs. 4 BauNVO 163
          (4) Zusammenfassung 165
          (5) Flächen für Erschließungsanlagen und Grünflächen 167
          (6) Abweichender Standpunkt aufgrund historisch-systematischer Auslegung 167
          (7) Abweichender Standpunkt aufgrund von Praktikabilitätsgesichtspunkten 168
          (8) Abweichender Standpunkt aufgrund teleologischer und europarechtlicher Erwägungen 169
      bb) Gesamtheit der festgesetzten Grundfläche 170
          (1) Keine alleinige Relevanz der Bestandserweiterung 170
          (2) Wertungswidersprüche 171
              (a) Vergleich verschiedener Planungskonstellationen 171
              (b) Parallelität zu anderen an Schwellenwerte anknüpfenden Normen 172

　　　　(c) Wahrung europarechtlicher Anforderungen 176
　　　　(d) Nicht auszuräumende Widersprüchlichkeiten 177
　　　(3) Relevanz nur der rechtlich realisierbaren Grundfläche 178
　　c) Subsidiärer Maßstab der voraussichtlichen Versiegelungsfläche gem. § 13a Abs. 1 S. 3 BauGB 179
　　　aa) Gesetzgebungshistorischer Hintergrund 179
　　　bb) Absolute Subsidiarität des Maßstabs der Versiegelungsfläche gem. § 13a Abs. 1 S. 3 BauGB 181
　　　cc) Unterschiede zwischen dem Maßstab der zulässigen Grundfläche bzw. Größe der Grundfläche des § 13a Abs. 1 S. 2 BauGB und dem der voraussichtlichen Versiegelungsfläche des § 13a Abs. 1 S. 3 BauGB 187
　　d) Kleinflächige Bebauungspläne der Innenentwicklung gem. § 13a Abs. 1 S. 2 Nr. 1 BauGB 190
　　　aa) Europarechtlicher Hintergrund 190
　　　　(1) Ausmaß der Rahmensetzung 192
　　　　(2) Ausmaß der Beeinflussung anderer Pläne und Programme ... 196
　　　　(3) Bedeutung für die Einbeziehung der Umwelterwägungen 197
　　　　(4) Umweltprobleme mit Planrelevanz 199
　　　　　(a) Kritische Auseinandersetzung mit der Einschätzung des Gesetzgebers 199
　　　　　(b) Umweltprüfungspflichtigkeit gem. Art. 3 Abs. 1 Plan-UP-RL 201
　　　　　(aa) Fehlende Gleichwertigkeit zu den allgemeinen Anforderungen an die bauleitplanerische Abwägung 201
　　　　　(bb) Bedeutung und Reichweite von Art. 3 Abs. 5 S. 1 2. Var. Plan-UP-RL 202
　　　　　(cc) Einhaltung des von Art. 3 Abs. 5 S. 1 2. Var. Plan-UP-RL gesetzten Rahmens und Erfordernis einer teilweise restriktiveren Auslegung des Begriffs der Innenentwicklung 206
　　　　　(dd) Notwendigkeit eines generellen Abstellens auf die bei Realisierung des Plans voraussichtlich versiegelte Fläche 212
　　　　　(ee) Notwendigkeit des Einbezugs der gem. § 19 Abs. 4 S. 2 BauNVO möglichen Überschreitung der zulässigen Grundfläche in die für § 13a Abs. 1 S. 2 BauGB relevante Grundflächenfestsetzung 214
　　　　(5) Wahrscheinlichkeit, Dauer, Häufigkeit und Unumkehrbarkeit der Auswirkungen 215
　　　　(6) Kumulativer Charakter der Auswirkungen 219

(7) Grenzüberschreitender Charakter der Auswirkungen 219
(8) Risiken für die menschliche Gesundheit oder die Umwelt 219
(9) Umfang und räumliche Ausdehnung der Auswirkungen 221
(10) Bedeutung und Sensibilität der von den Umweltauswirkungen des Plans betroffenen Gebiete 222
  (a) Besondere natürliche Merkmale oder kulturelles Erbe....222
  (b) Überschreitung von Umweltqualitätsnormen oder Grenzwerten 224
  (c) Intensivierung der Bodennutzung 225
(11) Auswirkungen auf Gebiete mit geschütztem Status............225
bb) Kumulationsregelung 226
(1) Enger sachlicher Zusammenhang 231
(2) Enger räumlicher Zusammenhang..232
(3) Enger zeitlicher Zusammenhang 232
  (a) Systematische Interpretation im Vergleich zu § 3b Abs. 2 UVPG...232
  (b) Teleologische Interpretation..234
  (c) Unmittelbare Geltung von § 3b Abs. 2 UVPG und Parallelinterpretation in § 13a Abs. 1 S. 2 Nr. 1 a. E. BauGB...238
  (d) Wahrung europarechtlicher Anforderungen 243
    (aa) Ansatzpunkte für Zweifel an der Europarechtskonformität..243
    (bb) Parallelität zur Europarechtskonformität bzw. –widrigkeit von § 3b Abs. 2 UVPG....................................245
    (cc) Generelle Einbeziehung des bestehenden Bebauungsplans und bisheriger Änderungen und Ergänzungen aufgrund von Parallelen der UVP-RL und der Plan-UP-RL..248
    (dd) Grundsätzliche Unterschiede zwischen der UVP-RL und der Plan-UP-RL...254
    (ee) Erfordernis einer schutzgutbezogenen Betrachtungsweise...258
e) Großflächige Bebauungspläne der Innenentwicklung gem. § 13a Abs. 1 S. 2 Nr. 2 BauGB 259
aa) Europarechtlicher Hintergrund..259
bb) Vorprüfung des Einzelfalls..261
(1) Verfahrensbesonderheit im System der Bauleitplanung des EAG-Bau..261
  (a) Weitgehend generelle Pflicht zur Durchführung einer Umweltprüfung in der Bauleitplanung..............................261

(b) Hintergrund der weitgehend generellen Pflicht zur Durchführung einer Umweltprüfung 263
(2) Vergleich zwischen der Vorprüfung des § 13a Abs. 1 S. 2 Nr. 2 BauGB, dem UVP-Screening i. R. d. § 13 Abs. 1 Nr. 1 BauGB und dem UVP-Screening gem. § 3c UVPG 266
  (a) § 3c UVPG 266
  (b) § 13 Abs. 1 Nr. 1 BauGB 267
  (c) § 13a Abs. 1 S. 2 Nr. 2 BauGB 268
(3) Durchführung der Vorprüfung gem. § 13a Abs. 1 S. 2 Nr. 2 BauGB 271
  (a) Durchführungszeitpunkt 271
  (b) Vorprüfungsbeteiligte 272
    (aa) Die planende Gemeinde 272
    (bb) Behörden und sonstige Träger öffentlicher Belange....273
  (c) Prüfungsumfang und -tiefe der Vorprüfung unter Berücksichtigung der Anlage 2 BauGB 277
    (aa) Prüfungsumfang 278
    (bb) Prüfungstiefe 279
  (d) Voraussichtliches Fehlen erheblicher Umweltauswirkungen 284
    (aa) Interpretation der Erheblichkeit als Abwägungserheblichkeit 284
    (bb) Interpretation der Erheblichkeit als Schädlichkeit bzw. Unzumutbarkeit 287
    (cc) Vermittelnder Standpunkt 288
    (dd) Diskussion 290
    (ee) Konkrete Anhaltspunkte für das Bestehen voraussichtlich erheblicher Umweltauswirkungen 294
  (e) Anwendung der Zweifelsformel 295
  (f) Dokumentation des Screenings 297
(4) Planerhaltungsvorschrift des § 214 Abs. 2a Nr. 3 BauGB 299
  (a) Besonderheit der Fiktion 299
  (b) Durchführung der Vorprüfung entsprechend den Vorgaben von § 13a Abs. 1 S. 2 Nr. 2 BauGB 301
  (c) Nachvollziehbarkeit des Vorprüfungsergebnisses 304
    (aa) Anforderungen an die Nachvollziehbarkeit 304
    (bb) Beurteilungsspielraum innerhalb der gem. § 13a Abs. 1 S. 2 Nr. 2 BauGB zu treffenden Einschätzung 306
    (cc) Ex-ante-Perspektive 308
    (dd) Zusammenfassung 310
  (d) Europarechtliche Bedenken 312

(aa) Im Hinblick auf das Ausreichen der Nachvollziehbarkeit des Vorprüfungsergebnisses 312
(bb) Im Hinblick auf § 214 Abs. 2a Nr. 3 2. Hs. BauGB 315
(5) Bewertung des Beschleunigungseffekts 318
7. Ausschluss des beschleunigten Verfahrens 322
   a) Europarechtlicher Hintergrund 322
      aa) UVP-RL 322
      bb) FFH-RL und Vogelschutz-RL 324
      cc) Plan-UP-RL 326
   b) Ausschluss wegen Umweltverträglichkeitsprüfungspflichtigkeit geplanter Vorhaben, § 13a Abs. 1 S. 4 BauGB 327
      aa) Begründung der Zulässigkeit umweltverträglichkeitsprüfungspflichtiger Vorhaben 327
         (1) Konkretheit des Bebauungsplans 327
         (2) Generell umweltverträglichkeitsprüfungspflichtige Vorhaben 329
         (3) Umweltverträglichkeitsvorprüfungspflichtige Vorhaben 330
            (a) Notwendigkeit der Durchführung eines UVP-Screenings 330
            (b) Konkreter Vorhabenbezug, tatsächliche Umweltverträglichkeitsprüfungspflichtigkeit und planerische Vorhaben gem. Nr. 18 Anlage 1 UVPG 332
      bb) Integration des UVP-Screenings in das UP-Screening des § 13a Abs. 1 S. 2 Nr. 2 BauGB 339
      cc) Planerhaltungsvorschrift des § 214 Abs. 2a Nr. 4 BauGB 343
         (1) Besonderheit der Fiktion 343
         (2) Nachvollziehbarkeit der Beurteilung 343
         (3) Vorhaben nach Spalte 1 der Anlage 1 UVPG und Unterschiede zu § 214 Abs. 2a Nr. 3 BauGB 345
            (a) Strikte Nichtbegründung der Zulässigkeit von Vorhaben nach Spalte 1 der Anlage 1 UVPG und europarechtlicher Hintergrund 345
            (b) Verbleibender Anwendungsbereich des § 214 Abs. 2a Nr. 4 BauGB 347
            (c) Auswirkungen des Umweltrechtsbehelfsgesetzes auf den Anwendungsbereich von § 214 Abs. 2a Nr. 4 BauGB 348
         (4) Vergleich zwischen § 214 Abs. 2a Nr. 3 u. Nr. 4 BauGB 350

c) Ausschluss wegen Anhaltspunkten für eine Beeinträchtigung der in § 1 Abs. 6 Nr. 7 lit. b BauGB genannten Schutzgüter, § 13a Abs. 1 S. 5 BauGB 351
    aa) Einordnung in die Systematik des Baugesetzbuchs 351
    bb) Prüfung des Ausschlussgrundes 353
    cc) Keine Planerhaltungsvorschrift 359
d) Bewertung der Ausschlussgründe 359
    aa) Erweiterung der Notwendigkeit eines UVP-Screenings und Harmonisierung verschiedener städtebaulicher Instrumente 359
    bb) Verfahrensbeschleunigung aufgrund des UVP-Screenings 361
    cc) Schwellenwertunterschiede zwischen § 13a Abs. 1 S. 2 BauGB und Nr. 18.5 u. Nr. 18.7 Anlage 1 UVPG 363
    dd) Europarechtliche Bedenken im Hinblick auf die Planerhaltungsvorschrift des § 214 Abs. 2a Nr. 4 BauGB 365
        (1) Ausreichen der Nachvollziehbarkeit der Beurteilung des Nichtvorliegens des Ausschlussgrundes des § 13a Abs. 1 S. 4 BauGB in Screeningfällen 365
        (2) Fehlende Anforderung der Einhaltung der Vorgaben des § 3c UVPG 367
        (3) Ausreichen der Nachvollziehbarkeit der Beurteilung des Nichtvorliegens des Ausschlussgrundes des § 13a Abs. 1 S. 4 BauGB außerhalb von Screeningfällen 370
e) Forderung nach weiteren Ausschlussgründen 373
    aa) Ausschluss bei Anhaltspunkten für eine Beeinträchtigung von Belangen des Hochwasserschutzes 374
    bb) Ausschluss bei Anhaltspunkten für eine Beeinträchtigung der Störfallvorsorge in der Umgebung von Seveso-II-Betrieben 375
    cc) Ausschluss zum Schutz der Erhaltung und Entwicklung zentraler Versorgungsbereiche 378
        (1) Hintergrund 378
        (2) Reaktion auf die Forderung 385

8. Planerhaltungsvorschrift des § 214 Abs. 2a Nr. 1 BauGB 386
   a) Verhältnis zu § 214 Abs. 1 und Abs. 2 BauGB 387
   b) Anwendungsbereich der Planerhaltungsvorschrift des § 214 Abs. 2a Nr. 1 BauGB 394
    aa) Keine gezielte Inanspruchnahme von Flächen außerhalb der Ortslage 394

```
         bb)  Tatsächliche Beurteilung des Vorliegens der Voraussetzung
              nach § 13a Abs. 1 S. 1 BauGB ................................................ 396
         cc)  Anwendung nur in Bezug auf die Voraussetzung nach § 13a
              Abs. 1 S. 1 BauGB .............................................................. 399
     c)  Bewertung des Anwendungsbereichs ............................................. 404
         aa)  Weite des Anwendungsbereichs .......................................... 404
         bb)  Europarechtliche Aspekte ................................................... 408
III. Verfahrensbesonderheiten des beschleunigten Verfahrens .................. 411
  1. Entsprechende Geltung der Vorschriften des vereinfachten Ver-
     fahrens nach § 13 Abs. 2 und Abs. 3 S. 1 BauGB, § 13a Abs. 2
     Nr. 1 BauGB ......................................................................................... 411
     a)  Entfallen der umweltbezogenen Verfahrensschritte entspre-
         chend § 13 Abs. 3 S. 1 BauGB ................................................... 412
         aa)  Ausgangslage ...................................................................... 412
         bb)  Verfahren der Umweltprüfung und seine Wirkung ............ 414
              (1) Gegenstand und Umfang der Umweltprüfung ............ 414
              (2) Begründung des Plans bzw. des Planentwurfs und Um-
                  weltbericht gem. § 2a BauGB ..................................... 417
              (3) Zusammenfassende Erklärung gem. § 10 Abs. 4 BauGB ...... 419
              (4) Monitoring gem. § 4c BauGB .................................... 420
              (5) Bedeutung für die Abwägung ..................................... 421
         cc)  Verzicht auf die Umweltprüfung im beschleunigten Verfah-
              ren ....................................................................................... 424
         dd)  Hinweispflicht gem. § 13a Abs. 3 S. 1 Nr. 1 BauGB ......... 425
              (1) Europarechtlicher Hintergrund der Regelung ............. 425
              (2) Umfang der Hinweispflicht gem. § 13a Abs. 3 S. 1 Nr. 1
                  BauGB ......................................................................... 428
              (3) Planerhaltungsvorschrift des § 214 Abs. 2a Nr. 2 BauGB ..... 430
                  (a) Deklaratorische Bedeutung der Regelung .............. 430
                  (b) Bedenken hinsichtlich der Sachgerechtigkeit und
                      Europarechtskonformität der Planerhaltungsvorschrift ... 431
                  (c) Inhalt der gemeinschaftsrechtlich auferlegten Pflichten .. 434
         ee)  Bewertung des Verzichts auf die speziellen, umweltbezo-
              genen Verfahrensschritte .................................................... 439
              (1) Entfallen der Umweltprüfung .................................... 439
                  (a) Uneingeschränkte Ermittlung und Bewertung des um-
                      weltbezogenen Abwägungsmaterials ..................... 439
```

　　　　(b) Entfallen der Vorteile des systematisierten Verfahrens und Auswirkungen des Entfallens der Umweltprüfung auf die Nachhaltigkeit der Planung 441
　　　　(c) Wegfall des Trägerverfahrens für sonstige umweltbezogene Prüfverfahren 443
　　　　(d) Wegfall des Trägerverfahrens für die Prüfung der naturschutzrechtlichen Eingriffsregelung 448
　　　　(e) Begrenzter Aufwand bei der Durchführung einer Umweltprüfung 450
　　　(2) Entfallen des Umweltberichts.................451
　　　(3) Entfallen der zusammenfassenden Erklärung.................453
　　　(4) Entfallen des Monitorings.................454
　　　(5) Hinweispflicht gem. § 13a Abs. 3 S. 1 Nr. 1 BauGB.................454
　　　(6) Psychologische Entlastung der Gemeinden.................455
　b) Öffentlichkeits- und Behördenbeteiligung gem. § 13 Abs. 2 BauGB.................456
　　aa) Öffentlichkeitsbeteiligung.................457
　　　(1) Absehen von der frühzeitigen Öffentlichkeitsbeteiligung, § 13 Abs. 2 S. 1 Nr. 1 1. Alt. BauGB.................457
　　　　(a) Hinweis gem. § 13a Abs. 3 S. 1 Nr. 2 BauGB.................458
　　　　　(aa) Vergleich mit der frühzeitigen Öffentlichkeitsbeteiligung gem. § 3 Abs. 1 S. 1 BauGB.................458
　　　　　(bb) Forderung nach einem Verzicht auf § 13a Abs. 3 S. 1 Nr. 2 BauGB.................460
　　　　　(cc) Inhaltliche Anforderungen an den Hinweis gem. § 13a Abs. 3 S. 1 Nr. 2 BauGB.................468
　　　　(b) Planerhaltungsvorschrift des § 214 Abs. 2a Nr. 2 BauGB.................471
　　　　　(aa) Reichweite der Planerhaltungsvorschrift.................471
　　　　　(bb) Notwendigkeit einer Restriktion aufgrund verfassungsrechtlicher Anforderungen und in Harmonisierung zu sonstigen gesetzlichen Regelungen einer allgemeinen frühzeitigen Öffentlichkeitsbeteiligung...472
　　　(2) Beteiligung nur der betroffenen Öffentlichkeit zum Planentwurf, § 13 Abs. 2 S. 1 Nr. 2 1. Alt. BauGB.................476
　　　　(a) Betroffene Öffentlichkeit.................477
　　　　(b) Gelegenheit zur Stellungnahme.................478
　　　　(c) Angemessene Frist.................480
　　　　(d) Planerhaltungsvorschriften.................482
　　bb) Behördenbeteiligung.................483
　　　(1) Absehen von der frühzeitigen Beteiligung der Behörden,

§ 13 Abs. 2 S. 1 Nr. 1 2. Alt. BauGB 483
(a) Ablauf und Zwecksetzung der frühzeitigen Behörden-
beteiligung 483
(b) Beteiligung der Behörden und sonstigen Träger öffent-
licher Belange gem. § 13a Abs. 1 S. 2 Nr. 2 a. E.
BauGB bzw. ersatzloses Entfallen der frühzeitigen Behördenbeteiligung 486
(aa) UP-Screening mit Behördenbeteiligung gem. § 13a
Abs. 1 S. 2 Nr. 2 BauGB 486
(bb) Ersatzloses Entfallen der frühzeitigen Behördenbeteiligung bei kleinflächigen Bebauungsplänen der
Innenentwicklung 489
(cc) Verzicht auf die frühzeitige Behördenbeteiligung
gem. § 4 Abs. 1 S. 1 BauGB als Konsequenz zu
ihrem europarechtlichen Hintergrund 489
(2) Beteiligung nur der berührten Behörden und sonstigen
Träger öffentlicher Belange, § 13 Abs. 2 S. 1 Nr. 3 1. Alt.
BauGB 490
(a) Berührte Behörden und sonstige Träger öffentlicher
Belange 490
(b) Gelegenheit zur Stellungnahme innerhalb angemesse-
ner Frist 491
(c) Planerhaltungsvorschrift 492
cc) Bewertung des Beschleunigungseffekts der modifizierten
Öffentlichkeits- und Behördenbeteiligung 492
(1) Optionen des § 13 Abs. 2 Nr. 1 BauGB 492
(a) Weitgehende Identität der Beteiligungen gem. § 3
Abs. 1 BauGB und § 13a Abs. 3 S. 1 Nr. 2 BauGB und
Sachgerechtigkeit einer allgemeinen frühzeitigen
Öffentlichkeits- und Behördenbeteiligung 492
(b) Erheblicher Beschleunigungseffekt durch § 13 Abs. 2
S. 1 Nr. 1 BauGB aus Sicht der Praxisteststädte 496
(2) Optionen des § 13 Abs. 2 S. 1 Nr. 2 1. Alt. u. Nr. 3 1. Alt.
BauGB 498
(a) Aufwand der Ermittlung der konkreten Betroffen-
bzw. Berührtheit und Erleichterung infolge frühzeiti-
ger Beteiligungen 498
(b) Effektuierung der Planung durch die Beteiligung nur
der Planbetroffenen zum Planentwurf 501
(c) Vergleich der Beteiligungen gem. § 13 Abs. 2 S. 1
Nr. 3 1. Alt. BauGB und § 4 Abs. 2 BauGB 504
(3) Außerhalb der Möglichkeit der Verfahrensbeschleunigung

zu berücksichtigende Aspekte 505
2. Verhältnis zwischen Bebauungsplan (der Innenentwicklung) und Flächennutzungsplan, § 13a Abs. 2 Nr. 2 BauGB 506
   a) Gehalt der Regelung im Hinblick auf den Bebauungsplan 507
      aa) Entwicklungsgebot gem. § 8 Abs. 2 S. 1 BauGB und Modifikationen gem. § 8 Abs. 2 S. 2, Abs. 3 und Abs. 4 BauGB – Ausgangslage 507
         (1) § 8 Abs. 2 S. 1 BauGB 507
         (2) § 8 Abs. 2 S. 2 BauGB 507
         (3) § 8 Abs. 3 BauGB 508
         (4) § 8 Abs. 4 S. 1 BauGB 510
      bb) Verhältnis der Regelung des § 13a Abs. 2 Nr. 2 BauGB zu § 8 Abs. 3 und Abs. 4 BauGB 514
         (1) Vergleich mit § 8 Abs. 3 BauGB 514
         (2) Vergleich mit § 8 Abs. 4 BauGB 515
         (3) Vergleich mit früheren Regelungen des Baugesetzbuchs ... 517
         (4) Zusammenfassung der Vergleiche 518
      cc) Verhältnis der Regelung des § 13a Abs. 2 Nr. 2 BauGB zu § 8 Abs. 2 S. 1 BauGB 520
         (1) Ableitungsverhältnis zwischen Bebauungsplan (der Innenentwicklung) und Flächennutzungsplan 520
         (2) Verbot der Beeinträchtigung der geordneten städtebaulichen Entwicklung 522
            (a) Systematische Aspekte für die Interpretation des Begriffs „geordnete städtebauliche Entwicklung" 522
            (b) Teleologische Aspekte für die Interpretation des Begriffs „geordnete städtebauliche Entwicklung" 526
            (c) Historisch-systematische Aspekte für die Interpretation des Begriffs „geordnete städtebauliche Entwicklung" 528
            (d) Weitere Überlegungen für die Interpretation des Begriffs „geordnete städtebauliche Entwicklung" 529
               (aa) Aus der hinter § 13a BauGB stehenden Intention abgeleitete und europarechtliche Aspekte 529
               (bb) Bestehender Flächennutzungsplan als Maßstab für eine geordnete städtebauliche Entwicklung 531
            (e) Ergebnis der verschiedenen Interpretationsansätze 532
            (f) Relevanz des bestehenden Flächennutzungsplans 539

(g) Konsequenzen für das Verhältnis der Regelung des
§ 13a Abs. 2 Nr. 2 BauGB zum Entwicklungsgebot
und seinen Modifizierungen in § 8 BauGB 541
dd) Genehmigungspflichtigkeit des Bebauungsplans 544
(1) Genehmigungspflichtigkeit gem. § 10 Abs. 2 S. 1 BauGB 544
(2) Spielraum der Länder zur Statuierung einer Anzeige- oder
Genehmigungspflicht 546
(a) Anzeigepflicht 546
(b) Genehmigungspflicht 548
b) Gehalt der Regelung im Hinblick auf den Flächennutzungsplan 549
aa) Formelle Anforderungen an die Berichtigung des Flächennutzungsplans 552
(1) Zuständigkeit 552
(2) Verfahren 552
(3) Form und Zeitpunkt 554
(a) Form 554
(b) Öffentliche Bekanntmachung der Berichtigung 557
(c) Zeitpunkt der Berichtigung 559
bb) Materielle Anforderungen an die Berichtigung des Flächennutzungsplans 560
c) Planerhaltungsvorschriften 561
aa) § 214 Abs. 2a Nr. 1 BauGB 561
bb) Fehlbeurteilung der Voraussetzung des § 13a Abs. 2 Nr. 2
2. Hs. BauGB 562
(1) Analoge Anwendung von § 214 Abs. 2a Nr. 1 BauGB 563
(2) Unbeachtlichwerden gem. § 215 Abs. 1 S. 2 BauGB 565
(3) Anwendung der für eine Verletzung der Anforderungen
von § 8 BauGB geltenden Fehlerfolgenregelungen 566
d) Kritik an § 13a Abs. 2 Nr. 2 BauGB 570
e) Bewertung des Beschleunigungseffekts 573
aa) Verzicht auf ein Planungsverfahren zur Anpassung des Flächennutzungsplans und auf eine Genehmigung des Bebauungsplans 573
bb) Prüfung der Anforderungen des § 13a Abs. 2 Nr. 2 2. Hs.
BauGB 576
cc) Stärkung der Innenentwicklung 578
f) Wandel der Bedeutung des Flächennutzungsplans 579
aa) Im Bereich (qualifizierter) Bebauungspläne 579

bb) Im (nicht qualifiziert überplanten) Innenbereich 581
cc) Im (nicht qualifiziert überplanten) Außenbereich 581
dd) Zusammenfassung 583

3. Hervorhebung bestimmter Abwägungsbelange gem. § 13a Abs. 2 Nr. 3 BauGB 585
   a) Dogmatische Einordnung der Regelung 585
   b) Systemwidrigkeit der Regelung 592
   c) Planerhaltungsvorschrift 593

4. Besonderheiten bei der naturschutzrechtlichen Eingriffsregelung für kleinflächige Bebauungspläne der Innenentwicklung, § 13a Abs. 2 Nr. 4 BauGB 594
   a) Die naturschutzrechtliche Eingriffsregelung gem. § 1a Abs. 3 BauGB und ihr Geltungsbereich 594
   b) Besonderheit im beschleunigten Verfahren gem. § 13a Abs. 2 Nr. 4 BauGB 601
   c) Hintergrund des § 13a Abs. 2 Nr. 4 BauGB und Rechtfertigung der Fiktion 604
   d) Bewertung des Beschleunigungseffekts 607
   e) Kritik an § 13a Abs. 2 Nr. 4 BauGB 615
      aa) Kritikpunkte im Einzelnen 616
      bb) Reaktion innerhalb des Gesetzgebungsverfahrens 618
      cc) Auseinandersetzung mit den Kritikpunkten 623
         (1) Ausgleichslose Überplanung ökologisch besonders wertvoller Flächen 623
         (2) Ausgleichslose Überplanung in anderen Plänen vorgesehener Ausgleichsflächen 627
         (3) Europarechtliche Anforderungen 629
         (4) Widersprüchlichkeiten zu anderen städtebaulichen Instrumenten 629
            (a) Zur Ergänzungssatzung 629
            (b) Zum vereinfachten Verfahren 630
         (5) Ausgestaltung des beschleunigten Verfahrens als Wahlverfahren 632
            (a) Empfehlung des Verzichts auf das beschleunigte Verfahren im Zusammenhang mit der naturschutzrechtlichen Eingriffsregelung 632
            (b) Zweifel an der Verfassungsmäßigkeit der Ausgestaltung des beschleunigten Verfahrens als Wahlverfahren .. 635

(aa) Vergleich von beschleunigtem Verfahren und
Regel-planungsverfahren 635
(bb) Verfassungsrechtliche Anforderungen – Art. 3
Abs. 1 GG 638
(cc) Verfassungsrechtliche Anforderungen – Rechts-
staatsprinzip 643
(dd) Verfassungsrechtliche Anforderungen – Gebot der
praktischen Konkordanz 646
(ee) Vergleich von beschleunigtem und vereinfachtem
Verfahren 647
(ff) Vergleich des beschleunigten Verfahrens mit Innenbereichssatzungen 648
(gg) Empfehlungen zur Herstellung der Verfassungs-
konformität 651

C. Resümee 653

Abkürzungsverzeichnis 663

Literaturverzeichnis 669

A. Einleitung

I. Anlass des Innenstadtentwicklungsgesetzes

Am 01.01.2007 ist das Gesetz zur Erleichterung von Planungsvorhaben für die Innenentwicklung der Städte, das sog. Innenstadtentwicklungsgesetz, in Kraft getreten (BGBl. (2006) I S. 3316). Es ist das erste städtebaurechtliche Gesetz seit der Föderalismusreform vom 01.09.2006 (BGBl. (2006) I S. 2034).[1] Der Anlass dieser BauGB-Novelle war – anders als bei den vorherigen großen Änderungen des Baugesetzbuchs in den Jahren 2001 und 2004 – nicht die Pflicht zur Anpassung des deutschen Rechts an europarechtliche Anforderungen.[2] Das Innenstadtentwicklungsgesetz ist vielmehr ein Ansatz, das Städtebaurecht den aktuellen ökonomischen, ökologischen, sozialen, demografischen und städtebaulichen Entwicklungen in Deutschland anzugleichen.[3] Der Koalitionsvertrag von CDU, CSU und SPD aus dem Jahr 2005 sieht vor, zur Verminderung der Flächeninanspruchnahme und zur Beschleunigung wichtiger Planungsvorhaben, vor allem in den Bereichen Arbeitsplätze, Wohnbedarf und Infrastrukturausstattung, das Bau- und Planungsrecht für entsprechende Vorhaben zur Stärkung der Innenentwicklung zu vereinfachen und zu beschleunigen sowie die gesetzlichen Rahmenbedingungen zu erhalten und, wenn nötig, auszubauen, um die Innenstädte als Einzelhandelsstandorte zu erhalten.[4] Auch diese politischen Zielsetzungen sollen mit dem Innenstadtentwicklungsgesetz realisiert werden.[5] Dazu werden u. a. im europäischen Gemeinschaftsrecht eröffnete, bisher weitgehend ungenutzte Spielräume ebenso in Anspruch genommen wie der in diesem verankerte, angelsächsischer Tradition entsprechende[6] Verfahrensgedanke und der damit verbundene Stellenwert des Verfahrens weiter ins deutsche Recht übertragen wird.[7] Folglich gestaltet auch das Innenstadtentwicklungsgesetz, wenn

---

1 *Krautzberger*, UPR 2006, 405 (405).
2 *Krautzberger*, UPR 2006, 405 (405); *Battis/Krautzberger/Löhr*, NVwZ 2007, 121 (121); *Uechtritz*, BauR 2007, 476 (476).
3 BT-Drs. 16/2496, S. 1 u. 9; BT-Drs. 16/3308, S. 15 u. 16; ähnlich *Krautzberger/Stüer*, DVBl. 2007, 160 (160).
4 Koalitionsvertrag, S. 62, abrufbar unter http://www.bundesregierung.de/Content/DE/__Anlagen/koalitionsvertrag,property=publicationFile.pdf (zuletzt abgerufen am 04.08.2008).
5 BT-Drs. 16/2496, S. 1 u. 9; vgl. auch BT-Drs. 16/3308, S. 1 u. 16; *Bienek*, SächsVBl. 2007, 49 (49); *Blechschmidt*, ZfBR 2007, 120 (120); *v. Feldmann*, Grundeigentum 2007, 415 (415); *Gronemeyer*, BauR 2007, 815 (815); *Krautzberger/Stüer*, DVBl. 2007, 160 (161); *Müller-Grune*, BauR 2007 985 (985); *Uechtritz*, BauR 2007, 476 (476).
6 *Hoffmann-Riem*, AöR 130 [2005], 5 (36).
7 *Battis/Krautzberger/Löhr*, NVwZ 2007, 121 (121); *Krautzberger*, UPR 2006, 405 (405); *Schröer*, NZBau 2008, 46 (46).

auch nicht als primäres Anliegen, sondern nur als Reflex auf bestehende Verpflichtungen, gemeinschaftsrechtliche Vorgaben für das nationale Recht aus.[8]

II. Allgemeine Zielsetzung des Innenstadtentwicklungsgesetzes

Wie sich schon aus der Bezeichnung des Gesetzes ergibt, soll durch das Innenstadtentwicklungsgesetz der immer mehr fortschreitenden Entwicklung von Städten nach außen und der damit verbundenen, zunehmenden Ausweitung der Siedlungsfläche entgegengewirkt werden. Zugleich soll die Innenentwicklung der Städte einschließlich ihrer Stadtteil- und Ortszentren gewährleistet werden.[9] Dies hat zweierlei Hintergründe: Die Konzentration auf die Innenentwicklung soll zum einen die Nationale Nachhaltigkeitsstrategie (BT-Drs. 14/8953) verwirklichen, die eine Verringerung der Flächeninanspruchnahme durch Stärkung der Innenentwicklung vorsieht.[10] Statt einer Erstinanspruchnahme von Flächen sollen vorrangig vorhandene (Siedlungs-)Potenziale genutzt werden.[11] Das Nachhaltigkeitsprinzip hat in § 1 Abs. 5 S. 1 BauGB als Planungsgrundsatz ausdrücklich Einzug ins Baugesetzbuch gehalten. Es geht auf die in den Konferenzen der Vereinten Nationen von Rio de Janeiro (Lokale Agenda 21), Istanbul (Habitat II) sowie Kyoto (Kyoto-Protokoll) formulierten Ziele zurück.[12] Im deutschen Grundgesetz ist das Nachhaltigkeitsziel in Art. 20a GG verankert. Das Staatsziel, die natürlichen Lebensgrundlagen auch in Verantwortung für die künftigen Generationen zu schützen, verlangt, dass natürliche Ressourcen, gerade wenn sie in nur endlichem Umfang vorhanden sind, nachhaltig bewirtschaftet werden.[13] Der Nachhaltigkeitsgrundsatz erfordert es, den sparsamen Umgang mit dem nur in begrenztem Umfang vorhandenen Grund und Boden auch als eine von der Bauleitplanung zu bewältigende Aufgabe anzusehen.[14] Das

---

8 *Battis/Krautzberger/Löhr*, NVwZ 2007, 121 (121); *Krautzberger*, UPR 2006, 405 (405); *Uechtritz*, BauR 2007, 476 (476).
9 BT-Drs. 16/2496, S. 1 u. 9; BT-Drs. 16/3308, S. 14; *Battis/Krautzberger/Löhr*, NVwZ 2007, 121 (121); *Blechschmidt*, ZfBR 2007, 120 (120); *Krautzberger*, UPR 2006, 405 (405); *Schröer*, NZBau 2008, 46 (46).
10 BT-Drs. 14/8953, S. 81 u. 122; BT-Drs. 16/2496, S. 1 u. 9; BT-Drs. 1/3308, S. 14; *Battis/Krautzberger/Löhr*, NVwZ 2007, 121 (124); *Bergmann/Dosch/Jakubowski*, in: Perspektive Flächenkreislaufwirtschaft, Band I, S. 10 (11), abrufbar unter http://www.difu.de/index.shtml?/publikationen/ (zuletzt abgerufen am 19.12.2008); *Löhr*, in: B/K/L, § 9, Rn. 98i.
11 BT-Drs. 16/2496, S. 9.
12 *Murswiek*, NuR 2002, 641 (641); *W. Schrödter*, in: BauGB 2004 – Nachgefragt, S. 46 (46).
13 *Murswiek*, NuR 2002, 641 (644 u. 645).
14 *W. Schrödter*, in: BauGB 2004 – Nachgefragt, S. 46 (46); vgl. auch *Murswiek*, NuR 2002, 641 (644 u. 647).

Innenstadtentwicklungsgesetz soll damit also einerseits das ökologische Staatsziel des Art. 20a GG umsetzen.[15] Zum anderen sollen durch die Stärkung der Innenentwicklung der Städte deren Urbanität, Nutzungsvielfalt und Lebendigkeit bewahrt bleiben bzw. gestärkt werden.[16] Funktionsfähige urbane Stadtzentren und -quartiere nehmen angesichts der demografischen Entwicklung mit einem immer größer werdenden Anteil älterer und aufgrund dessen oftmals in ihrer Mobilität eingeschränkter Menschen an Bedeutung zu. Sie sind notwendig, um eine verbrauchernahe Versorgung der Bevölkerung mit Gütern und Dienstleistungen zu gewährleisten. Gerade Menschen, die nicht ohne Weiteres Einzelhandelsansiedlungen in dezentraler Lage am Stadtrand aufsuchen können, sind auf funktionsfähige Stadt- oder Stadtteilzentren angewiesen, die jedoch angesichts der vergangenen und teilweise noch gegenwärtigen Entwicklungen im Einzelhandel[17] gefährdet sind.[18] Aufgrund des zu erwartenden Rückgangs der absoluten Bevölkerungszahl in Deutschland ist zudem zu beachten, dass die technische (Wasserversorgung, Abwasserentsorgung, Stromversorgung etc.) und soziale (Kindergärten, Schulen etc.) Infrastruktur für bzw. durch immer weniger Menschen aufrechterhalten bzw. finanziert werden muss. Auch aus diesem wirtschaftlichen Grund soll eine Konzentration der weiteren Entwicklung auf die vorhandene Siedlungsfläche forciert werden.[19]

Um die Stärkung der Innenentwicklung tatsächlich zu erreichen, will das Innenstadtentwicklungsgesetz – wie die Städtebaugesetzgebung bezogen auf das Bauleitplanungsverfahren insgesamt schon seit Jahrzehnten[20] – das Planungsverfahren für Innenentwicklungsmaßnahmen vereinfachen und beschleunigen. Diese verfahrensbezogene Privilegierung der Innenentwicklung soll zudem Investitionen in diesem Bereich erleichtern und damit durch neues wirtschaftliches Wachstum auch Arbeit und Beschäftigung fördern.[21] Als Beitrag zur für Investi-

---

15 BT-Drs. 16/2496, S. 1 u. 9; *Battis/Krautzberger/Löhr*, NVwZ 2007, 121 (124).
16 BT-Drs. 16/2496, S. 1/2 u. 9; *Gronemeyer*, BauR 2007, 815 (815); *Scheidler*, BauR 2007, 650 (650); vgl. Koalitonsvertrag, S. 61, abrufbar unter http://www.bundesregierung.de/ Content/DE/__Anlagen/koalitionsvertrag,property=publicationFile.pdf (zuletzt abgerufen am 04.08.2008).
17 Näheres dazu bei *Löhr*, in: B/K/L, § 9, Rn. 98i; *Schmitz/Federwisch*, Einzelhandel und Planungsrecht, Rn. 1. Vgl. auch *Paul*, NVwZ 2004, 1033 (1033), wobei er wieder eine Abkehr von der starken Konzentration von Einzelhandelsbetrieben in nicht integrierten Lagen erkennt; ebenso *Schmitz/Federwisch*, Einzelhandel und Planungsrecht, Rn. 15.
18 BT-Drs. 16/2496, S. 1/2; BT-Drs. 16/3308, S. 1 u. 14; *Löhr*, in: B/K/L, § 9, Rn. 98i; *Portz*, in: Spannowsky/Hofmeister, BauGB 2007, S. 1 (1/2 u. 2).
19 *Portz*, in: Spannowsky/Hofmeister, BauGB 2007, S. 1 (2).
20 *Battis/Krautzberger/Löhr*, NVwZ 2007, 121 (121); *Krautzberger*, UPR 2006, 405 (405 u. Fn. 7).
21 BT-Drs. 16/2496, S. 1 u. 9; BT-Drs. 16/3308, S. 16; *Scheidler*, BauR 2007, 650 (650); *Spannowsky/Hofmeister*, in: Spannowsky/Hofmeister, BauGB 2007, Vorwort, S. V.

tionen notwendigen Planungs- und Rechtssicherheit will das Innenstadtentwicklungsgesetz zudem die Rechtsbeständigkeit von Plänen erhöhen.[22]

III. Zentrale Regelungen des Innenstadtentwicklungsgesetzes

Zur Erreichung der von ihm angestrebten Ziele traf der Gesetzgeber im Innenstadtentwicklungsgesetz folgende zentrale Regelungen:
- Einführung eines beschleunigten Verfahrens für Bebauungspläne der Innenentwicklung in § 13a BauGB;
- Festsetzungen zur Erhaltung und Entwicklung zentraler Versorgungsbereiche, auch im Interesse einer verbrauchernahen Versorgung und der Innenentwicklung, in § 9 Abs. 2a BauGB;
- Erweiterung der Vorhabensteuerung durch den Durchführungsvertrag beim vorhabenbezogenen Bebauungsplan in § 12 Abs. 3a BauGB;
- Beschleunigung und Erleichterung des Abschlusses von städtebaulichen Sanierungsverfahren in §§ 142, 154 BauGB;
- Vertiefung der Bestandskraft von Bauleitplänen (§§ 214 f. BauGB) und Beschränkung des Rechtsschutzes gegen Bauleitpläne (§ 47 Abs. 2 S. 1 u. Abs. 2a VwGO).

IV. Gesetzgebungshistorie

Das Innenstadtentwicklungsgesetz darf, gerade weil es in das Baugesetzbuch zuvor eingeführte Regelungen wieder aufhebt, modifiziert oder erweitert, nicht isoliert betrachtet werden. Vielmehr ist es eingebettet in eine vor längerer Zeit beginnende Reihe von BauGB-Novellen, deren Tendenzen das Innenstadtentwicklungsgesetz fortführt oder wieder aufgreift, aber auch abbricht oder umkehrt.

1. Gesetz zur Umsetzung der Richtlinie 85/337/EWG des Rates vom 27.06.1985 über die Umweltverträglichkeitsprüfung bei bestimmten öffentlichen und privaten Projekten

Am 12.02.1990 trat das Gesetz zur Umsetzung der Richtlinie 85/337/EWG des Rates vom 27.06.1985 über die Umweltverträglichkeitsprüfung bei bestimmten öffentlichen und privaten Projekten (ABl. EG Nr. L 175 vom 05.07.1985, S. 40-48, sog. UVP-RL) (BGBl. (1990) I S. 205) in Kraft, dessen bedeutendster Rege-

---

22 BT-Drs. 16/2496. S. 2; BT-Dr. 16/3308, S. 1 u. 14; *Battis/Krautzberger/Löhr*, NVwZ 2007, 121 (121); *Blechschmidt*, ZfBR 2007, 120 (120); *Schröer*, NZBau 2006, 703 (704).

lungsinhalt die Einführung des Gesetzes über die Umweltverträglichkeitsprüfung (UVPG) war. Damit wurde im deutschen Rechtssystem erstmals das Rechtsinstrument der Umweltverträglichkeitsprüfung geschaffen.[23] Sie wurde gem. § 2 Abs. 1 S. 1 UVPG (1990) als unselbständiger Teil anderer verwaltungsbehördlicher Verfahren konzipiert, weswegen einige Umwelt-Fachgesetze, z. B. das Bundesimmissionsschutzgesetz und das Bundesnaturschutzgesetz, entsprechend angepasst wurden.[24] Das Baugesetzbuch wurde durch das Gesetz zur Umsetzung der Richtlinie über die Umweltverträglichkeitsprüfung nicht geändert, es wurde jedoch durch die §§ 2 und 17 UVPG (1990) mit dem Gesetz über die Umweltverträglichkeitsprüfung verbunden. Dadurch unterlagen auch bestimmte Bebauungspläne erstmals der Pflicht zur Durchführung einer Umweltverträglichkeitsprüfung, die in das Bauleitplanungsverfahren eingebunden war.[25] Diese wurde damit erstmals – wenn auch nur bezogen auf bestimmte Fälle – als Trägerverfahren ausgestaltet, bei dem alle bauplanungsrechtlich relevanten, umwelterheblichen Auswirkungen eines Vorhabens und alle innerhalb der Planung durchzuführenden umweltbezogenen Prüfverfahren in einer Prüfung erfasst werden sollten, wodurch das behördliche Verfahren der (Einzel-)Vorhabenzulassung effektuiert werden sollte.[26]

2. Maßnahmengesetz zum Baugesetzbuch (BauGB-MaßnahmenG)

Auf die veränderte Situation auf den Wohnungs- und Baulandmärkten, v. a. auf die starke Nachfrage nach Wohnungs- und Bauland in den 80er Jahren und den damit verbundenen dringenden Wohnbedarf, wurde am 17.05.1990 mit dem Wohnungsbau-Erleichterungsgesetz (BGBl. (1990) I S. 926) reagiert, das in seinem Artikel 2 das BauGB-Maßnahmengesetz enthielt, welches als Sondergesetz neben das Baugesetzbuch trat und auf fünf Jahre befristet war.[27] Als fakultative lex specialis zum Baugesetzbuch sah es u. a. vor, dass bei dringendem Wohnbedarf Bebauungspläne aufgestellt, geändert oder ergänzt werden konnten, auch wenn die Flächennutzungspläne noch nicht entsprechend geändert oder ergänzt waren. Ebenso konnte die Auslegungsfrist für Bebauungsplanent-

---

23 *Gallas*, in: Landmann /Rohmer, Umweltrecht, Band III, UVPG Vorb., Rn. 25 (Stand: März 1994).
24 *Gallas*, in: Landmann/Rohmer, Umweltrecht, Band III, UVPG Vorb., Rn. 26 (Stand: März 1994) u. 29 (Stand: März 1993) u. 37 (Stand: März 1994).
25 *Gallas*, in: Landmann/Rohmer, Umweltrecht, Band III, UVPG Vorb., Rn. 29 (Stand: März 1993); *Gassner*, UVPG, § 17, Rn. 1; *Wagner/Paßlick*, in: Hoppe, UVPG, § 17, Rn. 17.
26 *Gallas*, in: Landmann/Rohmer, Umweltrecht, Band III, UVPG Vorb., Rn. 35 (Stand: März 1994); *Krautzberger*, in: E/Z/B/K, § 2, Rn. 155 (Stand: September 2007). Vgl. BT-Drs. 15/2250, S. 28 u. 29.
27 *Krautzberger*, in: E/Z/B/K, Einl., Rn. 162 (Stand: April 2000).

würfe auf zwei Wochen verkürzt werden.[28] Daraus wird deutlich, dass das BauGB-Maßnahmengesetz die Planung von (Wohn-)Bauland und damit dessen Bereitstellung verkürzen und vereinfachen wollte; dasselbe galt auch für das Genehmigungsverfahren bei Wohnbauten.[29]

3. Investitionserleichterungs- und Wohnbaulandgesetz

Am 01.05.1993 trat das Gesetz zur Erleichterung von Investitionen und der Ausweisung und Bereitstellung von Wohnbauland (BGBl. (1993) I S. 466) in Kraft, das zur Lösung der Wohnbaulandproblematik das Raumordnungs- und Umweltrecht, die Verwaltungsgerichtsordnung und das Mieterschutzrecht ebenso änderte wie das Städtebaurecht.[30] Dabei wurden auch Regelungen des BauGB-Maßnahmengesetzes verändert und z. T. ins Baugesetzbuch als nicht befristete Normen übernommen sowie Normen, die bis dahin nur in den alten Bundesländern gegolten hatten, auf die neuen Länder übertragen wurden.[31] Die Geltung des BauGB-Maßnahmengesetzes wurde bis 31.12.1997 verlängert.[32] Neben anderen Ansätzen zur Verfahrensbeschleunigung, vor allem zur Deckung des dringenden Wohnbedarfs,[33] wurden der städtebauliche Vertrag und der Vorhaben- und Erschließungsplan, den es nur in den neuen Bundesländern gegeben hatte, als kooperative Instrumente – wenn auch zunächst nur befristet – für alle 16 Bundesländer eingeführt.[34] Die Pflicht zur Umweltverträglichkeitsprüfung für Bebauungspläne nach dem Gesetz über die Umweltverträglichkeitsprüfung wurde wieder eingeschränkt.[35] Zugleich wurde in § 8a-c BNatSchG (1993) im sog. „Baurechtskompromiss" bestimmt, dass die Anforderungen der naturschutzrechtlichen Eingriffsregelung abschließend innerhalb der Bauleitplanung und nicht erst oder nochmals im Rahmen der Zulassung baulicher Einzelvorhaben zu beachten sind,[36] was ebenfalls der Konzentration des Verfahrens die-

---

28 *Krautzberger*, in: E/Z/B/K, Einl., Rn. 163 (Stand: April 2000).
29 *Krautzberger*, in: B/K/L, Einl., Rn. 34.
30 *Krautzberger*, in: E/Z/B/K, Einl., Rn. 179 und 181 (Stand: April 2000).
31 *Krautzberger*, in: E/Z/B/K, Einl. Rn. 181 u. 183 (Stand: April 2000).
32 *Krautzberger*, in B/K/L, Einl., Rn. 37; *ders.*, in: E/Z/B/K, Einl., Rn. 189 (Stand: April 2000).
33 *Krautzberger*, in: E/Z/B/K, Einl., Rn. 182 (Stand: April 2000); *ders.*, in: B/K/L, Einl., Rn. 38; *Krautzberger/Stüer*, DVBl. 2007, 160 (160).
34 *Krautzberger*, in: E/Z/B/K, Einl., Rn. 184 (Stand: April 2000).
35 *Gassner*, UVPG, § 17, Rn. 2; *Krautzberger*, in: E/Z/B/K, Einl., Rn. 187 (Stand: April 2000); *Wagner/Paßlick*, in: Hoppe, UVPG, § 17, Rn. 18.
36 *Krautzberger*, in: E/Z/B/K, Einl., Rn. 186 (Stand: April 2000).

nen sollte.[37] Die Integration umwelt- und naturschutzrechtlicher Verfahren in die Bauleitplanung schritt fort.[38]

4. Bau- und Raumordnungsgesetz 1998 (BauROG)

Das am 01.01.1998 in Kraft getretene BauROG (BGBl. (1997) I S. 2081) diente der Harmonisierung des Baugesetzbuchs, des BauGB-Maßnahmengesetzes (das bis 31.12.1997 befristet war) und der Sonderreglungen für die neuen Bundesländer in ein einheitliches Städtebaurecht.[39] Neben der Verankerung des Nachhaltigkeitsprinzips als Leitlinie der Bauleitplanung und der Einfügung informeller Planungen in die Planungsleitlinien des § 1 Abs. 5 BauGB (1998)[40] wurde der sog. „Baurechtskompromiss" der §§ 8a-c BNatSchG (1993) durch § 1a BauGB (1998) substituiert und fortentwickelt. § 1a BauGB (1998) regelte zusammenfassend alle in der bauleitplanerischen Abwägung zu berücksichtigenden umweltschützenden Belange.[41] Zudem wurde der städtebauliche Vertrag dauerhaft im Baugesetzbuch verankert ebenso wie der Vorhaben- und Erschließungsplan in Kombination mit dem vorhabenbezogenen Bebauungsplan.[42]

5. Gesetz zur Umsetzung der UVP-Änderungsrichtlinie, der IUV-Richtlinie und weiterer EG-Richtlinien zum Umweltschutz (UVP-Änderungsgesetz 2001)

Die nächste BauGB-Novelle, das sog. UVP-Änderungsgesetz 2001 (BGBl. (2001) I S. 1950), trat am 03.08.2001 in Kraft. Es diente neben der Umsetzung der Richtlinie 96/61/EG des Rates vom 24.09.1996 über die integrierte Vermeidung und Verminderung der Umweltverschmutzung (ABl. EG Nr. L 302 vom 26.11.1996, S. 28, sog. IUV-Richtlinie) u. a. der Anpassung des deutschen Städtebaurechts an die Änderung der UVP-Richtlinie (85/337/EWG) durch die Richtlinie 97/11/EG des Rates vom 03.03.1997 (ABl. EG Nr. L 73 vom 14.03.1997, S. 5-15, sog. UVP-Änderungs-RL), die insbesondere den Prüfungsumfang der Umweltverträglichkeitsprüfung z. B. um Angaben über die wichtigsten anderweitigen Lösungsmöglichkeiten erweiterte und den Kreis der umwelt-

---

37 Vgl. *Krautzberger*, in: E/Z/B/K, § 1a, Rn. 22 (Stand: September 2004).
38 *Krautzberger*, in B/K/L, Einl., Rn. 42; *ders.*, in: E/Z/B/K, § 2, Rn. 154 (Stand: September 2007).
39 *Krautzberger*, in: E/Z/B/K, Einl., Rn. 191 (Stand: April 2000); *Krautzberger/Stüer*, DVBl. 2007, 160 (161).
40 *Krautzberger*, in: E/Z/B/K, Einl., Rn. 193 (Stand: April 2000).
41 *Krautzberger*, in: E/Z/B/K, Einl., Rn. 194 (Stand: April 2000); *Wagner/Paßlick*, in: Hoppe, UVPG, § 17, Rn. 20.
42 *Krautzberger*, in: E/Z/B/K, Einl., Rn. 199 (Stand: April 2000).

verträglichkeitsprüfungspflichtigen Projekte vergrößerte,[43] und der Korrektur von Umsetzungsdefiziten.[44] Dabei wurde auf der gem. § 17 UVPG (1990) und § 1a Abs. 2 Nr. 3 BauGB (1998) bestehenden Verbindung von Bauleitplanung und Umweltverträglichkeitsprüfung aufgebaut. Die Anlage 1 UVPG fasste in Nr. 18 die Bebauungspläne zusammen, die einer Pflicht zur Umweltverträglichkeitsprüfung unterliegen sollten.[45] Die §§ 3-3f UVPG (2001) galten für die Bestimmung der Umweltverträglichkeitsprüfungspflichtigkeit innerhalb der Bebauungsplanung,[46] so dass sich die Pflicht zur Durchführung einer Umweltverträglichkeitsprüfung für Bauleitpläne nach wie vor nach dem Gesetz über die Umweltverträglichkeitsprüfung beurteilte,[47] während sie entsprechend der Bestimmungen des Bauleitplanungsverfahrens nach dem Baugesetzbuch durchzuführen war.[48] Ob eine Pflicht zur Durchführung einer Umweltverträglichkeitsprüfung bestand, musste für jeden Bebauungsplan geprüft werden.[49] Auch im Baugesetzbuch selbst wurden Änderungen im Zusammenhang mit der Umweltprüfung vorgenommen. So wurde mit § 2a BauGB der Umweltbericht in das Baugesetzbuch eingeführt, der die Auswirkungen des Vorhabens auf die Umwelt nach der UVP-RL erfassen, der Öffentlichkeit und den Trägern öffentlicher Belange zur

---

43 *Krautzberger*, in: E/Z/B/K, Einl., Rn. 213 (Stand: Juli 2004); *Wagner/Paßlick*, in: Hoppe, UVPG, § 17, Rn. 21.
44 Vgl. EuGH, Urt. vom 22.10.1998 – Rs. C-301/95, NJW 1999, 2105 (2105) (Kommission gegen Deutschland) und EuGH, Urt. vom 21.09.1999 – Rs. C-392/96, ZUR 2000, 284 (284) (Kommission gegen Irland) und EuGH, Urt. vom 16.09.1999 – Rs. C-435/97, Slg. 1999, I-5613 (5651 (Rn. 36 u. 37); 5652 (Rn. 38 u. 39 u. 40); 5653/5654 (Rn. 45); 5654/5655 (Rn. 49)) (WWF), wo die Umsetzung von Art. 4 Abs. 2 UAbs. 2 der UVP-RL (85/337/EWG) gerügt wurde. Die Richtlinie räume den Mitgliedstaaten zwar einen Ermessensspielraum bei der Bestimmung der Arten von Projekten ein, die einer Umweltverträglichkeitsprüfung zu unterziehen sind. Dieser Spielraum aber sei begrenzt durch die in Art. 2 Abs. 1 UVP-RL festgelegte Pflicht, die Projekte, bei denen insbesondere aufgrund ihrer Art, ihrer Größe oder ihres Standorts mit erheblichen Auswirkungen auf die Umwelt zu rechnen sei, einer Untersuchung der Auswirkungen zu unterziehen. Daher dürfe man bei der Festlegung der umweltverträglichkeitsprüfungspflichtigen Projektklassen nicht nur die Größe des Projekts berücksichtigen, sondern müsse auch seine Art und den Standort beachten (EuGH, Urt. vom 21.09.1999 – Rs. C-392/96, ZUR 2000, 284 (284 u. 285)). Ebenso müsse darauf geachtet werden, dass das Regelungsziel nicht durch die Aufsplitterung von Projekten umgangen werde. (EuGH, Urt. vom 21.09.1999 – Rs. C-392/96, ZUR 2000, 284 (284 u. 286)); vgl. auch *Kuschnerus*, BauR 2001, 1211 (1211).
45 *Krautzberger*, in: E/Z/B/K, Einl., Rn. 212 (Stand: Juli 2004).
46 *Gassner*, UVPG, § 17, Rn. 3; *Krautzberger*, in: E/Z/B/K, Einl., Rn. 212 (Stand: Juli 2004); *Blechschmidt*, DVBl. 2008, 32 (32) unter Verweis auf *Krautzberger*; *Schink*, UPR 2004, 81 (82).
47 *Krautzberger*, in: E/Z/B/K, Einl., Rn. 222 (Stand: Juli 2004); *Blechschmidt*, DVBl. 2008, 32 (32) unter Verweis auf *Krautzberger*; *Bunzel*, ZfBR 2002, 124 (130).
48 *Bunzel*, ZfBR 2002, 124 (130); *Mitschang*, GewArch 2002, 274 (276); *Schink*, UPR 2004, 81 (82).
49 *Krautzberger*, in: E/Z/B/K, Einl., Rn. 236 (Stand: Juli 2004); *Schink*, UPR 2004, 81 (82).

Stellungnahme unterbreitet und nach Abwägungsgrundsätzen bewertet werden sollte, wobei diese Verfahrensschritte im Baugesetzbuch geregelt waren.[50] Die Pflicht zur Erstellung eines Umweltberichts für umweltverträglichkeitsprüfungspflichtige Bebauungspläne im Rahmen ihrer Aufstellung sollte die Qualität der Planung erhöhen, indem die Umweltbelange früh in das Planungsverfahren eingebracht werden.[51]

6. Europarechtsanpassungsgesetz Bau (EAG-Bau)

Zur Anpassung des räumlichen Planungsrechts an neue gemeinschaftsrechtliche Vorgaben, v. a. zur Umsetzung der Richtlinie 2001/42/EG des Europäischen Parlaments und des Rates vom 27.06.2001 über die Prüfung der Umweltauswirkungen bestimmter Pläne und Programme (ABl. EG Nr. L 197 vom 21.07.2001, S. 30-37; sog. Plan-UP-RL) wurde das EAG-Bau (BGBl. (2004) I S. 1359) erlassen, das am 20.07.2004 in Kraft trat.[52] Die Plan-UP-RL will dadurch ein hohes Umweltschutzniveau sicherstellen, dass bereits bestimmte Pläne und Programme, die voraussichtlich erhebliche Umweltauswirkungen haben, einer Umweltprüfung unterzogen werden. Dieser Verfahrensschritt soll gewährleisten, dass Umwelterwägungen bei der Planausarbeitung beachtet werden. Es soll also nicht erst bei der Projektzulassung erstmals eine Umwelt(verträglichkeits)prüfung stattfinden.[53] Zur Umsetzung dieser Anforderungen für das Bauplanungsrecht setzte das EAG-Bau die im Bauplanungsrecht bereits eingeschlagene Linie fort, alle umwelt- und naturschutzrechtlichen Anforderungen an die Bauleitplanung in das Planungsrecht zu integrieren, um damit unterschiedliche Aspekte des Planungsrechts im Planungskonzept des Baugesetzbuchs zu vereinen[54] und sonst erforderliche selbständige Verfahren zu vermeiden.[55] Das EAG-Bau fügte die Umweltprüfung als Verfahrensschritt bei der Aufstellung von Bauleitplänen gem. § 2 Abs. 4 S. 1 BauGB für grundsätzlich alle Bauleitpläne in das Baugesetzbuch ein[56] sowie es das Umweltprüfungsverfahren entsprechend gemeinschaftsrechtlicher Anforderungen erweiterte und präzisierte.[57] Das EAG-Bau wollte ein einheitliches und übersichtliches Verfahren schaffen, in das alle um-

---

50 *Krautzberger*, in: E/Z/B/K, Einl., Rn. 212 u. 222 (Stand: Juli 2004); *Kuschnerus*, BauR 2001, 1211 (1213/1214).
51 *Krautzberger*, in: E/Z/B/K, Einl., Rn. 222 (Stand: Juli 2004); so auch *Kuschnerus*, BauR 2001, 1211 (1213 u. 1214).
52 *Krautzberger*, in: E/Z/B/K, Einl., Rn. 256 (Stand: Juli 2004); *Krautzberger/Stüer*, DVBl. 2007, 160 (161).
53 *Krautzberger*, in: E/Z/B/K, Einl., Rn. 258 (Stand: Juli 2004); *ders.*, in: E/Z/B/K, § 2, Rn. 153 (Stand: September 2007); *Leidinger*, in: Hoppe, UVPG, § 14a, Rn. 1.
54 *Krautzberger*, in: E/Z/B/K, Einl., Rn. 259 (Stand: Juli 2004).
55 *Krautzberger*, in: E/Z/B/K, Einl., Rn. 261 (Stand: Juli 2004).
56 *Krautzberger*, in: E/Z/B/K, Einl., Rn. 259 (Stand: Juli 2004).
57 *Krautzberger*, in: E/Z/B/K, Einl., Rn. 262 (Stand: Juli 2004).

weltbezogenen Anforderungen an die Bauleitplanung einbezogen werden und in dem diesen genügt wird.[58] Weil die verfahrensrechtlichen Anforderungen der Plan-UP-RL nicht geringer sind als die der UVP-RL (85/337/EWG) in der durch die UVP-Änderungs-RL (97/11/EG) geänderten Fassung konnte zugleich die 2001 eingeführte gleichzeitige Verwendung von BauGB- und UVPG-Verfahrensvorschriften beendet werden.[59] Das EAG-Bau ersetzte damit für das Städtebaurecht die mit der UVPG-Novelle 2001 getroffenen Regelungen.[60] Zudem wurden – für das deutsche Recht an sich unbekannt – die verfahrensbezogene Sichtweise des Europarechts und die damit verbundene Stärkung des Verfahrensgedankens in das deutsche Planungsrecht integriert. Der Ansatz, dass ein ordnungsgemäß durchgeführtes Verfahren Indiz für die materielle Rechtmäßigkeit einer Entscheidung ist, stärkt die Bedeutung des Verfahrensrechts,[61] was z. B. an § 2 Abs. 3, § 1 Abs. 7 i. V. m. § 214 Abs. 1 S. 1 Nr. 1, Abs. 3 BauGB ablesbar ist.

7. Gesetz zur Verbesserung des vorbeugenden Hochwasserschutzes

Mit dem Gesetz zur Verbesserung des vorbeugenden Hochwasserschutzes (BGBl. (2005) I S. 1224) vom 03.05.2005 wurden der Hochwasserschutz und das Bauplanungsrecht durch die für das Bauleitplanungsverfahren zwingende Regelung des § 31b Abs. 4 WHG und den Planungsgrundsatz des § 1 Abs. 6 Nr. 12 BauGB ausdrücklich miteinander verknüpft, um zu gewährleisten, dass in Überschwemmungsgebieten grundsätzlich keine Baugebiete neu ausgewiesen und keine Bauvorhaben genehmigt werden.[62]

8. Öffentlichkeitsbeteiligungsgesetz

Das Öffentlichkeitsbeteiligungsgesetz vom 09.12.2006 (BGBl. (2006) I S. 2819), das der Umsetzung der Richtlinie 2003/35/EG des Europäischen Parlaments und des Rates vom 26.05.2003 über die Beteiligung der Öffentlichkeit bei der Ausarbeitung bestimmter umweltbezogener Pläne und Programme und zur Änderung der Richtlinien 85/337/EWG und 96/61/EG des Rates in Bezug auf die Öffentlichkeitsbeteiligung und den Zugang zu Gerichten (ABl. EG Nr. L 156

---

58 *Krautzberger*, in: E/Z/B/K, Einl., Rn. 262 (Stand: Juli 2004); *Schink*, UPR 2004, 81 (83); *Wagner/Paßlick*, in: Hoppe, UVPG, § 17, Rn. 6.
59 *Krautzberger*, in: E/Z/B/K, Einl., Rn. 261 (Stand: Juli 2004); *ders.*, in: E/Z/B/K, § 2, Rn. 152 (Stand: September 2007).
60 *Krautzberger*, in: E/Z/B/K, Einl., Rn. 255 (Stand: Juli 2004).
61 BT-Drs. 15/2250, S. 28; *Krautzberger*, in: E/Z/B/K, Einl., Rn. 289 (Stand: Juli 2004); *ders.*, in: E/Z/B/K, § 2, Rn. 156 (Stand: September 2007).
62 *Krautzberger*, in: E/Z/B/K, Einl., Rn. 292 (Stand: September 2005) u. 293 u. 295 (Stand: Dezember 2006).

vom 25.06.2003, S. 17-25, sog. Öffentlichkeitsbeteiligungs-RL) dient, die zum Teil schon durch das EAG-Bau in deutsches Recht transformiert wurde, wurde fast zeitgleich zum Innenstadtentwicklungsgesetz erlassen. Entsprechend der Anforderung des Art. 6 Abs. 2 lit. b i. V. m. Art. 7 Abs. 1 UVP-RL in der durch die Öffentlichkeitsbeteiligungs-RL (2003/35/EG) geänderten Fassung wurde § 4a Abs. 5 BauGB um einen Satz 3 ergänzt. Um zwei unmittelbar aufeinander folgende Änderungen des Baugesetzbuchs zu vermeiden, wurde während der Beratungen des Bundestags zum Innenstadtentwicklungsgesetz die durch den Entwurf des Öffentlichkeitsbeteiligungsgesetzes (vgl. BT-Drs. 16/2494, S. 12 u. 30) vorgesehene Änderung des Baugesetzbuchs in das Innenstadtentwicklungsgesetz integriert.[63]

V. Erlass des Innenstadtentwicklungsgesetzes

1. Gesetzgebungskompetenz

Das Innenstadtentwicklungsgesetz wurde am 09.11.2006 beschlossen, so dass es hinsichtlich seiner Verfassungsmäßigkeit entsprechend der Fassung des Grundgesetzes seit der Föderalismusreform vom 01.09.2006 (BGBl. (2006) I S. 2034) zu beurteilen ist. Auch nach dieser besteht die konkurrierende Gesetzgebungskompetenz des Bundes für den Bereich des Bodenrechts gem. Art. 72 Abs. 1, Art. 74 Abs. 1 Nr. 18 GG. Die Erforderlichkeit einer bundeseinheitlichen Regelung des Bodenrechts wird unwiderleglich vermutet, was sich aus der Nichtnennung von Art. 74 Abs. 1 Nr. 18 GG in Art. 72 Abs. 2 GG ergibt. Eine Abweichungsbefugnis der Länder gem. Art. 72 Abs. 3 GG besteht nicht.

Gem. § 2 Abs. 1 S. 1 BauGB sind Bauleitpläne von der Gemeinde in eigener Verantwortung aufzustellen. Damit regelt der Bund mit den Vorschriften des Baugesetzbuchs, also auch mit dem Innenstadtentwicklungsgesetz, unmittelbar Aufgaben der Gemeinden, die verfassungsrechtlich Teil der Länder sind. Sofern der Bund, obwohl die Länder gem. Art. 83 GG das Baugesetzbuch als eigene Angelegenheit ausführen, gem. Art. 84 Abs. 1 S. 2 GG die Einrichtung der Behörden und/oder das Verwaltungsverfahren regelt, was gem. Art. 84 Abs. 1 S. 1 GG grundsätzlich in die Kompetenz der das Gesetz ausführenden Länder fällt, dürfen die Länder gem. Art. 84 Abs. 1 S. 2 a. E. GG davon abweichende, eigene Regelungen treffen. Auch die Zuweisung von bestimmten Aufgaben an Gemeinden und die Veränderung der Aufgaben fallen grundsätzlich unter den

---

63 BT-Drs. 16/3308, S. 4 u. 16/17; *Krautzberger*, UPR 2007, 53 (55).

Begriff „Einrichtung der Behörden".[64] Das Verwaltungsverfahren bezieht sich auf die Art und Weise sowie die Form des Verwaltungshandelns und erfasst auch die zur Verfügung stehenden Handlungsformen und die Art der Vorbereitung einer behördlichen Entscheidung sowie deren Zustandekommen.[65] Der Bund regelt mit dem Innenstadtentwicklungsgesetz in § 13a BauGB (2007) ein bestimmtes, von der Gemeinde durchzuführendes Verwaltungsverfahren im Rahmen der ihr zugewiesenen Bauleitplanung. Nur aufgrund eines besonderen Bedürfnisses nach einer bundeseinheitlichen Regelung darf der Bund die Abweichungskompetenz der Länder im Hinblick auf das Verwaltungsverfahren gem. Art. 84 Abs. 1 S. 5 GG ausschließen, wobei hierzu gem. Art. 84 Abs. 1 S. 6 GG die Zustimmung des Bundesrats notwendig ist. Beim Innenstadtentwicklungsgesetz machte der Bund von seiner Befugnis gem. Art. 84 Abs. 1 S. 5 GG keinen Gebrauch, obwohl im Rahmen der Beratung zur Föderalismusreform davon ausgegangen worden war, dass bei Regelungen des Planungsverfahrens im Baugesetzbuch als solche des Umweltverfahrensrechts regelmäßig ein Ausnahmefall im Sinne des Art. 84 Abs. 1 S. 5 GG vorliege.[66] Damit besteht hinsichtlich der Verfahrensregelungen des Innenstadtentwicklungsgesetzes eine Abweichungskompetenz der Länder gem. Art. 84 Abs. 1 S. 2 GG.[67]

Gem. Art. 84 Abs. 1 S. 7 GG ist seit der Föderalismusreform – vor allem aufgrund der mit einer Aufgabenwahrnehmung benötigten Finanzausstattung der Gemeinden[68] – zusätzlich ausdrücklich festgesetzt, dass durch Bundesgesetz Gemeinden und Gemeindeverbänden Aufgaben nicht übertragen werden dürfen, insoweit also keine Gesetzgebungskompetenz des Bundes besteht. Dies könnte nun – für vor der Föderalismusreform in Kraft getretenes Recht gilt Art. 125a Abs. 1 GG – einer Regelung der Bauleitplanung als Aufgabe der Gemeinden durch den Bund entgegenstehen. Dabei ist allerdings zu bedenken, dass die Bauleitplanung ein Aspekt der Planungshoheit einer Gemeinde ist, die als eine der Gemeindehoheiten Teil des durch Art. 28 Abs. 2 S. 1 GG gewährleisteten Selbstverwaltungsrechts ist.[69] Damit obliegt den Gemeinden die Bauleitplanung bereits von Verfassungs wegen und wird ihnen nicht erst durch bundesgesetzliche Normierungen des Baugesetzbuchs im Sinne des Art. 84 Abs. 1 S. 7 GG übertragen.[70] Zudem entschied das Bundesverfassungsgericht, dass „die Zuweisung der Bauleitplanung an die Gemeinden als eigene Angelegenheit und deren nähere Ausgestaltung und Modifizierung ein ausgewogenes organisatorisches

---

64 BVerfG, Beschl. vom 09.12.1987 – 2 BvL 16/84, E 77, 288 (299); *Pieroth*, in: J/P, GG, Art. 4, Rn. 3.
65 *Pieroth*, in: J/P, GG, Art. 84, Rn. 4.
66 BT-Drs. 16/813, S. 15; *Battis/Krautzberger/Löhr*, NVwZ 2007, 121 (122).
67 *Gierke*, in: Brügelmann, § 13a, Rn. 11 (Stand: Februar 2008).
68 *Henneke*, in: Schmidt-Bleibtreu/Hofmann/Hopfauf, GG, Art. 84, Rn. 20.
69 BVerfG, Beschl. vom 09.12.1987 – 2 BvL 16/84 , E 77, 288 (297).
70 BR-Drs. 651/06, S. 17; *Battis/Krautzberger/Löhr*, NVwZ 2007, 121 (122).

Folgekonzept zu den materiellen Bauleitplanungsregeln ist, die der Bundesgesetzgeber mit guten Gründen zur Ausführung und Verwirklichung der materiellen Regelungen für notwendig erachten durfte."[71] Damit steht Art. 84 Abs. 1 S. 7 GG einer bundesgesetzlichen Regelung der Bauleitplanung als Aufgabe der Gemeinden nicht entgegen.

2. Gesetzgebungsverfahren

a) Parlamentarisches Gesetzgebungsverfahren

Die Initiative zum Innenstadtentwicklungsgesetz ging gem. Art. 76 Abs. 1 1. Var. GG von der Bundesregierung aus, die am 09.08.2006 den Entwurf des Innenstadtentwicklungsgesetzes (BT-Drs. 16/2496, S. 5 ff.) beschloss, der vom Bundesministerium für Verkehr, Bau und Stadtentwicklung vorbereitet worden war.[72] Gem. Art. 76 Abs. 2 S. 1 GG nahm der Bundesrat am 22.09.2006 in seiner 825. Sitzung zum Gesetzentwurf Stellung,[73] womit sich die Bundesregierung in einer Gegenäußerung[74] befasste. Am 21.09.2006 verwies der Bundestag den Gesetzentwurf der Bundesregierung an den Ausschuss für Verkehr, Bau und Stadtentwicklung zur federführenden Beratung sowie an den Innenausschuss, den Rechtsausschuss und den Ausschuss für Umwelt, Naturschutz und Reaktorsicherheit.[75] Am 09.11.2006[76] beschloss der Bundestag gem. Art. 77 Abs. 1 GG den Gesetzentwurf. Am 15.12.2006 entschied der Bundesrat in seiner 829. Sitzung, keinen Antrag nach Art. 77 Abs. 2 S. 1 GG zu stellen.[77] Da das Gesetz mangels Einschlägigkeit von Art. 84 Abs. 1 S. 6 GG nicht zustimmungsbedürftig ist, kam es gem. Art. 78 2. Var. GG zustande und konnte gem. Art. 82 Abs. 1 S. 1 GG am 21.12.2006 ausgefertigt und am 27.12.2006 im Bundesgesetzblatt (BGBl. (2006) I S. 3316) verkündet werden. Das Innenstadtentwicklungsgesetz trat am 01.01.2007 in Kraft.

b) Praxistest

Auf Veranlassung des Bundesministeriums für Verkehr, Bau und Stadtentwicklung, das den Gesetzentwurf der Bundesregierung zum Innenstadtentwicklungsgesetz (BT-Drs. 16/2496) ausgearbeitet hatte, wurde vom Bundesamt für Bauwesen und Raumordnung ein Praxistest in Auftrag gegeben, der vom Verein für

---

71 BVerfG, Beschl. vom 09.12.1987 – 2 BvL 16/84, E 77, 288 (301).
72 *Bunzel*, Difu-Praxistest, S. 13, abrufbar unter http://www.difu.de/publikationen/difu-berichte/4_06/11.phtml (zuletzt abgerufen am 01.03.2008).
73 BR-Drs. 558/06 und BT-Drs. 16/2932, S. 1-4.
74 BT-Drs. 16/2932, S. 4-5.
75 BT-Drs. 16/3308, S. 14.
76 BR-Drs. 855/06.
77 BR-Drs. 855/06.

Kommunalwissenschaften als Rechtsträger des Deutschen Instituts für Urbanistik ausgeführt wurde. In diesem sollten durch die Praxisteststädte Bocholt, Bochum, Forst, Freising, Leipzig und Reutlingen als künftige Rechtsanwender die Praxistauglichkeit des Gesetzentwurfs geprüft und – möglicherweise nicht bedachte – Folgewirkungen abgeschätzt werden.[78] Der Praxistest fand von Juli bis September 2006 und damit unter großem Zeitdruck statt; deshalb wurden diejenigen Städte für das Planspiel herangezogen, die diese Vorgehensweise schon durch das EAG-Bau (2004) kannten.[79] Über den Praxistest wurde ein Ergebnisbericht erstellt, der über die Praktikabilität, Problemadäquanz und Effektivität der vorgeschlagenen Neuregelungen Auskunft gab und auch Verbesserungsvorschläge machte.[80] Dieser Bericht vom 13.10.2006 lag den Bundestagsausschüssen bei ihren Beratungen am 25.10.2006 und am 08.11.2006 bereits vor[81] und konnte damit im laufenden Gesetzgebungsverfahren noch berücksichtigt werden. Nachdem man nach den Erfahrungen mit dem EAG-Bau wiederum einen Praxistest durchführte, lässt sich daraus die Schlussfolgerung ziehen, dass es sich aus Sicht des Gesetzgebers bewährt, einen Gesetzentwurf, wenn auch wegen der so geringen Zahl der Teststädte und der zeitlich sehr kurzen Testphase nicht repräsentativ,[82] in der praktischen Anwendung durch authentische künftige Normanwender unterschiedlicher Bundesländer und unterschiedlicher Verwaltungskraft erproben zu lassen und Erfahrungen der Praxis soweit wie möglich bereits im Gesetzgebungsverfahren zu berücksichtigen. Dadurch können Mängel in der Praktikabilität der Anwendung oder in der Zielerreichung schon im Vorfeld vermieden werden. Sonst eventuell zeitnah nach Inkrafttreten eines Gesetzes notwendigen Korrekturen kann somit vorgebeugt werden.

VI. Anlass der Arbeit

Durch das Innenstadtentwicklungsgesetz wurde mit § 13a BauGB das sog. beschleunigte Verfahren zur Aufstellung von Bebauungsplänen für die Wiedernutzbarmachung von Flächen, die Nachverdichtung oder andere Maßnahmen der Innenentwicklung, d. h. nach der Legaldefinition in § 13a Abs. 1 S. 1 BauGB für sog. Bebauungspläne der Innenentwicklung, ins Baugesetzbuch ein-

---

78 *Bunzel*, Difu-Praxistest, S. 5 u. 13 u. 14 u. 15, abrufbar unter http://www.difu.de/publikationen/difu-berichte/4_06/11.phtml (zuletzt abgerufen am 01.03.2008).
79 *Bunzel*, Difu-Praxistest, S. 14, abrufbar unter http://www.difu.de/publikationen/difu-berichte/4_06/11.phtml (zuletzt abgerufen am 01.03.2008); vgl. BT-Drs. 15/2250, S. 34.
80 *Bunzel*, Difu-Praxistest, S. 13, abrufbar unter http://www.difu.de/publikationen/difu-berichte/4_06/11.phtml (zuletzt abgerufen am 01.03.2008).
81 BT-Drs. 16/3308, S. 14 u. 15.
82 *Bunzel*, Difu-Praxistest, S. 15, abrufbar unter http://www.difu.de/publikationen/difu-berichte/4_06/11.phtml (zuletzt abgerufen am 01.03.2008).

geführt. Dieses auf solche Bebauungspläne beschränkte Planungsverfahren ist, ähnlich wie bisher schon das vereinfachte Verfahren gem. § 13 BauGB, durch eine Modifikation der Verfahrensanforderungen des Regelplanungsverfahrens für die Aufstellung, Änderung und Ergänzung von Bebauungsplänen gekennzeichnet. Aus Anlass der Etablierung eines neuen Verfahrenstyps für die Bebauungsplanung werden im Folgenden dessen Anwendungsbereich sowie die das beschleunigte Verfahren gegenüber dem Regelplanungsverfahren ausmachenden Verfahrensbesonderheiten näher erläutert. Im Hinblick auf eine rechtssichere Handhabung des beschleunigten Verfahrens sollen vor allem die entsprechend erster Reaktionen[83] auf das Innenstadtentwicklungsgesetz als im Detail unklar empfundenen Voraussetzungen der Anwendbarkeit des beschleunigten Verfahrens ausgehend vom Gesetzeswortlaut näher konkretisiert werden. Zur Beurteilung der Effektivität des beschleunigten Verfahrens im Hinblick auf die mit seiner Einführung verfolgten Intentionen soll desweiteren abgeschätzt werden, inwieweit durch die Modifikationen des Regelplanungsverfahrens das mit dem beschleunigten Verfahren verfolgte Ziel wenigstens gefördert wird.

VII. Vorgehensweise

Beginnend mit der unter verschiedenen Aspekten beleuchteten Ausgangssituation bei der Einführung des beschleunigten Verfahrens und seiner Zielsetzung werden, der Gesetzessystematik des § 13a BauGB folgend, zunächst die positiven und negativen Anwendungsvoraussetzungen des beschleunigten Verfahrens dargestellt. Im Schwerpunkt wird hierbei geklärt, was einen Bebauungsplan der Innenentwicklung im Vergleich zu einem Nicht-Innenentwicklungsbebauungsplan kennzeichnet, gerade weil in Bezug auf die Interpretation des Begriffs der Innenentwicklung in dem für das Innenstadtentwicklungsgesetz durchgeführten Praxistest[84] und den ersten Äußerungen[85] der Literatur Unschärfen und damit

---

83 *Bienek/Krautzberger*, UPR 2008, 81 (82); *Bienek*, SächsVBl. 2007, 49 (50); *Bunzel*, Difu-Praxistest, S. 9 u. 22 u. 24 u. 27, abrufbar unter http://www.difu.de/publikationen/difu-berichte/4_06/11.phtml (zuletzt abgerufen am 01.03.2008); *ders.*, LKV 2007, 444 (445); *Krautzberger*, UPR 2007, 170 (174); *Mitschang*, ZfBR 2007, 433 (435); *Schröer*, NZBau 2007, 293 (294); *Spannowsky*, in: Spannowsky/Hofmeister, BauGB 2007, S. 27 (32); *ders.*, in: Berliner Kommentar, § 13a, Rn. 12 (Stand: Juli 2007); *Schwarz*, LKV 2007, 454 (454) unter Verweis auf *Mitschang*; Stellungnahme Nr. 58/06 des Ausschusses Verwaltungsrecht des Deutschen Anwaltvereins vom 02.11.2006, S. 3, abrufbar unter http://anwaltverein.de/downloads/stellungnahmen/2006-58.pdf (zuletzt abgerufen am 15.11.2008).
84 *Bunzel*, Difu-Praxistest, S. 9 u. 22 u. 24 u. 27, abrufbar unter http://www.difu.de/ publikationen/difu-berichte/4_06/11.phtml (zuletzt abgerufen am 01.03.2008).
85 *Bienek*, SächsVBl. 2007, 49 (50); *Bienek/Krautzberger*, UPR 2008, 81 (82); *Birk*, KommJur 2007, 81 (82/83); *Bunzel*, LKV 2007, 444 (445); *Krautzberger*, UPR 2007, 170

Klärungsbedarf deutlich wurden. Innerhalb der Erörterung des Anwendungsbereichs des beschleunigten Verfahrens wird zudem auf die Verknüpfung des deutschen Bebauungsplanungsverfahrens mit Vorgaben in gemeinschaftsrechtlichen Richtlinien eingegangen. Die Prüfung der Europarechtskonformität der nationalen Regelungen bzw. deren europarechtskonforme Auslegung spielt insgesamt eine wichtige Rolle. Im Anschluss an den Anwendungsbereich werden die Verfahrensbesonderheiten des beschleunigten Verfahrens im Vergleich zu den Anforderungen des Regelplanungsverfahrens näher beleuchtet, wobei unter Rückgriff auf bislang vorhandene praktische Erfahrungen bei der Anwendung des beschleunigten Verfahrens, weitgehend aber aus wissenschaftlich-theoretischer Sicht jeweils eine Einschätzung darüber getroffen wird, ob die Verfahrensbesonderheit zur Erreichung des mit § 13a BauGB verfolgten Ziels beitragen kann oder nicht. Die gesamte nähere Betrachtung des neuen beschleunigten Verfahrens erfolgt unter Einbeziehung bzw. Auseinandersetzung mit einem großen Teil der dazu bislang verfügbaren Literatur.

---

(174); *Mitschang*, ZfBR 2007, 433 (435); *Reidt*, NVwZ 2007, 1029 (1030); *Schröer*, NZBau 2007, 293 (294); *Schwarz*, LKV 2007, 454 (454) unter Verweis auf *Mitschang*; *Spannowsky*, in: Spannowsky/Hofmeister, BauGB 2007, S. 27 (32); *Tomerius*, ZUR 2008, 1 (3).

B. Beschleunigtes Verfahren für Bebauungspläne der Innenentwicklung gem. § 13a BauGB

I. Hintergrund und Zielsetzung der Regelung

Wenn der Gesetzgeber als „Herz- bzw. Kernstück"[86] des Innenstadtentwicklungsgesetzes ein beschleunigtes, vom Regelplanungsverfahren für Bebauungspläne abweichendes Verfahren für Bebauungspläne der Innenentwicklung schafft, ist zunächst zu fragen, vor welchem Hintergrund und mit welcher Intention er das tut.

1. Siedlungsentwicklung in Deutschland

a) Flächenverbrauch

Trotz stagnierender Bevölkerungszahlen und sehr mäßigen wirtschaftlichen Wachstums wurde die Siedlungsfläche in Deutschland auch in der jüngeren Vergangenheit fortschreitend erweitert.[87] Der Anteil der Siedlungsfläche an der Gesamtfläche wuchs stetig, allein im Zeitraum von 1997 bis 2001 um 0,5 Prozentpunkte auf 12,3%. Dies entspricht einer durchschnittlichen Flächen(neu)inanspruchnahme in diesen vier Jahren von 130 ha pro Tag (zum Vergleich: ein Fußballfeld ist nach internationalen Standards 0,64-0,825 ha groß,[88] so dass täglich durchschnittlich eine Fläche von mindestens 157 Fußballfeldern neu in Anspruch genommen wurde).[89] Trotz rückläufiger Tendenz (im Zeitraum von 2002

---

86 *Battis/Krautzberger/Löhr*, NVwZ 2007, 121 (123); *Bienek/Krautzberger*, UPR 2008, 81 (81); *Bunzel*, LKV 2007, 444 (444); *Kirchmeier*, in: Hk-BauGB, § 13a, Rn. 1; *Krautzberger*, UPR 2006, 405 (406); *Krautzberger/Stüer*, DVBl. 2007, 160 (161); *Mitschang*, ZfBR 2007, 433 (447); *Scheidler*, BauR 2007, 650 (650); *Schröer*, NZBau 2006, 703 (704); *ders.*, NZBau 2008, 46 (46); *Spannowksy*, in: Berliner Kommentar, § 13a, Rn 1 (Stand: Juli 2007); *ders.*, NuR 2007, 521 (521); *Uechtritz*, BauR 2007, 476 (477). BT-Drs. 16/3308, S. 15, und *Bienek*, SächsVBl. 2007, 49 (50), sprechen von der „zentralen Vorschrift" des Innenstadtentwicklungsgesetztes. Der Mustereinführungserlass, S. 2, abrufbar unter http://www.is-argebau.de/ (zuletzt abgerufen am 10.05.2008), spricht vom „Kern" des Innenstadtentwicklungsgesetzes; ebenso *Blechschmidt*, ZfBR 2007, 120 (120). *Spannowsky*, in: Spannowsky/Hofmeister, BauGB 2007, S. 27 (27), spricht vom „Kernbestandteil" des Innenstadtentwicklungsgesetzes.
87 *Bergmann/Dosch/Jakubowski*, in: Perspektive Flächenkreislaufwirtschaft, Band I, S. 10 (11), abrufbar unter http://www.difu.de/index.shtml?/publikationen/ (zuletzt abgerufen am 19.12.2008); *Peine/Spyra/Hüttl*, UPR 2006, 375 (375).
88 Fußball-Regeln 2007/2008, S. 4, abrufbar unter http://www.dfb.de/fileadmin/Assets/pdf/regeln07008.pdf (zuletzt abgerufen am 02.05.2008).
89 BT-Drs. 14/8953, S. 42 u. 81; *Peine/Spyra/Hüttl*, UPR 2006, 375 (375); *Tomerius*, ZUR 2008, 1 (1) nennt 129 ha.

bis 2005 betrug der Zuwachs an Verkehrs- und Siedlungsfläche pro Tag 114 ha[90]) beträgt der tägliche Neuverbrauch von Flächen für Siedlungs- und Verkehrsvorhaben immer noch 100 ha,[91] wobei Fläche vor allem im Umland von Städten, also in Erweiterung bestehender Siedlungs-Agglomerationen, und in nicht-zentralen Orten des ländlichen Raums neu in Anspruch genommen wird.[92] Dies liegt zum einen darin begründet, dass in wirtschaftlich prosperierenden Regionen mit weiteren Entwicklungspotenzialen die Nachfrage nach Flächen sehr hoch ist. Aufgrund des nur beschränkt vorhandenen Flächen- und Raumangebots im Zentrum solcher Regionen steigt dort das Niveau der Boden- und Mietpreise. Im Umland und den nahe gelegenen ländlicheren Regionen ist dagegen Bauland, vor allem auch für die Verwirklichung des „Traums vom Eigenheim", erheblich preiswerter zu erstehen, so dass sowohl für Wohn- als auch für gewerbliche u. ä. Nutzungen die Möglichkeit der Minimierung der Grundstückskosten einer der entscheidenden Standortfaktoren ist.[93] Zum anderen ist zu bedenken, dass im Hinblick auf die Nutzung von Flächen unterschiedlichste Nutzungsinteressen aufeinandertreffen.[94] Wohnnutzer wollen große Wohnflächen, ein Wohnen in grüner und lärmfreier Umgebung, die zudem gesund und spielfreundlich für Kinder sein sollte. Der Bereich Industrie und Gewerbe stellt dagegen auf eine gute Verkehrsanbindung, geringe Rücksichtnahmepflichten auf eine störungsempfindliche Nachbarschaft und Erweiterungs-

---

90 *Tomerius*, ZUR 2008, 1 (1). Vgl. *Schröter*, Siedlungs- und Verkehrsfläche 2006, abrufbar unter http://www-public.tu-bs.de:8080/~schroete/Bodenverbrauch/flaechenabschaetzung.htm (zuletzt abgerufen am 06.02.2009), der unter Bezugnahme auf das Statistische Bundesamt auch für die Jahre 2005 u. 2006 nach wie vor einen Flächenneuverbrauch von 114 ha pro Tag feststellt. Zum 31.12.2004 betrug der Anteil der Siedlungs- und Verkehrsfläche an der Gesamtfläche daher schon 12,8%.
91 *Portz*, in: Spannowsky/Hofmeister, BauGB 2007, S. 1 (3). A. A. *Schröter*, Bodenzähler. Flächenverbrauch in der Bundesrepublik Deutschland, abrufbar unter, http://www-public.tu-bs.de:8080/~schroete/Bodenverbrauch/Aktueller_Stand.htm (zuletzt abgerufen am 06.02.2009). Dort geht man nach wie vor von einem Flächenverbrauch von 114 ha pro Tag aus.
92 *Preuß/Bizer/Bock u. a.*, in: Perspektive Flächenkreislaufwirtschaft, Band I, S. 37 (46), abrufbar unter http://www.difu.de/index.shtml?/publikationen/ (zuletzt abgerufen am 19.12.2008) und *Preuß*, in: Perspektive Flächenkreislaufwirtschaft, Band I, S. 64 (65), abrufbar unter http://www.difu.de/index.shtml?/publikationen/ (zuletzt abgerufen am 19.12.2008).
93 *Bergmann/Dosch/Jakubowski*, in: Perspektive Flächenkreislaufwirtschaft, Band I, S. 17 (21), abrufbar unter http://www.difu.de/index.shtml?/publikationen/ (zuletzt abgerufen am 19.12.2008); *Preuß/Bizer/Bock u. a.*, in: Perspektive Flächenkreislaufwirtschaft, Band I, S. 37 (46), abrufbar unter http://www.difu.de/index.shtml?/publikationen/ (zuletzt abgerufen am 19.12.2008); *Preuß*, in: Perspektive Flächenkreislaufwirtschaft, Band I, S. 64 (65), abrufbar unter http://www.difu.de/index.shtml?/publikationen/ (zuletzt abgerufen am 19.12.2008).
94 *Steiner*, in: Steiner, Besonderes Verwaltungsrecht, Teil V, Rn. 3.

möglichkeiten ab. Im Bereich der Dienstleistungen ist eine gute verkehrsmäßige Erreichbarkeit ebenso wichtig wie die Möglichkeit zur Auslagerung kundenunabhängiger Dienstleistungen in preiswertere Flächen.[95] Daraus ergibt sich, dass es – unabhängig von der konkreten Nachfrage nach Siedlungsflächen – für die Gemeinden wesentlich einfacher ist, neue Siedlungsflächen auszuweisen als schon genutzte Gebiete (ggf. neu) zu überplanen, um dort ungenutzte oder brachliegende Flächen einer (neuen) Nutzung zuzuführen. Dabei eventuell entstehende Nutzungskonflikte mit schon vorhandenen Nutzungen müssen im Rahmen einer Überplanung aufgrund des Grundsatzes der Konfliktbewältigung gelöst werden. Diese Anforderung ist bei der Überplanung von größeren Freiflächenarealen wesentlich leichter zu erfüllen.[96] Zudem ist zu beachten, dass die Nachfrager nach Flächen selbst aufgrund unterschiedlichster Nutzungsinteressen durchaus – insbesondere wenn die Flächen preisgünstiger sind als Flächen in vorhandenen Siedlungsbereichen – Siedlungsflächen bevorzugen, die speziell für ihre Nutzungsinteressen geplant wurden und auf denen sich überwiegend Nutzungen der von ihnen angestrebten Art befinden bzw. befinden sollen, so dass Nutzungskonflikte und daraus folgende Rücksichtnahmepflichten soweit wie möglich ausgeschlossen werden können. Auch um diesen Interessen gerecht werden zu können und um in der Konkurrenz[97] um Einwohner und Arbeitsplätze mit anderen Kommunen einen Vorteil zu erzielen, weisen sogar schrumpfende Gemeinden Flächen neu als Siedlungsflächen aus, anstatt vorrangig innerhalb der Siedlungsfläche der Gemeinde vorhandene Potenziale auszuschöpfen.[98] Aus diesem Grund gibt es als Kehrseite der fortschreitenden Neuinanspruchnahme

---

95 *Preuß/Bizer/Bock u. a.*, in: Perspektive Flächenkreislaufwirtschaft, Band I, S. 37 (46), abrufbar unter http://www.difu.de/index.shtml?/publikationen/ (zuletzt abgerufen am 19.12.2008); *Preuß*, in: Perspektive Flächenkreislaufwirtschaft, Band I, S. 64 (65), abrufbar unter http://www.difu.de/index.shtml?/publikationen/ (zuletzt abgerufen am 19.12.2008).
96 *Preuß*, in: Perspektive Flächenkreislaufwirtschaft, Band I, S. 64 (65), abrufbar unter http://www.difu.de/index.shtml?/publikationen/ (zuletzt abgerufen am 19.12.2008); *Jekel*, in: Perspektive Flächenkreislaufwirtschaft, Band I, S. 113 (118), abrufbar unter http://www.difu.de/index.shtml?/publikationen/ (zuletzt abgerufen am 19.12.2008); *Uechtritz*, BauR 2007, 476 (477).
97 *Krautzberger/Stüer*, DVBl. 2007, 160 (163); *Tomerius*, ZUR 2008, 1 (6).
98 *Bergmann/Dosch/Jakubowski*, in: Flächenkreislaufwirtschaft, Band I, S. 17 (18), abrufbar unter http://www.difu.de/index.shtml?/publikationen/ (zuletzt abgerufen am 19.12.2008); Bunzel, Difu-Praxistest, S. 56, abrufbar unter http://www.difu.de/publikationen/difuberichte/4_06/11.phtml (zuletzt abgerufen am 01.03.2008); *Preuß/Bizer/Bock u. a.*, in: Perspektive Flächenkreislaufwirtschaft, Band I, S. 56 (63), abrufbar unter http://www.difu.de/index.shtml?/publikationen/ (zuletzt abgerufen am 19.12.2008); *Preuß*, in: Perspektive Flächenkreislaufwirtschaft, Band I, S. 64 (65), abrufbar unter http://www.difu.de/index.shtml?/publikationen/ (zuletzt abgerufen am 19.12.2008); *Bizer/Cichorowski*, in: Persektive Flächenkreislaufwirtschaft, Band III, S. 35 (40), abrufbar unter http://www.difu.de/index.shtml?/publikationen/ (zuletzt abgerufen am 19.12.2008).

von Flächen zunehmend mehr brachgefallene Flächen und Gebäude innerhalb des vorhandenen Siedlungsbereichs, vor allem auch in den Zentren der Städte.[99] Die Ursache dafür liegt also nicht nur im wirtschaftlichen Strukturwandel oder der allgemeinen wirtschaftlichen Lage. Das Wachstum der Städte nach außen, die Zersiedelung der Landschaft, die Suburbanisierungstendenzen und die Landflucht von Bevölkerung und Arbeitsplätzen gefährden durch die mit ihnen verbundene Rückentwicklung und leerstandsbedingte Verödung in den Städten nicht nur die Urbanität der Zentren.[100] Diese Entwicklungen der Gemeinden vorrangig in die Fläche hinein widersprechen auch der dem Städtebaurecht zugrundeliegenden Leitvorstellung der Innenentwicklung und dem europäischen Stadtverständnis[101] sowie der Vorstellung einer „kompakten Stadt in den Kernstädten bzw. dem Zentrale-Orte-Prinzip im ländlichen Raum".[102]

b) Ökologische Gesichtspunkte

Aufgrund der Ausweitung der Siedlungsfläche hat besonders in den Wachstumsregionen die mögliche Siedlungsentwicklung bereits ihre Grenzen erreicht.[103] Die Ausdehnung der Siedlungsfläche in bisherige Freiflächen hinein entzieht zunehmend Freiraum sowohl als Raum nur für Natur und Landschaft als auch als Raum für Nutzungen des Freiraums durch Menschen, z. B. für Freizeitaktivitäten oder Landwirtschaft, deren Bedeutung angesichts der weltweiten Ernährungssituation nicht als gering eingeschätzt werden darf. Es entstehen also neue Nutzungskonflikte, die mangels geringer werdender Ausweichflächen zunehmend schwieriger zu lösen sind. Zugleich führen die starke Zersiedelung der Landschaft und die Suburbanisierungsprozesse dazu, dass die Wege zwischen

---

99 *Bergmann/Dosch/Jakubowski*, in: Perspektive Flächenkreislaufwirtschaft, Band I, S. 10 (11), abrufbar unter http://www.difu.de/index.shtml?/publikationen/ (zuletzt abgerufen am 19.12.2008); *dies.*, in: Perspektive Flächenkreislaufwirtschaft, Band I, S. 17 (18), abrufbar unter http://www.difu.de/index.shtml?/publikationen/ (zuletzt abgerufen am 19.12.2008); *Preuß/Bizer/Bock u. a.*, in: Perspektive Flächenkreislaufwirtschaft, Band I, S. 56 (63), abrufbar unter http://www.difu.de/index.shtml?/publikationen/ (zuletzt abgerufen am 19.12.2008); *Preuß*, in: Perspektive Flächenkreislaufwirtschaft, Band I, S. 64 (65), abrufbar unter http://www.difu.de/index.shtml?/publikationen/ (zuletzt abgerufen am 19.12.2008).
100 *Bienek/Krautzberger*, UPR 2008, 81 (81); *Krautzberger*, in: E/Z/B/K, § 13a, Rn. 2 (Stand: Mai 2007).
101 *Bienek/Krautzberger*, UPR 2008, 81 (81); *Krautzberger*, in: E/Z/B/K, § 13a, Rn. 2 (Stand: Mai 2007).
102 *Preuß/Bizer/Bock u. a.*, in: Perspektive Flächenkreislaufwirtschaft, Band I, S. 37 (46), abrufbar unter http://www.difu.de/index.shtml?/publikationen/ (zuletzt abgerufen am 19.12.2008).
103 *Bergmann/Dosch/Jakubowski*, in: Perspektive Flächenkreislaufwirtschaft, Band I, S. 10 (11), abrufbar unter http://www.difu.de/index.shtml?/publikationen/ (zuletzt abgerufen am 19.12.2008).

Wohnort und Arbeitsplatz, zwischen Wohnort und Schule sowie zwischen Wohnort und bestimmten Einkaufsmöglichkeiten immer länger werden und damit die verkehrsmäßige Belastung zunimmt, was nicht nur insgesamt die Umwelt und das Klima aufgrund von Feinstaub- und CO_2-Emissionen belastet, sondern gerade auch in Wohngegenden mit vermeintlich „sauberer Luft" zu Belastungen führt, die durch die Ansiedlung im Umland gerade vermieden werden sollten.[104] Die starke Bodenversiegelung infolge der zunehmenden Flächeninanspruchnahme verstärkt die im Bereich des Bodenschutzes zu lösenden Probleme. § 1 S. 1 i. V. m. § 2 Abs. 2 Nr. 1 u. Nr. 2 BBodSchG bzw. die gem. § 3 Abs. 1 Nr. 9 BBodSchG spezialgesetzlichen Regelungen des Baugesetzbuchs zum Bodenschutz in § 1a Abs. 2 S. 1 BauGB verlangen für den Bereich der Bauleitplanung, bei Einwirkungen auf den Boden Beeinträchtigungen seiner natürlichen Funktionen sowie seiner Aufgabe als Archiv der Natur- und Kulturgeschichte soweit wie möglich zu vermeiden. Diesem Gebot wird durch die bevorzugte Neuausweisung von Siedlungsflächen trotz vorhandener Potenziale innerhalb des Siedlungsbereichs widersprochen.[105]

c) Ökonomische und demografische Gesichtspunkte

Die Ausweitung der Siedlungsfläche ist nicht nur unter ökologischen Gesichtspunkten problematisch. Unter ökonomischen Gesichtspunkten ist zum einen zu beachten, dass die Kehrseite des in Deutschland stattfindenden Flächenwachstums vielfach ein Leerstehen und Brachfallen im Siedlungsbereich vorhandener, potenzieller Nutzungsflächen ist. Damit wird auch dort vorhandene Infrastruktur, z. B. in Form von Wasserver- und -entsorgung, Straßen und öffentlichen Verkehrsmitteln, zunehmend nicht ausgelastet, während sie für neue Siedlungsflächen jedenfalls teilweise neu geschaffen werden muss. Diese Entwicklung ist kostspielig,[106] was noch durch zweierlei Tendenzen verstärkt wird. Zum einen geht mit der Siedlungsentwicklung ins Umland für die größeren Städte ein Verlust an Einwohnern und auch Arbeitsplätzen einher. Dadurch sin-

---

104 *Bock/Böhme/Bunzel u. a.*, in: Perspektive Flächenkreislaufwirtschaft, Band I, S. 80 (88), abrufbar unter http://www.difu.de/index.shtml?/publikationen/ (zuletzt abgerufen am 19.12.2008). Vgl. auch *Bizer/Cichorowski*, in: Perspektive Flächenkreislaufwirtschaft, Band III, S. 35 (55), abrufbar unter http://www.difu.de/index.shtml?/publikationen/ (zuletzt abgerufen am 19.12.2008).
105 *Peine/Spyra/Hüttl*, UPR 2006, 375 (375).
106 *Bergmann/Dosch/Jakubowski*, in: Perspektive Flächenkreislaufwirtschaft, Band I, S. 10 (11), abrufbar unter http://www.difu.de/index.shtml?/publikationen/ (zuletzt abgerufen am 19.12.2008); *dies.*, in: Perspektive Flächenkreislaufwirtschaft, Band I, S. 17 (19/20), abrufbar unter http://www.difu.de/index.shtml?/publikationen/ (zuletzt abgerufen am 19.12.2008); *Preuß*, in: Perspektive Flächenkreislaufwirtschaft, Band I, S. 64 (65), abrufbar unter http://www.difu.de/index.shtml?/publikationen/ (zuletzt abgerufen am 19.12.2008).

ken ihre Steuereinnahmen, was es schon erheblich erschwert, die vorhandene Infrastruktur aufrecht zu erhalten. Wenn zugleich aufgrund des Wachsens der Siedlungsfläche auch solcher, an sich schrumpfender Städte noch weitere Infrastruktur aufgebaut werden muss, ist das wirtschaftlich nicht nur schwer zu bewältigen, sondern aufgrund der insgesamt geringeren Auslastung der Infrastruktureinrichtungen auch wirtschaftlich unvernünftig und ineffizient.[107] Zum anderen ist zu bedenken, dass die Gesamtbevölkerungszahl aufgrund der demografischen Entwicklung in Deutschland insgesamt abnehmen wird und der Anteil der älteren Menschen in der Gesellschaft zunimmt. Dies hat zur Folge, dass Infrastruktureinrichtungen letztlich von einer immer geringer werdenden Zahl von Abgabenzahlern getragen werden müssen, was seine Grenze in deren Leistungsfähigkeit findet. Zudem wird in einer älter werdenden und damit in ihrer Mobilität eingeschränkten Gesellschaft die Nachfrage nach Wohnflächen mit guter Einzelhandels- und Dienstleistungsausstattung in zentralen Lagen mit guter Verkehrsanbindung steigen. Aufgrund der Allokationsvorteile zentraler Standorte wird das Leben in suburbanen oder gar ländlichen Gebieten für ältere Bevölkerungsgruppen, die nicht mehr uneingeschränkt mobil oder selbständig sind, als kostspielig erkannt werden. Damit werden auch für gewerbliche Einrichtungen zentrale Standorte wieder zunehmend interessant werden. Flächen an peripheren Standorten werden damit an Attraktivität verlieren und unrentabler werden. Die Siedlungsentwicklung weg von den Stadtzentren in die Fläche hinein entspricht daher nicht den aufgrund des demografischen Wandels zu erwartenden Bedürfnissen.[108]

Desweiteren ist zu beachten, dass die Attraktivität, Urbanität und Nutzungsvielfalt eines Ortes in seinem Zentrum durchaus ein entscheidender Standortfaktor für die Wohnortauswahl jüngerer Bevölkerungsschichten, aber auch für die Standortentscheidung von Unternehmen ist. Ein von Leerständen und sichtbar hervortretender Wegentwicklung eines Orts von seinem Zentrum geprägter Orts-

---

107 *Bergmann/Dosch/Jakubowski*, in: Perspektive Flächenkreislaufwirtschaft, Band I, S. 17 (19/20), abrufbar unter http://www.difu.de/index.shtml?/publikationen/ (zuletzt abgerufen am 19.12.2008); *Preuß*, in: Perspektive Flächenkreislaufwirtschaft, Band I, S. 64 (65), abrufbar unter http://www.difu.de/index.shtml?/publikationen/ (zuletzt abgerufen am 19.12.2008).

108 *Bergmann/Dosch/Jakubowski*, in: Perspektive Flächenkreislaufwirtschaft, Band I, S. 17 (20 u. 22), abrufbar unter http://www.difu.de/index.shtml?/publikationen/ (zuletzt abgerufen am 19.12.2008); *Portz*, in: Spannowsky/Hofmeister, BauGB 2007, S. 1 (1/2); *Preuß*, in: Perspektive Flächenkreislaufwirtschaft, Band I, S. 64 (65), abrufbar unter http://www.difu.de/index.shtml?/publikationen/ (zuletzt abgerufen am 19.12.2008); *Bock/Böhme/Bunzel u. a.*, in: Perspektive Flächenkreislaufwirtschaft, Band I, S. 80 (95), abrufbar unter http://www.difu.de/index.shtml?/publikationen/ (zuletzt abgerufen am 19.12.2008); *Preuß/Bock/Böhme u. a.*, in: Perspektive Flächenkreislaufwirtschaft, Band II, S. 26 (95), abrufbar unter http://www.difu.de/index.shtml?/publikationen/ (zuletzt abgerufen am 19.12.2008).

kern erweckt den Eindruck eines mangelnden Einkaufsangebots sowie fehlender kultureller und gesellschaftlicher Freizeitangebote. Ungenutzte Gebäude und Flächen im Siedlungsbereich erscheinen oft auch heruntergekommen und ungepflegt, was zusätzlich als unattraktiv empfunden wird. Wenn sich deshalb Unternehmen und Wohnungssuchende mangels ausreichender Innenentwicklung eines Orts gegen einen solchen Standort entscheiden, wurde nicht nur neue Siedlungsfläche am Randbereich vergeblich für eine Nutzung vorbereitet, sondern es entgeht auch die Möglichkeit, weiteres wirtschaftliches Wachstum des Ortes durch Neuansiedlungen zu generieren. Intakte, lebendige Innenstädte sind ein weicher Standortfaktor und damit Mitvoraussetzung für eine positive Entwicklung in wirtschaftlichen Bereich.[109] Gerade in Regionen, die vom wirtschaftsstrukturellen Wandel besonders stark betroffen sind und daher über große, momentan ungenutzte Flächen im Siedlungsbereich verfügen, besteht die Möglichkeit, allein durch Recycling vorhandener Flächen die Wirtschafts- und Branchenstruktur und damit die Attraktivität der Region zu verbessern sowie neues wirtschaftliches Wachstum zu erzeugen, ohne wertvollen Freiraum verwenden zu müssen.[110] Auch der Koalitionsvertrag von CDU, CSU und SPD bezeichnet in diesem Sinne Stadtentwicklung als „moderne Struktur- und Wirtschaftspolitik".[111]

d) Soziale Gesichtspunkte

Im Zusammenhang mit der Siedlungsentwicklung in Deutschland sind nicht nur ökologische und ökonomische Aspekte zu beachten, sondern auch primär gesellschaftliche Entwicklungen. Dabei ist festzustellen, dass die soziale Schere in Deutschland immer weiter auseinanderklafft. Um den nicht unerheblichen Anteil der finanziell weniger gut Situierten in der Bevölkerung wenigstens zu reduzieren, ist die Schaffung wirtschaftlichen Wachstums notwendig. Dazu können, wie soeben dargelegt (vgl. B. I. 1. c)), Gemeinden durch die Attraktivität ihrer Zentren beitragen. Um neue Investitionen im vorhandenen Siedlungsbereich zu ermöglichen, ist es jedoch häufig notwendig, die im Siedlungsbereich brachlie-

---

109 *Bergmann/Dosch/Jakubowski*, in: Perspektive Flächenkreislaufwirtschaft, Band I, S. 10 (11), abrufbar unter http://www.difu.de/index.shtml?/publikationen/ (zuletzt abgerufen am 19.12.2008); angedeutet auch bei *Preuß*, in: Perspektive Flächenkreislaufwirtschaft, Band I, S. 64 (65), abrufbar unter http://www.difu.de/index.shtml?/publikationen/ (zuletzt abgerufen am 19.12.2008); *Portz*, in: Spannowsky/Hofmeister, BauGB 2007, S. 1 (8).
110 *Bock/Böhme/Bunzel u. a.*, in: Perspektive Flächenkreislaufwirtschaft, Band I, S. 80 (104/105 u. 106), abrufbar unter http://www.difu.de/index.shtml?/publikationen/ (zuletzt abgerufen am 19.12.2008).
111 Koalitionsvertrag, S. 61, abrufbar unter http://www.bundesregierung.de/Content/ DE/__Anlagen/koalitionsvertrag,property=publicationFile.pdf (zuletzt abgerufen am 04.08.2008).

genden Flächenpotenziale zu überplanen. Gerade dies ist aber wegen der notwendigen Abstimmung mit schon vorhandenen Nutzungen für die Gemeinden im Vergleich zur Neuausweisung von Flächen am Siedlungsrand mit hohem Planungs- und damit finanziellem Aufwand verbunden,[112] der die Entwicklung der Gemeinden im Inneren erschwert.

Zudem sind besonders größere Städte dadurch gekennzeichnet, dass verschiedene soziale Schichten je nach Einkommensniveau und damit verbundenem sozialen Status ebenso wie Bevölkerungsteile mit einem bestimmten Migrationshintergrund mehr oder weniger voneinander abgrenzbare Stadtteile einnehmen. Durch eine Entwicklung der Städte und damit auch der Stadtteile nach außen unter gleichzeitiger Rückentwicklung des Stadtkerns entwickeln sich die Stadtteile mit ihren eigenen immer weiter außen liegenden Stadtteilzentren immer getrennter voneinander und die soziale Segregation nimmt zu.[113] Florierende Stadtzentren, in denen alle Bevölkerungsschichten zusammenkommen, können dagegen zur Integration aller Bevölkerungsschichten in die Gesellschaft beitragen.

2. Bisherige rechtliche Instrumente zur Verminderung der Flächeninanspruchnahme

a) Überblick

Die Idee, die Entwicklung von Gemeinden vorrangig auf Potenziale im vorhandenen Bestand zu konzentrieren, Brachflächen zu aktivieren sowie bisherige Freiflächen nur unter bestimmten Bedingungen in Anspruch zu nehmen, also die Neuinanspruchnahme von Flächen zu reduzieren, ist nicht neu. Vielmehr hat das Leitbild der Flächenkreislaufwirtschaft[114] schon an verschiedenen Stellen Einzug ins Baugesetzbuch gehalten. Als Beispiele hierfür sind die Berücksichtigung von Belangen des Umweltschutzes in § 2 Abs. 3, § 1 Abs. 7 i. V. m. § 1 Abs. 6 Nr. 7 BauGB, die Pflicht zur Durchführung einer Umweltprüfung gem. § 2 Abs. 4 S. 1 BauGB i. V. m. der Pflicht zur Erstellung eines Umweltberichts gem. § 2a BauGB und die Verpflichtung zum flächensparenden Bauen und zum Rückbau bei Außenbereichsvorhaben gem. § 35 Abs. 5 S. 1 u. 2 BauGB zu nennen.[115] Auch die naturschutzrechtliche Eingriffs- und Ausgleichsregelung

---

112 *Jekel*, in: Perspektive Flächenkreislaufwirtschaft, Band I, S. 113 (117), abrufbar unter http://www.difu.de/index.shtml?/publikationen/ (zuletzt abgerufen am 19.12.2008).

113 *Jekel*, in: Perspektive Flächenkreislaufwirtschaft, Band I, S. 113 (115), abrufbar unter http://www.difu.de/index.shtml?/publikationen/ (zuletzt abgerufen am 19.12.2008).

114 *Bergmann/Dosch/Jakubowski*, in: Perspektive Flächenkreislaufwirtschaft, Band I, S. 10 (11), abrufbar unter http://www.difu.de/index.shtml?/publikationen/ (zuletzt abgerufen am 19.12.2008).

115 BT-Drs. 16/2496, S. 9; *Bienek*, SächsVBl. 2007, 49 (49); *Peine/Spyra/Hüttl*, UPR 2006, 375 (375); vgl. *Preuß/Bizer/Bock u. a.*, in: Perspektive Flächenkreislaufwirtschaft,

des § 1a Abs. 3 BauGB und die Relevanz der Erhaltungsziele und des Schutzzwecks von Gebieten von gemeinschaftlicher Bedeutung und der Europäischen Vogelschutzgebiete i. S. d. Bundesnaturschutzgesetzes gem. § 1a Abs. 4, § 1 Abs. 6 Nr. 7 lit. b BauGB tragen innerhalb städtebaulicher Instrumente mit zum Bodenschutz bei.[116] Die zentralste Regelung im Hinblick auf die Reduzierung des Flächenverbrauchs findet sich aber wohl in der Bodenschutzklausel.[117]

b) Bodenschutzklausel, § 1a Abs. 2 S. 1 BauGB

aa) Entwicklung und Bedeutung der Bodenschutzklausel

Die Bodenschutzklausel des § 1a Abs. 2 S. 1 BauGB mit ihrer Verpflichtung, mit Grund und Boden sparsam umzugehen, ist seit 1987 (BGBl. (1986) I S. 2191) im Baugesetzbuch enthalten. Mit ihr soll der sparsame Umgang mit Grund und Boden als Belang für die bauplanungsrechtliche Abwägung in Form eines ausdrücklichen Gebots hervorgehoben werden.[118] Sie soll den unnötigen Verbrauch von Fläche und nicht notwendige Bodenversiegelungen verhindern.[119] Die Bodenschutzklausel des Baugesetzbuchs war von Anfang an als eine in das Baurecht integrierte, an sich bodenrechtliche Regelung konzipiert, mit der sonst notwendige Regelungen im Hinblick auf den Bodenschutz im Bauplanungsrecht in anderen Rechtsbereichen vermieden werden sollten.[120] Den Schutz von Grund und Boden als bodenrechtliche Regelung i. R. d. Bauplanungsrechts vorzusehen, ist im Hinblick darauf sehr sinnvoll, dass dort – wie § 1 Abs. 1 BauGB ausdrücklich anführt – über das „Ob" und „Wie" der baulichen und sonstigen Nutzung des Bodens entschieden wird.[121] So gelten die im Baugesetzbuch enthaltenen bodenrechtlichen Regelungen für das Bauplanungsrecht auch als abschließend und gehen damit den Regelungen des Bundesbodenschutzgesetzes gem. § 3 Abs. 2 Nr. 9 BBodSchG vor. Die Bodenschutzklausel in ihrer ersten Fassung von 1987 wurde durch das BauROG (1998) nur um die „Begrenzung der Bodenversiegelungen auf das notwendige Maß" ergänzt.[122]

Band I, S. 37 (39), abrufbar unter http://www.difu.de/index.shtml?/publikationen/ (zuletzt abgerufen am 19.12.2008).
116 BT-Drs. 15/2250, S. 41; *Peine/Spyra/Hüttl*, UPR 2006, 375 (375 u. 376).
117 *Bienek/Krautzberger*, UPR 2008, 81 (81); *Krautzberger/Stüer*, DVB. 2007, 160 (163); *Uechtritz*, BauR 2007, 476 (477).
118 *Krautzberger*, in: E/Z/B/K, § 1a, Rn. 15 (Stand: September 2004); *ders.*, in: B/K/L, § 1a, Rn. 7.
119 BT-Drs. 15/2250, S. 40; *Uechtritz*, BauR 2007, 476 (477).
120 *Krautzberger*, in: E/Z/B/K, § 1a, Rn. 15 (Stand: September 2004).
121 *Krautzberger*, in: E/Z/B/K, § 1a, Rn. 46 (Stand: September 2004); *ders.*, in: B/K/L, § 1a, Rn. 4.
122 *Krautzberger*, in: E/Z/B/K, § 1a, Rn. 15 (Stand: September 2004); *ders.*, in: B/K/L, § 1a, Rn. 2.

Das EAG-Bau hat die Bodenschutzklausel übernommen und durch die beispielhafte Nennung von Maßnahmen zur Vermeidung zusätzlicher Flächeninanspruchnahme in Form von Wiedernutzbarmachung von Flächen, Nachverdichtung und anderen Maßnahmen zur Innenentwicklung präzisiert.[123] Zudem bezieht die i. R. d. Aufstellung von Bauleitplänen gem. § 2 Abs. 4 S. 1 BauGB grundsätzlich erforderliche Umweltprüfung die Belange des § 1a BauGB und damit auch die der Bodenschutzklausel ausdrücklich mit ein. Aus dieser Verknüpfung von §§ 1a, 1 Abs. 6 Nr. 7 und § 2 Abs. 4 S. 1 BauGB wird deutlich, dass die Sicherung und Verwirklichung der Umweltbelange – dazu gehören auch die des § 1a BauGB (vgl. § 1a Abs. 1 BauGB) – eine bedeutende Funktion der modernen Raumplanung geworden ist.[124] Das Bauplanungsrecht gilt als „zentrales Umsetzungsinstrument der modernen Umweltpolitik".[125] Der Gesetzgeber des EAG-Bau gab als Grund für die von ihm bei der Bodenschutzklausel vorgenommenen Konkretisierungen an, der Bedeutung Rechnung tragen zu wollen, die dem Anliegen einer möglichst schonenden und sparsamen Inanspruchnahme von Grund und Boden i. R. d. Nationalen Nachhaltigkeitsstrategie der Regierung zukommt.[126] Damit ist die Regelung des § 1a Abs. 2 BauGB auch als Ausprägung des in § 1 Abs. 5 BauGB im Baugesetzbuch enthaltenen Nachhaltigkeitsprinzips anzusehen, das in § 1 Abs. 5 S. 2 BauGB ausdrücklich den Schutz der natürlichen Lebensgrundlagen, zu denen Grund und Boden gehören, anordnet.[127]

bb) Inhalt der Bodenschutzklausel

Das Gebot des § 1a Abs. 2 S. 1 BauGB, mit Grund und Boden sparsam umzugehen, verpflichtet die Gemeinden, je nach ihren konkreten örtlichen Verhältnissen und der städtebaulichen Situation, vorrangig vor der Neuausweisung von Bauflächen die Möglichkeiten einer innerörtlichen, also im Bestand der Bauflächen realisierbaren Entwicklung auszuschöpfen und bei der Inanspruchnahme unbebauter Flächen flächensparende Bauweisen zu bevorzugen.[128] Möglichkeiten der Wiedernutzbarmachung von Flächen, der Nachverdichtung und andere Möglichkeiten zur Innenentwicklung als beispielhaft angeführte Formen der Aktivierung innerörtlicher Flächenpotenziale sollen eine Neuinanspruchnahme

---

123 *Krautzberger*, in: E/Z/B/K, § 1a, Rn. 15 u. 51 (Stand: September 2004).
124 *Krautzberger*, in: E/Z/B/K, § 1a, Rn. 3 (Stand: September 2004).
125 *Krautzberger*, in: E/Z/B/K, § 1a, Rn. 33 (Stand: September 2004).
126 BT-Drs. 15/2250, S. 31 u. 40/41 unter Verweis auf BT-Drs. 14/8953, S. 42 u. 121 ff.
127 *Götze/Müller*, ZUR 2008, 8 (8); *Krautzberger*, in: E/Z/B/K, § 1a, Rn. 44 u. 46 u. 56 (Stand: September 2004); *ders.*, in: B/K/L, § 1a, Rn. 4; *W. Schrödter*, in: BauGB 2004 – Nachgefragt, S. 46 (46).
128 *Krautzberger*, in: E/Z/B/K, § 1a, Rn. 15 u. 50 (Stand: September 2004); *Uechtritz*, BauR 2007, 476 (477).

bisher unverbrauchten Bodens verhindern.[129] Dies entspricht den Vorgaben der Nationalen Nachhaltigkeitsstrategie in BT-Drs. 14/8953, S. 42, 121 ff.,[130] in der als Instrumente zur Rückführung der Flächenversiegelung Möglichkeiten der städtebaulichen Entwicklung der Gemeinden durch Maßnahmen der Innenentwicklung, flächensparendes Bauen und Flächenrecycling, also die Wiedernutzbarmachung von Flächen, ausdrücklich genannt werden. Das Gebot des schonenden Umgangs mit Grund und Boden beinhaltet ausdrücklich auch, bei einer notwendigen Inanspruchnahme von Flächen die Bodeninanspruchnahme möglichst gering zu halten und zwar sowohl in ihrem größenmäßigen Ausmaß als auch in der Beeinträchtigung seiner naturhaften Funktionen.[131] Zudem kann es erforderlich sein, zur Kompensation von Beeinträchtigungen Ausgleichsmaßnahmen zu treffen.[132]

Die Bodenschutzklausel des § 1a Abs. 2 S. 1 BauGB ist als „Soll"- bzw. im 2. Halbsatz als „Ist"-Vorschrift formuliert, wobei „soll" nach allgemeiner verwaltungsrechtlicher Dogmatik für den Regelfall als „muss" bzw. „ist" interpretiert wird, und impliziert daher *scheinbar* eine grundsätzlich strikte, unüberwindbare Geltung. Dies würde bedeuten, dass i. R. d. Bauleitplanung solange keine neuen Bauflächen ausgewiesen werden dürften, bis alle schon vorhandenen Bauflächen ausgenutzt oder reaktiviert wurden, was die städtebauliche Entwicklung von Gemeinden enorm einschränken würde, zumal vorhandene Bauflächen für bestimmte Nutzungen, die aktuellen Bedarf nach Flächen anmelden, schlichtweg tatsächlich oder rechtlich nicht geeignet sein können. Das Gebot des § 1a Abs. 2 S. 1 BauGB, Bodenversiegelungen auf das notwendige Maß zu begrenzen, steht jedoch gem. § 1a Abs. 2 S. 3 BauGB ausdrücklich unter Abwägungsvorbehalt, ist also grundsätzlich „nur" ein i. R. d. bauleitplanerischen Abwägung zu berücksichtigender Belang, kein zwingender Planungsleitsatz.

Aufgrund der Bedeutung des sparsamen Umgangs mit Grund und Boden innerhalb der Belange des Umweltschutzes,[133] die sich im Rahmen der systematischen Auslegung auch daraus ableiten ließe, dass der Gesetzgeber in § 1a Abs. 2 S. 1 BauGB die Bodenschutzklausel getrennt von und zusätzlich zu[134] § 1 Abs. 6 Nr. 7 BauGB in einer eigenen Norm regelte, wegen der „Soll"- und „Ist"-Formulierung im Wortlaut[135] und weil der Bodenschutz als wichtigster materiel-

---

129 Vgl. BT-Drs. 15/2250, S. 40 u. 41.
130 BT-Drs. 15/2250, S. 40. Vgl. Fn. 126.
131 *Dirnberger*, in: J/D/W, BauGB, § 1a, Rn. 9; *Krautzberger*, in: E/Z/B/K, § 1a, Rn. 52 (Stand: September 2004); *Peine/Spyra/Hüttl*, UPR 2006, 375 (376).
132 *Krautzberger*, in: B/K/L, § 1a, Rn. 8; *Peine/Spyra/Hüttl*, UPR 2006, 375 (376).
133 *Krautzberger*, in: E/Z/B/K, § 1a, Rn. 55 (Stand: September 2004); *ders.*, in: Krautzberger/Söfker, Baugesetzbuch, § 1a.
134 *Brohm*, Öffentliches Baurecht, § 13, Rn. 9 u. 10.
135 *Brohm*, Öffentliches Baurecht, § 13, Rn. 9; *Halama*, in: BauGB 2004 – Nachgefragt, S. 62 (62).

ler Belang der Bauleitplanung eingestuft wird,[136] wird teilweise davon ausgegangen, die Bedeutung der Bodenschutzklausel als Abwägungsbelang gehe ähnlich wie die des Trennungsgebots gem. § 50 BImSchG, das als Optimierungsgebot[137] eingestuft wird, abstrakt über die der sonstigen, beispielhaft in § 1 Abs. 6 BauGB aufgeführten Belange hinaus.[138] Nicht nur[139] das Bundesverwaltungsgericht bezeichnet die Bodenschutzklausel explizit als Optimierungsgebot.[140] In einer früheren Entscheidung stellt das Gericht fest, dass für ein Optimierungsgebot die Forderung nach einer möglichst weitgehenden Beachtung bestimmter Belange kennzeichnend sei, wobei dabei u. a. auf den Wortlaut von § 50 S. 1 BImSchG („so weit wie möglich") Bezug genommen wird.[141] Das Gebot der Bodenschutzklausel des § 1a Abs. 2 S. 1 BauGB wird allgemein dahingehend verstanden, mit Grund und Boden *möglichst* sparsam und schonend umzugehen,[142] gerade weil Bodenversiegelungen auf das *notwendige* Maß beschränkt werden sollen. In dieser *möglichst weitgehenden* Berücksichtigung der Bodenschutzklausel in der Abwägung wird daher entsprechend der Rechtsprechung des Bundesverwaltungsgerichts ein Ansatzpunkt für die Einordnung der Bodenschutzklausel als Optimierungsgebot gesehen.[143] Dies ist zwar nachvollziehbar, aber nicht zwingend. Zum einen deshalb, weil der Wortlaut des § 1a Abs. 2 S. 1 BauGB, anders als der des § 50 S. 1 BImSchG, nicht selbst von einer möglichst weitgehenden Berücksichtigung des von der Bodenschutzklausel statuierten Gebots spricht. Zum anderen ist zu bedenken, dass das Gebot der Abwägung gem. § 1 Abs. 7 BauGB generell einen gerechten Ausgleich der von der Planung betroffenen Belange entsprechend ihrer Gewichtigkeit im konkreten Fall verlangt, d. h., jeder betroffene Belang, nicht nur ein mit abstraktem Vorrang versehener, muss *entsprechend seiner Bedeutung innerhalb des konkreten Plans möglichst weitgehend berücksichtigt* werden und kann nur durch gewich-

---

136 *Krautzberger*, in: E/Z/B/K, § 1a, Rn. 3 (Stand: September 2004).
137 BVerwG, Urt. vom 22.03.1985 – 4 C 73/82, E 71, 163 (165); *Brohm*, Öffentliches Baurecht, § 13, Rn. 10; *Oldiges*, in: Steiner, Besonderes Verwaltungsrecht, Teil III, Rn. 45a; *Wagner/Paßlick*, in: Hoppe, UVPG, § 17, Rn. 128.
138 *Götze/Müller*, ZUR 2008, 8 (8); *Krautzberger*, in: E/Z/B/K, § 1a, Rn. 56 (Stand: September 2004); *ders.*, in: Krautzberger/Söfker, Baugesetzbuch, Rn. 29; *ders.*, in: B/K/L, § 1a, Rn. 6; *Krautzberger/Stüer*, DVBl. 2004, 914 (923); *Peine/Spyra/Hüttl*, UPR 2006, 375 (376); *Tomerius*, ZUR 2008, 1 (6); *Wagner/Paßlick*, in: Hoppe, UVPG, § 17, Rn. 122.
139 Z. B. *Manssen*, in: B/H/K/M, Öffentliches Recht in Bayern, 4. Teil, Rn. 237 u. 238; *Peine/Spyra/Hüttl*, UPR 2006, 375 (376).
140 BVerwG, Beschl. vom 20.08.1992 – 4 NB 20.91, E 90, 329 (332) .
141 BVerwG, Urt. vom 22.03.1985 – 4 C 73.82, E 71, 163 (165).
142 *Krautzberger*, in: E/Z/B/K, § 1a, Rn. 56 (Stand: September 2007); *ders.*, in: Krautzberger/Söfker, Baugesetzbuch, Rn. 29.
143 *Krautzberger*, in: E/Z/B/K, § 1a, Rn. 56 (Stand: September 2007); *Krautzberger/Stüer*, DVBl. 2004, 914 (923); vgl. *Brohm*, Öffentliches Baurecht, § 13, Rn. 9, bezogen auf § 50 S. 1 BImSchG.

tigere Belange weggewogen werden. Zudem spricht gerade die ausdrückliche Anordnung des Abwägungsvorbehalts in § 1a Abs. 2 S. 3 BauGB für die Bodenschutzklausel durch das EAG-Bau gegen einen allgemeinen abstrakten Vorrang der Bodenschutzklausel im Verhältnis zu den übrigen abwägungserheblichen Belangen,[144] da der Gesetzgeber in Form des Abwägungsvorbehalts die Relevanz der Bodenschutzklausel innerhalb der Abwägung mit beinahe demselben Wortlaut, mit dem § 1 Abs. 6 am Anfang BauGB andere beispielhaft in § 1 Abs. 6 BauGB aufgeführte, „einfache" Abwägungsbelange ohne Hervorhebung einer generell besonderen Bedeutung als in der Abwägung zu berücksichtigend einstuft, bestimmt. Das Bundesverwaltungsgericht selbst sieht die in § 1 Abs. 6 BauGB beispielhaft aufgeführten Belange ausdrücklich als ohne einen absoluten Vorrang innerhalb der Abwägung mit konfligierenden und konkurrierenden, konkret betroffenen Belangen gem. § 1 Abs. 7 BauGB und als entsprechend ihrer von der Gemeinde im jeweiligen Einzelfall zu bestimmenden Gewichtigkeit gerecht auszugleichend an.[145] Allein der Wortlaut von § 1a Abs. 2 S. 3 BauGB, der im Gegensatz zu § 1 Abs. 6 am Anfang BauGB nicht von „insbesondere zu berücksichtigen" spricht, würde es in diesem Zusammenhang sogar nahe legen, dass die von der Bodenschutzklausel erfassten Belange mit abstrakt geringerer Gewichtigkeit in die Abwägung einzustellen sind als die in § 1 Abs. 6 BauGB genannten, unstreitig einfachen Planungsleitlinien.[146] Ein gewichtiges Argument gegen die Betrachtung der Bodenschutzklausel als Optimierungsgebot ist desweiteren, dass auch die naturschutzrechtliche Eingriffsregelung des § 1a Abs. 3 BauGB, die gem. § 1a Abs. 3 S. 1 a. E. BauGB wie der Grundsatz nach § 1a Abs. 2 S. 1 BauGB gem. § 1a Abs. 2 S. 3 BauGB „in der Abwägung nach § 1 Abs. 7 BauGB zu berücksichtigen" ist, unbestritten nicht als Optimierungsgebot eingeordnet wird,[147] obwohl sich die beiden Regelungen inhaltlich und ihrer Zwecksetzung nach sogar erheblich überschneiden, da die Inanspruchnahme von Grund und Boden in der Regel auch mit einem Eingriff in Natur und Landschaft einhergeht.[148] Damit kann das Gewicht der Bodenschutzklausel je

---

144 *Bönker*, in: Hoppe/Bönker/Grotefels, Öffentliches Baurecht, § 3, Rn. 114; *Brohm*, Öffentliches Baurecht, § 13, Rn. 11; *Halama*, in: BauGB 2004 – Nachgefragt, S. 62 (62).; *Oldiges*, in: Steiner, Besonderes Verwaltungsrecht, Teil III, Rn. 47; *Wagner/Paßlick*, in: Hoppe, UVPG, § 17, Rn. 122; Vgl. auch BT-Drs. 15/2250, S. 40, wobei dort nur gesagt wird, dass die Bodenschutzklausel „wie bisher" in der Abwägung zu berücksichtigen ist.
145 BVerwG, Urt. vom 20.08.1992 – 4 NB 20/91, E 90, 329 (331).
146 *Brohm*, Öffentliches Baurecht, § 13, Rn. 9.
147 Vgl. BVerwG, Beschl. vom 31.01.1997 – 4 NB 27.96, E 104, 68 (68 u. 74).
148 Für eine Überschneidung der Regelungen vgl. BT-Drs. 14/8953, S. 121; *Krautzberger*, in: E/Z/B/K, § 1a, Rn. 61 (Stand: September 2007); *ders.*, in: Krautzberger/Söfker, Baugesetzbuch, Rn. 29, stellt fest, dasss ein Teilbereich der naturschutzrechtlichen Eingriffsregelung in § 1a Abs. 3 BauGB speziell geregelt wurde, so dass die Bodenschutzklausel

nach den konkreten örtlichen Verhältnissen, in denen geplant wird, ganz unterschiedlich sein, je nachdem, inwieweit Bodenschutz dort möglich oder welches Gebiet betroffen ist und welche Ziele mit der Planung verfolgt werden. Die Bodenschutzklausel ist ebenso wie die naturschutzrechtliche Eingriffsregelung nur ein Belang, der entsprechend seines Gewichts im konkreten Fall in der Abwägung zu berücksichtigen ist, ohne irgendeinen generellen Vorrang.[149] Damit verbietet die Bodenschutzklausel die Neuausweisung von Bauland auf unverbrauchten Flächen trotz im Siedlungsbereich noch vorhandener freier oder jedenfalls umnutzbarer Flächen nicht absolut, erfordert jedoch dafür eine besondere Rechtfertigung und Begründung durch andere, die Bodenschutzklausel im konkreten Fall überwiegende, für die Neuausweisung sprechende Belange.[150] § 1a Abs. 2 S. 1 BauGB enthält damit kein Versiegelungsverbot oder eine Baulandsperre,[151] die Norm gibt nur – wie auch § 1 Abs. 6 BauGB – eine Leitlinie für die Abwägung vor. Eine Erweiterung des Siedlungsraums kommt danach nicht nur dann in Betracht, wenn alle innerörtlichen Entwicklungspotentiale ausgeschöpft sind. Sie ist ebenso möglich, wenn unter Berücksichtigung der konkret vorhandenen örtlichen Situation eine Erweiterung i. R. d. Abwägung aller abwägungserheblichen privaten und öffentlichen Belange vertretbar ist,[152] z. B. wenn die planerisch zu verwirklichenden Vorhaben innerhalb des Siedlungsflächenbestands tatsächlich, rechtlich oder finanziell nicht realisierbar sind oder dadurch andere schutzwürdige Belange unzumutbar beeinträchtigt würden oder Gründe des Umweltschutzes eine Ausnahme von dem Gebot der Bodenschutzklausel erfordern.[153] Die Gemeinde ist i. R. d. Abwägung also nicht verpflichtet, umfassend darzustellen, dass keine Möglichkeit der Nachverdichtung, des Flächenrecyclings oder andere Möglichkeiten zur Innenentwicklung bestehen, was gerade in größeren Gemeinden die Freiflächen in Anspruch nehmende Bauleitplanung faktisch zum Erliegen bringen würde. Die Prüfung städtebaulich in etwa gleichwertiger Alternativen der Innenentwicklung ist jedoch für eine fehlerfreie Abwägung schon angezeigt.[154]

---

insofern keine eigenständige Bedeutung mehr habe; *Peine/Spyra/Hüttl*, UPR 2006, 375 (376).
149 *Dirnberger*, in: J/D/W, BauGB, § 1a, Rn. 5 u. 9; *ders.*, Bay. Gemeindetag 2/2007, 51 (51); *Krautzberger*, in: E/Z/B/K, § 1a, Rn. 56; *Oldiges*, in: Steiner, Besonderes Verwaltungsrecht, Teil III, Rn. 47.
150 *Götze/Müller*, ZUR 2008, 8 (9); *Krautzberger*, in: B/K/L, § 1a, Rn. 6.
151 *Krautzberger*, in: B/K/L, § 1a, Rn. 7; *Götze/Müller*, ZUR 2008, 8 (9).
152 *Bunzel*, in: BauGB 2004 – Nachgefragt, S. 129 (130/131); *Götze/Müller*, ZUR 2008, 8 (9); *Krautzberger*, in: E/Z/B/K, § 1a, Rn 50 (Stand: September 2004); *Scheidler*, BauR 2007, 650 (651); *ders.*, ZfBR 2006, 752 (753).
153 *Krautzberger*, in: E/Z/B/K, § 1a, Rn. 15 u. 57 (Stand: September 2004), *ders.*, in: B/K/L, § 1a, Rn. 7.
154 *Bunzel*, in: BauGB 2004 – Nachgefragt, S. 129 (130); *W. Schrödter*, in: BauGB 2004 – Nachgefragt, S. 62 (63).

cc) Effektivität der Bodenschutzklausel

Trotz dieser doch relativ umfangreichen Anforderungen der Bodenschutzklausel und ihrer nochmaligen Präzisierung und damit beabsichtigten Aufwertung durch das EAG-Bau hat die Bodenschutzklausel in der höchstrichterlichen Rechtsprechung keine besondere Relevanz.[155] Sie konnte die oben beschriebene (vgl. B. I. 1. a)) überwiegende Entwicklung der Gemeinden in die Fläche hinein ganz offensichtlich nicht wirksam verhindern. Dies liegt sicherlich auch darin begründet, dass innerhalb der für eine Planung unter wesentlicher Neuinanspruchnahme von Flächen von der Bodenschutzklausel gebotenen Prüfung städtebaulicher Alternativen innerhalb des Siedlungsbestands ohne zusätzliche Flächeninanspruchnahme zahlreiche Probleme der Überplanung solcher Flächen zutage treten, die in der Abwägung insgesamt zur Bevorzugung der Flächenneuausweisung führen. So weisen i. R. d. Wiedernutzbarmachung in Betracht gezogene Flächen häufig erhöhte Immissionsbelastungen auf. Oder die Überplanung vorhandener Siedlungsflächen ist wegen der vielen zu beachtenden, schon vorhandenen Nutzungen erheblich zeitaufwendiger und damit auch teurer als die Neuausweisung von Bauflächen.[156] Freiflächen innerhalb des Siedlungsbestands können zudem die Umweltqualität dort verbessern, was in der Abwägung ebenfalls zu einer Bevorzugung der Flächenneuausweisung führen kann.[157] Ferner werden die ökologischen Auswirkungen einer weiteren Flächenneuinanspruchnahme in ihrem tatsächlichen Ausmaß oftmals nur im Rahmen einer Gesamtbetrachtung mehrerer derartiger Planungen deutlich und werden daher innerhalb des einzelnen planerischen Entscheidungsprozesses – juristisch nicht zu beanstanden – nicht mit dieser Gewichtigkeit berücksichtigt, weshalb sie in der Abwägung leichter zu überwinden sind.[158]

3. Zielsetzung des beschleunigten Verfahrens gem. § 13a BauGB

Mit der Einführung eines beschleunigten Verfahrens für Bebauungspläne der Innenentwicklung in § 13a BauGB verfolgt der Gesetzgeber inhaltlich dasselbe Ziel wie mit der Bodenschutzklausel, also eine Verminderung der Flächenneuinanspruchnahme,[159] gerade weil dem hohen Verbrauch neu ausgewiesener Flä-

---

155 *Krautzberger*, in: E/Z/B/K, § 1a, Rn. 51 (Stand: September 2004); *Krautzberger/Stüer*, DVBl. 2007, 160 (163); *Mitschang*, ZfBR 2007, 433 (433).
156 *Bergmann/Dosch/Jakubowski*, in: Perspektive Flächenkreislaufwirtschaft, Band I, S. 23 (27), abrufbar unter http://www.difu.de/index.shtml?/publikationen/ (zuletzt abgerufen am 19.12.2008); *Bunzel*, in: BauGB 2004 – Nachgefragt, S. 129 (130/131).
157 *Bunzel*, in: BauGB 2004 – Nachgefragt, S. 129 (131).
158 Vgl. *Tomerius*, ZUR 2008, 1 (6).
159 BT-Drs. 16/2496, S. 1 u. 9; *Battis*, in: B/K/L, § 13a, Rn. 1; *Battis/Krautzberger/Löhr*, NVwZ 2007, 121 (123); *Blechschmidt*, ZfBR 2007, 120 (120); *Gierke*, in: Brügelmann, § 13a, Rn. 1 (Stand: Februar 2008); *Götze/Müller*, ZUR 2008, 8 (8 u. 9); *Gronemeyer*,

chen mit den bisherigen Ansätzen das Bauplanungsrechts nicht effektiv begegnet worden ist.[160] Dabei ist der Ansatz des Gesetzgebers nun aber kein schwerpunktmäßig materiell-rechtlicher, nur die planerische Abwägung beeinflussender wie i. R. d. § 1a Abs. 2 S. 1 BauGB, sondern die angestrebte Privilegierung der Innenentwicklung gegenüber der Außenentwicklung[161] soll durch eine formell- und materiell-rechtliche Modifizierung der Regelbebauungsplanungsverfahrens erreicht werden,[162] die durch die schon praktizierte gezielte Städtebauförderung für Innenentwicklungsmaßnahmen ergänzt wird.[163] Das Anliegen der Bodenschutzklausel erhält also durch § 13a BauGB eine Instrumentierung.[164]

Die angestrebte Stärkung der Innenentwicklung soll die Vorgaben des Staatsziels des Schutzes der natürlichen Lebensgrundlagen aus Art. 20a GG umsetzen und auch dem Ziel der Nationalen Nachhaltigkeitsstrategie ein wenig näher kommen,[165] die eine Reduzierung der Flächeninanspruchnahme pro Tag auf 30 ha bis zum Jahr 2020 ebenso vorsieht wie ein Verhältnis von Innen- zu Außenentwicklung von 3:1.[166] Durch eine Vereinfachung und Beschleunigung des

---

BauR 2007, 815 (815); *Mitschang*, ZfBR 2007, 433 (433); *Müller-Grune*, BauR 2007, 985 (987); *Reidt*, NVwZ 2007, 1029 (1030); *Scheidler*, ZfBR 2006, 752 (752); *Spannowsky*, in: Spannowsky/Hofmeister, BauGB 2007, S. 27 (28); *ders.*, NuR 2007, 521 (521); *Tomerius*, ZUR 2008, 1 (2).

160 *Battis*, in: B/K/L, § 13a, Rn. 3; *Battis/Krautzberger/Löhr*, NVwZ 2007, 121 (124) („Zugleich wirkt § 13a BauGB einer umweltpolitischen Schwäche der Bauleitplanung entgegen, nämlich dem hohen Verbrauch von neu ausgewiesenen Flächen."); *Götze/Müller*, ZUR 2008, 8 (9).
161 *Bienek*, SächsVBl. 2007, 49 (49); *Bienek/Krautzberger*, UPR 2008, 81 (81); vgl. *Krautzberger*, in: B/K/L, § 1a, Rn. 7; *ders.*, in: E/Z/B/K, § 13a, Rn. 11 (Stand: Mai 2007); *Krautzberger/Stüer*, DVBl. 2007, 160 (163 u. 169); *Mitschang*, ZfBR 2007, 433 (433); *Uechtritz*, BauR 2007, 476 (477).
162 *Blechschmidt*, ZfBR 2007, 120 (120); *Mitschang*, ZfBR 2008, 227 (239); *ders.*, ZfBR 2007, 433 (433); *Tomerius*, ZUR 2008, 1 (2).
163 Vgl. § 164b Abs. 2 Nr. 1 u. Nr. 2 BauGB. BT-Drs. 16/3308, S. 14; BT-Drs. 14/8953, S. 122/123 (Nationale Nachhaltigkeitsstrategie), sieht eine Städtebauförderung, welche die Innenentwicklung und die Wiedernutzbarmachung von aufgegeben Flächen zum Schwerpunkt hat, als Mittel zur Reduzierung der Flächenversiegelung; *Krautzberger*, in: B/K/L, § 1a, Rn. 5.
164 *Bienek/Krautzberger*, UPR 2008, 81 (81); *Blechschmidt*, DVBl. 2008, 32 (32) unter Verweis auf *Krautzberger*; *Krautzberger*, in: B/K/L, § 1a, Rn. 7; *ders.*, in: E/Z/B/K, § 13a, Rn. 2 (Stand: Mai 2007) und § 1a, Rn. 51a (Stand: Oktober 2008); ähnlich *Reidt*, NVwZ 2007, 1029 (1030); ähnlich *Scheidler*, ZfBR 2006, 752 (753); *ders.*, BauR 2007, 650 (651/652).
165 BT-Drs. 16/2496, S. 1 u. 9; BT-Drs. 16/3308, S. 14 u. 15; *Battis*, in: B/K/L, § 13a, Rn. 3; *Battis/Krautzberger/Löhr*, NVwZ 2007, 121 (124); *Spannowsky*, in: Berliner Kommentar, § 13a, Rn. 4 (Stand: Juli 2007); *ders.*, NuR 2007, 521 (521); *ders.*, in: Spannowsky/Hofmeister, BauGB 2007, S. 27 (28); *Tomerius*, ZUR 2008, 1 (2).
166 BT-Drs. 14/8953, S. 42 u. 81 u. 122; *Bergmann/Dosch/Jakubowski*, in: Perspektive Flächenkreislaufwirtschaft, Band I, S. 10 (12), abrufbar unter http://www.difu.de/index.

Planungsverfahrens soll für die planenden Gemeinden – nicht zuletzt wegen der zugleich angestrebten Absenkung der Planungskosten – ein Anreiz geschaffen werden, Potentiale der Innenentwicklung vorrangig gegenüber einer Neuausweisung bisheriger Freiflächen auszuschöpfen.[167] Ferner sollen Investitionsvorhaben durch die Möglichkeit einer schnelleren Planung, die Voraussetzung für eine zügige Realisierung ist, auf (inner-)städtische Standorte gelenkt werden,[168] womit gleichzeitig neues wirtschaftliches Wachstum generiert werden soll.[169] In Entsprechung zu diesem ökonomischen Ansatz sollen durch die Beschleunigung und Erleichterung von Planungsvorhaben der Innenentwicklung auch Investitionen, die der Schaffung und Erhaltung von Arbeitsplätzen, der Befriedigung bestehenden Wohnbedarfs und der Bewahrung und Verbesserung der Infrastrukturausstattung dienen, begünstigt werden, wobei in diesen Bereichen Anpassungen und Investitionen als am notwendigsten erachtet werden.[170] Durch die Stärkung der Innenentwicklung in § 13a BauGB soll also nicht nur das primär ökologische Ziel des Bodenschutzes realisiert werden. Ebenfalls soll die Entwicklung der Städte in ihrem Bestand und damit auch in ihren Stadt- und Ortsteilzentren gestärkt werden, weil diese als Merkmale von Urbanität von zentraler Bedeutung für die gesamte Ortsentwicklung sind (vgl. B. I. 1 c) u. d)).[171] Durch Privilegierungen des Planungsverfahrens im Bereich der Innenentwicklung gegenüber dem Regelplanungsverfahren soll ein Ausgleich dafür geschaffen

---

shtml?/publikationen/ (zuletzt abgerufen am 19.12.2008); vgl. auch Koalitionsvertrag, S. 67, abrufbar unter http://www.bundesregierung.de/Content/DE/__Anlagen/ koalitionsvertrag,property=publicationFile.pdf (zuletzt abgerufen am 04.08.2008).

167 *Uechtritz*, BauR 2007, 476 (476); ähnlich der Mustereinführungserlass, S. 3, http://www. is-argebau.de/ (zuletzt abgerufen am 10.05.2008); *Bunzel*, Difu-Praxistest, S. 19, abrufbar unter http://www.difu.de/publikationen/difu-berichte/4_06/11.phtml (zuletzt abgerufen am 01.03.2008); *Gierke*, in: Brügelmann, § 13a, Rn. 1 (Stand: Februar 2008); *Mitschang*, ZfBR 2008, 227 (239); *Scheidler*, ZfBR 2006, 752 (753); *ders.*, BauR 2007, 650 (651/652); *Spannowsky*, in: Spannowsky/Hofmeister, BauGB 2007, S. 27 (28); *ders.*, in: Berliner Kommentar, § 13a, Rn. 3 (Stand: Juli 2007); *Tomerius*, ZUR 2008, 1 (2).

168 *Blechschmidt*, ZfBR 2007, 120 (120); *Bunzel*, Difu-Praxistest, S. 19, abrufbar unter http://www.difu.de/ publikationen/difu-berichte/4_06/11.phtml (zuletzt abgerufen am 01.03.2008); *Gierke*, in: Brügelmann, § 13a, Rn. 1 (Stand: Februar 2008); *Scheidler*, ZfBR 2006, 752 (752); *ders.*, BauR 2007, 650 (650).

169 BT-Drs. 16/2496, S. 1 u. 9; *Bienek*, SächsVBl. 2007. 49 (49).

170 BT-Drs. 16/2496, S. 1/2 u. 9; BT-Drs. 16/3308, S. 14 u. 16; *Battis*, in: B/K/L, § 13a, Rn. 1; *Battis/Krautzberger/Löhr*, NVwZ 2007, 121 (123); *Bienek*, SächsVBl. 2007, 49 (49); *Götze/Müller*, ZUR 2008, 8 (8); vgl. *Spannowsky*, in: Spannowsky/Hofmeister, BauGB 2007, S. 27 (27); *ders.*, NuR 2007, 521 (521); *ders.*, in: Berliner Kommentar, § 13a, Rn. 4 (Stand: Juli 2007).

171 BT-Drs. 16/2496, S. 1 u. 9; *Bienek*, SächsVBl. 2007, 49 (49); *Bienek/Krautzberger*, UPR 2008, 81 (81); *Spannowsky*, in: Berliner Kommentar, § 13a, Rn. 4 (Stand: Juli 2007); *ders.*, NuR 2007, 521 (521); *ders.*, in: Spannowksy/Hofmeister, BauGB 2007, S. 27 (28).

werden, dass die Überplanung von Flächen innerhalb des Siedlungsbestands oder zu dessen Abrundung im Vergleich zur Neuinanspruchnahme von bisher baulich ungenutzten Flächen außerhalb des sonstigen Siedlungsbereichs regelmäßig in erhöhtem Maße mit Schwierigkeiten (Nutzungskonflikte, Trennungsgebot etc.) verbunden sind, die bisher einer Entwicklung im Sinne der Flächenkreislaufwirtschaft entgegenstanden.[172]

Zur Erreichung dieser Ziele orientiert sich der Gesetzgeber an im Baugesetzbuch schon vorhandenen Möglichkeiten der Flexibilisierung und Beschleunigung des Bebauungsplanungsverfahrens (z. B. § 1a Abs. 3 S. 5, § 8 Abs. 4, § 13 BauGB)[173] und verzichtet auf im „normalen" Bebauungsplanungsverfahren notwendige Instrumente, die für Innenentwicklungsmaßnahmen entbehrlich sind.[174] Dabei trägt er zum einen zum Bürokratieabbau bei[175] und nutzt – wie andere Mitgliedstaaten der EU schon vorher – Spielräume in europarechtlichen Vorgaben, die bisher über das notwendige Maß hinaus ins deutsche Recht umgesetzt worden waren.[176]

4. Zusammenhang der Regelung des § 13a BauGB mit anderen durch das Innenstadtentwicklungsgesetz vorgenommenen Änderungen im Baugesetzbuch

a) § 33 Abs. 3 S. 1 BauGB

Das Innenstadtentwicklungsgesetz hat die in § 33 Abs. 3 BauGB bis dahin vorgesehene Möglichkeit der Zulassung von Vorhaben, die den künftigen Festsetzungen eines im vereinfachten Verfahren nach § 13 BauGB in Aufstellung befindlichen Bebauungsplans voraussichtlich nicht entgegenstehen werden, vor

---

172 Vgl. Fn. 96 u. 98 u. 112. *Bock/Böhme/Bunzel u. a.*, in: Perspektive Flächenkreislaufwirtschaft, Band I, S. 80 (99), abrufbar unter http://www.difu.de/index.shtml?publikationen/ (zuletzt abgerufen am 19.12.2008); *Bunzel*, Difu-Praxistest, S. 19, abrufbar unter http://www.difu.de/publikationen/difu-berichte/4_06/11.phtml (zuletzt abgerufen am 01.03.2008); *Jekel*, in: Perspektive Flächenkreislaufwirtschaft, Band I, S. 113 (117), abrufbar unter http://www. difu.de/index.shtml?publikationen/ (zuletzt abgerufen am 19.12.2008); *Preuß/Bizer/ Bock u. a.*, in: Perspektive Flächenkreislaufwirtschaft, Band I, S. 56 (59 u. 61), abrufbar unter http://www.difu.de/index.shtml?publikationen/ (zuletzt abgerufen am 19.12.2008); *Spannowsky*, in: Spannowsky/Hofmeister, BauGB 2007, S. 27 (28); *ders.*, NuR 2007, 521 (521); *Uechtritz*, BauR 2007, 476 (477).
173 *Spannowsky*, in: Spannowsky/Hofmeister, BauGB 2007, S. 27 (27); *ders.*, NuR 2007, 521 (521).
174 BT-Drs. 16/3308, S. 15.
175 BT-Drs. 16/3308, S. 15.
176 *Krautzberger/Stüer*, DVBl. 2007, 160 (160 u. 169); *Spannowsky*, in: Spannowsky/ Hofmeister, BauGB 2007, S. 27 (28/29); *ders.*, in: Berliner Kommentar, § 13a, Rn. 2 (Stand: Juli 2007); *ders.*, NuR 2007, 521 (521); *Wagner/Paßlick*, in: Hoppe, UVPG, § 17, Rn. 25.

Durchführung der Öffentlichkeits- und Behördenbeteiligung gem. § 33 Abs. 1 Nr. 1 BauGB für diesen Bebauungsplan auf die Situation, dass sich ein Bebauungsplan der Innenentwicklung im beschleunigten Verfahren gem. § 13a BauGB in Aufstellung befindet, erweitert, so dass auch hier nicht der vollständige Abschluss der innerhalb des Planungsverfahrens durchzuführenden Öffentlichkeits- und Behördenbeteiligungen abgewartet werden muss, um Vorhaben, die den künftigen Festsetzungen des Bebauungsplans der Innenentwicklung voraussichtlich nicht entgegenstehen (§ 33 Abs. 1 Nr. 2 BauGB), unter den Voraussetzungen des § 33 Abs. 1 Nr. 3 u. 4 BauGB zulassen zu können. Diese Möglichkeit der Vorabgenehmigung bzw. -zulassung wurde vom Praxistest ausdrücklich begrüßt und mit einer Zeitersparnis zwischen einem und sechs Monat(en), im Einzelfall sogar von zwölf Monaten, gegenüber einer Vorhabenzulässigkeit gem. § 30 BauGB nach vollständigem Abschluss des Planungsverfahrens bewertet.[177] Auch in der Literatur geht man von einer deutlichen Zeitverkürzung aus.[178] Durch die Möglichkeit der vorzeitigen Vorhabenzulassung gem. § 33 Abs. 3 BauGB auch für die Fälle der Bebauungspläne der Innenentwicklung, die im beschleunigten Verfahren nach § 13a BauGB aufgestellt werden, wird die schon mit dem Verfahren nach § 13a BauGB beabsichtigte Beschleunigung weiter verstärkt, was nach Einschätzung des Praxistests dazu führen wird, dass das beschleunigte Verfahren nach § 13a BauGB bei Vorliegen seiner Voraussetzungen noch vorzugswürdiger wird.[179] Die gesamte Verfahrensdauer, vom Beginn des Aufstellungsverfahrens für einen Bebauungsplan i. S. v. § 13a BauGB bis zur ersten Baugenehmigung gem. § 33 Abs. 3 BauGB, nähere sich durch § 33 Abs. 3 S. 1 BauGB der Dauer des Genehmigungsverfahrens an, in dem ein Vorhaben nach Maßgabe des § 34 BauGB, also im unbeplanten Innenbereich, zu beurteilen ist.[180] Obgleich Art. 6 Abs. 1 u. Abs. 2 Plan-UP-RL vorsieht, den Entwurf des Plans und den dazu erstellten Umweltbericht den Behörden sowie der Öffentlichkeit zugänglich zu machen und beiden frühzeitig und effektiv Gelegenheit zu geben, vor der Annahme des Plans bzw. seiner Einbringung in das Gesetzgebungsverfahren zum Planentwurf und zum begleitenden Umweltbericht Stellung zu nehmen, darf § 33 Abs. 3 BauGB eine Genehmigung bzw. Vorhabenzulassung aufgrund eines Plans vorsehen, für den die Öffentlichkeits- und Behördenbeteiligung noch nicht vollständig durchgeführt wurde, weil Bebauungspläne der Innenentwicklung im Verfahren des § 13a BauGB

---

177 *Bunzel*, Difu-Praxistest, S. 19 u. 69/70, abrufbar unter http://www.difu.de/publikationen/difu-berichte/4_06/11.phtml (zuletzt abgerufen am 01.03.2008).
178 *Portz*, in: Spannowsky/Hofmeister, BauGB 2007, S. 1 (5); *Söfker*, in: Spannowsky/Hofmeister, BauGB 2007, S. 17 (20).
179 *Bunzel*, Difu-Praxistest, S. 69, abrufbar unter http://www.difu.de/publikationen/difu-berichte/4_06/11.phtml (zuletzt abgerufen am 01.03.2008).
180 *Bunzel*, Difu-Praxistest, S. 69, abrufbar unter http://www.difu.de/publikationen/difu-berichte/4_06/11.phtml (zuletzt abgerufen am 01.03.2008).

wie solche, die im vereinfachten Verfahren aufgestellt werden, eine Ausnahme von der Umweltprüfungspflicht für Bebauungspläne i. S. d. Plan-UP-RL darstellen (vgl. § 13a Abs. 2 Nr. 1 i. V. m. § 13 Abs. 3 S. 1 BauGB) und daher, sofern die Annahme einer Ausnahme zulässig ist, die Konsultation von Öffentlichkeit und Behörden nicht zur Erfüllung von Anforderungen der Plan-UP-RL für umweltprüfungspflichtige Bebauungspläne notwendig ist.[181] Wie vor dem Innenstadtentwicklungsgesetz verlangt § 33 Abs. 3 S. 2 BauGB, dass der betroffenen Öffentlichkeit und den berührten Behörden und sonstigen Trägern öffentlicher Belange vor der Erteilung der Genehmigung bzw. der Vorhabenzulassung Gelegenheit zur Stellungnahme innerhalb angemessener Frist zu geben ist, soweit sie dazu nicht bereits zuvor Gelegenheit hatten. Diese Regelung entspricht dem Erfordernis der formellen Planreife i. S. d. § 33 Abs. 1 Nr. 1 BauGB, jedoch abgestimmt darauf, dass im vereinfachten und beschleunigten Verfahren ohnehin geringere Verfahrensanforderungen bei der Öffentlichkeits- und Behördenbeteiligung gelten (vgl. § 13a Abs. 2 Nr. 1, § 13 Abs. 2 S. 1 BauGB).[182] Die Regelung will, wie § 33 Abs. 1 Nr. 1 BauGB, gewährleisten, dass alle abwägungserheblichen Belange durch die Beteiligung der abwägungserheblich betroffenen Bürger sowie der in ihrem Aufgabenbereich berührten Behörden und sonstigen Träger öffentlicher Belange ermittelt und somit auch in dem Planentwurf, der zur Grundlage der Genehmigung gemacht wird (§ 33 Abs. 1 Nr. 2 BauGB), berücksichtigt werden. Nur auf dieser Basis, wenn also der Planentwurf schon alle abwägungserheblichen Belange berücksichtigt, was regelmäßig conditio sine qua non für einen später mit denselben Festsetzungen tatsächlich wirksam in Kraft tretenden Bebauungsplan ist, ist nämlich ein hinreichend sicherer Schluss dahingehend möglich, dass ein Vorhaben den künftigen Festsetzungen des Bebauungsplans entsprechen wird (§ 33 Abs. 1 Nr. 2 BauGB, sog. materielle Planreife).[183] Das Erfordernis der materiellen Planreife gem. § 33 Abs. 1 Nr. 2 BauGB ist nämlich nur erfüllt, wenn der Planentwurf auch als Bebauungsplan wirksam in Kraft treten kann.[184] Eine anderweitige Beteiligung i. S. v. § 33 Abs. 3 S. 2 a. E. BauGB kann eine Beteiligung der Öffentlichkeit sowie der Behörden und Träger öffentlicher Belange i. R. v. zunächst nur informellen Planungen im Hinblick auf den nun konkreten Bebauungsplan gem. § 1 Abs. 6 Nr. 11 BauGB sein oder eine i. R. d. vereinfachten und beschleunigten

---

181 *Bunzel*, in: BauGB 2004 – Nachgefragt, S. 205 (205/206); *Schmitz/Federwisch*, Einzelhandel und Planungsrecht, Rn. 413.
182 *Stock*, in: E/Z/B/K, § 33, Rn. 79 (Stand: März 2007).
183 Vgl. BVerwG, Beschl. vom 02.03.1978 – 4 B 26.78, zitiert nach juris, Rn. 2; *Kuschnerus*, Der standortgerechte Einzelhandel, Rn. 275; *Stock*, in: E/Z/B/K, § 33, Rn. 33 (Stand: März 2007).
184 BVerwG, Urt. vom 01.08.2002 – 4 C 5.01, E 117, 25 (37); *Kuschnerus*, Der standortgerechte Einzelhandel, Rn. 277; *Schmitz/Federwisch*, Einzelhandel und Planungsrecht, Rn. 405.

Verfahrens freiwillig durchführbare frühzeitige Öffentlichkeits- und Behördenbeteiligung gem. § 3 Abs. 1, § 4 Abs. 1 BauGB.[185]

b) § 12 Abs. 3a BauGB

Vor Einführung des neuen Absatzes 3a in § 12 BauGB war es entsprechend der streng vorhabenbezogenen Sichtweise der Rechtsprechung[186] zum vorhabenbezogenen Bebauungsplan für den Bereich des Vorhaben- und Erschließungsplans i. S. d. § 12 Abs. 1 S. 1 BauGB nicht möglich, im vorhabenbezogenen Bebauungsplan die bauliche und oder sonstige Nutzung nur allgemein, also z. B. durch einen Baugebietstyp i. S. d. Baunutzungsverordnung, festzusetzen und die Bestimmung der konkret umzusetzenden Vorhaben allein dem Durchführungsvertrag zu überlassen. Vielmehr mussten sich auch diese aus Festsetzungen im vorhabenbezogenen Bebauungsplan ergeben. Wurden nach Planerlass Änderungen hinsichtlich des Vorhabens notwendig, musste stets der vorhabenbezogene Bebauungsplan gem. § 1 Abs. 8 BauGB durch ein vollständiges und damit aufwändiges Planänderungsverfahren angepasst werden.[187] Sich während der Realisierung des Vorhabens oder nach Fertigstellung als notwendig herausstellende Modifikationen des Vorhabens waren dadurch immer mit Aufwand und Schwierigkeiten verbunden, was Investitionen erschwerte und den Anwendungsbereich des § 12 BauGB aufgrund beschränkter Flexibilität begrenzte.[188] Mit § 12 Abs. 3a BauGB ist es nun entgegen der bisherigen Ansicht der Rechtsprechung ausdrücklich möglich, im vorhabenbezogenen Bebauungsplan für den Bereich des Vorhaben- und Erschließungsplans die bauliche oder sonstige Nutzung nur allgemein zu regeln (§ 12 Abs. 3a S. 1 BauGB). Zugleich muss gem. § 12 Abs. 3a S. 1 2. Hs. i. V. m. § 9 Abs. 2 S. 1 Nr. 2 BauGB festgesetzt werden, dass von den im Rahmen der allgemein festgesetzten Nutzung möglichen Vorhaben nur solche tatsächlich zulässig sind, zu deren Durchführung sich der Vorhabenträger im Durchführungsvertrag verpflichtet hat. Die nach der allgemein festgesetzten Nutzung möglichen Vorhaben stehen also unter der aufschiebenden Bedingung, dass sich der Vorhabenträger im Durchführungsvertrag zu ihnen verpflichtet,[189] so dass der Vorhabenbezug des vorhabenbezogenen Bebauungs-

---

185 *Stock*, in: E/Z/B/K, § 33, Rn. 87 (Stand: März 2007).
186 Vgl. BVerwG, Urt. vom 18.09.2003 – 4 CN 3/02, NVwZ 2004, 229 (229 u. 230); BVerwG, Beschl. vom 10.08.2004 – 4 BN 29/04, ZfBR 2005, 72 (72).
187 BT-Drs. 16/2496, S. 10; *Battis/Krautzberger/Löhr*, NVwZ 2007, 121 (125).
188 BT-Drs. 16/2496, S. 10; *Bunzel*, Difu-Praxistest, S. 63, abrufbar unter http://www.difu.de/publikationen/difu-berichte/4_06/11.phtml (zuletzt abgerufen am 01.03.2008); *Kuschnerus*, Der standortgerechte Einzelhandel, Rn. 624; *Uechtritz*, BauR 2007, 476 (486).
189 BT-Drs. 16/2496, S. 12; *Bienek*, SächsVBl. 2007, 49 (52); *Birk*, KommJur 2007, 81 (86); *Schröer*, NZBau 2008, 46 (48).

plans gewahrt bleibt.[190] Es ist nun aber möglich, allein mittels einer (einfachen) Änderung des Durchführungsvertrags durch den vorhabenbezogenen Bebauungsplans die Zulässigkeit anderer Vorhaben zu begründen (vgl. § 12 Abs. 3a S. 2 BauGB),[191] soweit sie von der allgemein festgesetzten Nutzung erfasst sind. Durch eine nur allgemeine Festsetzung der zulässigen Nutzung im vorhabenbezogenen Bebauungsplan kann also von Anfang an eine eventuell notwendige Modifizierung oder Umnutzung des Vorhabens einkalkuliert werden, wodurch der Anwendungsbereich und die Praktikabilität des vorhabenbezogenen Bebauungsplans erheblich erweitert bzw. erhöht werden.[192] Bedenkt man nun, dass gerade auch für Maßnahmen der Innenentwicklung vorhabenbezogene Bebauungspläne in Betracht kommen,[193] die unter den Voraussetzungen des § 13a Abs. 1 BauGB im beschleunigten Verfahren aufgestellt werden können,[194] ergibt sich, dass die Regelung des § 12 Abs. 3a BauGB auch die Innenentwicklung zusätzlich stärken soll. Dabei ist zudem zu beachten, dass sich der Vorhabenträger im Durchführungsvertrag zur Realisierung des Vorhabens innerhalb einer bestimmten Frist bindend verpflichtet. Eine Beschleunigung und Vereinfachung des Bebauungsplanungsverfahrens durch § 13a BauGB führte im Bereich des vorhabenbezogenen Bebauungsplans damit sicher auch zur schnelleren Realisierung der Planung.

c) § 34 Abs. 3a S. 1 Nr. 1 BauGB

Als weitere, in Zusammenhang mit § 13a BauGB stehende Änderung des Baugesetzbuchs durch das Innenstadtentwicklungsgesetz ist die Erleichterung der Wohnnutzung im Innenbereich durch Erweiterung des § 34 Abs. 3a S. 1 Nr. 1 BauGB auf zulässigerweise errichtete bauliche Anlagen zu Wohnzwecken zu nennen. Es wird eine weitere, im Ermessen der Bauaufsichtsbehörde stehende Ausnahme von dem im bauplanungsrechtlichen Innenbereich grundsätzlich notwendigen Einfügens des Vorhabens in die Eigenart der näheren Umgebung zugelassen. Damit können unter Beachtung der sonstigen Voraussetzungen des

---

190 *Uechtritz*, BauR 2007, 476 (486).
191 BT-Drs. 16/2496, S. 10 u. 12; *Bienek*, SächsVBl. 2007, 49 (52); *v. Feldmann*, Grundeigentum 2007, 415 (418); *Schröer*, NZBau 2008, 46 (48); *Uechtritz*, BauR 2007, 476 (486).
192 *Bunzel*, Difu-Praxistest, S. 63, abrufbar unter http://www.difu.de/publikationen/difuberichte/4_06/11.phtml (zuletzt abgerufen am 01.03.2008); *Kuschnerus*, Der standortgerechte Einzelhandel, Rn. 611 u. 626.
193 BT-Drs. 16/2496, S. 10; *Söfker*, in: Spannowsky/Hofmeister, BauGB 2007, S. 17 (21).
194 *Birk*, KommJur 2007, 81 (85); *Gierke*, in: Brügelmann, § 13a, Rn. 24 (Stand: Februar 2008); *Jäde*, in: J/D/W, BauGB, § 13a, Rn. 1; *Krautzberger*, in E/Z/B/K, § 13a, Rn. 13 (Stand: Mai 2007); *Kuschnerus*, Der standortgerechte Einzelhandel, Rn. 597; *Söfker*, in: Spannowsky/Hofmeister, BauGB 2007, S. 17 (22); *Spannowsky*, in: Berliner Kommentar, § 13a, Rn. 18 (Stand: Juli 2007); *Wallraven-Lindl/Strunz/Geiß*, Das Bebauungsplanverfahren nach dem BauGB 2007, S. 156.

§ 34 Abs. 3a BauGB z. B. Dachaus- oder -aufbauten oder Um- bzw. Anbauten als Maßnahmen, die, wie von § 34 Abs. 3a S. 1 Nr. 1 BauGB verlangt,[195] an eine vorhandene Bausubstanz anknüpfen, zugelassen werden, bei denen das Maß der in der näheren Umgebung vorhandenen Bebauung überschritten wird.[196] Indem die Regelung des § 34 Abs. 3a BauGB für den bauplanungsrechtlichen Innenbereich die Möglichkeiten der Bebauung erweitert, soll sie nun auch Wohnbauvorhaben innerhalb der vorhandenen Bebauung ohne die Notwendigkeit eines zeit- und kostenaufwändigen Bebauungsplanungsverfahrens erleichtern und Investitionen in diesem Bereich stärken.[197] Durch sie soll wie mit § 13a BauGB dem angestrebten Ziel der Reduzierung der Neuinanspruchnahme von Flächen und der Konzentration der Entwicklung auf den vorhandenen Siedlungsbereich, zu dem Innenbereichsgebiete i. S. v. § 34 Abs. 1 S. 1 BauGB sicherlich zählen, näher gekommen werden.[198] Dieses Anliegen wird auch dadurch gefördert, dass § 34 Abs. 3a BauGB nun in weiterem Umfang für die Fälle, in denen Unsicherheiten darüber bestehen, ob sich ein Vorhaben tatsächlich in die Eigenart der näheren Umgebung einfügt und damit nach § 34 Abs. 1 S. 1 BauGB zulässig ist, Rechtssicherheit schafft,[199] da das Vorhaben auch für den Fall des Nicht-Einfügens gem. § 34 Abs. 3a BauGB zugelassen werden kann.

Bereits im Praxistest zum Innenstadtentwicklungsgesetz wurde jedoch festgestellt, dass von der Norm wohl keine allzu großen Effekte im Hinblick auf die Konzentration der Wohnbau-Siedlungsentwicklung auf den Innenbereich zu erwarten sein dürften. Dies liegt zum einen daran, dass der Anwendungsbereich des § 34 Abs. 1 S. 1 BauGB, der ausweislich des Wortlauts von § 34 Abs. 3a S. 1 BauGB mit dem des § 34 Abs. 3a BauGB kongruent ist, – beurteilt sich die Art der baulichen Nutzung nach § 34 Abs. 2 BauGB, entscheidet nur § 34 Abs. 2 2. Hs. BauGB über Ausnahmen vom Einfügen bezüglich der Art der baulichen Nutzung[200] – allein schon sehr weit ist, da das Einfügungsgebot keine starre

---

195 *Krautzberger*, in: B/K/L, § 34, Rn. 56; *Söfker*, in: E/Z/B/K, § 34, Rn. 87 (Stand: März 2007).
196 BT-Drs. 16/2496, S. 15; *Battis/Krautzberger/Löhr*, NVwZ 2007, 121 (126); *Gronemeyer*, BauR 2007, 815 (821/822).
197 *Bunzel*, Difu-Praxistest, S. 74, abrufbar unter http://www.difu.de/publikationen/difu-berichte/4_06/11.phtml (zuletzt abgerufen am 01.03.2008); vgl. BT-Drs. 15/2250, S. 80/81.
198 Ähnlich *Bunzel*, Difu-Praxistest, S. 73 u. 78, abrufbar unter http://www.difu.de/publikationen/difu-berichte/4_06/11.phtml (zuletzt abgerufen am 01.03.2008); *Söfker*, in: Spannowsky/Hofmeister, BauGB 2007, S. 17 (22).
199 *Bunzel*, Difu-Praxistest, S. 74, abrufbar unter http://www.difu.de/publikationen/difu-berichte/4_06/11.phtml (zuletzt abgerufen am 01.03.2008).
200 BT-Drs. 15/2250, S. 93; *Bracher*, in: Gelzer/Bracher/Reidt, Bauplanungsrecht, Rn. 2073; *Bunzel*, Difu-Praxistest, S. 74, abrufbar unter http://www.difu.de/publikationen/difu-berichte/4_06/11.phtml (zuletzt abgerufen am 01.03.2008); *Söfker*, in: E/Z/B/K, § 34, Rn. 87b (Stand: März 2007).

Angleichung des geplanten Vorhabens an das Vorhandene i. S. v. Uniformität verlangt. Vielmehr darf ein Vorhaben i. R. d. § 34 Abs. 1 S. 1 BauGB den Rahmen des Vorhandenen auch überschreiten, sofern nur die vorhandene Harmonie der Bebauung nicht gestört wird, also nicht bodenrechtliche Spannungen begründet oder erhöht werden, die nur durch eine Bauleitplanung bewältigt werden könnten.[201] Gemäß § 34 Abs. 3a S. 1 Nr. 2 BauGB darf ein sich nicht einfügendes Vorhaben nur zugelassen werden, wenn es städtebaulich vertretbar ist. Dieses Erfordernis ist dann nicht erfüllt, wenn durch das Vorhaben Belange berührt sind, deren Ausgleich i. S. v. § 1 Abs. 7 BauGB i. R. d. Baugenehmigung oder auf sonstige Weise im Zusammenhang mit dem (Einzel-)Vorhaben nicht möglich ist, d. h., die nach einer bauleitplanerischen, gestalterischen Abwägung verlangen, die nicht nur das Vorhaben, sondern ein größeres Gebiet erfasst.[202] Daraus ergibt sich, dass § 34 Abs. 3a BauGB für die Fälle, in denen das Vorhaben einen nur bauleitplanerisch zu bewältigenden Konflikt verschiedener Belange auslöst, die Genehmigungsfähigkeit des § 34 Abs. 1 S. 1 BauGB nicht erweitert, da aus denselben Gründen, aus denen sich ein Vorhaben nicht in die nähere Umgebung einfügt, dieses auch städtebaulich nicht vertretbar i. S. d. § 34 Abs. 3a Nr. 2 BauGB ist. Zum anderen ist zu bedenken, dass eine Genehmigung trotz fehlenden Einfügens in die nähere Umgebung nach § 34 Abs. 3a S. 1 Nr. 2 BauGB nicht möglich ist, wenn durch das genehmigte Vorhaben aufgrund seiner Vorbildwirkung die bauplanungsrechtlich relevante Umstrukturierung des ganzen Gebiets beginnen könnte. Eine Vorhabenzulassung nach § 34 Abs. 3a BauGB kann und darf daher nicht auf Umstände gestützt werden, die auf mehr als nur einzelne Grundstücke zutreffen, weil ansonsten § 34 Abs. 3a BauGB ein Einfallstor für bauplanungsrechtliche Fehlentwicklungen wäre.[203] § 34 Abs. 3a BauGB erlaubt eine Ausnahme vom Erfordernis des Einfügens gerade nur „im Einzelfall"[204]. Auch dies schränkt den Anwendungsbereich der Ausnahmeregelung des § 34 Abs. 3a BauGB ein.

---

201 BVerwG, Urt. vom 26.05.1978 – IV C 9.77, E 55, 369 (369 u. 386/387); *Bunzel*, Difu-Praxistest, S. 74 u. 75, abrufbar unter http://www.difu.de/publikationen/difu-berichte/ 4_06/11.phtml (zuletzt abgerufen am 01.03.2008); *Krautzberger*, in: B/K/L, § 34, Rn. 16; *Uechtritz*, BauR 2007, 476 (489).

202 *Bunzel*, Difu-Praxistest, S. 74 u. 75, abrufbar unter http://www.difu.de/publikationen/ difu-berichte/4_06/11.phtml (zuletzt abgerufen am 01.03.2008); *Krautzberger*, in: B/K/L, § 34, Rn. 58; *Uechtritz*, BauR 2007, 476 (489).

203 Vgl. BVerwG, Beschl. vom 08.05.1989 – 4 B 78/89, NVwZ 1989, 1060 (1060), in Bezug auf den zu § 34 Abs. 3a S. 1 Nr. 2 BauGB wortlautgleichen § 31 Abs. 2 Nr. 2 BauGB; BVerwG, Beschl. vom 20.11.1989 – 4 B 163/89, NVwZ 1990, 556 (Leitsatz 1 u. 2; 556 u. 557); *Bunzel*, Difu-Praxistest, S. 74, abrufbar unter http://www.difu.de/ publikationen/difu-berichte/4_06/11.phtml (zuletzt abgerufen am 01.03.2008); *Söfker*, in: E/Z/B/K, § 34, Rn. 88e (Stand: März 2006).

204 So auch BVerwG, Beschl. vom 20.11.1989 – 4 B 163/89, NVwZ 1990, 556 (557), in Bezug auf § 31 Abs. 2 Nr. 2 BauGB.

d) § 171f BauGB

Ebenfalls in innerem Zusammenhang mit dem beschleunigten Verfahren für Bebauungspläne der Innenentwicklung gem. § 13a BauGB steht die Regelung des § 171f BauGB über private Initiativen zur Stadtentwicklung. Dort werden die Länder, vor allem auch um bereits bestehende landesrechtliche Regelungen kompetenzrechtlich abzusichern,[205] ermächtigt, Gebiete festzulegen, in denen in privater Verantwortung standortbezogene Maßnahmen durchgeführt werden, die auf der Grundlage eines mit den städtebaulichen Zielen der Gemeinde abgestimmten Konzepts der Stärkung oder Entwicklung von Bereichen der Innenstädte, Stadtteilzentren, Wohnquartieren und Gewerbezentren sowie von sonstigen für die städtebauliche Entwicklung bedeutsamen Bereichen dienen (§ 171f S. 1 BauGB). Damit will der Gesetzgeber mit den städtebaulichen Zielen der Gemeinde abgestimmte private Initiativen stärken, die zur Verbesserung von Stadtquartieren beitragen, also deren Attraktivität steigern,[206] dabei aber vor allem auch eine gerechte Verteilung des Aufwands für die privaten Initiativen durch Landesrecht ermöglichen. Durch eine staatliche Regelung des Finanzierungsaufwands für eine in privater Verantwortung durchgeführte Maßnahme der Stadtentwicklung kann erreicht werden, dass alle von der Maßnahme Profitierenden auch den dafür notwendigen Aufwand tragen müssen.[207] In privater Verantwortung durchgeführte Maßnahmen der Stärkung oder Entwicklung von Bereichen der Innenstädte, Stadtteilzentren, Wohnquartiere und Gewerbezentren sowie von sonstigen für die städtebauliche Entwicklung bedeutsamen Bereichen tragen dazu bei, die in den genannten Gebieten bestehende städtebauliche Situation zu verbessern und in ihrer Funktionalität zu stärken.[208] Sie wirken Rückentwicklungstendenzen und der Verlagerung der Entwicklung in Randbereiche entgegen und unterstützen tatsächlich von Urbanität geprägte Städte mit florierenden Zentren. Damit haben sie eine ähnliche Zielrichtung wie § 13a BauGB,[209] wohl aber mehr noch wie die ebenfalls durch das Innenstadtentwicklungsgesetz eingeführte Regelung des § 9 Abs. 2a BauGB.

---

205 BT-Drs. 16/3308, S. 19; *Battis/Krautzberger/Löhr*, NVwZ 2007, 121 (127); *v. Feldmann*, Grundeigentum 2007, 415 (419); *Krautzberger/Stüer*, DVBl. 2007, 160 (166); *Portz*, in: Spannowsky/Hofmeister, BauGB 2007, S. 1 (8); *Reidt*, BauR 2007, 2001 (2011); *Schmidt-Eichstaedt*, LKV 2007, 439 (443).
206 *Portz*, in: Spannowsky/Hofmeister, BauGB 2007, S. 1 (8 u. 9); *Schmidt-Eichstaedt*, LKV 2007, 439 (443/444).
207 *Dirnberger*, Bay. Gemeindetag 2/2007, 51 (55); *Krautzberger/Stüer*, DVBl. 2007, 160 (167); *Otto*, NJ 2007, 63 (64); *Reidt*, BauR 2007, 2001 (2111); *Schmidt-Eichstaedt*, LKV 2007, 439 (443).
208 BT-Drs. 16/3308, S. 19.
209 A. A. *v. Feldmann*, Grundeigentum 2007, 415 (419).

II. Anwendungsbereich des beschleunigten Verfahrens gem. § 13a Abs. 1 BauGB

Bevor die Besonderheiten des beschleunigten Verfahrens nach § 13a BauGB in Relation zum Regelbebauungsplanungsverfahren dargestellt werden, ist zunächst sein Anwendungsbereich zu klären. Nach dem Gesetzeswortlaut des § 13a Abs. 1 S. 1 BauGB können Bebauungspläne für die Wiedernutzbarmachung von Flächen, die Nachverdichtung oder andere Maßnahmen der Innenentwicklung (Bebauungspläne der Innenentwicklung) im beschleunigten Verfahren aufgestellt werden. Das beschleunigte Verfahren nach § 13a BauGB ist also nur für *Bebauungspläne* der *Innenentwicklung* anwendbar, was schon aus der amtlichen Überschrift der Norm hervorgeht. Dabei sind alle Arten von Bebauungsplänen erfasst, also einfache, qualifizierte, vorhabenbezogene und planfeststellungsersetzende, nicht jedoch sonstige städtebauliche Satzungen oder Flächennutzungspläne.[210] Aus der Aufzählung von „Bebauungspläne[n] für die Wiedernutzbarmachung von Flächen, die Nachverdichtung oder *andere* Maßnahmen der Innenentwicklung", die dann im Klammerzusatz als Bebauungspläne der Innenentwicklung legaldefiniert werden, ergibt sich, dass Bebauungspläne der Innenentwicklung nur solche *für* Maßnahmen der Innenentwicklung sind,[211] und auch die Wiedernutzbarmachung von Flächen und die Nachverdichtung nur *andere*, spezielle, beispielhaft angeführte Maßnahmen der Innenentwicklung sind.[212] Demnach kann der Inhalt der Begriffe „Nachverdichtung" und „Wiedernutzbarmachung von Flächen" i. S. d. § 13a Abs. 1 S. 1 BauGB nur im Zusammenhang mit dem Begriff der als Auffangtatbestand[213] konzipierten „Maßnahmen der Innenentwicklung" bestimmt werden, dessen Bedeutung daher als Erstes zu klären ist. Trotz dieses aus dem Gesetzeswortlaut eindeutig hervorgehenden Ableitungsverhältnisses der Bedeutung von „Wiedernutzbarmachung"

---

210 *Gierke*, in: Brügelmann, § 13a, Rn. 24 (Stand: Februar 2008); *Jäde*, in: J/D/W, BauGB, § 13a, Rn. 1; *Müller-Grune*, BauR 2007, 985 (986). Vgl. Fn. 194.
211 *Müller-Grune*, BauR 2007, 985 (987); *Krautzberger*, in: Krautzberger/Söfker, Baugesetzbuch, Rn. 153a.
212 *Birk*, KommJur 2007, 81 (82); *Bunzel*, Difu-Praxistest, S. 24, abrufbar unter http://www.difu.de/publikationen/difu-berichte/4_06/11.phtml (zuletzt abgerufen am 01.03.2008); *Gierke*, in: Brügelmann, § 13a, Rn. 27 u. 58 (Stand: Februar 2008); *Krautzberger*, in: E/Z/B/K, § 13a, Rn. 28 (Stand: Mai 2007); Mustereinführungserlass, S. 5, abrufbar unter http://www.is-argebau.de/ (zuletzt abgerufen am 10.05.2008).
213 *Bienek/Krautzberger*, UPR 2008, 81 (82); *Bunzel*, LKV 2007, 444 (445); *ders.*, Difu-Praxistest, S. 26, abrufbar unter http://www.difu.de/publikationen/difu-berichte/4_06/11.phtml (zuletzt abgerufen am 01.03.2008); *Gierke*, in: Brügelmann, § 13a, Rn. 61 (Stand: Februar 2008); *Mitschang*, ZfBR 2007, 433 (434); *Müller-Grune*, BauR 2007, 985 (987); Mustereinführungserlass, S. 5, abrufbar unter http://www.is-argebau.de/ (zuletzt abgerufen am 10.05.2008); *Wallraven-Lindl/Strunz/Geiß*, Das Bebauungsplanverfahren nach dem BauGB 2007, S. 153.

und „Nachverdichtung" aus dem Inhalt der „Maßnahmen der Innenentwicklung" wird teilweise vertreten, die Interpretation der „Maßnahmen der Innenentwicklung" könne sich an den Zielsetzungen von „Nachverdichtung" und „Wiedernutzbarmachung" orientieren.[214] Dabei wird jedoch entgegen der Vorgaben aus dem Wortlaut des § 13a Abs. 1 S. 1 BauGB „das Pferd von hinten aufgezäumt" und außer Acht gelassen, dass der Begriffsinhalt der Innenentwicklung nach der grammatikalischen Auslegung der Norm der entscheidende ist, an den sich die Interpretation der als Beispiele angeführten, speziellen Maßnahmen der Innenentwicklung, Wiedernutzbarmachung von Flächen und Nachverdichtung, anzulehnen hat.

1. Maßnahmen der Innenentwicklung

a) Begriff der Innenentwicklung

Der Begriff der Innenentwicklung wurde vom Koalitionsvertrag,[215] dessen Umsetzung das Innenstadtentwicklungsgesetz[216] und damit auch § 13a BauGB dient, indem die Regelung zur Verminderung der Flächeninanspruchnahme und zur Vereinfachung und Beschleunigung des Bau- und Planungsrechts für Vorhaben der Innenentwicklung beitragen soll, gebraucht und so auch in den Gesetzeswortlaut des § 13a Abs. 1 S. 1 BauGB übernommen. Was unter „Innenentwicklung" zu verstehen ist, wird nicht legaldefiniert. Vielmehr wird der Begriff als städtebaufachlicher Begriff vorausgesetzt.[217] Die Interpretation des unbestimmten Rechtsbegriffs „Innenentwicklung" ist gerichtlich ohne Beurteilungsspielraum vollumfänglich nachprüfbar und grundsätzlich entscheidend für eine rechtmäßige Anwendung des beschleunigten Verfahrens.[218]

---

214 *Bunzel*, LKV 2007, 444 (445); *Scheidler*, ZfBR 2006, 752 (753); *ders.*, BauR 2007, 650 (652); *Tomerius*, ZUR 2008, 1 (3/4); *Uechtritz*, BauR 2007, 476 (478); wohl auch *Schmidt-Eichstaedt*, BauR 2007, 1148 (1148).
215 Koalitionsvertrag, S. 62, abrufbar unter http://www.bundesregierung.de/Content/ DE/__Anlagen/koalitionsvertrag,property=publicationFile.pdf (zuletzt abgerufen am 04.08.2008).
216 Vgl. Fn. 5.
217 *Bienek/Krautzberger*, UPR 2008, 81 (81); *Dirnberger*, Bay. Gemeindetag 2/2007, 51 (51); *Gierke*, in: Brügelmann, § 13a, Rn. 32 (Stand: Februar 2008); *Krautzberger*, UPR 2007, 53 (53); *ders.*, UPR 2006, 405 (407); *ders.*, in: E/Z/B/K, § 13a, Rn. 24 (Stand: Mai 2007); *Krautzberger/Stüer*, DVBl. 2007, 160 (162).
218 *Dirnberger*, Bay. Gemeindetag 2/2007, 51 (51); *Gierke*, in: Brügelmann, § 13a, Rn. 32 (Stand: Februar 2008).

aa) Grammatikalische, historische und teleologische Auslegung

(1) Bodenschutzklausel, § 1a Abs. 2 S. 1 BauGB

Entgegen der Auffassung *Müller-Grunes*[219] war der Terminus „Innenentwicklung" dem Baugesetzbuch nicht bis zum Innenstadtentwicklungsgesetz fremd. Vielmehr ist der Begriff, ebenso wie der der Nachverdichtung und der der Wiedernutzbarmachung, seit dem EAG-Bau (2004) (vgl. B. I. 2. b) aa)) in der Bodenschutzklausel des § 1a Abs. 2 S. 1 BauGB i. R. d. beispielhaften Aufzählung enthalten, durch welche Maßnahmen, nämlich solche „zur Innenentwicklung", mit Grund und Boden sparsam und schonend umgegangen werden kann. Auch der Gesetzgeber ist sich dessen bewusst, da in der Begründung zum Regierungsentwurf des Innenstadtentwicklungsgesetzes ausdrücklich angeführt wird, dass die „Maßnahmen der Innenentwicklung" i. S. d. § 13a Abs. 1 S. 1 BauGB „an die Bodenschutzklausel in § 1a Abs. 2 Satz 1 [BauGB] an[]knüpf[en]".[220] Dies kongruiert mit der Einordnung des Verfahrens nach § 13a BauGB als Instrumentierung der Bodenschutzklausel (vgl. B. I. 3.). Ob aber im Einzelfall tatsächlich eine Maßnahme der Innenentwicklung gem. § 13a Abs. 1 S. 1 BauGB vorliegt, kann jedoch – wie auch der Praxistest ergab – unter Hinzuziehung der in diesem Punkt fast wortlautgleichen Bodenschutzklausel (§ 1a Abs. 2 S. 1 2. Hs. BauGB) nicht eindeutig geklärt werden,[221] da der Begriff „Innenentwicklung" in der Bodenschutzklausel ebenso wenig legaldefiniert ist und aufgrund der geringen Relevanz der Bodenschutzklausel in der Rechtsprechung auch durch diese noch nicht näher präzisiert wurde.[222] In der Literatur hat man sich i. R. d. Bodenschutzklausel ebenfalls nicht eingehend mit dem Terminus „Innenentwicklung" beschäftigt, so dass sich dort ebenfalls keine gefestigte Definition herausgebildet hat. Dies kann durchaus darin begründet sein, dass die Bodenschutzklausel und die darin angeführten Maßnahmen zur Innenentwicklung gem. § 1a Abs. 2 S. 3 BauGB unter Abwägungsvorbehalt stehen. Zwar unterliegen die Auslegung der in den Planungsleitlinien der § 1 Abs. 5 u. Abs. 6, § 1a BauGB enthaltenen Begriffe und die Relevanz der damit aufgeführten Belange in der konkreten Planungssituation uneingeschränkter gerichtlicher Kontrolle[223] und es muss daher in der Abwägung verschiedener Planungsalternativen gem. § 1a Abs. 2 S. 1 BauGB grundsätzlich geklärt werden, welche eine Maßnahme zur

---

219 *Müller-Grune*, BauR 2007, 985 (985).
220 BT-Drs. 16/2496, S. 12.
221 *Bunzel*, Difu-Praxistest, S. 27, abrufbar unter http://www.difu.de/publikationen/difu-berichte/4_06/11.phtml (zuletzt abgerufen am 01.03.2008); *Gierke*, in Brügelmann, § 13a, Rn. 28 (Stand: Februar 2008); *Mitschang*, ZfBR 2007, 433 (433).
222 *Gierke*, in: Brügelmann, § 13a, Rn. 28 (Stand: Februar 2008); *Mitschang*, ZfBR 2007, 433 (433). Vgl. Fn. 155.
223 BVerwG, Urt. vom 12.12.1969 – IV C 105.66, E 34, 301 (308); *Oldiges*, in: Steiner, Besonderes Verwaltungsrecht, Teil III, Rn. 44.

Innenentwicklung ist. Andererseits dürfen aber aus bestimmten anderen Gründen offensichtlich i. R. d. Abwägung ausscheidende Planalternativen vorzeitig in der Abwägung unberücksichtigt gelassen werden, d. h., bevor geprüft ist, ob sie Maßnahmen zur Innenentwicklung wären. Gleichzeitig darf bestimmten Planalternativen unabhängig von ihrer Einordnung als Maßnahmen zur Innenentwicklung der Vorzug gegeben werden, wenn offensichtlich ist, dass sie sich in der Abwägung jedenfalls, also unabhängig von dem Gebot des § 1a Abs. 2 S. 1 BauGB, gegen andere Planungsalternativen durchsetzen. Daraus wird deutlich, dass der Begriff der Innenentwicklung innerhalb der der Abwägung unterliegenden Bodenschutzklausel vielfach nicht präzise bestimmt werden muss.[224] Dies ist i. R. d. § 13a BauGB, bei dem das Vorliegen einer Innenentwicklungsmaßnahme Anwendungsvoraussetzung ist, anders.[225]

Die Auslegung des Begriffs „Innenentwicklung" i. S. d. §§ 1a, 13a BauGB hat sich aber sicherlich am Telos der Bodenschutzklausel und des § 13a BauGB zu orientieren, mit Grund und Boden sparsam umzugehen, also die Neuinanspruchnahme von Flächen möglichst zu vermeiden und vorrangig bereits vorhandene Siedlungs- und Entwicklungspotentiale auszuschöpfen.[226]

(2) Weitere Konkretisierungen in der Gesetzesbegründung

Die Gesetzesbegründung geht unter Bezugnahme auf § 1 Abs. 6 Nr. 4 BauGB, wobei diese Regelung eine Präzisierung der Bodenschutzklausel ist,[227] davon aus, dass Bebauungspläne der Innenentwicklung solche sind, die der Erhaltung, Erneuerung, Fortentwicklung, Anpassung und dem Umbau *vorhandener Ortsteile* dienen.[228] Ebenso werden Bebauungspläne, die der Umnutzung von Flächen dienen, als Bebauungspläne der Innenentwicklung eingeordnet.[229]

Um *beispielhaft* zu konkretisieren, welche Flächen durch Bebauungspläne der Innenentwicklung als Maßnahmen der Innenentwicklung überplant werden können, führt die Gesetzesbegründung „Gebiete, die im Zusammenhang bebaute

---

224 So auch *Gierke*, in: Brügelmann, § 13a, Rn. 28 (Stand: Februar 2008).
225 *Dirnberger*, Bay. Gemeindetag 2/2007, 51 (51). Vgl. Fn. 218.
226 *Bienek/Krautzberger*, UPR 2008, 81 (82 u. 83); *Birk*, KommJur 2007, 81 (82); *Bunzel*, LKV 2007, 444 (445); *Krautzberger*, UPR 2007, 170 (174); *Müller-Grune*, BauR 2007, 985 (987); *Schröer*, NZBau 2007, 293 (294); *Uechtritz*, BauR 2007, 476 (478).
227 *Söfker*, in: E/Z/B/K, § 1, Rn. 130 (Stand: September 2005).
228 BT-Drs. 16/2496, S. 12; *Battis*, in: B/L/K, § 13a, Rn. 4; *Battis/Krautzberger/Löhr*, NVwZ 2007, 121 (124); *Blechschmidt*, ZfBR 2007, 120 (120); *Bunzel*, LKV 2007, 444 (444/445); *Dirnberger*, Bay. Gemeindetag 2/2007, 51 (51); *Krautzberger*, UPR 2007, 53 (54); *ders.*, UPR 2007, 170 (174); *Krautzberger/Stüer*, DVBl. 2007, 160 (162); *Mitschang*, ZfBR 2007, 433 (433); *Müller-Grune*, BauR 2007, 985 (985); *Scheidler*, ZfBR 2006, 752 (753); *ders.*, BauR 2007, 650 (651); *Söfker*, in: Spannowsky/ Hofmeister, BauGB 2007, S. 17 (18); *Uechtritz*, BauR 2007, 476 (478); *Wallraven-Lindl/ Strunz/Geiß*, Das Bebauungsplanverfahren nach dem BauGB 2007, S. 153.
229 BT-Drs. 16/2496, S. 12.

Ortsteile im Sinne des § 34 [BauGB] darstellen, innerhalb des Siedlungsbereichs befindliche brachgefallene Flächen sowie innerhalb des Siedlungsbereichs befindliche Gebiete mit einem Bebauungsplan, der infolge notwendiger Anpassungsmaßnahmen geändert oder durch einen neuen Bebauungsplan abgelöst werden soll", an.[230] Daraus ergibt sich, dass Bebauungspläne, die Flächen des bauplanungsrechtlichen Innenbereichs i. S. d. § 34 BauGB überplanen, jedenfalls – auch wenn sie nur Straßen- und Wegeverbindungen festsetzen[231] – Bebauungspläne der Innenentwicklung sind,[232] der Bereich der Innenentwicklung aber über den des bauplanungsrechtlichen Innenbereichs hinausgeht.[233] Ansonsten hätte nämlich die Nennung der „innerhalb des Siedlungsbereichs befindlichen brachgefallenen Flächen" neben den Innenbereichsflächen i. S. d. § 34 BauGB keine eigenständige Bedeutung, würde sie nur im Innenbereich durch Brachfallen entstandene Baulücken erfassen, die nach wie vor Teil eines im Zusammenhang bebauten Ortsteils im Sinne des § 34 Abs. 1 S. 1 BauGB sind. Zudem spricht das Gesetz ausdrücklich von *Innen*entwicklung und nicht von *Innenbereichs*entwicklung, was vor allem vor dem Hintergrund, dass der Gesetzgeber aus § 1a Abs. 2 S. 1 BauGB und § 34 BauGB die unterschiedlichen Begriffe schon kannte, auf eine bewusste Unterscheidung zwischen Innenbe-

---

230 BT-Drs. 16/2496, S. 12; *Battis*, in: B/K/L, § 13a, Rn. 4; *Battis/Krautzberger/Löhr*, NVwZ 2007, 121 (124); *Blechschmidt*, ZfBR 2007, 120 (120); *Krautzberger*, UPR 2007, 53 (54); *Krautzberger/Stüer*, DVBl. 2007, 160 (162); *Mitschang*, ZfBR 2007, 433 (435); *Müller-Grune*, BauR 2007, 985 (986); *Scheidler*, ZfBR 2006, 752 (753); *ders.*, BauR 2007, 650 (651); *Schröer*, NZBau 2006, 703 (704); *Uechtritz*, BauR 2007, 476 (478).

231 *Bunzel*, Difu-Praxistest, S. 27, abrufbar unter http://www.difu.de/publikationen/difu-berichte/4_06/11.phtml (zuletzt abgerufen am 01.03.2008); *Wallraven-Lindl/Strunz/Geiß*, Das Bebauungsplanverfahren nach dem BauGB 2007, S. 153. Bestätigt gerade auch in BT-Drs. 16/3308, S. 17, im Zusammenhang mit § 13a Abs. 1 S. 3 BauGB; vgl. *Uechtritz*, BauR 2007, 476 (479).

232 *Bunzel*, Difu-Praxistest, S. 27, abrufbar unter http://www.difu.de/publikationen/difu-berichte/4_06/11.phtml (zuletzt abgerufen am 01.03.2008); *Birk*, KommJur 2007, 81 (82); *Gierke*, in: Brügelmann, § 13a, Rn. 33 (Stand: Februar 2008); *Jäde*, in: J/D/W, BauGB, § 13a, Rn. 2; *Kirchmeier*, in: Hk-BauGB, § 13a, Rn. 2 u. 4; *Krautzberger*, in: Krautzberger/Söfker, Baugesetzbuch, Rn. 153a; *Mitschang*, ZfBR 2007, 433 (435); *Schröer*, NZBau 2007, 293 (293/294); *Starke*, JA 2007, 488 (488).

233 *Bienek/Krautzberger*, UPR 2008, 81 (82); *Bunzel*, Difu-Praxistest, S. 27, abrufbar unter http://www.difu.de/publikationen/difu-berichte/4_06/11.phtml (zuletzt abgerufen am 01.03.2008); *ders.*, LKV 2007, 444 (445); *Dirnberger*, Bay. Gemeindetag 2/2007, 51 (51); *Gierke*, in: Brügelmann, § 13a, Rn. 33 (Stand: Februar 2008); *Kirchmeier*, in: Hk-BauGB, § 13a, Rn. 4; *Krautzberger*, in: Krautzberger/Söfker, Baugesetzbuch, Rn. 153a; *Kuscherus*, Der standortgerechte Einzelhandel, Rn 592; *Mitschang*, ZfBR 2007, 433 (434); *Müller-Grune*, BauR 2007, 985 (985 u. 986); *Schmidt-Eichstaedt*, BauR 2007, 1148 (1148); *Schröer*, NZBau 2007, 293 (294); *ders.*, NZBau 2008, 46 (47); *Spannowsky*, in: Spannowsky/Hofmeister, BauGB 2007, S. 27 (33); *ders.*, in: Berliner Kommentar, § 13a, Rn. 13 (Stand: Juli 2007); *Starke*, JA 2007, 488 (488); *Wallraven-Lindl/Strunz/Geiß*, Das Bebauungsplanverfahren nach dem BauGB 2007, S. 153.

reich und Innenentwicklung schließen lässt, so dass die Begriffe auch nicht gleichgesetzt werden dürfen.[234] Auch ist anzunehmen, dass der Gesetzgeber bewusst mit den Begriffen „Innenbereich" und „Siedlungsbereich" zwei unterschiedliche, nicht bedeutungsgleiche Termini gebraucht hat. Würde man Flächen für Maßnahmen der Innenentwicklung auf Innenbereichsflächen im Sinne des § 34 Abs. 1 S. 1 BauGB beschränken, würde dies den Anwendungsbereich von § 13a BauGB zudem stark einschränken, weil z. B. großflächige brachgefallene Industrie- und Gewerbeareale, die auch von der in der näheren Umgebung vorhandenen Bebauung im Hinblick auf die Art der baulichen Nutzung nicht (mehr) maßstabsbildend geprägt werden, von vornherein nicht durch Bebauungspläne der Innenentwicklung im beschleunigten Verfahren einer neuen Nutzung zugeführt werden könnten, obwohl dadurch vorhandene Siedlungsflächen wiedergenutzt werden könnten und eine Neuinanspruchnahme von Fläche vermieden werden könnte, was der Intention des Innenstadtentwicklungsgesetzes und der Einführung des beschleunigten Verfahrens gem. § 13a BauGB entsprechen würde.[235] Zweifelsfrei eine Maßnahme der Innenentwicklung ist die Neuüberplanung bereits beplanter Flächen, die ohne den bisherigen Bebauungsplan dem Innenbereich des § 34 BauGB zuzuordnen wären,[236] da für diese kein Unterschied zu „echten", unbeplanten Innenbereichsflächen bestehen kann.

Sowohl bei der Überplanung brachgefallener Flächen als auch bei der Neuüberplanung bereits beplanter Flächen stellt der Gesetzgeber darauf ab, dass die Flächen innerhalb des Siedlungsbereichs liegen. Dem ist zu entnehmen, dass ein Zusammenhang der Flächen, die durch einen Bebauungsplan der Innenentwicklung überplant werden sollen, mit dem vorhandenen Siedlungsbereich ein wichtiges Kriterium dafür ist, dass eine Maßnahme der Innenentwicklung vorliegt,[237] wobei dieses Merkmal bei Innenbereichsflächen i. S. d. § 34 BauGB aufgrund des dort notwendigerweise gegebenen Bebauungszusammenhangs automatisch vorliegt, der Siedlungsbereich entsprechend der eben dargelegten Argumentation aber mehr ist als der bauplanungsrechtliche Innenbereich. Auch § 1 Abs. 6

---

234 *Bienek/Krautzberger*, UPR 2008, 81 (82); *Krautzberger*, in: E/Z/B/K, § 13a, Rn. 31 (Stand: Mai 2007); *Gierke*, in: Brügelmann, § 13a, Rn. 33 (Stand: Februar 2008), stimmt dem Wortlautunterschied zu, stellt aber, wie allgemein anerkannt und auch von der Gesetzesbegründung so angesprochen, klar, dass sich der Bereich der Innenentwicklung und der Innenbereich gem. § 34 BauGB zumindest faktisch teilweise decken, weshalb er zur Bestimmung des Begriffs der Innenentwicklung auch auf Merkmale der Abgrenzung von Innen- und Außenbereich zurückgreift. Ebenso *Schröer*, NZBau 2007, 293 (294).
235 *Gierke*, in: Brügelmann, § 13a, Rn. 44 (Stand: Februar 2008).
236 *Birk*, KommJur 2007, 81 (82).
237 *Bienek/Krautzberger*, UPR 2008, 81 (83); *Bunzel*, Difu-Praxistest, S. 26, abrufbar unter http://www.difu.de/publikationen/difu-berichte/4_06/11.phtml (zuletzt abgerufen am 01.03.2008); *Mitschang*, ZfBR 2008, 108 (108); *ders.*, ZfBR 2007, 433 (434 u. 435); *Müller-Grune*, BauR 2007, 985 (985 u. 986); *Schwarz*, LKV 2007, 454 (454) unter Verweis auf *Bunzel*.

Nr. 4 BauGB erfasst nur Maßnahmen an schon vorhandenen Ortsteilen, d. h., es muss schon eine zusammenhängende Bebauung von Gewicht vorhanden sein, die im Rahmen des § 1 Abs. 6 Nr. 4 BauGB auch im Außenbereich liegen darf, wobei dann eine Weiterentwicklung des Ortsteils nicht nach § 35 BauGB, vor allem nicht aufgrund von § 35 Abs. 3 S. 1 Nr. 7 BauGB, ausgeschlossen sein darf.[238] Die Schaffung völlig neuer Ortsteile ohne Anknüpfung an vorhandene in Form der Erhaltung, Erneuerung, Fortentwicklung, Anpassung oder des Umbaus ist damit, weil der Zusammenhang mit bestehenden Siedlungsflächen und der *innerörtliche* Entwicklungs- oder Erneuerungsansatz fehlt,[239] nach dem ausdrücklichen gesetzgeberischen Willen keine Maßnahme der Innenentwicklung. Ebenso wenig ist ein Bereich mit nur wenigen, unbedeutenden Gebäuden mangels Ortsteileigenschaft für sich gesehen ein Bereich für Maßnahmen der Innenentwicklung.[240]

Diese Einschränkung könnte auch für die Fälle der Umnutzung von Flächen zu beachten sein, auch wenn der Gesetzgeber in der Gesetzesbegründung Umnutzungsmaßnahmen ohne weitere Eingrenzungen als Maßnahmen der Innenentwicklung anführt. Bei der Überplanung brachgefallener Flächen, bei der ebenfalls eine Umnutzung beabsichtigt wird, stellt er jedoch ausdrücklich darauf ab, dass sie innerhalb des Siedlungsbereichs liegen.[241] Dabei ist einerseits zu bedenken, dass bei bloßen Umnutzungen bisher schon genutzter Flächen keine Flächen neu in Anspruch genommen werden, so dass jegliche Umnutzungsmaßnahme der von § 13a BauGB angestrebten Vermeidung neuen Flächenverbrauchs dient. Andererseits aber soll § 13a BauGB auch dazu beitragen, den Schwerpunkt der Siedlungsentwicklung deutlich zugunsten der Innenentwicklung zu verschieben. Eine Umnutzung von bisher genutzten, nun aber brachgefallenen bzw. brachfallenden Flächen im Außenbereich, die in keiner Weise Anschluss an den Siedlungskörper haben oder selbst einen Ortsteil bilden, setzt eine bisherige Zersplitterung der Flächennutzungen und damit eine Außenentwicklung fort, trägt aber nicht bzw. nicht unmittelbar zur Innenentwicklung innerhalb des vorhandenen Siedlungskörpers bei. Eine solche Umnutzungsmaßnahme verhindert vielmehr eine ohne sie mögliche Renaturierung der Flächen. Daher erscheint es sehr zweifelhaft, ob bei Umnutzungen tatsächlich nicht auch auf einen Zusammenhang der Fläche mit dem vorhandenen Siedlungskörper ab-

---

238 *Gierke*, in: Brügelmann, § 13a, Rn. 46 u. 55 (Stand: Februar 2008), der ausdrücklich hervorhebt, dass der für eine Maßnahme der Innenentwicklung vorgesehene Bereich entwicklungsfähig sein muss. *Müller-Grune*, BauR 2007, 985 (985/986); *Söfker*, in: E/Z/B/K, § 1, Rn. 130 (Stand: September 2005).
239 *Gierke*, in: Brügelmann, § 13a, Rn. 46 (Stand: Februar 2008); *Söfker*, in: E/Z/B/K, § 1, Rn. 130 (Stand: September 2005); vgl. *ders.*, in: Spannowsky/Hofmeister, BauGB 2007, S. 17 (18).
240 *Gierke*, in: Brügelmann, § 13a, Rn. 47 (Stand: Februar 2008).
241 BT-Drs. 16/2496, S. 12. Vgl. auch *Krautzberger*, in: Krautzberger/Söfker, Baugesetzbuch, Rn. 153a.

zustellen ist.²⁴² Die Praxisteststädte ordneten nur die Steuerung des Nutzungsgefüges im Siedlungsbestand eindeutig als Maßnahme der Innenentwicklung ein.²⁴³

(3) Negativdefinition und grammatikalische Auslegung

Statt „Innenentwicklung" abschließend positiv zu definieren, greift der Gesetzgeber auf die Definition dessen zurück, was jedenfalls nicht Innenentwicklung ist, um so Innenentwicklung von Nicht-Innenentwicklung negativ abzugrenzen. Danach sind solche Bebauungspläne, die *gezielt Flächen außerhalb der Ortslagen* einer Bebauung zuführen, keine Bebauungspläne der Innenentwicklung.²⁴⁴ Dabei ist es entsprechend des Telos des § 13a BauGB, die Neuinanspruchnahme von Flächen durch Bebauungspläne soweit wie möglich zu reduzieren, irrelevant, ob solche Flächen im Flächennutzungsplan als Bauflächen ausgewiesen sind oder nicht.²⁴⁵ Daraus, dass der Gesetzgeber ausdrücklich die gezielte Inanspruchnahme von Flächen außerhalb vorhandener Ortslagen als Maßnahme der Innenentwicklung ausschließt, wird der oben (vgl. B. II. 1. a) aa) (2)) abgeleitete Zusammenhang zwischen Innenentwicklung und Anknüpfung an den vorhandenen Siedlungsbestand noch mal ganz deutlich. Dass die gezielte Inanspruchnahme von Flächen außerhalb von Ortslagen nach dem Willen des Gesetzgebers keinesfalls unter den Begriff „Innenentwicklung" subsumiert werden soll, zeigt sich auch noch anderer Stelle, nämlich im Rahmen der Planerhaltungsvorschrift des § 214 Abs. 2a Nr. 1 BauGB. Danach ist eine Verletzung formeller und einer bestimmten materiellen Anforderung des Regelbebauungsplanungsverfahrens für die Rechtswirksamkeit des Bebauungsplans unbeachtlich, wenn sie darauf beruht, dass unzutreffend vom Vorliegen einer Maßnahme der Innenentwicklung als Voraussetzung für das beschleunigte Verfahren ausgegangen wurde, bei dem vom Regelbebauungsplanungsverfahren abweichende formelle und materielle Anforderungen gelten. Nach dem Willen des Gesetzgebers soll jedoch das Fehlen einer Maßnahme der Innenentwicklung als Anwendungsvoraussetzung für das beschleunigte Verfahren trotz § 214 Abs. 2a Nr. 1 BauGB beachtlich sein, wenn eine gezielte Inanspruchnahme von Flächen außerhalb von Ortslagen vorliegt.²⁴⁶ Die bewusste Inanspruchnahme von Flächen außerhalb von Ortsla-

---

242 *Bunzel*, LKV 2007, 444 (445); *Mitschang*, ZfBR 2007, 433 (435). Vgl. *Bienek/Krautzberger*, UPR 2008, 81 (83, Fn. 14).
243 *Bunzel*, Difu-Praxistest, S. 21, abrufbar unter http://www.difu.de/publikationen/difu-berichte/4_06/11.phtml (zuletzt abgerufen am 01.03.2008).
244 BT-Drs. 16/2496, S. 12; *Bienek/Krautzberger*, UPR 2008, 81 (82); Mustereinführungserlass, S. 5, abrufbar unter http://www.is-argebau.de/ (zuletzt abgerufen am 10.05.2008); *Scheidler*, ZfBR 2006, 752 (753); *ders.*, BauR 2007, 650 (651); *Schröer*, NZBau 2006, 703 (704); *Uechtritz*, BauR 2007, 476 (478).
245 *Kuschnerus*, Der standortgerechte Einzelhandel, Rn. 596.
246 BT-Drs. 16/2496, S. 17.

gen soll also grundsätzlich und strikt nicht als Maßnahme der Innenentwicklung eingeordnet werden können bzw. als solche gelten.[247] Die (alleinige) Überplanung erkanntermaßen völlig isoliert außerhalb von Ortslagen liegender Freiflächen[248] ist daher mangels Verbindung zum vorhandenen Siedlungsbereich bzw. zu vorhandenen Ortsteilen nach dem gesetzgeberischen Willen keinesfalls eine Maßnahme der Innenentwicklung.

Im Rahmen der historisch-grammatikalischen Auslegung des § 13a Abs. 1 S. 1 BauGB ist hierbei auch zu bedenken, dass der Wortlaut des § 13a Abs. 1 S. 1 BauGB in der Fassung des Regierungsentwurfs auf Anregung des Praxistests[249] in den Beratungen des Bundestagsausschusses für Verkehr, Bau und Stadtentwicklung zur deutlicheren Abgrenzung von Bebauungsplänen der Innenentwicklung von solchen, die keine Bebauungspläne der Innenentwicklung sind, geändert wurde. Im Regierungsentwurf hieß es in § 13a Abs. 1 S. 1 BauGB noch, dass „ein Bebauungsplan, der der Wiedernutzbarmachung von Flächen, der Nachverdichtung oder anderen Maßnahmen der Innenentwicklung *dient* (Bebauungsplan der Innenentwicklung)", im beschleunigten Verfahren aufgestellt werden kann.[250] Auf Empfehlung des Bundestagsausschusses für Verkehr, Bau und Stadtentwicklung wurde der Wortlaut in die Fassung geändert, die letztlich auch Gesetz geworden ist.[251] So definiert das Gesetz nun Bebauungspläne der Innenentwicklung als Bebauungspläne „*für* die Wiedernutzbarmachung von Flächen, die Nachverdichtung oder andere Maßnahmen der Innenentwicklung". Damit soll verdeutlicht werden, dass Bebauungspläne der Innenentwicklung nur solche sind, die *unmittelbar* für Maßnahmen der Innenentwicklung aufgestellt werden.[252] Ein Bebauungsplan, der zwar final, aber in seiner Kausalität nur mittelbar die Innenentwicklung positiv beeinflusst, unmittelbar-räumlich aber Bauland (nur) im weitgehend unbesiedelten bisherigen Außenbereich ohne Anschluss an den vorhandenen Siedlungsbereich neu ausweist und nicht selbst die bauplanungsrechtlichen Grundlagen für Maßnahmen der Innenentwicklung schafft, ist kein Bebauungsplan der Innenentwicklung.[253] Wenn nämlich auch

---

247 *Bienek/Krautzberger*, UPR 2008, 81 (83 u. Fn. 19).
248 *Bienek/Krautzberger*, UPR 2008, 81 (83); *Spannowsky* spricht davon, dass vom Bereich der Innenentwicklung der Freiraum abzugrenzen ist, in: Berliner Kommentar, § 13a, Rn. 13 (Stand: Juli 2007).
249 *Bunzel*, Difu-Praxistest, S. 9 u. 22 u. 27, abrufbar unter http://www.difu.de/publikationen/difu-berichte/4_06/11.phtml (zuletzt abgerufen am 01.03.2008).
250 BT-Drs. 16/2496, S. 5.
251 BT-Drs. 16/3308, S. 5 u. 17.
252 BT-Drs. 16/3308, S. 17; Mustereinführungserlass, S. 5, abrufbar unter http://www.is-argebau.de/ (zuletzt abgerufen am 10.05.2008).
253 BT-Drs. 16/3308, S. 17; *Bienek*, SächsVBl. 2007, 49 (50); *Bienek/Krautzberger*, UPR 2008, 81 (82); *Dirnberger*, Bay. Gemeindetag 2/2007, 51 (51); *Gierke*, in: Brügelmann, § 13a, Rn. 29 u. 55 (Stand: Februar 2008); *Krautzberger*, UPR 2007, 53 (53); *ders.*, in: E/Z/B/K, § 13a, Rn. 33 (Stand: Mai 2007); *ders.*, in: Krautzberger/Söfker, Baugesetz-

Bebauungspläne erfasst wären, die gezielt (im Wesentlichen) nur Gebiete im siedlungsfernen Außenbereich überplanen, z. B. eine Umgehungsstraße vorsehen, und damit zugleich Zwecke im Bereich des Siedlungsbestands verfolgen, z. B. die dortige Verkehrssituation entlasten sollen, wäre fast jeder Bebauungsplan ein solcher der Innenentwicklung und könnte unter den sonstigen Voraussetzungen des § 13a Abs. 1 BauGB im beschleunigten Verfahren aufgestellt werden, das sich dann tendenziell zum Regelverfahren entwickeln würde,[254] was gerade nicht im Sinne des Gesetzgebers wäre, da er die Verfahrensprivilegierungen des beschleunigten Verfahrens gerade nicht für die Aufstellung jeglichen Bebauungsplans einführte. Dass ein reiner Finalzusammenhang zwischen dem Bebauungsplan und einer Förderung der Innenentwicklung für einen Bebauungsplan der Innenentwicklung i. S. d. § 13a Abs. 1 S. 1 BauGB nicht ausreicht, ergibt sich verdeutlichend auch daraus, dass der Gesetzberger in § 13a Abs. 1 S. 1 BauGB von „Maßnahmen *der* Innenentwicklung" spricht, während er in der zielgleichen, früheren Regelung des § 1a Abs. 2 S. 1 2. Hs. BauGB die einen rein finalen Zusammenhang implizierende Formulierung „Maßnahmen *zur* Innenentwicklung" gewählt hat. Die durch § 13a BauGB gewährten Privilegierungen i. R. d. Planaufstellung sollen nur Bebauungsplänen zugute kommen, die wirklich schon im Kern Innenentwicklung sind,[255] die selbst die für Maßnahmen der Innenentwicklung notwendigen bauplanungsrechtlichen Festsetzungen treffen.[256] Denn ansonsten würde die hinter § 13a BauGB stehende Intention einer unmittelbaren Stärkung der Innenentwicklung durch den Anreiz der Beschleunigung und Vereinfachung des Planungsverfahrens gerade nur für Maßnahmen, die unmittelbar der Innenentwicklung dienen, verfehlt. Daraus ergibt sich für die Negativabgrenzung von Maßnahmen der Innenentwicklung von solchen, die nicht Innenentwicklungsmaßnahmen sind, dass Innenentwicklung gerade nicht (schwerpunktmäßige) Außenentwicklung ist.[257]

---

buch, Rn. 153a; *Müller-Grune*, BauR 2007, 985 (986/987); Mustereinführungserlass, S. 5, abrufbar unter http://www.is-argebau.de/ (zuletzt abgerufen am 10.05.2008); *Starke*, JA 2007, 488 (488); *Tomerius*, ZUR 2008, 1 (4); *Uechtritz*, BauR 2007, 476 (478).

254 *Bunzel*, Difu-Praxistest, S. 27, abrufbar unter http://www.difu.de/publikationen/difuberichte/4_06/11.phtml (zuletzt abgerufen am 01.03.2008).
255 *Krautzberger*, UPR 2007, 170 (174); *Krautzberger/Stüer*, DVBl. 2007, 160 (162); *Mitschang*, ZfBR 2007, 433 (434).
256 *Krautzberger*, in: E/Z/B/K, § 13a, Rn. 33 (Stand: Mai 2006).
257 *Bunzel*, Difu-Praxistest, S. 9, abrufbar unter http://www.difu.de/publikationen/difuberichte/4_06/11.phtml (zuletzt abgerufen am 01.03.2008), spricht davon, dass Innenentwicklung i. S. d. § 13a BauGB nicht Innenentwicklung im weiteren Sinne ist; *ders.*, LKV 2007, 444 (445); zustimmend *Gierke*, in: Brügelmann, § 13a, Rn. 31 (Stand: Februar 2008); *Krautzberger*, in: E/Z/B/K, § 13a, Rn. 31 (Stand: Mai 2007); *Mitschang*, ZfBR 2007, 433 (434); *Tomerius*, ZUR 2008, 1 (3).

bb) Systematische Auslegung

(1) § 171a BauGB

Ein Anhaltspunkt dafür, was „Innenentwicklung" ist, könnte sich i. R. e. systematischen Auslegung des Baugesetzbuchs aus § 171a BauGB ergeben.[258] Dort wird in Abs. 2 der Begriff der Stadtumbaumaßnahmen definiert und in Abs. 3 deren Zielsetzung näher bestimmt. Berücksichtigt man nun, dass der Gesetzgeber in Anlehnung an § 1 Abs. 6 Nr. 4 BauGB Bebauungspläne, die dem Umbau und der Erneuerung vorhandener Ortsteile dienen, als Bebauungspläne der Innenentwicklung einordnete, ergibt sich daraus, dass der Umbau vorhandener Ortsteile und damit Stadtumbaumaßnahmen[259] jedenfalls ein Aspekt der Innenentwicklung sind.[260] Stadtumbaumaßnahmen sind gem. § 171a Abs. 2 S. 1 BauGB Maßnahmen, durch die in von erheblichen städtebaulichen Funktionsverlusten betroffenen Gebieten Anpassungen zur Herstellung nachhaltiger städtebaulicher Strukturen vorgenommen werden. Stadtumbaumaßnahmen konzentrieren sich also ausschließlich auf die Verbesserung der Stadtentwicklung innerhalb vorhandener Stadtgebiete. Gem. § 171a Abs. 3 S. 2 BauGB sollen sie dazu beitragen, dass die Siedlungsstruktur den Erfordernissen der Entwicklung von Bevölkerung und Wirtschaft angepasst wird (Nr. 1), innerstädtische Bereiche gestärkt (Nr. 3), nicht mehr bedarfsgerechte bauliche Anlagen einer neuen Nutzung zugeführt (Nr. 4), freigelegte Flächen einer nachhaltigen städtebaulichen Entwicklung oder einer hiermit verträglichen Zwischennutzung zugeführt (Nr. 6) und innerstädtische Altbaubestände erhalten werden (Nr. 7). Auch durch § 13a BauGB sollen bauplanungsrechtlich notwendige Anpassungen der Siedlungsentwicklung infolge der demografischen und wirtschaftlichen Entwicklung durch Beschleunigung und Vereinfachung des Planungsverfahrens erleichtert, die Innenentwicklung gegenüber der Außenentwicklung gestärkt, vorhandene, brachgefallene Bauflächen soweit wie möglich umgenutzt und die Urbanität der Ortszentren gestärkt werden (vgl. B. I. 3.). Daraus ergibt sich, dass sich die Zielsetzungen von Stadtumbaumaßnahmen i. S. d. § 171a Abs. 2 S. 1 BauGB und des beschleunigten Verfahrens für Bebauungspläne der Innenentwicklung deutlich überschneiden, so dass es gerechtfertigt ist, den Begriff der Innenentwicklung in Anlehnung an Stadtumbaumaßnahmen i. S. d. § 171a Abs. 2 S. 1 BauGB

---

258 So auch *Bunzel*, Difu-Praxistest, S. 27, abrufbar unter http://www.difu.de/publikationen/difu-berichte/4_06/11.phtml (zuletzt abgerufen am 01.03.2008); *Gierke*, in: Brügelmann, § 13a, Rn. 61 (Stand: Februar 2008); *Krautzberger*, in: E/Z/B/K, § 13a, Rn. 11 (Stand: Mai 2007); *Wallraven-Lindl/Strunz/Geiß*, Das Bebauungsplanverfahren nach dem BauGB 2007, S. 153.
259 *Söfker*, in: E/Z/B/K, § 1, Rn. 130 (Stand: September 2005).
260 *Gierke*, in: Brügelmann, § 13a, Rn. 61 (Stand: Februar 2008); *Krautzberger*, UPR 2006, 405 (407); *ders.*, in: E/Z/B/K, § 13a, Rn. 11 (Stand:Mai 2007); *Mitschang*, ZfBR 433 (435).

zu interpretieren.²⁶¹ Demnach bedeutet Innenentwicklung nur die Entwicklung vorhandener Stadtgebiete; eine Schaffung neuer Stadtgebiete ohne jegliche Anknüpfung an vorhandene Strukturen ist von dem Begriff „Innenentwicklung" nicht erfasst.

Zweifelhaft bei der Anlehnung des Begriffs der „Innenentwicklung" an Stadtumbaumaßnahmen ist, ob Gebiete, die durch Bebauungspläne der Innenentwicklung überplant werden sollen, auch zwingend wie Stadtumbaugebiete von erheblichen städtebaulichen Funktionsverlusten i. S. d. § 171a Abs. 2 S. 1 u. S. 2 BauGB betroffen sein müssen. Dabei ist zu bedenken, dass zur Erreichung des Ziels einer Stadtumbaumaßnahme, die als solches kein Recht zu Eingriffen in Rechte der Bürger gewährt, eine verbindliche Bauleitplanung notwendig sein kann.²⁶² Liegen also die Voraussetzungen für eine Stadtumbaumaßnahme gem. § 171a BauGB vor, so stehen sie und ein Bebauungsplan der Innenentwicklung – sofern dessen sonstige Voraussetzungen, z. B. ein Planerfordernis i. S. d. § 1 Abs. 3 S. 1 BauGB, vorliegen – in einem Austausch- oder Ergänzungsverhältnis.²⁶³ Dies bedeutet jedoch nicht umgekehrt, dass auch bei Bebauungsplänen der Innenentwicklung immer zugleich die Voraussetzungen einer Stadtumbaumaßnahme, insbesondere erhebliche städtebauliche Funktionsverluste oder zumindest die Gefahr von deren Entstehung,²⁶⁴ vorliegen müssen. Denn die Regelungen des § 13a BauGB und des § 171a BauGB haben völlig unterschiedliche Ansatzpunkte, auch wenn sie sich in ihrer Zielsetzung überschneiden. Bei § 13a BauGB geht es vorrangig um die Verminderung der Neuinanspruchnahme von Flächen, die durch besondere Anreize für die Aufstellung von Bebauungsplänen für Maßnahmen der Innenentwicklung erreicht werden soll. Eine damit einhergehende Stärkung der Entwicklung der Gemeinden innerhalb des vorhandenen Bestands, die natürlich auch Funktionsverlusten in bestehenden Siedlungsgebieten entgegenwirkt, ist ein gerne in Kauf genommener Nebeneffekt der Bebauungspläne der Innenentwicklung. Die Bekämpfung oder Vermeidung von *erheblichen* städtebaulichen Funktionsverlusten in den Plangebieten ist aber eben nicht Ausgangspunkt oder primäres Ziel des § 13a BauGB. Dies ist bei Stadtumbaumaßnahmen i. S. d. § 171a BauGB gerade anders. Ihr primärer Zweck ist es, in von erheblichen städtebaulichen Funktionsverlusten betroffenen Gebieten nachhaltige städtebauliche Strukturen herzustellen. Daher sind solche schon vorhandenen oder wenigstens drohenden Funktionsverluste in dem Gebiet einer Stadtumbaumaßnahme Anwendungsvoraussetzung derselben. Bei Bebauungsplänen der Innenentwicklung ist das dagegen wegen des primär anderen Ansatzpunktes nicht unbedingt nötig.

---

261 *Wallraven-Lindl/Strunz/Geiß*, Das Bebauungsplanverfahren nach dem BauGB 2007, S. 153.
262 *Bönker*, in: Hoppe/Bönker/Grotefels, Öffentliches Baurecht, § 13, Rn. 122.
263 *Dirnberger*, in: J/D/W, BauGB, § 171a, Rn. 2 u. 3.
264 *Dirnberger*, in: J/D/W, BauGB, § 171a, Rn. 7.

(2) § 34 Abs. 4 S. 1 Nr. 2 und Nr. 3 BauGB

(a) Verfahrensrechtliche Parallelität von Entwicklungs- und Ergänzungssatzungen und Bebauungsplänen der Innenentwicklung

Auch die Regelungen über die Innenbereichssatzungen in § 34 Abs. 4-6 BauGB könnten aus systematischen Gründen darüber Aufschluss geben, was eine Maßnahme der Innenentwicklung ist, auch wenn bauplanungsrechtlicher Innenbereich i. S. d. § 34 BauGB und Innenentwicklung i. S. d. § 13a BauGB nach der hier vertretenen Auffassung nicht vollumfänglich gleichgesetzt werden dürfen. § 34 Abs. 4 S. 1 Nr. 2 und Nr. 3 BauGB erlauben es aber gerade, durch eine Innenbereichssatzung bisher dem Außenbereich zuzuordnende Flächen konstitutiv dem Innenbereich zu zuweisen,[265] so dass der Anwendungsbereich von Innenbereichssatzungen nicht generell wie im Rahmen des § 34 Abs. 4 S. 1 Nr. 1 BauGB auf den Innenbereich beschränkt ist.[266] Zudem ist zu bedenken, dass sich die Aufstellung von Innenbereichssatzungen nach § 34 Abs. 5 und Abs. 6 BauGB richtet. Danach werden die Entwicklungssatzung gem. § 34 Abs. 4 S. 1 Nr. 2 BauGB und die Ergänzungssatzung gem. § 34 Abs. 4 S. 1 Nr. 3 BauGB, die jeweils Gebiete im bisherigen Außenbereich erfassen, gem. § 34 Abs. 6 S. 1 BauGB unter Anwendung der Regelungen des vereinfachten Verfahrens gem. § 13 Abs. 2 S. 1 Nr. 2 u. Nr. 3, S. 2 BauGB aufgestellt. Sie unterliegen keiner Pflicht zur Durchführung einer Umweltprüfung. Dafür gelten für die Aufstellung einer Entwicklungs- oder Ergänzungssatzung gem. § 34 Abs. 5 S. 1 Nr. 2 und Nr. 3 BauGB dieselben Ausschlussgründe, aufgrund derer gem. § 13 Abs. 1 Nr. 1 u. Nr. 2 BauGB auch die Anwendung des vereinfachten Verfahrens ausgeschlossen ist. Gem. § 13a Abs. 2 Nr. 1 BauGB gelten die Vorschriften des vereinfachten Verfahrens gem. § 13 Abs. 2 u. Abs. 3 S. 1 BauGB entsprechend für das beschleunigte Verfahren, so dass auch bei diesem eine komprimierte Öffentlichkeits- und Behördenbeteiligung möglich ist und eine Pflicht zur Durchführung einer Umweltprüfung für den Bebauungsplan der Innenentwicklung nicht besteht. Dafür ist das beschleunigte Verfahren ebenfalls gem. § 13a Abs. 1 S. 4 u. S. 5 BauGB wie in den Parallelregelungen des § 13 Abs. 1 Nr. 1 u. Nr. 2 und des § 34 Abs. 5 S. 1 Nr. 2 u. Nr. 3 BauGB ausgeschlossen, wenn durch den Bebauungsplan die Zulässigkeit von umweltverträglichkeitsprüfungspflichtigen Vorhaben begründet wird oder Anhaltspunkte für eine Beeinträchtigung der in § 1 Abs. 6 Nr. 7 lit. b BauGB genannten Schutzgüter bestehen. Daraus ergibt sich, dass das Vorliegen der Voraussetzungen einer Entwicklungs- oder Er-

---

265 *Krautzberger*, in: B/K/L, § 34, Rn. 65 u. 71.
266 *Gierke*, in: Brügelmann, § 13a, Rn. 35 (Stand: Februar 2008), verweist darauf, dass auch eine deklaratorische Klarstellungssatzung zur Abgrenzung von Innen- und Außenentwicklung beitragen kann, weil der Innenbereich sicher eine Fläche für Innenentwicklung darstellt und dessen Abgrenzung vom Außenbereich durch die Klarstellungssatzung wenigstens deklaratorisch festgelegt wird.

gänzungssatzung und der Voraussetzungen für einen Bebauungsplan der Innenentwicklung i. S. d. § 13a Abs. 1 S. 1 BauGB verfahrensrechtlich zu ähnlichen Rechtsfolgen führen kann.[267] Aufgrund der Parallelität der verfahrensrechtlichen Regelungen für die Aufstellung von Bebauungsplänen der Innenentwicklung im beschleunigten Verfahren und die Aufstellung dieser Innenbereichssatzungen erscheint es naheliegend, auch die Anwendungsbereiche von § 13a BauGB und § 34 Abs. 4 S. 1 Nr. 2 u. Nr. 3 BauGB parallel zu bestimmen.[268]

(b) Entwicklungssatzung

Durch eine Entwicklungssatzung gem. § 34 Abs. 4 S. 1 Nr. 2 BauGB können bebaute Bereiche im Außenbereich als im Zusammenhang bebaute Ortsteile i. S. d. § 34 Abs. 1 S. 1 BauGB festgelegt werden, wenn die Flächen im Flächennutzungsplan als Baufläche dargestellt sind. Ein bebauter Bereich im Außenbereich i. S. d. § 34 Abs. 4 S. 1 Nr. 2 BauGB ist dadurch gekennzeichnet, dass mehrere Gebäude in einem bestimmten räumlichen Zusammenhang angesammelt sind, die zwar keinen im Zusammenhang bebauten Ortsteil im Sinne von § 34 Abs. 1 BauGB darstellen, die aber nach Umfang und Struktur eine gewisse Qualität und Quantität aufweisen.[269] Das Bundesverwaltungsgericht geht vom Vorliegen eines insoweit identischen[270] bebauten Bereichs im Außenbereich im Sinne von § 35 Abs. 6 S. 1 BauGB aus, „wenn und soweit eine bereits vorhandene Bebauung dazu führt, dass der Außenbereich seine Funktion, als Freiraum oder als Fläche für privilegiert zulässige Vorhaben zu dienen, nicht mehr oder nur noch mit wesentlichen Einschränkungen erfüllen kann. Die vorhandene Bebauung muss auf eine weitere Bebauung im Wege der baulichen Verdichtung hindeuten".[271] Die vorhandene Bebauung muss eine gewisse Zusammengehörigkeit und Geschlossenheit erkennen lassen, die sie als Siedlungsansatz qualifiziert.[272] Wichtig ist, dass der Eindruck der Zugehörigkeit der Bebauung zu einem Siedlungsansatz (z. B. Weiler, Splittersiedlung) tatsächlich besteht.[273]

Da die Festlegung des Bereichs als im Zusammenhang bebauter Ortsteil gem. § 34 Abs. 4 S. 1 Nr. 2 BauGB zur Folge hat, dass sich die Zulässigkeit von bau-

---

267 *Spannowsky*, NuR 2007, 521 (522); vgl. auch *Bienek/Krautzberger*, UPR 2008, 81 (83 u. 86).
268 *Spannowsky*, in: Berliner Kommentar, § 13a, Rn. 12 u. 13 (Stand: Juli 2007); vgl. *ders.*, in: Spannowsky/Hofmeister, BauGB 2007, S. 27 (33); vgl. auch *Bienek/Krautzberger*, UPR 2008, 81 (83); *Gierke*, in: Brügelmann, § 13a, Rn. 51 (Stand: Februar 2008).
269 *Söfker*, in: E/Z/B/K, § 34, Rn. 101 (Stand: März 2006).
270 *Söfker*, in: E/Z/B/K, § 35, Rn. 169 (Stand: Juli 2006).
271 BVerwG, Urt. vom 13.07.2006 – 4 C 2/05, UPR 2007, 27 (27).
272 BVerwG, Urt. vom 13.07.2006 – 4 C 2/05, UPR 2007, 27 (27); *Krautzberger*, in: B/K/L, § 34, Rn. 66.
273 BVerwG, Urt. vom 13.07.2006 – 4 C 2/05, UPR 2007, 27 (27); *Krautzberger*, in: B/K/L, § 34, Rn. 66.

lichen Vorhaben nach § 34 Abs. 1 u. Abs. 2 BauGB beurteilt, muss der Bereich *zudem* so bebaut sein, dass diese Bebauung die Eigenart der näheren Umgebung im Sinne von § 34 Abs. 1 S. 1 BauGB prägen kann, dass also die vorhandene Bebauung im Sinne von § 34 Abs. 1 u. Abs. 2 BauGB einen Maßstab dafür bilden kann, ob sich ein weiteres Vorhaben in den durch die vorhandene Bebauung gesetzten Rahmen einfügt.[274] Dieses Kriterium ist bei einer aufeinanderfolgenden, zusammengehörigen und geschlossen erscheinenden Bebauung erfüllt, die lediglich von ihrem Gewicht her noch keine Innenbereichsqualität hat,[275] aber gleichsam schon im Begriff ist, *sich zu einer Innenbereichsfläche zu entwickeln*.[276] Es muss ein Bebauungszusammenhang ähnlich dem i. R. d. § 34 Abs. 1 S. 1 BauGB verlangten bestehen,[277] allerdings darf er wegen der Lage im Außenbereich weniger dicht sein und die Geschlossenheit der Bebauung darf weniger stark sein.[278] Eine weitläufig entfernte, zerstreute Bebauung, die nicht in einem erkennbaren Zusammenhang steht und die für die Bebauungslücken keinen Maßstab nach § 34 Abs. 1 u. Abs. 2 BauGB bildet, ist daher kein bebauter Außenbereich im Sinne von § 34 Abs. 4 S. 1 Nr. 2 BauGB.[279] Die Fläche muss nach Größe und Zuschnitt und nach der vorhandenen und durch § 34 Abs. 4 S. 1 Nr. 2 BauGB ermöglichten Bebauung zudem einen Ortsteil im Sinne von § 34 Abs. 1 S. 1 BauGB darstellen können.[280]

Ferner muss die durch Satzung in den Innenbereich einzubeziehende Fläche im Flächennutzungsplan als Baufläche i. S. d. § 1 Abs. 1 BauNVO dargestellt sein, wobei natürlich die Darstellung eines Baugebiets i. S. d. § 5 Abs. 2 Nr. 1 BauGB i. V. m. § 1 Abs. 2 BauNVO nicht schadet.

Daraus ergibt sich, dass durch eine Entwicklungssatzung nach § 34 Abs. 4 S. 1 Nr. 2 BauGB nur solche Außenbereichsflächen in den Innenbereich einbezogen werden dürfen, die selbst schon gewisse Innenbereichscharakteristika aufweisen, also schon erkennbar im Begriff sind, *sich durch weitere Verdichtungen zu Innenbereichsflächen zu entwickeln*. Es ist demnach nicht möglich, *völlig unbebaute oder nur ganz vereinzelt* bebaute Flächen des Außenbereichs, die ihre Umgebung keineswegs für ihre bauliche Nutzung *prägen*, durch eine Entwicklungssatzung zu Innenbereichsflächen zu machen. Aus dem Merkmal, dass für Entwicklungssatzungen in Betracht kommende Flächen im Flächennutzungsplan

---

274 *Jäde*, in: J/D/W, BauGB, § 34, Rn. 42; *Krautzberger*, in: B/K/L, § 34, Rn. 66; *Söfker*, in: E/Z/B/K, § 34, Rn. 101 (Stand: März 2006).
275 BayVGH, Urt. vom 12.08.2003 – 1 BV 02.1727, NVwZ-RR 2004, 13 (13); *Söfker*, in: E/Z/B/K, § 34, Rn. 101 (Stand: März 2006).
276 Vgl. BayVGH, Urt. vom 12.08.2003 – 1 BV 02.1727, NVwZ-RR 2004, 13 (13); *Gierke*, in: Brügelmann, § 13a, Rn. 51 (Stand: Februar 2008).
277 *Gierke*, in: Brügelmann, § 13a, Rn. 51 (Stand: Februar 2008).
278 BVerwG, Urt. vom 13.07.2006 – 4 C 2/05, UPR 2007, 27 (28).
279 *Söfker*, in: E/Z/B/K, § 34, Rn. 101 (Stand: März 2006).
280 *Gierke*, in: Brügelmann, § 13a, Rn. 51 (Stand: Februar 2008); *Krautzberger*, in: B/K/L, § 34, Rn. 66 u. 67; *Söfker*, in: E/Z/B/K, § 34, Rn. 102 (Stand: März 2006).

als Bauflächen ausgewiesen sein müssen, ergibt sich zudem, dass nur solche bebauten Außenbereichsflächen in den Innenbereich einbezogen werden dürfen, die entsprechend der im Flächennutzungsplan in Grundzügen für die gesamte Gemeinde festgelegten städtebaulichen Entwicklung (§ 5 Abs. 1 S. 1 BauGB) ohnehin für Bebauung vorgesehen sind, so dass mit Entwicklungssatzungen nicht die vorgesehene städtebauliche Entwicklung konterkariert werden kann.[281]

(c) Ergänzungssatzung

Eine Ergänzungssatzung i. S. v. § 34 Abs. 4 S. 1 Nr. 3 BauGB bezieht *einzelne* Außenbereichsflächen in die im Zusammenhang bebauten Ortsteile gem. § 34 Abs. 1 S. 1 BauGB ein, wenn die einbezogenen Flächen durch die bauliche Nutzung des angrenzenden Bereichs entsprechend geprägt sind. Die konstitutive Einbeziehung von einzelnen Außenbereichsflächen, die auch im Flächennutzungsplan noch nicht als Bauflächen vorgesehen sein müssen, setzt also durch das Merkmal der Prägung voraus, dass sich aus der an die Außenbereichsfläche angrenzenden Bebauung (des beplanten oder unbeplanten Innenbereichs) die Zulässigkeitsmerkmale der Art und des Maßes der baulichen Nutzung, der Bauweise und der überbaubaren Grundstücksfläche für die Außenbereichsfläche ableiten lassen.[282] Völlig jenseits vorhandener, im Zusammenhang bebauter Ortsteile gelegene, nicht an diese angrenzende Außenbereichsflächen, die auch nach der Verkehrsauffassung völlig „draußen und abseits" liegen und von der Bebauung des Ortsteils nicht mehr maßstabsbildend geprägt werden, können mit Hilfe der Ergänzungssatzung nicht zu Innenbereichsflächen modifiziert werden.[283] Dasselbe gilt für Außenbereichsflächen, die sich zwar an einen im Zusammenhang bebauten Ortsteil anschließen, aber in ihrer Ausdehnung weit in den Außenbereich hineinragen, so dass sie auf den von der vorhandenen Innenbereichsbebauung weit entfernten Flächen durch diese nicht mehr geprägt werden.[284] § 34 Abs. 4 S. 1 Nr. 3 BauGB erlaubt ausdrücklich nur die Einbeziehung *einzelner* Außenbereichsflächen. Daher ist eine weitgehend lückenlose Arrondierung der vorhandenen Innenbereichsflächen auf den angrenzenden, von der Innenbereichsnutzung baulich geprägten Außenbereichsflächen mittels einer Innenbereichssatzung ausgeschlossen; diese soll vielmehr der Bauleitplanung ent-

---

281 *Krautzberger*, in: B/K/L, § 34, Rn. 68; *Söfker*, in: E/Z/B/K, § 34, Rn. 105 (Stand: März 2006).
282 OVG Münster, Urt. vom 02.12.2003 – 7a D 39/02.NE, BauR 2003, 665 (665); *Bienek/Krautzberger*, UPR 2008, 81 (86); *Gierke*, in: Brügelmann, § 13a, Rn. 52 (Stand: Februar 2008); *Krautzberger*, in: B/K/L, § 34, Rn. 69; *Söfker*, in: E/Z/B/K, § 34, Rn. 117 (Stand: März 2006).
283 OVG Münster, Urt. vom 02.12.2003 – 7a D 39/02.NE, BauR 2003, 665 (665); *Gierke*, in: Brügelmann, § 13a, Rn. 52 (Stand: Februar 2008).
284 *Söfker*, in: E/Z/B/K, § 34, Rn. 116 (Stand: März 2006).

sprechend ihrer Zielsetzung gem. § 1 Abs. 1 BauGB, die bauliche Nutzung vorzubereiten und zu leiten, vorbehalten bleiben.[285]

(d) Parallelwertung

(aa) Parallelwertung zur Ergänzungssatzung

Nur aus der systematischen Parallelauslegung von Flächen für Maßnahmen der Innenentwicklung und Flächen, die durch eine Entwicklungs- oder Ergänzungssatzung in den Innenbereich einbezogen werden können, folgt damit, dass auch die Überplanung von Außenbereichsflächen unter besonderen Voraussetzungen grundsätzlich eine Maßnahme der Innenentwicklung sein kann. Dies trifft auf Außenbereichsflächen zu, die i. S. v. § 34 Abs. 4 S. 1 Nr. 3 BauGB durch angrenzende, beplante oder unbeplante Innenbereichsflächen maßstabsbildend geprägt werden, so dass ihre Überplanung ohnehin nur eine im Siedlungsbereich vorhandene und sich auf die Außenbereichsflächen auswirkende Entwicklung abrundet.[286] In den Außenbereich nur wenig hineinragende Flächen können also gem. § 13a Abs. 1 S. 1 BauGB zur Arrondierung des vorhandenen, die Außenbereichsflächen ohnehin schon prägenden Siedlungsbereichs im beschleunigten Verfahren überplant werden.[287] Dies korrespondiert damit, dass aufgrund der Unvereinbarkeit von Maßnahmen der Innenentwicklung mit einer gezielten Inanspruchnahme von Flächen außerhalb von Ortslagen und der geforderten Unmittelbarkeit der Innenentwicklung keine völlig isoliert im Außenbereich liegenden Freiflächen im beschleunigten Verfahren überplant werden dürfen[288] und § 1 Abs. 6 Nr. 4 BauGB die *Fortentwicklung vorhandener* Ortsteile im Gegensatz zur Schaffung völlig neuer Ortsteile erlaubt, auch wenn dadurch Fläche neu in Anspruch genommen wird, aber eben nicht völlig außerhalb der Ortslage ohne Anschluss an bestehende Ortsteile.[289] Aus der Voraussetzung, dass die

---

285 *Söfker*, in: E/Z/B/K, § 34, Rn. 116 (Stand: März 2006).
286 *Bienek/Krautzberger*, UPR 2008, 81 (83); ähnlich *Birk*, KommJur 2007, 81 (83); *Krautzberger*, in: E/Z/B/K, § 13a, Rn. 27 u. 32 u. 34 (Stand: Mai 2007).
287 *Krautzberger*, UPR 2007, 53 (54); *ders.*, UPR 2007, 170 (174); *ders.*, in: Krautzberger/ Söfker, Baugesetzbuch, Rn. 153a; *Krautzberger/Stüer*, DVBl. 2007, 160 (162); *Mitschang*, ZfBR 2007, 433 (435); Mustereinführungserlass, S. 5, abrufbar unter http:// www.is-argebau.de/ (zuletzt abgerufen am 10.05.2008); *Schmidt-Eichstaedt*, BauR 2007, 1148 (1149).
288 *Bienek/Krautzberger*, UPR 2008, 81 (83); *Krautzberger*, UPR 2007, 170 (174); *Krautzberger/Stüer*, DVBl. 2007, 160 (162); *Mitschang*, ZfBR 2007, 433 (435); *Spannowsky*, in: Berliner Kommentar, § 13a, Rn. 17 (Stand: Juli 2007).
289 Vgl. *Krautzberger*, in: E/Z/B/K, § 13a, Rn. 34 (Stand: März 2007). A. A. *Tomerius*, ZUR 2008, 1 (3), der jede Flächenneuinanspruchnahme in den Außenbereich hinein als unvereinbar mit Maßnahmen der Innenentwicklung ansieht. Ebenso *Müller-Grune*, BauR 2007, 985 (985/986), der zwar die Abrundung von Ortsteilen in Anlehnung an § 1 Abs. 6 Nr. 4 BauGB als Maßnahme der Innenentwicklung anerkennt, jedoch die Aus-

Außenbereichsflächen durch die angrenzenden Innenbereichsflächen schon bauplanungsrechtlich geprägt sein müssen, ist die Überplanung solcher Außenbereichsflächen eben keine schwerpunktmäßige Außenentwicklung,[290] sondern eine *Abrundung und Fortentwicklung* eines vorhandenen Ortsteils i. S. v. § 1 Abs. 6 Nr. 4 BauGB.[291] Eine maßstabsbildende Prägung durch die bauliche Nutzung des angrenzenden Siedlungsbereichs fehlt vor allem dann, wenn die unbebauten Außenbereichsflächen in größerem räumlichen Abstand zu den bebauten Innenbereichsflächen liegen.[292] Ihre Überplanung ist eine gezielte Inanspruchnahme von Flächen außerhalb von Ortslagen, die der Innenentwicklung allenfalls mittelbar dienen kann, was aber eben nicht ausreicht. Mit einem Bebauungsplan der Innenentwicklung kann entsprechend der Wertung des § 34 Abs. 4 S. 1 Nr. 3 BauGB im schwierig eindeutig dem Innen- oder Außenbereich zuzuordnenden Grenzbereich der beiden außerhalb von qualifizierten und vorhabenbezogenen Bebauungsplänen liegenden Baubereiche vereinfacht verbindliches (§ 1 Abs. 2 BauGB) Baurecht geschaffen werden, was für Investoren schnell größere Rechtssicherheit mit sich bringt.[293]

(bb) Erweiterungen und Einschränkungen

Dabei ist i. R. v. § 13a BauGB nicht nur die Überplanung *einzelner* angrenzender Außenbereichsflächen zur Arrondierung des Siedlungsgebiets möglich, wie dies für die Einbeziehung von Außenbereichsflächen in den Innenbereich nach § 34 Abs. 4 S. 1 Nr. 3 BauGB der Fall ist. Die Beschränkung, ein Innenbereichsgebiet durch Ergänzungssatzung nicht lückenlos um angrenzende Außenbereichsflächen abrunden zu dürfen, beruht darauf, dass die Aufgabe der Vorbereitung und Leitung der baulichen Nutzung von Flächen grundsätzlich der Bauleitplanung vorbehalten bleiben soll. Die Aufstellung von Bebauungsplänen der Innenentwicklung ist aber gerade Bauleitplanung. Daher gibt es keinen Grund, auch für die Überplanung der an den Innenbereich angrenzenden, baulich von

---

weisung neuen Baulands im Außenbereich unter Bezugnahme auf den gesetzgeberischen Willen grundsätzlich nicht mehr als Maßnahme der Innenentwicklung einordnet.
290 *Krautzberger/Stüer*, DVBl. 2007, 160 (162). A. A. *Bunzel*, LKV 2007, 444 (445). Er bezieht nicht die Gesamtheit der Flächen, für die eine Ergänzungssatzung möglich ist, in Flächen für Maßnahmen der Innenentwicklung ein. Vielmehr können seiner Ansicht nach an den Innenbereich angrenzende Außenbereichsflächen nur in untergeordnetem Umfang und nur zur Abrundung des Plangebiets in Innenentwicklungsbebauungspläne einbezogen werden; ansonsten sieht er die Überplanung von Siedlungsrandlagen als klassische Außenentwicklung.
291 Vgl. Mustereinführungserlass, S. 5, abrufbar unter http://www.is-argebau.de/ (zuletzt abgerufen am 10.05.2008), aber mit derselben Einschränkung wie bei *Bunzel* in Fn. 290.
292 *Gierke*, in: Brügelmann, § 13a, Rn. 52 (Stand: Februar 2008). Vgl. Fn. 284.
293 *Bunzel*, Difu-Praxistest, S. 19, abrufbar unter http://www.difu.de/publikationen/difu-berichte/4_06/11.phtml (zuletzt abgerufen am 01.03.2008).

diesem geprägten Außenbereichsflächen diese Begrenzung im Hinblick auf die überplanbaren Flächen zu übernehmen.[294]

Stimmen in der Literatur meinen wegen der Unmittelbarkeit der Innenentwicklung einschränkend, dass die Überplanung an den Innenbereich angrenzender und durch dessen Bebauung geprägter Außenbereichsflächen nur dann eine Maßnahme der Innenentwicklung ist, wenn diese Flächen nur einen untergeordneten Teil des Plangebiets ausmachen.[295] Dabei ist jedoch zu beachten, dass i. R. d. Parallelwertung von Flächen für Maßnahmen der Innenentwicklung und solchen, die durch Ergänzungssatzung dem Innenbereich zugeordnet werden dürfen, ohnehin nur solche Außenbereichsflächen für Maßnahmen der Innenentwicklung in Betracht kommen, die an den bebauten Innenbereich angrenzen und durch diesen maßstabsbildend i. S. v. § 34 Abs. 1 S. 1 BauGB geprägt werden. Gerade wegen des Erfordernisses der Prägung kommt überhaupt nur ein relativ schmales, sich an den Innenbereich anschließendes Außenbereichsgebiet für die Überplanung in Betracht. Daher hat wohl die Forderung, dass Außenbereichsflächen i. S. v. § 34 Abs. 4 S. 1 Nr. 3 BauGB i. R. v. Maßnahmen der Innenentwicklung nur in untergeordnetem Umfang überplant werden dürfen, keine eigenständige Bedeutung mehr, sofern man die Überplanung von Flächen i. S. v. § 34 Abs. 4 S. 1 Nr. 3 BauGB überhaupt als Maßnahme der Innenentwicklung anerkennt und bedenkt, dass in dem schon bebauten, beplanten oder unbeplanten Innenbereich selbst nicht unbedingt eine (neue) Überplanung durch einen Bebauungsplan der Innenentwicklung gem. § 1 Abs. 3 S. 1 BauGB erforderlich und damit rechtmäßig zulässig sein muss, an der die Überplanung der Außenbereichsflächen einen untergeordneten Anteil ausmachen könnte. Daher wird die Beschränkung auf einen untergeordneten Umfang der Überplanung von Außenbereichsflächen im Sinne von § 34 Abs. 4 S. 1 Nr. 3 BauGB am Innenentwicklungsplangebiet auch von einem ihrer Verfechter wieder relativiert, indem er die Einordnung der Überplanung von Außenbereichsflächen als Maßnahme der Innenentwicklung letztlich daran orientiert, ob es sich um eine „städtebaulich sinnvolle Abrundung des Siedlungszusammenhangs zum Außenbereich" handelt oder im Wesentlichen um Erweiterungen des Siedlungsbereichs mit Schwerpunkt im Außenbereich.[296]

---

294 A. A. *Bunzel* in Fn. 290.
295 *Bienek/Krautzberger*, UPR 2008, 81 (83); *Bunzel*, LKV 2007, 444 (445); *Gierke*, in: Brügelmann, § 13a, Rn. 52 (Stand: Februar 2008); *Krautzberger*, in: E/Z/B/K, § 13a, Rn. 27 i. V. m. Rn. 32 (Stand: Mai 2007); *ders.*, in: Krautzberger/Söfker, Baugesetzbuch, Rn. 153a; *Schröer*, NZBau 2007, 293 (294) Auch der Mustereinführungserlass, S. 5, abrufbar unter http://www.is-argebau.de/ (zuletzt abgerufen am 10.05.2008), geht davon aus, dass Außenbereichsflächen nur einen untergeordneten Umfang des Plangebiets ausmachen dürfen.
296 *Schröer*, NZBau 2007, 293 (294).

(cc) Parallelwertung zur Entwicklungssatzung

Entsprechend § 34 Abs. 4 S. 1 Nr. 2 BauGB kann die Überplanung solcher Außenbereichsflächen als Innenentwicklungsmaßnahme eingeordnet werden, die bereits in einem solchen Maße bebaut sind, dass sie schon starke Tendenzen einer Entwicklung hin zu Innenbereichsflächen aufweisen, so dass ohnehin nicht zu erwarten ist, dass diese Flächen wieder für naturhafte oder privilegierte Außenbereichsnutzungen in Betracht kommen, und bei denen sich aus der bereits vorhandenen Bebauung ein § 34 Abs. 1 bzw. Abs. 2 BauGB entsprechender Maßstab für weitere, sich in diese Umgebung einfügende Vorhaben ergibt.[297] Die Überplanung unbebauter oder nur ganz vereinzelt bebauter Flächen im Außenbereich, die keine deutlichen Entwicklungstendenzen hin zum Innenbereich i. S. d. § 34 Abs. 1 S. 1 BauGB aufweisen, in denen keine zusammenhängende Bebauung von gewissem Gewicht i. S. e. Ortsteils gem. § 1 Abs. 6 Nr. 4 BauGB vorhanden ist[298] und aus deren Bebauung sich auch kein Maßstab für weitere, sich in die vorhandene Bebauung einfügende Vorhaben ergibt, ist dagegen keine Maßnahme der Innenentwicklung. Durch sie würde gezielt Fläche außerhalb der Ortslage einer Bebauung weitgehend erst zugeführt und die Entstehung eines neuen Ortsteils ermöglicht, nicht im Sinne von § 1 Abs. 6 Nr. 4 BauGB an einen vorhandenen angeknüpft. Aufgrund des Erfordernisses, dass der bebaute Außenbereich schon starke Innenbereichstendenzen haben muss, selbst einen Ortsteil i. S. v. § 1 Abs. 6 Nr. 4 BauGB bilden und auf weitere Nachverdichtung hindeuten muss, ist die Überplanung eines solchen Gebiets auch keine schwerpunktmäßige Außenentwicklung, sondern vielmehr die Nachvollziehung einer ohnehin schon stattfindenden „Entwicklung nach innen".[299] Daher ist der Ansicht, die eine Einordnung von Flächen für Entwicklungssatzungen als Flächen für Maßnahmen der Innenentwicklung ablehnt,[300] nicht zu folgen. Dies gilt vor allem

---

297 *Bienek/Krautzberger*, UPR 2008, 81 (83), verlangen nicht unbedingt eine maßstabsbildende Prägung durch die vorhandenen Bebauung, so dass auch Flächen, für die gem. § 35 Abs. 6 BauGB eine Außenbereichssatzung aufgestellt werden kann, als Innenentwicklungsflächen eingeordnet werden.
298 *Gierke*, in: Brügelmann, § 13a, Rn. 49 u. 50 u. 51 (Stand: Februar 2008), stellt ausdrücklich fest, dass eine Splittersiedlung im Außenbereich nicht als Maßnahme der Innenentwicklung weiterentwickelt werden kann.
299 Vgl. *Bienek/Krautzberger*, UPR 2008, 81 (81).
300 *Wallraven-Lindl/Strunz/Geiß*, Das Bebauungsplanverfahren nach dem BauGB 2007, S. 154, die eine Einordnung von Flächen für Entwicklungssatzungen wegen ihrer Außenbereichszuordnung als Flächen für Maßnahmen der Innenentwicklung ablehnen. In diesem Sinne auch *Gierke*, in: Brügelmann, § 13a, Rn. 51 (Stand: Februar 2008). Auch er geht (in: Brügelmann, § 13a, Rn. 38 (Stand: Februar 2008)) widersprüchlich zum Ausschluss von Flächen für eine Entwicklungssatzung als Gebiet für einen Bebauungsplan der Innenentwicklung davon aus, dass eine zusammenhängende, aufeinanderfolgende Bebauung typisches Merkmal eines Bereichs der Innenentwicklung ist. Der schon vorhandene Bebauungszusammenhang erlaube es, eine Ausnahme von der euro-

dann, wenn die Flächen für Entwicklungssatzungen allein wegen ihrer Außenbereichseigenschaft als Innenentwicklungsflächen abgelehnt werden, zugleich aber Flächen für Ergänzungssatzungen, die genauso dem Außenbereich zuzuordnen sind, als Innenentwicklungsflächen angesehen werden.[301] Auch aus der Tatsache, dass Bebauungspläne der Innenentwicklung im beschleunigten Verfahren ohne Umweltprüfung aufgestellt werden dürfen, ergibt sich nicht anderes. Art. 3 Abs. 1 Plan-UP-RL unterstellt nur Pläne mit voraussichtlich erheblichen Umweltauswirkungen einer Umweltprüfungspflicht. Durch die bereits erfolgte, mittlerweile deutliche Innenbereichstendenzen aufweisende und damit nicht nur unerhebliche Bebauung der Außenbereichsflächen im Sinne von § 34 Abs. 4 S. 1 Nr. 2 BauGB wurden die Belange des Umweltschutzes bereits in der Vergangenheit beeinträchtigt, so dass nicht zu erwarten ist, dass eine weitere, mit der bereits vorhandenen baulichen Nutzung verträgliche, durch einen Bebauungsplan (der Innenentwicklung) zugelassene Bebauung der bebauten Außenbereichsfläche für sich gesehen die Umweltprüfungspflichtigkeit des Plans auslösende, in Relation zum tatsächlichen status quo des Umweltzustands voraussichtlich erhebliche Umweltauswirkungen hat.[302]

(dd) Darstellung als Baufläche im Flächennutzungsplan

Um die Wahrung der vorgesehenen, geordneten städtebaulichen Entwicklung zu gewährleisten,[303] verlangt § 34 Abs. 4 S. 1 Nr. 2 BauGB zusätzlich[304] zu § 34 Abs. 5 S. 1 Nr. 2 BauGB, dass die durch eine Entwicklungssatzung in den Innenbereich einzubeziehenden, bebauten Außenbereichsflächen im Flächennutzungsplan als Bauflächen dargestellt sind. Fraglich ist, ob diese Voraussetzung auch für die Überplanung bebauter Außenbereichsflächen i. S. v. § 34 Abs. 4 S. 1 Nr. 2 BauGB durch Bebauungspläne der Innenentwicklung vorliegen

---

parechtlich geforderten UP-Pflicht anzunehmen, da auf einer größeren Fläche durch die jetzt vorhandene Bebauung bereits in der Vergangenheit eine Umweltbeeinträchtigung erfolgt sei. Dies habe dazu geführt, dass die betreffende Fläche ihre möglicherweise bis dahin eigene Funktion als Freiraum nicht oder nur noch mit wesentlichen Einschränkungen erfüllen könne (vgl. Rspr. zu § 35 Abs. 6 BauGB, BVerwG, Urt. vom 13.07.2006 – 4 C 2/05, NVwZ 2006, 1288 (1288)). Diese Argumentation würde nämlich gerade für die Einordnung von Flächen für Entwicklungssatzungen als Innenentwicklungsflächen sprechen.

301 Vgl. *Wallraven-Lindl/Strunz/Geiß*, Das Bebauungsplanverfahren nach dem BauGB 2007, S. 154/155.
302 *Gierke*, in: Brügelmann, § 13a, Rn. 38 (Stand: Februar 2008), der aber im Ergebnis die Einordnung von Flächen für Entwicklungssatzungen als Innenentwicklungsflächen ablehnt (vgl. *Gierke*, in: Brügelmann, § 13a, Rn. 51 (Stand: Februar 2008)).
303 *Krautzberger*, in: B/K/L, § 34, Rn. 68; *Söfker*, in: E/Z/B/K, § 34, Rn. 105 (Stand: März 2006). Vgl. Fn. 281.
304 *Krautzberger*, in: B/K/L, § 34, Rn. 68; *Söfker*, in: E/Z/B/K, § 34, Rn. 106 (Stand: Mätz 2006).

muss. Man könnte meinen, dass das für die Aufstellung von Bebauungsplänen allgemein geltende Entwicklungsgebot des § 8 Abs. 2 S. 1 BauGB, wonach Bebauungspläne aus dem Flächennutzungsplan zu entwickeln sind, schon ausreicht, um die Wahrung der im Flächennutzungsplan vorgesehenen, geordneten städtebaulichen Entwicklung im Rahmen der Bebauungsplanung zu gewährleisten. Das Entwicklungsgebot unterliegt nicht der Abwägung und kann somit grundsätzlich sicherstellen, dass Bebauungspläne der im Flächennutzungsplan vorgesehenen städtebaulichen Entwicklung entsprechen. Auch die in § 8 Abs. 3 u. Abs. 4 BauGB vorgesehenen Lockerungen des Entwicklungsgebots dahingehend, dass ein Bebauungsplan im Parallelverfahren gleichzeitig zur Aufstellung oder Änderung des Flächennutzungsplans aufgestellt oder geändert werden kann bzw. als vorzeitiger Bebauungsplan vor der gem. § 1 Abs. 3 S. 1 BauGB notwendigen Aufstellung eines Flächennutzungsplans aufgestellt oder geändert werden kann, stellen sicher, dass der Bebauungsplan der geordneten städtebaulichen Entwicklung entspricht bzw. dieser jedenfalls nicht entgegensteht. Dies ergibt sich im Parallelverfahren schon aus der gleichzeitigen Erarbeitung der Bauleitpläne und wird im Fall der vorzeitigen Bekanntmachung des Bebauungsplans am Erfordernis des § 8 Abs. 3 S. 2 BauGB ganz offensichtlich. Ein vorzeitiger Bebauungsplan darf gem. § 8 Abs. 4 S. 1 BauGB der beabsichtigten städtebaulichen Entwicklung des Gemeindegebiets nicht entgegenstehen. Das Entwicklungsgebot statuiert aber keine strikte Bindung des Bebauungsplans an den Flächennutzungsplan, sondern erlaubt – je nachdem, inwieweit es entsprechend des Konkretisierungsgrads der Festsetzungen des Flächennutzungsplans vertretbar ist – Abweichungen des Bebauungsplans von den Festsetzungen des Flächennutzungsplans, sofern nur die vom Flächennutzungsplan für das Plangebiet des Bebauungsplans vorgesehene Grundkonzeption gewahrt bleibt.[305] Aufgrund dieser – wenn auch nur in engen Grenzen bestehenden – Abweichungsmöglichkeit des Bebauungsplans vom Flächennutzungsplan unter Wahrung des Entwicklungsgebots könnte es sein, dass das allgemein für Bebauungspläne und grundsätzlich auch solche der Innenentwicklung geltende Entwicklungsgebot die Wahrung der geordneten städtebaulichen Entwicklung nicht so gut gewährleisten kann wie die für Innenbereichssatzungen geltende Anforderung des § 34 Abs. 4 S. 1 Nr. 2 BauGB, wonach die Außenbereichsfläche im Flächennutzungsplan als Baufläche dargestellt sein muss. Dies wäre dann der Fall, wenn die Darstellung der Außenbereichsfläche als Baufläche im Flächennutzungsplan gem. § 34 Abs. 4 S. 1 Nr. 2 BauGB eine striktere Bindung entfalten würde als die Anforderungen des Entwicklungsgebots. Dies ist jedoch nicht der Fall. Die Bindung der Entwicklungssatzung an die Darstellung des Flächennutzungsplans ist nach der Rechtsprechung ebenfalls nach den Grund-

---

305 BVerwG, Urt. vom 28.02.1975 – 4 C 74/72, E 48, 70 (71 u. 75); BVerwG, Urt. vom 26.02.1999 – 4 CN 6/98, NVwZ 2000, 197 (197 u. 198); *Söfker*, in: E/Z/B/K, § 34, Rn. 105 (Stand: März 2006).

sätzen des Entwicklungsgebots zu beurteilen;[306] damit bestehen i. R. d. § 34 Abs. 4 S. 1 Nr. 2 BauGB die gleichen Bindungen an Darstellungen des Flächennutzungsplans wie i. R. d. Entwicklungsgebots bei der Aufstellung von Bebauungsplänen. Daher reicht für die Gewährleistung einer geordneten städtebaulichen Entwicklung i. R. e. Bebauungsplans der Innenentwicklung grundsätzlich das für die Bebauungsplanung geltende Entwicklungsgebot aus und der für Entwicklungssatzungen explizit verlangten Festsetzung der Außenbereichsfläche als Baufläche kommt daneben keine eigenständige Bedeutung zu. Diese Anforderung ist in dem für die Bebauungsplanung geltenden Entwicklungsgebot vielmehr schon enthalten.

Etwas anderes könnte sich jedoch daraus ergeben, dass § 13a Abs. 2 Nr. 2 BauGB für Bebauungspläne der Innenentwicklung, die im beschleunigten Verfahren aufgestellt werden, eine Abweichung von den sonst geltenden Grundsätzen des Entwicklungsgebots statuiert, indem ein nach den Anforderungen des Entwicklungsgebots den Festsetzungen des Flächennutzungsplans widersprechender Bebauungsplan der Innenentwicklung ähnlich einem vorzeitigen Bebauungsplan i. S. d. § 8 Abs. 4 S. 1 BauGB aufgestellt werden kann, bevor der Flächennutzungsplan entsprechend geändert wurde. Dieser ist dann nur im Wege der Berichtigung, ohne ansonsten notwendiges, selbständiges Flächennutzungsplanungsverfahren an den Bebauungsplan anzupassen. Jedoch kann auch i. R. v. Entwicklungssatzungen die Satzungsaufstellung zeitgleich zu einer Änderung des Flächennutzungsplans erfolgen, der die Außenbereichsflächen dann so als Baufläche vorsieht, dass der Anforderung des § 34 Abs. 4 S. 1 Nr. 2 BauGB Genüge getan ist. Im Bereich der Innenbereichssatzung ist also ebenfalls eine Anpassung des Flächennutzungsplans im Hinblick auf eine der gewollten Entwicklungssatzung entsprechende Darstellung der Außenbereichsfläche als Baufläche möglich, wenn auch nur in einem eigenständigen Flächennutzungsplanänderungsverfahren mit Umweltprüfung[307] und nicht durch einfache Anpassung des Flächennutzungsplans an die Entwicklungssatzung im Wege einer unförmlichen Berichtigung, was daher dem Parallelverfahren gem. § 8 Abs. 3 BauGB ähnlich ist. Zudem ist zu beachten, dass i. R. d. beschleunigten Verfahrens die einfache Berichtigung des Flächennutzungsplans zur Anpassung an den von ihm abweichenden Bebauungsplan auch nur dann möglich ist, wenn die geordnete städtebauliche Entwicklung des Gemeindegebiets nicht beeinträchtigt wird (§ 13a Abs. 2 Nr. 2 2. Hs. BauGB). § 13a Abs. 2 S. 2 BauGB sieht für das beschleunigte Verfahren zwar eine besondere Regelung für das Verhältnis von Flächennutzungsplan und Bebauungsplan vor, die aber auch nur dann gilt, wenn die geordnete städtebauliche Entwicklung nicht beeinträchtigt wird. Daraus

---

306 VGH Baden-Württemberg, Urt. vom 19.05.2004 – 5 S 2771/01 – ZfBR 2005, 291 (291); *Söfker*, in: E/Z/B/K, § 34, Rn. 105 (Stand: März 2006).
307 *Gierke*, in: Brügelmann, § 13a, Rn. 51 (Stand: Februar 2008); *Krautzberger*, in: B/K/L, § 34, Rn. 68; *Söfker*, in: E/Z/B/K, § 34, Rn. 105 (Stand: März 2006).

ergibt sich, dass bei Bebauungsplänen, auch solchen der Innenentwicklung, jedenfalls gewährleistet ist, dass ihre Festsetzungen der geordneten städtebaulichen Entwicklung nicht widersprechen. Daher ist es zum Schutz derselben anders als bei Entwicklungssatzungen i. S. v. § 34 Abs. 4 S. 1 Nr. 2 BauGB, für die § 34 Abs. 5 S. 1 Nr. 1 BauGB zwar auch eine dem Entwicklungsgebot für Bebauungspläne jedenfalls ähnliche Anforderung statuiert,[308] diese aber nur einen Teil der Anforderung der Vereinbarkeit mit der städtebaulichen Entwicklung bildet, nicht unbedingt so streng wie das Entwicklungsgebot interpretiert wird und zudem nicht explizit genannt ist, über die Anforderungen des Entwicklungsgebots bzw. des § 13a Abs. 2 Nr. 2 2. Hs. BauGB hinaus nicht notwendig, *zusätzlich* zu verlangen, dass die als Maßnahme der Innenentwicklung zu überplanenden bebauten Außenbereichsflächen schon im Flächennutzungsplan als Bauflächen dargestellt sind.

(ee) Zusammenfassung der Parallelwertung

Die weitgehende Parallelauslegung von Flächen für Bebauungspläne der Innenentwicklung und für Entwicklungs- und Ergänzungssatzungen entspricht der bereits oben (vgl. B. II. 1. a) aa) (2)) getroffenen Feststellung, dass für die Innenentwicklung offensichtlich ein Zusammenhang mit einem vorhandenen Siedlungskörper von großer, wenn nicht gar ausschlaggebender Bedeutung ist. Aus der Parallelwertung folgt zudem, dass eine schon vorhandene bauliche Prägung des i. R. e. Maßnahme der Innenentwicklung zu überplanenden Bereichs entscheidend ist,[309] sei es durch die Bebauung des zu überplanenden Bereichs selbst, sei es durch die angrenzende Bebauung.

Bezieht man die Überplanung von Flächen, die Gegenstand einer Entwicklungs- oder Ergänzungssatzung sein können, in Maßnahmen der Innenentwicklung ein, folgt daraus zwingend, dass es für Bebauungspläne der Innenentwicklung *grundsätzlich* nicht darauf ankommt, ob der Planbereich bisher oder schon

---

308 Vgl. *Söfker*, in: E/Z/B/K, § 34, Rn. 106 (Stand: März 2006); *Krautzberger*, in: B/K/L, § 34, Rn. 71, stellt heraus, dass die Anforderung des § 34 Abs. 5 S. 1 Nr. 1 BauGB beinhaltet, dass es mit einer geordneten städtebaulichen Entwicklung nicht vereinbar ist, wenn für die betroffenen Grundstücke im Flächennutzungsplan eine mit der Einbeziehung in den Innenbereich nicht zu vereinbarende städtebaulich bedeutsame Funktion dargestellt ist, wie z. B. Darstellungen für Anlagen und Einrichtungen des Gemeinbedarfs oder des überörtlichen Verkehrs, die durch die Einbeziehung des Grundstücks in den Innenbereich *zunichte gemacht würden*. Sofern der Flächennutzungsplan jedoch andere Nutzungsmöglichkeiten nicht gezielt ausschließt – wie z. B. bei der bloßen Darstellung von Flächen für die Landwirtschaft – steht dies der Einbeziehung in eine Innenbereichssatzung nicht entgegen.
309 *Bienek/Krautzberger*, UPR 2008, 81 (83); *Krautzberger*, in: E/Z/B/K, § 13a, Rn. 31 (März 2007); *Mitschang*, ZfBR 2007, 433 (435); *Schmidt-Eichstaedt*, BauR 2007, 1148 (1149).

jemals entsprechend der Vorgaben von § 34 Abs. 1 u. Abs. 2 BauGB bebaubar war.[310]

(ff) Einschränkung der Parallelwertung entsprechend des Telos von § 13a BauGB – Notwendigkeit einer baulichen Vornutzung

Wegen der Intention des § 13a BauGB, die Neuinanspruchnahme von Flächen zu vermeiden und insgesamt zu verringern, wird z. T. vertreten, dass Flächen, die durch einen Bebauungsplan der Innenentwicklung überplant werden dürfen, ausschließlich solche sind, die selbst schon einmal baulich genutzt wurden und durch den Bebauungsplan der Innenentwicklung lediglich wiedernutzbar gemacht werden sollen.[311] Damit wäre die Einbeziehung nur durch die Umgebungsbebauung baulich geprägter, selbst unbebauter Flächen i. S. d. § 34 Abs. 4 S. 1 Nr. 3 BauGB in Flächen für Maßnahmen der Innenentwicklung genauso wenig zu vereinbaren wie von unbebauten Flächen im Innenbereich im Sinne des § 34 Abs. 1 S. 1 BauGB. Dass dieser Auffassung nicht zu folgen ist, ergibt sich bereits aus der Gesetzesbegründung und damit dem eindeutigen Willen des Gesetzgebers. Indem im Zusammenhang bebaute Ortsteile i. S. d. § 34 Abs. 1 S. 1 BauGB uneingeschränkt als Plangebiete für Bebauungspläne der Innenentwicklung aufgeführt werden, wird unzweifelhaft zum Ausdruck gebracht, dass nicht nur baulich vorgenutzte Flächen für Maßnahmen der Innenentwicklung in Betracht kommen können. Würde der Gesetzgeber nämlich nur baulich vorgenutzte Flächen meinen, die lediglich einer erneuten Nutzung ohne jegliche bauliche Erweiterung oder gar erstmalige Errichtung von baulichen Anlagen zugeführt werden sollen, hätte er bei der beispielhaften Aufzählung von Flächen für Maßnahmen der Innenentwicklung auch bei den im Zusammenhang bebauten Ortsteilen i. S. d. § 34 BauGB explizit nur auf dort schon genutzte, evtl. brachgefallene Flächen abstellen müssen, wie er es bei dem darauffolgenden

---

310 *Battis/Krautzberger/Löhr*, NVwZ 2007, 121 (124); *Bienek/Krautzberger*, UPR 2008, 81 (83); *Bunzel*, Difu-Praxistest, S. 26, abrufbar unter http://www.difu.de/publikationen/ difu-berichte/4_06/11.phtml (zuletzt abgerufen am 01.03.2008); *ders.*, LKV 2007, 444 (445); *Krautzberger*, in: Krautzberger/Söfker, Baugesetzbuch, Rn. 153a; *ders.*, in: E/Z/B/K, § 13a, Rn. 31 (Stand: Mai 2007); *Mitschang*, ZfBR 2008, 109 (109) unter Verweis auf *Söfker*; *Mitschang*, ZfBR 2007, 433 (434); *Schmidt-Eichstaedt*, BauR 2007, 1148 (1148); *Müller-Grune*, BauR 2007, 985 (986). A. A. *Bunzel*, LKV 2007, 444 (445), für Fälle der Wiedernutzbarmachung, bei denen er verlangt, dass die überplante Fläche wenigstens früher nach den Maßstäben des § 34 BauGB bebaubar war.
311 *Mitschang*, ZfBR 2008, 109 (109) unter Verweis auf *Schmidt-Eichstaedt*, BauR 2007, 1148 (1148); *Kirchmeier*, in: Hk-BauGB, § 13a, Rn. 2 u. 4, verlangt zwingend eine bauliche Vornutzung der Innenentwicklungsfläche selbst; auch bei *Bock/Böhme/Bunzel u. a.*, in: Perspektive Flächenkreislaufwirtschaft, Band I, S. 80 (99), abrufbar unter http:// www.difu.de/index.shtml?/publikationen/ (zuletzt abgerufen am 19.12.2008), sieht man Innenentwicklungspotential vor allem in baulich vorgenutzten, aber auch in dem Innenbereich zuzuordnenden un- oder untergenutzten Flächen.

Beispiel der innerhalb des Siedlungsbereichs liegenden brachgefallenen Flächen ausdrücklich tut. Ohne diesen Zusatz erfassen aber im Zusammenhang bebaute Ortsteile i. S. d. § 34 BauGB auch bisher ungenutzte Baulücken, die Teil des Bebauungszusammenhangs i. S. d. § 34 Abs. 1 S. 1 BauGB sind, weil sie den Eindruck der Geschlossenheit und Zusammengehörigkeit der Bebauung nicht unterbrechen. Zudem ist zu beachten, dass der Ansatz für die Einführung des beschleunigten Verfahrens für Bebauungspläne der Innenentwicklung kein rein statischer in dem Sinne ist, dass strikt nur bisher schon baulich genutzte Flächen überplant werden dürfen. Vielmehr impliziert der Begriff der *Innen-Entwicklung* gerade schon eine *Weiterentwicklung*, nur aber eben keine schwerpunktmäßige Außenentwicklung. Auch § 1 Abs. 6 Nr. 4 BauGB, auf den sich die Gesetzesbegründung zur Bestimmung von Maßnahmen der Innenentwicklung explizit bezieht, erlaubt ausdrücklich eine *Fortentwicklung* vorhandener Ortsteile auch i. S. e. baulichen Erweiterung. Daraus ergibt sich, dass Flächen für die Überplanung durch Bebauungspläne der Innenentwicklung nicht nur solche sind, die bisher schon baulich genutzt waren und nun umgenutzt werden sollen. Vielmehr können auch bisherige Freiflächen überplant werden, jedenfalls solange ein die Flächen prägender Zusammenhang mit vorhandenen Ortsteilen und Siedlungsbereichen besteht.[312]

(gg) Einschränkung der Parallelwertung entsprechend des Telos von § 13a BauGB – Abrundungen des Siedlungsbereichs in den Außenbereich hinein

Daher ist auch der Ansicht nicht zu folgen, die vertritt, dass Bebauungspläne der Innenentwicklung nur die Schließung vorhandener Baulücken, nicht aber die Arrondierung von Ortsteilen in den Außenbereich hinein erleichtern sollen,[313] wodurch die Überplanung von Gebieten i. S. v. § 34 Abs. 4 S. 1 Nr. 3 BauGB nicht erfasst wäre. Diese Ansicht wird aus der Anknüpfung der Innenentwicklung an den Planungsgrundsatz des § 1 Abs. 6 Nr. 4 BauGB abgeleitet, wonach ein Ortsteil als Bebauung von Gewicht vorhanden sein muss, und daraus, dass die Gesetzesbegründung die Ausweisung neuen Baulands im bisherigen Außenbereich als Maßnahme der Innenentwicklung ausschließe.[314] Dem ist jedoch zu widersprechen. Der Gesetzgeber erlaubt durch die Bezugnahme auf § 1 Abs. 6 Nr. 4 BauGB ausweislich dessen Wortlauts ausdrücklich die *Fortentwicklung* vorhandener Ortsteile, die gerade schon eine Weiterentwicklung,

---

312 *Bienek/Krautzberger*, UPR 2008, 81 (83); *Krautzberger*, in: E/Z/B/K, § 13a, Rn. 31 (März 2007); *Mitschang*, ZfBR 2007, 433 (435); *Schmidt-Eichstaedt*, BauR 2007, 1148 (1149).
313 *Müller-Grune*, BauR 2007, 985 (985/986).
314 *Müller-Grune*, BauR 2007, 985 (985); vgl. dazu, jedoch widersprüchlich (vgl. Fn. 300), *Wallraven-Lindl/Strunz/Geiß*, Das Bebauungsplanverfahren nach dem BauGB 2007, S. 154/155.

auch in den Außenbereich hinein, ermöglicht,[315] nur mit der Einschränkung, dass an die vorhandene Bebauung angeknüpft werden muss und nicht völlig separiert von einem vorhandenen Ortsteil im Außenbereich neu Bauland geschaffen werden darf. Eine derartige Fortentwicklung ist auch keine vom Gesetzgeber als Maßnahme der Innenentwicklung ausgeschlossene schwerpunktmäßige Außenentwicklung, sondern nur eine „*Innen*entwicklung nach außen", die aber eben unmittelbare Innenentwicklung ist, indem sie die vorhandene Innenentwicklung fortsetzt und abrundet. Durch Bebauungspläne nach § 13a Abs. 1 S. 1 BauGB sind also durchaus Abrundungen des vorhandenen Siedlungsbereichs möglich.

Gierke lehnt vor allem im Hinblick darauf, dass gem. § 13a Abs. 2 Nr. 1, § 13 Abs. 3 S. 1 BauGB für die Überplanung von Flächen durch Bebauungspläne der Innenentwicklung im beschleunigten Verfahren keine Umweltprüfung durchgeführt werden muss, die Einordnung von Arrondierungen des Siedlungsbereichs als Maßnahmen der Innenentwicklung ab.[316] Allein das Erfordernis der im Sinne des § 34 Abs. 1 S. 1 BauGB maßstabsbildenden Prägung der Außenbereichsflächen durch die angrenzenden Innenbereichsflächen gem. § 34 Abs. 4 S. 1 Nr. 3 BauGB reiche nämlich nicht aus, um grundsätzlich davon ausgehen zu dürfen, dass eine Überplanung dieser Flächen voraussichtlich nicht mit erheblichen Umweltauswirkungen verbunden ist, so dass für sie entsprechend der Vorgaben des Art. 3 Abs. 1 Plan-UP-RL grundsätzlich von einer Umweltprüfung abgesehen werden dürfte. Dies sei vielmehr nur dann der Fall, wenn die von der im Innenbereich vorhandenen Bebauung ausgehenden Auswirkungen auf die Umwelt schon derart auf die benachbarte Fläche ausstrahlten, dass deren Bebauung voraussichtlich keine *zusätzlichen* erheblichen Umweltauswirkungen mehr mit sich brächte. Die grundsätzliche Einordnung von Arrondierungsflächen im Sinne von § 34 Abs. 4 S. 1 Nr. 3 BauGB als Flächen für Bebauungspläne der Innenentwicklung nehme darauf jedoch keine Rücksicht; nur eine nach Ausmaß und Auswirkungen eingeschränkte, selbst mit geringen Eingriffen in die Umwelt verbundene Neubebauung in den Abrundungsflächen könnte diese Kriterien erfüllen.[317] Durch Bebauungspläne der Innenentwicklung könne dagegen für die Abrundungsflächen grundsätzlich jede und sogar eine völlig andere bauliche Nutzung vorgesehen werden als diejenige, die sich aus der Prägung durch die angrenzenden Innenbereichsflächen ergebe, so dass das Merkmal der Prägung durch die angrenzende Bebauung schon deshalb nicht entscheidend für die Einordnung einer Außenbereichsfläche als Fläche für die Innenentwicklung sein könne.[318]

---

315 *Söfker*, in: E/Z/B/K, § 1, Rn. 130 (Stand: September 2005). Vgl. Fn. 238.
316 *Gierke*, in: Brügelmann, § 13a, Rn. 52 (Stand: Februar 2008).
317 *Gierke*, in: Brügelmann, § 13a, Rn. 52 (Stand: Februar 2008).
318 *Gierke*, in: Brügelmann, § 13a, Rn. 52 (Stand: Februar 2008).

Indem § 34 Abs. 4 S. 1 Nr. 3 BauGB durch eine Ergänzungssatzung die Einbeziehung einzelner, durch die Innenbereichsbebauung geprägter Außenbereichsflächen in den Innenbereich erlaubt, was zu deren Bebaubarkeit nach § 34 Abs. 1 u. Abs. 2 BauGB führt, wird auf diesen Außenbereichsflächen eine Bebauung erlaubt, die sich in den durch die Innenbereichsbebauung vorgegebenen Rahmen im Sinne von § 34 Abs. 1 S. 1 BauGB nach Art und Maß, Bauweise und Grundstücksfläche einfügt. Dies gilt zunächst einmal grundsätzlich unabhängig davon, durch welche Bebauung die Innenbereichsflächen geprägt sind, so dass, wenn die dortige Bebauung erhebliche Umweltauswirkungen mit sich brachte, dies auch für die Arrondierungsbebauung zusätzlich möglich ist. Diesbezüglich bringt jedoch vor allem § 34 Abs. 5 S. 1 Nr. 2 u. Nr. 3 BauGB eine Einschränkung mit sich, wodurch auf den durch die Innenbereichsbebauung geprägten Außenbereichsflächen durch Ergänzungssatzung gerade nicht jede sich in die prägende Innenbereichsbebauung einfügende Bebauung erlaubt werden darf. Diese Ausschlusstatbestände dienen dazu, die Anforderungen der FFH-RL (Richtlinie 92/43/EWG des Rates vom 21.05.1992 zur Erhaltung der natürlichen Lebensräume sowie der wildlebenden Tiere und Pflanzen, ABl. EG Nr. L 206 vom 22.07.1992, S. 7-50), der UVP-RL und des Art. 3 Plan-UP-RL zu wahren, wonach nur Pläne – dazu gehören gem. Art. 2 lit. a Plan-UP-RL evtl. auch Innenbereichssatzungen[319] – mit voraussichtlich nicht erheblichen Umweltauswirkungen ohne Durchführung einer förmlichen Umweltprüfung aufgestellt werden dürfen.[320] Für die Aufstellung von Bebauungsplänen der Innenentwicklung im beschleunigten Verfahren gelten gem. § 13a Abs. 1 S. 4 u. S. 5 BauGB dieselben Ausschlussgründe wie gem. § 34 Abs. 5 S. 1 Nr. 2 u. Nr. 3 BauGB für die Aufstellung von Ergänzungssatzungen, so dass auch dort gewährleistet zu sein scheint, dass die Arrondierung des Innenbereichs auf Flächen gem. § 34 Abs. 4 S. 1 Nr. 3 BauGB im beschleunigten Verfahren voraussichtlich keine (zusätzlichen) erheblichen Umweltauswirkungen hat. Dabei ist jedoch, wie von *Gierke* erkannt, zu beachten, dass im Rahmen von Bebauungsplänen grundsätzlich eine andere Art der baulichen oder sonstigen Nutzung vorgesehen werden kann als diejenige, die sich aus der Prägung der Außenbereichsflächen durch die angrenzende Innenbereichsbebauung ergibt. So kann z. B. grundsätzlich im

---

319 Ausdrücklich offengelassen bei *Krautzberger*, in: B/K/L, § 34, Rn. 71a. Unklar ist die Einordnung von Innenbereichssatzungen als Pläne im Sinne der Plan-UP-RL, d. h. im Sinne von Art. 2 lit. a Plan-UP-RL, deshalb, weil diese, anders als Bauleitpläne gem. § 1 Abs. 3 S. 1 BauGB, nicht entsprechend Art. 2 lit. a SpStr. 2 Plan-UP-RL aufgestellt werden *müssen*, sondern nur dürfen (vgl. Europäische Kommission, Umsetzung Richtlinie 2001/42/EG, 2003, Nr. 3.15 u. Fn. 11, abrufbar unter http://www.erneuerbareenergien.de/files/pdfs/allgemein/application/pdf/sea_guidance.pdf (zuletzt abgerufen am 24.07.2008). Andererseits haben sie eine jedenfalls teilweise bebauungsplanersetzende Funktion, so dass durch sie die Vorgaben der Plan-UP-RL nicht umgehbar sein dürfen.

320 *Söfker*, in: E/Z/B/K, § 34, Rn. 107a (Stand: März 2007) und *Krautzberger*, in: E/Z/B/K, § 13, Rn. 31 u. 32 u. 33 (Stand: März 2007).

Anschluss an eine gewerbliche oder industrielle Nutzung, die mit nicht völlig unerheblichen Umweltauswirkungen verbunden ist, eine ihrerseits vergleichsweise umweltverträglichere, mit ihren Umweltauswirkungen gegenüber der angrenzenden Bebauung nicht ins Gewicht fallende Wohnbebauung vorgesehen werden. Andererseits kann grundsätzlich zum Beispiel an eine mit geringen Umweltauswirkungen verbundene Wohnbebauung eine gewerbliche oder industrielle, aber dennoch nicht umweltverträglichkeitsprüfungspflichtige Nutzung vorgesehen werden, die als solche durchaus erhebliche zusätzliche Umweltauswirkungen mit sich bringen kann, so dass eine derartige Planung nach den Vorgaben der Plan-UP-RL einer Pflicht zur Durchführung einer Umweltprüfung unterliegen kann, die im beschleunigten Verfahren gerade nicht stattfindet. Hier ist jedoch zu bedenken, dass § 34 Abs. 4 S. 1 Nr. 3 BauGB nur solche Flächen zur Arrondierung des Innenbereichs vorsieht, die durch die dortige Bebauung maßstabsbildend im Sinne des § 34 Abs. 1 S. 1 BauGB geprägt sind. Daraus ergibt sich, dass die Arrondierungsflächen, wie bereits ausgeführt (vgl. B. II. 1. a) bb) (2) (d) (aa), Fn. 292), überhaupt nur einen relativ schmalen, an die Innenbereichsbebauung angrenzenden Flächenstreifen erfassen können. Aufgrund des Trennungsgebots gem. § 50 BImSchG, das in der bauleitplanerischen Abwägung nach § 1 Abs. 7 BauGB als Optimierungsgebot zu beachten ist, und des Gebots der Konfliktbewältigung[321] ist es daher aber weitgehend ausgeschlossen, dass durch einen Bebauungsplan der Innenentwicklung in Angrenzung z. B. an ein überwiegend umweltverträgliches Wohngebiet eine Nutzung mit erheblichen Umweltauswirkungen, z. B. in Form einer nicht umweltverträglichkeitsprüfungspflichtigen, aber dennoch nicht unerheblich emittierenden gewerblichen Nutzung, ausgewiesen werden kann. Ist die angrenzende Innenbereichsbebauung durch Bebauung mit nicht unerheblichen Umweltauswirkungen geprägt, erlaubt § 34 Abs. 4 S. 1 Nr. 3 BauGB im Rahmen des § 34 Abs. 5 S. 1 BauGB die Zulassung einer weiteren derartigen Bebauung ohne Umweltprüfung, gerade weil sie sich nur auf einen relativ kleinen Bereich beziehen kann und daher davon auszugehen ist, dass die Zunahme der Umweltauswirkungen im Vergleich zum vorhandenen Bestand nicht so erheblich ist. Dasselbe muss dann aber auch für eine entsprechende Überplanung des Bereichs durch Bebauungsplan gelten, zumal dort aufgrund der vielfältigen Festsetzungsmöglichkeiten des § 9 BauGB die bauliche Nutzung der bisherigen Außenbereichsfläche viel feiner gesteuert und differenziert werden kann als durch eine Ergänzungssatzung, bei der gem. § 34 Abs. 5 S. 2 BauGB nur einzelne Festsetzungen nach § 9 BauGB möglich sind, und gerade nicht unbedingt eine sich gleich intensiv auswirkende bauliche Nutzung wie im Innenbereich zugelassen werden muss. Eine Beplanung der Außenbereichsfläche durch eine Nutzung mit wesentlich stärkeren und zugleich

---

321 Vgl. BVerwG, Urt. vom 05.08.1983 – 4 C 96.79, DVBl. 1984, 143 (144); *Krautzberger*, in: B/K/L, § 7, Rn. 115 ff.

erheblichen Umweltauswirkungen als in der prägenden Innenbereichsbebauung vorhanden dürfte wegen § 13a Abs. 1 S. 4 BauGB und § 50 BImSchG weitgehend ausgeschlossen sein; eine bauliche oder sonstige Nutzung mit geringeren Umweltauswirkungen als die der prägenden Nutzung des Innenbereichs kann wegen § 13a Abs. 1 S. 4 BauGB und wegen der von der Innenbereichsnutzung ohnehin schon ausgehenden Prägung der Außenbereichsflächen kaum mit für sich gesehen erheblichen Umweltauswirkungen verbunden sein. Erachtet man § 34 Abs. 4 S. 1 Nr. 3 BauGB für europarechtskonform, so kann für die Überplanung von für Ergänzungssatzungen in Frage kommenden Flächen durch Bebauungspläne der Innenentwicklung daher nichts anderes gelten.

(e) Unterschiede

Bei der sich aus systematischen Gründen ergebenden Parallelinterpretation von Flächen für Maßnahmen der Innenentwicklung i. S. d. § 13 Abs. 1 S. 1 BauGB und Flächen, die durch Entwicklungs- oder Ergänzungssatzung dem Innenbereich zugeordnet werden können, sind neben den schon angesprochenen (vgl. B. II. 1. a) bb) (2) (d) (bb) u. (dd)), durch den Wortlaut von § 34 Abs. 4 S. 1 Nr. 2 u. Nr. 3 BauGB angelegten Unterschieden weitere zwischen den Normen bestehende Verschiedenheiten zu beachten, weil sie dazu führen können, dass doch keine weitgehende Parallelauslegung möglich ist. Hierbei ist zum einen zu bemerken, dass sich eine Prägung des Außenbereichs durch die Bebauung im angrenzenden beplanten oder unbeplanten Innenbereich i. S. d. § 34 Abs. 4 S. 1 Nr. 3 BauGB wie die Prägung eines Grundstücks durch die Eigenart der Bebauung der näheren Umgebung i. S. d. § 34 Abs. 1 S. 1 BauGB nur aus Bauwerken ergeben kann, die optisch wahrnehmbar sind und ihrerseits ein gewisses Gewicht haben, so dass sie ein Gebiet als einen Ortsteil mit einem bestimmten Charakter prägen können,[322] sowie dem ständigen Aufenthalt von Menschen dienen.[323] Ruinen, Scheunen und Ställe, weitgehend nur planierte Flächen wie Stellplätze, Tennisplätze, Sportplätze oder Wochenendhäuser haben daher keine prägende Wirkung.[324] Befinden sich überwiegend solche baulichen Nutzungen am Siedlungsrand, werden diese baulich genutzten Flächen, da sie selbst nicht maßstabsbildend i. S. d. § 34 Abs. 1 S. 1 BauGB, sondern anderweitig baulich genutzt sind und sich noch dazu auf einer Seite freie Landschaft anschließt,

---

322 BVerwG, Urt. vom 17.06.1993 – 4 C 17/91, ZfBR 1994, 37 (37) unter Verweis auf BVerwG, Urt. vom 14.09.1992 – 4 C 15.90, DVBl. 1993, 111 (111); *Hofherr*, in: Berliner Kommentar, § 34, Rn. 3 (Stand: Januar 2005).

323 BVerwG, Beschl. vom 02.08.2001 – 4 B 26/01, ZfBR 2002, 69 (69 u. 70); *Hofherr*, in: Berliner Kommentar, § 34, Rn. 3 (Stand: Januar 2005); *Manssen*, BauR 2008, 31 (33); *Schmidt-Eichstaedt*, BauR 2007, 1148 (1149).

324 Vgl. BVerwG, Beschl. vom 08.11.1999 – 4 B 85/99, ZfBR 2000, 426 (426 u. 427) für Tennis- und Stellplätze. *Gierke*, in: Brügelmann, § 13a, Rn. 38 (Stand: Februar 2008); *Manssen*, BauR 2008, 31 (33); *Schmidt-Eichstaedt*, BauR 2007, 1148 (1149).

nicht in maßstabsbildender Weise i. S. d. § 34 Abs. 1 S. 1 BauGB durch die vorhandene *Innenbereichsbebauung* geprägt, was jedoch Voraussetzung für § 34 Abs. 4 S. 1 Nr. 3 BauGB wäre. Sie sind nicht Teil eines im Zusammenhang bebauten Ortsteils i. S. d. § 34 Abs. 1 S. 1 BauGB und sind mangels Prägung durch die vorhandene Bebauung dem Außenbereich i. S. d. § 35 BauGB zuzuordnen. Derartig baulich genutzte Außenbereichsflächen gerade am äußeren Siedlungsrand, die sich an die Innenbereichsbebauung anschließen, durch diese aber nicht hinsichtlich ihrer baulichen Nutzung geprägt werden, können nicht gem. § 34 Abs. 4 S. 1 Nr. 3 BauGB dem Innenbereich zugeordnet werden. § 13a BauGB aber will die Umnutzung von Flächen, jedenfalls innerhalb des vorhandenen Siedlungsbereichs, der über den Innenbereich i. S. d. § 34 BauGB hinausgeht, und eine Lückenfüllung innerhalb vorhandener, durch eine Bebauung von gewissem Gewicht gekennzeichneter Ortsteile i. S. v. § 1 Abs. 6 Nr. 4 BauGB als deren Fortentwicklung in uneingeschränktem Umfang als Maßnahme der Innenentwicklung erfassen, da dadurch nicht gezielt Fläche außerhalb von Ortslagen in Anspruch genommen wird und nur vorhandene, ohnehin schon baulich genutzte Bereiche weiterentwickelt werden. Daher erscheint es sachgerecht, den Anwendungsbereich von Bebauungsplänen der Innenentwicklung weiter zu fassen als den von Ergänzungssatzungen und solche Flächen miteinzubeziehen, die am Siedlungsrand gelegene, dem Siedlungsbereich zugehörige, baulich jedenfalls teilweise genutzte Außenbereichsflächen sind, die weder durch die eigene Bebauung noch durch die des Innenbereichs im Sinne von § 34 Abs. 1 S. 1 BauGB geprägt werden und deren Umnutzung oder Lückenfüllung durch Bebauungspläne der Innenentwicklung ermöglicht werden soll.[325]

Im Unterschied zu Ergänzungssatzungen, bei deren Aufstellung gem. § 34 Abs. 5 S. 3 BauGB uneingeschränkt die Anforderungen der naturschutzrechtlichen Eingriffsregelung des § 1a Abs. 3 BauGB zu beachten sind, ist i. R. d. beschleunigten Verfahrens gem. § 13a Abs. 2 Nr. 4 BauGB für Bebauungspläne der Innenentwicklung des kleinräumigen Typs gem. § 13a Abs. 1 S. 2 Nr. 1 BauGB auch bei sich i. R. d. Abwägung gem. § 1 Abs. 7 BauGB an sich gem. § 1a Abs. 3 S. 1 2. Alt. BauGB als ausgleichspflichtig darstellenden Eingriffen in Natur und Landschaft wegen der Fiktion des Vorliegens der Voraussetzungen

---

325 *Schmidt-Eichstaedt*, BauR 2007, 1148 (1148 u. 1149); vgl. auch *Gierke*, in: Brügelmann, § 13a, Rn. 40 (Stand: Februar 2008). *Gierke*, in: Brügelmann, § 13a, Rn. 38 (Stand: Februar 2008), verweist darauf, dass z. B. Sportplätze oder Tennisplätze, die das Bundesverwaltungsgericht nicht mit zu den einen Bebauungszusammenhang im Sinne des § 34 BauGB bildenden Anlagen zählt, zum Bereich der Innenentwicklung gehören können, wenn sie Bestandteil des Siedlungsbereichs sind und die durch die bewirkte Bodenversiegelung der einer Bebauung gleichzusetzen ist.
Vgl. auch *Bienek/Krautzberger*, UPR 2008, 81 (82/83); *Krautzberger*, in: E/Z/B/K, § 13a, Rn. 31 (Stand: Mai 2007).

des § 1a Abs. 3 S. 5 BauGB kein naturschutzrechtlicher Ausgleich notwendig.[326] Daher erscheint es fraglich, ob eine Anwendung des beschleunigten Verfahrens auf den gesamten Anwendungsbereich von Ergänzungssatzungen gerechtfertigt ist. Hinter § 13a Abs. 2 Nr. 4 BauGB steht die Rechtfertigung, dass durch Maßnahmen der Innenentwicklung erheblichere, neue Eingriffe in Natur und Landschaft vermieden werden, wie sie die gezielte Inanspruchnahme von Flächen außerhalb vorhandener Siedlungsbereiche mit sich brächte, so dass es hingenommen werden könne, mit kleinflächigen Bebauungsplänen der Innenentwicklung verbundene, innerhalb der Abwägung grundsätzlich zu rechtfertigende, an sich gem. § 1a Abs. 3 S. 1 2. Alt, S. 5 BauGB ausgleichspflichtige, aber dennoch vergleichsweise geringe neue Eingriffe in Natur und Landschaft nicht auszugleichen.[327] Die Überplanung von Außenbereichsflächen i. S. v. § 34 Abs. 4 S. 1 Nr. 3 BauGB rundet nur den vorhandenen Siedlungsbereich ab und ist damit unter ökologischen Gesichtspunkten in der Regel weitaus begrüßenswerter als die Überplanung völlig isoliert im Außenbereich liegender, bisher baulich ungenutzter Gebiete. Die Überplanung schon durch die bauliche Nutzung des angrenzenden Innenbereichs geprägter Außenbereichsgebiete, die wegen der Anforderung der Prägung nur auf einem relativ schmalen, an den Innenbereich angrenzenden Streifen möglich ist, ist nicht wesentlich anders zu beurteilen, als die Überplanung eines Innenbereichsgebiets i. S. d. § 34 Abs. 1 S. 1 BauGB, in dem noch Baulücken vorhanden sind. Beide Planungsmaßnahmen wollen weitgehend nur eine vorhandene Entwicklung im Innenbereich abschließen bzw. fortführen. Die Überplanung von Innenbereichsflächen i. S. v. § 34 Abs. 1 S. 1 BauGB ist aber nach dem ausdrücklichen Willen des Gesetzgebers eine Maßnahme der Innenentwicklung, die i. R. d. § 13a Abs. 2 Nr. 4 BauGB keinen naturschutzrechtlichen Ausgleich erfordert. Insofern ist es sachgerecht, dass dies auch für Abrundungsmaßnahmen des Innenbereichs in dessen unmittelbarer Nähe gilt, bei denen die Eingriffe in Natur und Landschaft gegenüber den schon vorhandenen bzw. bisher schon zulässigen gerade im Bereich der kleinräumigen Bebauungspläne der Innenentwicklung aus Sicht des Gesetzgebers und bestätigt durch die Bewertung der Steigerung vorhandener Umweltauswirkungen im Rahmen von Arrondierungsmaßnahmen (vgl. B. II. 1. a) bb) (2) (d) (gg)) ohnehin nicht erheblich intensiviert werden und jedenfalls erheblicheren Eingriffen in Natur und Landschaft im peripheren Außenbereich vorzuziehen und damit ausgleichslos hinzunehmen sind. Da mit zunehmender Plangröße die auch mit einer Innenentwicklungsplanung verbundenen neuen Eingriffe in Natur und Landschaft erfahrungsgemäß zunehmen, gilt für großflächige Bebauungspläne der Innenentwicklung i. S. d. § 13a Abs. 1 S. 2 Nr. 2 BauGB ebenso wie für Ergänzungssat-

---

326 *Wallraven-Lindl/Strunz/Geiß*, Das Bebauungsplanverfahren nach dem BauGB 2007, S. 155; vgl. dem Rechtsgedanken nach *Schmidt-Eichstaedt*, BauR 2007, 1148 (1149).
327 BT-Drs. 16/2496, S. 15 und BT-Drs. 16/3308, S. 15; vgl. auch *Bienek/Krautzberger*, UPR 2008, 81 (83), die jedoch weniger passend auf BT-Drs. 16/2496, S. 2 verweisen.

zungen die naturschutzrechtliche Ausgleichsregelung uneingeschränkt. Aufgrund dieser Argumentation erscheint es, statt zu überlegen, ob der Anwendungsbereich der Bebauungspläne der Innenentwicklung wirklich so weit geht wie der der Ergänzungssatzung, angebracht, eine ähnliche Einschränkung, wie sie in § 13a Abs. 2 Nr. 4 BauGB vorgesehen ist, auch für die Ergänzungssatzung einzuführen, jedenfalls sofern man die für Bebauungspläne der Innenentwicklung getroffene Regelung des § 13a Abs. 2 Nr. 4 BauGB grundsätzlich für gut heißt. Zudem ist zu bedenken, dass durch einen Bebauungsplan die bauliche Nutzung von Grundstücken weitaus feiner gesteuert werden kann als durch die bloße Zuordnung einer bisherigen Außenbereichsfläche zum Innenbereich, bei der sich der Maßstab für die bauliche Nutzung allein aus der Prägung durch das schon Vorhandene ergibt. Sollte sich aus der Anforderung des § 1a Abs. 3 S. 1 1. Alt. i. V. m. § 1 Abs. 7 BauGB, die auch für Bebauungspläne der Innenentwicklung uneingeschränkte Geltung hat, ergeben, dass eine Planungsvariante für einen Bebauungsplan der Innenentwicklung mit bestimmten baulichen Nutzungen mit erheblich größeren Eingriffen in Natur und Landschaft verbunden ist als eine andere, kann der anderen i. R. d. Abwägung der Vorrang gegeben werden, so dass eine Ausgleichspflicht des Eingriffs, die der Abwägung unterläge, aufgrund ihrer Geringfügigkeit u. U. ohnehin über- und damit weggewogen werden könnte. Bei Ergänzungssatzungen dagegen gibt gem. § 34 Abs. 4 S. 1 Nr. 3, Abs. 5 S. 2 BauGB es nur einen geringen Spielraum zwischen verschiedenen Möglichkeiten der Bebauung, die durch die Satzung erlaubt werden können. Daraus folgt, dass ein Unterschied zwischen den beiden Instrumentarien im Hinblick auf die Geltung der naturschutzrechtlichen Eingriffsregelung durchaus gerechtfertigt werden kann und nicht den Anwendungsbereich von Bebauungsplänen der Innenentwicklung im Verhältnis zu dem der Ergänzungssatzung einschränken muss. Für Entwicklungssatzungen gilt dagegen die naturschutzrechtliche Eingriffsregelung im Umkehrschluss zu § 34 Abs. 5 S. 3 BauGB gar nicht,[328] so dass sich daraus im Hinblick auf die Parallelinterpretation des Anwendungsbereichs von Bebauungsplänen der Innenentwicklung für diese keine Einschränkung ergeben kann, weil im beschleunigten Verfahren trotz § 13 Abs. 2 Nr. 4 BauGB jedenfalls § 1a Abs. 3 S. 1 1. Alt. BauGB uneingeschränkte Geltung hat und Bebauungspläne der Innenentwicklung daher strengeren Anforderungen unterliegen.

cc) Zwischenbilanz

Aus der historischen, teleologischen und systematischen Auslegung folgt ausgehend vom Wortlaut des § 13a Abs. 1 S. 1 BauGB, dass ein Bebauungsplan für Maßnahmen der Innenentwicklung vor allem die Überplanung solcher Flächen meint, die innerhalb eines Siedlungsbereichs liegen bzw. an einen solchen un-

---

328 A. A. *Gierke*, in: Brügelmann, § 13a, Rn. 51 (Stand: Februar 2008).

mittelbar angrenzen und von daher in direktem Zusammenhang mit einem Siedlungsbereich stehen.[329] Aus der notwendigen Anknüpfung an einen Siedlungsbereich, der begrifflich über den bauplanungsrechtlichen Innenbereich hinausgeht,[330] aber nur bei einer baulichen Nutzung von gewissem Gewicht, d. h. einer erkennbaren baulichen Ansiedlung, vorliegt, ergibt sich, dass Flächen für Bebauungspläne der Innenentwicklung selbst baulich geprägt sein müssen, sei es, dass sie selbst wenigstens teilweise baulich genutzt sind, sei es, dass sie durch die bauliche Nutzung des angrenzenden Siedlungsbereichs geprägt werden.[331] Die Beplanung von bisher ungenutzten, grünen Flächen völlig außerhalb der vorhandenen Bebauung ist dagegen eindeutig keine Maßnahme der Innenentwicklung.[332] Entsprechend des Ziels, die Neuinanspruchnahme bisher unverbrauchter Flächen zu vermeiden, kommt bei Maßnahmen der Innenentwicklung der Umnutzung oder Neugestaltung, auch in Form von Abbruch und Wiedererrichtung, brachgefallener und in ihrer Nutzung an neue Entwicklungen anzupassender Flächen – jedenfalls, wenn sie innerhalb des Siedlungsbereichs liegen

---

329 *Bienek/Krautzberger*, UPR 2008, 81 (83); *dies.*, UPR 2008, 81 (83, Fn. 14) unter Verweis auf *Bunzel*; *Bunzel*, Difu-Praxistest, S. 21 u. 26, abrufbar unter http://www.difu.de/publikationen/difu-berichte/4_06/11.phtml (zuletzt abgerufen am 01.03.2008); *Gierke*, in: Brügelmann, § 13a, Rn. 28 (Stand: Februar 2008); *Krautzberger*, in: E/Z/B/K, § 13a, Rn. 34 (Stand: Mai 2007); *ders.*, in: Krautzberger/Söfker, Baugesetzbuch, Rn. 153a; *Mitschang*, ZfBR 2007, 433 (434); *ders.*, ZfBR 2008, 109 (109) unter Verweis auf *Söfker*; *Müller-Grune*, BauR 2007, 985 (985); *Schwarz*, LKV 2007, 454 (454) unter Verweis auf *Bunzel*; *Starke*, JA 2007, 488 (488); *Tomerius*, ZUR 2008, 1 (3); *Wallraven-Lindl/Strunz/Geiß*, Das Bebauungsplanverfahren nach dem BauGB 2007, S. 153. *Dirnberger*, Bay. Gemeindetag 2/2007, 51 (51), spricht von „Innerortsfläche", auf die sich der Bebauungsplan beziehen muss; vgl auch Mustereinführungserlass, S. 3 u. 5, abrufbar unter http://www.is-argebau.de/ (zuletzt abgerufen am 10.05.2008).
330 *Bienek/Krautzberger*, UPR 2008, 81 (83). Vgl. Fn. 233 und B. II. 1. a) aa) (2).
331 *Bienek/Krautzberger*, UPR 2008, 81 (83); *Gierke*, in: Brügelmann, § 13a, Rn. 45 (Stand: Februar 2008); *Krautzberger*, in: E/Z/B/K, § 13a, Rn. 31 (Stand: Mai 2007); *Kuschnerus*, Der standortgerechte Einzelhandel, Rn. 592; *Schmidt-Eichstaedt*, BauR 2007, 1148 (1149). *Kirchmeier*, in: Hk-BauGB, § 13a, Rn. 2 u. 4, verlangt zwingend eine bauliche Vornutzung der Innenentwicklungsfläche selbst. Vgl. Fn. 311.
A. A. bzw. enger *Gierke*, in: Brügelmann, § 13a, Rn. 33 u. 38, der davon ausgeht, dass eine (bereits bestehende) zusammenhängende, aufeinanderfolgende Bebauung typisches Merkmal eines Bereichs der Innenentwicklung ist. Der schon vorhandene Bebauungszusammenhang erlaubt es, eine Ausnahme von der europarechtlich geforderten Umweltprüfungspflicht anzunehmen, da auf einer größeren Fläche schon durch die jetzt vorhandene Bebauung in der Vergangenheit eine Umweltbeeinträchtigung erfolgt ist. Dies hat dazu geführt, dass die betreffende Fläche ihre möglicherweise bis dahin eigene Funktion als Freiraum nicht oder nur noch mit wesentlichen Einschränkungen erfüllen kann (vgl. Rspr. zu § 35 Abs. 6 BauGB, BVerwG, Urt. vom 13.07.2006 – 4 C 2/05, NVwZ 2006, 1288 (1288)). Dennoch ordnet er Flächen gem. § 34 Abs. 4 S. 1 Nr. 2 BauGB nicht als Innenentwicklungsflächen ein (vgl. Fn. 300).
332 *Dirnberger*, Bay. Gemeindetag 2/2007, 51 (51).

– besonderes Gewicht zu,[333] was aber die Schaffung neuer Bausubstanz innerhalb des Siedlungsbestands bzw. zu dessen Arrondierung nicht ausschließt,[334] solange dies nicht eine schwerpunktmäßige Außenentwicklung ist. Gerade zur Reaktion auf demografische und wirtschaftsstrukturelle Veränderungen unter gleichzeitiger möglichst weitgehender Vermeidung der Neuinanspruchnahme von Fläche durch Mittel der Bauleitplanung ist die (evtl. auch erweiternde) Umnutzung bereits vorhandener bebauter Flächen besonders bedeutend.[335] Die Parallelauslegung von Flächen für Maßnahmen der Innenentwicklung und für Ergänzungssatzungen ermöglicht eine Beplanung von Flächen im ansonsten bauplanungsrechtlich u. U. schwierig zu kategorisierenden Grenzbereich zwischen Innen- und Außenbereich durch Bebauungspläne der Innenentwicklung und ermöglicht daher die für Investoren wichtige Schaffung von Rechtssicherheit.[336] Durch die parallele bzw. noch weitergehende Auslegung von Flächen für Maßnahmen der Innenentwicklung im Verhältnis zu Flächen für Ergänzungssatzungen ist durch Bebauungspläne der Innenentwicklung eine i. R. d. § 34 Abs. 1 u. Abs. 4 S. 1 Nr. 3 BauGB nicht mögliche Hinterlandbebauung in der Form möglich, dass z. B. bisher nur durch Scheunen geprägte Dorfrandgebiete einer Wohnbebauung zugänglich oder bisher nur nach § 35 BauGB bebaubare Gebiete jenseits einer Ortsrandstraße erleichtert bebaubar gemacht werden.[337, 338] Gerade weil i. R. d. § 13a BauGB als Form der Bebauungsplanung eine abwägende, alle betroffenen Belange einbeziehende, planerische Entscheidung er-

---

333 *Bienek/Krautzberger*, UPR 2008, 81 (82); *Birk*, KommJur 2007, 81 (82); *Gierke*, in: Brügelmann, § 13a, Rn. 55 u. 61 (Stand: Februar 2008); *Jäde*, in: J/D/W, BauGB, § 13a, Rn. 1; *Krautzberger*, UPR 2007, 170 (174); *ders.*, in: Krautzberger/Söfker, Baugesetzbuch, Rn. 153a; *Kuschnerus*, Der standortgerechte Einzelhandel, Rn. 595; Mustereinführungserlass, S. 5, abrufbar unter http://www.is-argebau.de/ (zuletzt abgerufen am 10.05.2008); *Schmidt-Eichstaedt*, BauR 2007, 1148 (1148); *Söfker*, in: Spannowsky/Hofmeister, BauGB 2007, S. 17 (18); *Uechtritz*, BauR 2007, 476 (478); *Wallraven-Lindl/Strunz/Geiß*, Das Bebauungsplanverfahren nach dem BauGB 2007, S. 151 u. 153. Vgl. BT-Drs. 14/8953, S. 122.
334 *Bunzel*, Difu-Praxistest, S. 26, abrufbar unter http://www.difu.de/publikationen/difuberichte/4_06/11.phtml (zuletzt abgerufen am 01.03.2008); *Mitschang*, ZfBR 2008, 109 (109) unter Verweis auf *Söfker*; *Schröer*, NZBau 2007, 293 (294).
335 *Dirnberger*, Bay. Gemeindetag 2/2007, 51 (51); *Gierke*, in: Brügelmann, § 13a, Rn. 55 (Stand: Februar 2008); *Mitschang*, ZfBR 2007, 433 (434); Mustereinführungserlass, S. 5, abrufbar unter http://www.is-argebau.de/ (zuletzt abgerufen am 10.05.2008).
336 *Bunzel*, Difu-Praxistest, S. 19, abrufbar unter http://www.difu.de/publikationen/difuberichte/4_06/11.phtml (zuletzt abgerufen am 01.03.2008); *Krautzberger*, UPR 2007, 170 (174); *Krautzberger/Stüer*, DVBl. 2007, 160 (162). Vgl. Fn. 293.
337 Zur Hinterlandbebauung i. R. d. § 34 BauGB vgl. *Söfker*, in: E/Z/B/K, § 34, Rn. 57 (Stand: März 2006).
338 *Battis*, in: B/K/L, § 13a, Rn. 4; *Battis/Krautzberger/Löhr*, NVwZ 2007, 121 (124); *Krautzberger*, UPR 2007, 170 (174); *ders.*, in: E/Z/B/K, § 13a, Rn. 31 (Stand: Mai 2007); *Krautzberger/Stüer*, DVBl. 2007, 160 (162).

folgt, kann dort ein i. R. d. § 34 BauGB nur eingeschränkt möglicher Konfliktausgleich gefunden werden.[339] Nicht gerechtfertigt wäre es dagegen, bebaute Gebiete im Außenbereich, für die gem. § 35 Abs. 6 S. 1 BauGB eine Außenbereichssatzung aufgestellt werden kann, grundsätzlich, ohne die zusätzlichen Anforderungen gem. § 34 Abs. 4 S. 1 Nr. 2 BauGB als Flächen für Maßnahmen der Innenentwicklung einzuordnen. Durch eine Außenbereichssatzung wird nämlich nicht die Einordnung von Außenbereichsflächen hin zu Innenbereichsflächen verändert, was wenigstens ein Indiz für eine Form der Innenentwicklung wäre, sondern es können der Zulässigkeit bestimmter nicht-privilegierter baulicher Anlagen im Außenbereich innerhalb des Geltungsbereichs der Satzung lediglich bestimmte öffentliche Belange gem. § 35 Abs. 3 BauGB nicht mehr entgegengehalten werden.[340] Damit ist aber keine Aussage dahingehend verbunden, dass davon auszugehen ist, dass diese Vorhaben keine oder keine erheblichen, über die Umweltauswirkungen der schon vorhandenen Nutzungen hinausgehenden Umweltauswirkungen haben, wie dies im Rahmen des § 34 Abs. 4 S. 1 Nr. 2 BauGB der Fall ist, bei dem schon eine Entwicklung hin zum Innenbereich vorliegen muss, wodurch ein im beschleunigten Verfahren erlaubtes Absehen von der Umweltprüfungspflicht gerechtfertigt werden kann.[341]

b) Schwierig einzuordnende Fälle

aa) Außenbereich im Innenbereich, sog. Außenbereichsinsel[342]

(1) Begriffsbestimmung

Gerade weil der Begriff „Innenentwicklung" nicht mit dem des Innenbereichs i. S. v. § 34 BauGB gleichzusetzen ist, stellt sich die Frage, ob die Überplanung von Außenbereichsflächen im Innenbereich als Maßnahme der Innenentwicklung i. S. v. § 13a Abs. 1 S. 1 BauGB eingeordnet werden kann. Ein Außenbereich im Innenbereich ist eine Fläche, die zwar innerhalb des Siedlungsbereichs

---

339 *Krautzberger*, in: EZ/B/K, § 13a, Rn. 31 (Stand: Mai 2007).
340 *Gierke*, in: Brügelmann, § 13a, Rn. 53 (Stand: Februar 2008); *Krautzberger*, in: E/Z/B/K, § 13a, Rn. 31 (Stand: Mai 2007).
341 Vgl. B. II. 1. a) bb) (2) (d) (cc). *Gierke*, in: Brügelmann, § 13a, Rn. 53 (Stand: Februar 2008); a. A. *Bienek/Krautzberger*, die Flächen im Sinne des § 35 Abs. 6 S. 1 BauGB als Innenentwicklungsflächen einordnen, zwar auch nur zur Arrondierung des Siedlungsbereichs, aber eben ohne dass die Bebauung des Außenbereichs selbst maßstabsbildend für weitere Bebauung sein müsste, also schon starke Innenbereichstendenzen aufweisen müsste.
342 BVerwG, Beschl. vom 15.09.2005 – 4 BN 37/05, ZfBR 2006, 54 (54), lehnt den Begriff des Außenbereichs im Innenbereich und damit auch den der Außenbereichsinsel als Rechtsbegriff ab, da das Baugesetzbuch außerhalb des Geltungsbereichs eines Bebauungsplans nur zwischen Außen- und Innenbereich unterscheidet.

liegt, also von baulicher Nutzung umgeben ist, aber selbst als Freifläche – meist aufgrund ihrer Größe – nicht Teil des im Zusammenhang bebauten Ortsteils i. S. v. § 34 Abs. 1 S. 1 BauGB ist oder wegen fehlender Prägung durch die eigene und sie umgebende Bebauung nicht nach § 34 BauGB bebaubar ist, sondern dem Außenbereich gem. § 35 BauGB angehört.[343] Eine Bebauung der Fläche bzw. deren Nutzung wäre nach der Verkehrsauffassung nicht offensichtlich eine zwanglose Fortsetzung der vorhandenen Bebauung bzw. Nutzung.[344] Eine Abgrenzung zwischen Innen- und Außenbereich richtet sich dabei nicht nach exakt konturenscharfen, geografisch-mathematischen Merkmalen, sondern danach, ob die betreffende Fläche nach einer wertenden Betrachtung anhand der siedlungsstrukturellen Umstände des konkreten Einzelfalls einem im Zusammenhang bebauten Ortsteil zuzuordnen ist oder nicht.[345] Zudem ist der Telos von § 34 BauGB zu beachten, Bebauung dort ohne Bebauungsplan zu erlauben, wo organisch gewachsene Siedlungsstrukturen schon vorhanden sind, die hinsichtlich Art und Maß der baulichen Nutzung für eine weitere bauliche Nutzung einen Maßstab bilden können.[346]

(2) Allgemeine Überlegungen zur Einordnung als Fläche für die Innenentwicklung

Außenbereiche im Innenbereich weisen aufgrund ihrer Lage innerhalb des Siedlungsbereichs eindeutig einen Zusammenhang mit diesem auf. Durch ihre Überplanung werden daher auch nicht gezielt Flächen *außerhalb von Ortslagen* in Anspruch genommen.[347] Andererseits bedeutet die Überplanung von Außenbereichsinseln in den Fällen, in denen diese bisher baulich vollkommen oder im Wesentlichen ungenutzt und unversiegelt waren, eine weitgehende Neuinanspruchnahme von Flächen. Einer solchen aber sollen nach dem Willen des Gesetzgebers und dem Ziel des § 13a BauGB gerade nicht die Verfahrenserleichterungen des beschleunigen Verfahrens zugutekommen.[348] Daher wird davon ausgegangen, dass aufgrund der Gesetzesbegründung und der Intention des § 13a

---

343 BVerwG, Urt. vom 01.12.1972 – IV C 6.71, E 41, 227 (228 u. 234); BVerwG, Beschl. vom 15.09.2005 – 4 BN 37/05, ZfBR 2006, 54 (54); *Bienek/Krautzberger*, UPR 2008, 81 (82); *Krautzberger/Stüer*, DVBl. 2007, 160 (162); *Dirnberger*, Bay. Gemeindetag 2/2007, 51 (51); *Gierke*, in: Brügelmann, § 13a, Rn. 42 und 43 (Stand: Februar 2008); *Manssen*, BauR 2008, 31 (33); *Müller-Grune*, BauR 2007, 985 (985 u. 986); *Schröer*, NZBau 2007, 293 (294).
344 BVerwG, Beschl. vom 15.09.2005 – 4 BN 37/05, ZfBR 2006, 54 (54); *Bienek/Krautzberger*, UPR 2008, 81 (82); *Manssen*, BauR 2008, 31 (33).
345 BVerwG, Beschl. vom 15.09.2005 – 4 BN 37/05, ZfBR 2006, 54 (54); *Bienek/Krautzberger*, UPR 2008, 81 (82); *Gierke*, in: Brügelmann, § 13a, Rn. 43 (Stand: Februar 2008); *Manssen*, BauR 2008, 31 (32).
346 *Manssen*, BauR 2008, 31 (32).
347 *Uechtritz*, BauR 2007, 476 (478).
348 *Bienek/Krautzberger*, UPR 2008, 81 (82); *Schmidt-Eichstaedt*, BauR 2007, 1148 (1148).

BauGB die Überplanung von baulich bislang weitgehend ungenutzten Außenbereichsflächen grundsätzlich nur insoweit als Maßnahme der Innenentwicklung eingeordnet werden kann, als nicht nur isoliert sie überplant werden, sondern die Außenbereichsflächen nur einen untergeordneten Anteil am Plangebiet ausmachen und im Grenzbereich zwischen Innen- und Außenbereich liegen, eine offensichtliche Zuordnung zum Außenbereich also nicht möglich ist.[349] Die Fläche müsse jedenfalls Teil des Siedlungsbereichs[350] und zudem baulich vorgeprägt sein.[351] Nicht baulich genutzte, rein grün und damit außenbereichstypisch geprägte Außenbereichsinseln könnten nicht durch Bebauungspläne der Innenentwicklung überplant werden.[352]

Andere dagegen meinen, dass die bisherige Nutzung der Außenbereichsinsel für die Frage des Vorliegens einer Fläche für einen Bebauungsplan der Innenentwicklung irrelevant ist, die Außenbereichsinsel also völlig unbebaut oder teilweise bebaut, eine Freifläche oder Parkanlage genauso wie eine Sportfläche sein kann.[353]

(3) Baulich nicht vorgenutzte, grün geprägte Außenbereichsinseln

Im Hinblick auf die vom Gesetzgeber mit § 13a BauGB verfolgte Intention, die Neuinanspruchnahme von Flächen zu vermeiden, erscheint es äußerst zweifelhaft, die Überplanung innerhalb des Siedlungsbereichs liegender Außenbereichsflächen, die notwendigerweise eine gewisse Größe haben müssen, unabhängig davon als Maßnahme der Innenentwicklung anzuerkennen, ob die Flächen bisher baulich genutzt waren oder nicht. Ungeachtet der Tatsache, dass der Gesetzgeber die Neuinanspruchnahme von Flächen durch § 13a BauGB gerade verhindern will, ist auch zu bedenken, dass innerhalb des Siedlungsbereichs liegenden, baulich ungenutzten Freiflächen als sog. Grüne Lungen[354] eine ökologisch und siedlungsklimatisch besonders wichtige Funktion zukommen kann, so

---

349 *Bienek/Krautzberger*, UPR 2008, 81 (83); *Tomerius*, ZUR 2008, 1 (3). Vgl. Fn. 295.
350 *Bienek/Krautzberger*, UPR 2008, 81 (83, Fn 14) unter Verweis auf *Bunzel*. Vgl. Fn. 329.
351 *Bienek/Krautzberger*, UPR 2008, 81 (83) unter Verweis auf *Schmidt-Eichstaedt*, BauR 2007, 1148 (1149). Vgl. Fn. 331.
352 *Schmidt-Eichstaedt*, BauR 2007, 1148 (1148 u. 1149); *Kirchmeier*, in: Hk-BauGB, § 13a, Rn. 2, verlangt ebenfalls die bauliche Vornutzung der Außenbereichsflächen.
353 *Mitschang*, ZfBR 2007, 433 (435); auch *Battis*, in: B/K/L, § 13a, Rn. 4; *Battis/ Krautzberger/Löhr*, NVwZ 2007, 121 (124); *Birk*, KommJur 2007, 81 (82); *Bunzel*, LKV 2007, 444 (445); *Dirnberger*, Bay. Gemeindetag 2/2007, 51 (51); *Jäde*, in: J/D/W, BauGB, § 13a, Rn. 2; *Krautzberger*, UPR 2007, 53 (54); *ders.*, UPR 2007, 170 (174); *ders.*, in: Krautzberger/Söfker, Baugesetzbuch, Rn. 153a; *Krautzberger/Stüer*, DVBl. 2007, 160 (162); *Müller-Grune*, BauR 2007, 985 (985 u. 986); *Otto*, NJ 2007, 63 (63); *Spannowsky*, in: Berliner Kommentar, § 13a, Rn. 13 (Stand: Juli 2007); *Starke*, JA 2007, 488 (488); *Tomerius*, ZUR 2008, 1 (3); *Uechtritz*, BauR 2007, 476 (478), unterscheiden nicht zwischen verschiedenartig genutzten Außenbereichsinseln.
354 Ähnlich *Schmidt-Eichstaedt*, BauR 2007, 1148 (1148).

dass die Schonung dieser Bereiche für den Siedlungsbereich wichtiger ist als die Schonung des Außenbereichs außerhalb des Siedlungsbereichs. Denn wird eine Freifläche innerhalb des Siedlungsbereichs überplant und überbaut, bestehen dafür in der näheren Umgebung regelmäßig keine weiteren Freiflächen zum Ausgleich. Zudem ist im beschleunigten Verfahren ein naturschutzrechtlicher Ausgleich für kleinräumige Bebauungspläne der Innenentwicklung gem. § 13a Abs. 1 S. 2 Nr. 1, Abs. 2 Nr. 4 BauGB von Gesetzes wegen generell nicht notwendig. Dahinter steht jedoch der Gedanke, dass durch Maßnahmen der Innenentwicklung, vor allem im Vergleich zur Neuinanspruchnahme von Flächen außerhalb der Ortslage, weitere und weitergehende neue Eingriffe in Natur und Landschaft vermieden werden.[355] Weitere neue Eingriffe werden aber nur dann vermieden, wenn durch schon vorhandene bauliche Nutzungen bereits erfolgte Eingriffe weiter für bauliche Nutzungen verwendet oder nur unwesentlich gesteigert werden, nicht, wenn auf in Anbetracht der Lage innerhalb des Siedlungsbereichs großen, bisher baulich weitgehend ungenutzten *Freiflächen* überwiegend neue, u. U. nicht einmal ausgleichspflichtige Eingriffe erfolgen.[356] Daher ist es grundsätzlich nicht gerechtfertigt, die Überplanung baulich nicht oder nur wenig genutzter Außenbereichsinseln als Maßnahmen der Innenentwicklung einzuordnen. Dies korrespondiert mit der systematischen Auslegung der Maßnahmen der Innenentwicklung in Anlehnung an § 34 Abs. 4 S. 1 Nr. 2 u. Nr. 3 BauGB.[357] Auch § 34 Abs. 4 S. 1 Nr. 2 BauGB verlangt, dass die Außenbereichsflächen schon in nicht unerheblichem Umfang bebaut sind. § 34 Abs. 4 S. 1 Nr. 3 BauGB setzt eine Prägung der Außenbereichsflächen durch die angrenzende Bebauung voraus. Diese fehlt bei bislang weitgehend grün geprägten Außenbereichsinseln, jedenfalls in deren Kernbereich, schon qua Definition.[358]

(4) Baulich vorgenutzte Außenbereichsinseln

(a) Teleologische Aspekte

Eine baulich weitgehend ungenutzte Außenbereichsinsel könnte jedoch dann Gegenstand eines Bebauungsplans der Innenentwicklung sein, wenn sich die weitgehende Grünprägung nach und nach aus brachgefallenen Vornutzungen ergeben hat.[359] Dabei ist allerdings zu bedenken, dass die Überplanung zwar ehe-

---

355 *Bienek/Krautzberger*, UPR 2008, 81 (83) unter Verweis auf BT-Drs. 16/2496, S. 2, wohl aber besser BT-Drs. 16/2496, S. 15 und BT-Drs. 16/3308, S. 15.
356 Ähnlich *Schmidt-Eichstaedt*, BauR 2007, 1148 (1149); *Mitschang*, ZfBR 2008, 109 (109) unter Verweis auf *Schmidt-Eichstaedt*.
357 *Spannowsky*, in: Berliner Kommentar, § 13a, Rn. 13 (Stand: Juli 2007).
358 *Gierke*, in: Brügelmann, § 13a, Rn. 45 (Stand: Februar 2008).
359 *Bienek/Krautzberger*, UPR 2008, 81 (83, Fn. 14) unter Verweis auf *Bunzel*; *Schmidt-Eichstaedt*, BauR 2007, 1148 (1148).

mals baulich genutzter, mittlerweile aber weitgehend rekultivierter Flächen, bei denen (fast) nichts mehr auf eine vormalige bauliche Nutzung hinweist, der Überplanung bisher baulich noch gar nicht genutzter Flächen gleichkommt und als Neuinanspruchnahme von Flächen, nicht als erneute Nutzung baulich schon vorgenutzter Flächen eingeordnet werden muss, die bei Außenbereichsflächen im Innenbereich durchaus eine erhebliche flächenmäßige Ausdehnung erreichen kann. Mit einer solchen Maßnahme werden in der Regel nicht schon vorhandene, evtl. sogar andernorts nach den Vorgaben des § 1a Abs. 3 S. 1 2. Alt. BauGB ausgeglichene Eingriffe in Natur und Landschaft für eine weitere bauliche Nutzung ausgenutzt bzw. unerheblich intensiviert.[360] Vielmehr erfolgt durch die bauliche Nutzung eines solchen rekultivierten Gebiets ein erneuter, u. U. erheblicher Eingriff in Natur und Landschaft, der unter den Voraussetzungen des § 13a Abs. 2 Nr. 4 BauGB nicht einmal ausgleichspflichtig ist.

(b) Europarechtliche Erwägungen

Zudem ist zu bedenken, dass ein Bebauungsplan der Innenentwicklung unter den weiteren Voraussetzungen des § 13a Abs. 1 BauGB im beschleunigten Verfahren ohne Umweltprüfung aufgestellt werden kann (§ 13a Abs. 2 Nr. 1, § 13 Abs. 3 S. 1 BauGB). Dies ist jedoch europarechtskonform gem. Art. 3 Abs. 1 Plan-UP-RL nur für solche Pläne erlaubt, die voraussichtlich keine erheblichen Umweltauswirkungen haben. Dies bedeutet, dass ein Bebauungsplan der Innenentwicklung über die bestehende Beeinträchtigung von Umweltbelangen hinaus nicht selbst erhebliche Umweltauswirkungen mit sich bringen darf. Die Überplanung früher baulich genutzter Flächen kann daher grundsätzlich nur dann eine Maßnahme der Innenentwicklung sein, wenn sie im Vergleich zum bestehenden Zustand des Plangebiets keine mehr als unerhebliche Steigerung der Auswirkungen auf Umweltbelange mit sich bringt. Da durch Bebauungspläne der Innenentwicklung im beschleunigten Verfahren im Ausgangspunkt jeder im Rahmen von Bebauungsplänen zulässige Planinhalt festgesetzt werden kann[361] und keine Beschränkung auf dem Ausgangszustand des Planbereichs jedenfalls sehr ähnliche Nutzungen besteht, folgt daraus, dass die Überplanung einer baulich vorgenutzten, mittlerweile brachgefallenen Fläche nur solange eine Maßnahme der Innenentwicklung sein kann, solange die durch die frühere Bebauung bewirkten Auswirkungen auf die Umwelt wenigstens noch nachwirken und daher für eine erneute bauliche Nutzung der Flächen noch ausgenutzt werden können. Dies kann auch nach Beseitigung der ehemals vorhandenen baulichen Anlagen noch der Fall sein, jedoch nur, solange nach der Verkehrsauffassung mit der Wiederbe-

---

360 Vgl. *Mitschang*, ZfBR 2008, 109 (109) unter Verweis auf *Schmidt-Eichstaedt*, der nur baulich bereits genutzte Flächen, bei denen ein naturschutzrechtlicher Ausgleich stattgefunden hat, als Innenentwicklungsflächen einordnet.
361 Vgl. Fn. 210.

bauung und -nutzung der Flächen zu rechnen ist,[362] solange also die ehemals vorhandene Bebauung trotz Abrisses oder Verfalls ihre den Bereich prägende Wirkung noch nicht verloren hat, so dass eine erneute Nutzung noch als eine Wieder- oder Umnutzung des Gebiets eingeordnet werden könnte, nicht dagegen als eine Neu-Inanspruchnahme. Dabei ist zu berücksichtigen, dass grundsätzlich nur Bauten von gewissem Gewicht eine prägende Wirkung entfalten können, also nicht nur unbedeutende, den Boden nur geringfügig versiegelnde und wenig intensiv genutzte Bauten wie Gartenlauben.[363] Dies korrespondiert mit der Interpretationshilfe für Maßnahmen der Innenentwicklung in der Gesetzesbegründung, wonach die in § 1 Abs. 6 Nr. 4 BauGB angeführte Erhaltung bzw. Änderung vorhandener Ortsteile als Maßnahme der Innenentwicklung eingeordnet wird, wobei eben nur eine zusammenhängende Bebauung von gewissem Gewicht einen Ortsteil bildet. Andererseits ist aber zu bedenken, dass nicht nur bauliche Nutzungen in Form von Gebäuden eine Fläche prägen und mehr als unerheblich in Anspruch nehmen, vielmehr sogar intensiv versiegeln können. Auch bei Gleisanlagen, großen befestigten Lagerplätzen oder weitgehend befestigten Sportanlagen ist dies der Fall. Daraus folgt, dass auch innerhalb des Siedlungsbereichs befindliche, baulich derartig genutzte Flächen nach Nutzungsaufgabe solange als Maßnahmen der Innenentwicklung überplant werden dürfen, solange die bauliche Nutzung ihre prägende Wirkung nicht verloren haben.[364]

(5) Zusammenfassung

Daraus folgt insgesamt, dass weitgehend grün geprägte Außenbereichsflächen im Innen- bzw. Siedlungsbereich, auch dann, wenn sie vormals baulich genutzt waren, in der Regel nicht durch Bebauungspläne der Innenentwicklung überplant werden dürfen. Denn wenn die Flächen schon weitgehend grün geprägt sind und allenfalls vage Anhaltspunkte für eine vorangegangene bauliche Nutzung auszumachen sind, beinhaltet dies auch, dass die vormalige Nutzung ihre prägende Wirkung bereits verloren hat und keine Anhaltspunkte für eine baldige Wiederaufnahme der ursprünglichen Nutzung vorhanden sind. Dabei ist auch zu bedenken, dass es in der Regel einen nicht unerheblichen Zeitraum in Anspruch nimmt, bis eine vormals baulich nicht völlig unintensiv genutzte Fläche wieder so rekultiviert ist, dass es kaum mehr Anhaltspunkte für eine bauliche Vornutzung gibt.

Zusammengefasst ist die Überplanung von Außenbereichsinseln nur dann eine Maßnahme der Innenentwicklung, wenn die Flächen noch in deutlichem

---

362 BVerwG, Urt. vom 19.09.1986 – 4 C 15/84, E 75, 34 (34 u. 38); *Gierke*, in: Brügelmann, § 13a, Rn. 44 u. 45 (Stand: Februar 2008).
363 *Gierke*, in: Brügelmann, § 13a, Rn. 44 u. 45 (Stand: Februar 2008).
364 *Gierke*, in: Brügelmann, § 13a, Rn. 44 u. 45 (Stand: Februar 2008).

Umfang baulich vorgenutzt bzw. wenigstens geprägt sind.[365] Damit können unbebaute Freiflächen oder Parkanlagen, die Außenbereichsinseln darstellen, nicht i. R. d. beschleunigten Verfahrens überplant werden. Bei Sportflächen wird es letztlich darauf ankommen, ob sie ähnlich wie Gleisanlagen von einer überwiegenden Versiegelung des Bodens geprägt sind oder ob die Grünprägung des Rasens vorherrscht.

bb) Konversionsflächen

(1) Begriffsbestimmung

Entsprechend der Gesetzesbegründung ist die Überplanung *innerhalb des Siedlungsbereichs* befindlicher brachgefallener Flächen und einer anderen Nutzungsart zuzuführender Flächen eine Maßnahme der Innenentwicklung.[366] Unter Konversionsflächen versteht man in ihrer Nutzung aufgegebene Flächen ehemaliger Industrie- oder Gewerbebetriebe, aber auch militärische oder früher durch die Bahn genutzte Liegenschaften, die einer neuen Nutzung zugänglich gemacht, also in Flächen für neue Nutzungen umgewandelt werden sollen.[367] Dabei muss die frühere Bebauung noch deutlich erkennbar sein und es darf noch nicht eine weitgehende Renaturierung der Flächen hin zu außenbereichstypischen, naturnahen Nutzungen stattgefunden haben,[368] denn ansonsten müsste man die Flächen nicht für neue Nutzungen „nur" umgestalten, sondern vielmehr wieder völlig neu in Anspruch nehmen (vgl. B. II. 1. b) aa) (4) (a)).

(2) Systematische Aspekte

Im Zusammenhang mit der Einordnung von Konversionsflächen als Flächen für Bebauungspläne der Innenentwicklung ist zunächst zu bemerken, dass § 1 Abs. 6 Nr. 10 BauGB seit dem EAG-Bau (2004) die zivile Anschlussnutzung

---

365 *Gierke*, in: Brügelmann, § 13a, Rn. 44 u. 45 (Stand: Februar 2008).
366 BT-Drs. 16/ 2496, S. 12; *Battis*, in: B/K/L, § 13a, Rn. 4; *Battis/Krautzberger/Löhr*, NVwZ 2007, 121 (124); *Blechschmidt*, ZfBR 2007, 120 (120); *Bunzel*, LKV 2007, 444 (445); *Krautzberger/Stüer*, DVBl. 160 (162); *Krautzberger*, UPR 2007, 170 (174); *ders.*, in: Krautzberger/Söfker, Baugesetzbuch, Rn. 153a; *Müller-Grune*, BauR 2007, 985 (986); *Scheidler*, ZfBR 2006, 752 (753); *ders.*, BauR 2007, 650 (651); *Schröer*, NZBau 2006, 703 (704); *Uechtritz*, BauR 2007, 476 (478).
367 *Bienek/Krautzberger*, UPR 2008, 81 (83); *Gierke*, in: Brügelmann, § 13a, Rn. 57 (Stand: Februar 2008); *Krautzberger*, in: E/Z/B/K, § 13a, Rn. 27 (Stand: Mai 2007); *Kuschnerus*, Der standortgerechte Einzelhandel, Rn. 593; *Manssen*, BauR 2008, 31 (31 u. 32). Vgl. auch *Wallraven-Lindl/Strunz/Geiß*, Das Bebauungsplanverfahren nach dem BauGB 2007, S. 151.
368 *Gierke*, in: Brügelmann, § 13a, Rn. 57 (Stand: Februar 2008); *Kuschnerus*, Der standortgerechte Einzelhandel, Rn. 593; *Wallraven-Lindl/Strunz/Geiß*, Das Bebauungsplanverfahren nach dem BauGB 2007, S. 151.

von Militärliegenschaften ausdrücklich als in der Abwägung gem. § 2 Abs. 3, § 1 Abs. 7 BauGB zu berücksichtigenden Belang aufführt. Dieser wurde gerade auch vor dem Hintergrund in das Baugesetzbuch aufgenommen, dass die Ermöglichung einer zivilen Anschlussnutzung dieser Liegenschaften vorrangig vor der Inanspruchnahme von Freiflächen dem Ziel einer flächensparenden Siedlungsentwicklung entspricht, dem insbesondere durch § 1a Abs. 2 BauGB zur Verwirklichung der Nationalen Nachhaltigkeitsstrategie Rechnung getragen werden soll.[369] Sieht man in § 13a BauGB eine verfahrensrechtliche Instrumentierung von § 1a Abs. 2 BauGB, ist es vor diesem Hintergrund konsequent, Maßnahmen der Anschlussnutzung militärischer Liegenschaften im Sinne von § 1 Abs. 6 Nr. 10 BauGB als Maßnahmen der Innenentwicklung im Sinne des § 13a Abs. 1 S. 1 BauGB einzuordnen.

(3) Anknüpfung an die bauplanungsrechtliche Einordnung der Konversionsflächen

Uechtritz vertritt die Auffassung, die Überplanung von Konversionsflächen falle auch dann in den Anwendungsbereich von § 13a BauGB, sei also eine Maßnahme der Innenentwicklung, *wenn sich die Flächen außerhalb der Ortslage* befinden und mittlerweile bauplanungsrechtlich eindeutig nach § 35 BauGB zu beurteilen sind, dies aber darauf beruht, dass die vorhandene Bausubstanz aufgrund der Aufgabe der Nutzung ihre prägende Wirkung hinsichtlich der Art der Nutzung verloren hat. Zur Untermauerung stützt er sich auf den Gesetzeswortlaut von § 13a Abs. 1 S. 1 BauGB, der diesen Fall i. R. d. „Wiedernutzbarmachung von Flächen" unmittelbar erfasse.[370] *Uechtritz* leitet folglich das Vorliegen einer Maßnahme der Innenentwicklung aus dem Vorliegen einer Wiedernutzbarmachungsmaßnahme ab. Wie oben (B. II. am Anfang) dargestellt, kann diesem Ansatz der Interpretation von „Innenentwicklung" wegen der Annahme eines dem Gesetzeswortlaut widersprechenden Ableitungsverhältnisses von „Maßnahmen der Innenentwicklung" aus dem Begriff der Wiedernutzbarmachung nicht gefolgt werden, so dass jedenfalls der Begründung, aufgrund derer *Uechtritz* die Überplanung von Konversionsflächen auch außerhalb der Ortslage unter einer bestimmten Voraussetzung als Maßnahme der Innenentwicklung einordnet, zu widersprechen ist.

(a) Lage im Außenbereich

Zudem erscheint es fraglich, ob die Überplanung von Konversionsflächen auch bei eindeutiger Lage im Außenbereich außerhalb des und ohne Anschluss an den sonstigen Siedlungsbereich(s) als Maßnahme der Innenentwicklung angesehen

---

369 BT-Drs. 15/2250, S. 40.
370 *Uechtritz*, BauR 2007, 476 (478).

werden darf. Zwar ordnet die Gesetzesbegründung die Umnutzung von Flächen ohne jegliche Einschränkung als Maßnahme der Innenentwicklung ein, so dass es auf die Lage der umzunutzenden Flächen scheinbar nicht ankommt. Andererseits führt sie explizit nur *innerhalb des Siedlungsbereichs* liegende brachgefallene Flächen als Flächen für Bebauungspläne der Innenentwicklung an.[371] Ferner ist zu berücksichtigen, dass Maßnahmen der Innenentwicklung nicht gezielt Flächen außerhalb von Ortslagen und damit ohne Anbindung an den vorhandenen Siedlungsbereich[372] neu einer Bebauung zuführen dürfen und dass sie der Innenentwicklung unmittelbar dienen müssen. Sofern auf den Konversionsflächen in nicht nur untergeordnetem Umfang Bebauung und Bodenversiegelungen vorhanden sind, werden durch die Überplanung zur Wiedernutzbarmachung nicht Flächen völlig neu einer Bebauung zugeführt. Andererseits ist die Überplanung von Konversionsflächen, die jetzt und auch zu der Zeit, als sie genutzt wurden, eindeutig dem bauplanungsrechtlichen Außenbereich i. S. d. § 35 BauGB angehörten *und* deren Bebauung weder selbst einen Ortsteil i. S. d. § 1 Abs. 6 Nr. 4 BauGB bildet noch sich unmittelbar an einen solchen anschließt, schwerpunktmäßig Außenentwicklung,[373] denn in diesen Fällen bestand nie der für Maßnahmen der Innenentwicklung grundsätzlich erforderliche Zusammenhang der zu überplanenden Flächen mit einem vorhandenen Ortsteil.[374] Eine Fläche kann trotz vorhandener, nicht nur geringfügiger Bebauung dem Außenbereich zuzuordnen sein, wenn sie keinen Ortsteil oder keinen Bebauungszusammenhang im Sinne von § 34 Abs. 1 S. 1 BauGB bildet.[375] Dasselbe gilt, wenn weder die auf der betrachteten Fläche selbst vorhandene Bebauung noch die Bebauung der näheren Umgebung die Fläche in der Weise i. S. v. § 34 Abs. 1 S. 1 BauGB prägen, dass sich aus ihr ein Maßstab für bauplanungsrechtlich relevante Vorhaben i. S. v. § 29 BauGB ergibt.[376] Gerade bei großzügig angelegten, relativ dünn bebauten und mit großen Freiflächen versehenen Industrie- oder Gewerbe-

---

371 BT-Drs. 16/2496, S. 12. Vgl. auch die in B. II. 1. a) aa) (2) geäußerten Bedenken, ob jegliche Umnutzungsmaßnahme, auch ohne Anknüpfung an einen bestehenden Siedlungsbereich, eine Maßnahme der Innenentwicklung ist.
372 Vgl. *Bienek/Krautzberger*, UPR 2008, 81 (83), die bei Konversionsflächen auf eine Lage im Siedlungsbereich abstellen; ebenso *Bienek/Krautzberger*, UPR 2008, 81 (83, Fn. 14) unter Verweis auf *Bunzel*; *Krautzberger*, in: E/Z/B/K, § 13a, Rn. 28 (Stand: Mai 2007); *Mitschang*, ZfBR 2007, 433 (435).
373 *Bunzel*, LKV 2007, 444 (445); *ders.*, Difu-Praxistest, S. 24, abrufbar unter http://www.difu.de/publikationen/difu-berichte/4_06/11.phtml (zuletzt abgerufen am 01.03.2008); *Kuschnerus*, Der standortgerechte Einzelhandel, Rn. 592, verlangt für Flächen der Innenentwicklung allgemein, dass sie nicht schon immer dem Außenbereich gem. § 35 BauGB zuzuordnen waren, sondern allenfalls infolge der Nutzungsaufgabe zu Außenbereichsflächen geworden sind.
374 *Bunzel*, LKV 2007, 444 (445); *Gierke*, in: Brügelmann, § 13a, Rn. 50 (Stand: Februar 2008); *Mitschang*, ZfBR 2007, 433 (435).
375 *Manssen*, BauR 2008, 31 (33).
376 *Manssen*, BauR 2008, 31 (33). Vgl. Fn. 343.

gebieten kann das ebenso der Fall sein wie bei nur vereinzelt bebauten Truppenübungsgeländen ohne echte Siedlungsstruktur, Gleisanlagen, Steinbrüchen und Kiesabbauflächen.[377] Eine Umnutzung solcher Flächen setzt eine bisherige Zersplitterung der Flächennutzungen und eine Außenentwicklung fort, trägt aber nicht zur Innenentwicklung innerhalb des vorhandenen Siedlungskörpers bei. Sie verhindert eine ohne sie mögliche Renaturierung der Flächen. Dafür, dass die isolierte Überplanung von Konversionsflächen, die eindeutig dem Außenbereich zuzuordnen sind und es auch schon zu Zeiten ihrer prosperierenden Nutzung waren, nicht als Maßnahme der Innenentwicklung einzuordnen ist, spricht auch, dass bei kleinflächigen Bebauungsplänen der Innenentwicklung i. S. v. § 13a Abs. 1 S. 2 Nr. 1 BauGB gem. § 13a Abs. 2 Nr. 4 BauGB grundsätzlich kein naturschutzrechtlicher Ausgleich nach § 1a Abs. 3 S. 1 2. Alt. BauGB erfolgen muss. Diese Regelung beruht auf der Überlegung, dass durch Bebauungspläne der Innenentwicklung die weitere Flächeninanspruchnahme und damit verbundene weitere erhebliche neue Eingriffe in Natur und Landschaft vermieden werden. Wird eine Fläche, die trotz baulicher Vornutzung immer zum Außenbereich gehörte, mit dichter Bebauung überplant, kann dies im Fall einer wenig dichten Vornutzung, die nicht schon erhebliche Bodenversiegelungen und sonstige Eingriffe in Natur und Landschaft mit sich brachte, mit erheblichen neuen Eingriffen in bisher noch unversehrte Natur und Landschaft verbunden sein. Von daher erscheint es nicht gerechtfertigt, die Überplanung solcher Außenbereichs-Konversionsflächen als Maßnahmen der Innenentwicklung einzuordnen. Auch aus der systematischen Parallelauslegung von Maßnahmen der Innenentwicklung und Gebieten, die durch Entwicklungssatzung gem. § 34 Abs. 4 S. 1 Nr. 2 BauGB dem Innenbereich zugeordnet werden können, ergibt sich nichts anderes. Die Hinzuziehung bebauter Bereiche im Außenbereich zum Innenbereich setzt nämlich nicht nur voraus, dass im Außenbereich ein Siedlungsansatz vorhanden ist und dieser selbst in gewissem Umfang innenbereichsähnlich eine prägende Wirkung für eventuelle weitere Vorhaben hat, sondern im Siedlungsansatz muss es zudem Anhaltspunkte für eine weitere Bebauung im Wege baulicher Verdichtung geben, so dass eine Rückentwicklung zu außenbereichstypischen Nutzungen nicht zu erwarten sein darf. Genau diese Weiterentwicklungstendenz des Siedlungsansatzes fehlt aber bei schon immer dem Außenbereich zuzuordnenden, nun brachliegenden Konversionsflächen, die gerade durch eine Bebauungsplanung erst wiederbelebt werden sollen, völlig. Auch die Praxisteststädte waren sich im Ergebnis darüber einig, dass die Überplanung ehemaliger Betriebsflächen von Außenbereichsvorhaben mit außenbereichstypischen Nutzungen, z. B. militärische Flächen i. F. v. Übungsgeländen oder auch Milchviehanlagen, nicht in den Anwendungsbereich des § 13a BauGB fallen,

---

377 *Gierke*, in: Brügelmann, § 13a, Rn. 58 (Stand: Februar 2008); *Manssen*, BauR 2008, 31 (32); *Schmidt-Eichstaedt*, BauR 2007, 1148 (1148).

wenn sie nicht Teil des Siedlungsbereichs sind, sondern durch angrenzende weitere Außenbereichsflächen geprägt werden.[378]

(b) Lage im Grenzbereich zwischen Innen- und Außenbereich

Liegen die brachgefallenen Flächen dagegen nicht eindeutig im Außenbereich außerhalb des Siedlungsbereichs, sondern im Grenzbereich zwischen Außen- und Innenbereich, kann ihre Überplanung, unabhängig davon, ob die Flächen vor der Nutzungsaufgabe Teil des Innen- oder des Außenbereichs waren, als Maßnahme der Innenentwicklung in Parallelwertung zu § 34 Abs. 4 S. 1 Nr. 3 BauGB danach beurteilt werden, ob die Konversionsfläche (hinsichtlich der Art der baulichen Nutzung) maßstabsbildend durch die im Innenbereich vorhandene Bebauung geprägt wird und die Überplanung damit nur eine Arrondierung des vorhandenen Siedlungskörpers ist oder aber eine im Rahmen der Innenentwicklung nicht zulässige gezielte Erweiterung des Siedlungsbereichs außerhalb von Ortslagen ohne Zusammenhang mit diesem.[379]

(c) Lage im Innenbereich

Sind die baulich vorgenutzten, nun in Nutzungsbrache gefallenen bzw. fallenden und einer anderen Nutzung zuzuführenden Flächen nach wie vor Teil des Innenbereichs, was vor allem dann der Fall sein kann, wenn die Flächen nicht sehr groß und weiterhin Teil eines im Zusammenhang bebauten Ortsteils i. S. d. § 34 Abs. 1 S. 1 BauGB sind, so dass die Nutzungen der vorhandenen, weiterhin genutzten Umgebungsbebauung noch eine prägende Wirkung i. S. v. § 34 Abs. 1 S. 1 BauGB entfalten können, sind diese Flächen zweifelsohne durch Bebauungspläne der Innenentwicklung überplanbar (vgl. B. II. 1. a) aa) (2)).

(d) Nur durch eine Nutzungsbrache bedingte Lage im Außenbereich

Es ist jedoch, wie von *Uechtritz* erkannt, auch möglich, dass die umzunutzenden brachgefallenen Flächen zwar zur Zeit ihrer Nutzung eine Innenbereichsfläche bildeten, sie aber infolge der Nutzungsaufgabe und mangels i. S. v. § 34 Abs. 1 S. 1 BauGB maßstabsbildender Prägung durch die Umgebungsbebauung nun dem Außenbereich zuzuordnen sind.[380] Eine fehlende Prägung hinsichtlich der

---

378 *Bunzel*, Difu-Praxistest, S. 24, abrufbar unter http://www.difu.de/publikationen/difu-berichte/4_06/11.phtml (zuletzt abgerufen am 01.03.2008); *Schröer*, NZBau 2007, 293 (294); so auch *Gierke*, in: Brügelmann, § 13a, Rn. 58 u. 59 (Stand: Februar 2008).
379 *Bunzel*, Difu-Praxistest, S. 24, abrufbar unter http://www.difu.de/publikationen/difu-berichte/4_06/11.phtml (zuletzt abgerufen am 01.03.2008); angedeutet bei *Gierke*, in: Brügelmann, § 13a, Rn. 58 (Stand: Februar 2008).
380 Vgl. VGH Mannheim, Urt. vom 10.07.2006 – 3 S 2309/05 – BauR 2006, 2006 (2008); *Gierke*, in: Brügelmann, § 13a, Rn. 43 (Stand: Februar 2008); *Uechtritz*, BauR 2007, 476 (478). Vgl. Fn. 343.

Art der baulichen Nutzung kann durch die endgültige Nutzungsaufgabe entstehen, wenn mit der Wiederaufnahme der bisherigen, prägenden Nutzung nach der Verkehrsauffassung nicht mehr zu rechnen ist und die vorhandene Bebauung wegen des schon länger andauernden Leerstands nur noch den Anschein einer Kulisse erweckt und in der näheren Umgebung eine die vorhandene Bausubstanz prägende Nutzung aufgrund der Größe des in Nutzungsbrache gefallenen Gebiets fehlt.[381] Ist die Bausubstanz von Gebäuden auf Konversionsflächen schon im Verfallen begriffen oder gar schon abgerissen worden und ist nicht mit einem konkreten Wiederaufbau zu rechnen, verliert die ehemals vorhandene Bebauung ebenfalls ihre prägende Wirkung für neue Vorhaben i. S. v. § 34 Abs. 1 S. 1 BauGB.[382]

(aa) Lage innerhalb des sonstigen Siedlungsbereichs

Stellt diese Konversionsfläche aufgrund der Nutzungsaufgabe einen Außenbereich im Innenbereich dar, wie das z. B. bei von Bebauung umgebenen Gleisflächen von Rangierbahnhöfen oder verlassenen Industriearealen der Fall sein kann, so ist ihre Überplanung entsprechend den oben angeführten Maßgaben (vgl. B. II. 1. b) aa)) als Maßnahme der Innenentwicklung einzuordnen oder nicht.

(bb) Lage außerhalb des sonstigen Siedlungsbereichs

Liegt die ehemalige Innenbereichsfläche dagegen außerhalb des sonstigen Siedlungsbereichs, stellt sich die Frage, ob ihre Überplanung als Maßnahme der Innenentwicklung eingeordnet werden kann. Dabei sind zwei Szenarien zu unterscheiden.

Ist die vorhandene Bausubstanz schon weitgehend verfallen oder ohne konkrete Wiederaufbauabsichten abgerissen worden, ist also die Fläche schon offensichtlich auf dem Weg, wieder zur grün geprägten typischen Außenbereichsfläche zu werden, kann ihre Überplanung zu Zwecken der Umnutzung keinesfalls als Maßnahme der Innenentwicklung verstanden werden. Indem der bisher vorhandene Ortsteil i. S. d. § 1 Abs. 6 Nr. 4 BauGB und. i. S. v. § 34 Abs. 1 S. 1 BauGB in Form einer Bebauung von gewissem Gewicht schon gleichsam im Rückbau begriffen ist, wäre seine Überplanung nicht eine als Maßnahme der Innenentwicklung mögliche Erhaltung, Erneuerung oder Fortentwicklung eines vorhandenen Ortsteils i. S. v. § 1 Abs. 6 Nr. 4 BauGB, sondern gleichsam eine Neuentwicklung eines sich ansonsten schon auflösenden Ortsteils, die über eine

---

381 BVerwG, Urt. vom 27.08.1998 – 4 C 5/98, ZfBR 1999, 49 (50); VGH Mannheim, Urt. vom 10.07. 2006 – 3 S 2309/05, BauR 2006, 2006 (2006 u. 2008). Vgl. auch BVerwG, Beschl. vom 02.10.2007 – 4 B 39/07, ZfBR 2008, 52 (52). *Gierke*, in: Brügelmann, § 13a, Rn. 39; *Manssen*, BauR 2008, 31 (33 u. 34).
382 *Manssen*, BauR 2008, 31 (34).

bloße Erhaltungsmaßnahme hinausginge. Die Überplanung einer schon teilweise abgerissenen oder verfallenen ehemaligen Innenbereichsfläche außerhalb des sonstigen Siedlungsbereichs wäre im Schwerpunkt Außenentwicklung, da der sich rückbildende Siedlungsbereich selbst keinerlei Tendenzen mehr in Richtung Innenbereich aufweist. Diese Auslegung korrespondiert auch mit § 34 Abs. 4 S. 1 Nr. 2 BauGB, der für die Einbeziehung von bebauten Außenbereichsflächen in den Innenbereich ebenfalls verlangt, dass diese Nachverdichtungstendenzen hin zum Innenbereich aufweisen. Genau solche fehlen bei nach außen deutlich erkennbaren Rückentwicklungstendenzen gerade bei der Bausubstanz. Durch die Überplanung eines sich schon eindeutig zurückbildenden Siedlungsgebiets im Außenbereich würde, indem dessen schon beginnende Renaturierung verhindert wird, im Ergebnis gezielt Fläche außerhalb von Ortslagen (wieder neu) in Anspruch genommen, was durch Maßnahmen der Innenentwicklung gerade nicht möglich sein soll und auch dem Ziel der Verminderung der Flächeninanspruchnahme, dem durch die Renaturierung von Flächen indirekt gedient wird, widerspricht.

Ist die ehemalige Innenbereichsfläche außerhalb des sonstigen Siedlungsbereichs dagegen in reine Nutzungsbrache gefallen, fehlt also eine für § 34 BauGB notwendige Prägung durch die vorhandene Bebauung nur hinsichtlich der Art der baulichen Nutzung, besteht aber die vorhandene Bausubstanz nach wie vor weitgehend unverändert fort, könnte die Überplanung einer solchen Konversionsfläche durchaus als Maßnahme der Innenentwicklung zu beurteilen sein. Durch die Überplanung würde nicht gezielt Fläche neu einer Bebauung zugeführt, vielmehr kann an die Umweltauswirkungen und Eingriffe in Natur und Landschaft durch die bereits vorhandene Bebauung angeknüpft werden. Zudem bildet die vorhandene Bebauung, die vor der Nutzungsaufgabe dem Innenbereich i. S. v. § 34 BauGB zuzuordnen war und damit so dicht bebaut war und auch noch ist, dass die Bebauung den Eindruck der Zusammengehörigkeit und Geschlossenheit erweckt, einen Ortsteil i. S. v. § 1 Abs. 6 Nr. 4 BauGB, der durch die Überplanung angepasst und umgebaut werden soll, was ausweislich der Gesetzesbegründung eine Maßnahme der Innenentwicklung ist. Die ehemals dem Innenbereich zuzuordnende, noch (weitgehend) unverändert vorgefundene Bebauung kann durch die Überplanung, die ihre Wiedernutzung erleichtern soll, ganz unproblematisch, sogar ohne zusätzliche Flächeninanspruchnahme, wieder zu einer Innenbereichsfläche werden. Daraus wird deutlich, dass die Überplanung einer solchen Fläche, auch wenn sie nun dem Außenbereich zugehört, nicht schwerpunktmäßig Außenentwicklung ist, sondern nur eine schon da gewesene, noch erkennbare Entwicklung einer ehemaligen Innenbereichsfläche wieder anstoßen soll, wobei zu der Zeit, als die Fläche dem Innenbereich angehörte, eindeutig eine Überplanung des Gebiets durch einen Bebauungsplan der Innenentwicklung möglich gewesen wäre. Daraus folgt, dass die Überplanung einer solchen vorgenutzten Außenbereichsfläche in Zustimmung zur Ansicht

Uechtritz' eine Maßnahme der Innenentwicklung ist, jedenfalls dann, wenn sie so zeitnah erfolgt, dass die baulichen Anlagen noch nicht weitgehend im Verfallen o. Ä. begriffen sind oder ohne konkrete Wiederaufbauabsichten beseitigt wurden.[383]

cc) *Änderung des Bebauungsplans für ursprünglich im Außenbereich liegende Flächen*

(1) *Ausgangsproblematik*

(a) *Gesetzesbegründung und Telos von § 13a BauGB*

In der Gesetzesbegründung zum Innenstadtentwicklungsgesetz wird die Überplanung bereits beplanter Flächen *innerhalb des Siedlungsbereichs*, deren Bebauungsplan geändert oder durch einen neuen ersetzt werden soll, uneingeschränkt als Maßnahme der Innenentwicklung eingeordnet.[384] Ob dem tatsächlich uneingeschränkt zugestimmt werden kann, erscheint angesichts der folgenden Beispiele zweifelhaft. Gesetzt den Fall, es wurde das Gebiet eines baulich bisher weitgehend ungenutzten Außenbereichs im Innenbereich, also eine Außenbereichsfläche innerhalb des Siedlungsbereichs, i. S. d. § 30 Abs. 1 BauGB qualifiziert überplant. Die Festsetzungen dieses Bebauungsplans wurden bisher jedoch nur in relativ geringem Umfang realisiert und gäbe es den Bebauungsplan nicht, wären die noch weitgehend unbebauten Flächen des Plangebiets nach wie vor eindeutig als Außenbereichsflächen im Innenbereich einzuordnen.[385] Oder aber der bestehende Bebauungsplan traf für das baulich ungenutzte Gebiet nur oder überwiegend Festsetzungen, nach denen eine bauliche Nutzung gar nicht oder nur in sehr eingeschränktem Umfang möglich ist, z. B. gem. § 9 Abs. 1 Nr. 10 o. Nr. 15 BauGB, so dass die Fläche ohne den Bebauungsplan, obwohl seine Festsetzungen realisiert wurden, weiterhin als Außenbereichsfläche zu qualifizieren wäre.[386] Wird nun dieser Bebauungsplan geändert und sieht er für die bisher ungenutzten oder jedenfalls nicht durch Bebauung genutzten Flächen eine bauliche Nutzung vor, würden im Fall der Realisierung bisher baulich nicht genutzte (Frei-)Flächen in erheblichem Umfang neu für bauliche Zwecke in Anspruch genommen, was im Fall eines Bebauungsplans, der nur nichtbauliche Nutzungen vorgesehen hatte, bisher noch nicht einmal geplant und

---

383 Ähnlich *Gierke*, in: Brügelmann, § 13a, Rn. 44 (Stand: Februar 2008), in Bezug auf Außenbereichsflächen im Innenbereich; a. A. *Birk*, KommJur 2007, 81 (83).
384 BT-Drs. 16/2496, S. 12.
385 Vgl. *Gierke*, in: Brügelmann, § 13a, Rn. 35 (Stand: Februar 2008); *Krautzberger*, in: E/Z/B/K, § 13a, Rn. 35 (Stand: Mai 2007); *Mitschang*, ZfBR 2007, 433 (435).
386 Vgl. *Reidt*, NVwZ 2007, 1029 (1030).

möglich war.[387] Dabei würde es sich bei einer Teilplanänderung allein in Bezug auf die Flächen, die inmitten der „Außenbereichsinsel" liegen, zudem nicht um die Fortentwicklung eines *vorhandenen* Ortsteils i. S. v. § 1 Abs. 6 Nr. 4 BauGB handeln, denn an einen solchen kann angesichts der an sich gegebenen Außenbereichssituation ohne deutliche Bebauung nicht angeknüpft werden. Es fehlt gerade eine Bebauung von einigem Gewicht. Durch eine Bebauung isoliert inmitten der Außenbereichsinsel würde ein *neuer* Ortsteil geschaffen.

(b) Anforderungen der naturschutzrechtlichen Eingriffsregelung

Zudem ist zu bedenken, dass man, könnte man die als zweites Beispiel geschilderte Plananpassung im beschleunigten Verfahren vornehmen, ganz leicht die Anforderungen der naturschutzrechtlichen Eingriffsregelung gem. § 1a Abs. 3 BauGB hinsichtlich eines an sich gem. § 1a Abs. 3 S. 1 2. Alt. BauGB notwendigen Ausgleichs umgehen könnte. Man könnte nämlich dann eine grün geprägte, baulich ungenutzte Außenbereichsfläche innerhalb des Siedlungsbereichs – nach der hier vertretenen Auffassung (vgl. B. II. 1. b) aa)) zwar nur im Regelplanungsverfahren, aber auch in diesem relativ unaufwändig – mit einer Nutzung überplanen, die sich kaum von der ohnehin gegebenen weitgehenden Grünnutzung unterscheidet. Dabei erfolgt kein erheblicher Eingriff in Natur und Landschaft, der i. R. v. § 1a Abs. 3 BauGB ausgeglichen werden müsste, und die Planung wäre nicht mit erheblichen Umweltauswirkungen verbunden. Könnte man einen solchen Bebauungsplan für diese Fläche innerhalb des Siedlungsbereichs i. R. d. beschleunigten Verfahrens ändern und sieht man dabei beispielsweise eine dichte bauliche Nutzung vor, so wäre diese mit erheblichen, neu ermöglichten Eingriffen in Natur und Landschaft verbunden, die jedoch nach § 1a Abs. 3 S. 1 2. Alt. BauGB wegen der Fiktion des § 13a Abs. 2 Nr. 4 BauGB bei kleinräumigen Bebauungsplänen der Innenentwicklung i. S. v. § 13a Abs. 1 S. 2 Nr. 1 BauGB im Rahmen der Abwägung von vornherein nicht auszugleichen wären. Daraus ergibt sich, dass entsprechend des Telos des § 13a BauGB, die Neuinanspruchnahme von Flächen wenigstens zu verringern und Eingriffe in Natur und Landschaft nur dort vom Ausgleichserfordernis zu befreien, wo sie gegenüber schon vorhandenen Eingriffen nicht so stark ins Gewicht fallen und an diese anknüpfen und so dazu beizutragen können, mit Nicht-Innenentwicklungsmaßnahmen verbundene, erheblichere, neue Eingriffe zu vermeiden, die Planänderung in Plangebieten innerhalb des Siedlungsbereichs nicht uneingeschränkt eine Maßnahme der Innenentwicklung sein kann.

---

387 Ähnlich *Schmidt-Eichstaedt*, BauR 2007, 1148 (1148/1149); auf ihn verweist *Gierke*, in: Brügelmann, § 13a, Rn. 45 (Stand: Februar 2008).

(c) Europarechtliche Aspekte

Dies korrespondiert auch mit dem Hintergrund der europarechtlichen Vorgaben der Plan-UP-RL, wonach gem. Art. 3 Abs. 1, Abs. 3 u. Abs. 4 Plan-UP-RL grundsätzlich nur Pläne, die verglichen zum (tatsächlichen) Ausgangszustand voraussichtlich keine erheblichen Umweltauswirkungen mit sich bringen, ohne Umweltprüfung aufgestellt werden dürfen, so dass Pläne, die eine gegenüber dem *tatsächlichen* Ausgangszustand weitaus intensivere, die Umweltbelange deutlich stärker beeinträchtigende Nutzung vorsehen können, nicht im beschleunigten Verfahren ohne Umweltprüfung aufgestellt werden dürfen.[388]

(d) Parallelität zur Einordnung von Außenbereichsinseln

Betrifft die Planänderung ein Gebiet, das ohne den vorhandenen Bebauungsplan als weitgehend grün geprägte Außenbereichsinsel zu kategorisieren wäre, gilt im Ausgangspunkt nichts anderes als für grün geprägte Außenbereichsinseln, nämlich, dass ihre Überplanung bzw. die Änderung des für sie bestehenden Bebauungsplans keine Maßnahme der Innenentwicklung ist, es sei denn, es wird durch die Änderung des Bebauungsplans nur der vorhandene Siedlungsbereich entsprechend der Wertung des § 34 Abs. 4 S. 1 Nr. 3 BauGB in die Außenbereichsinsel hinein, aber eben nur in deren Randbereich, abgerundet.

(2) Lösungsansätze

(a) Bisherige Überplanung

War aber das nach wie vor weitgehend unbebaute Gebiet, dessen Bebauungsplan geändert werden soll, bisher schon qualifiziert i. S. d. § 30 Abs. 1 BauGB überplant, ist zu bedenken, dass, anders als bei klassischen Außenbereichsinseln, auch bisher schon vergleichsweise einfach bauliche Nutzung möglich gewesen wäre, die eben nur noch weitgehend unrealisiert geblieben ist. D. h., es hätte schon Fläche in erheblichem Umfang zu Bauzwecken in Anspruch genommen werden können und auch damit einhergehende Eingriffe in Natur und Landschaft sind bei der Aufstellung des Bebauungsplans schon beachtet und ggf. durch Ausgleichsmaßnahmen kompensiert worden, gerade weil für die erstmalige Überplanung weitgehend grün geprägter, bisheriger Außenbereichsflächen auch bei deren Lage innerhalb des Siedlungsbereichs nach der hier vertretenen Auffassung das beschleunigte Verfahren und damit auch die Verfahrensprivilegierung gem. § 13a Abs. 2 Nr. 4 BauGB nicht anwendbar sind. Wäre die vorgesehene Bebauung schon mehr realisiert, so dass bereits eine Innenbereichsbebauung entsprechend § 34 BauGB entstanden wäre, wäre die Änderung des bestehenden Bebauungsplans ohne Bedenken eine Maßnahme der Innenentwick-

---

[388] Vgl. *Gierke*, in: Brügelmann, § 13a, Rn. 33 u. 34 u. 35 (Stand: Februar 2008).

lung.³⁸⁹ Es scheint daher kaum gerechtfertigt werden zu können, wenn der Zufall, wann eine Änderung des bestehenden Bebauungsplans gem. § 1 Abs. 3 S. 1, Abs. 8 BauGB erforderlich wird, darüber entscheidet, ob die Änderung eine Maßnahme der Innenentwicklung ist. Man könnte daher anführen, dass durch die Änderung eines qualifizierten Bebauungsplans nicht erstmals eine Fläche neu für die Inanspruchnahme durch bauliche Nutzungen vorgesehen wird, diese vielmehr schon bisher aufgrund des Bebauungsplans nicht nur unerheblich bebaubar war. Eine solche Bebauungsplanänderung setzt nicht selbst zum Sprung von der bisherigen, baulich weitgehenden Nichtnutzung der Fläche hin zur baulichen Nutzung an, was dem Telos des § 13a BauGB widersprechen würde;³⁹⁰ dieser Sprung erfolgte vielmehr bereits durch den zu ändernden Bebauungsplan. Durch die Änderung soll ein zwar noch nicht vorhandener, aber immerhin bisher schon vorgesehener Ortsteil, der auch schon hätte entstehen können, angepasst werden. Aufgrund dessen könnte man die Änderung eines qualifizierten Bebauungsplans bzw. eines Bebauungsplans, der Bebauung schon in nicht nur untergeordnetem Umfang vorsah, für Gebiete innerhalb des Siedlungsbereichs, auch wenn sie bisher (noch weitgehend) baulich ungenutzt geblieben sind, als Maßnahme der Innenentwicklung einstufen.

(b) Berücksichtigung der naturschutzrechtlichen Eingriffsregelung

Problematisch erscheint dies jedoch zum einen im Hinblick darauf, dass durch die Änderung des weitgehend unrealisierten Bebauungsplans als Maßnahme der Innenentwicklung auch dessen eventuell zum Ausgleich für die bisher vorgesehene Bebauung notwendige, von Bebauung freizuhaltende Kompensationsflächen gem. § 1a Abs. 3 S. 1 2. Alt., § 9 Abs. 1a S. 1 BauGB, die innerhalb des Plangebiets liegen, für Bebauung vorgesehen werden könnten, ohne dass dies i. R. d. § 13a Abs. 2 Nr. 4 i. V. m. Abs. 1 S. 2 Nr. 1 BauGB einer erneuten Ausgleichspflicht unterläge,³⁹¹ obgleich bei Realisierung des Plans völlig neue und gegenüber der *tatsächlichen* Ausgangslage erhebliche Eingriffe in Natur und Landschaft erfolgen könnten. Aufgrund des Ausgangspunktes der Regelung des § 13a Abs. 2 Nr. 4 BauGB, dass durch Maßnahmen der Innenentwicklung er-

---

389 *Birk*, KommJur 2007, 81 (82). Vgl. Fn. 232.
390 *Schmidt-Eichstaedt*, BauR 2007, 1148 (1148/1149); dem zustimmend *Gierke*, in: Brügelmann, § 13a, Rn. 45 (Stand: Februar 2008).
391 BVerwG, Beschl. vom 31.01.2006 – 4 B 49/05, NVwZ 2006, 823 (828), stellt für § 19 Abs. 2 u. 3 BNatSchG zwar ausdrücklich klar, dass Ausgleichsflächen *noch gültiger* Planungen für andere Planungen in Anspruch genommen werden dürfen, damit aber eine abermalige Ausgleichspflicht für die Eingriffe einhergeht. Bei Planänderungen verliert der ursprüngliche Bebauungsplan dagegen seine Wirkung, so dass von diesem keine weiteren Eingriffe mehr ausgehen können. I. R. d. neuen Planung müssen also grundsätzlich, d. h., auch wenn § 1a Abs. 3 S. 1 BauGB ohne Einschränkungen gilt, nur die durch sie ermöglichten neuen Eingriffe beachtet werden.

hebliche, neue Eingriffe in Natur und Landschaft vermieden werden, indem an schon vorhandene angeknüpft wird, kann i. R. v. Bebauungsplänen der Innenentwicklung nicht neue Bebauung *in erheblichem Umfang* dort erlaubt werden, wo *bisher keine nennenswerte Bebauung* vorhanden ist, wenn dies gleichzeitig grundsätzlich keiner Ausgleichsverpflichtung unterliegt bzw. bisherige Ausgleichsverpflichtungen keinerlei Relevanz mehr haben.[392] Dies spricht gegen die Einordnung der Änderung von Bebauungsplänen, die zwar bisher schon Bebauung in nicht unerheblichem Umfang vorsahen, diese aber noch kaum realisiert ist, als Maßnahmen der Innenentwicklung.

(c) Teleologische Aspekte und Harmonisierung mit § 13a Abs. 2 Nr. 4 BauGB

Andererseits ist zu bedenken, dass die innerhalb des Siedlungsbereichs liegenden Gebiete solcher Bebauungspläne den für Maßnahmen der Innenentwicklung notwendigen Zusammenhang mit dem vorhandenen Siedlungsbereich aufweisen und nicht gezielt Flächen außerhalb von Ortslagen einer Bebauung zuführen. Die Bebauung des Plangebiets ist auch keine schwerpunktmäßige Außenentwicklung, vielmehr der Schluss einer Lücke im vorhandenen Siedlungsbestand. Ihre Bebauung ist daher grundsätzlich im Sinne des § 13a BauGB mit weitaus *weniger erheblichen* Eingriffen in Natur und Landschaft verbunden als die Bebauung einer baulich unversehrten Freifläche außerhalb der Ortslage. Dies stützt die Auffassung, die Änderung eines weitgehend noch nicht realisierten Bebauungsplans für ein innerhalb des Siedlungsbereichs liegendes Gebiet, für das schon Bebauung in nicht unerheblichem Maß geplant gewesen wäre, als Maßnahme der Innenentwicklung anzusehen. Um aber eine für den zu ändernden Bebauungsplan geltende naturschutzrechtliche Ausgleichsverpflichtung des § 1a Abs. 3 S. 1 2. Alt. BauGB nicht leer laufen zu lassen und § 13a Abs. 2 Nr. 4 BauGB nur dann greifen zu lassen, wo ein kleinräumiger Bebauungsplan in der Regel tatsächlich keine gegenüber der Ausgangslage erheblich ins Gewicht fallenden Eingriffe in Natur und Landschaft mit sich bringt, müssten in solchen Fällen in der auch für Bebauungspläne der Innenentwicklung notwendigen Abwägung gem. § 2 Abs. 3, § 1 Abs. 7 BauGB die Belange der Unversehrtheit von Natur und Landschaft gem. § 1a Abs. 3 S. 1 1. Alt., § 1 Abs. 6 Nr. 7 lit. a BauGB besonders sorgfältig dahingehend berücksichtigt werden,[393] dass völlig neue und damit gegenüber dem Ausgangszustand i. d. R. gewichtige Eingriffe erfolgen, obwohl nur eine Planänderung vorgenommen wird. Im Hinblick auf die Anforderungen des § 1a Abs. 3 S. 1 2. Alt. BauGB und des § 13a Abs. 2 Nr. 4 BauGB könnte unter diesen Voraussetzungen die Einbeziehung von Planänderungen innerhalb des Siedlungsbereichs auch für bislang weitgehend unrealisierte, aber qualifizierte oder wenigstens in nicht nur unerheblichem Um-

---

392 *Mitschang*, ZfBR 2007, 433 (447).
393 *Mitschang*, ZfBR 2007, 433 (447).

fang bauliche Nutzungen erlaubende Pläne in Maßnahmen der Innenentwicklung wohl gerade noch gerechtfertigt werden.

(d) Berücksichtigung der Anforderungen der Plan-UP-RL

Allerdings ist dabei zu bedenken, dass die Interpretation von Maßnahmen der Innenentwicklung, die für die Anwendung des beschleunigten *Verfahrens ohne Umweltprüfung* mitentscheidend ist, immer auch die Vorgaben der Plan-UP-RL vor Augen haben muss, wonach im Schluss aus Art. 3 Abs. 1 Plan-UP-RL nur Pläne, die voraussichtlich keine erheblichen Umweltauswirkungen haben, europarechtskonform ohne Umweltprüfung aufgestellt werden dürfen. Dabei kommt es aus Sicht der Richtlinie grundsätzlich nicht darauf an, ob und welche Umweltauswirkungen die bisher bestehende, nun zu ändernde Planung schon hätte haben können, sondern nur darauf, ob die neue Planung ausgehend vom *tatsächlichen* Umweltzustand zusätzliche, voraussichtlich erhebliche Umweltauswirkungen mit sich bringen kann; rein planbedingte Vorbelastungen sind dabei weitgehend irrelevant.[394] Nur bei geringfügigen Änderungen ursprünglich umweltprüfungspflichtiger und damit mit voraussichtlich erheblichen Umweltauswirkungen verbundener Pläne im Sinne des Art. 3 Abs. 2 Plan-UP-RL nimmt die Richtlinie in Art. 3 Abs. 3 2. Alt. Plan-UP-RL von ihrer Vermutung Abstand, dass die Änderung des Plans i. S. v. Art. 3 Abs. 2 Plan-UP-RL selbst voraussichtlich mit erheblichen Umweltauswirkungen verbunden ist, und zwar unabhängig davon, inwieweit der ursprüngliche Plan schon realisiert ist.[395] Dies gilt aber eben nur für geringfügige Änderungen der Planung, bei denen unterstellt werden kann, dass die Umweltauswirkungen der geringfügig geänderten Planung weitgehend bereits in der für die ursprüngliche Planung durchgeführten Umweltprüfung berücksichtigt wurden, so dass bei der Planänderung keine erneute Umweltprüfung mehr notwendig ist.[396] Vor diesem Hintergrund ergibt sich, dass die Änderung von Bebauungsplänen trotz Lage des Plangebiets im Siedlungsbereich keine Maßnahme der Innenentwicklung sein kann, wenn der zu ändernde Bebauungsplan zwar in nicht unwesentlichem Umfang eine bauliche Nutzung und damit einhergehende Einwirkungen auf die Umweltbelange vorgesehen hätte, diese aber noch weitgehend unrealisiert geblieben sind. Denn in diesen Fällen kann sich der Änderungsbebauungsplan im Fall seiner Realisierung, gerade weil dann eine bisher weitgehend ungenutzte Fläche neu für Bebauung in Anspruch genommen wird, erheblich auf die Umwelt auswirken und den Umfang und die Intensität der bestehenden und auch der bisher überhaupt

---

394 *Gierke*, in: Brügelmann, § 13a, Rn. 34 (Stand: Februar 2008), geht davon aus, dass planbedingte Vorbelastungen völlig irrelvant sind.
395 *Gierke*, in: Brügelmann, § 13a, Rn. 34 (Stand: Februar 2008), übersieht diesen Aspekt.
396 Vgl. Europäische Kommission, Umsetzung Richtlinie 2001/42/EG, 2003, Nr. 3.10 u. Nr. 3.36, abrufbar unter http://www.erneuerbare-energien.de/files/pdfs/allgemein/application/pdf/sea_guidance.pdf (zuletzt abgerufen am 24.07.2008).

möglichen Auswirkungen erheblich steigern. Dies folgt vor allem daraus, dass ein Bebauungsplan der Innenentwicklung, der im beschleunigten Verfahren aufgestellt wird, grundsätzlich weder auf weitgehend naturnahe, der bisherigen baulichen Nichtnutzung entsprechende Festsetzungen noch auf geringfügige Änderungen der bisher zulässigen Nutzung beschränkt ist, wodurch sichergestellt wäre, dass der Änderungsbebauungsplan sich nicht erheblich mehr auf den Umweltzustand auswirken könnte als die bisherige Nutzung des Gebiets bzw. als die aufgrund des bisherigen Bebauungsplans vorgesehene und bereits einer Umweltprüfung unterzogene Nutzung. Daher kann nur die Änderung eines solchen Bebauungsplans innerhalb des Siedlungsbereichs als Maßnahme der Innenentwicklung eingestuft werden, der einen qualifizierten Bebauungsplan im Sinne des § 30 Abs. 1 BauGB darstellte oder sonst eine bauliche Nutzung in nicht unerheblichem Umfang vorsah und dessen Festsetzungen auch schon nicht nur geringfügig realisiert worden sind, dessen Plangebiet also schon deutlich erkennbar baulich genutzt ist.[397] Dies korrespondiert mit dem oben (vgl. B. II. 1. a) cc)) dargestellten Merkmal von Flächen der Innenentwicklung dahingehend, dass sie selbst baulich geprägt sein müssen, sei es, dass sie selbst schon wenigstens teilweise baulich genutzt sind, sei es, dass sie durch die bauliche Nutzung des angrenzenden Siedlungsbereichs geprägt werden.[398]

Unzweifelhaft keine Maßnahme der Innenentwicklung ist dagegen die Anpassung eines einfachen oder qualifizierten Bebauungsplans, der für Flächen außerhalb von Ortslagen eine Bebauung, die aber überwiegend noch nicht realisiert ist,[399] oder eine nicht-bauliche, weitgehend dem ohnehin bestehenden Zustand entsprechende Nutzung vorsah. Dies ergibt sich zum einen schon explizit aus der Gesetzesbegründung, die nur die Änderung von Bebauungsplänen für Flächen innerhalb des Siedlungsbereichs als Maßnahmen der Innenentwicklung einstuft, und zum anderen daraus, dass schwerpunktmäßige Außenentwicklung ohne Anknüpfung an einen vorhandenen Ortsteil und außerhalb der Ortslage keine Innenentwicklung ist.

---

397 *Gierke*, in: Brügelmann, § 13a, Rn. 33 (Stand: Februar 2008); *Jäde*, in: J/D/W, BauGB, § 13a, Rn. 2, stuft grundsätzlich nur einen *beplanten und bebauten* Bereich als Innenentwicklungsfläche ein; ebenso *Kirchmeier*, in: Hk-BauGB, § 13a, Rn. 2; *Krautzberger*, in: Krautzberger/Söfker, Baugesetzbuch, Rn. 153a, stellt bei der Planänderung eines nach § 30 BauGB überplanten Gebiets darauf ab, ob das Plangebiet schon *besiedelt* ist; *ders.*, in: E/Z/B/K, § 13a, Rn. 35 (Stand: Mai 2007), ordnet eine Änderung eines qualifizierten, nicht umgesetzten Bebauungsplans jedenfalls dann als Maßnahme der Innenentwicklung ein, wenn das Bebauungsplangebiet schon *erschlossen* ist, weil dann keine Neuinanspruchnahme von Freifläche mehr vorliegt.
398 *Bienek/Kautzberger*, UPR 2008, 81 (83), *Gierke*, in: Brügelmann, § 13a, Rn. 45 (Stand: Februar 2008); *Krautzberger*, in: E/Z/B/K, § 13a, Rn. 31 (Stand: Mai 2007); *Kuschnerus*, Der standortgerechte Einzelhandel, Rn. 592; *Schmidt-Eichstaedt*, BauR 2007, 1148 (1149).
399 *Gierke*, in: Brügelmann, § 13a, Rn. 35 (Stand: Februar 2008).

dd) Kleingartenanlagen

Auch hinsichtlich der Überplanung größerer Kleingartenanlagen, die nicht nur aus wenigen Parzellen bestehen, sondern sich auf ein weiträumigeres Gebiet erstrecken, ist die Frage, ob eine Maßnahme der Innenentwicklung vorliegt, nicht ganz einfach zu beantworten.

(1) Weitgehend grün geprägte Anlagen

Wenn die Anlage vorwiegend grün, also durch die Gartenanlagen, geprägt ist und die Lauben, die nur untergeordnete Nebeneinrichtungen darstellen, allenfalls als Wochenendhäuschen vorübergehend Wohnzwecken dienen, ist die Kleingartenanlage unabhängig davon, ob sie innerhalb oder außerhalb oder am Rand des (sonstigen) Siedlungsbereichs liegt, dem bauplanungsrechtlichen Außenbereich gem. § 35 BauGB zuzuordnen, weil jedenfalls eine von den vorhandenen Bauten ausgehende Prägung der näheren Umgebung i. S. d. § 34 BauGB fehlt.[400] Die Überplanung solch grün geprägter Außenbereichsflächen ist, wie bei den Außenbereichen im Innenbereich (vgl. B. II. 1. b) aa) (3)) und auch bei den Konversionsflächen (vgl. B. II. 1. b) bb) (3) (d) (bb)) dargestellt, keine Maßnahme der Innenentwicklung, da durch sie bisher *baulich* weitgehend ungenutzte Fläche neu zu Bauzwecken in Anspruch genommen würde, was der Intention der Reduzierung der Flächenneuinanspruchnahme und dem europarechtlichen Hintergrund des § 13a BauGB, nur Pläne ohne voraussichtlich erhebliche Umweltauswirkungen im beschleunigten Verfahren ohne Umweltprüfung aufstellen zu dürfen, widersprechen würde. Bei der Lage der Kleingartensiedlung außerhalb des Siedlungsbereichs würde durch die Überplanung zudem (gezielt) eine Fläche außerhalb der Ortslage für Bebauung in Anspruch genommen, was nach der Negativabgrenzung des Gesetzgebers keinesfalls Innenentwicklung ist. Die Parallelinterpretation von Flächen für Maßnahmen der Innenentwicklung und für Entwicklungs- oder Ergänzungssatzungen ergibt nichts anderes. § 34 Abs. 4 S. 1 Nr. 2 BauGB würde einen bebauten Bereich voraussetzen, der deutliche Entwicklungstendenzen hin zum Innenbereich aufweist. Bei weitgehend grün geprägten, gartenbaulich genutzten Kleingartensiedlungen ist eine naturhafte gartenbauliche oder kleinlandwirtschaftliche Nutzung vorherrschend, die geradezu außenbereichstypisch ist. Zudem fehlt ein deutlich erkennbarer echter Siedlungsansatz oder das Vorliegen eines Ortsteils i. S. v. § 1 Abs. 6 Nr. 4 BauGB, da die Gartenhäuschen, die auch tatsächlich nur als solche genutzt werden und nicht schon fast Wohnhäuser ersetzen, noch keine Bebauung von einigem Gewicht darstellen, sondern einen untergeordneten Teil der Fläche ausmachen und auch nicht die vorwiegende Grünprägung der Fläche aufheben. In Pa-

---

400 BVerwG, Urt. vom 17.02.1984 – 4 C 55/81, ZfBR 1984, 254 (254); *Gierke*, in: Brügelmann, § 13a, Rn. 43 (Stand: Februar 2008); *Hofherr*, in: Berliner Kommentar, § 34, Rn. 3 (Stand: Januar 2005). Vgl. Fn. 322, 323, 324.

rallelwertung zu § 34 Abs. 4 S. 1 Nr. 3 BauGB müsste die Kleingartenanlage als Außenbereichsfläche durch die angrenzende Innenbereichsbebauung maßstabsbildend geprägt sein. Bei großen Kleingartenanlagen kann dies, auch wenn sie innerhalb oder am Rand des sonstigen Siedlungsbereichs liegen, allenfalls im sich an die Innenbereichsbebauung anschließenden Grenzbereich der Anlage der Fall sein, so dass die Überplanung der Kleingartenfläche insgesamt oder jedenfalls über ihre Randbereiche hinaus, keine Maßnahme der Innenentwicklung ist. Daraus ergibt sich, dass die Überplanung grün geprägter, nur sporadisch wohngenutzter Kleingartenanlagen als Außenbereichsflächen in der Regel keine Maßnahme der Innenentwicklung ist.

(2) Kleingartenanlagen mit ausgeprägter Wohnnutzung

Etwas anderes könnte jedoch für die Überplanung solcher Kleingartengebiete gelten, in denen die vorhandenen Bauten überwiegend zum Dauerwohnen genutzt werden und daher entsprechend ausgestattet sind, unabhängig davon, ob die Anlage bauplanungsrechtlich konkret dem Innen- oder dem Außenbereich zuzuordnen ist, wobei im Fall der Innenbereichszuordnung die Überplanung der Flächen eindeutig eine Maßnahme der Innenentwicklung ist. Hier sind die vorhandenen „Gartenlauben" zum dauerhaften Aufenthalt von Menschen bestimmt, so dass von ihnen grundsätzlich eine die Bebauung der näheren Umgebung bestimmende Prägung i. S. d. § 34 BauGB ausgehen kann. Solche Gebiete weisen jedenfalls eine starke Tendenz in Richtung Innenbereich i. S. d. § 34 Abs. 4 S. 1 Nr. 2 BauGB auf und es ist deutlich erkennbar ein Siedlungsansatz vorhanden. Die Dominanz der außenbereichstypischen, naturhaften Nutzung des Bodens wird durch die Dauerwohnnutzung zurückgedrängt und verliert damit an Bedeutung, genauso wie das in einer Wohnsiedlung mit großen Gärten der Fall ist. Das Gewicht der Bebauung erhöht sich damit und es liegt wenigstens im Ansatz ein Ortsteil i. S. v. § 1 Abs. 6 Nr. 4 BauGB vor. Durch die Überplanung einer solchen Kleingartensiedlung werden, selbst bei ihrer Lage außerhalb des Siedlungsbereichs, nicht gezielt Flächen außerhalb der Ortslage einer Bebauung *neu* zugeführt. Vielmehr wird nur eine im Außenbereich schon in Gang befindliche Innenentwicklung weitergeführt und i. d. R. auch erst legalisiert.[401] Es werden nicht bisher völlig bzw. weitgehend unverbrauchte Flächen für Bebauung *neu* in Anspruch genommen; vielmehr wird an eine klar erkennbare, die Flächen im Sinne von § 34 Abs. 1 S. 1 BauGB prägende bauliche Vornutzung angeknüpft. Daher ist die Überplanung von Kleingartenanlagen, auch wenn sie dem Außenbereich außerhalb des sonstigen Siedlungsbereichs zuzuordnen sind, dann eine Maßnahme der Innenentwicklung, wenn sie schon bisher sehr deutlich, sich in der Art und Weise der Bebauung niederschlagend durch „echte" Wohnnutzung

---

401 *Schmidt-Eichstaedt*, BauR 2007, 1148 (1148); so auch *Gierke*, in: Brügelmann, § 13a, Rn. 43 (Stand: Februar 2008).

geprägt sind,[402] so dass sie selbst einen Siedlungsbereich mit einer Bebauung von einigem Gewicht bilden.

2. Wiedernutzbarmachung von Flächen

a) Begriffsbestimmung

Gem. § 13a Abs. 1 S. 1 BauGB sind Bebauungspläne für die Wiedernutzbarmachung von Flächen ein Beispiel für Bebauungspläne für Maßnahmen der Innenentwicklung und damit für Bebauungspläne der Innenentwicklung. Wie bereits ausgeführt (vgl. B. II. 1. a) cc)), sind gerade Maßnahmen für die Umnutzung oder Anpassung bereits einmal genutzter Flächen an mittlerweile geänderte städtebauliche Erfordernisse Maßnahmen der Innenentwicklung. Bei der *Wieder*nutzbarmachung von Flächen geht es darum, Flächen, auf denen Bausubstanz vorhanden ist, die also schon einmal baulich genutzt waren, aber momentan oder in naher Zukunft[403] aufgrund Nutzungsaufgabe nicht mehr genutzt werden, einer neuen Nutzung zuzuführen.[404] Es handelt sich also entsprechend des Ansatzes der Flächenkreislaufwirtschaft um *Recycling* schon einmal verbrauchter Flächen,[405] das ganz dem Gebot der Bodenschutzklausel entspricht, mit Grund und Boden sparsam umzugehen und eine Neuinanspruchnahme unverbrauchter Flächen zu vermeiden (vgl. § 1a Abs. 2 S. 1 2. Hs. BauGB).[406] Die Wiedernutzbarmachung betrifft also enger als die sonstigen Maßnahmen der Innenentwicklung ausschließlich baulich schon einmal genutzte Flächen, die aufgrund Nutzungsaufgabe brachgefallen sind, wobei weder die vormals genutzte Bausubstanz ohne die konkrete Intention einer neuen Nutzung weitgehend verfallen oder abgerissen worden sein darf noch die ehemals baulich genutzten Flächen schon großenteils rekultiviert sein dürfen, weil in diesen Fällen eine erneute bauliche Nutzung keine *Wieder*nutzung, sondern eine wiederholte *Neu*inanspruchnahme

---

402 *Schmidt-Eichstaedt*, BauR 2007, 1148 (1148).
403 *Birk*, KommJur 2007, 81 (82).
404 *Bunzel*, LKV 2007, 444 (445); *Gierke*, in: Brügelmann, § 13a, Rn. 57 (Stand: Februar 2008); *Krautzberger*, in: Krautzberger/Söfker, Baugesetzbuch, Rn. 153a; *ders.*, in: E/Z/B/K, § 13a, Rn. 28 (Stand: Mai 2007); *Mitschang*, ZfBR 2007, 433 (434); *Müller-Grune*, BauR 2007, 985 (987); Mustereinführungserlass, S. 5, abrufbar unter http://www.is-argebau.de/ (zuletzt abgerufen am 10.05.2008); *Söfker*, in: Spannowsky/ Hofmeister, BauGB 2007, S. 17 (18); *Starke*, JA 2007, 488 (488).
405 *Kuschnerus*, Der standortgerechte Einzelhandel, Rn. 592; *Mitschang*, ZfBR 2007, 433 (434); *Scheidler*, ZfBR 2006, 752 (753); *ders.*, BauR 2007, 650 (651); *Spannowsky*, NuR 2007, 521 (521), in Bezug auf den gesamten § 13a BauGB. Vgl. *Bergmann/ Dosch/Jakubowski*, in: Perspektive Flächenkreislaufwirtschaft, Band I, S. 23 (28), abrufbar unter http://www.difu.de/index.shtml?/publikationen/ (zuletzt abgerufen am 19.12.2008).
406 *Krautzberger*, in: B/K/L, § 1a, Rn. 5; *Uechtritz*, BauR 2007, 476 (477); *Wallraven-Lindl/Strunz/Geiß*, Das Bebauungsplanverfahren nach dem BauGB 2007, S. 151.

von Freiflächen wäre.[407] Baulich nur durch die Umgebungsbebauung geprägte, selbst völlig unbebaute Flächen allein können nicht Gegenstand von Wiedernutzbarmachungsmaßnahmen sein. Vor allem bereits oben i. R. d. Überplanung von Konversionsflächen angesprochene (vgl. B. II. 1. b) bb) (1)) brachgefallene Gewerbe- oder Industrieflächen, aufgegebene Militärgebiete oder Bahnliegenschaften kommen für Maßnahmen der Wiedernutzbarmachung grundsätzlich in Betracht.[408] Jedoch kann auch die Überplanung nicht mehr genutzter Wohngebiete eine Maßnahme der Wiedernutzbarmachung sein.[409] Entscheidend ist zunächst nur, dass es sich um Gebiete mit bereits vorhandener Bausubstanz handelt, die brachgefallen ist bzw. brachzufallen droht.[410]

b) Beurteilung als Innenentwicklungsflächen durch historische und teleologische Interpretation

Wie bereits bei der Überplanung von Konversionsflächen aufgezeigt (vgl. B. II. 1. b) bb) (2) u. (3)), ist jedoch – entgegen des Wortlauts der Gesetzesbegründung, die Umnutzungsmaßnahmen ganz allgemein als Maßnahmen der Innenentwicklung einordnet[411] – nicht jede Überplanung baulich vorgenutzter, brachgefallener Bereiche eine Maßnahme der Innenentwicklung. Zwar ist es, weil es für Maßnahmen der Innenentwicklung und damit auch für die Wiedernutzbarmachung von Flächen nicht unbedingt entscheidend ist, dass die Fläche noch oder jemals nach den Maßstäben des § 34 BauGB als Innenbereichsfläche nutzbar ist bzw. war, grundsätzlich unerheblich, wie lange die Nutzung der wieder-

---

407 *Gierke*, in: Brügelmann, § 13a, Rn. 57 (Stand: Februar 2008), verlangt, dass die für die frühere Nutzung bestimmte Bebauung, wenn sie schon abgerissen ist, wenigstens noch nachwirkt, d. h., es muss mit einer Wiederaufnahme von Nutzungen zu rechnen sein; *Kuschnerus*, Der standortgerechte Einzelhandel, Rn. 593; *Wallraven-Lindl/Strunz/Geiß*, Das Bebauungsplanverfahren nach dem BauGB 2007, S. 151. Vgl. Fn. 368.
408 *Bunzel*, Difu-Praxistest, S. 23, abrufbar unter http://www.difu.de/publikationen/difu-berichte/4_06/11.phtml (zuletzt abgerufen am 01.03.2008); *ders.*, LKV 2007, 444 (445); *Gierke*, in: Brügelmann, § 13a, Rn. 57 (Stand: Februar 2008); *Kirchmeier*, in: Hk-BauGB, § 13a, Rn. 5; *Krautzberger*, in: Krautzberger/Söfker, Baugesetzbuch, Rn. 153a; *Mitschang*, ZfBR 2007, 433 (434); *Scheidler*, ZfBR 2006, 752 (753); *ders.*, BauR 2007, 650 (651); *Söfker*, in: Spannowsky/Hofmeister, BauGB 2007, S. 17 (18); *Spannowsky*, in: Berliner Kommentar, § 13a, Rn. 15 (Stand: Juli 2007); *Tomerius*, ZUR 2008, 1 (3); *Wallraven-Lindl/Strunz/Geiß*, Das Bebauungsplanverfahren nach dem BauGB 2007, S. 151.
409 *Gierke*, in: Brügelmann, § 13a, Rn. 57 (Stand: Februar 2008); *Kirchmeier*, Hk-BauGB, § 13a, Rn. 5; Mustereinführungserlass, S. 5, abrufbar unter http://www.is-argebau.de/ (zuletzt abgerufen am 10.05.2008); *Söfker*, in: Spannowsky/Hofmeister, BauGB 2007, S. 17 (18); *Spannowsky*, in: Berliner Kommentar, § 13a, Rn. 15 (Stand: Juli 2007); *Wallraven-Lindl/Strunz/Geiß*, Das Bebauungsplanverfahren nach dem BauGB 2007, S. 151.
410 Vgl. *Birk*, KommJur 2007, 81 (82). Fn. 403.
411 BT-Drs. 16/2496, S. 12.

zunutzenden Flächen schon aufgegeben wurde und ob sie für eine neuanzusiedelnde Nutzung noch prägend i. S. v. § 34 Abs. 1 S. 1 BauGB ist,[412] solange nur die Bausubstanz noch weitgehend erhalten ist, auch wenn diese bauplanungsrechtlich dem Außenbereich gem. § 35 BauGB zuzuordnen ist. Zudem wird durch eine Wiedernutzbarmachung von Flächen grundsätzlich ebenso wenig bisher unverbrauchter Boden neu in Anspruch genommen als gezielt eine Fläche außerhalb der Ortslage *erstmals* einer Bebauung zugeführt wird. Die Wiedernutzbarmachung von Flächen als Maßnahme der Innenentwicklung darf aber auch keine schwerpunktmäßige Außenentwicklung sein, die der Innenentwicklung allenfalls mittelbar zugutekommt. Daher sind auch für Wiedernutzbarmachungsmaßnahmen ein Zusammenhang der zu überplanenden Fläche mit dem vorhandenen Siedlungsbereich und ein Anknüpfen an einen vorhandenen Ortsteil i. S. v. § 1 Abs. 6 Nr. 4 BauGB unverzichtbar,[413] zumal die Gesetzesbegründung brachgefallene Flächen ausdrücklich nur innerhalb des Siedlungsbereichs als für die Innenentwicklung in Betracht kommende Flächen benennt.

c) *Zusammenhang mit dem sonstigen Siedlungsbereich*

aa) Lage im Außenbereich

Dies scheint bei baulich vorgenutzten Flächen auf den ersten Blick automatisch immer der Fall zu sein. Dabei ist jedoch, wie oben aufgezeigt (vgl. B. II. 1. b) bb) (3) (a) u. (d)), zu bedenken, dass auch baulich (vor-)genutzte Flächen Außenbereichsflächen sein können. In den Fällen, in denen die zu überplanende, brachgefallene Fläche immer dem Außenbereich angehörte *und* deren Bebauung mangels Gewichts nicht selbst einen Ortsteil i. S. d. § 1 Abs. 6 Nr. 4 BauGB bildet *und* außerhalb des sonstigen Siedlungsbereichs liegt, fehlt der Konversionsfläche die für eine Wiedernutzbarmachungsmaßnahme als Innenentwicklungsmaßnahme notwendige Verbindung zu einem vorhandenen Ortsteil.[414] Entsprechend der Darlegungen bei der Behandlung der Konversionsflächen (vgl. B.

---

412 *Bunzel*, Difu-Praxistest, S. 24, abrufbar unter http://www.difu.de/publikationen/difu-berichte/4_06/11.phtml (zuletzt abgerufen am 01.03.2008); *ders.*, LKV 2007, 444 (445); *Kuschnerus*, Der standortgerechte Einzelhandel, Rn. 592; *Wallraven-Lindl/Strunz/Geiß*, Das Bebauungsplanverfahren nach dem BauGB 2007, S. 151.

413 *Bienek/Krautzberger*, UPR 2008, 81 (82 u. 83); *Bunzel*, Difu-Praxistest, S. 24, abrufbar unter http://www.difu.de/publikationen/difu-berichte/4_06/11.phtml (zuletzt abgerufen am 01.03.2008); *ders.*, LKV 2007, 444 (445); *Kirchmeier*, in: Hk-BauGB, § 13a, Rn. 5; *Krautzberger*, in: E/Z/B/K, § 13a, Rn. 28 (Stand: Mai 2007); *Mitschang*, ZfBR 2007, 433 (435); Mustereinführungserlass, S. 5, abrufbar unter http://www.is-argebau.de/ (zuletzt abgerufen am 10.05.2008); *Wallraven-Lindl/Strunz/Geiß*, Das Bebauungsplanverfahren nach dem BauGB 2007, S. 151.

414 *Bunzel*, LKV 2007, 444 (445); *Kuschnerus*, Der standortgerechte Einzelhandel, Rn. 593/ Fn. 964; angedeutet bei *Wallraven-Lindl/Strunz/Geiß*, Das Bebauungsplanverfahren nach dem BauGB 2007, S. 151. Vgl. Fn. 373 u. 374.

II. 1. b) bb) (3) (a)) ist die Wiedernutzbarmachung von brachgefallenen Flächen, die jetzt und zur Zeit ihrer Nutzung dem bauplanungsrechtlichen Außenbereich außerhalb des sonstigen Siedlungsbereichs zuzuordnen sind bzw. waren und selbst keine zusammenhängende Bebauung von einigem Gewicht aufweisen, sondern vielmehr außenbereichstypisch genutzt werden, z. B. als Truppenübungsgelände oder nicht dicht bebaute Gewerbe- oder Industrieareale, keine Wiedernutzbarmachung i. S. d. § 13a Abs. 1 S. 1 BauGB als Maßnahme der Innenentwicklung.[415] Dies korrespondiert, wie oben dargelegt (vgl. B. II. 1. b) bb) (3) (a)), auch mit der systematischen Parallelauslegung von Innenentwicklungsflächen mit Flächen für Entwicklungssatzungen i. S. d. § 34 Abs. 4 S. 1 Nr. 2 BauGB, da bei derartigen, einer anderen Nutzung zuzuführenden Flächen insbesondere aufgrund des Brachfallens der auch bisher schon eindeutig dem Außenbereich zuzuordnenden Flächen Anhaltspunkte für eine weitere Bebauung im Wege der Verdichtung und deutliche Entwicklungstendenzen hin zum Innenbereich gerade fehlen.

bb) Ursprüngliche Lage im Innenbereich

Etwas anderes kann sich für brachgefallene Kasernengelände ergeben, auch wenn sie nun dem Außenbereich zuzuordnen sind, ihre Bausubstanz aber noch weitgehend erhalten ist.[416] Auch wenn das Kasernengelände außerhalb des sonstigen Siedlungsbereichs einer Gemeinde liegt, ist es nicht als unerwünschte Splittersiedlung einzuordnen, sondern es war vielmehr zur Zeit seiner Nutzung i. d. R. dem bauplanungsrechtlichen Innenbereich zuzuordnen, da eine Bebauung von gewissem Gewicht vorhanden war, die Ausdruck einer organischen Siedlungsstruktur war,[417] keine nur lockere, zufällige und unerwünschte Streubebauung.[418] Die vorhandene Bebauung erweckte den Eindruck der Geschlossenheit und Zusammengehörigkeit und konnte auch vorhandene Baulücken hinsichtlich der Art und des Maßes der baulichen Nutzung, der Bauweise und der überbaubaren Grundstücksfläche prägen. Damit gehörte das Kasernengelände zur Zeit seiner Nutzung dem bauplanungsrechtlichen Innenbereich an, was den Unterschied zu brachgefallenen Anlagen ausmacht, die auch zu Nutzungszeiten dem Außenbereich zuzuordnen waren. Die Prägung hinsichtlich der Art der bau-

---

415 *Bunzel*, Difu-Praxistest, S. 24, abrufbar unter http://www.difu.de/publikationen/difuberichte/4_06/11.phtml (zuletzt abgerufen am 01.03.2008); *ders.*, LKV 2007, 444 (445); vgl. *Gierke*, in: Brügelmann, § 13a, Rn. 58 u. 59 (Stand: Februar 2008); *Krautzberger*, in: E/Z/B/K, § 13a, Rn. 28 (Stand: Mai 2007); zustimmend wohl auch *Kirchmeier*, in: Hk-BauGB, § 13a, Rn. 5; *Schröer*, NZBau 2007, 293 (294).
416 *Bunzel*, LKV 2007, 444 (445); vgl. *Uechtritz*, BauR 2007, 476 (478). Vgl. Fn. 368.
417 BVerwG, Urt. vom 06.11.1968 – IV C 31.66, E 31, 22 (22 u. 26), st. Rspr.; *Manssen*, BauR 2008, 31 (32).
418 BVerwG, Urt. vom 06.11.1968 – IV C 31.66, E 31, 22 (27); *Manssen*, BauR 2008, 31 (32); *Söfker*, in: E/Z/B/K, § 34, Rn. 15 (Stand: März 2006).

lichen Nutzung und u. U. auch die von § 34 Abs. 1 BauGB darüber hinaus statuierten Anforderungen entfallen durch die Nutzungsaufgabe, wenn mit der Wiederaufnahme der bisherigen, prägenden Nutzung nach der Verkehrsauffassung nicht mehr zu rechnen ist und in der *näheren* Umgebung keine die Nutzung der brachgefallenen Flächen prägende Nutzung zu finden ist.[419] Trotz der Zuordnung des Kasernengeländes zum bauplanungsrechtlichen Außenbereich infolge der Nutzungsaufgabe ist es nach wie vor deutlich von Bebauung i. S. d. § 1 Abs. 6 Nr. 4 BauGB gekennzeichnet, sofern man sich evtl. unmittelbar anschließende Übungsgelände außer Betracht lässt und ihre Überplanung getrennt betrachtet. Damit knüpft ihre Überplanung zu Zwecken der Wiedernutzbarmachung an einen vorhandenen Ortsteil an, der umgebaut und angepasst werden soll, und es liegt eine Wiedernutzbarmachungsmaßnahme i. S. d. § 13a Abs. 1 S. 1 BauGB vor. Auch die Parallelwertung zu § 34 Abs. 4 S. 1 Nr. 2 BauGB ergibt nichts anderes. Der dort verlangte Siedlungsansatz, der einen Maßstab für sich in die vorhandene Bebauung einfügende Bauwerke bilden kann, ist – nur nicht hinsichtlich der Art der Nutzung – vorhanden. Auch wenn das Kasernengelände nunmehr brachliegt und momentan keine Weiterentwicklungstendenz aufweist, besteht bei der Kaserne dennoch die für § 34 Abs. 4 S. 1 Nr. 2 BauGB notwendige Tendenz in Richtung Innenbereich, die es nicht erwarten lässt, dass die Fläche jemals wieder außenbereichstypisch, weitgehend naturhaft genutzt wird. Denn die Kaserne ist nur aufgrund der Nutzungsbrache dem Außenbereich zuzuordnen ist, also nur, weil sich aus der vorhandenen Bebauung für die mögliche Art der Nutzung kein Maßstab ergibt, wohl aber für das Maß der baulichen Nutzung, die überbaubare Grundstücksfläche und die Bauweise. Daher wäre der Kasernenbereich insoweit vollumfänglich dem Innenbereich zuzuordnen. Eine noch größere Tendenz in Richtung Innenbereich, ohne dass das Gebiet schon dem Innenbereich zuzuordnen ist, ist nicht möglich. Liegt das in der Nutzung aufgegebene Kasernengelände innerhalb des sonstigen Siedlungsbereichs, korrespondiert die Einordnung seiner Überplanung zum Zwecke der Wiedernutzung als Maßnahme der Innenentwicklung mit der obigen Argumentation bezüglich baulich vorgenutzter Außenbereichsinseln.[420] Diese kann allgemein für die Einordnung der Wiedernutzung von Flächen innerhalb des Siedlungsbereichs, die nur aufgrund des Brachfallens bauplanungsrechtlich dem Außenbereich zuzuordnen sind, als Maßnahme der Innenentwicklung herangezogen werden.

cc) Lage im Grenzbereich zwischen Außen- und Innenbereich

Flächen, die zur Zeit ihrer Nutzung eindeutig dem Innenbereich i. S. v. § 34 BauGB zuzuordnen waren und zu dieser Zeit in der Regel unproblematisch im

---
419 *Manssen*, BauR 2008, 31 (33 u. 34).
420 Vgl. B. II. 1. b) aa) (4) und (5). Vgl. auch *Gierke*, in: Brügelmann, § 13a, Rn. 58 (Stand: Februar 2008).

beschleunigten Verfahren überplanbar gewesen wären (vgl. B. II 1. a) aa) (2)), können infolge der Nutzungsaufgabe – wie eben gezeigt – zu Außenbereichsflächen werden. Liegen solche brachgefallenen ehemaligen Innenbereichsflächen, die nun dem Außenbereich zuzuordnen sind, nicht eindeutig im Außenbereich außerhalb des Siedlungsbereichs, sondern im Grenzbereich zwischen Außen- und Innenbereich, kann ihre Wiedernutzbarmachung als Maßnahme der Innenentwicklung auch in Parallelwertung zu § 34 Abs. 4 S. 1 Nr. 3 BauGB, wie oben bei den Konversionsflächen gezeigt (vgl. B. II. 1. b) bb) (3) (b)), danach beurteilt werden, ob die wiederzunutzende Fläche hinsichtlich der Art der baulichen Nutzung maßstabsbildend durch die im Innenbereich vorhandene Bebauung geprägt wird und die Überplanung damit nur eine Arrondierung des vorhandenen Siedlungskörpers ist oder aber eine im Rahmen der Innenentwicklung nicht zulässige gezielte Erweiterung des Siedlungsbereichs außerhalb von Ortslagen ohne Zusammenhang mit diesem.[421] Zu beachten ist hierbei, dass – rein begriffsjuristisch – die Überplanung solcher brachgefallener Flächen an Siedlungsrandlagen nur solange eine Wiedernutzbarmachungsmaßnahme sein kann, solange die Vornutzung der Flächen noch erkennbar ist.[422] Danach kann die Überplanung dieser Flächen nur noch eine „andere Maßnahme der Innenentwicklung" sein (vgl. B. II. 1. a) bb) (2) (d) (aa) u. (bb) u. (ee)).

dd) Lage im Außenbereich innerhalb des Siedlungsbereichs

Stellt die wiederzunutzende Fläche eine Außenbereichsinsel dar, wie das z. B. bei von Bebauung umgebenen Gleisflächen von Rangierbahnhöfen oder verlassenen großen Kasernen- oder Industriearealen innerhalb des Siedlungsbereichs der Fall sein kann, so ist ihre Überplanung entsprechend den oben angeführten Maßgaben (vgl. B. II. 1. b) aa)) als Maßnahme der Innenentwicklung einzuordnen oder nicht.[423]

ee) Lage im Innenbereich

Sind die Flächen, die einer neuen Nutzung zugeführt werden sollen, Teil des bauplanungsrechtlichen Innenbereichs i. S. d. § 34 BauGB, werden sie also als Teil eines im Zusammenhang bebauten Ortsteils i. S. v. § 34 Abs. 1 S. 1 BauGB durch die Eigenart der Umgebungsbebauung geprägt, können sie ohne Ein-

---

421 *Bunzel*, Difu-Praxistest, S. 24, abrufbar unter http://www.difu.de/publikationen/difu-berichte/4_06/11.phtml (zuletzt abgerufen am 01.03.2008); *ders.*, LKV 2007, 444 (445).
422 *Bunzel*, LKV 2007, 444 (445); so wohl auch *Kirchmeier*, in: Hk-BauGB, § 13a, Rn. 5.
423 So auch *Gierke*, in: Brügelmann, § 13a, Rn. 57 u. 58 (Stand: Februar 2008), der verlangt, dass mit der früheren Nutzung ein nachhaltiger Eingriff in Umweltbelange verbunden gewesen sein muss, so dass aufgrund der Wiedernutzung kein neuer (erheblicher Eingriff) erfolgt.

schränkungen durch Bebauungspläne der Innenentwicklung für die Wiedernutzbarmachung von Flächen überplant werden.

3. Nachverdichtung

a) Begriffsbestimmung

Als zweites konkretes Beispiel für Bebauungspläne der Innenentwicklung führt § 13a Abs. 1 S. 1 BauGB Bebauungspläne für die Nachverdichtung an. Während es, wie aus den obigen Darstellungen deutlich wird, grundsätzlich und im Detail schwierig sein kann, eine Maßnahme der Innenentwicklung zu definieren, besteht über den Begriff der Nachverdichtung als Unterart einer Maßnahme der Innenentwicklung weitgehende Klarheit. Nachverdichtung meint die Erhöhung der (vorhandenen) Bebauungsdichte in einem bestehenden bebauten oder jedenfalls bebaubaren Gebiet mit im Wesentlichen gleicher Nutzungsart.[424] Es geht um die Ausnutzung noch freistehender Flächen innerhalb eines schon bebauten oder bebaubaren Gebiets durch bauliche Erweiterungen oder Ergänzungen i. F. v. Anbau oder ergänzendem Neubau,[425] wofür die überbaubare Grundstückfläche erweitert wird,[426] und auch um die Steigerung des Maßes der baulichen Nutzung durch Aufstocken oder Ausbau der vorhandenen Bauten,[427] die im Rahmen der bisher bestehenden Baurechte nicht – jedenfalls nicht ohne Dispens – möglich waren. Nachverdichtung ist also ein klassischer Fall der Effizienzstei-

---

424 *Krautzberger*, in: Krautzberger/Söfker, Baugesetzbuch, Rn. 153a; *Mitschang*, ZfBR 2007, 433 (434); *Starke*, JA 2007, 488 (488); *Wallraven-Lindl/Strunz/Geiß*, Das Bebauungsplanverfahren nach dem BauGB 2007, S. 152; Mustereinführungserlass, S. 5, abrufbar unter http://www.is-argebau.de/ (zuletzt abgerufen am 10.05.2008), wobei dort audrücklich ein *schon bestehendes besiedeltes* Gebiet verlangt wird; ebenso *Bienek/ Krautzberger*, UPR 2008, 81 (82); *Bunzel*, Difu-Praxistest, S. 23, abrufbar unter http://www.difu.de/publikationen/difu-berichte/4_06/11.phtml (zuletzt abgerufen am 01.03.2008); *ders.*, LKV 2007, 444 (445); *Gierke*, in: Brügelmann, § 13a, Rn. 60 (Stand: Februar 2008); *Krautzberger*, in: E/Z/B/K, § 13a, Rn. 29 (Stand: Mai 2007); *Müller-Grune*, BauR 2007, 985 (987); *Söfker*, in: Spannowky/Hofmeister, BauGB 2007, S. 17 (18); *Spannowsky*, in: Berliner Kommentar, § 13a, Rn. 16 (Stand: Juli 2007), spricht von der Erhöhung des Maßes der *vorhandenen* baulichen Nutzung bzw. der Bebauungsdichte; *Tomerius*, ZUR 2008, 1 (3).
425 *Gierke*, in: Brügelmann, § 13a, Rn. 60 (Stand: Februar 2008); *Krautzberger*, in: E/Z/B/K, § 13a, Rn. 29 (Stand: Mai 2007); *Mitschang*, ZfBR 2007, 433 (434).
426 *Birk*, KommJur 2007, 81 (82); *Gierke*, in: Brügelmann, § 13a, Rn. 60 (Stand: Februar 2008); *Kirchmeier*, in: Hk-BauGB, § 13a, Rn. 6; *Wallraven-Lindl/Strunz/Geiß*, Das Bebauungsplanverfahren nach dem BauGB 2007, S. 152.
427 *Birk*, KommJur 2007, 81 (82); *Gierke*, in: Brügelmann, § 13a, Rn. 60 (Stand: Februar 2008); *Kirchmeier*, in: Hk-BauGB, § 13a, Rn. 6; *Mitschang*, ZfBR 2007, 433 (434); *Spannowsky*, in: Berliner Kommentar, § 13a, Rn. 16 (Stand: Juli 2007); *Starke*, JA 2007, 488 (488); *Wallraven-Lindl/Strunz/Geiß*, Das Bebauungsplanverfahren nach dem BauGB 2007, S. 152. Vgl. *Peine/Spyra/Hüttl*, UPR 2006, 375 (376).

gerung der (vorhandenen) Flächennutzung und damit im Sinne der Flächenkreislaufwirtschaft.[428] Der schon bebaute oder jedenfalls über Baurechte verfügende Bereich soll durch Nachverdichtungsmaßnahmen noch intensiver ausgenutzt werden,[429] wodurch entsprechend der Zielsetzung des § 13a BauGB die Inanspruchnahme bisher baulich völlig ungenutzter Flächen vermieden werden soll. So kann ein Bebauungsplan für die Nachverdichtung i. S. v. § 13a Abs. 1 S. 1 BauGB für ein schon relativ dicht bebautes Gebiet eine größere Höhe baulicher Anlagen oder eine größere Zahl der Vollgeschosse als Teil des Maßes der baulichen Nutzung (§ 16 Abs. 1 Nr. 3 u. Nr. 4 BauNVO) festsetzen als sie der bisherige Bebauungsplan oder der sich aus § 34 BauGB ergebende Maßstab erlaubte. Ebenso kann für Bereiche, in denen im Verhältnis zu den Grundstücksflächen Häuser mit relativ kleiner Grundfläche vorherrschend sind, wie das bei großzügig angelegten Einfamilienhaus-Siedlungen oder Gewerbe- und Industriegebieten mit jeweils größeren ungenutzten Freiflächenarealen um die Gebäude der Fall ist,[430] eine bisher nicht mögliche Bebauung der Freiflächen durch Anbauten an das Vorhandene oder separate Neubauten[431] vorgesehen werden.

b) *Nachverdichtung als Maßnahme der Innenentwicklung*

aa) Anknüpfen an einen vorhandenen Ortsteil

Dabei ist zu beachten, dass ein Bebauungsplan für die Nachverdichtung i. S. v. § 13a Abs. 1 S. 1 BauGB ebenso wie ein Bebauungsplan für andere Maßnahmen der Innenentwicklung nur vorliegt, wenn der Bebauungsplan nicht gezielt Flächen außerhalb der Ortslage einer Bebauung zuführt, unmittelbar der Innenentwicklung dient und daher einen Zusammenhang mit dem vorhandenen Siedlungsbereich aufweist. Es ist ebenso wie bei anderen Maßnahmen der Innenentwicklung ein Anknüpfen an einen Ortsteil i. S. v. § 1 Abs. 6 Nr. 4 BauGB erforderlich. Daraus ergibt sich, dass eine Vergrößerung der überbaubaren Fläche bei Außenbereichsvorhaben außerhalb eines Siedlungsbereichs ebenso wenig Nach-

---

428 Vgl. *Bergmann/Dosch/Jakubowksi*, in: Perspektive Flächenkreislaufwirtschaft, Band I, S. 23 (28 u. 34), abrufbar unter http://www.difu.de/index.shtml?publikationen/ (zuletzt abgerufen am 19.12.2008).
429 *Gierke*, in: Brügelmann, § 13a, Rn. 60 (Stand: Februar 2008); *Krautzberger*, in: E/Z/B/K, § 13a, Rn. 29 (Stand: Mai 2007); *Kuschnerus*, Der standortgerechte Einzelhandel, Rn. 594; *Söfker*, in: Spannowsky/Hofmeister, BauGB 2007, S. 17 (18); *Spannowsky*, in: Berliner Kommentar, § 13a, Rn. 16 (Stand: Juli 2007).
430 *Kuschnerus*, Der standortgerechte Einzelhandel, Rn. 594.
431 *Gierke*, in: Brügelmann, § 13a, Rn. 60 (Stand: Februar 2008); *Kirchmeier*, in: Hk-BauGB, § 13a, Rn. 6; *Krautzberger*, in: Krautzberger/Söfker, Baugesetzbuch, Rn. 153a; *ders.*, in: E/Z/B/K, § 13a, Rn. 29 (Stand: Mai 2007); spricht von einer innerhalb des besiedelten Bereichs bisher nicht möglichen Bebauung (z. B. in Form einer Hinterlandbebauung).

verdichtung i. S. d. § 13a Abs. 1 S. 1 BauGB ist wie die Erlaubnis des Aufstockens oder Ausbauens solcher Gebäude,[432] sofern die vorhandene Außenbereichsbebauung nicht wenigstens Verdichtungsansätze in Richtung Innenbereich i. S. d. § 34 Abs. 4 S. 1 Nr. 2 BauGB aufweist, wobei in diesem Fall nicht mehr damit zu rechnen sein darf, dass das Gebiet wieder außenbereichstypischen Nutzungen dienen wird. In diesen Fällen würde die Ermöglichung einer dichteren Bebauung erstmals eine Verdichtung herbeiführen, also „*neu*verdichten", nicht *nach*verdichten, und dabei durch eine Erweiterung der überbaubaren Grundstücksfläche Flächen außerhalb von Ortslagen gezielt neu einer Bebauung zuführen. Eine Nachverdichtungsmaßnahme muss, auch wenn sie grundsätzlich an vorhandene Bebauung oder jedenfalls Bebaubarkeit anknüpft, zusätzlich die Fortentwicklung eines *vorhandenen Ortsteils* i. S. v. § 1 Abs. 6 Nr. 4 BauGB sein, der eine schon vorhandene Bebauung von einigem Gewicht voraussetzt.[433]

bb) Erhöhung der Bebauungsdichte auf bisher bebaubaren, aber nicht bebauten Flächen

Daraus folgt, dass ein Bebauungsplan, der ausschließlich zwar vorhandene, aber (weitgehend) noch nicht realisierte Baurechte zum Zwecke der Nachverdichtung verändert bzw. auf eine neue bauplanungsrechtliche Grundlage stellt, allenfalls dann eine Maßnahme der Innenentwicklung sein kann, wenn sich das Plangebiet innerhalb des Siedlungsbereichs befindet. Ansonsten fehlt eindeutig ein Anknüpfungspunkt für eine mögliche Nachverdichtung, vielmehr handelt es sich um eine *Neu*verdichtung, die im Vergleich zur bisherigen Sachlage gezielt Flächen außerhalb von Ortslagen neu einer Bebauung zuführt.

Zu klären ist jedoch, ob die Überplanung bisher baulich ungenutzter, aber bebaubarer Flächen innerhalb des Siedlungsbereichs zur Erhöhung der (bisher möglichen) Bebauungsdichte grundsätzlich Nachverdichtung als Unterart der Innenentwicklung i. S. v. § 13a Abs. 1 S. 1 BauGB ist. Unproblematisch ist dies hinsichtlich solcher ungenutzter Flächen der Fall, die bisher schon jedenfalls nach § 34 BauGB bebaubar waren bzw. gewesen wären, hätte es nicht zusätzlich

---

432 Vgl. *Gierke*, in: Brügelmann, § 13a, Rn. 60 (Stand: Februar 2008).
433 Mustereinführungserlass, S. 5, abrufbar unter http://www.is-argebau.de/ (zuletzt abgerufen am 10.05.2008), wo ein *schon bestehendes besiedeltes* Gebiet verlangt wird; ebenso *Krautzberger*, in: E/Z/B/K, § 13a, Rn. 29 (Stand: Mai 2007); in diesem Sinne auch *Bienek/Krautzberger*, UPR 2008, 81 (82); *Bunzel*, Difu-Praxistest, S. 23, abrufbar unter http://www.difu.de/publikationen/difu-berichte/4_06/11.phtml (zuletzt abgerufen am 01.03.2008); *ders.*, LKV 2007, 444 (445); *Gierke*, in: Brügelmann, § 13a, Rn. 60 (Stand: Februar 2008); *Krautzberger*, in: E/Z/B/K, § 13a, Rn. 29 (Stand: Mai 2007); *Müller-Grune*, BauR 2007, 985 (987); *Söfker*, in: Spannowky/Hofmeister, BauGB 2007, S. 17 (18); *Spannowsky*, in: Berliner Kommentar, § 13a, Rn. 16 (Stand: Juli 2007), spricht von der Erhöhung des Maßes der *vorhandenen* baulichen Nutzung bzw. der Bebauungsdichte; *Tomerius*, ZUR 2008, 1 (3).

einen Bebauungsplan gegeben. Hier besteht zwangsläufig schon Bebauung in erheblichem Umfang, die sogar so dicht ist, dass sie trotz vorhandener Baulücken den Eindruck der Zusammengehörigkeit und Geschlossenheit vermittelt und die noch ungenutzten Flächen maßstabsbildend prägt. Wird für solche Flächen durch Bebauungsplan die bisher mögliche Bebauungsdichte erhöht, knüpft dies eindeutig an einen schon vorhandenen Ortsteil an, der bereits durch eine erhebliche Verdichtung der Bebauung gekennzeichnet ist und von daher *nach*verdichtet werden kann. Dasselbe gilt für die Überplanung von Grünflächen, die Teile von teilweise bebauten Grundstücken sind, also vor allem Gärten, auch wenn diese evtl. bisher noch nicht bebaubar waren,[434] weil durch den bisherigen Bebauungsplan oder im Maßstab des § 34 Abs. 1 BauGB aufgrund durch eine Bebauung hervorgerufener und i. R. d. § 34 Abs. 1 BauGB nicht lösbarer bodenrechtlicher Spannungen oder mangels gesicherter Erschließung eine solche Hinterlandbebauung[435] nicht möglich war.

Bilden die ungenutzten, aber auch bisher schon bebaubaren Flächen innerhalb des Siedlungsbereichs jedoch – wenigstens wenn man den bestehenden, bislang (weitgehend) noch nicht umgesetzten Bebauungsplan hinwegdenkt – einen Außenbereich im Innenbereich, der noch dazu weitgehend grün und nicht durch vorhandene Bodenversiegelungen geprägt ist, erscheint es fraglich, ob die Erhöhung der bisher möglichen Bebauungsdichte durch einen Bebauungsplan eine Nachverdichtungsmaßnahme i. S. d. § 13a Abs. 1 S. 1 BauGB ist.[436] Zweifel an der Einordnung als Nachverdichtung i. S. v. § 13a Abs. 1 S. 1 BauGB ergeben sich vor allem im Hinblick auf die Argumentation bei der Überplanung von weitgehend grün geprägten Außenbereichsinseln als Maßnahme der Innenentwicklung (vgl. B. II. 1. b) aa) (3)) und bei der Änderung von Bebauungsplänen für bisher grün geprägte Flächen innerhalb des Siedlungsbereichs (vgl. B. II. 1. b) cc) (2) (d)). Aufgrund der dortigen Argumentation und des eine Fläche für die Innenentwicklung kennzeichnenden Merkmals der baulichen Prägung kann die Erhöhung der möglichen Bebauungsdichte bisher zwar schon bebaubarer, aber eben noch nicht oder kaum baulich genutzter, weitgehend unversiegelter großer Flächen innerhalb des Siedlungsbereichs, die faktisch einen Außenbereich im Innenbereich bilden, insgesamt nicht als Maßnahme der Innenentwicklung betrachtet werden. Diese Ansicht korrespondiert mit der Vorgabe des Mustereinführungserlasses zum Innenstadtentwicklungsgesetz, der nur die Erhöhung

---

434 *Gierke*, in: Brügelmann, § 13a, Rn. 60 (Stand: Februar 2008); *Krautzberger*, in: E/Z/B/K, § 13a, Rn. 29 (Stand: Mai 2007); *Kuschnerus*, Der standortgerechte Einzelhandel, Rn. 594; *Schmidt-Eichstaedt*, BauR 2007, 1148 (1148); *Tomerius*, ZUR 2008, 1 (3).
435 *Söfker*, in: E/Z/B/K, § 34, Rn. 57 (Stand: März 2006). *Battis*, in: B/K/L, § 13a, Rn. 4; *Battis/Krautzberger/Löhr*, NVwZ 2007, 121 (124); *Kirchmeier*, in: Hk-BauGB, § 13a, Rn. 6; *Krautzberger*, in: E/Z/B/K, § 13a, Rn. 31 (Stand: Mai 2007).
436 *Schmidt-Eichstaedt*, BauR 2007, 1148 (1149); *Tomerius*, ZUR 2008, 1 (3).

der Bebauungsdichte in einem bestehenden *besiedelten* Gebiet als Nachverdichtung im Sinne des § 13a Abs. 1 S. 1 BauGB einordnet.[437] Die Aktivierung von Baulücken innerhalb einer wenigstens im weiteren Sinne geschlossenen und damit in deutlichem Umfang bestehenden Bebauung, die nicht unbedingt die Voraussetzungen des § 34 Abs. 1 S. 1 BauGB erfüllen muss, ist dagegen typische Nachverdichtung i. S. d. § 13a Abs. 1 S. 1 BauGB.[438]

4. § 13a Abs. 4 BauGB

a) *Änderung oder Ergänzung eines Bebauungsplans*

aa) Änderung oder Ergänzung von Bebauungsplänen der Innenentwicklung

Wie aus den bisherigen Ausführungen (vgl. insbesondere B. II. 1. b) cc)) schon deutlich und in § 13a Abs. 4 BauGB auch ausdrücklich klargestellt wird, ist das beschleunigte Verfahren auch für die Änderung und Ergänzung eines Bebauungsplans anwendbar. Daraus, dass § 13a Abs. 4 BauGB eine entsprechende Geltung der Absätze 1 bis 3 für die Änderung und Ergänzung eines Bebauungsplans im beschleunigten Verfahren anordnet und damit ausdrücklich auf die sich aus § 13a Abs. 1 BauGB ergebenden Anwendungsvoraussetzungen des beschleunigten Verfahrens verweist, wird offensichtlich, dass jedenfalls der i. R. d. Planänderung bzw. -ergänzung aufgestellte, neue Bebauungsplan ein solcher der Innenentwicklung i. S. v. § 13a Abs. 1 S. 1 BauGB sein muss, um auf ihn das beschleunigte Verfahren anwenden zu können. Dabei sind bei der Planergänzung bzw. -änderung besonders auch die Kumulationsregeln des § 13a Abs. 1 S. 2 Nr. 1 a. E. BauGB und des § 13a Abs. 1 S. 2 Nr. 2 BauGB i. V. m. Nr. 2.2 Anlage 2 BauGB zu beachten.[439]

Nicht auf den ersten Blick ergibt sich jedoch, ob nur schon als Bebauungspläne der Innenentwicklung im beschleunigten Verfahren aufgestellte Bebauungspläne gem. § 13a Abs. 4 BauGB im beschleunigten Verfahren geändert oder ergänzt werden können, sofern auch die Änderungs- bzw. Ergänzungsbebauungspläne solche der Innenentwicklung sind, oder auch Bebauungspläne, die nicht auf der Grundlage von § 13a BauGB aufgestellt wurden, jedoch nun als Maßnahme der Innenentwicklung geändert oder ergänzt werden sollen. Dafür, dass letzteres Szenario von § 13a Abs. 4 BauGB erfasst sein soll, spricht schon die Aufnahme einer ausdrücklichen Regelung über die Änderung und Ergänzung eines Bebauungsplans in § 13a Abs. 4 BauGB, derer es wegen § 1 Abs. 8

---

437 Mustereinführungserlass, S. 5, abrufbar unter http://www.is-argebau.de/ (zuletzt abgerufen am 10.05.2008).
438 *Müller-Grune*, BauR 2007, 985 (986 u. 987); vgl. auch *Birk*, KommJur 2007, 81 (82).
439 BT-Drs. 16/2496, S. 15; *Gierke*, in: Brügelmann, § 13a, Rn. 25 (Stand: Februar 2008); *Mitschang*, ZfBR 2007, 433 (447).

BauGB nicht bedurft hätte, würde sie nur bereits im beschleunigten Verfahren als Bebauungspläne der Innenentwicklung aufgestellte Bebauungspläne erfassen. Hätte die ausdrückliche Regelung des § 13a Abs. 4 BauGB im Unterschied zu § 1 Abs. 8 BauGB nur die Aufhebung eines Bebauungsplans im beschleunigten Verfahren ausschließen wollen, hätte auch nur das in ihrer Formulierung zum Ausdruck gebracht werden können. Schon allein die Tatsache, dass § 13a Abs. 4 BauGB ausdrücklich und zusätzlich zu § 1 Abs. 8 BauGB die Anwendbarkeit des beschleunigten Verfahrens für die Änderung und Ergänzung von Bebauungsplänen unter den Voraussetzungen des § 13a Abs. 1 BauGB anordnet, ergibt daher, dass auch nicht schon als Bebauungspläne der Innenentwicklung im beschleunigten Verfahren aufgestellte Bebauungspläne in diesem geändert und ergänzt werden können, sofern nur die neuen Bebauungspläne solche der Innenentwicklung sind. Dies nämlich hätte sich aus § 1 Abs. 8 BauGB jedenfalls nicht eindeutig ergeben. Zudem bezieht sich der Wortlaut des § 13a Abs. 4 BauGB allgemein auf „Bebauungspläne" und beschränkt sich nicht auf die Änderung oder Ergänzung von „Bebauungsplänen der Innenentwicklung".[440] Auch aus der Gesetzesbegründung gehen keine diesbezüglichen ausdrücklichen Einschränkungen hervor[441] und es wird, indem die Änderung eines Bebauungsplans für innerhalb des Siedlungsbereichs befindliche Gebiete allgemein als Maßnahme der Innenentwicklung definiert wird,[442] auch nicht indirekt eine restriktive Auslegung des § 13a Abs. 4 BauGB nur bezüglich bereits als Bebauungspläne der Innenentwicklung i. R. d. § 13a BauGB aufgestellter Bebauungspläne nahegelegt. Zudem ist zu bedenken, dass innerhalb des Siedlungsgebiets einer Gemeinde liegende Flächen in Deutschland zu einem nicht unerheblichen Anteil mit Bebauungsplänen überplant sind.[443] Erlaubte § 13a Abs. 4 BauGB nur die Änderung und Ergänzung bereits als Bebauungspläne der Innenentwicklung im beschleunigten Verfahren aufgestellter Bebauungspläne, wäre der Anwendungsbereich des beschleunigten Verfahrens infolge einer Beschränkung auf unbeplante sowie bereits im beschleunigten Verfahren beplante Flächen stark eingeschränkt[444] und könnte nur dadurch erweitert werden, dass bislang bestehende Bebauungspläne zunächst gem. § 1 Abs. 8 BauGB in einem Aufhebungsverfahren beseitigt würden, um danach gem. § 13a BauGB neu überplanbar zu sein. Unabhängig davon, dass eine solche Planaufhebung nur für eine Neuüberplanung unter den Prämissen von § 13a BauGB im Hinblick auf § 1 Abs. 3 S. 1 BauGB wohl nicht zu rechtfertigen wäre, ist auch zu bedenken, dass eine Plan-

---

440 *Gronemeyer*, BauR 2007, 815 (818); *Mitschang*, ZfBR 2007, 433 (447).
441 So ausdrücklich *Gronemeyer*, BauR 2007, 815 (818); vgl. *Mitschang*, ZfBR 2007, 433 (447).
442 BT-Drs. 16/2496, S. 12.
443 Vgl. *Bunzel*, LKV 2007, 444 (450), der feststellt, dass vor allem in größeren Städten Bauleitplanung ganz überwiegend im Siedlungsbereich stattfindet.
444 *Gronemeyer*, BauR 2007, 815 (818).

aufhebung in Verbindung mit einer völlig neuen Planung sicher nicht das ist, was durch die Regelung des § 13a BauGB, die das Planungsverfahren erleichtern und beschleunigen soll, erreicht werden soll. Dieses Ziel des § 13a BauGB besteht für Bebauungspläne für Maßnahmen der Innenentwicklung unabhängig davon, ob der durch sie zu ändernde oder ergänzende Bebauungsplan i. R. d. § 13a BauGB aufgestellt worden ist, und soll daher auch unabhängig davon erreicht werden können.[445] Aus der grammatikalischen, systematischen, historischen und teleologischen Auslegung von § 13a Abs. 4 BauGB folgt daher eindeutig, dass § 13a BauGB auch die Änderung und Ergänzung von nicht im beschleunigten Verfahren aufgestellten Bebauungsplänen der Innenentwicklung erfasst, sofern nur die Änderungs- bzw. Ergänzungsbebauungspläne solche der Innenentwicklung sind.[446]

bb) Weitere Restriktionen bei der Änderung und Ergänzung von Bebauungsplänen

Entgegen dieser Interpretation ging eine Praxisteststadt davon aus, § 13a Abs. 4 BauGB erfasse nur die Änderung und Ergänzung schon im beschleunigten Verfahren aufgestellter Bebauungspläne der Innenentwicklung,[447] wobei aber die Praxisteststadt selbst meinte, dass dies im Wortlaut klargestellt werden müsse[448] und damit nicht schon unzweifelhaft aus diesem hervorgehe. Ebenso nahm sie an, § 13a Abs. 4 BauGB sei auf solche Änderungen und Ergänzungen von Bebauungsplänen der Innenentwicklung zu beschränken, die die Grundzüge der Planung nicht berühren, was ebenfalls noch im Wortlaut eindeutig zum Ausdruck gebracht werden müsse.[449] Weil sie also selbst einräumte, dass ihre Auslegung dem Wortlaut nicht in ausreichender Weise zu entnehmen ist, stützte sie sich zur Begründung ihrer Ansicht auf systematische Erwägungen im Hinblick auf das Verhältnis des vereinfachten Verfahrens gem. § 13 BauGB zum beschleunigten Verfahren gem. § 13a BauGB. Im Rahmen des vereinfachten Verfahrens gem. § 13 Abs. 1 1. Var. BauGB kann *jeder* Bauleitplan geändert oder

---

445 *Gronemeyer*, BauR 2007, 815 (818); angedeutet bei *Spannowsky*, in: Berliner Kommentar, § 13a, Rn. 41 (Stand: Juli 2007).
446 *Bienek*, SächsVBl. 2007, 49 (51); *Birk*, KommJur. 2007, 81 (82); *Kirchmeier*, in: Hk-BauGB, § 13a, Rn. 15; *Spannowsky*, in: Berliner Kommentar, § 13a, Rn. 41 (Stand: Juli 2007); *Wallraven-Lindl/Strunz/Geiß*, Das Bebauungsplanverfahren nach dem BauGB 2007, S. 155/156. Unklar bei *Gierke*, in: Brügelmann, § 13a, Rn. 25 (Stand: Februar 2008); *Starke*, JA 2007, 488 (488).
447 *Bunzel*, Difu-Praxistest, S. 45, abrufbar unter http://www.difu.de/publikationen/difuberichte/4_06/11.phtml (zuletzt abgerufen am 01.03.2008).
448 *Bunzel*, Difu-Praxistest, S. 45, abrufbar unter http://www.difu.de/publikationen/difuberichte/4_06/11.phtml (zuletzt abgerufen am 01.03.2008).
449 *Bunzel*, Difu-Praxistest, S. 45, abrufbar unter http://www.difu.de/publikationen/difuberichte/4_06/11.phtml (zuletzt abgerufen am 01.03.2008).

ergänzt werden, sofern die Grundzüge der Planung nicht berührt werden, unter dieser Voraussetzung also auch solche Bebauungspläne, deren Änderung oder Ergänzung eine Maßnahme der Innenentwicklung darstellt. Im Unterschied dazu soll § 13a Abs. 4 BauGB *nur solche Bebauungspläne* erfassen, die auch schon als Bebauungspläne der Innenentwicklung aufgestellt wurden, so dass für beide Normen ein eigener, abgegrenzter Anwendungsbereich verbleibt,[450] wobei sich der des beschleunigten Verfahrens ausschließlich auf völlig neu aufzustellende Bebauungspläne der Innenentwicklung und auf die die Grundzüge der bestehenden Planung nicht berührende Änderung bzw. Ergänzung gem. § 13a BauGB aufgestellter Bebauungspläne als Maßnahmen der Innenentwicklung beschränken würde. Es soll vermieden werden, dass *jeder* Bebauungsplan, sofern nur die Änderungs- bzw. Ergänzungsversion eine solche der Innenentwicklung sei, im beschleunigten Verfahren geändert und ergänzt werden könne, das sich dadurch zum ausnahmslosen Regelfall entwickeln könnte,[451] vor allem wenn man bedenkt, dass die Flächen, die für Maßnahmen der Innenentwicklung in Betracht kommen, zu einem nicht unerheblichen Anteil bereits mit Bebauungsplänen überplant sind.[452] Werden durch die Planänderung bzw. -ergänzung die Grundzüge der Planung berührt, soll dieser Ansicht nach das beschleunigte Verfahren ebenso ausgeschlossen sein wie das vereinfachte.

Gegen diese Ansicht spricht jedoch zum einen, dass sie im Wortlaut des § 13a Abs. 4 BauGB schon hinsichtlich der Beschränkung auf die Änderung und Ergänzung von bereits im beschleunigten Verfahren aufgestellten Bebauungsplänen der Innenentwicklung keine eindeutige Stützte findet. Während diesbezüglich jedoch noch ein Interpretationsspielraum zugestanden werden könnte, weist in § 13a BauGB nichts darauf hin, dass das beschleunigte Verfahren nur dann für die Änderung und Ergänzung von Bebauungsplänen angewandt werden darf, wenn dadurch die Grundzüge der Planung unberührt bleiben, wenn also die Planmodifikation den planerischen Grundgedanken nicht verändert, so dass auch der neue Bebauungsplan dem ursprünglichen planerischen Willen entspricht.[453] Das beschleunigte Verfahren des § 13a BauGB knüpft zwar gem. § 13a Abs. 2 Nr. 1 BauGB an das vereinfachte Verfahren an und auch die Ausschlusstatbestände für die jeweiligen Verfahren in § 13 Abs. 1 Nr. 1 u. Nr. 2 BauGB bzw. § 13a Abs. 1 S. 4 u. S. 5 BauGB sind (fast) identisch. Jedoch wurde § 13a

---

450 *Bunzel*, Difu-Praxistest, S. 45, abrufbar unter http://www.difu.de/publikationen/difu-berichte/4_06/11.phtml (zuletzt abgerufen am 01.03.2008).
451 *Bunzel*, Difu-Praxistest, S. 45, abrufbar unter http://www.difu.de/publikationen/difu-berichte/4_06/11.phtml (zuletzt abgerufen am 01.03.2008).
452 Vgl. Fn. 443.
453 BVerwG, Urt. vom 09.03.1990 – 8 C 76/88, NVwZ 1990, 873 (873 u. 874), wobei die Rspr. zu § 125 Abs. 3 BauGB zur Auslegung von § 13 BauGB heranzuziehen ist (vgl. *Krautzberger*, in: E/Z/B/K, § 13, Rn. 2 (Stand: März 2007); *Löhr*, in: B/K/L, § 13, Rn. 2); *Krautzberger*, in: E/Z/B/K, § 13, Rn. 21 (Stand: März 2007); *Löhr*, in: B/K/L, § 13, Rn. 2; *Schmitz/Federwisch*, Einzelhandel und Planungsrecht, Rn. 294.

BauGB auch deshalb als eigene Norm und nicht als Absatz des § 13 BauGB ins Baugesetzbuch aufgenommen, weil Unterschiede zwischen dem vereinfachten und beschleunigten Verfahren bestehen und bestehen sollen, wobei das beschleunigte Verfahren gem. § 13a Abs. 2 Nr. 2 u. Nr. 4 BauGB schon hinsichtlich der Verfahrenserleichterungen eindeutig über das vereinfachte hinausgeht. Indem § 13a Abs. 4 BauGB keine Beschränkung auf solche Änderungen und Ergänzungen eines Bebauungsplans enthält, die die Grundzüge der Planung unberührt lassen, ist daher gerade nicht davon auszugehen, dass diese Restriktion von § 13 Abs. 1 1. Var. BauGB auf § 13a Abs. 4 BauGB zu übertragen ist.[454] Während i. R. d. vereinfachten Verfahrens gem. § 13 BauGB aufgrund der Anwendungsvoraussetzungen der Wahrung der Grundzüge der Planung bei der Änderung und Ergänzung eines Bauleitplans (§ 13 Abs. 1 1. Var. BauGB) und der allenfalls unwesentlichen Veränderung des sich aus der vorhandenen Eigenart der näheren Umgebung ergebenden Zulässigkeitsmaßstabs für Gebiete nach § 34 BauGB durch die Aufstellung eines Bebauungsplans (§ 13 Abs. 1 2. Var. BauGB) *kaum wirklich neues Baurecht* geschaffen werden kann,[455] allenfalls der status quo ein wenig eingeschränkt, gesichert oder geordnet werden kann,[456] was auch durch die im Rahmen des Innenstadtentwicklungsgesetzes erfolgte Einfügung der dritten Anwendungsmöglichkeit auf die Aufstellung von Bebauungsplänen, die lediglich Festsetzungen nach § 9 Abs. 2a BauGB enthalten, nicht geändert werden sollte,[457] hatte der Gesetzgeber beim beschleunigten Verfahren einen ganz anderen Ausgangspunkt. Unter den sonstigen Anwendungsvoraussetzungen soll *jeder* Bebauungsplan, auch wenn er *neues Baurecht* schafft, im beschleunigten Verfahren aufgestellt werden können, wenn er nur ein Bebauungsplan der Innenentwicklung ist.[458] Die Verfahrenserleichterungen des beschleunigten Verfahrens sollen grundsätzlich allen Maßnahmen der Innenentwicklung zugute kommen, gerade weil die Innenentwicklung effektiv gestärkt werden soll, grundsätzlich unabhängig davon, ob damit bisher bestehende Baurechte nur marginal oder erheblich verändert werden. Hierbei ist zu beachten, dass das

---

454 *Spannowsky*, in: Berliner Kommentar, § 13a, Rn. 9 (Stand: Juli 2007).
455 BT-Drs. 15/2250, S. 51; *Gronemeyer*, BauR 2007, 815 (816); *Löhr*, in: B/K/L, § 13, Rn. 1; *Schmitz/Federwisch*, Einzelhandel und Planungsrecht, Rn. 294; *Wallraven-Lindl/ Strunz/Geiß*, Das Bebauungsplanverfahren nach dem BauGB 2007, S. 139.
456 BT-Drs. 15/2250, S. 51; *Gronemeyer*, BauR 2007, 815 (815/816); *Krautzberger*, in E/Z/B/K, § 13, Rn. 28a (Stand: März 2007); *Löhr*, in: B/K/L, § 13, Rn. 2a; *Schmitz/ Federwisch*, Einzelhandel und Planungsrecht, Rn. 294; *Stüer*, NVwZ 2005, 508 (508).
457 *Löhr*, in: B/K/L, § 13, Rn. 2b, unter Verweis darauf, dass es nur um die Erhaltung bestehender oder die Absicherung neu zu schaffender Versorgungsstrukturen geht; *Krautzberger*, in: E/Z/B/K, § 13, Rn. 13 u. 28 (Stand: März 2007), unter Verweis darauf, dass die dritte Anwendungsmöglichkeit nach der Ansicht des Gesetzgebers (Der Gesetzgeber sagt dazu aber nichts, vgl. BT-Drs. 16/2496, S. 12) nur ein Unterfall der zweiten sei; ebenso *Spannowsky*, in: Berliner Kommentar, § 13, Rn. 24 (Stand: September 2007).
458 *Gronemeyer*, BauR 2007, 815 (816).

Baugesetzbuch auch bisher schon das vereinfachte Verfahren gem. § 13 BauGB für die Schaffung von neuem Baurecht zuließ, wenn auch nicht i. R. v. Bebauungsplänen und nur in beschränktem Umfang. So werden gem. § 34 Abs. 6 S. 1 BauGB Entwicklungs- und Ergänzungssatzungen, die Außenbereichsflächen *konstitutiv* in den Innenbereich einbeziehen, unter Anwendung von Vorschriften des vereinfachten Verfahrens aufgestellt, wodurch der bisher die Bebauung auf diesen Flächen stark restringierende Maßstab des § 35 BauGB hin zum Maßstab des § 34 BauGB wesentlich verändert werden kann. Daraus ergibt sich, dass sich die Anwendung der Regeln des vereinfachten Verfahrens und die Schaffung neuen Baurechts nicht ausschließen.[459] Die Heranziehung der konstitutiv wirkenden Innenbereichssatzungen gem. § 34 Abs. 4 S. 1 Nr. 2 u. Nr. 3 BauGB zur Begründung dafür, dass § 13a Abs. 4 BauGB nicht auf unwesentliche Änderungen von Bebauungsplänen beschränkt ist, korrespondiert mit der parallelen Auslegung von Flächen für Maßnahmen der Innenentwicklung und Flächen, die durch eine Entwicklungs- oder Ergänzungssatzung in den Innenbereich einbezogen werden können. Insgesamt wird daraus deutlich, dass es für die Anwendung des beschleunigten Verfahrens auf eine Planmodifikation gem. § 13a Abs. 4 BauGB entgegen der Ansicht der Praxisteststadt nicht darauf ankommt, ob die Grundzüge der bisherigen Planung berührt werden oder nicht.

Dass nicht nur schon als Bebauungspläne der Innenentwicklung im beschleunigten Verfahren aufgestellte Bebauungspläne in den Anwendungsbereich des § 13a Abs. 4 BauGB fallen, wurde bereits geklärt (vgl. B. II. 4. a) aa)). Der Befürchtung der Praxisteststadt, ohne eine dahingehende Restriktion des § 13a Abs. 4 BauGB verbleibe für § 13 BauGB kein oder jedenfalls kaum mehr ein eigenständiger Anwendungsbereich, vor allem weil die Fälle des § 13 Abs. 1 2. Var. u. 3. Var. BauGB wegen ihres Anwendungsbereichs in Gebieten nach § 34 BauGB oftmals auch von § 13a BauGB erfasst sein werden, kann entgegengehalten werden, dass der Anwendungsbereich des § 13 BauGB vor dem Innenstadtentwicklungsgesetz aufgrund der weitgehenden Beschränkung der Planungsmöglichkeiten auf eine Sicherung des status quo auch äußerst gering war[460] und durch die Einfügung der dritten Anwendungsmöglichkeit, die mit dem Schutz zentraler Versorgungsbereiche ein brisantes Handlungsfeld betrifft, eher erweitert wurde.[461] Allein § 13 BauGB kann für die Änderung oder Ergänzung eines Flächennutzungsplans in Betracht kommen ebenso wie für die Änderung oder Ergänzung eines Bebauungsplans, der die i. R. v. § 13a BauGB gem. § 13a Abs. 1 S. 2 Nr. 2 BauGB maximal zulässige Grundfläche überschreitet, sofern die Grundzüge der Planung unberührt bleiben.[462] § 13 BauGB verlangt zudem keinen Bebauungsplan der Innenentwicklung als Verfahrensgegenstand.

---

459 Vgl. *Bienek/Krautzberger*, UPR 2008, 81 (86).
460 *Gronemeyer*, BauR 2007, 815 (815/816).
461 *Mitschang*, ZfBR 2008, 227 (235).
462 *Spannowsky*; in: Berliner Kommenar, § 13a, Rn. 9 (Stand: Juli 2007).

Das vereinfachte Verfahren hat demnach auch ohne die geforderte Restriktion für den Anwendungsbereich des beschleunigten Verfahrens ein gegenüber § 13a BauGB eigenständiges Handlungsfeld. Dass bei gleichzeitiger Erfüllung der Voraussetzungen des vereinfachten und des beschleunigten Verfahrens ein Bebauungsplan auch in letzterem mit zusätzlichen Verfahrenserleichterungen gegenüber dem vereinfachten Verfahren aufgestellt werden kann,[463] ist im Hinblick auf die Bedeutung der Stärkung der Innenentwicklung zu Lasten des § 13 BauGB hinzunehmen, wobei immer zu berücksichtigen ist, dass die Verfahrensregelungen des § 13 BauGB über § 13a Abs. 2 Nr. 1 BauGB auch Teil des beschleunigten Verfahrens sind. Die Sorge der Praxisteststadt, das beschleunigte Verfahren werde ohne restriktive Handhabung zum Regelverfahren, wird zwar auch von anderen geteilt,[464] kann es aber nicht rechtfertigen, § 13a Abs. 4 BauGB entgegen der Grundsätze der grammatikalischen, historischen, systematischen und teleologischen Auslegung, also entgegen der in der Rechtsdogmatik auch sonst geltenden Methoden der Gesetzesauslegung contra legem zu interpretieren. Zudem ist zu bedenken, dass durch den Ansatz der Praxisteststadt ebenfalls keine klare Abgrenzung der Anwendungsbereiche von vereinfachtem und beschleunigtem Verfahren erzielt werden könnte und der Vorschlag für die Erreichung des angestrebten Zwecks somit nicht geeignet wäre, da sich im Fall einer die Grundzüge des bestehenden Bebauungsplans nicht berührenden Änderung bzw. Ergänzung eines Bebauungsplans der Innenentwicklung bzw. der Aufstellung eines Bebauungsplans, durch den der sich bisher aus § 34 BauGB ergebende Zulässigkeitsmaßstab nicht wesentlich verändert wird oder nur Festsetzungen nach § 9 Abs. 2a BauGB getroffen werden, als Maßnahmen der Innenentwicklung die Anwendungsbereiche wiederum überschneiden würden.

b) Aufhebung eines Bebauungsplans

§ 13a Abs. 4 BauGB statuiert die Anwendbarkeit des beschleunigten Verfahrens unter den Voraussetzungen des § 13a Abs. 1 BauGB ausdrücklich nur für die

---

463 *Spannowsky*, in: Berliner Kommentar, § 13a, Rn. 9 (Stand: Juli 2007), spricht ausdrücklich davon, dass die Gemeinde in einem solchen Fall zwischen § 13 BauGB und § 13a BauGB wählen kann; ebenso *Krautzberger*, in: E/Z/B/K, § 13a, Rn. 21 (Stand: März 2007).

464 *Bunzel*, LKV 2007, 444 (450), nur bezogen auf Planungen innerhalb des Siedlungsbestands; *Gronemeyer*, BauR 2007, 815 (818) unter Verweis auf die Stellungnahme Nr. 58/06 des Ausschusses Verwaltungsrecht des Deutschen Anwaltvereins vom 02.11.2006, S. 6, abrufbar unter http://anwaltverein.de/downloads/stellungnahmen/2006-58.pdf (zuletzt abgerufen am 15.11.2008); *Mitschang*, ZfBR 2008, 109 (111); *Scheidler*, ZfBR 2006, 752 (753); *ders.*, BauR 2007, 650 (652), unter der Voraussetzung, dass der Begriff der Innenentwicklung weit ausgelegt wird; *Schröer*, NZBau 2006, 703 (705), für den besiedelten Bereich; *Spannowsky*, in: Berliner Kommentar, § 13a, Rn. 12 (Stand: Juli 2007); *Starke*, JA 2007, 488 (491), bezogen auf Planungen für im Zusammenhang bebaute Ortsteile.

Änderung und Ergänzung eines Bebauungsplans, nennt aber, anders als die für Bebauungspläne allgemein geltende Regelung des § 1 Abs. 8 BauGB, nicht die Aufhebung eines Bebauungsplans. Dabei kann auch die Aufhebung eines Bebauungsplans oder jedenfalls einzelner Planfestsetzungen eine Maßnahme der Innenentwicklung sein, z. B. wenn der Bebauungsplan gegenüber dem ohne ihn geltenden Maßstab des § 34 BauGB nur sehr eingeschränkte Baurechte gewährt, so dass durch die Planaufhebung im dann geltenden Maßstab des § 34 BauGB z. B. Nachverdichtungen i. S. d. § 13a Abs. 1 S. 1 BauGB möglich wären.[465] Weil die Nichtnennung der Aufhebung eines Bebauungsplans in § 13a Abs. 4 BauGB daher nicht auf den ersten Blick konsequent und logisch erscheint,[466] wurde überlegt, ob das beschleunigte Verfahren nicht doch wegen § 1 Abs. 8 BauGB auf die Aufhebung eines Bebauungsplans anwendbar ist,[467] denn i. R. d. § 13a Abs. 4 BauGB die Nichtnennung der Aufhebung einfach als gesetzgeberisches Versehen zu ignorieren, dürfte ausgeschlossen sein, da dem Gesetzgeber die „Vorbildnorm" des § 1 Abs. 8 BauGB bekannt gewesen sein dürfte und daher anzunehmen ist, dass die Aufhebung in § 13a Abs. 4 BauGB bewusst nicht aufgeführt wurde.

Wie oben (vgl. B. II. 4. a) aa)) bereits dargelegt, war die Regelung des § 13a Abs. 4 BauGB trotz § 1 Abs. 8 BauGB jedenfalls deshalb zusätzlich nötig, um klarzustellen, dass auch Bebauungspläne, die nicht schon als solche der Innenentwicklung im beschleunigten Verfahren aufgestellt worden waren, i. R. d. § 13a BauGB modifiziert werden können. Es stellt sich aber die Frage, ob § 13a Abs. 4 BauGB insgesamt eine lex specialis zu § 1 Abs. 8 BauGB ist, so dass aufgrund der Nichtnennung der Aufhebung in § 13a Abs. 4 BauGB die Aufhebung von Bebauungsplänen als Maßnahme der Innenentwicklung nicht im beschleunigten Verfahren erfolgen könnte. § 1 Abs. 8 BauGB ordnet an, dass die Vorschriften des Baugesetzbuchs über die Aufstellung von Bauleitplänen auch für die Änderung, Ergänzung und Aufhebung gelten. Ausgangspunkt des § 1 Abs. 8 BauGB ist es, dass im Baugesetzbuch nicht jede Verfahrensanforderung einzeln, jeweils mehrfach für die Aufstellung, Änderung, Ergänzung und Aufhebung eines Bauleitplans geregelt werden muss, sondern dass die Regelung der

---

465 *Bunzel*, Difu-Praxistest, S. 46, abrufbar unter http://www.difu.de/publikationen/difuberichte/4_06/11.phtml (zuletzt abgerufen am 01.03.2008); *Dirnberger*, Bay. Gemeindetag 2/2007, 51 (52); *Krautzberger* bemerkt hierzu, dass § 13a BauGB dazu geschaffen wurde, mit ihm Baurecht im Bereich der Innenentwicklung zu schaffen und zwar – jedenfalls vor allem – in Form von Bebauungsplänen mit positiven Festsetzungen für die Innenentwicklung, nicht nur durch Aufhebung die Innenentwicklung behindernder Regelungen, so dass die Anwendung des beschleunigten Verfahrens auf die Planaufhebung nicht naheliegend sei, in: E/Z/B/K, § 13a, Rn. 20 (Stand: Mai 2007).
466 *Bunzel*, Difu-Praxistest, S. 46, abrufbar unter http://www.difu.de/publikationen/difuberichte/4_06/11.phtml (zuletzt abgerufen am 01.03.2008).
467 *Spannowsky*, in: Spannowsky/Hofmeister, BauGB 2007, S. 27 (32/33); angedeutet auch bei *Kirchmeier*, in: Hk-BauGB, § 13a, Rn. 15.

Planaufstellung grundsätzlich ausreicht und diese auf die Planänderung, -ergänzung und -aufhebung übertragen werden kann. Daraus ergibt sich aber umgekehrt, dass, wenn für ein bestimmtes Bauleitplanungsverfahren eine eigene Regelung zusätzlich zur Planaufstellung für die Änderung, Ergänzung und Aufhebung des Plans getroffen wird, nicht auf die Regelung des § 1 Abs. 8 BauGB zurückgegriffen werden darf. § 1 Abs. 8 BauGB will die Regelung eines Planungsverfahrens nur erleichtern, indem es, wenn keine eigene Regelung für die Planänderung oder -modifikation getroffen wird, der Einfachheit halber die entsprechende Geltung der Aufstellungsregeln anordnet. § 1 Abs. 8 BauGB verbietet aber indessen nicht den Erlass besonderer Regelungen über die Planaufhebung oder -modifikation, die dann logischerweise der Auffangregel des § 1 Abs. 8 BauGB vorgehen. Wird i. R. e. Bauleitplanungsverfahrens eine eigene Regelung über die Planmodifikation oder -aufhebung getroffen, ist § 1 Abs. 8 BauGB nicht anwendbar.[468] Hinsichtlich Planänderung und -ergänzung trifft § 13a Abs. 4 BauGB explizit eine eigene Regelung, die eine vor allem klarstellende Funktion hat (vgl. B. II. 4. a) aa)). Die Nichtnennung der Planaufhebung in § 13a Abs. 4 BauGB impliziert jedoch auch, dass Bebauungspläne grundsätzlich entgegen der Regelung des § 1 Abs. 8 BauGB nicht im beschleunigten Verfahren aufgehoben werden können.[469] Denn hätte eine Planaufhebung im beschleunigten Verfahren möglich sein sollen, wäre auch bezüglich einer solchen eine Klarstellung dahingehend angezeigt gewesen, dass es sich bei dem aufzuhebenden Bebauungsplan nicht um einen schon im beschleunigten Verfahren aufestellten Bebauungsplan der Innenentwicklung handeln muss, sofern nur die Planaufhebung eine Maßnahme der Innenentwicklung ist, so dass auch die Planaufhebung in § 13a Abs. 4 BauGB hätte genannt werden müssen.[470] Hätte der Gesetzgeber zwar die Planaufhebung im beschleunigten Verfahren grundsätzlich

---

468 Vgl. *Gierke*, in: Brügelmann, § 13a, Rn. 25 u. 26 (Stand: Februar 2008), nennt § 13a Abs. 4 BauGB eine Spezialvorschrift zu § 1 Abs. 8 BauGB.
469 *Gierke*, in: Brügelmann, § 13a, Rn. 26 (Stand: Februar 2008); *Jäde*, in: J/D/W, BauGB, § 13a, Rn. 23; *Mitschang*, ZfBR 2007, 433 (447); Mustereinführungserlass, S. 10, abrufbar unter http://www.is-argebau.de/ (zuletzt abgerufen am 10.05.2008); *Söfker*, in: E/Z/B/K, § 1, Rn. 254 (Stand: März 2007); *Spannowsky*, in: Berliner Kommentar, § 13a, Rn. 42 (Stand: Juli 2007); *Starke*, JA 2007, 488 (488); *Wagner/Paßlick*, in: Hoppe, UVPG, § 17, Rn. 41. Vgl. auch *Krautzberger*, in: E/Z/B/K, § 13a, Rn. 20 (Stand: Mai 2007). Vgl. Fn. 465.
470 *Gierke*, in: Brügelmann, § 13a, Rn. 26 (Stand: Februar 2008), geht aufgrund der Argumentation, dass das beschleunigte Verfahren nicht allgemein auf die Aufhebung von Bebauungsplänen anwendbar ist, sofern nur die Planaufhebung eine Maßnahme der Innenentwicklung ist, davon aus, dass (wenigstens) ein im beschleunigten Verfahren aufgestellter Bebauungsplan der Innenentwicklung auch im beschleunigten Verfahren aufgehoben werden kann, weil nach allgemeinen Grundsätzen eine Aufhebung von Rechtsakten durch einen actus contrarius möglich ist, wenn dabei das gleiche Verfahren wie beim Erlass Anwendung findet. Dagegen spricht aber das im Haupttext nach Fn. 470 angeführte Argument.

erlauben wollen, jedoch anders als bei Planänderung und -ergänzung nur für schon im beschleunigten Verfahren aufgestellte Bebauungspläne der Innenentwicklung, hätte er dies gerade wegen der Abweichung zu Planänderung und -ergänzung trotz der Regelung des § 1 Abs. 8 BauGB besonders darstellen müssen; die Nichtnennung der Aufhebung in § 13a Abs. 4 BauGB allein kann jedenfalls nicht in dieser Weise verstanden werden. Daraus ergibt sich, dass § 13a Abs. 4 BauGB durch die Nichtnennung der Planaufhebung implizit eine Planaufhebung im beschleunigten Verfahren ausschließt, was auch im Praxistest ohne Zweifel so verstanden wurde.[471]

Aus diesem Grunde wurde überlegt, ob ein Bebauungsplan der Innenentwicklung nicht wenigstens im vereinfachten Verfahren nach § 13 BauGB aufgehoben werden kann.[472] Anders als § 12 Abs. 6 S. 3 BauGB verweist § 13a BauGB nicht selbst auf das vereinfachte Verfahren für die Aufhebung von Bebauungsplänen der Innenentwicklung. § 13a BauGB, insbesondere Absatz 4, schließt es allerdings nicht aus, dass ein Bebauungsplan der Innenentwicklung im vereinfachten Verfahren aufgehoben wird, sofern nur die allgemeinen, für jeden Bebauungsplan geltenden Voraussetzungen einer Planaufhebung im vereinfachten Verfahren vorliegen.[473] § 13 Abs. 1 BauGB trifft explizit nur Regelungen für eine Planänderung bzw. -ergänzung sowie für die Aufstellung von Bebauungsplänen. Jedoch können gem. § 1 Abs. 8 BauGB Regelungen über die Aufstellung von Bauleitplänen auf ihre Aufhebung entsprechend angewandt werden, sofern nichts Gegenteiliges vorgesehen ist. Demnach kann gem. § 13 Abs. 1, § 1 Abs. 8 BauGB ein Bebauungsplan der Innenentwicklung im vereinfachten Verfahren aufgehoben werden, wenn sich dadurch der sich nach der Planaufhebung für das ehemalige Plangebiet aus § 34 BauGB ergebende Zulässigkeitsmaßstab gegenüber dem sich bisher aus dem Bebauungsplan ergebenden nicht wesentlich unterscheidet[474] oder der Bebauungsplan lediglich Festsetzungen nach § 9 Abs. 2a

---

471 *Bunzel*, Difu-Praxistest, S. 10 u. 45/46, abrufbar unter http://www.difu.de/publikationen/difu-berichte/4_06/11.phtml (zuletzt abgerufen am 01.03.2008).
472 *Spannowsky*, in: Spannowsky/Hofmeister, BauGB 2007, S. 27 (32/33); *ders.*, NuR 2007, 521 (523). *Krautzberger*, UPR 2007, 170 (172) und *Mitschang*, ZfBR 2008, 227 (234), unterstellen dem Anwendungsbereich des § 13 BauGB grundsätzlich die Aufstellung, Änderung, Ergänzung oder Aufhebung von Bauleitplänen der Innenentwicklung gem. § 13a BauGB, was wohl so pauschal angesichts § 13a Abs. 4 BauGB und der eigenständigen, in § 13 Abs. 1 BauGB geregelten Anwendungsvoraussetzungen des vereinfachten Verfahrens nicht zu halten ist. Anders argumentiert *Mitschang*, ZfBR 2007, 433 (447), wo er die Anwendung des beschleunigten Verfahrens für die Aufhebung eines Bebauungsplans ausschloss und auf das *Regelplanungsverfahren* verwies.
473 *Spannowsky*, in: Spannowsky/Hofmeister, BauGB 2007, S. 27 (33); *ders.*, in: Berliner Kommentar, § 13a, Rn. 42 (Stand: Juli 2007).
474 *Krautzberger*, in: E/Z/B/K, § 13, Rn. 14 (Stand: März 2007); *Spannowsky*, in: Berliner Kommentar, § 13, Rn. 13 (Stand: Juli 2005). A. A. *Wallraven-Lindl/Strunz/Geiß*, Das Bebauungsplanverfahren nach dem BauGB 2007, S. 139, die davon ausgehen, dass § 12

BauGB enthielt.[475] Bildet das Bebauungsplangebiet dagegen keinen im Zusammenhang bebauten Ortsteil mit prägender Wirkung i. S. d. § 34 Abs. 1 S. 1 BauGB und/oder werden durch die Aufhebung des Bebauungsplans bisher bestehende Baurechte nicht nur unwesentlich modifiziert oder enthält der Bebauungsplan nicht nur Festsetzungen nach § 9 Abs. 2a BauGB, kann er, auch wenn es eine Maßnahme der Innenentwicklung wäre, nicht im vereinfachten Verfahren aufgehoben werden.[476]

Im Praxistest wurde von Leipzig zunächst angeregt, den Anwendungsbereich des § 13 BauGB allgemein auf die Aufhebung von Bebauungsplänen auszuweiten, wenn durch sie der bisherige Zulässigkeitsmaßstab nicht wesentlich verändert wird,[477] also unabhängig davon, ob das Plangebiet nach Planaufhebung ein Innenbereichsgebiet i. S. d. § 34 Abs. 1 S. 1 BauGB darstellt. Hinter der Anwendung des vereinfachten Verfahrens, das als Ausnahme zu § 2 Abs. 4 S. 1 BauGB eine Umweltprüfung nicht erfordert, auf die Aufhebung eines Bebauungsplans gem. § 1 Abs. 8 BauGB steht, was auch aus den bestehenden Anwendungsvarianten in § 13 Abs. 1 2. Var. u. 3. Var. i. V. m. § 1 Abs. 8 BauGB deutlich wird, der Gedanke, dass in der Umweltprüfung ohnehin nur voraussichtlich erhebliche Umweltauswirkungen ermittelt, beschrieben und bewertet werden sollen, wobei dies im Hinblick auf die neue Rechtslage zu erfolgen hat. Ändern sich aber durch den künftigen Planungsmaßstab die bestehenden, bereits einer Umweltprüfung unterzogenen oder selbst nicht umweltprüfungspflichtigen Baurechte nur unwesentlich, sind dabei keine *neuen* erheblichen und daher die Pflicht zur Durchführung einer Umweltprüfung auslösenden Umweltauswirkungen zu erwarten (vgl. B. II. 1. b) cc) (2) (d)). Daher kann auf die Umweltprüfung und mit ihr verbundene Verfahrensanforderungen von vornherein verzichtet werden.[478] Insofern wäre es entsprechend des Vorschlags des Praxistests grundsätzlich möglich, § 13 BauGB auf alle Fälle der Aufhebung eines Bebauungsplans anzuwenden, durch die sich der Planungsmaßstab nicht wesentlich verändert. Der Vorschlag wurde jedoch durch die Praxisteststädte nicht weiter verfolgt und im

---

Abs. 6 S. 3 BauGB der einzige Fall ist, in dem § 13 BauGB zur Planaufhebung zugelassen ist, unter Verweis auf *Reidt*, in: Bracher/Gelzer/Reidt, Bauplanungsrecht, Rn. 842.
475 *Mitschang*, ZfBR 2008, 227 (234). *Krautzberger*, in: E/Z/B/K, § 13, Rn. 14 (Stand: März 2007), nennt den Fall der Festsetzungen nach § 9 Abs. 2a BauGB nicht, obwohl er in Rn. 28 § 13 Abs. 1 3. Var. BauGB als Unterfall der 2. Var. ansieht.
476 A. A. *Krautzberger*, in: E/Z/B/K, § 13, Rn. 14 (Stand: März 2007), der davon ausgeht, Bebauungspläne der Innenentwicklung könnten gar nicht im vereinfachten Verfahren aufgehoben werden.
477 *Bunzel*, Difu-Praxistest, S. 46, abrufbar unter http://www.difu.de/publikationen/difu-berichte/4_06/11.phtml (zuletzt abgerufen am 01.03.2008).
478 BT-Drs. 15/2250, S. 30; vgl. *Berkemann*, in: BauGB 2004 – Nachgefragt, S. 43 (44); *Bunzel*, in: BauGB 2004 – Nachgefragt, S. 187 (188); *Krautzberger*, in: E/Z/B/K, § 2, Rn. 179 (Stand: September 2007), unter Verweis auf Art. 3 Abs. 3 Plan-UP-RL; *Löhr*, in: B/K/L, § 13, Rn. 1a, unter Verweis auf Art. 3 Abs. 5 Plan-UP-RL.

Gesetzgebungsverfahren auch nicht aufgegriffen. Somit verbietet sich eine Anwendung des vereinfachten Verfahrens auf alle von § 13 Abs. 1 2. Var. u. 3. Var. BauGB nicht explizit erfassten Fälle, in denen es durch eine Planaufhebung nur zu marginalen Maßstabsveränderungen kommt.
Sind für die Aufhebung eines Bebauungsplans der Innenentwicklung die Voraussetzungen von § 13 Abs. 1 2. Var. o. 3. Var., § 1 Abs. 8 BauGB erfüllt, ist zu bedenken, dass in diesen Fällen kein Bedürfnis besteht, auch das beschleunigte Verfahren gem. § 13a BauGB anwenden zu können, da die Umweltprüfung und die damit verbundenen Verfahrensschritte im vereinfachten Verfahren genauso entbehrlich sind wie im beschleunigten und der sonst im vereinfachten Verfahren gegenüber dem beschleunigten Verfahren bestehende Nachteil der vollen Gültigkeit der naturschutzrechtlichen Eingriffsregelung des § 1a Abs. 3 BauGB – im beschleunigten Verfahren wird i. R. d. § 13a Abs. 2 Nr. 4 BauGB von einem Ausgleichserfordernis gem. § 1a Abs. 3 S. 1 2. Alt. BauGB suspendiert – nicht zum Tragen kommt. Beurteilt sich nämlich nach der Planaufhebung die Zulässigkeit von Vorhaben am Maßstab des § 34 BauGB, findet dabei die naturschutzrechtliche Eingriffsregelung gem. § 21 Abs. 2 S. 1, § 11 S. 1 BNatSchG keine Anwendung. Daher ist sie auch i. R. e. Planaufhebung, die dem Maßstab des § 34 BauGB Geltung verschafft, nicht zu berücksichtigen.[479] Die in § 13a Abs. 2 Nr. 2 BauGB vorgesehene Verfahrensprivilegierung wird in den Fällen der Aufhebung eines Bebauungsplans unter den Voraussetzungen des § 13 Abs. 1 2. Var. o. 3. Var., § 1 Abs. 8 BauGB in der Regel ohnehin keinen Anwendung finden. Insofern hätte die zusätzliche Anwendbarkeit des beschleunigten Verfahrens auf derartig gelagerte Fälle der Planaufhebung keine weiteren Vorteile, so dass sie insoweit ohne Weiteres verzichtbar ist und sogar überflüssig wäre.[480]

5. Umstellung schon laufender Bebauungsplanungsverfahren auf das beschleunigte Verfahren – Überleitungsrecht

Entsprechend der für die Einführung des beschleunigten Verfahrens für Bebauungspläne der Innenentwicklung geltenden allgemeinen Überleitungsvorschrift[481] des § 233 Abs. 1 S. 1 BauGB sind vor dem 01.01.2007, also vor dem

---

479 *Krautzberger*, in: E/Z/B/K, § 13a, Rn. 20 (Stand: Mai 2007).
480 Ähnlich *Krautzberger*, in: E/Z/B/K, § 13a, Rn. 20 (Stand: Mai 2007), der jedoch hinsichtlich dieser Argumentation nicht speziell auf Fälle der Anwendbarkeit des vereinfachten Verfahrens auf die Planaufhebung abstellt, sondern davon ausgeht, dass in Fällen der Planaufhebung eine Umweltprüfung generell verzichtbar ist, was angesichts der generellen Ausgestaltung der Umweltprüfungspflicht gem. § 2 Abs. 4, § 1 Abs. 8 BauGB, wie auch der Vorschlag des Praxistests zeigt (vgl. Fn. 477), nicht zu halten ist.
481 *Bienek*, SächsVBl. 2007, 49 (51); *Gierke*, in: Brügelmann, § 13a, Rn. 23 (Stand: Februar 2008); *Krautzberger*, in: E/Z/B/K, § 13a, Rn. 95 (Stand: Mai 2007); Mustereinführungserlass, S. 4, abrufbar unter http://www.is-argebau.de/ (zuletzt abgerufen am 10.05.2008).

Inkrafttreten des Innenstadtentwicklungsgesetzes, eingeleitete Planungsverfahren nach den bisher geltenden Rechtsvorschriften abzuschließen, d. h. ohne Möglichkeit der Anwendung des beschleunigten Verfahrens, auch wenn der Anwendungsbereich der Neuregelung eröffnet wäre. § 233 Abs. 1 S. 1 a. E., S. 2 BauGB ermöglicht es jedoch in Abweichung dazu, nach bisheriger Rechtslage durchzuführende Verfahrensschritte, die noch nicht begonnen wurden, nach den neuen gesetzlichen Regelungen durchzuführen. Aufgrund dieser intertemporalen Kollisionsnorm können Verfahrensschritte eines Planungsverfahrens, das vor dem 01.01.2007 begonnen wurde, einen nun von § 13a Abs. 1 S. 1 BauGB vorausgesetzten Bebauungsplan der Innenentwicklung betrifft und nach jetziger Rechtslage insgesamt in den Anwendungsbereich des beschleunigten Verfahrens nach § 13a Abs. 1 BauGB fiele, entsprechend den Maßgaben des beschleunigten Verfahrens vollzogen werden, sofern sie bisher noch nicht eingeleitet worden sind. Daraus folgt, dass grundsätzlich bis zum Satzungsbeschluss über den Bebauungsplan gem. § 10 Abs. 1 BauGB noch nicht begonnene Verfahrensschritte für nun von § 13a Abs. 1 BauGB erfasste Bebauungspläne der Innenentwicklung nach den Regelungen des beschleunigten Verfahrens gem. § 13a Abs. 2-4 BauGB durchgeführt werden können.[482] Die dem Satzungsbeschluss folgenden Verfahrensschritte der Ausfertigung und ortsüblichen Bekanntmachung sind bei allen Bebauungsplanungsverfahren gleich, so dass eine Verfahrensumstellung nach diesem Zeitpunkt keinen Sinn mehr macht.

Überhaupt stellt sich die Frage, bis zu welchem Verfahrensstadium eine Umstellung auf die Regelungen des beschleunigten Verfahrens mit Vorteilen verbunden ist. Man könnte davon ausgehen, dass ab dem Zeitpunkt, ab dem die Umweltprüfung gem. § 2 Abs. 4 BauGB schon vollständig abgeschlossen *und* auch der Umweltbericht gem. § 2a BauGB abgefasst ist, die Anwendung des beschleunigten Verfahrens, bei dem gem. § 13a Abs. 2 Nr. 1, § 13 Abs. 3 S. 1 BauGB diese Verfahrensschritte entbehrlich gewesen wären, keine Erleichterungen und damit Vorteile gegenüber dem Abschluss des Planungsverfahrens nach den allgemeinen Regelungen mehr bringt. Dabei ist jedoch zu bedenken, dass die Entbehrlichkeit der Umweltprüfung nicht die einzige und in der Reihenfolge der Verfahrensschritte letzte Verfahrenserleichterung des beschleunigten Verfahrens gegenüber dem Regelplanungsverfahren ist. Zudem müssen die abwägungserheblichen Umweltbelange auch i. R. d. beschleunigten Verfahrens gem. § 2 Abs. 3 BauGB umfassend ermittelt und bewertet und in der Abwägung des § 1 Abs. 7 BauGB uneingeschränkt entsprechend ihrer Gewichtigkeit berücksichtigt werden. Allein die durch die Umweltprüfung erfolgende Formalisierung dieser Anforderung an die Planung fällt i. R. d. beschleunigten Verfahrens gem.

---

482 *Gierke*, in: Brügelmann, § 13a, Rn. 23 (Stand: Februar 2008); Mustereinführungserlass, S. 4, abrufbar unter http://www.is-argebau.de/ (zuletzt abgerufen am 10.05.2008); *Schmidt-Eichstaedt*, BauR 2007, 1148 (1154).

§ 13a Abs. 2 Nr. 1, § 13 Abs. 3 S. 1 BauGB weg.[483] Daraus wird deutlich, dass eine schon stattgefundene Umweltprüfung, auch wenn der Umweltbericht schon abgefasst wurde, im Hinblick auf die nachfolgende Anwendung des beschleunigten Verfahrens kein nicht mehr zu gebrauchender Verfahrensschritt ist.[484] Zudem entfällt durch die Umstellung auf die Regelungen des § 13a Abs. 2-4 BauGB für das weitere Verfahren die Notwendigkeit einer zusammenfassenden Erklärung gem. § 10 Abs. 4 BauGB und des Monitorings gem. § 4c BauGB (§ 13a Abs. 2 Nr. 1, § 13 Abs. 3 S. 1 BauGB). Aus der grundsätzlich erst nach der Umweltprüfung stattfindenden planerischen Abwägungsentscheidung kann sich zudem nach den allgemeinen Regelungen gem. § 1a Abs. 3. S. 1 2. Alt. BauGB ein Ausgleichserfordernis für mit der Planung verbundene, neu ermöglichte Eingriffe in Natur und Landschaft ergeben. I. R. d. beschleunigten Verfahrens ist ein derartiges Ausgleichserfordernis gem. § 13a Abs. 2 Nr. 4 BauGB aufgrund der Fiktion einer § 1a Abs. 3 S. 5 BauGB entsprechenden Sachlage von vornherein ausgeschlossen, sofern sich der Bebauungsplan i. R. d. § 13a Abs. 1 S. 2 Nr. 1 BauGB hält. Auch für den Fall, dass sich bei der Erarbeitung des konkret zu beschließenden Plans aufgrund der Anforderungen des Entwicklungsgebots ergeben sollte, dass der Flächennutzungsplan im Hinblick auf den gewollten Bebauungsplan geändert werden muss, hat das beschleunigte Verfahren wegen der Möglichkeit, den Flächennutzungsplan gem. § 13a Abs. 2 Nr. 2 BauGB ohne eigenständiges Planungsverfahren und ohne Genehmigung gem. § 6 Abs. 1 BauGB im Wege der Berichtigung unförmlich anzupassen, Vorteile.[485] Daraus ergibt sich, dass auch nach abgeschlossener Umweltprüfung eine Umstellung auf das beschleunigte Verfahren gem. § 233 Abs. 1 S. 2 BauGB durchaus noch sinnvoll sein kann, auch wenn dann von den Verfahrenserleichterungen der § 13a Abs. 2 Nr. 1, § 13 Abs. 3 S. 1 BauGB nicht mehr umfassend profitiert werden kann.

---

483 *Battis*, in: B/K/L, § 13a, Rn. 11; *Battis/Krautzberger/Löhr*, NVwZ 2007, 121 (124); *Bienek*, SächsVBl. 2007, 49 (50); *Blechschmidt*, ZfBR 2007, 120 (121); *Bunzel*, LKV 2007, 444 (448); *ders.*, Difu-Praxistest, S. 37, abrufbar unter http://www.difu.de/ publikationen/difu-berichte/4_06/11.phtml (zuletzt abgerufen am 01.03.2008); *Dirnberger*, Bay. Gemeindetag 2/2007, 51(52); *Krautzberger*, UPR 2007, 170 (173); *ders.*, in: E/Z/B/K, § 13a, Rn. 64 (Stand: Mai 2007); *ders.*, in: Krautzberger/Söfker, Baugesetzbuch, Rn. 154a; *Kuschnerus*, Der standortgerechte Einzelhandel, Rn. 605; *Mitschang*, ZfBR 2007, 433 (443); Mustereinführungserlass, S. 8, abrufbar unter http://www.is-argebau.de/ (zuletzt abgerufen am 10.05.2008); *Portz*, in: Spannowsky/ Hofmeister, BauGB 2007, S. 1 (5); *Reidt*, NVwZ 2007, 1029 (1031); *Schmidt-Eichstaedt*, BauR 2007, 1148 (1155); *Söfker*, in: Spannowsky/Hofmeister, BauGB 2007, S. 17 (19); *Starke*, JA 2007, 488 (489); *Uechtritz*, BauR 2007, 476 (481); *Wallraven-Lindl/Strunz/Geiß*, Das Bebauungsplanverfahren nach dem BauGB 2007, S. 148.
484 *Schmidt-Eichstaedt*, BauR 2007, 1148 (1155).
485 *Schmidt-Eichstaedt*, BauR 2007, 1148 (1154).

Über eine Verfahrensumstellung entscheidet die Person oder das Gremium, das nach der jeweiligen Gemeindeordnung und der gemeindeinternen Geschäftsverteilung für die Aufstellung von Bauleitplänen zuständig ist.[486] Bei einer Verfahrensumstellung sind die Anforderungen des § 13a Abs. 3 BauGB zu beachten.[487] Im Übrigen kann die Gemeinde ein schon begonnenes Bauleitplanungsverfahren für einen Bebauungsplan jederzeit abbrechen und es insgesamt neu nach den Regeln des § 13a BauGB beginnen.[488]

6. Schwellenwerte des § 13a Abs. 1 S. 2 BauGB

a) Europarechtlicher Hintergrund

aa) Umweltprüfungspflichtigkeit nach der Plan-UP-RL

Gem. § 13a Abs. 2 Nr. 1 i. V. m. § 13 Abs. 3 S. 1 BauGB ist bei der Aufstellung von Bebauungsplänen der Innenentwicklung im beschleunigten Verfahren als Ausnahme zur in § 2 Abs. 4 S. 1 BauGB statuierten grundsätzlichen Umweltprüfungspflicht von Bauleitplänen keine Umweltprüfung durchzuführen. Die Einführung der grundsätzlichen Umweltprüfungspflicht für Bauleitpläne in § 2 Abs. 4 S. 1 BauGB durch das EAG-Bau beruht auf der Umsetzung der Plan-UP-RL (vgl. A. IV. 6.). Die Plan-UP-RL sieht jedoch keine ausnahmslose Umweltprüfungspflicht für alle Bauleitpläne vor, sondern gem. Art. 3 Abs. 1 Plan-UP-RL nur für solche Pläne, die voraussichtlich erhebliche Umweltauswirkungen haben, wobei sich der deutsche Gesetzgeber diese Einschränkung bereits bei der Änderung des vereinfachten Verfahrens gem. § 13 BauGB, in dessen Rahmen ebenfalls keine Umweltprüfung notwendig ist, durch das EAG-Bau in geringem Umfang zunutze machte[489] und sie in anderen EU-Mitgliedstaaten in viel weiterem Umfang ausgeschöpft wurde.[490] Durch die Beschränkung des Anwendungsbereichs des beschleunigten Verfahrens gem. § 13a Abs. 1 S. 2 u. S. 3 BauGB auf Bebauungspläne der Innenentwicklung, deren Festsetzungen bezogen auf die

---

486 *Schmidt-Eichstaedt*, BauR 2007, 1148 (1155).
487 *Gierke*, in: Brügelmann, § 13a, Rn. 23 (Stand: Februar 2008); *Krautzberger*, in: E/Z/B/K, § 13a, Rn. 95 (Stand: Mai 2007); *Schmidt-Eichstaedt*, BauR 2007, 1148 (1154); Mustereinführungserlass, S. 4, abrufbar unter http://www.is-argebau.de/ (zuletzt abgerufen am 10.05.2008), wobei dort gerade deshalb die Praktikabilität einer Umstellung eines Planungsverfahrens auf das beschleunigte Verfahren bezweifelt wird.
488 *Gierke*, in: Brügelmann, § 13a, Rn. 23 (Stand: Februar 2008); *Krautzberger*, in: E/Z/B/K, § 13a, Rn. 95 (Stand: Mai 2007); Mustereinführungserlass, S. 4/5, abrufbar unter http://www.is-argebau.de/ (zuletzt abgerufen am 10.05.2008).
489 BT-Drs. 15/2250, S. 30 u. 50; vgl. *Battis*, in: B/K/L, § 13a, Rn. 5; *Battis/Krautzberger/ Löhr*, NVwZ 2007, 121 (124); *Faßbender*, NVwZ 2005, 1122 (1128); *Mitschang*, ZfBR 2008, 227 (230); *Spannowsky*, in: Berliner Kommentar, § 13a, Rn. 2 (Stand: Juli 2007).
490 *Krautzberger/Stüer*, DVBl. 2007, 160 (169); *Spannowsky*, NuR 2007, 521 (521); *ders.*, in: Berliner Kommentar, § 13a, Rn. 2 (Stand: Juli 2007).

Fläche bestimmte Schwellenwerte nicht überschreiten, soll erreicht werden, dass richtlinienkonform (vgl. Art. 3 Abs. 5 S. 2 a. E. Plan-UP-RL) nur solche Bebauungspläne der Innenentwicklung im beschleunigten Verfahren ohne Umweltprüfung aufgestellt werden können, die nicht voraussichtlich erhebliche Umweltauswirkungen haben.[491]

Gem. Art. 3 Abs. 2 Plan-UP-RL unterliegen Pläne, die im Bereich der Bodennutzung ausgearbeitet werden *und* durch die der Rahmen für die künftige Genehmigung der in den Anhängen I und II der UVP-RL (Richtlinie 85/337/EWG) aufgeführten Projekte gesetzt wird *oder* bei denen angesichts ihrer voraussichtlichen Auswirkungen auf Gebiete eine Prüfung nach Art. 6 oder 7 der Richtlinie 92/43/EWG (Gebiete von gemeinschaftlicher Bedeutung und Europäische Vogelschutzgebiete) für erforderlich erachtet wird, der Umweltprüfungspflicht. Bei ihnen wird unterstellt, dass sie grundsätzlich voraussichtlich erhebliche Umweltauswirkungen haben (Grund 10 Begründung Plan-UP-RL).[492] In Ausnahme dazu bestimmt Art. 3 Abs. 3 1. Alt. Plan-UP-RL, dass Pläne i. S. v. Absatz 2, die (nur) die Nutzung kleiner Gebiete auf lokaler Ebene festlegen, nur dann einer Umweltprüfung bedürfen, wenn die Mitgliedstaaten (ausdrücklich) bestimmen, dass sie voraussichtlich erhebliche Umweltauswirkungen haben. Dasselbe gilt für geringfügige Änderungen der unter Absatz 2 fallenden Pläne. D. h., dass bei Plänen, die (nur) die Nutzung kleiner Gebiete auf lokaler Ebene festlegen, keine automatische und unwiderlegliche Vermutung dafür besteht, dass sie voraussichtlich erhebliche Umweltauswirkungen haben, auch wenn sie im Bereich der Bodennutzung ausgearbeitet werden und den Rahmen für die künftige Genehmigung von in den Anhängen I und II UVP-RL (85/337/EWG) aufgeführten Projekten setzen oder bei ihnen angesichts ihrer voraussichtlichen Auswirkungen auf Gebiete eine Prüfung nach Art. 6 oder 7 der Richtlinie 92/43/EWG für erforderlich erachtet wird. Genauso wie für Pläne, die keine Pläne i. S. v. Art. 3 Abs. 2 Plan-UP-RL darstellen (Art. 3 Abs. 4 Plan-UP-RL), bestimmen die Mitgliedstaaten für Pläne i. S. v. Art. 3 Abs. 2 Plan-UP-RL, die nur die Nutzung kleiner Gebiete auf lokaler Ebene festlegen, ob sie vo-

---

491 BT-Drs. 16/2496, S. 9 u. 13; *Bienek*, SächsVBl. 2007, 49 (50); *Bienek/Krautzberger*, UPR 2008, 81 (81); *Bunzel*, LKV 2007, 444 (445); *Dirnberger*, Bay. Gemeindetag 2/2007, 51 (51); *Gierke*, in: Brügelmann, § 13a, Rn. 12 (Stand: Februar 2008); *Götze/Müller*, ZUR 2008, 8 (10); *Krautzberger*, UPR 2006, 405 (406); *ders.*, in: E/Z/B/K, § 13a, Rn. 14 u. 15 (Stand: Mai 2007); *Krautzberger/Stüer*, DVBl. 2007, 160 (161/162); *Müller-Grune*, BauR 2007, 985 (987); *Spannowsky*, in: Berliner Kommentar, § 13a, Rn. 11 u. 19 (Stand: Juli 2007); *Starke*, JA 2007, 488 (489/490); *Wallraven-Lindl/Strunz/Geiß*, Das Bebauungsplanverfahren nach dem BauGB 2007, S. 157.

492 Vgl. auch Europäische Kommission, Umsetzung Richtlinie 2001/42/EG, 2003, Nr. 3.21, abrufbar unter http://www.erneuerbare-energien.de/files/pdfs/allgemein/application/pdf/sea_guidance.pdf (zuletzt abgerufen am 24.07.2008); vgl. *Leidinger*, in: Hoppe, UVPG, § 14b, Rn. 11; *ders.*, in: Hoppe, UVPG, § 14a, Rn. 4.

raussichtlich erhebliche Umweltauswirkungen haben, was ihre Umweltprüfungspflichtigkeit auslöst (Art. 3 Abs. 3 a. E., Abs. 4 a. E. Plan-UP-RL).

bb) Nutzung kleiner Gebiete auf lokaler Ebene

(1) Lokale Ebene

Bebauungspläne regeln, indem sie darüber entscheiden, wie Grundstücke genutzt werden dürfen (vgl. § 1 Abs. 1, § 8 Abs. 1 S. 1 BauGB),[493] die Bodennutzung i. S. d. Art. 3 Abs. 2 lit. a Plan-UP-RL i. V. m. Art. 175 Abs. 2 lit. b 3. Spiegelstrich EGV[494] (= Art. 192 Abs. 2 lit. b 3. Spiegelstrich AEUV, vgl. ABl. EU Nr. C 115 vom 09.05.2008, S. 378) auf gemeindlicher und damit sicherlich lokaler Ebene i. S. d. Art. 2 lit. a Plan-UP-RL (vgl. § 1 Abs. 1, Abs. 3 S. 1, § 2 Abs. 1 S. 1 BauGB).[495]

(2) Kleines Gebiet

(a) Kritik am deutschen Gesetzgeber

Bebauungspläne mit einer zulässigen Grundfläche bzw. Größe der Grundfläche bzw. einer voraussichtlichen Versiegelungsfläche von weniger als 70000 qm betreffen nach Ansicht des deutschen Gesetzgebers zudem die Nutzung kleiner Gebiete i. S. d. Art. 3 Abs. 3 1. Alt Plan-UP-RL.[496] Diese durch § 13a Abs. 1 S. 2 u. S. 3 BauGB erfolgende Einordnung der größenmäßig typisierten Bebauungspläne als solche, die nur die Nutzung kleiner Gebiete auf lokaler Ebene im Sinne des Art. 3 Abs. 3 1. Alt. Plan-UP-RL festlegen, ist nicht unumstritten, vor allem weil die Plan-UP-Richtlinie selbst weder in absoluten Zahlen noch durch prozentuale Angaben im Verhältnis zur Gesamtgröße eines Gebiets auf lokaler Ebene definiert, was ein kleines Gebiet auf lokaler Ebene ist. Es wird angeführt, dass bereits durch kleinflächige Bebauungspläne der Innenentwicklung im Sinne des § 13a Abs. 1 S. 2 Nr. 1 BauGB eine Grundfläche von ca. vier[497] Fußballfel-

---

493 Europäische Kommission, Umsetzung Richtlinie 2001/42/EG, 2003, Nr. 3.31, abrufbar unter http://www.erneuerbare-energien.de/files/pdfs/allgemein/application/pdf/sea_guidance.pdf (zuletzt abgerufen am 24.07.2008).
494 *Hendler*, NuR 2003, 2 (4); vgl. *Calliess*, in: Calliess/Ruffert, EUV/EGV, Art. 175 EGV, Rn. 23 u. Fn. 94.
495 Vgl. *Gassner*, UVPG, § 14d, Rn. 10; *Hendler*, NuR 2003, 2 (9); *Leidinger*, in: Hoppe, UVPG, § 14d, Rn. 10; Europäische Kommission, Umsetzung Richtlinie 2001/42/EG, 2003, Nr. 3.34, abrufbar unter http://www.erneuerbare-ernergien.de/files/pdfs/allgemein/application/pdf/sea_guidance.pdf (zuletzt abgerufen am 24.07.2008).
496 BT-Drs. 16/2496, S. 13; *Bunzel*, LKV 2007, 444 (445); *Krautzberger*, in: E/Z/B/K, § 13a, Rn. 17 (Stand: Mai 2007).
497 Nach dem in der Quelle in Fn. 88 angegebenen Maßstab darf man nur von ca. 3 Fußballfeldern ausgehen.

dem überplant werden kann, was, anders betrachtet, bedeutet, dass bei einer durchschnittlichen Grundfläche der geplanten Gebäude von 100 qm 200 derartige bauliche Anlagen im Plan vorgesehen werden können. Schon diesbezüglich wird bezweifelt, ob eine derartige flächenmäßige Ausdehnung der Planung noch unter den Begriff des „kleinen Gebiets" im Sinne des Art. 3 Abs. 3 1. Alt. Plan-UP-RL subsumiert werden kann, was natürlich erst recht für Bebauungspläne im Sinne des § 13a Abs. 1 S. 2 Nr. 2 BauGB mit großer Skepsis betrachtet wird.[498] Verdeutlicht wird die Kritik an der Einordnung von Bebauungsplänen einer Größe im Sinne von § 13a Abs. 1 S. 2 BauGB als Pläne, die nur die Nutzung kleiner Gebiete auf lokaler Ebene festlegen, durch eine Betrachtung der in diesem Rahmen möglichen Gesamtgröße einer Planung. Bei einer Grundflächenzahl von 0,4 im Sinne des § 19 Abs. 2 BauNVO umfasst ein Bebauungsplan der Innenentwicklung im Rahmen des § 13a Abs. 1 S. 2 Nr. 1 BauGB, rechnet man Erschließungsanlagen und sonstige nicht zum Bauland gehörende Flächen ein, einen Geltungsbereich von mindestens 6 ha; bei einer Grundflächenzahl von 0,2, wie sie bei Wohnbebauungsplanung vor allem im ländlichen Bereich durchaus vorzufinden ist, kann die Plangröße eines Bebauungsplans im Sinne von § 13a Abs. 1 S. 2 Nr. 1 BauGB sogar 12 ha betragen. Ein Bebauungsplan gem. § 13a Abs. 1 S. 2 Nr. 2 BauGB kann bei einer Grundflächenzahl von 0,4 unter Beachtung der Erschließungsanlagen einen Geltungsbereich von über 20 ha haben,[499] wobei die Einordnung als „kleines Gebiet" hierbei natürlich als besonders problematisch erachtet wird.

(b) Interpretation des Begriffs „kleines Gebiet"

Anderer Auffassung nach legen Bebauungspläne dagegen immer, d. h. unabhängig von der Größe der in ihnen zugelassenen Grundfläche bzw. des Plangebiets insgesamt, nur die Nutzung kleiner Gebiete auf lokaler Ebene fest,[500] so dass sich aus den Grundflächenbegrenzungen des § 13a Abs. 1 S. 2 BauGB von vornherein keinerlei Anhaltspunkte für eine Unvereinbarkeit mit den Vorgaben des Art. 3 Abs. 3 1. Alt. Plan-UP-RL ergeben könnten. Eine etwas differenziertere Auffassung geht vom Wortlaut des Art. 3 Abs. 3 1. Alt. Plan-UP-RL aus und stellt hierzu zunächst fest, dass das „Gebiet auf lokaler Ebene" durch den Begriff „klein" weiter eingeschränkt wird, so dass grundsätzlich nicht das gesamte Gebiet einer lokalen Ebene erfasst und damit von der in Art. 3 Abs. 2 Plan-UP-RL vorgesehenen Umweltprüfungspflicht ausgenommen werden kann, es sei denn, das Gebiet ist insgesamt klein.[501] Daher werden vor allem Teilgebiete

---

498 *Götze/Müller*, ZUR 2008, 8 (10).
499 *Gierke*, in: Brügelmann, § 13a, Rn. 16 (Stand: Februar 2008) unter Verweis auf *Schmidt-Eichstaedt*, BauR 2007, 1148 (1151).
500 *Ginzky*, UPR 2002, 47 (49).
501 EU-Kommission, Umsetzung Richtlinie 2001/42/EG, 2003, Nr. 3.34, abrufbar unter http://www.erneuerbare-energien.de/files/pdfs/allgemein/application/pdf/sea_guidance.

einer Gemeinde als „kleine Gebiete" eingeordnet.[502] Bebauungspläne erfassen zwar in der Regel nur gemeindliche Gebietsteile und nicht die Fläche des gesamten Gemeindegebiets, so dass man aufgrund der grammatikalischen Auslegung von Art. 3 Abs. 3 1. Alt. Plan-UP-RL davon ausgehen könnte, weitgehend jeder Bebauungsplan lege nur die Nutzung kleiner Gebiete auf lokaler Ebene fest. Entsprechend des Telos von Art. 3 Plan-UP-RL sowie der gesamten Richtlinie, Pläne mit voraussichtlich erheblichen Umweltauswirkungen einer Umweltprüfung zu unterwerfen,[503] darf aber nicht vergessen werden, dass ab einer bestimmten Größe des Plangebiets, schon allein wegen der Summation der Auswirkungen der planerischen Festsetzungen, eine erhöhte Wahrscheinlichkeit dafür besteht, dass ein Plan voraussichtlich mit erheblichen Umweltauswirkungen verbunden ist, weshalb gerade ein Plan, der das gesamte Gemeindegebiet umfasst, auch in der Regel nicht als die Nutzung eines kleinen Gebiets auf lokaler Ebene festlegend eingeordnet wird.[504] Bedenkt man nun, dass in einer großen Gemeinde ein Bebauungsplan durchaus ein Teilgebiet erfassen kann, dass in einer kleineren Gemeinde das gesamte Gemeindegebiet ausmacht, ergibt sich, dass nicht jeder Bebauungsplan, der nur ein Teilgebiet der konkreten Gemeinde betrifft, grundsätzlich als nur die Nutzung eines kleinen Gebiets auf lokaler Ebene festlegend angesehen werden kann. Dies trifft nur auf kleinflächige Bebauungspläne zu.[505]

Dieser Ansicht ist zwar grundsätzlich zu folgen, hilft jedoch bei der konkreten Frage, ob sich die in § 13a Abs. 1 S. 2 BauGB getroffene Schwellenwertregelung im Rahmen des Art. 3 Abs. 3 1. Alt. Plan-UP-RL hält, nicht weiter, weil weiterhin unklar bleibt, was ein kleinflächiges bzw. kleines Gebiet konkret ist. Entsprechend des Telos von Art. 3 Plan-UP-RL, Pläne mit voraussichtlich erheblichen Umweltauswirkungen einer Umweltprüfung zu unterziehen, stellt die Europäische Kommission in ihrem Dokument zur Umsetzung der Plan-UP-RL heraus, dass die Größe des erfassten Gebiets nicht wichtigstes Kriterium für die gem. Art. 3 Abs. 3 1. Alt. Plan-UP-RL vorgesehene Ausnahme von der grundsätzlichen Umweltprüfungspflicht der Pläne im Sinne von Abs. 2 ist, obgleich sie an die Größe anknüpft. Bedeutender ist vielmehr, ob der Plan voraussichtlich erhebliche Umweltauswirkungen hat, auch wenn er tatsächlich nur die Nutzung eines kleinen Gebiets auf lokaler Ebene festlegt.[506] Zur Untermauerung dieser

---

pdf (zuletzt abgerufen am 24.07.2008); unter Verweis darauf *Gassner*, UVPG, § 14d, Rn. 10 und *Leidinger*, in: Hoppe, UVPG, § 14d, Rn. 11; *Hendler*, NuR 2002, 2 (9).
502 *Hendler*, NuR 2002, 2 (9); *Leidinger*, in: Hoppe, UVPG, § 14d, Rn. 11.
503 *Leidinger*, in: Hoppe, UVPG, § 14d, Rn. 11.
504 *Leidinger*, in: Hoppe, UVPG, § 14d, Rn. 11.
505 *Hendler*, NuR 2003, 2 (10).
506 EU-Kommission, Umsetzung Richtlinie 2001/42/EG, 2003, Nr. 3.35, abrufbar unter http://www.erneuerbare-energien.de/files/pdfs/allgemein/application/pdf/sea_guidance.pdf (zuletzt abgerufen am 24.04.2008).

Ansicht verweist die Europäische Kommission auf ein zur Umsetzung der UVP-Richtlinie (85/337/EWG) gegen Irland ergangenes Urteil, in dem entschieden wurde, dass der den Mitgliedstaaten von Art. 2 Abs. 1 u. Art. 4 Abs. 2 UVP-RL (85/337/EWG) eingeräumte Spielraum über die Bestimmung umweltverträglichkeitsprüfungspflichtiger Projekte überschritten ist, wenn für bestimmte Projektklassen die Umweltverträglichkeitsprüfungspflicht ausschließende bzw. auslösende Schwellenwerte festgesetzt werden, die nur ihre Größe, nicht aber ihre Art und ihren Standort berücksichtigen, weil auch ein Projekt geringer Größe erhebliche Auswirkungen haben kann, wenn es an einem Standort verwirklicht wird, an dem die für die Richtlinie relevanten Umweltfaktoren empfindlich auf die geringste Veränderung reagieren.[507] Daher kann aufgrund der Schwellenwertregelungen des § 13a Abs. 1 S. 2 u. S. 3 BauGB *allein*, die nicht die einzigen Voraussetzungen für die Anwendbarkeit des beschleunigten Verfahrens darstellen, nicht die Europarechtswidrigkeit bzw. -konformität des Anwendungsbereichs des beschleunigten Verfahrens festgestellt werden. Dies ist nur aufgrund einer Gesamtschau aller Merkmale möglich, die gem. § 13a Abs. 1 BauGB über die Anwendbarkeit des beschleunigten Verfahrens ohne Umweltprüfung dezidieren, wobei es entscheidend darauf ankommt, ob § 13a Abs. 1 BauGB Pläne mit voraussichtlich erheblichen Umweltauswirkungen erfasst oder nicht.[508]

Indem § 13a Abs. 1 S. 2 u. S. 3 BauGB bestimmen, dass für die dort angegebenen Größenrahmen fallende Bebauungspläne der Innenentwicklung das beschleunigte Verfahren, das keine Umweltprüfungspflicht vorsieht, anwendbar ist, legt der deutsche Gesetzgeber gem. Art. 3 Abs. 3 a. E., Abs. 4 a. E. Plan-UP-RL fest,[509] dass *bezogen auf das Kriterium der Größe bzw. des flächenmäßigen Umfangs der bebauungsplanerischen Festsetzungen*[510] erst Bebauungspläne der Innenentwicklung, die entweder flächenmäßig den angegebenen Schwellenwert von 70000 qm Grundfläche erreichen oder bei denen eine Vorprüfung des Einzelfalls das Vorliegen voraussichtlich erheblicher Umweltauswirkungen ergibt, obwohl sie nur eine Grundfläche zwischen 20000 qm und weniger als 70000 qm

---

507 EuGH, Urt. vom 21.09.1999 – Rs. C-392/96, ZUR 2000, 284 (284 u. 285). Vgl. auch Umsetzung Richtlinie 2001/42/EG, 2003, Nr. 3.47, abrufbar unter http://www.erneuerbare-energien.de/files/pdfs/allgemein/application/pdf/sea_guidance.pdf (zuletzt abgerufen am 24.04.2008).
508 *Gierke*, in: Brügelmann, § 13a, Rn. 20 (Stand: Februar 2008); *Krautzberger*, in: E/Z/B/K, § 2, Rn. 179 (Stand: September 2007).
509 BT-Drs. 16/2496, S. 13; *Blechschmidt*, ZfBR 2007, 120 (120/121); *Bunzel*, LKV 2007, 444 (445); *Gierke*, in: Brügelmann, § 13a, Rn. 15 (Stand: Juli 2007); *Krautzberger*, in: E/Z/B/K, § 13a, Rn. 17 (Stand: Mai 2007); *Mitschang*, ZfBR 2007, 433 (440).
510 Vgl. *Gierke*, in: Brügelmann, § 13a, Rn. 19 u. 20 u. 21 u. 30 (Stand: Februar 2008), der ausdrücklich hervorhebt, dass die Schwellenwerte des § 13a Abs. 1 S. 2 BauGB nicht die einzigen Kriterien für die abstrakt-generelle Bestimmung der Art von Bebauungsplänen sind, die im beschleunigten Verfahren ohne Umweltprüfung aufgestellt werden können.

festsetzen, voraussichtlich erhebliche Umweltauswirkungen haben, unabhängig davon, ob es sich um Pläne i. S. d. Art. 3 Abs. 2 Plan-UP-RL oder um solche i. S. d. Art. 3 Abs. 4 Plan-UP-RL handelt. Die an die Grundfläche des Bebauungsplans anknüpfende Schwellenwertregelung zur Einhaltung europarechtlicher Vorgaben war dem deutschen Recht nicht bis zur Regelung des § 13a Abs. 1 S. 2 BauGB fremd. Vielmehr ist § 13a Abs. 1 S. 2 BauGB an die Regelung des Gesetzes über die Umweltverträglichkeitsprüfung über die Umweltverträglichkeitsprüfungspflichtigkeit für Angebotsbebauungspläne angelehnt, die entsprechend der im Bebauungsplan festgesetzten Größe der Grundfläche zwischen generell umweltverträglichkeitsprüfungspflichtigen, umweltverträglichkeitsvorprüfungspflichtigen und generell nicht umweltverträglichkeitsprüfungspflichtigen Bebauungsplänen unterscheidet, (vgl. Nr. 18.5 und Nr. 18.7 Anlage 1 UVPG).[511]

b) Grundflächenfestsetzung im Bebauungsplan

Die den Regelungen des Gesetzes über die Umweltverträglichkeitsprüfung ähnliche Anknüpfung der Schwellenwerte des § 13a Abs. 1 S. 2 BauGB an die Festsetzung der zulässigen Grundfläche im Sinne des § 19 Abs. 2 BauNVO bzw. die Festsetzung einer Größe der Grundfläche (vgl. § 16 Abs. 2 Nr. 1 2. Alt. BauNVO) im Bebauungsplan der Innenentwicklung bedürfen in mehrfacher Hinsicht näherer Untersuchung.

aa) Relevanz der Grundfläche für Anlagen i. S. v. § 19 Abs. 4 S. 1 BauNVO

(1) Grammatikalische Auslegung von § 13a Abs. 1 S. 2 BauGB

Vor allem das Verhältnis der im Bebauungsplan festgesetzten zulässigen Grundfläche im Sinne des § 19 Abs. 2 BauNVO bzw. der festgesetzten Größe der Grundfläche gem. § 13a Abs. 1 S. 2 BauGB zu anrechenbaren Grundflächen für bauliche Anlagen i. S. v. § 19 Abs. 4 S. 1 BauNVO ist zu klären, denn für die Möglichkeit der Anwendung des beschleunigten Verfahrens kann es wegen der an die Grundfläche anknüpfenden Schwellenwerte entscheidend sein, ob die Grundflächen für bauliche Anlagen gem. § 19 Abs. 4 S. 1 BauNVO bei der zulässigen Grundfläche eines Bebauungsplans der Innenentwicklung i. S. d. § 13a Abs. 1 S. 2 BauGB (extra) mitzurechnen sind oder nicht.[512] § 13a Abs. 1 S. 2 BauGB knüpft ausdrücklich an die im Bebauungsplan i. R. d. Maßes der bau-

---

511 BT-Drs. 16/2496, S. 13; *Gierke*, in: Brügelmann, § 13a, Rn. 20 (Stand: Februar 2008); *Krautzberger*, UPR 2006, 405 (406); *ders.*, in: E/Z/B/K, § 13a, Rn. 14 (Stand: Mai 2007); *Mitschang*, ZfBR 2007, 433 (436/439); *Wallraven-Lindl/Strunz/Geiß*, Das Bebauungsplanverfahren nach dem BauGB 2007, S. 156.
512 *Spannowsky*, in: Spannowsky/Hofmeister, BauGB 2007, S. 27 (34); *ders.*, NuR 2007, 521 (524).

lichen Nutzung gem. § 16 Abs. 2 Nr. 1 1. Alt. BauNVO festzusetzende zulässige Grundfläche im Sinne des § 19 Abs. 2 i. V. m. Abs. 1 BauNVO an. § 19 Abs. 2 BauNVO definiert legal, was die zulässige Grundfläche aussagt, nämlich den nach § 19 Abs. 1 BauNVO errechneten Anteil des Baugrundstücks, der von *baulichen Anlagen* überdeckt werden darf. § 19 Abs. 4 BauNVO ändert an dieser Definition der zulässigen Grundfläche nichts.[513] Vielmehr bezieht er sich auf den Bereich der konkreten Vorhabenzulassung[514] und sieht eine Anrechnung von Flächen für die in § 19 Abs. 4 S. 1 BauNVO genannten baulichen Anlagen auf die für ein Grundstück im Bebauungsplan festgesetzte zulässige Grundfläche vor; für derartige bauliche Anlagen, die nicht bauliche Anlagen der für das Grundstück vorgesehenen Hauptnutzung sind, erlaubt § 19 Abs. 4 S. 2 BauNVO eine Überschreitung der i. R. d. Bebauungsplans festgesetzten zulässigen Grundfläche.[515] Diese Überschreitungsmöglichkeit führt dazu, dass die für die Realisierung eines Bebauungsplans zulässige Grundfläche, wenn auch nur bezogen auf bauliche Anlagen im Sinne von § 19 Abs. 4 S. 1 BauNVO, größer ist als die im Bebauungsplan tatsächlich festgesetzte Grundfläche. Auf § 19 Abs. 4 BauNVO verweist § 13a Abs. 1 S. 2 BauGB nicht. Daraus könnte man schließen, dass die Grundflächen für bauliche Anlagen im Sinne von § 19 Abs. 4 S. 1 BauNVO bei der Grundflächenbestimmung im Rahmen des § 13a Abs. 1 S. 2 BauGB völlig außen vor bleiben, so dass derartige bauliche Anlagen im Rahmen der Vorhabenzulassung ohne jegliche Anrechnung gem. § 19 Abs. 4 S. 1 BauNVO auf die für § 13a Abs. 1 S. 2 BauGB relevante, im Sinne von § 13a Abs. 1 S. 2 BauGB i. V. m. § 19 Abs. 2 BauNVO festgesetzte Grundfläche realisiert werden dürften und bei Ausschöpfung der festgesetzten Grundfläche i. S. v. § 13a Abs. 1 S. 2 BauGB i. V. m. § 19 Abs. 2 BauNVO durch die bauliche Hauptanlage allein oder in Verbindung mit Teilen der Nebenanlagen entgegen § 19 Abs. 4 S. 2-4 BauNVO in unbegrenztem Umfang zur i. R. v. § 13a Abs. 1 S. 2 BauGB entscheidenden festgesetzten Grundfläche hinzutreten könnten.[516]

(2) Teleologische Aspekte

Eine derartige Interpretation von § 13a Abs. 1 S. 2 BauGB dahingehend, dass sich die Schwellenwerte *nur* auf die Grundflächen für die im Bebauungsplan

---

513 *Bunzel*, LKV 2007, 444 (446).
514 *Birk*, KommJur 2007, 81 (83); *Krautzberger*, in: E/Z/B/K, § 13a, Rn. 41 (Stand: Mai 2007).
515 *Bunzel*, LKV 2007, 444 (446); *Wallraven-Lindl/Strunz/Geiß*, Das Bebauungsplanverfahren nach dem BauGB 2007, S. 156/157.
516 So wohl *Birk*, KommJur 2007, 81 (83); *Schmidt-Eichstaedt*, BauR 2007, 1148 (1151); unklar auch *Krautzberger*, in: Krautzberger/Söfker, Baugesetzbuch, Rn. 153b; *ders.*, in: E/Z/B/K, § 13a, Rn. 41 (Stand: Mai 2007); *Söfker*, in: Spannowsky/Hofmeister, BauGB 2007, S. 17 (19). Vgl. auch *Gierke*, in: Brügelmann, § 13a, Rn. 70 (Stand: Februar 2008).

vorgesehenen Hauptanlagen beziehen und Anlagen im Sinne von § 19 Abs. 4 S. 1 BauNVO bei der konkreten Vorhabenzulassung in unbeschränkten Umfang erlaubt sind, weil § 13a Abs. 1 S. 2 BauGB auf § 19 Abs. 4 BauNVO nicht Bezug nimmt,[517] wäre jedoch mit dem Zweck von § 19 Abs. 2 u. Abs. 4 BauNVO und der §§ 3b ff. UVPG i. V. m. Nrn. 18.5, 18.7 u. 18.8 Anlage 1 UVPG, die wie § 13a Abs. 1 S. 2 BauGB an die im Bebauungsplan vorgesehene zulässige Grundfläche i. S. v. § 19 Abs. 2 BauNVO anknüpfen, nicht zu vereinbaren.[518] In der Gesetzesbegründung zur Einführung der §§ 3b ff. UVPG in Kombination mit den Schwellenwertregelungen in der Anlage 1 UVPG zur Umsetzung der UVP-RL (85/337/EWG) wird hinsichtlich der für die Prüfung der Überschreitung der Schwellenwerte notwendigen Berechnung der Größe der Grundfläche i. S. v. § 19 Abs. 2 BauNVO die Verbindung zwischen den Schwellenwerten und dem Versiegelungsgrad der Fläche hervorgehoben;[519] gerade weil die Größe der Grundfläche die durch den Bebauungsplan ermöglichte Versiegelung wiedergeben soll, sind die ebenfalls zur Bodenversiegelung führenden baulichen Anlagen i. S. v. § 19 Abs. 4 BauNVO in die für die Anlage 1 UPVG und daher auch für § 13a Abs. 1 S. 2 BauGB entscheidende Festsetzung der zulässigen Grundfläche bzw. Größe der Grundfläche grundsätzlich einzubeziehen,[520] d. h., bei der Grundflächenfestsetzung zu berücksichtigen und im Rahmen der konkreten Vorhabenzulassung gem. § 19 Abs. 4 S. 1 BauNVO auf die insgesamt für ein Grundstück festgesetzte Grundfläche anzurechnen, die natürlich, wenn keine Anlagen im Sinne von § 19 Abs. 4 S. 1 BauNVO erforderlich oder gewollt sind, auch ganz für die Realisierung der baulichen Hauptanlage in Anspruch genommen werden kann.

(3) Anforderungen der Rechtsprechung an die Grundflächenfestsetzung und Telos von § 19 Abs. 4 BauNVO

Dies korrespondiert mit der Anforderung der Rechtsprechung, dass die planerische Festsetzung der zulässigen Grundfläche im Rahmen des Maßes der baulichen Nutzung, an die auch § 13a Abs. 1 S. 2 BauGB anknüpft, alle Anlagen, die bei der innerhalb der Einzelvorhabenzulassung vorzunehmenden Prüfung, ob sich ein konkret beabsichtigtes bauliches Einzelvorhaben im Rahmen der erlaubten Grundfläche hält, einzubeziehen sind, erfassen muss und sich nicht *nur*, je-

---

517 *Spannowsky*, NuR 2007, 521 (524); *ders.*, in: Spannowsky/Hofmeister, BauGB 2007, S. 27 (34).
518 *Spannowsky*, NuR 2007, 521 (524); *ders.*, in: Spannowsky/Hofmeister, BauGB 2007, S. 27 (34); zustimmend *Gierke*, in: Brügelmann, § 13a, Rn. 70 (Stand: Februar 2008).
519 BT-Drs. 14/4599, S. 121; darauf verweist *Spannowksy*, in: Spannowsky/Hofmeister, BauGB 2007, S. 27 (34/35); *ders.*, NuR 2007, 521 (524); zustimmend *Gierke*, in: Brügelmann, § 13a, Rn. 70 (Stand: Februar 2008).
520 *Spannowsky*, NuR 2007, 521 (524); *ders.*, in: Spannowsky/Hofmeister, BauGB 2007, S. 27 (34/35).

denfalls nicht ohne weitere Regelung für bei der Vorhabenzulassung im Rahmen der Ermittlung der Grundfläche mitzurechnende (Neben-)Anlagen, auf bauliche Hauptanlagen beziehen darf. Vielmehr muss die Festsetzung der zulässigen Grundfläche ein Summenmaß für *alle* baulichen Anlagen darstellen, die im Rahmen der Vorhabenzulassung „bei der zulässigen Grundfläche zu Buche schlagen" – darunter fallen selbstverständlich die Grundflächen der Hauptanlagen, aber auch die gem. § 19 Abs. 4 S. 1 BauNVO anzurechnenden Grundflächen der dort genannten Nebenanlagen. Wäre bei der Festsetzung der zulässigen Grundfläche eine Festsetzung nur für bauliche Hauptanlagen möglich, könnte die Anrechnungsvorschrift des § 19 Abs. 4 BauNVO mangels Anwendbarkeit unterlaufen werden. Die Anrechnungsregelung des § 19 Abs. 4 BauNVO wurde 1990 gerade zu dem Zweck eingeführt, die Umsetzung der Bodenschutzklausel des § 1a Abs. 2 S. 1 BauGB zu unterstützen, indem durch die Anrechnung von Nebenanlagen eine Begrenzung der Bodenversiegelung durch derartige bauliche Anlagen erreicht werden sollte.[521] Deshalb soll durch die Grundflächenfestsetzung offengelegt werden, wie viel Fläche durch die Umsetzung des Bebauungsplans insgesamt versiegelt werden kann. Dies bedeutet, dass die Gemeinde, trifft sie eine Festsetzung über die zulässige Grundfläche, entweder explizite Festsetzungen über die Grundflächen der Hauptanlagen und die der Nebenanlagen treffen muss oder sich, trifft sie eine allgemeine Festsetzung über die zulässige Grundfläche ohne speziellen Zusatz, über die Bedeutung und Reichweite des § 19 Abs. 4 BauNVO bewusst sein muss.[522] Eine Grundflächenfestsetzung ausschließlich und allein für bauliche Hauptanlagen unter Ausschluss der Regelung des § 19 Abs. 4 BauNVO ist daher unzulässig[523] und kann auch nicht Anknüpfungspunkt der Schwellenwertregelung des § 13a Abs. 1 S. 2 BauGB sein. Angedeutet ist diese Vorgabe auch in § 19 Abs. 2 BauNVO selbst, indem dort auf den Anteil des Baugrundstücks abgestellt wird, der allgemein von baulichen Anlagen, nicht nur von baulichen *Haupt*anlagen, überdeckt werden darf, woraus deutlich wird, dass die anzurechnenden Grundflächen baulicher Anlagen im Sinne des § 19 Abs. 4 S. 1 BauNVO, die grundsätzlich auch nur innerhalb der festgesetzten zulässigen Grundfläche realisiert werden dürfen, bei einer Festsetzung im Sinne von § 19 Abs. 2 BauNVO und damit auch im Sinne von § 13a Abs. 1

---

521 BR-Drs. 354/89, S. 35/36. Vgl. auch *Gierke*, in: Brügelmann, § 13a, Rn. 70 (Stand: Februar 2008); *König*, in: König/Roeser/Stock, BauNVO, § 19, Rn. 4 unter Verweis auf BR-Drs. 354/89, S. 35 f.
522 *Boeddinghaus*, BauNVO, § 19, Rn. 13, verweist darauf, dass die in § 19 Abs. 4 S. 1 BauNVO genannten baulichen Anlagen oft nicht im Bebauungsplan festgesetzt werden, weil sie gem. §§ 12-14 BauNVO in den Baugebieten allgemein zulässig sind und gem. § 23 Abs. 5 BauNVO auch auf den nicht überbaubaren Grundstücksflächen zugelassen werden können. Werden sie festgesetzt, ist § 19 Abs. 4 S. 1 BauNVO bei den konkreten Festsetzungen aber schon zu beachten.
523 BayVGH, Urt. vom 10.08.2006 – 1 N 04.1371, 1 N 05.903, 1 N 05.661, ZfBR 2007, 348 (348 u. 349). Vgl. *Spannowsky*, in: Spannowsky/Hofmeister, BauGB 2007, S. 27 (35).

S. 2 BauGB berücksichtigt werden müssen.[524] Zudem wäre es geradezu paradox, bei der Eröffnung des Anwendungsbereichs des beschleunigten Verfahrens im Rahmen des § 13a Abs. 1 S. 2 BauGB nur auf die Grundflächenfestsetzung für Hauptanlagen abzustellen und die Anrechnung von Nebenanlagen gem. § 19 Abs. 4 S. 1 BauNVO völlig außen vor zu lassen, obwohl die Anrechnung der Verwirklichung der Bodenschutzklausel dienen soll und das beschleunigte Verfahren insgesamt eine Instrumentierung der Bodenschutzklausel ist und die Neuinanspruchnahme von Flächen gerade verhindern will. Dafür, dass bei der Grundflächenfestsetzung gem. § 13a Abs. 1 S. 2 BauGB Flächen für bauliche Nebenanlagen im Sinne von § 19 Abs. 4 S. 1 BauNVO nicht unberücksichtigt bleiben können und nicht ausschließlich auf die Grundflächen für bauliche Hauptanlagen abgestellt werden darf, spricht auch, dass § 13a Abs. 1 S. 3 BauGB die Gesamtversiegelungsfläche, also die Fläche, die bei Realisierung des Plans u. a. durch bauliche Haupt- und Nebenanlagen voraussichtlich versiegelt wird, als maßgebend für die Schwellenwerte des § 13a Abs. 1 S. 2 BauGB vorsieht.[525]

Nur die in § 19 Abs. 4 S. 2 BauNVO vorgesehene Überschreitung der im Bebauungsplan vorgesehenen Grundfläche durch Anlagen i. S. v. § 19 Abs. 4 S. 1 BauNVO ist, wie bei den Schwellenwerten der Anlage 1 UVPG,[526] auch bei der Bestimmung der zulässigen Grundfläche i. R. d. § 13a Abs. 1 S. 2 BauGB nicht zu berücksichtigen,[527] denn diese geht gerade über das hinaus, was der Bebauungsplan im Sinne von § 19 Abs. 2 BauNVO i. V. m. § 13a Abs. 1 S. 2 BauGB als zulässige Grundfläche *festsetzt*.

(4) Zusammenfassung

Die Gemeinde muss daher bei der Grundflächenfestsetzung im Sinne von § 13a Abs. 1 S. 2 BauGB die Grundfläche für alle baulichen Anlagen, die im Fall der Verwirklichung des Plans bei der konkreten Bestimmung der Zulässigkeit der Grundfläche der beabsichtigten baulichen Anlagen gem. § 19 Abs. 4 S. 1

---

524 Vgl. OVG Lüneburg, Urt. vom 28.04.2005 – 1 LB 29/04, zitiert nach juris, Rn. 37.
525 *Spannowsky*, in: Spannowsky/Hofmeister, BauGB 2007, S. 27 (35); *ders.*, in: Berliner Kommentar, § 13a, Rn. 19 (Stand: Juli 2007); *ders.*, NuR 2007, 521 (524); zustimmend *Gierke*, in: Brügelmann, § 13a, Rn. 70 (Stand: Februar 2008).
526 BT-Drs. 14/4599, S. 121; so auch *Bunzel*, ZfBR 2002, 124 (127); *Dienes*, in: Hoppe, UVPG, Anlage 1 UVPG, Rn. 108; *Mitschang*, ZfBR 2001, 380 (389, Fn. 92).
527 *Bunzel*, LKV 2007, 444 (446); *Dirnberger*, Bay. Gemeindetag 2/2007, 51 (52); *Gierke*, in: Brügelmann, § 13a, Rn. 70 (Stand: Februar 2008); *Kuschnerus*, Der standortgerechte Einzelhandel, Rn 601; *Mitschang*, ZfBR 2007, 433 (436); Mustereinführungserlass, S. 6, abrufbar unter http://www.is-argebau.de/ (zuletzt abgerufen am 10.05.2008); *Spannowsky*, in: Spannowsky/Hofmeister, BauGB 2007, S. 27 (35); *ders.*, NuR 2007, 521 (524); *Wallraven-Lindl/Strunz/Geiß*, Das Bebauungsplanverfahren nach dem BauGB 2007, S. 156/157.

BauNVO mitzurechnen wären, mitberücksichtigen; die Festsetzung der Grundflächen nur der Hauptanlagen reicht, wie grundsätzlich für die Festsetzung der zulässigen Grundfläche,[528] nicht aus. Nur so wird deutlich, in welchem Maß durch den Bebauungsplan insgesamt Bodenversiegelungen zugelassen werden, was aus der Festsetzung des Maßes der baulichen Nutzung im Form der Grundflächenfestsetzung gerade hervorgehen soll.[529] Aus dieser grammatikalisch-systematisch-teleologischen Auslegung von § 13a Abs. 1 S. 2 BauGB und § 19 Abs. 2 u. Abs. 4 BauNVO folgt daher, dass Flächen für bauliche Anlagen i. S. v. § 19 Abs. 4 S. 1 BauNVO grundsätzlich nicht – auch wenn durch sie die festgesetzte Grundfläche gem. § 19 Abs. 4 S. 2 BauNVO überschritten werden könnte, so dass die tatsächlich zulässige Grundfläche größer wäre als die festgesetzte – zu der im Bebauungsplan der Innenentwicklung festgesetzten zulässigen Grundfläche i. S. d. § 19 Abs. 2 BauNVO bzw. zu der festgesetzten Größe der Grundfläche *extra* hinzuzurechnen sind, um die i. R. d. § 13a Abs. 1 S. 2 BauGB maßgebliche Grundfläche zu bestimmen;[530] sie sind aber bei der Gesamtgrundflächenfestsetzung im Hinblick auf die in § 19 Abs. 4 S. 1 BauNVO vorgesehene Flächenanrechnung zu bedenken. Auch im Rahmen von Bebauungsplänen der Innenentwicklung sind bei der Vorhabenzulassung die Grundflächen von Nebenanlagen im Sinne des § 19 Abs. 4 S. 1 BauNVO auf die im Bebauungsplan festgesetzte Grundfläche anzurechnen, so dass insoweit eine besondere Berücksichtigung ihrer Grundflächen ohnehin ungerechtfertigt wäre; auf die Überschreitungsmöglichkeit des § 19 Abs. 4 S. 2 BauNVO nimmt § 13a Abs. 1 S. 2 BauGB gerade keinen Bezug und stellt nur auf die festgesetzte Grundfläche ab, die die Überschreitungsmöglichkeit des § 19 Abs. 4 S. 2 BauNVO nicht einbezieht und auch nicht einbeziehen muss, so dass sie für die Grundflächenfestsetzung im Sinne von § 13a Abs. 1 S. 2 BauGB nicht zu berücksichtigen ist. Grundflächen für Anlagen im Sinne von § 19 Abs. 4 S. 1 BauNVO, die die im Bebauungsplan festgesetzte Grundfläche überschreiten dürfen, sind daher nicht zu dieser zu addieren.

---

[528] BayVGH, Urt. vom 10.08.2006 – 1 N 04.1371, 1 N 05.903, 1 N 05.661, ZfBR 2007, 348 (348 u. 349). Vgl. Fn. 523.

[529] BVerwG, Urt. vom 21.10.2004 – 4 C 3/04, NVwZ 2005, 208 (209), hebt ausdrücklich hervor, dass durch eine Begrenzung der zulässigen Grundflächen der Boden vor allem vor Versiegelung geschützt werden soll. BT-Drs. 14/4599, S. 121; *Spannowsky*, in: Spannowsky/Hofmeister, BauGB 2007, S. 27 (34/35); *ders.*, NuR 2007, 521 (524); so auch *Gierke*, in: Brügelmann, § 13a, Rn. 70 (Stand: Februar 2008). Vgl. Fn. 519 u. 520.

[530] *Birk*, KommJur 2007, 81 (83); *Dirnberger*, Bay. Gemeindetag 2/2007, 51 (52); *Krautzberger*, in: Krautzberger/Söfker, Baugesetzbuch, Rn. 153b; *Kuschnerus*, Der standortgerechte Einzelhandel, Rn. 601; *Mitschang*, ZfBR 2007, 433 (436); Mustereinführungserlass, S. 6, abrufbar unter http://www.is-argebau.de/ (zuletzt abgerufen am 10.05.2008), ausdrücklich in Bezug auf die Überschreitungsmöglichkeiten des § 19 Abs. 4 BauNVO; *Söfker*, in: Spannowsky/Hofmeister, BauGB 2007, S. 17 (19); vgl. auch *Gierke*, in: Brügelmann, § 13a, Rn. 70 u. 71 u. 73 (Stand: Februar 2008).

(5) Flächen für Erschließungsanlagen und Grünflächen

Indem § 13a Abs. 1 S. 2 BauGB auf § 19 Abs. 2 BauNVO verweist, § 19 Abs. 2 BauNVO auf § 19 Abs. 1 BauNVO und in § 19 Abs. 1 BauNVO § 19 Abs. 3 BauNVO in Bezug genommen wird, sind Flächen für öffentliche Erschließungsanlagen,[531] da sie nicht zum Bauland gem. § 19 Abs. 3 S. 1 BauNVO gehören, und Flächen für private oder öffentliche Grünanlagen, die nach ihrer Zweckbestimmung gerade nicht für eine Bebauung mit baulichen Anlagen im planungsrechtlichen Sinne vorgesehen sind und daher ebenfalls nicht zum Bauland gem. § 19 Abs. 3 BauNVO gehören,[532] nicht Teil der sich nach § 19 Abs. 2 BauNVO bestimmenden Grundfläche, auch wenn diese Anlagen mit Bodenversiegelungen verbunden sind[533] und die Grundflächenfestsetzung grundsätzlich das (gesamte) summenmäßige Ausmaß der durch den Bebauungsplan erlaubten Versiegelung zum Ausdruck bringen soll.

(6) Abweichender Standpunkt aufgrund historisch-systematischer Auslegung

Unter Heranziehung der Gesetzesbegründung zur ebenfalls an die zulässige Grundfläche im Sinne von § 19 Abs. 2 BauNVO anknüpfenden Regelung der Nrn. 18.5 u. 18.7 Anlage 1 UVPG, die vorgibt, nur auf den sich aus der festgesetzten Grundflächenzahl ergebenden rechnerischen Anteil der überbaubaren Flächen abzustellen und die Überschreitungsmöglichkeiten nach § 19 Abs. 4 BauNVO unberücksichtigt zu lassen,[534] wird dennoch davon ausgegangen, dass es für § 13a Abs. 1 S. 2 BauGB i. V. m. § 19 Abs. 2 BauNVO nur auf die Fläche

---

531 *Birk*, KommJur 2007, 81 (83); *Bunzel*, Difu-Praxistest, S. 28, abrufbar unter http://www.difu.de/publikationen/difu-berichte/4_06/11.phtml (zuletzt abgerufen am 01.03.2008); *Dirnberger*, Bay. Gemeindetag 2/2007, 51 (52); *Gierke*, in: Brügelmann, § 13a, Rn. 20 u. 68 (Stand: Februar 2008); *König*, in: König/Roeser/Stock, BauNVO, § 19, Rn. 13b; *Krautzberger*, in: E/Z/B/K, § 13a, Rn. 41 (Stand: Mai 2007); *ders.*, in: Krautzberger/Söfker, Baugesetzbuch, Rn. 153b; *Mitschang*, ZfBR 2007, 433 (436); *Söfker*, in: Spannowsky/Hofmeister, BauGB 2007, S. 17 (19); *Spannowsky*, in: Berliner Kommentar, § 13a, Rn. 19 (Stand: Juli 2007); *ders.*, NuR 2007, 521 (524); *ders.*, in: Spannowsky/Hofmeister, BauGB 2007, S. 27 (34); *Wallraven-Lindl/Strunz/Geiß*, Das Bebauungsplanverfahren nach dem BauGB 2007, S. 157. *Mitschang*, ZfBR 2001, 380 (389, Fn. 92), geht dagegen offensichtlich davon aus, dass öffentliche Verkehrsflächen grundsätzlich außerhalb von Baugrundstücken liegen, und daher schon gem. § 19 Abs. 2 BauNVO bei der zulässigen Grundfläche nicht zu berücksichtigen sind.
532 *Birk*, KommJur 2007, 81 (83); *Gierke*, in: Brügelmann, § 13a, Rn. 16 u. 20 u. 68 (Stand: Februar 2008); *König*, in: König/Roeser/Stock, BauNVO, § 19, Rn. 13 u. 13b; *Spannowsky*, in: Spannowsky/Hofmeister, BauGB 2007, S. 27 (34); *ders.*, in: Berliner Kommentar, § 13a, Rn. 19 (Stand: Juli 2007); *ders.*, NuR 2007, 521 (524).
533 So ausdrücklich *Bunzel*, Difu-Praxistest, S. 28, abrufbar unter http://www.difu.de/publikationen/difu-berichte/4_06/11.phtml (zuletzt abgerufen am 01.03.2008); vgl. kritisch *Gierke*, in: Brügelmann, § 13a, Rn. 20 u. 68 (Stand: Februar 2008).
534 BT-Drs. 14/4599, S. 121.

ankommt, die von baulichen Anlagen ohne die in § 19 Abs. 4 BauNVO bezeichneten Anlagen überdeckt werden darf.[535] Diese Formulierung ist im Hinblick auf die eben aufgezeigte Argumentation jedenfalls unklar. Richtig ist, dass die in einem Bebauungsplan im Sinne von § 19 Abs. 2 BauNVO festgesetzte Grundfläche grundsätzlich auch voll für die Realisierung von Hauptanlagen ausgeschöpft werden darf, sofern keine Nebenanlagen notwendig oder gewollt sind oder diese unter Inspruchnahme von § 19 Abs. 4 S. 2 BauNVO realisiert werden können. Dies ändert jedoch nichts daran, dass im Rahmen der Grundflächenfestsetzung gem. § 19 Abs. 2 BauNVO grundsätzlich entweder eine eigene Festsetzung für Nebenanlagen und eine eigene Festsetzung für Hauptanlagen getroffen werden muss oder die Gemeinde bei Festsetzung nur einer zulässigen Grundfläche die Konsequenzen gem. § 19 Abs. 4 BauNVO bedenken und bei der Festsetzung berücksichtigen muss. Eine Festsetzung nur für Hauptanlagen ist gerade nicht zulässig. Auch aus der Gesetzesbegründung zur Anlage 1 UVPG ergibt sich nichts anderes, da sie ausdrücklich nur die Nichtberücksichtigung der Überschreitungsmöglichkeit gem. § 19 Abs. 4 S. 2 BauNVO für die Schwellenwertbestimmung zulässt, nicht jedoch die Unbeachtlichkeit sonstiger, für § 19 Abs. 2 BauNVO geltender Vorgaben, was auch der Hervorhebung des Zusammenhangs zwischen der Grundflächenfestsetzung und der zulässigen Versiegelungsfläche widersprechen würde.

(7) Abweichender Standpunkt aufgrund von Praktikabilitätsgesichtspunkten

Krautzberger wendet gegen eine Berücksichtigung der Grundflächen für Nebenanlagen im Rahmen des § 13a Abs. 1 S. 2 BauGB ein, dass die Schwellenwertregelung des § 13a Abs. 1 S. 2 BauGB zum Zeitpunkt des Beginns der Planaufstellung die Anwendbarkeit des beschleunigten Verfahrens klären soll. Der Bebauungsplan könne hierbei entsprechend des Stands des Verfahrens nur eine zulässige Grundfläche oder Größe der Grundfläche ohne Befassung mit Grundflächen für Nebenanlagen, also nur für Hauptanlagen, festsetzen.[536] Dies aber ist, wie oben gezeigt (vgl. B. II. 6. b) aa) (3)), gar nicht zulässig. Zudem ist auch zu bedenken, dass die an die Grundfläche anknüpfende Schwellenwertregelung des § 13a Abs. 1 S. 2 BauGB dazu dient, die Vorgaben der Plan-UP-RL einzuhalten. Würde die Schwellenwertregelung des § 13a Abs. 1 S. 2 BauGB nur an bauliche Hauptanlagen anknüpfen und wäre daher nicht die durch den Bebauungsplan – wenigstens annähernd[537] – insgesamt für bauliche Anlagen ermöglichte Versiegelungsfläche für die Anwendbarkeit des beschleunigten Verfahrens maßge-

---

535 *Birk*, KommJur 2007, 81 (83); *Krautzberger*, in: Krautzberger/Söfker, Baugesetzbuch, Rn. 153b; *ders.*, in: E/Z/B/K, § 13a, Rn. 41 (Stand: Mai 2007); *Schmidt-Eichstaedt*, BauR 2007, 1148 (1151); *Söfker*, in: Spannowsky/Hofmeister, BauGB 2007, S. 17 (19). Vgl. Fn. 516.
536 *Krautzberger*, in: E/Z/B/K, § 13a, Rn. 41 (Stand: Mai 2007).
537 Vgl. Fn. 527 u. B. II. 6. b) aa) (5).

bend, sondern nur die für Hauptanlagen ermöglichte, ohne dass daraus ablesbar wäre, wie viel Versiegelungsfläche durch Nebenanlagen noch hinzukommen kann, könnte im Rahmen des beschleunigten Verfahrens insgesamt eine weitaus größere Fläche versiegelt werden, als sich aus der verfahrensentscheidenden Grundflächenfestsetzung ergibt, ohne dass dies die Umweltprüfungspflicht des Bebauungsplans auslösen könnte. Da aber mit zunehmender Versiegelungsfläche die Wahrscheinlichkeit voraussichtlich erheblicher Umweltauswirkungen steigt, wäre eine solche Interpretation von § 13a Abs. 1 S. 2 BauGB mangels zureichender Erfassung der tatsächlich ermöglichten Bodenversiegelung kaum geeignet, der Wahrung der Anforderungen der Plan-UP-RL zu dienen.[538] Sicherlich ist es zu Beginn der Planung schwer einzuschätzen, welche Nebenanlagen noch nicht konkret bestimmte Hauptanlagen erfordern werden und daher im Rahmen der Grundflächenfestsetzung in die Planung einkalkuliert werden müssen. Andererseits muss im Rahmen des § 13a Abs. 1 S. 3 BauGB auch die voraussichtliche Versiegelungsfläche bei Realisierung des Bebauungsplans abgeschätzt werden, so dass es ebenfalls zumutbar und praktikabel ist, die Auswirkungen des § 19 Abs. 4 S. 1 BauNVO in die Grundflächenfestsetzung gem. § 19 Abs. 2 BauNVO einfließen zu lassen und sich dort nicht nur auf die Hauptanlagen beschränken zu dürfen.

(8) Abweichender Standpunkt aufgrund teleologischer und europarechtlicher Erwägungen

Weil die Gesetzesbegründung zu den an die festgesetzte Grundfläche im Sinne von § 19 Abs. 2 BauNVO anknüpfenden Schwellenwertregelungen in Anlage 1 UVPG den Zusammenhang zwischen der festgesetzten Grundfläche und der zulässigen Versiegelungsfläche herausstellt und auch die Rechtsprechung verlangt, dass die Festsetzung einer Grundfläche gem. § 19 Abs. 2 BauNVO gerade wegen der Einführung von § 19 Abs. 4 BauNVO die tatsächlich ermöglichte Bodenversiegelung offenlegt und im Hinblick auf bauliche Nebenanlagen effektiv begrenzt,[539] wäre es an sich konsequent, bei der Prüfung, ob ein Bebauungsplan die Schwellenwerte des § 13a Abs. 1 S. 2 BauGB einhält, entgegen dem Wortlaut doch die gem. § 19 Abs. 4 S. 2 BauNVO mögliche Überschreitung der festgesetzten Grundfläche durch bauliche Anlagen im Sinne von § 19 Abs. 4 S. 2 BauNVO mit einzuberechnen, soweit sie nicht gem. § 19 Abs. 4 S. 3 BauNVO durch den Bebauungsplan ausgeschlossen ist, weil sich durch sie die tatsächlich zulässige Versiegelungsfläche über die in Zahlen festgesetzte Grundfläche hinaus erhöhen kann, und zwar um bis zu 50 Prozent (§ 19 Abs. 4 S. 2 BauNVO), so dass bei einer festgesetzten Grundfläche von fast 20000 qm letztlich eine Fläche von fast 10000 qm mehr mit Anlagen im Sinne von § 19 Abs. 4

---

538 *Gierke*, in: Brügelmann, § 13a, Rn. 70 (Stand: Februar 2008).
539 Vgl. Fn. 519 u. 523. *Gierke*, in: Brügelmann, § 13a, Rn. 70 (Stand: Februar 2008).

S. 1 BauNVO überbaut werden kann.[540] Andernfalls knüpft die Schwellenwertregelung in § 13a Abs. 1 S. 2 BauGB nur sehr unzureichend – Flächen für öffentliche Erschließungsanlagen werden ohnehin nicht berücksichtigt[541] – an die durch die Planung ermöglichte Bodenversiegelung als Aspekt der im Hinblick auf die Plan-UP-RL notwendigen Betrachtung der Umweltauswirkungen der Planung an.[542] Für eine Einbeziehung der Überschreitungsmöglichkeit in die für die Schwellenwerte des § 13a Abs. 1 S. 2 BauGB relevanten Grundflächen spricht zudem, dass bei Geltung der Regelung des § 13a Abs. 1 S. 3 BauGB auch die *gesamte*, durch Durchführung der Planung voraussichtlich versiegelte Fläche prognostiziert und an den von § 13a Abs. 1 S. 2 BauGB vorgegebenen Größenwerten gemessen werden muss.[543] Eine solche Auslegung von § 13a Abs. 1 S. 2 BauGB, bei dem eindeutig wie in Anlage 1 UVPG nur an die zulässige Grundfläche im Sinne von § 19 Abs. 2 BauNVO angeknüpft wird, widerspricht jedoch, zumal der Gesetzgeber in der Begründung zum Innenstadtentwicklungsgesetz keine Anhaltspunkte für eine anderweitige Auslegung der Regelung als bei der Schwellenwertregelung der Anlage 1 UVPG gibt und die diesbezügliche Gesetzesbegründung ausdrücklich die Einbeziehung der Überschreitungsmöglichkeiten des § 19 Abs. 4 BauNVO ausschließt, dem Willen des Gesetzgebers für die Regelung des § 13a Abs. 1 S. 2 BauGB, die insofern wortlautgleich zu den Nrn. 18.5 u. 18.7 Anlage 1 UVPG ist.[544] Ob § 13a Abs. 1 S. 2 BauGB im Hinblick auf seine Europarechtskonformität dennoch so ausgelegt werden muss, lässt sich allein bei Betrachtung der Schwellenwertregelung noch nicht beurteilen, sondern dies kann erst nach einer weiteren Betrachtung des Anwendungsbereichs des beschleunigten Verfahrens festgestellt werden.

bb) Gesamtheit der festgesetzten Grundfläche

(1) Keine alleinige Relevanz der Bestandserweiterung

Desweiteren entscheidend für den Anwendungsbereich des beschleunigten Verfahrens auf Bebauungspläne der Innenentwicklung ist, ob die auf die im Bebauungsplan festgesetzte Grundfläche abstellenden Schwellenwerte des § 13a Abs. 1 S. 2 BauGB nur auf die im Vergleich zum bisherigen Bestand der Bebauung des Plangebiets zusätzlich festgesetzte Grundfläche Bezug nehmen oder auf die gesamte im Bebauungsplan festgesetzte Grundfläche, inklusive der bereits durch die vorhandene Bebauung „verbrauchten" Grundfläche. Mangels im Wortlaut vorhandener oder wenigstens angedeuteter Einschränkungen wird auf

---

540 *Gierke*, in: Brügelmann, § 13a, Rn. 70 (Stand: Februar 2008).
541 Vgl. B II. 6. b) aa) (5).
542 *Gierke*, in: Brügelmann, § 13a, Rn. 20, 68 u. 70 (Stand: Februar 2008).
543 *Gierke*, in: Brügelmann, § 13a, Rn. 70 (Stand: Februar 2008).
544 Vgl. BT-Drs. 14/4599, S. 121. A. A. *Gierke*, in: Brügelmann, § 13a, Rn. 70 (Stand: Februar 2008).

die gesamte, im Bebauungsplan festgesetzte, zulässige Grundfläche i. S. d. § 19 Abs. 2 BauNVO bzw. die gesamte, festgesetzte Größe der Grundfläche Bezug genommen, unabhängig davon, welcher Anteil daran durch den Bebauungsplan der Innenentwicklung neu für Bebauung vorgesehen wird und inwieweit schon Bebauung besteht, sofern die Fläche nur im Bebauungsplan der Innenentwicklung mit überplant wird.[545] § 13a Abs. 1 S. 2 BauGB bezieht sich nämlich ausdrücklich auf die im Bebauungsplan „insgesamt" festgesetzte zulässige Grundfläche oder Größe der Grundfläche. Auch im Praxistest wurde § 13a Abs. 1 S. 2 BauGB unproblematisch in diesem Sinn verstanden,[546] wobei daran aber gleichzeitig kritisiert wurde, dass nicht nur auf die über den Bestand hinaus hinzukommende Grundfläche abgestellt wird.[547]

(2) Wertungswidersprüche

(a) Vergleich verschiedener Planungskonstellationen

Durch die Anknüpfung an die insgesamt festgesetzte Grundfläche nämlich entstehen – jedenfalls auf den ersten Blick – Wertungswidersprüche, wie aus folgendem Beispiel deutlich wird. Betrifft ein Bebauungsplan der Innenentwicklung ein Gebiet, in dem aufgrund bestehender Bebauung oder wenigstens aufgrund bisheriger Baurechte überbaute oder überbaubare Grundflächen bereits in erheblichem Umfang vorhanden sind, und trifft der Bebauungsplan der Innenentwicklung Festsetzungen, die in Bezug auf die Grundfläche insgesamt den Schwellenwert von 20000 qm oder 70000 qm erreichen, unterliegt der Bebauungsplan gem. § 13a Abs. 1 S. 2 Nr. 2 BauGB jedenfalls der Vorprüfungspflicht hinsichtlich voraussichtlicher erheblicher Umweltauswirkungen bzw. ist das beschleunigte Verfahren von vornherein nicht anwendbar. Dabei kann es sein, dass

---

545 *Bunzel*, LKV 2007, 433 (446); *Gierke*, in: Brügelmann, § 13a, Rn. 64 (Stand: Februar 2008); *Jäde*, in: J/D/W, BauGB, § 13a, Rn. 5; *Krautzberger*, in: Krautzberger/Söfker, Baugesetzbuch, Rn. 154f; *ders.*, in: E/Z/B/K, § 13a, Rn. 20 u. 41 (Stand: Mai 2007); Mustereinführungserlass, S. 6, abrufbar unter http://www.is-argebau.de/ (zuletzt abgerufen am 10.05.2008); *Schmidt-Eichstaedt*, BauR 2007, 1148 (1150); *Wallraven-Lindl/Strunz/Geiß*, Das Bebauungsplanverfahren nach dem BauGB 2007, S. 157.
Gierke, in: Brügelmann, § 13a, Rn. 65 (Stand: Februar 2008), verweist darauf, dass sich bei Änderungen oder Ergänzungen eines vorhandenen Bebauungsplans die Schwellenwerte des § 13a Abs. 1 S. 2 BauGB (ausnahmsweise) *nur* auf die Summe der geänderten bzw. ergänzten Grundflächen im Änderungs- bzw. Ergänzungsbebauungsplan beziehen, *soweit* der zu ändernde oder zu ergänzende Plan vor dem Verbindlichwerden der Plan-UP-RL aufgestellt worden ist. Die durch die Alt-Pläne bewirkte Beeinträchtigung der Umwelt nehme die Plan-UP-RL als Bestand hin.
546 *Bunzel*, Difu-Praxistest, S. 9 u. 22, abrufbar unter http://www.difu.de/publikationen/difuberichte/4_06/11.phtml (zuletzt abgerufen am 01.03.2008).
547 *Bunzel*, Difu-Praxistest, S. 9 u. 22, abrufbar unter http://www.difu.de/publikationen/difuberichte/4_06/11.phtml (zuletzt abgerufen am 01.03.2008).

ein solcher Bebauungsplan die bisher zulässige Grundfläche nicht erhöht oder gar verringert.[548] Bebauungspläne der Innenentwicklung, die insgesamt eine Grundfläche von weniger als 20000 qm festsetzen, können dagegen grundsätzlich gem. § 13a Abs. 1 S. 2 Nr. 1 BauGB im beschleunigten Verfahren aufgestellt werden, auch wenn sie im Vergleich zur bisherigen Sach- bzw. Rechtslage die zulässige Grundfläche massiv erhöhen.[549] Da es also Fälle gibt, in denen die Überplanung von Flächen aufgrund umfangreichen Bestands oder im Vergleich zu den bisherigen Baurechten nur zu einer geringen zusätzlichen Neuversiegelung führt oder die bisher zulässige Grundfläche sogar verringert, was gerade der vom Gesetzgeber mit § 13a BauGB verfolgten Intention, den Flächenverbrauch zu vermindern, entspricht, wurde vorgeschlagen, zur besseren Zielerreichung i. R. d. § 13a Abs. 1 S. 2 BauGB auf die im Bebauungsplan im Vergleich zum vorhandenen Bestand oder zu bisherigen Baurechten zusätzliche Grundflächenausweisung abzustellen.[550]

(b) Parallelität zu anderen an Schwellenwerte anknüpfenden Normen

Dabei wird als Vorbild das Hineinwachsen in den Schwellenwert bzw. in die Umweltverträglichkeitsprüfungspflicht[551] gem. § 3b Abs. 3 S. 1 UVPG und § 3e Abs. 1 UVPG angeführt.[552] § 3b Abs. 3 S. 1 UVPG stellt zwar darauf ab, dass der maßgebende Größen- oder Leistungswert durch die Änderung oder Erweiterung eines bestehenden, bisher nicht umweltverträglichkeitsprüfungspflichtigen Vorhabens erstmals erreicht wird,[553] bezieht aber für die Bestimmung des Erreichens oder Überschreitens des Größen- oder Leistungswerts die Änderung oder

---

548 *Bunzel*, Difu-Praxistest, S. 28/29, abrufbar unter http://www.difu.de/publikationen/difuberichte/4_06/11.phtml (zuletzt abgerufen am 01.03.2008); vgl. *Wallraven-Lindl/ Strunz/Geiß*, Das Bebauungsplanverfahren nach dem BauGB 2007, S. 157.
549 *Bunzel*, Difu-Praxistest, S. 28/29, abrufbar unter http://www.difu.de/publikationen/difuberichte/4_06/11.phtml (zuletzt abgerufen am 01.03.2008).
550 *Bunzel*, Difu-Praxistest, S. 29, abrufbar unter http://www.difu.de/publikationen/difuberichte/4_06/11.phtml (zuletzt abgerufen am 01.03.2008).
551 BT-Drs. 14/4599, S. 97; BR-Drs. 674/00, S. 91. *Dienes*, in: Hoppe, UVPG, § 3b, Rn. 38; *Günter*, NuR 2002, 317 (321); *Mitschang*, GewArch 2002, 274 (277); *Sangenstedt*, in: Landmann/Rohmer, Umweltrecht, Band III, § 3b UVPG, Überschrift zu Rn. 42 (Stand: Mai 2003).
BT-Drs. 14/5750, S. 128; *Schink*, UPR 2004, 81 (87) und *Sitsen*, UPR 2008, 292 (297), betonen, dass auch diese Regelung die gem. EuGH, Urt. vom 21.09.1999 – Rs. C-392/96, ZUR 2000, 284 (284 u. 286), als im Hinblick auf die Vorgaben der UVP-RL zu verhindernde taktische Aufspaltung von Projekten zur Umgehung der UVP-Pflicht unterbinden soll.
552 *Bunzel*, Difu-Praxistest, S. 29, abrufbar unter http://www.difu.de/publikationen/difuberichte/4_06/11.phtml (zuletzt abgerufen am 01.03.2008).
553 *Dienes*, in: Hoppe, UVPG, § 3b, Rn. 36 u. 39 u. 40.

Erweiterung zusammen mit dem vorhandenen Bestand ein,[554] was sich aus einem Umkehrschluss zu § 3b Abs. 3 S. 3 UVPG eindeutig ergibt; dies gilt gerade auch im i. R. d. § 13a Abs. 1 S. 2 BauGB, soweit der Bebauungsplan der Innenentwicklung hinsichtlich der zulässigen Grundfläche bestandswahrende Festsetzungen trifft. I. R. d. § 3e Abs. 1 UVPG ist zwar das Überschreiten des Größen- bzw. Leistungswerts *allein* durch die Änderung oder die Erweiterung eines umweltverträglichkeitsprüfungspflichtigen Vorhabens, also durch das zum Bestand Hinzukommende bzw. diesen Ändernde, entscheidend,[555] es werden aber in eine Umweltverträglichkeitsvorprüfung der Änderung gem. § 3e Abs. 1 Nr. 2 a. E. UVPG jedenfalls frühere, nach damaliger Rechtslage nicht umweltverträglichkeitsprüfungspflichtige bzw. rechtswidrig nicht umweltverträglichkeitsgeprüfte Änderungen des Vorhabens[556] und nach umstrittener Auffassung sogar die Umweltauswirkungen des Grundvorhabens einbezogen, weil der Umfang der Vorprüfung und der der Umweltverträglichkeitsprüfung gleich seien.[557] Teilweise wird nämlich davon ausgegangen, dass i. R. d. § 3e Abs. 1 Nr. 2 UVPG – gestützt auf § 3b Abs. 3 S. 1 a. E. UVPG[558] – auch die Umweltauswirkungen des schon bestehenden Vorhabens, nicht nur die des Änderungsvorhabens, Gegenstand der Umweltverträglichkeitsprüfung sind.[559] Dies ist bei der Vorprüfung

---

554 *Gierke*, in: Brügelmann, § 13a, Rn. 65 (Stand: Februar 2008); *Sangenstedt*, in: Landmann/Rohmer, Umweltrecht, Band III, § 3b UVPG, Rn. 42 u. 44 (Stand: Mai 2003).
555 BT-Drs. 14/5750, S. 128. *Bunzel*, ZfBR 2002, 124 (133); *Dienes*, in: Hoppe, UVPG, § 3e, Rn. 3 u. 10; *Gassner*, UVPG, § 3e, Rn. 8; *Günter*, NuR 2002, 317 (321); *Mitschang*, GewArch 2002, 274 (278) unter Verweis auf EuGH, Urt. vom 11.08.1995 – Rs. C-431/92, NVwZ 1996, 369 (371) (WKW-Großkrotzenburg); *Sangenstedt*, in: Landmann/Rohmer, Umweltrecht, Band III, § 3e UVPG, Rn. 15 (Stand: September 2004); *Schink*, UPR 2004, 81 (87); *Sitsen*, UPR 2008, 292 (292).
556 *Dienes*, in: Hoppe, UVPG, § 3e, Rn. 12; *Gassner*, UVPG, § 3e, Rn. 14; *Günter*, NuR 2002, 317 (321); *Mitschang*, GewArch 2002, 274 (281); *Schink*, UPR 2004, 81 (87); *Sitsen*, UPR 2008, 292 (292).
557 BT-Drs. 14/5750, S. 128. *Günter*, NuR 2002, 317 (321); *Sangenstedt*, in: Landmann/ Rohmer, Umweltrecht, Band III, § 3e UVPG, Rn. 23 u. 24 u. 25 u. 29 (Stand: September 2004); *Sitsen*, UPR 2008, 292 (293), für den Fall, dass die Umweltauswirkungen des Grundvorhabens zu Kumulationseffekten mit Umweltauswirkungen des Änderungsvorhabens führen können, wobei derartige Kumulationsauswirkungen auch in der Umweltverträglichkeitsprüfung selbst berücksichtigt werden müssen.
558 *Gassner*, UVPG, § 3e, Rn. 14 und § 3b, Rn. 23; *Sangenstedt*, in: Landmann/Rohmer, Umweltrecht, Band III, § 3e UVPG, Rn. 17 (Stand: September 2004).
559 Hierbei unklar und daher irreführend BT-Drs. 14/5750, S. 128.
A. A. wohl BT-Drs. 14/4599, S. 95. *Bunzel*, ZfBR 2002, 124 (132); *Mitschang*, GewArch 2002, 274 (277/278); *Sitsen*, UPR 2008, 292 (296 u. 297): § 3b Abs. 3 S. 1 UVPG spricht nur davon, die Umweltauswirkungen des bisher bestehenden Vorhabens zu *berücksichtigen*, was gerade nicht bedeutet, dass das bestehende Vorhaben vollumfänglich Gegenstand der Umweltverträglichkeitsprüfung ist, weil ansonsten der im Bezug auf dieses bestehende Bestandsschutz unterlaufen würde. So auch *Dienes*, in: Hoppe, UVPG, § 3b, Rn. 40. *Sitsen*, UPR 2008, 292 (296/297), stellt zudem heraus, dass

es eine Selbstverständlichkeit ist, die durch § 3b Abs. 3 S. 1 a. E. UVPG nur klargestellt wird, dass die Situation, in die die Änderung oder Erweiterung hineingeplant wird, beachtet wird. Dies gilt natürlich auch für § 3e Abs. 1 Nr. 2 UVPG. *Schink*, UPR 2004, 81 (87, Fn. 46), stellt auf den Wortlaut von § 3e Abs. 1 UVPG ab, der von einer Umweltverträglichkeitsprüfung (nur) für die Änderung oder Erweiterung eines Vorhabens spricht. Zudem sei für den Bestand des bisher schon umweltverträglichkeitsprüfungspflichtigen Vorhabens schon eine Umweltverträglichkeitsprüfung durchgeführt worden. Letzteres auch bei *Sitsen*, UPR 2008, 292 (294 u. 297).

Sitsen, UPR 2008, 292 (294), stellt heraus, dass der Wortlaut von § 3e Abs. 1 UVPG nur von einer Umweltverträglichkeitsprüfung für die Änderung oder Erweiterung selbst spricht und § 3e Abs. 1 Nr. 2 UVPG nur für die Vorprüfung die Einbeziehung früherer Änderungen oder Erweiterungen verlangt. Zudem verweist er auf die Gesetzesbegründung zum UVPG, BT-Drs. 14/4599, S. 106, die eine Trennung des Verfahrensgegenstands der Umweltverträglichkeitsprüfung und des Gegenstands der Vorprüfung nahelegt.

Nach *Sitsen*, UPR 2008, 292 (294), macht auch die Beachtung der Vorgaben der UVP-RL keine andere Auslegung von § 3e Abs. 1 Nr. 2 UVPG notwendig: Die UVP-RL spricht von der Umweltverträglichkeitsprüfung von Projekten, die in Art. 1 Abs. 2 UVP-RL definiert sind. In der Entscheidung des EuGH, Urt. vom 21.09.1999 – Rs. C-392/96, ZUR 2000, 284 (284 u. 286), verlangte der EuGH, dass die Mitgliedstaaten sicherstellen sollten, dass der Regelungszweck der UVP-RL nicht durch die Aufsplitterung von Projekten vereitelt wird. Dies betraf einen Fall, in dem Anlagen ohne jede Umweltverträglichkeitsprüfung erweitert wurden, also auch keine Umweltverträglichkeitsprüfung für das Grundvorhaben durchgeführt wurde. Der EuGH forderte aber keine rückwirkende Betrachtung der gesamten Anlage; es wird nur gerügt, dass für keines der Projekte eine Umweltverträglichkeitsprüfung durchgeführt wurde (so auch BR-Drs. 674/1/00, S. 17). Um aber zu verhindern, dass bei der sukzessiven Verwirklichung eines Gesamtprojekts gar keine Umweltverträglichkeitsprüfung durchgeführt wird, reicht es aus, wenn ein Änderungsvorhaben *als solches* umweltverträglichkeitsprüfungspflichig ist, wenn die gesamte Anlage durch die Änderung erstmals im Sinne von § 3b Abs. 3 S. 1 UVPG in die Umweltprüfungspflicht hineinwächst.

Weiter führt *Sitsen*, UPR 2008, 292 (294/295), aus, dass, wenn ein schon umweltverträglichkeitsprüfungspflichtiges Vorhaben geändert wird, ebenfalls verhindert werden muss, dass das Ziel der UVP-RL dadurch umgangen wird, dass die Änderung in viele unwesentliche Änderungen aufgespalten wird. Daher könnte jede Änderung eine neue Umweltverträglichkeitsprüfungspflicht auslösen, zumal ja das Grundvorhaben die Schwelle zur Umweltverträglichkeitsprüfungspflichtigkeit schon überschritten hat. Dies aber wäre sehr aufwändig, zumal die UVP-RL nur bei erheblichen Umweltauswirkungen eines Projekts die Durchführung einer Umweltverträglichkeitsprüfung verlangt. Es wäre daher sinnvoller, eine erneute Umweltverträglichkeitsprüfungspflicht erst dann anzunehmen, wenn die Summe der Änderungen die Umweltverträglichkeitsprüfungspflicht selbst auslöst. Der französische Wortlaut der UVP-RL bestätigt diese Auffassung. Gerade weil auch beim Hineinwachsen in die Umweltverträglichkeitsprüfungspflicht nur die Änderung umweltverträglichkeitsprüfungspflichtig ist, muss im Fall mehrerer Änderungen nur die Änderung umweltverträglichkeitsprüfungspflichtig sein, die die Überschreitung der Wesentlichkeitsschwelle herbeiführt. Eine Umweltverträglichkeitsprüfung auch für die schon bestandskräftig entschiedenen Fragen ist von der UVP-RL nicht indiziert, zumals sie immer auf ein konkretes Projekt bezogen ist.

des Einzelfalls gem. § 13a Abs. 1 S. 2 Nr. 2 BauGB gerade nicht so. I. R. d.

Nach *Sitsen*, UPR 2008, 292 (295/296), wird dies durch EuGH, Urt. vom 28.02.2008 – Rs. C-2/07, ZUR 2008, 374 (376 (Rn. 27)), bestätigt. Dort wird nochmal betont, dass das Ziel der UVP-RL nicht durch eine Aufsplittung von Projekten umgangen werden darf und eine Nichtberücksichtigung kumulativer Wirkung von Projekten nicht dazu führen darf, dass Projekte *insgesamt* der Verpflichtung zur Durchführung einer Umweltverträglichkeitsprüfung entzogen werden, obwohl sie zusammengenommen erhebliche Auswirkungen auf die Umwelt haben können. Daraus ist ableitbar (*Sitsen*, UPR 2008, 292 (297)), dass es grundsätzlich ausreicht, wenn das die Erheblichkeitsschwelle überschreitende einzelne Projekt Gegenstand einer Umweltverträglichkeitsprüfung ist, da dann eben gerade nicht das Projekt insgesamt der Umweltverträglichkeitsprüfungspflicht entzogen wird.

In Bezug auf EuGH, Urt. vom 28.02.2008 – Rs. C-2/07, ZUR 2008, 374 (376 (Rn. 28)), wonach das nationale Gericht „in diesem Zusammenhang" zu prüfen hat, ob eine Genehmigung Teil eines mehrstufigen Verfahrens mit einer Grundsatzentscheidung und Durchführungsentscheidungen ist und ob die kumulative Wirkung mehrerer Projekte zu berücksichtigen ist, *deren* Umweltverträglichkeit *insgesamt* zu prüfen ist, geht *Sitsen*, UPR 2008, 292 (296), davon aus, dass Letzteres im Zusammenhang mit der Pflicht steht, die Umgehung der Vorgaben der UVP-RL durch eine Aufspaltung von Projekten zu vermeiden. Daher könnte man den EuGH so verstehen, dass bezogen auf aufgesplittete Projekte eine Umweltverträglichkeitsprüfung auch rückwirkend gemeinsam erfolgen muss. Eine Aufsplittung liegt aber nur vor, wenn ein an sich *einheitliches* Projekt *künstlich* in Teilprojekte aufgespalten wird, wobei ein rein räumlich-funktionaler Zusammenhang nicht reicht. Vielmehr muss von Anfang geplant sein, ein Projekt in mehreren Schritten zu verwirklichen, so dass es dann gerechtfertigt ist, alle vorherein gemeinsam geplante Projekte insgesamt einer Umweltverträglichkeitsprüfung zu unterziehen. Wo eine *absichtliche Umgehung* fehlt, bleibt es bei der Grundregel. Es muss also der taktischen Aufspaltung von der nicht einheitlich geplanten, schlichten Erweiterung einer Anlage unterschieden werden, wobei nur für erstere Umgehungsgedanken leitend sind und tatsächlich eine Salamitaktik vorliegt, wobei Taktik den Plan zur Umgehung impliziert. *Sitsen*, UPR 2008, 292 (297), verweist zudem darauf, dass § 3b Abs. 3 UVPG und auch § 3e Abs. 1 UVPG zwar auch dazu dienen, die Umgehung einer erstmaligen UVP im Wege der Salamitaktik zu verhindern. Die Regelungen setzen aber keine Umgehungsabsicht voraus (BT-Drs. 14/4599, S. 95), so dass auch die grundsätzlich rückwirkende Einbeziehung schon verwirklichter Änderungen in die Umweltverträglichkeitsprüfung nicht gerechtfertigt wäre. § 3b Abs. 3, § 3e UVPG verhindern auch ein völliges Umgehen einer Umweltverträglichkeitsprüfung. Die Umgehung würde zwar noch effektiver verhindert, wenn in solchen Fällen rückwirkend frühere Änderungen mit in die Umweltverträglichkeitsprüfung einbezogen werden müssten. Es gibt aber sachliche Gründe dafür, warum das bei einer schlichten stetigen Erweiterung eines Vorhabens ohne Umgehungsabsicht nicht der Fall ist, zumal der Gesetzgeber selbst bei § 3b Abs. 3 UVPG auf den Bestandsschutz der vorhandenen Anlage verweist (BT-Drs. 14/4599, S. 95). Dasselbe muss dann auch für das erneute Hineinwachsen in die UVP gelten, zumal das Grundvorhaben schon umweltverträglichkeitsgeprüft wurde. Im Fall des § 3b Abs. 3 UVPG wird auch keine Umweltverträglichkeitsprüfung für das Gesamtvorhaben durchgeführt. Wenn dagegen absichtlich zur Umgehung der Umweltverträglichkeitsprüfung schrittweise vorgegangen wird, kann der Vorhabenträger nicht darauf vertrauen, zukünftig keine UVP für die bereits verwirklichten Teilvorhaben durchführen zu müssen.

Vorprüfung des § 13a Abs. 1 S. 2 Nr. 2 BauGB für Bebauungspläne der Innenentwicklung mit einer Grundfläche von mindestens 20000 qm und weniger als 70000 qm sind grundsätzlich, d. h. außer im Fall kumulierender Bebauungspläne, nur solche Festsetzungen des Bebauungsplans relevant, die noch nicht realisiert sind, die also über den Bestand der Grundflächen hinausgehen;[560] nicht relevant sind daher bestandswahrende Festsetzungen in Bezug auf schon bestehende bauliche Anlagen bzw. frühere Änderungen solcher Anlagen bzw. des Plans.[561] Dies entspricht dem Ansatzpunkt der Plan-UP-RL, nämlich dem bei Planungsbeginn bestehenden, *tatsächlichen* umweltbezogenen status quo (vgl. B. II. 1. b) cc) (1) (c)); in Bezug zu diesem kommt es darauf an, ob ein Plan voraussichtlich erhebliche Umweltauswirkungen hat. Dadurch wird die Schlechterstellung des beschleunigten Verfahrens im Vergleich zu § 3e Abs. 1 BauGB, bei dem, anders als in § 13a Abs. 1 S. 2 BauGB, nicht die Größe des Gesamtvorhabens die Umweltverträglichkeitsprüfungspflicht auslöst, sondern es grundsätzlich allein auf die Änderung oder Erweiterung im Vergleich zum bisherigen Bestand ankommt, wieder ausgeglichen. Trifft ein Bebauungsplan der Innenentwicklung also weitgehend bestandssichernde Festsetzungen, die die schon vorhandene Grundfläche kaum erhöhen oder sogar verringern, sind von ihm aufgrund der geringfügigen Änderungen zum Ist-Zustand meist keine voraussichtlich erheblichen Umweltauswirkungen i. S. d. § 13a Abs. 1 S. 2 Nr. 2 BauGB zu erwarten, so dass solche Bebauungspläne bis zur Grenze der Grundflächengröße von 70000 qm im beschleunigten Verfahren aufgestellt werden können. Damit kann insgesamt eine Fläche von bis zu mehr als 20 ha (= 200.000 qm) überplant werden,[562] denn die Größe des Plangebiets begrenzt den Anwendungsbereich des beschleunigten Verfahrens nicht.[563]

(c) Wahrung europarechtlicher Anforderungen

Bei dem Vorschlag, bereits in Bezug auf die Schwellenwerte des § 13a Abs. 1 S. 2 BauGB nur auf die im Bebauungsplan neu ausgewiesene Grundfläche abzu-

---

560 *Schmidt-Eichstaedt*, BauR 2007, 1148 (1150/1151).
561 *Krautzberger*, in: E/Z/B/K, § 13a, Rn. 41 (Stand: Mai 2007), verweist darauf, dass letztere, außer im Fall kumulierender Vorhaben, schon gar nicht in die Schwellenwerte eingerechnet werden. A. A. *Gierke*, in: Brügelmann, § 13a, Rn. 65 u. 90 (Stand: Februar 2008): Bei Bebauungsplänen, auf die die Regelungen der Plan-UP-RL und nach § 244 BauGB die Vorschriften des EAG-Bau anzuwenden sind, seien die durch sie bewirkten Umweltauswirkungen im Hinblick auf mögliche Kumulationen (vgl. Nr. 2 2. Spiegelstrich Anhang II Plan-UP-RL) neben den neu hinzukommenden Auswirkungen zu berücksichtigen. Es bestehe eine ähnliche Lage wie bei § 3b Abs. 3 S. 3 UVPG. Auch dort bleibe nur der vor Ablauf der jeweiligen Umsetzungsfristen der UVP-RL erreichte Alt-Bestand bei der Ermittlung der Größen- und Leistungswerte unberücksichtigt; vgl. hierzu *Schink*, UPR 2004, 81 (87).
562 *Schmidt-Eichstaedt*, BauR 2007, 1148 (1151); vgl. Fn. 499.
563 *Bienek*, SächsVBl. 2007, 49 (50); *Birk*, KommJur 2007, 81 (83).

stellen, ist auch zu bedenken, dass diese dazu dienen, die Vorgaben der Plan-UP-RL einzuhalten, also zu gewährleisten, dass Bebauungspläne mit voraussichtlich erheblichen Umweltauswirkungen auch einer Umweltprüfung unterzogen werden, während die §§ 3b, 3e UVPG der Umsetzung der UVP-RL (85/337/EWG) dienen. Art. 3 Abs. 3 1. Alt. Plan-UP-RL unterscheidet für Pläne im Sinne von Art. 3 Abs. 2 Plan-UP-RL, die die Nutzung kleiner Gebiete auf lokaler Ebene festlegen, nicht zwischen Plänen, die die Nutzung weitgehend neu festlegen, und solchen, die überwiegend die schon vorhandene Nutzung bestätigen. Vielmehr greift für Pläne im Sinne von Art. 3 Abs. 2 Plan-UP-RL, die nicht die Nutzung nur kleiner Gebiete auf lokaler Ebene i. S. v. Art. 3 Abs. 3 Plan-UP-RL festlegen, grundsätzlich die Vermutung, dass sie voraussichtlich erhebliche Umweltauswirkungen haben, so dass sie einer Umweltprüfungspflicht gem. Art. 3 Abs. 1 Plan-UP-RL unterliegen. Dabei ist auch zu bedenken, dass ein Bebauungsplan, der für ein baulich schon genutztes, großes Gebiet die bereits vorhandene Grundfläche relativ gesehen nur geringfügig erhöht, absolut gesehen doch eine erhebliche Fläche neu für Bebauung vorsehen kann, was gerade bei damit eingehender starker Verdichtung durchaus erhebliche Umweltauswirkungen haben kann, auch wenn der Plan kein Plan i. S. v. Art. 3 Abs. 2 Plan-UP-RL ist, so dass er gem. Art. 3 Abs. 4 Plan-UP-RL einer Umweltprüfungspflicht unterliegt. Vor diesem europarechtlichen Hintergrund ist es daher weitgehend gerechtfertigt, für die Schwellenwerte auf die durch den Bebauungsplan insgesamt ausgewiesene Grundfläche abzustellen.

(d) Nicht auszuräumende Widersprüchlichkeiten

Für die Fälle, in denen der Bebauungsplan der Innenentwicklung für ein großes, bereits stark baulich genutztes Gebiet Festsetzungen trifft und dabei die bisher zulässige Grundfläche nicht erhöht oder gar vermindert, scheint jedoch ein Wertungswiderspruch zu dem Fall, dass für ein kleineres Gebiet in erheblichem Umfang neu Bebauung vorgesehen wird, aber insgesamt der Schwellenwert von 20000 qm Grundfläche nicht überschritten wird, tatsächlich zu bestehen. Unzweifelhaft erscheint es nicht sachgerecht, wenn ein Bebauungsplan, der zwar eine Grundflächenfestsetzung von 70000 qm und mehr enthält, dabei aber die bisher überbaubare Grundfläche unberührt lässt oder sogar verringert, also weitere Neuinanspruchnahmen von Flächen für bauliche Nutzungen vermeidet, nicht im beschleunigten Verfahren ohne Umweltprüfung aufgestellt werden kann, ein kleinflächiger Bebauungsplan, der weniger als 20000 qm Grundfläche festsetzt, dafür aber weitgehend neue Bebauung über den vorhandenen Bestand hinaus erlaubt, i. R. d. beschleunigten Verfahrens ohne Umweltprüfung aufgestellt werden kann. Dabei ist aber zum einen zu bedenken, dass die Schwellenwerte des § 13a Abs. 1 S. 2 BauGB nicht die einzigen, den Anwendungsbereich des beschleunigten Verfahrens einschränkenden Kriterien sind. Die Voraussetzung des § 13a Abs. 1 S. 1 BauGB, dass nur ein Bebauungsplan der Innenentwicklung im beschleunigten Verfahren aufgestellt werden kann, bringt es mit sich, dass, wie oben ausgeführt (vgl. B. II. 1.), nur in sehr eingeschränktem Umfang bisher weitgehend unbebaute Gebiete in den Anwendungsbereich des beschleunigten Verfahrens fallen, so dass die Fälle, in denen ein Bebauungsplan, der die schon überbaubare Grundfläche erheblich erweitert, im beschleunigten Verfahren aufgestellt werden kann, nicht vorwiegend sein dürften, auch wenn die Grundflächenfestsetzung 20000 qm nicht überschreitet. Dass Bebauungspläne, die die nach bisheriger Rechtslage oder den tatsächlichen Verhältnissen bestehende Grundfläche nicht erhöhen oder sogar verringern, nicht im beschleunigten Verfahren aufgestellt werden können, wenn die Grundflächenfestsetzung 70000 qm oder mehr erreicht, wäre vor dem europarechtlichen Hintergrund, dass nur solche Pläne, die voraussichtlich erhebliche Umweltauswirkungen haben, einer Umweltprüfung unterzogen werden müssen, nicht generell notwendig gewesen. Eine Überumsetzung der Richtlinie ist jedoch ohne Weiteres europarechtskonform. Es ist auch zu beachten, dass Bebauungspläne, die solche der Innenentwicklung sind, eher selten die bisher erlaubte Grundfläche nicht erhöhen oder sogar verringern werden, da mit Innenentwicklungsmaßnahmen oftmals Lücken in der Bebauung ausgenutzt werden sollen und die Bebauungsdichte erhöht werden soll. Ferner bietet der absolute Schwellenwert von 70000 qm Grundfläche bzw. voraussichtlicher Versiegelungsfläche für die Anwendbarkeit des beschleunigten Verfahrens für solche Fälle in der Regel einen weit genug reichenden Spielraum, innerhalb dessen doch sehr große Areale überplant werden können. Der Gesetzgeber hätte zwar für Bebauungspläne, die die schon vorhandene Grundfläche nicht erhöhen oder gar verringern, eventuell die Anwendung des beschleunigen Verfahrens über die Grenze von 70000 qm hinaus erlauben können. Dagegen spricht jedoch, dass zu viele Anwendungsdetails eine Norm sehr unübersichtlich machen und in der praktischen Handhabbarkeit einschränken, so dass durch einen weiten, in viele Einzelheiten gehenden Anwendungsbereich nicht unbedingt ein weites praktisches Anwendungsfeld erreicht werden muss. Hinter dem Ausschluss des beschleunigten Verfahrens für Bebauungspläne mit einer Grundfläche von 70000 qm und mehr steht, auch wenn die Grundfläche nicht erhöht wird, ferner der Gedanke, dass nicht nur durch die Ausweitung der Grundfläche voraussichtlich erhebliche Umweltauswirkungen generiert werden können, sondern z. B. auch durch die Erhöhung des Maßes der baulichen Nutzung in Form einer erheblichen Nachverdichtung durch Auf- oder Ausbau vorhandener Bauten in einem angesichts der (grund-)flächenmäßigen Ausdehnung nicht nur kleinflächigen Gebiet. Für diese Fälle muss jedenfalls wegen Art. 3 Abs. 4 Plan-UP-RL eine Umweltprüfung stattfinden.

(3) Relevanz nur der rechtlich realisierbaren Grundfläche

Die im Bebauungsplan gem. § 19 Abs. 2 BauNVO festgesetzte Grundfläche kann von der aufgrund der Bestimmungen des Bebauungsplans tatsächlich realisierbaren Grundfläche abweichen. Ein solcher Fall tritt beispielsweise dann ein, wenn die Festsetzungen über die Bauweise gem. § 23 BauNVO einer Umsetzung der vollen Grundflächenfestsetzung i. S. v. § 19 Abs. 2 BauNVO entgegenstehen. Ob dann auf die i. S. v. § 19 Abs. 2 BauNVO festgesetzte Grundfläche oder auf die rechtlich tatsächlich zulässige Grundfläche abzustellen ist, ist vor allem in den Fällen, in denen die Grundflächensetzung die Schwellenwerte von 20000 qm bzw. 70000 qm gerade erreicht oder geringfügig überschreitet, verfahrensentscheidend. Die Regelung des § 13a Abs. 1 S. 2 BauGB, die auf die im Bebauungsplan festgesetzte „zulässige Grundfläche im Sinne des § 19 Abs. 2 der Baunutzungsverordnung" bzw. „die Größe der Grundfläche" abstellt, soll ein flächenbezogener, an die durch den Bebauungsplan *ermöglichte Bodenversiegelung* anknüpfender Schwellenwert für die Anwendbarkeit des beschleunigten Verfahrens sein. Daraus ergibt sich, dass bei der Bestimmung des Erreichens oder Nichterreichens des Schwellenwerts die im Bebauungsplan *tatsächlich rechtlich erlaubte* Grundfläche zugrundegelegt werden darf und nicht auf die nur festgesetzte Grundfläche abgestellt werden muss, wenn deren Realisierung sich aus dem Bebauungsplan selbst ergebende, rechtliche Hindernisse entgegenstehen.[564] Denn nicht realisierbare Festsetzungen zur zulässigen Grundfläche bringen keine Bodenversiegelungen und auch keine anderweitigen Umweltauswirkungen mit sich.

c) *Subsidiärer Maßstab der voraussichtlichen Versiegelungsfläche gem. § 13a Abs. 1 S. 3 BauGB*

aa) Gesetzgebungshistorischer Hintergrund

Wie bereits angeführt (vgl. B. II. 6. b) aa) (5)), werden Flächen für öffentliche Erschließungsanlagen mangels ihrer Lage im Bauland i. S. v. § 19 Abs. 3 BauNVO nicht in die Festsetzung der zulässigen Grundfläche i. S. v. § 19 Abs. 2 BauNVO oder der Größe der Grundfläche eines Bebauungsplans einbezogen, obwohl sie z. B. als Verkehrswege eine Bodenversiegelung erheblichen Ausmaßes herbeiführen können. Stellte man i. R. d. Beschränkung des beschleunigten Verfahrens entsprechend des flächenmäßigen Umfangs der planerischen Festsetzungen nur auf die im Bebauungsplan festgesetzte zulässige Grundfläche bzw. Größe der Grundfläche ab, könnte man einen Bebauungsplan der Innenentwicklung, der z. B. nur Straßen und Wege innerhalb der Ortslage plant (§ 125 Abs. 1, § 127 Abs. 2, § 9 Abs. 1 Nr. 9, Nr. 10, Nr. 11, Nr. 21 BauGB, Art. 38 Abs. 3 BayStrWG, § 17b Abs. 2 S. 1 FStrG) und nicht die in § 13a Abs. 1 S. 4 u. S. 5 BauGB vorgesehenen Ausschlussgründe erfüllt, ohne Weiteres gem. § 13a Abs. 1 S. 2 BauGB im beschleunigten Verfahren aufstellen, da er aufgrund feh-

---

564 *Krautzberger*, in: E/Z/B/K, § 13a, Rn. 46 (Stand: Mai 2007); a. A. *Gierke*, in: Brügelmann, § 13a, Rn. 66 (Stand: Februar 2008).

lender Grundflächenfestsetzung den Schwellenwert von 20000 qm Grundfläche sicherlich nicht erreicht. Der Regierungsentwurf zum Innenstadtentwicklungsgesetz stellte hinsichtlich der Schwellenwerte für das beschleunigte Verfahren ausschließlich auf die im Bebauungsplan der Innenentwicklung festgesetzte Grundfläche ab,[565] wie es unverändert in Form des § 13a Abs. 1 S. 2 BauGB Gesetz geworden ist. Vor dem Hintergrund, dass mit den größenbezogenen Grenzwerten für das beschleunigte Verfahren sichergestellt werden soll, dass Pläne mit voraussichtlich erheblichen Umweltauswirkungen nicht im beschleunigten Verfahren ohne Umweltprüfung aufgestellt werden können, sondern vielmehr gem. Art. 3 Abs. 1 Plan-UP-RL einer solchen unterzogen werden, ist jedoch zu bedenken, dass auch Bebauungspläne, die keine Grundfläche für die erlaubte bauliche Nutzung festsetzen, entweder weil sie, wie bei öffentlichen Erschließungsanlagen, nicht festsetzbar wäre[566] oder weil der Bebauungsplan als einfacher Bebauungsplan i. S. d. § 30 Abs. 3 BauGB kein Maß der baulichen Nutzung festsetzt (§ 16 Abs. 3 Nr. 1 BauGB),[567] bedeutende Flächenversiegelungen erlauben können, womit in der Regel voraussichtlich erhebliche Umweltauswirkungen verbunden sind bzw. jedenfalls nicht a priori ausgeschlossen sind. Daher schlugen die Praxisteststädte Bocholt und Freising vor, *statt oder wenigstens ergänzend* zum Maßstab der i. R. d. Bebauungsplans vorgesehenen Grundfläche auf die versiegelte Fläche abzustellen, um auch Fallgestaltungen in die Schwellenwertgrenzen einbeziehen zu können, in denen der Bebauungsplan keine Grundflächenfestsetzung trifft.[568] Der Bundestagsausschuss für Verkehr, Bau und Stadtentwicklung griff diesen Vorschlag aus dem Praxistest in seinen Beratungen auf und beschloss eine *Ergänzung* der allein auf die Grundfläche abstellenden Schwellenwertregelung des § 13a Abs. 1 S. 2 BauGB,[569] die in der vom Ausschuss vorgeschlagenen Form in § 13a Abs. 1 S. 3 BauGB auch Gesetz wurde. Um auch Bebauungspläne der Innenentwicklung, die *keine* Grundfläche festsetzen, von der

---

565 BT-Drs. 16/2496, S. 5/6.
566 BT-Drs. 16/3308, S. 17; *Battis*, in: B/K/L, § 13a, Rn. 7; *Bunzel*, Difu-Praxistest, S. 9 u. 28, abrufbar unter http://www.difu.de/publikationen/difu-berichte/4_06/11.phtml (zuletzt abgerufen am 01.03.2008); *ders.*, LKV 2007, 444 (446); *Gierke*, in: Brügelmann, § 13a, Rn. 74 (Stand: Februar 2008); *Krautzberger*, in: E/Z/B/K, § 13a, Rn. 56 (Stand: Mai 2007); *Mitschang*, ZfBR 2007, 433 (436); *Müller-Grune*, BauR 2007, 985 (988); *Söfker*, in: Spannowsky/Hofmeister, BauGB 2007, S. 17 (19); *Uechtritz*, BauR 2007, 476 (479).
567 *Bunzel*, LKV 2007, 444 (446); *Gierke*, in: Brügelmann, § 13a, Rn. 74 (Stand: Februar 2008), der als Beispiel die Planung befestigter Sportanlagen ohne Gebäude anführt; *Müller-Grune*, BauR 2007, 985 (988).
568 *Bunzel*, Difu-Praxistest, S. 9 u. 22 u. 28, abrufbar unter http://www.difu.de/publikationen/difu-berichte/4_06/11.phtml (zuletzt abgerufen am 01.03.2008); vgl. *Battis/Krautzberger/Löhr*, NVwZ 2007, 121 (124); *Uechtritz*, BauR 2007, 476 (479).
569 BT-Drs. 16/3308, S. 6.

Schwellenwertregelung des § 13a Abs. 1 S. 2 BauGB erfassen zu können,[570] stellt man für solche Bebauungspläne auf die im Fall ihrer Realisierung voraussichtlich versiegelte Fläche ab. Dabei kommt es auch i. R. d. Schwellenwertbestimmung nach § 13a Abs. 1 S. 3 BauGB auf die gesamte bei Durchführung des Bebauungsplans voraussichtlich versiegelte Fläche an, nicht nur auf die durch den Bebauungsplan der Innenentwicklung im Vergleich zur vorherigen Sach- und Rechtslage neu versiegelte Fläche.[571]

Setzt der Bebauungsplan der Innenentwicklung keine zulässige Grundfläche oder Größe der Grundfläche fest, muss die Gemeinde, die erwägt, den Bebauungsplan im beschleunigten Verfahren aufzustellen, prognostisch die im Fall der Realisierung des Bebauungsplans *insgesamt* voraussichtlich versiegelte Fläche abschätzen. Im Anschluss daran muss, wenn eine voraussichtliche Versiegelungsfläche zwischen 20000 qm und weniger als 70000 qm ermittelt wurde und nach wie vor die Absicht besteht, das beschleunigte Verfahren anzuwenden, eine Vorprüfung des Einzelfalls gem. § 13a Abs. 1 S. 2 Nr. 2 BauGB erfolgen.[572]

bb) Absolute Subsidiarität des Maßstabs der Versiegelungsfläche gem. § 13a Abs. 1 S. 3 BauGB

Der Vorschlag des Praxistests hinsichtlich des Maßstabs der Versiegelung ging primär dahin, generell i. R. d. Schwellenwertregelung den Maßstab der versiegelten Fläche einzuführen.[573] Nur hilfsweise wurde angeregt, wenigstens für die Fälle, in denen der Bebauungsplan keine Festsetzungen zur Grundfläche trifft, *ergänzend* zu den Regelungen des § 13a Abs. 1 S. 2 BauGB auf die Versiegelungsfläche abzustellen. Aus der Tatsache, dass vom Gesetzgeber mit § 13a

---

570 BT-Drs. 16/3308, S. 17. *Wallraven-Lindl/Strunz/Geiß*, Das Bebauungsplanverfahren nach dem BauGB 2007, S. 158, wollen dagegen für einen einfachen Bebauungsplan der Innenentwicklung im unbeplanten Innenbereich, der nur die Art der baulichen Nutzung regelt und bei dem sich das Maß der baulichen Nutzung nach § 34 BauGB beurteilt, grundsätzlich § 13a Abs. 1 S. 2 Nr. 1 BauGB als einschlägig ansehen und das beschleunigte Verfahren unter den weiteren Anwendungsvoraussetzungen für anwendbar erachten, weil sich die zulässige Grundfläche bzw. Grundflächenzahl bzw. Versiegelung nicht aus dem Bebauungsplan, sondern aus § 34 BauGB ergibt. Gerade solche Fälle wollte der Gesetzgeber aber an sich mit § 13a Abs. 1 S. 3 BauGB erfassen.
571 *Gierke*, in: Brügelmann, § 13a, Rn. 74 (Stand: Februar 2008); *Krautzberger*, in: E/Z/B/K, § 13a, Rn. 56 (Stand: Mai 2007); Mustereinführungserlass, S. 6, abrufbar unter http://www.is-argebau.de/ (zuletzt abgerufen am 10.05.2008).
572 *Mitschang*, ZfBR 2007, 433 (436).
573 *Bunzel*, Difu-Praxistest, S. 9, 22 u. 28, abrufbar unter http://www.difu.de/publikationen/difu-berichte/4_06/11.phtml (zuletzt abgerufen am 01.03.2008). Auch *Gierke*, in: Brügelmann, § 13a, Rn. 75 (Stand: Februar 2008), erachtet ein Abstellen auf den Umfang der gesamten Versiegelung, in Form eines grundsätzlichen Abstellens auf die zulässige Grundfläche *und* die darüber hinaus versiegelte Fläche, im Hinblick auf die Plan-UP-RL als am besten.

Abs. 1 S. 3 BauGB bei gleichzeitigem Festhalten an den Regelungen des § 13a Abs. 1 S. 2 BauGB nur der „Hilfsvorschlag" der Praxisteststädte übernommen wurde, und aus dem insofern eindeutigen Wortlaut[574] des § 13a Abs. 1 S. 3 1. Hs. BauGB wird deutlich, dass der Gesetzgeber den Maßstab der voraussichtlichen Versiegelungsfläche *absolut subsidiär* nur dann angewandt wissen will, wenn der Bebauungsplan der Innenentwicklung keinerlei Aussagen über die zulässige Grundfläche i. S. d. § 19 Abs. 2 BauNVO bzw. die Größe der Grundfläche trifft.[575] Demnach wäre in Fällen, in denen der Bebauungsplan beispielsweise für weite Teile des Plangebiets keine Aussage zur Grundfläche macht, z. B. wenn er einen Marktplatz, eine befestigte Sportanlage oder eine innerörtliche Verbindungsstraße plant, aber für wenige, z. B. an den Verkehrsweg angrenzende Grundstücke, die nur einen kleinen Teil des Plangebiets ausmachen, die Größe der Grundfläche oder die zulässige Grundfläche festsetzt, nur der Maßstab des § 13a Abs. 1 S. 2 Nr. 1 BauGB entscheidend, so dass der Bebauungsplan bei Erfüllung der sonstigen Voraussetzungen des § 13a Abs. 1 BauGB im beschleunigten Verfahren aufgestellt werden könnte, ohne dass dies in einer Vorprüfung des Einzelfalls gem. § 13a Abs. 1 S. 2 Nr. 2 BauGB im Hinblick auf die Umweltauswirkungen des konkreten Plans eigens geprüft werden müsste, obwohl durch ihn Flächen in erheblichem Umfang neu versiegelt werden können.[576] Dies erscheint mit dem Ausgangspunkt der Einführung des § 13a Abs. 1 S. 3 BauGB unvereinbar, weil man jedenfalls aus Sicht des Praxistests gerade solche Fälle erfassen wollte, in denen der Maßstab der im Bebauungsplan festgesetzten Grundfläche nicht aussagekräftig im Hinblick auf die geplanten Bodenversiegelungen und damit auf die Anwendbarkeit des beschleunigten Verfahrens ist,[577] was auch in dem angeführten Beispiel der Fall ist.

Daher wird von *Bunzel* vertreten, in Fällen, in denen für Teilbereiche des Plangebiets keine Grundflächenfestsetzung erfolgt, für andere dagegen schon, § 13a Abs. 1 S. 3 BauGB ergänzend anzuwenden, also zu der für Teile des Plangebiets festgesetzten Grundfläche die Fläche hinzuzurechnen, die in den Teilbereichen des Plangebiets, für die keine Grundfläche festgesetzt wurde, i. R. d. Realisierung des Bebauungsplans voraussichtlich versiegelt wird. Die sich so ergebende Flächengröße sei dann an den Schwellenwerten des § 13a Abs. 1 S. 2

---

574 *Bunzel*, LKV 2007, 444 (446).
575 *Battis*, in: B/K/L, § 13a, Rn. 7; *Battis/Krautzberger/Löhr*, NVwZ 2007, 121 (124); *Gierke*, in: Brügelmann, § 13a, Rn. 75 (Stand: Februar 2008); *Krautzberger*, in: Krautzberger/Söfker, Baugesetzbuch, Rn. 153b; *Mitschang*, ZfBR 2007, 433 (436).
576 *Bunzel*, LKV 2007, 444 (446); *Gierke*, in: Brügelmann, § 13a, Rn. 75 (Stand: Februar 2008); *Mitschang*, ZfBR 2007, 433 (436/437).
577 *Bunzel*, Difu-Praxistest, S. 18, abrufbar unter http://www.difu.de/publikationen/difu-berichte/4_06/11.phtml (zuletzt abgerufen am 01.03.2008); *Bunzel*, LKV 2007, 444 (446).

Nr. 1 u. Nr. 2 BauGB zu messen.[578] Eine solche Vorgehensweise würde es auch verhindern, dass die Relevanz der voraussichtlich versiegelten Fläche als Maßstab für die Anwendung des beschleunigten Verfahrens gem. § 13a Abs. 1 S. 3 BauGB und damit ein eventuell daraus resultierender flächenmäßiger Ausschluss der Anwendbarkeit des beschleunigten Verfahrens leicht dadurch umgangen werden kann,[579] dass eine Gemeinde für einen minimalen Teil des Plangebiets Festsetzungen über die Grundfläche trifft, sonst aber dazu keine Aussagen macht, mit dem Ergebnis, dass die Festsetzung erheblicher neuer Bodenversiegelungen im beschleunigten Verfahren ohne Umweltprüfung möglich ist. Jedoch hat sich der Gesetzgeber in Kenntnis des Vorschlags des Praxistests, i. R. d. Schwellenwerte insgesamt auf die durch den Bebauungsplan versiegelte Fläche abzustellen, was zweifelsohne und damit wohl auch für den Gesetzgeber ersichtlich alle möglichen Gestaltungen von Bebauungsplänen in gleicher und damit umgehungsfeindlicher Weise erfasst hätte, bewusst für die getroffene Regelung entschieden. Auch stellt er für die Anwendung des Versiegelungsflächenmaßstabs *ausdrücklich* darauf ab, dass im Bebauungsplan keine Festsetzung über die zulässige Grundfläche oder die Größe der Grundfläche enthalten ist. Dies impliziert, dass es ein Nebeneinander der Maßstäbe der Grundfläche und der Versiegelungsfläche nicht geben soll. Hätte der Gesetzgeber dies gewollt, hätte er mit einer ihm auch sonst vertrauten „Soweit"-Formulierung arbeiten können,[580] wodurch er eindeutig hätte anordnen können, dass der Maßstab der Versiegelungsfläche bezogen auf *denselben* Bebauungsplan *ergänzend* zu dem der Grundflächenfestsetzung anzuwenden ist, soweit im Bebauungsplan keine Grundfläche festgesetzt ist, wie eventuell auch der Hilfsvorschlag des Praxistests zu verstehen sein könnte. Im Umkehrschluss kann aus der vom Gesetzgeber gewählten Formulierung geschlossen werden, dass sich die Anwendung des Maßstabs der festgesetzten Grundfläche und des der voraussichtlich versiegelten Fläche bezogen auf denselben Bebauungsplan ausschließen sollen und zweiterer nur *absolut subsidiär* zur Anwendung kommen soll, also nur dann, wenn der Bebauungsplan keinerlei Aussage zur Grundfläche enthält.

Im Hinblick auf eine korrekte Umsetzung der europarechtlichen Vorgabe des Art. 3 Abs. 1 Plan-UP-RL, wonach Pläne mit voraussichtlich erheblichen Um-

---

578 *Bunzel*, LKV 2007, 444 (446); *Gierke*, in: Brügelmann, § 13a, Rn. 75 (Stand: Februar 2008), führt an, dass ein solches Vorgehen nicht nur systemgerecht, sondern auch im Hinblick auf die Vorgaben der Plan-UP-RL besser wäre. Vgl. Fn. 573. Auch *Wallraven-Lindl/Strunz/Geiß*, Das Bebauungsplanverfahren nach dem BauGB 2007, S. 158, stellen fest, dass das Abstellen auf die zulässige Grundfläche bzw. Größe der Grundfläche in den Fällen, in denen nur für einen Teil des Plangebiets eine Grundflächenfestsetzung getroffen wird und im Übrigen z. B. eine Straße geplant wird, den europarechtlichen Anforderungen nicht gerecht wird.

579 *Bunzel*, LKV 2007, 444 (446); angedeutet, aber als weitgehend unproblematisch angesehen auch von *Mitschang*, ZfBR 2007, 433 (437).

580 Als Beispiele hierfür sind § 1 Abs. 3 S. 1 u. § 1 Abs. 4 BauGB zu nennen.

weltauswirkungen einer Umweltprüfung unterzogen werden sollen[581] und daher nicht in den Anwendungsbereich des beschleunigten Verfahrens fallen dürfen, ist zwar zu beachten, dass die auf den flächenmäßigen Umfang der Planfestsetzungen bezogenen Schwellenwerte des § 13a Abs. 1 S. 2 BauGB nicht die einzigen Schranken für die Zulassung des beschleunigten Verfahrens sind, sondern sowohl durch § 13a Abs. 1 S. 4 u. S. 5 BauGB als auch durch die Beschränkung auf Bebauungspläne der Innenentwicklung gem. § 13a Abs. 1 S. 1 BauGB ergänzt werden, weshalb auch das Ausmaß der durch die Planung neu ermöglichten Bodenversiegelung nicht nur durch die Schwellenwerte gesteuert wird.[582] Dadurch ist es nach der hier vertretenen Auffassung (vgl. B. II. 1. b) aa)) beispielsweise ausgeschlossen, dass ein Bebauungsplan, der eine Verbindungsstraße zwischen zwei Ortsteilen durch einen bisher grün geprägten Außenbereich innerhalb des Siedlungsbereichs vorsieht und nur in absolut untergeordneter Zahl Festsetzungen über die Grundfläche der Bebauung für die Randbereiche der Ortsteile vorsieht, im beschleunigten Verfahren aufgestellt wird, weil nach den obigen Ausführungen eine derartige Planung keine Maßnahme der Innenentwicklung ist. Die Auslegung des Begriffs der Innenentwicklung hat entsprechend des gesetzgeberischen Ziels des § 13a BauGB zu beachten, dass eine erhebliche Neuversiegelung und damit Neuinanspruchnahme von bisher unverbrauchten Flächen keine Maßnahme der Innenentwicklung sein kann, wodurch einer Umgehung des Versiegelungsmaßstabs gem. § 13a Abs. 1 S. 3 BauGB und damit des Ausschlusses des beschleunigten Verfahrens jedenfalls für die Fälle, in denen die Planung neue, nicht an vorhandene Bebauung anknüpfende Bodenversiegelungen in erheblichem Umfang vorsieht, weitgehend vorgebeugt wird. Trifft ein Plan als Maßnahme der Innenentwicklung für bisher schon in erhebli-

---

581 Aufgrund dieser Vorgabe verlangen *Wallraven-Lindl/Strunz/Geiß*, Das Bebauungsplanverfahren nach dem BauGB 2007, S. 158, für die Prüfung des Schwellenwerts auf den Schwerpunkt und eigentlichen Zweck des Bebauungsplans abzustellen. D. h., wenn der Bebauungsplan z. B. vor allem eine innerörtliche Straße planen soll und die mit geplanten Gebäude, für die eine Grundfläche festgesetzt wird, nur eine zu vernachlässigende Nebenrolle innerhalb der Planung spielen, würde es auf § 13a Abs. 1 S. 3 BauGB ankommen. Die Abgrenzung des Schwerpunkts einer Planung von planerischem Beiwerk kann aber sehr schwierig sein und muss nicht unbedingt dem flächenmäßigen Verhältnis der verschiedenen Aspekte der Planung entsprechen, so dass durch ein Abstellen auf den Schwerpunkt auch nicht zwangsläufig sachgerechte Ergebnisse erzielt werden. *Gierke*, in: Brügelmann, § 13a, Rn. 70 u. 75 (Stand: Februar 2008), verlangt im Hinblick auf die Vorgaben der Plan-UP-RL , grundsätzlich auf die gesamte, durch den Bebauungsplan ermögliche Versiegelungsfläche abzustellen, weil nur so das Umweltkriterium des Bodenschutzes, das durch die Schwellenwertregelung des § 13a Abs. 1 S. 2 u. 3 BauGB im Hinblick auf die Plan-UP-RL erfasst werden soll, auch tatsächlich effektiv erfasst wird. Er schlägt dafür eine Kombination von Grundflächengröße und darüber hinaus versiegelter Fläche als Bezugsgrößen für die Schwellenwerte des § 13a Abs. 1 S. 2 BauGB vor. Vgl. Fn. 573.
582 *Mitschang*, ZfBR 2007, 433 (436/437). Vgl. B. II. 6. b) bb) (2) (d).

chem Umfang versiegelte bzw. wenigstens baulich geprägte Flächen Festsetzungen, die die bestehende Versiegelung nur unwesentlich erweitern, führt der Plan allein bezogen auf die Bodenversiegelung auf den *einzelnen* Grundstücken nicht zu im Vergleich zum Ausgangszustand erheblichen zusätzlichen Umweltauswirkungen. Es ist jedoch zu bedenken, dass sich eine durch den Bebauungsplan ermöglichte, auf das einzelne Grundstück bezogen geringfügige Intensivierung der Umweltauswirkungen der zulässigen Nutzungen in Relation zum status quo durch die flächenmäßige Ausdehnung einer derartigen Planung auf ein nicht nur unerhebliches Ausmaß der Steigerung der Umweltauswirkungen aufsummieren kann, so dass ein derartiger Bebauungsplan der Innenentwicklung mit voraussichtlich erheblichen Umweltauswirkungen verbunden ist und von daher gem. Art. 3 Abs. 1 Plan-UP-RL der Umweltprüfungspflicht unterliegen muss. Trifft ein Bebauungsplan der Innenentwicklung für einen Teil seines Plangebiets Festsetzungen zur zulässigen Grundflächengröße, verzichtet er aber für einen anderen Teil, z. B. für eine große Innenbereichsfläche i. S. v. § 34 Abs. 1 S. 1 BauGB mit vorhandenen Baulücken, auf Aussagen zum Maß der baulichen Nutzung, so kann er insgesamt betrachtet auch als Bebauungsplan der Innenentwicklung gerade wegen des flächenmäßigen Umfangs seiner Festsetzungen im Vergleich zum status quo der Bebauung die Umweltauswirkungen der Bodennutzung, gerade in Form von Bodenversiegelungen, erheblich intensivieren, ohne dass dies, sofern die Grundflächenfestsetzungen den Schwellenwert des § 13a Abs. 1 S. 2 Nr. 1 BauGB nicht überschreiten und der keine Grundflächengröße festsetzende Planteil in Bezug auf den Schwellenwert außen vor bleiben darf, aufgrund der nur durch § 13a Abs. 1 S. 4 u. S. 5 BauGB eingeschränkten Anwendbarkeit des beschleunigten Verfahrens der Pflicht zur Durchführung einer Umweltprüfung unterläge. Dies ist mit Art. 3 Abs. 1 Plan-UP-RL i. V. m. Art. 249 Abs. 3, Art. 10 EGV[583] (= Art. 288 Abs. 3, Art. 291 Abs. 1 AEUV, Art. 4 Abs. 3 EUV in der Fassung des Vertrags von Lissabon, vgl. ABl. EU Nr. C 115 vom 09.05.2008, S. 367 u. 384) unvereinbar. Gerade weil für einen Bebauungsplan der Innenentwicklung unterhalb des Schwellenwerts von § 13a Abs. 1 S. 2 Nr. 1 BauGB nicht jeweils bezogen auf den konkreten Fall im Rahmen einer Vorprüfung geklärt wird, ob der Plan tatsächlich nicht mit voraus-

---

583 *Kahl*, in: Calliess/Ruffert, EUV/EGV, Art. 10 EGV, Rn. 20 u. 24, betont, dass Art. 10 EGV subsidiär gegenüber spezielleren Vorschriften und damit grundsätzlich auch gegenüber Art. 249 Abs. 3 EGV ist, jedoch nur hinsichtlich des „Ob" der Umsetzung einer Richtlinie. Indem Art. 249 Abs. 3 EGV die Wahl der Form und des Mittels der Transformation der Richtlinie in nationales Recht, also das „Wie", in die Wahl des Mitgliedstaats stellt, entfaltet Art. 10 EGV in diesem Bereich ergänzend eigenständige Wirkung. Vgl. auch EuGH, Urt. vom 08.04.1976 – Rs. 48/75, Slg. 1976, 497 (517 (Rn. 69/73)); *Ruffert*, in: Calliess/Ruffert, EUV/EGV, Art. 249, Rn. 48. (die Generalanwälte stützen sich bzgl. einer mangelhafte Richtlinienumsetzung nur auf Art. 10 EGV, vgl. EuGH, Urt. vom 25.02.1999 – Rs. C-131/97, Slg. 1999, I-1103 (1116 (Rn. 52)); EuGH, Urt. vom 14.09.1999 – Rs. C-401/98, Slg. 1999, I-5543 (5545 (Rn. 7))).

sichtlich erheblichen Umweltauswirkungen verbunden ist und daher tatsächlich europarechtskonform ohne Umweltprüfung aufgestellt werden darf, muss für eine Europarechtskonformität von § 13a Abs. 1 S. 2 Nr. 1 BauGB gewährleistet sein, dass von dem Schwellenwert erfasste Bebauungspläne der Innenentwicklung generell nicht mit voraussichtlich erheblichen Umweltauswirkungen verbunden sind. Daher muss es ausgeschlossen sein, dass bei kleinflächigen Bebauungsplänen der Innenentwicklung i. S. v. § 13a Abs. 1 S. 2 Nr. 1 BauGB aufgrund ihrer tatsächlichen flächenmäßigen Ausdehnung voraussichtlich erhebliche Umweltauswirkungen zu erwarten sind. Dies ist nur dadurch möglich, dass die 20000 qm-Schwelle für die flächenmäßige, mit der zulässigen Bodenversiegelung korrespondierende Ausdehnung des Bebauungsplans der Innenentwicklung eine effektive Grenze darstellt, die nicht dadurch – bewusst oder aufgrund der planerischen Notwendigkeiten nicht anders möglich – erweitert werden kann, dass für Teile des Plangebiets Festsetzungen zur Grundfläche getroffen werden, für andere Teile nicht und letztere bei der Bestimmung der Einhaltung des von § 13a Abs. 1 S. 2 Nr. 1 BauGB statuierten Grenzwerts wegen der im anderen Plangebietsteil erfolgten Grundflächenfestsetzung außen vor bleiben können, obwohl sie genauso Bodenversiegelungen erlauben wie eine Grundflächenfestsetzung. Um derartige Fälle europarechtskonform am Schwellenwert des § 13a Abs. 1 S. 2 Nr. 1 BauGB, der bei Nichterfüllung der Ausschlussgründe des § 13a Abs. 1 S. 4 u. S. 5 BauGB die Anwendung des beschleunigten Verfahrens ohne zusätzliche Überprüfung der Umweltauswirkungen des konkreten Plans zulässt, messen zu können, ist es daher entgegen des insofern eindeutigen Wortlauts von § 13a Abs. 1 S. 3 BauGB und des ausdrücklichen Willens des Gesetzgebers[584] in Bezug auf § 13a Abs. 1 S. 3 BauGB, der aber andererseits durch die Schwellenwertregelungen des § 13a Abs. 1 S. 2 u. S. 3 BauGB gerade den Anforderungen von Art. 3 Abs. 1, Abs. 3 u. Abs. 4 Plan-UP-RL gerecht werden wollte,[585] in Übereinstimmung mit der Ansicht *Bunzels* notwendig,[586] in den Fällen, in denen nur für ein Teilplangebiet eine Aussage zur Grundflächengröße getroffen wird, diese Grundflächenfestsetzung für die Prüfung der von § 13a Abs. 1 S. 2 BauGB statuierten Schwellenwerte um die bei Realisierung des Plans in den Teilplangebieten, für die keine Grundflächenfestsetzung erfolgte, voraussichtlich versiegelte Fläche zu ergänzen. Zur Klarstellung dieser aus

---

584 Diese Maßgaben bilden gem. Art. 20 Abs. 3 GG grundsätzlich die Grenzen der Auslegung einer Norm durch Exekutive und Legislative, vgl. BVerfG, Beschl. vom 30.06.1964 – 1 BvL 16, 17, 18, 19, 20, 21, 22, 23, 24, 25/62, E 18, 97 (111); BVerfG, Beschl. vom 22.10.1985 – 1 BvL 44/83, E 71, 81 (105); BVerfG, Beschl. vom 15.10.1996 – 1 BvL 44, 48/92, E 95, 64 (93); BVerfG, Beschl. vom 08.04.1998 – 1 BvR 1680/93, 183, 1580/94, E 98, 17 (45), st. Rspr. Vgl. auch BGH, Urt. vom 26.11.2008 – VIII ZR 200/05, NJW 2009, 427 (428 (Rn. 20)).
585 Vgl. Fn. 509.
586 Ebenso *Gierke*, in: Brügelmann, § 13a, Rn. 75 (Stand: Februar 2008).

Gründen der Gemeinschaftskonformität notwendigen Auslegung[587] im weiteren Sinne[588] von § 13a Abs. 1 S. 3 1. Hs. BauGB in Form einer teleologischen Reduktion[589] der vorgesehenen Subsidiarität ist es dem Gesetzgeber zu empfehlen, den Wortlaut von § 13a Abs. 1 S. 3 1. Hs. BauGB in eine oben beschriebene „Soweit"-Formulierung zu korrigieren. Nur bei einer Grundflächensetzung für das gesamte Plangebiet ist damit allein diese für die Einhaltung der Schwellenwerte gem. § 13a Abs. 1 S. 2 BauGB entscheidend.

cc) Unterschiede zwischen dem Maßstab der zulässigen Grundfläche bzw. Größe der Grundfläche des § 13a Abs. 1 S. 2 BauGB und dem der voraussichtlichen Versiegelungsfläche des § 13a Abs. 1 S. 3 BauGB

In die für Bebauungspläne der Innenentwicklung gem. § 13a Abs. 1 S. 3 BauGB anzustellende Prognose der bei Durchführung des Bebauungsplans voraussichtlich versiegelten Fläche ist die gesamte voraussichtlich versiegelte Fläche einzustellen. D. h., dass auch die Flächen mit einfließen müssen, die für öffentliche Erschließungsanlagen oder für bauliche Anlagen i. S. v. § 19 Abs. 4 S. 1 BauNVO voraussichtlich verbraucht werden und damit auch solche Flächen, die in dem Fall, dass der Bebauungsplan Aussagen zur zulässigen Grundfläche oder zur Größe der Grundfläche trifft, i. R. d. § 13a Abs. 1 S. 2 BauGB wegen des Verweises nur auf § 19 Abs. 2 BauNVO neben der angegebenen Grundflächen-

---

587 Zur aus Art. 10 EGV i. V. m. Art. 249 Abs. 3 EGV folgenden Pflicht, das nationale Recht gemeinschaftskonform und so weit wie möglich am Wortlaut und Zweck der Richtlinie auszulegen vgl. z. B. EuGH, Urt. vom 10.04.1984 – Rs. 14/83, Slg. 1984, 1891 (1942 (Rn. 26)); EuGH, Urt. vom 13.11.1990 – Rs. C-106/89, Slg. 1990, I-4135 (4159 (Rn. 8)); EuGH, Urt. vom 16.12.1993 – Rs. C-334/92, Slg. 1993, I-6911 (6932 (Rn. 20)); *Kahl*, in: Calliess/Ruffert, EUV/EGV, Art. 10, Rn. 58; *Ruffert*, in: Calliess/ Ruffert, EUV/EGV, Art. 249, Rn. 113 u. 115.
588 Vgl. BGH, Urt. vom 26.11.2008 – VIII ZR 200/05, NJW 2009, 427 (428, Rn. 21).
589 Vgl. zur Problematik der europarechtskonformen Auslegung im Zusammenhang mit der Bindung von Exekutive und Judikative an Recht und Gesetz gem. Art. 20 Abs. 3 GG BGH, Vorlagebeschl. vom 16.08.2006 – VIII ZR 200/05, NJW 2006, 3200 (3201 (Rn. 15)); BGH, Urt. vom 26.11.2008 – VII ZR 200/05, NJW 2009, 427 (428/429 (Rn. 21)). Zur Möglichkeit einer richterlichen (gesetzesimmanenten) Rechtsfortbildung vgl. EuGH, Urt. vom 23.12.1999 – Rs. C-63/97, Slg. 1999, I-905 (936/937 (Rn. 22 u. 24)), wo von einer Auslegung des nationalen Rechts im Lichte des Wortlauts und der Ziele der Richtlinie „soweit irgend möglich" gesprochen wird; EuGH, Urt. vom 10.04.1984 – Rs. 14/83, Slg. 1984, 1891 (1942/1942 (Rn. 28)), spricht von einer vollen Ausschöpfung des vom nationalen Recht eingeräumten Beurteilungsspielraums im Rahmen einer richtlinienkonformen Auslegung; BVerfG, Beschl. vom 03.04.1990 – 1 BvR 1186/89, E 82, 6 (11 f.), bezogen auf die Analogie; BVerfG, Beschl. vom 17.06.2004 – 2 BvR 383/03, E 111, 54 (82), zu den Grenzen richterlicher Rechtsfortbildung m. w. N.; vgl. auch *Kahl*, in: Calliess/Ruffert, EUV/EGV, Art. 10 EGV, Rn. 59.

größe keine (vollumfängliche) Relevanz haben.[590] Dieser strengere Ansatzpunkt des Maßstabs der Versiegelungsfläche im Vergleich zu dem der Grundfläche vermag zwar die Gemeinden trotz des für diese Fälle notwendigen Nebeneinanders von Grundflächen- und Versiegelungsflächenmaßstabs dazu zu verleiten, wenigstens bezogen auf einen kleinen Planflächenteil Festsetzungen zur Grundfläche zu treffen, um in den Anwendungsbereich des § 13a Abs. 1 S. 2 BauGB zu fallen, in dem die Einhaltung der Schwellenwerte von 20000 qm bzw. 70000 qm leichter möglich sein kann. Die Einbeziehung aller voraussichtlich versiegelten Flächen in den Maßstab des § 13a Abs. 1 S. 3 BauGB ist aber gerade Konsequenz daraus, dass § 13a Abs. 1 S. 3 BauGB speziell für solche Fälle ins Gesetz eingefügt wurde, in denen der Bebauungsplan keine Aussagen zur Grundfläche trifft. Daher ist es in diesem Zusammenhang auch nicht unbedingt als widersprüchlich anzusehen, dass in die durch einen solchen Bebauungsplan voraussichtlich versiegelte Fläche Flächen einzurechnen sind, die i. R. d. Maßstabs der Grundflächenfestsetzung, der gerade nicht anwendbar ist, außen vor blieben, aber eben auch zur Bodenversiegelung beitragen.

Eine prognostische Abschätzung der Fläche, die bei Realisierung des Bebauungsplans voraussichtlich versiegelt wird, ist, wie grundsätzlich jede Prognose, mit gewissen Unsicherheiten behaftet. Trifft ein einfacher Bebauungsplan über das Maß der baulichen Nutzung und damit über die Grundfläche keine Aussage, ist dieses bei Bebauungsplänen der Innenentwicklung in der Regel nach dem Maßstab des § 34 BauGB, in Ausnahmen auch nach dem des § 35 BauGB, zu bestimmen. Aus diesem gesetzlichen Maßstab für das Maß der baulichen Nutzung muss dann abgeschätzt werden, welche Bodenversiegelungen zulässige bauliche Vorhaben inklusive ihrer Nebenanlagen und der zu ihrer Erschließung notwendigen Maßnahmen mit sich bringen können. Dabei unvermeidbar verbleibende Unsicherheiten sind gerade Merkmal einer Prognose. Problematisch an dieser ist jedoch, dass das Gesetz auch den Begriff der Versiegelung nicht definiert und nichts darüber aussagt, wie unterschiedliche Grade der Versiegelung innerhalb des § 13a Abs. 1 S. 3 BauGB berücksichtigt werden sollen,[591] obwohl dies für den letztlich errechneten Wert und damit die Anwendbarkeit des beschleunigten Verfahrens entscheidend sein kann. Aus fachlicher Sicht versteht man unter Bodenversiegelung alle Formen einer nicht natürlichen Bodenabdeckung, die die Aufnahme von Wasser oder Luft durch den Boden verhindern oder einschränken oder sonst zu einer Beeinträchtigung der Bodenfunktionen füh-

---

590 Vgl. B. II. 6. b) aa) (4) u. (5). *Bunzel*, LKV 2007, 444 (446); *Dirnberger*, Bay. Gemeindetag 2/2007, 51 (52); *Krautzberger*, in: E/Z/B/K, § 13a, Rn. 41 (Stand: Mai 2007). A. A. *Birk*, KommJur 2007, 81 (83), der auch i. R. d. § 13a Abs. 1 S. 3 BauGB nur auf die versiegelte Flächen von Baugrundstücken abstellt und Flächen für öffentliche Erschließungsanlagen außen vor lässt.
591 *Gierke*, in: Brügelmann, § 13a, Rn. 76 (Stand: Februar 2008).

ren.⁵⁹² Dabei ist eine Versiegelung sowohl oberirdisch als auch unterirdisch, durch Gebäude oder befestigte Flächen wie Straßen, Wege, Plätze, befestigte Sportanlagen, Friedhöfe, abgedichtete Wasserflächen u. Ä. möglich. Der Grad der Bodenversiegelung kann dabei differieren, wie man im Unterschied eines Friedhofs zu einem Marktplatz oder einer Oberflächengestaltung mit Rasenpflastersteinen zu einer mit Asphalt ohne Weiteres erkennen kann. § 13a Abs. 1 S. 3 BauGB macht keine Angaben darüber, ob und ggf. wie dies bei der Prognose der voraussichtlich versiegelten Flächen berücksichtigt werden soll.⁵⁹³ Desweiteren birgt die Prognose der voraussichtlich versiegelten Fläche deshalb erhebliche Unsicherheiten in sich, weil die Versiegelungsfläche nicht direkt aus dem Bebauungsplan entnommen werden kann und über diesen auch nicht vollumfänglich reguliert wird. So kann der Bebauungsplan zwar z. B. gem. § 9 Abs. 1 Nr. 20 BauGB festsetzen, dass Garagenzufahrten nur wasserdurchlässig befestigt werden dürfen, er muss dies aber nicht. In diesen Fällen hängen dann Umfang und Grad der Versiegelung, es sei denn, es greifen andere Vorschriften, vom Willen des Bauherrn ab.⁵⁹⁴ Der Gesetzgeber war sich der Schwierigkeiten der Ermittlung der bei Durchführung des Plans versiegelten Flächen bewusst und verlangt daher auch nur eine *Prognose*, keine exakte Berechnung, der *voraussichtlichen* Versiegelungsfläche.⁵⁹⁵ Aufgrund der Tatsache, dass eine solche mit zahlreichen Unsicherheiten behaftete Prognose im Rahmen des § 13a Abs. 1 S. 3 BauGB über die Anwendbarkeit des beschleunigten Verfahrens entscheidet, also verfahrensentscheidende Konsequenzen hat, geht *Gierke*, davon aus, dass eine solche Prognose für die Eröffnung des Anwendungsbereichs eines Verfahrens ungeeignet und damit unverhältnismäßig und auch im Hinblick auf die Vorgaben der Plan-UP-RL bedenklich ist, die für über die Durchführung einer Umweltprüfung entscheidende Grenzwerte klare Abgrenzungen erfordert und die Einschätzung *voraussichtlicher* Auswirkungen einer Planung – auch in Form von Bodenversiegelungen – nur im Rahmen der Umweltprüfung selbst bzw. einer Vorprüfung zulässt.⁵⁹⁶ Gerade im Fall kleinflächiger Bebauungspläne der Innenentwicklung gem. § 13a Abs. 1 S. 2 Nr. 1, S. 3 BauGB entscheidet, ergänzt durch die Ausschlussgründe gem. § 13a Abs. 1 S. 4 u. S. 5 BauGB, allein die Prognose der voraussichtlichen Versiegelungsfläche über den Verzicht auf die Umweltprüfung im beschleunigten Verfahren, nicht eine Prognose der voraussichtlichen Umweltauswirkungen im Rahmen einer Vorprüfung des Einzelfalls. In Konsequenz dazu läge aufgrund der von *Gierke* angenommenen Verfassungs- und Europarechtswidrigkeit des § 13a Abs. 1 S. 3 BauGB jeder Bebauungsplan, soweit er keine Aussage zur Grundfläche trifft, nicht im Anwendungsbereich

---

592 *Gierke*, in: Brügelmann, § 13a, Rn. 76 (Stand: Februar 2008).
593 *Gierke*, in: Brügelmann, § 13a, Rn. 76 (Stand: Februar 2008).
594 *Gierke*, in: Brügelmann, § 13a, Rn. 77 (Stand: Februar 2008).
595 *Gierke*, in: Brügelmann, § 13a, Rn. 77 (Stand: Februar 2008).
596 *Gierke*, in: Brügelmann, § 13a, Rn. 77 (Stand: Februar 2008).

des beschleunigten Verfahrens. Wie er aber selbst einräumt, kann § 13a Abs. 1 S. 3 BauGB dahingehend verfassungs- und europarechtskonform ausgelegt werden, bei der Prognose der voraussichtlichen Versiegelungsfläche bei jeder Festsetzung im Bebauungsplan, aufgrund derer eine Versiegelung nicht auszuschließen ist, im Rahmen einer worst-case-Betrachtung eine Totalversiegelung zu unterstellen.[597]

d) Kleinflächige Bebauungspläne der Innenentwicklung gem. § 13a Abs. 1 S. 2 Nr. 1 BauGB

aa) Europarechtlicher Hintergrund

§ 13a Abs. 1 S. 2 Nr. 1 BauGB sieht vor, dass ein Bebauungsplan der Innenentwicklung, der eine zulässige Grundfläche i. S. d. § 19 Abs. 2 BauNVO oder eine Größe der Grundfläche von insgesamt weniger als 20000 qm festsetzt, unter Beachtung der Ausschlussgründe gem. § 13a Abs. 1 S. 4 u. S. 5 BauGB generell im beschleunigten Verfahren, in dem gem. § 13a Abs. 2 Nr. 1 i. V. m. § 13 Abs. 3 S. 1 BauGB eine Umweltprüfung entbehrlich ist, aufgestellt werden kann. Mit dieser Regelung macht der deutsche Gesetzgeber, wie schon bei § 13 BauGB[598] i. R. d. EAG-Bau, von der ihm in Art. 3 Abs. 5 S. 1 2. Var. Plan-UP-RL eingeräumten Befugnis Gebrauch, diejenigen Pläne und Programme i. S. v. Art. 3 Abs. 3 u. Abs. 4 Plan-UP-RL abstrakt-generell durch Festlegung von Arten von Plänen und Programmen zu bestimmen, die voraussichtlich erhebliche Umweltauswirkungen haben und damit gem. Art. 3 Abs. 1, Abs. 3 a. E., Abs. 4 a. E. Plan-UP-RL einer Umweltprüfungspflicht unterliegen.[599] Diese Befugnis impliziert es nämlich im Umkehrschluss, diejenigen Pläne und Programme i. S. v. Art. 3 Abs. 3 u. Abs. 4 Plan-UP-RL abstrakt-generell zu bestimmen, die voraussichtlich keine erheblichen Umweltauswirkungen haben und daher keiner Umweltprüfungspflicht unterliegen sollen, weil damit in Verbindung mit der Regelung des § 2 Abs. 4 S. 1 BauGB gleichzeitig die Pläne festgelegt werden, die voraussichtlich erhebliche Umweltauswirkungen haben bzw. der Pflicht zur Durchführung einer Umweltprüfung unterliegen sollen. Indem § 13a Abs. 1 S. 2 Nr. 1 BauGB für Bebauungspläne der Innenentwicklung mit einer Grundfläche von insgesamt weniger als 20000 qm grundsätzlich das beschleunigte Verfahren

---

597 *Gierke*, in: Brügelmann, § 13a, Rn. 77 (Stand: Februar 2008).
598 BT-Drs. 15/2250, S. 30 u. 50. *Battis*, in: B/K/L, § 13a, Rn. 5; *Gierke*, in: Brügelmann, § 13, Rn. 14 (Stand: Februar 2008); vgl. *Krautzberger*, in: E/Z/B/K, § 13, Rn. 12 (Stand: März 2007); *ders.*, in: E/Z/B/K, § 13a, Rn. 18 (Stand: Mai 2007); *ders.*, in: Krautzberger/Söfker, Baugesetzbuch, Rn. 147.
599 BT-Drs. 16/2496, S. 13. *Battis*, in: B/K/L, § 13a, Rn. 5; *Blechschmidt*, ZfBR 2007, 120 (120); *Gierke*, in: Brügelmann, § 13a, Rn. 19 (Stand: Februar 2008); *Krautzberger*, in: E/Z/B/K, § 13a, Rn. 18 (Stand: Mai 2007); *ders.*, UPR 2006, 405 (407); *Mitschang*, ZfBR 2007, 433 (440); *Starke*, JA 2007, 488 (489/490).

für anwendbar erachtet, bringt der deutsche Gesetzgeber zum Ausdruck, dass solche kleinflächigen Bebauungspläne seiner Einschätzung nach, auch wenn sie – was durch § 13a Abs. 1 S. 4 u. S. 5 BauGB zusätzlich restringiert wird – einen Rahmen für die künftige Genehmigung der in den Anhängen I und II der Richtlinie 85/337/EG aufgeführten Projekte setzen oder bei ihnen angesichts ihrer voraussichtlichen Auswirkungen auf Gebiete eine Prüfung nach Art. 6 oder Art. 7 der Richtlinie 92/43/EWG für erforderlich erachtet wird, sie dabei aber gerade nur die Nutzung kleiner Gebiete auf lokaler Ebene i. S. d. Art. 3 Abs. 3 1. Alt. Plan-UP-RL festlegen, nicht voraussichtlich erhebliche Umweltauswirkungen haben, so dass sie gem. Art. 3 Abs. 3 a. E., Abs. 4 Plan-UP-RL i. V. m. Art. 3 Abs. 1 Plan-UP-RL keiner Umweltprüfung bedürfen. Dies legt er anknüpfend an die Grund- bzw. Versiegelungsflächen*größe* des Bebauungsplans der *Innenentwicklung*, ergänzt durch die in § 13a Abs. 1 S. 4 u. S. 5 BauGB formulierten Ausschlussgründe, fest. Es handelt sich dabei um eine an den flächenmäßigen Umfang der planerischen Festsetzungen, die Lage des Plangebiets und die konkreten inhaltlichen Festsetzungen des Bebauungsplans anknüpfende abstrakt-generelle Festlegung einer Art von Plänen i. S. v. Art. 3 Abs. 5 S. 1 2. Var. Plan-UP-RL, die voraussichtlich keine erheblichen Umweltauswirkungen haben.[600] Die Festlegung von Arten von Plänen und Programmen im Sinne von Art. 3 Abs. 5 S. 1 2. Var. Plan-UP-RL kann grundsätzlich durch die Vorgabe von qualitativen Kriterien oder Schwellenwerten erfolgen.[601]

Gem. Art. 3 Abs. 5 S. 2 Plan-UP-RL müssen die Mitgliedstaaten bei der Bestimmung der Pläne und Programme, die voraussichtlich erhebliche Umweltauswirkungen haben, bzw. bei der Bestimmung der Pläne und Programme, die voraussichtlich keine erheblichen Umweltauswirkungen haben, die einschlägigen Kriterien des Anhangs II Plan-UP-RL berücksichtigen, um zu gewährleisten, dass Pläne und Programme mit voraussichtlich erheblichen Umweltauswirkungen entsprechend Art. 3 Abs. 1 Plan-UP-RL der Umweltprüfungspflicht unterliegen. In der Begründung des Regierungsentwurfs[602] zum Innenstadtentwicklungsgesetz, der § 13a Abs. 1 S. 2 BauGB genauso vorsah,[603] wie die Norm Gesetz wurde, ist aufgeführt, wie und dass die Kriterien des Anhangs II Plan-UP-RL bei der Bestimmung des Anwendungsbereichs des beschleunigten Verfah-

---

600 BT-Drs. 16/2496, S. 13. *Blechschmidt*, ZfBR 2007, 120 (120); *Gierke*, in: Brügelmann, § 13a, Rn. 19 u. 21 (Stand: Februar 2008); *Götze/Müller*, ZUR 2008, 8 (10); *Krautzberger*, in: E/Z/B/K, § 13a, Rn. 17 u. 18 (Stand: Mai 2007); *Mitschang*, ZfBR 2007, 433 (440); *Starke*, JA 2007, 488 (489/490).
601 Vgl. Europäische Kommission, Umsetzung Richtlinie 2001/42/EG, 2003, Nr. 3.47, abrufbar unter http://www.erneuerbare-energien.de/files/pdfs/allgemein/application/pdf/sea_guidance.pdf (zuletzt abgerufen am 24.07.2008); *Gierke*, in: Brügelmann, § 13a, Rn. 17 (Februar 2008).
602 BT-Drs. 16/2496, S. 13 u. 14.
603 BT-Drs. 16/2496, S. 5/6.

rens und damit auch bei dessen Anwendbarkeit auf kleinflächige Bebauungspläne gem. § 13a Abs. 1 S. 2 Nr. 1 BauGB beachtet wurden.[604]

(1) Ausmaß der Rahmensetzung

Das Ausmaß, in dem der Plan für Projekte und andere Tätigkeiten in Bezug auf Standort, Art, Größe und Betriebsbedingungen oder durch die Inanspruchnahme von Ressourcen einen Rahmen setzt (Nr. 1 1. Spiegelstrich Anhang II Plan-UP-RL), ist nach Auffassung des Gesetzgebers bei der Festlegung der im beschleunigten Verfahren aufstellbaren (kleinflächigen) Bebauungspläne dadurch berücksichtigt worden, dass nur Bebauungspläne der Innenentwicklung bis zu einer bestimmten Grundfläche in den Anwendungsbereich des beschleunigten Verfahrens fallen. Zudem dadurch, dass das beschleunigte Verfahren gem. § 13a Abs. 1 S. 4 u. S. 5 BauGB nicht anwendbar ist, wenn der Bebauungsplan die Zulässigkeit von Vorhaben begründet, die einer Pflicht zur Durchführung einer (projektbezogenen) Umweltverträglichkeitsprüfung unterliegen, oder Anhaltspunkte für eine Beeinträchtigung der in § 1 Abs. 6 Nr. 7 lit. b BauGB genannten Schutzgüter bestehen.[605] Dem ist jedenfalls dahingehend zuzustimmen, dass durch die Regelung des § 13a Abs. 1 S. 1 BauGB der Standort für Projekte, für die durch einen Bebauungsplan im beschleunigten Verfahren ein Rahmen gesetzt werden kann, ebenso in die Festlegung des Anwendungsbereichs einfloss wie der Umfang der (Neu-)Inanspruchnahme der Ressource „Boden".[606] Auf die Art der Projekte wird vor allem durch die Ausschlussgründe des § 13a Abs. 1 S. 4 u. S. 5 BauGB Bezug genommen, wobei § 13a Abs. 1 S. 5 BauGB auch einen Zusammenhang mit dem Standort der durch den Bebauungsplan zugelassenen Projekte aufweist. Auf die Größe der Projekte wird i. R. d. § 13a Abs. 1 S. 4 BauGB ebenso abgestellt wie bei den Grundflächenschwellenwerten des § 13a Abs. 1 S. 2 BauGB, wobei dort, anders als im Rahmen von § 13a Abs. 1 S. 4 BauGB, grundsätzlich nicht auf die Größe geplanter baulicher Einzelvorhaben, sondern auf die flächenmäßige Ausdehnung der planerischen Festsetzungen insgesamt abgestellt wird. Insgesamt bewertet der Gesetzgeber das Ausmaß der Rahmensetzung i. S. v. Nr. 1 1. Spiegelstrich Anhang II Plan-UP-RL der Bebauungspläne, die er gem. § 13a Abs. 1 S. 2 Nr. 1 BauGB als im beschleunigten Verfahren aufstellbar erachtet, so, dass es seiner Ansicht nach der Anwendung des beschleunigten Verfahrens ohne Umweltprüfung nicht im Wege steht. Während dieser Auffassung – wie der Europarechtskonformität des § 13a BauGB

---

604 BT-Drs. 16/2496, S. 13/14; BR-Drs. 558/06, S. 24 ff.; *Blechschmidt*, ZfBR 2007, 120 (121); *Mitschang*, ZfBR 2007, 433 (440).
605 BT-Drs. 16/2496, S. 13.
606 Vgl. EU-Kommission, Umsetzung Richtlinie 2001/42/EG, 2003, Nr. 3.25, abrufbar unter http://www.erneuerbare-energien.de/files/pdfs/allgemein/application/pdf/sea_guidance.pdf (zuletzt abgerufen am 24.07.2008); *Schwarz*, LKV 2008, 12 (14).

insgesamt – in der Literatur zunächst nicht merklich widersprochen wurde[607] und nur die Fraktion 'Die Linke' während des Gesetzgebungsverfahrens ausdrücklich europarechtliche Zweifel hegte,[608] meinen *Götze/Müller*, dass der vom Gesetzgeber angenommenen ausreichenden Berücksichtigung des Ausmaßes des Plans i. S. d. Nr. 1 1. Spiegelstrich Anhang II Plan-UP-RL oder jedenfalls der – dem Gesetzgeber unterstellten[609] – Einschätzung, dass das derartige Ausmaß von (kleinflächigen) Bebauungsplänen, die im beschleunigten Verfahren aufgestellt werden können, gering sei, nicht zugestimmt werden könne.[610] Beachtet man, dass die Plan-UP-RL für alle Pläne und Programme, also auch für hochstufige Regionalpläne oder Landesentwicklungsprogramme, gilt und dass Bebauungspläne konkret, verbindlich[611] (§ 1 Abs. 2 2. Alt., § 8 Abs. 1 S. 1 BauGB) und parzellenscharf die bauliche und sonstige Nutzung und damit die auf dieser Grundlage konkret möglichen baulichen Anlagen in ihrer Zulässigkeit regeln,[612] wird deutlich, dass das Ausmaß, in dem ein Bebauungsplan für Projekte in Bezug auf Standort, Art, Größe und Betriebsbedingungen sowie auf die Inanspruchnahme der Ressource „Boden" einen Rahmen setzt, im Verhältnis zu höherstufigen Planungen groß sein kann, eben weil der Bebauungsplan durch seine Festsetzungen eine bauleitplanerische Letztentscheidung über die Zulässigkeit

---

607 Vgl. *Battis*, in: B/K/L, § 13a, Rn. 3; *Battis/Krautzberger/Löhr*, NVwZ 2007, 121 (124); *Blechschmidt*, ZfBR 2007, 120 (121); *Krautzberger*, UPR 2006, 405 (407); *ders.*, UPR 2007, 53 (58); *ders.*, UPR 2007, 170 (175); *ders.*, in: B/K/L, Einl., Rn. 61; *Mitschang*, ZfBR 2007, 433 (439 u. 440); *Portz*, in: Spannowsky/Hofmeister, BauGB 2007, S. 1 (7); *Reidt*, NVwZ 2007, 1029 (1030 u. 1032); *Scheidler*, ZfBR 2006, 752 (756/757); *ders.*, BauR 2007, 650 (656); *Uechtritz*, BauR 2007, 476 (481 u. 491).
608 BT-Drs. 16/3308, S. 15.
609 Der Gesetzgeber bezeichnet das Ausmaß, in dem Bebauungspläne der Innenentwicklung gem. § 13a Abs. 1 S. 2 Nr. 1 BauGB einen Rahmen für Projekte setzen, jedenfalls nicht explizit als gering.
610 *Götze/Müller*, ZUR 2008, 8 (10).
611 Vgl. *Leidinger*, in: Hoppe, UVPG, § 14b, Rn. 37, hinsichtlich der Verbindlichkeit der Rahmensetzung.
612 Vgl. Europäische Kommission, Umsetzung Richtlinie 2001/42/EG, 2003, Nr. 3.26, abrufbar unter http://www.erneuerbare-energien.de/files/pdfs/allgemein/application/pdf/sea_guidance.pdf (zuletzt abgerufen am 24.07.2008), nennt als Beispiel für Pläne, die den Rahmen für die künftige Genehmigung von Projekten setzen, kommunale Flächennutzungspläne in den Niederlanden, in denen die Voraussetzungen für die Erteilung von Baugenehmigungen durch die Gemeinden festgelegt werden. Im Zusammenhang mit Nr. 1 1. Spiegelstrich Anhang II Plan-UP-RL wird darauf abgestellt, dass die Pläne bestimmen, welche Art von Projekten in bestimmten Gebieten, also an bestimmten Standorten, durchgeführt werden dürfen. Vgl. *Leidinger*, in: Hoppe, UVPG, § 14b, Rn. 33 unter Verweis auf Europäische Kommission, Umsetzung Richtlinie 2001/42/EG, 2003, Nr. 3.28, abrufbar unter http://www.erneuerbare-energien.de/files/pdfs/allgemein/application/pdf/sea_guidance.pdf (zuletzt abgerufen am 24.07.2008), stellt hinsichtlich des Ausmaßes der Rahmensetzung darauf ab, ob durch den Plan die Art der Tätigkeit bzw. der Projekte eingeschränkt wird, die in einem bestimmten Gebiet zulässig sind.

ganz bestimmter Vorhaben trifft.[613] Entsprechend des Wortlauts von Nr. 1 1. Spiegelstrich Anhang II Plan-UP-RL darf man nämlich den Begriff „Ausmaß" nicht primär auf die Plangröße beziehen, sondern vor allem auf die Verbindlichkeit der Festsetzungen des Plans für die spätere Vorhabenzulassung.[614] Es wird ausdrücklich auf das Ausmaß der Rahmensetzung für Projekte abgestellt, nicht auf das Ausmaß des Plans. Daher ist *Götze/Müller* darin beizupflichten, dass das Ausmaß i. S. v. Nr. 1 1. Spiegelstrich Anhang II Plan-UP-RL bei einem Bebauungsplan, der im beschleunigten Verfahren aufgestellt werden kann, wie das Ausmaß jedes Bebauungsplans im Umfang seiner Festsetzungen in Bezug auf die Rahmensetzung für Projekte als groß zu bewerten ist.[615] Zuzustimmen ist *Götze/Müller* auch dahingehend, dass die Beschränkung des Anwendungsbereichs des beschleunigten Verfahrens auf Bebauungspläne der Innenentwicklung, die eine bestimmte Größe der Grundfläche nicht überschreiten, primär nichts mit dem Ausmaß zu tun hat, in dem der Plan für Projekte einen Rahmen setzt.[616] Dies allein bedeutet jedoch noch nicht automatisch, dass ein Bebauungsplan und eben auch ein solcher der Innenentwicklung generell nicht ohne Umweltprüfung aufgestellt werden dürfte, da das Ausmaß der Rahmensetzung nur ein Kriterium des Anhangs II Plan-UP-RL bei der Bestimmung der Pläne ist, die keiner Umweltprüfung bedürfen. Es gibt keinerlei Anhaltspunkte dafür, dass die parzellenscharfen, verbindlichen Entscheidungen über die bauliche Nutzung von Flächen i. R. v. Bebauungsplänen immer einer Umweltprüfungspflicht im Sinne der Plan-UP-RL unterliegen sollen, zumal Art. 3 Abs. 3 1. Alt. Plan-UP-RL selbst Pläne, die die Nutzung kleiner Gebiete auf lokaler Ebene festlegen, von der grundsätzlichen Umweltprüfungspflicht gem. Art. 3 Abs. 2 Plan-UP-RL ausnimmt und Bebauungspläne gerade eine Möglichkeit sind, die Nutzung kleiner Gebiete auf lokaler Ebene zu regeln. Zudem ist i. R. d. Art. 3 Abs. 5 S. 2 Plan-UP-RL immer auch zu bedenken, dass die Anwendung der Kriterien des Anhangs II Plan-UP-RL, wie auch dessen Einleitungssatz besagt, bei der Bestimmung nicht-umweltprüfungspflichtiger Pläne in der Weise

---

613 *Götze/Müller*, ZUR 2008, 8 (10); Europäische Kommission, Umsetzung Richtlinie 2001/42/EG, 2003, Nr. 3.51, abrufbar unter http://www.erneuerbare-ernergien.de/files/pdfs/allgemein/application/pdf/sea_guidance.pdf (zuletzt abgerufen am 24.07.2008).
614 *Götze/Müller*, ZUR 2008, 8 (10); Europäische Kommission, Umsetzung Richtlinie 2001/42/EG, 2003, Nr. 3.51, abrufbar unter http://www.erneuerbare-ernergien.de/files/pdfs/allgemein/application/pdf/sea_guidance.pdf (zuletzt abgerufen am 24.07.2008). Vgl. *Leidinger*, in: Hoppe, UVPG, § 14b, Rn. 35 u. 33 unter Verweis auf Europäische Kommission, Umsetzung Richtlinie 2001/42/EG, 2003, Nr. 3.28, abrufbar unter http://www.erneuerbare-ernergien.de/files/pdfs/allgemein/application/pdf/sea_guidance.pdf (zuletzt abgerufen am 24.07.2008), stellt hinsichtlich des Ausmaßes der Rahmensetzung darauf ab, ob der Plan Kriterien oder Voraussetzungen beinhaltet, die Grundlage für die Entscheidung über einen Genehmigungsantrag für ein Projekt bilden. Vgl. Fn. 612.
615 *Götze/Müller*, ZUR 2008, 8 (10).
616 *Götze/Müller*, ZUR 2008, 8 (10).

und mit der Zielsetzung zu erfolgen hat, dass Pläne mit voraussichtlich erheblichen Umweltauswirkungen einer Umweltprüfung unterzogen werden. Nur weil ein Plan in großem Ausmaß den Rahmen für Projekte setzt, bedeutet das nicht, dass er grundsätzlich voraussichtlich erhebliche Umweltauswirkungen hat. Solche nämlich sollen durch die Beschränkung des Anwendungsbereichs des beschleunigten Verfahrens auf Bebauungspläne der Innenentwicklung, die eine bestimmte Grundflächengröße nicht überschreiten, und durch die Ausschlusstatbestände des § 13a Abs. 1 S. 4 u. S. 5 BauGB vermieden werden, wie auch die Ausführungen des Gesetzgebers zu Nr. 1 1. Spiegelstrich Anhang II Plan-UP-RL ihrem Sinne nach verstanden werden können. Die Beschränkung des beschleunigten Verfahrens auf Maßnahmen der Innenentwicklung bedeutet, dass im beschleunigten Verfahren nicht bisher völlig unbebaute Flächen in weitem Umfang und ohne Zusammenhang mit dem bestehenden Siedlungsbereich neu für Bebauung vorgesehen werden können (vgl. B. II. 1. a) aa) (3); B. II. 1. a) cc); B. II. 1. a) bb) (2) (d) (aa)). Wenn man bedenkt, dass die Neuinanspruchnahme baulich weitgehend ungenutzter Flächen außerhalb des Siedlungsbereichs mit erheblichen Eingriffen in bisher unversehrte Landschaft verbunden ist und i. R. v. Wiedernutzbarmachung, Nachverdichtung und anderen Maßnahmen der Innenentwicklung weitgehend nur schon baulich genutzte oder jedenfalls baulich vorgeprägte Flächen mit Anbindung an vorhandene Ortsteile überplant werden dürfen, wird deutlich, dass bei Bebauungsplänen der Innenentwicklung in der Regel die Wahrscheinlichkeit voraussichtlich erheblicher neuer Umweltauswirkungen jedenfalls vergleichsweise gering ist. Dies wird zudem dadurch gewährleistet, dass für das beschleunigte Verfahren der Umfang der Festsetzungen in Bezug auf die Grundfläche bzw. die Versiegelungsfläche gem. § 13a Abs. 1 S. 2 u. S. 3 BauGB beschränkt ist, weil – wie oben ausgeführt (vgl. B. II. 6. c) bb); B. II. 6. b) bb) (2) (c)) – ab einer bestimmten flächenmäßigen Größe der Planfestsetzungen, auch wenn an vorhandene Bausubstanz angeknüpft wird, doch erhebliche Flächen neu für Bebauung vorgesehen werden können bzw. sich die bezogen auf die einzelnen Festsetzungen in Relation zur baulichen Vornutzung bzw. -prägung geringen neuen Umweltauswirkungen insgesamt auf einen doch erheblichen Umfang aufsummieren können, was die Vermutung voraussichtlich erheblicher Umweltauswirkungen des Plans inkludiert. Dies bestätigt sich auch dadurch, dass Art. 3 Abs. 3 1. Alt. Plan-UP-RL nur für Pläne, die die Nutzung *kleiner* Gebiete auf lokaler Ebene festlegen, von der Vermutung des Art. 3 Abs. 2 i. V. m. Abs. 1 Plan-UP-RL abrückt. Die Regelungen des § 13a Abs. 1 S. 4 u. S. 5 BauGB berücksichtigen zudem die besondere Wahrscheinlichkeit voraussichtlich erheblicher Umweltauswirkungen für Bebauungspläne, die die Zulässigkeit umweltverträglichkeitsprüfungspflichtiger Vorhaben begründen oder Anhaltspunkte für eine Beeinträchtigung der Schutzgüter des § 1 Abs. 6 Nr. 7 lit. b BauGB beinhalten, die auch aus Art. 3 Abs. 2 Plan-UP-RL deutlich wird.[617] Insofern beachten die vom Gesetzgeber gemachten Ausführungen zu Nr. 1 1. Spiegelstrich Anhang II Plan-UP-RL, die zwar nicht den konkreten, korrekten Sinn des Kriteriums treffen, doch den hinter den Kriterien des Anhangs II Plan-UP-RL stehenden Telos des Richtliniengebers, dass nur solche Pläne von der Umweltprüfungspflicht ausgenommen werden dürfen, die voraussichtlich keine erheblichen Umweltauswirkungen haben.

(2) Ausmaß der Beeinflussung anderer Pläne und Programme

Das Kriterium der Nr. 1 2. Spiegelstrich Anhang II Plan-UP-RL, wonach das Ausmaß, in dem der Plan andere Pläne und Programme beeinflusst, bei der Bestimmung des Vorliegens voraussichtlich erheblicher Umweltauswirkungen zu beachten ist, wiegt bei Bebauungsplänen sehr schwach, da sie auf der untersten Stufe in der Hierarchie formeller Planungen stehen, was aus § 1 Abs. 4, § 8 Abs. 2 S. 1 u. § 38 BauGB eindeutig hervorgeht. Mangels Verbindlichkeit von Bebauungsplänen für höherstufige Planungen beeinflussen sie höherstufige Pläne und Programme der formellen Raumordnungs- und Fachplanung nur in der Abwägung und damit im Vergleich zu von höherrangigen Planungen für die Bebauungsplanung ausgehenden strikten, nicht der Abwägung unterliegenden Bindungen (vgl. § 1 Abs. 4, § 8 Abs. 2 S. 1 BauGB) nur in geringem Umfang.[618] Auch die interkommunale Abstimmung ranggleicher[619] Bebauungspläne gem. § 2 Abs. 2 BauGB ist nur ein in der Abwägung zu berücksichtigender Aspekt. Lediglich in Form einer Änderung bestehender Bebauungspläne nehmen sie unmittelbaren verbindlichen Einfluss auf eine bestehende formelle Planung.[620] Zwar kann ein Bebauungsplan der Innenentwicklung die Änderung eines Flächennutzungsplans erfordern bzw. i. R. v. § 13a Abs. 2 Nr. 2 BauGB unter Wahrung der Vorgabe des § 13a Abs. Nr. 2 2. Hs. BauGB beinahe selbst herbeiführen. Auch in letzterem Fall gelten jedoch die allgemeinen (materiellen) Rechtmäßigkeitsanforderungen an einen Flächennutzungsplan, die durch inhaltliche Vorgaben des Bebauungsplans in keiner Weise verändert werden und der Bebauungsplan muss grundsätzlich strikt, d. h. nicht der Abwägung unterliegend, aus dem (an ihn angepassten) Flächennutzungsplan entwickelt werden können. Selbst informelle Planungen nehmen gem. § 1 Abs. 6 Nr. 11 BauGB im Rahmen der Abwägung Einfluss auf die Bebauungsplanung; umgekehrt nimmt

---

617 Vgl. *Gierke*, in: Brügelmann, § 13a, Rn. 103 (Stand: Februar 2008).
618 Vgl. Europäische Kommission, Umsetzung Richtlinie 2001/42/EG, 2003, Nr. 3.52, abrufbar unter http://www.erneuerbare-energien.de/files/pdfs/allgemein/application/pdf/sea_guidance.pdf (zuletzt abgerufen am 24.07.2008).
619 Vgl. Europäische Kommission, Umsetzung Richtlinie 2001/42/EG, 2003, Nr. 3.52, abrufbar unter http://www.erneuerbare-energien.de/files/pdfs/allgemein/application/pdf/sea_guidance.pdf (zuletzt abgerufen am 24.07.2008).
620 *Schwarz*, LKV 2008, 12 (14).

die Bebauungsplanung keinen verbindlichen Einfluss auf informelle Planungen. Insgesamt ist daher das Ausmaß der Beeinflussung anderer Pläne und Programme mangels weitgehender Striktheit der Einflussnahme und der Stellung von Bebauungsplänen innerhalb der Planhierarchie gering, so dass dem Gesetzgeber in dieser Einschätzung uneingeschränkt zu folgen ist.[621]

(3) Bedeutung für die Einbeziehung der Umwelterwägungen

Gem. Nr. 1 3. Spiegelstrich Anhang II Plan-UP-RL ist bei der Bestimmung von Plänen mit voraussichtlich erheblichen Umweltauswirkungen die Bedeutung des Plans für die Einbeziehung der Umwelterwägungen, insbesondere im Hinblick auf die Förderung der nachhaltigen Entwicklung, zu beachten. Der Gesetzgeber geht davon aus, i. R. d. § 13a BauGB die nachhaltige Entwicklung dadurch zu fördern, dass durch die Stärkung und Privilegierung von Maßnahmen der Innenentwicklung die Flächenneuinanspruchnahme im bisherigen Außenbereich vermindert wird.[622] Dem ist jedenfalls insoweit zuzustimmen, als die Konzentration der Siedlungsentwicklung auf den vorhandenen Siedlungsbereich und die Neuausweisung von Flächen im Außenbereich außerhalb von Ortslagen möglichst erst nach weitgehender Erschöpfung der Potentiale der Innenentwicklung den Anforderungen an eine nachhaltige Entwicklung entspricht.[623] *Götze/Müller* gehen jedoch davon aus, dass bei der Bestimmung des Anwendungsbereichs des beschleunigten Verfahrens die Bedeutung eines Bebauungsplans für die Einbeziehung der Umwelterwägungen i. S. d. Nr. 1 3. Spiegelstrich Anhang II Plan-UP-RL verkannt und als zu gering bewertet wurde und daher der Anwendungsbereich des beschleunigten Verfahrens nicht europarechtskonform ist.[624] Gestützt wird diese Ansicht vor allem darauf, dass ein Bebauungsplan eine letztverbindliche Entscheidung über die Zulässigkeit konkreter baulicher Vorhaben trifft und daher für die Einbeziehung der Umwelterwägungen grundsätzlich sehr bedeutend ist, viel bedeutender als höherrangige Pläne z. B. auf der Ebene der Landesplanung.[625] Dem ist insoweit zuzustimmen, dass erst im Rahmen der Bebauungspläne die mit konkreten Vorhaben verbundenen Umwelterwägungen in die Planung einbezogen und aufeinander abgestimmt werden können, weil erst auf der Ebene der Bebauungsplanung die Zulässigkeit konkreter Vorhaben an bestimmten Standorten begründet wird. Im Hinblick auf die Umwelterwägungen, die in Bezug auf konkrete Vorhaben anzustellen sind, ist die Bebauungsplanung daher von großer Bedeutung. Andererseits aber ist zu bedenken, dass die grundsätzlichen Entscheidungen für die bauliche und sonstige Entwicklung einer

---

621 BT-Drs. 16/2496, S. 13; ohne Kritik insgesamt *Blechschmidt*, ZfBR 2007, 120 (121); *Mitschang*, ZfBR 2007, 433 (440).
622 BT-Drs. 16/2496, S. 13.
623 Vgl. § 1a Abs. 2 S. 1 BauGB; vgl. B. I. 2. b) aa); Fn. 127.
624 *Götze/Müller*, ZUR 2008, 8 (10 u. 11).
625 *Götze/Müller*, ZUR 2008, 8 (10).

Gemeinde und die damit verbundenen Umweltauswirkungen in der Regel nicht auf der Ebene der Bebauungsplanung getroffen werden, sondern schon auf der der Landesplanung, die gem. § 1 Abs. 4 BauGB die Bauleitplanung strikt bindet, und auf der Ebene der Flächennutzungsplanung (§ 5 Abs. 1 S. 1, § 8 Abs. 2 S. 1 BauGB), die eine Darstellung der sich aus der beabsichtigten städtebaulichen Entwicklung ergebenden Art der Bodennutzung in den Grundzügen für das ganze Gemeindegebiet enthält. Auf der Ebene der gegenüber der Bebauungsplanung höherrangigeren Planung besteht aufgrund der weiträumigeren Sichtweise ein viel größerer Spielraum, die sich aus der, wenn auch nur in gröberem Maßstab bestimmten, beabsichtigten städtebaulichen Entwicklung einer Gemeinde ergebenden Umweltauswirkungen gerecht zum Ausgleich zu bringen und Umweltbelastungen zu vermeiden bzw. wenigstens zu verringern, schon weil aufgrund des räumlich größeren Bezugs in weiterem Umfang ein Ausweichen auf Standorte möglich ist, an denen eine bestimmte beabsichtigte Entwicklung mit geringeren Umweltauswirkungen verbunden ist oder diese besser ausgeglichen werden können, während dies auf der Ebene der Bebauungsplanung wegen ihrer Bindungen an die Vorgaben der Raumordnungsplanung und der Flächennutzungsplanung nur in viel eingeschränkterem Umfang möglich ist.[626] Eine Verringerung der Umweltauswirkungen – und auf diese kommt es im Rahmen von Nr. 1 3. Spiegelstrich Anhang II Plan-UP-RL an[627] – ist daher auf der Ebene der Bebauungsplanung aufgrund bindender Vorgaben höherrangiger Planungen für die im Rahmen der Bebauungsplanung festzusetzende, konkrete städtebauliche Entwicklung und Ordnung nicht generell gut möglich. Bedenkt man also, dass die gegenüber der Bebauungsplanung höherrangigen Raumordnungs- und Flächennutzungsplanungen im Hinblick auf die Einbeziehung von Umwelterwägungen nicht nur bezogen auf ihre Planungsstufe, sondern für die gesamte Raumplanung von großer Relevanz sind und über die grundsätzliche städtebauliche Entwicklung einer Gemeinde auf diesen Ebenen bindend entschieden wird, kann *Götze/Müller* nicht darin gefolgt werden, dass die Bedeutung von Bebauungsplänen für die Einbeziehung der Umwelterwägungen „grundsätzlich sehr groß" ist, was entsprechend der Ausführungen von *Götze/Müller* hieße, dass die Bedeutung von Bebauungsplänen für die Einbeziehung der Umwelterwägungen größer ist als die der höherstufigen Planungsebenen.[628] Bebauungsplänen kommt keine für die Einbeziehung der Umweltbelange grundsätzlich sehr große Bedeutung zu; vielmehr sind sie für die sich erst auf der Ebene der konkreten Vorhabenplanung ergebenden Umwelterwägungen genauso wichtig wie Raumordnungspläne oder Flächennutzungspläne für die auf deren Ebene anzustellenden

---

626 Vgl. *Bunzel*, in: BauGB 2004 – Nachgefragt, S. 129 (130/131).
627 Europäische Kommission, Umsetzung Richtlinie 2001/42/EG, 2003, Nr. 3.53, abrufbar unter http://www.erneuerbare-energien.de/files/pdfs/allgemein/application/pdf/sea_guidance.pdf (zuletzt abgerufen am 24.07.2008).
628 *Götze/Müller*, ZUR 2008, 8 (10).

Umwelterwägungen, wobei dort die Spielräume für den Ausgleich von Umweltauswirkungen in der Regel größer sind als innerhalb der Bebauungsplanung, so dass ihre Berücksichtigung innerhalb höherrangiger Planungen im Hinblick auf eine effektive Einbeziehung der Umwelterwägungen innerhalb der Raumplanung sehr wichtig ist. Daraus ergibt sich, dass der Gesetzgeber entgegen *Götze/ Müller* bei der Bestimmung des Anwendungsbereichs des beschleunigten Verfahrens nicht eine besondere Bedeutung der Bebauungspläne für die Einbeziehung der Umwelterwägungen verkannt hat.

(4) Umweltprobleme mit Planrelevanz

(a) Kritische Auseinandersetzung mit der Einschätzung des Gesetzgebers

Im Hinblick auf das bei der Bestimmung der Pläne mit voraussichtlich erheblichen Umweltauswirkungen gem. Nr. 1 4. Spiegelstrich Anhang II Plan-UP-RL zu berücksichtigende Kriterium der für den Plan relevanten Umweltprobleme geht die Gesetzesbegründung davon aus, dass die für kleinflächige Bebauungspläne gem. § 13a Abs. 1 S. 2 Nr. 1 BauGB, die im beschleunigten Verfahren aufstellbar sind, relevanten Umweltprobleme,[629] sofern überhaupt vorhanden, nur gering sind. Dies gewährleiste die Beschränkung des Anwendungsbereichs des beschleunigten Verfahrens gem. § 13a Abs. 1 S. 1 BauGB auf Bebauungspläne der Innenentwicklung, die zudem gem. § 13a Abs. 1 S. 4 BauGB nicht die Zulässigkeit umweltverträglichkeitsprüfungspflichtiger Vorhaben begründen und gem. § 13a Abs. 1 S. 5 BauGB keine Anhaltspunkte für eine Beeinträchtigung der in § 1 Abs. 6 Nr. 7 lit. b BauGB genannten Schutzgüter aufweisen dürften.[630] *Götze/Müller* widersprechen auch dieser Auffassung des Gesetzgebers, indem sie entgegnen, dass eine Begrenzung der Grundfläche die für den Plan relevanten Umweltprobleme nicht pauschal einschränke.[631] Dabei ist jedoch zu beachten, dass der deutsche Gesetzgeber den Anwendungsbereich des beschleunigten Verfahrens gerade nicht nur entsprechend bestimmter Schwellenwerte der Plangrundfläche beschränkt. Vielmehr nimmt er zur Begründung dafür, dass Umweltprobleme für kleinflächige Bebauungspläne, die in den Anwendungsbereich des beschleunigen Verfahrens fallen, wenn überhaupt, nur in geringen Umfang relevant sind, nicht einmal ausdrücklich auf den Schwellen-

---

629 Europäische Kommission, Umsetzung Richtlinie 2001/42/EG, 2003, Nr. 3.55, abrufbar unter http://www.erneuerbare-energien.de/files/pdfs/allgemein/application/pdf/sea_guidance.pdf (zuletzt abgerufen am 24.07.2008), stellt klar, dass es für Nr. 1 4. Spiegelstrich Anhang II u. a. auf die durch einen Plan verursachten oder verschärften Umweltprobleme ankommt, aber auch darauf, ob Pläne zur Lösung, Verringerung oder Vermeidung von Umweltproblemen beitragen, so dass die Umweltprobleme insofern für den Plan relevant sind.
630 BT-Drs. 16/2496, S. 13.
631 *Götze/Müller*, ZUR 2008, 8 (10).

wert des § 13a Abs. 1 S. 2 Nr. 1 BauGB Bezug, sondern vielmehr auf § 13a Abs. 1 S. 1, S. 4 u. S. 5 BauGB. Auch der Gesetzgeber geht wie *Götze/Müller* nicht davon aus, dass generell erst ab einer bestimmten Grundfläche des Plans unabhängig von der Lage des Plangebiets oder den inhaltlichen Festsetzungen des Plans für diesen nicht nur unerhebliche und daher relevante Umweltprobleme bestehen können,[632] was am Beispiel einer kleinflächigen, sich aber auf ein Naturschutzgebiet beziehenden Planung, die z. B. ein stark emittierendes Industriegebiet vorsieht, ganz offensichtlich wird. Vielmehr beschränkte er den Anwendungsbereich des beschleunigten Verfahrens zum einen zusätzlich[633] auf Bebauungspläne der Innenentwicklung, wobei er den Begriff der Innenentwicklung an vorhandene Ortsteile gem. § 1 Abs. 6 Nr. 4 BauGB und den vorhandenen Siedlungsbereich anknüpft und die gezielte Inanspruchnahme von Flächen außerhalb von Ortslagen ausdrücklich nicht als Innenentwicklungsmaßnahme einordnet. Daraus ergibt sich, dass Innenentwicklungsmaßnahmen vor allem Maßnahmen auf baulich schon genutzten oder auf solchen Flächen sind, die sich an den vorhandenen Siedlungsbestand unmittelbar anschließen und durch diesen baulich geprägt werden. Eine Neuinanspruchnahme von Flächen in bisher baulich völlig unversehrten und baulich auch nicht geprägten Bereichen ist dagegen nicht als Maßnahme der Innenentwicklung anzusehen. Daraus ergibt sich, dass der Gesetzgeber davon ausgeht, dass durch Maßnahmen der Innenentwicklung weitgehend an schon vorhandene Eingriffe in ehemals unversehrte Natur und damit verbundene Umweltauswirkungen angeknüpft wird und diese allenfalls unerheblich intensiviert werden, vor allem im Vergleich zur Intensität der Auswirkungen eines Eingriffs, den eine Baulandneuausweisung „auf der grünen Wiese" ohne Anschluss an die vorhandene Bebauung mit sich brächte. Dass sich die bezogen auf die einzelnen, bisher vorhandenen baulichen Nutzungen allenfalls geringfügigen Steigerungen der bestehenden Umweltauswirkungen bei Umsetzung des Bebauungsplans der Innenentwicklung infolge der flächenmäßigen Ausdehnung des Bebauungsplans auf ein erhebliches Ausmaß aufsummieren, wird durch den Schwellenwert gem. § 13a Abs. 1 S. 2 Nr. 1 BauGB ausgeschlossen. Zum anderen statuiert der Gesetzgeber für die Fälle des § 13a Abs. 1

---

632 Vgl. EuGH, Urt. vom 21.09.1999 – Rs. C-392/96, ZUR 2000, 284 (284 u. 285) (Kommission gegen Irland), in dem der EuGH bezogen auf die Umsetzung von Art. 2 Abs. 1 und Art. 4 Abs. 2 UVP-RL (85/337/EWG) entschied, dass ein Mitgliedstaat den ihm bei der Bestimmung von Projekten mit voraussichtlich erheblichen Auswirkungen auf die Umwelt eingeräumten Ermessensspielraum überschritten hat, wenn er zur Bestimmung der umweltverträglichkeitsprüfungspflichtigen Projekte Schwellenwerte festsetzt, die nur die Größe der Projekte, nicht aber ihre Art und ihren Standort berücksichtigen. Darauf verweist die Europäische Kommission, Umsetzung Richtlinie 2001/42/EG, 2003, Nr. 3.35, abrufbar unter http://www.erneuerbare-energien.de/files/pdfs/allgemein/application/pdf/sea_guidance.pdf (zuletzt abgerufen am 24.07.2008), bezogen auf die Umsetzung der Vorgaben von Art. 3 Plan-UP-RL.

633 *Gierke*, in: Brügelmann, § 13a, Rn. 21 (Stand: Februar 2008).

S. 4 u. S. 5 BauGB die Unanwendbarkeit des beschleunigten Verfahrens. Dabei ist zu bedenken, dass gerade solche Vorhaben umweltverträglichkeitsprüfungspflichtig sind, die bei typisierender oder konkreter Betrachtungsweise erhebliche Umweltrelevanz haben, also mit erheblichen Umweltproblemen verbunden sind, wobei aufgrund der Zulassung solcher Vorhaben der gesamte Plan als mit voraussichtlich erheblichen Umweltauswirkungen verbunden anzusehen sein kann. § 13a Abs. 1 S. 5 BauGB führt einen weiteren Fall an, in dem aufgrund seiner Auswirkungen auf besonders geschützte Gebiete in erheblichem Umfang für einen Bebauungsplan relevante Umweltprobleme bestehen können. Durch die Einschränkungen des Anwendungsbereichs des beschleunigten Verfahrens gem. § 13a Abs. 1 S. 1, S. 4 u. S. 5 BauGB erreicht der Gesetzgeber unzweifelhaft, die für im beschleunigten Verfahren aufstellbare Bebauungspläne relevanten Umweltprobleme einzuschränken.

(b) Umweltprüfungspflichtigkeit gem. Art. 3 Abs. 1 Plan-UP-RL

(aa) Fehlende Gleichwertigkeit zu den allgemeinen Anforderungen an die bauleitplanerische Abwägung

Zudem verweist der Gesetzgeber darauf, dass bei der Planaufstellung im beschleunigten Verfahren die Anforderungen an die Abwägung gem. § 2 Abs. 3, § 1 Abs. 7 BauGB hinsichtlich der umweltbezogenen Belange gem. § 1 Abs. 6 Nr. 7 BauGB uneingeschränkt gelten.[634] D. h., dass auch innerhalb des beschleunigten Verfahrens bei Bebauungsplänen, die trotz der Schranken des § 13a Abs. 1 BauGB mit erheblichen relevanten Umweltproblemen verbunden sein sollten, die umweltbezogenen Belange uneingeschränkt ermittelt, bewertet und in der Abwägung in einen gerechten Ausgleich gebracht werden müssen, wenn auch nicht mithilfe eines formalisierten Umweltprüfungsverfahrens. Dabei ist zu bedenken, dass das materielle Ergebnis einer Planung mit oder ohne formalisierte Umweltprüfung bezogen auf denselben Sachverhalt grundsätzlich gleich sein sollte, da die Umweltprüfung gem. § 2 Abs. 4 S. 1 BauGB nur eine besondere Formalisierung des § 2 Abs. 3 BauGB darstellt und § 1 Abs. 7 BauGB ohne Einschränkung für jeden Bebauungsplan eine gerechte Abwägung aller abwägungserheblichen Belange gegen- und untereinander verlangt, egal, wie sie ermittelt wurden. Hier ist aber zu beachten, dass die nicht im Rahmen eines eigenen, in das Planungsverfahren integrierten Umweltprüfungsverfahrens stattfindende Ermittlung und Bewertung der relevanten Umweltbelange von Plänen, die erkennbar voraussichtlich erhebliche Umweltbelange haben, den Vorgaben der Plan-UP-RL widerspricht,[635] wonach gem. Art. 3 Abs. 1, Abs. 5 S. 2 Plan-UP-RL alle Pläne mit voraussichtlich erheblichen Umweltauswirkungen einer

---

634 Vgl. BT-Drs. 16/2496, S. 13.
635 *Gierke*, in: Brügelmann, § 13a, Rn. 20 (Stand: Februar 2008).

Umweltprüfung unterzogen werden sollen. Nach der Plan-UP-RL muss von den Mitgliedstaaten entsprechend ihrer Pflichten gem. Art. 249 Abs. 3, Art. 10 EGV (= Art. 288 Abs. 3, Art. 291 Abs. 1 AEUV, Art. 4 Abs. 3 EUV in der Fassung des Vertrags von Lissabon, vgl. ABl. EU Nr. C 115 vom 09.05.2008, S. 367 u. 384) gewährleistet werden, dass die Pläne, die voraussichtlich erhebliche Umweltauswirkungen haben, also solche, die mit erheblichen relevanten Umweltproblemen verbunden sind, tatsächlich von der in der Plan-UP-RL vorgesehenen Umweltprüfungspflicht erfasst werden[636] und nicht im beschleunigten Verfahren ohne Umweltprüfung aufgestellt werden können. Daher kann dem Verweis des Gesetzgebers auf die Anforderungen des § 1 Abs. 6 Nr. 7, § 2 Abs. 3, § 1 Abs. 7 BauGB im Hinblick auf die für den Plan relevanten Umweltbelange als Argument für die Wahrung der Anforderungen der Plan-UP-RL im beschleunigten Verfahren nicht gefolgt werden, denn die Plan-UP-RL geht über die allgemeinen Anforderung, alle für die Planung relevanten Belange zu ermitteln, zu bewerten und in der Abwägung in einen gerechten Ausgleich zu bringen, hinaus bzw. ergänzt sie; die Plan-UP-RL verlangt für Pläne mit voraussichtlich erheblichen Umweltauswirkungen *zusätzlich* zu den allgemeinen Anforderungen des Ermittelns und Bewertens der durch die Planung abwägungserheblich betroffenen Belange gem. § 2 Abs. 3 BauGB die Durchführung einer Umweltprüfung als formalisiertes Ermittlungs- und Bewertungsverfahren *speziell* im Hinblick auf die Umweltauswirkungen der Planung.

(bb) Bedeutung und Reichweite von Art. 3 Abs. 5 S. 1 2. Var. Plan-UP-RL

Art. 3 Abs. 5 S. 1 2. Var. Plan-UP-RL erlaubt eine abstrakt-generelle Festlegung von Arten von Plänen im Sinne von Art. 3 Abs. 3 u. Abs. 4 Plan-UP-RL, die voraussichtlich erhebliche Umweltauswirkungen haben und – im Umkehrschluss – die solche nicht haben, was im Sinne der Rechts- und Verwaltungssicherheit begrüßenswert ist, weil in diesen Fällen infolge der Festlegung von vornherein feststeht, ob eine Umweltprüfung durchzuführen ist oder nicht.[637] Im Rahmen der abstrakt-generellen Festlegung einer Art nicht umweltprüfungspflichtiger Pläne muss die Vorgabe, Pläne mit voraussichtlich erheblichen Umweltauswirkungen einer Umweltprüfung zu unterziehen (Art. 3 Abs. 1, Abs. 5 S. 2 Plan-UP-RL), beachtet werden. Die Europäische Kommission verweist in ihrem Dokument zur Umsetzung der Plan-UP-RL unter Hinweis auf eine Entscheidung des Europäischen Gerichtshofs zur Art. 3 Abs. 5 S. 1 Plan-UP-RL ähnlichen Regelung des Art. 4 Abs. 2 UVP-RL (85/337/EWG) darauf, dass es Art. 3 Abs. 5 S. 1 2. Var. Plan-UP-RL nicht zulässt, ganze Gruppen von Plänen

---

636 *Gierke*, in: Brügelmann, § 13a, Rn. 20 (Stand: Februar 2008).
637 Europäische Kommission, Umsetzung Richtlinie 2001/42/EG, 2003, Nr. 3.42, abrufbar unter http://www.erneuerbare-energien.de/files/pdfs/allgemein/application/pdf/sea_guidance.pdf (zuletzt abgerufen am 24.07.2008).

aus der Umweltprüfungspflicht auszunehmen, „es sei denn, dass alle diese Pläne [...], wenn sie *als Ganzes betrachtet* werden, voraussichtlich keine erheblichen Umweltauswirkungen haben".[638] Zudem geht die Europäische Kommission unter Bezugnahme auf eine Entscheidung des Europäischen Gerichtshofs zu den Anforderungen der UVP-RL (85/337/EWG) davon aus, dass die in der Plan-UP-RL vorgesehene Möglichkeit, eine Art von Plänen gem. Art. 3 Abs. 5 S. 1 2. Var. Plan-UP-RL abstrakt-generell als nicht umweltprüfungspflichtig festzulegen, eng auszulegen ist, soweit ansonsten die Anforderungen der Richtlinie verletzt werden könnten.[639] Der Europäische Gerichtshof stellte in einer Entscheidung zur UVP-RL (85/337/EWG) zwar ausdrücklich klar, dass die den Mitgliedstaaten gem. Art. 4 Abs. 2 UVP-RL eingeräumte Befugnis, bestimmte Arten von Projekten zu bestimmen, die einer Umweltverträglichkeitsprüfung zu unterziehen sind, oder Kriterien und/oder Schwellenwerte aufzustellen, anhand derer die Umweltverträglichkeitsprüfungspflichtigkeit von Projekten bestimmt werden kann, impliziert, dass die Mitgliedstaaten tatsächlich *nur* anhand einer Festlegung von Arten von Projekten bzw. von Kriterien und Schwellenwerten die Umweltverträglichkeitsprüfungspflichtigkeit von Projekten bestimmen dürfen, ohne dass für Projekte, die entsprechend dieser Bestimmung generell nicht der Pflicht zur Durchführung einer Umweltverträglichkeitsprüfung unterliegen, zusätzlich im jeweiligen Einzelfall eine Vorprüfung durchgeführt werden müsste,[640] um zu klären, ob bei dem konkreten Projekt nicht doch mit erheblichen

---

638 Europäische Kommission, Umsetzung Richtlinie 2001/42/EG, 2003, Nr. 3.43, abrufbar unter http://www.erneuerbare-energien.de/files/pdfs/allgemein/application/pdf/sea_guidance.pdf (zuletzt abgerufen am 24.07.2008), unter Verweis auf EuGH, Urt. vom 24.10.1996 – Rs. C-72/95, Slg. 1996, I-5403 (5404/5405 u. 5451 u. 5456) (Kraaijeveld); wiederholt in EuGH, Urt. vom 16.09.1999 – Rs. C-435/97, Slg. 1999, I-5613 (5624 u. 5652) (WWF-Bozen). Ebenso EuGH, Urt. vom 22.10.1998 – Rs. C-301/95, ZUR 1999, 44 (46) (Kommission gegen Deutschland).
639 Europäische Kommission, Umsetzung Richtlinie 2001/42/EG, 2003, Nr. 3.43, abrufbar unter http://www.erneuerbare-energien.de/files/pdfs/allgemein/application/pdf/sea_guidance.pdf (zuletzt abgerufen am 24.07.2008), unter Verweis auf EuGH, Urt. vom 16.09.1999 – Rs. C-435/97, I-5613 (5659) (WWF-Bozen).
640 Diese Auffassung hatte Generalanwalt *Elmer* in seinem Schlussantrag vertreten. Er ging davon aus, dass die Mitgliedstaaten aufgrund der Verpflichtung aus Art. 2 Abs. 1 UVP-RL, Projekte mit voraussichtlich erheblichen Umweltauswirkungen einer Umweltverträglichkeitsprüfung zu unterziehen, in Umsetzung von Art. 4 Abs. 2 UVP-RL nicht nur keine Kriterien oder Schwellenwerte festlegen dürfen, aufgrund derer Projekte mit voraussichtlich erheblichen Umweltauswirkungen keiner Umweltverträglichkeitsprüfung unterzogen werden. Er vertrat vielmehr, dass Art. 4 Abs. 2 UVP-RL den Mitgliedstaaten kein Ermessen bei der Bestimmung der Bedingungen, unter denen Projekte umweltverträglichkeitsprüfungspflichtig sind, einräumt. Die Mitgliedstaaten könnten zwar zur Verfahrenserleichterung Schwellenwerte und Kriterien dafür festlegen, wann ein Projekt generell umweltverträglichkeitsprüfungspflichtig ist und wann dies zunächst im Rahmen einer Vorprüfung festzustellen ist. Art. 4 Abs. 2 UVP-RL ermächtige die Mitgliedstaaten

Umweltauswirkungen zu rechnen ist, so dass es gem. Art. 2 Abs. 1 UVP-RL der Umweltverträglichkeitsprüfungspflicht unterliegt.[641] Dies ist wohl auch auf die den Mitgliedstaaten in Art. 3 Abs. 5 S. 1 2. Var. Plan-UP-RL eingeräumte Befugnis zu übertragen, im Unterschied zur dritten Variante der Regelung allein durch Festlegung von Arten von Plänen ohne zusätzliche Vorprüfung des Einzelfalls die Umweltprüfungspflichtigkeit von Plänen zu bestimmen. Würde man zusätzlich zur abstrakt-generellen Festlegung einer Art von nicht umweltprüfungspflichtigen Plänen grundsätzlich, um der Anforderung, Pläne mit voraussichtlich erheblichen Umweltauswirkungen entsprechend Art. 3 Abs. 1 Plan-UP-RL einer Umweltprüfung zu unterziehen, ganz sicher gerecht zu werden, verlangen, in jedem Einzelfall durch eine Vorprüfung zu klären, ob der Plan unter den besonderen Umständen des konkreten Falls voraussichtlich erhebliche Umweltauswirkungen hat, hätte Art. 3 Abs. 5 S. 1 2. Var. Plan-UP-RL gegenüber der dritten Variante keinen eigenständigen Anwendungsbereich. Zwar könnten dadurch die Umstände und Merkmale des jeweiligen Plans vollumfänglich im Sinne der Vorgaben der Plan-UP-RL erfasst werden.[642] Jedoch wäre die in Art. 3 Abs. 5 S. 1 2. Var. Plan-UP-RL eingeräumte Möglichkeit einer abstrakt-generellen Festlegung von Arten von Plänen, die voraussichtlich keine erheblichen Umweltauswirkungen haben, obsolet, wenn doch *grundsätzlich* zusätzlich eine Vorprüfung des Einzelfalls durchzuführen wäre.[643] Die Mitgliedstaaten hätten auch kein Interesse daran, zunächst unter Beachtung der Kriterien des Anhangs II Plan-UP-RL gem. Art. 3 Abs. 5 S. 2 Plan-UP-RL in einem aufwändigen Entscheidungsprozess Pläne und Programme, die keiner Umweltprüfungspflicht unterliegen sollen, festzulegen, wenn nachher dennoch bezogen auf jeden einzelnen, abstrakt-generell als nicht umweltprüfungspflichtig eingestuften Plan mit zusätzlichem Aufwand[644] geprüft werden müsste, ob er nicht doch voraussicht-

---

aber nicht, Projekte grundsätzlich von der Umweltverträglichkeitsprüfungspflichtigkeit auszunehmen. (EuGH, Urt. vom 24.10.1996 – Rs. C-72/95, Slg. 1996, I-5403 (5422/5423)). Diesem Ansatz stimmte die Europäische Kommission zu (EuGH, Urt. vom 24.10.1996 – Rs. C-72/95, Slg. 1996, I-5403 (5448)).
641 EuGH, Urt. vom 24.10.1996 – Rs. C-72/95, Slg. 1996, I-5403 (5450) (Kraaijeveld); bestätigt in EuGH, Urt. vom 16.09.1999 – Rs. C-435/97, I-5613 (5651) (WWF-Bozen).
642 Europäische Kommission, Umsetzung Richtlinie 2001/42/EG, 2003, Nr. 3.41, abrufbar unter http://www.erneuerbare-energien.de/files/pdfs/allgemein/application/sea_guidance.pdf (zuletzt abgerufen am 24.07.2008), zu den Vorteilen einer (generellen) Einzelfallprüfung gem. Art. 3 Abs. 5 S. 1 1. Var. Plan-UP-RL zur Bestimmung umweltprüfungspflichtiger bzw. nicht umweltprüfungspflichtiger Pläne.
643 EuGH, Urt. vom 24.10.1996 – Rs. C-72/95, Slg. 1996, I-5403 (5450) (Kraaijeveld), für Art. 4 Abs. 2 UVP-RL; a. A. die Kommission, EuGH, Urt. vom 24.10.1996 – Rs. C-72/95, Slg. 1996, I-5403 (5448).
644 Vgl. Europäische Kommission, Umsetzung Richtlinie 2001/42/EG, 2003, Nr. 3.41, abrufbar unter http://www.erneuerbare-energien.de/files/pdfs/allgmein/application/pdf/sea_guidance.pdf (zuletzt abgerufen am 24.07.2008), zu den Nachteilen der Einzelfallprüfung; so auch *Leidinger*, in: Hoppe, UPVG, § 14b, Rn. 3 u. 20.

lich erhebliche Umweltauswirkungen hat.[645] Entsprechend der mit Art. 3 Abs. 1, Abs. 5 S. 2 Plan-UP-RL vergleichbaren Vorgabe des Art. 2 Abs. 1 UVP-RL betont der Europäische Gerichtshof aber auch, dass nur solche Projekte generell von einer Umweltverträglichkeitsprüfungspflicht ausgeschlossen werden dürfen, bei denen aufgrund einer *pauschalen Beurteilung* davon ausgegangen werden kann, dass sie voraussichtlich keine erheblichen Umweltauswirkungen haben,[646] was wohl auch den Anwendungsbereich von Art. 3 Abs. 5 S. 1 2. Var. Plan-UP-RL restringiert.[647] Für die Konformität von § 13a Abs. 1 S. 2 Nr. 1 BauGB mit den Vorgaben des Art. 3 Abs. 1, Abs. 5 S. 2 Plan-UP-RL und für eine korrekte Erfüllung der Pflichten aus Art. 249 Abs. 3, Art. 10 EGV (= Art. 288 Abs. 3, Art. 291 Abs. 1 AEUV, Art. 4 Abs. 3 EUV in der Fassung des Vertrags von Lissabon, vgl. ABl. EU Nr. C 115 vom 09.05.2008, S. 367 u. 384) durch die Bundesrepublik Deutschland kommt es daher entscheidend darauf an, ob kleinflächige Bebauungspläne der Innenentwicklung, die in den Anwendungsbereich des beschleunigten Verfahrens fallen, bei pauschaler Betrachtung voraussichtlich keine erheblichen Umweltauswirkungen haben. Durch ein Gebrauchmachen von Art. 3 Abs. 5 S. 1 2. Var. Plan-UP-RL dürfen Pläne mit voraussichtlich erheblichen Umweltauswirkungen nicht in bedeutendem Umfang von der Umweltprüfungspflicht ausgenommen werden.[648] Erfasst die Entbehrlichkeit der

---

645 EuGH, Urt. vom 24.10.1996 – Rs. C-72/95, Slg. 1996, I-5403 (5450) (Kraaijeveld), für Art. 4 Abs. 2 UVP-RL. A. A. *Ginzky*, UPR 2002, 47 (49), der davon ausgeht, dass nur eine Kombination von abstrakt-genereller Artfestlegung und Einzelfallprüfung gem. Art. 3 Abs. 5 S. 1 3. Var. Plan-UP-RL den europarechtlichen Anforderungen, die er aus der EuGH-Rspr. zur UVP-RL (u. a. aus EuGH, Urt. vom 21.09.1999 – Rs. C-392/96, ZUR 2000, 284 (284 u. 285)) ableitet, genügt, weil nur so die besonderen Standortbedingungen des jeweiligen Einzelfalls berücksichtigt werden könnten.
646 EuGH, Urt. vom 24.10.1996 – Rs. C-72/95, Slg. 1996, I-5403 (5401) (Kraaijeveld); EuGH, Urt. vom 16.09.1999 – Rs. C-435/97, Slg. 1999, I-5613 (5624 u. 5652) (WWF-Bozen). Nach Auffassung der Europäischen Kommission verletzt die Bundesrepublik Deutschland, indem sie Industriezonen und Städtebauprojekte von weniger als 20000 qm Grundfläche unabhängig vom Standort in den Nrn. 18.5 und 18.7 Anlage 1 UVPG als nicht umweltverträglichkeitsprüfungspflichtig einordnete, diese Vorgabe und leitete ein Vertragsverletzungsverfahren gegen Deutschland ein (2006/2273). Sie rügt, dass die Besonderheiten und der spezielle Standort eines Projekts bei dieser pauschalen Festlegung nicht ausreichend berücksichtigt würden, so dass die Schwellenwerte in dieser Generalität zu hoch seien (vgl. *Gierke*, in: Brügelmann, § 13a, Rn. 18 u. 20 (Stand: Februar 2008); vgl. zur Tatsache der Einleitung des genannten Vertragsverletzungsverfahrens auch BT-Drs. 16/8086, S. 3). Das angeführte Vertragsverletzungsverfahren wurde durch eine Entscheidung der Kommission vom 06.05.2008 eingestellt, vgl. Décisions de la Commission du 06/05/2008, abrufbar unter http://ec.europa.eu/community_law/eulaw/decisions/dec_08_05_06.htm (zuletzt abgerufen am 27.03.2009).
647 Europäische Kommission, Umsetzung Richtlinie 2001/42/EG, 2003, Nr. 3.43, abrufbar unter http://www.erneuerbare-energien.de/files/pdfs/allgemein/application/pdf/sea_guidance.pdf (zuletzt abgerufen am 24.07.2008).
648 *Götze/Müller*, ZUR 2008, 8 (11).

Umweltprüfung in Form einer Festlegung nicht umweltprüfungspflichtiger gem. Art. 3 Abs. 5 S. 1 2. Var. Plan-UP-RL jedoch allenfalls vereinzelte, innerhalb der bestimmten Art von Bebauungsplänen atypische Fälle mit voraussichtlich erheblichen Umweltauswirkungen und daher bei pauschaler Beurteilung keine Bebauungspläne mit voraussichtlich erheblichen Umweltauswirkungen, ist dies von der Befugnis des Art. 3 Abs. 5 S. 1 2. Var. Plan-UP-RL gedeckt, sofern diese Widersprüche zur an sich gegebenen Umweltprüfungspflicht nicht ohne den generellen Verzicht auf die Artfestlegung im Sinne von Art. 3 Abs. 5 S. 1 2. Var. Plan-UP-RL vermeidbar sind.

(cc) Einhaltung des von Art. 3 Abs. 5 S. 1 2. Var. Plan-UP-RL gesetzten Rahmens und Erfordernis einer teilweise restriktiveren Auslegung des Begriffs der Innenentwicklung

Wie bereits festgestellt,[649] werden die mit einem kleinflächigen Bebauungsplan verbundenen Umweltauswirkungen durch die Maßgaben von § 13a Abs. 1 S. 1, S. 4 u. S. 5 BauGB jedenfalls eingeschränkt. Dabei wird, wie für Art. 4 Abs. 2 UVP-RL als nicht richtlinienkonform erachtet wurde,[650] auch nicht, allein auf das Schutzgut „Boden" der Plan-UP-RL abstellend, nur auf den größenmäßigen Umfang der planerischen Festsetzungen Bezug genommen, sondern es werden durch die Anforderung einer Maßnahme der Innenentwicklung auch die geografische Lage des Plangebiets innerhalb des Gemeindegebiets, also der „Standort" des Plangebiets, und durch die Ausschlussgründe in § 13a Abs. 1 S. 4 u. S. 5 BauGB die inhaltlichen Festsetzungen des Bebauungsplans wie auch nochmals die Lage des Plangebiets in Bezug auf Auswirkungen auf Gebiete von gemeinschaftlicher Bedeutung und Europäische Vogelschutzgebiete erfasst. Gerade wenn bereits – wie hier geschehen (vgl. z. B. B. II. 1. a) bb) (2) (d) (cc); B. II. 1. b) aa) (4) (b)) – bei der Auslegung des Begriffs der Innenentwicklung berücksichtigt wird, dass kleinflächige Bebauungspläne der Innenentwicklung unter den sonstigen Voraussetzungen des § 13a Abs. 1 BauGB grundsätzlich ohne Umweltprüfung im beschleunigten Verfahren aufstellbar sein sollen und daher wegen Art. 3 Abs. 1 Plan-UP-RL voraussichtlich keine erheblichen Umweltauswirkungen haben dürfen, kann die Anwendbarkeit des beschleunigten Verfahrens auf Bebauungspläne der Innenentwicklung als europarechtskonform eingeordnet werden.[651] Verlangt man, dass Flächen für die Innenentwicklung bereits in nicht völlig unerheblichem Umfang bebaut sind oder wenigstens durch die Bebauung der Umgebung geprägt werden und einen Zusammenhang zum vorhandenen Siedlungsbereich aufweisen, wird durch Innenentwicklungsmaßnah-

---

649 Vgl. B. II. 6. d) aa) (4) (a).
650 EuGH, Urt. vom 21.09.1999 – Rs. C-392/96, ZUR 2000, 284 (284 u. 285) (Kommission gegen Irland).
651 Vgl. *Gierke*, in: Brügelmann, § 13a, Rn. 21 (Stand: Februar 2008).

men immer an Umweltauswirkungen einer schon vorhandenen Bebauung angeknüpft. Davon ausgehend muss jedoch auch bedacht werden, dass durch eine Überplanung bereits baulich genutzter oder wenigstens baulich geprägter Flächen die von der vorhandenen Bebauung ausgehenden Umweltauswirkungen grundsätzlich auch intensiviert werden können.[652] So kann z. B. durch die Nachverdichtung eines Gebiets das Stadtklima erheblich verschlechtert werden, indem bisher als Frischluftschneisen dienende Flächen vielgeschossig überbaut werden,[653] was sich auch auf die menschliche Gesundheit nachteilig auswirken kann. Insbesondere bei Nachverdichtungsmaßnahmen besteht zudem eine erhöhte Wahrscheinlichkeit für immissionsschutzrechtliche Konflikte.[654] Bei der Wiedernutzbarmachung von Flächen kann die neu zugelassene Nutzung mit weitaus erheblicheren Umweltauswirkungen verbunden sein als die bisher erlaubte bzw. ausgeübte.[655] Bebauungspläne der Innenentwicklung können sich besonders bei Plangebieten im Stadtzentrum auch auf das kulturelle Erbe einschließlich architektonisch wertvoller Bauten und archäologischer Schätze nachteilig auswirken.[656] Derartige Auswirkungen einer Planung sind gem. lit. f Anhang I Plan-UP-RL als Umweltauswirkungen zu berücksichtigen.[657] Um die Europarechtskonformität der Anwendung des beschleunigten Verfahrens für kleinflächige Bebauungspläne der Innenentwicklung gem. § 13a Abs. 1 S. 2 Nr. 1 BauGB zu wahren, können aber nur solche Planungen als Maßnahmen der Innenentwicklung angesehen werden, die gegenüber den vorhandenen Umweltauswirkungen keine zusätzlichen erheblichen erwarten lassen.[658] Aufgrund dessen geht *Gierke* davon aus, dass – *zusätzlich* zu den durch die oben dargestellte[659] Auslegung des Begriffs der Innenentwicklung bestehenden Beschränkungen hinsichtlich der Lage des Plangebiets – *weitgehend nur bestandswahrende Bebauungspläne* als

---

652 Vgl. *Gierke*, in: Brügelmann, § 13a, Rn. 21 (Stand: Februar 2008).
653 *Gierke*, in: Brügelmann, § 13a, Rn. 20 (Stand: Februar 2008); vgl. *Söfker*, in: E/Z/B/K, § 1, Rn. 144b (Stand: September 2005).
654 Vgl. *Götze/Müller*, ZUR 2008, 8 (11).
655 *Gierke*, in: Brügelmann, § 13a, Rn. 21 (Stand: Februar 2008).
656 *Gierke*, in: Brügelmann, § 13a, Rn. 20 (Stand: Februar 2008).
657 Europäische Kommission, Umsetzung Richtlinie 2001/42/EG, 2003, Nr. 3.45 u. 3.46 u. Nr. 3.61, abrufbar unter http://www.erneuerbare-energien.de/files/pdfs/allgemein/application/pdf/sea_guidance.pdf (zuletzt abgerufen am 24.07.2008), verweist darauf, im Rahmen des Art. 3 Abs. 5 S. 2 Plan-UP-RL und damit bei Anwendung der Kriterien des Anhangs II Plan-UP-RL auch die in Anhang I festgelegten Umweltfaktoren zu beachten. Nach *Leidinger*, in: Hoppe, UVPG, § 14b, Fn. 39, ergibt sich die Unabgeschlossenheit des Katalogs von Anhang II Plan-UP-RL aus der „insbesondere"-Formulierung in Nr. 1 und Nr. 2 Anhang II Plan-UP-RL. Auch *Bunzel*, Difu-Praxistest, S. 35, abrufbar unter http://www.difu.de/publikationen/difu-berichte/4_06/11.phtml (zuletzt abgerufen am 01.03.2008), erkennt den nicht abschließenden Charakter der Anlage 2 BauGB in Bezug auf die Vorprüfung des Einzelfalls.
658 *Gierke*, in: Brügelmann, § 13a, Rn. 21 (Stand: Februar 2008).
659 Vgl. B. II. 1.-3.

Bebauungspläne der Innenentwicklung angesehen werden können, d. h. Bebauungspläne, die hinsichtlich der Nutzungsart bzw. der mit ihrer Realisierung verbundenen *Umweltauswirkungen* den Rahmen, den die bebauten bzw. baulich vorgeprägten Innenentwicklungsflächen vorgeben, allenfalls geringfügig überschreiten.[660]

Fraglich ist jedoch, ob sich diese Einschränkung im Anwendungsbereich des beschleunigten Verfahrens nicht schon weitgehend allein daraus ergibt, dass der Bebauungsplan nur eine Innenentwicklungsfläche im oben erläuterten[661] Sinne betreffen darf und die Ausschlussgründe des § 13a Abs. 1 S. 4 u. S. 5 BauGB nicht erfüllt sein dürfen. Bei der Aktivierung von Baulücken innerhalb des Siedlungsbestands, bei der bisher nach § 34 BauGB bebaubare Grundstücke überplant oder bisher nach § 34 BauGB nicht bebaubare Teile von Grundstücken einer Bebauung zugeführt werden sollen, ergibt sich bereits aus den Anforderungen an die Abwägung gem. § 2 Abs. 3, § 1 Abs. 7 BauGB, in die die vorhandenen Nutzungen und das Interesse an ihrer ungehinderten Fortsetzung ebenso einfließen müssen wie das in § 50 BImSchG geregelte Gebot, nicht miteinander zu vereinbarende Nutzungen zu trennen, und das Gebot der Konfliktbewältigung, dass für die Baulücken hinsichtlich der Nutzungsart im Wesentlichen nur an das bereits Vorhandene angeknüpft werden kann bzw. jedenfalls nur Nutzungen vorgesehen werden können, die umgebungsverträglich sind. Letzteres ist im Rahmen eines Lückenschlusses innerhalb vorhandener Bebauung in der Regel nur dann der Fall, wenn die neu vorgesehene Nutzung keine deutlich erheblicheren negativen Auswirkungen von Planungsrelevanz und daher auch keine erheblicheren nachteiligen Umweltauswirkungen hat als die vorhandene. In diesem Zusammenhang ist das Abstellen auf die Anforderungen des Abwägungsgebots nicht gleichbedeutend mit dem von der Gesetzesbegründung im Hinblick auf die Anforderungen der Plan-UP-RL gemachten, oben als unzureichend dargestellten[662] allgemeinen Verweis auf die Berücksichtigung der Umweltauswirkungen eines Plans gem. § 1 Abs. 6 Nr. 7 BauGB in der Abwägung als Argument für die ausreichende Berücksichtigung der für den Plan relevanten Umweltauswirkungen gem. Nr. 1 4. Spiegelstrich Anhang II Plan-UP-RL. Denn hier führen die nach nationalem Recht geltenden Anforderungen innerhalb der Abwägung nicht nur zur Berücksichtigung bestimmter Belange, sondern dazu, dass gewisse Planinhalte, die mit voraussichtlich erheblichen Umweltauswirkungen verbunden wären, letztlich keinen rechtmäßigen Planinhalt darstellen, so dass solche Pläne auch nach europarechtlichen Vorgaben nicht einer Umweltprüfung zu unterziehen sind, weil sie ohnehin nicht rechtmäßig aufgestellt werden können. Im Zusammenhang mit dem Lückenschluss innerhalb des Siedlungsbereichs ist desweiteren zu bedenken, dass es aufgrund von § 13a Abs. 1 S. 4 BauGB ausge-

---

660 *Gierke*, in: Brügelmann, § 13a, Rn. 21 (Stand: Februar 2008).
661 Vgl. B. II. 1.-3.
662 Vgl. B. II. 6. d) aa) (4) (b) (aa).

schlossen ist, Baulücken in einem Innenentwicklungsgebiet, in dem bereits umweltverträglichkeitsprüfungspflichtige und daher mit voraussichtlich erheblichen Umweltauswirkungen verbundene Bauvorhaben vorhanden sind, durch die Planung weiterer, konkreter umweltverträglichkeitsprüfungspflichtiger Vorhaben aufzufüllen, was zwar umgebungsverträglich wäre, wodurch aber die Umweltauswirkungen der bereits vorhandenen Bebauung infolge des Lückenschlusses nochmals in erheblichem Umfang gesteigert würden. Die weitgehende Orientierung der Art der baulichen Nutzung an der bereits vorhandenen Nutzung im Rahmen eines Bebauungsplans der Innenentwicklung gilt aufgrund der Anforderungen des § 1 Abs. 7 BauGB und des § 50 BImSchG sowie des Gebots der Konfliktbewältigung ebenso für die Nachverdichtung bebauter Gebiete „in die Höhe", wobei teilweise schon in der Definition von Nachverdichtung davon ausgegangen wird, dass man darunter die Erhöhung der Bebauungsdichte mit im Wesentlichen gleicher Nutzungsart versteht.[663] Diese Einschränkung vermindert die Erheblichkeit im Rahmen der Nachverdichtung zu erwartender immissionsschutzrechtlicher Konflikte deutlich. Nachverdichtungsmaßnahmen werden in ihrer Intensität zudem grundsätzlich durch den Abwägungsbelang des § 1 Abs. 6 Nr. 1 BauGB begrenzt, der einer wesentlichen, gesundheitsschädlichen Verschlechterung des Stadtklimas in der Regel im Wege steht, insbesondere da über ihn wegen seiner Ableitung aus dem mit Verfassungsrang ausgestatteten Sozialstaatsprinzip gem. Art. 20 Abs. 1 GG, das einen sozialpolitisch gewünschten Standard auch im Städtebau garantieren soll,[664] und aus dem von Art. 14 GG gewährleisteten Schutz des Eigentums dahingehend, dass Bebauungspläne als Inhalts- und Schrankenbestimmungen trotz der Sozialpflichtigkeit[665] des Eigentums die Grenze der Unzumutbarkeit der Beeinträchtigung eigentumsrechtlich geschützter Rechtspositionen nicht überschreiten dürfen,[666] im Rahmen der Abwägung nicht ohne Weiteres hinweggegangen werden darf.

Bei der Auslegung von Flächen für die Innenentwicklung in Anlehnung an § 34 Abs. 4 S. 1 Nr. 3 BauGB wurde bereits erläutert (vgl. B. II. 1. a) bb) (2) (d) (gg)), dass es aufgrund von § 50 BImSchG und der allgemeinen Anforderungen an die Abwägung sowie aufgrund von § 13a Abs. 1 S. 4 BauGB weitgehend aus-

---

663 Vgl. B. II. 3. a). *Bunzel*, Difu-Praxistest, S. 23, abrufbar unter http://www.difu.de/ publikationen/difu-berichte/4_06/11.phtml (zuletzt abgerufen am 01.03.2008); *ders.*, LKV 2007, 444 (445); *Gierke*, in: Brügelmann, § 13a, Rn. 60 (Stand: Februar 2008); *Spannowsky*, in: Berliner Kommentar, § 13a, Rn. 16 (Stand: Juli 2007), spricht von der Erhöhung des Maßes der *vorhandenen* baulichen Nutzung bzw. der Bebauungsdichte; *Tomerius*, ZUR 2008, 1 (3).
664 Vgl. *Gierke*, in: Brügelmann, § 1, Rn. 605 (Stand: September 2002).
665 Vgl. zum Zusammenhang von § 1 Abs. 6 Nr. 1 BauGB und der Sozialpflichtigkeit des Eigentums *Krautzberger*, in: B/K/L, § 1, Rn. 54.
666 BVerfG, Beschl. vom 30.11.1988 – 1 BvR 1301/84, E 79, 174 (175, 191/192, 198 ff.); BGH, Urt. vom 16.03.1995 – III ZR 166/93, ZfBR 1995, 207 ff.; *Gierke*, in: Brügelmann, § 1, Rn. 605 (Stand: September 2002).

geschlossen ist, dass durch einen (kleinflächigen) Bebauungsplan der Innenentwicklung auf einer für Ergänzungssatzungen in Betracht kommenden Fläche eine Nutzung vorgesehen werden kann, die die Intensität der Umweltauswirkungen der vorhandenen, prägenden Innenbereichsbebauung erheblich steigert, zumal das Plangebiet durch das Erfordernis der baulichen Prägung der Innenbereichsbebauung und die größenmäßige Begrenzung in § 13a Abs. 1 S. 2 Nr. 1 BauGB stark eingeschränkt ist, was verhindert, dass sich die bezogen auf die einzelnen neu überplanten Grundstücke eventuell mit der Planung verbundenen geringfügigen Intensivierungen der Umweltauswirkungen der bisherigen Bebauung insgesamt auf ein beträchtliches Maß aufsummieren. Diese größenmäßige Einschränkung begrenzt natürlich auch die Umweltauswirkungen für den Bereich der Aktivierung von Baulücken oder sonstigen Nachverdichtungsmaßnahmen. Diese Beschränkung vermag zwar die gerade bei Nachverdichtungsmaßnahmen in den Stadtkernen gegebene Wahrscheinlichkeit erheblicher Auswirkungen auf architektonisch wertvolle Bauten und archäologische Schätze kaum einzudämmen. Es ist jedoch zu bedenken, dass Auswirkungen auf das kulturelle Erbe nur einen Aspekt von Umweltauswirkungen darstellen, der für sich allein kaum, außer bei extrem schwerwiegender Betroffenheit, einen ganzen Plan als mit voraussichtlich erheblichen Umweltauswirkungen verbunden einzustufen vermag.

Bei bebauten Bereichen im Außenbereich im Sinne von § 34 Abs. 4 S. 1 Nr. 2 BauGB, bei denen durch Innenentwicklungsmaßnahmen vorhandene Lücken geschlossen werden sollen, gewährleisten die Berücksichtigung der schon vorhandenen Bebauung in der Abwägung und § 50 BImSchG sowie das Gebot der Konfliktbewältigung und § 13a Abs. 1 S. 4 BauGB, dass der durch die vorhandene Nutzung vorgegebene Rahmen bei der Überplanung weitgehend eingehalten wird und bei Einhaltung dieses Rahmens die Auswirkungsintensität der geplanten (neuen) Vorhaben, insbesondere wegen § 13a Abs. 1 S. 4 BauGB, ein gewisses Maß nicht überschreiten kann. Problematisch im Hinblick auf eine mögliche *erhebliche* Steigerung der Umweltauswirkungen der vorhandenen Bebauung, an die die Innenentwicklungsmaßnahme anknüpft, erscheint jedoch tatsächlich die Überplanung von Konversionsflächen bzw. Flächen, die durch die Planung wiedernutzbar gemacht bzw. umgenutzt werden sollen. Hierbei kann es sein, dass, auch wenn die Flächen innerhalb des sonstigen Siedlungsbereichs liegen, wie am Beispiel einer brachgefallenen, von Gewerbe- oder Industrieflächen umgebenen Wohnsiedlungsfläche deutlich wird, trotz oder gerade unter Berücksichtigung der vorhandenen Nutzung der Umgebungsbebauung für die umzunutzende Fläche eine ganz andere und damit auch eine umweltauswirkungsintensivere Nutzung vorgesehen werden kann als bisher. Unter Einhaltung des Schwellenwerts von § 13a Abs. 1 S. 2 Nr. 1 BauGB ist z. B. die Planung einer Industriezone ohne Bezug auf konkrete, umweltverträglichkeitsprüfungspflichtige Einzelprojekte statt eines bisherigen Wohngebiets nicht gem. § 13a Abs. 1 S. 4

BauGB ausgeschlossen, weil Industriezonen von weniger als 20000 qm Grundfläche entsprechend der Anlage 1 UVPG nicht einmal umweltverträglichkeitsvorprüfungspflichtig sind. Andererseits ist zu bedenken, dass Umnutzungsmaßnahmen an baulich weitgehend vorgenutzte Flächen anknüpfen. Somit lässt die neue Überplanung der Flächen hinsichtlich der Bodenversiegelung keine erheblichen Intensivierungen erwarten. Jedoch ist die aufgrund eines Bebauungsplans erlaubte Bodenversiegelung regelmäßig nicht die einzige Auswirkung einer Planung auf Umweltschutzgüter. Hinsichtlich der Auswirkungen eines Bebauungsplans, der zur Wiedernutzbarmachung bzw. Umnutzung einer Fläche aufgestellt wird, auf den Boden über dessen Versiegelung hinaus, auf Wasser, Luft, Klima, Fauna und Flora darf zwar zum einen nicht unberücksichtigt bleiben, dass das Gebiet, dass durch kleinflächige Bebauungspläne der Innenentwicklung überplant werden kann, größenmäßig auf 20000 qm Grundfläche beschränkt ist. Dies begrenzt die Aufsummierung der Umweltauswirkungen der einzelnen, durch den Bebauungsplan zugelassenen Bodennutzungen. Zum anderen sind die durch eine Umnutzungsplanung im Rahmen des beschleunigten Verfahrens möglichen Auswirkungen auf Flora und Fauna durch den Ausschlussgrund des § 13a Abs. 1 S. 5 BauGB begrenzt. Sieht ein Plan konkrete Einzelvorhaben mit voraussichtlich erheblichen Umweltauswirkungen vor, ist seine Aufstellung im beschleunigten Verfahren gem. § 13a Abs. 1 S. 4 BauGB nur möglich, wenn keines der Einzelvorhaben umweltverträglichkeitsprüfungspflichtig ist. Jedoch kann sich ein kleinflächiger Bebauungsplan der Innenentwicklung auch unterhalb der Schwelle der Umweltverträglichkeitsprüfungspflichtigkeit im Sinne des § 13a Abs. 1 S. 4 BauGB, die mangels auf Einzelvorhaben bezogener Konkretheit der Planung – z. B. bei Planung eines umgebungsverträglichen Gewerbe- oder Industriegebiets im Bereich eines bisherigen Wohngebiets – unproblematisch unterschritten werden kann, in Form der Boden- oder Luftbelastung durch Chemikalien und Abgase oder durch Emission belasteter Abwässer erheblich stärker als die bisherige Nutzung auf die Umwelt auswirken. Diesbezüglich kann die Planung gleichsam als Neubebauung bislang unverbrauchter Fläche gewertet werden, weil sie sich gegenüber den von der bisherigen Bebauung geringfügig ausgehenden derartigen Belastungen fast erstmals und dabei nicht nur unerheblich auswirkt. Von einer weitgehenden Anknüpfung an die Umweltauswirkungen der vorhandenen Bebauung kann in einem solchen Fall demnach nur teilweise gesprochen werden. Daher ist der Auffassung *Gierkes* insoweit zuzustimmen und *explizit* eine neben *die auf die Lage des Plangebiets bezogene* Beschränkung von Maßnahmen der Innenentwicklung gem. § 13a Abs. 1 S. 1 BauGB tretende *inhaltliche* Einschränkung zu fordern, als es um die Überplanung von Konversionsflächen und sonstigen umzunutzenden bzw. einer Wiedernutzbarmachung zuzuführenden Flächen geht. Deren Überplanung kann nur dann ein Bebauungsplan der Innenentwicklung im Sinne des § 13a Abs. 1 S. 1 BauGB sein, wenn sich die neu vorgesehene Nutzung im

Wesentlichen im Rahmen der bisherigen Nutzung hält oder offensichtlich weniger umweltauswirkungsintensiv[667] als die bisherige Nutzung ist. Man könnte hier zwar anführen, dass eine Umnutzung baulich vorgenutzter Flächen in der Regel mit weniger Umweltauswirkungen verbunden ist als eine völlige Neuinanspruchnahme bisher unbebauter Flächen außerhalb des Siedlungsbestands. Jedoch kommt es für die Einhaltung der Maßgaben von Art. 3 Abs. 1, Abs. 5 S. 2 Plan-UP-RL nicht entscheidend auf diese Relation an, sondern darauf, ob ein Plan an sich, absolut gesehen, mit voraussichtlich erheblichen Umweltauswirkungen im Verhältnis zum tatsächlichen Ausgangszustand verbunden ist oder nicht.

(dd) Notwendigkeit eines generellen Abstellens auf die bei Realisierung des Plans voraussichtlich versiegelte Fläche

Um die Auswirkungen kleinflächiger Bebauungspläne der Innenentwicklung, die gem. § 13a Abs. 1 S. 2 Nr. 1 BauGB ohne zusätzliche Vorprüfung im Hinblick auf ihre Umweltauswirkungen im beschleunigten Verfahren aufgestellt werden können, auf das Schutzgut „Boden" der Plan-UP-RL bei den Umweltauswirkungen des Plans ausreichend zu berücksichtigen, ist hier nochmals zu überlegen, ob nicht bei den Grundflächenschwellenwerten des § 13a Abs. 1 S. 2 BauGB doch die gem. § 19 Abs. 4 S. 2 BauNVO zusätzlich zur festgesetzten Grundfläche für Nebenanlagen i. S. v. § 19 Abs. 4 S. 1 BauNVO erlaubten Grundflächen, soweit die Überschreitungsmöglichkeit nicht gem. § 19 Abs. 4 S. 3 BauNVO ausgeschlossen ist, zu berücksichtigen sind oder sogar insgesamt – wie für Fälle des § 13a Abs. 1 S. 3 BauGB vorgesehen – unter Berücksichtigung auch der Flächen für Erschließungsanlagen auf die voraussichtlich versiegelte Fläche abzustellen ist. Dies würde jedenfalls die ohnehin nicht ohne Weiteres nachvollziehbare Unterschiedlichkeit[668] der Flächen, die für die Bestimmung, ob die für das beschleunigte Verfahren maßgeblichen Schwellenwerte eingehalten werden, in § 13a Abs. 1 S. 2 BauGB und § 13a Abs. 1 S. 3 BauGB berücksichtigt werden müssen, beseitigen und wäre im Hinblick auf die Vorgaben der Plan-UP-RL, Pläne mit voraussichtlich erheblichen Umweltauswirkungen einer Umweltprüfung zu unterziehen und daher für eine korrekte Einschätzung der Erheblichkeit der Umweltauswirkungen eines Plans tatsächlich

---

667 Europäische Kommission, Umsetzung Richtlinie 2001/42/EG, 2003, Nr. 3.55, abrufbar unter http://www.erneuerbare-energien.de/files/pdfs/allgemein/application/pdf/sea_guidance.pdf (zuletzt abgerufen am 24.07.2008), stellt heraus, dass für im Rahmen der für den Plan *relevanten* Umweltprobleme nicht darauf geachtet werden muss, ob der Plan zur Lösung, Verringerung oder Vermeidung von Umweltproblemen beiträgt und diese insofern für den Plan relevant sind. Daher sind bei der Einschätzung der Erheblichkeit der Umweltauswirkungen eines Plans auch seine positiven Umweltauswirkungen zu beachten, vgl. *Leidinger*, in: Hoppe, UVPG, § 14b, Rn. 50. Vgl. Fn. 629.

668 *Gierke*, in: Brügelmann, § 13a, Rn. 70 (Stand: Februar 2008). Vgl. B. II. 6. c) cc).

alle planbetroffenen Umweltschutzgüter, auch die durch den Plan ermöglichte Bodenversiegelung, vollumfänglich einzubeziehen, jedenfalls rechtssicherer.[669] Andererseits ist zu bedenken, dass Flächen, die durch Bebauungspläne der Innenentwicklung überplant werden dürfen, selbst nicht nur unerheblich baulich vorgenutzt oder wenigstens durch die Umgebungsbebauung geprägt sein und einen Zusammenhang mit dem vorhandenen Siedlungsbereich aufweisen müssen. Dies bedeutet, dass in dem Plangebiet, das z. B. bisher gem. § 34 BauGB bebaubar war, jedenfalls teilweise schon Erschließungsanlagen vorhanden sind (vgl. § 34 Abs. 1 S. 1 a. E. BauGB), die zur Realisierung des Plans der Innenentwicklung allenfalls unerheblich erweitert werden müssen, was nur in geringem Umfang zusätzliche Bodenversiegelungen mit sich bringt. Dasselbe gilt für Nachverdichtungsmaßnahmen, die nur, wenn sie einen bereits bestehenden Siedlungsbereich betreffen, als Maßnahmen der Innenentwicklung einzuordnen sind.[670] Für bisher baulich nur durch die Umgebungsbebauung geprägte Flächen bestehen zwar in der Regel noch keine ausreichenden Erschließungsanlagen und diese müssen, mit neuen Bodenversiegelungen verbunden, geschaffen werden. Andererseits ist zu bedenken, dass sich die Prägung der vorhandenen Bebauung auf selbst unbebaute Flächen nur auf einen relativ schmalen Bereich im Anschluss an die vorhandene Bebauung beschränkt, so dass den für die Bebauung von derart kleinflächigen Gebieten notwendigen Erschließungsmaßnahmen in ihrer flächenmäßigen Ausdehnung Grenzen gesetzt sind. In diesem Zusammenhang ist desweiteren zu beachten, dass die nur an die Grundfläche gem. § 19 Abs. 2 BauNVO anknüpfenden Schwellenwerte des § 13a Abs. 1 S. 2 BauGB, wenngleich nur *mittelbar*, die Größe des Plangebiets und damit auch den Umfang der erforderlichen Erschließungsanlagen, der mit ca. 20 Prozent der Gesamtfläche der Baugrundstücke anzusetzen ist,[671] begrenzen. Wird die im Rahmen von § 13a Abs. 1 S. 2 Nr. 1 BauGB zur Verfügung stehende Grundfläche von weniger als 20000 qm durch die Planung einer dichten Bebauung auf einem insgesamt eher kleinen Plangebiet „verbraucht", beschränken sich auch die notwendigen, eventuell zu einer neuen Bodenversiegelung führenden Erschließungsanlagen auf ein kleines Gebiet und sind daher in ihrer flächenmäßig Ausdehnung eher gering (vgl. die Wertung des § 34 Abs. 4 S. 1 Nr. 3 BauGB und die dortige Beschränkung auf *einzelne* Außenbereichsflächen). Mit zunehmender Plangebietsgröße müssen zwar z. B. notwendige Erschließungsstraßen oder den Boden unterirdisch versiegelnde Leitungen für die Wasserver- und −entsorgung absolut gesehen länger sein und beanspruchen daher insgesamt mehr Fläche. Die damit verbundene Bodenversiegelung verteilt sich dann aber, weil für die Anwendung des beschleunigten Verfahrens ohne Vorprüfung des Einzelfalls

---

669 Vgl. *Gierke*, in: Brügelmann, § 13a, Rn. 20 (Stand: Februar 2008).
670 Vgl. B. II. 3. b) aa) u. bb).
671 *Schmidt-Eichstaedt*, BauR 2007, 1148 (1151); auf ihn Bezug nehmend *Gierke*, in: Brügelmann, § 13a, Rn. 16 (Stand: Feburar 2008).

der Grundflächenschwellenwert des § 13a Abs. 1 S. 2 Nr. 1 BauGB eingehalten sein muss und daher das Plangebiet nur dann groß sein kann, wenn gleichzeitig die zulässige Grundfläche gering ist, insgesamt auf ein größeres, weniger dicht bebautes Gebiet, so dass die Auswirkungen der Versiegelung abgeschwächt werden, weil viele unversiegelte Freiflächen existieren. Daher ist es vor dem Hintergrund der Vorgaben der Plan-UP-RL, die Bodenversiegelung als Aspekt von Umweltauswirkungen korrekt zu berücksichtigen, gerechtfertigt, die für die Erschließungsmaßnahmen notwendigen Flächen, soweit bezogen auf das betroffene (Teil-)Plangebiet Festsetzungen über die Grundflächengröße erfolgen und daher (insoweit) nach der hier vertretenen Auffassung allein die Grundflächengröße über die Einhaltung der Schwellenwerte entscheidet (vgl. B. II. 6. c) bb)), bei der Bestimmung der an die Grundfläche anknüpfenden Schwellenwerte gem. § 13a Abs. 1 S. 2 BauGB unberücksichtigt zu lassen, auch wenn sie Bodenneuversiegelungen mit sich bringen können, zumal die Abschätzung des Umfangs, in dem sie Boden neu versiegeln werden, zu Planungsbeginn mit nicht unerheblichen Unsicherheiten verbunden ist.[672]

(ee) Notwendigkeit des Einbezugs der gem. § 19 Abs. 4 S. 2 BauNVO möglichen Überschreitung der zulässigen Grundfläche in die für § 13a Abs. 1 S. 2 BauGB relevante Grundflächenfestsetzung

Etwas anderes könnte jedoch für die Grundflächen baulicher Anlagen i. S. v. § 19 Abs. 4 S. 1 BauNVO gelten, durch die die festgesetzte Grundfläche gem. § 19 Abs. 4 S. 2 BauNVO um bis zu 50 Prozent, maximal bis zu einer Grundflächenzahl von 0,8 überschritten werden darf, soweit dies nicht gem. § 19 Abs. 4 S. 3 BauNVO ausgeschlossen wurde. Diese Grundflächenüberschreitungen gem. § 19 Abs. 4 S. 2 BauNVO durch bauliche Nebenanlagen i. S. v. § 19 Abs. 4 S. 1 BauNVO, die den Boden genauso versiegeln können wie bauliche Hauptanlagen, können dazu führen, dass in einem Plangebiet tatsächlich eine wesentlich größere Fläche für bauliche Anlagen versiegelt wird, als dies aus der Grundflächenfestsetzung als solcher unmittelbar hervorgeht, nämlich eine bis zu 50 Prozent größere Fläche. Gerade wenn das Plangebiet bisher nur durch die Bebauung der Umgebung baulich geprägt war und nicht selbst baulich genutzt war, fällt diese zusätzlich ermöglichte Bodenversiegelung besonders stark ins Gewicht, weil in diesen Fällen für die baulichen Anlagen *im Hinblick auf die Bodenversiegelung* ohnehin keine Anknüpfung an die Umweltauswirkungen der vorhandenen Bebauung stattfindet. Durch § 19 Abs. 4 S. 2 BauNVO könnte im Geltungsbereich von kleinflächigen Bebauungsplänen der Innenentwicklung in solchen Fällen neben der festgesetzten Grundfläche von knapp unter 20000 qm zusätzlich eine Fläche von beinahe 10000 qm durch Nebenanlagen neu versiegelt werden. Die Neuversiegelung einer Fläche von fast 3 ha durch bauliche An-

---

[672] Vgl. B. II. 6. c) cc).

lagen – eventuell sogar zuzüglich notwendiger Erschließungsanlagen – kann jedoch, auch bei baulicher Vorprägung der Flächen, nicht grundsätzlich als mit voraussichtlich nicht erheblichen Umweltauswirkungen verbunden angesehen werden, zumal aufgrund der von § 19 Abs. 4 S. 2 BauNVO vorgesehenen Obergrenze bei einer Grundflächenzahl von 0,8 eine sehr weitgehende Versiegelung der Grundstücksfläche erlaubt wird, die z. B. im Hinblick auf den Abfluss von Wasser und das Stadtklima – für eine nicht-bauliche Nutzung verbleibt kaum mehr Fläche – nicht nur unerhebliche Relevanz haben kann. Vor diesem Hintergrund erscheint es zur Erfüllung der Anforderungen des Art. 3 Abs. 1 Plan-UP-RL notwendig, entgegen des unmittelbar auf § 13a Abs. 1 S. 2 BauGB bezogenen gesetzgeberischen Willens,[673] aber in Übereinstimmung mit der vom Gesetzgeber insgesamt mit den Schwellenwertregelungen verfolgten Intention[674] der Herstellung der Europarechtskonformität von § 13a BauGB die Überschreitungsmöglichkeiten des § 19 Abs. 4 S. 2 BauNVO, soweit sie nicht gem. § 19 Abs. 4 S. 3 BauNVO ausgeschlossen oder restringiert sind, bei der Bestimmung der Grundflächengröße im Sinne des § 13a Abs. 1 S. 2 BauGB mit zu berücksichtigen, auch wenn § 13a Abs. 1 S. 2 BauGB auf § 19 Abs. 4 S. 2 BauNVO nicht Bezug nimmt.

Daraus ergibt sich insgesamt, dass unter Beachtung dieser Maßgaben bei der Eröffnung des Anwendungsbereichs des beschleunigten Verfahrens für Bebauungspläne der Innenentwicklung innerhalb des Schwellenwerts des § 13a Abs. 1 S. 2 Nr. 1 i. V. m. § 13a Abs. 1 S. 4 u. S. 5 BauGB die für den Plan relevanten Umweltprobleme i. S. d. Nr. 1 4. Spiegelstrich Anhang II Plan-UP-RL entgegen der Ansicht von *Götze/Müller* ausreichend berücksichtigt wurden und die für diese Pläne relevanten Umweltprobleme nicht unbedingt eine Umweltprüfung erfordern.

(5) Wahrscheinlichkeit, Dauer, Häufigkeit und Unumkehrbarkeit der Auswirkungen

Nr. 2 1. Spiegelstrich Anhang II Plan-UP-RL verlangt desweiteren, dass bei der Bestimmung der Pläne mit voraussichtlich erheblichen bzw. nicht erheblichen Umweltauswirkungen Wahrscheinlichkeit, Dauer, Häufigkeit und Unumkehrbarkeit ihrer Auswirkungen berücksichtigt werden. Wie soeben gezeigt,[675] schätzt der Gesetzgeber die umweltbezogenen – nur auf diese kann sich die Plan-UP-RL beziehen, da die Umweltprüfung auch nur voraussichtlich erhebliche Umweltauswirkungen erfasst – Auswirkungen von Plänen, die gem. § 13a

---

673 Jedenfalls unter der Voraussetzung, dass man den im Hinblick auf die Schwellenwertfestsetzungen in Nr. 18.5 u. Nr. 18.7 Anlage 1 UVPG ausdrücklich geäußerten Willen auf die insoweit wortlautgleiche Regelung des § 13a Abs. 1 S. 2 BauGB übertragen darf, vgl. Fn. 526.
674 Vgl. Fn. 509.
675 Vgl. B. II. 6. d) aa) (4).

Abs. 1 S. 2 Nr. 1 BauGB im beschleunigten Verfahren aufgestellt werden können, insgesamt als gering ein und damit auch ihre Wahrscheinlichkeit, Dauer, Häufigkeit und Unumkehrbarkeit. Insofern geht er davon aus, dass ihre uneingeschränkte Berücksichtigung im Rahmen der Abwägung gem. § 2 Abs. 3, § 1 Abs. 7 BauGB ausreichend ist und keine gebündelte, formalisierte Prüfung voraussichtlich erheblicher Umweltauswirkungen im Rahmen der Umweltprüfung notwendig ist, da solche von vornherein nicht zu erwarten sind.[676] *Götze/Müller* widersprechen dieser Einschätzung vor allem im Hinblick darauf, dass der Anwendungsbereich von Bebauungsplänen der Innenentwicklung auch im Bereich der kleinflächigen Bebauungspläne des § 13a Abs. 1 S. 2 Nr. 1 BauGB nicht nur den schon weitgehend versiegelten Innenbereich i. S. d. § 34 BauGB erfasst, sondern auch Außenbereichsinseln im Innenbereich und Abrundungen des Innenbereichs in den Außenbereich hinein. Zudem führen sie an, bei Bebauungsplänen für Maßnahmen der Innenentwicklung bestünde eine erhebliche Wahrscheinlichkeit immissionsschutzrechtlicher Konflikte.[677] Ansatzpunkt der Kritik von *Götze/Müller* ist zudem wiederum, dass allein eine Einschränkung der Grundfläche von Bebauungsplänen, die im beschleunigten Verfahren ohne Umweltprüfung aufgestellt werden können, nicht ausreicht, um zu gewährleisten, dass die Vorgaben der Plan-UP-RL, insbesondere eine ausreichende Berücksichtigung der Kriterien des Anhangs II Plan-UP-RL bei der Einordnung eines Plans als nicht umweltprüfungspflichtig, eingehalten werden. Andererseits räumen *Götze/Müller* hier aber selbst ein, dass der deutsche Gesetzgeber zusätzlich zum Einhalten des Grundflächenschwellenwerts[678] für die Anwendung des beschleunigten Verfahrens verlangt, dass es sich um einen Bebauungsplan der Innenentwicklung handelt.

Götze/Müller ist zwar dahingehend zuzustimmen, dass gerade die Überplanung von Außenbereichsflächen im Innenbereich mit in Bezug auf ihre Wahrscheinlichkeit, Dauer, Häufigkeit und Unumkehrbarkeit nicht zu vernachlässigenden, nicht nur geringen, neuen, negativen Auswirkungen verbunden sein kann, gerade weil dadurch eine große, bisher baulich ganz oder weitgehend ungenutzte Fläche neu einer Bebauung und damit Versiegelung zugeführt werden kann, was mit erheblichen Eingriffen in bisher weitgehend unversehrte Natur verbunden sein kann. Jedoch ist entsprechend der obigen Ausführungen (vgl. B. II. 1. b) aa)) die Überplanung von Außenbereichsinseln nur dann eine Maß-

---

676 BT-Drs. 16/2496, S. 13/14.
677 *Götze/Müller*, ZUR 2008, 8 (11).
678 Europäische Kommission, Umsetzung Richtlinie 2001/42/EG, 2003, Nr. 3.58, abrufbar unter http://www.erneuerbare-energien.de/files/pdfs/allgemein/application/pdf/sea_guidance.pdf (zuletzt abgerufen am 24.07.2008): Dort wird ausdrücklich festgestellt, dass die flächenmäßige Ausbreitung der Auswirkungen ein im Rahmen der Nr. 2 1. Spiegelstrich Anhang II Plan-UP-RL in Bezug auf die Wahrscheinlichkeit von Auswirkungen zu berücksichtigender Aspekt ist.

nahme der Innenentwicklung, wenn diese baulich schon in erheblichem Umfang vorgenutzt und nicht weitgehend grün geprägt sind, so dass ihre Überplanung nur eine schon vorhandene Nutzung aufgreift, nicht aber bisher völlig unverbrauchte Flächen neu einer Bebauung zuführt. Zudem wird durch die im Rahmen der Abwägung notwendige Berücksichtigung der schon vorhandenen baulichen Nutzung bzw. die für die Umnutzung von Flächen gemachte Einschränkung im Hinblick auf ihre Einordnung als Maßnahme der Innenentwicklung (vgl. B. II. 6. d) aa) (4) (b) (cc)) gewährleistet, dass die Fläche im Vergleich zur bisherigen baulichen Nutzung im Wesentlichen nicht durch auswirkungsintensivere Nutzungen überplant werden kann, was auch immissionsschutzrechtliche Konflikte vermeidet bzw. verringert. Wird durch die Überplanung von Außenbereichsflächen nur der vorhandene Siedlungsbestand abgerundet, ist zu bedenken, dass dies wegen des aus § 34 Abs. 4 S. 1 Nr. 3 BauGB abgeleiteten Merkmals der baulichen Prägung der Außenbereichsfläche durch die im Innenbereich vorhandene Bebauung nur auf einem relativ schmalen, am Siedlungsbestand entlanglaufenden Flächenstreifen möglich ist. Zudem impliziert das Erfordernis der baulichen Vorprägung des Außenbereichs, dass die Außenbereichsfläche gerade nicht mehr nur den Eindruck unversehrter Natur vermittelt, sondern wegen der Nähe zum Siedlungsbereich schon fast als diesem zugehörig erscheint und sich die baulichen Nutzungen innerhalb des Siedlungsbereichs ohnehin schon auf die Außenbereichsflächen auswirken. Daraus ergibt sich, dass solche Flächen, auch wenn sie bisher unversiegelt waren, nicht mehr nur als naturhafte, ungenutzte Flächen eingeordnet werden können, sondern z. B. im Hinblick auf die Immissionsbelastung ähnlich betroffen sind wie kleinflächige Freiflächen innerhalb des Siedlungsbereichs, was dazuführt, dass auf diesen Flächen auch bisher die naturhafte Nutzung durch Pflanzen und Tiere wegen der Siedlungsnähe schon eingeschränkt war. Insofern führt die Überplanung solcher Flächen für bauliche Nutzungen nicht bisher weitgehend unversehrte Flächen einer Bebauung zu, sondern nutzt einen schon gegebenen Eingriff in ehemals unversehrte Natur aus. Es ist zwar einzuräumen, dass dies weiter außerhalb im Außenbereich liegende Flächen neu einer Belastung zuführen wird, wie dies auch die Innenbereichsbebauung in Bezug auf die zu überplanenden Außenbereichsflächen tat. Andererseits aber ist zu bedenken, dass eine gem. § 1 Abs. 3 S. 1 BauGB aus städtebaulichen Gründen erforderliche Planung, die an den Siedlungsbereich angrenzende Freiflächen aufgrund ihrer ohnehin gegebenen Vorbelastung überplant, in der Regel geringere negative Auswirkungen hat als die Überplanung völlig außerhalb des Siedlungsbereichs „auf der grünen Wiese" liegender Flächen, die tatsächlich von naturhafter und außenbereichstypischer Nutzung geprägt sind, weil dies regelmäßig mit weitaus gravierenderen Eingriffen in Natur und Landschaft verbunden ist, wodurch vor allem die Wahrscheinlichkeit und Häufigkeit erheblicher Umweltauswirkungen erhöht ist. Die Gefahr immissionsschutzrechtlicher Konflikte besteht zwar bei der Überplanung von Flächen im Zusammenhang mit dem bestehenden Siedlungsbereich aufgrund dort schon vorhandener Nutzungen tatsächlich, wird aber durch die Steuerung der Art der baulichen Nutzung entsprechend der Vorgaben des Abwägungsgebots unter Berücksichtigung der vorhandenen Nutzungen und der Standorttrennung konfligierender Nutzungen entsprechend des Trennungsgebots (§ 50 BImSchG) und des Gebots der Konfliktbewältigung sowie der besonderen Vorgabe für die Überplanung umzunutzender Flächen im beschleunigten Verfahren, sich im Wesentlichen im Rahmen der bisherigen Art der Nutzung zu halten bzw. keine umweltauswirkungsintensivere Nutzung vorzusehen (vgl. B. II. 6. d) aa) (4) (b) (cc)), bei Bebauungsplänen der Innenentwicklung gebannt. Hierbei ist auch zu bedenken, dass gerade im Außenbereich außerhalb des sonstigen Siedlungsbereichs, der gerade nicht Gegenstand von Maßnahmen der Innenentwicklung sein kann, besonders sensible Gebiete wie Wasserschutzgebiete oder Naturschutzgebiete liegen, die weitaus weniger immissionsverträglich und damit viel schutzwürdiger sind als Gebiete im oder am Rande des Siedlungsbereichs. Zudem tragen § 13a Abs. 1 S. 4 u. S. 5 BauGB zur Verhinderung erheblicher immissionsschutzrechtlicher Konflikte innerhalb des beschleunigten Verfahrens bei. Daher ist, wie bereits gezeigt,[679] die Gefahr erheblicher immissionsschutzrechtlicher Konflikte bei Maßnahmen der Innenentwicklung nicht als besonders groß einzuschätzen. Insgesamt ist damit dem Gesetzgeber darin zuzustimmen, dass negative Umweltauswirkungen von Bebauungsplänen der Innenentwicklung i. S. d. § 13a Abs. 1 S. 2 Nr. 1 BauGB wegen der Anknüpfung an vorhandene Vorbelastungen und der nur eingeschränkten Intensivierung derselben in ihrer Wahrscheinlichkeit und Häufigkeit nicht groß sind. Dazu trägt auch die Begrenzung ihres Grundflächenumfangs i. S. v. § 13a Abs. 1 S. 2 Nr. 1 BauGB bei, durch den verhindert wird, dass sich die mit den einzelnen zugelassenen Nutzungen verbundenen, geringfügigen, zusätzlich ermöglichten Umweltauswirkungen aufgrund ihrer Anzahl insgesamt zu Umweltauswirkungen in erheblichem Umfang aufsummieren.[680] Zwar sind die Umweltauswirkungen kleinflächiger Bebauungspläne der Innenentwicklung wohl dauerhaft und in der Regel auch unumkehrbar, was aber auch bei den gegebenen Vorbelastungen schon der Fall war, so dass die Steigerung der Belastung durch die Überplanung nicht so schwer wiegt, zumal zwar baulich vorgenutzte, sich aber bereits auf den Weg der Renaturierung befindliche Flächen nur unter den Voraussetzungen, unter denen baulich ungenutzte Flächen Gegenstand

---

679 Vgl. B. II. 6. d) aa) (4) (b) (cc).
680 Europäische Kommission, Umsetzung Richtlinie 2001/42/EG, 2003, Nr. 3.58, abrufbar unter http://www.erneuerbare-energien.de/files/pdfs/allgemein/application/pdf/sea_guidance.pdf (zuletzt abgerufen am 24.07.2008), betont, dass die flächenmäßige Ausbreitung der Auswirkungen durchaus ein in Rahmen der Nr. 2 1. Spiegelstrich Anhang II Plan-UP-RL in Bezug auf die Wahrscheinlichkeit erheblicher Auswirkungen zu berücksichtigender Aspekt ist.

von Maßnahmen der Innenentwicklung sein können, im beschleunigten Verfahren überplant werden können.[681]

(6) Kumulativer Charakter der Auswirkungen

Das Kriterium des kumulativen Charakters der Auswirkungen der Nr. 2 2. Spiegelstrich Anhang II Plan-UP-RL beachtet der Gesetzgeber unbestritten in der Kumulationsregelung des § 13a Abs. 1 S. 2 Nr. 1 a. E. BauGB und bei großflächigen Bebauungsplänen in der Vorgabe der Nr. 2.2 Anlage 2 BauGB.[682]

(7) Grenzüberschreitender Charakter der Auswirkungen

Hinsichtlich des Kriteriums des grenzüberschreitenden Charakters der Auswirkungen gem. Nr. 2 3. Spiegelstrich Anhang II Plan-UP-RL verweist die Gesetzesbegründung darauf, dass solche bei Bebauungsplänen der Innenentwicklung nicht zu erwarten sind und dass, falls ein Bebauungsplan der Innenentwicklung doch ausnahmsweise grenzüberschreitende Auswirkungen haben sollte, deren Berücksichtigung im Rahmen der Abwägung ausreiche.[683] Aufgrund des ausschließlichen Bezugs von Bebauungsplänen auf das Gebiet einer Gemeinde kommen grenzüberschreitende Auswirkungen in der Regel nur bei Gemeinden im Grenzbereich zu europäischen Nachbarn in Betracht, so dass grenzüberschreitende Auswirkungen bei kleinflächigen Bebauungsplänen der Innenentwicklung, die wegen § 13a Abs. 1 S. 2 Nr. 1 BauGB ohnehin in der flächenmäßigen Ausdehnung ihrer Festsetzungen stark eingeschränkt sind, unstreitig nicht in gravierenden Umfang zu erwarten sind.

(8) Risiken für die menschliche Gesundheit oder die Umwelt

Bei der Bestimmung von Bebauungsplänen mit voraussichtlich erheblichen bzw. nicht erheblichen Umweltauswirkungen sind gem. Nr. 2 4. Spiegelstrich Anhang II Plan-UP-RL auch die Risiken für die menschliche Gesundheit oder die Umwelt, die der Plan in sich birgt, zu berücksichtigen. Der Gesetzgeber meint, Risiken für die menschliche Gesundheit oder die Umwelt seien im Anwendungsbereich des beschleunigten Verfahrens für Bebauungspläne i. S. d. § 13a Abs. 1 S. 2 Nr. 1 BauGB generell nicht vorhanden bzw. jedenfalls nicht in beachtenswertem Umfang zu erwarten.[684] *Götze/Müller* sind hierzu wiederum anderer Auffassung und begründen dies damit, dass allein eine flächenmäßige Begrenzung von Bebauungsplänen deren Risiken für die menschliche Gesundheit

---

681 Vgl. B. II. 1. b) bb) (1) und B. II. 2. a).
682 BT-Drs. 16/2496, S. 14; *Mitschang*, ZfBR 2007, 433 (440 i. V. m. 437).
683 BT-Drs. 16/2496, S. 14.
684 BT-Drs. 16/2496, S. 14.

oder Umwelt nicht reduzieren oder gar ausschließen würde.[685] Dem ist jedoch wiederum zu entgegnen, dass die Schwellenwerte des § 13a Abs. 1 S. 2 BauGB nicht die einzigen Schranken für die Anwendung des beschleunigten Verfahrens sind. Gerade durch die Ausschlusstatbestände des § 13a Abs. 1 S. 4 u. S. 5 BauGB wird dazu beigetragen, dass Bebauungspläne, die Vorhaben mit erkennbar erhöhter Umwelt- und Schädlichkeitsrelevanz erlauben, nicht im beschleunigten Verfahren ohne Umweltprüfung aufgestellt werden können. Durch die Beschränkung des Anwendungsbereichs auf Bebauungspläne der Innenentwicklung werden zwar von dem Bebauungsplan ausgehende Risiken für die Umwelt nicht gänzlich ausgeschlossen, jedoch im Vergleich zur im Rahmen der Innenentwicklung gerade nicht möglichen Neuschaffung von Bauland außerhalb von Ortslagen in ihrer Erheblichkeit deutlich minimiert, da weitgehend an mit einer schon vorhandenen Bebauung verbundene Risiken für die Umwelt angeknüpft wird. Zudem ist auch unterhalb der Schwelle der Umweltverträglichkeitsprüfungspflichtigkeit im Rahmen von Innenentwicklungsmaßnahmen in Relation zur auf der Innenentwicklungsfläche schon vorhandenen bzw. diese prägenden Nutzung nach der hier vertretenen Auffassung kaum eine auswirkungsintensivere Nutzung erlaubt (vgl. B. II. 6. d) aa) (4) (b) (cc)). Die mit Bebauungsplänen der Innenentwicklung verbundenen Risiken für die menschliche Gesundheit müssen i. R. d. beschleunigten Verfahrens gem. § 1 Abs. 6 Nr. 1 BauGB in der Abwägung genauso beachtet werden wie bei jedem anderen Bebauungsplan. Dass gerade mit Bebauungsplänen der Innenentwicklung besonders große Risiken für die menschliche Gesundheit verbunden sind, ist nicht erkennbar. Natürlich bringen Nachverdichtungsmaßnahmen oftmals erhöhte Belastungen innerhalb des Siedlungsbereichs mit sich. Dabei ist aber zu beachten, dass diese im Hinblick auf das Gebot gerechter Abwägung vertretbar sein müssen (vgl. B. II. 6. d) aa) (4) (b) (cc)) und dabei § 50 BImSchG sowie das Gebot der Konfliktbewältigung beachtet werden müssen. Eine gesundheitsgefährdende[686] Verdichtung des Siedlungsbereichs ist also auch durch Innenentwicklungsmaßnahmen in keinster Weise erlaubt. Zudem tragen diese dazu bei, z. B. für die Regeneration der Luft notwendige Freiflächen und für Erholungs- und Freizeitaktivitäten erforderliche Flächen im Außenbereich auch tatsächlich freizuhalten. Insofern hat der Gesetzgeber durch die Beschränkung des Anwendungsbereichs des beschleunigten Verfahrens den Vorgaben der Nr. 2 4. Spiegelstrich Anhang II Plan-UP-RL ausreichend Rechnung getragen.

---

685 *Götze/Müller*, ZUR 2008, 8 (11).
686 *Söfker*, in: E/Z/B/K, § 1, Rn. 114 u. 116 (Stand: September 2005); *W. Schrödter*, in: Schrödter, Baugesetzbuch, § 1, Rn. 93a.

(9) Umfang und räumliche Ausdehnung der Auswirkungen

Den Umfang und die räumliche Ausdehnung der Auswirkungen eines kleinflächigen Bebauungsplans der Innenentwicklung gem. § 13a Abs. 1 S. 2 Nr. 1 BauGB, der unter den Voraussetzungen des § 13a Abs. 1 S. 4 u. S. 5 BauGB generell in den Anwendungsbereich des beschleunigen Verfahrens fällt, sieht der Gesetzgeber gem. Art. 3 Abs. 5 S. 1 2. Var., Abs. 5 S. 2 Plan-UP-RL i. V. m. Nr. 2 5. Spiegelstrich Anhang II Plan-UP-RL bei der Einordnung eines solchen Bebauungsplans als stets nicht umweltprüfungspflichtig vor allem dadurch berücksichtigt, dass er Schwellenwerte für die Grundfläche der im beschleunigten Verfahren aufstellbaren Bebauungspläne normierte.[687] Dem ist insoweit zuzustimmen, dass sicherlich eine gewisse Proportionalität zwischen dem Umfang und der räumlichen Ausdehnung von Auswirkungen eines Bebauungsplans und dessen Grundfläche besteht, gerade weil die mit den planerischen Festsetzungen für einzelne Grundstücke verbundenen Umweltauswirkungen auch erst durch ihre Aufsummierung ein erhebliches Ausmaß erreichen können. Andererseits ist aber nicht ausgeschlossen, dass auch ein kleinflächiger Bebauungsplan sich erheblich nachteilig auf ein großes Gebiet auswirkt.[688] Dieses Szenario wird jedoch, wie schon mehrmals gezeigt wurde,[689] durch die weiteren, zur Schwellenwertregelung hinzukommenden Beschränkungen des Anwendungsbereichs des beschleunigten Verfahrens nur auf Bebauungspläne der Innenentwicklung, die grundsätzlich an Umweltauswirkungen einer schon vorhandenen Bebauung anknüpfen und die die Ausschlusstatbestände i. S. d. § 13a Abs. 1 S. 4 u. S. 5 BauGB nicht erfüllen, vermieden, wodurch der Umfang der durch einen kleinflächigen Bebauungsplan der Innenentwicklung auslösbaren, gegenüber dem status quo neuen Umweltauswirkungen deutlich reduziert ist.

---

687 BT-Drs. 16/2496, S. 14.
688 Vgl. EuGH, Urt. vom 21.09.1999 – Rs. C-392/96, ZUR 2000, 284 (285) (Kommission gegen Irland). Dort betonte der Europäische Gerichtshof, dass bei der Festlegung von Kriterien und/oder Schwellenwerten für nicht-umweltverträglichkeitsprüfungspflichtige Projekte nicht nur deren Größe berücksichtigt werden dürfe, sondern auch auf ihre Art und ihren Standort abgestellt werden müsse, gerade weil auch ein Projekt geringer Größe erhebliche Auswirkungen auf die Umwelt haben kann, wenn es an einem Standort verwirklicht wird, an dem die in Art. 3 UVP-RL genannten Umweltfaktoren empfindlich auf die geringste Veränderung reagieren. Auf diese Entscheidung verweist auch die Europäische Kommission, Umsetzung Richtlinie 2001/42/EG, 2003, Nr. 3.60, abrufbar unter http://www.erneuerbare-energien.de/files/pdfs/allgemein/application/pdf/sea_guidance.pdf (zuletzt abgerufen am 24.07.2008), für die Umsetzung der Plan-UP-RL.
689 Z. B. B. II. 6. d) aa) (4) (a) und B. II. 6. d) aa) (4) (b) (cc) und B. 6. d) aa) (5) und (8).

(10) Bedeutung und Sensibilität der von den Umweltauswirkungen des Plans betroffenen Gebiete

Gem. Nr. 2 6. Spiegelstrich Anhang II Plan-UP-RL muss bei der Bestimmung von Bebauungsplänen, die keiner Umweltprüfungspflicht unterliegen sollen, auch die Bedeutung und Sensibilität des *Plangebiets bzw. des von der Planung voraussichtlich betroffenen Gebiets* aufgrund bestimmter Faktoren beachtet werden, gerade weil Auswirkungen einer Planung auf besondere oder sensible Gebiete eine erhöhte Wahrscheinlichkeit ihrer Erheblichkeit in sich tragen.[690] Der Gesetzgeber führt im Hinblick darauf an, dass er das beschleunigte Verfahren auf Bebauungspläne der Innenentwicklung beschränkt hat und umweltbezogene Auswirkungen auf Kultur- und Sachgüter gem. § 1 Abs. 6 Nr. 7 lit. d BauGB in der Abwägung berücksichtigt werden,[691] während *Götze/Müller* hiergegen wiederum ohne Berücksichtigung der konkreten Ausführungen der Gesetzesbegründung einwenden, dass eine abstrakte Flächenbegrenzung von Bebauungsplänen die Bedeutung und Sensibilität des voraussichtlich betroffenen Gebiets nicht ausreichend beachte.[692]

(a) Besondere natürliche Merkmale oder kulturelles Erbe

Bei der Interpretation von Maßnahmen der Innenentwicklung ist nach den obigen Ausführungen darauf zu achten, dass nicht solche Flächen erfasst werden, die baulich völlig ungenutzt und auch baulich nicht vorgeprägt sind.[693] Daraus ergibt sich, dass im Hinblick auf bauliche Nutzungen besonders sensible, nämlich bisher völlig außerhalb jeglicher Bebauung liegende echte Freiflächen für Natur und Landschaft ohnehin nicht im beschleunigten Verfahren überplant werden dürfen. Vielmehr muss weitgehend an schon vorhandene Bebauung und damit verbundene Umweltauswirkungen angeknüpft werden, so dass das überplante Gebiet wegen der Auswirkungen der schon bestehenden Bebauung nicht mehr als besonders sensibel und schutzwürdig einzustufen ist und durch die neue Planung nicht erstmals Umweltauswirkungen auf dieses Gebiet ausgelöst werden können, sondern vielmehr vorhandene Auswirkungen nur unerheblich gesteigert werden. Zudem ist das beschleunigte Verfahren gem. § 13a Abs. 1 S. 5 BauGB ausgeschlossen, wenn es Anhaltspunkte für eine Beeinträchtigung der Erhaltungsziele oder des Schutzzwecks von Gebieten von gemeinschaftlicher Bedeutung und Europäischer Vogelschutzgebiete gibt. Eine Beeinträchtigung solcher als besonders sensibel und daher schutzwürdig eingestufter Gebie-

---

690 Europäische Kommission, Umsetzung Richtlinie 2001/42/EG, 2003, Nr. 3.59, abrufbar unter http://www.erneuerbare-energien.de/files/pdfs/allgemein/application/pdf/sea_guidance.pdf (zuletzt abgerufen am 24.07.2008).
691 BT-Drs. 16/2496, S. 14.
692 *Götze/Müller*, ZUR 2008, 8 (11).
693 Vgl. B. II. 1. a) cc).

te durch Bebauungspläne der Innenentwicklung, die ohne Umweltprüfung im beschleunigten Verfahren aufgestellt werden dürfen, ist daher nicht möglich, weshalb solche Gebiete auch als unmittelbare Plangebiete ausscheiden. Durch das Merkmal einer Maßnahme der Innenentwicklung, an vorhandene Bebauung anzuknüpfen, ist es auch weitgehend ausgeschlossen, dass im beschleunigten Verfahren sonstige besonders schutzwürdige Gebiete, wie Wasserschutz- oder Naturschutzgebiete, zulässigerweise überplant werden können, da in deren Umgebung gerade wegen ihrer Schutzwürdigkeit bisher in der Regel noch keine für eine als Anknüpfungspunkt einer Innenentwicklungsmaßnahme notwendige Bebauung von einigem Gewicht zugelassen und realisiert wurde; solche besonders sensiblen Gebiete liegen in der Regel außerhalb der sonstigen Bebauung im unbebauten Außenbereich, für den das beschleunigte Verfahren gerade nicht anwendbar ist. Daher sind erhebliche, neue Auswirkungen eines Bebauungsplans der Innenentwicklung auf besondere natürliche Merkmale des Plangebiets weitgehend ausgeschlossen, zumal auch im Rahmen von Bebauungsplänen der Innenentwicklung natürliche Baugrenzen wie Hanglagen oder Seeufer genauso eingehalten werden müssen wie zwingende rechtliche Schranken für eine Überplanung, z. B. in Überschwemmungs- und Naturschutzgebieten.[694]

Der Hinweis der Gesetzgebers, dass i. R. v. Innenentwicklungsmaßnahmen gegebene, umweltbezogene Auswirkungen auf Kulturgüter und sonstige Sachgüter auch im beschleunigten Verfahren in der Abwägung gem. § 2 Abs. 3, § 1 Abs. 6 Nr. 7 lit. d, § 1 Abs. 7 BauGB uneingeschränkt zu berücksichtigen sind,[695] ist im Hinblick auf die Erfüllung der Anforderungen der Plan-UP-RL in dieser Generalität wiederum nicht generell ausreichend, jedenfalls sofern erhebliche Auswirkungen auf diese Schutzgüter zu erwarten sind, die dazu führen, dass der Plan insgesamt als mit voraussichtlich erheblichen Umweltauswirkungen (Art. 3 Abs. 1 Plan-UP-RL) verbunden anzusehen ist. Gerade Nachverdichtungsmaßnahmen in Bereichen, in denen kulturelles Erbe in Form architektonisch wertvoller Bauten und evtl. auch archäologischer Schätze vorhanden ist, wie z. B. teilweise in Stadtkernen, können sich, auch wenn diese Bauten nicht selbst Gegenstand ihre Veränderung zulassender, planerischer Festsetzungen sind, nicht nur unerheblich auf das kulturelle Erbe auswirken,[696] insbesondere weil sie dessen Sichtbarkeit und Wirkung innerhalb der Bebauung einschränken können. Dabei ist jedoch zu berücksichtigen, dass auch im Rahmen von Bebau-

---

694 Vgl. BVerwG, Urt. vom 22.07.2004 – 7 CN 1/04, E 121, 283 (289 u. 290); *Göhner*, in: Eberl/Martin/Greipl, Bayerisches Denkmalschutzgesetz, Art. 3, Rn. 11; z. B. § 31b Abs. 4 S. 1 WHG (vgl. dazu A. IV. 7.) oder § 11 S. 1, § 42 BNatSchG. Vgl. auch *Wagner*, in: E/Z/B/K, § 1a, Rn. 168 (Stand: Oktober 2008), der § 30 BNatSchG als Beispiel nennt.
695 BT-Drs. 16/2496, S. 14.
696 Vgl. *Eberl*, in: Eberl/Martin/Greipl, Bayerisches Denkmalschutzgesetz, Einl. DSchG, Rn. 25; *Gierke*, in: Brügelmann, § 13a, Rn. 20 (Stand: Februar 2008).

ungsplänen der Innenentwicklung, vor allem weil Belange der Kulturgüter sowie des Denkmalschutzes und der Denkmalpflege gem. § 1 Abs. 6 Nr. 5 u. Nr. 7 lit. d BauGB in der Abwägung zu berücksichtigen sind, nicht völlig rücksichtslos über bestehendes kulturelles Erbe hinweg geplant werden darf. Vielmehr verstößt eine Planung, aufgrund derer Denkmäler zerstört, verunstaltet oder völlig verstellt werden können oder die das historisch wichtige Erscheinungsbild eines Ortes beeinträchtigen kann, in der Regel gegen die Anforderungen des Abwägungsgebots, es sei denn, in der Gemeinde besteht keine andere Möglichkeit für die erforderliche städtebauliche Entwicklung.[697] Den Gemeinden obliegt aufgrund ihrer Verpflichtung aus den Denkmalschutzgesetzen (z. B. Art. 3 Abs. 2 BayDSchG) eine besondere Schutzpflicht in Bezug auf die Erhaltung von Denkmälern,[698] so dass diese in der bauleitplanerischen Abwägung einen relativen Vorrang genießen.[699] Die Überplanung von Denkmälern selbst ist nur unter sehr engen Voraussetzungen möglich.[700] Zudem ist zu bedenken, dass das Schutzgut des kulturellen Erbes nur ein Schutzgut (vgl. lit. f Anhang I Plan-UP-RL) der Plan-UP-RL ist, das im Hinblick auf die Einordnung eines Plans als mit voraussichtlich erheblichen Umweltauswirkungen verbunden berücksichtigt werden muss, für sich allein aber, außer bei sehr erheblicher Betroffenheit, nicht die Auswirkungserheblichkeit des Plans insgesamt begründen kann. Die Auswirkungen einer Nachverdichtungsplanung auf das kulturelle Erbe werden zudem dadurch abgeschwächt, dass sich Nachverdichtungen wegen der Rücksichtnahme auf die vorhandene Nutzung hinsichtlich der Art der Nutzung in der Regel im Rahmen der vorhandenen Bebauung halten und somit keine völlig neuen Auswirkungen mit sich bringen, sondern vorhandene Auswirkungen nur intensivieren. Erhebliche Auswirkungen auf das kulturelle Erbe durch Nachverdichtungsmaßnahmen, die für sich allein die Erheblichkeit der Umweltauswirkungen des Plans insgesamt begründen könnten, sind daher ausgeschlossen.

(b) Überschreitung von Umweltqualitätsnormen oder Grenzwerten

Umweltqualitätsnormen oder sonstige, die Bodennutzung betreffende Grenzwerte sind bei Bebauungsplänen der Innenentwicklung innerhalb des beschleunigten Verfahrens in derselben Weise umfassend zu berücksichtigen wie bei jedem anderen Bebauungsplan und haben bei Bebauungsplänen der Innenentwicklung im

---

697 VG Koblenz, Urt. vom 13.12.1984 – 7 K 30/84, NVwZ 1986, 244 (244); nicht ganz so deutlich BayVGH, Urt. vom 09.11.1981 – 14 B 1186/79, 14 B 80 A.1186, BayVBl. 1982, 497 (498); *Eberl*, in: Eberl/Martin/Greipl, Bayerisches Denkmalschutzgesetz, Einl. DSchG, Rn. 19 und *Göhner*, in: Eberl/Martin/Greipl, Bayerisches Denkmalschutzgesetz, Art. 3, Rn. 11c.
698 *Göhner*, in: Eberl/Martin/Geipl, Bayerisches Denkmalschutzgesetz, Art. 3, Rn. 11.
699 *Eberl*, in: Eberl/Martin/Greipl, Bayerisches Denkmalschutzgesetz, Einl. DSchG, Rn. 19.
700 Vgl. BVerwG, Urt. vom 15.01.2004 – 4 A 11/02, E 120, 1 (15/16); *Göhner*, in: Eberl/Martin/Greipl, Bayerisches Denkmalschutzgesetz, Art. 3, Rn. 11a.

Sinne von § 13a Abs. 1 S. 2 Nr. 1 BauGB, vor allem aufgrund § 13a Abs. 1 S. 4 BauGB, keine höhere Relevanz als bei anderen Bebauungsplänen.

(c) Intensivierung der Bodennutzung

Sicherlich intensiviert die mit Bebauungsplänen der Innenentwicklung vielfach einhergehende Verdichtung der Bebauung den Umfang der Bodenversiegelung im Plangebiet und wirkt sich dadurch jedenfalls auf das Schutzgut Boden aus. Andererseits knüpfen Bebauungspläne der Innenentwicklung nach der hier vertretenen Auslegung von Flächen für die Innenentwicklung vielfach an eine im Plangebiet bereits bestehende Bodenversiegelung an und intensivieren diese nur unerheblich, wobei Innenentwicklungsmaßnahmen dabei gleichzeitig dazu beitragen, erstmalige Neuversiegelungen bisher für bauliche Zwecke völlig unverbrauchter Flächen zu vermeiden. Insofern relativieren sich die Auswirkungen von Bebauungsplänen der Innenentwicklung in Form der Intensivierung der Bodennutzung.[701] Der Gesetzgeber hat somit bei der Bestimmung des Anwendungsbereichs des beschleunigten Verfahrens gem. § 13a Abs. 1 S. 2 Nr. 1 BauGB die Kriterien der Nr. 2 6. Spiegelstrich Anhang II Plan-UP-RL ausreichend berücksichtigt.

(11) Auswirkungen auf Gebiete mit geschütztem Status

Den Auswirkungen, die ein Bebauungsplan auf Gebiete oder Landschaften, deren Status als national, gemeinschaftlich oder international geschützt anerkannt ist, hat und die gem. Nr. 2 7. Spiegelstrich Anhang II Plan-UP-RL bei der Bestimmung von Plänen mit voraussichtlich nicht erheblichen Umweltauswirkungen zu berücksichtigen sind, trug der deutsche Gesetzgeber vor allem durch die Ausschlussgründe des § 13a Abs. 1 S. 4 u. S. 5 BauGB Rechnung.[702] Gerade durch § 13a Abs. 1 S. 5 BauGB wird gewährleistet, dass ein Bebauungsplan, für den es Anhaltspunkte gibt, dass er die Erhaltungsziele oder den Schutzzweck von Gebieten mit gemeinschaftlicher Bedeutung und der Europäischen Vogelschutzgebiete im Sinne des Bundesnaturschutzgesetzes beeinträchtigt, nicht im beschleunigten Verfahren ohne Umweltprüfung aufgestellt werden kann. Zudem gelten z. B. die artenschutzrechtlichen Vorgaben des §§ 42, 11 S. 1 BNatSchG wie auch sonstige, zwingende rechtliche Schranken für die Überplanung bestimmter Schutzgebiete im beschleunigten Verfahren uneingeschränkt. Dadurch werden die Auswirkungen eines Bebauungsplans auf Gebiete, deren Status als national bzw. gemeinschaftlich geschützt anerkannt ist, bei der Bestimmung des Anwendungsbereichs des beschleunigten Verfahrens gem. Nr. 2 7. Spiegelstrich Anhang II Plan-UP-RL ausreichend berücksichtigt.

---

701 Vgl. Fn. 667.
702 BT-Drs. 16/2496, S. 14.

Insgesamt ist damit entgegen der Ansicht von *Götze/Müller*[703] davon auszugehen, dass der deutsche Gesetzgeber bei der Aufnahme von Bebauungsplänen i. S. d. § 13a Abs. 1 S. 2 Nr. 1 BauGB in den Anwendungsbereich des beschleunigten Verfahrens die Vorgaben des Art. 3 Abs. 5 S. 2 Plan-UP-RL ausreichend beachtet hat. Er stellt dabei auch *nicht einseitig nur auf die Größe des Plans ab*, sondern berücksichtigte alle auf den Plan und seine Auswirkungen bezogenen Kriterien des Anhangs II Plan-UP-RL. Ein einseitiges Abstellen auf nur ein im Anhang II Plan-UP-RL genanntes Kriterium hätte dagegen den dem deutschen Gesetzgeber i. R. d. Art. 3 Abs. 5 Plan-UP-RL i. V. m. Art. 3 Abs. 3 u. Abs. 4 Plan-UP-RL eingeräumten Spielraum überschritten.[704] Die in Art. 3 Abs. 6 Plan-UP-RL statuierte Anforderung, im Rahmen der Festlegung von Arten von Plänen nach Art. 3 Abs. 5 S. 1 2. Var. Plan-UP-RL die in Art. 6 Abs. 3 Plan-UP-RL genannten Behörden zu konsultieren, erfüllte der deutsche Gesetzgeber durch die Beteiligung dieser Behörden im Gesetzgebungsverfahren.[705] Die Regelung, dass Bebauungspläne der Innenentwicklung i. S. d. § 13a Abs. 1 S. 2 Nr. 1 BauGB im beschleunigten Verfahren ohne Umweltprüfung aufgestellt werden können, ist daher entgegen der Ansicht von *Götze/Müller*[706] europarechtskonform bzw. jedenfalls europarechtskonform auslegbar, ohne dass man dazu auch für kleinflächige Bebauungspläne der Innenentwicklung eine Vorprüfung des Einzelfalls zur Feststellung, ob der konkrete kleinflächige Bebauungsplan der Innenentwicklung voraussichtlich erhebliche Umweltauswirkungen hat, vorsehen müsste.[707]

bb) Kumulationsregelung

Wie bereits angeführt,[708] muss der deutsche Gesetzgeber bei der Art. 3 Abs. 3 1. Alt., Abs. 4 u. Abs. 5 S. 1 2. Var., S. 2 Plan-UP-RL entsprechenden Bestim-

---

703 *Götze/Müller*, ZUR 2008, 8 (10/11).
704 Vgl. EuGH, Urt. vom 21.09.1999 – Rs. C-392/96, ZUR 2000, 284 (284 u. 285) (Kommission gegen Irland).
705 BT-Drs. 16/2496, S. 14. Vgl. auch Umkehrschluss zu Europäische Kommission, Umsetzung Richtlinie 2001/42/EG, 2003, Nr. 7.21, abrufbar unter http://www.erneuerbare-energien.de/files/pdfs/allgemein/application/pdf/sea_guidance.pdf (zuletzt abgerufen am 24.07.2008), wo nur für den Fall von Einzelfallprüfungen die Konsultation der Behörden ausdrücklich für jeden Einzelfall angeordnet wird; *Mitschang*, ZfBR 2007, 433 (440).
706 *Götze/Müller*, ZUR 2008, 8 (11).
707 A. A. *Götze/Müller*, ZUR 2008, 8 (11), die § 13a Abs. 1 S. 2 Nr. 1 BauGB dahingehend gemeinschaftsrechtskonform auslegen, dass sie auch für kleinflächige Bebauungspläne der Innenentwicklung, wie für die großflächigen gem. § 13a Abs. 1 S. 2 Nr. 2 BauGB explizit vorgesehen, die Durchführung einer Vorprüfung des Einzelfalls verlangen, um zu klären, ob der Plan nicht doch voraussichtlich erhebliche Umweltauswirkungen erwarten lässt. Nur wenn dies nicht der Fall ist, darf das beschleunigte Verfahren ohne Umweltprüfung angewendet werden.
708 Vgl. B. II. 6. d) aa) (6).

mung von Plänen mit voraussichtlich erheblichen bzw. nicht erheblichen Umweltauswirkungen gem. Nr. 2 2. Spiegelstrich Anhang II Plan-UP-RL den kumulativen Charakter der Auswirkungen von Plänen beachten. Dadurch soll es vermieden werden, dass die Vorgabe von Art. 3 Abs. 1 Plan-UP-RL, Pläne mit voraussichtlich erheblichen Umweltauswirkungen einer Umweltprüfung zu unterziehen, europarechtswidrig durch die Aufspaltung eines Gesamtplans in mehrere Pläne mit für sich gesehen nicht erheblichen Umweltauswirkungen umgangen werden kann, um damit letztlich *ein von Anfang an gewolltes*, planerisches Gesamtvorhaben mit voraussichtlich erheblichen Umweltauswirkungen (rechtsmissbräuchlich) ohne Umweltprüfung umsetzen zu können."[709] Der nationale Gesetzgeber würde den ihm in Art. 3 Abs. 5 Plan-UP-RL i. V. m. Art. 3 Abs. 3 u. Abs. 4 Plan-UP-RL eingeräumten Spielraum hinsichtlich der Bestimmung umweltprüfungspflichtiger bzw. nicht-umweltprüfungspflichtiger Pläne überschreiten, würde er nicht Vorsorge dafür treffen, dass das Regelungsziel der Plan-UP-RL nicht durch die Aufspaltung von Plänen umgangen werden kann.[710] Die Mit-

---

709 Vgl. *Battis*, in: B/K/L, § 13a, Rn. 5; *Battis/Krautzberger/Löhr*, NVwZ 2007, 121 (124); *Blechschmidt*, ZfBR 2007, 120 (121); *Bunzel*, LKV 2007, 444 (446); *ders.*, Difu-Praxistest, S. 30, abrufbar unter http://www.difu.de/publikationen/difu-berichte/4_06/ 11.phtml (zuletzt abgerufen am 01.03.2008); *Dirnberger*, Bay. Gemeindetag 2/2007, 51 (52); *Gierke*, in: Brügelmann, § 13, Rn. 78 (Stand: Februar 2008); *Jäde*, in: J/D/W, BauGB, § 13a, Rn. 7; *Kirchmeier*, in: Hk-BauGB, § 13a, Rn. 9; *Krautzberger*, in: E/Z/B/K, § 13a, Rn. 43 (Stand: Mai 2007); *Mitschang*, ZfBR 2007, 433 (437); *Müller-Grune*, BauR 2007, 985 (988); Mustereinführungserlass, S. 6, abrufbar unter http://www.isargebau.de/ (zuletzt abgerufen am 10.05.2008); *Scheidler*, BauR 2007, 650 (652); *Spannowsky*, in: Spannowsky/Hofmeister, BauGB 2007, S. 27 (34); *ders.*, in: Berliner Kommentar, § 13a, Rn. 23 (Stand: Juli 2007); *Starke*, JA 2007, 488 (490); *Wallraven-Lindl/Strunz/Geiß*, Das Bebauungsplanverfahren nach dem BauGB 2007, S. 158; *Wagner/Paßlick*, in: Hoppe, UVPG, § 17, Rn. 37. Vgl. auch *Sitsen*, UPR 2008, 292 (296), bezogen auf versuchte Umgehungen von Art. 2 Abs. 1 und Art. 4 Abs. 2 UVP-RL.
710 Vgl. EuGH, Urt. vom 21.09.1999 – Rs. C-392/96, ZUR 2000, 284 (284 u. 286) (Kommission gegen Irland), zu Art. 2 Abs. 1 und Art. 4 Abs. 2 UVP-RL, was wohl auch für Art. 3 Abs. 1 u. Abs. 3 u. Abs. 4 Plan-UP-RL gilt. Bestätigt durch EuGH, Urt. vom 28.02.2008 – Rs. C-2/07, ZUR 2008, 374 (376 (Rn. 27)).
Sitsen, UPR 2008, 292 (294/295): In der Entscheidung des EuGH, Urt. vom 21.09.1999 – Rs. C-392/96, ZUR 2000, 284 (284 u. 286), verlangte der EuGH, dass die Mitgliedstaaten sicherstellen sollten, dass der Regelungszweck der UVP-RL nicht durch Aufsplitterung von Projekten vereitelt wird. Dies betraf einen Fall, in dem Anlagen *ohne jede Umweltverträglichkeitsprüfung* erweitert wurden, also auch keine Umweltverträglichkeitsprüfung für das Grundvorhaben durchgeführt wurde. Der EuGH forderte aber keine rückwirkende Beachtung der gesamten Anlage, es wird nur gerügt, dass für keines der Projekte eine Umweltverträglichkeitsprüfung durchgeführt wurde. Um aber zu verhindern, dass bei der sukzessiven Verwirklichung eines Gesamtprojekts gar keine Umweltverträglichkeitsprüfung durchgeführt wird, reicht es aus, wenn *ein Änderungsvorhaben als solches umweltverträglichkeitsprüfungspflichig* ist, wenn die gesamte Anlage

durch die Änderung erstmals in die Umweltverträglichkeitsprüfungspflicht hineinwächst (vgl. § 3b Abs. 3 S. 1 UVPG). Wenn ein schon umweltverträglichkeitsprüfungspflichtiges Vorhaben geändert wird, muss ebenfalls verhindert werden, dass das Ziel der UVP-RL dadurch umgangen wird, dass die Änderung in viele unwesentliche Änderungen aufgespalten wird. Daher könnte jede Änderung eine neue Umweltverträglichkeitsprüfungspflicht auslösen, zumal das Grundvorhaben die Schwelle zur Umweltverträglichkeitsprüfungspflichtigkeit schon überschritten hat. Dies aber wäre sehr aufwändig, zumal die UVP-RL nur bei erheblichen Umweltauswirkungen eines Projekts die Durchführung einer Umweltverträglichkeitsprüfung verlangt. Es wäre daher sinnvoller, eine erneute Umweltverträglichkeitsprüfungspflicht erst dann anzunehmen, wenn die Summe der Änderungen die Umweltverträglichkeitsprüfungspflicht selbst auslöst (vgl. § 3e Abs. 1 UVPG).

Nach *Sitsen*, UPR 2008, 292 (295), bestätigt der französische Wortlaut der UVP-RL diese Auffassung. Gerade weil auch beim Hineinwachsen in die Umweltverträglichkeitsprüfungspflicht *nur die Änderung* umweltverträglichkeitsprüfungspflichtig ist, muss im Fall mehrerer Änderungen nur die Änderung umweltverträglichkeitspflichtig sein, die die Überschreitung der Wesentlichkeitsschwelle herbeiführt. Eine Umweltverträglichkeitsprüfung auch für die schon bestandskräftig entschiedenen Fragen ist von der UVP-RL nicht indiziert, zumal sie immer auf ein konkretes Projekt bezogen ist. Bestätigt sieht *Sitsen* dies durch EuGH, Urt. vom 28.02.2008 – Rs. C-2/07, ZUR 2008, 374 (376 (Rn. 27)). Dort wird nochmal betont, dass das Ziel der UVP-RL nicht durch eine Aufsplittung von Projekten umgangen werden *und* eine Nichtberücksichtigung kumulativer Wirkung von Projekten nicht dazu führen darf, dass Projekte *insgesamt* der Verpflichtung zur Durchführung einer Umweltverträglichkeitsprüfung entzogen werden, obwohl sie zusammengenommen erhebliche Auswirkungen auf die Umwelt haben können. Daraus ist ableitbar, dass es grundsätzlich ausreicht, wenn das die Erheblichkeitsschwelle überschreitende einzelne Projekt Gegenstand einer Umweltverträglichkeitsprüfung ist, da dann eben gerade nicht das Projekt insgesamt der Umweltverträglichkeitsprüfungspflicht entzogen wird. Der EuGH führt weiter aus, dass das nationale Gericht „in diesem Zusammenhang" zu prüfen hat, ob eine Genehmigung Teil eines mehrstufigen Verfahrens mit einer Grundsatzentscheidung und Durchführungsentscheidungen und ob die kumulative Wirkung mehrerer Projekte zu berücksichtigen ist, deren Umweltverträglichkeit insgesamt zu prüfen ist (EuGH, Urt. vom 28.02.2008 – Rs. C-2/07, ZUR 2008, 374 (376 (Rn. 28))). Letzteres steht im Zusammenhang mit der *Pflicht, die Umgehung der Vorgaben der UVP-RL durch eine Aufspaltung von Projekten zu vermeiden*. Daher könnte man nach *Sitsen*, UPR 2008, 292 (296), den EuGH so verstehen, dass *bezogen auf aufgesplittete Projekte* eine Umweltverträglichkeitsprüfung *auch rückwirkend* gemeinsam erfolgen muss.

Sitsen (UPR 2008, 292 (297)) verweist zudem darauf, dass § 3b Abs. 3 UVPG und auch § 3e Abs. 1 UVPG dazu dienen, die Umgehung einer erstmaligen UVP im Wege der Salamitaktik zu verhindern. Die Regelungen setzen aber keine Umgehungsabsicht voraus (BT-Drs. 14/4599, S. 95), so dass eine grundsätzlich rückwirkende Einbeziehung schon verwirklichter Änderungen in die Umweltverträglichkeitsprüfung nicht gerechtfertigt wäre. Durch eine Umweltverträglichkeitsprüfung nur für die Änderung oder Ergänzung eines Vorhabens wird das *völlige* Umgehen einer Umweltverträglichkeitsprüfung auch verhindert. Die Umgehung würde zwar noch effektiver verhindert, wenn in solchen Fällen rückwirkend frühere Änderungen miteinbezogen werden müssten. Es gibt aber sachliche Gründe dafür, warum das bei einer schlichten stetigen Erweiterung eines

gliedstaaten müssen entsprechend ihrer Verpflichtungen aus dem effet utile, d. h. der vollen praktischen Wirksamkeit,[711] des Gemeinschaftsrechts gem. Art. 10 EGV (= Art. 4 Abs. 3 EUV in der Fassung des Vertrags von Lissabon, vgl. ABl. EU Nr. C 115 vom 09.05.2008, S. 367) und aus Art. 249 Abs. 3 EGV (= Art. 288 Abs. 3, Art. 291 Abs. 1 AEUV, vgl. ABl. EU Nr. C 115 vom 09.05.2008, S. 384) vielmehr dafür sorgen, dass europarechtliche Vorgaben einer Richtlinie nicht durch die *taktische* Aufspaltung an sich einheitlicher Projekte oder – in Parallelwertung dazu – auch Pläne umgangen werden können.[712] Jede „*Salamitaktik*" zur Umgehung europarechtlicher Vorgaben verbietet sich.[713] Daher sieht § 13a Abs. 1 S. 2 Nr. 1 a. E. BauGB vor, dass bei der Grundflächenbestimmung bzw. Versiegelungsflächenprognose des aufzustellenden Bebauungsplans der Innenentwicklung andere Bebauungspläne der Innenentwicklung,[714] die in einem engen sachlichen, räumlichen *und* zeitlichen Zusammenhang mit dem nun aufzustellenden aufgestellt werden bzw. worden sind, mitzurechnen sind. D. h., für das Unterschreiten des Schwellenwerts von 20000 qm zulässiger Grundfläche bzw. Größe der Grundfläche bzw. voraussichtlicher Versiegelungsfläche ist die *Summe* der Grundflächen bzw. voraussichtlichen Versiegelungsflächen der Bebauungspläne der Innenentwicklung entscheidend, die in einem engen sachlichen, räumlichen und zeitlichen Zusammenhang aufgestellt werden. Der expliziten Kumulationsregelung des § 13a Abs. 1 S. 2 Nr. 1 BauGB bedurfte es vor allem auch vor dem Hintergrund, dass

---

Vorhabens ohne Umgehungsabsicht nicht der Fall ist, zumal der Gesetzgeber selbst bei § 3b Abs. 3 UVPG auf den Bestandsschutz der vorhandenen Anlage verweist (BT-Drs. 14/4599, S. 95). Dasselbe muss dann auch für das erneute Hineinwachsen in die Umweltverträglichkeitsprüfungspflicht gelten, da das Grundvorhaben schon umweltverträglichkeitsgeprüft wurde. Im Fall des § 3b Abs. 3 UVPG wird auch keine Umweltverträglichkeitsprüfung für das Gesamtvorhaben durchgeführt. Wenn dagegen absichtlich zur Umgehung der Umweltverträglichkeitsprüfung schrittweise vorgegangen wird, kann der Vorhabenträger nicht darauf vertrauen, zukünftig keine Umweltverträglichkeitsprüfung für die bereits verwirklichten Teilvorhaben durchführen zu müssen.

711 Die Umsetzung muss die vollständige Anwendung der Richtlinie auch *tatsächlich* gewährleisten (vgl. EuGH, Urt. vom 09.09.1999 – Rs. C-217/97, Slg. 1999, I-5087 (5115 (Rn. 31)); EuGH, Urt. vom 16.11.2000 – Rs. C-214/98, Slg. 2000, I-9601 (9635 (Rn. 49)); EuGH, Urt. vom 11.07.2002 – Rs. C-62/00, Slg. 2002, I-6325 (6358 (Rn. 26))); das Ziel der Richtlinie muss durch den Umsetzungsakt *tatsächlich* erreicht werden (vgl. EuGH, Urt. vom 11.07.2002 – Rs. C-62/00, Slg. 2002, I-6325 (6358/6359 (Rn. 27))). Vgl. *Kahl*, in: Calliess/Ruffert, EUV/EGV, Art. 10 EGV, Rn. 24; *Ruffert*, in: Calliess/Ruffert, EUV/EGV, Art. 249 EGV, Rn. 48 u. 49.
712 Vgl. EuGH, Urt. vom 21.09.1999 – Rs. C-392/96, ZUR 2000, 284 (286).
713 *Kuschnerus*, BauR 2001, 1346 (1352 u. 1353); *Mitschang*, ZfBR 2008, 227 (235, Fn. 118); *Scheidler*, BauR 2007, 650 (652). Vgl. *Bunzel*, LKV 2007, 444 (Fn. 23).Vgl. *Sitsen*, UPR 2008, 292 (294 u. 296), bezogen auf die Anforderungen der UVP-RL.
714 *Birk*, KommJur 2007, 81 (83); *Krautzberger*, in: E/Z/B/K, § 13a, Rn. 44 (Stand: Mai 2007); a. A. *Gierke*, in: Brügelmann, § 13a, Rn. 85 (Stand: Februar 2008).

bei Erlass des Innenstadtentwicklungsgesetzes im Hinblick auf die immissionsschutzrechtliche Genehmigungspflicht von Windkraftanlagen aktuelle Erfahrungen hinsichtlich der taktischen Aufspaltung einheitlicher Projekte zur Umgehung verfahrensrechtlicher Anforderungen, im konkreten Fall von Genehmigungspflichten, bestanden.[715]

Das Eingreifen der Kumulationsregelung des § 13a Abs. 1 S. 2 Nr. 1 BauGB setzt voraus, dass mehrere Bebauungspläne der Innenentwicklung *kumulativ*[716] in engem sachlichen, räumlichen *und* zeitlichen Zusammenhang stehen. Eine ähnliche, auf Art. 4 Abs. 3 i. V. m. Nr. 1 2. Spiegelstrich Anhang III UVP-(Änderungs-)RL (97/11/EG) und der Rechtsprechung des Europäischen Gerichtshofs zu den Anforderungen an eine korrekte Umsetzung der UVP-RL (85/337/EWG)[717] basierende[718] Kumulationsregelung sieht § 3b Abs. 2 UVPG[719] im Hinblick auf die Umweltverträglichkeitsprüfungspflichtigkeit konkreter Vorhaben vor, wobei dort verlangt wird, dass mehrere Vorhaben derselben Art gleichzeitig von demselben oder mehreren Trägern verwirklicht werden sollen und in einem engen Zusammenhang stehen, der in Form eines engen technischen und baulichen Zusammenhangs bzw. eines räumlich zusammenhängenden Eingriffs in Natur und Landschaft als enger räumlicher Zusammenhang in § 3b Abs. 2 S. 2 UVPG näher definiert wird.[720] Zudem besteht ein enger Zusammenhang im Sinne von § 3b Abs. 2 S. 2 UVPG nur, wenn die Vorhaben einem vergleichbaren Zweck dienen und insofern in einem sachlichen Zusammenhang stehen. Entscheidend für die Anwendung der Kumulationsregeln des § 13a Abs. 1 S. 2 Nr. 1 BauGB und des § 3b Abs. 2 UVPG ist also in beiden Fällen

---

715 BVerwG, Urt. vom 30.06.2004 – 4 C 9/03, BauR 2004, 1745 (1745 u.1746/1747); *Müller-Grune*, BauR 2007, 985 (988).
716 *Dirnberger*, Bay. Gemeindetag 2/2007, 51 (52); *Mitschang*, ZfBR 2007, 433 (437); *ders.*, ZfBR 2008, 227 (235, Fn. 118); *Schwarz*, LKV 2008, 12 (13); *Wallraven-Lindl/ Strunz/Geiß*, Das Bebauungsplanverfahren nach dem BauGB 2007, S. 158; entgegen dem eindeutigen Wortlaut von § 13a Abs. 1 S. 2 Nr. 1 BauGB vertritt *Birk*, KommJuR 2007, 81 (83), dass alternativ ein enger sachlicher, ein enger räumlicher *oder* ein enger zeitlicher Zusammenhang ausreicht, um das Eingreifen der Kumulationsregelung auszulösen.
717 EuGH, Urt. vom 21.09.1999 – Rs. C-392/96, ZUR 2000, 284 (284 u. 286) (Kommission gegen Irland), zu Art. 2 Abs. 1 und Art. 4 Abs. 2 UVP-RL.
718 BT-Drs. 14/4599, S. 94/95 u. BT-Drs. 14/5750, S. 127; *Dienes*, in: Hoppe, UVPG, § 3b, Rn. 9.
719 Unter Verweis auf BT-Drs. 14/5750, S. 127, hebt *Schink*, UPR 2004, 81 (86), hervor, dass § 3b Abs. 2 BauGB vor allem den Zweck hat, die Aufspaltung umweltverträglichkeitsprüfungspflichtiger Vorhaben mit der Absicht zu verhindern, der Umweltverträglichkeitsprüfungspflicht für das gewollte Gesamtvorhaben durch mehrere parallele Vorhaben statt eines Gesamtvorhabens zu entgehen, unter Verweis auf BT-Drs. 14/5750, S. 127.
720 Vgl. *Schink*, UPR 2004, 81 (86).

das Vorliegen eines in dreifacher Hinsicht engen Zusammenhangs zwischen verschiedenen Projekten bzw. Plänen.

(1) Enger sachlicher Zusammenhang

Ein enger sachlicher Zusammenhang zwischen mehreren Bebauungsplänen der Innenentwicklung meint, ähnlich § 3b Abs. 2 S. 2 a. E. UVPG,[721] vor allem eine funktionale Verknüpfung untereinander dahingehend, dass die Bebauungspläne der Umsetzung einer städtebaulichen Zielsetzung dienen und sich daher im Hinblick auf diese Zielsetzung ergänzen.[722] Ein enger sachlicher Zusammenhang zwischen mehreren Bebauungsplänen der Innenentwicklung besteht auch dann, wenn sie in einem Abhängigkeitsverhältnis stehen, wenn z. B. ein Baugebiet durch die in einem anderen Bebauungsplan geregelte Erschließung wenigstens teilweise mit erschlossen wird.[723] Ein einheitliches städtebauliches Konzept kann grundsätzlich in mehreren Schritten und damit durch mehrere Bebauungspläne umgesetzt werden, was im Hinblick auf § 1 Abs. 3 S. 1 BauGB bei knappen öffentlichen Kassen sogar das einzig rechtmäßige planerische Vorgehen sein kann, aber auch aus Praktikabilitätsgründen erfolgen kann, wenn z. B. die Überplanung eines Teils des für einen bestimmten Zweck vorgesehenen Gebiets ohne große Schwierigkeiten möglich ist, im Hinblick auf den anderen Teil dagegen eine umfangreiche Abwägungsentscheidung zu treffen ist. Auch wenn keine entsprechend große Nachfrage nach Bauflächen besteht, so dass das städtebauliche Konzept auch bei planerischer Umsetzung in einem Zug insgesamt nicht schneller realisiert würde, kann eine Aufspaltung der Gesamtplanung erfolgen.[724] Daher kann es beispielsweise sein, dass eine Gemeinde zur Schaffung eines Wohngebiets unter Berücksichtigung der Belange der verbrauchernahen Versorgung der Bevölkerung und ihrer sozialen Bedürfnisse sowie der Belange des Bildungswesens zunächst in einem Bebauungsplan vor allem Wohnbebauung vorsieht und in einem weiteren Bebauungsplan in räumlicher Nähe ein Nahversorgungszentrum sowie Schulen, Kindertagesstätten und weitere soziale

---

721 Vgl. *Dirnberger*, Bay. Gemeindetag 2/2007, 51 (52).
722 *Bunzel*, Difu-Praxistest, S. 31, abrufbar unter http://www.difu.de/publikationen/difu-berichte/4_06/11.phtml (zuletzt abgerufen am 01.03.2008); *Gierke*, in: Brügelmann, § 13a, Rn. 79 (Stand: Februar 2008); *Jäde*, in: J/D/W, BauGB, § 13a, Rn. 7; *Krautzberger*, in: E/Z/B/K, § 13a, Rn. 44 (Stand: Mai 2007); *Mitschang*, ZfBR 2007, 433 (437); *Schwarz*, LKV 2008, 12 (13); *Uechtritz*, BauR 2007, 476 (479); *Wallraven-Lindl/Strunz/Geiß*, Das Bebauungsplanverfahren nach dem BauGB 2007, S. 159.
723 *Schwarz*, LKV 2008, 12 (13); ähnlich *Gierke*, in: Brügelmann, § 13a, Rn. 79 (Stand: Februar 2008), der ebenfalls auf ein Abhängigkeitsverhältnis von mehreren Bebauungsplänen abstellt.
724 *Krautzberger*, in: E/Z/B/K, § 13a, Rn. 44 (Stand: Mai 2007).

Einrichtungen plant.[725] Diese Bebauungspläne stehen dann, weil ihnen eine konkrete städtebauliche Idee zugrunde liegt, in einem engen sachlichen Zusammenhang.

(2) Enger räumlicher Zusammenhang

Einen engen räumlichen Zusammenhang weisen sicherlich solche Bebauungspläne auf, deren Plangebiete jedenfalls geringfügig unmittelbar aneinandergrenzen[726] oder nur durch eine Verkehrsfläche oder eine kleinräumige Grünfläche in ihrer räumlichen Einheit getrennt sind.[727] Neben Bebauungsplänen, die in ihrem Plangebiet räumlich tatsächlich (fast) aneinandergrenzen, stehen aber auch solche Bebauungspläne in einem engen räumlichen Zusammenhang, die sich unabhängig von der Lage des jeweiligen Plangebiets auf ein und dasselbe Gebiet auswirken und dort z. B. die Grundwasserneubildung beeinträchtigen, die Lärmimmissionsbelastung erhöhen[728] oder innergemeindliche Verkehrsströme an einer Stelle zusammenleiten, wodurch dort der Verkehrsfluss regelmäßig zum Erliegen kommt und die Feinstaub- und Abgasbelastung erheblich ansteigt. Indem die (Umwelt-)Auswirkungen mehrerer Bebauungspläne an einer Stelle Funktionsstörungen verursachen, besteht zwischen den Bebauungsplänen ebenfalls ein enger räumlicher Zusammenhang, wenn eben aus räumlich-inhaltlicher bzw. sich räumlich-auswirkender Sicht und nicht aus räumlich-abgrenzender Sicht.[729]

(3) Enger zeitlicher Zusammenhang

Am schwierigsten dürfte wohl das Vorliegen eines engen zeitlichen Zusammenhangs zu beurteilen sein, was auch von den Praxisteststädten so empfunden wurde.[730]

(a) Systematische Interpretation im Vergleich zu § 3b Abs. 2 UVPG

Die Kumulationsregelung des § 3b Abs. 2 UVPG verlangt gem. § 3b Abs. 2 S. 1 UVPG als engste Form eines engen zeitlichen Zusammenhangs, dass mehrere

---

725 *Mitschang*, ZfBR 2007, 433 (437); ein ähnliches Beispiel führt *Gierke*, in: Brügelmann, § 13a, Rn. 79 (Stand: Februar 2008), an.
726 *Dirnberger*, Bay. Gemeindetag 2/2007, 51 (52); *Gierke*, in: Brügelmann, § 13a, Rn. 80 (Stand: Februar 2008); *Krautzberger*, in: Krautzberger/Söfker, Baugesetzbuch, Rn. 153b; *Mitschang*, ZfBR 2007, 433 (437); *Schwarz*, LKV 2008, 12 (13); *Wallraven-Lindl/Strunz/Geiß*, Das Bebauungsplanverfahren nach dem BauGB 2007, S. 159.
727 *Gierke*, in: Brügelmann, § 13a, Rn. 80 (Stand: Februar 2008); *Mitschang*, ZfBR 2007, 433 (437).
728 *Mitschang*, ZfBR 2007, 433 (437).
729 *Mitschang*, ZfBR 2007, 433 (437); *Schwarz*, LKV 2008, 12 (13).
730 *Bunzel*, Difu-Praxistest, S. 30 u. 31, abrufbar unter http://www.difu.de/publikationen/difu-berichte/4_06/11.phtml (zuletzt abgerufen am 01.03.2008).

Vorhaben derselben Art gleichzeitig verwirklicht werden sollen. Eine enge Auffassung geht davon aus, dass Vorhaben nur dann gleichzeitig verwirklicht werden sollen, wenn sie nebeneinander zur Zulassung stehen und noch keines der Vorhaben einen verfahrensrechtlich verfestigten Status erreicht hat. Steht ein Vorhaben nach Einreichung der vollständigen Verfahrensunterlagen zur Genehmigung, hat es einen verfahrensrechtlich verfestigten Status erreicht und muss für folgende, später zur Genehmigung eingereichte Vorhaben hinsichtlich einer etwaigen Kumulation nicht mehr beachtet werden.[731] Eine andere Ansicht geht, näher am Wortlaut von § 3b Abs. 2 S. 1 UVPG orientiert, davon aus, dass mehrere Vorhaben dann gleichzeitig verwirklicht werden sollen, wenn eine gewisse Verfahrensparallelität in dem Sinne besteht, dass wenigstens einzelne Schritte der für die Vorhaben jeweils durchzuführenden Verfahren im Sinne des § 2 Abs. 1 S. 1 UVPG parallel oder in enger zeitlicher Nähe durchgeführt werden und die Durchführung der Verfahren insgesamt auf Parallelität *ausgerichtet ist*,[732] wobei hier die Intention der Regelung, die *taktische und daher absichtliche Aufspaltung* von Vorhaben in mehrere Einzelvorhaben *zur Umgehung* der Umweltverträglichkeitsprüfung zu unterbinden, in der subjektiven Komponente dahingehend, dass die Verfahren bewusst auf parallele Durchführung *angelegt* sein müssen, angedeutet wird.[733]

Die Tatsache, dass der Gesetzgeber in § 13a Abs. 1 S. 2 Nr. 1 BauGB in Kenntnis der Regelung des § 3b Abs. 2 UVPG nur allgemein einen engen zeitlichen Zusammenhang zwischen den Bebauungsplänen vorsieht und nicht von einer gleichzeitigen Planaufstellung bzw. von einer gleichzeitig gewollten Realisierung der Pläne o. Ä. spricht, deutet in systematischer Auslegung des § 13a Abs. 1 S. 2 Nr. 1 BauGB darauf hin, dass der dort formulierte enge zeitliche Zusammenhang einen weiteren Anwendungsbereich haben soll als die beabsichtigte gleichzeitige[734] Verwirklichung der Bebauungspläne der Innenentwicklung,[735] die Kumulationsregel des § 13a Abs. 1 S. 2 Nr. 1 BauGB also im Hinblick auf die zeitliche Komponente strenger sein soll als § 3b Abs. 2 UVPG.

---

731 *Sangenstedt*, in: Landmann/Rohmer, Umweltrecht, Band III, § 3b UVPG, Rn. 35 u. 36 (Stand: Mai 2003); dem zustimmend *Dienes*, in: Hoppe, UVPG, § 3b, Rn. 25.
732 *Schink*, UPR 2004, 81 (86/87).
733 Vgl. *Sitsen*, UPR 2008, 292 (296), der betont, dass Taktik immer absichtsvolles und bewusstes Handeln voraussetzt.
734 Die beabsichtigte *gleichzeitige* Verwirklichung mehrerer Vorhaben in § 3b Abs. 2 S. 1 UVPG wurde gerade auch deshalb eingefügt, um eine klare Abgrenzung zu den Fällen der sich zeitlich auf einen größeren Zeitraum erstreckenden Vorhabenerweiterung gem. § 3b Abs. 3 UVPG zu erreichen, so dass § 3b Abs. 2 S. 1 UVPG im Hinblick auf die zeitliche Komponente eingeengt werden konnte, BT-Drs. 14/5750, S. 127; *Dienes*, in: Hoppe, UVPG, § 3b, Rn. 10.
735 *Bunzel*, Difu-Praxistest, S. 31, abrufbar unter http://www.difu.de/publikationen/difu-berichte/4_06/11.phtml (zuletzt abgerufen am 01.03.2008).

(b) Teleologische Interpretation

Bedenkt man, dass durch Bebauungspläne und auch solche der Innenentwicklung die im Flächennutzungsplan in den Grundzügen festgelegte städtebauliche Entwicklung verbindlich und parzellenscharf umgesetzt werden soll (§ 8 Abs. 2 S. 1, Abs. 1 S. 1 BauGB), eine Gemeinde aber – oft schon mangels finanzieller Leistungsfähigkeit oder wegen erforderlicher anspruchsvoller Abwägungsentscheidungen in manchen Flächennutzungsplanbereichen und damit verbundenen Gefahren von sozialen Spannungen und Widerstand gegen eine Bebauungsplanung in einzelnen planbetroffenen Gebieten – die im Bereich der Innenentwicklung vorgesehene Grundkonzeption des Flächennutzungsplans in Etappen umsetzt, wobei diese alle der Umsetzung *einer* städtebaulichen Konzeption dienen und in der Regel auch in einem engen räumlichen Zusammenhang stehen,[736] könnte man solange einen engen zeitlichen Zusammenhang von Bebauungsplänen annehmen, solange sie einen Flächennutzungsplan umsetzen.[737] Dabei wurde erwogen, wenigstens die durch das EAG-Bau in § 5 Abs. 1 S. 3 BauGB (BGBl. (2004) I S. 1359) eingeführte, im Innenstadtentwicklungsgesetz aber wieder abgeschaffte[738] Pflicht der Gemeinde, mindestens alle 15 Jahre ihre Flächennutzungsplanung zu überprüfen, als Obergrenze eines engen zeitlichen Zusammenhangs anzusehen.[739] Nimmt man an, dass zwischen allen Bebauungsplänen, die der Umsetzung einer städtebaulichen Zielvorstellung dienen,[740] ein enger zeitlicher Zusammenhang besteht, wären u. U. Bebauungspläne, die innerhalb eines Zeitraums von 15-20 Jahren[741] und mehr aufgestellt werden, noch als in einem engen zeitlichen Zusammenhang aufgestellt einzuordnen. Berücksichtigt man jedoch, dass in der Kumulationsregelung des § 3b Abs. 2 S. 1 UVPG als, wenn auch beinahe engst möglicher, enger zeitlicher Zusammenhang zwischen Vorhaben deren geplante gleichzeitige Verwirklichung vorgesehen ist und die Kumulationsregelung des § 13a Abs. 1 S. 2 Nr. 1 BauGB entsprechend europarechtlicher Verpflichtungen, genauso wie § 3b Abs. 2 UVPG im Verhältnis zur UVP-RL (85/337/EWG) und UVP-Änderungs-RL (97/11/EG), nur verhin-

---

736 *Bunzel*, Difu-Praxistest, S. 31, abrufbar unter http://www.difu.de/publikationen/difu-berichte/4_06/11.phtml (zuletzt abgerufen am 01.03.2008); vgl. *Gierke*, in: Brügelmann, § 13a, Rn. 79 (Stand: Februar 2008); *Krautzberger*, in: E/Z/B/K, § 13a, Rn. 44 (Stand: Februar 2008).
737 *Bunzel*, Difu-Praxistest, S. 31, abrufbar unter http://www.difu.de/publikationen/difu-berichte/4_06/11.phtml (zuletzt abgerufen am 01.03.2008); *Krautzberger*, in: E/Z/B/K, § 13a, Rn. 44 (Stand: Mai 2007).
738 Vgl. BT-Drs. 16/3308, S. 4 u. 17.
739 *Bunzel*, Difu-Praxistest, S. 31, abrufbar unter http://www.difu.de/publikationen/difu-berichte/4_06/11.phtml (zuletzt abgerufen am 01.03.2008).
740 Vgl. Fn. 722.
741 *Bunzel*, Difu-Praxistest, S. 30, abrufbar unter http://www.difu.de/publikationen/difu-berichte/4_06/11.phtml (zuletzt abgerufen am 01.03.2008).

dern will, dass durch *taktische Aufspaltung eines* Bebauungsplans der Innenentwicklung in mehrere mit kleinflächigerer Grund- bzw. Versiegelungsfläche das Erfordernis einer im Hinblick auf die Gesamtplanung an sich notwendigen Umweltprüfung *missbräuchlich* umgangen werden kann,[742] erscheint es nicht sachgerecht, die Spanne eines engen zeitlichen Zusammenhangs gem. § 13a Abs. 1 S. 2 Nr. 1 BauGB grundsätzlich so weit zu fassen, zumal man einen Zeitraum von 10 Jahren und mehr zwischen aufeinanderfolgenden Bebauungsplänen im normalen Sprachgebrauch kaum mehr als engen zeitlichen Zusammenhang einordnen würde. Eine derartige Annahme würde zudem Gemeinden, die großräumige und langfristig vorausschauende städtebauliche Entwicklungskonzepte aufstellen und verfolgen, gegenüber nur kurzfristig und ohne weitreichendes Konzept planenden ungerechtfertigt benachteiligen.[743] Ferner würde der Anwendungsbereich des beschleunigten Verfahrens, würde man alle Bebauungspläne zur Umsetzung eines Flächennutzungsplans oder eines sonstigen städtebaulichen Konzepts[744] als in einem engen zeitlichen Zusammenhang stehend erachten, beträchtlich eingeschränkt werden, weil dabei häufig, gerade bezogen auf den dicht besiedelten Kern des Siedlungsbereichs größerer Städte, der Schwellenwert der maximal im beschleunigten Verfahren zulässigen Grundflächenfestsetzung gem. § 13a Abs. 1 S. 2 Nr. 2 BauGB überschritten werden dürfte. Daher wird man wenigstens in Anlehnung an die Kumulationsregelung des § 3b Abs. 2 S. 1 UVPG auch i. R. d. § 13a Abs. 1 BauGB einen engen zeitlichen Zusammenhang zwischen mehreren Bebauungsplänen der Innenentwicklung grundsätzlich nur dann annehmen können, wenn sich die Planaufstellungsverfahren wenigstens teilweise zeitlich überschneiden, d. h., wenn vor dem Inkrafttreten eines Bebauungsplans gem. § 10 Abs. 3 S. 4 BauGB das Aufstellungsverfahren für einen weiteren Bebauungsplan wenigstens gem. § 2 Abs. 1 S. 2 BauGB durch einen Aufstellungsbeschluss eingeleitet wird.[745] Dies lässt sich vor allem auch mit dem Wortlaut von § 13a Abs. 1 S. 2 Nr. 1 a. E. BauGB begründen, der im Präsens davon spricht, dass die Bebauungspläne, deren Grundflächen für die Prüfung der Einhaltung des Schwellenwerts von weniger als 20000 qm mitzu-

---

742 Ähnlich *Bunzel*, Difu-Praxistest, S. 30, abrufbar unter http://www.difu.de/publikationen/difu-berichte/4_06/11.phtml (zuletzt abgerufen am 01.03.2008); *Gierke*, in: Brügelmann, § 13a, Rn. 78 (Stand: Februar 2008); *Krautzberger*, in: E/Z/B/K, § 13a, Rn. 44 (Stand: Mai 2007); *Wallraven-Lindl/Strunz/Geiß*, Das Bebauungsplanverfahren nach dem BauGB 2007, S. 158. Vgl. im Übrigen Fn. 709.
743 *Gierke*, in: Brügelmann, § 13a, Rn. 86 (Stand: Februar 2008); angedeutet bei *Krautzberger*, in: E/Z/B/K, § 13a, Rn. 44 (Stand: Mai 2007).
744 Beispiele hierfür bei *Gierke*, in: Brügelmann, § 13a, Rn. 79 (Stand: Februar 2008).
745 *Bunzel*, LKV 2007, 444 (446); *Dirnberger*, Bay. Gemeindetag 2/2007, 51 (52); *Gierke*, in: Brügelmann, § 13a, Rn. 81 (Stand: Februar 2008); *Mitschang*, ZfBR 2007, 433 (437); *Wallraven-Lindl/Strunz/Geiß*, Das Bebauungpslanverfahren nach dem BauGB 2007, S. 159; *Schwarz*, LKV 2008, 12 (13) (nach *Schwarz*, LKV 2008, 12 (12, Fn. 13) gilt für § 3b Abs. 2 UVPG, weiter als nach der in Fn. 731 dargestellten Ansicht, dasselbe).

rechnen sind, in einem engen sachlichen, räumlichen und zeitlichen Zusammenhang aufgestellt *werden*, was impliziert, dass die Planungsverfahren der relevanten Bebauungspläne noch nicht abgeschlossen sein dürfen, da sie ab diesem Zeitpunkt nicht mehr aufgestellt *werden*, sondern aufgestellt *wurden*.[746] Weil es aber aufgrund dieser Interpretation eines engen zeitlichen Zusammenhangs immer noch relativ einfach möglich ist, sich der Pflicht zur Durchführung einer Umweltprüfung taktisch dadurch zu entziehen, dass zur Umsetzung einer von Anfang gewollten Gesamtplanung mehrere Bebauungspläne der Innenentwicklung in kurzen Zeitabständen, die so bemessen sind, dass sich die Aufstellungsverfahren gerade nicht mehr überlappen, aufgestellt werden,[747] wird vertreten, für den engen zeitlichen Zusammenhang i. S. v. § 13a Abs. 1 S. 2 Nr. 1 BauGB keine festen zeitlichen Grenzen zu bestimmen.[748] Vielmehr sei immer anhand der konkreten Umstände zu beurteilen, ob der zeitliche Zusammenhang zwischen mehreren Bebauungsplänen der Innenentwicklung auch anhand der konkreten Zielsetzung der Gemeinde als eng einzustufen ist, so dass die Bebauungspläne gerade auch wegen ihrer zeitlichen Nähe als „Bestandteil einer einheitlichen städtebaulichen Entwicklungsmaßnahme"[749] anzusehen sind. In diesem Zusammenhang aber ist, wie von der die Beurteilung eines engen zeitlichen Zusammenhangs für den jeweiligen Einzelfall ohne starre zeitliche Grenzen befürwortenden Auffassung durchaus erkannt, zu beachten, dass die Kumulationsregelung gerade nicht jegliche zeitliche Staffelung der Umsetzung eines städtebaulichen Konzepts erfassen soll, weil es neben missbräuchlichen, taktischen Verfahrensumgehungen, wie schon ausgeführt,[750] auch sachlich gerechtfertigte Gründe für eine schrittweise bebauungsplanerische Umsetzung einer städtebaulichen Zielsetzung geben kann. Damit diese Fälle, die nach dem Telos der Kumulationsregelung nicht von dieser erfasst werden sollen,[751] nicht in den Anwendungsbereich der Kumulationsregelung fallen und damit den des beschleunigten Verfahrens einschränken, kommt es in Übereinstimmung mit der oben angeführten Ansicht für ein Eingreifen der Kumulationsregelung außerhalb der Fälle, in denen sich die Planungsverfahren mehrerer Pläne überlappen, darauf an, ob es für die zeitlich knappe Staffelung der in einem engen sachlichen und engen räumlichen Zusammenhang stehenden Planungsverfahren einen sachli-

---

746 *Schwarz*, LKV 2008, 12 (13).
747 *Scheidler*, BauR 2007, 650 (652); vgl. auch *Gierke*, in: Brügelmann, § 13a, Rn. 81 (Stand: Februar 2008); vgl. auch *Krautzberger*, in: Krautzberger/Söfker, Baugesetzbuch, Rn. 153b.
748 *Uechtritz*, BauR 2007, 476 (479); auf ihn Bezug nehmend *Krautzberger*, in: E/Z/B/K, § 13a, Rn. 44 (Stand: Mai 2007).
749 *Uechtritz*, BauR 2007, 476 (479); auf ihn verweisend *Krautzberger*, in: E/Z/B/K, § 13a, Rn. 44 (Stand: Mai 2007); so wohl auch *Birk*, KommJur 2007, 81 (83); für eine weitere Auslegung des zeitlichen Zusammenhangs auch *Jäde*, in: J/D/W, BauGB, § 13a, Rn. 7.
750 Vgl. B. II. 6. d) bb) (1).
751 Vgl. *Krautzberger*, in: E/Z/B/K, § 13a, Rn. 44 (Stand: Mai 2007).

chen Grund gibt und die Staffelung gerade nicht umgehungstaktischen Überlegungen entspringt. Damit die Kumulationsregelung gleichzeitig ohne aufwändige und mit erheblichen Unsicherheiten behaftete Prüfung der konkreten Absichten der Gemeinde handhabbar bleibt und entsprechend europarechtlicher Vorgaben versuchte taktische Umgehungen der Umweltprüfungspflicht tatsächlich erfasst werden, ist es notwendig, bei sich nicht überlappenden, aber dennoch zeitlich nah aufeinanderfolgenden und daher einer unmittelbaren zeitlichen Überschneidung ähnlichen Planungsverfahren dann vom Vorliegen eines engen zeitlichen Zusammenhangs auszugehen, wenn ein sachlicher Grund für die Aufspaltung der in engem räumlichen und engem sachlichen Zusammenhang stehenden Planungen nicht offensichtlich ist. In diesem Fall ist nämlich die Wahrscheinlichkeit einer missbräuchlichen zeitlichen Staffelung von Planungsverfahren, die noch dazu in engem sachlichen und räumlichen Zusammenhang stehen, wie im Fall sich überlappender Planungsverfahren, besonders hoch. Diese Auffassung erscheint vor dem Hintergrund, dass bei einem zunehmenden zeitlichen Abstand aufeinanderfolgender Planungsverfahren für in einem engen räumlichen und einem engen sachlichen Zusammenhang stehende Bebauungspläne schon aufgrund sich laufend verändernder tatsächlicher Entwicklungen auch aus objektiver Außensicht regelmäßig immer leichter ein plausibler und sachgerechter Grund für die zeitliche Staffelung der Planungen nachvollzogen werden kann und Missbrauchsabsichten damit immer schwerer nachweisbar und weniger offensichtlich werden, auch im Hinblick auf eine effektive Umsetzung der Plan-UP-RL gerechtfertigt. Eine bei in engem räumlichen und engem sachlichen Zusammenhang stehenden Planungen bezogen auf jeden Einzelfall durchzuführende Prüfung des Vorliegens eines die Umweltprüfungspflichtigkeit taktisch umgehenden Missbrauchsfalls könnte zwar theoretisch alle taktischen Umgehungsversuche enttarnen, wäre aber zum einen sehr aufwändig und wegen der Subjektivität der Umgehungsabsicht zudem immer mit erheblichen Unsicherheiten verbunden, so dass eine solche Vorgehensweise – gerade auch aufgrund der bei zunehmendem Zeitabstand immer leichter zu rechtfertigenden Staffelung der Planung – im Hinblick auf die Erfassung tatsächlicher Missbrauchsfälle nicht unbedingt effektiver wäre. Gegen eine weitere Fassung des engen zeitlichen Zusammenhangs dahingehend, alle Bebauungspläne der Innenentwicklung, die der Umsetzung eines unverbindlichen, informellen städtebaulichen Konzepts oder eines Flächennutzungsplans dienen, als in engem zeitlichen Zusammenhang stehend zu erfassen, spricht neben den schon angeführten Argumenten zudem, dass § 13a Abs. 1 S. 2 Nr. 1 BauGB ausdrücklich zwischen einem engen sachlichen und einem engen zeitlichen Zusammenhang unterscheidet. Geht man davon aus, dass ein enger sachlicher Zusammenhang zwischen Bebauungsplänen dann vorliegt, wenn sie derselben Funktion dienen und somit ein Konzept verwirklichen, kann der enge zeitliche Zusammenhang nicht anhand desselben Maßstabs bestimmt werden.

Daher ist, gerade auch wegen der Effektivität der Kumulationsregelung im Hinblick auf ihre Zielsetzung und einer dafür notwendigen guten Handhabbarkeit, ein enger zeitlicher Zusammenhang verschiedener Bebauungspläne der Innenentwicklung anzunehmen, wenn sie sich in ihren Aufstellungsverfahren jedenfalls teilweise überlappen und oder für das überlappungsähnliche, nahe zeitliche Aufeinanderfolgen der Pläne nicht offensichtlich ein sachlicher Grund erkennbar ist. Eine derartige Interpretation eines engen zeitlichen Zusammenhangs anhand klarer Merkmale entspricht auch der von den Praxisteststädten im Hinblick auf die praktische Anwendung der Kumulationsregelung gewünschten[752] Konkretisierung.

(c) Unmittelbare Geltung von § 3b Abs. 2 UVPG und Parallelinterpretation in § 13a Abs. 1 S. 2 Nr. 1 a. E. BauGB

Für großflächige Bebauungspläne der Innenentwicklung sieht § 13a BauGB selbst keine Kumulationsregelung wie bei § 13a Abs. 1 S. 2 Nr. 1 BauGB vor, obwohl bei ihnen die Gefahr einer taktischen Umgehung der europarechtlich gebotenen Umweltprüfungspflicht in wahrscheinlich noch größerem Umfang besteht, weil eine Grundflächenfestsetzung von 70000 qm und mehr das beschleunigte Verfahren ohne Umweltprüfung ausnahmslos ausschließt. Großflächige Bebauungspläne der Innenentwicklung i. S. d. § 13a Abs. 1 S. 2 Nr. 2 BauGB, die bauliche Anlagen zulassen, sind unabhängig vom konkreten Vorhabenbezug ihrer Festsetzungen Städtebauprojekte i. S. d. Nr. 18.7.2 (evtl. i. V. m. Nr. 18.8) Anlage 1 UVPG und daher Vorhaben i. S. d. Anlage 1 UVPG.[753] Im Hinblick auf ihre Umweltverträglichkeitsvorprüfungspflichtigkeit bzw. ihre Umweltverträglichkeitsprüfungspflichtigkeit gilt daher gem. § 3c S. 5 UVPG bzw. unmittelbar die Kumulationsregelung des § 3b Abs. 2 UVPG.[754] Daraus folgert *Spannowsky*, dass es für großflächige Bebauungspläne der Innenentwicklung i. S. v. § 13a Abs. 1 S. 2 Nr. 2 BauGB keiner gesonderten Normierung einer Kumulationsregelung im Rahmen des §13a Abs. 1 S. 2 BauGB wie für kleinflächige Bebauungspläne in Form des § 13a Abs. 1 S. 2 Nr. 1 a. E. BauGB bedurfte, weil für sie ohnehin die Kumulationsregelung des § 3b Abs. 2 UVPG anzuwenden sei.[755] Dieser Ansatz würde es nahelegen, i. R. d. Kumulationsregel des § 13a Abs. 1 S. 2 Nr. 1 BauGB ebenfalls nur bei beabsichtigter gleichzeitiger Planverwirklichung einen engen zeitlichen Zusammenhang anzunehmen, wie i. R. v. § 3b Abs. 2 UVPG nur eine geplante gleichzeitige Vorhabenverwirkli-

---

752 *Bunzel*, Difu-Praxistest, S. 31, abrufbar unter http://www.difu.de/publikationen/difu-berichte/4_06/11.phtml (zuletzt abgerufen am 01.03.2008).
753 *Spannowsky*, in: Berliner Kommentar, § 13a, Rn. 23 (Stand: Juli 2007); *ders.*, in: Spannowsky/Hofmeister, BauGB 2007, S. 27 (34); vgl. *Bunzel*, ZfBR 2002, 124 (127).
754 *Spannowsky*, in: Berliner Kommentar, § 13a, Rn. 23 (Stand: Juli 2007).
755 *Spannowsky*, in: Berliner Kommentar, § 13a, Rn. 23 (Stand: Juli 2007); *ders.*, in: Spannowsky/Hofmeister, BauGB 2007, S. 27 (34).

chung, die einer Auffassung nach noch ein wenig enger interpretiert wird als die hier vertretene Ansicht eines engen zeitlichen Zusammenhangs i. S. v. § 13a Abs. 1 S. 2 Nr. 1 a. E. BauGB,[756] die Kumulationsregelung eingreifen lässt.

Es ist zwar richtig, dass großflächige Bebauungspläne der Innenentwicklung, die bauliche Anlagen zulassen, gem. Nr. 18.7.2 (evtl. i. V. m. Nr. 18.8) Anlage 1 UVPG jedenfalls umwelverträglichkeitsvorprüfungspflichtig sind und gem. (§ 3c S. 5,) § 3b Abs. 2 UVPG für die Bestimmung des die Umweltverträglichkeits(vor)prüfungspflicht auslösenden Größenwerts gem. Nr. 18.7 Anlage 1 UVPG evtl. i.V.m. Nr. 18.8 Anlage 1 UVPG kumulierende Bebauungspläne der Innenentwicklung i. S. v. § 3b Abs. 2 UVPG mit einzurechnen sind. Dies kann i. R. d. § 13a Abs. 1 S. 4 BauGB unter bestimmten, noch näher dazustellenden Voraussetzungen dazu führen, dass das beschleunigte Verfahren nicht angewendet werden kann. Dies beruht dann darauf, dass der Bebauungsplan gem. § 13a Abs. 1 S. 4 BauGB die Zulässigkeit umweltverträglichkeitsprüfungspflichtiger Vorhaben begründet, und nicht, wie die oberste Schwellenwertgrenze für das beschleunigte Verfahren gem. § 13a Abs. 1 S. 2 Nr. 2 BauGB oder die Vorprüfung des Einzelfalls gem. § 13a Abs. 1 S. 2 Nr. 2 BauGB es vorsehen, darauf, dass der Bebauungsplan der Innenentwicklung allein oder gem. § 13a Abs. 1 S. 2 Nr. 1 a. E. BauGB mit anderen gemeinsam zu betrachtenden Bebauungsplänen der Innenentwicklung den größenmäßigen Schwellenwert von 70000 qm Grundfläche überschreitet oder im Rahmen der Vorprüfung des Einzelfalls gem. § 13a Abs. 1 S. 2 Nr. 2 BauGB anhand der *Kriterien der Anlage 2 BauGB* die Einschätzung voraussichtlich erheblicher Umweltauswirkungen erlangt wurde. § 13a Abs. 1 S. 2 u. S. 4 BauGB normieren unterschiedliche, grundsätzlich voneinander zu trennende positive bzw. negative Anwendungsvoraussetzungen des beschleunigten Verfahrens. Schon insofern kann dem Ansatz *Spannowskys*, der in der innerhalb des § 13a Abs. 1 S. 4 BauGB geltenden Regelung des § 3b Abs. 2 UVPG in Bezug auf großflächige Bebauungspläne der Innenentwicklung ein Pendant für die im Rahmen des § 13a Abs. 1 S. 2 BauGB für kleinflächige Bebauungspläne der Innenentwicklung getroffene Kumulationsregelung sehen will, nicht gefolgt werden.

Zudem hätte es seiner Ansicht entsprechend auch bezogen auf kleinflächige Bebauungspläne der Innenentwicklung keiner eigenständigen Kumulationsregelung im Rahmen des § 13a Abs. 1 S. 2 BauGB bedurft, weil auch kleinflächige Bebauungspläne der Innenentwicklung, die bauliche Anlagen zu lassen, Städtebauprojekte im Sinne von Nr. 18.7 Anlage 1 UVPG sind und zur Bestimmung, ob sie den Größenwert der Umweltverträglichkeitsvorprüfungspflichtigkeit gem. Nr. 18.7.2 Anlage 1 UVPG erreichen, gem. § 3c S. 5 UVPG ebenfalls § 3b Abs. 2 UVPG zu beachten ist. Ohne die Kumulationsregelung des § 13a Abs. 1 S. 2 Nr. 1 a. E. BauGB könnte dies dazu führen, dass ein kleinflächiger Bebau-

---

[756] Vgl. B. II. 6. d) bb) (3) (a).

ungsplan der Innenentwicklung, der zusammen mit anderen kumulierenden i. S. v. § 3b Abs. 2 UVPG den Schwellenwert von 70000 qm Grundfläche überschreitet, im beschleunigten Verfahren aufgestellt werden könnte, sofern die gem. § 3c S. 1 UVPG i. V. m. Nr. 18.7.2 Anlage 1 UVPG durchzuführende Vorprüfung ergibt, dass die Pläne gemessen an den *Kriterien der Anlage 2 UVPG* voraussichtlich keine erheblichen *nachteiligen* Umweltauswirkungen haben. Entsprechend § 13a Abs. 1 S. 2 Nr. 1 a. E. BauGB jedoch ist das beschleunigte Verfahren für kleinflächige Bebauungspläne der Innenentwicklung, die mit anderen Innenentwicklungsbebauungsplänen den Schwellenwert von 70000 qm überschreiten, gem. § 13a Abs. 1 S. 2 BauGB strikt ausgeschlossen, ohne dass es noch auf eine i. R. d. § 13a Abs. 1 S. 4 BauGB durchzuführende Vorprüfung des Einzelfalls gem. § 3c UVPG anhand der Kriterien der Anlage 2 UVPG ankäme. Der Gesetzgeber erachtet also in Bezug auf kleinflächige Bebauungspläne der Innenentwicklung die Regelung des § 3b Abs. 2 UVPG nicht als ausreichend und auch nicht als maßstabsgleich zur eigenständigen Kumulationsregelung des § 13a Abs. 1 S. 2 Nr. 1 a. E. BauGB. Erreicht ein Bebauungsplan der Innenentwicklung allein oder als kleinflächiger Bebauungsplan zusammen mit anderen, kumulierenden den flächenbezogenen Schwellenwert von 70000 qm, so soll das beschleunigte Verfahren schon deshalb nicht anwendbar sein, um die aus europarechtlichen Gründen notwendigen Schwellenwerte nicht wieder zu unterlaufen. Bei Bebauungsplänen, die den in § 13a Abs. 1 S. 2 Nr. 2 BauGB genannten Schwellenwert überschreiten, geht der deutsche Gesetzgeber nämlich davon aus, dass sie, auch wenn sie solche der Innenentwicklung sind, *regelmäßig* mit voraussichtlich erheblichen Umweltauswirkungen verbunden sind, so dass sie in diesen Fällen nicht in den Anwendungsbereich des auf eine Umweltprüfung verzichtenden beschleunigten Verfahrens fallen dürfen. Daher dürfen kleinflächige Bebauungspläne, für die mangels vorgesehenen UP-Screenings nicht im jeweiligen Einzelfall zu prüfen ist, ob der Plan – auch unter Berücksichtigung der Umweltauswirkungen kumulierender Pläne – voraussichtlich erhebliche Umweltauswirkungen hat,[757] und die mit kumulierenden Plänen den Schwellenwert von 70000 qm erreichen bzw. überschreiten, nicht mehr im beschleunigten Verfahren ohne Umweltprüfung aufgestellt werden, um die bei der Umsetzung der Plan-UP-RL zu beachtenden Pflichten nicht zu unterlaufen. Zudem ist im Zusammenhang mit der von § 13a Abs. 1 S. 2 Nr. 2 BauGB statuierten Obergrenze, die ein Bebauungsplan bzw. mehrere, kumulierende kleinflächige Bebauungspläne der Innenentwicklung nicht überschreiten darf bzw. dürfen, um das beschleunigte Verfahren rechtmäßig anwenden zu können, zu bedenken, dass mit zunehmender Plangröße die Wahrscheinlichkeit erheblicher Umweltauswirkungen steigt und die Durchführung einer Vorprüfung gegenüber der grundsätzli-

---

757 Vgl. *Wallraven-Lindl/Strunz/Geiß*, Das Bebauungsplanverfahren nach dem BauGB 2007, S. 158.

chen Umweltprüfungspflicht im Regelplanungsverfahren nur selten Vorteile mit sich bringt. Wird der Schwellenwert von 70000 qm durch einen Bebauungsplan der Innenentwicklung oder mehrere kleinflächige, kumulierende Bebauungspläne der Innenentwicklung überschritten, kommt es, genauso wie wenn eine gem. § 13a Abs. 1 S. 2 Nr. 2 BauGB anhand der *Kriterien der Anlage 2 BauGB* für einen Bebauungsplan bzw. mehrere kleinflächige, kumulierende Bebauungspläne der Innenentwicklung durchzuführende Vorprüfung des Einzelfalls,[758] die anders als eine eventuell i. R. d. § 13a Abs. 1 S. 4 BauGB gem. § 3c UVPG durchzuführende Vorprüfung nicht nur die nachteiligen Umweltauswirkungen eines Plans einzubeziehen hat,[759] die voraussichtliche Erheblichkeit der Umweltauswirkungen des Bebauungsplans bzw. mehrerer kumulierender kleinflächiger Bebauungspläne der Innenentwicklung ergibt, auf das Vorliegen des Ausschlussgrundes gem. § 13a Abs. 1 S. 4 BauGB, innerhalb dessen § 3b Abs. 2 UVPG relevant sein könnte, nicht mehr an.

Gegen den Ansatzpunkt *Spannowskys* spricht auch, dass der Gesetzgeber für großflächige Bebauungspläne der Innenentwicklung zur korrekten, ihre taktische Umgehung vermeidenden Umsetzung der Plan-UP-RL eine im Rahmen von § 13a Abs. 1 S. 2 Nr. 2 BauGB relevante, gegenüber der erst im Rahmen von § 13a Abs. 1 S. 4 BauGB geltenden Regelung des § 3b Abs. 2 UVPG eigenständige, wenn auch ein wenig versteckte Kumulationsregelung normiert hat, da in Entsprechung zu Nr. 2 2. Spiegelstrich Anhang II Plan-UP-RL gem. Nr. 2.2 Anlage 2 BauGB im Rahmen der Vorprüfung des Einzelfalls zur Einschätzung der voraussichtlichen Erheblichkeit der Umweltauswirkungen eines großflächigen Bebauungsplans der Innenentwicklung der *kumulative Charakter* der Auswirkungen (kumulierender Bebauungspläne der Innenentwicklung) zu beachten ist.[760] Dies bedeutet, dass im Rahmen der Vorprüfung des Einzelfalls gem. § 13a Abs. 1 S. 2 Nr. 2 BauGB für einen aufzustellenden, für sich gesehen großflächigen Bebauungsplan der Innenentwicklung beachtet werden muss, ob er mit einem anderen bzw. anderen Bebauungsplänen der Innenentwicklung in einem Zusammenhang dahingehend steht, dass eine von Anfang an gewollte Gesamtplanung zur taktischen Umgehung der für diese notwendigen Umweltprü-

---

758 Vgl. *Gierke*, in: Brügelmann, § 13a, Rn. 90 (Stand: Februar 2008).
759 Vgl. Fn. 629 u. 667.
760 BT-Drs. 16/2496, S. 14. So auch erkannt von *Blechschmidt*, ZfBR 2007, 120 (121, Fn. 10); *Bunzel*, Difu-Praxistest, S. 31, abrufbar unter http://www.difu.de/publikationen/ difu-berichte/4_06/11.phtml (zuletzt abgerufen am 01.03.2008); *ders.*, LKV 2007, 444 (446); *Gierke*, in: Brügelmann, § 13a, Rn. 78 u. 85 (Stand: Februar 2008); *Jäde*, in: J/D/W, BauGB, § 13a, Rn. 10; *Krautzberger*, in: E/Z/B/K, § 13a, Rn. 42 u. 52 (Stand: Mai 2007); *ders.*, in: Krautzberger/Söfker, Baugesetzbuch, Rn. 153b; *Mitschang*, ZfBR 2007, 433 (437); Mustereinführungserlass, S. 6 u. 7, abrufbar unter http://www.is-argebau.de/ (zuletzt abgerufen am 10.05.2008); *Schwarz*, LKV 2008, 12 (13); *Starke*, JA 2007, 488 (490); *Wallraven-Lindl/Strunz/Geiß*, Das Bebauungsplanverfahren nach dem BauGB 2007, S. 158; angedeutet bei *Birk*, KommJur 2007, 81 (84).

fung in Einzelpläne aufgespalten wurde. Für die Feststellung eines solchen Zusammenhangs kann auf die in § 13a Abs. 1 S. 2 Nr. 1 a. E. BauGB genannten Kriterien des engen sachlichen, räumlichen und zeitlichen Zusammenhangs zurückgegriffen werden. Ergibt sich ein derartiger Zusammenhang, muss die Erheblichkeit der Umweltauswirkungen der zusammenhängenden Pläne zum Gegenstand der Vorprüfung gemacht werden. Auch wenn die kumulierenden Bebauungspläne der Innenentwicklung insgesamt den Schwellenwert von 70000 qm bzw. den im Rahmen von § 13a Abs. 1 S. 4 BauGB i. V. m. § 3b Abs. 2 u. Abs. 3 UVPG gem. Nr. 18.7.2 Anlage 1 UPVG relevanten Schwellenwert von 100000 qm überschreiten, der außerhalb der Fälle der Nr. 18.8 Anlage 1 UVPG die grundsätzliche Umweltverträglichkeitsprüfungspflicht eines Bebauungsplans auslöst, steht § 13a Abs. 1 S. 2 Nr. 2 BauGB der Anwendung des beschleunigten Verfahrens nicht im Wege, sofern die Vorprüfung gem. § 13a Abs. 1 S. 2 Nr. 2 BauGB anhand der Kriterien der Anlage 2 BauGB ergibt, dass die kumulierenden Pläne voraussichtlich keine erheblichen Umweltauswirkungen haben; erst § 13a Abs. 1 S. 4 BauGB kann das beschleunigte Verfahren ausschließen. Ergibt die Vorprüfung die voraussichtliche Erheblichkeit der Umweltauswirkungen der kumulierenden Pläne, darf der nun aufzustellende nicht im beschleunigten Verfahren aufgestellt werden;[761] auf § 13a Abs. 1 S. 4 BauGB i. V. m. § 3 Abs. 2 UVPG kommt es nicht mehr an. Daraus wird deutlich, dass der Gesetzgeber entgegen der Ansicht *Spannowskys* die Geltung des § 3b Abs. 2 UVPG für großflächige Bebauungspläne der Innenentwicklung gerade nicht als ausreichende und alleinige Kumulationsregelung erachtete, weil sie eben erst bei der Prüfung der Umweltverträglichkeitsprüfungspflichtigkeit zum Tragen kommt und nicht schon bei den von § 13a Abs. 1 S. 2 BauGB statuierten Anforderungen. Daher kann aus der Geltung des § 3b Abs. 2 UVPG erst i. R. d. Umweltverträglichkeitsprüfungspflichtigkeit gem. § 13a Abs. 1 S. 4 BauGB auch nicht geschlossen werden, die Kumulationsregelung des § 13a Abs. 1 S. 2 Nr. 1 a. E. BauGB im Bereich des § 13a Abs. 1 S. 2 BauGB verlange

---

761 Vgl. die Regelungen im Gesetz über die Umweltverträglichkeitsprüfung, nach denen gem. § 3b Abs. 2 UVPG und § 3c S. 5 UVPG die kumulierenden Auswirkungen mehrerer Vorhaben schon bei der Prüfung des Überschreitens des Schwellenwerts für die Umweltverträglichkeitsprüfungs- bzw. -vorprüfungspflichtigkeit berücksichtigt werden müssen und gem. Nr. 2 Anlage 2 UVPG die Kumulierung mit anderen Vorhaben in der Vorprüfung selbst ein Kriterium ist. Im Rahmen des § 13a BauGB werden diese beiden Methoden auf die kleinflächigen Bebauungspläne der Innenentwicklung, bei denen gerade kein UP-Screening stattfindet, so dass eine Berücksichtigung kumulierender Auswirkungen dort sinnlos wäre, und großflächige Bebauungspläne, bei denen die Berücksichtigung kumulierender Auswirkungen im Rahmen der ohnehin auf jeden Einzelfall bezogenen Vorprüfung ausreichend ist, aufgeteilt.
Vgl. zum Gegenstand der Umweltprüfung innerhalb des aufgrund der Kumulierung anzuwendenden Regelplanungsverfahrens *Sitsen*, UPR 2008, 292 (296 u. 297); vgl. auch Fn. 710.

als engen zeitlichen Zusammenhang eine Gleichzeitigkeit im Sinne des § 3b Abs. 2 UVPG.

(d) Wahrung europarechtlicher Anforderungen

(aa) Ansatzpunkte für Zweifel an der Europarechtskonformität

Gierke geht im Hinblick auf die Anforderung von Art. 3 Abs. 1 Plan-UP-RL, Pläne mit voraussichtlich erheblichen Umweltauswirkungen tatsächlich einer Umweltprüfung zu unterziehen und bei der Bestimmung nicht-umweltprüfungspflichtiger Pläne gem. Art. 3 Abs. 5 S. 2 Plan-UP-RL i. V. m. Nr. 2 2. Spiegelstrich Anhang II Plan-UP-RL den kumulativen Charakter der Auswirkungen zu berücksichtigen, davon aus, bei der Bestimmung der flächenmäßigen Ausdehnung eines Bebauungsplans der Innenentwicklung grundsätzlich, d. h. unabhängig vom Vorliegen eines engen sachlichen, räumlichen und zeitlichen Zusammenhangs gem. § 13a Abs. 1 S. 2 Nr. 1 a. E. BauGB, den schon bestehenden Plan, der nun durch einen Bebauungsplan der Innenentwicklung geändert oder ergänzt wird, mit einzubeziehen, egal, ob auch dieser ein Bebauungsplan der Innenentwicklung ist, um die durch ihn bewirkten Umweltauswirkungen im Hinblick auf mögliche Kumulationen neben den Auswirkungen der neuen Planung berücksichtigen zu können. Dabei beschränkt er sich auf die Einbeziehung solcher, nun durch eine Maßnahme der Innenentwicklung zu ändernder oder ergänzender Bebauungspläne, auf die die Regelungen der Plan-UP-RL und gem. § 244 BauGB die Vorschriften des EAG-Bau anzuwenden sind. Zur Untermauerung dieser Forderung stützt er sich auf § 3b Abs. 3 UVPG, bei dem gem. § 3b Abs. 3 S. 3 UVPG auch nur der vor Ablauf der Umsetzungsfrist für die UVP-RL (85/337/EWG) bzw. die UVP-Änderungs-RL (97/11/EG) erreichte Bestand eines Vorhabens bei der Bestimmung der Größen- und Leistungswerte unberücksichtigt bleiben darf.[762] Dasselbe fordert er im Hinblick auf bisherige Änderungen oder Ergänzungen von Bebauungsplänen durch Maßnahmen der Innenentwicklung im beschleunigten Verfahren gem. § 13a BauGB, auch wenn sie nicht in einem engen räumlichen, sachlichen und zeitlichen Zusammenhang mit der anstehenden Planänderung bzw. -ergänzung stehen, denn nur so könne effektiv verhindert werden, dass durch aufeinanderfolgende Planänderungen bzw. –ergänzungen, die jeweils die für das beschleunigte Verfahren maßgeblichen Schwellenwerte nicht überschreiten, insgesamt eine Planung mit erheblichen Umweltauswirkungen ohne Umweltprüfung realisiert wird.[763] Zur Untermauerung seines Ansatzpunktes, dass es auf einen engen sachlichen, räumlichen und zeitlichen Zusammenhang verschiedener Planungen für die Relevanz kumulati-

---

762 *Gierke*, in: Brügelmann, § 13a, Rn. 65 (Stand: Februar 2008). Vgl. zu § 3b Abs. 3 UVPG *Schink*, UPR 2004, 81 (87).
763 *Gierke*, in: Brügelmann, § 13a, Rn. 65 (Stand: Februar 2008).

ver Auswirkungen nicht ankommt, führt *Gierke* das von der Europäischen Kommission gegen Deutschland wegen der mit der Kumulationsregelung innerhalb des beschleunigten Verfahrens vergleichbaren Regelung des § 3b Abs. 2 UVPG eingeleitete Vertragsverletzungsverfahren (Nr. 2006/2273)[764] an. Unter Verweis auf ein früheres Urteil des Europäischen Gerichtshofs zur Berücksichtigung kumulativer Auswirkungen mehrerer Projekte[765] geht die Kommission davon aus, dass kumulative Wirkungen bei der Entscheidung über die Umweltverträglichkeitsprüfungspflichtigkeit eines Projekts *vollumfänglich*, d. h. ohne jegliche Einschränkungen dahingehend, in welchem Zusammenhang die Projekte ansonsten stehen, zu berücksichtigen sind. Kumulative Auswirkungen können nach Auffassung der Kommission daher nur dann außer Acht gelassen werden, wenn die Vorhaben räumlich so weit voneinander getrennt sind, dass eine gemeinsame Umweltauswirkung *auf ein bestimmtes* Gebiet *naturwissenschaftlich* ausgeschlossen werden kann.[766] Demnach müssten also Vorhaben und in Parallelwer-

---

[764] *Gierke*, in: Brügelmann, § 13a, Rn. 83 (Stand: Februar 2008): Die EU-Kommission hat wegen § 3b Abs. 2 UVPG gegen Deutschland ein Vertragsverletzungsverfahren eingeleitet (2006/2273). Sie beruft sich dabei auf die Rspr. des EuGH in der Kraaijeveld (EuGH, Urt. vom 24.10.1996 – Rs. C-72/95, Slg. 1996, I-5403)- und in der Irland (EuGH, Urt. vom 21.09.1999 – Rs. C-392/96, ZUR 2000, 284)-Entscheidung. Daraus ergibt sich für die Kommission, dass kumulative Wirkungen bei der Entscheidung, ob für Vorhaben eine Umweltverträglichkeitsprüfung durchzuführen ist oder nicht, *vollumfänglich*, also ohne Einschränkung, zu berücksichtigen sind. Die Verpflichtung, eine Umweltverträglichkeitsprüfung durchzuführen, hänge von den möglichen Umweltauswirkungen ab, unabhängig davon, ob diese von einem großen oder zwei kleinen Vorhaben ausgingen. Kumulative Wirkungen könnten nur außer Acht gelassen werden, wenn die Vorhaben so weit auseinanderliegen, dass eine *gemeinsame Umweltauswirkung auf ein bestimmtes Gebiet naturwissenschaftlich ausgeschlossen* werden könne. Daher sieht die Kommission für die einschränkenden Bedingungen in § 3b Abs. 2 S. 1 und 2 UVPG in der UVP-RL keine Grundlage. Würde der EuGH das so entschieden, wären die Einschränkungen für kumulative Wirkungen in Form eines engen zeitlichen und engen sachlichen Zusammenhangs der Vorhaben obsolet. Vgl. auch *Gierke*, in: Brügelmann, § 13a, Rn. 84 (Stand: Februar 2008). Vgl. zur Tatsache des genannten Vertragsverletzungsverfahrens auch BT-Drs. 16/8086, S. 3. Das Vertragsverletzungsverfahren wurde mit einer Entscheidung der Kommission vom 06.05.2008 eingestellt, vgl. Décisions de la Commission du 06/05/2008, abrufbar unter http://ec.europa.eu/community_law/eulaw/decisions/dec_08_05_06.htm (zuletzt abgerufen am 27.03.2009). Insoweit gibt es bislang keine verbindliche Entscheidung auf europäischer Ebene, aus der sich ergeben würde, dass kumulative Wirkungen vollumfänglich und ohne jede Einschränkung und damit auch außerhalb der Fälle einer beabsichtigten Umgehung der Umwelt(verträglichkeits)prüfungspflichtigkeit bei der Prüfung einer Pflicht zur Durchführung einer Umwelt(verträglichkeits)prüfung zu berücksichtigen sind und jegliche Einschränkungen in Form des Abstellens auf einen engen Zusammenhang i. S. v. § 3b Abs. 2 UVPG oder in Form eines sonstigen engen räumlichen, zeitlichen und sachlichen Zusammenhangs von vornherein obsolet sind.

[765] EuGH, Urt. vom 21.09.1999 – Rs. C-392/96, ZUR 2000, 284 f. (Irland).

[766] *Gierke*, in: Brügelmann, § 13a, Rn. 83 (Stand: Februar 2008).

tung auch Pläne[767] immer schon dann gemeinsam im Hinblick auf die Umweltverträglichkeitsprüfungspflichtigkeit bzw. Umweltprüfungspflichtigkeit betrachtet werden, wenn nicht ausgeschlossen werden kann, dass sie gemeinsam erhebliche Umweltauswirkungen auf ein Gebiet haben, egal, ob sie auch sonst in irgendeinem engen zeitlichen und sachlichen Zusammenhang stehen. Zudem rügt *Gierke* die Kumulationsregelung des § 13a Abs. 1 S. 2 Nr. 1 a. E. BauGB auch deshalb als zu eng, weil sie entgegen dem weitergehenden Schutzumfang der Plan-UP-RL einseitig nur auf den durch mehrere Bebauungspläne ermöglichten Umfang der Bodenversiegelung abstellt, ohne dabei zu berücksichtigen, dass sich mehrere Bebauungspläne, auch wenn sie zusammen den Grundflächenschwellenwert nicht überschreiten, anderweitig als in Form der Bodenversiegelung voraussichtlich erheblich auf die Umwelt auswirken können. Er fordert daher innerhalb der Kumulationsregelungen des § 13a Abs. 1 S. 2 Nr. 1 a. E. BauGB und der Nr. 2.2 Anlage 2 BauGB eine schutzgutbezogene Betrachtungsweise, bei der es für die kumulative Betrachtung mehrerer Pläne darauf ankommt, ob die Pläne die konkrete Umweltsituation räumlich und sachlich derart verändern, dass ihre Umweltauswirkungen insgesamt als erheblich einzustufen sind.[768]

(bb) Parallelität zur Europarechtskonformität bzw. -widrigkeit von § 3b Abs. 2 UVPG

Im Hinblick auf die Argumentation der Europäischen Kommission zu einer möglichen Verletzung der UVP-RL (85/337/EWG) bzw. der UVP-Änderungs-RL (97/11EG) durch § 3b Abs. 2 UVPG, auf die sich *Gierke* für eine weitere, einschränkungslosere Berücksichtigung von Kumulationen mehrerer Bebauungspläne stützt, sofern sie sich nur in ihren Auswirkungen auf ein Gebiet ergänzen, ist anzumerken, dass der Europäische Gerichtshof in dem angeführten Urteil[769] keineswegs eindeutig eine *vollumfängliche*, vom Zusammenhang, in dem die Projekte ansonsten stehen, *unabhängige* Berücksichtigung kumulativer Auswirkungen mehrerer Vorhaben verlangte.[770] Der Europäische Gerichtshof forderte, dass die Vorgabe von Art. 2 Abs. 1 UVP-RL (85/337/EWG), Projekte mit voraussichtlich erheblichen Auswirkungen auf die Umwelt einer Umwelt-

---

767 Für die Übertragbarkeit der Argumentation *Gierke*, in: Brügelmann, § 13a, Rn. 84 (Stand: Februar 2008).
768 *Gierke*, in: Brügelmann, § 13a, Rn. 84 (Stand: Februar 2008). Als Beispiel führt er Pläne an, die zu unterschiedlicher Zeit aus unterschiedlichem Anlass mit unterschiedlichem Inhalt aufgestellt werden, die aber insgesamt z. B. eine als Freiluftschneiße dienende Freifläche überplanen. Der Zusammenhang wird erst durchbrochen, soweit eine gemeinsame Umweltauswirkung auf ein bestimmtes Gebiet „naturwissenschaftlich ausgeschlossen" ist.
769 EuGH, Urt. vom 21.09.1999 – Rs. C-392/96, ZUR 2000, 284 (284 u. 286).
770 Vgl. BR-Drs. 674/1/00, S. 17. Vgl. *Sitsen*, Fn. 710.

verträglichkeitsprüfung zu unterziehen, innerhalb der mitgliedstaatlichen Umsetzung der Richtlinie nicht durch die *Aufsplitterung* von Projekten *umgehbar* sein dürfe.[771] Eine die Richtlinie umgehende Aufsplitterung von Projekten liegt aber nur vor, wenn ein an sich einheitliches, von vornherein feststehendes und gewolltes Projekt bewusst *gerade (nur)* zur Umgehung der für das Gesamtprojekt erforderlichen Umweltverträglichkeitsprüfung künstlich in kleine Einzelprojekte unterteilt wird.[772] Dies bestätigt sich vor allem dadurch, dass man das Urteil des Europäischen Gerichtshofs allgemein dahingehend interpretiert, dass europarechtliche Vorgaben nicht durch eine „Salami*taktik*" umgangen werden dürfen.[773] Ein derartiges *taktisches* Verhalten impliziert ein bewusstes Verhalten, das entscheidend durch Umgehungsabsichten gesteuert wird,[774] nicht dagegen sich erst im Laufe der Zeit als erforderlich herausstellende Änderungen oder Erweiterungen bestehender Projekte.[775] Vor diesem Hintergrund ergibt sich dann

---

771 EuGH, Urt. vom 21.09.1999 – Rs. C-392/96, ZUR 2000, 284 (284 u. 286); bestätigt durch EuGH, Urt. vom 28.02.2008 – Rs. C-2/07, ZUR 2008, 374 (376 (Rn. 27)).
772 Nach *Sitsen*, UPR 2008, 292 (296), liegt eine Umgehung der UVP-RL durch die Aufsplitterung von Projekten nur vor, wenn ein *an sich einheitliches* Projekt *künstlich* in Teilprojekte aufgespalten wird, wobei rein räumlich-funktionaler Zusammenhang nicht reicht. Vielmehr muss *von Anfang angeplant sein*, ein Projekt in mehreren Schritten zu verwirklichen, so dass es dann gerechtfertigt ist, alle von vornherein gemeinsam geplanten Projekte insgesamt einer Umweltverträglichkeitsprüfung zu unterziehen. Wo eine *absichtliche Umgehung* fehlt, bleibt es bei der Grundregel (vgl. § 3b Abs. 3, § 3e UVPG). Es muss also die *taktische Aufspaltung* von der nicht einheitlich geplanten, schlichten Erweiterung einer Anlage unterschieden werden, wobei nur für erstere *Umgehungsgedanken leitend* sind und tatsächlich eine *Salamitaktik* vorliegt, wobei Taktik den *Plan zur Umgehung* impliziert.
773 Vgl. B. II. 6. d) bb) und. Fn. 713. BT-Drs. 14/4599, S. 94, spricht davon, dass § 3b Abs. 2 UVPG sog. „gemeinsame Vorhaben" erfassen soll. Vgl. *Kuschnerus*, BauR 2001, 1346 (1352 u. 1353), der aber auf eine andere Entscheidung des EuGH Bezug nimmt (EuGH, Urt. vom 11.08.1995 – Rs. C-431/92, NVwZ 1996, 369 f. (WKW Großkrotzenburg)); *Mitschang*, ZfBR 2008, 227 (235, Fn. 118); *Scheidler*, BauR 2007, 650 (652). Vgl. *Bunzel*, LKV 2007, 444 (Fn. 23).Vgl. *Sitsen*, UPR 2008, 292 (294 u. 296).
774 *Sitsen*, UPR 2008, 292 (296).
775 *Sitsen*, UPR 2008, 292 (296). Vgl. *Sitsen*, UPR 2008, 292 (294): In der Entscheidung des EuGH, Urt. vom 21.09.1999 – Rs. C-392/96, ZUR 2000, 284 (284 u. 286), verlangte der EuGH, dass die Mitgliedstaaten sicherstellen sollten, dass der Regelungszweck der UVP-RL nicht durch Aufsplitterung von Projekten vereitelt wird. Dies betraf einen Fall, in dem Anlagen *ohne jede Umweltverträglichkeitsprüfung* erweitert wurden, also auch keine Umweltverträglichkeitsprüfung für das Grundvorhaben durchgeführt wurde. Der EuGH forderte aber *keine rückwirkende* Beachtung der gesamten Anlage, es wird nur gerügt, dass für keines der Projekte eine Umweltverträglichkeitsprüfung durchgeführt wurde. Um aber zu verhindern, dass bei der sukzessiven Verwirklichung eines Gesamtprojekts gar keine Umweltverträglichkeitsprüfung durchgeführt wird, reicht es aus, wenn *ein Änderungsvorhaben als solches umweltverträglichkeitsprüfungspflichtig* ist, wenn die gesamte Anlage durch die Änderung erstmals in die Umweltverträglichkeitsprüfungspflichtigkeit hineinwächst.

Sitsen, UPR 2008, 292 (294/295), führt weiter aus, dass, wenn ein schon umweltverträglichkeitsprüfungspflichtiges Vorhaben geändert wird, ebenfalls verhindert werden muss, dass das Ziel der UVP-RL dadurch umgangen wird, dass die Änderung in viele unwesentliche Änderungen aufgespaltet wird. Daher könnte jede Änderung eine neue Umweltverträglichkeitsprüfungspflicht auslösen, zumal das Grundvorhaben die Schwelle zur Umweltverträglichkeitsprüfungspflichtigkeit schon überschritten hat. Dies aber wäre sehr aufwändig, zumal die UVP-RL nur bei erheblichen Umweltauswirkungen eines Projekts die Durchführung einer Umweltverträglichkeitsprüfung verlangt. Es wäre daher sinnvoller, eine erneute Umweltverträglichkeitsprüfungspflicht erst dann anzunehmen, wenn die Summe der Änderungen die Umweltverträglichkeitsprüfungspflicht selbst auslöst. Der französische Wortlaut der UVP-RL bestätigt diese Auffassung. Gerade weil auch beim Hineinwachsen in die Umweltverträglichkeitsprüfungspflicht *nur die Änderung* umweltverträglichkeitsprüfungspflichtig ist, muss im Fall mehrerer Änderungen die Änderung umweltverträglichkeitsprüfungspflichtig sein, die die Überschreitung der Wesentlichkeitsschwelle herbeiführt. Eine Umweltverträglichkeitsprüfung auch für die schon bestandskräftig entschiedenen Fragen ist von der UVP-RL nicht indiziert, zumal sie immer auf ein konkretes Projekt bezogen ist. Nach *Sitsen*, UPR 2008, 292 (295/296), wird dies durch EuGH, Urt. vom 28.02.2008 – Rs. C-2/07, ZUR 2008, 374 (376 (Rn. 27)) bestätigt. Dort wird nochmal betont, dass das Ziel der UVP-RL nicht durch eine Aufsplittung von Projekten umgangen werden *und* eine Nichtberücksichtigung kumulativer Wirkung von Projekten nicht dazu führen darf, dass Projekte insgesamt der Verpflichtung zur Durchführung einer Umweltverträglichkeitsprüfung entzogen werden, obwohl sie zusammengenommen erhebliche Auswirkungen auf die Umwelt haben können. Daraus ist ableitbar, dass es grundsätzlich ausreicht, wenn das die Erheblichkeitsschwelle überschreitende einzelne Projekt Gegenstand einer Umweltverträglichkeitsprüfung ist, da dann eben gerade nicht das Projekt insgesamt der Umweltverträglichkeitsprüfungspflicht entzogen wird. Der EuGH führt weiter aus, dass das nationale Gericht „in diesem Zusammenhang" zu prüfen hat, ob eine Genehmigung Teil eines mehrstufigen Verfahrens mit einer Grundsatzentscheidung und Durchführungsentscheidungen und ob die *kumulative* Wirkung mehrerer Projekte zu berücksichtigen ist, deren Umweltverträglichkeit *insgesamt* zu prüfen ist (EuGH, Urt. vom 28.02.2008 – Rs. C-2/07, ZUR 2008, 374 (376 (Rn. 28))). Letzteres steht im Zusammenhang mit der Pflicht, die Umgehung der Vorgaben der UVP-RL durch eine Aufspaltung von Projekten zu vermeiden. Daher könnte man den EuGH so verstehen, dass *bezogen auf aufgesplittete Projekte* eine Umweltverträglichkeitsprüfung *auch rückwirkend* gemeinsam erfolgen muss.
Sitsen, UPR 2008, 292 (297), verweist zudem darauf, dass § 3b Abs. 3 UVPG und auch § 3e Abs. 1 UVPG dazu dienen, die Umgehung einer erstmaligen UVP im Wege der Salamitaktik zu verhindern. Die Regelungen setzen aber keine Umgehungsabsicht voraus (BT-Drs. 14/4599, S. 95), so dass auch die grundsätzlich rückwirkende Einbeziehung schon verwirklichter Änderungen in die Umweltverträglichkeitsprüfung nicht gerechtfertigt wäre (diese sind eben nicht UVP-pflichtig). Dadurch wird das *völlige* Umgehen einer Umweltverträglichkeitsprüfung auch verhindert. Die Umgehung würde zwar noch effektiver verhindert, wenn in solchen Fällen rückwirkend frühere Änderungen miteinbezogen werden müssten. Es gibt aber sachliche Gründe dafür, warum das bei einer schlichten stetigen Erweiterung eines Vorhabens ohne Umgehungsabsicht nicht der Fall ist, zumal der Gesetzgeber selbst bei § 3b Abs. 3 UVPG auf Bestandsschutz der vorhandenen Anlage verweist (BT-Drs. 14/4599, S. 95). Dasselbe muss dann auch für das erneute Hineinwachsen in die Umweltverträglichkeitsprüfungspflichtigkeit gelten, da

aber auch, dass der Verweis auf diese Entscheidung des Europäischen Gerichtshofs und die darauf gestützte Rüge der Kommission in Bezug auf § 3b Abs. 2 UVPG, die dem Urteil des Gerichtshofs einen anderen, nicht nur auf taktische Umgehungen der UVP-RL (85/337/EWG) abstellenden Sinn geben, nach der auch hier vertretenen Interpretation des Urteils *Gierkes* Forderung nach einer Berücksichtigung kumulativer Auswirkungen mehrerer Planungen unabhängig von taktischen Planaufspaltungen nicht zu begründen vermögen.

(cc) Generelle Einbeziehung des bestehenden Bebauungsplans und bisheriger Änderungen und Ergänzungen aufgrund von Parallelen der UVP-RL und der Plan-UP-RL

Der von *Gierke* im Hinblick auf die Vorgabe des Art. 3 Abs. 1 Plan-UP-RL geforderten Einbeziehung früherer, im beschleunigten Verfahren durchgeführter *Änderungen* und *Ergänzungen* von Bebauungsplänen durch Bebauungspläne der Innenentwicklung in die gem. § 13a Abs. 1 S. 2 bzw. S. 3 BauGB notwendige Bestimmung der Plangröße unabhängig von den in § 13a Abs. 1 S. 2 Nr. 1 a. E. BauGB genannten Voraussetzungen könnte ebenso wie der Einbeziehung des sonstigen zu *ändernden* Plans, die er auf § 3b Abs. 3 UVPG stützt, entgegnet werden, dass § 13a Abs. 1 S. 2 BauGB ohnehin auf die im Plan insgesamt festgesetzte Grundfläche abstellt. Wie bereits erläutert,[776] bedeutet dies, dass es für die im Hinblick auf die Prüfung der Schwellenwerte des § 13a Abs. 1 S. 2 BauGB notwendige Bestimmung des Umfangs der Grundfläche bzw. der voraussichtlich versiegelten Flächen auch in dem Fall, dass durch einen Bebauungsplan der Innenentwicklung ein bereits bestehender Plan geändert oder ergänzt wird und nicht eine Fläche neu überplant wird, grundsätzlich[777] nicht nur auf die gegenüber den bisherigen Festsetzungen oder deren Realisierung hinzukommende Grund- bzw. Versiegelungsfläche ankommt, sondern auf die gesamten planerischen Festsetzungen des Änderungs- bzw. Ergänzungsbebauungsplans. Festsetzungen, die Festsetzungen des bisherigen Bebauungsplans übernehmen, müssen also mitberücksichtigt werden, wodurch dieser Altbestand bzw.

---

das Grundvorhaben schon umweltverträglichkeitsgeprüft wurde. Im Fall des § 3b Abs. 3 UVPG wird auch keine Umweltverträglichkeitsprüfung für das Gesamtvorhaben durchgeführt. Wenn dagegen absichtlich zur Umgehung der Umweltverträglichkeitsprüfung schrittweise vorgegangen wird, kann der Vorhabenträger nicht darauf vertrauen, zukünftig keine Umweltverträglichkeitsprüfung für die bereits verwirklichten Teilvorhaben durchführen zu müssen.

776 Vgl. B. II. 6. b) bb) (1).
777 *Gierke*, in: Brügelmann, § 13a, Rn. 65 (Stand: Februar 2008), führt als Ausnahme davon an, dass in dem Fall, dass der zu ändernde bzw. zu ergänzende Bebauungsplan vor dem Verbindlichwerden der Plan-UP-RL aufgestellt wurde, nur auf die Summe der geänderten bzw. ergänzten Grundflächen im jeweiligen Änderungs- oder Ergänzungsplan abzustellen ist. Vgl. Fn. 545.

frühere Änderungen eines Bebauungsplans, *sofern sie auch Gegenstand des neuen Bebauungsplans* sind, für die Schwellenwertregelung einbezogen wird bzw. werden. Dabei ist auch ein § 3b Abs. 3 UVPG entsprechendes Hineinwachsen in die Umweltprüfungspflicht im Rahmen einer Änderung eines Bebauungsplans der Innenentwicklung möglich. Dies muss aber nicht so sein. Eine Planänderung bzw. -ergänzung zur Zulassung einer bisher nur eingeschränkt möglichen Bebauung in Form einer Siedlungsabrundung an Siedlungsrandlagen z. B. kann sich weitgehend auf bisher nicht beplante Flächen beziehen, so dass in den Änderungs- bzw. Ergänzungsbebauungsplan kaum Festsetzungen des bisherigen Bebauungsplans übernommen werden müssen. Innerhalb der Schwellenwertprüfung für Planänderungen, die z. B. nur für einen Teil des Plangebiets eines bestehenden Bebauungsplans zur Nachverdichtung die überbaubare Grundstücksfläche erweitern oder die zulässige Gebäudehöhe vergrößern, sind zwar in der Regel die flächenmäßigen Festsetzungen des bestehenden, zu ändernden Bebauungsplans einzubeziehen, aber nur in Teilen. Erreichen diese Änderungs- bzw. Ergänzungsbebauungspläne nicht für sich gesehen[778] den Schwellenwert von 20000 qm zulässiger Grundfläche bzw. Größe der Grundfläche bzw. voraussichtlicher Versiegelungsfläche oder sind die Umweltauswirkungen des Änderungs- bzw. Ergänzungsplans, der eine Grundfläche zwischen 20000 qm und weniger als 70000 qm festsetzt, für sich gesehen voraussichtlich nicht erheblich, sind sie bei Nichterfüllung der Ausschlusstatbestände des § 13a Abs. 1 S. 4 u. S. 5 BauGB im beschleunigten Verfahren aufstellbar.[779] Daher ist *Gierke* darin beizupflichten, dass es durch Ergänzungen und Änderungen bestehender Bebauungspläne, die eventuell sogar selbst ohne Umweltprüfung aufgestellt wurden, innerhalb der von § 13a Abs. 1 S. 2 BauGB vorgegebenen Schwellenwerte

---

778 Der vom EuGH in Bezug auf die UVP-RL entschiedene Fall, dass durch die Änderung oder Erweiterung eines Projekts als solche der für die Umweltverträglichkeitsprüfung maßgebliche Schwellenwert überschritten wird, ist also auch im Rahmen des beschleunigten Verfahrens erfasst und löst die Umweltprüfungspflichtigkeit des Änderungs- bzw. Ergänzungsbebauungsplans aus, vgl. EuGH, Urt. vom 11.08.1995 – Rs. C-431/92, NVwZ 1996, 369 (371) (WKW Großkrotzenburg). Der EuGH entschied im Hinblick auf die Vorgaben der UVP-RL (85/337/EWG) hinsichtlich der Umweltverträglichkeitsprüfungspflichtigkeit konkreter Projekte, dass ein Projekt, sobald es (selbst) den vorgegebenen Schwellenwert erreicht, umweltverträglichkeitsprüfungspflichtig ist, unabhängig davon, ob es eigenständig ausgeführt wird, einer bestehenden Anlage hinzugefügt wird oder gar mit dieser in einem engen funktionellen Zusammenhang steht. In Bezug auf die UVP-RL wurde diese Vorgabe, die auch in Nr. 13 1. Spiegelstrich Anhang II UVP-Änderungs-RL (97/11/EG) enthalten ist, durch § 3e UVPG umgesetzt (vgl. BT-Drs. 14/4599, S. 97/98). Vgl. *Dienes*, in: Hoppe, UVPG, § 3e, Rn. 2 u. 10. Pläne, auch wenn sie Änderungs- bzw. Ergänzungspläne sind, die für sich gesehen mit voraussichtlich erheblichen Umweltauswirkungen verbunden sind, unterliegen schon deshalb der Umweltprüfungspflicht, weil sie selbst Pläne im Sinne von Art. 2 lit. a, Art. 3 Abs. 1 Plan-UP-RL sind.

779 So ausdrücklich *Krautzberger*, in: E/Z/B/K, § 13a, Rn. 45 (Stand: Mai 2007).

durchaus möglich ist, dass eine Planung entsteht, die insgesamt, wenn auch nicht bezogen auf ihre Teilplanungen, voraussichtlich erhebliche Umweltauswirkungen hat, ohne dass dem umgehungstaktische Erwägungen zugrundeliegen und die Kumulationsregelungen, schränkt man sie auf Fälle der bewussten Richtlinienumgehung ein, zur Anwendung kommen. In einem Urteil zur UVP-RL (85/337/EWG) hat der Europäische Gerichtshof erst jüngst wieder entschieden, dass eine Nichtberücksichtigung der kumulativen Wirkung von Projekten nicht zur Folge haben dürfe, dass die Projekte insgesamt der Verpflichtung zur Verträglichkeitsprüfung entzogen werden, wenngleich sie zusammengenommen erhebliche Auswirkungen auf die Umwelt im Sinne von Art. 2 Abs. 1 der Richtlinie 85/337/EWG haben können.[780] § 3b Abs. 3 UVPG, nach dem jedenfalls die Änderung oder Erweiterung eines Vorhabens umweltverträglichkeitsprüfungspflichtig bzw. -vorprüfungspflichtig ist, die zusammen mit dem schon bestehenden Projekt den Schwellenwert zur Umweltverträglichkeitsprüfungspflichtigkeit bzw. gem. § 3c S. 5 UVPG zur Umweltverträglichkeitsvorprüfungspflichtigkeit überschreitet, verhindert, dass ein *Gesamt*-Projekt – auch außerhalb von taktischen Aufspaltungen zur Umgehung[781] – ohne Umweltverträglichkeitsprüfung verwirklicht werden kann, sofern es insgesamt voraussichtlich erhebliche Umweltauswirkungen hat.[782] Eine solche Regelung ist innerhalb des beschleunigten Verfahrens dagegen nicht vorgesehen. Im Hinblick auf das soeben angeführte Urteil[783] des Europäischen Gerichtshofs ist jedoch anzumerken, dass es für die von ihm aufgestellte Anforderung, dass die Nichtberücksichtigung *kumulativer* Auswirkungen von Projekten nicht zur Folge haben dürfe, Projekte insgesamt der Umweltverträglichkeitsprüfungspflichtigkeit zu entziehen, wenngleich sie zusammengenommen erhebliche Umweltauswirkungen haben, explizit auf den Sinngehalt der früheren Entscheidung vom 21.09.1999[784] zur UVP-RL (85/337/EWG) verweist. Diese Entscheidung wird jedoch, wie schon dargestellt,[785] überwiegend als auf Fälle der *taktischen* Aufspaltung eines Gesamtprojekts bezogen interpretiert, nicht unbedingt bezogen auf eine sachlich gerechtfertigte, sich erst nach und nach als notwendig herausstellende Projektänderung bzw. -erweiterung, so dass § 3b Abs. 3 UVPG für die Fälle, für die keine Umgehung der Richtlinie beabsichtigt ist,[786] nicht primär als Umsetzung der Vorgaben des Urteils des Europäischen Gerichtshofs vom 21.09.1999 im Hinblick auf die Verhinderung der die Richtlinie umgehenden Aufsplitterung von Projekten in-

---

780 EuGH, Urt. vom 28.02.2008 – Rs. C-2/07, ZUR 2008, 374 (376 (Rn. 27)).
781 Vgl. BT-Drs. 14/4599, S. 95.
782 *Sitsen*, UPR 2008, 292 (294 u. 297).
783 EuGH, Urt. vom 28.02.2008 – Rs. C-2/07, ZUR 2008, 374 (376 (Rn. 27)).
784 EuGH, Urt. vom 21.09.1999 – Rs. C-392/96, ZUR 2000, 284 (284 u. 286).
785 Vgl. B. II. 6. d) bb); Fn. 713.
786 Eine solche Umgehungsabsicht ist für § 3b Abs. 3 UVPG und für § 3e UVPG nicht notwendig, BT-Drs. 14/4599, S. 95. Vgl. *Sitsen*, UPR 2008, 292 (297) und Fn. 710.

terpretiert werden kann. Liegt kein Fall der von vornherein geplanten taktischen Aufsplitterung von Projekten in mehrere Einzelprojekte zur Umgehung der Umweltverträglichkeitsprüfungspflicht des Gesamtprojekts vor, beruht § 3b Abs. 3 UPVG vielmehr auf dem Verständnis von Art. 4 Abs. 1 UVP-Änderungs-RL (97/11/EG), wonach in Anhang I UVP-Änderungs-RL (97/11/EG) aufgeführte Projekte einer Umweltverträglichkeitsprüfung zu unterziehen sind, unabhängig davon, ob die in Anhang I UVP-Änderungs-RL (97/11/EG) festgelegten, die Umweltverträglichkeitsprüfungspflichtigkeit eines Projekts auslösenden Schwellenwerte durch die Umsetzung eines einheitlichen neuen Projekts erreicht oder durch die Erweiterung eines bestehenden Projekts erstmals überschritten werden.[787] Dies kann auch auf in Anhang II UVP-Änderungs-RL (97/11/EG) aufgeführten Projekte übertragen werden, für die die Mitgliedstaaten gem. Art. 4 Abs. 2 lit. b UVP-Änderungs-RL (97/11/EG) Schwellenwerte festgelegt haben, bei deren Erreichen das Projekt als generell umweltverträglichkeitsprüfungspflichtig oder wenigstens umweltverträglichkeitsvorprüfungspflichtig eingeordnet wird.[788] Die in Anhang I UVP-Änderungs-RL (97/11/EG) aufgeführten Projekte sollen immer dann einer Umweltverträglichkeitsprüfung unterzogen werden, wenn sie die dafür maßgeblichen Größen- und Leistungswerte überschreiten. Natürlich verweist die Gesetzesbegründung zu § 3b Abs. 3 UVPG darauf,[789] dass durch die Regelung *auch* den Vorgaben des Urteils des Europäischen Gerichtshof vom 21.09.1999[790] genügt werden soll, das aber aus Sicht des Gesetzgebers explizit nur Fälle der Salamitaktik,[791] bei denen also bewusst ein von Anfang an geplantes Gesamtvorhaben aus umgehungstaktischen Gründen aufgespalten wird, erfasst, wobei dies gerade nicht der einzige Zweck von § 3b Abs. 3 UVPG ist. § 3b Abs. 3 UVPG dient für die Fälle, in denen die Änderung oder Erweiterung des schon bestehenden Vorhabens nicht auf von Anfang bestehenden, taktischen Umgehungsüberlegungen beruht, zudem der Umsetzung von Nr. 13 1. Spiegelstrich Anhang II UVP-Änderungs-RL (97/11/EG), wonach für die Änderung oder Erweiterung von bereits genehmigten, durchgeführten oder in der Durchführungsphase befindlichen Projekten des Anhangs I *oder* II UVP-Änderungs-RL (97/11/EG), die erhebliche nachteilige Auswirkungen auf die Umwelt haben können, gem. Art. 2 Abs. 1, Art. 4 Abs. 2 UVP-Änderungs-RL (97/11/EG) von den Mitgliedstaaten eine Umweltverträglichkeitsprüfung

---

787 BT-Drs. 14/4599, S. 95; *Dienes*, in: Hoppe, UVPG, § 3b, Rn. 37; *Sangenstedt*, in: Landmann/Rohmer, Umweltrecht, Band III, § 3b UVPG, Rn. 43 (Stand: Mai 2003).
788 Vgl. BT-Drs. 15/4599, S. 95, in Bezug auf § 3b Abs. 2 UVPG, wo ausdrücklich betont wird, dass eine Differenzierung zwischen Anhang-I- und Anhang-II-Vorhaben der UVP-Änderungs-RL (97/11/EG) sachlich nicht gerechtfertigt und nicht mit dem Sinn und Zweck der Richtlinie zu vereinbaren wäre.
789 BT-Drs. 14/4599, S. 95.
790 EuGH, Urt. vom 21.09.1999 – Rs. C-392/96, ZUR 2000, 284 (284 u. 286).
791 BT-Drs. 14/4599, S. 94, spricht davon, dass § 3b Abs. 2 UVPG sog. „gemeinsame Vorhaben" erfassen soll.

vorgesehen werden muss.[792] Während also die UVP-RL in ihrer geänderten Fassung von 1997 (97/11/EG) gerade in Reaktion auf bis dahin im Hinblick auf die Anforderungen der Richtlinie für die Änderung und Erweiterung von Projekten, vor allem bezüglich der in Anhang II UVP-RL (85/337/EWG) aufgeführten Vorhaben,[793] bestehende Unsicherheiten eine Klarstellung brachte, aus der sich ergibt, dass die Änderung oder Erweiterung von Projekten nicht nur dann umweltverträglichkeitsprüfungspflichtig sein soll, wenn das Gesamtprojekt aus taktischen Erwägungen aufgespalten wurde, trifft die Plan-UP-RL für die Änderung, Ergänzung oder Erweiterung bestehender Pläne keine ausdrückliche Regelung. Ist der Änderungs- oder Ergänzungsbebauungsplan als solcher mit voraussichtlich erheblichen Umweltauswirkungen verbunden, muss er gem. Art. 2 lit. a, Art. 3 Abs. 1 Plan-UP-RL und im Umkehrschluss zu Art. 3 Abs. 3 2. Alt. Plan-UP-RL wie ein Plan, der ein Gebiet völlig neu überplant, einer Umweltprüfung unterzogen werden, da auch ein Änderungs- bzw. Ergänzungsbebauungsplan ein vollwertiger Bebauungsplan ist.[794] Ansonsten beinhaltet die Plan-UP-RL für das Verhältnis des „Grund"-Bebauungsplans zu dessen Änderungen bzw. Ergänzungen und eine sich daraus ergebende Umweltprüfungspflicht nur die grundsätzlich für das Verhältnis mehrerer Pläne geltende Regelung der Nr. 2 2. Spiegelstrich Anhang II Plan-UP-RL, bei der Bestimmung umweltprüfungs- bzw. nicht-umweltprüfungspflichtiger Pläne i. S. v. Art. 3 Abs. 3 u. Abs. 4 Plan-UP-RL den kumulativen Charakter der Auswirkungen zu berücksichtigen. In Art. 4 Abs. 3 i. V. m. Nr. 1 2. Spiegelstrich Anhang III UVP-Änderungs-RL (97/11/EG) findet sich für die in Art. 4 Abs. 2 UVP-Änderungs-RL (97/11/EG) vorgesehene Bestimmung, welche der in Anhang II UVP-Änderungs-RL (97/11/EG) genannten Projekte einer Umweltverträglichkeitsprüfung zu unterziehen sind, ebenfalls die Maßgabe, die Kumulierung mit anderen Projekten bei der Festlegung der umweltverträglichkeitsprüfungspflichtigen bzw. nicht umweltverträglichkeitsprüfungspflichtigen Projekte zu berücksichtigen. Diese Vorgabe wurde in § 3b Abs. 2 UVPG (i V. m. § 3c S. 5 UVPG) und Nr. 2

---

792 *Dienes*, in: Hoppe, UVPG, § 3e, Rn. 2, wobei dort darauf verwiesen wird, dass *auch* § 3e UVPG der Umsetzung dieser Vorgabe dient; für § 3e UVPG auch BT-Drs. 14/4599, S. 97; vgl. Fn. 778.
793 Vgl. EuGH, Urt. vom 24.10.1996 – Rs. C-72/95, Slg. I-5403 (5446/5447) (Kraaijeveld). Dort wurde klargestellt, dass auch die Änderung von Projekten im Sinne von Anhang II UVP-RL (85/337/EWG), obwohl sie in Nr. 12 Anhang II UVP-RL (85/337/EWG) nicht wie die Änderung von Vorhaben gem. Anhang I UVP-RL (85/337/EWG) ausdrücklich genannt war, einer Umweltverträglichkeitsprüfung zu unterziehen ist, wenn sie voraussichtlich erhebliche Umweltauswirkungen hat. Vgl. auch EuGH, Urt. vom 11.08.1995 – Rs. C-431/92, NVwZ 1996, 369 (371) (WKW Großkrotzenburg). Vgl. Fn. 778. Diese Entscheidungen führt auch *Gassner*, UVPG, § 3b, Rn. 7 u. Rn. 26 zum Hintergrund von § 3b Abs. 3 UVPG an.
794 Vgl. Fn. 778.

Anlage 2 UVPG umgesetzt.[795] § 3b Abs. 2 UVPG wird allgemein als Regelung dahingehend verstanden, die *taktische* Umgehung der Vorgaben der UVP- bzw. UVP-Änderungs-RL, Projekte mit voraussichtlich erheblichen Umweltauswirkungen einer Umweltverträglichkeitsprüfung zu unterziehen, durch gezielte Aufspaltung eines von Anfang gewollten Gesamtprojekts zu verhindern.[796] Ergänzt wird § 3b Abs. 2 UVPG durch § 3b Abs. 3, § 3e UVPG, sofern in den dort genannten Fällen eine Umgehungsabsicht vorliegt, die aber keine Anwendungsvoraussetzung ist. Vor diesem Hintergrund erklärt sich auch die teilweise vertretene, enge Auslegung[797] der in § 3b Abs. 2 UPVG geforderten Gleichzeitigkeit der Vorhabenverwirklichung, gerade weil bei einer größeren zeitlichen Streckung der Gesamtvorhabenverwirklichung § 3b Abs. 3, § 3e UPVG zur Anwendung kommen. Wird aber die Vorgabe von Nr. 1 2. Spiegelstrich Anhang III UVP-Änderungs-RL (97/11/EG) als Gebot, (nur) eine taktische Umgehung der Vorgaben des Art. 2 Abs. 1 UVP-RL (85/337/EWG) zu verhindern, verstanden, was sich auch daraus ergibt, dass Nr. 13 1. Spiegelstrich Anhang II UVP-Änderungs-RL (97/11/EG) die Änderung oder Erweiterung von Projekten unabhängig von taktischen Überlegungen eigenständig als möglicherweise umweltverträglichkeitsprüfungspflichtig anführt, und trifft die Plan-UP-RL in ihrem Anhang II in Nr. 2 2. Spiegelstrich eine dem Wortlaut von Nr. 1 2. Spiegelstrich Anhang III UVP-Änderungs-RL (97/11/EG) ähnliche Regelung, ist dies ein erhebliches Indiz dafür, dass sich die Vorgabe der Nr. 2 2. Spiegelstrich Anhang II Plan-UP-RL ebenfalls nur auf Fälle der versuchten Richtlinienumgehung bezieht, nicht dagegen auf sich erst im Laufe der Zeit als notwendig bzw. zulässig erweisende und daher in ihrer zeitlichen Abfolge sachlich gerechtfertigte Änderungen oder Ergänzungen des Plans. Hätte der Richtliniengeber in der Plan-UP-RL wie bei der UVP-RL ein Hineinwachsen in die Umweltprüfungspflicht aufgrund voraussichtlich erheblicher Umweltauswirkungen des nicht umweltgeprüften bzw. nicht umweltprüfungspflichtigen Ausgangsbebauungsplans *zusammen mit* späteren, für sich gesehen nicht umweltprüfungspflichtigen Änderungs- bzw. Ergänzungsbebauungsplänen vorgeben wollen, hätte es, gerade aufgrund der im Rahmen des UVP-RL (85/337/EWG) im Hinblick auf die Änderung und Erweiterung von Projekten festgestellten Unsicherheiten und der dort im Rahmen der UVP-Änderungs-RL (97/11/EG) ausdrücklich erfolgten Klarstellung in Nr. 13 1. Spiegelstrich Anhang II UVP-Änderungs-RL, nahegelegen, dies auch

---

795 BT-Drs. 14/4599, S. 94/95; *Dienes*, in: Hoppe, UVPG, § 3b, Rn. 9.
796 Unter Verweis auf BT-Drs. 14/5750, S. 127, hebt *Schink*, UPR 2004, 81 (86), hervor, dass § 3b Abs. 2 BauGB vor allem die Aufgabe hat, die Aufspaltung umweltverträglichkeitsrüfungspflichtiger Vorhaben zu dem Zweck zu verhindern, der Umweltverträglichkeitsprüfungspflicht durch mehrere parallele Vorhaben statt eines Gesamtvorhabens zu entgehen; eindeutiger in BT-Drs. 14/4599, S. 94/95, wo vom Erreichen oder Überschreiten der Grenzwerte durch sog. gemeinsame Vorhaben gesprochen wird.
797 Vgl. Fn. 731 u. 734.

im Rahmen der Plan-UP-RL explizit anzuordnen. Natürlich könnte man hier einwenden, dass das von der UVP-RL (85/337/EWG) gewollte Verständnis, Projekte, sobald sie als Ganzes gesehen die vorgegebenen Schwellenwerte erreichen, d. h. mit voraussichtlich erheblichen Umweltauswirkungen verbunden sind, einer Umweltverträglichkeitsprüfung zu unterziehen, ohne die Notwendigkeit einer ausdrücklichen Regelung auf die Plan-UP-RL übertragen werden könnte, weil es auch im Rahmen einer Planung der Fall sein kann, dass durch nicht in Umgehungsabsicht erfolgende Änderung(en) oder Ergänzung(en) eines vorhandenen Plans die Schwelle der Erheblichkeit der voraussichtlichen Umweltauswirkungen der Gesamtplanung überschritten wird, die dann gem. Art. 3 Abs. 1 Plan-UP-RL automatisch die Pflicht zur Umweltprüfung auslösen könnte. Jedoch stellt Art. 3 Abs. 1 Plan-UP-RL nur auf den Plan als solchen ab und gibt keine Anhaltspunkte für eine Einbeziehung früherer Pläne. Wegen der Ähnlichkeit von Nr. 2 2. Spiegelstrich Anhang II Plan-UP-RL zu Nr. 1 2. Spiegelstrich Anhang III UVP-Änderungs-RL (97/11/EG) ist davon auszugehen, dass beide Vorgaben nur die Fälle der taktischen Aufspaltung eines von vornherein gewollten Gesamtplans bzw. Gesamtprojekts zur Umgehung der dafür notwendigen Umweltprüfung bzw. -verträglichkeitsprüfung meinen.

(dd) Grundsätzliche Unterschiede zwischen der UVP-RL und der Plan-UP-RL

Zudem ist zu überlegen, ob Anforderungen, die sich aus der UVP-RL für die Umweltverträglichkeitsprüfung konkreter Projekte ergeben, immer 1:1 auf die Plan-UP-RL übertragen werden dürfen.

Wird ein *konkretes* Projekt im Sinne von Art. 1 Abs. 2 UVP-RL in Form eines Einzelbauvorhabens erweitert oder geändert, summieren sich die Umweltauswirkungen des schon vorhandenen Projekts mit denen der in räumlichem Anschluss erfolgenden, grundsätzlich die Art des vorhandenen Projekts aufgreifenden Erweiterung bzw. Änderung unzweifelhaft auf bzw. wirken sich in der Regel auf dasselbe Gebiet oder wenigstens dieselben umweltbezogenen Schutzgüter der UVP-RL (85/337/EWG) aus. Davon geht auch die UVP-RL aus, indem sie selbst in ihrem Anhang I (85/337/EWG und in der geänderten Fassung der UVP-Änderungs-RL (97/11/EG)) die Umweltverträglichkeitsprüfungspflicht auslösende Schwellenwerte festsetzt, wobei die Pflicht zur Durchführung einer Umweltverträglichkeitsprüfung gem. Art. 4 Abs. 1 UVP-RL (85/337/EWG) unabhängig davon bestehen soll, ob der Schwellenwert bei der erstmaligen Errichtung des Projekts erreicht wird oder erst aufgrund späterer Änderungen oder Erweiterungen.[798]

Bei der Änderung eines Bebauungsplans als bauliches Gesamtvorhaben kann der Charakter des bestehenden Plans völlig verändert werden und die Umweltauswirkungen können ganz andere und auch geringere sein als die der bis-

---

798 Vgl. Fn. 787.

herigen Planung. Zudem ist zu bedenken, dass zwischen der Aufstellung eines „Grund"-Plans und dessen Änderungen bzw. Ergänzungen, gerade wenn sie nicht auf umgehungstaktischen Erwägungen beruhen, in der Regel eine größere Zeitspanne liegt, die dazu führen kann, dass der erneute Plan in seinem planerischen Ziel ganz anders ist als der Ausgangsplan und die Anknüpfung an den Ausgangsplan eher zufällig ist und nur darin besteht, dass er, weil er vorhanden ist, durch den neuen Plan geändert bzw. ergänzt wird, ohne dass aber ansonsten, wie bei der Änderung oder Erweiterung konkreter Einzel-Bauprojekte, auch nach außen so offensichtlich an die frühere Planung angeknüpft wird und die Neuplanung eindeutig als deren Fortsetzung erscheint. Plan und Änderungs- bzw. Ergänzungsplan können viel unabhängiger voneinander sein als ein konkretes Einzel-Bauprojekt und dessen Änderung bzw. Erweiterung. Bestätigt wird diese Betrachtungsweise durch die Regelung des § 3b Abs. 3 S. 4 UVPG, in der die in den Nrn. 18.5 u. 18.7 u. 18.8 Anlage 1 UVPG aufgeführten Industriezonen und Städtebauprojekte von dem in § 3b Abs. 3 S. 1 (i. V. m. § 3c S. 5) UVPG vorgesehenen Hineinwachsen in die Umweltverträglichkeits(vor)prüfungspflicht ausgenommen werden, so dass es für die Umweltverträglichkeits(vor)prüfungspflichtigkeit der Änderung oder Ergänzung derartiger Vorhaben nur darauf ankommt, ob die Vorhabenmodifikationen selbst die relevanten Schwellenwerte erreichen bzw. überschreiten.[799] Damit werden gerade diejenigen in Anlage 1 UVPG als umweltverträglichkeits(vor)prüfungspflichtig eingeordneten Vorhaben von der Regelung des § 3b Abs. 3 S. 1 UPVG ausgenommen, die zum einen, wie alle in Nr. 18 Anlage 1 UVPG aufgeführten und deshalb als sog. planerische Vorhaben bezeichneten Vorhaben, für ihre Realisierung regelmäßig der Aufstellung eines Bebauungsplans bedürfen[800] und die andererseits keinen unmittelbaren Bezug zu konkreten bzw. ihrer Art nach wenigstens eng eingegrenzten Einzel(bau)projekten aufweisen. Daher können als Besonderheit der Umweltverträglichkeits(vor)prüfungspflichtigkeit von Bebauungsplänen gem. § 2 Abs. 3 Nr. 3, Abs. 1 S. 1 i. V. m. Anlage 1 UVPG Bebauungspläne, die in Nr. 18.5 o. Nr. 18.7 Anlage 1 UPVG genannte Vorhaben zum Gegenstand haben, wobei jeder Bebauungsplan, der bauliche Anlagen erlaubt, ein Städtebauprojekt im Sinne von Nr. 18.7 Anlage 1 UVPG betrifft, ohne konkreten Bezug zu einer bestimmten Art von Einzel(bau)vorhaben der Pflicht zur Durchführung einer Umweltverträglichkeitsvorprüfung bzw. einer Umweltverträglichkeitsprüfung unterliegen, was sie von den Bebauungsplänen, die die Zulässigkeit anderer, in Anlage 1 UVPG – auch in deren Nr. 18 – aufgeführter Vorhaben begründen, unterscheidet. Zur Begründung der Ausnahme des § 3b Abs. 3 S. 4 UPVG vom Hineinwachsen in die Umweltverträglichkeits(vor)prüfungspflicht gem. § 3b Abs. 3 S. 1 UVPG führt die Gesetzesbegründung an, dass

---

[799] Vgl. *Sangenstedt*, in: Landmann/Rohmer, Umweltrecht, Band III, § 3b UVPG, Rn. 49 u. 52 (Stand: Oktober 2003).
[800] *Mitschang*, GewArch 2002, 274 (282).

sich die ausgenommenen Vorhaben von den sonstigen, in Anlage 1 UVPG aufgeführten Vorhaben durch ihren durch *kontinuierliche Weiterentwicklung* gekennzeichneten dynamischen Charakter und den Umstand, dass sie regelmäßig *Bestandteile einer längeren Siedlungsgeschichte* sind, die sich nicht als nachträglicher Prüfungsgegenstand einer Umweltverträglichkeitsprüfung eigne, unterschieden, weshalb die Vorschriften von § 3b Abs. 3 S. 1-3 UVPG nicht für sie passten.[801] Damit stellt der Gesetzgeber zur Begründung einer Ausnahme vom Hineinwachsen in die Umweltverträglichkeits(vor)prüfungspflicht – wie hier in Bezug auf ein Hineinwachsen in die Umweltprüfungspflicht argumentiert – ausdrücklich auf die Eigenschaft von Projekten im Sinne von Nr. 18.5 u. Nr. 18.7 Anlage 1 UVPG und damit von bauliche Vorhaben erlaubenden Bebauungsplänen allgemein als Bestandteile einer sich über längere Zeit erstreckenden (städtebaulichen) Entwicklung und ihre (dadurch bedingte) grundsätzliche Dynamik ab, die sie von konkreten Einzel(bau)projekten und deren Modifikation unterscheiden. Dies stützt die oben vertretene Auffassung, dass nicht alle Anforderungen der weitgehend einzelbauprojektbezogenen UVP-RL 1:1 auf die rein planbezogene Plan-UP-RL übertragen werden können und müssen, zumal die Europäische Kommission die Regelung des § 3b Abs. 3 S. 4 UVPG entgegen auf nationaler Ebene geäußerter Bedenken im Hinblick auf ihre UVP-Richtlinienkonformität[802] bislang nicht beanstandet und in Bezug auf sie – anders als im Hinblick auf § 3b Abs. 2 UVPG und bestimmte, in der Anlage 1 UVPG festgelegte, untere, die Umweltverträglichkeitsprüfungspflichtigkeit generell ausschließende Schwellenwerte[803] – kein Vertragsverletzungsverfahren eingeleitet hat, so dass eine unterschiedliche Betrachtung von Einzelbauprojekten und bauliche Anlagen zulassenden Bebauungsplänen (ohne Bezug auf konkrete Einzelbauprojekte) sogar im Hinblick auf die Anforderungen der UVP-RL (97/11/EG) (insbesondere Nr. 10 lit. a u. lit. b u. Nr. 13 1. Spiegelstrich Anhang II UVP-Änderungs-RL (97/11/EG)) legitim erscheint.

Zudem ist zu bedenken, dass die in Art. 3 Abs. 3 u. Abs. 4 Plan-UP-RL ausdrücklich vorgesehene Möglichkeit, Pläne, die voraussichtlich keine erheblichen Umweltauswirkungen haben, als nicht umweltprüfungspflichtig zu bestimmen, einen extrem kleinen und bereits geringe Zeit nach der Umsetzung der Richtlinie so gut wie keinen Anwendungsbereich hätte, müssten grundsätzlich, also auch außerhalb von Umgehungsversuchen, frühere Änderungen und Erweiterungen eines Plans und der Ausgangsplan, sofern sie nach dem Ende der Umsetzungsfrist für die Plan-UP-RL in Kraft getreten sind, für die Bestimmung der Umweltauswirkungen des konkreten Plans, insbesondere in Form von Bodenversiegelungen, berücksichtigt werden. Ferner könnte die Vorgabe, grundsätzlich den

---

801 BT-Drs. 14/4599, S. 95.
802 Vgl. *Gassner*, UVPG, § 3b, Rn. 26 u. 27; *Sangenstedt*, in: Landmann/Rohmer, Umweltrecht, Band III, § 3b UVPG, Rn. 52 (Stand: Oktober 2003).
803 Vgl. *Gierke*, in: Brügelmann, § 13a, Rn. 18 (Stand: Februar 2008). Vgl. Fn. 646 u. 764.

noch geltenden, insoweit nicht veränderten Ausgangsbebauungsplan und frühere, noch geltende Änderungen oder Ergänzungen des Bebauungsplans für die Bestimmung der Umweltauswirkungen des neuen Plans mit berücksichtigen zu müssen, leicht dadurch umgangen werden, dass der bestehende Plan vor der neuen Planung aufgehoben wird, wodurch die neue planerischen Absicht nicht unbedingt beeinträchtigt werden müsste, so dass ein solches Vorgehen sogar gem. § 1 Abs. 3 S. 1 BauGB gerechtfertigt werden könnte, jedenfalls sofern der bisherige Bebauungsplan schon weitgehend umgesetzt ist. Daraus ergibt sich insgesamt, dass es die Plan-UP-RL entgegen der Ansicht *Gierkes* nicht gebietet, im Fall von Planänderungen oder -erweiterungen den bisherigen Plan und bereits erfolgte Änderungen oder Erweiterungen des bestehenden Plans gem. § 13a BauGB in die Beurteilung, ob der Plan voraussichtlich erhebliche Umweltauswirkungen hat, und damit in die Schwellenwertbestimmung gem. § 13a Abs. 1 S. 2 BauGB unabhängig von den Voraussetzungen der Kumulationsregelungen des § 13a Abs. 1 S. 2 Nr. 1 a. E. BauGB und § 13a Abs. 1 S. 2 Nr. 2 BauGB i. V. m. Nr. 2.2 Anlage 2 BauGB mit einzubeziehen, soweit sie nicht auch Gegenstand des neuen Bebauungsplans sind. Dies bestätigt sich auch vor dem Hintergrund, dass die Umweltauswirkungen einer bereits bestehenden Bebauung von der Plan-UP-RL grundsätzlich, d. h. jedenfalls außerhalb der Fälle einer taktischen Umgehung der von Art. 3 Abs. 1 Plan-UP-RL statuierten Umweltprüfungspflicht, als status quo des Umweltzustands hingenommen werden und sie die Pflicht zur Durchführung einer Umweltprüfung nur für die Fälle statuiert, in denen die im neuen Plan vorgesehene Bodennutzung in Relation zum tatsächlichen Ausgangszustand voraussichtlich erhebliche Umweltauswirkungen hat. Müsste man grundsätzlich den zu ändernden Plan bzw. dessen bisherige, im Rahmen des § 13a BauGB nicht umweltgeprüfte Änderungen bzw. Ergänzungen in die Schwellenwertbestimmung gem. § 13a Abs. 1 S. 2 BauGB mit einbeziehen, könnte der maximal zulässige Schwellenwert von 70000 qm sehr schnell überschritten und damit das beschleunigte Verfahren unabhängig von der Durchführung einer Vorprüfung des Einzelfalls gem. § 13a Abs. 1 S. 2 Nr. 2 BauGB ausgeschlossen sein, obwohl der neue Plan, gerade weil die Festsetzungen der bisherigen Planung schon weitgehend realisiert sind, gemessen am status quo des Umweltzustands nicht mit voraussichtlich erheblichen Umweltauswirkungen verbunden ist und daher entsprechend der Anforderungen der Plan-UP-RL nicht einer Umweltprüfung unterzogen werden muss. Die grundsätzliche Einbeziehung des Ausgangsplans und dessen bisheriger Änderungen oder Ergänzungen würde daher den Anwendungsbereich des beschleunigten Verfahrens über das aus europarechtlichen Gründen gebotene Ausmaß hinaus stark einschränken und der intendierten effektiven Stärkung der Innenentwicklung durch die Anwendbarkeit des Verfahrens nach § 13a BauGB hinderlich sein.

(ee) Erfordernis einer schutzgutbezogenen Betrachtungsweise

Im Hinblick auf die von *Gierke* geforderte schutzgutbezogene Betrachtungsweise im Rahmen der Kumulationsregelungen dahingehend, nicht nur aufgrund des Überschreitens der maßgeblichen Schwellenwerte durch mehrere Bebauungspläne der Innenentwicklung zusammen davon auszugehen, dass sie voraussichtlich mit erheblichen Umweltauswirkungen verbunden sind, sondern grundsätzlich zu prüfen, ob die kumulierenden Pläne über ihre räumliche Ausdehnung hinaus die konkrete Umweltsituation räumlich und sachlich derart verändern, dass ihre Umweltauswirkungen insgesamt als erheblich einzustufen sind, ist zu bemerken, dass sich die Kumulationsregelung nur auf Bebauungspläne der Innenentwicklung bezieht, die alle im beschleunigten Verfahren aufgestellt wurden bzw. werden sollen. Denn nur bei diesen geht es entsprechend des Sinns und Zwecks von Nr. 2 2. Spiegelstrich Anhang II Plan-UP-RL darum, ein Umgehen der Pflicht, Pläne mit voraussichtlich erheblichen Umweltauswirkungen tatsächlich einer Umweltprüfung zu unterziehen, zu verhindern. Mit einem Plan, der selbst im Regelplanungsverfahren einer Umweltprüfung unterzogen wurde, kann daher kein für die Kumulationsregelung relevanter Zusammenhang bestehen. Und der Anwendungsbereich des vereinfachten Verfahrens gem. § 13 BauGB ist generell so sehr auf bestandswahrende Bebauungspläne eingeengt, dass innerhalb des vereinfachten Verfahrens keine taktische Aufspaltung einer an sich geplanten, die bestehenden Baurechte stark verändernden Planung mit voraussichtlich erheblichen Umweltauswirkungen möglich ist. So sieht auch Art. 3 Abs. 3 2. Alt. Plan-UP-RL, auf dem §13 BauGB teilweise[804] beruht, für geringfügige Änderungen von Plänen im Sinne von Art. 3 Abs. 2 Plan-UP-RL in flächenmäßig unbeschränktem Umfang von der für derartige Pläne ansonsten gem. Art. 3 Abs. 2, Abs. 1 Plan-UP-RL geltenden, unwiderleglichen Vermutung voraussichtlich erheblicher Umweltauswirkungen ab. Gelten die Kumulationsregelungen des § 13a Abs. 1 S. 2 BauGB jedoch nur für Bebauungspläne der Innenentwicklung,[805] die im beschleunigten Verfahren ohne Umweltprüfung aufgestellt wurden bzw. werden sollen, ist zu berücksichtigen, dass diese jeweils für sich gesehen durch die Vorgaben des § 13a Abs. 1 S. 1, S. 4 u. S. 5 BauGB, wie bereits erläutert,[806] in ihren Umweltauswirkungen stark eingeschränkt sind. Daher ist es bei pauschaler Betrachtung auch ausgeschlossen, dass mehrere Bebauungspläne der Innenentwicklung, die zusammen keine Grundfläche von 20000 qm erreichen, voraussichtlich erhebliche Umweltauswirkungen haben; sie haben genauso wenig voraussichtlich erhebliche Umweltauswirkungen wie *ein* Bebauungsplan, der gem. § 13a Abs. 1 S. 1, S. 2 Nr. 1, S. 4 u. S. 5 BauGB im beschleunigten

---

804 Nur bezogen auf § 13 Abs. 1 1. Var. BauGB, vgl. BT-Drs. 15/2250, S. 50.
805 So ausdrücklich auch *Krautzberger*, in: E/Z/B/K, § 13a, Rn. 44 (Stand: Mai 2007); vgl. Fn. 714; a. A. *Gierke*, in: Brügelmann, § 13a, Rn. 85 (Stand: Februar 2008).
806 Vgl. B. II. 6. d) aa) (4) (b) (cc).

Verfahren aufgestellt werden darf. Überschreiten mehrere Bebauungspläne der Innenentwicklung den Schwellenwert von 20000 qm Grundfläche, so muss im Rahmen der Vorprüfung gem. § 13a Abs. 1 S. 2 Nr. 2 BauGB ohnehin bezogen auf alle Schutzgüter der Plan-UP-RL geprüft werden, ob die kumulierenden Pläne mit voraussichtlich erheblichen Umweltauswirkungen verbunden sind. Daher ist der von *Gierke* allgemein für die Kumulationsregelungen geforderten schutzgutbezogenen Betrachtungsweise nicht zu folgen.

e) *Großflächige Bebauungspläne der Innenentwicklung gem. § 13a Abs. 1 S. 2 Nr. 2 BauGB*

aa) Europarechtlicher Hintergrund

Indem Bebauungspläne der Innenentwicklung, in denen eine zulässige Grundfläche oder eine Größe der Grundfläche von insgesamt 20000 qm bis weniger als 70000 qm festgesetzt wird, gem. § 13a Abs. 1 S. 2 Nr. 2 BauGB unter der Voraussetzung in den Anwendungsbereich des beschleunigten Verfahrens fallen, dass aufgrund einer überschlägigen Prüfung unter Berücksichtigung der in Anlage 2 des Baugesetzbuchs genannten Kriterien die Einschätzung erlangt wird, dass der Bebauungsplan voraussichtlich keine erheblichen Umweltauswirkungen hat, macht der deutsche Gesetzgeber von der Befugnis des Art. 3 Abs. 5 S. 1 3. Var. Plan-UP-RL Gebrauch,[807] durch eine Kombination aus der Festlegung einer Art von Bebauungsplänen und einer Einzelfallprüfung die Bebauungspläne i. S. d. Art. 3 Abs. 3 u. Abs. 4 Plan-UP-RL zu bestimmen, die voraussichtlich keine erheblichen Umweltauswirkungen haben, so dass sie nicht einer Pflicht zur Durchführung einer Umweltprüfung gem. Art. 3 Abs. 1 Plan-UP-RL unterliegen. Die Vorgabe des Art. 3 Abs. 5 S. 2 Plan-UP-RL, bei der Bestimmung der Pläne mit voraussichtlich erheblichen bzw. voraussichtlich nicht erheblichen Umweltauswirkungen gem. Art. 3 Abs. 5 S. 1 Plan-UP-RL die Kriterien des Anhangs II Plan-UP-RL zu berücksichtigen, wurde durch ihre Übernahme in den Kriterienkatalog der Anlage 2 BauGB umgesetzt.[808] Indem sie bei der einzelfall-

---

807 *Bunzel*, LKV 2007, 444 (446); *Gierke*, in: Brügelmann, § 13a, Rn. 19 (Stand: Februar 2008); a. A. geht davon aus, dass § 13a Abs. 1 S. 2 Nr. 2 BauGB ein Anwendungsfall des Art. 3 Abs. 5 1. Var. Plan-UP-RL ist (*Mitschang*, ZfBR 2007, 433 (440)). Dabei wird außer Acht gelassen, dass es i. R. d. § 13a Abs. 1 S. 2 Nr. 2 BauGB nicht nur auf das Ergebnis der Einzelfallprüfung ankommt, sondern es sich zudem um einen Bebauungsplan der Innenentwicklung handeln muss, dessen Grundfläche innerhalb der angegebenen Spanne liegt, unabhängig davon, ob im konkreten Fall auch bei einem größeren Bebauungsplan nicht mit voraussichtlich erheblichen Umweltauswirkungen zu rechnen ist.
808 BT-Drs. 16/2496, S. 17; *Battis*, in: B/K/L, § 13a, Rn. 8; *Battis/Ingold*, LKV 2007, 433 (437); *Battis/Krautzberger/Löhr*, NVwZ 2007, 121 (124); *Bunzel*, Difu-Praxistest, S. 35, abrufbar unter http://www.difu.de/publikationen/difu-berichte/4_06/11.phtml (zuletzt

bezogenen Vorprüfung gem. § 13a Abs. 1 S. 2 Nr. 2 BauGB zu berücksichtigen sind, wird sichergestellt, dass Pläne, die bei Beurteilung am Maßstab dieser Kriterien voraussichtlich erhebliche Umweltauswirkungen haben, entsprechend des Gebots des Art. 3 Abs. 1, Abs. 5 S. 2 Plan-UP-RL nicht im beschleunigten Verfahren ohne Umweltprüfung aufgestellt werden können. Daher ist die Aufstellung großflächiger Bebauungspläne der Innenentwicklung im beschleunigten Verfahren ohne Umweltprüfung aufgrund der Tatsache, dass von Fall zu Fall im Rahmen der Vorprüfung und als Voraussetzung für die Anwendbarkeit des beschleunigten Verfahrens zu prüfen ist, ob der konkret gewollte Plan voraussichtlich keine erheblichen Umweltauswirkungen hat, in europarechtlicher Hinsicht eindeutig unproblematischer als die ohne Vorprüfung im (konkreten) Einzelfall im beschleunigten Verfahren erlaubte Aufstellung kleinflächiger Bebauungspläne der Innenentwicklung.[809]

Die Bestimmung des § 13a Abs. 1 S. 2 Nr. 2 BauGB und die Anlage 2 BauGB lehnte der Gesetzgeber stark an § 14b Abs. 4 UVPG und die Anlage 4 UVPG an,[810] was darauf beruht, dass diese Regelungen ebenso wie § 13a BauGB Vorgaben der Plan-UP-RL umsetzen, nur bezogen auf das Fachplanungsrecht,[811] so dass im Fachplanungsrecht und im Bauplanungsrecht im Hinblick auf die Feststellung der Umweltprüfungspflichtigkeit von Planungen in der Reichweite von § 14b Abs. 4 UVPG und § 13a Abs. 1 S. 2 Nr. 2 BauGB ein-

---

abgerufen am 01.03.2008); *Mitschang*, ZfBR 2007, 433 (440); *Schröer*, NZBau 2008, 46 (47); *Spannowsky*, in: Berliner Kommentar, § 13a, Rn. 22 (Stand: Juli 2007); *Uechtritz*, BauR 2007, 476 (479); *Wallraven-Lindl/Strunz/Geiß*, Das Bebauungsplanverfahren nach dem BauGB 2007, S. 157.

809 *Götze/Müller*, ZUR 2008, 8 (11, Fn 28); angedeutet bei *Gierke*, in: Brügelmann, § 13a, Rn. 16 (Stand: Februar 2008). So ist z. B. auch die im Bauleitplanungsverfahren wegen § 2 Abs. 4 S. 1 BauGB, § 17 Abs. 2 UVPG und § 14d Abs. 1 S. 2 UVPG irrelevante Vorschrift des § 14d Abs. 1 S. 1 UVPG, die für die in Art. 3 Abs. 3 Plan-UP-RL genannten, nicht generell umweltprüfungspflichtigen Pläne gem. Art. 3 Abs. 5 S. 1 1. Var. Plan-UP-RL bezogen auf jeden Einzelfall ein UP-Screening vorsieht, aus europarechtlicher Sicht unproblematisch. Zu den Vorteilen einer Einzelfallprüfung gegenüber einer abstrakt-generellen Festlegung nicht-umweltprüfungspflichtiger Pläne auch *Leidinger*, in: Hoppe, UVPG, § 14b, Rn. 48.

810 BT-Drs. 16/2496, S. 14 u. 17; *Battis*, in: B/K/L, § 13a, Rn. 8; *Battis/Ingold*, LKV 2007, 433 (437); *Battis/Krautzberger/Löhr*, NVwZ 2007, 121 (124); *Bunzel*, Difu-Praxistest, S. 35, abrufbar unter http://www.difu.de/publikationen/difu-berichte/4_06/11.phtml (zuletzt abgerufen am 01.03.2008); *Gierke*, in: Brügelmann, § 13a, Rn. 88 (Stand: Februar 2008); *Krautzberger*, in: E/Z/B/K, § 13a, Rn. 51 (Stand: Mai 2007); Mustereinführungserlass, S. 7, abrufbar unter http://www.is-argebau.de/ (zuletzt abgerufen am 10.05.2008); *Spannowsky*, in: Berliner Kommentar, § 13a, Rn. 22 (Stand: Juli 2007); *Uechtritz*, BauR 2007, 476 (479); *Wallraven-Lindl/Strunz/Geiß*, Das Bebauungsplanverfahren nach dem BauGB 2007, S. 157.

811 *Krautzberger*, in: E/Z/B/K, § 2, Rn. 150 (Stand: September 2007); *Leidinger*, in: Hoppe, UVPG, § 14a, Rn. 6.

heitliche Kriterien gelten.[812] Die Anforderung des Art. 3 Abs. 6 Plan-UP-RL für die Beteiligung der in Art. 6 Abs. 3 Plan-UP-RL genannten Behörden i. R. d. Einzelfallprüfung gem. Art. 3 Abs. 5 S. 1 3. Var. Plan-UP-RL wird durch die Regelung des § 13a Abs. 1 S. 2 Nr. 2 a. E. BauGB erfüllt, der entsprechend die Behörden und sonstigen Träger öffentlicher Belange, deren Aufgabenbereiche durch die Planung berührt werden können, an der Vorprüfung des Einzelfalls zu beteiligen sind.[813] In Bezug auf die durch § 13a Abs. 1 S. 2 Nr. 2 BauGB erfolgende, teilweise abstrakt-generelle Festlegung einer bestimmten Art von umweltprüfungspflichtigen Bebauungsplänen[814] wurde die Behördenbeteiligung gem. Art. 3 Abs. 6 Plan-UP-RL wie im Bereich der kleinflächigen Bebauungspläne der Innenentwicklung bereits durch die Beteiligung der entsprechenden Behörden innerhalb des Gesetzgebungsverfahrens durchgeführt.[815]

bb) Vorprüfung des Einzelfalls

(1) Verfahrensbesonderheit im System der Bauleitplanung des EAG-Bau

(a) Weitgehend generelle Pflicht zur Durchführung einer Umweltprüfung in der Bauleitplanung

Durch das EAG-Bau war 2004 in § 2 Abs. 4 S. 1 BauGB für alle Bauleitpläne mit Ausnahme derer, die im vereinfachten Verfahren gem. § 13 BauGB aufgestellt werden, die Durchführung einer Umweltprüfung i. R. d. Planaufstellungsverfahrens zur Ermittlung, Beschreibung und Bewertung der voraussichtlichen erheblichen Umweltauswirkungen der Planung eingeführt worden. Die Durchführung einer (projektbezogenen) Umwelt(verträglichkeits)prüfung war dem Bauleitplanungsverfahren jedoch nicht bis zum EAG-Bau fremd. Die im Jahr 1990 eingeführte bzw. 2001 erweiterte Umwelt(verträglichkeits)prüfungspflicht für Bauleitpläne beurteilte sich aber – wie zu Beginn erläutert (vgl. A. IV. 5.) – nach Maßgabe des Gesetzes über die Umweltverträglichkeitsprüfung. Dabei war gem. § 3c UVPG i. V. m. Nr. 18 Anlage 1 UVPG für bestimmte Bebauungspläne im Hinblick auf die Feststellung ihrer Umweltverträglichkeitsprüfungspflicht zunächst durch eine Vorprüfung des Einzelfalls zu klären, ob der Bebauungsplan nach Einschätzung der zuständigen Behörde aufgrund überschlägiger Prüfung unter Berücksichtigung der in Anlage 2 UVPG aufgeführten Kriterien erhebliche nachteilige Umweltauswirkungen haben kann, die in der Umweltverträglichkeitsprüfung selbst gem. § 12 UVPG zu berücksichtigen wären (§ 3c S. 1

---

812 Krautzberger, in: E/Z/B/K, § 13a, Rn. 51 (Stand: Mai 2007); Mustereinführungserlass, S. 7, abrufbar unter http://www.is-argebau.de/ (zuletzt abgerufen am 10.05.2008).
813 BT-Drs. 16/2496, S. 14.
814 Vgl. Fn. 807.
815 Vgl. Fn. 705.

UVPG).[816] Nur wenn dieser auf bestimmte Kriterien ausgerichtete Siebtest,[817] das sog. UVP-Screening, ergab, dass der Bebauungsplan voraussichtlich erhebliche nachteilige Umweltauswirkungen haben kann, war gem. § 3c UVPG eine Umweltverträglichkeitsprüfung innerhalb (§ 2 Abs. 1 S. 1 UVPG) des Bauleitplanungsverfahrens durchzuführen.[818] Durch die Einführung einer grundsätzlichen Pflicht zur Durchführung einer Umweltprüfung für Bauleitpläne in § 2 Abs. 4 S. 1 BauGB durch das EAG-Bau (2004), die auch den Anforderungen einer (projektbezogenen) Umweltverträglichkeitsprüfung nach Maßgabe der §§ 3a ff. UVPG genügt (vgl. § 17 Abs. 1 S. 1 u. S. 2 UVPG und Art. 11 Abs. 1 u. Abs. 2 Plan-UP-RL),[819] erledigte sich die Durchführung einer gesonderten Vorprüfung des Einzelfalls zur Feststellung der Umweltprüfungs- bzw. Umweltverträglichkeitsprüfungspflicht und damit das „gestufte Modell zur Umwelt[verträglichkeits]prüfung"[820] für das Bauleitplanungsverfahren weitgehend.[821] Nur im Rahmen des Ausschlussgrunds des § 13 Abs. 1 Nr. 1 BauGB für das vereinfachte Verfahren, in dem gem. § 13 Abs. 3 S. 1 BauGB die Umweltprüfung gem. § 2 Abs. 4 BauGB entbehrlich ist, ist zur Feststellung, ob der Bauleitplan die Zulässigkeit umweltverträglichkeitsprüfungspflichtiger Vorhaben nach Anlage 1 UVPG vorbereitet oder begründet, dann noch nach wie vor eine umweltverträglichkeitsprüfungsbezogene Vorprüfung des Einzelfalls nötig, wenn der Bebauungsplan die Zulässigkeit von Vorhaben vorbereitet oder begründet, die in Anlage 1 UVPG bzw. nach Landesrecht als umweltverträglichkeitsvorprüfungspflichtig eingeordnet sind.[822] Ergibt diese Vorprüfung, dass ein im Bebauungsplan vorgesehenes Vorhaben tatsächlich umweltverträglichkeitsprüfungspflichtig ist, ist das vereinfachte Verfahren ausgeschlossen und das Regelbebauungsplanungsverfahren mit Umweltprüfung gem. § 2 Abs. 4 BauGB muss für die gewünschte Planung zur Anwendung kommen.

---

816 *Battis/Ingold*, LKV 2007, 433 (433); ebenso *Dirnberger*, Bay. Gemeindetag 2/2007, 51 (52); *Krautzberger/Stüer*, DVBl. 2004, 914 (915); *Kuschnerus*, BauR 2001, 1346 (1346/1347); *Mitschang*, ZfBR 2007, 433 (438); *Schwarz*, LKV 2008, 12 (12).
817 *Battis/Ingold*, LKV 2007, 433 (433).
818 *Gierke*, in: Brügelmann, § 13a, Rn. 89 (Stand: Februar 2008); *Kuschnerus*, BauR 2001, 1346 (1346/1347); *Schwarz*, LKV 2008, 12 (12).
819 Vgl. BT-Drs. 15/2250, S. 30/31; *Appold*, in: Hoppe, UVPG, § 2, Rn. 89; *Bunzel*, in: BauGB 2004 – Nachgefragt, S. 111 (111); *Gassner*, UVPG, § 17, Rn. 11; *Wagner/Paßlick*, in: Hoppe, UVPG, § 17, Rn. 5 u. 32.
820 *Spannowsky*, in: Spannowsky/Hofmeister, BauGB 2007, S. 27 (30).
821 BT-Drs. 15/2250, S. 74. *Appold*, in: Hoppe, UVPG, § 2, Rn. 89; *Battis/Ingold*, LKV 2007, 433 (435); *Bunzel*, BauGB 2004 – Nachgefragt, S. 111 (111/112) u. S. 121 (121); *Krautzberger*, in: E/Z/B/K, § 2, Rn. 161 (Stand: September 2007); *Schink*, UPR 2004, 81 (83); *Schwarz*, LKV 2008, 12 (12); *Wagner/Paßlick*, in: Hoppe, UVPG, § 17, Rn. 38.
822 *Battis/Ingold*, LKV 2007, 433 (435); *Bunzel*, BauGB 2004 – Nachgefragt, S. 121 (121); *Schwarz*, LKV 2008, 12 (12). Str., a. A. vgl. *Krautzberger*, UPR 2007, 170 (173); *ders.*, in: E/Z/B/K, § 13, Rn. 32 (Stand: März 2007).

Die Regelungen über die strategische Umweltprüfung gem. §§ 14a ff. UVPG, die in § 14b Abs. 2, § 14d Abs. 1 S. 1 UVPG eine Vorprüfung des Einzelfalls im Hinblick auf die Feststellung der Umweltprüfungspflicht (sog. UP-Screening) vorsehen, waren und sind im Bauleitplanungsverfahren wegen § 17 Abs. 2 UVPG[823] aufgrund der für Bauleitpläne gem. § 2 Abs. 4 S. 1 BauGB ohnehin grundsätzlich nach den Vorschriften des Baugesetzbuchs durchzuführenden Umweltprüfung bzw. wegen § 14d Abs. 1 S. 2 UVPG i. V. m. §§ 13, 13a BauGB ohne Bedeutung[824] und gelten daher nur im Fachplanungsrecht; zudem würden sie ebenso wie das Baugesetzbuch gem. § 14b Abs. 1 Nr. 1 UVPG i. V. m. Nr. 1.8 Anlage 3 UVPG eine grundsätzliche Umweltprüfungspflicht für Bebauungspläne vorgesehen.[825]

Indem § 13a Abs. 1 S. 2 Nr. 2 BauGB die Anwendung des beschleunigten Verfahrens ohne Umweltprüfung für großflächige Bebauungspläne der Innenentwicklung davon abhängig macht, dass der Bebauungsplan nach einer Vorprüfung des Einzelfalls voraussichtlich keine erheblichen Umweltauswirkungen hat, erweitert das Innenstadtentwicklungsgesetz in Bezug auf die Durchführung einer Umweltprüfung eines Bebauungsplans die durch das EAG-Bau nur i. R. d. § 13 Abs. 1 Nr. 1 BauGB vorgesehene Notwendigkeit der Durchführung einer Vorprüfung des Einzelfalls. Damit macht der Gesetzgeber einen Rückschritt, wohl aber keine Abkehr[826] von der in § 2 Abs. 4 S. 1 BauGB geregelten, grundsätzlichen, vorprüfungsunabhängigen Umweltprüfungspflicht von Bauleitplänen, indem er sich in § 13a Abs. 1 S. 2 Nr. 2 BauGB wieder an die bis zum EAG-Bau im Hinblick auf die Umweltverträglichkeitsprüfungspflichtigkeit von Bebauungsplänen teilweise geltende Vorprüfungspflicht gem. § 3c UVPG anlehnt.[827]

(b) Hintergrund der weitgehend generellen Pflicht zur Durchführung einer Umweltprüfung

Hintergrund der Einführung einer Umweltprüfung bei der Aufstellung von weitgehend allen Bauleitplänen durch das EAG-Bau, die, wie schon erwähnt,[828] zur

---

823 *Battis*, in: B/K/L, § 2, Rn. 7; *W. Schrödter*, LKV 2008, 109 (109).
824 *Bienek*, SächsVBl. 2007, 49 (50); *Krautzberger*, in: E/Z/B/K, § 13a, Rn. 13 u. 49 (Stand: Mai 2007).
825 *W. Schrödter*, LKV 2008, 109 (109).
826 *Battis/Ingold*, LKV 2007, 433 (436); *Bienek*, SächsVBl. 2007, 49 (50), spricht von einer partiellen Umkehr des eingeschlagenen Wegs; *Reidt*, NVwZ 2007, 1029 (1030), spricht von einem „Richtungswechsel"; *Spannowsky*, in: Spannowsky/Hofmeister, BauGB 2007, S. 27 (30); *Uechtritz*, BauR 2007, 476 (481), spricht von einer teilweisen Rücknahme der in § 2 Abs. 4 S. 1 BauGB getroffenen Grundsatzentscheidung.
827 Vgl. Fn. 816-818. *Battis/Ingold*, LKV 2007, 433 (435); *Dirnberger*, Bay. Gemeindetag 2/2007, 51 (52); *Mitschang*, ZfBR 2007, 433 (438, Fn. 55); *Spannowsky*, in: Spannowsky/Hofmeister, BauGB 2007, S. 30.
828 Vgl. B. II. 6. a) aa).

Umsetzung der Plan-UP-RL nicht notwendig gewesen wäre, war, dass bei der Durchführung der entsprechend des Gesetzes über die Umweltverträglichkeitsprüfung bis dahin teilweise notwendigen Vorprüfung zur Feststellung der Umweltverträglichkeitsprüfungspflichtigkeit eines Bebauungsplans in der Praxis Probleme und Schwierigkeiten festzustellen waren,[829] die auch auf überhöhten Anforderungen an die Vorprüfung und einem übertriebenen Vorprüfungsaufwand beruhten.[830] Die Vorprüfung wurde, weil sie entsprechend der Anlage 1 UVPG an das Erreichen von Größen- und Leistungswerten gebunden war, bei deren konkreter Errechnung die Regelung über kumulierende Vorhaben nach § 3b Abs. 2 i. V. m. § 3c S. 5 UVPG und die über die Änderung und Erweiterung von Vorhaben nach § 3b Abs. 3 i. V. m. § 3c S. 5, § 3e UVPG zu beachten waren, vor allem in der Eröffnung ihres Anwendungsbereichs als kompliziert empfunden. Die Durchführung der Umweltverträglichkeitsprüfung selbst galt in der Planungspraxis teilweise als leichter und daher auch unaufwändiger als die Klärung der Frage, ob sie bzw. eine vorgelagerte Vorprüfung notwendig ist.[831] Zudem wurde an der Durchführung einer Vorprüfung zur Klärung der Umweltverträglichkeitsprüfungspflichtigkeit eines Bebauungsplans kritisiert, dass sie, weil wegen des Gebots gerechter Abwägung gem. § 1 Abs. 6 BauGB (in der Fassung bis 2004 = § 1 Abs. 7 BauGB in der Fassung seit dem EAG-Bau) ohnehin alle umweltrelevanten Abwägungsbelange ermittelt und bewertet werden müssten,[832] dafür aber die nur überschlägige Vorprüfung zu ungenau sei, keinerlei Zeit- oder Aufwandersparnis im Vergleich zu einer von vornherein bestehenden Pflicht zur Durchführung einer Umweltverträglichkeitsprüfung mit sich

---

829 *Appold*, in: Hoppe, UVPG, § 2, Rn. 86; *Battis/Ingold*, LKV 2007, 433 (435); *Krautzberger/Stüer*, DVBl. 2004, 914 (917); *Krautzberger/Schliepkorte*, UPR 2003, 92 (94); *Kuschnerus*, BauR 2001, 1211 (1212); *Schmitz/Federwisch*, Einzelhandel und Planungsrecht, Rn. 278; *W. Schrödter*, LKV 2008, 109 (110/111).

830 *Spannowsky*, in: Spannowsky/Hofmeister, BauGB 2007, S. 27 (31); angedeutet bei *Krautzberger/Stüer*, DVBl. 2004, 914 (917).

831 *Appold*, in: Hoppe, UVPG, § 2, Rn. 86; *Battis/Ingold*, LKV 2007, 433 (435); *Krautzberger/Schliepkorte*, UPR 2003, 92 (94); *Kuschnerus*, BauR 2001, 1211 (1212); *ders.*, BauR 2001, 1346 (1346 u. 1357/1358); Stellungnahme Nr. 37/06 des Ausschusses Verwaltungsrecht des Deutschen Anwaltvereins vom 28.06.2006, S. 5, abrufbar unter http://anwaltverein.de/downloads/stellungnahmen/2006-37.pdf (zuletzt abgerufen am 15.11.2008) und Stellungnahme Nr. 58/06 vom 02.11.2006, S. 7, abrufbar unter http://anwaltverein.de/downloads/stellungnahmen/2006-58.pdf (zuletzt abgerufen am 15.11.2008).

832 *Kuschnerus*, BauR 2001, 1348 (1349 u. 1357); angedeutet bei *Mitschang*, ZfBR 2007, 433 (438), der das Ergebnis des UP-Screenings auch nur als Grundlage einer im Folgenden durchzuführenden Umweltprüfung bezeichnet, woraus deutlich wird, dass das UP-Screening den Anforderungen einer Umweltprüfung gem. § 2 Abs. 4 BauGB, die ein besonderes, formalisiertes Verfahren im Verhältnis zu § 2 Abs. 3 BauGB darstellt, und damit auch den Anforderungen von § 2 Abs. 3 BauGB nicht genügt.

bringe, so dass man eine solche auch generell einführen könne.[833] Dabei könnten unproblematisch die umweltrelevanten Abwägungsbelange, deren Berücksichtigung ohnehin in der Planbegründung dargelegt werden müsse, in einem Umweltbericht zusammengefasst werden.[834] Gerade weil in einer Vorprüfung die abwägungserheblichen Umweltbelange nicht in ausreichender Intensität ermittelt würden, bedeute sie sogar einen zusätzlichen Aufwand und eine offensichtliche Mehrbelastung der Gemeinden, insbesondere wenn sich als Ergebnis des Screenings die Notwenigkeit der Durchführung einer Umweltverträglichkeitsprüfung ergebe.[835] Die auf die Zulassung von Einzelvorhaben gerichteten Regelungen des Gesetzes über die Umweltverträglichkeitsprüfung über die Vorprüfung des Einzelfalls im Hinblick auf die Umweltverträglichkeitsprüfungspflichtigkeit dienten zudem der Offenlegung der Auswirkungen eines Vorhabens, so dass die Öffentlichkeit über diese informiert werde und sich dazu auch einbringen könne. In der Bauleitplanung müssten die Auswirkungen der Planung ohnehin in der Begründung des Planentwurfs dargestellt werden, der öffentlich ausgelegt werde, so dass eine öffentliche Diskussion über das Vorhaben unabhängig vom Ergebnis einer Umweltverträglichkeitsvorprüfung gewährleistet werde und es dazu der Feststellung der Umweltverträglichkeitsprüfungspflichtigkeit aufgrund einer Vorprüfung nicht bedürfe.[836]

Andererseits wurde aber auch die Ausnahme von der generellen Umweltprüfungspflicht für Bebauungspläne, die im vereinfachten Verfahren gem. § 13 BauGB aufgestellt werden können, gerade im Hinblick auf das Gebot der Planeffizienz begrüßt. Denn wenn eine Planung voraussichtlich nicht mit erheblichen Umweltauswirkungen verbunden ist, bedeutet die Durchführung eines formalisierten Umweltprüfungsverfahrens zur Ermittlung, Beschreibung und Bewertung derselben über das allgemeine Gebot des § 2 Abs. 3 BauGB hinaus nicht nur geringfügigen und zugleich unnötigen Verwaltungs- und Kostenaufwand,[837] so dass das Ziel des EAG-Bau, durch die generelle Umweltprüfungspflicht das Bauleitplanungsverfahren nicht zu erschweren, sondern im Bezug auf die Berücksichtigung der Umweltbelange in der Abwägung zu *optimieren*, in diesen Fällen verfehlt erscheint.[838] Das Baugesetzbuch in der Fassung des EAG-Bau erfasst gem. § 2 Abs. 4 S. 1 BauGB den Zweck einer Umweltprüfung selbst darin, die voraussichtlichen *erheblichen* Umweltauswirkungen zu ermitteln, zu be-

---

833 *Kuschnerus*, BauR 2001, 1346 (1349 u. 1357).
834 *Kuschnerus*, BauR 2001, 1346 (1349 u. 1357); ähnlich *Wagner/Paßlick*, in: Hoppe, UVPG, § 17, Rn. 138.
835 *Kuschnerus*, BauR 2001, 1346 (1349 u. 1357).
836 *Kuschnerus*, BauR 2001, 1346 (1357).
837 *Battis/Ingold*, LKV 2007, 433 (435) unter Verweis auf *Spannowsky*, in: Berliner Kommentar, § 13, Rn. 19 (Stand: Juli 2005); *ders.*, in: Berliner Kommentar, § 13a, Rn. 3 u. 5 (Stand: Juli 2007); *Wagner/Paßlick*, in: Hoppe, UVPG, § 17, Rn. 24.
838 BT-Drs. 15/2250, S. 30; *Faßbender*, NVwZ 2005, 1122 (1128); *Krautzberger/Schliepkorte*, UPR 2003, 92 (93); vgl. auch *Krautzberger/Stüer*, DVBl. 2004, 914 (917).

schreiben und zu bewerten, so dass es daher konsequent ist, Bebauungspläne, die voraussichtlich keine erheblichen Umweltauswirkungen haben, auch tatsächlich von der Umweltprüfungspflicht auszunehmen, gerade weil diese weitgehend sinnlos ist und unnötigen Aufwand bedeutet.[839] Daraus wurde abgeleitet, das UVP-Screening des § 13 Abs. 1 Nr. 1 BauGB vor allem an Effizienzgesichtspunkten zu orientieren und das vereinfachte Verfahren ohne Umweltprüfung nur dann anzuwenden, wenn diese *eindeutig*, d. h., ohne dass dies i. R. d. Vorprüfung *intensiv* untersucht werden müsste, unnötigen Verfahrensaufwand bedeuten würde, weil bei den geplanten Vorhaben offensichtlich keine Umweltauswirkungen von erheblicher Relevanz erkennbar sind.[840] An diesen Aspekt knüpft auch das vom Innenstadtentwicklungsgesetz geschaffene beschleunigte Verfahren an, indem es zur Verfahrensbeschleunigung[841] für Bebauungspläne der Innenentwicklung, die voraussichtlich keine erheblichen Umweltauswirkungen haben, gem. § 13a Abs. 2 Nr. 1, § 13 Abs. 3 S. 1 BauGB auf die Umweltprüfung verzichtet.

(2) Vergleich zwischen der Vorprüfung des § 13a Abs. 1 S. 2 Nr. 2 BauGB, dem UVP-Screening i. R. d. § 13 Abs. 1 Nr. 1 BauGB und dem UVP-Screening gem. § 3c UVPG

(a) § 3c UVPG

Die in § 3c UVPG geregelte allgemeine Vorprüfung des Einzelfalls dient der Klärung, ob für ein in der Anlage 1 UVPG genanntes, konkretes, umweltverträglichkeitsvorprüfungspflichtiges Vorhaben eine Umweltverträglichkeitsprüfung gem. §§ 5 ff. UVPG als unselbständiger Teil eines verwaltungsbehördlichen

---

839 *Battis/Ingold*, LKV 2007, 433 (435) unter Verweis auf *Spannowsky*, in: Berliner Kommentar, § 13, Rn. 19 (Stand: Juli 2005); *Birk*, KommJuR 2007, 81 (82); *Faßbender*, NVwZ 2005, 1122 (1128); *Spannowsky*, in: Berliner Kommentar, § 13a, Rn. 3 (Stand: Juli 2007); *Uechtritz*, BauR 2007, 476 (491). Allerdings darf nach der Konzeption des Baugesetzbuchs bei der Aufstellung von Bebauungsplänen, die erkennbar keine Umweltbelange erheblich betreffen, nicht einfach deshalb auf die Umweltprüfung verzichtet werden, sofern sie nicht die Voraussetzungen von § 13 Abs. 1 oder § 13a Abs. 1 BauGB erfüllen. Vielmehr ist in solchen Fällen in einem (kurzen) Umweltbericht zu begründen, warum keine Umweltauswirkungen bestehen und daher auf eine intensivere Umweltprüfung verzichtet wird, so dass die am Umweltschutz interessierte Öffentlichkeit die Gründe hierfür überprüfen kann, *W. Schrödter*, LKV 2008, 109 (110); *ders.*, in: Schrödter, Baugesetzbuch, § 2, Rn. 87; *ders.*, in: BauGB 2004 – Nachgefragt, S. 117 (117); so auch *Mitschang*, in: Berliner Kommentar, § 2, Rn. 288 (Stand: September 2007).
840 *Battis/Ingold*, LKV 2007, 433 (435).
841 BT-Drs. 16/2496, S. 1 u. 9; *Battis*, in: B/K/L, § 13a, Rn. 1; *Battis/Krautzberger/Löhr*, NVwZ 2007, 121 (123); *Bienek*, SächsVBl. 2007, 49 (49); *Krautzberger*, in: E/Z/B/K, § 2, Rn. 152 (Stand: September 2007); *Spannowsky*, in: Spannowsky/Hofmeister, BauGB 2007, S. 27 (27). Vgl. B. I. 3.

Verfahrens, das der Entscheidung über die Zulässigkeit des Vorhabens dient (§ 2 Abs. 1 S. 1 UVPG), durchzuführen ist. Das Ergebnis der projekt- oder standortbezogenen Vorprüfung gem. § 3c UVPG entscheidet darüber, ob ein bestimmtes verwaltungsbehördliches Verfahren mit oder ohne die Verfahrensschritte der Umweltverträglichkeitsprüfung vorzunehmen ist; die Vorprüfung gem. § 3c UVPG ist für die Umweltverträglichkeitsprüfung verfahrenseröffnend.[842] Sie bestimmt den weiteren Ablauf des Verwaltungsverfahrens, innerhalb dessen sie stattfindet.[843] Eine Vorprüfung gem. § 3c UVPG war abhängig vom Gegenstand der Planung bis zum EAG-Bau (2004) auch innerhalb des Bauleitplanungsverfahrens durchzuführen.

(b) § 13 Abs. 1 Nr. 1 BauGB

Ein Bebauungsplan kann gem. § 13 Abs. 1 Nr. 1 BauGB nur dann im vereinfachten Verfahren ohne Umweltprüfung (§ 13 Abs. 3 S. 1 BauGB) aufgestellt werden, wenn er nicht die Zulässigkeit von Vorhaben vorbereitet oder begründet, die umweltverträglichkeitsprüfungspflichtig nach der Anlage 1 UVPG oder nach Landesrecht sind. Bezogen auf in Spalte 2 Anlage 1 UVPG oder nach Landesrecht als umweltverträglichkeitsvorprüfungspflichtig eingestufte Vorhaben, deren Zulässigkeit der Bebauungsplan begründet oder vorbereitet, bedeutet das, dass der Planungsträger in einem UVP-Screening klären muss, ob diese geplanten Vorhaben voraussichtlich erhebliche nachteilige Umweltauswirkungen haben können, so dass sie entsprechend § 3c S. 1 UVPG tatsächlich umweltverträglichkeitsprüfungspflichtig sind.[844] Diese Vorprüfung ist also ebenso projektbezogen[845] wie die UVP-Vorprüfung allein aufgrund von § 3c S. 1 UVPG, indem sie die Umweltverträglichkeitsprüfungspflichtigkeit konkreter baulicher Vorhaben klärt. Der Unterschied besteht jedoch darin, dass sie auf der Ebene der Vorhaben*planung* stattfindet, was bei der UVP-Vorprüfung unmittelbar gem. § 3c S. 1 UVPG, wie sich aus § 2 Abs. 3 Nr. 1 UVPG ergibt, nicht zwingend so ist. Daher nennt man das UVP-Screening gem. § 13 Abs. 1 Nr. 1 BauGB i. V. m. § 3c UPVG „inzident-vorhabenbezogen", weil es zwar die Umweltverträglichkeitsprüfungspflichtigkeit konkreter Vorhaben betrifft, aber grundsätzlich auf der Planungsebene stattfindet.[846] Zudem entscheidet ein UVP-Screening i. R. d. § 13 Abs. 1 Nr. 1 BauGB über die grundsätzliche Anwendbarkeit des vereinfachten Verfahrens für eine bestimmte Planung und nicht nur über be-

---

842 *Battis/Ingold*, LKV 2007, 433 (434).
843 Vgl. Art. 2 Abs. 2 UVP-RL; *Battis/Ingold*, LKV 2007, 433 (433 u. 434); *Faßbender*, NVwZ 2005, 1122 (1123).
844 *Battis/Ingold*, LKV 2007, 433 (435); *Bunzel*, BauGB 2004 – Nachgefragt, S. 121 (121/122); a. A. *Krautzberger*, UPR 2007, 170 (173); *ders.*, in: E/Z/B/K, § 13, Rn 32 (Stand: März 2007)
845 *Battis/Ingold*, LKV 2007, 433 (435 u. 436); *Leidinger*, in: Hoppe, UVPG, § 14b, Fn. 52.
846 *Battis/Ingold*, LKV 2007, 433 (435 u. 436).

stimmte, innerhalb eines ansonsten unveränderten Planungsverfahrens durchzuführende Verfahrensschritte. Während also ein „klassisches", rein vorhabenbezogenes UVP-Screening unmittelbar gem. § 3c UVPG allenfalls zusätzlich eine Pflicht zur Durchführung einer Umweltverträglichkeitsprüfung innerhalb eines bestimmten verwaltungsbehördlichen Verfahrens gem. § 2 Abs. 1 S. 1, Abs. 3 UVPG auferlegen kann, kann ein UVP-Screening i. R. d. § 13 Abs. 1 Nr. 1 BauGB ein ganzes Planungsverfahren mit seinen Vergünstigungen ausschließen, was eine ganz andere Wirkung des UVP-Screenings mit sich bringt.[847]

(c) § 13a Abs. 1 S. 2 Nr. 2 BauGB

Die gem. § 13a Abs. 1 S. 2 Nr. 2 BauGB bei großflächigen Bebauungsplänen der Innenentwicklung durchzuführende Vorprüfung des Einzelfalls soll als überschlägige Prüfung klären, ob der Bebauungsplan unter Berücksichtigung der in Anlage 2 BauGB genannten Kriterien voraussichtlich erhebliche Umweltauswirkungen hat oder nicht. Diese Vorprüfung ist daher eine Bewertung des Plans als solchem, im Ausgangspunkt also nicht abhängig davon, für welche Vorhaben der Plan die Zulässigkeit begründet. Ihr Ergebnis entscheidet entsprechend der Vorgabe des Art. 3 Abs. 1 Plan-UP-RL über die Umweltprüfungspflichtigkeit des Bebauungsplans, so dass man von einem sog. UP-Screening spricht, das, wie das inzident-vorhabenbezogene UVP-Screening i. R. d. § 13 Abs. 1 Nr. 1 BauGB, über die Anwendbarkeit eines Planungsverfahrens, hier des beschleunigten Verfahrens, entscheidet.[848] Wie die oben aufgeführten[849] UVP-Screenings ist es ein unselbständiger Teil eines verwaltungsbehördlichen Verfahrens, nämlich des beschleunigten Verfahrens.[850] Im Unterschied zur Vorprüfung nach § 13 Abs. 1 Nr. 1 BauGB i. V. m. § 3c UVPG ist das UP-Screening des § 13a Abs. 1 S. 2 Nr. 2 BauGB – jedenfalls in seinem Ausgangspunkt – ein rechtlich selbständig ausgestaltetes Screening, das nicht an die Regelungen des vorhabenbezogenen UVP-Screenings gem. § 3c UVPG und die Anlagen 1 u. 2 UVPG anknüpft, sondern sich unmittelbar nur nach Regelungen des Baugesetzbuchs beurteilt, was vor allem aus dem Verweis auf die baugesetzlich geregelten Kriterien der Anlage 2 BauGB als Maßstab für die im UP-Screening zu treffende Entscheidung deutlich wird.[851] Indem Nr. 1.1 Anlage 2 BauGB jedoch als Kriterium für die Bewertung der Umweltauswirkungen eines großflächigen Bebauungsplans der Innenentwicklung das Ausmaß, in dem der Bebauungsplan einen Rahmen i. S. d. § 14b Abs. 3 UVPG setzt, anführt, greift das UP-Screening des § 13a

---

847 *Battis/Ingold*, LKV 2007, 433 (435).
848 *Schwarz*, LKV 2008, 12 (12 u. 17); vgl. *Battis/Ingold*, LKV 2007, 433 (433).
849 Vgl. B. II. 6. e) bb) (2) (a) u. (b).
850 *Gierke*, in: Brügelmann, § 13a, Rn. 92 (Stand: Februar 2008); *Mitschang*, ZfBR 2007, 433 (438).
851 *Battis/Ingold*, LKV 2007, 433 (436/437); vgl. auch *Wagner/Paßlick*, in: Hoppe, UVPG, § 17, Rn. 38.

Abs. 1 S. 2 Nr. 2 BauGB doch mittelbar die vorhabenbezogene Sichtweise des Gesetzes über die Umweltverträglichkeitsprüfung auf,[852] die dort nicht nur die Feststellung der Umweltverträglichkeitsprüfungspflicht konkreter Vorhaben gem. § 3c UVPG i. V. m. Anlage 2 UVPG beherrscht, sondern auch beim UP-Screening nach § 14b Abs. 4 i. V. m. Anlage 4 UVPG, vor allem in Nr. 1.1 Anlage 4 UVPG, zu finden ist. Dadurch allein ist jedoch das UP-Screening des § 13a Abs. 1 S. 2 Nr. 2 BauGB nicht wie das Screening gem. § 13 Abs. 1 Nr. 1 BauGB, das ausschließlich entsprechend der rein vorhabenbezogenen Regelung des § 3c UVPG i. V. m. Anlage 2 UVPG durchzuführen ist, als vorhabenbezogen einzustufen.[853] Dabei ist zum einen zu berücksichtigen, dass die §§ 14a ff. UVPG die Vorgaben der Plan-UP-RL für das Fachplanungsrecht ebenso umsetzen wie die Regelungen des Baugesetzbuchs über die Umweltprüfung bzw. deren Entbehrlichkeit für das Bauleitplanungsrecht, so dass ein Verweis des Baugesetzbuchs auf die Normierungen des Gesetzes über die Umweltverträglichkeitsprüfung über die strategische Umweltprüfung grundsätzlich einen geringeren Vorhabenbezug aufweist als eine Bezugnahme auf die die projektbezogene UVP-RL (85/337/EWG) umsetzenden Regelungen über die Umweltverträglichkeitsprüfung gem. §§ 3a ff. UVPG. Wegen desselben europarechtlichen Hintergrunds sind eine Ähnlichkeit und eine Verknüpfung der Regelungen des Gesetzes über die Umweltverträglichkeitsprüfung über die Strategische Umweltprüfung und der Regelungen des Baugesetzbuchs zur Umweltprüfung geradezu zu erwarten, was im Vergleich der Anlage 4 UVPG und der Anlage 2 UVPG ganz deutlich wird und vom Gesetzgeber bewusst so gestaltet wurde. Zum anderen ist zu bedenken, dass die Umweltauswirkungen eines (Bebauungs)Plans nicht ohne Bezugnahme auf die von ihm vorgesehenen Vorhaben bewertet werden können, diese vielmehr über die Auswirkungen eines Bebauungsplans maßgeblich entscheiden. Demnach ist ein gewisser Vorhabenbezug auch bei einem UP-Screening nicht zu vermeiden, was unabdingbar eine gewisse Ähnlichkeit zu einem UVP-Screening mit sich bringt. Insofern ist es nicht verwunderlich, dass das UP-Screening des Baugesetzbuchs gem. § 13a Abs. 1 S. 2 Nr. 2 BauGB trotz seiner selbständigen Ausgestaltung Bezüge zum UVP-Screening gem. bzw. entsprechend § 3c UVPG und zum UP-Screening nach den Regelungen zur Strategischen Umweltprüfung nach dem Gesetz über die Umweltverträglichkeitsprüfung aufweist.[854] Im Rahmen von Nr. 1.1 Anlage 2 BauGB ist auch zu bedenken, dass ein Bebauungsplan zwar z. B. durch Festsetzungen von Art und Maß der baulichen Nutzung den Maßstab für spätere Baugenehmigungsverfahren bestimmt und unter anderem über die Inanspruchnahme von Boden entscheidet. Da aber das UP-Screening bereits zu Beginn des Planaufstellungsverfahrens schon zur Abklärung des richtigen Verfahrenstyps stattfindet, ist zu diesem Zeit-

---

852 *Battis/Ingold*, LKV 2007, 433 (437).
853 *Battis/Ingold*, LKV 2007, 433 (437).
854 Vgl. *Battis/Ingold*, LKV 2007, 433 (437).

punkt die konkrete, durch den letztlich wirksam werdenden Bebauungsplan erfolgende Rahmensetzung in der Regel im Detail noch weitgehend unklar und kann sich zudem noch ändern,[855] so dass dem vorhabenbezogenen Kriterium der Nr. 1.1 Anlage 2 BauGB kein einem UVP-Screening vergleichbares Gewicht zukommt. *Uechtritz* bemerkt hierzu zudem, dass in Fällen klassischer Angebots-Bebauungsplanung eine Realisierung der geplanten baulichen Vorhaben ohnehin völlig ungewiss ist, so dass der Vorhabenbezug der Nr. 1.1 Anlage 2 BauGB restriktiv gehandhabt werden sollte.[856]

Von der gem. § 13a Abs. 1 S. 2 Nr. 2 BauGB weitgehend selbständig im Baugesetzbuch normierten Vorprüfung ist die Regelung des § 13a Abs. 1 S. 4 BauGB zu unterscheiden, die jedenfalls weitgehend § 13 Abs. 1 Nr. 1 BauGB entspricht[857] und ebenfalls einen Ausschlussgrund für ein besonderes Bebauungsplanungsverfahren, nämlich das beschleunigte Verfahren, darstellt. I. R. d. Prüfung, ob der Ausschlussgrund des § 13a Abs. 1 S. 4 BauGB vorliegt, ist genauso wie (nach umstrittener Auffassung) bei § 13 Abs. 1 Nr. 1 BauGB im Hinblick auf im Bebauungsplan der Innenentwicklung vorgesehene, als umweltverträglichkeitsvorprüfungspflichtig eingeordnete Vorhaben in einem UVP-Screening entsprechend der vorhabenbezogenen Regelungen des § 3c UVPG i. V. m. Anlage 2 UVPG zu prüfen, ob die Vorhaben tatsächlich umweltverträglichkeitsprüfungspflichtig sind. Daraus ergibt sich, dass zur Klärung, ob ein großflächiger Bebauungsplan der Innentwicklung im beschleunigten Verfahren aufgestellt werden kann, zwei Screenings notwendig sein können[858] – in jedem Fall das UP-Screening des § 13a Abs. 1 S. 2 Nr. 2 BauGB i. V. m. Anlage 2 BauGB und, sofern der Bebauungsplan umweltverträglichkeitsvorprüfungspflichtige Vorhaben festsetzen soll, ein vorhabenbezogenes UVP-Screening entsprechend des Maßstabs des § 3c UVPG i. V. m. Anlage 2 UVPG. Letzteres kann auch für kleinflächige Bebauungspläne der Innenentwicklung durchzuführen sein. In dem Fall, dass nur eine der Vorprüfungen voraussichtlich erhebliche Umweltauswirkungen des Plans bzw. eines darin vorgesehenen Vorhabens ergibt, ist der Bebauungsplan nicht im beschleunigten Verfahren ohne Umweltprüfung aufstellbar.

---

855 *Schwarz*, LKV 2008, 12 (14).
856 *Uechtritz*, BauR 2007, 476 (484).
857 *Battis/Ingold*, LKV 2007, 433 (436).
858 *Gierke*, in: Brügelmann, § 13a, Rn. 89 u. 104 (Stand: Februar 2008); *Wagner/Paßlick*, in: Hoppe, UVPG, § 17, Rn. 38 u. 39; *Wallraven-Lindl/Strunz/Geiß*, Das Bebauungsplanverfahren nach dem BauGB 2007, S. 170.

(3) Durchführung der Vorprüfung gem. § 13a Abs. 1 S. 2 Nr. 2 BauGB

(a) Durchführungszeitpunkt

§ 13a Abs. 1 S. 2 Nr. 2 BauGB macht im Hinblick auf die Durchführung des geforderten UP-Screenings nur Angaben in Bezug auf den Vorprüfungsumfang, indem auf die Kriterien der Anlage 2 BauGB verwiesen wird, und auf die Vorprüfungstiefe, indem von einer überschlägigen Prüfung gesprochen wird, bei der eine Einschätzung darüber erlangt werden soll, ob der Plan voraussichtlich erhebliche Umweltauswirkungen hat, die nach § 2 Abs. 4 S. 4 BauGB in der Abwägung zu berücksichtigen wären, hält sich aber ansonsten mit Verfahrensregelungen für die Vorprüfung zurück. Daher geht aus § 13a Abs. 1 S. 2 Nr. 2 BauGB nicht unmittelbar hervor, wann das UP-Screening für großflächige Bebauungspläne der Innenentwicklung stattzufinden hat. Anhaltspunkte dafür ergeben sich jedoch in zweierlei Hinsicht: Zum einen ist das Ergebnis der Vorprüfung gem. § 13a Abs. 1 S. 2 Nr. 2 BauGB für großflächige Bebauungspläne der Innenentwicklung entscheidend für die Anwendbarkeit des beschleunigten Verfahrens, so dass das UP-Screening in der Regel im Anfangsstadium des Planaufstellungsverfahrens durchzuführen ist, in dem normaler- und, wegen der Ausschöpfung möglicher Verfahrensprivilegierungen, auch sinnvollerweise die Entscheidung über die Art des Planungsverfahrens zu fallen pflegt.[859] Zum anderen statuiert § 13a Abs. 3 S. 1 Nr. 1 BauGB die Pflicht, die Öffentlichkeit durch ortsübliche Bekanntmachung davon in Kenntnis zu setzen, dass ein bestimmter Bebauungsplan im beschleunigten Verfahren ohne Umweltprüfung aufgestellt werden soll, wobei für großflächige Bebauungspläne der Innenentwicklung gem. § 13a Abs. 3 S. 1 Nr. 1 2. Hs. BauGB auch die für die Anwendung des beschleunigten Verfahrens wesentlichen Gründe ortsüblich bekannt gemacht werden müssen. Schon allein, weil erst aufgrund des UP-Screenings festgestellt werden kann, ob ein großflächiger Bebauungsplan der Innenentwicklung in den Anwendungsbereich des beschleunigten Verfahrens fällt, ergibt sich, dass die Vorprüfung des § 13a Abs. 1 S. 2 Nr. 2 BauGB vor der Bekanntmachung i. S. d. § 13a Abs. 3 S. 1 Nr. 1 BauGB stattzufinden hat, zumal erst nach der Vorprüfung die für die Anwendung des beschleunigten Verfahrens ohne Umweltprüfung wesentlichen Gründe feststehen. Dies wird auch von der diese Argumentation bestätigenden Regelung des § 13a Abs. 3 S. 3 BauGB so vorgesehen.[860] Will eine planaufstellende Gemeinde von der ihr gem. § 13a Abs. 3 S. 2 BauGB

---

859 *Gierke*, in: Brügelmann, § 13a, Rn. 93 (Stand: Februar 2008); *Mitschang*, ZfBR 2007, 433 (438); *Schwarz*, LKV 2008, 12 (17); *Wallraven-Lindl/Stunz/Geiß*, Das Bebauungsplanverfahren nach dem BauGB 2007, S. 162.
860 BT-Drs. 16/2496, S. 15; *Dirnberger*, Bay. Gemeindetag 2/2007, 51 (53); *Gierke*, in: Brügelmann, § 13a, Rn. 140 (Stand: Februar 2008); *Krautzberger*, UPR 2006, 405 (408); *Mitschang*, ZfBR 2007, 433 (438 u. 447); Mustereinführungserlass, S. 10, abrufbar unter http://www.is-argebau.de/ (zuletzt abgerufen am 10.05.2008).

eingeräumten Möglichkeit Gebrauch machen, die Bekanntmachung nach § 13a Abs. 3 S. 1 Nr. 1 BauGB mit der ortsüblichen Bekanntmachung des Planaufstellungsbeschlusses gem. § 2 Abs. 1 S. 2 BauGB zu verbinden, muss sie das UP-Screening vor der Bekanntmachung des Planaufstellungsbeschlusses abgeschlossen haben. Aufgrund der verfahrensentscheidenden Bedeutung des Ergebnisses des UP-Screenings gem. § 13a Abs. 1 S. 2 Nr. 2 BauGB für die Anwendbarkeit des beschleunigten Verfahrens ergibt sich insgesamt, dass die Vorprüfung möglichst zu Beginn des Planaufstellungsverfahrens stattfinden sollte, am besten noch vor Beginn des formellen Planungsverfahrens,[861] um bei Anwendbarkeit des beschleunigten Verfahrens möglichst vollumfänglich von den mit diesem verbundenen Verfahrensprivilegierungen profitieren zu können. Bedenkt man, dass für die Abschätzung der Umweltauswirkungen des Bebauungsplans gem. § 13a Abs. 1 S. 2 Nr. 2 BauGB die Planung wenigstens ansatzweise konkretisiert sein muss, ist es sinnvoll, das UP-Screening anhand eines Vorentwurfs des Bebauungsplans vorzunehmen.[862]

(b) Vorprüfungsbeteiligte

(aa) Die planende Gemeinde

§ 13a Abs. 1 S. 2 Nr. 2 BauGB sagt nichts darüber, von wem das UP-Screening durchzuführen ist; es wird nur darauf verwiesen, dass die Behörden und sonstigen Träger öffentlicher Belange, deren Aufgabenbereiche durch die Planung berührt werden können, an der Vorprüfung zu beteiligen sind. Daraus, dass die gesamte Bauleitplanung als Teil der kommunalen Planungshoheit und damit des kommunalen Selbstverwaltungsrechts gem. Art. 28 Abs. 2 S. 1 GG den Gemeinden in eigener Verantwortung (vgl. § 2 Abs. 1 S. 1 BauGB) obliegt, ergibt sich jedoch, dass auch die Durchführung der Vorprüfung in deren Verantwortungsbereich liegt.[863] Sie kann aber gem. §§ 4b, 11 Abs. 1 S. 2 Nr. 1 BauGB zur Durchführung der Vorprüfung unproblematisch Dritte einschalten.[864] Die Gemeinden müssen jedoch immer selbst die Wahl eines zulässigen Verfahrens für ihre Be-

---

861 *Mitschang*, ZfBR 2007, 433 (438); *Gierke*, in: Brügelmann, § 13a, Rn. 93 (Stand: Februar 2008), geht davon aus, dass das UP-Screening vor Beginn des gesetzlich geregelten Bebauungsplanverfahrens, in der Regel also vor dem Aufstellungsbeschluss nach § 2 Abs. 1 S. 2 BauGB, durchzuführen ist. Vgl. auch *Wallraven-Lindl/Strunz/Geiß*, Das Bebauungsplanverfahren nach dem BauGB 2007, S. 169.
862 *Schwarz*, LKV 2008, 12 (17); vgl. auch *Wallraven-Lindl/Strunz/Geiß*, Das Bebauungsplanverfahren nach dem BauGB 2007, S. 169.
863 *Kuschnerus*, BauR 2001, 1346 (1348), bezogen auf das UVP-Screening im Rahmen der Bauleitplanung nach dem UVPG 2001; bestätigt ausdrücklich bei *Gierke*, in: Brügelmann, § 13a, Rn. 91 (Stand: Februar 2008).
864 *Gierke*, in: Brügelmann, § 13a, Rn. 91 (Stand: Februar 2008).

bauungsplanung gewährleisten (vgl. § 11 Abs. 1 S. 2 Nr. 1 2. Hs. BauGB);[865] die Vorprüfung des Einzelfalls gem. § 13a Abs. 1 S. 2 Nr. 2 BauGB bildet nur einen unselbständigen Teil des einer Gemeinde gem. § 2 Abs. 1 S. 1, § 1 Abs. 3 S. 1 BauGB obliegenden Bebauungsplanungsverfahrens.[866]

(bb) Behörden und sonstige Träger öffentlicher Belange

Die Beteiligung der Behörden und sonstigen Träger öffentlicher Belange, deren Aufgabenbereiche durch die Planung berührt werden können, an der Vorprüfung gem. § 13a Abs. 1 S. 2 Nr. 2 BauGB setzt die Vorgabe des Art. 3 Abs. 6 i. V. m. Art. 6 Abs. 3 Plan-UP-RL um und dient – auch entsprechend des verfahrensrechtlichen Ansatzes des Gemeinschaftsrechts – der Gewähr, dass alle fachlich relevanten Aspekte in die Vorprüfung einbezogen werden,[867] insbesondere vor dem Hintergrund, dass die Vorprüfung regelmäßig in einem sehr frühen Stadium des Planungsverfahrens stattfindet und der Gemeinde selbst daher noch keine umfangreichen Planunterlagen und Plan-Sachverhaltskenntnisse zur Verfügung stehen, auf die sie innerhalb der Vorprüfung zurückgreifen könnte,[868] so dass die Einbeziehung von Behörden und sonstigen Trägern öffentlicher Belange, die durch die Planung in ihrem umweltbezogenen Aufgabenbereich berührt werden können, eine sinnvolle Ergänzung der Informationsquellen darstellt, auf die die Gemeinde für die Vorprüfung und eine sachgerechte Einschätzung der Erheblichkeit der Umweltauswirkungen des Plans zurückgreifen kann.[869] Im Hinblick darauf, dass im UP-Screening eine Einschätzung darüber gewonnen werden soll, ob der großflächige Bebauungsplan der Innenentwicklung voraussichtlich erhebliche Umweltauswirkungen hat oder nicht, erscheint es aus teleologischen Gründen sachgerecht, die Behördenbeteiligung i. R. d. Vorprüfung auf solche Behörden und sonstige Träger öffentlicher Belange zu beschränken, die durch die Planung in ihrem *umweltrelevanten* Aufgabenbereich berührt werden können. Auch Art. 6 Abs. 3 Plan-UP-RL spricht von der Konsultation der Behörden, die von

---

865 *Kuschnerus*, BauR 2001, 1346 (1348); ähnlich *Dirnberger*, Bay. Gemeindetag 2/2007, 51 (52), der darauf verweist, dass die Entscheidung über die Anwendung des beschleunigten Verfahrens trotz der Behördenbeteiligung bei der Vorprüfung allein bei der Gemeinde liegt.
866 *Mitschang*, ZfBR 2007, 433 (438). Vgl. Fn. 850.
867 BT-Drs. 16/2496, S. 14; *Mitschang*, ZfBR 2007, 433 (439, Fn. 62); *Kment*, DVBl. 2007, 1275 (1280); *Leidinger*, in: Hoppe, UVPG, § 14b, Rn. 67. Vgl. Europäische Kommission, Umsetzung Richtlinie 2001/42/EG, 2003, Nr. 7.21, abrufbar unter http://www.erneuerbare-energien.de/files/pdfs/allgemein/application/pdf/sea_guidance.pdf (zuletzt abgerufen am 24.07.2008), wo betont wird, dass die Konsultation der Behörden bei Anwendung von Einzelprüfungen jedes Mal gesondert erfolgen muss.
868 Vgl. Europäische Kommission, Umsetzung Richtlinie 2001/42/EG, 2003, Nr. 3.57, abrufbar unter http://www.erneuerbare-energien.de/files/pdfs/allgemein/application/pdf/sea_guidance.pdf (zuletzt abgerufen am 24.07.2008).
869 *Kment*, DVBl. 2007, 1275 (1280).

den durch die Durchführung des Plans verursachten Umweltauswirkungen in ihrem *umweltbezogenen* Aufgabenbereich betroffen sein könnten. Andererseits ist zu bedenken, dass der Gesetzgeber in § 13a Abs. 1 S. 2 Nr. 2 BauGB – anders als in § 14b Abs. 4 S. 3 i. V. m. § 14h S. 1 UVPG, womit ebenfalls Art. 3 Abs. 6 Plan-UP-RL umgesetzt wird[870] – nicht den Wortlaut von Art. 6 Abs. 3 Plan-UP-RL aufgriff, sondern denselben Wortlaut wählte wie in § 4 Abs. 1 S. 1 BauGB, bei dem unstreitig keine Einschränkung auf die Behörden und sonstigen Träger öffentlicher Belange gemacht wird, die durch die Planung in ihrem umweltbezogenen Aufgabenbereich berührt werden können. Dieser systematische Aspekt legt daher ebenso wenig wie der Wortlaut von § 13a Abs. 1 S. 2 Nr. 2 BauGB eine Restriktion des zu beteiligenden Behördenkreises auf möglicherweise in ihrem umweltrelevanten Aufgabenkreis betroffene Behörden und sonstige Träger öffentlicher Belange nahe.[871] Bedenkt man jedoch, dass im Rahmen des UP-Screenings nur geklärt werden soll, ob ein Bebauungsplan voraussichtlich mit erheblichen Umweltauswirkungen verbunden ist, und dazu der verfügbare Sach- und Fachverstand einbezogen werden soll,[872] ergibt sich aus teleologischen Gründen eindeutig, dass trotz Wortlautgleichheit zu § 4 Abs. 1 S. 1 BauGB beim UP-Screening nur solche Behörden und sonstige Träger öffentlicher Belange zu beteiligen sind, die durch die Planung möglicherweise in ihrem umweltrelevanten Aufgabenbereich berührt werden, nicht nur in ihrem sonstigen Aufgabenbereich. Dies ginge auch mit den Anforderungen des Art. 3 Abs. 6, Art. 6 Abs. 3 Plan-UP-RL uneingeschränkt konform. Nur sie können bei der Klärung der Frage voraussichtlich erheblicher Umweltauswirkungen eines Bebauungsplans der Innenentwicklung weiterhelfen,[873] worin auch die Gesetzesbegründung den einzigen Zweck der Behördenbeteiligung gem. § 13a Abs. 1 S. 2

---

870 Vgl. *Gassner*, UVPG, § 14b, Rn. 36 u. § 14h, Rn. 2; *Leidinger*, in: Hoppe, UVPG, § 14b, Rn. 67 und § 14h, Rn. 6.
871 *Bunzel*, LKV 2007, 444 (447). Dies wurde auch vom Praxistest so gesehen und daher wurde eine entsprechende Klarstellung im Wortlaut verlangt, sofern die Behördenbeteiligung i. R. d. § 13a Abs. 1 S. 2 Nr. 2 BauGB auf solche Behörden und sonstige Träger öffentlicher Belange beschränkt werden könne, die durch die Planung in ihrem umweltrelevanten Aufgabenbereich berührt werden können, *Bunzel*, Difu-Praxistest, S. 35, abrufbar unter http://www.difu.de/publikationen/difu-berichte/4_06/11.phtml (zuletzt abgerufen am 01.03.2008).
872 *Mitschang*, ZfBR 2007, 433 (439). Vgl. Fn. 867.
873 *Bunzel*, LKV 2007, 444 (447); Mustereinführungserlass, S. 7, abrufbar unter http://www.is-argebau.de/ (zuletzt abgerufen am 10.05.2008); *Wallraven-Lindl/Strunz/Geiß*, Das Bebauungsplanverfahren nach dem BauGB 2007, S. 169; *Krautzberger*, in: E/Z/B/K, § 13a, Rn. 50 (Stand: Mai 2007); *ders.*, in: Krautzberger/Söfker, Baugesetzbuch, Rn. 153b, spricht davon, dass die Behördenbeteiligung i. R. d. UP-Screenings der frühzeitigen Behördenbeteiligung gem. § 4 Abs. 1 BauGB *bezogen auf die Umweltbelange* entspricht. Insofern ist es dann konsequent, auch nur die Behörden und sonstigen Träger öffentlicher Belange zu beteiligen, die bezogen auf die für den Bebauungsplan relevanten Umweltbelange etwas beitragen können.

Nr. 2 a. E. BauGB sieht.[874] Zudem ist zu bedenken, dass das beschleunigte Verfahren das Bebauungsplanungsverfahren für die Innenentwicklung vereinfachen und beschleunigen soll. Die Beteiligung von Behörden innerhalb des UP-Screenings, die nicht einmal etwas zur Klärung der für die Vorprüfung relevanten Frage beitragen können, würde dagegen zweckwidrig unnötigen Zeit- und auch Kostenaufwand verursachen.[875] Berücksichtigt man, dass in dem Fall, dass die Vorprüfung keine voraussichtlich erheblichen Umweltauswirkungen des Bebauungsplans ergibt, der Bebauungsplan gem. § 13a Abs. 2 Nr. 1 i. V. m. § 13 Abs. 2 S. 1 Nr. 1 2. Alt. BauGB ohne frühzeitige allgemeine Behördenbeteiligung gem. § 4 Abs. 1 S. 1 BauGB aufgestellt werden kann, würde diese als Verfahrenserleichterung gemeinte Regelung bei großflächigen Bebauungsplänen der Innenentwicklung von vornherein ihren Effekt verfehlen, hätte für derartige Bebauungspläne statt der allgemeinen frühzeitigen Behördenbeteiligung des § 4 Abs. 1 S. 1 BauGB zwingend eine gleichartige allgemeine Behördenbeteiligung im Rahmen des UP-Screenings stattzufinden.

Bunzel geht dagegen davon aus, dass der innerhalb der Vorprüfung zu beteiligende Kreis von Behörden und sonstigen Trägern öffentlicher Belange gerade im Hinblick darauf, dass in dem Fall, dass die Vorprüfung voraussichtlich erhebliche Umweltauswirkungen des Bebauungsplans ergibt und der Bebauungsplan daher nicht im beschleunigten Verfahren aufgestellt werden darf, die frühzeitige Behördenbeteiligung nach § 4 Abs. 1 S. 1 BauGB ohnehin stattfinden muss, wie bei dieser *alle* durch die wie auch immer gearteten Auswirkungen der Planung möglicherweise in ihrem Aufgabenbereich berührten Behörden und sonstigen Träger öffentlicher Belange erfasst. Findet eine Beteiligung entsprechend § 4 Abs. 1 S. 1 BauGB schon im Rahmen der Vorprüfung statt, muss sie später, d. h. im Fall der sich herausstellenden Nichtanwendbarkeit des beschleunigten Verfahrens, nicht nochmal zusätzlich zur im Rahmen des UP-Screenings erfolgten Beteiligung nur bestimmter Behörden nachgeholt werden.[876] Dabei geht *Bunzel* von einem falschen Ansatzpunkt aus. Zieht eine Gemeinde in Erwägung, einen Bebauungsplan der Innenentwicklung im beschleunigten Verfahren aufzustellen, will sie gerade dessen Vorteile nutzen. Diese werden jedoch a priori hinfällig, wenn man die gegenüber dem Regelplanungsverfahren als Erleichterung und Vereinfachung gedachten Verfahrensschritte des beschleunigten

---

874 BT-Drs. 16/2496, S. 14.
875 *Bunzel*, Difu-Praxistest, S. 20 u. 35, abrufbar unter http://www.difu.de/publikationen/difu-berichte/4_06/11.phtml (zuletzt abgerufen am 01.03.2008).
876 *Bunzel*, LKV 2007, 444 (447); so auch *Schwarz*, LKV 2008, 12 (17). *Wallraven-Lindl/Strunz/Geiß*, Das Bebauungsplanverfahren nach dem BauGB 2007, S. 169, gehen davon aus, dass für die Behördenbeteiligung im Rahmen des UP-Screenings auf § 4 Abs. 1 BauGB zurückgegriffen werden kann, aber *nicht muss* und bei der Durchführung einer allgemeinen frühzeitigen Behördenbeteiligung gem. § 4 Abs. 1 BauGB *auch* zum Zwecke der Vorprüfung jedenfalls *ausdrücklich* auf diese eingegangen werden soll.

Verfahrens – wie das UP-Screening im Vergleich zur grundsätzlichen Umweltprüfungspflicht des § 2 Abs. 4 S. 1 BauGB – so auslegt, dass sie dem Regelplanungsverfahren entsprechen, nur weil möglicherweise das beschleunigte Verfahren doch nicht anwendbar ist. Besteht diese Befürchtung von Planungsbeginn an in großem Ausmaß, ist es der Gemeinde aufgrund der Ausgestaltung des beschleunigten Verfahrens als Wahlverfahren[877] (vgl. „kann" in § 13a Abs. 1 S. 1 BauGB) unbenommen, den Plan von vornherein im Regelplanungsverfahren ohne die Notwendigkeit eines UP-Screenings aufzustellen. Besteht jedoch eine realistische Chance, dass der Anwendungsbereich des beschleunigten Verfahrens eröffnet ist, ist es nicht in dessen Sinne, dessen Verfahrensanforderungen aufgrund der nicht auszuschließenden „Gefahr", letztlich doch ein Regelplanungsverfahren durchführen zu müssen, wie die dortigen Verfahrensanforderungen zu interpretieren.

Da die Durchführung des UP-Screenings in den Verantwortungsbereich der planenden Gemeinde fällt, obliegt es ihr auch, die an der Vorprüfung zu beteiligenden Behörden und sonstigen Träger öffentlicher Belange, deren umweltbezogene Aufgabenbereiche durch die Planung berührt werden können, zu ermitteln und ihnen die Beteiligung an der Einschätzung der voraussichtlichen Erheblichkeit der Umweltauswirkungen des Plans ermöglichen.[878] Diese sind nicht von sich aus, d. h. ohne explizite Aufforderung durch die planende Gemeinde, dazu verpflichtet, ihre Bedenken im Hinblick darauf zu äußern, dass der Bebauungsplan voraussichtlich keine erheblichen Umweltauswirkungen hat.[879] Für die Er-

---

877 *Battis*, in: B/K/L, § 13a, Rn. 1; *Bunzel*, Difu-Praxistest, S. 34 u. 36, abrufbar unter http://www.difu.de/publikationen/difu-berichte/4_06/11.phtml (zuletzt abgerufen am 01.03.2008); *ders.*, LKV 2007, 444 (444); *Jäde*, in: J/D/W, BauGB, § 13a, Rn. 4; *Kirchmeier*, in: Hk-BauGB, § 13a, Rn. 4; *Krautzberger*, in: Krautzberger/Söfker, Baugesetzbuch, Rn. 154; *Kuschnerus*, Der standortgerechte Einzelhandel, Rn. 610; Mustereinführungserlass, S. 4, abrufbar unter http://www.is-argebau.de/ (zuletzt abgerufen am 10.05.2008); *Portz*, in: Spannowsky/Hofmeister, BauGB 2007, S. 1 (4); *Reidt*, NVwZ 2007, 1029 (1032); *Scheidler*, BauR 2007, 650 (653); *Söfker*, in: Spannowsky/ Hofmeister, BauGB 2007, S. 17 (19); Stellungnahme Nr. 37/06 des Ausschusses Verwaltungsrecht des Deutschen Anwaltvereins vom 28.06.2006, S. 4, abrufbar unter http://anwaltverein.de/downloads/stellungnahmen/2006-37.pdf (zuletzt abgerufen am 15.11.2008).
878 *Mitschang*, ZfBR 2007, 433 (439); vgl. BVerwG, Beschl. vom 09.11.1979 – 4 N 1/78, 4 N 2/79, 4 N 3/79, 4 N 4/79, E 59, 87 (103) und *Battis*, in: B/K/L, § 4, Rn. 3.
879 *Mitschang*, ZfBR 2007, 433 (439). Er spricht davon, dass ähnlich wie das Monitoring gem. § 4c BauGB, an dem auch gem. § 4c S. 2, § 4 Abs. 3 BauGB Behörden und Träger öffentlicher Belange beteiligt sind, nicht als Aufgabe der Behörden und sonstigen Träger öffentlicher Belange ausgestaltet ist, auch die Beteiligung der Behörden und sonstigen Träger öffentlicher Belange gem. § 13a Abs. 1 S. 2 Nr. 2 BauGB keine Aufgabe dieser selbst ist. Es ist aber wie bei § 4 Abs. 3 BauGB eine Bringschuld *der von der Gemeinde beteiligten* Behörden, sich über Bedenken hinsichtlich der voraussichtlichen Nichterheblichkeit oder Erheblichkeit der Umweltauswirkungen eines Plans zu äußern. So auch

mittlung der zu beteiligenden Behörden und sonstigen Träger öffentlicher Belange reicht es aus, wenn nach Einschätzung der Gemeinde die Möglichkeit einer Berührung in deren umweltbezogenem Aufgabenbereich besteht,[880] was auch dem Wortlaut von § 13a Abs. 1 S. 2 Nr. 2 a. E. BauGB („berührt werden *können*") zu entnehmen ist. Eine aufwändige Ermittlung der tatsächlichen Berührtheit würde zudem nicht dem Bild einer als überschlägig bezeichneten Vorprüfung entsprechen. Die dementsprechend ermittelten Behörden und sonstigen Träger öffentlicher Belange muss die Gemeinde zu einer Stellungnahme unter Berücksichtigung der Anlage 2 BauGB[881] über die voraussichtlichen Umweltauswirkungen der Planung und deren Erheblichkeit auffordern. Dies ist durch (aufwändige) Vorprüfungstermine mit den einzelnen Behörden und sonstigen Trägern öffentlicher Belange, aber auch durch die Aufforderung zu einer schriftlichen Stellungnahme (innerhalb einer angemessenen Frist[882]) oder die Vereinbarung eines Besprechungstermins mit allen oder wenigstens zu Gruppen zusammengefassten Behörden und sonstigen Trägern öffentlicher Belange möglich, deren Grundlage der jeweilige Planvorentwurf ist.[883]

(c) Prüfungsumfang und -tiefe der Vorprüfung unter Berücksichtigung der Anlage 2 BauGB

Gem. § 13a Abs. 1 S. 2 Nr. 2 BauGB soll i. R. d. Vorprüfung des Einzelfalls auf Grund einer überschlägigen Prüfung unter Berücksichtigung der in Anlage 2 des Baugesetzbuchs genannten Kriterien eingeschätzt werden, ob der großflächige Bebauungsplan der Innenentwicklung voraussichtlich erhebliche Umweltauswirkungen hat, die nach § 2 Abs. 4 S. 4 BauGB in der Abwägung zu berücksichtigen wären.

Battis, in: B/K/L, § 4, Rn. 8; *Wallraven-Lindl/Strunz/Geiß*, Das Bebauungsplanverfahren nach dem BauGB 2007, S. 147.
880 *Mitschang*, ZfBR 2007, 433 (439). Vgl. auch *Gassner*, UVPG, § 14h, Rn. 5, in Bezug auf § 14h S. 1 UVPG.
881 *Wallraven-Lindl/Strunz/Geiß*, Das Bebauungsplanverfahren nach dem BauGB 2007, S. 169/170, die dies besonders im Hinblick auf § 214 Abs. 2a Nr. 3 BauGB, der eine Vorprüfung entsprechend der Vorgaben von § 13a Abs. 1 S. 2 Nr. 2 BauGB und damit auch der Anlage 2 BauGB verlangt, hervorheben.
882 Vgl. *Wallraven-Lindl/Strunz/Geiß*, Das Bebauungsplanverfahren nach dem BauGB 2007, S. 169, die für den Regelfall eine Mindestfrist von 2 Wochen für angemessen und eine Frist von einem Monat wie innerhalb der Beteiligung gem. § 4 Abs. 2 BauGB in jedem Fall für ausreichend erachten.
883 *Wallraven-Lindl/Strunz/Geiß*, Das Bebauungsplanverfahren nach dem BauGB 2007, S. 169.

(aa) Prüfungsumfang

Hinsichtlich des Prüfungsumfangs bedeutet das, dass die Einschätzung der Umweltauswirkungen des großflächigen Bebauungsplans der Innenentwicklung (jedenfalls) anhand des Kriterienkatalogs der Anlage 2 BauGB als Prüfprogramm getroffen werden soll.[884] Die Kriterien der Anlage 2 BauGB sind in zwei Kategorien unterteilt, nämlich in Merkmale unmittelbar des Bebauungsplans (Nr. 1 Anlage 2 BauGB) sowie in Merkmale der möglichen Auswirkungen (Nr. 2.1-2.5 Anlage 2 BauGB) und der von diesen betroffenen Gebiete, v. a. im Hinblick auf deren Schutzwürdigkeit (Nr. 2.6 Anlage 2 BauGB),[885] wobei letztere unmittelbare Anhaltspunkte für die Einschätzung der Umweltauswirkungen eines Bebauungsplans geben, da Auswirkungen auf die aufgeführten, schon von Gesetzes wegen als besonders schutzwürdig eingestuften Gebiete allein deswegen als bedeutend einzustufen sind.[886] Die Kriterien der Anlage 2 BauGB müssen bei der Beurteilung der voraussichtlichen Erheblichkeit der Umweltauswirkungen des großflächigen Bebauungsplans der Innenentwicklung grundsätzlich alle einbezogen werden,[887] wenn auch nur, um festzustellen, dass sie nicht betroffen sind. *Kuschnerus* geht bezogen auf das UVP-Screening gem. § 3c UVPG davon aus, dass die Vorprüfung denselben Kreis von Umweltschutzgütern erfasst wie die förmliche Umweltverträglichkeitsprüfung selbst.[888] Dies gilt wohl auch für das UP-Screening des § 13a Abs. 1 S. 2 Nr. 2 BauGB im Verhältnis zur Umweltprüfung gem. § 2 Abs. 4 BauGB, denn beide beziehen sich schon

---

884 *Krautzberger*, in: E/Z/B/K, § 13a, Rn. 51 (Stand: Mai 2007); *Otto*, NJ 2007, 63 (63); *Spannowsky*, in: Spannowsky/Hofmeister, BauGB 2007, S. 27 (36); *ders.*, NuR 2007, 521 (524).
885 *Battis*, in: B/K/L, § 13a, Rn. 8; *Battis/Ingold*, LKV 2007, 433 (437); *Battis/Krautzberger/Löhr*, NVwZ 2007, 121 (124); *Mitschang*, ZfBR 2007, 433 (437); *Schwarz*, LKV 2008, 12 (14 u. 15). Vgl. auch Europäische Kommission, Umsetzung Richtlinie 2001/42/EG, 2003, Nr. 3.46, abrufbar unter http://www.erneuerbare-energien.de/files/pdfs/allgemein/application/pdf/sea_guidance.pdf (zuletzt abgerufen am 24.07.2008).
886 *Schwarz*, LKV 2008, 12 (15).
887 Vgl. Europäische Kommission, Umsetzung Richtlinie 2001/42/EG, 2003, Nr. 3.45, abrufbar unter http://www.erneuerbare-energien.de/files/pdfs/allgemein/application/pdf/sea_guidance.pdf (zuletzt abgerufen am 24.07.2008) und Umkehrschluss zu Europäische Kommission, Umsetzung Richtlinie 2001/42/EG, 2003, Nr. 3.48, abrufbar unter http://www.erneuerbare-energien.de/files/pdfs/allgemein/application/pdf/sea_guidance.pdf (zuletzt abgerufen am 24.07.2008). *Krautzberger*, in: E/Z/B/K, § 13a, Rn. 53 (Stand: Mai 2007); *Leidinger*, in: Hoppe, UVPG, § 14b, Rn. 57 u. 65; *Otto*, NJ 2007, 63 (63); *Schröer*, NZBau 2008, 46 (47); *Schwarz*, LKV 2008, 12 (14). A. A. *Jäde*, in: J/D/W, BauGB, § 13a, Rn. 10. Er vertritt, dass die von § 13a Abs. 1 S. 2 Nr. 2 BauGB geforderte *Berücksichtigung* der Kriterien der Anlage 2 BauGB gerade keine strikte Bindung an diese bedeutet.
888 Vgl. auch BT-Drs. 14/4599, S. 95 und *Kuschnerus*, BauR 2001, 1346 (1348), bezogen auf das Screening nach § 3c UVPG.

ihrem Wortlaut nach jeweils „auf voraussichtlich erhebliche Umweltauswirkungen".[889] *Mitschang* dagegen vertritt aufgrund der Überschlägigkeit der Vorprüfung gem. § 13a Abs. 1 S. 2 Nr. 2 BauGB, dass der Prüfungsumfang der Vorprüfung geringer sein müsse als der der Umweltprüfung, gerade weil durch die Vorprüfung erst die Notwendigkeit der Durchführung einer Umweltprüfung geklärt werden soll, innerhalb derer die Auswirkungen des Plans auf die einzelnen Umweltschutzgüter und deren Wechselwirkungen detaillierter ermittelt und bewertet werden können.[890] Die Überschlägigkeit der Vorprüfung bezieht sich jedoch nicht auf den Umfang der zu prüfenden, für die Einschätzung der Umweltauswirkungen des Bebauungsplans relevanten Aspekte, sondern auf die Intensität der Vorprüfung im Hinblick auf die Prüfungstiefe, was *Mitschang* letztlich auch selbst so interpretiert.[891]

(bb) Prüfungstiefe

Im Hinblick auf die Prüfungstiefe des UP-Screenings ergibt sich aus dem Begriff der Überschlägigkeit, dass die Vorprüfung oberflächlicher und gröber vorgehen kann als eine gem. § 2 Abs. 4 S. 1 BauGB durchzuführende Umweltprüfung, denn mit ihr soll nicht abschließend das Vorliegen erheblicher Umweltauswirkungen geklärt werden,[892] was eine alle Einzelheiten erfassende Prüfung vo-

---

889 Ähnlich *Leidinger*, in: Hoppe, UVPG, § 14b, Rn. 56; vgl. *Gierke*, in: Brügelmann, § 13a, Rn. 94 (Stand: Februar 2008), der verlangt, dass innerhalb der Vorprüfung des § 13a Abs. 1 S. 2 Nr. 2 BauGB die Auswirkungen auf die Belange des Umweltschutzes gem. §§ 1 Abs. 6 Nr. 7, 1a BauGB wie bei der Umweltprüfung geprüft werden. Nach *Leidinger*, in: Hoppe, UVPG, § 14b, Fn. 39, ergibt sich die Unabgeschlossenheit des Katalogs von Anhang II Plan-UP-RL in Bezug auf die einzelnen Umweltbelange aus der „insbesondere"-Formulierung in Nr. 1 und Nr. 2 Anhang II Plan-UP-RL; so auch *Wallraven-Lindl/Strunz/Geiß*, Das Bebauungsplanverfahren nach dem BauGB 2007, S. 161. Vgl. *Bunzel*, Difu-Praxistest, S. 35, abrufbar unter http://www.difu.de/publikationen/difu-berichte/4_06/11.phtml (zuletzt abgerufen am 01.03.2008), der darauf hinweist, dass der Prüfungsumfang der Anlage 2 BauGB einen nicht abschließenden Charakter hat. Vgl. Fn. 657.
890 *Mitschang*, ZfBR 2007, 433 (438); so auch *Schwarz*, LKV 2008, 12 (13).
891 *Gierke*, in: Brügelmann, § 13a, Rn. 98 (Stand: Februar 2008); so auch *Jäde*, in: J/D/W, BauGB, § 13a, Rn. 8; *Leidinger*, in: Hoppe, UVPG, § 14b, Rn. 56. Indem *Mitschang*, ZfBR 2007, 433 (438), davon ausgeht, dass in einer dem UP-Screening folgenden Umweltprüfung die zu erwartenden erheblichen nachteiligen Umweltauswirkungen auf die einzelnen Schutzgüter und die zwischen ihnen bestehenden Wechselwirkungen *näher* beziffert werden können, bringt er selbst zum Ausdruck, dass die Schutzgüter auch schon Gegenstand der Vorprüfung sind, nur eben nicht mit der derselben Intensität und Genauigkeit wie im Rahmen der Umweltprüfung.
892 BT-Drs. 16/2496, S. 14; BT-Drs. 14/4599, S. 95 bezogen auf das UVP-Screening nach § 3c UVPG; *Dienes*, in: Hoppe, UVPG, § 3c, Rn 12 und *Kuschnerus*, BauR 2001, 1346 (1348/1349), in Bezug auf das UVP-Screening des § 3c UVPG; zustimmend *Battis/Ingold*, LKV 2007, 433 (437); *Bienek*, SächsVBl. 2007, 49 (50); *Gierke*, in:

raussetzen würde, sondern als Ergebnis der Vorprüfung reicht die *Einschätzung*, dass der Bebauungsplan *voraussichtlich* keine erheblichen bzw. voraussichtlich erhebliche Umweltauswirkungen hat, so dass ein gewisses Maß an Unsicherheit bestehen bleiben darf.[893] Dies impliziert gerade der Wortlaut von § 13a Abs. 1 S. 2 Nr. 2 BauGB, der im Rahmen der Vorprüfung nur eine *Einschätzung* der Gemeinde über die *voraussichtlich* erheblichen oder nicht erheblichen Umweltauswirkungen verlangt, die angesichts ihres Prognosecharakters immer ein gewisses Fehlerrisiko in sich birgt. Die Gesetzesbegründung spricht davon, dass die Vorprüfung „unaufwändig und rasch mit Blick auf Anlage 2 [BauGB] geschehen"[894] kann. Zudem verweist sie – wie auch der Wortlaut von § 13a Abs. 1 S. 2 Nr. 2 1. Hs. a. E. BauGB – darauf, dass es im Rahmen der Vorprüfung des Einzelfalls nur um die Einschätzung solcher erheblicher Umweltauswirkungen des betrachteten Bebauungsplans geht, die nach § 2 Abs. 4 S. 4 BauGB in der Abwägung zu berücksichtigen wären.[895]

Eine überschlägige Prüfung bedeutet, ähnlich wie eine im Rahmen eines Antrags gem. § 80 Abs. 5 S. 1 VwGO bei der Abwägung des Vollzugs- gegen das Aussetzungsinteresse vorzunehmende summarische Prüfung der Erfolgsaussichten in der Hauptsache, eine grobe, nicht auf jedes Detail eingehende Abschätzung der Umweltauswirkungen des Bebauungsplans.[896] Damit bezieht sich die Vorprüfung zwar auf dieselben, möglicherweise durch einen Bebauungsplan betroffenen umweltrelevanten Schutzgüter wie die Umweltprüfung, was aus dem anzulegenden Maßstab der Anlage 2 BauGB offensichtlich wird, jedoch mit geringerer Prüfungsintensität.[897] Indem § 13a Abs. 1 S. 2 Nr. 2 BauGB darauf verweist, dass es i. R. d. Vorprüfung nur um die Einschätzung solcher erheblicher Umweltauswirkungen geht, die nach § 2 Abs. 4 S. 4 BauGB in der Abwägung zu berücksichtigen wären, grenzt der Gesetzgeber den Untersuchungsaufwand

---

Brügelmann, § 13a, Rn. 98 (Stand: Februar 2008); *Krautzberger*, in: E/Z/B/K, § 13a, Rn. 49 (Stand: Mai 2007); *Kuschnerus*, Der standortgerechte Einzelhandel, Rn. 603; Mustereinführungserlass, S. 6, abrufbar unter http://www.is-argebau.de/ (zuletzt abgerufen am 10.05.2008); *Schwarz*, LKV 2008, 12 (13); *Spannowsky*, in: Spannowsky/Hofmeister, BauGB 2007, S. 27 (31 u. 36); *ders.*, NuR 2007, 521 (522); *ders.*, in: Berliner Kommentar, § 13a, Rn. 22 (Stand: Juli 2007); *Krautzberger*, in: Krautzberger/Söfker, Baugesetzbuch, Rn. 153b, und *Jäde*, in: J/D/W, BauGB, § 13a, Rn. 9, sprechen von einer geringeren Prüfungsintensität als bei der förmlichem Umweltprüfung.

893 *Mitschang*, ZfBR 2007, 433 (439); *Schwarz*, LKV 2008, 12 (13/14 u. 16).
894 BT-Drs. 16/2496, S. 14.
895 BT-Drs. 16/2496, S. 14.
896 *Battis/Ingold*, LKV 2007, 433 (434 u. 437); *Gassner*, UVPG, § 3c, Rn. 8; auch *Bienek*, SächsVBl. 2007, 49 (50); *Gassner*, UVPG, § 14b, Rn. 31; *Gierke*, in: Brügelmann, § 13a, Rn. 98 (Stand: Februar 2008) und *Jäde*, in: J/D/W, BauGB, § 13a, Rn. 9, sprechen von einer summarischen Prüfung.
897 Vgl. *Kuschnerus*, BauR 2001, 1346 (1348/1349), bezogen auf ein UVP-Screening nach dem UVPG 2001.

für die Vorprüfung weiter ein.[898] Gem. § 2 Abs. 4 S. 4 BauGB ist das Ergebnis der Umweltprüfung in der Abwägung zu berücksichtigen. Dieses, nicht jedes einzelne bei der Umweltprüfung zur Ermittlung, Beschreibung und Bewertung der voraussichtlich erheblichen Umweltauswirkungen zu betrachtende Detail der Umweltauswirkungen eines Plans ist, sofern es die allgemeinen Kriterien der Abwägungsrelevanz[899] erfüllt, innerhalb der Abwägung zu berücksichtigen. Der Verweis auf § 2 Abs. 4 S. 4 BauGB bestätigt bezogen auf das UP-Screening, dass dort keine kosten- und zeitaufwändigen Detailuntersuchungen, u. U. sogar unter Hinzuziehung Sachverständiger, anzustellen sind, vielmehr der Ermittlungsaufwand nicht über das im Einzelfall Zumutbare hinausgehen soll[900] und sich auf das gem. § 1 Abs. 7 BauGB materiell-rechtlich Relevante und Berücksichtigungsfähige und ohnehin Berücksichtigungspflichtige beschränken kann.[901] Der Verzicht auf die Umweltprüfung als formalisiertes Verfahren zur Ermittlung, Beschreibung und Bewertung umweltbezogener Auswirkungen des Bebauungsplans ändert nämlich nichts daran, dass die abwägungserheblichen Umweltbelange uneingeschränkt gem. § 1 Abs. 6, §§ 1a, 2 Abs. 3, § 1 Abs. 7 BauGB im Rahmen der Aufstellung des Bebauungsplans der Innenentwicklung zu ermitteln, zu bewerten und in der Abwägung zu berücksichtigen sind,[902] so dass die im Rahmen der Vorprüfung ermittelten und gem. § 2 Abs. 4 S. 4 BauGB abwägungserheblichen Umweltbelange in jedem Fall für das weitere Verfahren von Bedeutung sind, sei als Ausgangspunkt einer innerhalb des Re-

---

898 *Battis/Ingold*, LKV 2007, 433 (437); *Bienek*, SächsVBl. 2007, 49 (50); *Mitschang*, ZfBR 2007, 433 (439).
899 Vgl. BVerwG, Urt. vom 09.11.1979 – 4 N 1/78, 4 N 2/79, 4 N 3/79, 4 N 4/79, E 59, 87 (102 u. 103).
900 *Mitschang*, ZfBR 2007, 433 (439). Vgl. *Leidinger*, in: Hoppe, UVPG, § 14b, Rn. 57.
901 Vgl. BT-Drs. 14/4599, S. 95, bezogen auf das Screening nach § 3c UVPG; *Dienes*, in: Hoppe, UVPG, § 3c, Rn. 12 und *Gassner*, UVPG, § 3c, Rn. 3, für das UVP-Screening nach § 3c UVPG; *Bienek*, SächsVBl. 2007, 49 (50); *Bunzel*, Difu-Praxistest, S. 35, abrufbar unter http://www.difu.de/publikationen/difu-berichte/4_06/11.phtml (zuletzt abgerufen am 01.03.2008).
902 *Battis*, in: B/K/L, § 13a, Rn. 11; *Battis/Krautzberger/Löhr*, NVwZ 2007, 121 (124); *Bienek*, SächsVBl. 2007, 49 (50); *Blechschmidt*, ZfBR 2007, 120 (121); *Bunzel*, Difu-Praxistest, S. 37, abrufbar unter http://www.difu.de/publikationen/difu-berichte/4_06/11. phtml (zuletzt abgerufen am 01.03.2008); *ders.*, LKV 2007, 444 (448); *Dirnberger*, Bay. Gemeindetag 2/2007, 51 (52); *Krautzberger*, UPR 2007, 170 (173); *ders.*, in: E/Z/B/K, § 13a, Rn. 64 (Stand: Mai 2007); *ders.*, in: Krautzberger/Söfker, Baugesetzbuch, Rn. 154a; *Kuschnerus*, Der standortgerechte Einzelhandel, Rn. 605; *Mitschang*, ZfBR 2007, 433 (439 u. 443); Mustereinführungserlass, S. 8, abrufbar unter http://www.is-argebau.de/ (zuletzt abgerufen am 10.05.2008); *Portz*, in: Spannowsky/Hofmeister, BauGB 2007, S. 1 (5); *Reidt*, NVwZ 2007, 1029 (1031); *Söfker*, in: Spannowsky/ Hofmeister, BauGB 2007, S. 17 (19); *Starke*, JA 2007, 488 (489); *Uechtritz*, BauR 2007, 476 (481); *Wallraven-Lindl/Strunz/Geiß*, Das Bebauungsplanverfahren nach dem BauGB 2007, S. 148.

gelplanungsverfahrens durchzuführenden Umweltprüfung, sei es als Ausgangspunkt der auch innerhalb des beschleunigten Verfahrens notwendigen allgemeinen Ermittlung und Bewertung der abwägungserheblichen Belange gem. § 2 Abs. 3 BauGB.

Dazu, dass die Vorprüfung tatsächlich unaufwändig und rasch vorgenommen werden kann und sich nur auf eine überschlägige, nicht ins Detail gehende Prüfung beschränkt, soll gerade auch die Anlage 2 BauGB beitragen.[903] Indem das UP-Screening „unaufwändig und rasch mit Blick auf Anlage 2 [BauGB]"[904] durchzuführen ist, spricht die Gesetzesbegründung nicht nur den Prüfungsumfang der Vorprüfung an, sondern auch die Prüfungsintensität. Die Vorprüfung soll – jedenfalls weitgehend – nur anhand der in Anlage 2 BauGB genannten Kriterien erfolgen und dazu noch unaufwändig und rasch. Die Kriterien der Anlage 2 BauGB sollen dabei eine gut handhabbare Checkliste für die praktische Durchführung der Vorprüfung sein und verhindern, dass sich diese, ihrem Zweck widersprechend, in Einzelheiten verliert.[905] Die Abarbeitung der Kriterien der Anlage 2 BauGB gilt *im Regelfall* als ausreichend, um einen für die Bewertung des Bebauungsplans notwendigen Überblick über die umweltbezogenen Auswirkungen einer Planung zu gewinnen.[906] Allerdings könnte man durchaus daran zweifeln, ob ein UP-Screening bezüglich eines Bebauungsplans anhand der Kriterien der Anlage 2 BauGB in der Praxis unaufwändig und rasch erfolgen kann und tatsächlich mit weniger Aufwand verbunden ist als eine umfassende Umweltprüfung.[907] Dies gründet zum einen auf der großen Zahl[908] und Komplexität[909] der in der Anlage 2 BauGB genannten, abzuarbeitenden Kriterien, zum anderen auf Überscheidungen der Kriterien, die zu einer gewissen Redundanz führen.[910] Auch die Vielzahl der unbestimmten Rechtsbegriffe könnte einem einfachen Handling der Kriterien wegen deren Konturlosigkeit entgegenstehen.[911] Die praktische Handhabung der Kriterien erwies sich jedoch im Rahmen

---

903 *Battis/Ingold*, LKV 2007, 433 (434 u. 437).
904 BT-Drs. 16/2496, S. 14.
905 *Battis/Ingold*, LKV 2007, 433 (434 u. 437); *Gassner*, UVPG, § 3c, Rn. 4, für das UVP-Screening nach § 3c UVPG; *Krautzberger*, in: E/Z/B/K, § 13a, Rn. 51 (Stand: Mai 2007); *Schwarz*, LKV 2008, 12 (14).
906 *Battis/Ingold*, LKV 2007, 433 (437). *Bunzel*, Difu-Praxistest, S. 35, abrufbar unter http://www.difu.de/publikationen/difu-berichte/4_06/11.phtml (zuletzt abgerufen am 01.03.2008), verweist ausdrücklich darauf, dass der Prüfungsumfang der Anlage 2 BauGB einen nicht abschließenden Charakter hat. Vgl. Fn. 657.
907 *Dirnberger*, Bay. Gemeindetag 2/2007, 51 (52).
908 *Kuschnerus*, Der standortgerechte Einzelhandel, Rn. 603; *Schröer*, NZBau 2008, 46 (47).
909 *Bunzel*, Difu-Praxistest, S. 34, abrufbar unter http://www.difu.de/publikationen/difu-berichte/4_06/11.phtml (zuletzt abgerufen am 01.03.2008); *Schmidt-Eichstaedt*, BauR 2007, 1148 (1151); *Schröer*, NZBau 2008, 46 (47).
910 *Schmidt-Eichstaedt*, BauR 2007, 1148 (1151).
911 *Battis/Ingold*, LKV 2007, 433 (437/438); *Gronemeyer*, BauR 2007, 815 (818).

des Praxistests als weitaus weniger problematisch und damit aufwändig, als man vermuten könnte. Dies liegt zum einen daran, dass für die in der Anlage 2 BauGB verwendeten Begriffe in Literatur und Rechtsprechung vielfach Definitionen vorhanden sind, die sie verständlich und damit praktikabel anwendbar machen.[912] Zudem ist zu bedenken, dass das UP-Screening gem. § 13a Abs. 1 S. 2 Nr. 2 BauGB nicht das erste Screening ist, das von Gemeinden innerhalb der Bauleitplanung durchzuführen ist. Vor dem EAG-Bau 2004 und auch aufgrund der Regelung des § 13 BauGB durch das EAG-Bau 2004 mussten Bebauungspläne – wie oben erläutert[913] – auch schon einer Vorprüfung, wenn auch einem (wenigstens inzident-)vorhabenbezogenen UVP-Screening, unterzogen werden, für das die Kriterien der Anlage 2 UVPG ausschlaggebend waren. Insofern sind die Gemeinden in Bezug auf die Umweltauswirkungen von Plänen schon vorprüfungserprobt[914] und die Kriterien der Anlage 2 BauGB und die der Anlage 2 UVPG ähneln sich zudem.[915] Im Vergleich zu Anlage 2 UVPG wesentlich weniger konkrete Formulierungen, wie sie z. B. in Nr. 1.5 Anlage 2 BauGB zu finden sind, in der nur allgemein von nationalen und europäischen Umweltvorschriften gesprochen wird,[916] beruhen vor allem darauf, dass die Vorprüfung des § 13a Abs. 1 S. 2 Nr. 2 BauGB die Umweltauswirkungen von Bebauungsplänen mit völlig unterschiedlichem Inhalt erfassen muss, während sich das UVP-Screening von vornherein *weitgehend* nur auf bestimmte, als umweltverträglichkeitsvorprüfungspflichtig eingestufte Einzelvorhaben beziehen kann. Daher ist teilweise eine genauere Festlegung des konkreten Prüfungsmaßstabs nicht möglich. Um die große Anzahl und die Komplexität der Kriterien der Anlage 2 BauGB besser zu bewältigen, wurde von einer Praxisteststadt vorgeschlagen, die Anlage als echte „Checkliste" zu formulieren, um sie korrekt und zugleich einfach handhaben zu können.[917] *Schmidt-Eichstaedt* hat die Kriterien der Anlage 2 BauGB auch tatsächlich in nur mit JA oder NEIN zu beantwortende Fraugen umformuliert und damit eine „Abhak-Liste" geschaffen.[918] Die Fragen sollten im Hinblick darauf, dass die Vorprüfung eine überschlägige Prüfung ohne viel Aufwand sein soll, „nach bestem Wissen und Gewissen, zugleich aber

---

912 *Bunzel*, Difu-Praxistest, S. 35, abrufbar unter http://www.difu.de/publikationen/difu-berichte/4_06/11.phtml (zuletzt abgerufen am 01.03.2008);
913 Vgl. B. II. 6. e) bb) (1) (a).
914 So auch *Battis/Ingold*, LKV 2007, 433 (437/438); *Schwarz*, LKV 2008, 12 (18).
915 Vgl. Nr. 3 Anlage 2 UVPG und Nrn. 2.1, 2.2, 2.4 Anlage 2 BauGB; Nr. 2 Anlage 2 UVPG und Nrn. 2.5 und 2.6 Anlage 2 BauGB. Vgl. *Battis/Ingold*, LKV 2007, 433 (437/438):
916 *Battis/Ingold*, LKV 2007, 433 (437/438).
917 *Bunzel*, Difu-Praxistest, S. 35, abrufbar unter http://www.difu.de/publikationen/difu-berichte/4_06/11.phtml (zuletzt abgerufen am 01.03.2008).
918 *Schmidt-Eichstaedt*, BauR 2007, 1148 (1155 ff.); vgl. auch die von *Schwarz* entwickelten und erprobten Checklisten, LKV 2008, 12 (15 ff.).

mutig und entschlussfreudig beantwortet"[919] werden. Zur leichteren praktischen Handhabung des Kriterienkatalogs der Anlage 2 BauGB kann daher der Fragekatalog von *Schmidt-Eichstaedt* übernommen werden oder gar als Verwaltungsvorschrift gemeindeinterne Verbindlichkeit erlangen. *Schmidt-Eichstaedt* empfiehlt für die Handhabung seines Fragebogens zudem, dass, sobald sich herausstellt, dass dessen Beantwortung mit einem erheblichen Prüfungsaufwand verbunden ist, das Regelplanungsverfahren angewendet werden sollte, da die an sich als überschlägig gedachte Vorprüfung in diesem Fall gegenüber der Durchführung einer vollen Umweltprüfung ohnehin keinen merklichen Vorteil habe.[920]

(d) Voraussichtliches Fehlen erheblicher Umweltauswirkungen

Für das UP-Screening des § 13a Abs. 1 S. 2 Nr. 2 BauGB ist entscheidend, bei welchen Betroffenheiten der Kriterien der Anlage 2 BauGB durch die Auswirkungen des geprüften Bebauungsplans von voraussichtlich erheblichen Umweltauswirkungen auszugehen ist.

(aa) Interpretation der Erheblichkeit als Abwägungserheblichkeit

Bedenkt man, dass die Vorprüfung des § 13a Abs. 1 S. 2 Nr. 2 BauGB dazu dient, entsprechend der Vorgabe von Art. 3 Abs. 1, Abs. 3, Abs. 4 u. Abs. 5 S. 2 Plan-UP-RL sicherzustellen, dass Pläne mit voraussichtlich erheblichen Umweltauswirkungen einer Umweltprüfung unterzogen werden, ergibt sich, dass der Begriff der erheblichen Umweltauswirkungen in § 13a Abs. 1 S. 2 Nr. 2 BauGB teleologisch im Sinne der Plan-UP-RL ausgelegt werden muss.[921] Der gemeinschaftsrechtliche Begriff der Erheblichkeit von Umweltauswirkungen ist dabei nicht unbedingt gleichbedeutend mit dem jeweiligen nationalen Erheblichkeitsbegriff.[922] Im deutschen Recht wird „erheblich" in der Regel, wie an den Regelungen der § 3 Abs. 1 BImSchG, § 35 Abs. 3 S. 1 Nr. 3 BauGB oder § 15 Abs. 1 S. 2 BauNVO deutlich wird, als Synonym für „schädlich" und „unzumutbar" gebraucht. Im deutschen Recht bestimmt der Begriff der Erheblichkeit die Schädlichkeitsschwelle, mit der Folge, dass über diese Grenze hinausgehende, d. h. erhebliche Belastungen vom Betroffenen nicht hingenommen werden müs-

---

919 *Schmidt-Eichstaedt*, BauR 2007, 1148 (1151).
920 *Schmidt-Eichstaedt*, BauR 2007, 1148 (1151); so auch *Kuschnerus* für den Fall, dass i. R. d. Vorprüfung zur Klärung des Vorliegens voraussichtlich erheblicher Umweltauswirkungen spezielle Gutachten eingeholt werden müssten, BauR 2001, 1346 (1348). In diesem Sinne auch *Gierke*, in: Brügelmann, § 13a, Rn. 98 (Stand: Februar 2008). Vgl. Fn. 877.
921 *Krautzberger*, in: E/Z/B/K, § 13a, Rn. 48 (Stand: Mai 2007); *Uechtritz*, BauR 2007, 476 (479); auf ihn verweisend *Bunzel*, LKV 2007, 444 (447); für § 3c UVPG im Verhältnis zu Art. 2 Abs. 1, Art. 4 Abs. 2 UVP-RL *Kuschnerus*, BauR 2001, 1346 (1348).
922 *Halama*, in: BauGB 2004 – Nachgefragt, S. 119 (119/120).

sen.⁹²³ Zwar ermöglicht es die dem Planungsträger eingeräumte planerische Gestaltungsfreiheit,⁹²⁴ im Widerstreit verschiedener Belange innerhalb der Abwägung einzelne Belange hinter andere zurücktreten zu lassen. Dabei muss aber, als Begrenzung des Gestaltungsspielraums, insgesamt ein zumutbarer Ausgleich der widerstreitenden Belange gefunden werden, der keinen Planbetroffenen in unzumutbarer und daher schädlicher Weise belastet.⁹²⁵ Der gemeinschaftsrechtliche Begriff der erheblichen Umweltauswirkungen, der grundsätzlich auch § 2 Abs. 4 S. 1 BauGB wegen dessen Ursprungs in der Plan-UP-RL zugrunde zu legen ist, meint dagegen – wie für § 2 Abs. 4 S. 1 BauGB auch allgemein anerkannt ist – nicht schädliche Auswirkungen, die im Rahmen der planerischen Abwägung durch für einen Bebauungsplan sprechende Belange nicht in zumutbarer und somit rechtmäßiger Weise ausgeglichen werden können, weil in diesem Fall schon der Verweis des § 2 Abs. 4 S. 4 BauGB auf die Abwägung weitgehend sinnlos wäre. Der gemeinschaftsrechtliche Erheblichkeitsbegriff setzt weit unterhalb des deutschen Erheblichkeitsbegriffs im eben beschriebenen Sinne an. Indem die Plan-UP-RL nur Pläne mit voraussichtlich *erheblichen* Umweltauswirkungen einer Umweltprüfungspflicht unterstellt und in der Umweltprüfung auch nur die voraussichtlich *erheblichen* Umweltauswirkungen ermittelt, beschrieben und bewertet werden sollen (vgl. Art. 5 Abs. 1 Plan-UP-RL), will die Plan-UP-RL klarstellen, dass sich die Umweltprüfung nicht auf alle grundsätzlich möglichen Umweltauswirkungen von Bebauungsplänen beziehen soll, sondern nur auf solche, die für den Planungsträger in der konkreten Planungssituation *rechtlich erheblich* sein können.⁹²⁶ Dadurch weist der gemeinschaftsrechtliche Erheblichkeitsbegriff eine gewisse Nähe zum deutschen Geringfügigkeitskriterium auf. Bedenkt man nun, dass man auch i. R. d. bauplanungsrechtlichen Abwägung des § 1 Abs. 7 BauGB nur solche Belange als abwägungserheblich einstuft, die erkennbar, schutzwürdig und von einigem Gewicht sind,⁹²⁷ also objektiv nicht nur geringwertig oder nur geringfügig von der Planung betroffen sind, könnte man den gemeinschaftsrechtlichen Erheblichkeitsbegriff mit Abwägungserheblichkeit im deutschen Planungsrecht gleichset-

---

923 *Halama*, in: BauGB 2004 – Nachgefragt, S. 119 (119/120).
924 Vgl. BVerwG, Urt. vom 12.12.1969 – IV C 105.66, E 34, 301 (304) u. BVerwG, Urt. vom 14.02.1975 – IV C 21.74, E 48, 56 (59); *Oldiges*, in: Steiner, Besonderes Verwaltungsrecht, Teil III, Rn. 41.
925 *Halama*, in: BauGB 2004 – Nachgefragt, S. 119 (119/120).
926 *Halama*, in: BauGB 2004 – Nachgefragt, S. 119 (119/120); ähnlich *W. Schrödter*, in: Schrödter, Baugesetzbuch, § 2, Rn. 86, bezogen auf § 2 Abs. 4 S. 1 BauGB, der davon spricht, dass Belange so intensiv betroffen sein müssen, das sich die Gemeinde „nach Lage der Dinge" hiermit auseinandersetzen muss. Nach *Leidinger*, in: Hoppe, UVPG, § 14b, Rn. 52, werden durch die Erheblichkeitsschwelle ökologische Bagatellfälle von einer Umweltprüfungspflicht ausgenommen.
927 BVerwG, Urt. vom 09.11.1979 – 4 N 1/78, 4 N 2/79, 4 N 3/79, 4 N 4/79, E 59, 87 (102 u. 103).

zen.⁹²⁸ Dies ist vor allem vor dem Hintergrund anzunehmen, dass der Begriff der erheblichen Umweltauswirkungen in § 2 Abs. 4 S. 1 BauGB vom deutschen Gesetzgeber auch aus der Plan-UP-RL übernommen wurde und man den Begriff der Erheblichkeit in § 2 Abs. 4 S. 1 BauGB einer Ansicht nach durch Abwägungsrelevanz bestimmt.⁹²⁹ § 13a Abs. 1 S. 2 Nr. 2 BauGB stellt ebenfalls auf die Frage ab, ob der Bebauungsplan voraussichtlich *erhebliche* Umweltauswirkungen hat, die nach § 2 Abs. 4 S. 4 BauGB in der Abwägung zu berücksichtigen wären, die also Abwägungsrelevanz haben.⁹³⁰ Daraus wird abgeleitet, dass ein großflächiger Bebauungsplan der Innenentwicklung schon dann voraussicht-

---

928 *Gierke*, in: Brügelmann, § 13a, Rn. 96 (Stand: Februar 2008); *Uechtritz*, BauR 2007, 476 (480), der dabei aber betont (BauR 2007, 476 (479)), dass der gemeinschaftsrechtliche Begriff der Erheblichkeit nicht *ohne Weiteres* mit Abwägungserheblichkeit im Sinne des deutschen Planungsrechts gleichzusetzen ist. Ebenso *Berkemann*, in: BauGB 2004 – Nachgefragt, S. 142 (143).

929 *Mitschang*, in: Berliner Kommentar, § 2, Rn. 286 (Stand: September 2007); *Uechtritz*, BauR 2007, 476 (479). Vgl. *Berkemann*, in: BauGB 2004 – Nachgefragt, S. 142 (143), mit der Einschränkung, dass der Erheblichkeitsbegriff von Art. 3 Abs. 1 Plan-UP-RL nicht ohne weiteres inhaltsgleich mit der „Abwägungserheblichkeit" des deutschen Planungsrechts ist. Andererseits beziehen sich die Ermittlung und Bewertung innerhalb der Umweltprüfung nicht auf Umweltbelange, die in so geringem Maß berührt sind, dass sie nicht abwägungsrelevant sein können.
Vgl. *Krautzberger*, in: E/Z/B/K, § 2, Rn. 185 (Stand: September 2007): Er verweist darauf, dass die Umweltprüfung für die Planungspraxis grundsätzlich keine neuen materiellen Anforderungen mit sich bringt. Die Verfahrensvorschriften würden im Wesentlichen die Arbeitsschritte wiedergeben, die bei der *Zusammenstellung des umweltrelevanten Abwägungsmaterials* für eine sachgerechte Abwägung ohnehin erforderlich sei. Dem zustimmend *Battis*, in: B/K/L, § 2, Rn. 7. In Rn. 6 spricht er davon, dass die Umweltprüfung eine verfahrensrechtliche Vorabprüfung der in der Abwägungsentscheidung zu berücksichtigenden Umweltbelange sei. In Rn. 9 unterscheidet *Battis* aber zwischen Erheblichkeit, Voraussehbarkeit und Abwägungsbeachtlichkeit.
Auch *Mitschang*, in: Berliner Kommentar, § 2, Rn. 286 u. 287 (Stand: September 2007), betont, dass der Erheblichkeitsbegriff in § 2 Abs. 4 S. 1 BauGB jedenfalls bedeutet, dass der Prüfungsumfang so weit eingeschränkt werden kann, dass solche Umweltbelange außer Acht bleiben können, die von dem jeweiligen Bauleitplan überhaupt nicht betroffen sind (so auch *W. Schrödter*, in: Schrödter, BauGB, § 2, Rn. 85) oder nur in geringem Umfang und damit *jedenfalls* unterhalb der Erheblichkeitsschwelle. Die konkrete Lage der Erheblichkeitsschwelle entziehe sich einer allgemeinen Betrachtung. Es komme darauf an, wie sich die Situation im jeweiligen Planungsfall darstelle, so dass Merkmale wie Art, Größe, Standort, Verkehrsaufkommen oder vorhandene Vorbelastungen eine entscheidende Rolle für die Beantwortung der Frage nach der Erheblichkeit spielten. Daher werde eine Einstufung der Umweltauswirkungen als erheblich oder als unerheblich im Wesentlichen einerseits von den Zielen und dem Regelungsgehalt des Bauleitplans abhängen, andererseits aber auch von der konkreten Situation und den dort vorherrschenden Umweltbedingungen.

930 *Gierke*, in: Brügelmann, § 13a, Rn. 96 (Stand: Februar 2008); *Uechtritz*, BauR 2007, 476 (480).

lich erhebliche Umweltauswirkungen hat, wenn die Vorprüfung ergibt, dass er Umweltauswirkungen hat, die abwägungserheblich sind.[931] Damit hätte das beschleunigte Verfahren bei großflächigen Bebauungsplänen der Innenentwicklung wohl nur einen sehr geringen Anwendungsbereich.[932]

(bb) Interpretation der Erheblichkeit als Schädlichkeit bzw. Unzumutbarkeit

Kuschnerus geht dagegen für die Bestimmung des Begriffsinhalts der erheblichen nachteiligen Umweltauswirkungen gem. § 3c S. 1 UVPG, der der UVP-RL (85/337/EWG) entnommen ist, die aber in Bezug auf Projekte genauso von erheblichen Auswirkungen auf die Umwelt (vgl. Art. 1 Abs. 1, Art. 2 Abs. 1 UVP-RL (85/337/EWG)) spricht wie die Plan-UP-RL[933] von erheblichen Umweltauswirkungen von Plänen, davon aus, dass der gemeinschaftsrechtliche Erheblichkeitsbegriff dahingehend zu definieren sei, dass die Beeinträchtigung der Schutzgüter sowohl quantitativ als auch in der zeitlichen Ausdehnung bedeutsam, „d. h. gewichtig sowie nachhaltig im Sinne von dauerhaft sein muss"[934]. Allein, weil hinsichtlich einzelner Schutzgüter die nach dem nationalen Recht geltende Erheblichkeitsschwelle erreicht werde, lägen noch nicht unbedingt erhebliche nachteilige Umweltauswirkungen i. S. d. § 3c S. 1 UVPG vor; dies sei vielmehr nur indiziell für das Vorliegen erheblicher nachteiliger Umweltauswirkungen.[935] Demnach wird die europarechtliche Erheblichkeitsschwelle über der des deutschen nationalen Rechts eingeordnet.[936] Dies kann jedoch jedenfalls für die von der Plan-UP-RL gemeinten voraussichtlich erheblichen Umweltauswirkungen im Verhältnis zum oben angeführten[937] nationalen Erheblichkeitsbe-

---

931 *Uechtritz*, BauR 2007, 476 (480); zustimmend *Gierke*, in: Brügelmann, § 13a, Rn. 94 u. 96 (Stand: Februar 2008), der ausdrücklich hervorhebt, dass voraussichtlich erhebliche Umweltauswirkungen bereits dann anzunehmen sind, wenn auch nur ein abwägungserheblicher Umweltbelang i. S. v. § 1 Abs. 6 Nr. 7 BauGB durch die Planung berührt wird.
932 *Uechtritz*, BauR 2007, 476 (480).
933 *Halama*, in: BauGB 2004 – Nachgefragt, S. 119 (119); *Hendler*, NuR 2003, 2 (3).
934 *Kuschnerus*, BauR 2002, 1211 (1218); *ders.*, BauR 2001, 1346 (1348, Fn. 55), unter Verweis auf die europarechtlichen Vorgaben zur Verträglichkeitsprüfung nach der FFH-Richtlinie (Art. 6 Abs. 3 FFH-RL).
935 *Kuschnerus*, BauR 2001, 1346 (1348), wobei er als Beispiel für erhebliche Auswirkungen nach nationalem Recht § 3 Abs. 1 BImSchG anführt. Die Erheblichkeit der Nachteile oder Belästigungen ist dort nach st. Rspr. an deren Zumutbarkeit bzw. Unmutbarkeit auszurichten (vgl. BVerwG, Urt. vom 07.10.1983 – 7 C 44/81, E 68, 62 (67) und BVerwG, Urt. vom 25.02.1992 – 1 C 7/90, E 90, 53 (56); *Kutscheidt*, in: Landmann/Rohmer, Umweltrecht, Band I, § 3 BImSchG, Rn. 14 (Stand: April 1996)). Erheblichkeit der Umwelteinwirkungen bedeutet also Unzumutbarkeit derselben (so *Kutscheidt*, in: Landmann/Rohmer, Umweltrecht, Band I, § 3 BImSchG, Rn. 15 (Stand: April 1996)).
936 Davon geht auch *Bunzel*, LKV 2007, 444 (447), aus, jedoch wohl bezogen auf ein anderes nationales Verständnis des Erheblichkeitsbegriffs als in B. II. 6. e) bb) (3) (d) (aa) dargestellt, nämlich im Sinne von Abwägungserheblichkeit.
937 Vgl. B. II. 6. e) bb) (3) (d) (aa).

griff schon aufgrund der obigen Ausführungen nicht zutreffen. Die Plan-UP-RL will sicherlich nicht nur gewährleisten, dass solche Umweltauswirkungen von Plänen bei der Ausarbeitung von Plänen einbezogen werden, die noch schwerer wiegen als die innerhalb des nationalen Rechts im Rahmen der Abwägung nicht überwindbaren, schädlichen und unzumutbaren Auswirkungen von Plänen. Sie hat gem. Art. 1 Plan-UP-RL das Ziel, im Hinblick auf die Förderung einer nachhaltigen Entwicklung ein hohes Umweltschutzniveau sicherzustellen und in Form der Umweltprüfung dazu beizutragen, dass Umwelterwägungen schon bei der Ausarbeitung von Plänen einbezogen werden. Dem würde es geradezu widersprechen, wenn man den Anwendungsbereich der Umweltprüfung und damit die Erheblichkeit von Umweltauswirkungen von Plänen erst dort anfangen lassen würde, wo so schwere Auswirkungen bestehen, dass diese ohnehin einer rechtmäßigen Planung im Wege stehen, zumal weitaus weniger erhebliche Umweltauswirkungen planungsrelevant sein können. Daraus ergibt sich, dass die Argumentation *Kuschnerus'* in Bezug auf § 3c S. 1 UVPG jedenfalls in diesem Punkt nicht auf das UP-Screening für Bebauungspläne übertragen werden kann.

(cc) Vermittelnder Standpunkt

Nach Ansicht *Spannowskys* genügt es für die Annahme voraussichtlich erheblicher Umweltauswirkungen grundsätzlich nicht, wenn nur ein Schutzgut i. S. d. § 1 Abs. 6 Nr. 7 lit. b BauGB (vgl. Nr. 2.6.1 Anlage 2 BauGB) *abwägungserheblich* betroffen ist, die anderen in Anlage 2 BauGB aufgeführten Kriterien aber durch den Bebauungsplan nicht oder nur geringfügig tangiert werden.[938] Der Verweis des § 13a Abs. 1 S. 2 Nr. 2 BauGB auf die *gesamte* Anlage 2 BauGB bedeutet seiner Ansicht nach vielmehr, dass es *quantitativ* auf das gesamte Ausmaß der Auswirkungen des Bebauungsplans und *qualitativ* auf die Schwere der Auswirkungen auf betroffene Schutzgebiete und -güter einschließlich der menschlichen Gesundheit ankommt.[939] Dabei seien *neben* der abwägungserheblichen Betroffenheit eines Schutzguts auch die Wahrscheinlichkeit, Dauer, Häufigkeit und Unumkehrbarkeit der Auswirkungen (Nr. 2.1 Anlage 2 BauGB), ihr kumulativer und grenzüberschreitender Charakter (Nr. 2.2 Anlage 2 BauGB) sowie ihr Umfang und ihre räumliche Ausdehnung (Nr. 2.4 Anlage 2 BauGB) zu beachten.[940] *Allein* die abwägungserhebliche und damit nicht nur unerhebliche Betroffenheit *eines* Schutzguts der Anlage 2 BauGB und damit der Plan-UP-RL genüge zur Annahme voraussichtlich erheblicher Umweltauswirkungen nur dann, wenn sie besonders schwerwiegend ist und daher schon allein

---

938 *Spannowsky*, in: Spannowsky/Hofmeister, BauGB 2007, S. 27 (36); *ders.*, NuR 2007, 521 (524).
939 *Spannowsky*, in: Spannowsky/Hofmeister, BauGB 2007, S. 27 (36); *ders.*, NuR 2007, 521 (524).
940 *Spannowsky*, in: Spannowsky/Hofmeister, BauGB 2007, S. 27 (36); *ders.*, NuR 2007, 521 (524/525).

zu ihrer sachgerechten Bewältigung eine Umweltprüfung notwendig erscheint.[941] Dabei sei aber zu beachten, dass es auch aus diesem Grund nur dann einer Umweltprüfung bedürfe, wenn diese voraussichtlich zu einer weiteren Aufklärung der Umweltauswirkungen beitragen kann. Eine Umweltprüfung diene auch nur der Ermittlung, Beschreibung und Bewertung voraussichtlich erheblicher Umweltauswirkungen, während unabhängig von dieser in jedem Fall eine konfliktbewältigende materielle Planungsentscheidung getroffen werden muss, die gem. § 1 Abs. 7 BauGB alle für und gegen einen Bebauungsplan sprechenden privaten und öffentlichen Belange in einen gerechten Ausgleich bringt.[942] *Schwarz* verweist zur Bestimmung der Erheblichkeit der Auswirkungen des Bebauungsplans auf das Verhältnismäßigkeitsprinzip, d. h. auf eine Betrachtung der negativen und positiven Auswirkungen des Bebauungsplans auf die Umwelt, wobei sich die Annahme voraussichtlich erheblicher Umweltauswirkungen *umso mehr* aufdrängt, *je* umfangreicher die Umweltauswirkungen des Plans sind.[943] Dabei reicht grundsätzlich die nachteilige Betroffenheit *eines* Kriteriums der Anlage 2 BauGB nicht zur Annahme erheblicher Umweltauswirkungen aus, sondern es ist eine Gesamtbetrachtung mit einer Gewichtung der negativen und auch positiven[944] Auswirkungen auf einzelne Schutzgüter notwendig, obgleich dabei in der Regel keine Verrechnung der negativen Umweltauswirkungen eines Plans mit den positiven zulässig ist, insbesondere wenn unterschiedliche Schutzgüter betroffen sind.[945] Wie *Spannowsky* vertritt auch *Schwarz*, dass unter Umständen im konkreten Einzelfall aus einer Umweltauswirkung auf insgesamt erhebliche Umweltauswirkungen des Bebauungsplans geschlossen werden kann.[946] In diesen Fällen dürfte die Vorprüfung dann *ausnahmsweise* an diesem

---

941 *Spannowsky*, in: Spannowsky/Hofmeister, BauGB 2007, S. 27 (36); *ders.*, NuR 2007, 521 (525).
942 *Spannowsky*, in: Spannowsky/Hofmeister, BauGB 2007, S. 27 (36); *ders.*, NuR 2007, 521 (525).
943 *Schwarz*, LKV 2008, 12 (16 u. Fn 28).
944 *Schwarz*, LKV 2008, 12 (16/17); so auch *Hendler*, NuR 2003, 2 (3), unter Verweis darauf, dass die Richtlinie allgemein von Umweltwirkungen spricht und, wenn nur negative gemeint sein sollen, dies auch explizit äußert; ebenso *Gassner*, UVPG, § 14b, Rn. 2; *Leidinger*, in: Hoppe, UVPG, § 14b, Rn. 50, unter Verweis auf Formulierungsänderungen bei Erlass der Plan-UP-RL. Vgl. auch Fn. 629 u. 667.
945 *Schwarz*, LKV 2008, 12 (16, Fn. 28 und 16/17). Gegen eine Saldierung spricht sich auch *Kuschnerus*, BauR 2001, 1211 (1218), aus. Vgl. auch *Leidinger*, in: Hoppe, UVPG, § 14b, Rn. 50.
946 *Schwarz*, LKV 2008, 12 (16); Europäische Kommission, Umsetzung Richtlinie 2001/42/EG, 2003, Nr. 3.48, abrufbar unter http://www.erneuerbare-energien.de/files/pdfs/allgemein/application/pdf/sea_guidance.pdf (zuletzt abgerufen am 24.07.2008). Vgl. auch *Leidinger*, in: Hoppe, UVPG, § 14b, Rn. 57 u. 64 u. 65.

Punkt abgebrochen werden, ohne dass etwaige Auswirkungen auf andere Schutzgüter untersucht werden müssten.[947]

Kuschnerus vertritt in Bezug auf das UVP-Screening gem. § 3c UVPG, dass, auch gestützt auf die Tatsache, dass sich die Prüfungsumfänge von Vorprüfung und Umweltverträglichkeitsprüfung decken, *generell* schon dann von erheblichen Umweltauswirkungen auszugehen ist, wenn jedenfalls einzelne Schutzgüter erheblich nachteilig betroffen sind.[948] Es ist jedoch zu berücksichtigen, dass *Kuschnerus* dabei – wie erläutert[949] – eine im Hinblick auf die voraussichtlich erheblichen Umweltauswirkungen eines Plans i. S. d. Plan-UP-RL nicht zu vertretende, sehr hohe Erheblichkeitsschwelle zugrunde legt, so dass dessen Ansicht eher *Spannowskys* Ansatz unterstützt, dass nur im Fall einer besonders schwerwiegenden Betroffenheit eines Schutzguts diese allein die Annahme voraussichtlich erheblicher Umweltauswirkungen rechtfertigen kann.

(dd) Diskussion

Gegen die Ansicht, dass schon die abwägungserhebliche Betroffenheit auch nur eines der durch die Kriterien der Anlage 2 BauGB erfassten Schutzgüter durch den großflächigen Bebauungsplan der Innenentwicklung grundsätzlich zur Annahme voraussichtlich erheblicher Umweltauswirkungen führt, spricht schon der Wortlaut des § 13a Abs. 1 S. 2 Nr. 2 BauGB. Dementsprechend kommt es darauf an, ob der Bebauungsplan voraussichtlich *erhebliche* Umweltauswirkungen hat, die nach § 2 Abs. 4 S. 4 BauGB in der *Abwägung zu berücksichtigen* wären. Würde sich schon aus der Abwägungsrelevanz einer Umweltauswirkung die Erheblichkeit der Umweltauswirkungen des Bebauungsplans ergeben, so hätte der Hinweis, dass es nur auf *erhebliche* Umweltauswirkungen ankommt, die in der Abwägung zu berücksichtigen wären, keine eigenständige Bedeutung. Gerade weil es um die Einschätzung *erheblicher* Umweltauswirkungen, die in der Abwägung zu berücksichtigen wären, geht, ergibt sich, dass die schlichte Abwägungserheblichkeit der Umweltauswirkungen nicht ausreicht, sondern nur *erhebliche* abwägungsrelevante Umweltauswirkungen als Ergebnis der Vorprü-

---

947 Europäische Kommission, Umsetzung Richtlinie 2001/42/EG, 2003, Nr. 3.48, abrufbar unter http://www.erneuerbare-energien.de/files/pdfs/allgemein/application/pdf/sea_guidance.pdf (zuletzt abgerufen am 24.07.2008). Vgl. auch *Leidinger*, in: Hoppe, UVPG, § 14b, Rn. 57 u. 65.
948 *Kuschnerus*, BauR 2001, 1346 (1348).
949 Vgl. B. II. 6. e) bb) (3) (d) (bb) u. (cc). *Kuschnerus*, BauR 2001, 1211 (1218), setzt die Erheblichkeitsschwelle deshalb so hoch an, weil er davon ausgeht, dass eine Gesamtbetrachtung der umweltrelevanten Auswirkungen eines Vorhabens nicht ohne eine Saldierung verschiedener Auswirkungen, die gerade nicht möglich ist, erfolgen kann. Daraus folgt gleichzeitig, dass die abwägungserhebliche Betroffenheit *eines* Schutzguts durch ein Vorhaben, *sofern sie nicht erheblich ist*, nach *Kuschnerus'* Ansicht nicht ausreicht, um voraussichtlich erhebliche Umweltauswirkungen anzunehmen.

fung die Anwendung des beschleunigten Verfahrens ausschließen.⁹⁵⁰ Daraus folgt, dass die Einschätzung allein abwägungsrelevanter Umweltauswirkungen des Bebauungsplans die Anwendung des beschleunigten Verfahrens nicht generell ausschließt.⁹⁵¹ Diese Ansicht wird dadurch bestätigt, dass die Vorprüfung grundsätzlich anhand *aller* in Anlage 2 BauGB aufgeführter Kriterien erfolgen soll, die Umweltauswirkungen des Bebauungsplans also an *allen* Kriterien der Anlage 2 BauGB zu messen sind. Dies macht aber, gerade weil die Vorprüfung möglichst rasch und unaufwändig erfolgen soll, nur dann Sinn, wenn grundsätzlich nicht schon die abwägungserhebliche Betroffenheit eines Kriteriums über die Erheblichkeit der Umweltauswirkungen des Bebauungsplans entscheidet, sondern darüber eine die Betroffenheit aller Kriterien beachtende Gesamtschau zu befinden hat. Ansonsten könnte die Vorprüfung auch grundsätzlich nach der Feststellung der Abwägungserheblichkeit einer Umweltauswirkung des Plans abgebrochen werden, zumal innerhalb des dann für die gewünschte Planung durchzuführenden Regelplanungsverfahrens gem. § 2 Abs. 4 S. 1 BauGB im Rahmen der Umweltprüfung ohnehin eine genauere Ermittlung, Bewertung und Beschreibung der Umweltauswirkungen des Plans vorgenommen werden müsste. Zudem würde die Ansicht, die bereits bei der einfachen Abwägungserheblichkeit auch nur einer Umweltauswirkung des Bebauungsplans die Erheblichkeit der Umweltauswirkungen des Plans annimmt, dazu führen, dass das beschleunigte Verfahren bei großen Bebauungsplänen der Innenentwicklung keinen nennenswerten Anwendungsbereich mehr hätte, was die Intention des Gesetzgebers, durch die Privilegien des beschleunigten Verfahrens die Innenentwicklung nachhaltig zu fördern und die Neuinanspruchnahme von Flächen effektiv zu vermeiden bzw. zu vermindern, beinahe konterkarieren würde, wenn man bedenkt, dass ein Bebauungsplan der Innenentwicklung gerade in größeren Städten, vor allem unter Berücksichtigung der Kumulationsregelung des § 13a Abs. 1 S. 2 Nr. 1 a. E. BauGB, nicht selten eine Grundflächenfestsetzung zwischen 20000 qm und weniger als 70000 qm haben dürfte.

Desweiteren darf nicht vergessen werden, dass das UP-Screening des § 13a Abs. 1 S. 2 Nr. 2 BauGB anhand der Kriterien der Anlage 2 BauGB denselben Zweck verfolgt wie die für kleinflächige Bebauungspläne der Innenentwicklung, die per Gesetz abstrakt-generell als nicht umweltprüfungspflichtig eingeordnet wurden, innerhalb des Gesetzgebungsverfahrens vorgenommene (Vor-)Prüfung⁹⁵² dahingehend, ob ein kleinflächiger Bebauungsplan der Innenentwicklung gemessen an den Kriterien von Anhang II Plan-UP-RL voraussichtlich erhebliche Umweltauswirkungen hat. Innerhalb der gem. Art. 3 Abs. 5 S. 2 Plan-UP-RL die Kriterien des Anhangs II Plan-UP-RL beachtenden, abstrakt-generellen Festlegung kleinflächiger Bebauungspläne der Innenentwicklung als nicht um-

---

950 *Krautzberger*, in: E/Z/B/K, § 13a, Rn. 48 (Stand: Mai 2007).
951 *Krautzberger*, in: E/Z/B/K, § 13a, Rn. 48 (Stand: Mai 2007).
952 Vgl. BT-Drs. 16/2496, S. 13 u. 14.

weltprüfungspflichtig gem. Art. 3 Abs. 5 S. 1 2. Var. Plan-UP-RL stellte man nicht darauf, ob ein kleinflächiger Bebauungsplan der Innenentwicklung ein einzelnes, von den Kriterien des Anhangs II Plan-UP-RL erfasstes umweltbezogenes Schutzgut bzw. einen erfassten Schutzzweck abwägungserheblich betrifft bzw. betreffen kann; vielmehr nahm man eine Gesamtschau der möglichen Betroffenheiten aller in Anhang II Plan-UP-RL aufgeführten Schutzgüter und -zwecke vor. Dies begegnete in der Methodik keinerlei europarechtlichen Zweifeln. Dasselbe muss dann aber auch für die Art. 3 Abs. 5 S. 1 3. Var. Plan-UP-RL entsprechende Vorprüfung des Einzelfalls für großflächige Bebauungspläne der Innenentwicklung anhand der Kriterien des Anhangs II Plan-UP-RL (Art. 3 Abs. 5 S. 2 Plan-UP-RL) bzw. der Anlage 2 BauGB, die den Anhang II Plan-UP-RL weitgehend übernommen hat, gelten dürfen. Ferner ist zu bedenken, dass der Begriff der erheblichen Umweltauswirkungen in § 2 Abs. 4 S. 1 BauGB nicht nur eine europarechtliche, der Plan-UP-RL entnommene Bedeutung hat. Aufgrund der Ausgestaltung der Umweltprüfung im deutschen Bauleitplanungsrecht als Trägerverfahren für alle, auch nur nach nationalem Recht planungsrechtlich relevanten, umweltbezogenen Maßgaben und Verfahren[953] meint der Begriff der Erheblichkeit der Umweltauswirkungen in § 2 Abs. 4 S. 1 BauGB entsprechend des *nationalen* Verständnisses von planungsrechtlicher Relevanz Abwägungsrelevanz. Im Rahmen der Vorprüfung gem. § 13a Abs. 1 S. 2 Nr. 2 BauGB dagegen kommt es im Hinblick auf die Klärung der Frage, ob der Bebauungsplan der Innenentwicklung aus *rein europarechtlichen* Gründen einer Umweltprüfung zu unterziehen ist, nur darauf an, ob die Planung voraussichtlich erhebliche Umweltauswirkungen im europarechtlichen Sinne hat, so dass sich die Bedeutung des Begriffs der erheblichen Umweltauswirkungen in § 2 Abs. 4 S. 1 BauGB und § 13a Abs. 1 S. 2 Nr. 2 BauGB durchaus unterscheiden können.[954]

Spannowsky geht daher im Sinne einer positiven Definition voraussichtlich erheblicher Umweltauswirkungen gem. § 13a Abs. 1 S. 2 Nr. 2 BauGB zusammenfassend davon aus, dass ein großflächiger Bebauungsplan der Innenentwick-

---

953 BT-Drs. 15/2250, S. 28 u. 29.
954 Vgl. *Krautzberger*, in: E/Z/B/K, § 2, Rn. 189a (Stand: September 2007); *ders.*, in: E/Z/B/K, § 13a, Rn. 48 (Stand: Mai 2007); Bunzel, LKV 2007, 444 (447), geht davon aus, dass die europarechtliche Erheblichkeit über der sich aus nationalen Gesetzen und Standards ergebenden Erheblichkeitsschwelle liegt, die in diesem Sinne wohl bei der Abwägungserheblichkeit anzusetzen ist. *Leidinger*, in: Hoppe, UVPG, § 14b, Rn. 51, geht von einer Identität des Erheblichkeitsmaßstabs in UP-Screening und Umweltprüfung aus. In Rn. 53 nennt er die jeweiligen materiellen Abwägungsbelange einen inhaltlichen *Bezugspunkt* für die Bestimmung der Erheblichkeit der Umweltauswirkungen, wobei er davon ausgehend auf eine Erheblichkeit in Ansehung der Vorgaben des jeweiligen Fachrechts abstellt, woraus zu schließen ist, dass die bloße Abwägungserheblichkeit *nicht generell* Erheblichkeit im Sinne der Plan-UP-RL bedeutet. Ähnlich *Gassner*, UVPG, § 14b, Rn. 34.

lung dann nicht im beschleunigten Verfahren aufgestellt werden kann, wenn die Vorprüfung ergibt, dass die Umweltauswirkungen des Plans die planerische Abwägung *im Ergebnis* beeinflussen können,[955] sie also voraussichtlich so gewichtig sind, dass sie in der Abwägung mit anderen Belangen nicht ohne Weiteres weggewogen werden können. Gerade in einem solchen Fall ist die von der Plan-UP-RL (vgl. Art. 1 Plan-UP-RL) intendierte, frühzeitige Einbeziehung der Umweltauswirkungen in die Planung bereits in der Phase der Planausarbeitung aufgrund ihrer Relevanz für das Planungsergebnis wichtig, so dass eine derartige Interpretation von „erheblichen Umweltauswirkungen" i. S. d. § 13a Abs. 1 S. 2 Nr. 2 BauGB auch als europarechtskonform einzuordnen ist. Dabei kann, entsprechend der oben aufgeführten Ansätze,[956] auch eine einzelne Umweltauswirkung eines Plans so erheblich sein, dass sie sich abwägungsentscheidend auswirken kann, weshalb in einem solchen Fall die Vorprüfung ausnahmsweise mit der Feststellung einer derartigen Erheblichkeit einer Umweltauswirkung abgebrochen werden darf.[957]

Aufgrund der vorangegangenen Argumentation ist der Ansicht *Spannowskys* auch insgesamt zuzustimmen. Dieser Auslegung des Begriffs „voraussichtlich *erhebliche* Umweltauswirkungen" entsprechend kann dem Ansatz *Schmidt-Eichstaedts*, der für seine innerhalb der Vorprüfung schematisch abzuarbeitende „Abhak-Liste" davon ausgeht, dass sich die voraussichtliche Erheblichkeit der Umweltauswirkungen eines großflächigen Bebauungsplans der Innenentwicklung *grundsätzlich* schon aus der Betroffenheit eines einzelnen, in Anlage 2 BauGB aufgeführten Kriteriums ergeben kann,[958] nicht gefolgt werden. Wie im innerhalb der Fachplanung durchzuführenden UP-Screening gem. § 14b Abs. 4 S. 2 UVPG ausdrücklich vorgesehen, ist für die Einschätzung, ob ein Plan voraussichtlich erhebliche Umweltauswirkungen hat, auch zu berücksichtigen, inwieweit Umweltauswirkungen des betrachteten Plans durch Vermeidungs- und Verminderungsmaßnahmen bzw. Kompensationsmaßnahmen, deren Realisierung konkret absehbar und rechtlich gesichert ist, ausgeschlossen oder wenigstens reduziert bzw. ausgeglichen werden, wobei die Verminderung, Vermeidung oder Kompensation von Umweltauswirkungen offensichtlich sein muss, denn eine detaillierte Ermittlung würde dem überschlägigen Charakter der Vorprüfung widersprechen.[959] Insoweit können positive und negative Umweltaus-

---

955 *Spannowsky*, in: Berliner Kommentar, § 13a, Rn. 22 (Stand: Juli 2007). A. A. *Gierke*, in: Brügelmann, § 13a, Rn. 94 (Stand: Februar 2008).
956 Vgl. B. II. 6. e) bb) (3) (d) (cc).
957 Vgl. Europäische Kommission, Umsetzung Richtlinie 2001/42/EG, 2003, Nr. 3.48, abrufbar unter http://www.erneuerbare-energien.de/files/pdfs/allgemein/application/pdf/sea_guidance.pdf (zuletzt abgerufen am 24.07.2008).
958 *Schmidt-Eichstaedt*, BauR 2007, 1148 (1151).
959 *Gierke*, in: Brügelmann, § 13a, Rn. 95 (Stand: Februar 2008); ebenso *Schwarz*, LKV 2008, 12 (17). Vgl. auch *Gassner*, UVPG, § 14b, Rn. 35.

wirkungen einer Planung bei der Bewertung der Erheblichkeit der Umweltauswirkungen insgesamt ausnahmsweise saldiert werden.

(ee) Konkrete Anhaltspunkte für das Bestehen voraussichtlich erheblicher Umweltauswirkungen

Daraus ergibt sich jedoch immer noch nicht, wann mathematisch genau die Umweltauswirkungen eines Plans die Schwelle der Erheblichkeit im Sinne von § 13a Abs. 1 S. 2 Nr. 2 BauGB überschreiten, was jedoch für die innerhalb der Vorprüfung zu treffende „Einschätzung" als wertende Entscheidung bezogen auf den jeweils vorzuprüfenden Plan auch gar nicht festgelegt werden könnte.[960] Trotz fehlender Definition für „erhebliche Umweltauswirkungen" enthält das Baugesetzbuch in Form des Grundflächenschwellenwerts des § 13a Abs. 1 S. 2 Nr. 2 BauGB aber wenigstens ein Indiz für die Erheblichkeit der Umweltauswirkungen eines Bebauungsplans. Berücksichtigt man nämlich, dass der Gesetzgeber bei Bebauungsplänen der Innenentwicklung ab einer Grundfläche von 70000 qm davon ausgeht, dass sie in der Regel mit voraussichtlich erheblichen Umweltauswirkungen verbunden sind[961] und deshalb wegen Art. 3 Abs. 1 Plan-UP-RL nicht mehr im beschleunigten Verfahren ohne Umweltprüfung aufgestellt werden können, ergibt sich, dass abwägungserhebliche Umweltauswirkungen eines großflächigen Bebauungsplans der Innenentwicklung umso eher voraussichtlich erheblich im Sinne von § 13a Abs. 1 S. 2 Nr. 2 BauGB sind, je mehr die Größe des Bebauungsplans den unteren Schwellenwert von 20000 qm überschreitet und sich der 70000 qm-Grenze nähert.[962] Auch i. R. d. UVP-Screenings geht man gem. § 3c S. 4 UVPG davon aus, dass das Vorliegen erheblicher nachteiliger Umweltauswirkungen umso wahrscheinlicher ist, je mehr der die Umweltverträglichkeitsvorprüfungspflicht auslösende Schwellenwert überschritten wird und sich das Vorhaben an den Größenwert der generell umweltverträglichkeitsprüfungspflichtigen Vorhaben annähert.[963] Ein weiteres Indiz für das Vorliegen erheblicher Umweltauswirkungen ist es, wenn ein Großteil der in der Anlage 2 BauGB genannten Kriterien und daher der zu beachtenden Umweltschutzgüter und -zwecke durch den Bebauungsplan nachteilig, d. h. abwägungserheblich, betroffen ist.[964]

---

960 Vgl. *Krautzberger*, in: E/Z/B/K, § 13a, Rn. 48 (Stand: Mai 2007); *Schwarz*, LKV 2008, 12 (16).
961 *Starke*, JA 2007, 488 (490).
962 *Dirnberger*, Bay. Gemeindetag 2/2007, 51 (52); *Mitschang*, ZfBR 2007, 433 (439); *Schwarz*, LKV 2008, 12 (16).
963 *Kuschnerus*, BauR 2001, 1346 (1347).
964 *Schwarz*, LKV 2008, 12 (14); Europäische Kommission, Umsetzung Richtlinie 2001/42/EG, 2003, Nr. 3.48, abrufbar unter http://www.erneuerbare-energien.de/files/pdfs/allgemein/application/pdf/sea_guidance.pdf (zuletzt abgerufen am 24.07.2008). Vgl. auch *Leidinger*, in: Hoppe, UVPG, § 14b, Rn. 64.

Die Vorgabe des § 13a Abs. 1 S. 2 Nr. 2 BauGB, dass ein großflächiger Bebauungsplan der Innenentwicklung nur dann im beschleunigten Verfahren aufgestellt werden darf, wenn im Rahmen der Vorprüfung die *Einschätzung* erlangt wird, dass der Plan *voraussichtlich* keine erheblichen Umweltauswirkungen hat, bedeutet zudem, dass für die Annahme einer Umweltprüfungspflicht und damit den Ausschluss des beschleunigten Verfahrens gem. § 13a Abs. 1 S. 2 Nr. 2 BauGB das Vorliegen eines begründeten Verdachts erheblicher Umweltauswirkungen ausreicht,[965] was den Prüfungsaufwand für die Vorprüfung weiter einschränkt. Es genügt also, wenn sich die Einschätzung auf *potentiell* erhebliche Umweltauswirkungen bezieht, auch wenn für sie keine gesicherte Eintrittswahrscheinlichkeit besteht.[966] Dabei sind an den Wahrscheinlichkeitsgrad umso geringere Anforderungen zu stellen, je bedeutender die betrachteten Umweltauswirkungen für den Fall ihres tatsächlichen Eintretens in ihrem räumlichen Umfang, ihrer Erheblichkeit und ihrer Dauerhaftigkeit sind.[967]

(e) Anwendung der Zweifelsformel

Fraglich ist, ob umgekehrt für die Anwendbarkeit des beschleunigten Verfahrens als Ergebnis der Vorprüfung erhebliche Umweltauswirkungen des Plans offensichtlich ausgeschlossen sein müssen,[968] wie man dies für das UVP-Screening nach § 3c UVPG, auch im Rahmen der Umweltverträglichkeitsvorprüfungspflichtigkeit unmittelbar von Bebauungsplänen (vgl. Nrn. 18.5.2, 18.7.2, 18.8 Anlage 1 UVPG), annahm bzw. noch annimmt. Bei Zweifeln über die Notwendigkeit einer Umweltverträglichkeitsprüfung nach Durchführung des Screenings ging man jedenfalls bis zum EAG-Bau (2004) davon aus, besser eine Umweltverträglichkeitsprüfung durchzuführen[969] als einen Verfahrensfehler zu riskieren. Im Hinblick auf das Gebot des Art. 3 Abs. 1 Plan-UP-RL, Pläne mit voraussichtlich erheblichen Umweltauswirkungen tatsächlich einer Umweltprüfung zu unterziehen, erscheint die Anwendung dieser Zweifelsformel auch im Hinblick auf das UP-Screening und die Umweltprüfung angebracht. Anderseits hat das EAG-Bau das bis dahin für Bebauungspläne geltende Regel-Ausnahme-Verhältnis von Nichtumwelt(verträglichkeits)prüfungspflichtigkeit und (genereller) Umwelt(verträglichkeits)prüfungspflichtigkeit durch die Einführung der weitgehend generellen Pflicht zur Durchführung einer Umweltprüfung für Bebauungs-

---

965 *Battis/Ingold*, LKV 2007, 433 (434), bezogen auf das UVP-Screening; bestätigt bei *Gierke*, in: Brügelmann, § 13a, Rn. 95 (Stand: Februar 2008).
966 *Gierke*, in: Brügelmann, § 13a, Rn. 95 (Stand: Februar 2008); *Schwarz*, LKV 2008, 12 (16).
967 Vgl. *Leidinger*, in: Hoppe, UVPG, § 14b, Rn. 58 u. 59.
968 *Battis/Ingold*, LKV 2007, 433 (434); *Kuschnerus*, BauR 2001, 1346 (1347), jeweils bezogen auf das UVP-Screening gem. § 3c UVPG; *Gierke*, in: Brügelmann, § 13a, Rn. 95 (Stand: Februar 2008), auch hinsichtlich des UP-Screenings.
969 *Battis/Ingold*, LKV 2007, 433 (438).

pläne um 180 Grad gedreht.[970] Die noch vorhandenen, durch das Innenstadtentwicklungsgesetz erweiterten Anwendungsfälle eines Screenings zur Klärung der Umwelt(verträglichkeits)prüfungspflichtigkeit von Bebauungsplänen, das UVP-Screening des § 13 Abs. 1 Nr. 1 BauGB, das UP-Screening des § 13a Abs. 1 S. 2 Nr. 2 BauGB sowie das UVP-Screening des § 13a Abs. 1 S. 4 BauGB, dienen, wie oben dargestellt,[971] nicht mehr nur der Feststellung, ob ein bestimmter Verfahrensschritt innerhalb eines ansonsten unveränderten Verwaltungsverfahrens durchzuführen ist, sondern entscheiden über die Anwendbarkeit eines bestimmten Verfahrenstyps insgesamt.[972] Während nach der Rechtslage bis 2004 die Anwendung der Zweifelsformel allenfalls die Durchführung eines tatsächlich unnötigen Verfahrensschritts mit sich brachte, ist nun bei Anwendung der Zweifelsformel und damit bei Annahme erheblicher Umweltauswirkungen der Planung nicht nur eine Umweltprüfung notwendig, was angesichts der Tatsache, dass die abwägungserheblichen Umweltbelange ohnehin gem. § 2 Abs. 3 BauGB zu ermitteln und zu bewerten sowie in der Plan(entwurfs)begründung darzustellen sind, durchaus vertretbar erscheint, sondern es entfallen auch die mit dem vereinfachten bzw. beschleunigten Verfahren verbundenen, weiteren Verfahrenserleichterungen, so dass die Anwendung der Zweifelsformel den Verfahrensaufwand deutlich erhöhen kann.[973] Gegen die Anwendung der Zweifelsformel im Rahmen des § 13a Abs. 1 S. 2 Nr. 2 BauGB spricht auch die Regelung des § 214 Abs. 2a Nr. 3 BauGB,[974] wonach eine fehlerhafte Einschätzung im Rahmen der Vorprüfung dahingehend, dass der Bebauungsplan voraussichtlich keine erheblichen Umweltauswirkungen hat, die Rechtswirksamkeit des Bebauungsplans unter den genannten weiteren Voraussetzungen nicht tangiert, sofern das Ergebnis der Vorprüfung nachvollziehbar ist, worunter gerade auch Konstellationen fallen können, in denen als Ergebnis der Vorprüfung Zweifel über die Nichterheblichkeit der Umweltauswirkungen des Bebauungsplans bestehen bleiben, die letztliche Annahme des Fehlens erheblicher Umweltauswirkungen aber nachvollziehbar ist. Andererseits ist zu bedenken, dass das EAG-Bau – wie oben ausgeführt[975] – auch deshalb aus Anlass der Umsetzung der Plan-UP-RL die generelle Umweltprüfungspflicht für Bebauungspläne einführte, weil sich bei der Durchführung eines Screenings zur Feststellung der Umweltverträglichkeitsprüfungspflichtigkeit Schwierigkeiten, auch im Hinblick auf die Feststellung, ob bei Realisierung eines Vorhabens erhebliche Umweltauswirkungen zu erwarten sind, gezeigt hatten.[976] Daher ist es geboten, die Ausnahmen

---

970 *Battis/Ingold*, LKV 2007, 433 (438); *Spannowsky*, NuR 2007, 521 (522).
971 Vgl. B. II. 6. e) bb) (2) (b) u. (c).
972 *Battis/Ingold*, LKV 2007, 433 (438).
973 *Battis/Ingold*, LKV 2007, 433 (438).
974 *Battis/Ingold*, LKV 2007, 433 (438).
975 Vgl. B. II. 6. e) bb) (1) (b).
976 *Battis/Ingold*, LKV 2007, 433 (438). Vgl. Fn. 829; Fn. 830.

von der generellen Pflicht zur Durchführung einer Umweltprüfung in Gestalt von Screenings restriktiv auszulegen und weiterhin die Zweifelsformel anzuwenden,[977] jedenfalls in den Fällen, in denen es auch zweifelhaft erscheint, ob die Annahme nicht-erheblicher Umweltauswirkungen tatsächlich nachvollziehbar ist. Dies entspricht auch einer europarechtskonformen Auslegung der Vorprüfungstatbestände im Hinblick auf die Anforderungen von Art. 3 Abs. 1, Abs. 5 S. 1 1. Var. u. 3. Var., S. 2 Plan-UP-RL.[978]

(f) Dokumentation des Screenings

§ 13a Abs. 1 S. 2 Nr. 2 BauGB trifft zwar, anders als § 14b Abs. 4 S. 4 UVPG[979] für das gem. § 14b Abs. 4 UVPG durchzuführende UP-Screening und als § 3c S. 6 UVPG[980] für das gem. § 3c UVPG durchzuführende UVP-Screening, selbst keine Regelung über eine etwaige Notwendigkeit, die Vorprüfung in irgendeiner Weise zu dokumentieren, jedoch ergibt sich aus dem Erfordernis des § 13a Abs. 3 S. 1 Nr. 1 BauGB, der die ortsübliche Bekanntmachung der wesentlichen Gründe dafür verlangt, dass ein großflächiger Bebauungsplan der Innenentwicklung im beschleunigten Verfahren ohne Umweltprüfung aufgestellt werden darf, dass die Durchführung bzw. jedenfalls das begründete, die wesentlichen innerhalb der Vorprüfung angestellten Überlegungen zusammenfassende Ergebnis des UP-Screenings für den Fall in schriftlich fassbarer Form benötigt wird, dass das beschleunigte Verfahren anwendbar ist.[981] Da aber auch für den Fall, dass das UP-Screening eine Umweltprüfungspflicht des Bebauungsplans ergibt, das Ergebnis des Screenings für ein im Folgenden für den gewünschten Plan durchzuführendes Regelplanungsverfahren nicht völlig sinnlos ist, sondern als Ansatzpunkt für die Umweltprüfung weiterverwendet werden kann, ist der Gemeinde zu raten, über die Durchführung der Vorprüfung in jedem Fall ein Screening-

---

[977] *Battis/Ingold*, LKV 2007, 433 (438); so auch der Praxistest, vgl. *Bunzel*, Difu-Praxistest, S. 34, abrufbar unter http://www.difu.de/publikationen/difu-berichte/4_06/11.phtml (zuletzt abgerufen am 01.03.2008); zustimmend *Gierke*, in: Brügelmann, § 13a, Rn. 95 (Stand: Februar 2008); *Leidinger*, in: Hoppe, UVPG, § 14, Rn. 52.

[978] Vgl. Europäische Kommission, Umsetzung Richtlinie 2001/42/EG, 2003, Nr. 3.46, abrufbar unter http://www.erneuerbare-energien.de/files/pdfs/allgemein/application/pdf/sea_guidance.pdf (zuletzt abgerufen am 24.07.2008).

[979] Klarstellend eingeführt durch das Öffentlichkeitsbeteiligungsgesetz, BGBl. (2006) I. S. 2819 (2820): BT-Drs. 16/2494, S. 8 u. 24; *Leidinger*, in: Hoppe, UVPG, § 14b, Rn. 68.

[980] Klarstellend eingefügt durch das Öffentlichkeitsbeteiligungsgesetz (BGBl. (2006) I. S. 2819 (2819); BT-Drs. 16/2494, S. 7 u. 18; zurückgehend auf EuGH, Urt. 10.06.2004 – Rs. C-87/02, Slg. 2004, I-5975 (6007 (Rn. 49)).

[981] Vgl. BT-Drs. 16/2494, S. 24, in Bezug auf § 14b Abs. 4 S. 4 UVPG; *Gierke*, in: Brügelmann, § 13a, Rn. 101 (Stand: Februar 2008); *Mitschang*, ZfBR 2007, 433 (438). Vgl. auch *Leidinger*, in: Hoppe, UVPG, § 14b, Rn. 69 und *ders.*, in: Hoppe, UVPG, § 14a, Rn. 24.

protokoll anzufertigen,[982] aus dem ihre Vorgehensweise und die Grundlagen sowie das Ergebnis ihrer Einschätzung erheblicher oder nichterheblicher Umweltauswirkungen des Bebauungsplans entnommen werden können. Dieses kann ihr insbesondere auch dann zugutekommen, wenn die Rechtswirksamkeit eines im beschleunigten Verfahren aufgestellten großflächigen Bebauungsplans der Innenentwicklung in Frage steht. Wird nämlich bestritten, dass die Einschätzung der Gemeinde im UP-Screening des § 13a Abs. 1 S. 2 Nr. 2 BauGB über das voraussichtliche Fehlen erheblicher Umweltauswirkungen des Bebauungsplans korrekt war, weshalb das beschleunigte Verfahren nicht hätte angewendet werden dürfen, tangiert gem. § 214 Abs. 2a Nr. 3 BauGB eine tatsächliche Fehleinschätzung die Rechtswirksamkeit des Bebauungsplans nicht, wenn die Vorprüfung entsprechend der Vorgaben von § 13a Abs. 1 S. 2 Nr. 2 BauGB durchgeführt worden und ihr Ergebnis nachvollziehbar ist. Genau für den Nachweis der Nachvollziehbarkeit und der Beachtung der Vorgaben des § 13a Abs. 1 S. 2 Nr. 2 BauGB ist es für die Gemeinde von Vorteil, wenn sie das Screening protokolliert hat.[983] Daher ist eine Dokumentation der Vorprüfung auch im Hinblick auf die Rechtsbeständigkeit des Bebauungsplans wichtig und der planenden Gemeinde zu empfehlen,[984] auch wenn sie, anders als für das UVP-Screening gem. § 3c S. 6 UVPG und das UP-Screening nach den Vorschriften des Gesetzes über die Umweltverträglichkeitsprüfung gem. § 14b Abs. 4 S. 4 UVPG, nicht ausdrücklich gesetzlich angeordnet wurde. Am vorteilhaftesten ist es dabei, die Dokumentation des Screenings in die Plan(entwurfs)begründung gem. § 2a S. 1, § 9 Abs. 8 BauGB aufzunehmen.[985]

---

982 *Gierke*, in: Brügelmann, § 13a, Rn. 101 (Stand: Februar 2008); *Mitschang*, ZfBR 2007, 433 (438).
983 Vgl. BT-Drs. 16/2494, S. 18 u. 21, in Bezug auf § 3c S. 6 UVPG unter Verweis auf EuGH, Urt. vom 10.06.2004 – Rs. C-87/02, Slg. 2004, I-5975 (6007 (Rn. 49)); vgl. BT-Drs. 16/2494, S. 24, in Übertragung auf das UP-Screening gem. § 14b Abs. 4 UVPG; *Gierke*, in: Brügelmann, § 13a, Rn. 101 (Stand: Februar 2008); *Schwarz*, LKV 2008, 12 (18); angedeutet bei *Battis*, in: B/K/L, § 214, Rn. 17 und *Jäde* in: J/D/W, BauGB, § 214, Rn. 31. *Kment*, DVBl. 2007, 1275 (1279), betont, dass die Gemeinde innerhalb des § 214 Abs. 2a Nr. 3 BauGB den Prüfungsprozess hinreichend belegen und eine in sich schlüssige Argumentation vorweisen können muss. Vgl. *Krautzberger*, in: E/Z/B/K, § 13a, Rn. 53 u. 59 (Stand: Mai 2007).
984 *Schwarz*, LKV 2007, 454 (454) unter Verweis auf *Mitschang*. *Bunzel*, Difu-Praxistest, S. 80, abrufbar unter http://www.difu.de/publikationen/difu-berichte/4_06/11.phtml (zuletzt abgerufen am 01.03.2008), verlangte diesbezüglich eine Klarstellung.
985 Vgl. *Gierke*, in: Brügelmann, § 13a, Rn. 101 (Februar 2008); *Krautzberger*, in: E/Z/B/K, § 13a, Rn. 53 (Stand: Mai 2007).

(4) Planerhaltungsvorschrift des § 214 Abs. 2a Nr. 3 BauGB

(a) Besonderheit der Fiktion

Wie soeben angedeutet, führt nicht jede Fehleinschätzung i. R. d. Vorprüfung des § 13a Abs. 1 S. 2 Nr. 2 BauGB, bei der fehlerhaft davon ausgegangen wird, der großflächige Bebauungsplan der Innenentwicklung habe voraussichtlich keine erheblichen Umweltauswirkungen, und die daher zu Unrecht den Anwendungsbereich des beschleunigten Verfahrens eröffnet, was regelmäßig mit einem Verstoß gegen die Anforderungen des an sich anzuwendenden Regelplanungsverfahrens einhergeht, entsprechend des für Rechtsnormen grundsätzlich geltenden Nichtigkeitsdogmas zur Unwirksamkeit des Bebauungsplans. Zur Erhöhung der Rechtsbeständigkeit[986] von Bebauungsplänen der Innenentwicklung sieht § 214 Abs. 2a Nr. 3 BauGB vielmehr vor, dass die Vorprüfung des Einzelfalls nach § 13a Abs. 1 S. 2 Nr. 2 BauGB als ordnungsgemäß durchgeführt gilt, wenn sie entsprechend den Vorgaben von § 13a Abs. 1 S. 2 Nr. 2 BauGB durchgeführt worden ist und ihr Ergebnis nachvollziehbar ist; dabei ist (zudem) unbeachtlich, wenn einzelne Behörden oder sonstige Träger öffentlicher Belange nicht beteiligt worden sind bzw. – im Erst-recht-Schluss – fehlerhaft beteiligt worden sind. Aufgrund dieser Fiktion[987] der Ordnungsmäßigkeit der Vorprüfung unter den genannten Voraussetzungen ist eine tatsächlich gegebene Fehleinschätzung der Gemeinde im Hinblick auf die Nicht-Erheblichkeit der Umweltauswirkungen des Bebauungsplans und damit eine darauf beruhende, an sich rechtswidrige Anwendung des beschleunigten Verfahrens für die Rechtswirksamkeit des großflächigen Bebauungsplans der Innenentwicklung unbeachtlich. Der Gesetzgeber reagiert hiermit auf eine von ihm vermutete Fehleranfälligkeit des UP-Screenings,[988] die ohne spezielle Planerhaltung die Planungs- und Rechtssicherheit bei großflächigen Bebauungsplänen der Innenentwicklung stark beeinträchtigen würde, was dem Ziel des Innenstadtentwicklungsgesetzes, Planungsvorhaben und damit Investitionen im Bereich der Innenentwicklung zu erleichtern und zu beschleunigen,[989] widerspräche.[990] Zur Erhöhung der Rechts- und der damit

---

986 Vgl. BT-Drs. 16/2496, S. 2. *Bunzel*, Difu-Praxistest, S. 80, abrufbar unter http://www.difu.de/publikationen/difu-berichte/4_06/11.phtml (zuletzt abgerufen am 01.03.2008); *Kment*, DÖV 2006, 462 (462); *ders.*, DVBl. 2007, 1275 (1275).
987 Mustereinführungserlass, S. 20, abrufbar unter http://www.is-argebau.de/ (zuletzt abgerufen am 10.05.2008).
988 *Spannowsky*, in: Spannowsky/Hofmeister, BauGB 2007, S. 27 (31); *ders.*, NuR 2007, 521 (522); *ders.*, in: Berliner Kommentar, § 13a, Rn. 3 (Stand: Juli 2007); die Fehleranfälligkeit der Vorprüfung bestätigen auch erste Erfahrungen aus der Praxis, *Schröer*, NZBau 2008, 46 (47).
989 Vgl. Fn. 21 u. 22. Vgl. B. I. 3.
990 Ähnlich *Bienek*, SächsVBl. 2007, 49 (49); *Bunzel*, Difu-Praxistest, S. 80, abrufbar unter http://www.difu.de/publikationen/difu-berichte/4_06/11.phtml (zuletzt abgerufen am

verbundenen Investitionssicherheit durch eine gesteigerte Bestandskraft von Bebauungsplänen wurde im Rahmen des Innenstadtentwicklungsgesetzes für alle Bauleitpläne und Satzungen nach dem Baugesetzbuch in § 215 Abs. 1 BauGB die Frist für die Rüge bestimmter, nach § 214 BauGB beachtlicher Fehler, die ein Unbeachtlichwerden der Gesetzesverstöße infolge rügelosen Fristablaufs verhindert, von ursprünglich zwei Jahren auf ein Jahr verkürzt.[991] Mit dem gleichen Ziel[992] wurde die Frist für die Stellung eines zulässigen Normenkontrollantrags und damit auch für eine gerichtliche Prinzipalkontrolle[993] von Bebauungsplänen (§ 47 Abs. 1 Nr. 1 VwGO) in § 47 Abs. 2 S. 1 VwGO auf ein Jahr verkürzt. Dies soll jeweils die Sicherheit von u. a. auf Bebauungspläne gestützten Investitionen allgemein erleichtern.[994]

Neu in der Gesetzgebungsgeschichte der Planerhaltungsvorschriften der §§ 214 f. BauGB ist, dass § 214 Abs. 2a Nr. 3 BauGB die Vorprüfung, die die in § 214 Abs. 2a Nr. 3 BauGB genannten Kriterien erfüllt, aufgrund der „gilt"-Formulierung als „ordnungsgemäß durchgeführt" fingiert und nicht – wie sonst innerhalb der Regelungen des § 214 Abs. 1, Abs. 2 u. Abs. 3 BauGB üblich – bei der Vorprüfung unterlaufene Fehler als unbeachtlich einstuft bzw. nur bestimmte Fehler als beachtlich einstuft.[995] Inhaltlich wird durch die Fiktion kein im Vergleich zu anderen Planerhaltungsvorschriften relevanter Unterschied erzielt. Jedoch wählte der Gesetzgeber mit der Fiktion eine gegenüber der bisher gebräuchlichen Regelungsweise elegantere und auch kürzere Form der Regelung der Nichtbeachtlichkeit eines Fehlers, die gerade im ohnehin unübersichtlichen „Regelungsmonster" des § 214 BauGB angebracht erscheint.[996] Denn die Fiktion der Ordnungsmäßigkeit der Vorprüfung impliziert ohne Weiteres, dass ein auf ihr beruhendes rechtswidriges Folgeverhalten, also z. B. die Nichtdurchführung einer Umweltprüfung oder eine das Entwicklungsgebot überschreitende Abweichung des Bebauungsplans vom Flächennutzungsplan, die die geordnete städtebauliche Entwicklung des Gemeindegebiets nicht beeinträchtigt, nicht

---

01.03.2008); *Portz*, in: Spannowsky/Hofmeister, BauGB 2007, S. 1 (4); *Spannowsky*, in: Berliner Kommentar, § 13a, Rn. 10 (Stand: Juli 2007); *ders.*, in: Spannowsky/Hofmeister, BauGB 2007, S. 27 (31).
991 BT-Drs. 16/2496, S. 17.
992 BT-Drs. 16/2496, S. 2. u. 10 u. 17; BR-Drs. 558/1/06, S. 13 u. 14.
993 Vgl. BR-Drs. 558/1/06, S. 13 u. 14. *Gronemeyer*, BauR 2007, 815 (823/824); *Stüer*, BauR 2007, 1495 (1499/1500).
994 BT-Drs. 16/2496, S. 17/18; BR-Drs. 558/1/06, S. 13 u. 14. *Blechschmidt*, ZfBR 2007, 120 (125); *Schröer*, NZBau 2006, 773 (774); *Söfker*, in: Spannowsky/Hofmeister, BauGB 2007, S. 17 (24).
995 *Blechschmidt*, ZfBR 2007, 120 (124); *Stock*, in: E/Z/B/K, § 214, Rn. 129f (Stand: Mai 2007).
996 Vgl. *Battis/Ingold*, LKV 2007, 433 (437).

fehlerhaft oder heilungsbedürftig sein kann, ohne dass dies, wie in § 214 Abs. 2a Nr. 1 BauGB, ausdrücklich angeordnet werden müsste.[997]

Indem die Vorprüfung als ordnungsgemäß durchgeführt und folglich auch als im Ergebnis richtig fingiert wird, wenn sie die Vorgaben des § 13a Abs. 1 S. 2 Nr. 2 BauGB beachtete und ihr Ergebnis nachvollziehbar ist, greift der deutsche Gesetzgeber für das UP-Screening zudem besonders augenfällig die europarechtliche und angloamerikanisch inspirierte Sichtweise auf,[998] die *korrekte Durchführung* eines Verfahrens zu betonen und weniger auf die materielle Richtigkeit einer Entscheidung abzustellen, weil davon ausgegangen wird, dass die materielle Richtigkeit des Verfahrensresultats durch die korrekte Verfahrensdurchführung indiziert und sogar (weitgehend) gewährleistet wird.[999]

(b) Durchführung der Vorprüfung entsprechend den Vorgaben von § 13a Abs. 1 S. 2 Nr. 2 BauGB

Eindeutig ist die Übernahme des europäischen Verfahrensgedankens in die Regelung des § 214 Abs. 2a Nr. 3 BauGB darin zu erkennen, dass die Ordnungsmäßigkeit der Vorprüfung gerade dann fingiert wird, wenn sie entsprechend der Vorgaben von § 13a Abs. 1 S. 2 Nr. 2 BauGB durchgeführt wurde. Die formal korrekte Abarbeitung bzw. Berücksichtigung der Kriterien der Anlage 2 BauGB und die Beteiligung der Behörden und sonstigen Träger öffentlicher Belange, deren (umweltbezogene) Aufgabenbereiche durch die Planung berührt werden können, werden als Indiz dafür gewertet, dass aufgrund der methodisch korrekten Vorgehensweise bei der Vorprüfung gem. § 13a Abs. 1 S. 2 Nr. 2 BauGB auch ihr Ergebnis richtig ist.[1000] Dabei ist zu beachten, dass die Vorprüfung nur dann entsprechend den Vorgaben des § 13a Abs. 1 S. 2 Nr. 2 BauGB durchgeführt wurde, wenn auch die zu beteiligenden Behörden und sonstigen Träger öffentlicher Belange im Rahmen ihrer Beteiligung zur Beachtung der Kriterien der Anlage 2 BauGB aufgefordert wurden.[1001]

Indem die Nichtbeteiligung *einzelner* zu beteiligender Behörden oder sonstiger Träger öffentlicher Belange, die grundsätzlich einen Verfahrensfehler inner-

---

997 *Blechschmidt*, ZfBR 2007, 120 (124); *Stock*, in: E/Z/B/K, § 214, Rn. 129g (Stand: Mai 2007).
998 *Battis/Ingold*, LKV 2007, 433 (437); *Schwarz*, LKV 2007, 454 (454) unter Verweis auf *Battis*; vgl. *Kment*, DVBl. 2007, 1275 (1275).
999 Vgl. BT-Drs. 15/2250, S. 28 u. 62; vgl. *Kment*, DÖV 2006, 462 (463); *ders.*, DVBl. 2007, 1275 (1275).
1000 *Battis/Ingold*, LKV 2007, 433 (437); vgl. BT-Drs. 15/2250, S. 31/32, wo in Bezug auf § 214 Abs. 1 S. 1 Nr. 1 und Abs. 3, insbesondere wohl Abs. 3 S. 2 1. Hs., von einer Verbindung der europarechtlich vorgegebenen Stärkung des Verfahrensrechts mit den Regelungen zur Bestandssicherheit von städtebaulichen Plänen gesprochen wird.
1001 *Wallraven-Lindl/Strunz/Geiß*, Das Bebauungsplanverfahren nach dem BauGB 2007, S. 169 u. 170. Vgl. Fn. 881.

halb der Vorprüfung darstellt, gem. § 214 Abs. 2a Nr. 3 2. Hs. BauGB der Fiktion der Ordnungsmäßigkeit des UP-Screenings nicht im Wege steht, wird das Risiko der Gemeinde, bei ihrer Beurteilung, welche Behörden und sonstigen Träger öffentlicher Belange durch den Bebauungsplan in ihrem (umweltbezogenen) Aufgabenbereich berührt werden *können* und daher am UP-Screening zu beteiligen sind, einen der Wirksamkeit des Bebauungsplans im Wege stehenden Fehler zu machen, wenn auch nur ein wenig, vermindert.[1002] Für ein rechtssicheres Vorgehen ist es einer Gemeinde aber dennoch zu empfehlen, bei der Einschätzung, welche Behörden und sonstigen Träger öffentlicher Belange durch die Planung in ihren (umweltbezogenen) Aufgabenbereichen im Sinne von § 13a Abs. 1 S. 2 Nr. 2 a. E. BauGB berührt werden können, großzügig vorzugehen[1003] und im Zweifel mehr Behörden und sonstige Träger öffentlicher Belange als notwendig am UP-Screening zu beteiligen, als zu beteiligenden Behörden und sonstigen Trägern öffentlicher Belange keine Partizipationsmöglichkeit einzuräumen, da § 214 Abs. 2a Nr. 3 2. Hs. BauGB die Vorprüfung gerade nur insoweit als ordnungsgemäß durchgeführt fingiert, als *einzelne* Behörden oder sonstige Träger öffentlicher Belange nicht § 13a Abs. 1 S. 2 Nr. 2 BauGB entsprechend am UP-Screening beteiligt wurden.

Der Regierungsentwurf zum Innenstadtentwicklungsgesetz sah die Fiktion der ordnungsgemäßen Durchführung der Vorprüfung gem. § 13a Abs. 1 S. 2 Nr. 2 BauGB nur unter der Voraussetzung vor, dass sie entsprechend der Vorgaben von § 13a Abs. 1 S. 2 Nr. 2 BauGB durchgeführt worden und ihr Ergebnis nachvollziehbar ist; ansonsten sollte ein für die Rechtswirksamkeit des Bebauungsplans beachtlicher Mangel vorliegen.[1004] Damit hätte in dem Fall, in dem auch nur eine gem. § 13a Abs. 1 S. 2 Nr. 2 BauGB zu beteiligende Behörde bzw. ein zu beteiligender sonstiger Träger öffentlicher Belange, deren bzw. dessen Aufgabenbereich durch die Planung berührt werden kann, nicht beteiligt worden wäre, ein die Wirksamkeit des Bebauungsplans hindernder, beachtlicher Fehler vorgelegen, weil diese Vorprüfung nicht vollkommen den Vorgaben des § 13a Abs. 1 S. 2 Nr. 2 BauGB entspricht und daher an einem formellen Fehler leidet. In Harmonisierung zur Fehlerfolgenregelung für Mängel bei der Behördenbeteiligung zum Planentwurf gem. § 4 Abs. 2 BauGB bzw. gem. § 13 Abs. 2 S. 1 Nr. 3 BauGB im Rahmen aller Bauleitplanungsverfahren in § 214 Abs. 1 S. 1 Nr. 2 2. Hs. 1. Var. BauGB, der gemäß die Nichtbeteiligung nur einzelner Behörden unter der Voraussetzung unbeachtlich ist, dass die entsprechenden, im Fall der Beteiligung vorgebrachten Belange unerheblich waren oder in der Ent-

---

1002 Vgl. *Stock*, in: E/Z/B/K, § 214, Rn. 48 (Stand: Mai 2007), bezogen auf die Unbeachtlichkeit der Nichtbeteiligung einzelner betroffener oder berührter Personen, Behörden oder sonstiger Träger öffentlicher Belange gem. § 214 Abs. 1 S. 1 Nr. 2 2. Hs. 1. Var. BauGB i. R. v. § 13 Abs. 2 S. 1 Nr. 2 1. Alt. u. Nr. 3 1. Alt. BauGB.
1003 Vgl. auch Fn. 880.
1004 BT-Drs. 16/2496, S. 7.

scheidung berücksichtigt worden sind, schlug der Bundestagsausschuss für Verkehr, Bau und Stadtentwicklung vor, auch i. R. d. Vorprüfung des Einzelfalls gem. § 13a Abs. 1 S. 2 Nr. 2 BauGB die Nichtbeteiligung nur einzelner zu beteiligender Behörden bzw. sonstiger Träger öffentlicher Belange nicht als Wirksamkeitshindernis für den Bebauungsplan einzuordnen.[1005] Dieser Vorschlag ist in die endgültige Fassung des § 214 Abs. 2a Nr. 3 BauGB auch unverändert übernommen worden. Da im Unterschied zu § 214 Abs. 1 S. 1 Nr. 2 2. Hs. 1. Var. BauGB für die Fiktion der ordnungsgemäßen Durchführung der Vorprüfung trotz Nichtbeteiligung einzelner zu beteiligender Behörden oder sonstiger Träger öffentlicher Belange in § 214 Abs. 2a Nr. 3 2. Hs. BauGB keine Einschränkung dahingehend gemacht wird, dass deren Belange unerheblich waren oder trotz der Nicht- bzw. nicht ordnungsgemäßen Beteiligung in der Entscheidung berücksichtigt wurden, kann für § 214 Abs. 2a Nr. 3 BauGB *entsprechend seines Wortlauts* angenommen werden, dass die Vorprüfung und damit die Einschätzung, dass voraussichtlich keine erheblichen Umweltauswirkungen bestehen, unter den genannten Voraussetzungen auch dann als ordnungsgemäß gilt, wenn infolge der Nicht- bzw. fehlerhaften Beteiligung einzelner Behörden oder sonstiger Träger öffentlicher Belange für die gem. § 13a Abs. 1 S. 2 Nr. 2 BauGB zu treffende Einschätzung erhebliche Belange nicht berücksichtigt wurden.[1006]

Die Tatsache, dass in der speziell für das UP-Screening des § 13a Abs. 1 S. 2 Nr. 2 BauGB geschaffenen Fehlerfolgenregelung des § 214 Abs. 2a Nr. 3 BauGB eigens auf eine fehlerhafte Beteiligung der gem. § 13a Abs. 1 S. 2 Nr. 2 a. E. BauGB zu beteiligenden Behörden und sonstigen Träger öffentlicher Belange eingegangen wird, ist ein weiteres Argument gegen die von *Bunzel* vertretene,[1007] bereits erläuterte Ansicht,[1008] die innerhalb der Vorprüfung erforderliche Behördenbeteiligung wie § 4 Abs. 1 S. 1 BauGB als allgemeine frühzeitige Behördenbeteiligung ohne speziellen Bezug nur auf die umweltbezogenen Auswirkungen des Plans zu interpretieren und daher keine Einschränkung nur auf solche Behörden und sonstige Träger öffentlicher Belange zu erlauben, die durch die Planung in ihrem *umweltbezogenen* Aufgabenbereichen berührt werden können. Denn für die allgemeine frühzeitige Behördenbeteiligung gem. § 4 Abs. 1 S. 1 BauGB ergibt sich bereits im Umkehrschluss zu § 214 Abs. 1 S. 1 Nr. 2 1. Hs. BauGB, der gem. § 214 Abs. 2a am Anfang BauGB ausdrücklich neben den besonderen Fehlerfolgenregelungen für Verstöße gegen Anforderungen des beschleunigten Verfahrens gem. § 214 Abs. 2a BauGB Gültigkeit beansprucht, dass Fehler bei der frühzeitigen Behördenbeteiligung die Rechtswirksamkeit eines Bebauungsplans grundsätzlich unberührt lassen – auch wenn mehr

---

1005 BT-Drs. 16/3308, S. 20.
1006 *Kment*, DVBl. 2007, 1275 (1279); *Uechtritz*, BauR 2007, 476 (484).
1007 *Bunzel*, LKV 2007, 444 (447).
1008 Vgl. B. II. 6. e) bb) (3) (b) (bb).

als nur einzelne Behörden oder sonstige Träger öffentlicher Belange nicht beteiligt wurden oder die frühzeitige Behördenbeteiligung ganz unterlassen wurde. Wäre die Behördenbeteiligung an der Vorprüfung als frühzeitige Behördenbeteiligung gem. § 4 Abs. 1 S. 1 BauGB allgemein auf alle Behörden und sonstigen Träger öffentlicher Belange zu erstrecken, deren Aufgabenbereiche unabhängig von deren Umweltbezug durch die Planung berührt werden können, hätte es der Fehlerfolgenregelung des § 214 Abs. 2a Nr. 3 2. Hs. BauGB nicht bedurft und sie wäre sogar widersprüchlich zu § 214 Abs. 1 S. 1 1. Hs., S. 1 Nr. 2 1. Hs. BauGB. Eine andere Ansicht verweist daher für die Behördenbeteiligung innerhalb des UP-Screenings darauf, dass für diese zwar auf § 4 Abs. 1 S. 1 BauGB zurückgegriffen werden könne, aber *nicht müsse* und bei der Durchführung einer allgemeinen frühzeitigen Behördenbeteiligung gem. § 4 Abs. 1 S. 1 BauGB *auch zum Zwecke* der Vorprüfung jedenfalls ausdrücklich auf diese eingegangen werden solle.[1009] Dabei wird eindeutig zwischen der allgemeinen frühzeitigen Behördenbeteiligung gem. § 4 Abs. 1 S. 1 BauGB und der Behördenbeteiligung am UP-Screening insofern unterschieden, als letztere nicht völlig unbeachtet in der allgemeinen frühzeitigen Behördenbeteiligung aufgehen kann und die beiden Beteiligungsformen gerade nicht gleichzusetzen sind. Dies spricht dafür, den Kreis der speziell am UP-Screening zu beteiligenden Behörden und sonstigen Träger öffentlicher Belange enger ziehen zu dürfen als den Rahmen einer § 4 Abs. 1 S. 1 BauGB entsprechenden Beteiligung.

(c) Nachvollziehbarkeit des Vorprüfungsergebnisses

(aa) Anforderungen an die Nachvollziehbarkeit

Gem. § 214 Abs. 2a Nr. 3 BauGB reicht es im Hinblick auf eine der Rechtswirksamkeit des großflächigen Bebauungsplans der Innenentwicklung nicht im Wege stehende Anwendung des beschleunigten Verfahrens für das Ergebnis der Vorprüfung, also für die Einschätzung der voraussichtlichen Nichterheblichkeit der Umweltauswirkungen des Bebauungsplans, aus, dass die von der Gemeinde getroffene Einschätzung nachvollziehbar ist. Nachvollziehbarkeit verlangt nicht unbedingt materielle Richtigkeit und Rechtmäßigkeit der Einschätzung. Nachvollziehbar ist das Ergebnis der Vorprüfung vielmehr schon dann, wenn die die Vorgaben des § 13a Abs. 1 S. 2 Nr. 2 BauGB beachtende Argumentation der Gemeinde in Bezug auf die Umweltauswirkungen des Bebauungsplans – aufgrund der Dokumentation des UP-Screenings – als in sich schlüssig eingeordnet werden kann, auch wenn nicht jede einzelne Schlussfolgerung auf dem Weg der Bewertung der Umweltauswirkungen des Bebauungsplans unumstößlich und

---

1009 *Wallraven-Lindl/Strunz/Geiß*, Das Bebauungsplanverfahren nach dem BauGB 2007, S. 169. Vgl. Fn. 876.

von absoluter Richtigkeit ist.[1010] Es genügt, wenn die Auffassung der Gemeinde plausibel und vertretbar[1011] ist, wobei dabei auch der überschlägige Charakter des UP-Screenings zu beachten ist.[1012] Die Plausibilität des Vorprüfungsergebnisses verlangt von der Gemeinde, dass sie sich mit den ihr bekannten und von den Behörden und sonstigen Trägern öffentlicher Belange beigebrachten Umweltauswirkungen des Bebauungsplans tatsächlich auseinandersetzt und in ihre Gesamtbewertung der Umweltauswirkungen einfließen lässt; sie darf nicht einfach bekannte Belange unberücksichtigt lassen.[1013] Nachvollziehbarkeit bedeutet zwar nicht unbedingt materielle Richtigkeit der Entscheidung; sie setzt aber eben schon einen, wenn auch gegenüber der materiellen Richtigkeit reduzierten, gewissen Qualitätsstandard der Einschätzung der voraussichtlichen Erheblichkeit bzw. Nichterheblichkeit der Umweltauswirkungen des Plans voraus.[1014] Nachvollziehbarkeit bedeutet demnach, dass, obwohl man selbst aus Überzeugung eine bestimmte Einschätzung über die voraussichtliche Erheblichkeit der Umweltauswirkungen eines bestimmten Bebauungsplans vertritt, dennoch eine andere, gegenteilige Einschätzung als vernünftig verstanden werden kann.[1015] Die Einschätzung der Gemeinde muss für den konkreten Bebauungsplan der Innenentwicklung, auf den sich die Vorprüfung bezogen hat, nachvollziehbar sein, so dass unspezifizierte Leerformeln eine nachvollziehbare Einschätzung des voraussichtlichen Fehlens erheblicher Umweltauswirkungen nicht tragen können.[1016] Bestehen Zweifel, ob die Annahme, dass der Bebauungsplan voraus-

---

1010 *Battis*, in: B/K/L, § 214, Rn. 17; *Battis/Krautzberger/Löhr*, NVwZ 2007, 121 (128); *Gierke*, in: Brügelmann, § 13a, Rn. 99 (Stand: Februar 2008); *Jäde*, in: J/D/W, BauGB, § 214, Rn. 31; *Kment*, DVBl. 2007, 1275 (1279); *Krautzberger*, in: E/Z/B/K, § 13a, Rn. 93 (Stand: Mai 2007); *Starke*, JA 2007, 488 (490).
1011 Vgl. BT-Drs. 16/2494, S. 21 im Hinblick auf § 3a S. 4 UVPG; *Krautzberger/Stüer*, DVBl. 2007, 160 (168) unter Verweis auf § 3a S. 4 UVPG; *Starke*, JA 2007, 488 (490) unter Verweis auf BT-Drs. 16/2494, S. 21; *Stock*, in: E/Z/B/K, § 214, Rn. 129g (Stand: Mai 2007); *Uechtritz*, BauR 2007, 476 (484).
1012 *Uechtritz*, BauR 2007, 476 (484). Vgl. Europäische Kommission, Umsetzung Richtlinie 2001/42/EG, 2003, Nr. 3.57, abrufbar unter http://www.erneuerbare-energien.de/files/pdfs/allgemein/application/pdf/sea_guidance.pdf (zuletzt abgerufen am 24.07.2008), die auch einräumt, dass es aufgrund zahlreicher Unsicherheiten, vor allem wegen unzureichender oder fehlender Daten und mangelnden Wissens, schwierig zu bestimmen ist, ob bei einem Plan mit erheblichen Auswirkungen zu rechnen ist. Eine grobe Schätzung der Auswirkungen wird jedoch als möglich und damit auch als ausreichend eingeordnet.
1013 *Bunzel*, LKV 2007, 444 (447); *Schwarz*, LKV 2008, 12 (18).
1014 *Bunzel*, Difu-Praxistest, S. 34, abrufbar unter http://www.difu.de/publikationen/difu-berichte/4_06/11.phtml (zuletzt abgerufen am 01.03.2008).
1015 *Krautzberger/Stüer*, DVBl. 2007, 160 (168); *Stüer*, BauR 2007, 1495 (1501).
1016 *Battis*, in: B/K/L, § 214, Rn. 17; *Battis/Krautzberger/Löhr*, NVwZ 2007, 121 (128); *Gierke*, in: Brügelmann, § 13a, Rn. 99 (Stand: Februar 2008); *Jäde*, in: J/D/W, BauGB,

sichtlich keine erheblichen Umweltauswirkungen i. S. d. § 13a Abs. 1 S. 2 Nr. 2 BauGB hat, tatsächlich plausibel und vertretbar ist, sollte die Gemeinde in Anwendung der Zweifelsformel von erheblichen Umweltauswirkungen ausgehen und das beschleunigte Verfahren unangewendet lassen.[1017]

Insgesamt soll das Ausreichen der Nachvollziehbarkeit des Vorprüfungsergebnisses für eine rechtswirksame Anwendung des beschleunigten Verfahrens den i. R. d. Vorprüfung notwendigen Aufwand weiter eingrenzen,[1018] gerade weil nicht unbedingt materielle Richtigkeit des Ergebnisses erforderlich ist, um den Bebauungsplan rechtswirksam im beschleunigten Verfahren aufstellen zu können. Ob dadurch der Vorprüfungsaufwand tatsächlich reduziert wird, wird gerade von den Praxisteststädten im Hinblick darauf, dass auch das Kriterium der Nachvollziehbarkeit eine objektive Anforderung[1019] an die Einschätzung der Umweltauswirkungen des Bebauungsplans stellt, diese aber in ihrer konkreten Bedeutung und ihren Voraussetzungen unklar erscheint,[1020] bezweifelt. Auch *Müller-Grune* geht davon aus, dass die Nachvollziehbarkeit des Ergebnisses des UP-Screenings oft nur gerichtlich zu klären ist.[1021]

(bb) Beurteilungsspielraum innerhalb der gem. § 13a Abs. 1 S. 2 Nr. 2 BauGB zu treffenden Einschätzung

Gem. § 13a Abs. 1 S. 2 Nr. 2 BauGB muss die Gemeinde aufgrund einer „überschlägigen Prüfung" eine „Einschätzung" treffen, ob der großflächige Bebauungsplan der Innenentwicklung „voraussichtlich" erhebliche Umweltauswirkungen hat oder nicht. Gem. § 214 Abs. 2a Nr. 3 BauGB muss die von der Gemeinde gemachte Einschätzung nicht unbedingt materiell richtig sein, sondern sie kann auch nur „nachvollziehbar" sein, ohne dass dies der Rechtswirksamkeit des Bebauungsplans im Wege stünde. Daraus folgt, dass sich auch die gerichtli-

---

§ 214, Rn. 31; *Kment*, DVBl. 2007, 1275 (1279); *Krautzberger*, in: E/Z/B/K, § 13a, Rn. 93 (Stand: Mai 2007); *Starke*, JA 2007, 488 (490).
1017 Vgl. B. II. 6. e) bb) (3) (e).
1018 *Kuschnerus*, Der standortgerechte Einzelhandel, Rn. 603; *Schröer*, NZBau 2008, 46 (47); *Spannowsky*, in: Spannowsky/Hofmeister, BauGB 2007, S. 27 (31); *ders.*, NuR 2007, 521 (522).
1019 *Bunzel*, Difu-Praxistest, S. 34, abrufbar unter http://www.difu.de/publikationen/difu-berichte/4_06/11.phtml (zuletzt abgerufen am 01.03.2008). Vgl. Fn. 1010, 1011, 1013, 1014, 1016.
1020 *Bunzel*, Difu-Praxistest, S. 80, abrufbar unter http://www.difu.de/publikationen/difu-berichte/4_06/11.phtml (zuletzt abgerufen am 01.03.2008); vgl. *Uechtritz*, BauR 2007, 476 (484). Vgl. *Kuschnerus*, BauR 2001, 1346 (1349), bezogen auf das UVP-Screening nach § 3c UVPG, der hervorhebt, dass eine Gemeinde nicht immer darauf vertrauen kann, dass eventuelle Fehleinschätzungen beim Absehen von einer an sich gebotenen Umweltverträglichkeitsprüfung als unbeachtlich gewertet werden, und dies als Nachteil des UVP-Screenings einordnet.
1021 *Müller-Grune*, BauR 2007, 985 (988/989).

che Kontrolle des Ergebnisses des UP-Screenings nur auf dessen Nachvollziehbarkeit und nicht auf dessen materielle Richtigkeit beziehen kann.[1022] Das Ergebnis der Vorprüfung ist damit nach dem eindeutigen Willen des Gesetzgebers nur beschränkt gerichtlich überprüfbar;[1023] der Gemeinde kommt i. R. d. UP-Screenings ein gerichtlich nur beschränkt überprüfbarer Beurteilungsspielraum im Bezug auf das voraussichtliche Vorliegen bzw. Nicht-Vorliegen erheblicher Umweltauswirkungen zu.[1024] Schon der Prognosecharakter[1025] und die Überschlägigkeit der Vorprüfung, aufgrund derer gerade keine abschließende Ermittlung und Bewertung der Umweltauswirkungen im Detail verlangt wird,[1026] sowie die ausdrückliche Verwendung des Begriffs „Einschätzung"[1027] in § 13a Abs. 1 S. 2 Nr. 2 BauGB, der eine wertende Entscheidung impliziert,[1028] indizieren eine gerichtlich nur eingeschränkt überprüfbare Einschätzungsprärogative der Planungsträger, die durch die Fehlerfolgenregelung des § 214 Abs. 2a Nr. 3 BauGB, der gemäß die Beachtung der Vorgaben des § 13a Abs. 1 S. 2 Nr. 2

1022 BT-Drs. 16/2494, S. 21, bezogen auf § 3a S. 4 UVPG, der für das UVP-Screening nach § 3c UVPG gerade diesbezüglich eine Klarstellung bringen sollte; *Battis/Ingold*, LKV 2007, 433 (437); *Krautzberger/Stüer*, DVBl. 2007, 160 (168); *Söfker*, in: Spannowsky/ Hofmeister, BauGB 2007, S. 17 (24); *Spannowsky*, in: Berliner Kommentar, § 13a, Rn. 45 (Stand: Juli 2007); *Stüer*, BauR 2007, 1495 (1501).
1023 Vgl. OVG Münster, Urt. vom 09.08.2006 – 8 A 1359/05, UPR 2007, 37 (37 u. 38), in Bezug auf ein UVP-Screening gem. § 3c UVPG; darauf verweist *Battis*, in: B/K/L, § 13a, Rn. 8 und § 214 Rn. 17; *Battis/Ingold*, LKV 2007, 433 (437); *Kment*, DVBl. 2007, 1275 (1279); *Spannowsky*, NuR 2007, 521 (526); *Stock*, in: E/Z/B/K, § 214, Rn. 129g (Stand: Mai 2007); *Uechtritz*, BauR 2007, 476 (484).
1024 BT-Drs. 16/2494, S. 21, bezogen auf § 3a S. 4 UVPG; *Blechschmidt*, ZfBR 2007, 120 (124); *Gierke*, in: Brügelmann, § 13a, Rn. 99 u. 157 (Stand: Februar 2008); *Jäde*, in: J/D/W, BauGB, § 13a, Rn. 9; *Kment*, DVBl. 2007, 1275 (1279); *Müller-Grune*, BauR 2007, 985 (989); *Uechtritz*, BauR 2007, 476 (484); *Battis/Ingold*, LKV 2007, 433 (437), sprechen davon, dass die reduzierte gerichtliche Kontrolle der Einschätzung der Gemeinde im Hinblick auf die voraussichtlich erheblichen Umweltauswirkungen einem Beurteilungsspielraum hinsichtlich des unbestimmten Rechtsbegriffs „erhebliche Umweltauswirkungen" nahe kommt.
1025 Vgl. BVerwG, Urt. vom 07.12.2006 – 4 C 16/04, NVwZ 2007, 576 (581) und OVG Münster, Urt. vom 09.08.2006 – 8 A 1359/05, UPR 2007, 37 (38). BT-Drs. 16/2494, S. 21, bezogen auf § 3c und § 3a S. 4 UVPG; *Battis/Ingold*, LKV 2007, 433 (434); *Gierke*, in: Brügelmann, § 13a, Rn. 99 (Stand: Februar 2008); *Söfker*, in: Krautzberger/ Söfker, Baugesetzbuch, Rn. 165a.
1026 BT-Drs. 16/2494, S. 21, bezogen auf § 3c und § 3a S. 4 UVPG; *Battis/Ingold*, LKV 2007, 433 (437).
1027 BVerwG, Urt. vom 07.12.2006 – 4 C 16/04, NVwZ 2007, 576 (581); OVG Münster, Urt. vom 09.08.2006 – 8 A 1359/05, UPR 2007, 37 (38); BT-Drs. 16/2494, S. 21, bezogen auf § 3c und § 3a S. 4 UVPG; *Gierke*, in: Brügelmann, § 13a, Rn. 99 (Stand: Februar 2008).
1028 *Spannowsky*, NuR 2007, 521 (526); *ders.*, in: Spannowsky/Hofmeister, BauGB 2007, S. 27 (39).

BauGB und die Nachvollziehbarkeit des Vorprüfungsergebnisses für eine ordnungsgemäße Durchführung des Screenings ausreichen und gerade nicht materielle Richtigkeit unverzichtbar gefordert wird, bestätigt wird.[1029] Diese Ansicht wird auch durch eine Entscheidung des Bundesverwaltungsgerichts bekräftigt, das im Fall des UVP-Screenings nach § 3c UVPG, für das in § 3a S. 4 UVPG eine wertungsgleiche Bestimmung[1030] gilt, wie sie § 214 Abs. 2a Nr. 3 BauGB für das UP-Screening des § 13a Abs. 1 S. 2 Nr. 2 BauGB vorsieht, der Behörde einen gerichtlich nur beschränkt überprüfbaren Beurteilungsspielraum einräumte.[1031] Zur Untermauerung des Beurteilungsspielraums im Rahmen des UVP-Screenings stützt sich das Bundesverwaltungsgericht ausdrücklich auf die § 214 Abs. 2a Nr. 3 BauGB weitgehend entsprechende Regelung[1032] des § 3a S. 4 UVPG, die erst durch das Öffentlichkeitsbeteiligungsgesetz vom 09.12.2006 (vgl. A. IV. 8.) eingefügt wurde und gerade das Bestehen eines Beurteilungsspielraums klarstellen sollte.[1033]

(cc) Ex-ante-Perspektive

Der Überprüfung der Nachvollziehbarkeit der Einschätzung der Gemeinde in Bezug auf die voraussichtliche Nicht-Erheblichkeit der Umweltauswirkungen des Bebauungsplans muss grundsätzlich, wie der Vorprüfung selbst, die ex-ante-Perspektive zugrunde gelegt werden.[1034] Da die Vorprüfung eine „Weichenstellung"[1035] für die Anwendbarkeit des beschleunigten Verfahrens im Weiteren darstellt, dürfen einer Nachprüfung der Vorprüfung nur die zum Zeitpunkt der Durchführung der Vorprüfung und damit der Einschätzung, ob voraussichtlich

---

1029 BVerwG, Urt. vom 07.12.2006 – 4 C 16/04, NVwZ 2007, 576 (581); *Söfker*, in: Krautzberger/Söfker, Baugesetzbuch, Rn. 165a; *Spannowsky*, NuR 2007, 521 (526); *ders.*, in: Spannowsky/Hofmeister, BauGB 2007, S. 27 (39/40); *Uechtritz*, BauR 2007, 476 (484).
1030 BT-Drs. 16/2496, S. 17; *Battis*, in: B/K/L, § 214, Rn. 17; *Battis/Ingold*, LKV 2007, 433 (437); *Battis/Krautzberger/Löhr*, NVwZ 2007, 121 (128); *Gierke*, in: Brügelmann, § 13a, Rn. 99 u. 157 (Stand: Feburar 2008); *Kment*, DVBl. 2007, 1275 (1279); *Krautzberger*, in: E/Z/B/K, § 13a, Rn. 49 u. 93 (Stand: Mai 2007); *W. Schrödter*, LKV 2008, 109 (111); *Starke*, JA 2007, 488 (490); *Stock*, in: E/Z/B/K, § 214, Rn. 129g (Stand: Mai 2007).
1031 BVerwG, Urt. vom 07.12.2006 – 4 C 16/04, NVwZ 2007, 576 (576); vgl. BT-Drs. 16/2494, S. 21.
1032 *Krautzberger*, in: E/Z/B/K, § 13a, Rn. 49 (Stand: Mai 2007); *Starke*, JA 2007, 488 (490); angedeutet bei *Bienek*, SächsVBl. 2007, 49 (50).
1033 BVerwG, Urt. vom 07.12.2006 – 4 C 16/04, NVwZ 2007, 576 (581) unter Verweis auf BT-Drs. 16/2494, S. 21.
1034 *Battis/Ingold*, LKV 2007, 433 (437); *Gierke*, in: Brügelmann, § 13a, Rn. 157 (Stand: Februar 2008); *Kment*, DVBl. 2007, 1275 (1279); *Stock*, in: E/Z/B/K, § 214, Rn. 129g (Stand: Mai 2007); *Uechtritz*, BauR 2007, 476 (484).
1035 *Uechtritz*, BauR 2007, 476 (484).

erhebliche Umweltauswirkungen zu erwarten sind, ex ante bereits erkennbaren Umweltauswirkungen zugrunde gelegt werden,[1036] wie dies auch sonst für die Überprüfung von Prognosen gilt.[1037] Sich im Laufe des Planaufstellungsverfahrens durch weitere Ermittlungen gem. § 2 Abs. 3 BauGB oder Veränderungen der Sachlage ergebende Umweltauswirkungen der Planung können für die Überprüfung des Vorprüfungsergebnisses genauso wenig relevant sein wie sie im Rahmen der Vorprüfung überhaupt hätten berücksichtigt werden können.[1038] Dies gilt aber logischerweise nur, wenn die Gemeinde an dem der Vorprüfung zugrunde gelegten Plan(vor)entwurf festhält und diesen weiter ausarbeitet, nicht jedoch, wenn sie innerhalb der Ausarbeitung des Plans, der letztlich in Kraft treten sollen, von den Annahmen, auf denen die Vorprüfung basiert, abweicht. In diesem Fall ist eine erneute Vorprüfung durchzuführen, um das beschleunigte Verfahren rechtmäßig anwenden zu können.[1039] Dadurch wird verhindert, dass die Vorgaben des § 13a Abs. 1 S. 2 Nr. 2 BauGB durch einen Wechsel des Gegenstands des Planungsverfahrens nach durchgeführter Vorprüfung umgangen werden können, was es gerade im Hinblick auf die Anforderungen von Art. 3 Abs. 1, Abs. 3 1. Alt., Abs. 4, Abs. 5 S. 1 3. Var. Plan-UP-RL zu unterbinden gilt. Aufgrund der Pflicht zur effektiven Umsetzung der Vorgabe des Art. 3 Abs. 1 Plan-UP-RL geht *Gierke* davon aus, dass eine Gemeinde das beschleunigte Verfahren zur Aufstellung eines großflächigen Bebauungsplans der Innenentwicklung auch dann abzubrechen hat, wenn sich nach der Vorprüfung innerhalb der Ermittlung und Bewertung des Abwägungsmaterials gem. § 2 Abs. 3 BauGB ergibt, dass die Planung mit voraussichtlich erheblichen Umweltauswirkungen verbunden ist, sie also nicht gleichsam sehenden Auges einen mit voraussichtlich erheblichen Umweltauswirkungen verbundenen Bebauungsplan im beschleunigten Verfahren ohne Umweltprüfung aufstellen darf.[1040] Allerdings ist die von Art. 3 Abs. 5 S. 1 1. Var. u. 3. Var. Plan-UP-RL eingeräumte Möglichkeit, die umweltprüfungspflichtigen bzw. nicht-umweltprüfungspflichtigen Pläne aufgrund einer Vorprüfung des Einzelfalls zu bestimmen, gerade dadurch gekennzeichnet, dass innerhalb des Screenings keine detaillierte und vollumfängliche Prüfung der Umweltauswirkungen eines Plans erfolgt, sondern nur eine grobe Einschätzung, die ihrer Natur nach und auch aufgrund des frühen Verfahrens-

---

1036 *Battis/Ingold*, LKV 2007, 433 (437); *Uechtritz*, BauR 2007, 476 (484).
1037 Z. B. Vorliegen einer Gefahr auf der Primärebene im Polizeirecht. Vgl. *Heckmann*, in: B/H/K/M, Öffentliches Recht in Bayern, 3. Teil, Rn. 126 u. 135 u. 138.
1038 *Uechtritz*, BauR 2007, 476 (484).
1039 Vgl. *Gierke*, in: Brügelmann, § 13a, Rn. 93 (Stand: Februar 2008).
1040 *Gierke*, in: Brügelmann, § 13a, Rn. 100 (Stand: Februar 2008), wobei er (in: Brügelmann, § 13a, Rn. 94 und Rn. 96) bereits bei der abwägungserheblichen Betroffenheit auch nur eines Umweltbelangs gem. § 1 Abs. 6 Nr. 7 BauGB von voraussichtlich erheblichen Umweltauswirkungen ausgeht. Vgl. auch *Leidinger*, in: Hoppe, UVPG, § 14a, Rn. 26.

stadiums, in dem die Vorprüfung in der Regel stattfindet,[1041] mit Unsicherheiten verbunden ist.[1042] Wird eine solche Prognose aufgrund einer Vorprüfung, die schon wegen der Begrifflichkeit „Vorprüfung" im Vergleich zu einer umfassenden „Umweltprüfung" in ihrer Prüfungsintensität geringer sein darf als diese, zumal sie nur der Klärung der Frage dient, ob eine Umweltprüfung durchzuführen ist und daher nicht schon selbst eine vollumfängliche Umweltprüfung darstellt,[1043] als Mittel, Pläne mit voraussichtlich erheblichen Umweltauswirkungen von solchen, die voraussichtlich keine erheblichen Umweltauswirkungen haben, zu unterscheiden, zur Verfügung gestellt, kann es auch nach den Anforderungen der Plan-UP-RL für die über die Umweltprüfungspflichtigkeit entscheidende Erheblichkeit der Umweltauswirkungen eines Bebauungsplans nicht auf eine dem (überschlägigen) UP-Screening folgende, genauere Ermittlung und Bewertung der Auswirkungen des Plans ankommen.

(dd) Zusammenfassung

Aus der Regelung des § 214 Abs. 2a Nr. 3 BauGB ergibt sich damit insgesamt, dass in Bezug auf das UP-Screening die Nichtbeachtung der Vorgaben der Anlage 2 BauGB, die Nichtbeteiligung mehr als einzelner zu beteiligender Behörden oder sonstiger Träger öffentlicher Belange sowie die Nichtnachvollziehbarkeit der Einschätzung der Gemeinde über das voraussichtliche Fehlen erheblicher Umweltauswirkungen des Bebauungsplans für die Rechtswirksamkeit des im beschleunigten Verfahren aufgestellten großflächigen Bebauungsplans der Innenentwicklung gem. § 214 Abs. 2a Nr. 3 3. Hs. BauGB beachtliche Fehler sind, die aber durch ein ergänzendes Verfahren gem. § 214 Abs. 4 BauGB geheilt werden können. Ebenso[1044] steht die Nichtdurchführung eines UP-Screenings für einen im beschleunigten Verfahren aufgestellten großflächigen Bebauungsplan der Innenentwicklung – jedenfalls sofern er nicht völlig offensichtlich und daher keineswegs beweisbedürftig nicht mit erheblichen Umweltauswirkungen verbunden ist – seiner Rechtswirksamkeit entgegen, auch dann,

---

1041 *Kment*, DVBl. 2007, 1275 (1280).
1042 Vgl. Europäische Kommission, Umsetzung Richtlinie 2001/42/EG, 2003, Nr. 3.57, abrufbar unter http://www.erneuerbare-energien.de/files/pdfs/allgemein/application/ pdf/ sea_guidance.pdf (zuletzt abgerufen am 24.07.2008); *Kment*, DVBl. 2007, 1275 (1280); vgl. Fn. 1012.
1043 Vgl. *Kment*, DVBl. 2007, 1275 (1280).
1044 BT-Drs. 16/2496, S. 17; *Battis*, in: B/K/L, § 214, Rn. 17; *Battis/Krautzberger/Löhr*, NVwZ 2007, 121 (128); *Bienek*, SächsVBl. 2007, 49 (51); *Gierke*, in: Brügelmann, § 13a, Rn. 157 u. 161 (Stand: Februar 2008); *Krautzberger*, in: E/Z/B/K, § 13a, Rn. 93 (Stand: Mai 2007); *Müller-Grune*, BauR 2007, 985 (989); Mustereinführungserlass, S. 20, abrufbar unter http://www.is-argebau.de/ (zuletzt abgerufen am 10.05.2008); *Schwarz*, LKV 2008, 12 (18); *Söfker*, in: Krautzberger/Söfker, Baugesetzbuch, Rn. 165a; *Stüer*, BauR 2007, 1495 (1501).

wenn das UP-Screening die Anwendbarkeit des beschleunigten Verfahrens ergäbe und man daher annehmen könnte, dass das Unterlassen des UP-Screenings, das im Ergebnis keine rechtswidrige Anwendung des beschleunigten Verfahrens nach sich zieht, schon gem. § 214 Abs. 1 S. 1 1. Hs. BauGB einen unbeachtlichen Verfahrensfehler darstellen müsste, zumal die Nachholung eines UP-Screenings als bloßer Formalismus erscheinen könnte. Dabei ist aber zu bedenken, dass die Durchführung des UP-Screenings und die dabei zu treffende Einschätzung der voraussichtlichen Gewichtigkeit der Umweltauswirkungen des großflächigen Bebauungsplans der Innenentwicklung eine Aufgabe der Gemeinde ist, die gerichtlich *nur* auf die Einhaltung der formalen Anforderungen und die Nachvollziehbarkeit des Vorprüfungsergebnisses überprüft werden kann, so dass das Gericht im Rahmen der Überprüfung der Rechtswirksamkeit eines im beschleunigten Verfahren aufgestellten Bebauungsplans der Innenentwicklung nicht ohne durch die Gemeinde im Planungsverfahren erarbeitete Grundlagen feststellen kann, was das Ergebnis der an sich durchzuführenden, aber nicht im Ansatz durchgeführten Vorprüfung wäre; dazu müsste das Gericht selbst ein UP-Screening durchführen, was nicht in seinen Kompetenzbereich fällt. Auch die Tatsache, dass sich die allgemeine Ermittlung und Bewertung des Abwägungsmaterials gem. § 2 Abs. 3 BauGB durch die Gemeinde auch auf die umweltrelevanten Auswirkungen der Planung bezog, ändert nichts daran. Die Einschätzung über die voraussichtliche Erheblichkeit bzw. Nichterheblichkeit der Umweltauswirkungen des Plans, die im Rahmen des § 2 Abs. 3 BauGB nicht getroffen zu werden pflegt, muss die Gemeinde treffen und kann vom Gericht nur (eingeschränkt) nachgeprüft werden. Daher muss das UP-Screening im Fall seiner bisherigen Nichtdurchführung in einem ergänzenden Verfahren gem. § 214 Abs. 4 BauGB durch die Gemeinde selbst nachgeholt werden. Ergibt die ordnungsgemäße Wiederholung bzw. erstmalige Durchführung des UP-Screenings, dass der großflächige Bebauungsplan der Innenentwicklung nicht voraussichtlich erhebliche Umweltauswirkungen hat, so kann der Plan in der bisherigen Form *ohne Weiteres* durch seinen erneuten Beschluss und seine erneute Bekanntmachung (sogar rückwirkend) wirksam werden,[1045] auch wenn im

---

1045 Vgl. die Heilung einer unwirksamen Veränderungssperre, der kein bzw. ein fehlerhafter Planaufstellungsbeschluss gem. § 2 Abs. 1 S. 2 BauGB zugrunde lag, allein durch die Fassung eines ordnungsgemäßen Planaufstellungsbeschlusses und seine Veröffentlichung sowie durch eine erneute Bekanntmachung der Satzung nach § 16 BauGB ohne erneuten Beschluss derselben, BVerwG, Beschl. vom 06.08.1992 – 4 N 1.92, NVwZ 1993, 471 (471 u. 472); *Kalb*, in: E/Z/B/K, § 214, Rn. 227 (Stand: September 2007). Wenn einer Festsetzung des Bebauungsplans im Zeitpunkt des Satzungsbeschlusses die Ermächtigungsgrundlage fehlte, diese aber zwischenzeitlich in Kraft getreten ist, muss im Rahmen einer Fehlerheilung in einem ergänzenden Verfahren nur der Bebauungsplan erneut beschlossen und bekannt gemacht werden, ohne ein insgesamt erneutes Planaufstellungsverfahren, vgl. OVG Münster, Urt. vom 02.03.1998 – 7a D 125/96.NE, NWVBl. 1998, 439 (443); *Kalb*, in: E/Z/B/K, § 214, Rn. 230 (Stand: September 2007).

Rahmen eines ergänzenden Verfahrens gem. § 214 Abs. 4 BauGB das Planungsverfahren grundsätzlich von dem Verfahrensstadium an *vollständig* wiederholt werden muss, bei dem der Fehler unterlief.[1046] Ansonsten muss er unter Anwendung des Regelplanungsverfahrens erneut aufgestellt werden. Im Übrigen werden trotz § 214 Abs. 2a Nr. 3 BauGB beachtliche Fehler innerhalb des UP-Screenings gem. § 215 Abs. 1 S. 2 BauGB durch rügelosen Fristablauf unbeachtlich.[1047] Hat eine Gemeinde für einen beabsichtigen großflächigen Bebauungsplan der Innenentwicklung zwar ein UP-Screening gem. § 13a Abs. 1 S. 2 Nr. 2 BauGB durchgeführt und gelangte sie dabei zu der Einschätzung, dass der Plan voraussichtlich erhebliche Umweltauswirkungen hat, wandte sie aber dennoch das beschleunigte Verfahren an, so sind damit einhergehende Verstöße gegen die Anforderungen des an sich anzuwendenden Regelplanungsverfahrens nicht gem. § 214 Abs. 2a Nr. 3 BauGB unbeachtlich; ihre Unbeachtlichkeit kann sich allenfalls aus den allgemein anwendbaren Vorschriften der § 214 Abs. 1, Abs. 2, Abs. 3, § 215 Abs. 1 BauGB ergeben.[1048]

(d) Europarechtliche Bedenken

(aa) Im Hinblick auf das Ausreichen der Nachvollziehbarkeit des Vorprüfungsergebnisses

Art. 3 Abs. 1 Plan-UP-RL statuiert für alle Bebauungspläne mit voraussichtlich erheblichen Umweltauswirkungen die Pflicht, innerhalb der Planaufstellung eine formalisierte Umweltprüfung durchzuführen. Daher erscheint es im Hinblick auf die Pflicht zur korrekten und effektiven Umsetzung einer Richtlinie gem. Art. 249 Abs. 3, Art. 10 EGV (= Art. 288 Abs. 3, Art. 291 Abs. 1 AEUV, Art. 4 Abs. 3 EUV in der Fassung des Vertrags von Lissabon, vgl. ABl. EU Nr. C 115 vom 09.05.2008, S. 367 u. 384) jedenfalls bedenklich, wenn eine Fehleinschätzung im Rahmen der Vorprüfung ohne Folgen für die Rechtswirksamkeit des Bebauungsplans dazu führen kann, dass ein tatsächlich mit voraussichtlich erheblichen Umweltauswirkungen verbundener Bebauungsplan in beschleunigten Verfahren ohne Umweltprüfung aufgestellt werden kann.[1049] Verbindliche gemeinschaftsrechtliche Vorgaben durch nationale Regeln über die Unbeachtlich-

---

1046 BVerwG, Beschl. vom 06.03.2000 – 4 BN 31.99, NVwZ 2000, 808; BVerwG, Urt. vom 07.11.1997 – 4 NB 48.96, NVwZ 1998, 956; *Kalb*, in: E/Z/B/K, § 214, Rn. 200 u. 257 (Stand: September 2007).
1047 *Müller-Grune*, BauR 2007, 985 (989).
1048 Vgl. *Gierke*, in: Brügelmann, § 13a, Rn. 157 (Stand: Februar 2008).
1049 Vgl. *Kment*, DÖV 2006, 462 (464). Bezogen auf die Planerhaltungsvorschriften für Fehler bei Anforderungen mit europarechtlichem Hintergrund teilweise *Schwarz*, LKV 2007, 454 (454) unter Verweis auf *Berkemann*; vgl. *Spannowsky*, in: Spannowsky/Hofmeister, BauGB 2007, S. 27 (40); *ders.*, NuR 2007, 521 (526); *Starke*, JA 2007, 488 (492).

keit von Verstößen gegen sie zu unterlaufen, widerspricht eindeutig dem Grundsatz des effet utile des Gemeinschaftsrechts (Art. 10 EGV (= Art. 4 Abs. 3 EUV in der Fassung des Vertrags von Lissabon, vgl. ABl. EU Nr. C 115 vom 09.05.2008, S. 367))[1050] und auch der Verpflichtung aus Art. 249 Abs. 3 EGV (= Art. 288 Abs. 3, Art. 291 Abs. 1 AEUV, vgl. Abl. EU Nr. C 115 vom 09.05.2008, S. 384). Andererseits ist aber zu bedenken, dass die in der Plan-UP-RL vorgegebene Umweltprüfungspflicht für Pläne Ausdruck der verfahrensrechtlichen Sichtweise des Gemeinschaftsrechts ist. Mit der Umweltprüfung soll nicht erstmals die Berücksichtigung der Umweltbelange im Planaufstellungsverfahren etabliert werden.[1051] Die Umweltprüfung soll vielmehr dadurch, dass in ihr in einem eigenen, aber in bestehende Verfahren integrierbaren (Grund 9 Begründung Plan-UP-RL und Art. 4 Abs. 2 Plan-UP-RL), formalisierten Verfahren die Umweltauswirkungen eines Plans ermittelt, beschrieben und bewertet werden (vgl. Art. 5 Abs. 1 Plan-UP-RL), „nur" gewährleisten, dass diese bei der Ausarbeitung von Plänen tatsächlich einbezogen werden (Art. 1 Plan-UP-RL und Grund 4 Begründung Plan-UP-RL). Sie betrifft also nur, wie in Grund 9 Begründung Plan-UP-RL auch explizit bestätigt wird, einen Verfahrensaspekt, der sicherstellen soll, dass die Umweltauswirkungen bei der Planung auch materiellrechtlich korrekt berücksichtigt werden (vgl. auch Grund 4 Begründung Plan-UP-RL). Kein anderes Verständnis liegt der Regelung des § 214 Abs. 2a Nr. 3 1. Hs. BauGB zugrunde, die die Ordnungsmäßigkeit der Vorprüfung nur dann fingiert, wenn sie entsprechend der Vorgaben des § 13a Abs. 1 S. 2 Nr. 2 BauGB verfahrensrechtlich korrekt vorgenommen wurde, wobei zudem verlangt wird, dass das Ergebnis der Vorprüfung nachvollziehbar ist. Der deutsche Gesetzgeber übernimmt den in der Plan-UP-RL vorgefundenen Verfahrensgedanken in Bezug auf die Umweltprüfung für die Vorprüfung,[1052] indem er die verfahrensmäßig korrekte Durchführung des UP-Screenings entsprechend der Vor-

---

[1050] Vgl. EuGH, Urt. vom 23.01.1975 – Rs. 31/74, Slg. 1975, 47 (63/64 (Rn. 29/31)); EuGH, Urt. vom 16.11.1977 – Rs. 13/77, Slg. 1977, 2115 (2145/2146 (Rn. 30/35)); EuGH, Urt. vom 10.01.1985 – Rs. 229/83, Slg. 1985, 1 (31 (Rn. 14)); EuGH, Urt. vom 29.01.1985 – Rs. 231/83, Slg. 1985, 305 (319/320 (Rn. 16)); EuGH, Urt. vom 19.03.1992 – Rs. C-60/91, Slg. 1992, I-2085 (2106 (Rn. 11)). *Berkemann*, in: BauGB 2004 – Nachgefragt, S. 338 (339); vgl. *Kment*, DÖV 2006, 462 (464); *ders.*, DVBl. 2007, 1275 (1275 u. 1276); *Starke*, JA 2007, 488 (492). Vgl. *Kahl*, in: Calliess/Ruffert, EUV/EGV, Art. 10 EGV, Rn. 12, der ausdrücklich betont, dass Art. 10 Abs. 2 EGV auch eine Unterlassungspflicht hinsichtlich der Gefährdung der Verwirklichung der Ziele des EGV statuiert. Nach *Kahl*, in: Calliess/Ruffert, EUV/EGV, Art. 10, Rn. 62, verlangt die Unterlassungspflicht von den Mitgliedstaaten, keine Maßnahmen zu ergreifen oder aufrechtzuerhalten, welche die Einheit und praktische Wirksamkeit des EGV sowie der zu seinem Vollzug ergangenen oder zu treffenden Maßnahmen mehr als nur unerheblich beeinträchtigen oder ausschalten könnten; ebenso *Streinz*, in: Streinz, EUV/EGV, Art. 10 EGV, Rn. 39.
[1051] Grund 9 Begründung Plan-UP-RL.
[1052] Vgl. Fn. 999.

gaben des § 13a Abs. 1 S. 2 Nr. 2 BauGB wenigstens als Indiz dafür ansieht, dass es auch inhaltlich korrekt erfolgte. Indem er zusätzlich für die Fiktion der Ordnungsmäßigkeit der Vorprüfung die Nachvollziehbarkeit von deren Ergebnis verlangt, geht der deutsche Gesetzgeber mit dieser inhaltlichen Anforderung über das der Plan-UP-RL zugrunde liegende, allein verfahrensrechtliche Verständnis hinaus und stellt strengere Anforderungen an die rechtswirksame Aufstellung eines großflächigen Bebauungsplans der Innenentwicklung als eine rein verfahrensbezogene Sichtweise. Ferner ist zu beachten, dass die Plan-UP-RL den Mitgliedstaaten für Pläne i. S. v. Art. 3 Abs. 3 u. Abs. 4 Plan-UP-RL im Hinblick auf deren Umweltprüfungspflichtigkeit einen gewissen Gestaltungsspielraum einräumt und ihnen die Bestimmung der Pläne überlässt, die voraussichtlich erhebliche Umweltauswirkungen haben und daher einer Umweltprüfung zu unterziehen sind.[1053] Dabei sind die Mitgliedstaaten aber bei der Bestimmung der Umweltprüfungspflichtigkeit von Plänen gem. Art. 3 Abs. 3 u. Abs. 4 Plan-UP-RL nicht völlig frei; vielmehr müssen sie, wie auch aus Art. 3 Abs. 5 S. 2 Plan-UP-RL hervorgeht, sicherstellen, dass Pläne mit voraussichtlich erheblichen Umweltauswirkungen tatsächlich gem. Art. 3 Abs. 1 Plan-UP-RL einer Umweltprüfung unterzogen werden. Bei der Bestimmung der umwelt- bzw. nicht-umweltprüfungspflichtigen Pläne im Sinne von Art. 3 Abs. 3 u. Abs. 4 Plan-UP-RL sind deshalb die Kriterien des Anhangs II Plan-UP-RL zu beachten. Anhand derer muss eine Einschätzung darüber getroffen werden, ob die betrachteten Pläne voraussichtlich erhebliche Umweltauswirkungen haben. Gerade dies geschieht im Rahmen des UP-Screenings gem. Art. 3 Abs. 5 S. 1 3. Var. Plan-UP-RL für großflächige Bebauungspläne der Innenentwicklung unter Berücksichtigung der Kriterien der Anlage 2 BauGB, der die des Anhangs II Plan-UP-RL übernommen hat. Für eine derartige, notwendig mit der von Art. 3 Abs. 5 S. 1 1. Var. u. 3. Var. Plan-UP-RL ausdrücklich vorgesehenen Vorprüfung des Einzelfalls verbundene, wertende Entscheidung ist es wegen ihres Prognosecharakters und der bei ihr mangels detaillierter Sachverhaltskenntnisse und aufgrund der wenig umfangreichen Datengrundlage, die insbesondere darauf beruhen, dass die Vorprüfung zu einem im Planungsverlauf sehr frühen Zeitpunkt stattfinden muss, häufig bestehenden, außerhalb einer umfassenden Umweltprüfung mit vernünftigem Aufwand[1054] kaum ausräumbaren Unsicherheiten auch vor dem Hintergrund von Art. 3 Abs. 1, Abs. 5 S. 1 1. Var. u. 3. Var. Plan-UP-RL sachgerecht, wenn ihre Nachprüfbarkeit nur auf ihre Nachvollziehbarkeit be-

---

1053 *Spannowsky*, NuR 2007, 521 (523).
1054 Vgl. *Kment*, DVBl. 2007, 1275 (1280, Fn. 63) unter Verweis auf *Dienes*, in: Hoppe, UVPG, § 3c, Rn. 12, der für das UVP-Screening gem. § 3c UVPG ausdrücklich feststellt, dass die genauen Umweltweltauswirkungen und deren Intensität innerhalb der Vorprüfung nicht aufwändig und abschließend, z. B. mittels Sachverständigengutachten, geklärt werden müssen. Ebenso *Leidinger*, in: Hoppe, UVPG, § 14b, Rn. 57.

schränkt ist.[1055] Die beschränkte gerichtliche Kontrolle des Vorprüfungsergebnisses ist gerade vor dem europarechtlichen, das Verfahren stärkenden und dieses als Garant bzw. jedenfalls als gewichtiges Indiz für eine materiell korrekte Entscheidung einordnenden Hintergrund des UP-Screenings konsequent, da sich gemeinschaftsrechtlich – anders als entsprechend des deutschen Verständnisses einer bloß dienenden Funktion des Verfahrensrechts für ein materiell richtiges Ergebnis[1056] – als Ausgleich zur starken Bedeutung des Verfahrens die judikative Kontrolldichte gerade nicht (vollumfänglich) auf die materielle Richtigkeit des Verfahrensergebnisses erstreckt.[1057] Bedenkt man zudem, dass die Nachvollziehbarkeit auch an gemeinschaftsrechtlichen Vorgaben, z. B. den Anforderungen von Art. 3 Abs. 2 Plan-UP-RL und der gemeinschaftsrechtlichen Bedeutung erheblicher Umweltauswirkungen, zu messen ist,[1058] ergibt sich, dass die Fehlerfolgenregelung des § 214 Abs. 2a Nr. 3 1. Hs. BauGB trotz bzw. aufgrund ihrer Beschränkung der Anforderungen an das Vorprüfungsergebnis auf dessen Nachvollziehbarkeit grundsätzlich nicht als gemeinschaftswidrig einzustufen ist.[1059]

(bb) Im Hinblick auf § 214 Abs. 2a Nr. 3 2. Hs. BauGB

Etwas anderes könnte jedoch für § 214 Abs. 2a Nr. 3 2. Hs. BauGB gelten, wonach es als Ausnahme zur Anforderung des ersten Halbsatzes, nach der die Vorprüfung entsprechend der Vorgaben von § 13a Abs. 1 S. 2 Nr. 2 BauGB und damit verfahrensmäßig korrekt durchgeführt worden sein muss, unbeachtlich ist, wenn einzelne Behörden oder sonstige Träger öffentlicher Belange, die gem. § 13a Abs. 1 S. 2 Nr. 2 a. E. BauGB an sich an der Vorprüfung hätten beteiligt werden müssen, nicht beteiligt wurden. Art. 3 Abs. 6 Plan-UP-RL statuiert die Pflicht, im Rahmen der Einzelfallprüfung gem. Art. 3 Abs. 5 S. 1 1. Var. u. 3. Var. Plan-UP-RL die in Art. 6 Abs. 3 Plan-UP-RL genannten Behörden, also die Behörden, die in ihrem umweltbezogenen Aufgabenbereich von den durch die Durchführung des Plans verursachten Umweltauswirkungen betroffen sein

---

1055 *Kment*, DVBl. 2007, 1275 (1280) unter Verweis auf Europäische Kommission, Umsetzung Richtlinie 2001/42/EG, 2003, Nr. 3.57, abrufbar unter http://www.erneuerbare-energien.de/files/pdfs/allgemein/application/pdf/sea_guidance.pdf (zuletzt abgerufen am 24.07.2008), wo auch nur eine „grobe Schätzung der Auswirkungen" verlangt wird (vgl. Fn. 1012 u. 1041 u. 1042); *Spannowsky*, NuR 2007, 521 (526).
1056 Vgl. VGH Mannheim, Urt. vom 15.10.1985 – 10 S 822/82, NVwZ 1986, 663 (664); *Kment*, DVBl. 2007, 1275 (1275); *ders.*, DÖV 2006, 462 (463).
1057 *Kment*, DVBl. 2007, 1275 (1275 u. 1280); vgl. auch *Ziekow*, NVwZ 2007, 259 (266). A. A. *Starke*, JA 2007, 488 (492).
1058 *Spannowsky*, in: Spannowsky/Hofmeister, BauGB 2007, S. 27 (40); *ders.*, NuR 2007, 521 (526).
1059 Vgl. *Stüer*, BauR 2007, 1495 (1501). A. A. *Starke*, JA 2007, 488 (492), der darauf abstellt, dass durch die Fiktion der Ordnungsmäßigkeit der Vorprüfung bereits bei Nachvollziehbarkeit des Ergebnisses eine vollständige Umsetzung der Vorgaben des Art. 3 Abs. 1 Plan-UP-RL gerade nicht gewährleistet ist.

könnten, tatsächlich zu konsultieren. Gem. § 214 Abs. 2a Nr. 3 2. Hs. BauGB gilt das UP-Screening trotz eines Verstoßes gegen diese europarechtlich vorgegebene Konsultationspflicht, wenn auch nur bezogen auf einzelne Behörden oder sonstige Träger öffentlicher Belange, als ordnungsgemäß durchgeführt; ein partieller[1060] Verstoß gegen Art. 3 Abs. 6 Plan-UP-RL wird also als unbeachtlich eingeordnet. Nationale Regelungen, die die Vorgaben europäischer Richtlinien unmittelbar nicht in der vorgesehenen Weise umsetzen oder diese mittelbar, indem Verstöße gegen die Richtlinie umsetzende Normen als unbeachtlich eingeordnet werden, obwohl dies europarechtlich nicht vorgesehen ist, zu unterlaufen versuchen, sind – mit Ausnahmen[1061] – gem. Art. 249 Abs. 3, Art. 10 EGV (= Art. 288 Abs. 3, Art. 291 Abs. 1 AEUV, Art. 4 Abs. 3 EUV in der Fassung des Vertrags von Lissabon, vgl. ABl. EU Nr. C 115 vom 09.05.2008, S. 367 u. 384) europarechtswidrig.[1062] So ordnet beispielsweise § 214 Abs. 1 S. 1 Nr. 2 1. Hs. BauGB Verstöße gegen die durch Art. 6 Abs. 1 u. Abs. 2 Plan-UP-RL gebotene Behördenbeteiligung zum Planentwurf gem. § 4 Abs. 2 BauGB[1063] grundsätzlich als beachtlich ein. § 214 Abs. 1 S. 1 Nr. 2 2. Hs. BauGB sieht zwar, vergleichbar mit § 214 Abs. 2a Nr. 3 2. Hs. BauGB, vor, dass eine fehlerhafte Beteiligung einzelner Behörden oder sonstiger Träger öffentlicher Belange gem. § 4 Abs. 2 BauGB und damit ein Verstoß gegen Art. 6 Abs. 1 u. Abs. 2 Plan-UP-RL unbeachtlich ist. Dies gilt jedoch ausdrücklich nur, wenn die entsprechenden Belange unerheblich waren oder in der Entscheidung berücksichtigt wurden, wenn sich also der Verstoß gegen die Anforderungen der Behördenbeteiligung gem. § 4 Abs. 2 BauGB nicht kausal auf das Ergebnis der Planung auswirken konnte. Diese Einschränkung machte man gerade wegen des europarechtlichen Hintergrunds der Behördenbeteiligung,[1064] die ebenso wie die Öffentlichkeitsbeteiligung u. a. dazu dienen soll, das Abwägungsmaterial vollständig zu ermitteln (vgl. Grund 15 Begründung Plan-UP-RL). Daher konnte man einen Verstoß gegen die Vorschriften der Behördenbeteiligung, auch bezogen auf die fehlerhafte Beteiligung nur einzelner Behörden oder sonstiger Träger öffentlicher Belange, nur unter der Voraussetzung als unbeachtlich einstufen, dass der Verfahrensverstoß sich nicht kausal auf die Vollständigkeit des Abwägungsmaterials und damit auf das Planergebnis auswirken konnte, dessen materielle Richtigkeit nach den Vorgaben der Plan-UP-RL gerade durch die Einhaltung bestimmter Verfah-

---

1060 Vgl. *Kment*, DVBl. 2007, 1275 (1280, Fn. 67).
1061 *Kment*, DVBl. 2007, 1275 (1280); ders., DÖV 2006, 462 (466/467).
1062 Vgl. Fn. 1050.
1063 BT-Drs. 15/2250, S. 27.
1064 Vgl. EuGH, Urt. vom 11.11.1987 – Rs. C- 59/85, Slg. 1987, 4393 (4414/4416, Rn. 13); EuGH, Urt. vom 14.02.1990 – Rs. C-301/87, Slg. 1990, I-307 (359 (Rn. 31)); BT-Drs. 15/2250, S. 63; vgl. *Erbguth*, DVBl. 2004, 802 (805 u. 809); *Kment*, DÖV 2006, 462 (466/467); ders., AöR 130 [2005], 570 (597 ff.).

rensschritte gewährleistet werden soll (vgl. Art. 1 Plan-UP-RL),[1065] dass also das Ziel[1066] der Plan-UP-RL und der Beteiligungsregelungen gem. Art. 6 Abs. 1 u. Abs. 2 Plan-UP-RL trotz Verstoßes gegen diese im Ergebnis nicht verfehlt wurde. Der Wortlaut von § 214 Abs. 2a Nr. 3 2. Hs. BauGB macht keine Einschränkung der Unbeachtlichkeit der fehlerhaften bzw. völlig unterlassenen Beteiligung einzelner Behörden oder sonstiger Träger öffentlicher Belange auf die Fälle, in denen der Verstoß gegen § 13a Abs. 1 S. 2 Nr. 2 a. E. BauGB für das Ergebnis der Vorprüfung nicht kausal werden konnte. Hätte die fehlerhaft (nicht) beteiligte Behörde bzw. der fehlerhaft (nicht) beteiligte sonstige Träger öffentlicher Belange jedoch im Fall ihrer bzw. seiner korrekten Beteiligung etwas für das Ergebnis der Vorprüfung Relevantes beitragen können, das aufgrund der Nicht- bzw. fehlerhaften Beteiligung unberücksichtigt blieb, wird der Zweck[1067] der von Art. 3 Abs. 6 Plan-UP-RL vorgesehenen Behördenbeteiligung, zur korrekten Einschätzung der Umweltauswirkungen eines Plans den Sach- und Fachverstand der Behörden einzubeziehen, partiell völlig verfehlt, wenn ein derartiger Verstoß gegen die Anforderung von Art. 3 Abs. 6 Plan-UP-RL, unabhängig davon, dass er nur einzelne Behörden betrifft, für die Ordnungsmäßigkeit der Vorprüfung und damit für die Rechtswirksamkeit des im beschleunigten Verfahren aufgestellten Bebauungsplans unbeachtlich bleibt. Gerade wegen der Kausalität des Verstoßes gegen die Anforderungen der durch Art. 3 Abs. 6 Plan-UP-RL gebotenen Behördenbeteiligung für die Unvollständigkeit bzw. Fehlerhaftigkeit der im Rahmen der Vorprüfung berücksichtigten Aspekte und damit u. U. sogar für das Ergebnis der Vorprüfung darf der Fehler nicht nach nationalem Recht als unbeachtlich eingeordnet werden, weil eine derartige Behördenbeteiligung gerade nicht ihren europarechtlichen Zweck der Gewährleistung einer inhaltlich-korrekten Einschätzung der Umweltauswirkungen erfüllen kann und diese auch nicht auf anderem Wege erfolgt. § 214 Abs. 2a Nr. 3 2. Hs. BauGB verstößt daher ohne eine § 214 Abs. 1 S. 1 Nr. 2 2. Hs. BauGB entsprechende Einschränkung auf die fehlende Kausalität des Beteiligungsfehlers für eine korrekte und umfassende Berücksichtigung der für die Vorprüfung relevanten Aspekte gegen Art. 3 Abs. 6 Plan-UP-RL i. V. m. Art. 249 Abs. 3, Art. 10 EGV (= Art. 288 Abs. 3, Art. 291 Abs. 1 AEUV, Art. 4 Abs. 3 EUV in der Fassung des Vertrags von Lissabon, vgl. ABl. EU Nr. C 115 vom 09.05.2008, S. 367 u. 384).[1068] Die Regelung kann jedoch, weil der Gesetzgeber mit der Einführung

---

1065 BT-Drs. 15/2250, S. 62 u. 63.
1066 Vgl. *Kment*, DVBl. 2007, 1275 (1280).
1067 *Kment*, DVBl. 2007, 1275 (1280).
1068 *Gierke*: in: Brügelmann, § 13a, Rn. 97 u. 157 (Stand: Februar 2008); *Kment*, DVBl. 2007, 1275 (1280). Vgl. *Krautzberger/Stüer*, DVBl. 2004, 914 (924): Dort wird ausdrücklich betont, dass es europarechtlicher Erkenntnisstand ist, dass Fehler im Beteiligungsverfahren dann unbeachtlich sind, wenn sie sich auf das Ergebnis der Abwägung nicht ausgewirkt haben, unter Verweis auf EuGH, Urt. vom 21.11.1991 – Rs. C-269/90,

des beschleunigten Verfahrens und auch der dafür geschaffenen Planerhaltungsvorschriften Spielräume innerhalb der Plan-UP-RL zwar ausnutzen, aber nicht überschreiten wollte, zur Herstellung ihrer Europarechtskonformität dahingehend teleologisch reduziert werden, dass auch im Rahmen von § 214 Abs. 2a Nr. 3 2. Hs. BauGB die Nicht- bzw. fehlerhafte Beteiligung einzelner Behörden oder sonstiger Träger öffentlicher Belange nur dann für die Ordnungsmäßigkeit der Vorprüfung unbeachtlich ist, wenn die von der nicht oder fehlerhaft beteiligten Behörde bzw. dem nicht oder fehlerhaft beteiligten Träger öffentlicher Belange im Fall ihrer bzw. seiner korrekten Beteiligung vorgebrachten Aussagen zu den Umweltauswirkungen des großflächigen Bebauungsplans der Innenentwicklung entweder für die Vorprüfung unerheblich gewesen wären oder trotz der Nicht- bzw. fehlerhaften Beteiligung innerhalb der Vorprüfung berücksichtigt wurden.

(5) Bewertung des Beschleunigungseffekts

Hinter der Einführung des UP-Screenings i. R. d. § 13a Abs. 1 S. 2 Nr. 2 BauGB als Ausnahme zu der in § 2 Abs. 4 S. 1 BauGB vorgesehenen generellen Pflicht zur Durchführung einer Umweltprüfung i. R. d. Bauleitplanung steht, wie bei §§ 13, 13a Abs. 1 S. 2 Nr. 1 BauGB, die Intention, nur bei der Aufstellung der Bebauungspläne eine Umweltprüfung durchzuführen, bei der dies aus europarechtlichen Gründen zwingend geboten ist. Das UP-Screening soll gerade die Bebauungspläne ermitteln, die voraussichtlich erhebliche Umweltauswirkungen haben und daher gem. Art. 3 Abs. 1 Plan-UP-RL umweltprüfungspflichtig sind. Für die großflächigen Bebauungspläne der Innenentwicklung, die sich aufgrund des UP-Screenings als nicht umweltprüfungspflichtig erweisen, soll die Vorprüfung des Einzelfalls eine Vereinfachung und Beschleunigung des Planungsverfahrens gegenüber der generellen Pflicht zur Durchführung einer vollumfänglichen Umweltprüfung im Regelplanungsverfahren gem. § 2 Abs. 4 S. 1 BauGB sein. Ob durch das UP-Screening tatsächlich die vom Gesetzgeber beabsichtige Entlastung[1069] der Gemeinden eintreten kann, wird nicht unerheblich bezweifelt. Gerade die Anzahl und Detailliertheit der Kriterien der Anlage 2 BauGB und die Beteiligung der Behörden und sonstigen Träger öffentlicher Belange bei der

---

Slg. 1991, I-5469 (5502 (Rn. 27)). Das Urteil betrifft einen Fehler bei der Begründung einer Entscheidung, aufgrunddessen nicht nachvollzogen werden kann, ob die Entscheidung auf einem Beurteilungsfehler beruht. Dieser Fehler wird als beachtlich eingeordnet. Der Verweis auf EuG, Urt. vom 06.07.2000 – Rs. T-62/98, Slg. 2000, II-2707 (2819 (Rn. 283)), betrifft Unregelmäßigkeiten eines Verfahrens, wobei diese nur dann zu einer Nichtigerklärung der in dem Verfahren getroffenen Entscheidung führen können, wenn erwiesen ist, dass ohne diese Unregelmäßigkeiten die Entscheidung inhaltlich anders ausgefallen wäre.

1069 *Spannowsky*, in: Spannowsky/Hofmeister, BauGB 2007, S. 27 (36); *ders.*, NuR 2007, 521 (524).

Vorprüfung wird mit einem bedeutenden, einer vollen Umweltprüfung nahezu entsprechenden Prüfungsaufwand in Verbindung gebracht.[1070] Vor allem Bemühungen um eine saubere und korrekte Abarbeitung des Kriterienkatalogs der Anlage 2 BauGB zur Vermeidung von trotz § 214 Abs. 2a Nr. 3 BauGB beachtlichen Fehlern sind, wie erste Praxiserfahrungen bestätigen, mit einem nicht unerheblichen Aufwand verbunden.[1071] Der Praxistest ergab, dass besonders von den zu beteiligenden Fachbehörden oft nicht nur an der Oberfläche bleibende Ermittlungen im Hinblick auf die Betroffenheit der von ihnen vertretenen Belange eingefordert werden, was auch von relativ großen Gemeinden nicht ohne Hinzuziehung externen Sachverstands erfüllt werden kann.[1072] Die Praxisteststädte merkten zudem an, dass großflächige Bebauungspläne der Innenentwicklung aufgrund ihrer Größe in der Regel bedeutende städtebauliche Entwicklungen betreffen, die dementsprechend umfangreiche, kaum aufgrund einer nur überschlägigen Prüfung als nicht erheblich einstufbare Auswirkungen haben.[1073] Vielmehr sei in solchen Fällen oft schon eine konkretisierende Planung nötig, anhand derer die Erheblichkeit der Umweltauswirkungen unter Beteiligung der Behörden und sonstigen Träger öffentlicher Belange erst abgeschätzt werden könne, was einen dem Verfahren der vorzeitigen Behördenbeteiligung gem. § 4 Abs. 1 S. 1 BauGB entsprechenden Aufwand erfordere,[1074] deren Entbehrlichkeit an sich gerade eine Verfahrenserleichterung des beschleunigten Verfahrens sein soll (vgl. § 13a Abs. 2 Nr. 1, § 13 Abs. 2 S. 1 Nr. 1 2. Alt. BauGB).

Den Zweifeln am Beschleunigungseffekt der Vorprüfung gegenüber einer vollen Umweltprüfung ist jedoch zum einen dahingehend zu widersprechen, dass diese tatsächlich nur als überschlägige Prüfung mit verringerter Prüfungstiefe[1075] auf der Grundlage der (meist dürftigen) bereits vorhandenen und u. a. durch die Behördenbeteiligung leicht zu beschaffenden Informationen ohne die Notwendigkeit aufwändiger eigener oder an Sachverständige delegierter Ermitt-

---

1070 *Bunzel*, Difu-Praxistest, S. 34, abrufbar unter http://www.difu.de/publikationen/difuberichte/4_06/11.phtml (zuletzt abgerufen am 01.03.2008); bestätigt durch erste „echte" Praxiserfahrungen, *Schröer*, NZBau 2008, 46 (47 u. 48).
1071 *Schröer*, NZBau 2008, 46 (47).
1072 *Bunzel*, Difu-Praxistest, S. 36, abrufbar unter http://www.difu.de/publikationen/difuberichte/4_06/11.phtml (zuletzt abgerufen am 01.03.2008); so auch die ersten „echten" Praxiserfahrungen, *Schröer*, NZBau 2008, 46 (47).
1073 *Bunzel*, Difu-Praxistest, S. 35, abrufbar unter http://www.difu.de/publikationen/difuberichte/4_06/11.phtml (zuletzt abgerufen am 01.03.2008).
1074 *Bunzel*, Difu-Praxistest, S. 34/35, abrufbar unter http://www.difu.de/publikationen/difuberichte/4_06/11.phtml (zuletzt abgerufen am 01.03.2008). Darauf gründet sich wohl auch die von *Bunzel*, LKV 2007, 444 (447) vertretene, bereits erläuterte Auffassung (vgl. B. II. 6. e) bb) (3) (b) (bb)), die Behördenbeteiligung an der Vorprüfung gleich als vorzeitige Behördenbeteiligung. § 4 Abs. 1 S. 1 BauGB durchzuführen.
1075 *Kuschnerus*, Der standortgerechte Einzelhandel, Rn. 603; *Schröer*, NZBau 2008, 46 (47); *Spannowsky*, in: Spannowsky/Hofmeister, BauGB 2007, S. 27 (36); *ders.*, NuR 2007, 521 (522 u. 524).

lungen durchgeführt werden muss[1076] und wegen § 214 Abs. 2a Nr. 3 BauGB[1077] nur ein plausibles, nicht unbedingt ein materiell richtiges Ergebnis haben muss. Dies kann auch den Forderungen der an der Vorprüfung zu beteiligenden Behörden und sonstigen Träger öffentlicher Belange nach genaueren Ermittlungen entgegengehalten werden. Bei den im Hinblick auf das Ausreichen der Nachvollziehbarkeit des Vorprüfungsergebnisses geäußerten Zweifeln dahingehend,[1078] ob dadurch tatsächlich der Vorprüfungsaufwand reduziert werde, weil auch die Nachvollziehbarkeit eine objektive Anforderung an das Vorprüfungsergebnis stelle und dabei unklar sei, wann genau die getroffene Einschätzung nachvollziehbar sei, ist zu berücksichtigen, dass das Merkmal der Nachvollziehbarkeit nicht erst für das UP-Screening neu eingeführt wurde, sondern gerade in Regelungen mit Beurteilungsspielraum schon länger existiert, so dass zum einen aus diesen Orientierungshilfen übernommen werden können. Zudem besteht hinsichtlich der Nachvollziehbarkeit eines Vorprüfungsergebnisses, das von einer vollständigen und richtigen Tatsachengrundlage ausgeht und aufgrund einer in sich logischen Argumentation entsteht, wohl keine größere Rechtsunsicherheit wie bei jeder anderen Subsumtion unter ein Tatbestandsmerkmal einer Norm. Zwar ist einzuräumen, dass, sofern die Vorprüfung die Umweltprüfungspflichtigkeit des Bebauungsplans der Innenentwicklung ergibt, diese keine Verfahrenserleichterung und keine Verminderung des Aufwands mit sich bringt, weil dann im Anschluss an die Vorprüfung innerhalb des für den nach wie vor gewünschten Bebauungsplan anzuwendenden Regelplanungsverfahrens gem. § 2 Abs. 4 S. 1 BauGB zusätzlich eine vollumfängliche Umweltprüfung durchzuführen ist. Andererseits kann das Ergebnis der Vorprüfung genauso als Ausgangspunkt der Umweltprüfung weiterverwendet werden wie es bei Anwendbarkeit des beschleunigten Verfahrens in die allgemeine Ermittlung der abwägungserheblichen Belange gem. § 2 Abs. 3 BauGB einbezogen werden kann, so dass das UP-Screening in keinem Fall völlig nutzlos durchgeführt wird. Zudem ist zu bedenken, dass es einer Gemeinde unbenommen ist, bei großflächigen Bebauungsplänen der Innenentwicklung, bei denen von Anfang an, z. B. wegen einer Grundflächengröße von fast 70000 qm, ein starker Verdacht voraussichtlich erheblicher Umweltauswirkungen besteht oder bei denen die Vorprüfung erkennbar nicht, wie vom Gesetzgeber vorgesehen,[1079] rasch und unaufwändig erfolgen kann,[1080] das als Wahlverfahren[1081] (vgl. „kann", § 13a Abs. 1 S. 1

1076 Vgl. *Gierke*, in: Brügelmann, § 13a, Rn. 98 (Stand: Februar 2008). Vgl. Fn. 1054.
1077 *Kuschnerus*, Der standortgerechte Einzelhandel, Rn. 603; *Schröer*, NZBau 2008, 46 (47); *Spannowsky*, NuR 2007, 521 (522).
1078 Vgl. Fn. 1019 u. 1020.
1079 BT-Drs. 16/2496, S. 14.
1080 Vgl. Fn. 920.
1081 *Battis*, in: B/K/L, § 13a, Rn. 1; *Bunzel*, LKV 2007, 444 (444); *ders.*, Difu-Praxistest, S. 36, abrufbar unter http://www.difu.de/publikationen/difu-berichte/4_06/11.phtml

BauGB) ausgestaltete beschleunigte Verfahren von vornherein nicht anzuwenden, also schon kein UP-Screening durchzuführen, sondern ein Regelplanungsverfahren mit Umweltprüfung gem. § 2 Abs. 4 S. 1 BauGB zu betreiben.[1082] In diesen Fällen kann zwar dann die mit § 13a BauGB intendierte Privilegierung des Planungsverfahrens für Bebauungspläne der Innenentwicklung keinesfalls zur Geltung kommen. Diese besteht bei großflächigen Bebauungsplänen der Innenentwicklung, für die § 13a Abs. 2 Nr. 4 BauGB nicht gilt, zu einem erheblichen Anteil in der mit der Entbehrlichkeit der Umweltprüfung und damit verbundener Verfahrensschritte erreichbaren Verfahrensbeschleunigung. Ist die Vorprüfung aber schon sehr aufwändig oder führt sie voraussichtlich zur Feststellung der Umweltprüfungspflicht, ist das beschleunigte Verfahren für derartige Bebauungspläne ohnehin nicht mit deutlichen Verfahrenserleichterungen verbunden bzw. sogar mit großer Wahrscheinlichkeit aufgrund des Vorprüfungsergebnisses nicht anwendbar, so dass es für die Gemeinde effektiver und ökonomischer ist, es von vornherein nicht einzuleiten, was in solchen Fällen durchaus im Sinne des Gesetzgebers ist, der mit dem beschleunigten Verfahren keinesfalls zusätzlichen Verfahrensaufwand produzieren wollte. Die Praxisteststädte selbst relativierten den auch von ihnen bemängelten, mit der Vorprüfung verbundenen Aufwand dahingehend, dass die Vorprüfung in die ohnehin und auf jeden Fall i. R. d. Planaufstellung gem. § 2 Abs. 3 BauGB notwendige Ermittlung und Bewertung der abwägungserheblichen Umweltbelange integriert und dabei sachgerecht vorgenommen werden könne,[1083] so dass die Vorprüfung sogar in dem Fall, in dem sie die Umweltprüfungspflichtigkeit des Bebauungsplans ergibt, *nicht unbedingt* einen zusätzlichen Verfahrensaufwand gegenüber einer bereits anfänglichen Anwendung des Regelplanungsverfahrens mit der generellen Pflicht zur Durchführung einer Umweltprüfung bedeuten muss. Letztlich wird es

---

(zuletzt abgerufen am 01.03.2008); *Jäde*, in: J/D/W, BauGB, § 13a, Rn. 4; *Kirchmeier*, in: Hk-BauGB, § 13a, Rn. 4; *Krautzberger*, in: Krautzberger/Söfker, Baugesetzbuch, Rn. 154; *Kuschnerus*, Der standortgerechte Einzelhandel, Rn. 610; Mustereinführungserlass, S. 4, abrufbar unter http://www.is-argebau.de/ (zuletzt abgerufen am 10.05.2008); *Portz*, in: Spannowsky/Hofmeister, BauGB 2007, S. 1 (4); *Reidt*, NVwZ 2007, 1029 (1032); *Scheidler*, BauR 2007, 650 (653); *Söfker*, in: Spannowsky/ Hofmeister, BauGB 2007, S. 17 (19); Stellungnahme Nr. 37/06 des Ausschusses Verwaltungsrecht des Deutschen Anwaltvereins vom 28.06.2006, S. 4, abrufbar unter http://anwaltverein.de/downloads/stellungnahmen/2006-37.pdf (zuletzt abgerufen am 15.11.2008). Vgl. Fn. 877.

1082 *Kuschnerus*, BauR 2001, 1346 (1348 u. 1349), bezogen auf das UVP-Screening nach § 3c UVPG; *Mitschang*, ZfBR 2007, 433 (439); *Schmidt-Eichstaedt*, BauR 2007, 1148 (1151); erste Erfahrungen in der Praxis bestätigen, dass bei großflächigen Bebauungsplänen der Innenentwicklung häufig von vornherein das Regelplanungsverfahren angewandt wird, *Schröer*, NZBau 2008, 46 (47); ebenso *Mitschang*, ZfBR 2008, 109 (109) unter Verweis auf *Strobach* über Erfahrungen in der Stadt Mainz.

1083 *Bunzel*, Difu-Praxistest, S. 35, abrufbar unter http://www.difu.de/publikationen/difuberichte/4_06/11.phtml (zuletzt abgerufen am 01.03.2008).

von Einzelfall zu Einzelfall unterschiedlich sein, ob die Vorprüfung gegenüber der generellen Pflicht zur Durchführung einer Umweltprüfung im Regelplanungsverfahren *merkliche Vorteile* hat, was insbesondere davon abhängen dürfte, ob im Anschluss an die Vorprüfung noch eine Umweltprüfung durchzuführen ist oder nicht.[1084]

7. Ausschluss des beschleunigten Verfahrens

a) Europarechtlicher Hintergrund

aa) UVP-RL

Entsprechend der UVP-RL (85/337/EWG) soll die Genehmigung für öffentliche und private Projekte, bei denen mit erheblichen Auswirkungen auf die Umwelt zu rechnen ist, erst nach vorheriger Beurteilung der möglichen erheblichen Umweltauswirkungen dieser Projekte erteilt werden (Grund 6 Begründung UVP-RL (85/33/EWG)). Genehmigung i. S. d. UVP-RL (85/337/EWG) ist gem. Art. 1 Abs. 2 UVP-RL (85/337/EWG) jede Entscheidung der zuständigen Behörde oder der zuständigen Behörden, aufgrund derer der Projektträger das Recht zur Durchführung des Projekts, worunter gem. Art. 1 Abs. 2 UVP-RL die Errichtung von baulichen oder sonstigen Anlagen fällt, erhält. Daraus ergibt sich, dass, weil durch einen Bebauungsplan parzellenscharf und verbindlich (§ 1 Abs. 2 2. Alt., § 8 Abs. 1 S. 1 BauGB) festgelegt wird, wie ein Grundstück baulich genutzt werden darf und er dadurch in diesem Umfang – wenigstens zusammen mit anderen rechtlichen Maßstäben – Baurechte vermittelt (vgl. § 30 BauGB), auch bei der Aufstellung von Bebauungsplänen, die öffentliche oder private Projekte festsetzen, bei denen mit erheblichen Auswirkungen auf die Umwelt zu rechnen ist, eine Umweltverträglichkeitsprüfung nach den Vorgaben der UVP-RL (85/337/EWG) durchzuführen ist.[1085] Diese Vorgaben wurden durch das Gesetz über die Umweltverträglichkeitsprüfung ins deutsche Recht umgesetzt, das in § 2 Abs. 1 S. 1, Abs. 3 Nr. 3 UVPG i. V. m. Anlage 1 UVPG die Umweltverträglichkeitsprüfungspflichtigkeit bzw. -vorprüfungspflichtigkeit für bestimmte (projektbezogene) Bebauungspläne ausdrücklich anspricht. Den Vorgaben der UVP-RL (85/337/EWG) entspricht auch der Ausschlussgrund des § 13a Abs. 1 S. 4 BauGB für das beschleunigte Verfahren.[1086] Dabei ist zu beachten, dass § 17 Abs. 1 S. 1 UVPG vorsieht, dass bei der Aufstellung, Änderung oder Ergänzung von nach den Anforderungen des Gesetzes über die Um-

---

1084 *Krautzberger*, UPR 2007, 170 (174); *ders.*, in: E/Z/B/K, § 13a, Rn. 47 (Stand: Mai 2007); *Krautzberger/Stüer*, DVBl. 2007, 160 (162).
1085 *Wagner/Paßlick*, in: Hoppe, UVPG, § 17, Rn. 10; vgl. auch *Appold*, in: Hoppe, UVPG, § 2, Rn. 85.
1086 Vgl. *Battis*, in: B/K/L, § 13a, Rn. 9; *Gierke*, in: Brügelmann, § 13a, Rn. 22 u. 103 (Stand: Februar 2008); *Krautzberger*, in: E/Z/B/K, § 13a, Rn. 15 (Stand: Mai 2007).

weltverträglichkeitsprüfung¹⁰⁸⁷ umweltverträglichkeitsprüfungspflichtigen bzw. -vorprüfungspflichtigen Bebauungsplänen die Umweltverträglichkeitsprüfung einschließlich der Vorprüfung des Einzelfalls im Planaufstellungsverfahren als Umweltprüfung nach den Vorschriften des Baugesetzbuchs durchgeführt wird. Die Umweltverträglichkeitsprüfung und auch die Umweltverträglichkeitsvorprüfung nach dem Gesetz über die Umweltverträglichkeitsprüfung gehen in der Umweltprüfung nach dem Baugesetzbuch i. R. d. Bebauungsplanungsverfahrens, die den Anforderungen einer Umweltverträglichkeitsprüfung nach dem Gesetz über die Umweltverträglichkeitsprüfung entspricht, auf.¹⁰⁸⁸ Abweichend von Satz 1 entfällt daher gem. § 17 Abs. 1 S. 2 UVPG auch ein nach dem Gesetz über die Umweltverträglichkeitsprüfung vorgesehenes UVP-Screening dann, wenn für den aufzustellenden Bebauungsplan *(ohnehin)* eine Umweltprüfung nach den Vorschriften des Baugesetzbuchs, die zugleich den Anforderungen einer Umweltverträglichkeitsprüfung entspricht, durchgeführt wird.¹⁰⁸⁹ Indem § 13a Abs. 1 S. 4 BauGB das auf eine Umweltprüfung verzichtende beschleunigte Verfahren für solche Bebauungspläne der Innenentwicklung ausschließt, die die Zulässigkeit von Vorhaben begründen, die einer Pflicht zur Durchführung einer Umweltverträglichkeitsprüfung nach dem Gesetz über die Umweltverträglichkeitsprüfung oder nach Landesrecht unterliegen und daher selbst umweltverträglichkeitsprüfungspflichtig (vgl. Art. 1 Abs. 2, Art. 2 Abs. 2 UVP-RL und § 2 Abs. 1 S. 1, Abs. 2, Abs. 3 Nr. 3 UVPG) sind, entspricht der Ausschlussgrund unmittelbar der Wertung des § 17 Abs. 1 S. 1 UVPG, wonach eine nach den Vorschriften des Baugesetzbuchs vorgenommene Umweltprüfung auch den Anforderungen einer nach der UVP-RL (85/337/EWG) und dem Gesetz über die Umweltverträglichkeitsprüfung notwendigen Umweltverträglichkeitsprüfung genügt, weshalb die i. R. d. Bauleitplanung notwendige Durchführung einer Umweltverträglichkeitsprüfung grundsätzlich in der Durchführung einer Umweltprüfung aufgehen soll. Gerade in Konsequenz dazu ist das be-

---

1087 *Wulfhorst*, in: Landmann/Rohmer, Umweltrecht, Band III, § 17 UVPG, Rn. 10 (Stand: April 2005).
1088 Vgl. § 4 UVPG. Vgl. BT-Drs. 15/2250, S. 30; *Appold*, in: Hoppe, UVPG, § 2, Rn. 89; *Gierke*, in: Brügelmann, § 13a, Rn. 89 (Stand: Februar 2008); *Krautzberger*, in: E/Z/B/K, § 2, Rn. 152 (Stand: September 2007); *Wagner/Paßlick*, in: Hoppe, UVPG, § 17, Rn. 1 u. 28
1089 BT-Drs. 15/2250, S. 73/74; *Appold*, in: Hoppe, UVPG, § 2, Rn. 89; *Krautzberger/Stüer*, DVBl. 2004, 914 (922). § 17 Abs. 1 S. 2 UVPG gilt als „Angstklausel" und soll allein dafür Gewähr bieten, dass bei einer künftigen Änderung des BauGB die für die Umweltprüfung bestimmten Vorgaben des UVPG eingehalten werden, *W. Schrödter*, in: Schrödter, Baugesetzbuch, § 2, Rn. 74e, unter Verweis auf *Wulfhorst*, in: Landmann/Rohmer, Umweltrecht, Band III, § 17 UVPG, Rn. 10 (Stand: April 2005): Die durch die Fassung des BauGB in Form des EAG-Bau suspendierten Vorgaben des UVPG sollen wieder aktiviert werden können, falls es zu Abstrichen bei der bauleitplanerischen Umweltprüfung im BauGB kommen sollte.

schleunigte Verfahren ohne Umweltprüfung ausgeschlossen, wenn der Bebauungsplan die Zulässigkeit umweltverträglichkeitsprüfungspflichtiger Vorhaben begründet und daher selbst umweltverträglichkeitsprüfungspflichtig ist, zumal die Durchführung einer Umweltverträglichkeitsprüfung bezogen auf den Bebauungsplan gegenüber einer Umweltprüfung entsprechend der Verfahrensanforderung des § 2 Abs. 4 S. 1 BauGB innerhalb des Regelplanungsverfahrens keinen nennenswerten Vorteil i. S. e. Vereinfachung oder Verkürzung des Verfahrens hätte.

I. R. d. beschleunigten Verfahrens ist gem. § 13a Abs. 2 Nr. 1, § 13 Abs. 3 S. 1 BauGB keine Umweltprüfung nach den Vorschriften des Baugesetzbuchs durchzuführen, so dass § 17 Abs. 1 S. 2 UVPG nicht gilt und nicht nur eine nach dem Gesetz über die Umweltverträglichkeitsprüfung für den Bebauungsplan vorgesehene Umweltverträglichkeitsprüfung, sondern bereits ein vorgesehenes UVP-Screening gem. § 17 Abs. 1 S. 1 UVPG immer als Umweltprüfung nach den Vorschriften des Baugesetzbuchs durchzuführen wäre, was die in § 13a Abs. 2 Nr. 1, § 13 Abs. 3 S. 1 BauGB vorgesehene Verfahrenserleichterung schon bei der Planung (jedenfalls zunächst) nur umweltverträglichkeitsvorprüfungspflichtiger Vorhaben i. R. v. Innenentwicklungsmaßnahmen konterkarieren würde. Daher wird § 13a Abs. 1 S. 2 Nr. 1 BauGB als weitere Ausnahme zu § 17 Abs. 1 S. 1 UPVG eingeordnet,[1090] nach der es im Hinblick auf § 13a Abs. 1 S. 4 BauGB für den Fall der Umweltverträglichkeitsvorprüfungspflichtigkeit eines durch den Bebauungsplan zugelassenen Projekts bei einem UVP-Screening nach dem Gesetz über die Umweltverträglichkeitsprüfung bleibt und dieses nicht gem. § 17 Abs. 1 S. 1 UVPG grundsätzlich als Umweltprüfung nach den Vorschriften des Baugesetzbuchs durchzuführen ist. In Bezug auf Bebauungspläne i. S. d. § 13a Abs. 1 S. 2 Nr. 2 BauGB wird § 17 Abs. 1 S. 1 UVPG für den Fall der Umweltverträglichkeitsvorprüfungspflichtigkeit eines durch den Bebauungsplan zugelassenen Vorhabens von *Krautzberger* so verstanden, dass die Vorprüfung nach den Vorschriften des Baugesetzbuchs gem. § 13 Abs. 1 S. 2 Nr. 2 BauGB an die Stelle der Umweltprüfung nach den Vorschriften des Baugesetzbuchs i. S. v. § 17 Abs. 1 S. 1 UPVG tritt,[1091] in die ein nach dem Gesetz über die Umweltverträglichkeitsprüfung vorgesehenes UVP-Screening integriert wird.

bb) FFH-RL und Vogelschutz-RL

Indem § 13a Abs. 1 S. 5 BauGB die Anwendung des beschleunigten Verfahrens ausschließt, wenn Anhaltspunkte dafür bestehen, dass der Bebauungsplan die in § 1 Abs. 6 Nr. 7 lit. b BauGB genannten Schutzgüter, d. h. die Erhaltungsziele oder den Schutzzweck der Gebiete von gemeinschaftlicher Bedeutung und der

---

1090 *Krautzberger*, in: E/Z/B/K, § 13a, Rn. 54 (Stand: Mai 2007).
1091 *Krautzberger*, in: E/Z/B/K, § 13a, Rn. 54 (Stand: Mai 2007).

Europäischen Vogelschutzgebiete im Sinne des Bundesnaturschutzgesetzes, beeinträchtigt, werden die Vorgaben der FFH-RL und der Vogelschutz-RL (Richtlinie des Rates vom 02.04.1979 über die Erhaltung der wildlebenden Vogelarten, ABl. EG Nr. L 103 vom 25.04.1979, S. 1-18) umgesetzt bzw. gewahrt.[1092] Gem. Art. 6 Abs. 3, Art. 7 FFH-RL erfordern nämlich Pläne oder Projekte, die nicht unmittelbar mit der Verwaltung eines Gebiets von gemeinschaftlicher Bedeutung im Sinne der FFH-RL oder eines Europäischen Vogelschutzgebiets im Sinne der Vogelschutz-RL in Verbindung stehen oder hierfür nicht notwendig sind, die ein solches Gebiet jedoch einzeln oder in Zusammenwirkung mit anderen Plänen und Projekten *erheblich* beeinträchtigen könnten, was für Bauleitpläne zutreffen kann,[1093] eine Prüfung auf Verträglichkeit mit den für dieses Gebiet festgelegten Erhaltungszielen. Das Ergebnis dieser Verträglichkeitsprüfung kann im Fall der Feststellung der Unverträglichkeit gem. Art. 6 Abs. 3 S. 2, Abs. 4, Art. 7 FFH-RL unmittelbar über die Unzulässigkeit der überprüften Planung entscheiden. Die Verträglichkeitsprüfung gem. Art. 6 Abs. 3, Art. 7 FFH-RL, die durch § 1a Abs. 4 BauGB i. V. m. § 35 S. 2, § 34 Abs. 1 S. 2 u. Abs. 2-5, § 11 S. 1 BNatSchG für das Bauleitplanungsrecht in deutsches Recht umgesetzt wurde, wurde entsprechend der Ausgestaltung der Umweltprüfung gem. § 2 Abs. 4 S. 1 BauGB als Trägerverfahren für alle bauleitplanungsrechtlich relevanten umweltbezogenen Maßgaben und Prüfverfahren in die Umweltprüfung integriert,[1094] so dass es konsequent ist, jedenfalls bei der Notwendigkeit einer Verträglichkeitsprüfung, also bei möglicherweise *erheblichen* Beeinträchtigungen des Schutzzwecks oder der Erhaltungsziele der Schutzgebiete, die Pflicht zur Durchführung einer Umweltprüfung vorzusehen und daher das beschleunigte Verfahren ohne Umweltprüfung auszuschließen. Indem § 13a Abs. 1 S. 5 BauGB das beschleunigte Verfahren bereits dann ausschließt, wenn Anhaltspunkte für eine Beeinträchtigung der in § 1 Abs. 6 Nr. 7 lit. b BauGB genannten Schutzgüter bestehen, und nicht erst bei Anhaltspunkten für eine *erhebliche* Beeinträchtigung, liegt im Hinblick auf die Anforderungen der FFH-RL eine Überumsetzung vor, die europarechtlich aufgrund der Vorgabe bloßer Mindeststandards aber undenklich ist und sogar eine erhöhte Sicherheit für die korrekte Umsetzung gemeinschaftsrechtlicher Vorgaben bietet. Dabei ist auch zu beachten, dass das Bundesverwaltungsgericht aufgrund der Rechtsprechung des Europäischen Gerichtshofs zu Art. 6 Abs. 3, Art. 7 FFH-RL davon ausgeht, dass grundsätzlich jede (ernstlich zu besorgende) Beeinträchtigung von Erhaltungs-

---

1092 BT-Drs. 15/2250, S. 51; *Krautzberger*, in: E/Z/B/K, § 13, Rn. 33 (Stand: März 2007), bezogen auf § 13 Abs. 1 Nr. 2 BauGB; *Gierke*, in: Brügelmann, § 13a, Rn. 22 (Stand: Februar 2008); *Mitschang*, ZfBR 2007, 433 (442).
1093 *Wagner*, in: E/Z/B/K, § 1a, Rn. 161 (Stand: September 2007).
1094 BT-Drs. 15/2250, S. 29 u. 30; *Wagner*, in: E/Z/B/K, § 1a, Rn. 151 u. 178 (Stand: Oktober 2008); *Wagner/Paßlick*, in: Hoppe, UVPG, § 17, Rn. 214 ff.

zielen erheblich ist,[1095] so dass jedenfalls in den Fällen, in denen die Bauleitplanung die Erhaltungsziele unmittelbar betrifft, in Bezug auf die Pflicht zur Durchführung einer Verträglichkeitsprüfung ohnehin nicht zwischen einer Beeinträchtigung und einer erheblichen Beeinträchtigung zu unterscheiden ist.[1096]

cc) Plan-UP-RL

§ 13a Abs. 1 S. 4 u. S. 5 BauGB weitgehend entsprechende Regelungen finden sich seit dem EAG-Bau in den Ausschlussgründen des vereinfachten Verfahrens gem. § 13 Abs. 1 Nr. 1 u. Nr. 2 BauGB, das gem. § 13 Abs. 3 S. 1 BauGB auf die Umweltprüfung verzichtet, woraus sich gem. § 13a Abs. 2 Nr. 1 BauGB auch der Verzicht auf die Umweltprüfung im beschleunigten Verfahren ergibt, sowie in den Ausschlussgründen für ebenfalls nicht umweltprüfungspflichtige Innenbereichssatzungen (§ 34 Abs. 5 S. 1 Nr. 2 u. Nr. 3 BauGB) und Außenbereichssatzungen (§ 35 Abs. 6 S. 4 Nr. 2 u. Nr. 3 BauGB).[1097] Durch die Ausschlussgründe für diese ohne Umweltprüfung auskommenden Planungsverfahren und sonstigen städtebaulichen Handlungsmöglichkeiten wird sichergestellt, dass Vorhaben mit europarechtlich relevanten (erheblichen) Umweltauswirkungen im Sinne der UVP-RL (85/337/EWG) und der FFH- und Vogelschutz-RL nicht ohne (umfassende) Prüfung dieser Umweltauswirkungen in dem eigens dafür vorgesehenen formalisierten Verfahren der Umweltprüfung planerisch bzw. planähnlich erlaubt werden können.[1098] Begründet ein Bebauungsplan oder eine sonstige städtebauliche Satzung[1099] die Zulässigkeit umweltverträglichkeitsprüfungspflichtiger Vorhaben, also von Vorhaben, bei denen bei abstrakt-genereller

---

1095 BVerwG, Urt. vom 17.01.2007 – 9 A 20.05, E 128, 1 (1 u. 21, Rn. 41) unter Bezugnahme auf EuGH, Urt. vom 07.09.2004 – Rs. C-127/02, Slg. 2004, I-7405 (7430 (Rn. 85) und 7471 (Rn. 59 u. 60)); vgl. *Wagner*, in: E/Z/B/K, § 1a, Rn. 223 (Stand: Oktober 2008). OVG Rheinland-Pfalz, Urt. vom 13.02.2008 – 8 C 10368/07, ZfBR 2008, 582 (588), interpretiert das BVerwG dahingend, dass sich eine Verträglichkeitsprüfung dann erübrigt, wenn erhebliche Beeinträchtigungen des Schutzgebiets schon nach einer Vorprüfung offensichtlich ausgeschlossen sind. Verbleibende Zweifel erforderten dagegen nach dem Vorbeugeprinzip die Durchführung einer Verträglichkeitsprüfung.
1096 *Wagner*, in: E/Z/B/K, § 1a, Rn. 223 (Stand: September 2007).
1097 Vgl. *Battis/Ingold*, LKV 2007, 433 (435/436); *Bunzel*, LKV 2007, 444 (447); *Blechschmidt*, ZfBR 2007, 120 (121); *Dirnberger*, Bay. Gemeindetag 2/2007, 51 (52); *Krautzberger*, in: Krautzberger/Söfker, Baugesetzbuch, Rn. 153d; *Krautzberger/Stüer*, DVBl. 2007, 160 (162); *Spannowsky*, in: Spannowsky/Hofmeister, BauGB 2007, S. 27 (30); *ders.*, NuR 2007, 521 (522); *Uechtritz*, BauR 2007, 476 (480).
1098 BT-Drs. 15/2250, S. 51; *Bunzel*, in: BauGB 2004 – Nachgefragt, S. 187 (189/190); *Krautzberger*, UPR 2007, 170 (173); *Wagner*, in: E/Z/B/K, § 1a, Rn. 166 (Stand: Oktober 2008), betont, dass die einfach gehaltenen Verfahren nicht geeignet seien, die durch die FFH-RL ausgelösten komplexen naturschutzfachlichen Fragestellungen zu bewältigen.
1099 Vgl. Fn. 319.

Betrachtungsweise oder nach einer konkreten Vorprüfung des Einzelfalls davon auszugehen ist, dass sie voraussichtlich erhebliche nachteilige Umweltauswirkungen haben, oder bestehen Anhaltspunkte dafür, dass der Bebauungsplan den Schutzzweck oder die Erhaltungsziele der Vogelschutz- und FFH-Gebiete beeinträchtigen könnte, besteht auch aufgrund von Art. 3 Abs. 2 Plan-UP-RL i. V. m. Art. 3 Abs. 3 Plan-UP-RL eine gewisse Vermutung dafür,[1100] dass der Bebauungsplan als solcher voraussichtlich erhebliche Umweltauswirkungen hat, so dass er gem. Art. 3 Abs. 1 Plan-UP-RL einer Umweltprüfung zu unterziehen ist, wenngleich auch innerhalb der Plan-UP-RL die nur i. R. v. Art. 3 Abs. 3 Plan-UP-RL nicht als unwiderlegbar eingeordnete Vermutung erheblicher Umweltauswirkungen von Plänen gem. Art. 3 Abs. 2 lit. b Plan-UP-RL, die sich auf die Erhaltungsziele oder den Schutzzweck von FFH- und Vogelschutzgebieten auswirken, nur für solche Pläne gilt, für die Art. 6 Abs. 3, Art. 7 FFH-RL eine Verträglichkeitsprüfung anordnen, die sich also möglicherweise erheblich auf die genannten Schutzgebiete auswirken können. Auch der Einhaltung dieser Vorgabe dienen die Ausschlussgründe des § 13a Abs. 1 S. 4 u. S. 5 BauGB für das beschleunigte Verfahren, in dem gerade keine Umweltprüfung stattfindet.[1101]

b) Ausschluss wegen Umweltverträglichkeitsprüfungspflichtigkeit geplanter Vorhaben, § 13a Abs. 1 S. 4 BauGB

aa) Begründung der Zulässigkeit umweltverträglichkeitsprüfungspflichtiger Vorhaben

(1) Konkretheit des Bebauungsplans

Weil § 13a Abs. 1 S. 4 BauGB für den Ausschluss des beschleunigten Verfahrens darauf abstellt, dass der Bebauungsplan der Innenentwicklung die Zulässigkeit nach dem Gesetz über die Umweltverträglichkeitsprüfung oder nach Landesrecht umweltverträglichkeitsprüfungspflichtiger Vorhaben begründet, und sich die Umweltverträglichkeitsprüfungspflichtigkeit nach den Regelungen des Gesetzes über die Umweltverträglichkeitsprüfung immer projektbezogen beurteilt und auch die Umweltverträglichkeitsprüfung nach dem Gesetz über die Umweltverträglichkeitsprüfung immer projektbezogen erfolgt[1102] (vgl. § 3

1100 Vgl. Fn. 617 u. B. II. 6. d) aa) (1) u. B. II. 6. d) aa) (4) (a).
1101 Vgl. Grund 10 Begründung Plan-UP-RL; *Gierke*, in: Brügelmann, § 13a, Rn. 103 (Stand: Februar 2008); *Spannowsky*, NuR 2007, 521 (523); ders., in: Berliner Kommentar, § 13a, Rn. 5 (Stand: Juli 2007); *Wagner/Paßlick*, in: Hoppe, UVPG, § 17, Rn. 12; vgl. *Krautzberger*, in: E/Z/B/K, § 13, Rn. 30 u. 31 (Stand:März 2007), für die Ausschlussgründe in § 13 Abs. 1 Nr. 1 und Nr. 2 BauGB.
1102 Vgl. BayVGH, Urt. vom 21.06.2004 – 20 N 04.1201, 20 NE 04.1221, 20 N 04.1103, BayVBl. 2005, 177 (177, Leitsatz 3): Dort wird herausgestellt, dass eine Umweltverträglichkeitsprüfung für ein umweltverträglichkeitsprüfungspflichtiges Vorhaben, das

Abs. 1 S. 1, § 2 Abs. 1 S. 1, Abs. 2, Abs. 3 Nr. 3, Anlage 1 UVPG), kann die Umweltverträglichkeitsprüfungspflichtigkeit von Vorhaben, deren Zulässigkeit durch den Bebauungsplan der Innenentwicklung begründet werden soll, nur dann das beschleunigte Verfahren ausschließen, wenn feststeht, dass gerade sie im Plangebiet realisiert werden sollen.[1103] Die Regelung des § 2 Abs. 3 Nr. 3 UVPG, nach der ein Bebauungsplan dann als Entscheidung i. S. v. § 2 Abs. 1 S. 1 UVPG eingeordnet wird, innerhalb deren verwaltungsbehördlichen Entscheidungsverfahrens eine Umweltverträglichkeitsprüfung durchzuführen ist, wenn durch den Bebauungsplan die Zulässigkeit von *bestimmten* Vorhaben im Sinne der Anlage 1 UVPG begründet werden soll, statuiert eine Umweltverträglichkeitsprüfungspflicht ebenfalls nur für konkret projektbezogene Bebauungspläne.[1104] Dies bedeutet jedoch nicht, dass der Ausschlussgrund des § 13a Abs. 1 S. 4 BauGB nur für vorhabenbezogene Bebauungspläne im Sinne von § 12 BauGB greifen kann.[1105] Solange aber andererseits nicht erkennbar ist, ob im Plangebiet durch den Bebauungsplan ein konkretes umweltverträglichkeitsprüfungspflichtiges Vorhaben ermöglicht und auch umgesetzt werden soll, ob also der Bebauungsplan gezielt (auch) für dieses Vorhaben aufgestellt wird, kann der Ausschlussgrund des § 13a Abs. 1 S. 4 BauGB nicht greifen.[1106] Wenn dem Bebauungsplan kein konkretes Vorhaben zugrunde liegt und er *rein* angebotsplanerisch nicht für ein bestimmtes Vorhaben im Sinne der Anlage 1 UVPG aufge-

---

Gegenstand eines projektbezogenen Bebauungsplans ist, auf dieses bezogen durchzuführen ist. Vgl. B. II. 6. e) bb) (1) (a) und B. II. 6. e) bb) (2) (a) u. (b) und Fn. 844 u. 845.

1103 *Uechtritz*, BauR 2007, 476 (480); *Gierke*, in: Brügelmann, § 13a, Rn. 106 (Stand: Februar 2008) und § 13, Rn. 71 (Stand: Februar 2008), nennt als Beispiel Bebauungspläne mit anlagenbezogenen Festsetzungen nach § 1 Abs. 4-9 BauNVO oder mit der Festsetzung eines Sondergebiets für bestimmte Vorhaben. Vgl. auch *Krautzberger/Stüer*, DVBl. 2007, 160 (162).

1104 OVG Sachsen-Anhalt, Urt. vom 17.11.2005 – 2 K 229/02, zitiert nach juris, Rn 44 u. 45, bezogen auf die Vorgaben des UVPG für die Umweltverträglichkeitsprüfungspflichtigkeit von Bebauungsplänen; *Gierke*, in: Brügelmann, § 13, Rn. 71 (Stand: Februar 2008); *Schmidt-Eichstaedt*, BauR 2007, 1148 (1150); vgl. auch *Schink*, UPR 2004, 81 (88).

1105 Vgl. VGH München, Urt. vom 21.06.2004 – 20 N 04.1201, 20 NE 04.1221, 20 N 04.1103, BayVBl. 2005, 177 (177 u. 178): Dort wird klargestellt, dass der vorhabenbezogene Bebauungsplan im Sinne § 12 BauGB nur ein spezieller, gesetzlich geregelter Fall eines projektbezogenen Bebauungsplans ist. Ein projektbezogener Bebauungsplan ist demnach nur dadurch gekennzeichnet, dass er *maßgerecht Baurecht* für die Ansiedlung eines *bestimmten* Vorhabens zu schaffen vermag. Vgl. *Gierke*, in: Brügelmann, § 13, Rn. 71 (Stand: Februar 2008).

1106 Vgl. auch OVG Sachsen-Anhalt, Urt. vom 17.11.2005 – 2 K 229/02, zitiert nach juris, Rn 45, bezogen auf die Vorgaben des UVPG für die Umweltverträglichkeitsprüfungspflichtigkeit von Bebauungsplänen; *Schink*, UPR 2004, 81 (88); *Schmidt-Eichstaedt*, BauR 2007, 1148 (1150); *Uechtritz*, BauR 2007, 476 (480).

stellt wird, unterliegt er keiner Umweltverträglichkeitsprüfungspflicht, auch wenn aufgrund seiner Festsetzungen umweltverträglichkeitsprüfungspflichtige Projekte zugelassen werden können.[1107] Bei *rein* angebotsbezogenen Bauleitplänen reicht es vielmehr grundsätzlich aus, dass bei ihrer Umsetzung in konkrete Vorhaben im Rahmen von deren Genehmigungsverfahren eine Umweltverträglichkeitsprüfung durchgeführt wird.[1108] Denn erst dann steht fest, auf welches Vorhaben sich diese eigentlich beziehen muss.[1109]

(2) Generell umweltverträglichkeitsprüfungspflichtige Vorhaben

Unproblematisch begründet ein Bebauungsplan die Zulässigkeit umweltverträglichkeitsprüfungspflichtiger Vorhaben, wenn er konkrete Vorhaben plant, die nach den Bestimmungen des Gesetzes über die Umweltverträglichkeitsprüfung oder nach Landesrecht ohne Weiteres und damit generell als umweltverträglich-

---

1107 OVG Sachsen-Anhalt, Urt. vom 17.11.2005 – 2 K 229/02, zitiert nach juris, Rn 45, bezogen auf die Vorgaben des UVPG für die Umweltverträglichkeitsprüfungspflichtigkeit von Bebauungsplänen; *Bunzel*, LKV 2007, 444 (447); *Schink*, UPR 2004, 81 (88); *Krautzberger*, in: E/Z/B/K, § 13a, Rn. 58 (Stand: Mai 2007); *Uechtritz*, BauR 2007, 476 (480); *Wallraven-Lindl/Strunz/Geiß*, Das Bebauungsplanverfahren nach dem BauGB 2007, S. 170. *Gierke*, in: Brügelmann, § 13a, Rn. 106 (Stand: Februar 2008) u. § 13, Rn. 71 (Stand: Februar 2008), verweist auch auf die Gegenauffassung: Diese stellt darauf ab, dass Art. 2 Abs. 2 UVP-RL (85/337/EWG) nur davon spricht, dass für ein Projekt ein Genehmigungsverfahren durchgeführt wird. Genehmigung ist nach der UVP-RL (85/337/EWG) jede Entscheidung der zuständigen Behörde oder der zuständigen Behörden, auf Grund derer der Projektträger das Recht zur Durchführung des Projekts erhält (vgl. Art. 1 Abs. 2 UVP-RL (85/337/EWG)). Da sich der deutsche Gesetzgeber in § 2 Abs. 3 Nr. 3 UVPG dafür entschieden hat, Bebauungspläne als Entscheidungen über ein Vorhaben anzusehen, könne nur schwer zwischen projektbezogenen Bebauungsplänen und Bebauungsplänen mit allgemeinen Festsetzungen unterschieden werden, denn auch die zuletzt genannten Pläne setzten einen verbindlichen Rahmen und räumten dem Investor städtebaulich das Recht zur Realisierung des Projekts innerhalb des Rahmens ein. In Konsequenz dazu müsste man auch den Beschluss eines nicht auf ein konkretes Projekt bezogenen Angebotsbebauungsplans als Genehmigung im Sinne von Art. 1 Abs. 2, Art. 2 Abs. 2 UVP-RL (85/337/EWG) einordnen, wenn auf seiner Grundlage umweltverträglichkeitsprüfungspflichtige Vorhaben zugelassen werden können.
1108 OVG Sachsen-Anhalt, Urt. vom 17.11.2005 – 2 K 229/02, zitiert nach juris, Leitsatz 3 u. Rn. 64, bezogen auf die Vorgaben des UVPG für die Umweltverträglichkeitsprüfungspflichtigkeit von Bebauungsplänen.
1109 OVG Sachsen-Anhalt, Urt. vom 17.11.2005 – 2 K 229/02, zitiert nach juris, Rn. 64, bezogen auf die Vorgaben des UVPG für die Umweltverträglichkeitsprüfungspflichtigkeit von Bebauungsplänen; vgl. *Mitschang*, ZfBR 2007, 433 (442), bezogen auf die bis zum EAG-Bau nach dem UVPG grundsätzlich für jeden einzelnen Bebauungsplan notwendige Feststellung der Umweltverträglichkeitsprüfungspflichtigkeit; *Krautzberger*, in: E/Z/B/K, § 13a, Rn. 58 (Stand: Mai 2007), bezogen auf das Screening i. R. d. § 13a Abs. 1 S. 4 BauGB.

keitsprüfungspflichtig eingestuft sind. Dies ist bei allen in der ersten Spalte der Anlage 1 UVPG mit einem „X" gekennzeichneten Vorhaben der Fall.[1110] Dasselbe gilt für landesrechtliche Regelungen über die Umweltverträglichkeitsprüfungspflichtigkeit gem. § 3d 1. Var. UVPG für in Spalte 2 Anlage 1 UVPG mit einem „L" gekennzeichnete Vorhaben.[1111] Zur Feststellung der generellen Umweltverträglichkeitsprüfungspflichtigkeit konkret geplanter Vorhaben und damit des Bebauungsplans sind gem. § 17 Abs. 1 S. 1 UVPG die Kumulationsregelung des § 3b Abs. 2 UVPG und die Regelungen über die Änderung und Erweiterung von Vorhaben gem. § 3b Abs. 3, § 3e UVPG zu beachten.[1112] Soll durch den Bebauungsplan der Innenentwicklung die Zulässigkeit eines solchen, nach abstrakt-genereller Festlegung umweltverträglichkeitsprüfungspflichtigen Vorhabens konkret begründet werden, kann er gem. § 13a Abs. 1 S. 4 BauGB nicht im beschleunigten Verfahren aufgestellt werden.

(3) Umweltverträglichkeitsvorprüfungspflichtige Vorhaben

(a) Notwendigkeit der Durchführung eines UVP-Screenings

Doch geht das Gesetz über die Umweltverträglichkeitsprüfung – ebenso wie die UVP-RL (85/337/EWG), die in ihren Anhängen I und II zwischen generell und nach der Auffassung der Mitgliedstaaten umweltverträglichkeitsprüfungspflichtigen Projekten unterscheidet (vgl. Art. 4 Abs. 1 u. Abs. 2 UVP-RL (85/337/EWG) und Art. 4 Abs. 2 UVP-Änderungs-RL (97/11/EG)) – nicht bei allen von ihm in Anlage 1 aufgeführten Vorhaben davon aus, dass diese generell mit erheblichen Auswirkungen auf die Umwelt verbunden sind, so dass sie durchweg entsprechend den Vorgabe von Art. 2 Abs. 1 UVP-RL (85/337/EWG) einer Umweltverträglichkeitsprüfung zu unterziehen wären. Vielmehr sieht es für bestimmte Vorhaben, die in der Regel nach kleineren Größen- und Leistungswerten bestimmt werden als die generell umweltverträglichkeitsprüfungspflichtigen Vorhaben, für deren Überschreiten gem. § 3c S. 5 UVPG ebenfalls § 3b Abs. 2 u. Abs. 3 UVPG zu beachten ist, vor, bei diesen zunächst in einer Vorprüfung des Einzelfalls gem. § 3c i. V. m. Anlage 2 UVPG

1110 Vgl. *Bunzel*, LKV 2007, 444 (447); *Gierke*, in: Brügelmann, § 13, Rn. 69 (Stand: Februar 2008); *ders.*, in: Brügelmann, § 13a, Rn. 104 (Stand: Februar 2008); *Krautzberger*, UPR 2007, 170 (173); *Mitschang*, ZfBR 2007, 433 (440).
1111 Vgl. *Bunzel*, LKV 2007, 444 (448); *Mitschang*, ZfBR 2007, 433 (440); vgl. auch *Gierke*, in: Brügelmann, § 13, Rn. 72 (Stand: Februar 2008); *ders.*, in: Brügelmann, § 13a, Rn. 105 (Stand: Februar 2008). Vgl. Mustereinführungserlass, S. 7, abrufbar unter http://www.is-argebau.de/ (zuletzt abgerufen am 10.05.2008).
1112 *Gierke*, in: Brügelmann, § 13, Rn. 69 (Stand: Februar 2008); *ders.*, in: Brügelmann, § 13a, Rn. 104 (Stand: Februar 2008); *Kuschnerus*, BauR 2001, 1346 (1346).

zu klären, ob sie erhebliche nachteilige Umweltauswirkungen haben können.[1113] Erst wenn diese Frage aufgrund einer überschlägigen Prüfung nach Einschätzung der zuständigen Behörde unter Berücksichtigung der in Anlage 2 UVPG aufgeführten Kriterien zu bejahen ist, muss eine Umweltverträglichkeitsprüfung vorgenommen werden. Solche Vorhaben sind also zunächst nur umweltverträglichkeitsvorprüfungspflichtig; erst wenn das UVP-Screening ergibt, dass sie im konkreten Fall erhebliche nachteilige Umweltauswirkungen haben können, sind sie umweltverträglichkeitsprüfungspflichtig. Dasselbe können landesrechtliche Regelungen über die Umweltverträglichkeitsprüfungspflichtigkeit aufgrund einer Vorprüfung gem. § 3d 2. Var. u. 3. Var. UVPG vorsehen.[1114]

Daraus ergibt sich im Hinblick auf § 13a Abs. 1 S. 4 BauGB, nach dessen Wortlaut es eindeutig darauf ankommt, ob der Bebauungsplan die Zulässigkeit von Vorhaben begründet, die *tatsächlich* einer Pflicht zur Durchführung einer Umweltverträglichkeitsprüfung unterliegen,[1115] dass allein die Umweltverträglichkeits*vor*prüfungspflichtigkeit von im Bebauungsplan vorgesehenen Vorhaben der Anwendung des beschleunigten Verfahrens nicht im Wege stehen kann.[1116] Begründet der Bebauungsplan die Zulässigkeit konkreter umweltverträglichkeitsvorprüfungspflichtiger Vorhaben, ist im Hinblick auf § 13a Abs. 1 S. 4 BauGB zunächst ein projekt- bzw. standortbezogenes UVP-Screening gem. § 3c UVPG i. V. m. Anlage 2 UVPG[1117] durchzuführen, durch welches geklärt

---

1113 *Battis/Ingold*, LKV 2007, 433 (436); *Blechschmidt*, ZfBR 2007, 120 (121); *Bunzel*, LKV 2007, 444 (447); *Kuschnerus*, BauR 2001, 1346 (1346); *Mitschang*, ZfBR 2007, 433 (440 u. 441).

1114 *Bunzel*, LKV 2007, 444 (448); *Gierke*, in: Brügelmann, § 13, Rn. 72 (Stand: Februar 2008); *Mitschang*, ZfBR 2007, 433 (440). Vgl. Mustereinführungserlass, S. 7, abrufbar unter http://www.is-argebau.de/ (zuletzt abgerufen am 10.05.2008).

1115 Vgl. *Mitschang*, ZfBR 2007, 433 (441); *Gierke*, in: Brügelmann, § 13, Rn. 70 (Stand: Februar 2008), bezogen auf § 13 Abs. 1 Nr. 1 BauGB; *Schmidt-Eichstaedt*, BauR 2007, 1148 (1149 u. 1150). Vgl. *Krautzberger*, UPR 2007, 170 (173), bezogen auf den Wortlaut von § 13 Abs. 1 Nr. 1 BauGB, wobei er ausdrücklich entgegen des Wortlauts vertritt, dass allein die Umweltverträglichkeitsvorürprüfungspflichtigkeit geplanter Vorhaben das vereinfache Verfahren ausschließt.

1116 *Schmidt-Eichstaedt*, BauR 2007, 1148 (1149); anscheinend auch so *Krautzberger/Stüer*, DVBl. 2007, 160 (160 o. 162). A. A. *Krautzberger*, UPR 2007, 170 (173) und in: E/Z/B/K, § 13, Rn. 32 (Stand: März 2007); *Krautzberger/Stüer*, DVBl. 2004, 914 (918 u. 919), in Bezug auf § 13 Abs. 1 Nr. 1 BauGB; vgl. auch *Wallraven-Lindl/Strunz/Geiß*, Das Bebauungsplanverfahren nach dem BauGB 2007, S. 143.

1117 *Blechschmidt*, ZfBR 2007, 120 (121); *Gierke*, in: Brügelmann, § 13a, Rn. 104 (Stand: Februar 2008); *Krautzberger*, in: Krautzberger/Söfker, Baugesetzbuch, Rn. 153c; *Mitschang*, ZfBR 2007, 433 (441); Mustereinführungserlass, S. 7, abrufbar unter http://www.is-argebau.de/ (zuletzt abgerufen am 10.05.2008). A. A. *Stock*, in: E/Z/B/K, § 214, Rn. 129h (Stand: Mai 2007), der davon ausgeht, dass die Anforderungen des § 3c S. 1 UVPG wegen § 17 Abs. 1 S. 1 UVPG nicht anzuwenden sind. Dieser Ansicht kann im Hinblick auf die Argumentation bei B. II. 7. a) aa) (Fn. 1090 u. 1091) nicht gefolgt werden.

wird, ob das Vorhaben tatsächlich umweltverträglichkeitsprüfungspflichtig ist. Erst wenn dies der Fall ist, ist die Anwendung des beschleunigten Verfahrens gem. § 13a Abs. 1 S. 4 BauGB ebenso ausgeschlossen wie das vereinfachte Verfahren gem. § 13 Abs. 1 Nr. 1 BauGB.[1118] § 13a Abs. 1 S. 4 BauGB ist damit insgesamt genauso zu prüfen, wie die Umweltverträglichkeitsprüfungspflichtigkeit für Bebauungspläne vor dem EAG-Bau (2004), also vor Einführung der weitgehend ausnahmslosen Umweltprüfungspflichtigkeit für alle Bauleitpläne, grundsätzlich nach Maßgabe des Gesetzes über die Umweltverträglichkeitsprüfung zu beurteilen und zu prüfen war,[1119] das zwischen generell umweltverträglichkeitsprüfungspflichtigen und –vorprüfungspflichtigen Vorhaben und daher auch zwischen generell umweltverträglichkeitsprüfungspflichtigen und umweltverträglichkeitsvorprüfungspflichtigen Bebauungsplänen, die die Zulässigkeit dieser Vorhaben begründen, unterscheidet, wobei für letztere im Rahmen einer Vorprüfung ihre Umweltverträglichkeitsprüfungspflichtigkeit im konkreten Fall geklärt werden muss.[1120]

(b) Konkreter Vorhabenbezug, tatsächliche Umweltverträglichkeitsprüfungspflichtigkeit und planerische Vorhaben gem. Nr. 18 Anlage 1 UVPG

Die Anforderung der *tatsächlichen* Umweltverträglichkeitsprüfungspflichtigkeit *konkreter* Vorhaben, deren Zulässigkeit durch den Bebauungsplan der Innenentwicklung begründet wird, ergibt auch, dass allein die Festsetzung eines Baugebiets i. S. d. Baunutzungsverordnung, in dem allgemein Vorhaben zulässig sind, die umweltverträglichkeitsprüfungspflichtig oder jedenfalls –vorprüfungspflichtig sind, und das genauso wie in jedem anderen Bebauungsplanverfahren zulässiger Planinhalt ist,[1121] die Anwendbarkeit des beschleunigten Verfahrens grundsätzlich nicht gem. § 13a Abs. 1 S. 4 BauGB ausschließt. § 13a Abs. 1 S. 4 BauGB schließt das beschleunigte Verfahren vielmehr nur dann aus, wenn zum einen mindestens ein Vorhaben, dessen Zulässigkeit der Bebauungsplan begründet, in seiner konkreten Ausgestaltung genügend erkennbar und daher konkret angekündigt ist und die Bebauungsplanung gerade (auch) für dieses Vorhaben

---

1118 *Gierke*, in: Brügelmann, § 13a, Rn. 104 und § 13, Rn. 67 u. 70 (Stand: Februar 2008); *Kirchmeier*, in: Hk-BauGB, § 13a, Rn. 8; *Krautzberger*, in: Krautzberger/Söfker, Baugesetzbuch, Rn. 153c; *Krautzberger/Stüer*, DVBl. 2007, 160 (160 u. 162); *Mitschang*, ZfBR 2007, 433 (441); Mustereinführungserlass, S. 7, abrufbar unter http://www.is-argebau.de/ (zuletzt abgerufen am 10.05.2008); *Stock*, in: E/Z/B/K, § 214, Rn. 129h (Stand: Mai 2007); vgl auch *Schink*, UPR 2004, 81 (88).
1119 Vgl. B. II. 6. e) bb) (1) (a).
1120 *Schmidt-Eichstaedt*, BauR 2007, 1148 (1150); *Uechtritz*, BauR 2007, 476 (480).
1121 BT-Drs. 16/2932, S. 2; BR-Drs. 558/1/06, S. 7. *Birk*, KommJur 2007, 81 (85); *Krautzberger*, in: E/Z/B/K, § 13a, Rn. 13 (Stand: Mai 2007); *Müller-Grune*, BauR 2007, 985 (986). Vgl. Fn. 210.

vorgenommen wird und dieses Vorhaben zum anderen generell oder als Ergebnis eines für den Fall der Umweltverträglichkeitsvorprüfungspflichtigkeit des Vorhabens durchgeführten UVP-Screenings umweltverträglichkeitsprüfungspflichtig ist.[1122] Daher rechtfertigt z. B. die Festlegung eines Kerngebiets i. S. d. § 7 BauNVO, in dem gem. § 7 Abs. 2 Nr. 2 BauNVO *allgemein und abstrakt* die Zulässigkeit von z. B. großflächigen Handelsbetrieben (vgl. auch § 11 Abs. 3 S. 1 BauNVO) oder Hotelkomplexen begründet wird, die gem. Nr. 18.1 u. Nr. 18.6 Anlage 1 UVPG, evtl. i. V. m. Nr. 18.8 Anlage 1 UVPG, ab einer bestimmten Größe jedenfalls umweltverträglichkeitsvorprüfungspflichtig sind, allein grundsätzlich nicht das Vorliegen des Ausschlussgrundes des § 13a Abs. 1 S. 4 BauGB.[1123] Der Festlegung des Baugebiets allein fehlt grundsätzlich die für § 13a Abs. 1 S. 4 BauGB notwendige Begründung der Zulässigkeit *bestimmter* Vorhaben, die im konkreten Fall tatsächlich umweltverträglichkeitsprüfungspflichtig sind.[1124] Dies entspricht auch der Regelung des § 2 Abs. 3 Nr. 3 UVPG, nach der der Beschluss eines Bebauungsplans nur dann als Entscheidung i. S. v. § 2 Abs. 1 S. 1 UVPG eingeordnet wird, innerhalb deren verwaltungsbehördlichen Entscheidungsverfahrens eine Umweltverträglichkeitsprüfung durchzuführen ist, wenn durch den Bebauungsplan die Zulässigkeit von *bestimmten* Vorhaben im Sinne der Anlage 1 UVPG begründet werden soll.[1125] Dabei ist auch zu bedenken, dass die gegenteilige Sichtweise den Anwendungsbereich des beschleunigten Verfahrens enorm einschränken würde,[1126] wenn also schon die abstrakte Möglichkeit der Realisierung sogar nur möglicherweise umweltverträglichkeitsprüfungspflichtiger Vorhaben aufgrund des Bebauungsplans der Innenentwicklung gem. § 13a Abs. 1 S. 4 BauGB die Anwendung des beschleunigten Verfahrens ausschließen würde, was nach den Vorgaben der UVP-RL (85/337/EWG) europarechtlich zudem nicht geboten ist. Die UVP-RL verlangt gem. Grund 6 Begründung UVP-RL (85/337/EWG), dass die Genehmigung für öffentliche und private *Projekte*, bei denen mit erheblichen Auswirkungen auf die Umwelt zu rechnen ist, erst nach vorheriger Beurteilung der möglichen erheblichen Auswirkungen dieser *Projekte* erteilt wird. Diese Beurteilung hat

---

1122 *Krautzberger/Stüer*, DVBl. 2007, 160 (160 u. 162); *Schmidt-Eichstaedt*, BauR 2007, 1148 (1150).
1123 *Bunzel*, LKV 2007, 444 (447); *Krautzberger/Stüer*, DVBl. 2007, 160 (160 o. 162); *Krautzberger*, in: E/Z/B/K, § 13a, Rn. 58 (Stand: Mai 2007); *Schmidt-Eichstaedt*, BauR 2007, 1148 (1150); so auch *Wallraven-Lindl/Strunz/Geiß*, Das Bebauungsplanverfahren nach dem BauGB 2007, S. 170.
1124 *Gierke*, in: Brügelmann, § 13a, Rn. 106 (Stand: Februar 2008) unter Verweis auf die Gegenauffassung; *Krautzberger*, in: E/Z/B/K, § 13a, Rn. 58 (Stand: Mai 2007); *Krautzberger/Stüer*, DVBl. 2007, 160 (160 o. 162); *Schmidt-Eichstaedt*, BauR 2007, 1148 (1149 u. 1150); vgl. auch *Wallraven-Lindl/Strunz/Geiß*, Das Bebauungsplanverfahren nach dem BauGB 2007, S. 170.
1125 *Schmidt-Eichstaedt*, BauR 2007, 1148 (1150). Vgl. Fn. 1104.
1126 *Mitschang*, ZfBR 2007, 433 (441).

von Seiten des *Projekt*trägers anhand sachgerechter Angaben zu erfolgen. Gem. Grund 1 Begründung UVP-Änderungs-RL (97/11/EG) ist es Zweck der UVP-RL (85/337/EWG), den zuständigen Behörden die relevanten Informationen zur Verfügung zu stellen, damit sie über ein *bestimmtes Projekt* in Kenntnis der voraussichtlichen erheblichen Auswirkungen auf die Umwelt entscheiden können. Daraus wird der konkrete Projektbezug der Anforderungen der UVP-RL (85/337/EWG) bzw. UVP-Änderungs-RL (97/11/EG) sehr deutlich. Bestätigt wird er dadurch, dass die Anhänge I und II UVP-RL (85/337/EWG) und UVP-Änderungs-RL (97/11/EG), die die gem. Art. 4 Abs. 1 UVP-RL (85/337/EWG) unabdingbar umweltverträglichkeitsprüfungspflichtigen und die gem. Art. 4 Abs. 2 UVP-RL (85/337/EWG) bzw. UVP-Änderungs-RL (97/11/EG) je nach der gem. Art. 4 Abs. 3 UVP-Änderung-RL (97/11/EG) an den Kriterien von Anhang III UVP-Änderungs-RL (97/11/EG) zu orientierenden Entscheidung der Mitgliedstaaten umweltverträglichkeitsprüfungspflichtigen Vorhaben auflisten, ausschließlich auf konkrete Projekte im Sinne von Art. 1 Abs. 2 UVP-RL (85/337/EWG) bezogen sind. Die Frage der Umweltverträglichkeitsprüfungspflichtigkeit ist also immer nur in Bezug auf *konkrete Projekte* und nicht auf nur *möglicherweise* im Rahmen eines Genehmigungsverfahrens im Sinne von Art. 1 Abs. 2 UVP-RL (85/337/EWG) erlaubte Projekte zu stellen. Daher ist es gerechtfertigt, auch im Rahmen des § 13a Abs. 1 S. 4 BauGB zur Wahrung der Vorgaben der UVP-RL (85/337/EWG) bzw. der UVP-Änderungs-RL (97/11/EG) nur die Umweltverträglichkeitsprüfungspflichtigkeit durch den Bebauungsplan *konkret* erlaubter Vorhaben als Ausschlussgrund des beschleunigten Verfahrens anzusehen. Im Hinblick auf Art. 3 Abs. 1, Abs. 2 lit. a, Abs. 3 1. Alt. Plan-UP-RL ist zu berücksichtigen, dass die außerhalb der Voraussetzungen des Art. 3 Abs. 3 Plan-UP-RL unwiderlegliche Vermutung erheblicher Umweltauswirkungen von Plänen im Sinne von Art. 3 Abs. 2 lit. a Plan-UP-RL, also von Plänen im Bereich der Bodennutzung, die den Rahmen für die künftige Genehmigung der in den Anhängen I und II der Richtlinie 85/337/EWG aufgeführten und daher entsprechend der nationalen Umsetzungsakte u. U. teilweise nur umweltverträglichkeitsvorprüfungspflichtigen Projekte setzen, auch nur solche Pläne betrifft, die den Rahmen für die Genehmigung eines konkreten Projekts setzen.[1127] Die Annahme der Umweltverträglichkeitsprüfungspflichtigkeit bzw. der Umweltprüfungspflichtigkeit eines Bebauungsplans, aufgrund dessen umweltverträglichkeitsprüfungspflichtige Vorhaben nur *möglicherweise* zugelassen werden können, ohne dass es konkrete Anhaltspunkte dafür gibt, dass tatsächlich gerade die Zulässigkeit bestimmter umweltverträglichkeitsprüfungspflichtiger Vorhaben begründet werden soll, ist also vor dem europarechtlichen Hintergrund des § 13a Abs. 1 S. 4 BauGB nicht erforderlich. Hierbei ist ferner zu berücksichtigen, dass bei umweltverträglichkeitsprü-

---

1127 *Ginzky*, UPR 2002, 47 (48).

fungspflichtigen Einzelvorhaben im Fall ihrer konkreten Realisierung innerhalb des (für sie regelmäßig durchzuführenden[1128]) Genehmigungsverfahren ohnehin eine Umweltverträglichkeitsprüfung durchzuführen ist, die mangels bei der Planung vorhandener, *konkreter* Anhaltspunkte für die Realisierung solcher Vorhaben ausreichend und zudem effektiver ist als eine Umweltverträglichkeitsprüfung auf der Planungsebene, die für derartige Fälle verschiedene Szenarien der Planrealisierung hypothetisch durchspielen müsste, gerade weil der Gegenstand der Prüfung noch nicht eindeutig bestimmt bzw. bestimmbar ist. Desweiteren ist daran zu erinnern, dass das Gesetz über die Umweltverträglichkeitsprüfung mit seiner Schwellenwertkonzeption in der Anlage 1 UVPG für die Feststellung der Pflicht zur Durchführung einer Umweltverträglichkeitsprüfung innerhalb des Bebauungsplanungsverfahrens vor dem EAG-Bau (2004) nicht verlangte, abstrakt alle denkbaren baulichen Umsetzungen der beabsichtigen Festsetzung eines Baugebiets durchzuspielen und in einer Umweltverträglichkeitsvorprüfung bzw. Umweltverträglichkeitsprüfung selbst zu berücksichtigen.[1129] Ansonsten wäre auch die Festlegung eines unteren Schwellenwertes z. B. i. R. v. Nr. 18.5.2 Anlage 1 UVPG, bei dessen Unterschreitung außerhalb der Planung konkreter Einzelvorhaben im Sinne der Anlage 1 UVPG keine Umweltverträglichkeitsprüfung und -vorprüfung notwendig ist, sinnlos, wenn man bei einer Unterschreitung des Schwellenwerts dennoch darauf abstellen würde, dass in dem festgesetzten Industrie- oder Gewerbegebiet umweltverträglichkeitspflichtige Vorhaben grundsätzlich realisiert werden können, und daher für den Bebauungsplan die Durchführung einer Umweltverträglichkeitsprüfung bzw. einer Umweltprüfung verlangen würde.[1130]

Andererseits aber ist zu bedenken, dass sich die Umweltverträglichkeitsprüfungspflichtigkeit eines Bebauungsplans sowohl aus der Umweltverträglichkeitsprüfungspflichtigkeit von konkret geplanten Einzelvorhaben,[1131] wie z. B. gem. Nr. 2.3 Anlage 1 UVPG aus der Planung einer Anlage zur Gewinnung von Asbest oder gem. Nr. 1.1 Anlage 1 UVPG aus der Planung eines Kraftwerks, als auch aus der Umweltverträglichkeitsprüfungspflichtigkeit bestimmter größerer, geplanter Bauvorhaben i. S. d. Nr. 18 Anlage 1 UVPG, die sich aus mehreren Einzelvorhaben zusammensetzen können, ergeben kann. So ist gem. Nr. 18.5

1128 Vgl. z. B. § 2 Abs. 1 S. 1 Nr. 1 lit. c 4. BImSchV; vgl. § 2 Abs. 1 S. 1 Nr. 1 lit. a und Spalte 1 Anhang 4. BImSchV und Anlage 1 UVPG; vgl. *Ludwig*, in: Feldhaus, Bundesimmissionsschutzrecht, Band 2, § 2 4. BImSchV, Rn. 12 (Stand: September 2003). Vgl. auch § 17b Abs. 1 Nr. 1 FStrG; § 9 S. 2 WHG; § 31 Abs. 2 S. 4 WHG; Art. 2 Abs. 4 i. V. m. Art. 57, 58 Abs. 1 S. 1 BayBO.
1129 *Mitschang*, ZfBR 2007, 433 (442); vgl. *Schmidt-Eichstaedt*, BauR 2007, 1148 (1150); so auch *Krautzberger*, in: E/Z/B/K, § 13a, Rn. 58 (Stand: Mai 2007), bezogen auf ein Screening i. R. d. § 13a Abs. 1 S. 4 BauGB.
1130 *Mitschang*, ZfBR 2007, 433 (442).
1131 *Krautzberger*, in: Krautzberger/Söfker, Baugesetzbuch, Rn. 153c, scheint diesen Fall zu vergessen. Ebenso *Blechschmidt*, ZfBR 2007, 120 (124).

Anlage 1 UVPG der Bau einer Industriezone, für die ein Bebauungsplan aufgestellt wird, ab einer Grundflächengröße von 20000 qm – unter Berücksichtigung von Nr. 18.8 Anlage 1 UVPG – jedenfalls umweltverträglichkeitsvorprüfungspflichtig genauso wie gem. Nr. 18.7 Anlage 1 UVPG der Bau eines Städtebauprojekts für sonstige bauliche Anlagen, für die ein Bebauungsplan aufgestellt wird. Unter einer Industriezone versteht man größere Bereiche, in denen mehrere (einzelne) Industrieanlagen zugelassen werden können.[1132] Der Bebauungsplan muss schwerpunktmäßig industrielle Nutzungen ermöglichen.[1133] Dies ist sicherlich bei der Festsetzung eines Industriegebiets im Sinne von § 9 BauNVO der Fall,[1134] ebenso bei der eines Sondergebiets gem. § 11 BauNVO für bestimmte industrielle Fertigungen,[1135] wobei aber die Festsetzungen nicht unbedingt auf bestimmte, umweltverträglichkeitsprüfungspflichtige oder -vorprüfungspflichtige konkrete Einzelvorhaben bezogen sein müssen. Daraus wird deutlich, dass aufgrund von Nr. 18.5 Anlage 1 UVPG auch nicht auf konkrete Einzelvorhaben bezogene (Angebots)bebauungspläne,[1136] sofern sie eine Grundflächengröße von 20000 qm überschreiten, aufgrund des Ergebnisses einer Vorprüfung des Einzelfalls oder auch generell umweltverträglichkeitsprüfungspflichtig sein können, wobei in letzterem Fall die im Rahmen des beschleunigten Verfahrens gem. § 13a Abs. 1 S. 2 Nr. 2 BauGB maximal zulässige flächenmäßige Ausdehnung der planerischen Festsetzungen eines Bebauungsplans bzw. mehrerer kumulierender kleinflächiger Bebauungspläne überschritten ist. Derartige Bebauungspläne begründen ebenfalls die Zulässigkeit *konkreter* Vorhaben im Sinne der Anlage 1 UVPG, die nicht nur Einzelbauvorhaben erfasst, sondern auch sich teilweise aus mehreren Einzelbauvorhaben zusammensetzende *Bauvorhaben* im Sinne der Nr. 18 Anlage 1 UVPG. Dass auch die Planung derartiger Vorhaben einen Plan umweltverträglichkeitsprüfungspflichtig machen kann, wird durch § 17 Abs. 1 S. 1 UVPG ausdrücklich klarstellt; ein solcher Plan ist daher kein *reiner* Angebotsbebauungsplan im oben beschriebenen Sinne (vgl. B. II. 7. b) aa) (1)). Dies gilt unabhängig davon, welche Art von Baugebiet und damit welche bauliche Nutzung ein Bebauungsplan festlegt, sofern nur die Zulässigkeit baulicher Anlagen begründet wird,[1137] auch auf Grund der als Auffangtatbestand ausgestalteten[1138] Nr. 18.7 Anlage 1 UVPG, wonach der Bau eines

---

1132 OVG Sachsen-Anhalt, Urt. vom 17.11.2005 – 2 K 229/02, zitiert nach juris, Rn. 59; *Schink*, UPR 2004, 81 (89).
1133 OVG Sachsen-Anhalt, Urt. vom 17.11.2005 – 2 K 229/02, zitiert nach juris, Rn. 59; *Schink*, UPR 2004, 81 (89).
1134 *Bunzel*, ZfBR 2002, 124 (126); *Schink*, UPR 2004, 81 (89).
1135 *Bunzel*, ZfBR 2002, 124 (126).
1136 *Bunzel*, ZfBR 2002, 124 (127).
1137 *Bunzel*, ZfBR 2002, 124 (127); *Mitschang*, GewArch 2002, 274 (284); *Schink*, UPR 2004, 81 (89).
1138 *Bunzel*, ZfBR 2002, 124 (126); *Krautzberger*, in: E/Z/B/K, Einl., Rn. 233 (Stand: Juli 2004); *Mitschang*, GewArch 2002, 274 (284); *Schink*, UPR 2004, 81 (89).

Städtebauprojekts für sonstige, d. h. nicht explizit in Nr. 18.1-6 Anlage 1 UVPG aufgeführte, bauliche Anlagen,[1139] für das ein Bebauungsplan aufgestellt wird, ab einer Grundflächengröße von 20000 qm jedenfalls umweltverträglichkeitsvorprüfungspflichtig ist. Im Hinblick auf die für § 13a Abs. 1 S. 4 BauGB entscheidende Begründung der Zulässigkeit umweltverträglichkeitsprüfungspflichtiger *Vorhaben* durch den Bebauungsplan der Innenentwicklung, ist zu bedenken, dass die in den Nrn. 18.1-18.7 genannten, sog. planerischen[1140] Vorhaben, wenn sie nicht im Außenbereich i. S. d. § 35 BauGB geplant werden, gem. Nr. 18.8 Anlage 1 UVPG allenfalls umweltverträglichkeitsvorprüfungspflichtig sind. Beachtet man, dass Bebauungspläne der Innenentwicklung wegen des Erfordernisses des Zusammenhangs mit dem vorhandenen Siedlungsbereich ihren schwerpunktmäßigen und unstreitigen Anwendungsbereich im unbeplanten Innenbereich i. S. d. § 34 BauGB und in der Änderung schon vorhandener Bebauungspläne im Siedlungsbereich haben, wird deutlich, dass zur Feststellung der Umweltverträglichkeitsprüfungspflichtigkeit für durch Bebauungspläne der Innenentwicklung geplante Bauvorhaben i. S. d. Nrn. 18.1-18.7 Anlage 1 UVPG i. R. d. Prüfung des § 13a Abs. 1 S. 4 BauGB bei Überschreiten des angegebenen unteren Schwellenwerts der Nrn. 18.1-18.7 Anlage 1 UVPG in der Regel gem. Nr. 18.8 Anlage 1 UVPG ein UVP-Screening zur Klärung der Umweltverträglichkeitsprüfungspflichtigkeit des Bauvorhabens durchzuführen sein wird.[1141]

Mitschang geht wohl vor diesem Hintergrund insgesamt davon aus, dass das beschleunigte Verfahren allein aufgrund der Ausweisung eines Kern-, Gewerbe- oder Industriegebiets dann nicht durch § 13a Abs. 1 S. 4 BauGB ausgeschlossen ist, wenn der reine, nicht erkennbar auf konkrete (Einzel-)Vorhaben bezogene Angebotsbebauungsplan die Schwelle von 20000 qm Grundfläche, auf die die Nrn. 18.5.2 u. 18.7.2 Anlage 1 UVPG für die Umweltverträglichkeitsvorprüfungspflichtigkeit abstellen, nicht überschreitet.[1142] Er nimmt jedoch an, dass, sobald ein Angebotsbebauungsplan für bauliche Nutzungen die sich jedenfalls aus dem Auffangtatbestand der Nr. 18.7.2 Anlage 1 UVPG ergebende Schwelle der Umweltverträglichkeitsvorprüfungspflichtigkeit erreicht, die Anwendung des beschleunigten Verfahrens per se ausgeschlossen ist, weil Ergebnis der Vorprüfung die Umweltverträglichkeitsprüfungspflichtigkeit des geplanten Vorha-

---

1139 *Bunzel*, ZfBR 2002, 124 (126); *Mitschang*, GewArch 2002, 274 (284).
1140 *Mitschang*, GewArch 2002, 274 (282). Vgl. Fn. 800.
1141 *Bunzel*, LKV 2007, 444 (447); *Krautzberger*, in: Krautzberger/Söfker, Baugesetzbuch, Rn. 153c; *Mitschang*, ZfBR 2007, 433 (441); Mustereinführungserlass, S. 7, abrufbar unter http://www.is-argebau.de/ (zuletzt abgerufen am 10.05.2008); *Blechschmidt*, ZfBR 2007, 120 (121), geht sogar davon aus, dass sich die Umweltverträglichkeitsprüfungspflichtigkeit für Bebauungspläne der Innenentwicklung nach Nr. 18 Anlage 1 UVPG grundsätzlich nur aus Nr. 18.8 Anlage 1 UVPG ergeben kann.
1142 *Mitschang*, ZfBR 2007, 433 (441 u. 442).

bens sein kann, die gem. § 13a Abs. 1 S. 4 BauGB das beschleunigte Verfahren ausschließt.[1143] Zudem stützt er sich darauf, dass § 13a BauGB – vor allem § 13a Abs. 2 Nr. 1 BauGB – die Durchführung eines UVP-Screenings nicht konkret anordnet.[1144] Dem ist jedoch, wie auch von *Krautzberger* erkannt,[1145] im Hinblick auf den eindeutigen Wortlaut des § 13a Abs. 1 S. 4 BauGB, der gerade auf die Pflicht zur Durchführung einer Umweltverträglichkeitsprüfung und nicht auch allein auf die Pflicht zur Durchführung einer Umweltverträglichkeits*vor*prüfung bzw. auf die *Möglichkeit einer Pflicht* zur Durchführung einer Umweltverträglichkeitsprüfung abstellt, zu widersprechen. Im Fall der Umweltverträglichkeitsvorprüfungspflichtigkeit von Vorhaben ergibt sich die Umweltverträglichkeitsprüfungspflichtigkeit eben erst aus der Durchführung des UVP-Screenings, so dass § 13a Abs. 1 S. 4 BauGB sehr wohl die Durchführung einer Vorprüfung impliziert. Dies korrespondiert damit, dass man vor Einführung der weitgehend generellen Pflicht zur Durchführung einer Umweltprüfung für Bauleitpläne durch das EAG-Bau entsprechend der Vorgaben des Gesetzes über die Umweltverträglichkeitsprüfung (§ 2 Abs. 3 Nr. 3 UVPG), im Hinblick auf die Anforderungen der UVP-RL (85/337/EWG) unbeanstandet, z. B. für einen Bebauungsplan, der ein Gewerbegebiet i. S. d. § 8 BauNVO oder ein Industriegebiet i. S. d. § 9 BauNVO im Größenrahmen der Nr. 18.5.2 Anlage 1 UVPG

[1143] *Mitschang*, ZfBR 2007, 433 (442); so auch *Krautzberger*, UPR 2007, 170 (173) und in: E/Z/B/K, § 13, Rn 32 (Stand: März 2007) im Hinblick auf § 13 Abs. 1 Nr. 1 BauGB.

[1144] *Mitschang*, ZfBR 2007, 433 (442); so auch *Krautzberger*, UPR 2007, 170 (173) und in: E/Z/B/K, § 13, Rn. 32 (Stand: März 2007), im Hinblick auf § 13 Abs. 1 Nr. 1 BauGB (vgl. Fn. 822). Eine Umweltverträglichkeitsvorprüfung erfordere ein besonderes Verfahren, das in § 13 BauGB gerade nicht vorgesehen ist, in § 13a Abs. 1 S. 2 Nr. 2 BauGB in Form des UP-Screenings dagegen schon. Das notwendige UVP-Screening könne in das UP-Screening integriert werden. Wenn das BauGB keine Regelung zur Vorprüfung treffe, beruhe dies darauf, dass es von der generellen Umweltprüfungspflicht des § 2 Abs. 4 BauGB ausgeht. Gem. § 17 Abs. 1 S. 2 UVPG könne nicht einfach ersatzlos auf das UVP-Screening verzichtet werden.
Dies würde aber in Konsequenz bedeuten, dass in Bezug auf kleinflächige Bebauungspläne der Innenentwicklung die Umweltverträglichkeitsvorprüfungspflichtigkeit von Vorhaben, deren Zulässigkeit durch den Bebauungsplan begründet wird, wegen der Notwendigkeit eines nicht extra vorgesehenen UVP-Screenings die Anwendbarkeit des beschleunigten Verfahrens ausschließen würde. Diesbezüglich geht jedoch auch *Krautzberger* von einer Ausnahme von § 17 Abs. 1 S. 1 UVPG aus (vgl. Fn. 1090), was unlogisch im Hinblick auf seine Ansicht zu § 13 Abs. 1 Nr. 1 BauGB erscheint.
Eine andere Ansicht vertritt daher nur dann den Auschluss des vereinfachten Verfahrens nach § 13 Abs. 1 Nr. 1 BauGB, wenn die Zulässigkeit eines tatsächlich umweltverträglichkeitsprüfungspflichtigen Vorhabens begründet wird, was im Fall der Vorprüfungspflicht von Vorhaben durch ein UVP-Screening ermittelt werden muss, um vom Vorliegen des § 13 Abs. 1 Nr. 1 BauGB ausgehen zu können (*Spannowsky*, in: Berliner Kommentar, § 13, Rn. 17 u. 18 (Stand: Juli 2005); *Gierke*, in: Brügelmann, § 13, Rn. 70 (Stand: Februar 2008)).

[1145] *Krautzberger*, UPR 2007, 170 (173).

festsetzte, in dem allgemein generell umweltverträglichkeitsprüfungspflichtige, z. B. i. S. v. Nr. 2.3 Anlage 1 UVPG bzw. i. S. v. Nr. 9.8.1 Anlage 1 UVPG, sowie umweltverträglichkeitsvorprüfungspflichtige Vorhaben zulässig sind, auch nur dann eine Pflicht zur Durchführung einer Umweltverträglichkeitsprüfung annahm, wenn durch den Bebauungsplan tatsächlich die Realisierung eines *konkreten*, umweltverträglichkeits*prüfungspflichtigen Vorhabens* im Sinne der Anlage 1 UVPG zugelassen wurde, nicht jedoch allein aufgrund der Umweltverträglichkeits*vor*prüfungspflichtigkeit konkret geplanter Vorhaben.[1146] Gerade vor dem Hintergrund, dass mit § 13a BauGB die Pflicht zur Durchführung einer Umwelt(verträglichkeits)prüfung auf das europarechtlich zwingend geforderte Ausmaß reduziert werden soll, wäre es geradezu widersprüchlich, das beschleunigte Verfahren für einen Bebauungsplan der Innenentwicklung gem. § 13a Abs. 1 S. 4 BauGB bereits dann auszuschließen, wenn die für das Bebauungsplanungsverfahren relevanten europarechtlichen Vorgaben keine Pflicht zur Durchführung einer Umwelt(verträglichkeits)prüfung erfordern.

bb) Integration des UVP-Screenings in das UP-Screening des § 13a Abs. 1 S. 2 Nr. 2 BauGB

Gem. § 13a Abs. 1 S. 2 Nr. 2 BauGB muss für die Anwendbarkeit des beschleunigten Verfahrens auf großflächige Bebauungspläne der Innenentwicklung in einer Vorprüfung des Einzelfalls geklärt werden, ob der Bebauungsplan voraussichtlich erhebliche Umweltauswirkungen hat, denn bei deren Vorliegen ist der Plan gem. Art. 3 Abs. 1 Plan-UP-RL einer Umweltprüfung zu unterziehen und das beschleunigte Verfahren daher nicht anwendbar. I. R. d. § 13a Abs. 1 S. 4 BauGB ist es, sofern der Bebauungsplan der Innenentwicklung die Zulässigkeit eines bestimmten umweltverträglichkeitsvorprüfungspflichtigen Vorhabens begründen soll, notwendig, durch ein UVP-Screening zu klären, ob das Vorhaben im konkreten Fall tatsächlich erhebliche nachteilige Umweltauswirkungen i. S. d. § 3c S. 1 UVPG haben kann. Wird dabei die Einschätzung gewonnen, dass das Vorhaben umweltverträglichkeitsprüfungspflichtig ist, so ist das beschleunigte Verfahren gem. § 13a Abs. 1 S. 4 BauGB ausgeschlossen und der nach wie vor gewollte Bebauungsplan muss im Regelplanungsverfahren mit Umweltprüfung aufgestellt werden. Daraus wird deutlich, dass das bei großflächigen Bebauungsplänen der Innenentwicklung grundsätzlich notwendige UP-Screening gem. § 13a Abs. 1 S. 2 Nr. 2 i. V. m. Anlage 2 BauGB und ein evtl. wegen § 13a Abs. 1 S. 4 BauGB durchzuführendes inzident-vorhabenbezogenes[1147] UVP-Screening gem. § 3c i. V. m. Anlage 2 UVPG jeweils und grund-

---

1146 *Schmidt-Eichstaedt*, BauR 2007, 1148 (1150); in Übertragung auf § 13a Abs. 1 S. 4 BauGB *Bunzel*, LKV 2007, 444 (447); vgl. *Mitschang*, ZfBR 2007, 433 (441). Vgl. Fn. 1119 u. 1120.
1147 *Battis/Ingold*, LKV 2007, 433 (436).

sätzlich unabhängig voneinander zum Ausschluss des beschleunigten Verfahrens führen können.[1148] Zweiteres ist bei kleinflächigen und großflächigen Bebauungsplänen der Innenentwicklung immer dann durchzuführen, wenn der Bebauungsplan die Zulässigkeit eines konkreten, umweltverträglichkeitsvorprüfungspflichtigen Einzelbauvorhabens oder eines konkreten, umweltverträglichkeitsvorprüfungspflichtigen Bauvorhabens im Sinne der Nrn. 18.1-18.4 u. Nr. 18.6. (evtl. i. V. m. Nr. 18.8) Anlage 1 UVPG – bezogen auf großflächige Bebauungspläne auch im Sinne der Nr. 18.5 Anlage 1 UVPG – begründen soll. Für einen großflächigen Bebauungsplan der Innenentwicklung, der bauliche Anlagen zulässt, ist aber auch dann, wenn er sich nicht auf konkrete umweltverträglichkeitsvorprüfungspflichtige Einzelbauvorhaben oder auf konkrete umweltverträglichkeitsvorprüfungspflichtige Bauvorhaben im Sinne der Nrn. 18.1-18.6 (evtl. i. V. m. Nr. 18.8) Anlage 1 UVPG bezieht, i. R. d. § 13a Abs. 1 S. 4 BauGB in der Regel, d. h., ohne dass eine Kumulation im Sinne von § 3b Abs. 2 UVPG die generelle Umweltverträglichkeitsprüfungspflichtigkeit gem. Nr. 18.7.1 Anlage 1 UVPG auslöst, jedenfalls aufgrund von Nr. 18.7.2 Anlage 1 UVPG wegen der Planung eines Städtebauprojekts ein UVP-Screening durchzuführen.[1149] Beide Screenings, das UP- und das UVP-Screening, beziehen sich auf die Einschätzung der Erheblichkeit der Umweltauswirkungen der Planung, wobei das UP-Screening grundsätzlich auf den gesamten Plan[1150] abstellt und gem. § 13a Abs. 1 S. 2 Nr. 2 i. V. m. Anlage 2 BauGB weitgehend selbständig im Baugesetzbuch geregelt ist, während sich das UVP-Screening projekt- bzw.

1148 Zur eventuell bestehenden Notwendigkeit der Durchführung eines UP-Screenings und eines UVP-Screenings im Bereich großflächiger Bebauungspläne der Innenentwicklung vgl. Fn. 858.

1149 *Spannowsky*, in: Spannowsky/Hofmeister, BauGB 2007, S. 27 (30); *ders.*, NuR 2007, 521 (522), geht sogar davon aus, dass das UP-Screening des § 13a Abs. 1 S. 2 Nr. 2 BauGB schon deshalb durchzuführen ist, weil Städtebauprojekte ab einer Grundfläche von 20000 qm gem. Nr. 18.7 i. V. m. 18.8 Anlage 1 UVPG jedenfalls umweltverträglichkeitsvorprüfungspflichtig sind und daher ohnehin einem UVP-Screening im Hinblick auf ihre Umweltverträglichkeitsprüfungspflichtigkeit zu unterziehen sind.
Daraus kann man jedenfalls schließen, dass bei ihnen auch von Gesetzes wegen eine gewisse Vermutung dafür besteht, dass sie voraussichtlich erhebliche nachteilige Umweltauswirkungen haben, was gem. Art. 3 Abs. 1 Plan-UP-RL die Umweltprüfungspflicht des Bebauungsplans auslöst. Zudem kann wegen § 17 Abs. 1 UVPG ein vorgesehenes UVP-Screening auch nicht ohne Weiteres entfallen, d. h., ohne dass an dessen Stelle ein adäquater Ersatz tritt, um die Anforderungen der UVP-RL nicht zu unterlaufen. Um den Anforderungen der UVP-RL gerecht zu werden, kann man es aber in Ausnahme zu § 17 Abs. 1 UVPG auch bei einem UVP-Screening belassen, wie es bei kleinflächigen Bebauungsplänen der Innenentwicklung auch der Fall ist; man muss dafür nicht unbedingt das UP-Screening des § 13a Abs. 1 S. 2 Nr. 2 BauGB einführen. Dieses hat seine Grundlage daher auch vornehmlich in Art. 3 Abs. 5 S. 1 3. Var. Plan-UP-RL und nicht in der UVP-RL.

1150 Vgl. *Leidinger*, in: Hoppe, UVPG, § 14b, Fn. 52.

standortbezogen nach den Regelungen des § 3c i. V. m. Anlage 2 UVPG über die vorhabenbezogene Umweltverträglichkeitsprüfung richtet, es aber im Fall des Screenings aufgrund von Nr. 18.5 o. Nr. 18.7 Anlage 1 UVPG letztlich auch (gesamt-)planbezogen ist,[1151] wenngleich es sich anders als das UP-Screening grundsätzlich nur mit den erheblichen *nachteiligen* Umweltauswirkungen befasst.[1152] Desweiteren weist das UP-Screening des § 13a Abs. 1 S. 2 Nr. 2 BauGB gerade wegen Nr. 1.1 Anlage 2 BauGB – wie schon dargestellt[1153] – ebenfalls einen gewissen Bezug zu den geplanten Vorhaben auf, aufgrund dessen in der Regel ohne Weiteres festgestellt werden kann, ob der Bebauungsplan die Zulässigkeit generell umweltverträglichkeitsprüfungspflichtiger oder umweltverträglichkeitsprüfungspflichtiger Vorhaben begründet.[1154] Die Umweltauswirkungen eines Bebauungsplans lassen sich nicht ohne Bezugnahme auf das inhaltlich Geplante beurteilen. Soweit also zum Zeitpunkt des UP-Screenings des § 13a Abs. 1 S. 2 Nr. 2 BauGB konkret geplante Vorhaben erkennbar sind, sind die von diesen hervorgerufenen Umweltauswirkungen bei der Einschätzung der Umweltauswirkungen des Bebauungsplans im Hinblick auf die Vorgabe des Art. 3 Abs. 1 Plan-UP-RL miteinzubeziehen.[1155] Im Rahmen eines gem. § 13a Abs. 1 S. 4 BauGB durchzuführenden UVP-Screenings geht es isoliert nur um die Einschätzung der Umweltauswirkungen eines konkreten, durch den Bebauungsplan erkennbar geplanten, umweltverträglichkeitsvorprüfungspflichtigen Vorhabens. Weil diese i. R. d. UP-Screenings des § 13a Abs. 1 S. 2 Nr. 2 BauGB aufgrund des dortigen Vorhabenbezugs ohnehin gemacht bzw. jedenfalls mitberücksichtigt wird,[1156] kann ein im Hinblick auf § 13a Abs. 1 S. 4 BauGB notwendiges UVP-Screening gem. § 3c i. V. m. Anlage 2 UVPG schon aus verfahrensökonomischen Gründen und im Sinne der mit dem beschleunigten Verfahren angestrebten Verfahrensbeschleunigung vollständig in das bei großflächigen Bebauungsplänen der Innenentwicklung ohnehin durchzuführende UP-Screening gem. § 13a Abs. 1 S. 2 Nr. 2 i. V. m. Anlage 2 BauGB integriert werden.[1157] Dabei sollten die Vorprüfungen, die zwei zu unterscheidende Anwendungsvoraussetzungen des beschleunigten Verfahrens darstellen, jedoch we-

---

1151 Vgl. *Mitschang*, GewArch 2002, 274 (284).
1152 *Leidinger*, in: Hoppe, UVPG, § 14b, Rn. 50. Vgl. Fn. 629 u. 667 u. 759 u. 944.
1153 Vgl. B. II. 6. e) bb) (2) (c).
1154 Vgl. *Krautzberger*, in: E/Z/B/K, § 13a, Rn. 58 (Stand: Mai 2007).
1155 Darauf fußt wohl auch die in Fn. 1091 belegte Auffassung *Krautzbergers*.
1156 Vgl. *Krautzberger*, in: E/Z/B/K, § 13a, Rn. 58 (Stand: Mai 2007); *Mitschang*, ZfBR 2007, 433 (441, Rn. 85).
1157 *Blechschmidt*, ZfBR 2007, 120 (121); *Bunzel*, LKV 2007, 444 (447); *Krautzberger*, in: E/Z/B/K, § 13a, Rn. 58 (Stand: Mai 2007) u. § 13, Rn. 32 (Stand: März 2007); *ders.*, in: Krautzberger/Söfker, Baugesetzbuch, Rn. 153c; *Mitschang*, ZfBR 2007, 433 (441); Mustereinführungserlass, S. 7, abrufbar unter http://www.is-argebau.de/ (zuletzt abgerufen am 10.05.2008); *Wallraven-Lindl/Strunz/Geiß*, Das Bebauungsplanverfahren nach dem BauGB 2007, S. 170. Vgl. auch *Krautzberger* in Fn. 1144.

nigstens in ihrer Dokumentation getrennt werden, insbesondere weil für sie zwar ähnliche,[1158] aber *grundsätzlich* unterschiedliche Anforderungen (§ 13a Abs. 1 S. 2 Nr. 2 i. V. m. Anlage 2 BauGB und § 3c i. V. m. Anlage 2 UVPG) und innerhalb des § 214 Abs. 2a BauGB unterschiedliche Planerhaltungsvorschriften gelten, so dass ihre Durchführung anhand der zu beachtenden Vorgaben und ihr Ergebnis einzeln nachweisbar sein sollte.[1159] Daher kann man § 17 Abs. 1 S. 1 UVPG entgegen der Ansicht *Krautzbergers*[1160] im Hinblick auf großflächige Bebauungspläne der Innenentwicklung auch nicht dahingehend interpretieren, dass ein nach dem Gesetz über die Umweltverträglichkeitsprüfung notwendiges UVP-Screening für ein Vorhaben, dessen Zulässigkeit durch den Bebauungsplan begründet wird, dadurch *ersetzt* wird, dass für den Bebauungsplan ein UP-Screening nach den Vorschriften des Baugesetzbuchs, das zugleich den Anforderungen eines UVP-Screenings entspricht, durchgeführt wird.[1161] Vielmehr ist die im Rahmen von § 13a Abs. 1 S. 4 BauGB eventuell bestehende Notwendigkeit der Durchführung eines UVP-Screenings – auch wenn es bei großflächigen Bebauungsplänen in das UP-Screening integrierbar ist – grundsätzlich, d. h. in Bezug auf klein-[1162] *und* großflächige Bebauungspläne der Innenentwicklung, als echte Ausnahme zu § 17 Abs. 1 S. 1 UVPG zu begreifen.

Die Integration des UVP-Screenings in das UP-Screening hat zur Konsequenz, dass an dem in das UP-Screening integrierten UVP-Screening bei großflächigen Bebauungsplänen der Innenentwicklung gem. § 13a Abs. 1 S. 2 Nr. 2 BauGB die Behörden und sonstigen Träger öffentlicher Belange, deren Aufgabenbereiche durch die Planung berührt werden können, zu beteiligen sind, während das innerhalb eines für einen kleinflächigen Bebauungsplan der Innenentwicklung gem. § 13a Abs. 1 S. 4 BauGB notwendigen, isolierten UVP-Screenings nicht der Fall ist, weil die Vorprüfung nach § 3c UVPG keine Behördenbeteiligung vorsieht.[1163]

1158 Vgl. Fn. 915. *Gierke*, in: Brügelmann, § 13a, Rn. 104 (Stand: Februar 2008).
1159 *Bunzel*, LKV 2007, 444 (447), empfiehlt, in der Planbegründung explizit darauf einzugehen, warum nach den Ergebnissen des UVP-Screenings keine Pflicht zur Durchführung einer Umweltverträglichkeitsprüfung für den Bebauungsplan besteht. *Gierke*, in: Brügelmann, § 13a, Rn. 104 (Stand: Februar 2008), bevorzugt eine Trennung der beiden Vorprüfungen, da die jeweiligen Voraussetzungen für die Anwendbarkeit des beschleunigten Verfahrens nachweisbar sein müssen
1160 Vgl. Fn. 1091. Unklar hier *Mitschang*, ZfBR 2007, 433 (441), der zwar erkennt, das ein UVP-Screening am Maßstab der Anlage 2 UVPG durchzuführen ist, aber dennoch behauptet, bei großflächigen Bebauungsplänen der Innenentwicklung gehe ein UVP-Screening im UP-Screening auf.
1161 *Krautzberger*, in: E/Z/B/K, § 13a, Rn. 54 (Stand: Mai 2007).
1162 In Bezug auf kleinflächige Bebauungspläne macht das auch *Krautzberger*, vgl. Fn. 1090.
1163 *Bunzel*, LKV 2007, 444 (448); *Gierke*, in: Brügelmann, § 13a, Rn. 104 u. § 13, Rn. 70 (Stand: Februar 2008).

cc) Planerhaltungsvorschrift des § 214 Abs. 2a Nr. 4 BauGB

Gem. § 214 Abs. 2a Nr. 4 BauGB gilt die Beurteilung, dass der Ausschlussgrund nach § 13a Abs. 1 S. 4 BauGB nicht vorliegt, als zutreffend, wenn das Ergebnis nachvollziehbar ist und durch den Bebauungsplan nicht die Zulässigkeit von Vorhaben nach Spalte 1 der Anlage 1 zum Gesetz über die Umweltverträglichkeitsprüfung begründet wird.

(1) Besonderheit der Fiktion

Wie die Fehlerfolgenregelung für das UP-Screening gem. § 13a Abs. 1 S. 2 Nr. 2 BauGB in § 214 Abs. 2a Nr. 3 BauGB enthält § 214 Abs. 2a Nr. 4 BauGB eine Fiktion. Hier wird die Einschätzung der Gemeinde, dass durch den Bebauungsplan der Innenentwicklung nicht die Zulässigkeit umweltverträglichkeitsprüfungspflichtiger Vorhaben begründet wird, unter den genannten Voraussetzungen als zutreffend fingiert. Damit sind, wie bei § 214 Abs. 2a Nr. 3 BauGB, alle aus einer zwar an sich fehlerhaften, aber gem. § 214 Abs. 2a Nr. 4 BauGB als zutreffend anzusehenden Einschätzung über die Nichtbegründung der Zulässigkeit umweltverträglichkeitsprüfungspflichtiger Vorhaben durch den Bebauungsplan resultierenden weiteren „Fehler", nämlich die an sich fehlerhafte Anwendung der formell- und materiell-rechtlichen Erleichterungen des beschleunigten Verfahrens, für die Wirksamkeit des Bebauungsplans unbeachtlich, wobei § 214 Abs. 1 S. 1 Nr. 2 BauGB hinsichtlich bestimmter, auf einer Fehlbeurteilung innerhalb des § 13a Abs. 1 S. 4 BauGB – oder innerhalb der sonstigen Voraussetzungen des beschleunigten Verfahrens gem. § 13a Abs. 1 BauGB – beruhender, formeller Fehler eine vorrangige Spezialregelung trifft.

(2) Nachvollziehbarkeit der Beurteilung

Die Fiktion des Zutreffens einer an sich fehlerhaften Einschätzung der Gemeinde, dass der Bebauungsplan nicht die Zulässigkeit umweltverträglichkeitsprüfungspflichtiger Vorhaben begründet, setzt gem. § 214 Abs. 2a Nr. 4 BauGB, ebenso[1164] wie die Fiktion des § 214 Abs. 2a Nr. 3 BauGB im Hinblick auf das UP-Screening, voraus, dass das Ergebnis der Einschätzung nachvollziehbar, also plausibel und vertretbar, wenn auch nicht unumstößlich ist. Nachvollziehbarkeit bedeutet, dass man, obwohl man selbst eine andere Einschätzung über die Begründung der Zulässigkeit umweltverträglichkeitsprüfungspflichtiger Vorhaben vertritt und von deren Richtigkeit überzeugt ist, dennoch die gegenteilige Einschätzung als vernünftig verstehen kann.[1165] Die Tatsache, dass es, wenn der Bebauungsplan nicht die Zulässigkeit von Vorhaben gem. Spalte 1 Anlage 1 UVPG begründet, für eine rechtswirksame Anwendung des beschleunigten Ver-

---

1164 *Stock*, in: E/Z/B/K, § 214, Rn. 129i (Stand: Mai 2007).
1165 *Krautzberger/Stüer*, DVBl. 2007, 160 (168); *Stüer*, BauR 2007, 1495 (1501).

fahrens ausreicht, wenn die Beurteilung, dass der Ausschlussgrund des § 13a Abs. 1 S. 4 BauGB nicht vorliegt, nachvollziehbar ist, bedeutet ebenso wie bei § 214 Abs. 2a Nr. 3 BauGB, dass die gerichtliche Kontrolle der Beurteilung des Ausschlussgrundes gem. § 13a Abs. 1 S. 4 BauGB, sofern der Bebauungsplan nicht die Zulässigkeit von Vorhaben nach Spalte 1 Anlage 1 UVPG begründet, auf eine Plausibilitätskontrolle reduziert ist und der Gemeinde insoweit im Hinblick auf die Prüfung des Ausschlussgrundes des § 13a Abs. 1 Nr. 4 BauGB ein gerichtlich nur eingeschränkt überprüfbarer Beurteilungsspielraum zukommt.[1166] Daher ist es wichtig, dass die Gemeinde ihre im Rahmen eines isolierten bzw. in das UP-Screening integrierten UVP-Screenings getroffene Einschätzung über die Nichtbegründung der Zulässigkeit umweltverträglichkeitsprüfungspflichtiger Vorhaben gemäß § 3c S. 6 UVPG z. B. in der Plan(entwurfs)begründung dokumentiert, denn nur so kann im Fall der gerichtlichen Kontrolle des Bebauungsplans die Einschätzung des Nichtvorliegens des Ausschlussgrundes des § 13a Abs. 1 S. 4 BauGB anhand der geforderten[1167] konkreten Überlegungen der Gemeinde nachvollzogen werden.[1168] Ist das Nichtvorliegen des Ausschlussgrundes nicht so offensichtlich, dass dies ohne Beweiserhebung festgestellt werden kann,[1169] was insbesondere dann der Fall ist, wenn der Bebauungsplan nicht ausschließlich die Zulässigkeit in der Anlage 1 UVPG nicht aufgeführter oder zwar aufgeführter, aber nicht einmal den die Umweltverträglichkeitsvorprüfungspflichtigkeit auslösenden (unteren) Schwellenwert erreichender Vorhaben begründet,[1170] und hat sich die Gemeinde zur Klärung der Anwendungsvoraussetzungen des beschleunigen Verfahrens nicht ausdrücklich und belegbar mit dem Ausschlussgrund des § 13a Abs. 1 S. 4 BauGB beschäftigt, leidet der Bebauungsplan schon mangels Nachvollziehbarkeit der Einschätzung der Gemeinde über das Nichtvorliegen des Ausschlussgrundes und auch wegen des Fehlens der von § 214 Abs. 2a Nr. 4 BauGB geforderten tatsächlichen „Beurteilung" des

---

1166 *Kment*, DVBl. 2007, 1275 (1281); *Krautzberger/Stüer*, DVBl. 2007, 160 (168); *Spannowsky*, in: Berliner Kommentar, § 13a, Rn. 45 (Stand: Juli 2007); *Stock*, in: E/Z/B/K, § 214, Rn. 129i (Stand: Mai 2007); *Stüer*, BauR 2007, 1495 (1501); *Uechtritz*, BauR 2007, 476 (484).
1167 Vgl. Fn. 1016 bezogen auf das UP-Screening.
1168 *Bunzel*, Difu-Praxistest, S. 80, abrufbar unter http://www.difu.de/publikationen/difu-berichte/4_06/11.phtml (zuletzt abgerufen am 01.03.2008), verlangte diesbezüglich eine Klarstellung. *Bunzel*, LKV 2007, 444 (447); *Krautzberger*, in: E/Z/B/K, § 13a, Rn. 59 (Stand: Mai 2007); Mustereinführungserlass, S. 7 u. 20, abrufbar unter http://www.is-argebau.de/ (zuletzt abgerufen am 10.05.2008); *Stüer*, BauR 2007, 1495 (1501). Vgl. *Gierke*, in: Brügelmann, § 13a, Rn. 104 (Stand: Februar 2008); vgl. Fn. 1159.
1169 Vgl. *Blechschmidt*, ZfBR 2007, 120 (125); *Krautzberger*, in: E/Z/B/K, § 13a, Rn. 59.
1170 Vgl. *Blechschmidt*, ZfBR 2007, 120 (125); *Krautzberger*, in: E/Z/B/K, § 13a, Rn. 59. Vgl. Mustereinführungserlass, S. 8, abrufbar unter http://www.is-argebau.de/ (zuletzt abgerufen am 10.05.2008).

Vorliegens bzw. Nichtvorliegens des Ausschlussgrundes nach § 13a Abs. 1 S. 4 BauGB an einem beachtlichen Fehler,[1171] der aber durch ein ergänzendes Verfahren geheilt werden kann. Sofern die nachgeholte Prüfung des Vorliegens bzw. Nichtvorliegens des Ausschlussgrundes gem. § 13a Abs. 1 S. 4 BauGB nicht die Umweltverträglichkeitsprüfungspflichtigkeit von Vorhaben ergibt, deren Zulässigkeit der Bebauungsplan begründet, kann der Bebauungsplan ohne Weiteres, d. h. in Form eines erneuten Beschlusses gem. § 10 Abs. 1 BauGB und einer erneuten Bekanntmachung des Plans, wirksam werden.[1172] Andernfalls muss er im Regelplanungsverfahren unter Durchführung einer Umweltprüfung (erneut) aufgestellt werden.

(3) Vorhaben nach Spalte 1 der Anlage 1 UVPG und Unterschiede zu § 214 Abs. 2a Nr. 3 BauGB

(a) Strikte Nichtbegründung der Zulässigkeit von Vorhaben nach Spalte 1 der Anlage 1 UVPG und europarechtlicher Hintergrund

Gem. § 214 Abs. 2a Nr. 4 BauGB wird eine fehlerhafte Einschätzung des Planungsträgers darüber, dass der Ausschlussgrund des § 13a Abs. 1 S. 4 BauGB nicht vorliegt, nur dann als zutreffend fingiert, wenn zusätzlich zur Nachvollziehbarkeit der Einschätzung nicht die Zulässigkeit von Vorhaben nach Spalte 1 der Anlage 1 UVPG begründet wird. D. h., wenn nicht die Zulässigkeit von nach Anlage 1 UVPG generell umweltverträglichkeitsprüfungspflichtigen Vorhaben begründet wird.[1173] Ordnet eine Gemeinde i. R. d. Prüfung des § 13a Abs. 1 S. 4 BauGB ein nach (Spalte 1) Anlage 1 UVPG generell umweltverträglichkeitsprüfungspflichtiges Vorhaben, dessen Zulässigkeit durch den Bebauungsplan der Innenentwicklung begründet wird, fälschlicherweise als generell nicht umweltverträglichkeitsprüfungspflichtig oder nur umweltverträglichkeitsvorprüfungspflichtig ein und kommt sie in letzterem Fall i. R. d. UVP-Screenings zu dem Ergebnis, dass das Vorhaben keiner Pflicht zur Durchführung einer Umweltverträglichkeitsprüfung unterliegt, ist die sodann erfolgende Anwendung des beschleunigten Verfahrens und die damit einhergehende Verletzung der Anforde-

---

1171 *Blechschmidt*, ZfBR 2007, 120 (125); auch *Stock*, in: E/Z/B/K, § 214, Rn. 129i (Stand: Mai 2007), verlangt, dass man sich über § 13a Abs. 1 S. 4 BauGB überhaupt Gedanken machte und tatsächlich eine „Beurteilung" des Vorliegens des Ausschlussgrundes des § 13a Abs. 1 S. 4 BauGB stattfand, d. h. im Fall der Begründung der Zulässigkeit eines umweltverträglichkeitsvorprüfungspflichtigen Vorhabens dahingehend, ob von diesem erhebliche nachteilige Umweltauswirkungen ausgehen können. Vgl. *Kment*, NVwZ 2007, 274 (277); *ders.*, in: Hoppe, UVPG, Vorb., Rn. 71; *Ziekow*, NVwZ 2007, 259 (265), in Bezug auf die durch das Umweltrechtsbehelfsgesetz statuierten Konsequenzen für ein unterlassenes UVP-Screening.
1172 Vgl. Fn. 1045.
1173 Vgl. Legende zu Anlage 1 UVPG; *Blechschmidt*, ZfBR 2007, 120 (124).

rungen des Regelplanungsverfahrens, soweit sie nicht durch § 214 Abs. 1 u. Abs. 2 BauGB (z. B. § 214 Abs. 1 S. 1 Nr. 2 2. Hs. a. E. BauGB) als unbeachtlich eingeordnet wird, entsprechend § 214 Abs. 2a Nr. 4 2. Hs. BauGB ein für die Rechtswirksamkeit des Bebauungsplans beachtlicher Fehler. Eine Fehleinschätzung im Hinblick darauf, dass ein Vorhaben, dessen Zulässigkeit durch den Bebauungsplan begründet wird, ein in Spalte 1 Anlage 1 UVPG aufgeführtes Vorhaben und damit nach dem Gesetz über die Umweltverträglichkeitsprüfung generell umweltverträglichkeitsprüfungspflichtig ist, ist also, außerhalb des Anwendungsbereichs des § 214 Abs. 1 u. Abs. 2 BauGB, stets ein der Rechtswirksamkeit des im beschleunigten Verfahren aufgestellten Bebauungsplans im Wege stehender Fehler, auch wenn die fälschlicherweise erfolgte Zuordnung des Vorhabens zu entsprechend Spalte 2 Anlage 1 UVPG umweltverträglichkeitsvorprüfungspflichtigen oder nach Landesrecht generell umweltverträglichkeitsprüfungspflichtigen bzw. -vorprüfungspflichtigen Vorhaben oder zu generell nicht umweltverträglichkeitsprüfungspflichtigen Vorhaben im Einzelfall nachvollziehbar sein sollte.[1174] Die Nachvollziehbarkeit der (Fehl-)Einschätzung einer Gemeinde dahingehend, dass der Bebauungsplan nicht die Zulässigkeit nach Spalte 1 Anlage 1 UVPG umweltverträglichkeitsprüfungspflichtiger Vorhaben begründet, reicht gerade nicht aus für die Fiktion des Zutreffens der Einschätzung der Gemeinde gem. § 214 Abs. 2a Nr. 4 BauGB. Vielmehr ordnet § 214 Abs. 2a Nr. 4 1. Hs. a. E., 2. Hs. BauGB die Begründung der Zulässigkeit von gem. Spalte 1 Anlage 1 UVPG generell umweltverträglichkeitsprüfungspflichtigen Vorhaben durch einen im beschleunigten Verfahren aufgestellten Bebauungsplan *strikt* als einen für die Rechtswirksamkeit des Bebauungsplans beachtlichen Fehler ein.[1175] Dies ist im Hinblick darauf, dass die Spalte 1 Anlage 1 UVPG Art. 4 Abs. 1 UVP-RL (85/337/EWG in der Fassung der UVP-Änderungs-RL (97/11/EG)) i. V. m. Anhang I UVP- und UVP-Änderungs-RL umsetzen soll,[1176] entsprechend der Pflicht zur effektiven Umsetzung von Richtlinien gem. Art. 249 Abs. 3, Art. 10 EGV (= Art. 288 Abs. 3, Art. 291 Abs. 1 AEUV, Art. 4 Abs. 3 EUV in der Fassung des Vertrags von Lissabon, vgl. ABl. EU Nr. C 115 vom 09.05.2008, S. 367 u. 384) auch geboten.[1177] Die in Anhang I UVP-RL (85/33//EWG) und Anhang I UVP-Änderungs-RL (97/11/EG) aufgeführten Vorhaben werden nämlich von der Richtlinie selbst – mit dem in Art. 2 Abs. 3 UVP-RL (85/337/EWG) und Art. 2 Abs. 3 UVP-Änderungs-RL (97/11/EG) vorgesehenen Spielraum – als generell umweltverträglichkeitsprüfungspflichtig eingeordnet. Daher impliziert es die Pflicht zur effektiven Um-

---

1174 *Gierke*, in: Brügelmann, § 13a, Rn. 158 (Stand: Februar 2008); *Spannowsky*, in: Berliner Kommentar, § 13a, Rn. 45 (Stand: Juli 2007); *Stock*, in: E/Z/B/K, § 214, Rn. 129i (Stand: Mai 2007); *Uechtritz*, BauR 2007, 476 (484).
1175 *Uechtritz*, BauR 2007, 476 (484).
1176 Vgl. BT-Drs. 14/4599, S. 66.
1177 Angedeutet bei *Wagner/Paßlick*, in: Hoppe, UVPG, § 17, Rn. 42.

setzung der Richtlinien, dass eine Fehleinschätzung hinsichtlich der Umweltverträglichkeitsprüfungspflichtigkeit derartiger Vorhaben nicht unbeachtlich für die Rechtswirksamkeit eines aufgrund dieser ohne Umweltverträglichkeitsprüfung bzw. Umweltprüfung aufgestellten Bebauungsplans sein kann, zumal hier nur eine korrekte Zuordnung geplanter Vorhaben zu den Kriterien, an die die generelle Umweltverträglichkeitsprüfungspflichtigkeit anknüpft, erfolgen und keine u. U. schwierigere und grundsätzlich mit erheblichen Unsicherheiten behaftete eigene Abschätzung des Planungsträgers über die Erheblichkeit der Umweltauswirkungen eines Vorhabens getroffen werden muss.[1178] Dies stellt aber dennoch, insbesondere im Hinblick auf die teilweise über die generelle Umweltverträglichkeitsprüfungspflichtigkeit entscheidende Berechnung von Größenwerten geplanter Vorhaben und die Anwendung der Kumulationsregelung des § 3b Abs. 2 UVPG sowie der Regelungen der § 3b Abs. 3, § 3e UVPG, strenge Anforderungen an die Gemeinde.[1179]

(b) Verbleibender Anwendungsbereich des § 214 Abs. 2a Nr. 4 BauGB

Gem. § 214 Abs. 2a Nr. 4 BauGB ist es dagegen unbeachtlich, wenn die Gemeinde nachvollziehbar ein nach dem Gesetz über die Umweltverträglichkeitsprüfung oder nach Landesrecht umweltverträglichkeitsvorprüfungspflichtiges Vorhaben als generell nicht umweltverträglichkeitsprüfungspflichtig einordnet oder i. R. d. UVP-Screenings für ein korrekt als umweltverträglichkeitsvorprüfungspflichtig eingeordnetes Vorhaben nachvollziehbar zu der (an sich unrichtigen) Einschätzung gelangt, dass das Vorhaben voraussichtlich keine erheblichen Umweltauswirkungen hat.[1180] Ebenfalls unbeachtlich ist es, wenn die Gemeinde ein an sich nach Landesrecht generell umweltverträglichkeitsprüfungspflichtiges Vorhaben nachvollziehbar als generell nicht umweltverträglichkeitsprüfungspflichtig oder als umweltverträglichkeitsvorprüfungspflichtig einordnet, wobei dann auch das Ergebnis der daraufhin durchgeführten Vorprüfung, das keine Umweltverträglichkeitsprüfung verlangt, nachvollziehbar sein muss.[1181] Daraus

---

1178 *Kment*, DVBl. 2007, 1275 (1281).
1179 *Krautzberger*, in: E/Z/B/K, § 13a, Rn. 60 (Stand: Mai 2007); *Spannowsky*, in: Spannowsky/Hofmeister, BauGB 2007, S. 27 (31); *ders.*, NuR 2007, 521 (522). Vgl. *Leidinger*, in: Hoppe, UVPG, § 14b, Rn. 4, der einen bloßen Abgleich eines Vorhabens mit bestimmten Vorgaben auch als einfacher einstuft als eine Vorprüfung.
1180 *Stock*, in: E/Z/B/K, § 214, Rn. 129h u. 129i (Stand: Mai 2007): Er verlangt, dass man sich über § 13a Abs. 1 S. 4 BauGB überhaupt Gedanken machte, also tatsächlich eine „Beurteilung" über das Vorliegen des Ausschlussgrundes des § 13a Abs. 1 S. 4 BauGB stattfand, d. h. im Fall der Begründung der Zulässigkeit eines vorprüfungspflichtigen Vorhabens dahingehend, dass von diesem erhebliche nachteilige Umweltauswirkungen ausgehen können. Vgl. Fn. 1171. *Krautzberger/Stüer*, DVBl. 2007, 160 (168); *Stüer*, BauR 2007, 1495 (1501); *Wagner/Paßlick*, in: Hoppe, UVPG, § 17, Rn. 42.
1181 *Jäde*, in: J/D/W, BauGB, § 214, Rn. 32.

ergibt sich, dass die Vorschrift des § 214 Abs. 2a Nr. 4 BauGB nur bei solchen Bebauungsplänen zur Anwendung kommen kann, die die Zulässigkeit nach Spalte 2 Anlage 1 UVPG oder nach Landesrecht umweltverträglichkeitsvorprüfungspflichtiger Vorhaben[1182] oder nach Landesrecht generell umweltverträglichkeitsprüfungspflichtiger Vorhaben begründen, wobei sich landesrechtliche Regelungen über die Umweltverträglichkeits(vor)prüfungspflichtigkeit insbesondere auf in Spalte 2 Anlage 1 UVPG aufgeführte Vorhaben beziehen.[1183] Unterliefen einer Gemeinde bei der Beurteilung, dass der Ausschlussgrund nach § 13a Abs. 1 S. 4 BauGB nicht vorliegt, Fehler, die trotz § 214 Abs. 2a Nr. 4 BauGB der Fiktion einer zutreffenden Beurteilung des Ausschlussgrunds im Wege stehen, so können diese gem. § 215 Abs. 1 S. 2 BauGB durch rügelosen Fristablauf für die Rechtswirksamkeit des aufgrund des Beurteilungsfehlers rechtswidrig im beschleunigten Verfahren aufgestellten Bebauungsplans unbeachtlich werden.

(c) Auswirkungen des Umweltrechtsbehelfsgesetzes auf den Anwendungsbereich von § 214 Abs. 2a Nr. 4 BauGB

Das am 15.12.2006 in Kraft getretene Gesetz über ergänzende Vorschriften zu Rechtsbehelfen in Umweltangelegenheiten nach der EG-Richtlinie 2003/35/EG (= Öffentlichkeitsbeteiligungs-RL, vgl. A. IV. 8.), das sog. Umweltrechtsbehelfsgesetz (BGBl. (2006) I S. 2816; hier abgekürzt als „URG"), schränkt den Anwendungsbereich des § 214 Abs. 2a Nr. 4 BauGB nicht ein.[1184] Zwar sieht § 4 Abs. 1 URG vor, dass die Nichtdurchführung einer erforderlichen Umweltverträglichkeitsprüfung oder auch nur einer erforderlichen Umweltverträglichkeitsvorprüfung als Verfahrensfehler aufgrund der „überindividuellen" Klagebefugnis"[1185] von bestimmten Vereinigungen oder aufgrund eines „normalen", an § 47 Abs. 2 S. 1 VwGO gebundenen Normenkontrollantrags[1186] von im Sinne von § 61 Nr. 1 u. Nr. 2 VwGO Beteiligungsfähigen zur Aufhebung einer Entscheidung über die Zulässigkeit eines Vorhabens im Sinne des § 1 Abs. 1 S. 1 Nr. 1 URG führen kann.[1187] Eine Entscheidung über die Zulässigkeit eines Vor-

---

1182 *Mitschang*, ZfBR 2007, 433 (Fn. 81).
1183 *Bunzel*, LKV 2007, 444 (448); Mustereinführungserlass, S. 20, abrufbar unter http://www.is-argebau.de/ (zuletzt abgerufen am 10.05.2008).
1184 *Battis/Ingold*, LKV 2007, 433 (438).
1185 *Schlacke*, NuR 2007, 8 (9), vgl. *Kment*, NVwZ 2007, 274 (275); *Ziekow*, NVwZ 2007, 259 (259).
1186 Vgl. *W. Schröder*, LKV 2008, 391 (391); *Ziekow*, NvWZ 2007, 259 (263).
1187 BVerwG, Urt. vom 18.11.2004 – 4 CN 11/03, NVwZ 2005, 442 (443), und die bis dahin geltende ständige Rspr. gingen davon aus, dass das Unterlassen der gebotenen Umweltverträglichkeitsprüfung zwar einen Ermittlungs- und Bewertungsfehler im Rahmen der Abwägung darstellt. Dieses Versäumis rechtfertigte für sich genommen indes nicht ohne Weiteres den Schluss, dass die Planentscheidung fehlerhaft ist und keine Rechts-

habens nach § 1 Abs. 1 S. 1 Nr. 1 URG ist eine Entscheidung im Sinne von § 2 Abs. 3 UVPG über die Zulässigkeit von Vorhaben, die nach dem Gesetz über die Umweltverträglichkeitsprüfung oder landesrechtlichen Vorschriften umweltverträglichkeitsprüfungspflichtig sein *können*. Eine Entscheidung im Sinne von § 2 Abs. 3 UPVG ist gem. dessen Nr. 3 auch der Beschluss eines Bebauungsplans nach § 10 BauGB, durch den die Zulässigkeit von bestimmten Vorhaben im Sinne der Anlage 1 UVPG begründet werden soll, d. h. der Beschluss eines Bebauungsplans, durch den die Zulässigkeit konkreter, nach Anlage 1 UVPG umweltverträglichkeitsprüfungs- oder jedenfalls -vorprüfungspflichtiger Vorhaben begründet werden soll,[1188] was gerade bei Bebauungsplänen der Innenentwicklung, für die § 13a Abs. 1 S. 4 BauGB zutrifft oder aufgrund der Umweltverträglichkeitsvorprüfungspflichtigkeit konkret geplanter Vorhaben zutreffen könnte, der Fall ist. Der Beschluss eines Bebauungsplans der Innenentwicklung, für den § 13a Abs. 1 S. 4 BauGB erfüllt ist bzw. aufgrund der Umweltverträglichkeitsvorprüfungspflichtigkeit konkret geplanter Vorhaben sein könnte, ist daher eine Entscheidung über die Zulässigkeit bestimmter umweltverträglichkeits(vor)prüfungspflichtiger Vorhaben, so dass der Anwendungsbereich des Umweltrechtsbehelfsgesetzes eröffnet ist, wobei § 2 Abs. 5 S. 1 Nr. 2 URG sogar explizit die Begründetheitsprüfung eines auf das Umweltrechtsbehelfsgesetz gestützten Rechtsbehelfs gegen Bebauungspläne regelt.[1189] Jedoch sind gem. § 4 Abs. 2 URG für Rechtsbehelfe gegen Beschlüsse im Sinne des § 2 Abs. 3 Nr. 3 UVPG die §§ 214, 215 BauGB anwendbar, so dass ein Bebauungsplan nicht gem. § 4 Abs. 1 URG aufgehoben bzw. für unwirksam erklärt werden kann, wenn eine erforderliche Umweltverträglichkeitsprüfung oder Umweltverträglichkeitsvorprüfung nicht durchgeführt wurde, soweit für diese Fälle in

---

wirkungen erzeugen kann. Es kam darauf an, ob die Defizite im Bereich der Umweltverträglichkeitsprüfung auf den Abwägungsvorgang im Übrigen durchschlagen, was sich nach dem für Abwägungsmängel maßgeblichen Fehlerfolgenregime richtete. Vgl. auch BVerwG, Urt. vom 25.01.1996 – 4 C 5/95, E 100, 238 (250); BVerwG, Urt. vom 20.05.1998 – 11 C 3/97, NVwZ 1999, 67 (67), wo jeweils die Kausalität des Verfahrensfehlers für das Planergebnis als entscheidend dafür angeführt wird, ob die Planung als rechtswirksam einzustufen ist oder nicht. Vgl. auch BVerwG, Urt. vom 13.12.2007 – 4 C 9/06, NVwZ 2008, 563 (563 u. 566). Anders dagegen EuGH, Urt. vom 07.01.2004 – Rs. C-201/02, Slg. 2004, I-723 (767/768 (Rn. 64 u. 65); 768 (Rn. 69)) (Wells), in Bezug auf das Unterlassen einer notwendigen Umweltverträglichkeitsprüfung, wobei unter Bezugnahme auf Art. 10 EGV verlangt wird, dass die rechtswidrigen Folgen eines Verstoßes gegen Gemeinschaftsrecht *behoben* werden, was impliziert, dass ein Verstoß gegen Gemeinschaftsrechts grundsätzlich nicht (einfach) als unbeachtlich eingeordnet werden darf.

1188 *W. Schrödter*, LKV 2008, 391 (391).
1189 So auch explizit *Ziekow*, NVwZ 2007, 259 (263); vgl. auch *W. Schrödter*, LKV 2008, 391 (391, Fn. 1).

§§ 214 f. BauGB eine Planerhaltungsvorschrift statuiert wurde.[1190] Daraus ergibt sich aber auch, dass für die Fälle des Unterlassens der für einen Bebauungsplan gebotenen Umwelt(verträglichkeits)prüfung bzw. Umweltverträglichkeitsvorprüfung, für die §§ 214 f. BauGB keine Planerhaltungsvorschrift vorsieht, der Bebauungsplan aufgrund der durch das Umweltrechtsbehelfsgesetz vermittelten überindividuellen Klagebefugnis oder aufgrund eines Normenkontrollantrags von in § 61 Nr. 1 u. Nr. 2 VwGO genannten Personen oder Vereinigungen gem. § 4 Abs. 1 URG nur aufgrund dieses Verfahrensfehlers[1191] für rechtsunwirksam erklärt werden kann. Dies gilt insbesondere für einen Verstoß gegen die Umwelt(verträglichkeits)prüfungspflicht für Bebauungspläne, die die Zulässigkeit konkreter Vorhaben nach Spalte 1 Anlage 1 UVPG begründen, so dass eine exakte Prüfung der Umwelt(verträglichkeits)prüfungspflichtigkeit eines Bebauungsplans infolge der Begründung der Zulässigkeit von Vorhaben im Sinne von Spalte 1 Anlage 1 UVPG im Hinblick auf die Rechtsbeständigkeit des Bebauungsplans für eine Gemeinde umso wichtiger ist.[1192]

(4) Vergleich zwischen § 214 Abs. 2a Nr. 3 u. Nr. 4 BauGB

Es ist zu beachten, dass es innerhalb eines gem. § 13a Abs. 1 S. 4 BauGB durchzuführenden UVP-Screenings im Hinblick auf die Fiktion des § 214 Abs. 2a Nr. 4 BauGB, anders als für die Fiktion der Ordnungsmäßigkeit des UP-Screenings gem. § 13a Abs. 1 S. 2 Nr. 2 BauGB nach § 214 Abs. 2a Nr. 3 BauGB, jedenfalls dem Anschein nach nicht darauf ankommt, dass das UVP-Screening die grundsätzlich zu beachtenden Vorgaben für das Screening (§ 3c UVPG) einhielt, insbesondere also die Kriterien der Anlage 2 UVPG beachtete.[1193] § 214 Abs. 2a Nr. 4 BauGB scheint für das UVP-Screening, das i. R. v. § 13a Abs. 1 S. 4 BauGB durchzuführen sein kann, insoweit auch lex specialis zu § 3a S. 4 UVPG zu sein, wonach ein UVP-Screening zusätzlich zur Nachvollziehbarkeit des Vorprüfungsergebnisses auch daraufhin zu überprüfen ist, ob es entsprechend der Vorgaben des § 3c UVPG durchgeführt wurde, so dass nur bei Beachtung dieser Anforderungen an das Screening ein materiell unrichtiges,

---

1190 *Battis/Ingold*, LKV 2007, 433 (438); *Schlacke*, NuR 2007, 8 (13); *W. Schrödter*, LKV 2008, 391 (396); *Ziekow*, NVwZ 2007, 259 (266).
1191 Zur Zulässigkeit und Begründetheit eines auf das URG gestützten Normenkontrollantrags gegen einen rechtswidrig ohne Umweltprüfung bzw. Umweltverträglichkeitsvorprüfung aufgestellten Bebauungsplan im Hinblick auf das Verhältnis von § 2 Abs. 1 u. Abs. 5 Nr. 2 und § 4 URG vgl. *Kment*, NVwZ 2007, 274 (275 u. 276); *ders.*, in: Hoppe, UVPG, Vorb., Rn. 46 u. 57 u. 58 u. 59 u. 61 u. 68 f.; *Schlacke*, NuR 2007, 8 (11 u. 13); *Ziekow*, NVwZ 2007, 259 (261 u. 264).
1192 Im Ansatz auch *Spannowsky*, in: Spannowsky/Hofmeister, BauGB 2007, S. 27 (39).
1193 *Kment*, DVBl. 2007, 1275 (1281).

aber nachvollziehbares Vorprüfungsergebnis wie ein vollumfänglich korrektes anzusehen ist.[1194]

c) Ausschluss wegen Anhaltspunkten für eine Beeinträchtigung der in § 1 Abs. 6 Nr. 7 lit. b BauGB genannten Schutzgüter, § 13a Abs. 1 S. 5 BauGB

aa) Einordnung in die Systematik des Baugesetzbuchs

Der Ausschlussgrund des § 13a Abs. 1 S. 5 BauGB verweist auf die in § 1 Abs. 6 Nr. 7 lit. b BauGB genannten Schutzgüter. § 1 Abs. 6 Nr. 7 lit. b BauGB führt in Form einer Planungsleitlinie die Erhaltungsziele und den Schutzzweck der Gebiete von gemeinschaftlicher Bedeutung und der Europäischen Vogelschutzgebiete im Sinne des Bundesnaturschutzgesetzes als bei der Aufstellung von Bauleitplänen insbesondere zu berücksichtigende Umweltbelange an.[1195] § 1 Abs. 6 Nr. 7 lit. b BauGB enthält also selbst eine Verweisung auf das Bundesnaturschutzgesetz, in dem u. a. in §§ 32 ff. BNatSchG Vorgaben der FFH-RL und der Vogelschutz-RL weitgehend rahmengesetzlich umgesetzt wurden,[1196] was man sich durch Verweise des Baugesetzbuchs auf das Bundesnaturschutzgesetz auch für die Umsetzung der Richtlinien im Bauplanungsrecht zunutze macht.[1197] Besonders deutlich wird die Umsetzung der beiden Richtlinien durch das Bundesnaturschutzgesetz an der Definition des § 10 Abs. 1 Nr. 9 BNatSchG, der gerade die in den Richtlinien ihre Grundlage findenden Erhaltungsziele als Erhaltungsziele im Sinne des Bundesnaturschutzgesetzes definiert, deren Schutz auch die Regelungen der §§ 32 ff. BNatSchG dienen. Während § 1 Abs. 6 Nr. 7 lit. b BauGB die Erhaltungsziele und den Schutzzweck der Gebiete von gemeinschaftlicher Bedeutung und der Europäischen Vogelschutzgebiete im Sinne des Bundesnaturschutzgesetzes nur als nach den Umständen des Einzelfalls zu berücksichtigendes, umweltbezogenes Abwägungsmaterial explizit anführt, sieht § 1a Abs. 4 BauGB vor, soweit ein Gebiet i. S. d. § 1 Abs. 6 Nr. 7 lit. b BauGB durch die Bauleitplanung in seinen für die Erhaltungsziele oder den Schutzzweck *maßgeblichen* Bestandteilen *erheblich*, nicht nur, wie für § 1 Abs. 6 Nr. 7 lit. b i. V. m. § 2 Abs. 3, § 1 Abs. 7 BauGB ausreichend, die Schwelle der Abwägungserheblichkeit knapp überschreitend, beeinträchtigt werden kann, die Vorschriften des Bundesnaturschutzgesetzes über die Zulässigkeit und Durch-

---

1194 *Blechschmidt*, ZfBR 2007, 120 (125); im Ergebnis genauso *Söfker*, in: Krautzberger/Söfker, Baugesetzbuch, Rn. 165a.
1195 Vgl. *Söfker*, in: E/Z/B/K, § 1, Rn. 145 (Stand: September 2005); *Wagner*, in: E/Z/B/K, § 1a, Rn. 151 (Stand: Oktober 2008).
1196 Vgl. § 32 BNatSchG; *Battis/Krautzberger/Löhr*, NVwZ 2007, 121 (124); *Mitschang*, ZfBR 2007, 433 (442); *Söfker*, in: E/Z/B/K, § 1, Rn. 145 (Stand: September 2005); *Wagner*, in: E/Z/B/K, § 1a, Rn. 150 u. 162 u. 183 (Stand: Oktober 2008).
1197 Vgl. *Wagner*, in: E/Z/B/K, § 1a, Rn. 152 u. 161 u. 183 u. 207 u. 212 (Stand: Oktober 2008).

führung von derartigen Eingriffen einschließlich der Einholung der Stellungnahme der Kommission anzuwenden. Durch § 1a Abs. 4 BauGB wird § 34 Abs. 1 S. 2, Abs. 2-5 BNatSchG trotz seiner grundsätzlichen Ausgestaltung als Rahmenvorschrift für den Bereich der Bauleitplanung eindeutig unmittelbar geltendes Recht,[1198] was gem. § 35 S. 2, § 11 S. 1 BNatSchG ohnehin so vorgesehen ist[1199] und auch für das beschleunigte Verfahren uneingeschränkte Geltung hat. Der Europäische Gerichtshof geht bezogen auf Art. 6 Abs. 3 FFH-RL von der Möglichkeit einer erheblichen Beeinträchtigung eines FFH-Gebiets aus, wenn ein Plan droht, die für dieses Gebiet festgelegten Erhaltungsziele zu gefährden, wobei die die Verträglichkeitsprüfung auslösende Möglichkeit einer erheblichen Beeinträchtigung schon dann anzunehmen ist, wenn sie anhand objektiver Umstände nicht (aller Wahrscheinlichkeit nach) ausgeschlossen werden kann.[1200] Die Möglichkeit einer erheblichen Beeinträchtigung eines geschützten Gebiets ist bereits dann anzunehmen, wenn im Rahmen einer summarischen Prüfung entweder deutliche Anhaltspunkte für Beeinträchtigungen bestehen oder nicht abschätzbare Beeinträchtigungen eines geschützten Gebiets ohne eine weitere vertiefte Prüfung wenigstens nicht abwegig erscheinen.[1201] Es kommt also darauf an, ob eine mögliche Verschlechterung des Gebiets durch die Bauleitplanung – auch in Verbindung mit anderen Plänen oder Projekten (vgl. § 10 Abs. 1 Nr. 12 BNatSchG) – ausgeschlossen werden kann oder nicht.[1202] Soweit ein Gebiet von gemeinschaftlicher Bedeutung oder ein Europäisches Vogelschutzgebiet in diesem Sinne in seinen für die Erhaltungsziele oder den Schutzzweck maßgeblichen Bestandteilen durch den Bebauungsplan erheblich beeinträchtigt werden kann, ist gem. § 1a Abs. 4 BauGB das Entscheidungsmodell des Bundesnaturschutzgesetzes zu beachten.[1203] Eine Überplanung ist dann nur nach einer umfassenden Verträglichkeitsprüfung nach Maßgabe des Art. 6 Abs. 3, Art. 7 FFH-RL i. V. m. § 34 BNatSchG möglich, deren Ergebnis im Fall der Feststellung der Unverträglichkeit, d. h. gem. § 34 Abs. 2, § 35 S. 2 BNatSchG, wenn die Planung allein bzw. ihr Vollzug zu erheblichen Beeinträchtigungen eines Gebiets von gemeinschaftlicher Bedeutung oder eines europäischen Vo-

---

1198 *Berkemann*, in: BauGB 2004 – Nachgefragt, S. 74 (74); *Wagner*, in: E/Z/B/K, § 1a, Rn. 183 (Stand: Oktober 2008).
1199 So auch *Wagner*, in: E/Z/B/K, § 1a, Rn. 153 (Stand: Oktober 2008), unter Verweis auf die Gegenauffassung, die auch für das Bauleitplanungsverfahren auf eine Umsetzung von § 34 BNatSchG nach Maßgabe des Landesrechts abstellt.
1200 EuGH, Urt. vom 07.09.2004 – Rs. C 127/02, Slg. 2004, I-7405 (7469 (Rn. 49)); EuGH, Urt. vom 10.01.2006 – Rs. C 98/03, Slg. 2006, I-53 (55 u. 91 (Rn. 40)); vgl. *Wagner*, in: E/Z/B/K, § 1a, Rn. 210 u. 211 u. 226 (Stand: Oktober 2008). Vgl. Fn. 1095.
1201 *Wagner*, in: E/Z/B/K, § 1a, Rn. 211 (Stand: Oktober 2008).
1202 *Wagner*, in: E/Z/B/K, § 1a, Rn. 211 (Stand: Oktober 2008).
1203 *Mitschang*, in: Berliner Kommentar, § 2, Rn. 111 (Stand: September 2007); vgl. *W. Schrödter*, LKV 2008, 109 (111); *Wagner*, in: E/Z/B/K, § 1a, Rn. 212 (Stand: September 2007).

gelschutzgebiets in seinen für die Erhaltungsziele oder den Schutzzweck maßgeblichen Bestandteilen führen kann,[1204] nicht innerhalb der Abwägung gem. § 1 Abs. 7 BauGB durch gewichtigere Belange überwunden werden kann, wobei aber im Fall der Nichtverträglichkeit der Planung dennoch kein absolutes Planungsverbot besteht (vgl. Art. 6 Abs. 4 FFH-RL, § 34 Abs. 3 u. Abs. 4 BNatSchG als „streng naturschutzfachlich determinierte, d. h. gebundene (Entweder/Oder)-Entscheidung"[1205]).[1206] Aus § 1a Abs. 4 BauGB i. V. m. § 34 Abs. 2 BNatSchG wird deutlich, dass der Schutzzweck und die Erhaltungsziele der Gebiete mit gemeinschaftlicher Bedeutung und Europäischer Vogelschutzgebiete, die gem. § 1 Abs. 6 Nr. 7 lit. b BauGB grundsätzlich als Belange des Umweltschutzes und als Gegenstand der Umweltprüfung der Abwägung unterliegen, dann nicht der Abwägung gem. § 1 Abs. 7 BauGB unterworfen sind, wenn die Verträglichkeitsprüfung ergibt, dass ein geschütztes Gebiet in seinen für die Erhaltungsziele oder den Schutzzweck maßgeblichen Bestandteilen erheblich beeinträchtigt werden kann.[1207]

bb) Prüfung des Ausschlussgrundes

Bei der Prüfung, ob bei einem Bebauungsplan der Innenentwicklung, der im beschleunigten Verfahren aufgestellt werden soll, Anhaltspunkte für eine Beeinträchtigung der Erhaltungsziele oder des Schutzzwecks der Gebiete von gemeinschaftlicher Bedeutung und der Europäischen Vogelschutzgebiete im Sinne des Bundesnaturschutzgesetzes (, die Gebiete i. S. d. kohärenten europäischen Netzes besonderer Schutzgebiete, „Natura 2000"[1208], sind, vgl. Art. 3 Abs. 1 FFH-RL, § 10 Abs. 1 Nr. 8, § 32 BNatSchG) bestehen, ist zu beachten, dass dabei nicht nur tatsächliche, in die Gemeinschaftsliste aufgenommene Schutzgebiete,[1209] sondern, obwohl Art. 4 Abs. 5, Art. 6 Abs. 2-4 i. V. m. Art. 4 Abs. 2

1204 Vgl. BVerwG, Urt. vom 17.01.2007 – 9 A 20.05, E 128, 1 (1 u. 20/21, Rn. 40 u. 41); *Söfker*, in: E/Z/B/K, § 1, Rn. 145 (Stand: September 2005).
1205 *Wagner*, in: E/Z/B/K, § 1a, Rn. 177 u. 230 (Stand: Oktober 2008).
1206 *Berkemann*, in: BauGB 2004 – Nachgefragt, S. 48 (49); *Krautzberger*, in: B/K/L, § 1a, Rn. 34; *Söfker*, in: E/Z/B/K, § 1, Rn. 145 (Stand: September 2005); *Wagner*, in: E/Z/B/K, § 1a, Rn. 177 u. 218 (Stand: Oktober 2008).
1207 *Berkemann*, in: BauGB 2004 – Nachgefragt, S. 48 (49); *Krautzberger*, in: B/K/L, § 1a, Rn. 34; *Söfker*, in: E/Z/B/K, § 1, Rn. 145 (Stand: September 2005); *Stüer*, NVwZ 2005, 508 (510); *Wagner*, in: E/Z/B/K, § 1a, Rn. 218 (Stand: Oktober 2008), bezeichnet § 34 Abs. 2 BNatSchG als Planungsleitsatz; *Wagner/Paßlick*, in: Hoppe, UVPG, § 17, Rn. 217.
1208 *Berkemann*, in: BauGB 2004 – Nachgefragt, S. 89 (90); *Mitschang*, in: Berliner Kommentar, § 2, Rn. 110 (Stand: September 2007); *Söfker*, in: E/Z/B/K, § 1, Rn. 145 (Stand: September 2005); *Wagner*, in: E/Z/B/K, § 1a, Rn. 157 u. 158 u. 209 u. 245 u. 250 (Stand: Oktober 2008); *Wagner/Paßlick*, in: Hoppe, UVPG, § 17, Rn. 215.
1209 *Gierke*, in: Brügelmann, § 13a, Rn. 108 und § 13, Rn. 74 (Stand: Februar 2008); *Krautzberger*, in: B/K/L, § 1a, Rn. 35.

UAbs. 3 FFH-RL und Art. 7 a. E. FFH-RL auf die tatsächliche Aufnahme eines Gebiets in die Liste der FFH-Gebiete bzw. auf die tatsächliche Erklärung zum Vogelschutzgebiet abstellen, nach der Rechtsprechung des Bundesverwaltungsgerichts auch potentielle FFH-Gebiete mit einzubeziehen sind,[1210] also solche

---

[1210] *Berkemann*, in: BauGB 2004 – Nachgefragt, S. 48 (48); *Gierke*, in: Brügelmann, § 13a, Rn. 108 u. § 13, Rn. 74 (Stand: Februar 2008); *Halama*, in: BauGB 2004 – Nachgefragt, S. 75 f.; *Krautzberger*, in: B/K/L, § 1a, Rn. 35; *Söfker*, in: E/Z/B/K, § 1, Rn. 145 (Stand: September 2005). *Wagner/Paßlick*, in: Hoppe, UVPG, § 17, Rn. 215.
Der EuGH entschied, dass es den Mitgliedstaaten obliegt, während der Umsetzungsfrist einer Richtlinie die erforderlichen Maßnahmen zu ergreifen, um sicherzustellen, dass das in der Richtlinie vorgeschriebene Ziel bei Ablauf dieser Frist erreicht wird (vgl. EuGH Urt. vom 18.12.1997 – Rs. C 129/96, NVwZ 1998, 385 (385 u. 387); *Wagner*, in: E/Z/B/K, § 1a, Rn. 156 u. 193 (Stand: Oktober 2008)). Das BVerwG entwickelte aus diesem Gebot der Vertragstreue in Verbindung mit dem Verbot widersprüchlichen Verhaltens eine *Pflicht zur Stillhaltung* und die *Rechtsfigur des potentiellen FFH-Gebiets* (BVerwG, Urt. vom 19.05.1998 – 4 A 9/97, E 107, 1 (2 u. 21 u. 22)). Aus dem allgemeinen gemeinschaftsrechtlichen Grundsatz der Vertragstreue wurde in Bezug auf die FFH-RL abgeleitet, dass Gebiete, die aufgrund ihrer Beschaffenheit grundsätzlich als FFH-Gebiet in Betracht kommen, einem vorläufigen Schutz unterstehen, bis über ihre Aufnahme in das Netz „Natura 2000" entschieden ist. Dabei wurde zwischen bereits gemeldeten und noch nicht gemeldeten, aber den Kriterien der FFH-RL entsprechenden Gebieten unterschieden.
Wenn ein Gebiet zur Aufnahme in die Gemeinschaftsliste gemeldet worden ist, genießt es nach gefestigter europäischer und deutscher Rspr. bis zur Entscheidung der Kommission über die Aufnahme des Gebiets in die Liste der geschützten Gebiete einen vorläufigen, aber nicht absoluten Schutz (*Wagner*, in: E/Z/B/K, § 1, Rn. 197 (Stand: Oktober 2008)). Das BVerwG hatte zunächst zwischen Gebieten, die sich zur Aufnahme aufdrängen und zudem prioritäre natürliche Lebensraumtypen oder Arten aufweisen und für die die Anforderungen des Art. 6 Abs. 3 u. Abs. 4 FFH-RL gelten sollten, und sonstigen Gebieten unterschieden, für die es ein grundlegendes Beeinträchtigungsverbot annahm. (BVerwG, Urt. vom 17.05.2002 – 4 A 28.01, E 116, 254 (257); vgl. *Halama*, in: BauGB 2004 – Nachgefragt, S. 75 (75)). BVerwG, Urt. vom 17.05.2002 – 4 A 28.02, E 116, 254 (257/258), beschreibt auch einen weiteren Fall eines potentiellen Schutzgebiets, nämlich ein Gebiet, dessen Meldung als Schutzgebiet rechtlich geboten ist, aber nicht erfolgte.
Nach *Wagner*, in: E/Z/B/K, § 1a, Rn. 194 (Stand: Oktober 2008), ist Grundlage für die Einführung der Rechtsfigur des potentiellen Schutzgebiets das Bestreben der Rechtsprechung, die ökologische Qualität eines Gebiets bis zu seiner „potentiellen" Aufnahme in das europäische Netz „Natura 2000" zu bewahren und der Kommission unbeeinflusst von zwischenzeitlichen wesentlichen Veränderungen eine eigenständige Entscheidung über seine Aufnahme in die Liste zu ermöglichen.
Nach der Rechtsprechung des EuGH unterliegen gem. Art. 4 Abs. 5 FFH-RL jedoch erst von der Europäischen Kommission *formal* in die Liste nach Art. 4 Abs. 2 FFH-RL *aufgenommene Gebiete* dem unmittelbaren Schutz nach Art. 6 Abs. 2-4 FFH-RL. Gebiete, die (noch) nicht aufgenommen wurden, die von den Mitgliedstaaten der Kommission aber bereits gemeldet wurden, seien zumindest solange vorläufig zu schützen, bis über ihre Aufnahme in die Gemeinschaftsliste entschieden ist (EuGH, Urt. vom

13.01.2005 – Rs. C-117/03, NVwZ 2005, 311 (311 u. 312)). Diese Vorwirkung hat zur Folge (vgl. EuGH, Urt. vom 14.09.2006 – Rs. C-244/05, Slg. 2006, I-8445 (8446 u. 8458 u. 8477/8478 u. 8479/8480)), dass die Mitgliedstaaten entsprechend ihrer nationalen Vorschriften für diese zunächst nur gemeldeten Gebiete keine Eingriffe mehr zulassen dürfen, die die ökologischen Merkmale dieser Gebiete ernsthaft beeinträchtigen können. Der EuGH weist hier darauf hin, dass es Sache des nationalen Gerichts sei zu beurteilen, ob dies der Fall ist (vgl. *Wagner*, in: E/Z/B/K, § 1a, Rn. 155 u. 192 (Stand: Oktober 2008)).

Daher musste das BVerwG seinen bislang angenommenen, vorläufigen Schutz eines gemeldeten, aber noch nicht in die Gemeinschaftsliste aufzunehmenden, sog. potentiellen FFH-Gebiets (BVerwG, Urt. vom 19.05.1998 – 4 C 11/96, NVwZ 1999, 528 (531); BVerwG, Urt. vom 17.05.2002 – 4 A 28.01, E 116, 254 (257) modifizieren (vgl. *Wagner*, in: E/Z/B/K, § 1a, Rn. 156 u. 198 (Stand: Oktober 2008); *Halama*, in: BauGB 2004 – Nachgefragt, S. 75 (76)).

Der unmittelbaren Anwendung von Art. 6 Abs. 3 u. Abs. 4 FFH-RL auf potentielle FFH-Gebiete wurde durch die EuGH-Entscheidung vom 13.01.2005 der Boden entzogen. Andererseits betonte der EuGH auch, dass die Mitgliedstaaten verplichtet sind, Schutzmaßnahmen zu ergreifen, die im Hinblick auf das mit der Richtlinie verfolgte Erhaltungsziel geeignet sind, die erhebliche ökologische Bedeutung, die diesen Gebieten auf nationaler Ebene zukommt, zu wahren. Daher dürften die Mitgliedstaaten keine Eingriffe zulassen, die die ökologischen Merkmale dieser Gebiete ernsthaft beeinträchtigen könnten, was vom nationalen Gericht zu beurteilen sei. Dies bedeute kein generelles Veränderungsverbot oder ein absolutes Verschlechterunsverbot wie i. R. d. Art. 6 Abs. 2 FFH-RL. (EuGH, Urt. vom 14.09.2006 – Rs. C-244/05, Slg. 2006, I-8445 (8457 u. 8459 u. 8477/8478 u. 8479/8480); vgl. BVerwG, Beschl. vom 31.01.2006 – 4 B 49/05, NVwZ 2006, 823 (824); BVerwG, Urt. vom 15.05.1998 – 4 A 9/97, E 107, 1 (25 u. 27)). Der EuGH verlangt nur die positive Rechtspflicht der Mitgliedstaaten, geeignete Schutzmaßnahmen zur Wahrung der ökologischen Bedeutung der potentiellen Schutzgebiete zu ergreifen (EuGH, Urt. vom 13.01.2005 – Rs. C-117/03, NVwZ 2005, 311 (311 u. 312)) und konkretisiert dies dahingehend zur Verpflichtung, alle erforderlichen Maßnahmen zu ergreifen, um Eingriffe zu verhindern, die die ökologischen Merkmale der Gebiete ernsthaft beeinträchtigen können (EuGH, Urt. vom 14.09.2006 – Rs. C-244/05, Slg. 2006, I-8445 (8457 u. 8459 u. 8477/8478 u. 8479/8480); vgl. *Wagner*, in: E/Z/B/K, § 1a, Rn. 194 u. 198 u. 199 (Stand: Oktober 2008))

Daraufhin ging das BVerwG davon aus, dass zum gebotenen Schutz der gemeldeten FFH-Gebiete jedenfalls die Anlegung der *materiell-rechtlichen Maßstäbe* des Art. 6 Abs. 3 u. Abs. 4 FFH-RL in aller Regel einen angemessenen Schutz im Sinne der EuGH-Rspr. darstellt (BVerwG, Beschl. vom 31.01.2006 – 4 B 49.05, NVwZ 2006, 823 (823 u. 824), erstmals in BVerwG, Beschl. vom 07.09.2005 – 4 B 49/05, E 124, 201 (201/202 u. 206/207/208), wo in der Anlegung der materiellen Maßstäbe der Richtlinie ein den Vorgaben der EuGH-Rspr. entsprechender angemessener Schutz gesehen wird; ebenso *Krautzberger*, in: B/K/L, § 1a, Rn. 35; vgl. *Wagner*, in: E/Z/B/K, § 1a, Rn. 200 (Stand: Oktober 2008)). Das BVerwG verweist auch darauf, dass die Mitgliedstaaten nach dem EuGH die gemeldeten Gebiete schützen könnten, indem sie Rechtsvorschriften erließen, die dem Schutzregime von Art. 6 Abs. 2-4 FFH-RL entsprächen. Wenn die Landes(naturschutz)gesetze keine derartigen Regelungen enthielten, sei man mit der Anlegung eines an Art. 6 Abs. 3 u. 4 FFH-RL angelehnten Maßstabs jedenfalls

Gebiete, die noch nicht in die Kommissionsliste der Schutzgebiete aufgenommen sind, jedoch schon zur Aufnahme in die Liste gemeldet wurden bzw. die Voraussetzungen für die Unterschutzstellung gemäß der FFH-RL erfüllen. Dasselbe gilt für faktische Vogelschutzgebiete.[1211] Zudem erfasst der Schutz der Schutzgebiete auch den Umgebungsschutz, was aus Art. 6 Abs. 3 S. 1 FFH-RL und Art. 4 Abs. 4 S. 2 Vogelschutz-RL unmittelbar hervorgeht.[1212] Dies be-

---

europarechtlich auf der sicheren Seite (BVerwG, Beschl. vom 31.01.2006 – 4 B 49.05, NVwZ 2006, 823 (824)).

[1211] *Gierke*, in: Brügelmann, § 13, Rn. 74 (Stand: Februar 2008) und § 13a, Rn. 108 (Stand: Februar 2008).
Vgl. BVerwG, Urt. vom 01.04.2004 – 4 C 2/03, NVwZ 2004, 1114 (1117/1118); vgl. auch BVerwG, Urt. vom 31.01.2002, Urt. vom 31.01.2002 – 4 A 15.01, DVBl. 2002, 990 (992): Bei *„faktischen" Vogelschutzgebieten*, also solchen, die objektiv die Kriterien eines Vogelschutzgebiets erfüllen, bei denen jedoch eine Unterschutzstellung durch den Mitgliedstaat bisher unterblieben ist (Vogelschutzgebiete werden von den Mitgliedstaaten unmittelbar zu Schutzgebieten erklärt, vgl. *Wagner*, in: E/Z/B/K, § 1a, Rn. 247 (Stand: Oktober 2008); vgl. *Söfker*, in: E/Z/B/K, § 1, Rn. 145 (Stand: September 2005)), ist nach dem BVerwG der Weg zu einer Verträglichkeitsprüfung entsprechend Art. 6 Abs. 3 und Abs. 4 FFH-RL versperrt (vgl. Art. 7 a. E. FFH-RL). Es ist vielmehr das Schutzregime von Art. 4 Abs. 4 S. 1 Vogelschutz-RL anzuwenden.
Wagner/Paßlick, in: Hoppe, UVPG, § 17, Rn. 215, verweisen in diesem Zusammenhang auf EuGH, Urt. vom 13.01.2005 – Rs. C-117/03, NVwZ 2005, 311 (311 u. 312), wo der EuGH entschied, dass die Anforderungen des Art. 6 Abs. 2-4 FFH-RL nur für tatsächlich in die Liste der Gebiete von gemeinschaftlicher Bedeutung aufgenommene Gebiete gelten, die Mitgliedstaaten aber verpflichtet sind, Schutzmaßnahmen zu ergreifen, die im Hinblick auf das von der FFH-Richtlinie verfolgte Erhaltungsziel *geeignet* sind, die erhebliche ökologische Bedeutung der noch nicht anerkannten, potentiellen Gebieten bis zur Entscheidung über ihre offizielle Anerkennung zu wahren.
Bei Anwendung des Schutzregimes von Art. 4 Abs. 4 S. 1 Vogelschutz-RL für faktische Vogelschutzgebiete ist dieser Schutz der Vogelschutz-RL strenger als der von Art. 6 Abs. 3 u. Abs. 4, Art. 7 FFH-RL für anerkannte Vogelschutzgebiete. Auch beseht in diesem Fall ein Widerspruch zum Schutz potentieller FFH-Gebiete, für die man nicht einmal Art. 6 Abs. 3 u. Abs. 4 FFH-RL vollumfänglich anwendet, vgl. *Wagner*, in: E/Z/B/K, § 1a, Rn. 196 u. 245 u. 254 (Stand: Oktober 2008).
Zum Begriff des faktischen Vogelschutzgebiets vgl BVerwG, Urt. vom 21.06.2006 – 9 A 28.05, E 126, 166 (168/169 (Rn. 19 u. 20)).
BVerwG, Beschl. vom 13.03.2008 – 9 VR 10/07, ZUR 2008, 378 (378 u. 379), entschied, dass, weil das Melde- und Gebietsausweisungsverfahren für Vogelschutzgebiete einen fortgeschrittenen Stand erreicht hat, die Annahme eines faktischen Vogelschutzgebiets besonderen Darlegungsanforderungen genügen muss. Vgl. auch *Wagner*, in: E/Z/B/K, § 1a, Rn. 195 (Stand: Oktober 2008), der vertritt, dass die Figur des potentiellen Schutzgebiets entfallen können wird, sobald die Kommission eine weitgehend vollständige Liste der Gebiete von gemeinschaftlicher Bedeutung für einen Mitgliedstaat erstellt haben wird, sofern der Mitgliedstaat seine Melde- und Mitwirkungspflichten vollständig erfüllt hat.

[1212] EuGH, Urt. vom 10.01.2006 – Rs. C-98/03, Slg. 2006, I-53 (89 u. 90). *Berkemann*, in: BauGB 2004 – Nachgefragt, S. 48 (49) u. S. 77 (78); *Gierke*, in: Brügelmann, § 13a,

deutet, dass eine Beeinträchtigung des Schutzzwecks und der Erhaltungsziele von Vogelschutz- und FFH-Gebieten nicht nur dann in Betracht kommen kann, wenn der Plan ein solches Gebiet unmittelbar überplant, sondern auch, wenn ein solches Gebiet so „in der Nähe" des Plangebiets liegt, dass sich das Geplante im Fall seiner Realisierung auf das Schutzgebiet auswirken kann, wobei die Ursache der Beeinträchtigung außerhalb des Schutzgebiets liegt.[1213]

Für die Klärung der Frage, ob der Bebauungsplan der Innenentwicklung die in § 1 Abs. 6 Nr. 7 lit. b BauGB genannten Schutzgüter beeinträchtigen kann, ist zunächst, vor allem anhand der Meldeunterlagen, festzustellen, welchen Schutzzweck und welche Erhaltungsziele das möglicherweise beeinträchtigte Schutzgebiet konkret verfolgt (vgl. § 34 Abs. 1 S. 2 BNatSchG).[1214] Denn die FFH- und die Vogelschutz-RL dienen nicht dem Schutz eines Gebiets in seiner Gesamtheit, sondern nur dem Schutz der für das Netz „Natura 2000" im jeweiligen Gebiet relevanten Erhaltungsziele und Schutzzwecke.[1215] Im Gegensatz zu § 1a Abs. 4 BauGB und § 34 Abs. 2 BNatSchG setzt der Ausschluss des beschleunigten Verfahrens gem. § 13a Abs. 1 S. 5 BauGB aufgrund von Anhaltspunkten für eine Beeinträchtigung der Schutzgüter und Erhaltungsziele von Vogelschutz- oder FFH-Gebieten nicht voraus, dass die zu erwartende Beeinträchtigung erheblich ist.[1216] Damit kann ein Bebauungsplan, der sich in irgendeiner Form, auch nur geringfügig, nachteilig auf die Erhaltungsziele oder den Schutzzweck von Vogelschutz- oder FFH-Gebieten auswirken kann, nicht im beschleunigten Verfahren ohne Umweltprüfung und Monitoring aufgestellt werden.[1217] Kann der Bebauungsplan aus fachlicher Sicht auch nur irgendwie Vogelschutz- oder FFH-Gebiete in ihrem Schutzzweck oder ihren Erhaltungszielen beeinträchtigen, ist er innerhalb des Regelplanungsverfahrens einer Umweltprüfung zu unterziehen, in deren Rahmen – wie sich aus dem Verweis des § 2 Abs. 4 S. 1 BauGB auf § 1a BauGB ergibt – auch eine sich bei Erheblichkeit der Beeinträchtigungen als notwendig herausstellende Verträglichkeitsprüfung gem. § 34 BNatSchG durchgeführt werden kann und soll, so dass zwar bei Anhaltspunkten für eine

---

Rn. 109 u. § 13, Rn. 75 (Stand: Februar 2008); *Wagner*, in: E/Z/B/K, § 1a, Rn. 154 u. 219 u. 222 (Stand: Oktober 2008).
1213 *Berkemann*, in: BauGB 2004 – Nachgefragt, S. 77 (77/78); *Krautzberger*, in: B/K/L, § 1a, Rn. 33; *Wagner*, in: E/Z/B/K, § 1a, Rn. 219 u. 222 (Stand: September 2007); angedeutet bei *Wagner/Paßlick*, in: Hoppe, UVPG, § 17, Rn. 216.
1214 *Gierke*, in: Brügelmann, § 13a, Rn. 109 (Stand: Februar 2008); *Schmidt-Eichstaedt*, BauR 2007, 1148 (1150); *Söfker*, in: E/Z/B/K, § 1, Rn. 145 (Stand: September 2005); vgl. *Wagner*, in: E/Z/B/K, § 1a, Rn. 215 ff. (Stand: Oktober 2008).
1215 *Wagner*, in: E/Z/B/K, § 1a, Rn. 159 (Stand: Oktober 2008).
1216 Vgl. B. II. 7. a) bb). *Battis*, in: B/K/L, § 13a, Rn. 10; *Bunzel*, LKV 2007, 444 (448); *Gierke*, in: Brügelmann, § 13a, Rn. 110 u. § 13, Rn. 76 (Stand: Februar 2008); *Mitschang*, ZfBR 2007, 433 (442).
1217 *Bunzel*, LKV 2007, 444 (448); *Krautzberger*, in: B/K/L, § 13, Rn. 1c; *Wallraven-Lindl/ Strunz/Geiß*, Das Bebauungsplanverfahren nach dem BauGB 2007, S. 144.

Beeinträchtigung der Erhaltungsziele oder des Schutzzwecks von Gebieten von gemeinschaftlicher Bedeutung und der Europäischen Vogelschutzgebiete im Sinne des Bundesnaturschutzgesetzes das beschleunigte Verfahren ausgeschlossen ist, nicht aber unbedingt eine Realisierung der Planung i. R. d. Regelplanungsverfahrens.[1218] Wenn erhebliche Beeinträchtigungen der für die Erhaltungsziele und den Schutzzweck maßgeblichen Bestandteile der Schutzgebiete von vornherein ausgeschlossen werden können, verlangt Art. 6 Abs. 3 FFH-RL unzweifelhaft keine Verträglichkeitsprüfung.[1219]

Insgesamt dürfte es jedoch eher selten sein, dass bei einem Bebauungsplan der Innenentwicklung Anhaltspunkte für eine Beeinträchtigung der in § 1 Abs. 6 Nr. 7 lit. b BauGB genannten Schutzgüter bestehen.[1220] Schon der für eine Maßnahme der Innenentwicklung verlangte Zusammenhang mit dem Siedlungsbereich und damit schon vorhandener Bebauung wird in vielen Fällen dazu führen, dass von den Festsetzungen des Bebauungsplans der Innenentwicklung kaum andere oder weitergehende Beeinträchtigungen eines Schutzgebiets zu erwarten sind als gegenwärtig schon vorhanden.[1221] Wenn der umweltbezogene status quo durch die Planung nicht verschlechtert wird, verlangen weder die Vorgaben der FFH- und Vogelschutz-RL eine in eine Umweltprüfung integrierte oder eigenständige Verträglichkeitsprüfung noch besteht aufgrund der Auswirkungen der Planung auf Gebiete von gemeinschaftlicher Bedeutung und Europäische Vogelschutzgebiete eine Vermutung dafür, dass der Plan voraussichtlich erhebliche Umweltauswirkungen hat, so dass das beschleunigte Verfahren grundsätzlich zur Anwendung kommen kann bzw. nicht aufgrund von § 13a Abs. 1 S. 5 BauGB ausgeschlossen ist.[1222] Im Hinblick darauf, dass die Erhaltungsziele und der Schutzzweck von FFH- und Vogelschutzgebieten auch durch Einwirkungen, die ihre Ursache außerhalb des Schutzgebiets haben, beeinträchtigt werden können (sog. Umgebungsschutz), kommt das Vorliegen des Ausschlussgrundes des § 13a Abs. 1 S. 5 BauGB für Bebauungspläne der Innenentwicklung am wahrscheinlichsten in den Fällen in Betracht, in denen brachgefallene, ehemals gewerblich, militärisch oder zu Bahnzwecken genutzte Flächen im Außenbereich außerhalb des *sonstigen* Siedlungsbereichs überplant werden,[1223] oder bei sonstigen, ohnehin nur sehr eingeschränkt als Maßnahmen der Innenentwicklung einzuordnenden Überplanungen von Außenbereichsflächen außerhalb des *sonstigen*

1218 *Bunzel*, LKV 2007, 444 (448); *Mitschang*, ZfBR 2007, 433 (442).
1219 BVerwG, Beschl. vom 26.11.2007 – 4 BN 46/07, ZfBR 2008, 270 (270). Vgl. Fn. 1200 u. 1201.
1220 *Gierke*, in: Brügelmann, § 13a, Rn. 109 (Stand: Februar 2008); *Kuschnerus*, Der standortgerechte Einzelhandel, Rn. 600; *Schmidt-Eichstaedt*, BauR 2007, 1148 (1150); *Schröer*, NZBau 2008, 46 (47), bestätigt dies mit ersten Praxiserfahrungen.
1221 *Schmidt-Eichstaedt*, BauR 2007, 1148 (1150); zustimmend *Gierke*, in: Brügelmann, § 13a, Rn. 109 (Stand: Februar 2008).
1222 Vgl. *Schmidt-Eichstaedt*, BauR 2007, 1148 (1150).
1223 *Kuschnerus*, Der standortgerechte Einzelhandel, Rn. 600.

Siedlungsbereichs bzw. im Anschluss an diesen oder zur Abrundung und damit Erweiterung desselben, weil dort am wahrscheinlichsten die für nachteilige Beeinträchtigungen der Erhaltungsziele und des Schutzzwecks von FFH- oder Vogelschutzgebieten notwendige Nähe zu solchen Gebieten besteht, während dies bei Gebieten völlig innerhalb des bestehender Bebauung sehr selten der Fall sein dürfte.

cc) Keine Planerhaltungsvorschrift

Geht die Gemeinde bei der Prüfung der Anwendungsvoraussetzungen des beschleunigten Verfahrens zu Unrecht davon aus, dass keine Anhaltspunkte für eine Beeinträchtigung der in § 1 Abs. 6 Nr. 7 lit. b BauGB genannten Schutzgüter bestehen, und wendet sie daher fälschlicherweise das beschleunigte Verfahren an, so leidet der Bebauungsplan, auch wenn die innerhalb des beschleunigten Verfahrens zu beachtenden formell- und materiell-rechtlichen Anforderungen korrekt eingehalten wurden, wegen einer durch die Anwendung der Verfahrensprivilegierungen des beschleunigten Verfahrens regelmäßig bedingten Verletzung der objektiv zu beachtenden Verfahrensanforderungen des Regelplanungsverfahrens an für die Rechtswirksamkeit des Bebauungsplans beachtlichen Fehlern, soweit sie nicht durch § 214 Abs. 1 u. Abs. 2 BauGB als unbeachtlich eingeordnet werden. Für die fehlerhafte Anwendung des beschleunigten Verfahrens trotz tatsächlich bestehender Anhaltspunkte für eine Beeinträchtigung der in § 1 Abs. 6 Nr. 7 lit. b BauGB genannten Schutzgüter gibt es i. R. d. §§ 214 f. BauGB keine eigenständige, den Fehler insgesamt als unbeachtlich einstufende Planerhaltungsvorschrift,[1224] so dass aus dem für Rechtsnormen allgemein geltenden Nichtigkeitsdogma und der beschränkten Reichweite der Planerhaltungsvorschrift des § 214 Abs. 1 u. Abs. 2 BauGB meist die Rechtsunwirksamkeit des unter Verstoß gegen § 13a Abs. 1 S. 5 BauGB im beschleunigten Verfahren aufgestellten Bebauungsplans folgt. Eine Fehlerheilung gem. § 214 Abs. 4 BauGB durch die Aufstellung des Plans im Regelplanungsverfahren ist jedoch nicht grundsätzlich ausgeschlossen.

d) Bewertung der Ausschlussgründe

aa) Erweiterung der Notwendigkeit eines UVP-Screenings und Harmonisierung verschiedener städtebaulicher Instrumente

Der Ausschlussgrund des § 13a Abs. 1 S. 4 BauGB für das beschleunigte Verfahren bei Begründung der Zulässigkeit umweltverträglichkeitsprüfungspflichtiger Vorhaben führt dazu, dass die Gemeinde zur Abklärung der Anwendbar-

---

1224 *Krautzberger*, in: E/Z/B/K, § 13a, Rn. 61 (Stand: Mai 2007). A. A. *Battis*, in: B/K/L, § 214, Rn. 18 und § 13a, Rn. 10, der § 214 Abs. 2a Nr. 4 BauGB für einschlägig erachtet; unklar *Battis/Krautzberger/Löhr*, NVwZ 2007, 121 (128).

keit des beschleunigten Verfahrens für einen Bebauungsplan, der die Zulässigkeit konkreter umweltverträglichkeitsvorprüfungspflichtiger Vorhaben begründet, wieder ein durch das EAG-Bau innerhalb der Bauleitplanung weitgehend[1225] abgeschafftes UVP-Screening durchführen muss, um das beschleunigte Verfahren rechtmäßig anwenden zu können. Dabei ist die Praxis aufgrund der bis zum EAG-Bau notwendigen Vorgehensweise bei der Feststellung der Umweltverträglichkeitsprüfungspflichtigkeit für jeden einzelnen Bebauungsplan nach den Maßgaben des Gesetzes über die Umweltverträglichkeitsprüfung und damit auch nach § 3c UPVG zwar durchaus noch an die Durchführung eines UVP-Screenings gewöhnt;[1226] andererseits beruht die Einführung der weitgehend generellen Pflicht zur Durchführung einer Umweltprüfung für Bauleitpläne gem. § 2 Abs. 4 S. 1 BauGB gerade darauf, dass sich die Feststellung der Umweltverträglichkeitsprüfungspflichtigkeit für Bebauungspläne aufgrund eines UVP-Screenings nach § 3c UVPG als problematisch, zeit- und kostenaufwändig erwiesen hatte,[1227] so dass die teilweise Abkehr von der generellen Umweltprüfungspflichtigkeit von Bebauungsplänen durch das beschleunigte Verfahren unter Wiedereinführung eines UVP-Screenings bzw. in Ergänzung zu einem nach umstrittener Auffassung[1228] auch i. R. d. § 13 Abs. 1 Nr. 1 BauGB durchzuführenden UVP-Screening geradezu als Rückschritt erscheint. Es ist jedoch zu bedenken, dass die durch das EAG-Bau vorgesehene, weitgehend generelle Umweltprüfungspflichtigkeit von Bebauungsplänen auch einen Wertungswiderspruch zur Aufstellung städtebaulicher Satzungen gem. § 34 Abs. 4 BauGB in sich birgt.[1229] Diese Satzungen können teilweise funktionsgleich an die Stelle von Bebauungsplänen treten,[1230] jedenfalls in Bezug auf kleinflächige Bebauungspläne, weil Innenbereichssatzungen i. S. d. § 34 Abs. 4 S. 1 Nr. 2 u. Nr. 3 BauGB nur „bebaute Bereiche im Außenbereich" oder „einzelne Außenbereichsflächen" erfassen dürfen und daher gebietsmäßig eingeschränkt sind. Diese städtebaulichen Satzungen unterliegen keiner Pflicht zur Durchführung einer Umweltprüfung, Bebauungspläne aber gem. § 2 Abs. 4 S. 1 BauGB grundsätzlich schon. Wegen der Möglichkeit, in bestimmten Fällen zur Umsetzung einer städtebaulichen Zielsetzung statt einer städtebaulichen Satzung einen (kleinflächigen) Bebauungsplan aufzustellen, erscheint dieser Unterschied hinsichtlich der Umweltprüfungspflichtigkeit systemwidrig und die weitgehend generelle

---

1225 Es war nur im Fall des § 13 Abs. 1 Nr. 1 BauGB für Bebauungspläne noch vorgesehen, wobei die Durchführung eines UVP-Screenings hier umstritten ist, vgl. Fn. 822 und Fn. 1144; *Spannowsky*, NuR 2007, 521 (522).
1226 *Dirnberger*, Bay. Gemeindetag 2/2007, 51 (52); *Schmidt-Eichstaedt*, BauR 2007, 1148 (1150); *Uechtritz*, BauR 2007, 476 (480).
1227 *W. Schrödter*, LKV 2008, 109 (110/111); vgl. B. II. 6. e) bb) (1) (b).
1228 Vgl. Fn. 822 u. 1144.
1229 *Spannowsky*, in: Spannowsky/Hofmeister, BauGB 2007, S. 27 (30); *ders.*, NuR 2007, 521 (522).
1230 *Söfker*, in: E/Z/B/K, § 34, Rn. 92 (Stand: März 2006).

Pflicht zur Durchführung einer Umweltprüfung für Bebauungspläne überzogen.[1231] Innenbereichssatzungen können gem. § 34 Abs. 5 S. 1 Nr. 2 u. Nr. 3 BauGB dann nicht aufgestellt werden, wenn sie die Zulässigkeit umweltverträglichkeitsprüfungspflichtiger Vorhaben begründen, was innerhalb eines UVP-Screenings zu klären sein kann, oder Anhaltspunkte für eine Beeinträchtigung der in § 1 Abs. 6 Nr. 7 lit. b BauGB genannten Schutzgüter bestehen. Indem § 13a BauGB nun die Aufstellung von kleinflächigen Bebauungsplänen der Innenentwicklung im beschleunigten Verfahren ohne Umweltprüfung gem. § 13a Abs. 1 S. 4 u. S. 5 BauGB unter den gleichen Voraussetzungen erlaubt, unter denen gem. § 34 Abs. 5 S. 1 Nr. 2[1232] u. Nr. 3 BauGB die Aufstellung von Innenbereichssatzungen möglich ist, wird die soeben erläuterte Systemwidrigkeit zwischen den städtebaulichen Instrumenten beseitigt,[1233] was im Zusammenhang mit der Anlehnung der Interpretation von Maßnahmen der Innenentwicklung an den Anwendungsbereich von Entwicklungs- und Ergänzungssatzungen besonders deutlich wird. Zudem gelten für die Aufstellung von Innenbereichssatzungen gem. § 34 Abs. 6 S. 1 BauGB dieselben, zur Entbehrlichkeit der Umweltprüfung hinzukommenden Verfahrenserleichterungen des § 13 Abs. 2 S. 1 Nr. 2 u. Nr. 3 BauGB wie sie in § 13a Abs. 2 Nr. 1 i. V. m. § 13 Abs. 2 BauGB vorgesehen sind. Damit kann dazu beigetragen werden, zur Schaffung von neuem Baurecht,[1234] bei der städtebauliche Probleme i. R. d. begrenzten Gestaltungsmöglichkeiten der Innenbereichssatzungen nicht hinreichend gelöst werden können, tatsächlich gem. § 1 Abs. 3 S. 1 BauGB das Bauleitplanungsverfahren einzusetzen[1235] und nicht (rechtswidrig) auf die Aufstellung von Innenbereichssatzungen zurückzugreifen.

bb) Verfahrensbeschleunigung aufgrund des UVP-Screenings

Zudem darf nicht vergessen werden, dass es auch im Zusammenhang mit der Einführung von § 2 Abs. 4 S. 1 BauGB durch das EAG-Bau ausdrücklich begrüßt wurde, dass die von § 13 BauGB erfassten Fälle der Bauleitplanung von

---

1231 *Spannowsky*, in: Spannowsky/Hofmeister, BauGB 2007, S. 27 (30); *ders.*, NuR 2007, 521 (522).
1232 *Söfker*, in: E/Z/B/K, § 34, Rn. 107a (Stand: März 2006), verweist darauf, dass § 34 Abs. 5 S. 1 Nr. 2 BauGB § 13 Abs. 1 Nr. 1 BauGB entspricht, so dass innerhalb der Aufstellung einer Entwicklungs- oder Ergänzungssatzung ein UVP-Screening durchzuführen ist, sofern die Zulässigkeit konkreter umweltverträglichkeitsvorprüfungspflichtiger Vorhaben begründet, wenn man dies auch in Bezug auf § 13 Abs. 1 Nr. 1 BauGB annimmt. Vgl. auch *Krautzberger*, in: B/K/L, § 34, Rn. 71a.
1233 *Spannowsky*, in: Spannowsky/Hofmeister, BauGB 2007, S. 27 (30); *ders.*, NuR 2007, 521 (522).
1234 Vgl. B. II. 4. a) bb).
1235 *Söfker*, in: E/Z/B/K, § 34, Rn. 92 (Stand: März 2006); *Spannowsky*, NuR 2007, 521 (522); *ders.*, in: Spannowsky/Hofmeister, BauGB 2007, S. 27 (30).

der generellen Pflicht zur Durchführung einer Umweltprüfung ausgenommen wurden und für diese stattdessen im Rahmen der negativen Anwendungsvoraussetzung des vereinfachten Verfahrens gem. § 13 Abs. 1 Nr. 1 BauGB – nach umstrittener Auffassung[1236] – die Durchführung eines UVP-Screenings vorgesehen wurde,[1237] gerade weil bei Bauleitplänen i. S. v. § 13 Abs. 1 BauGB nicht grundsätzlich mit voraussichtlich erheblichen Umweltauswirkungen zu rechnen ist, so dass eine generelle Pflicht zur Durchführung einer vollständigen Umweltprüfung zur Ermittlung, Beschreibung und Bewertung derselben für diese Bauleitpläne als übertrieben und dabei zudem als mit nicht völlig unerheblichem, noch dazu unnötigem Verfahrensaufwand verbunden eingeschätzt wurde.[1238] Daraus ergibt sich, dass die eventuelle Pflicht zur Durchführung eines UVP-Screenings in Kombination mit der Möglichkeit, dadurch der Pflicht zur Durchführung einer umfassenden Umweltprüfung entgehen zu können, trotz des Aufwands für eine Umweltverträglichkeitsvorprüfung und der dabei bestehenden Probleme nicht als grundsätzlich nachteilig gegenüber der generellen Umweltprüfungspflichtigkeit von Bebauungsplänen einzuschätzen ist, sondern das Planungsverfahren gegenüber einer grundsätzlichen Pflicht zur Durchführung einer Umweltprüfung durchaus, wenn auch nicht in allen Fällen, entlasten und beschleunigen kann.

Ist im Hinblick auf die Regelung des § 13a Abs. 1 S. 4 BauGB ein UVP-Screening durchzuführen, ist gerade auch aufgrund des soeben Dargelegten immer zu bedenken, dass die Anwendung des beschleunigten Verfahrens als Erleichterung und Beschleunigung gegenüber der Anwendung des Regelplanungsverfahrens intendiert ist. Ist ein im Hinblick auf § 13a Abs. 1 S. 4 BauGB durchzuführendes UVP-Screening daher erkennbar mit viel Aufwand verbunden[1239] oder besteht eine hohe Wahrscheinlichkeit dafür, dass die Umweltverträglichkeitsprüfungspflicht eines geplanten Vorhabens festgestellt werden wird, so dass der Bebauungsplan im Regelplanungsverfahren mit Umweltprüfung aufgestellt werden muss, empfiehlt es sich, von vornherein das Regelplanungsverfahren mit Umweltprüfung anzuwenden, denn die (versuchte) Anwendung des beschleunigten Verfahrens ist in diesen Fällen nicht mit geringerem Aufwand und damit nicht mit einem Beschleunigungseffekt verbunden. Dies ist z. B. im Hinblick auf die Planung großflächiger Einzelhandelsbetriebe mit einer zulässigen Geschossfläche von 5000 qm oder mehr oder eines großen Parkplatzes mit einer Grundfläche von 1 ha oder mehr oder eines Hotelkomplexes mit 300 Betten oder mehr zu empfehlen, wenn gem. Nr. 18.8 Anlage 1 UVPG i. V. m. Nrn. 18.6.1, 18.4.1 u. 18.1.1 eine Umweltverträglichkeitsvorprüfungspflicht besteht. Aufgrund des Erreichens des Schwellenwerts der außerhalb des Anwen-

---

1236 Vgl. Fn. 822 u. 1144.
1237 Vgl. B. II. 6. e) bb) (1) (b).
1238 Vgl. Fn. 837.
1239 Vgl. Fn. 840.

dungsbereichs der Nr. 18.8 Anlage 1 UVPG statuierten generellen Umweltverträglichkeitsprüfungspflichtigkeit besteht hier nämlich trotz der Lage außerhalb des Außenbereichs, vor allem wenn die in den Nrn. 18.6.1, 18.4.1 o. 18.1.1 Anlage 1 UVPG angegebenen Größenwerte noch deutlich überschritten werden, allein aufgrund der Größe des Vorhabens eine erhebliche Wahrscheinlichkeit dafür (vgl. § 3c S. 4 UVPG), dass das UVP-Screening eine Umweltverträglichkeitsprüfungspflicht ergibt, so dass der Bebauungsplan wegen § 13a Abs. 1 S. 4 BauGB im Regelplanungsverfahren mit Umweltprüfung aufgestellt werden muss.[1240] In diesem Fall kann mit der Durchführung eines UVP-Screenings nur mit sehr geringer Wahrscheinlichkeit eine Verfahrenserleichterung gegenüber der sofortigen Anwendung des Regelplanungsverfahrens erreicht werden, so dass das hinter der Einführung von § 13a BauGB stehende Ziel der Verfahrensbeschleunigung und -erleichterung auch bei Durchführung des UVP-Screenings und damit versuchter Eröffnung des Anwendungsbereichs des beschleunigten Verfahrens meist nicht realisiert werden kann, weshalb eine sofortige Anwendung des Regelplanungsverfahrens mit Umweltprüfung ohne vorheriges UVP-Screening als verfahrensökonomischer einzustufen ist.

cc) Schwellenwertunterschiede zwischen § 13a Abs. 1 S. 2 BauGB und Nr. 18.5 u. Nr. 18.7 Anlage 1 UVPG

Im Praxistest wurde Unverständnis darüber geäußert, dass die außerhalb der Nr. 18.8 Anlage 1 UVPG eine strikte Umweltverträglichkeitsprüfungspflicht auslösenden Schwellenwerte der Nrn. 18.5.1 u. 18.7.1 Anlage 1 UVPG höher sind als der i. R. d. § 13a Abs. 1 S. 2 BauGB die Anwendung des beschleunigten Verfahrens grundsätzlich ausschließende Schwellenwert von 70000 qm zulässiger Grundfläche bzw. Größe der Grundfläche.[1241] Außer aufgrund europarechtlicher Erforderlichkeit wird es, schon wegen der Uneinheitlichkeit der Schwellenwerte und dadurch ausgelöster Irritationen, als nicht nachvollziehbar erachtet, warum ein Bebauungsplan der mit seiner zulässigen Grundfläche bzw. Größe der Grundfläche den Schwellenwert von 70000 qm erreicht, nicht im beschleunigten Verfahren aufgestellt werden darf, obwohl ein aufgrund Nr. 18.5.2 oder Nr. 18.7.2 Anlage 1 UVPG wegen des flächenmäßigen Umfangs der planerischen Festsetzungen durchgeführtes UVP-Screening keine Pflicht zur Durchführung einer Umweltverträglichkeitsprüfung ergeben muss.[1242] Dies erscheint vor allem vor dem Hintergrund unverständlich, dass auch ein UVP-Screening für in Nr. 18.5 u. Nr. 18.7 Anlage 1 UVPG genannte Bauvorhaben der Klärung der

---

1240 Vgl. *Kuschnerus*, Der standortgerechte Einzelhandel, Rn. 599.
1241 *Bunzel*, Difu-Praxistest, S. 27/28 u. 31, abrufbar unter http://www.difu.de/publikationen/difu-berichte/4_06/11.phtml (zuletzt abgerufen am 01.03.2008).
1242 *Bunzel*, Difu-Praxistest, S. 31, abrufbar unter http://www.difu.de/publikationen/difu-berichte/4_06/11.phtml (zuletzt abgerufen am 01.03.2008).

Frage dient, ob ein Bebauungsplan voraussichtlich erhebliche Auswirkungen auf die Umwelt hat, und dabei ebenso *planbezogen*[1243] ist wie das UP-Screening des § 13a Abs. 1 S. 2 Nr. 2 BauGB, das sich ebenfalls auf die Erheblichkeit oder Nichterheblichkeit der Umweltauswirkungen des Plans bezieht. Zwar beruht das Gesetz über die Umweltverträglichkeitsprüfung auf den Anforderungen der UVP-RL (85/337/EWG, geändert durch die UVP-Änderungs-RL (97/11/EG)), während das UP-Screening gem. § 13a Abs. 1 S. 2 Nr. 2 BauGB auf Art. 3 Abs. 5 S. 1 3. Var. Plan-UP-RL basiert. Der deutsche Gesetzgeber geht aber davon aus, dass die der Plan-UP-RL entsprechenden Anforderungen des Baugesetzbuchs für die Umweltprüfung auch den auf Bauleitpläne bezogenen Anforderungen des Gesetzes über die Umweltverträglichkeitsprüfung und damit der UVP-RL (85/337/EWG in der Fassung der UVP-Änderungs-RL (97/11/EG)) genügen.[1244] Dies darf jedoch nicht automatisch umgekehrt werden. Dabei ist zu bedenken, dass die Grundflächenregelung des § 13a Abs. 1 S. 2 BauGB vornehmlich auf der Vorgabe des Art. 3 Abs. 1, Abs. 3 1. Alt., Abs. 4, Abs. 5 S. 2 Plan-UP-RL beruht, Pläne mit voraussichtlich erheblichen Umweltauswirkungen auch tatsächlich einer Umweltprüfung zu unterziehen. Bei Bebauungsplänen der Innenentwicklung ab einer Grundflächengröße von 70000 qm geht der deutsche Gesetzgeber in typisierender Betrachtungsweise davon aus, dass sie *meistens* mit voraussichtlich erheblichen Umweltauswirkungen verbunden und daher umweltprüfungspflichtig sind, weshalb die Einschätzung der Erheblichkeit der Umweltauswirkungen solcher Bebauungspläne auch nicht von einer grundsätzlich mit Unsicherheiten verbundenen Vorprüfung des Einzelfalls abhängen soll, weder von einem UP- noch von einem UVP-Screening. Dabei ist, auch wenn die voraussichtliche Erheblichkeit der Umweltauswirkungen eines Plans als solche für die Anforderungen der Plan-UP-RL das entscheidende Kriterium für die Umweltprüfungspflichtigkeit eines Plans ist, ebenfalls zu berücksichtigen, dass Pläne i. S. v. Art. 3 Abs. 2 Plan-UP-RL nur insoweit gem. Art. 3 Abs. 3 1. Alt. Plan-UP-RL von der von Art. 3 Abs. 2 am Anfang Plan-UP-RL statuierten generellen Umweltprüfungspflichtigkeit suspendierbar sind, als sie die Nutzung *kleiner* Gebiete auf lokaler Ebene festlegen. Pläne, deren zulässige Grundfläche bzw. Größe der Grundfläche bzw. voraussichtliche Versiegelungsfläche 70000 qm erreichen oder überschreiten, stuft der deutsche Gesetzgeber nicht mehr als ein „kleines" Gebiet auf lokaler Ebene betreffend ein,[1245] was in dieser Größenordnung ohnehin Kritik ausgesetzt ist.[1246] § 13a Abs. 1 S. 4 BauGB beruht dagegen – wie bereits festgestellt[1247] – vorrangig auf den Anforderungen der UVP-RL und stellt eine von der Schwellenwertregelung des § 13a

---

1243 Vgl. *Mitschang*, GewArch 2002, 274 (284).
1244 Vgl. B. II. 7. a) aa).
1245 Vgl. B. II. 6. a) bb) (2) (b).
1246 Vgl. B. II. 6. a) bb) (2) (a).
1247 Vgl. B. II. 7. a) aa).

Abs. 1 S. 2 Nr. 2 BauGB grundsätzlich zu trennende, eigenständige Anwendungsvoraussetzung des beschleunigten Verfahrens dar.[1248] Damit lässt sich aus den verschiedenen europarechtlichen Hintergründen von § 13a Abs. 1 S. 2 BauGB und § 13a Abs. 1 S. 4 BauGB i. V. m. Nr. 18.5 u. Nr. 18.7 Anlage 1 UVPG die unterschiedliche Höhe der Schwellenwerte, die im Rahmen der jeweiligen Anwendungsvoraussetzung für das beschleunigte Verfahren strikt zum Ausschluss desselben führt, erklären. Ebenso ist zu beachten, dass man auch im Rahmen eines UVP-Screenings umso eher von erheblichen nachteiligen Umweltauswirkungen ausgeht, je näher das konkret geprüfte Projekt an den Schwellenwert der vom Gesetz vorgesehenen generellen Umweltverträglichkeitsprüfungspflichtigkeit heranreicht (§ 3c S. 4 UVPG). Daher besteht für Bebauungspläne mit einer Grundfläche von 70000 qm und mehr auch im System der Nr. 18.5 u. Nr. 18.7 Anlage 1 UVPG eine hohe Wahrscheinlichkeit des Vorliegens voraussichtlich erheblicher Umweltauswirkungen, so dass die Durchführung eines UP-Screenings bis zu einer Grundflächengröße von 100000 qm im Vergleich zum sich aus § 13a Abs. 1 S. 2 Nr. 2 BauGB von vornherein ergebenden Ausschluss des beschleunigten Verfahrens ab einer Grundflächengröße von 70000 qm kaum Vorteile hätte und der mit dem beschleunigten Verfahren angestrebten Verfahrensvereinfachung widersprechen würde.

Unter Beachtung der unter B. II. 7. d) bb) dargestellten Maßgaben bedeutet ein im Rahmen des § 13a Abs. 1 S. 4 BauGB durchzuführendes UVP-Screening insgesamt betrachtet wohl keinen allzu großen Aufwand, zumal es bei großflächigen Bebauungsplänen der Innenentwicklung in das ohnehin gem. § 13a Abs. 1 S. 2 Nr. 2 BauGB durchzuführende UP-Screening integriert werden kann und das Ergebnis des UVP-Screenings gem. § 214 Abs. 2a Nr. 4 BauGB für die Rechtswirksamkeit des im beschleunigten Verfahren aufgestellten Bebauungsplans nicht unbedingt inhaltlich richtig, sondern nur nachvollziehbar sein muss, sofern nicht die Zulässigkeit nach Spalte 1 Anlage 1 UVPG generell umweltverträglichkeitsprüfungspflichtiger Vorhaben begründet wird. Zudem ist auch das UVP-Screening gem. § 3c UVPG eine überschlägige Prüfung mit aufgrund dessen nur eingeschränkter Prüftiefe, was den Prüfungsaufwand zusätzlich begrenzt.

dd) Europarechtliche Bedenken im Hinblick auf die Planerhaltungsvorschrift des § 214 Abs. 2a Nr. 4 BauGB

(1) Ausreichen der Nachvollziehbarkeit der Beurteilung des Nichtvorliegens des Ausschlussgrundes des § 13a Abs. 1 S. 4 BauGB in Screeningfällen

Starke nimmt für die Fehlerfolgenregelung des § 214 Abs. 2a Nr. 4 BauGB ebenso wie für die des § 214 Abs. 2a Nr. 3 BauGB bezogen auf das UP-

---

1248 Vgl. B. II. 6. d) bb) (3) (c).

Screening wegen der darin jeweils enthaltenen Beschränkung der Kontrolle des Screenings auf seine Plausibilität Europarechtswidrigkeit wegen Verstoßes gegen die Pflicht zur effektiven Umsetzung gemeinschaftsrechtlicher Vorgaben aus Richtlinien gem. Art. 249 Abs. 3, Art. 10 EGV (= Art. 288 Abs. 3, Art. 291 Abs. 1 AEUV, Art. 4 Abs. 3 EUV in der Fassung des Vertrags von Lissabon, vgl. ABl. EU Nr. C 115 vom 09.05.2008, S. 367 u. 384) an.[1249] Weil aufgrund von § 214 Abs. 2a Nr. 4 BauGB ein Verstoß gegen die tatsächlich bestehende, aber nachvollziehbar nicht erkannte Umweltprüfungspflichtigkeit eines Bebauungsplans aufgrund seiner Umweltverträglichkeitsprüfungspflichtigkeit ohne Folgen für dessen Rechtswirksamkeit bleiben kann, seien die europarechtlichen Vorgaben über die Umwelt(verträglichkeits)prüfungspflicht von Bebauungsplänen nicht vollumfänglich effektiv umgesetzt.[1250]

Dem ist jedoch – wie bereits erörtert[1251] – zunächst zu entgegnen, dass Art. 4 Abs. 2 lit. a UVP-Änderung-RL (97/11/EG) und Art. 3 Abs. 5 S. 1 1. Var. u. 3. Var. Plan-UP-RL ausdrücklich eine Vorprüfung des Einzelfalls zur Bestimmung der Projekte und Pläne vorsehen, die voraussichtlich erhebliche Auswirkungen auf die Umwelt haben und daher einer Umweltverträglichkeitsprüfung bzw. einer Umweltprüfung zu unterziehen sind. Innerhalb einer Vorprüfung des Einzelfalls muss notwendigerweise eine wertende Entscheidung über die Erheblichkeit oder Nichterheblichkeit der Umweltauswirkungen eines Projekts bzw. eines Plans getroffen werden. Für eine derartige, unvermeidbar mit der von Art. 4 Abs. 2 lit. a UVP-Änderungs-RL (97/11/EG) bzw. Art. 3 Abs. 5 S. 1 1. Var. u. 3. Var. Plan-UP-RL ausdrücklich vorgesehenen Vorprüfung des Einzelfalls verbundene wertende Entscheidung ist es wegen ihres Prognosecharakters und der aufgrund des frühzeitigen Stadiums des Planungsverfahrens, in dem die Einschätzung über die Begründung der Zulässigkeit umweltverträglichkeitsprüfungspflichtiger Vorhaben bzw. über die Erheblichkeit der Umweltauswirkungen eines Plans getroffen werden muss, häufig bestehenden, außerhalb einer umfassenden Umweltverträglichkeits- bzw. Umweltprüfung mit vernünftigem Aufwand kaum ausräumbaren Unsicherheiten auch vor dem Hintergrund von Art. 2 Abs. 1 UVP-RL (85/337/EWG) bzw. Art. 3 Abs. 1 Plan-UP-RL grundsätzlich sachgerecht, wenn ihre Nachprüfbarkeit nur auf ihre Nachvollziehbarkeit beschränkt ist.[1252] Bedenkt man zudem, dass die Nachvollziehbarkeit auch

---

1249 *Starke*, JA 2007, 488 (492).
1250 *Starke*, JA 2007, 488 (492).
1251 Vgl. B. II. 6. e) bb) (4) (d) (aa).
1252 *Spannowsky*, NuR 2007, 521 (526); ders., in: Spannowsky/Hofmeister, BauGB 2007, S. 27 (39/40). Vgl. auch *Kment*, DVBl. 2007, 1275 (1281 i. V. m. 1280). Vgl. insbesondere *Kment*, DVBl. 2007, 1275 (1280, Fn. 63) unter Verweis auf *Dienes*, in: Hoppe, UVPG, § 3c, Rn. 12, der für das UVP-Screening gem. § 3c UVPG ausdrücklich feststellt, dass die genauen Umweltauswirkungen und deren Intensität innerhalb der Vorprüfung nicht aufwändig und abschließend, z. B. mittels Sachverständigengutachten, geklärt werden müssen.

an gemeinschaftsrechtlichen Vorgaben, z. B. der gemeinschaftsrechtlichen Bedeutung erheblicher Umweltauswirkungen, zu messen ist,[1253] ergibt sich, dass die Fehlerfolgenregelung des § 214 Abs. 2a Nr. 4 BauGB trotz bzw. auf Grund ihrer Beschränkung der Anforderungen an eine Umweltverträglichkeitsvorprüfung auf deren Nachvollziehbarkeit nicht als gemeinschaftsrechtswidrig einzustufen ist.[1254]

(2) Fehlende Anforderung der Einhaltung der Vorgaben des § 3c UVPG

Im Hinblick auf die effektive Umsetzung der Vorgaben der UVP-Änderungs-RL (97/11/EG), die die Beachtung der in Anlage 2 UVPG umgesetzten Kriterien des Anhangs III UVP-Änderungs-RL (97/11/EG) gem. Art. 4 Abs. 3 UVP-Änderungs-RL (97/11/EG) als ausdrückliche Anforderung an die Einzelfalluntersuchung zur Feststellung der Umweltverträglichkeitsprüfungspflichtigkeit einführte,[1255] erscheint es jedoch problematisch, dass § 214 Abs. 2a Nr. 4 BauGB neben der Nichtbegründung der Zulässigkeit von Vorhaben i. S. v. Spalte 1 Anlage 1 UVPG nur die Nachvollziehbarkeit der Beurteilung, dass der Ausschlussgrund nach § 13a Abs. 1 S. 4 BauGB nicht vorliegt, verlangt, ohne wie § 3a S. 4 UVPG, der ebenfalls den Anforderungen der UVP-Änderungs-RL (97/11/EG) gerecht zu werden versucht, entsprechend der europarechtlichen Herangehensweise, eine Reduktion der Kontrolle des materiellen Ergebnisses eines Verfahrens nur im Ausgleich zu einer verstärkten Betonung und Kontrolle der korrekten Durchführung der Verfahrensschritte vorzusehen,[1256] zusätzlich darauf abzustellen, dass im Rahmen eines durchgeführten UVP-Screenings die Vorgaben von § 3c UVPG, vor allem eine Prüfung des Vorhabens anhand der in Anlage 2 UVPG aufgeführten Kriterien, eingehalten wurden.[1257] § 214 Abs. 2a Nr. 3 BauGB macht dies gerade wegen des verfahrensrechtlichen Ansatzes der Plan-UP-RL dahingehend, dass ein ordnungsgemäß durchgeführtes Verfahren die materielle Richtigkeit des Ergebnisses jedenfalls indiziert, auch. Dabei ist allerdings zu berücksichtigen, dass § 214 Abs. 2a Nr. 4 BauGB nicht nur Fälle erfasst, in denen ein gem. § 13a Abs. 1 S. 4 BauGB i. V. m. § 3c UVPG im Hinblick auf die gewollten Festsetzungen des Bebauungsplans durchzuführendes UVP-Screening zu einem nachvollziehbaren, aber materiell nicht richtigen Er-

---

1253 *Spannowsky*, in: Spannowsky/Hofmeister, BauGB 2007, S. 27 (40); *ders.*, NuR 2007, 521 (526), bezogen auf das UP-Screening nach § 13a Abs. 1 S. 2 Nr. 2 BauGB.
1254 Vgl. *Kment*, DVBl. 2007, 1275 (1281). A. A. *Starke*, JA 2007, 488 (492), der darauf abstellt, dass durch die Fiktion der Ordnungsmäßigkeit der Vorprüfung bereits bei der Nachvollziehbarkeit des Ergebnisses eine vollständige Umsetzung der Vorgaben des Art. 3 Abs. 1 Plan-UP-RL gerade nicht gewährleistet ist. (↔ § 13a Abs. 1 S. 4 BauGB wahrt auch Vorgaben der Plan-UP-RL, vgl. B. II. 7. a) cc)).
1255 Vgl. *Kment*, DVBl. 1007, 1275 (1281).
1256 Vgl. Fn. 1057.
1257 Vgl. B. II. 7. b) cc) (4).

gebnis kommt. § 214 Abs. 2a Nr. 4 BauGB greift vielmehr auch dann, wenn ein nach Spalte 2 Anlage 1 UVPG oder nach Landesrecht tatsächlich umweltverträglichkeitsvorprüfungspflichtiges Vorhaben nachvollziehbar als generell nicht umweltverträglichkeitsprüfungspflichtig eingeordnet wurde; dasselbe gilt für die nachvollziehbare Einordnung nach Landesrecht generell umweltverträglichkeitsprüfungspflichtiger Vorhaben als generell nicht umweltverträglichkeitsprüfungspflichtig bzw. als umweltverträglichkeitsvorprüfungspflichtig, wobei dann auch das Ergebnis des durchgeführten UVP-Screenings nachvollziehbar sein muss.[1258] Für diese Fälle wäre eine ausdrückliche Anforderung dahingehend, dass § 214 Abs. 2a Nr. 4 BauGB nur dann die Beurteilung des Nichtvorliegens des Ausschlussgrundes gem. § 13a Abs. 1 S. 4 BauGB als zutreffend fingiert, wenn im Rahmen des UVP-Screenings die Vorgaben des § 3c UVPG eingehalten wurden, ohne bzw. nur von teilweiser Relevanz und daher irreführend. Gerade weil § 214 Abs. 2a Nr. 4 BauGB nicht nur Fälle einer auf einem UVP-Screening beruhenden unzutreffenden Beurteilung des Nichtvorliegens des Ausschlussgrundes nach § 13a Abs. 1 S. 4 BauGB erfasst, ist der Wortlaut von § 214 Abs. 2a Nr. 4 BauGB, indem er von einer „Beurteilung, dass der Ausschlussgrund nach § 13a Abs. 1 S. 4 BauGB nicht vorliegt", spricht, folgerichtig viel allgemeiner gehalten, als bei der ausdrücklich auf die Durchführung der Vorprüfung gem. § 13a Abs. 1 S. 2 Nr. 2 BauGB abstellenden Regelung des § 214 Abs. 2a Nr. 3 BauGB. Diese betrifft im Unterschied zu § 214 Abs. 2a Nr. 4 BauGB gerade nur Fehler bei einer (gem. § 13a Abs. 1 S. 2 Nr. 2 BauGB) durchzuführenden *Vorprüfung* des Einzelfalls. Zudem ist zu bedenken, dass die für das Eingreifen der Planerhaltungsvorschrift bei unzutreffender Beurteilung, dass der Ausschlussgrund des § 13a Abs. 1 S. 4 BauGB nicht vorliegt, vorausgesetzte Nachvollziehbarkeit des Ergebnisses der Prüfung des § 13a Abs. 1 S. 4 BauGB impliziert, dass in dem Fall, in dem korrekt oder jedenfalls nachvollziehbar die Einschätzung erlangt wurde, dass der Bebauungsplan die Zulässigkeit umweltverträglichkeitsvorprüfungspflichtiger Vorhaben begründet, das daraufhin durchzuführende[1259] und durchgeführte UVP-Screening die maßgeblichen Vorgaben des § 3c UVPG beachtete.[1260] Wurden nämlich die gesetzlich statuierten Anforderungen an ein UVP-Screening gem. § 3c UVPG nicht beachtet und wird aufgrund eines solchen Screenings die fehlerhafte Einschätzung erlangt, dass das überprüfte Vorhaben nicht umweltverträglichkeitsprüfungspflichtig ist, kann kaum von einem nachvollziehbaren Ergebnis der Vorprüfung, die nach den Anforderungen des Gesetzes gem. § 3c i. V. m. Anlage 2 UVPG durchzuführen ist, gesprochen werden. Nachvollziehbarkeit setzt gerade voraus, dass die Einschätzung über die Umweltauswirkungen eines Vorhabens anhand der Vorgaben getroffen wurde, die für die Einschätzung zu berücksichtigen sind, wenngleich

---

1258 Vgl. B. II. 7. b) cc) (3) (b).
1259 Vgl. Fn. 1171.
1260 *Kment*, DVBl. 2007, 1275 (1281).

nicht jede einzelne (auf der Grundlage der in Anlage 2 UVPG genannten Kriterien getroffene) Schlussfolgerung auf dem Weg der Bewertung der Umweltauswirkungen des Vorhabens unumstößlich und von absoluter Richtigkeit ist.[1261] Maßstab für die Nachvollziehbarkeit sind gerade die für ein UVP-Screening zu beachtenden Vorgaben.[1262] Eine „abstrakte" Nachvollziehbarkeit des Ergebnisses der Prüfung, ob der Ausschlussgrund des § 13a Abs. 1 S. 4 BauGB vorliegt, unabhängig von den für die Prüfung geltenden Anforderungen, kann, sofern es eine solche überhaupt gibt, für § 214 Abs. 2a Nr. 4 BauGB gerade auch wegen des europarechtlichen Hintergrunds nicht ausreichend und daher auch nicht gemeint sein. Daraus folgt dann aber, dass § 214 Abs. 2a Nr. 4 BauGB für die Fälle, in denen aufgrund eines UVP-Screenings die Einschätzung erlangt wird, dass der Plan nicht die Zulässigkeit von umweltverträglichkeitsprüfungspflichtigen Vorhaben begründet, diese Beurteilung nur dann als zutreffend fingiert, wenn die Vorprüfung die für sie geltenden Vorgaben des § 3c UVPG beachtete, also vor allem die Kriterien der Anlage 2 UVPG in die Vorprüfung einbezog. Insofern kann § 214 Abs. 2a Nr. 4 BauGB trotz fehlenden ausdrücklichen Verweises auf die Einhaltung der Vorgaben des § 3c UVPG nicht als europarechtswidrig eingeordnet werden.

Diese Interpretation des Merkmals „nachvollziehbar" in § 214 Abs. 2a Nr. 4 BauGB widerspricht auch nicht § 214 Abs. 2a Nr. 3 BauGB, wo ausdrücklich zwischen der Nachvollziehbarkeit des Vorprüfungsergebnisses und der Durchführung der Vorprüfung entsprechend den Vorgaben von § 13a Abs. 1 S. 2 Nr. 2 BauGB unterschieden wird. Dies folgt, wie bereits erwähnt, zum einen daraus, dass § 214 Abs. 2a Nr. 4 BauGB anders als § 214 Abs. 2a Nr. 3 BauGB nicht nur für Fälle gilt, in denen ein (UVP-)Screening durchzuführen ist, so dass ein ausdrücklicher Hinweis – auch anders als im Rahmen von § 3a S. 4 UVPG – auf die Einhaltung der im Rahmen eines UVP-Screenings zu beachtenden Vorgaben des § 3c UVPG nicht für alle Anwendungsfälle des § 214 Abs. 2a Nr. 4 BauGB passend wäre. Zudem sieht § 13a Abs. 1 S. 2 Nr. 2 BauGB für das UP-Screening eine Behördenbeteiligung vor, die das UVP-Screening nach § 3c UVPG nicht kennt. Würde § 214 Abs. 2a Nr. 3 BauGB als Voraussetzung für die Fiktion eines ordnungsgemäßen UP-Screenings nicht eigens auf der Einhaltung der Vorgaben von § 13a Abs. 1 S. 2 Nr. 2 BauGB bestehen und nur auf die Nachvollziehbarkeit des Ergebnisses abstellen, könnte man davon ausgehen, dass die Planerhaltungsvorschrift schon dann zur Anwendung kommt, wenn das Ergebnis der die Vorgaben der Anlage 2 BauGB beachtenden Vorprüfung plausibel ist, ohne dass es auf eine ordnungsgemäße bzw. jedenfalls weitgehend ord-

---

1261 Vgl. *Battis*, in: B/K/L, § 214, Rn. 17; *Battis/Krautzberger/Löhr*, NVwZ 2007, 121 (128); *Gierke*, in: Brügelmann, § 13a, Rn. 99 (Stand: Februar 2008); *Jäde*, in: J/D/W, BauGB, § 214, Rn. 31; *Krautzberger*, in: E/Z/B/K, § 13a, Rn. 93 (Stand: Mai 2007); *Starke*, JA 2007, 488 (490). Vgl. Fn. 1010.

1262 *Kment*, DVBl. 2007, 1275 (1281).

nungsgemäße Beteiligung der Behörden und sonstigen Träger öffentlicher Belange an dem UP-Screening ankäme. Diese ist jedoch gem. Art. 3 Abs. 6 Plan-UP-RL gerade in Entsprechung zur europarechtlichen Betonung des Verfahrens zur Gewährleistung materiell-richtiger Entscheidungen ausdrücklich vorgesehen, so dass ein Verstoß dagegen bei einer im Ergebnis unrichtigen Vorprüfung auch nicht ohne Weiteres als unbeachtlich eingeordnet werden kann (vgl. B. II. 6. e) bb) (4) (d) (bb)). Dies wird durch das ausdrückliche Abstellen auf die Einhaltung der Vorgaben des § 13a Abs. 1 S. 2 Nr. 2 BauGB in § 214 Abs. 2a Nr. 3 BauGB zusätzlich zum Merkmal der Nachvollziehbarkeit des Vorprüfungsergebnis klargestellt, was im Rahmen des § 214 Abs. 2a Nr. 4 BauGB mangels Notwendigkeit einer Behördenbeteiligung an einem gem. § 13a Abs. 1 S. 4 BauGB durchzuführenden UVP-Screening nicht notwendig ist.

(3) Ausreichen der Nachvollziehbarkeit der Beurteilung des Nichtvorliegens des Ausschlussgrundes des § 13a Abs. 1 S. 4 BauGB außerhalb von Screeningfällen

Im Hinblick auf die Europarechtskonformität der Regelung des § 214 Abs. 2a Nr. 4 BauGB in Bezug auf die Fälle, in denen eine Gemeinde ein nach dem Gesetz über die Umweltverträglichkeitsprüfung oder nach Landesrecht umweltverträglichkeitsvorprüfungspflichtiges Vorhaben nachvollziehbar als generell nicht umweltverträglichkeitsprüfungspflichtig einordnet oder ein nach Landesrecht generell umweltverträglichkeitsprüfungspflichtiges Vorhaben nachvollziehbar als nur vorprüfungspflichtig bzw. als generell nicht umweltverträglichkeitsprüfungspflichtig, in denen also die Beurteilung, dass der Ausschlussgrund nach § 13a Abs. 1 S. 4 BauGB nicht vorliegt, nicht (nur) auf einem UVP-Screening beruht, scheint *Starke*[1263] mit seinen Zweifeln jedoch Recht zu haben. Hierbei ist nämlich festzustellen, dass weder § 214 Abs. 2a Nr. 4 BauGB noch die einschlägigen Regelungen der UVP-RL (85/337/EWG in der Fassung der UVP-Änderungs-RL (97/11/EG)) noch das Gesetz über die Umweltverträglichkeitsprüfung für die über das Vorliegen des Ausschlussgrundes (mit-)entscheidende Überprüfung eines geplanten Vorhabens anhand von bestimmten Merkmalen, an die die Umweltverträglichkeitsprüfungs- bzw. –vorprüfungspflichtigkeit anknüpft, ein bestimmtes verfahrensmäßiges Prozedere vorsehen, das eine korrekte Zuordnung zu den die Umweltverträglichkeitsprüfungs- bzw. –vorprüfungspflichtigkeit auslösenden Größen- und Leistungswerten oder sonstigen Merkmalen von Vorhaben gewährleisten soll, so dass sich die gerichtliche Kontrolle der diesbezüglichen Einordnung eines Vorhabens *gestützt auf* eine europarechtliche Betonung des Verfahrens nicht auf die Prüfung beschränken darf, ob die Einordnung der geplanten Vorhaben in das System umweltverträglichkeitsprüfungspflichtiger, -vorprüfungspflichtiger und generell nicht umweltverträglichkeitsprüfungs-

---

[1263] Vgl. Fn. 1249 u. 1250.

pflichtiger Vorhaben als gewichtiges Indiz für ein korrektes Zuordnungsergebnis verfahrensmäßig korrekt erfolgte. Dies ist zwar aufgrund der materiellen Anforderung der Nachvollziehbarkeit an die Zuordnung auch nicht der Fall; die vorausgesetzte Nachvollziehbarkeit der Beurteilung des Nichtvorliegens des Ausschlussgrundes ist aber zugleich grundsätzlich weniger streng als die Anforderung einer vollumfänglichen inhaltlichen Richtigkeit. Dies erscheint umso problematischer, als die Zuordnung eines Vorhabens zu vom Gesetz als generell umweltverträglichkeitsprüfungspflichtig, -vorprüfungspflichtig oder generell nicht umweltverträglichkeitsprüfungspflichtig eingestuften Vorhaben ohne notwendige eigene Einschätzung der Gemeinde über die konkreten Umweltauswirkungen des zu überprüfenden Vorhabens anhand vorgegebener Größen- und/oder Leistungswerte oder sonstiger objektiver Merkmale des Vorhabens erfolgt, was mit weitaus weniger, einen Beurteilungsspielraum rechtfertigenden Unsicherheiten verbunden ist als ein UVP-Screening.[1264] Aufgrund der Fiktion einer zutreffenden Beurteilung des Nichtvorliegens des Ausschlussgrundes nach § 13a Abs. 1 S. 4 BauGB, die nicht (nur) auf einem UVP-Screening beruht, bei bloßer Nachvollziehbarkeit der Beurteilung kann es grundsätzlich sein, dass entgegen den Vorgaben von Art. 4 Abs. 2, Art. 2 Abs. 1 UVP-Änderungs-RL (97/11/EG) für die Begründung der Zulässigkeit eines tatsächlich umweltverträglichkeitsprüfungspflichtigen Vorhabens innerhalb der Planaufstellung keine Umwelt(verträglichkeits)prüfung durchgeführt wird, was grundsätzlich nicht einer effektiven Umsetzung der Richtlinie entspricht. Jedoch ist bedenken, dass die ohne eine besondere Betonung eines Verfahrens erfolgende Beschränkung der gerichtlichen Kontrolle auf die „bloße" Nachvollziehbarkeit der Einordnung eines Vorhabens als nicht umweltverträglichkeitsprüfungspflichtig in den Fällen, in denen die Beurteilung des Nichtvorliegens des Ausschlussgrundes nach § 13a Abs. 1 S. 4 BauGB nicht (nur) auf einer Vorprüfung beruht, bei genauerer Betrachtung gegenüber einer inhaltlichen Vollkontrolle nur eine unwesentliche Reduktion des Prüfungsumfangs bedeutet. Denn wenn im Hinblick auf die Prüfung des Vorliegens der Merkmale, an die das Gesetz über die Umweltverträglichkeitsprüfung oder Landesrecht die Umweltverträglichkeitsvorprüfungspflichtigkeit bzw. die generelle Umweltverträglichkeitsprüfungspflichtigkeit anknüpft, von falschen Sachgrundlagen für ein Vorhaben, dessen Zulässigkeit der Bebauungsplan begründet, ausgegangen wird oder grobe Berechnungsfehler im Hinblick auf relevante Größen- und/oder Leistungswerte unterlaufen, kann kaum mehr von einer nachvollziehbaren Zuordnung des Vorhabens gesprochen werden. Nachvollziehbarkeit bedeutet Plausibilität und Vertretbarkeit der Beurteilung des Nichtvorliegens des Ausschlussgrundes nach § 13a Abs. 1 S. 4 BauGB, die gerade bei Berechnungsfehlern oder Zugrundelegung falscher oder unvollständiger Prüfungsunterlagen kaum jemals gegeben sein wird. Insbe-

---

1264 Vgl. B. II. 7. b) cc) (3) (a).

sondere die Einordnung eines nach Landesrecht als generell umweltverträglich-keitsprüfungspflichtig festgelegten Vorhabens als generell nicht umweltverträglichkeitsprüfungspflichtig kann daher, vor allem wenn derartige Vorhaben bei kleinerem Ausmaß als nur umweltverträglichkeitsvorprüfungspflichtig eingeordnet sind, allenfalls in seltenen Fällen nachvollziehbar sein. Wenn ein nach Spalte 2 Anlage 1 UVPG umweltverträglichkeitsvorprüfungspflichtiges oder ein nach Landesrecht generell umweltverträglichkeitsprüfungspflichtiges bzw. umweltverträglichkeitsvorprüfungspflichtiges Vorhaben tatsächlich nachvollziehbar als generell nicht umweltverträglichkeitsprüfungspflichtig eingeordnet werden kann, ist zudem zu bedenken, dass diese Vorhaben nicht von der UVP-RL (85/33/EWG in der Fassung der UVP-Änderungs-RL (97/11/EG)) selbst als unwiderleglich mit voraussichtlich erheblichen Umweltauswirkungen verbunden und daher strikt umweltverträglichkeitsprüfungspflichtig eingeordnet wurden. Zwar müssen die Mitgliedstaaten gem. Art. 4 Abs. 2, Art. 2 Abs. 1 UVP-Änderungs-RL (97/11/EG) effektiv dafür sorgen, dass auch die Vorhaben des Anhangs II UVP-Änderungs-RL (97/11/EG), von denen voraussichtlich erhebliche Umweltauswirkungen ausgehen und die nicht von der UVP-Änderungs-RL (97/11/EG) selbst als generell umweltverträglichkeitsprüfungspflichtig eingestuft werden, einer Umweltverträglichkeitsprüfung unterzogen werden. Diese Vorgabe aber wird, wenn eine Gemeinde ein Vorhaben i. S. d. Anhang II UVP-Änderungs-RL (97/11/EG), das nach Spalte 2 Anlage 1 UVPG umweltverträglichkeitsvorprüfungspflichtig ist bzw. nach Landesrecht generell umweltverträglichkeitsprüfungspflichtig oder umweltverträglichkeitsvorprüfungspflichtig ist, als generell nicht umweltverträglichkeitsprüfungspflichtig einordnet, obwohl es nach den Vorgaben von Art. 2 Abs. 1 UVP-Änderungs-RL (97/11/EG) einer Umweltverträglichkeitsprüfung bedarf, durch die Regelung des § 214 Abs. 2a Nr. 4 BauGB, gerade weil die Beurteilung eines geplanten, in Anhang II UVP-Änderungs-RL (97/11/EG) und damit auch in Spalte 2 Anlage 1 UVPG genannten Vorhabens als generell nicht umweltverträglichkeitsprüfungspflichtig wenigstens nachvollziehbar sein muss, aber allenfalls ausnahmsweise unterlaufen, weil die Planerhaltungsvorschrift – wie dargelegt – lediglich bei geringfügigen Fehlern bei der Zuordnung geplanter Vorhaben zu den als umweltverträglichkeitsprüfungspflichtig, -vorprüfungspflichtig und generell nicht umweltverträglichkeitsprüfungspflichtig eingestuften Vorhaben zum Tragen kommen kann und daher nicht europarechtswidrig eine ganze Gruppe von Vorhaben aus einer an sich gegebenen Umweltverträglichkeitsprüfungspflichtigkeit ausnimmt, so dass § 214 Abs. 2a Nr. 4 BauGB in den Fällen, in denen die Einordnung der Vorhaben im soeben dargelegten Sinne nicht korrekt erfolgte, bei pauschaler Betrachtung weitgehend ohnehin nicht gilt.[1265] Gerade weil, anders als bei einer

---

1265 Vgl. EuGH, Urt. vom 24.10.1996 – Rs. C-72/95, Slg. 1996, I-5403 (5401 u. 5404/5405 u. 5451 u. 5456) (Kraaijeveld); EuGH, Urt. vom 16.09.1999 – Rs. C-435/97, Slg. 1999, I-5613 (5624 u. 5652) (WWF-Bozen). Ebenso EuGH, Urt. vom 22.10.1998 – Rs. C-

Vorprüfung des Einzelfalls, im Rahmen der Zuordnung eines geplanten Vorhabens zu vom Gesetz über die Umweltverträglichkeitsprüfung oder durch Landesrecht als umweltverträglichkeitsvorprüfungspflichtig bzw. generell umweltverträglichkeitsprüfungspflichtig eingestuften Vorhaben nur eine Betrachtung des geplanten Vorhabens anhand vorgegebener Merkmale derartiger Vorhaben erfolgen muss, ist eine Einordnung in der Regel nur dann nachvollziehbar, wenn sie auch materiell richtig ist, insbesondere da für die Kategorisierung des Vorhabens seiner Art nach und entsprechend seiner Größe oder anderer Leistungswerte allein eine Betrachtung des geplanten Vorhabens ohne wertende, und damit grundsätzlich mit Unsicherheiten behaftete Beurteilung erfolgen kann. Wird ein nach Landesrecht als generell umweltverträglichkeitsprüfungspflichtig eingestuftes Vorhaben tatsächlich nachvollziehbar als nur umweltverträglichkeitsvorprüfungspflichtig eingeordnet und wird bei der in diesem Fall für das Eingreifen von § 214 Abs. 2a Nr. 4 BauGB notwendigen UVP-Vorprüfung materiell richtig die Einschätzung voraussichtlich nicht erheblicher Umweltauswirkungen des Vorhabens erlangt, darf zudem nicht vergessen werden, dass auch Art. 2 Abs. 1 UVP-RL (85/337/EWG bzw. UVP-Änderungs-RL (97/11/EG)) keine Umweltverträglichkeitsprüfung gebietet. Unter Berücksichtigung der im Rahmen eines UVP-Screenings grundsätzlich bestehenden Unsicherheiten gilt dasselbe, wenn das Ergebnis der Vorprüfung nur nachvollziehbar ist. Daraus ergibt sich für die Europarechtskonformität von § 214 Abs. 2a Nr. 4 BauGB für die Fälle, in denen die Beurteilung, dass der Ausschlussgrund nach § 13a Abs. 1 S. 4 BauGB nicht vorliegt, nicht (nur) auf einer Umweltverträglichkeitsvorprüfung beruht, dass sie entgegen der Ansicht *Starkes* gegeben ist, weil in diesen Fällen die für die Nachvollziehbarkeit der Beurteilung geforderte Plausibilität derselben weitgehend nur bei deren materieller Richtigkeit gegeben ist, so dass die durch Art. 2 Abs. 1 UVP-RL (85/337/EWG und UVP-Änderungs-RL (97/11/EG)) tatsächlich gebotene Umweltverträglichkeitsprüfung *bei pauschaler Betrachtung* nicht durch eine im nationalen Recht erfolgende Unbeachtlicherklärung einer nicht durchgeführten, aber europarechtlich gebotenen Umweltverträglichkeitsprüfung unterlaufen wird.

e) Forderung nach weiteren Ausschlussgründen

In seiner Stellungnahme zum Gesetzentwurf der Bundesregierung für das Innenstadtentwicklungsgesetz, in dem die eben erläuterten Ausschlussgründe für das beschleunigte Verfahren genauso, wie sie auch Gesetz geworden sind, vorgesehen waren,[1266] verlangte der Bundesrat eine Ergänzung um weitere Ausnahmen

---

301/95, ZUR 1999, 44 (46) (Kommission gegen Deutschland). Vgl. Fn. 638 u. 646 und die Erläuterungen bei B. II. 6. d) aa) (4) (b) (bb).
1266 BT-Drs. 16/2496, S. 6.

von der Anwendbarkeit des beschleunigten Verfahrens,[1267] was auf eine Empfehlung seiner Ausschüsse für Städtebau, Wohnungswesen und Raumordnung, für Innere Angelegenheiten, für Umwelt, Naturschutz und Reaktorsicherheit sowie des Rechtsausschusses zurückging.[1268]

aa) Ausschluss bei Anhaltspunkten für eine Beeinträchtigung von Belangen des Hochwasserschutzes

So sollte bei Anhaltspunkten für eine Beeinträchtigung der in § 1 Abs. 6 Nr. 12 BauGB genannten Schutzgüter, also bei einer möglichen Beeinträchtigung der Belange des Hochwasserschutzes, das beschleunigte Verfahren ebenfalls ausgeschlossen werden.[1269] Begründet wurde dies damit, dass innerhalb des beschleunigten Verfahrens eine angemessene Berücksichtigung des Hochwasserschutzes nicht gewährleistet sei. Die komplexe Abwägung der Belange des Hochwasserschutzes könne im beschleunigten Verfahren nicht gewährleistet werden. Vor allem sei die Ermittlung von Überschwemmungsgefahren in weiten Teilen noch nicht abgeschlossen und könne im Rahmen eines beschleunigten Verfahrens auch nicht nachgeholt werden. Hinzukomme, dass nach § 31b Abs. 4 WHG ein grundsätzliches Verbot der Ausweisung von neuen Baugebieten in festgesetzten Überschwemmungsgebieten bestehe. Eine Ausweisung komme nur unter restriktiven Voraussetzungen in Betracht, deren Bewertung in einem beschleunigten Verfahren nicht erfolgen könne, da sie unter anderem eine Beurteilung aller möglichen Alternativen sowie die Klärung umfangreicher wasserwirtschaftlicher Fragestellungen erfordere. Zum Schutz der Öffentlichkeit (vor den Gefahren des Hochwassers) sowie der Gemeinde vor Haftungsrisiken sei deshalb, soweit Anhaltspunkte für eine Beeinträchtigung der Belange des Hochwasserschutzes gegeben sind, das beschleunigte Verfahren auszuschließen.[1270] Auf Empfehlung des im Bereich des Innenstadtentwicklungsgesetzes federführenden Bundestagsausschusses für Verkehr, Bau und Stadtentwicklung wurde der Vorschlag des Bundesrates, das beschleunigte Verfahren auch bei Anhaltspunkten für eine Beeinträchtigung der in § 1 Abs. 6 Nr. 12 BauGB genannten Belange auszuschließen, nicht in das vom Bundestag letztlich beschlossene Gesetz übernommen. Der Ausschuss begründete dies damit, dass eine angemessene Berücksichtigung der Belange des Hochwasserschutzes kein Erfordernis speziell für Bebauungspläne der Innenentwicklung sei, sondern alle davon berührten Bauleitpläne betreffe. Zudem verwies der Ausschuss darauf, dass das allgemein für die Bauleitplanung – auch im beschleunigten Verfahren – geltende Recht die erforderlichen Regelungen enthält, um eine ausreichende Berücksichtigung der Belange des

---

1267 BR-Drs. 558/06, S. 1 u. 2.
1268 BR-Drs. 558/1/06, S. 3.
1269 BR-Drs. 558/06, S. 1, zurückgehend auf BR-Drs. 558/1/06, S. 3.
1270 BR-Drs. 558/06, S. 2/3, zurückgehend auf BR-Drs. 558/1/06, S. 3/4.

Hochwasserschutzes zu gewährleisten, und zwar in Form von § 1 Abs. 6 Nr. 12 i. V. m. § 2 Abs. 3, § 1 Abs. 7 BauGB, wonach die Belange des Hochwasserschutzes umfassend zu ermitteln und zu bewerten sowie ihrem Gewicht entsprechend in der Abwägung zu berücksichtigen sind, und von § 31b Abs. 4 u. Abs. 5 WHG,[1271] der als zwingender Planungsleitsatz[1272] eine Ausweisung von neuen Baugebieten in Überschwemmungsgebieten grundsätzlich verbietet,[1273] so dass der geforderte zusätzliche Ausschlussgrund für das beschleunigte Verfahren zur Gewährleistung der angemessenen Berücksichtigung des Hochwasserschutzes innerhalb der Bauleitplanung nicht notwendig ist.[1274] Dem ist zuzustimmen, da nicht einzusehen ist, warum das beschleunigte Verfahren bei der Möglichkeit einer Beeinträchtigung von Belangen des Hochwasserschutzes ausgeschlossen sein sollte, wenn innerhalb des beschleunigten Verfahrens dieselben Anforderungen im Hinblick auf die Berücksichtigung der Belange des Hochwasserschutzes, insbesondere hinsichtlich der Ermittlung von Überschwemmungsgefahren und der nur eingeschränkten Möglichkeit der Ausweisung neuer Baugebiete in festgesetzten Überschwemmungsgebieten, einzuhalten sind wie im Regelplanungsverfahren. Dass aufgrund dessen eventuell mit dem beschleunigten Verfahren im Vergleich zum Regelplanungsverfahren verbundene Zeitvorteile geschmälert werden bzw. auch dieses sehr aufwändig sein kann, vermag den zwingenden Ausschluss des beschleunigten Verfahrens nicht zu legitimieren, zumal nicht auszuschließen ist, dass das beschleunigte Verfahren gerade in einem solchen Fall aufgrund seiner außerhalb der Belange des Hochwasserschutzes bestehenden Verfahrensmodifikationen im Vergleich zum Regelplanungsverfahren den mit der Berücksichtigung der Anforderungen des Hochwasserschutzes einhergehenden erhöhten Planungsaufwand auszugleichen vermag und daher immer noch Vorteile gegenüber dem Regelplanungsverfahren bieten kann.

bb) Ausschluss bei Anhaltspunkten für eine Beeinträchtigung der Störfallvorsorge in der Umgebung von Seveso-II-Betrieben

Desweiteren empfahl der Bundesrat, das beschleunigte Verfahren auszuschließen, wenn Anhaltspunkte dafür vorliegen, dass eine Überwachung der Ansiedlung im Sinne des Art. 12 der Richtlinie 96/82/EG des Rates vom 09.12.1996 zur Beherrschung der Gefahren bei schweren Unfällen mit gefährlichen Stoffen (ABl. EG Nr. L 10 vom 14.01.1997, S. 13-33, sog. Seveso-II-Richtlinie), geändert durch die Richtlinie 2003/105/EG des Europäischen Parlaments und des Ra-

---

1271 Vgl. *Krautzberger*, in: B/K/L, § 1, Rn. 86a.
1272 *Oldiges*, in: Steiner, Besonderes Verwaltungsrecht, Teil III, Rn. 47b; *W. Schrödter*, LKV 2008, 109 (110).
1273 Vgl. auch *W. Schrödter*, in: BauGB 2004 – Nachgefragt, S. 59 (60/61).
1274 BT-Drs. 16/3308, S. 16.

tes vom 16.12.2003 zur Änderung der Richtlinie 96/82/EG des Rates vom 09.12.1996 (ABl. EG Nr. L 345 vom 31.12.2003, S. 97-105), in der jeweils geltenden Fassung, d. h. der Ansiedlung neuer (Seveso-II-)Betriebe, der Änderung bestehender (Seveso-II-)Betriebe oder neuer Entwicklungen in der Nachbarschaft bestehender (Seveso-II-) Betriebe im Sinne von Art. 3 Nr. 1 Seveso-II-RL, erforderlich ist.[1275] Auch hierfür wurde angeführt, dass eine angemessene Berücksichtigung der Störfallvorsorge in der Umgebung von Betriebsbereichen im Sinne des § 3 Abs. 5a BImSchG, d. h. von Betriebsbereichen von sog. Seveso-II-Betrieben, also Betrieben, die der Störfall-Verordnung unterliegen, im beschleunigten Verfahren nicht gewährleistet sei.[1276] Bei Planungen in der Nähe derartiger Betriebsbereiche solle eine möglichst frühzeitige Einbindung der für die Umsetzung der Störfall-Verordnung (= BImSchV) zuständigen Immissionsschutzbehörde erfolgen, insbesondere um unzulässige Planungen im Gefahrenbereich des Betriebs bereits zu Beginn der Planung zu erkennen und auszuschließen.[1277]

Im Rahmen des beschleunigten Verfahrens kann gem. § 13a Abs. 2 Nr. 1 i. V. m. § 13 Abs. 2 S. 1 Nr. 1 2. Alt. BauGB auf eine frühzeitige Behördenbeteiligung gem. § 4 Abs. 1 BauGB verzichtet werden, worauf wohl die Bedenken des Bundesrats hinsichtlich einer ausreichenden Berücksichtigung der Störfallvorsorge zurückführen sind. Der Bundesrat führt desweiteren an, dass Art. 12 Seveso-II-Richtlinie erfordere, bei der Flächenausweisung angemessene Abstände zwischen Seveso-II-Betrieben und sensiblen Gebieten einzuhalten. Dies sei im Wesentlichen in § 50 BImSchG in deutsches Recht umgesetzt worden.[1278] Als Hilfsmittel für die Behörden hätten die Störfall-Kommission und der Technische Ausschuss für Anlagensicherheit einen Leitfaden zur Umsetzung des § 50 BImSchG veröffentlicht. Um Art. 12 Seveso-II-RL bzw. § 50 BImSchG und die Empfehlungen dazu angemessen zu berücksichtigen, sei auch bei Planungen für kleinere Flächen (weniger als 20000 qm) eine frühzeitige und enge Zusammenarbeit und Konsultation zwischen den Bauplanungs- und Immissionsschutzbehörden erforderlich, damit im Einzelfall eine frühzeitige und sachgerechte Entscheidung zu tolerierbaren Abstände unter Einbeziehung aller Beteiligten (Planungs-, Immissionsschutz- und Katastrophenschutzbehörden, Betreiber, Investoren, ggf. Sachverständige) gefunden werden könne.[1279]

Auch diese Anregung setzte der Bundestag auf Empfehlung seines federführenden Ausschusses für Verkehr, Bau und Stadtentwicklung nicht in den Gesetzestext um. Dieser verwies darauf, dass die angemessene Berücksichtigung der Gefahren bei schweren Unfällen mit gefährlichen Stoffen eine die Bauleitpla-

---

1275 BR-Drs. 558/06, S. 1/2, zurückgehend auf BR-Drs. 558/1/06, S. 3.
1276 BR-Drs. 558/06, S. 2, zurückgehend auf BR-Drs. 558/1/06, S. 4.
1277 BR-Drs. 558/06, S. 3, zurückgehend auf BR-Drs. 558/1/06, S. 4.
1278 Vgl. OVG Münster, Urt. vom 06.03.2008 – 10 D 103/06.NE, ZUR 2008, 434 (435).
1279 BR-Drs. 558/06, S. 3, zurückgehend auf BR-Drs. 558/1/06, S. 4/5.

nung allgemein betreffende Frage ist, die nicht nur für Bebauungspläne der Innenentwicklung relevant ist, sondern bei allen davon tangierten Bauleitplänen zu berücksichtigen ist. Zudem enthalte das für die Bauleitplanung allgemein und auch innerhalb des beschleunigten Verfahrens uneingeschränkt geltende Recht bereits eine dafür erforderliche Regelung, nämlich § 50 BImSchG, der in seinem Satz 1 ausdrücklich auf die Auswirkungen schwerer Unfälle im Sinne von Art. 3 Nr. 5 Seveso-II-RL in Betriebsbereichen von Seveso-II-Betrieben Bezug nimmt und im Hinblick auf diese für die Bauleitplanung verlangt, für bestimmte Nutzungen vorgesehene Flächen aneinander so zuzuordnen, dass Auswirkungen schwerer Unfälle im Sinne von Art. 3 Nr. 5 Seveso-II-RL in Betriebsbereichen von Seveso-II-Betrieben auf schutzbedürftige Gebiete möglichst vermieden werden. Daher wurde ein Ausschluss des beschleunigten Verfahrens im Hinblick auf eine angemessene Störfallvorsorge in der Umgebung von Seveso-II-Betrieben nicht als erforderlich erachtet.[1280] Der Bundestagsausschuss sieht demnach das auch innerhalb des beschleunigten Verfahrens uneingeschränkt geltende materiell-rechtliche Gebot des § 50 BImSchG als ausreichend für die Störfallvorsorge an,[1281] während der Bundesrat zur Einhaltung der Anforderungen der Störfallvorsorge vor allem auf den formellen Aspekt einer im beschleunigten Verfahren – wenn auch, wie vom Bundesrat durch sein ausdrückliches Abstellen auf die Überplanung kleinerer Flächen von weniger als 20000 qm erkannt, wegen § 13a Abs. 1 S. 2 Nr. 2 a. E. BauGB nur bezogen auf kleinflächige Bebauungspläne der Innenentwicklung – uneingeschränkt entbehrlichen, möglichst frühen Beteiligung der Fachbehörden im Hinblick auf die immissionsschutzrechtliche Problematik im Zusammenhang mit Seveso-II-Betrieben gedrungen hat, um auf diese Weise – entsprechend des Verfahrensgedankens – eine materiell richtige Behandlung dieses Aspekts zu gewährleisten. Dabei ist zu beachten, dass die Betonung des Verfahrens im deutschen Verwaltungsrecht relativ neu ist und weitgehend auf zwingenden europarechtlichen Vorgaben beruht. Im deutschen Verwaltungs(prozess)recht ist – anders als auf europäischer Ebene – eine sehr umfassende gerichtliche Kontrolle behördlicher Entscheidungen auch im Hinblick auf deren materielle Rechtmäßigkeit erlaubt. Daher ist es innerhalb dieses Systems durchaus vertretbar, formelle Verfahrensanforderungen zu reduzieren, weil die Einhaltung materiell-rechtlicher Vorgaben ohne Weiteres *allein* durch materiell-rechtliche Anforderungen *effektiv* gewährleistet werden kann. Der Verzicht auf einen weiteren Ausschlussgrund im Hinblick auf die Störfallvorsorge und die Vorgaben der Seveso-II-RL ist daher ohne Weiteres hinnehmbar.

1280 BT-Drs. 16/3308, S. 16.
1281 Vgl. BT-Drs. 15/2250, S. 90.

cc) Ausschluss zum Schutz der Erhaltung und Entwicklung zentraler Versorgungsbereiche

Im Praxistest wurde von der Stadt Forst vorgeschlagen, die Anwendung des § 13a BauGB auf die Aufstellung, Änderung oder Ergänzung von Bebauungsplänen, die sonstige Sondergebiete i. S. v. § 11 Abs. 3 S. 1, Abs. 2 BauNVO, d. h. Sondergebiete für Einkaufszentren, großflächige Einzelhandelsbetriebe und sonstige großflächige Handelsbetriebe festsetzen, unter Verweis auf § 9 Abs. 2a BauGB auszuschließen, wenn der Bebauungsplan der Innenentwicklung nicht der Erhaltung oder Entwicklung eines zentralen Versorgungsbereichs dient.[1282]

(1) Hintergrund

Hintergrund dieser Forderung ist die Tatsache, dass der in § 9 BauGB geregelte Katalog möglicher Festsetzungen in Bebauungsplänen durch das Innenstadtentwicklungsgesetz um einen Absatz 2a ergänzt wurde. Demnach kann gem. § 9 Abs. 2a S. 1 1. Hs. BauGB für im Zusammenhang bebaute Ortsteile im Sinne von § 34 BauGB zur Erhaltung oder Entwicklung zentraler Versorgungsbereiche, auch im Interesse einer verbrauchernahen Versorgung der Bevölkerung und der Innenentwicklung der Gemeinden, in einem Bebauungsplan festgesetzt werden, dass nur bestimmte Arten der nach § 34 Abs. 1 u. Abs. 2 BauGB zulässigen baulichen Nutzungen zulässig oder nicht zulässig sind oder nur ausnahmsweise zugelassen werden können. Die Einführung dieser Möglichkeit der Festsetzungen zum Schutz oder zur Entwicklung zentraler Versorgungsbereiche beruht auf der Erkenntnis, dass zentrale Versorgungsbereiche städtebaulich bedeutsam sind, vor allem zur Stärkung der Innenentwicklung und der Urbanität der Städte,[1283] d. h. für zwei Intentionen, die der Gesetzgeber mit dem Innenstadtentwicklungsgesetz im Schwerpunkt verfolgt,[1284] sowie besonders für die wohnortnahe Versorgung der Bevölkerung, die angesichts der demografischen Entwicklung,[1285] aber auch der Dringlichkeit der ökologischen Aufgabe, CO_2-Emissio-

---

1282 *Bunzel,* Difu-Praxistest, S. 32, abrufbar unter http://www.difu.de/publikationen/difuberichte/4_06/11.phtml (zuletzt abgerufen am 01.03.2008).
1283 BT-Drs. 16/2496, S. 2 u. 10; BT-Drs. 16/3308, S. 1 u. 16; *Battis/Krautzberger/Löhr,* NVwZ 2007, 121 (122); *Krautzberger,* UPR 2007, 53 (55); *ders.,* UPR 2006, 405 (408); *Schmitz,* ZfBR 2007, 532 (534). Vgl. auch die Aufnahme der Schaffung der Voraussetzungen für die „Erhaltung der Innenstädte und örtlichen Zentren als zentrale Versorgungsbereiche" in die Grundsätze der Raumordnung in § 2 Abs. 2 Nr. 3 des neuen ROG (BT-Drs. 16/10292, S. 6; BGBl. (2008) I S. 2986 (2987); vgl. *Söfker,* UPR 2008, 161 (165)).
1284 Vgl. Fn. 9 und Fn. 16.
1285 Vgl. Fn. 18. BT-Drs. 16/2496, S. 2. u. 10; BT-Drs. 16/3308, S. 1 u. 16; *Battis/ Krautzberger/Löhr,* NVwZ 2007, 121 (122); *Krautzberger,* UPR 2006, 405 (408); *ders.,* 2007, 53 (54); *Schmitz,* ZfBR 2007, 532 (534); *Löhr,* in: B/K/L, § 9, Rn. 98i; *Kuschnerus,* Der standortgerechte Einzelhandel, S. 3. Vgl. A. II.

nen und Feinstaubbelastungen zu reduzieren,[1286] immer relevanter werden wird.[1287] Der Schutz zentraler Versorgungsbereiche und die diesem Schutz dienende Steuerung von Einzelhandelsnutzungen beeinflussen das Städtebaurecht schon seit längerer Zeit mit kaum abnehmender Aktualität,[1288] was an den Feinsteuerungsmöglichkeiten des § 1 Abs. 4-9 BauNVO innerhalb der Baugebietstypen der Baunutzungsverordnung, vor allem der Steuerung der Nutzungsarten und -unterarten innerhalb eines Baugebiets gem. Abs. 5 u. Abs. 9 (eingefügt durch die BauNVO-Novelle 1977, BGBl. (1977) I S. 1763[1289]), für beplante Gebiete,[1290] der Zulässigkeit bestimmter Einzelhandelsbetriebe nur in besonderen Baugebietstypen gem. § 11 Abs. 3 BauNVO (eingefügt durch die BauNVO-Novelle 1968, BGBl. (1968) I S. 1233[1291])[1292] und der Möglichkeit von Sortimentsbeschränkungen oder Verkaufsflächenbeschränkungen in Sondergebieten gem. § 11 Abs. 2 S. 1 i. V. m. § 1 Abs. 3 S. 3 BauNVO[1293] sowie der (klarstellenden)[1294] Ergänzung des interkommunalen Abstimmungsgebots des § 2 Abs. 2 BauGB um die zweite Alternative des Satzes 2[1295] durch das EAG-Bau (2004) ebenso offensichtlich wird wie durch die Einfügung von § 34 Abs. 3 BauGB[1296] durch das EAG-Bau (2004) zum Schutz zentraler Versorgungsbereiche im Zusammenhang mit baulichen Nutzungen im zumindest hinsichtlich der Art der

---

1286 Vgl. B. I. 1. b). *Löhr*, in: B/K/L, § 9, Rn. 98i.
1287 Vgl. die ausdrückliche Nennung der „Erreichbarkeit von Einrichtungen und Angeboten der Grundversorgung für alle Bevölkerungsgruppen" als Grundsatz der Raumordnung in § 2 Abs. 2 Nr. 3 des neuen ROG (BT-Drs. 16/10292, S. 6; BGBl. (2008) I S. 2986 (2987)).
1288 *Kuschnerus*, Der standortgerechte Einzelhandel, S. 3; *Reidt*, BauR 2007, 2001 (2001); *Schmitz*, ZfBR 2007, 532 (532); *ders.*, in: Spannowky/Hofmeister, BauGB 2007, S. 43 (43); *Söfker*, in: Spannowsky/Hofmeister, BauGB 2007, S. 17 (20).
1289 *Bielenberg*, in: E/Z/B/K, Band V, Vorb. BauNVO, Rn. 9 (Stand: 35. Lfg.).
1290 Vgl. *Bischopink*, BauR 2007, 825 (829 u. 830); *Janning*, BauR 2005, 1093 (1093); *Reidt*, BauR 2007, 2001 (2004).
1291 *Söfker*, in: E/Z/B/K, § 11 BauNVO, Rn. 4 (Stand: Oktober 2003).
1292 BVerwG, Urt. vom 01.08.2002 – 4 C 5/01, NVwZ 2003, 86 (88); *Gronemeyer*, BauR 2007, 815 (819); *Reidt*, BauR 2007, 2001 (2001); vgl. *Rieger*, UPR 2007, 366 (367); *Schmitz*, in: Spannowsky/Hofmeister, BauGB 2007, S. 43 (Fn. 3).
1293 Vgl. BVerwG, Urt. vom 28.02.2002 – 4 CN 5/01, BauR 2002, 1348 (1348 u. 1350); BVerwG, Urt. vom 03.04.2008 – 4 CN 3.07, BauR 2008, 1273 (1274); OVG Münster, Urt. vom 11.12.2006 – 7 A 964/05, BauR 2007, 845 (846); *Bischopink*, BauR 2007, 825 (828/829); *Kuschnerus*, Der standortgerechte Einzelhandel, Rn. 35.
1294 *Bunzel*, ZfBR 2008, 132 (134); *Uechtritz*, NVwZ 2004, 1025 (1026); *ders.*, DVBl. 2006, 799 (802); *Vietmeier*, BauR 2005, 480 (481).
1295 BT-Drs. 16/2496, S. 10; *Rieger*, UPR 2007, 366 (367); *Schmitz*, ZfBR 2007, 532 (532); *ders.*, in: Spannowky/Hofmeister, BauGB 2007, S. 43 (Fn. 3); *Söfker*, in: Spannowksy/ Hofmeister, BauGB 2007, S. 17 (20/21).
1296 *Gronemeyer*, BauR 2007, 815 (819); *Rieger*, UPR 2007, 366 (367); *Schmitz*, ZfBR 2007, 532 (532); *Schröer*, NZBau 2006, 773 (773); *Söfker*, in: Spannowksy/ Hofmeister, BauGB 2007, S. 17 (20/21).

Nutzung nicht überplanten und damit nicht qualifiziert überplanten Innenbereich. § 34 Abs. 3 BauGB wurde, auch wenn er grundsätzlich nicht auf die Steuerung von (großflächigen) Einzelhandelsbetrieben beschränkt ist,[1297] in erster Reaktion auf das innerhalb des Maßstabs von § 34 Abs. 1 u. Abs. 2 BauGB bestehende Defizit der Steuerung von Einzelhandelsnutzungen im hinsichtlich der Art der baulichen Nutzung nicht überplanten Innenbereich ins Baugesetzbuch aufgenommen.[1298] Bis dahin nämlich mussten Einzelhandelsnutzungen, die sich entsprechend der anzuwendenden Regelung des § 34 Abs. 1 S. 1 BauGB in die Eigenart der näheren Umgebung einfügten bzw. i. R. d. § 34 Abs. 2 BauGB zu den im faktischen Baugebiet allgemein zulässigen baulichen Nutzungen gehörten, bei Erfüllung der sonstigen gesetzlichen Anforderungen zugelassen werden,[1299] ohne, außer im Fall von § 34 Abs. 2 BauGB i. V. m. § 11 Abs. 3 BauNVO, die Schädlichkeit von Fernwirkungen des Vorhabens (u. a. auf zentrale Versorgungsbereiche) in seiner Standortgemeinde oder in Nachbargemeinden berücksichtigen zu dürfen.[1300] § 34 Abs. 3 BauGB aber vermochte die Einzelhandelsentwicklung weg von den Innenstädten und auch den Stadtteilzentren mit weniger bedeutender Versorgungsfunktion und weitgehend auf den Stadtteil beschränktem Einzugsgebiet nicht aufzuhalten, die mit einer der Idee der Innenentwicklung widersprechenden Neuinanspruchnahme von Flächen auf der Grünen Wiese an den Stadträndern in dezentraler Lage und dem Leerstand vorhan-

---

1297 OVG Münster, Urt. vom 11.12.2006 – 7 A 964/05, BauR 2007, 845 (850); VG Gelsenkirchen, Urt. vom 03.05.2006 – 10 K 6950/04, BauR 2006, 1435 (1435 u. 1436); BT-Drs. 15/2250, S. 54; *Gatawis*, NVwZ 2006, 272 (273); *Janning*, BauR 2005, 1723 (1724); *Kuschnerus*, Der standortgerechte Einzelhandel, Rn. 326; *Reidt*, UPR 2005, 241 (241); Rieger, UPR 2007, 366 (367); *Schmitz/Federwisch*, Einzelhandel und Planungsrecht, Rn. 7; *Uechtritz*, DVBl. 2006, 799 (806); *Vietmeier*, BauR 2005, 480 (486).
1298 *Schmitz*, ZfBR 2007, 532 (532); ders., in: Spannowsky/Hofmeister, BauGB 2007, S. 43 (43); *Uechtritz*, NVwZ 2004, 1025 (1029). Vgl. auch *Gatawis*, NVwZ 2006, 272 (272).
1299 *Janning*, BauR 2005, 1723 (1724); *Junker/Kühn*, Nahversorgung in Großstädten, S. 86; *Kuschnerus*, Der standortgerechte Einzelhandel, Rn. 308 u. 310; *Paul*, NVwZ 2004, 1033 (1035); *Reidt*, UPR 2005, 241 (243); *Rieger*, UPR 2007, 366 (366); *Vietmeier*, BauR 2005, 480 (486).
1300 BVerwG, Urt. vom 11.02.1993 – 4 C 15/92, NVwZ 1994, 285 (287); OVG Münster, Urt. vom 11.12.2006 – 7 A 964/05, BauR 2007, 845 (850); BT-Drs. 15/2250, S. 33 u. 54; *Bunzel*, ZfBR 2008, 132 (139); *Gatawis*, NVwZ 2006, 272 (272); *Janning*, BauR 2005, 1723 (1723); *Krautzberger*, in: B/K/L, § 34, Rn. 54; *Kuschnerus*, Der standortgerechte Einzelhandel, Rn. 304; *Uechtritz*, NVwZ 2007, 660 (660); ders., NVwZ 2004, 1025 (1029); ders., DVBl. 2006, 799 (806/807); *Reidt*, UPR 2005, 241 (243); ders., NVwZ 2007, 664 (664); *Rieger*, UPR 2007, 366 (367); *Schmitz/Federwisch*, Einzelhandel und Planungsrecht, Rn. 6 u. 418 u. 424/425 u. 431; *Vietmeier*, BauR 2005, 480 (486).

dener Potentiale in innerstädtischen Lagen einherging,[1301] zumal § 34 Abs. 3 BauGB erst im Jahr 2004 ins Baugesetzbuch aufgenommen wurde und seine Anwendung mit zahlreichen, mittlerweile aber jedenfalls teilweise geklärten Schwierigkeiten verbunden war bzw. ist.[1302] Vor allem die Begründung der schädlichen Fernwirkung eines Vorhabens auf einen zentralen Versorgungsbereich in jedem einzelnen Genehmigungsverfahren hat sich als sehr aufwändig und unter dem bestehenden Zeitdruck (vgl. § 36 Abs. 2 S. 2 BauGB und landesgesetzlich vorgesehene Fristen innerhalb des Baugenehmigungsverfahrens, z. B. § 70 Abs. 3 BauO Berlin; § 54 Abs. 4 LBO Baden-Württemberg) nur selten in rechtssicherer Weise möglich erwiesen.[1303] Diese Problematik wurde dadurch verstärkt, dass der Anwendungsbereich des § 34 Abs. 3 BauGB dahingehend, wodurch ein „zentraler Versorgungsbereich"[1304] gekennzeichnet ist und wann

---

1301 *Battis/Krautzberger/Löhr*, NVwZ 2007, 121 (122); *Junker/Kühn*, Nahversorgung in Großstädten, S. 30/31; *Schmitz/Federwisch*, Einzelhandel und Planungsrecht, Rn. 13; *Vietmeier*, BauR 2005, 480 (481).
1302 *Kuschnerus*, Der standortgerechte Einzelhandel, Rn. 353; *Uechtritz*, BauR 2007, 476 (487).
1303 BT-Drs. 16/2496, S. 10; *Battis/Krautzberger/Löhr*, NVwZ 2007, 121 (122); *Bienek/ Krautzberger*, UPR 2008, 81 (84); *Bischopink*, BauR 2007, 825 (834); *Gronemeyer*, BauR 2007, 815 (819); *Schmitz*, ZfBR 2007, 532 (532); *ders.*, in: Spannowsky/ Hofmeister, BauGB 2007, S. 43 (43/44); *Schröer*, NZBau 2006, 773 (773/774).
1304 Nur Bereiche mit mindestens gemeindeweiter Versorgungsfunktion (*Uechtritz*, DVBl. 2006, 799 (802 u. 807));
Nichterfassung von Nahversorgungsbereichen (*Uechtritz*, NVwZ 2004, 1025 (1030));
Hauptzentren, Nebenzentren, aber nicht Nahversorgungsbereiche (*Gatawis*, NVwZ 2006, 272 (273/274); Anlehnung an den Begriff der verbrauchernahen Versorgung (*Reidt*, UPR 2005, 241 (242); *Rieger*, UPR 2007, 366 (368));
Relevanz erst geplanter zentraler Versorgungsbereiche (BT-Drs. 15/2250, S. 54; *Gatawis*, NVwZ 2006, 272 (273); *Janning*, BauR 2005, 1723 (1725); *Reidt*, NVwZ 2007, 664 (665); *ders.*, BauR 2007, 2001 (2002); *ders.*, UPR 2005, 241 (242); *Schmitz*, ZfBR 2007, 532 (533); *ders.*, in: Spannowsky/Hofmeister, BauGB 2007, S. 43 (46/47); *Uechtritz*, DVBl. 2006, 799 (803 u. 807/808); *ders.*, NVwZ 2004, 1025 (1030). A. A. *Berkemann*, in: BauGB 2004 – Nachgefragt, S. 252 (252/253); *Bischopink*, BauR 2007, 825 (834); *Kuschnerus*, Der standortgerechte Einzelhandel, Rn. 184 u. 328 u. 329 u. 330; *Rieger*, UPR 2007, 366 (369); *Schmitz*, in: Spannowsky/Hofmeister, BauGB 2007, S. 43 (56); *Uechtritz*, NVwZ 2007, 660 (662)); einschränkend nur in Bezug auf informelle Planungen (OVG Münster, Urt. vom 11.12.2006 – 7 A 964/05, BauR 2007, 845 (849); *Uechtritz*, NVwZ 2007, 660 (661); *Wahlhäuser*, BauR 2007, 1359 (1361 u. 1364));
Klarstellung in Bezug auf § 9 Abs. 2a BauGB durch BT-Drs. 16/2496, S. 11/12;
Klarstellung in Bezug auf § 34 Abs. 3 BauGB durch OVG Münster, Urt. vom 11.12.2006 – 7 A 964/05, BauR 2007, 845 (847/848/849) unter Verweis auf BT-Drs. 15/2250, S. 41 und auf BT-Drs. 16/2496, S. 11: Innenstadt-, Neben-, Grundversorgungs- und Nahversorgungszentren sind erfasst. Nicht beanstandet von BVerwG, Urt. vom 11.10.2007 – 4 C 7.07, ZfBR 2008, 49 (49).

von einem Innenbereichsvorhaben „schädliche Auswirkungen"[1305] auf ihn zu erwarten sind, bis zu einer wenigstens teilweisen Klärung durch das Bundesverwaltungsgericht[1306] unklar war bzw. ist,[1307] wobei diese Fragen in jedem Geneh-

---

[1305] Veränderungen nur der Wettbewerbssituation reichen nicht aus; Auswirkungen müssen städtebaulicher Art sein, die die Funkionsfähigkeit des Versorgungsbereichs in Frage stellen (OVG Münster, Urt. vom 11.12.2006 – 7 A 964/05, BauR 2007, 850; nicht beanstandet von BVerwG, Urt. vom 11.10.2007 – 4 C 7.07, ZfBR 2008, 49 (50); *Gatawis*, NVwZ 2006, 272 (274); *Janning*, BauR 2005, 1723 (1725); *Reidt*, UPR 2005, 241 (245); *Uechtritz*, NVwZ 2004, 1025 (1030/1031); *ders.*, DVBl. 2006, 799 (808); *ders.*, NVwZ 2007, 660 (662));
Anknüpfen an § 2 Abs. 2 BauGB und den dortigen Abstimmungsbedarf bzw. qualifizierten Abstimmungsbedarf i. S. d. Krabbenkamp-Formel gem. BVerwG, Urt. vom 08.09.1972 – IV C 17.71, E 40, 323 (331) (vgl. auch BVerwG, Urt. vom 01.08.2002 – 4 C 5/01, NVwZ 2003, 86 (87)) (*Bunzel*, ZfBR 2008, 132 (139); *Gatawis*, NVwZ 2006, 272 (275); *Halama*, in: BauGB 2004 – Nachgefragt, S. 255 (256/257); *Uechtritz*, NVwZ 2004, 1025 (1030/1031); *ders.*, NVwZ 2007, 660 (662); *ders.*, DVBl. 2006, 799 (809); *Vietmeier*, BauR 2005, 480 (487));
Rückgriff auf § 11 Abs. 3 S. 2 und evtl. auch S. 3 BauNVO (*Gatawis*, NVwZ 2006, 272 (275); *Janning*, BauR 2005, 1723 (1725/1726/1727); *Krautzberger*, in: B/K/L, § 34, Rn. 55; *Reidt*, UPR 2005, 241 (243/244/245/246); *Rieger*, UPR 2007, 366 (370); *Uechtritz*, NVwZ 2004, 1029 (1031/1032); *ders.*, DVBl. 2006, 799 (808/809); *Vietmeier*, BauR 2005, 480 (487));
Kaufkraftabfluss als Maßstab zur Feststellung schädlicher Auswirkungen (OVG Münster, Urt. vom 11.12.2006 – 7 A 964/05, BauR 2007, 845 (850/851); BVerwG, Urt. vom 11.10.2007 – 4 C 7.07, ZfBR 2008, 49 (50); *Gatawis*, NVwZ 2006, 272 (275); *Halama*, in: BauGB 2004 – Nachgefragt, S. 176 (178); *Krautzberger*, in: B/K/L, § 34, Rn. 55; *Schmitz/Federwisch*, Einzelhandel und Planungsrecht, Rn. 434; *Uechtritz*, NVwZ 2004, 1025 (1031); *ders.*, DVBl. 2006, 799 (809); *ders.*, NVwZ 2007, 660 (662));
Umsatzumverteilung als Maßstab des Kaufkraftabflusses (abgelehnt von OVG Münster, Urt. vom 11.12.2006 – 7 A 964/05, BauR 2007, 845 (850/851); skeptisch auch *Uechtritz*, NVwZ 2007, 660 (663); korrigiert von BVerwG, Urt. vom 11.10.2007 – 4 C 7.07, ZfBR 2008, 49 (50/51); vgl. *Kuschnerus*, Der standortgerechte Einzelhandel, Rn. 338);
Verkaufsfläche des Betriebs im Verhältnis zur Verkaufsfläche derselben Branche im zentralen Versorgungsbereich als Maßstab des Kaufkraftabflusses (OVG Münster, Urt. vom 11.12.2006 – 7 A 964/05, BauR 2007, 845 (850/851/852); BVerwG, Urt. vom 11.10.2007 – 4 C 7.07, ZfBR 2008, 49 (51); *Kuschnerus*, Der standortgerechte Einzelhandel, Rn. 34);
Übereinstimmung des Vorhabens mit Vorgaben eines räumlich-funktionalen Zentrenkonzepts (*Janning*, BauR 2005, 1723 (1727/1728); a. A. *Berkemann*, in: BauGB – 2004, S. 251 (251/252)).
[1306] BVerwG, Urt. vom 11.10.2007 – 4 C 7.07, ZfBR 2008, 49 ff.
[1307] *Bunzel*, ZfBR 2008, 132 (139); *ders.*, Difu-Praxistest, S. 57, abrufbar unter http://www.difu.de/publikationen/difu-berichte/4_06/11.phtml (zuletzt abgerufen am 01.03.2008); *Kuschnerus*, Der standortgerechte Einzelhandel, Rn. 555; *Reidt*, BauR 2007, 2001 (2006); *Uechtritz*, BauR 2007, 476 (487).

migungsverfahren, bei dem § 34 Abs. 3 BauGB der Zulässigkeit eines Vorhabens entgegenstehen konnte, erneut aufgeworfen werden mussten. Zur Ermöglichung einer praktikableren[1308] und auch effektiveren[1309] Handhabung des Schutzes bestehender *und* auch erst zu entwickelnder zentraler Versorgungsbereiche bei der Vorhabenzulassung im nicht qualifiziert beplanten Innenbereich – § 9 Abs. 2a BauGB ist auch in schon beplanten Innenbereichsgebieten anwendbar, sofern sich nur die Art der Nutzung nach § 34 Abs. 1 u. Abs. 2 BauGB richtet[1310] – sieht nun § 9 Abs. 2a BauGB vor, nicht qualifiziert überplante, im Zusammenhang bebaute Ortsteile im Sinne von § 34 BauGB bzw. Teile davon[1311] ohne Festsetzung eines Baugebiets im Sinne der Baunutzungsverordnung[1312] und damit der Art der baulichen Nutzung[1313] durch einen einfachen[1314] Bebauungs-

---

[1308] BT-Drs. 16/2496, S. 10; *Battis/Krautzberger/Löhr*, NVwZ 2007, 121 (122); *Bienek/Krautzberger*, UPR 2008, 81 (84); *Bischopink*, BauR 2007, 825 (834); *Reidt*, BauR 2007, 2001 (2006); *Schröer*, NZBau 2006, 773 (774); *Uechtritz*, BauR 2007, 476 (487).

[1309] *Löhr*, in: B/K/L, § 9, Rn. 98k, verweist darauf, dass unter der Geltung des § 34 Abs. 3 BauGB ein Windhundrennen um Genehmigungen möglich ist, wenn ein Vorhaben für sich gesehen einen zentralen Versorgungsbereich nicht schädigt, sich aber die Auswirkungen mehrerer derartiger Vorhaben insgesamt schädigend auswirken. Diese Problematik ist durch § 9 Abs. 2a BauGB ausschließbar. Vgl. hierzu auch OVG Münster, Urt. vom 17.10.2007 – 10 A 3914/04, BauR 2008, 320 (323/324); *Berkemann*, in: BauGB 2004 – Nachgefragt, S. 257 (259).

[1310] *Bunzel*, Difu-Praxistest, S. 57, abrufbar unter http://www.difu.de/publikationen/difu-berichte/4_06/11.phtml (zuletzt abgerufen am 01.03.2008); *Krautzberger*/Stüer, DVBl. 2007, 160 (165); *Kuschnerus*, Der standortgerechte Einzelhandel, Rn. 558; *Löhr*, in: B/K/L, § 9, Rn. 98l; *Schmitz*, ZfBR 2007, 532 (534).

[1311] BT-Drs. 16/3308, S. 17; *Battis/Krautzberger/Löhr*, NVwZ 2007, 121 (122); *Bunzel*, Difu-Praxistest, S. 55, abrufbar unter http://www.difu.de/publikationen/difu-berichte/4_06/11.phtml (zuletzt abgerufen am 01.03.2008); *Kuschnerus*, Der standortgerechte Einzelhandel, Rn. 560; *Reidt*, BauR 2007, 2001 (2006); *Schmitz*, ZfBR 2007, 532 (534).

[1312] Darin liegt der bedeutendste Unterschied zu den Feindifferenzierungsmöglichkeiten des § 1 Abs. 5 und 9 BauNVO. BT-Drs. 16/2496, S. 11; *Battis/Krautzberger/Löhr*, NVwZ 2007, 121 (122/123); *Bienek/Krautzberger*, UPR 2008, 81 (85); *Bischopink*, BauR 2007, 825 (834); *Bunzel*, Difu-Praxistest, S. 54 u. 58, abrufbar unter http://www.difu.de/publikationen/difu-berichte/4_06/11.phtml (zuletzt abgerufen am 01.03.2008); *Dirnberger*, Bay. Gemeindetag 2/2007, 51 (54); *Gronemeyer*, BauR 2007, 815 (819); *Krautzberger*, UPR 2006, 405 (409); *Kuschnerus*, Der standortgerechte Einzelhandel, Rn. 507 u. 558; *Löhr*, in: B/K/L, § 9, Rn. 98l; *Reidt*, BauR 2007, 2001 (2006); *Schmitz*, ZfBR 2007, 532 (534); *ders.*, in: Spannowsky/Hofmeister, BauGB 2007, S. 43 (47); *Söfker*, in: Spannowsky/Hofmeister, BauGB 2007, S. 17 (21); *Uechtritz*, BauR 2007, 476 (487).

[1313] *Reidt*, BauR 2001 (2006); *Kuschnerus*, Der standortgerechte Einzelhandel, Rn. 559; *Krautzberger*, DVBl. 2007, 160 (165); *ders.*, UPR 2007, 53 (55).

[1314] BT-Drs. 16/2496, S. 10; *Bunzel*, Difu-Praxistest, S. 59, abrufbar unter http://www.difu.de/publikationen/difu-berichte/4_06/11.phtml (zuletzt abgerufen am 01.03.2008); *Krautzberger*, UPR 2007, 53 (55); *Krautzberger*/Stüer, DVBl. 2007, 160 (165);

plan überplanen zu dürfen, der (nur) Festsetzungen zur Erhaltung oder Entwicklung anderswo gelegener bzw. geplanter[1315] zentraler Versorgungsbereiche enthält, indem er nur bestimmte Arten der nach § 34 Abs. 1 u. Abs. 2 BauGB in dem Plangebiet zulässigen Nutzungen zulässt oder nicht zulässt oder nur ausnahmsweise zulässt, um schädliche Fernwirkungen der durch die bauleitplanerische Steuerung ausschließbaren bzw. einschränkbaren Nutzungen auf zentrale Versorgungsbereiche zu vermeiden.[1316] § 9 Abs. 2a BauGB bezieht sich wie § 34 Abs. 3 BauGB im Schwerpunkt, wenn auch nicht ausschließlich, auf die Steuerung der Zulässigkeit von Einzelhandelsbetrieben, die sich nachhaltig auf zentrale Versorgungsbereiche auswirken können.[1317] Mit § 9 Abs. 2a BauGB wurden die Gemeinden mit einem weiteren bauleitplanerischen Instrument zum Schutz zentraler Versorgungsbereiche ausgestattet, woraus abermals deutlich wird, dass der Gesetzgeber auf deren Schutz, gerade wegen ihrer Bedeutung für die städtebauliche Entwicklung insgesamt, ein starkes Augenmerk legt.

Indem die Praxisteststadt Forst vorschlug, das beschleunigte Verfahren dann auszuschließen, wenn ein Bebauungsplan der Innenentwicklung, der ein sonstiges Sondergebiet für Nutzungen im Sinne von § 11 Abs. 3 S. 1 BauNVO festsetzt, nicht der Erhaltung oder Entwicklung eines zentralen Versorgungsbereichs dient, wollte sie verhindern, dass die verfahrensmäßigen Privilegierungen des beschleunigten Verfahrens für Bebauungspläne der Innenentwicklung auch solchen Bebauungsplänen zugute kommen, die nicht auch einem anderen, mit dem Innenstadtentwicklungsgesetz in Gestalt des § 9 Abs. 2a BauGB verfolgten Ziel, nämlich dem Schutz bestehender oder erst zu entwickelnder zentraler Versorgungsbereiche, dienen,[1318] zumal sich gerade Bebauungspläne, die ein sonstiges Sondergebiet für Nutzungen im Sinne von § 11 Abs. 3 S. 1 BauNVO festsetzen, ohne gleichzeitig dem Schutz bestehender oder zu entwickelnder zentraler Versorgungsbereiche zu dienen, aufgrund des regelmäßig mit Handelsbetrieben

---

Kuschnerus, Der standortgerechte Einzelhandel, Rn. 559; *Portz*, in: Spannowsky/Hofmeister, BauGB 2007, S. 1 (6); *Schröer*, NZBau 2006, 773 (774).

1315 *Battis/Krautzberger/Löhr*, NVwZ 2007, 121 (122); *Löhr*, in: B/K/L, § 9, Rn. 98l; *Bunzel*, Difu-Praxistest, S. 59, abrufbar unter http://www.difu.de/publikationen/difu-berichte/4_06/11.phtml (zuletzt abgerufen am 01.03.2008); *Reidt*, BauR 2007, 2001 (2006 u. 2007 u. 2010).
1316 *Löhr*, in: B/K/L, § 9, Rn. 98l.
1317 BT-Drs. 16/2496, S. 10; *Battis/Krautzberger/Löhr*, NVwZ 2007, 121 (122); *Bischopink*, BauR 2007, 825 (834); *Bunzel*, Difu-Praxistest, S. 59, abrufbar unter http://www.difu.de/publikationen/difu-berichte/4_06/11.phtml (zuletzt abgerufen am 01.03.2008); *Gronemeyer*, BauR 2007, 815 (819); *Krautzberger*, UPR 2007, 53 (55); *Krautzberger/Stüer*, DVBl. 2007, 160 (165); *Löhr*, in: B/K/L, § 9, Rn. 98l; *Schmitz*, ZfBR 2007, 532 (534); *Schröer*, NZBau 2006, 773 (774); *Uechtritz*, BauR 2007, 476 (487).
1318 *Bunzel*, Difu-Praxistest, S. 32 u. 56, abrufbar unter http://www.difu.de/publikationen/difu-berichte/4_06/11.phtml (zuletzt abgerufen am 01.03.2008).

i. S. v. § 11 Abs. 3 S. 1 BauNVO verbundenen Beeinträchtigungspotentials (vgl. § 11 Abs. 3 S. 2 u. S. 3 BauNVO) erheblich nachteilig auf zentrale Versorgungsbereiche auswirken können[1319] und insoweit dem mit § 9 Abs. 2a BauGB verfolgten Ziel sogar widersprechen. Die Forderung nach dem weiteren Ausschlussgrund für das beschleunigte Verfahren entspringt gleichsam der Vermeidung von Widersprüchlichkeiten zwischen den verschiedenen Intentionen des Innenstadtentwicklungsgesetzes, die mit § 9 Abs. 2a BauGB und § 13a BauGB verfolgt werden,[1320] wobei gerade zu diesem Zweck in § 9 Abs. 2a S. 1 BauGB darauf verwiesen wird, bei Festsetzungen zum Schutz zentraler Versorgungsbereiche auch auf das Interesse an der Innenentwicklung der Gemeinden zu achten.

(2) Reaktion auf die Forderung

Letztlich wurde der Vorschlag der Praxisteststadt nicht in das Innenstadtentwicklungsgesetz aufgenommen, zumal er auch innerhalb des Praxistests nicht weiter forciert wurde.[1321] Der für die BauGB-Novelle 2007 federführende Bundestagsausschuss für Verkehr, Bau und Stadtentwicklung übernahm vielmehr den stattdessen gemachten Vorschlag[1322] der Ergänzung des Planungsgrundsatzes des § 1 Abs. 6 Nr. 4 BauGB um „die Erhaltung und Entwicklung zentraler Versorgungsbereiche" als ausdrücklich bei der Bauleitplanung zu berücksichtigenden Belang.[1323] Unter Verweis auf die hohe städtebauliche Bedeutung der Erhaltung und Entwicklung zentraler Versorgungsbereiche in den Gemeinden,[1324] gerade für die Innenentwicklung der Städte, ihre Urbanität und die angesichts der demografischen Entwicklung immer bedeutsamere Sicherstellung einer wohnortnahen Versorgung der Bevölkerung, stellte der Bundestagsausschuss klar, dass die Erhaltung und Entwicklung zentraler Versorgungsbereiche ein für die *gesamte* Bauleitplanung, nicht nur für Bebauungspläne mit Festsetzungen im Sinne von § 9 Abs. 2a BauGB, relevanter Aspekt ist, was durch die explizite Ergänzung des *allgemein* geltenden Planungsgrundsatzes gem. § 1 Abs. 6 Nr. 4 BauGB zusätzlich zu bestehenden, nur bestimmte Fallkonstellationen erfassenden Normen (§ 2 Abs. 2 S. 2, § 34 Abs. 3 BauGB, § 11 Abs. 3 S. 2

1319 Vgl. BVerwG, Urt. vom 01.08.2002– 4 C 5/01, NVwZ 2003, 86 (88) (FOC-Zweibrücken-Entscheidung); vgl. *Halama*, DVBl. 2004, 79 (82/83); *Uechtritz*, NVwZ 2004, 1025 (1031).
1320 *Bunzel*, Difu-Praxistest, S. 32 u. 56, abrufbar unter http://www.difu.de/publikationen/difu-berichte/4_06/11.phtml (zuletzt abgerufen am 01.03.2008).
1321 *Bunzel*, Difu-Praxistest, S. 32 u. 56, abrufbar unter http://www.difu.de/publikationen/difu-berichte/4_06/11.phtml (zuletzt abgerufen am 01.03.2008).
1322 BT-Drs. 16/3308, S. 14 u. 16; *Bunzel*, Difu-Praxistest, S. 11 u. 32 u. 53 u. 56, abrufbar unter http://www.difu.de/publikationen/difu-berichte/4_06/11.phtml (zuletzt abgerufen am 01.03.2008).
1323 BT-Drs. 16/3308, S. 3 u. 14 u. 16.
1324 Vgl. *Bunzel*, ZfBR 2008, 132 (134).

BauNVO) verdeutlicht werden soll.[1325] Durch die Ergänzung des § 1 Abs. 6 Nr. 4 BauGB soll also zum Ausdruck gebracht werden, dass die Erhaltung und Entwicklung zentraler Versorgungsbereiche und damit die Zielsetzung des § 9 Abs. 2a BauGB ein im Rahmen der Bauleitplanung allgemein zu berücksichtigender Belang ist, so dass kein[1326] Bauleitplan, der (abwägungsrelevante, nachteilige)[1327] Auswirkungen auf die Erhaltung oder Entwicklung zentraler Versorgungsbereiche hat, darüber einfach hinweg planen darf, sondern nur aufgrund eines gerechten Ausgleichs mit anderen, für die Planung sprechenden Belangen. Aufgrund dessen wurde es nicht mehr für notwendig erachtet, § 13a BauGB um den von der Praxisteststadt geforderten Ausschlussgrund zu ergänzen, weil § 1 Abs. 6 Nr. 4 BauGB auch im beschleunigten Verfahren uneingeschränkt zu berücksichtigen ist und damit der Schutz bestehender und zu entwickelnder Versorgungsbereiche auch im beschleunigten Verfahren als ausreichend gewährleistet angesehen wird.[1328] Nachdem der gemachte Vorschlag eines weiteren Ausschlussgrunds für das beschleunigte Verfahren die Planung eines gewollten Sondergebiets für Nutzungen im Sinne von § 11 Abs. 3 S. 1 BauNVO, die nicht der Erhaltung oder Entwicklung zentraler Versorgungsbereiche dient, nicht grundsätzlich ausgeschlossen, sondern nur auf ein anderes Planungsverfahren verwiesen hätte, wird der letztlich von Praxistest und Gesetzgeber eingeschlagene Weg des Schutzes zentraler Versorgungsbereiche mittels der ausdrücklichen Nennung als Planungsgrundsatz für die gesamte Bauleitplanung berechtigterweise als nicht weniger effektiv eingeordnet.

8. Planerhaltungsvorschrift des § 214 Abs. 2a Nr. 1 BauGB

Gem. § 214 Abs. 2a Nr. 1 BauGB ist eine Verletzung von Verfahrens- und Formvorschriften und der Vorschriften über das Verhältnis des Bebauungsplans zum Flächennutzungsplan für die Rechtswirksamkeit des Bebauungsplans *auch* unbeachtlich, wenn sie darauf beruht, dass die Voraussetzung nach § 13a Abs. 1 S. 1 BauGB unzutreffend beurteilt worden ist. Durch die Regelung der Unbeachtlichkeit von Verfahrens- und Formfehlern und der Verletzung des Verhältnisses des Bebauungsplans zum Flächennutzungsplan trifft § 214 Abs. 2a Nr. 1 BauGB eine Fehlerfolgenregelung für im beschleunigten Verfahren aufgestellte Bebauungspläne in Bereichen, für die § 214 Abs. 1 u. Abs. 2 BauGB ebenfalls Fehlerfolgenregelungen vorsieht, was die Formulierung „auch" in § 214 Abs. 2a Nr. 1 BauGB explizit zum Ausdruck bringt.

1325 BT-Drs. 16/3308, S. 16.
1326 *Bunzel*, Difu-Praxistest, S. 32 u. 56, abrufbar unter http://www.difu.de/publikationen/ difu-berichte/4_06/11.phtml (zuletzt abgerufen am 01.03.2008).
1327 *Söfker*, in: Spannowsky/Hofmeister, BauGB 2007, S. 17 (21).
1328 *Bunzel*, Difu-Praxistest, S. 32 u. 56, abrufbar unter http://www.difu.de/publikationen/ difu-berichte/4_06/11.phtml (zuletzt abgerufen am 01.03.2008).

a) Verhältnis zu § 214 Abs. 1 und Abs. 2 BauGB

§ 214 Abs. 2a am Anfang BauGB sagt ausdrücklich, dass § 214 Abs. 2a BauGB und damit auch dessen Nr. 1 *ergänzend* zu § 214 Abs. 1 u. Abs. 2 BauGB gelten. Dies bedeutet zum einen, dass § 214 Abs. 1 u. Abs. 2 BauGB auch auf Bebauungspläne der Innenentwicklung, die im beschleunigten Verfahren aufgestellt werden, anwendbar ist. Zum anderen besagt es aber auch, dass die Regelungen des § 214 Abs. 1 S. 1 Nr. 2 BauGB – nur § 214 Abs. 1 S. 1 Nr. 2 BauGB trifft Regelungen, die *speziell* auf Anforderungen des beschleunigten Verfahrens zugeschnitten sind, § 214 Abs. 1 BauGB im Übrigen und § 214 Abs. 2 BauGB dagegen nicht – im Hinblick auf dort erfasste *formelle* Fehler innerhalb des beschleunigten Verfahrens § 214 Abs. 2a Nr. 1 BauGB als Spezialregelungen vorgehen,[1329] denn der Gesetzgeber wollte nicht für Fehler, für die § 214 Abs. 1 BauGB schon eine Planerhaltungsvorschrift statuiert bzw. im Hinblick auf die Anforderungen des beschleunigten Verfahrens ergänzt wurde, in § 214 Abs. 2a BauGB eine zusätzliche, gleichlautende oder gar gegenteilige und daher widersprüchliche Regelung schaffen, sondern nur die systematisch voranstehenden, grundsätzlich auch auf im beschleunigten Verfahren aufgestellte Bebauungspläne anwendbaren Regelungen noch durch anderweitige, nur für im beschleunigten Verfahren aufgestellte Bebauungspläne geltende (vgl. § 214 Abs. 2a am Anfang BauGB) ergänzen.

§ 214 Abs. 2a Nr. 1 BauGB betrifft den Fall, dass eine Gemeinde die Voraussetzung nach § 13a Abs. 1 S. 1 BauGB unzutreffend beurteilte, also zu Unrecht den aufzustellenden Bebauungsplan als solchen der Innenentwicklung einordnete[1330] und nur daher rechtswidrig das beschleunigte Verfahren mit seinen gegenüber dem Regelplanungsverfahren teilweise modifizierten und erleichterten formellen und materiellen Anforderungen anwendete. Sich aus der fälschlicherwei-

---

1329 BT-Drs. 16/2496, S. 17; *Battis*, in: B/K/L, § 214, Rn. 15; *Battis/Krautzberger/Löhr*, NVwZ 2007, 121 (127); *Blechschmidt*, ZfBR 2007, 120 (124); *Gierke*, in: Brügelmann, § 13a, Rn. 153 (Stand: Februar 2008); *Kment*, DVBl. 2007, 1275 (1278); *Krautzberger*, UPR 2006, 405 (410); *ders.*, in: E/Z/B/K, § 13a, Rn. 91 (Stand: Mai 2007); *Stock*, in: E/Z/B/K, § 214, Rn. 129a (Stand: Mai 2007). Vgl. B. II. 7. b) cc) (1) im Hinblick auf die Spezialregelung in § 214 Abs. 1 S. 1 Nr. 2 BauGB und B. II. 6. e) bb) (4) (c) (dd) und B. II. 7. b) cc) (3) (a) und B. II. 7. c) cc) im Hinblick auf die Anwendbarkeit von § 214 Abs. 1 und Abs. 2 BauGB neben Abs. 2a.

1330 BT-Drs. 16/2496, S. 17; *Battis*, in: B/K/L, § 214, Rn. 15; *Blechschmidt*, ZfBR 2007, 120 (123); *Dirnberger*, Bay. Gemeindetag 2/2007, 51 (51); *Gierke*, in: Brügelmann, § 13a, Rn. 151 (Stand: Februar 2008); *Jäde*, in: J/D/W, BauGB, § 214, Rn. 29; *Krautzberger*, UPR 2006, 405 (410); *Mitschang*, ZfBR 2007, 433 (436, Fn. 41); *Müller-Grune*, BauR 2007, 985 (986); Mustereinführungserlass, S. 19, abrufbar unter http://www.is-argebau.de/ (zuletzt abgerufen am 10.05.2008); *Scheidler*, ZfBR 2006, 752 (753); *ders.*, BauR 2007, 650 (651); *Söfker*, in: Krautzberger/Söfker, Baugesetzbuch, Rn. 165a; *Stock*, in: E/Z/B/K, § 214, Rn. 129b u. 129c (Stand: Mai 2007); *Uechtritz*, BauR 2007, 476 (483).

se erfolgenden Anwendung des beschleunigten Verfahrens im Hinblick auf die Anforderungen des an sich anzuwendenden Regelplanungsverfahrens ergebende Verfahrens- und Formverstöße sowie Verstöße gegen die Anforderungen nach § 8 Abs. 2-4 BauGB ordnet § 214 Abs. 2a Nr. 1 BauGB als unbeachtlich ein, sofern der Bebauungsplan ansonsten, d. h. außerhalb der unzutreffenden Beurteilung der Voraussetzung nach § 13a Abs. 1 S. 1 BauGB, korrekt im beschleunigten Verfahren aufgestellt wird. Allerdings ist wegen des Vorrangs des § 214 Abs. 1 S. 1 Nr. 2 BauGB vor § 214 Abs. 2a Nr. 1 BauGB zu beachten, dass das Innenstadtentwicklungsgesetz auch die Unbeachtlichkeitsvorschrift des § 214 Abs. 1 S. 1 Nr. 2 BauGB im Hinblick auf das beschleunigte Verfahren erweiterte. Gem. § 214 Abs. 1 S. 1 Nr. 2 BauGB ist eine Verletzung der Regelungen über die Öffentlichkeits- und Behördenbeteiligung nach § 3 Abs. 2, § 4 Abs. 2 BauGB ein für die Rechtswirksamkeit eines Bebauungsplans grundsätzlich beachtlicher Fehler; ebenso grundsätzlich beachtlich ist die Verletzung der im vereinfachten und beschleunigten Verfahren gem. § 13 Abs. 2 S. 1 Nr. 2 u. Nr. 3 BauGB (i. V. m. § 13a Abs. 2 Nr. 1 BauGB) geltenden entsprechenden Beteiligungsvorschriften zum Planentwurf. Eine Nichtbeachtung der Anforderungen der frühzeitigen Öffentlichkeits- oder Behördenbeteiligung gem. § 3 Abs. 1, § 4 Abs. 1 BauGB ist dagegen aufgrund der Nichtnennung dieses Fehlers in § 214 Abs. 1 S. 1 Nr. 2 BauGB im Regelplanungsverfahren generell unbeachtlich; innerhalb des beschleunigten Verfahrens sind die frühzeitigen Beteiligungen in Form von § 3 Abs. 1, § 4 Abs. 1 BauGB ohnehin gem. § 13a Abs. 2 Nr. 1, § 13 Abs. 2 S. 1 Nr. 1 BauGB entbehrlich. Neben der an bestimmte Voraussetzungen gebundenen Unbeachtlichkeit der Nichtbeteiligung einzelner Personen, Behörden oder sonstiger Träger öffentlicher Belange bei der im beschleunigten Verfahren vorzunehmenden Öffentlichkeits- und Behördenbeteiligung zum Planentwurf gem. § 13a Abs. 2 Nr. 1, § 13 Abs. 2 S. 1 Nr. 2 u. Nr. 3 BauGB gem. § 214 Abs. 1 S. 1 Nr. 2 2. Hs. BauGB und der Unbeachtlichkeit des Fehlens des Hinweises auf die Präklusionen gem. § 3 Abs. 2 S. 2 2. Hs. i. V. m. § 13a Abs. 2 Nr. 1, § 13 Abs. 2 S. 1 Nr. 2, Abs. 2 S. 2 BauGB wird es von § 214 Abs. 1 S. 1 Nr. 2 2. Hs. a. E. BauGB als unbeachtlich eingeordnet, wenn die Voraussetzungen für die im beschleunigten Verfahren gegenüber dem Regelplanungsverfahren modifizierte Durchführung der Öffentlichkeits- und Behördenbeteiligung in Form des Verzichts auf die frühzeitigen Beteiligungen gem. § 3 Abs. 1, § 4 Abs. 1 BauGB aufgrund von § 13a Abs. 2 Nr. 1 i V. m. § 13 Abs. 2 S. 1 Nr. 1 BauGB und der reduzierten Beteiligung zum Planentwurf nach § 13a Abs. 2 Nr. 1 i. V. m. § 13 Abs. 2 S. 1 Nr. 2 1. Alt. u. Nr. 3 1. Alt. BauGB verkannt worden sind. Demnach ist es gem. § 214 Abs. 1 S. 1 Nr. 2 2. Hs. a. E. BauGB unbeachtlich, wenn zu Unrecht angenommen wurde, der Anwendungsbereich des beschleunigten Verfahrens sei eröffnet, und daher keine frühzeitigen Beteiligungen nach § 3 Abs. 1, § 4 Abs. 1 BauGB und eine von den Anforderungen des Regelplanungsverfahrens abweichende, nur eingeschränkte Öffentlichkeits- und

Behördenbeteiligung gem. § 13a Abs. 2 Nr. 1, § 13 Abs. 2 S. 1 Nr. 2 1. Alt. u. Nr. 3 1. Alt. BauGB zum Planentwurf durchgeführt wurde.[1331] Dabei ist es im Hinblick auf die Unbeachtlichkeit des Verstoßes gegen die an sich anzuwendenden Beteiligungsvorschriften des Regelplanungsverfahrens unerheblich, ob die Annahme der Anwendbarkeit der § 13a Abs. 2 Nr. 1, § 13 Abs. 2 S. 1 Nr. 1, Nr. 2 1. Alt., Nr. 3 1. Alt. BauGB auf einer fehlerhaften Einordnung des Bebauungsplans als solchen der Innenentwicklung beruht oder auf einem sonstigen Fehler bei der Eröffnung des Anwendungsbereichs des beschleunigten Verfahrens inklusive der fehlerhaften Beurteilung der Ausschlussgründe[1332] des § 13a Abs. 1 S. 4 u. S. 5 BauGB.[1333] Sofern die Gemeinde nicht bewusst gegen die Voraussetzungen für eine Behörden- und Öffentlichkeitsbeteiligung nach § 13a Abs. 2 Nr. 1 i. V. m. § 13 Abs. 2 S. 1 Nr. 1, Nr. 2 1. Alt. u. Nr. 3 1. Alt. BauGB verstößt und – wenn auch nur stillschweigend – davon ausgeht,[1334] die reduzierte

---

1331 *Kment*, DVBl. 2007, 1275 (1277).
1332 Vgl. B. II. 7. b) cc) (1) im Hinblick auf die Spezialregelung in § 214 Abs. 1 S. 1 Nr. 2 BauGB und B. II. 7. b) cc) (3) (a) und B. II. 7. c) cc) im Hinblick auf die Anwendbarkeit von § 214 Abs. 1 und Abs. 2 BauGB neben Abs. 2a.
1333 Unklar bei *Krautzberger*, in: E/Z/B/K, § 13a, Rn. 90 u. 91 (Stand: Mai 2007), der § 214 Abs. 1 S. 1 Nr. 2 BauGB anscheinend auch nur auf die fehlerhafte Beurteilung der Voraussetzung des § 13a Abs. 1 S. 1 BauGB für einen Bebauungsplan der Innenentwicklung bezieht; eindeutiger *Battis*, in: B/K/L, § 214, Rn. 6 u. 15; eindeutig bei *Stock*, in: E/Z/B/K, § 214, Rn. 54 u. 55 u. 129a (Stand: Mai 2007).
1334 Nach BVerwG, Beschl. vom 15.03.2000 – 4 B 18/00, NVwZ-RR 2000, 759 (759), unter Verweis auf BVerwG, Urt. vom 14.12.1984 – 4 C 54.81, DVBl. 1985, 795 (795 u. 797), greift § 214 Abs. 1 S. 1 Nr. 2 2. Hs. BauGB auch, d. h., ein „Verkennen" liegt auch dann vor, wenn die Gemeinde die Voraussetzungen des § 13 BauGB *stillschweigend* annahm und sich nicht ausdrücklich und im Einzelnen mit den Anforderungen des § 13 BauGB auseinandersetzte. Ebenso OVG Lüneburg, Urt. vom 14.01.2002 – 1 KN 270/01, NVwZ-RR 2003, 99 (100). Daher scheint die Unbeachtlichkeitsregelung allenfalls bei bewussten Verstößen gegen die Anwendungsvoraussetzungen des § 13 Abs. 1 BauGB nicht zu greifen.
BVerwG, Urt. vom 14.12.1984 – 4 C 54.81, DVBl. 1985, 795 (795 u. 797), entschied zu § 214 Abs. 2 Nr. 1 BauGB und dem dortigen „nicht richtig beurteilt", dass eine nicht richtige Beurteilung in diesem Sinne auch bei einem Handeln ohne Nachdenken über die Voraussetzungen eines selbständigen oder vorzeitigen Bebauungsplans gegeben ist und dass nur ein bewusster Verstoß kein richtiges Beurteilen ist; dasselbe gilt für ein vollständiges Hinwegsetzen über Voraussetzungen eines selbständigen bzw. vorzeitigen Bebauungsplans.
Stock, in: E/Z/B/K, § 214, Rn. 54 (Stand: Mai 2007), geht vor dem Hintergrund dieser Rspr. daher davon aus, dass „Verkennen" im Sinne des § 214 Abs. 1 S. 1 Nr. 2 BauGB eine objektive Fehleinschätzung oder -beurteilung meint. Es soll verhindert werden, dass eine Unbeachtlichkeit auch bei einem bewusstem Verstoß gegen die gesetzlichen Anforderungen von § 13 BauGB eintritt. Subjektive Vorstellungen der Gemeinde oder die Frage, ob sie sich überhaupt Gedanken über das Vorliegen der Voraussetzungen machte, sind ohne Relevanz. § 214 Abs. 1 S. 1 Nr. 2 BauGB ist ähnlich auszulegen wie „nicht richtig beurteilt" in § 214 Abs. 2 Nr. 1 BauGB; es ist also keine ausdrückliche

Beteiligung entsprechend dieser Vorschriften durchführen zu dürfen, also das Vorliegen der Tatbestandsmerkmale und das Nichtvorliegen der Ausschlussgründe gem. § 13a Abs. 1 BauGB unterstellt, und diese Beteiligung auch tatsächlich ordnungsgemäß durchführt, ist der damit einhergehende Verstoß gegen die mangels rechtmäßiger Anwendbarkeit des beschleunigten Verfahrens an sich uneingeschränkt anzuwendenden Beteiligungsvorschriften des Regelplanungsverfahrens gem. §§ 3, 4 BauGB gem. § 214 Abs. 1 S. 1 Nr. 2 2. Hs. a. E. BauGB unbeachtlich.[1335] Wenn die Gemeinde in diesem Fall nur die eingeschränkte Öffentlichkeits- und Behördenbeteiligung als Verfahrenserleichterung des vermeintlich anwendbaren beschleunigten Verfahrens nutzt, im Übrigen aber die Anforderungen des Regelplanungsverfahrens einhält, steht dieser Fehler der Rechtswirksamkeit des Bebauungsplans allein aufgrund von § 214 Abs. 1 S. 1 Nr. 2 2. Hs. a. E. BauGB nicht im Wege.[1336] Dagegen bestehen keinerlei *europarechtliche* Bedenken,[1337] auch wenn Pläne, die die Voraussetzungen von § 13a Abs. 1 BauGB nicht erfüllen, entsprechend der Vorgaben der Plan-UP-RL umweltprüfungspflichtig sein können. Zwar verlangt Art. 6 Abs. 1 u. Abs. 2 Plan-UP-RL eine Konsultation von Öffentlichkeit und Behörden zum Planentwurf und zum Umweltbericht des umweltprüfungspflichtigen Plans; dabei wird aber zum einen gerade nicht eine frühzeitige Beteiligung im Sinne von § 3 Abs. 1, § 4 Abs. 1 BauGB als erste Beteiligungsstufe noch *vor* Vorliegen des Planentwurfs gefordert, so dass deren Nichtdurchführung gem. § 13a Abs. 2 Nr. 1, § 13 Abs. 2 S. 1 Nr. 1 BauGB aufgrund des Verkennens der Anwendungsvorausset-

---

und detaillierte Auseinandersetzung mit Tatbestandsvoraussetzungen § 13 Abs. 1 BauGB notwendig, um § 214 Abs. 1 S. 1 Nr. 2 a. E. BauGB durchgreifen zu lassen. Es ist jedoch notwendig, dass die Gemeinde das vereinfachte Verfahren unter Beachtung der gesetzlichen Voraussetzungen gewollt hat. § 214 Abs. 1 S. 1 Nr. 2 BauGB greift nicht, wenn die Gemeinde die Notwendigkeit der Beteiligung nach § 13 Abs. 2 S. 1 BauGB völlig übersah.
So entschieden auch BVerwG, Beschl. vom 11.12.2002 – 4 BN 16.02, E 117, 239 (239 u. 243/244), VGH Mannheim, Urt. vom 17.10.1989 – 5 S 3065/88, NVwZ-RR 1990, 290 (290), dass ein völliges Übersehen/Unterlassen der erforderlichen Beteiligung, schon weil dann keine „Durchführung der Beteiligung" nach diesen Vorschriften stattfindet, und ein bewusster Verstoß gegen die Anwendungsvoraussetzungen des vereinfachten Verfahrens beachtlich ist.
Nach *Berkemann*, in: BauGB 2004 – Nachgefragt, S. 190 (190), greift § 214 Abs. 1 S. 1 Nr. 2 BauGB nicht, wenn die Gemeinde die Voraussetzungen des § 13 Abs. 1 BauGB schlicht übersehen oder übergangen hat.

1335 Vgl. *Kment*, DVBl. 2007, 1275 (1277); *Stock*, in: E/Z/B/K, § 214, Rn. 55 (Stand: Mai 2007).
1336 Vgl. *Stock*, in: E/Z/B/K, § 214, Rn. 55 (Stand: Mai 2007).
1337 *Erbguth*, DVBl. 2004, 802 (810); *Kment*, AöR 130 [2005], 570 (603/604); *ders.*, DVBl. 2007, 1275 (1277/1278).

zungen des beschleunigten Verfahrens europarechtlich ohne Relevanz ist.[1338] Auch wenn Art. 6 Abs. 2 Plan-UP-RL eine frühzeitige und effektive Stellungnahmemöglichkeit zum Planentwurf erfordert, bedeutet dies nur, dass die Behörden und die Öffentlichkeit zu einem Zeitpunkt zum Planentwurf beteiligt werden müssen, zu dem tatsächlich noch Einfluss auf die Planung genommen werden kann und die Planung nicht schon so verfestigt ist, dass sie weitgehend jeglicher Disposition entzogen ist. Diese Anforderungen erfüllt die vom Baugesetzbuch vorgesehene Öffentlichkeits- und Behördenbeteiligung gem. § 3 Abs. 2, § 4 Abs. 2 BauGB bzw. § 13a Abs. 2 Nr. 1 i. V. m. § 13 Abs. 2 S. 1 Nr. 2 1. Alt. u. Nr. 3 1. Alt. BauGB, ohne dass es zwingend einer frühzeitigeren Beteiligung bedürfte.[1339] Zum anderen sind gem. Art. 6 Abs. 1, Abs. 2 u. Abs. 3 Plan-UP-RL nur die von den Mitgliedstaaten zu bestimmenden Behörden zum Planentwurf zu beteiligen, die von den durch die Durchführung des Plans verursachten Umweltauswirkungen in ihrem umweltbezogenen Aufgabenbereich betroffen sein könnten. Diese werden auch im Rahmen der Beteiligung nur der berührten Behörden und sonstigen Träger öffentlicher Belange gem. § 13a Abs. 2 Nr. 1, § 13 Abs. 2 S. 1 Nr. 3 1. Alt. BauGB konsultiert. Desweiteren muss gem. Art. 6 Abs. 2 u. Abs. 4 Plan-UP-RL nicht unbedingt, wie in § 3 Abs. 2 BauGB vorgesehen, der gesamten Öffentlichkeit Gelegenheit zur Stellungnahme im Hinblick auf den Planentwurf und den Umweltbericht gegeben werden. Vielmehr darf die Beteiligung gem. Art. 6 Abs. 2 Plan-UP-RL gem. Art. 6 Abs. 4 Plan-UP-RL auf die betroffene und voraussichtlich betroffene sowie die Öffentlichkeit beschränkt werden, die an dem der Umweltprüfungspflicht unterliegenden Plan interessiert ist. Deren Stellungnahmemöglichkeit ist auch i. R. v. § 13a Abs. 2 Nr. 1, § 13 Abs. 2 S. 1 Nr. 2 1. Alt. BauGB sichergestellt, indem der betroffenen Öffentlichkeit, d. h. den durch die Planung (möglicherweise) abwägungserheblich in ihren Interessen betroffenen natürlichen und juristischen Personen,[1340] Gelegenheit zur Äußerung eingeräumt wird. Nur diese Vertreter der Öffentlichkeit haben aufgrund ihrer (möglichen) Betroffenheit ein *berechtigtes* Interesse an einer Stellungnahmemöglichkeit zu Planentwurf und Umweltbericht, was für die gem. Art. 6 Abs. 2 u. Abs. 4 Plan-UP-RL vorzusehende Beteiligung ent-

---

1338 *Kment*, DVBl. 2007, 1275 (1277/1278); *ders.*, AöR 130 [2005], 570 (604); *Wagner/ Paßlick*, in: Hoppe, UVPG, § 17, Rn. 69. A. A. *Wallraven-Lindl/Strunz/Geiß*, Das Bebauungsplanverfahren nach dem BauGB 2007, S. 165, bezogen auf § 13a Abs. 3 S. 1 Nr. 2 BauGB, der weitgehend § 3 Abs. 1 S. 1 BauGB entspricht.
1339 *Kment*, DVBl. 2007, 1275 (1277/1278).
1340 *Berkemann*, in: BauGB 2004 – Nachgefragt, S. 196 (196/197); *Krautzberger*, in: E/Z/B/K, § 13, Rn. 37 (Stand: März 2007); *ders.*, in: Krautzberger/Söfker, Baugesetzbuch, Rn. 152; *ders.*, UPR 2007, 170 (171); *Spannowsky*, in: Berliner Kommentar, § 13, Rn. 25 (Stand: Juli 2005); *Wallraven-Lindl/Strunz/Geiß*, Das Bebauungsplanverfahren nach dem BauGB 2007, S. 145.

scheidend ist.¹³⁴¹ Die Vorgabe des Art. 6 Abs. 1 i. V. m. Art. 2 lit. d Plan-UP-RL, den Planentwurf und den Umweltbericht der *gesamten* Öffentlichkeit zugänglich zu machen, wird zwar im Rahmen der Beteiligung nur der betroffenen Öffentlichkeit zum Planentwurf gem. § 13 Abs. 2 S. 1 Nr. 2 1. Alt. BauGB nicht erfüllt. Dabei ist jedoch zu bedenken, dass Art. 6 Abs. 1 Plan-UP-RL die Möglichkeit zur Einsichtnahme des Planentwurfs und des Umweltberichts für die gesamte Öffentlichkeit nicht aus reinem Selbstzweck, sondern in *strengem inneren* Zusammenhang mit der Umweltprüfung von Plänen vorsieht. Die in Art. 6 Plan-UP-RL vorgesehenen Konsultationen sollen gem. Grund 15 Begründung Plan-UP-RL zu einer transparenten Entscheidungsfindung beitragen und die Vollständigkeit und Zuverlässigkeit der für die Prüfung bereitgestellten Informationen gewährleisten. Dies wiederum dient gem. Art. 1 Plan-UP-RL *ausschließlich* der Sicherstellung eines hohen Umweltschutzniveaus der Planung und der (frühzeitigen) Einbeziehung der Umwelterwägungen bereits bei der Ausarbeitung und Annahme von Plänen auf der Grundlage einer Umweltprüfung. Aus anderen Gründen, z. B. aufgrund des Demokratieprinzips, will die Plan-UP-RL keine subjektiven Informations- und Stellungnahmerechte der Öffentlichkeit begründen oder Konsultationen von Behörden sicherstellen. Die in Art. 6 Plan-UP-RL vorgesehenen Konsultationen sind streng auf die Umweltprüfung und die mit ihr verfolgte Intention bezogen.¹³⁴² Wenn eine Gemeinde aufgrund des Verkennens der Verfahrensvoraussetzungen des § 13 Abs. 1 BauGB bzw. § 13a Abs. 1 BauGB von der Verfahrenserleichterung des § 13 Abs. 2 BauGB Gebrauch macht, führt sie regelmäßig, da sie den Anwendungsbereich des vereinfachten bzw. beschleunigten Verfahrens für eröffnet erachtet, gem. § 13 Abs. 3 S. 1 BauGB (i. V. m. § 13a Abs. 2 Nr. 1 BauGB) auch keine Umweltprüfung durch. Dieser Fehler führt gem. § 214 Abs. 1 S. 1 Nr. 1 BauGB und/oder § 214 Abs. 1 S. 1 Nr. 3 BauGB – außerhalb der Fälle des § 214 Abs. 2a Nr. 1, Nr. 3 u. Nr. 4 BauGB, deren Europarechtskonformität getrennt zu betrachten ist bzw. schon betrachtet wurde¹³⁴³ – zur Unwirksamkeit des Bebauungsplans, so dass der auch gegen Art. 6 Abs. 1 Plan-UP-RL verstoßende Bebau-

---

1341 Vgl. *Krautzberger*, UPR 2007, 53 (54). Vgl. auch Europäische Kommission, Umsetzung Richtlinie 2001/42/EG, 2003, Nr. 7.16, abrufbar unter http://www.erneuerbare-energien.de/files/pdfs/allgemein/application/pdf/sea_guidance.pdf (zuletzt abgerufen am 24.07.2008): Die Öffentlichkeit i. S. v. Art. 6 Abs. 4 Plan-UP-RL wird (grundsätzlich) als Teilmenge der allgemeinen Öffentlichkeit beschrieben. Als Fall, in dem die gem. Art. 6 Abs. 4 Plan-UP-RL zu beteiligende Öffentlichkeit (ausnahmsweise) mit der allgemeinen Öffentlichkeit übereinstimmt, wird ein landesweites Programm bzw. ein landesweiter Plan genannt. Daraus ergibt sich, dass die interessierte Öffentlichkeit nicht grundsätzlich die gesamte Öffentlichkeit erfasst, sondern nur die Öffentlichkeit mit einem tatsächlich berechtigten Beteiligungsinteresse, die daher regelmäßig mit der voraussichtlich betroffenen Öffentlichkeit übereinstimmen wird.
1342 Vgl. *Kment*, in: Hoppe, UVPG, Vorb., Rn. 79; *ders.*, DVBl. 2007, 1275 (1282).
1343 Vgl. B. II. 6. e) bb) (4) (d).

ungsplan an einem nicht von Anfang an als unbeachtlich eingeordneten, seiner Rechtswirksamkeit im Wege stehenden Fehler leidet, wodurch die Anforderung von Art. 6 Abs. 1 Plan-UP-RL in diesen Fällen *im Ergebnis* nicht durch die Einordnung ihrer Verletzung als unbeachtlich unterlaufen wird. In einer solchen Situation liegt der „Hauptfehler" in der Nichtdurchführung der Umweltprüfung, der für die Rechtswirksamkeit des Bebauungsplans gerade nicht unbeachtlich ist. Damit wird zugleich die praktische Wirksamkeit gem. Art. 10 EGV (= Art. 4 Abs. 3 EUV in der Fassung des Vertrags von Lissabon, vgl. ABl. EU Nr. C 115 vom 09.05.2008, S. 367) der an die Umweltprüfung anknüpfenden und ebenfalls verletzten Beteiligungsregelung des Art. 6 Abs. 1 Plan-UP-RL gewährleistet.

Macht eine Gemeinde aufgrund der Verkennung der Voraussetzungen des § 13 Abs. 1 BauGB bzw. § 13a Abs. 1 BauGB lediglich von § 13 Abs. 2 BauGB (i. V. m. § 13a Abs. 2 Nr. 1 BauGB) Gebrauch und führt sie (ansonsten) ordnungsgemäß eine Umweltprüfung durch, so verstößt dieses Vorgehen im Fall der gemeinschaftsrechtlichen Notwendigkeit der Umweltprüfung gegen Art. 6 Abs. 1 Plan-UP-RL, was von § 214 Abs. 1 S. 1 Nr. 2 2. Hs. a. E. BauGB als für die Rechtswirksamkeit des Bebauungsplans unbeachtlich eingeordnet wird und daher dem Gebot der praktischen Wirksamkeit gem. Art. 10 EGV (= Art. 4 Abs. 3 EUV in der Fassung des Vertrags von Lissabon, vgl. ABl. EU Nr. C 115 vom 09.05.2008, S. 367) zu widersprechen scheint. Berücksichtigt die Gemeinde jedoch trotz fehlender allgemeiner Einsichtnahmemöglichkeit in den Planentwurf und den Umweltbericht innerhalb der Planung die planungsrelevanten Belange vollständig und mit zutreffender Gewichtigkeit, so wird das mit der Öffentlichkeitsbeteiligung gem. Art. 6 Abs. 1 Plan-UP-RL verfolgte Ziel der Vollständigkeit und Zuverlässigkeit der für den planerischen Entscheidungsprozess relevanten Belange unabhängig von ihrer korrekten Durchführung erreicht, so dass der Verstoß gegen Art. 6 Abs. 1 Plan-UP-RL insoweit europarechtlich unproblematisch als unbeachtlich eingeordnet werden kann,[1344] zumal ohnehin fraglich ist, ob die von Art. 6 Abs. 1 Plan-UP-RL vorgesehene bloße Einsichtnahmemöglichkeit ohne gleichzeitige Eröffnung einer Stellungnahmemöglichkeit zur zutreffenden Ermittlung und Bewertung des Abwägungsmaterials Wesentliches beitragen kann. Wenn die in die Abwägung einzustellenden Belange aufgrund fehlender Einsichtnahmemöglichkeit der allgemeinen Öffentlichkeit tatsächlich nicht korrekt ermittelt oder bewertet worden sein sollten und sich dies ergebnisbeeinflussend auswirken kann, leidet der Bebauungsplan gem. § 214 Abs. 1 S. 1 Nr. 1 BauGB regelmäßig an einem beachtlichen Fehler, so dass die Verfehlung dieses von Art. 6 Abs. 1 Plan-UP-RL verfolgten Zwecks der Rechtswirksamkeit des Bebauungsplans in Übereinstimmung mit Art. 10 EGV, Art. 249 Abs. 3 EGV (= Art. 288 Abs. 3, Art. 291 Abs. 1 AEUV, Art. 4 Abs. 3 EUV in der Fassung des Vertrags von Lissabon, vgl. ABl. EU Nr. C 115 vom

---

1344 Vgl. B. II. 6. E) (4) (d) (bb).

09.05.2008, S. 367 u. 384) entgegensteht. Unzweifelhaft kann von der Einsichtnahmemöglichkeit der allgemeinen Öffentlichkeit in den Planentwurf und den Umweltbericht als Aspekt der Transparenz des Verfahrens eine gewisse Kontrollfunktion ausgehen. Diese wird jedoch von Art. 6 Abs. 1 Plan-UP-RL auch nur zur Gewährleistung einer vollständigen und zutreffenden Berücksichtigung der planungsrelevanten Umweltbelange vorgesehen. Zudem wird sie auch von der konsultierten betroffenen Öffentlichkeit ausgeübt, zumal deren Kontrollinteresse aufgrund ihrer Betroffenheit regelmäßig weitaus intensiver ist. Werden die Umweltauswirkungen der Planung trotz Verstoßes gegen Art. 6 Abs. 1 Plan-UP-RL zutreffend ermittelt und bewertet, steht der Zweck der gemeinschaftsrechtlich vorgesehenen Verfahrenstransparenz auch für die allgemeine Öffentlichkeit der Unbeachtlichkeit eines Verstoßes gegen Art. 6 Abs. 1 Plan-UP-RL aufgrund nationaler Regelungen nicht entgegen. Dass Ermittlungs- und Bewertungsfehler im Hinblick auf das relevante Abwägungsmaterial, die das Abwägungsergebnis kausal beeinflussen können, nicht für die Rechtswirksamkeit eines Bebauungsplans unbeachtlich sind, wird durch § 214 Abs. 1 S. 1 Nr. 1 BauGB gewährleistet. Weil auch der Zweck der von Art. 6 Abs. 1 Plan-UP-RL vorgesehenen Verfahrenstransparenz trotz § 214 Abs. 1 S. 1 Nr. 2 2. Hs. a. E. BauGB durch die für das Bebauungsplanungsrecht bestehenden Unbeachtlichkeitsregelungen insgesamt nicht unterlaufen wird, begegnet § 214 Abs. 1 S. 2 Nr. 2 2. Hs. a. E. BauGB keinen durchschlagenden europarechtlichen Bedenken. Dies gilt im Übrigen auch, wenn man die in § 13 Abs. 2 S. 1 Nr. 2 1. Alt. BauGB vorgesehene Beteiligung nur der betroffenen Öffentlichkeit zum Planentwurf nicht als den Anforderungen von Art. 6 Abs. 2 u. Abs. 4 Plan-UP-RL genügend erachtet, weil auch die Stellungnahmemöglichkeit der Öffentlichkeit gem. Art. 6 Abs. 2 Plan-UP-RL nur der zutreffenden Einbeziehung der Umweltauswirkungen des Plans dient und diesbezügliche Fehler, die sich kausal auf das Planungsergebnis auswirken können, durch § 214 BauGB gerade nicht als unbeachtlich eingestuft werden.

b) Anwendungsbereich der Planerhaltungsvorschrift des § 214 Abs. 2a Nr. 1 BauGB

aa) Keine gezielte Inanspruchnahme von Flächen außerhalb der Ortslage

§ 214 Abs. 2a Nr. 1 BauGB statuiert eine Planerhaltungsvorschrift für den Fall, dass eine Gemeinde einen aufzustellenden Bebauungsplan als Bebauungsplan der Innenentwicklung einordnet, obwohl die Voraussetzungen des § 13a Abs. 1 S. 1 BauGB objektiv nicht vorliegen, und daher rechtswidrig, aber abgesehen von einer Fehlbeurteilung der Voraussetzung nach § 13a Abs. 1 S. 1 BauGB im Übrigen korrekt das beschleunigte Verfahren mit den dort gegenüber dem Regelplanungsverfahren modifizierten Verfahrens- und Formvorschriften und eventuell auch der besonderen, von § 8 Abs. 2-4 BauGB abweichenden Regelung des Verhältnisses von Bebauungs- und Flächennutzungsplan gem. § 13a Abs. 2 Nr. 2 BauGB anwendet. Obwohl dies im Wortlaut von § 214 Abs. 2a Nr. 1 BauGB scheinbar in keiner Weise zum Ausdruck kommt,[1345] soll § 214 Abs. 2a Nr. 1 BauGB nach dem Willen des Gesetzgebers nicht zur Anwendung kommen, wenn der Bebauungsplan *gezielt* Flächen außerhalb von Ortslagen in Anspruch nimmt.[1346] Bereits im Rahmen seiner Negativdefinition von Maßnahmen der Innenentwicklung hat der Gesetzgeber ausdrücklich betont,[1347] dass die gezielte Inanspruchnahme von Flächen außerhalb von Ortslagen keine Maßnahme der Innenentwicklung ist. Die gezielte (und isolierte) Überplanung solcher Flächen soll, nachdem sie auch aus der Planerhaltungsvorschrift des § 214 Abs. 2a Nr. 1 BauGB ausgenommen wird, offensichtlich generell nicht wirksam im Rahmen des beschleunigten Verfahrens erfolgen können.

Eine *gezielte* Inanspruchnahme von Flächen (isoliert) außerhalb von Ortslagen liegt nur vor, wenn die Gemeinde erkannt hat, dass die zu überplanenden Flächen (isoliert) außerhalb der Ortslage liegen und daher entsprechend des eindeutigen Willens des Gesetzgebers der Anwendungsbereich des beschleunigten Verfahrens gem. § 13a Abs. 1 S. 1 BauGB nicht eröffnet ist, sie aber *in Kenntnis* dessen das beschleunigte Verfahren dennoch anwendet.[1348] Ein gezieltes Inanspruchnehmen von Flächen (isoliert) außerhalb von Ortslagen ist schon begrifflich nur möglich, wenn sich der Planer der Lage des Plangebiets (isoliert) außerhalb der Ortslage *bewusst ist*[1349] und diese Flächen in Kenntnis dessen überplant. In diesen Fällen liegt dann aber auch keine „unzutreffende Beurteilung" der Voraussetzung nach § 13a Abs. 1 S. 1 BauGB i. S. d. § 214 Abs. 2a Nr. 1 BauGB vor, sondern ein bewusstes Hinwegsetzen über die Voraussetzung, so dass die Einschränkung der Planerhaltungsvorschrift doch eine Stütze in ihrem Wortlaut hat.[1350] Für die Anwendbarkeit von § 214 Abs. 2a Nr. 1 BauGB auf den Fall, dass eine Gemeinde Flächen (isoliert) außerhalb der Ortslage durch einen Be-

---

1345 Vgl. *Dirnberger*, Bay. Gemeindetag 2/2007, 51 (51); *Müller-Grune*, BauR 2007, 985 (986).
1346 BT-Drs. 16/2496, S. 17.
1347 Vgl. BT-Drs. 16/2496, S. 12; vgl. B. II. 1. a) aa) (3).
1348 *Dirnberger*, Bay. Gemeindetag 2/2007, 51 (51); *Mitschang*, ZfBR 2007, 433 (Fn. 41); *Scheidler*, ZfBR 2006, 752 (753); *ders.*, BauR 2007, 650 (651); *Uechtritz*, BauR 2007, 476 (483).
1349 Vgl. *Dirnberger*, Bay. Gemeindetag 2/2007, 51 (51), spricht von einer „*vorsätzlich* fehlerhaften Inanspruchnahme des beschleunigten Verfahrens"; *Kment*, DVBl. 2007, 1275 (1278).
1350 Vgl. BVerwG, Urt. vom 14.12.1984 – 4 C 54.81, ZfBR 1985, 87 (88) (vgl. Fn. 1334); angedeutet in BT-Drs. 16/2932, S. 5; *Scheidler*, ZfBR 2006, 752 (753); *ders.*, BauR 2007, 650 (651); *Söfker*, in: Krautzberger/Söfker, Baugesetzbuch, Rn. 165a. Vgl auch die Anforderung des *Verkennens* der Voraussetzungen von § 13 BauGB in § 214 Abs. 1 S. 1 Nr. 2 2. Hs. a. E. BauGB und die der *nicht richtigen Beurteilung* der dringenden Gründen in § 8 Abs. 4 S. 1 in § 214 Abs. 2 Nr. 1 BauGB, die ebenfalls bei einem bewussten Verstoß gegen die Tatbestandsvoraussetzungen nicht gelten, vgl. Fn. 1334.

bauungsplan im beschleunigten Verfahren überplant hat, darf ihr nicht vorzuwerfen sein, sie hätte bewusst – und nicht nur versehentlich[1351] – Flächen (isoliert) außerhalb von Ortslagen und damit *objektiv* eindeutig außerhalb des Anwendungsbereichs des beschleunigten Verfahrens in diesem überplant. § 214 Abs. 2a Nr. 1 BauGB greift in diesem Fall nur, wenn die Gemeinde vom Vorliegen einer Maßnahme der Innenentwicklung ausging und ihr die objektiv eindeutige Nichteröffnung des Anwendungsbereichs des beschleunigten Verfahrens mangels Innenentwicklungsmaßnahme keineswegs bewusst war.[1352] Diesen Nachweis dürfte die Gemeinde aber in der Regel leicht erbringen können,[1353] zumal in der Planbegründung sehr salvatorische Formulierungen gewählt werden können, durch die zum Ausdruck gebracht werden kann, dass die Gemeinde auf jeden Fall vom Vorliegen einer Maßnahme der Innenentwicklung ausging und keinesfalls *gezielt* Flächen (isoliert) außerhalb von Ortslagen in Anspruch nehmen wollte, so dass die Einschränkung des § 214 Abs. 2a Nr. 1 BauGB für Fälle der gezielten Inanspruchnahme von Flächen (isoliert) außerhalb von Ortslagen wohl nur eingeschränkt effektiv ist.[1354]

bb) Tatsächliche Beurteilung des Vorliegens der Voraussetzung nach § 13a Abs. 1 S. 1 BauGB

In diesem Zusammenhang ist auch die Frage näher zu betrachten, ob § 214 Abs. 2a Nr. 1 BauGB generell verlangt, dass sich das für die Bebauungsplanung zuständige Gemeindeorgan positiv Gedanken über das Vorliegen der Voraussetzung des § 13a Abs. 1 S. 1 BauGB machte und dabei zu einer unzutreffenden Beurteilung gekommen ist, oder ob § 214 Abs. 2a Nr. 1 BauGB auch dann greift, wenn die Gemeinde die Eröffnung des Anwendungsbereichs des beschleunigten Verfahrens gem. § 13a Abs. 1 S. 1 BauGB nicht prüfte, sondern diese einfach stillschweigend unterstellte. In letzterem Fall läge im Regelfall mangels näherer Prüfung kein bewusstes Hinwegsetzen über das Nichtvorliegen der Anwendungsvoraussetzung des beschleunigten Verfahrens gem. § 13a Abs. 1 S. 1 BauGB vor und für das Eingreifen der § 214 Abs. 2a Nr. 1 BauGB ähnlichen Planerhaltungsvorschriften des § 214 Abs. 1 S. 1 Nr. 2 2. Hs. a. E. BauGB und § 214 Abs. 2 Nr. 1 BauGB, die ebenfalls auf ein *Verkennen* von Voraussetzungen bzw. auf eine *nicht richtige Beurteilung* einer Voraussetzung abstellen, verlangt man über das Nichtvorliegen eines bewussten Verstoßes gegen die Voraussetzungen hinaus auch nicht, dass sich die Gemeinde positiv mit der

---

1351 *Bienek/Krautzberger*, UPR 2008, 81 (83, Fn. 19).
1352 Vgl. Fn. 1349.
1353 Davon gehen auch die Praxisteststädte aus, *Bunzel*, Difu-Praxistest, S. 80, abrufbar unter http://www.difu.de/publikationen/difu-berichte/4_06/11.phtml (zuletzt abgerufen am 01.03.2008).
1354 *Scheidler*, ZfBR 2006, 752 (753); *ders.*, BauR 2007, 650 (651); *Tomerius*, ZUR 2008, 1 (4); *Uechtritz*, BauR 2007, 476 (483, Fn. 32).

Erfüllung der Voraussetzungen auseinandergesetzt hat.[1355] Das Bundesverwaltungsgericht ging in einem Urteil aus dem Jahr 1984 davon aus, dass es für die Rechtsgültigkeit eines Bebauungsplans nicht darauf ankomme, ob sich eine Gemeinde über die Voraussetzungen einer bestimmten Verfahrenserleichterung tatsächlich Gedanken machte, auch wenn der Gesetzeswortlaut eine „Beurteilung" der Voraussetzungen verlange, da eine derart subjektivierende Deutung kein geeignetes Merkmal für die Rechtsgültigkeit eines Bebauungsplans sein könne, zumal es bei der korrekten Einhaltung einer Verfahrensanforderung auch nicht darauf ankomme, ob sich die Gemeinde dessen bewusst war und sich explizit Gedanken darüber machte. Das Abstellen auf die (Fehl-)Beurteilung solle nur verhindern, dass ein bewusster Verstoß gegen eine Verfahrensanforderung für die Gültigkeit des Bebauungsplans unbeachtlich werden könne.[1356] In Entsprechung dazu würde § 214 Abs. 2a Nr. 1 BauGB nicht voraussetzen, dass sich die planende Gemeinde überhaupt Gedanken über die Voraussetzung des § 13a Abs. 1 S. 1 BauGB gemacht hat und dabei zu einem falschen Schluss gekommen ist. Andererseits aber soll nach der angeführten Auffassung des Bundesverwaltungsgerichts ein bewusster Verstoß gegen die Anwendungsvoraussetzungen eines Planungsverfahrens ein für die Rechtswirksamkeit des Plans beachtlicher Fehler sein. Die Berücksichtigung eines bewussten Verstoßes bedeutet jedoch eine wesentlich stärkere Subjektivierung der Rechtswirksamkeit eines Bebauungsplans als das objektive Erfordernis einer tatsächlichen Prüfung und Beurteilung der Anwendungsvoraussetzungen eines Planungsverfahrens durch die Gemeinde. Zudem stellen die Planerhaltungsvorschriften der §§ 214 f. BauGB auch sonst, d. h. außerhalb von § 214 Abs. 1 S. 1 Nr. 2 2. Hs. a. E., Abs. 2 Nr. 1 BauGB, nicht auf Vorsatz und damit Verschuldens- und Vorwerfbarkeitsmerkmale ab.[1357] Würde man es für § 214 Abs. 2a Nr. 1 BauGB genügen lassen, dass sich die Gemeinde keine Gedanken über das Vorliegen einer Maßnahme der Innenentwicklung im Sinne des § 13a Abs. 1 S. 1 BauGB macht und das Vorliegen der Voraussetzung des § 13a Abs. 1 S. 1 BauGB einfach unterstellt, wäre es einer Gemeinde im Hinblick auf die Bestandskraft ihres Bebauungsplans geradezu zu empfehlen, so vorzugehen, schon um nicht in die gesteigerte Gefahr geraten zu können, bewusst und gezielt Flächen (isoliert) außerhalb von Ortslagen in Anspruch zu nehmen oder ansonsten bewusst gegen die Voraussetzung des § 13a Abs. 1 S. 1 BauGB zu verstoßen,[1358] was in Entsprechung zur oben angeführten Rechtsprechung auch ohne eine gezielte Inanspruchnahme von Flächen

---

1355 Vgl. Fn. 1334.
1356 BVerwG, Urt. vom 14.12.1984 – 4 C 54.81, ZfBR 1985, 87 (87 u. 88) als Rechtsprechung zu § 214 Abs. 2 Nr. 1 BauGB; *Gierke*, in: Brügelmann, § 13a, Rn. 154 (Stand: Februar 2008), verweist auf diese Rechtsprechung; ebenso *Stock*, in: E/Z/B/K, § 214, Rn. 129c (Stand: Mai 2007).
1357 *Blechschmidt*, ZfBR 2007, 120 (124).
1358 *Blechschmidt*, ZfBR 2007, 120 (124); *Uechtritz*, BauR 2007, 476 (483, Fn. 32).

(isoliert) außerhalb der Ortslage wohl ebenfalls als beachtlicher Fehler eingestuft werden müsste. Ferner verlangt § 214 Abs. 2a Nr. 1 BauGB ausdrücklich, dass das Vorliegen der Voraussetzung nach § 13a Abs. 1 S. 1 BauGB „unzutreffend beurteilt" wurde. Dies impliziert, dass überhaupt eine Beurteilung stattfindet und das Vorliegen der Voraussetzung nach § 13a Abs. 1 S. 1 BauGB nicht einfach unterstellt wird,[1359] auch wenn dies im Rahmen von § 214 Abs. 2 Nr. 1 BauGB anders gesehen wird, wobei jedoch die dafür von der Rechtsprechung entwickelte Argumentation – wie dargestellt – nicht zwingend als logisch und nachvollziehbar eingeordnet werden kann. Daher ist festzustellen, dass einer Gemeinde nur dann die Fehlerfolgenregelung des § 214 Abs. 2a Nr. 1 BauGB zugutekommt, wenn sie sich tatsächlich Gedanken über die Voraussetzung des § 13a Abs. 1 S. 1 BauGB gemacht hat und das Vorliegen einer Maßnahme der Innenentwicklung aufgrund dessen *irrtümlich*[1360] unzutreffend beurteilte und sich nicht bewusst über deren Nichtvorliegen hinwegsetzte sowie nicht einfach deren Vorliegen unterstellt hat, auch wenn in diesem Fall keine gezielte Inanspruchnahme von Flächen außerhalb von Ortslagen vorläge,[1361] denn in den *bei-*

1359 Vgl. BT-Drs. 16/2932, S. 5; so auch *Mitschang*, ZfBR 2007, 433 (436, Fn. 41); *Söfker*, in: Krautzberger/Söfker, Baugesetzbuch, Rn. 165a; *Stock*, in: E/Z/B/K, § 214, Rn. 129c (Stand: Mai 2007); *Uechtritz*, BauR 2007, 476 (483, Fn. 32).

1360 *Söfker*, in: Krautzberger/Söfker, Baugesetzbuch, Rn. 165a, und *Stock*, in: E/Z/B/K, § 214, Rn. 129c (Stand: Mai 2007), verweisen ausdrücklich darauf, dass eine *bewusst unzutreffende* Beurteilung der Voraussetzung des § 13a Abs. 1 S. 1 BauGB nicht in den Schutzbereich des § 214 Abs. 2a Nr. 1 BauGB fällt. Dies folge daraus, dass dann *in der Regel* auch eine gezielte Inanspruchnahme von Flächen außerhalb der Ortslage vorliegt. Es wird zudem darauf verwiesen, dass ein solcher Fall dann naheliegt, wenn die Einordnung der zu überplanenden Fläche als Bereich für Maßnahmen der Innenentwicklung gar nicht nachvollziehbar ist. Vgl. auch Fn. 1334 zu § 214 Abs. 1 S. 1 Nr. 2 2. Hs. a. E. BauGB und § 214 Abs. 2 Nr. 1 BauGB, die ebenfalls Fälle des bewussten Verstoßes gegen die Voraussetzungen der Anwendbarkeit der Behörden- und Öffentlichkeitsbeteiligung nach § 13 Abs. 2 S. 1 BauGB sowie des § 8 Abs. 4 S. 1 BauGB nicht erfassen. Vgl. auch *Bunzel*, LKV 2007, 444 (450).

1361 Anderer Ansatz bei *Gierke*, in: Brügelmann, § 13a, Rn. 154 (Stand:Februar 2008): Er verweist darauf, dass der nationale Gesetzgeber, anders als bei § 214 Abs. 2 Nr. 1 BauGB, aufgrund der zu beachtenden europarechtlichen Vorgaben der Plan-UP-RL nicht frei über die Anwendungsvoraussetzungen des beschleunigten Verfahrens disponieren kann. Das Merkmal der Innenentwicklung dient der abstrakten Bestimmung von Plänen, die voraussichtlich keine erheblichen Umweltauswirkungen mit sich bringen. Die Ausnahmeregel des Art. 3 Abs. 5 Plan-UP-RL ist dabei eng auszulegen, da aus Sicht des Europarechts Verletzungen dieser Vorschrift nur in unwesentlichen Bagatellfällen hingenommen werden können. Bestimmt der nationale Gesetzgeber durch abstrakte Festlegung von Planarten, dass diese Pläne voraussichtlich keine erheblichen Umweltauswirkungen haben, so kann er eine Verletzung der Vorschriften über die Umweltprüfungspflicht allenfalls dann für unbeachtlich erklären, wenn trotz des Irrtums bei der Anwendung keine erheblichen Umweltauswirkungen zu erwarten sind. Auf den Willen der Gemeinde kann es dabei nicht ankommen.

den zuletzt genannten Fällen fehlt gerade die von § 214 Abs. 2a Nr. 1 BauGB verlangte *„unzutreffende Beurteilung"*. Von § 214 Abs. 2a Nr. 1 BauGB nicht erfasste Fehler bei der Beurteilung des Vorliegens der Voraussetzung nach § 13a Abs. 1 S. 1 BauGB können gem. § 215 Abs. 1 S. 2 BauGB durch rügelosen Fristablauf unbeachtlich werden.

cc) Anwendung nur in Bezug auf die Voraussetzung nach § 13a Abs. 1 S. 1 BauGB

§ 214 Abs. 2a Nr. 1 BauGB ordnet die rechtswidrige Anwendung des beschleunigten Verfahrens bzw. die daraus resultierenden Verfahrens- und Formfehler sowie die dadurch bedingte Verletzung der Vorschriften über das Verhältnis von Bebauungsplan und Flächennutzungsplan gem. § 8 Abs. 2-4 BauGB *nur dann* als unbeachtlich ein, wenn sie *darauf* beruht bzw. beruhen, dass die Voraussetzung *des* § 13a Abs. 1 S. 1 BauGB unzutreffend beurteilt wurde. Daraus ergibt sich im Umkehrschluss, dass die Fehlerfolgenregelung des § 214 Abs. 2a Nr. 1 BauGB, anders als § 214 Abs. 1 S. 1 Nr. 2 2. Hs. a. E. BauGB,[1362] nicht gilt, wenn andere Anwendungsvoraussetzungen des beschleunigten Verfahrens gem. § 13a Abs. 1 BauGB unzutreffend beurteilt wurden. Dies betrifft im Besonderen auch die flächenmäßigen Begrenzungen beim Anwendungsbereich des beschleunigten Verfahrens in § 13a Abs. 1 S. 2 BauGB, auf die § 214 Abs. 2a Nr. 1 BauGB nicht verweist.[1363] Wird die zulässige Grundfläche bzw. die Größe der Grundfläche bzw. die voraussichtlich versiegelte Fläche fehlerhaft berechnet bzw. prognostiziert und geht man aufgrund dessen vom Unterschreiten der 20000 qm- bzw. der 70000 qm-Grenze aus, so dass man das beschleunigte Verfahren verfahrensfehlerhaft ohne UP-Screening gem. § 13a Abs. 1 S. 2 Nr. 2 BauGB anwendet,[1364] was auch durch § 214 Abs. 2a Nr. 3 BauGB nicht als unbeachtlich eingeordnet wird,[1365] bzw. anwendet, obwohl der Anwendungsbereich wegen Größenüberschreitung von vornherein nicht eröffnet ist, hindern damit einhergehende Verstöße gegen die Verfahrens- und Formvorschriften des an sich anzuwendenden Regelplanungsverfahrens und gegen die Anforderungen von § 8 Abs. 2-4 BauGB außerhalb der Reichweite von § 214 Abs. 1 u. Abs. 2 BauGB die Rechtswirksamkeit des Bebauungsplans; diese Fehler können in der Regel durch ein ergänzendes Verfahren, in dem das erforderliche UP-Screening nachgeholt und der aufgestellte Bebauungsplan im Fall des Fehlens voraussicht-

---

1362 Vgl. B. II. 8. a).
1363 *Battis*, in: B/K/L, § 214, Rn. 15; *Birk*, KommJur 2007, 81 (85); *Gierke*, in: Brügelmann, § 13a, Rn. 151 (Stand: Februar 2008); *Gronemeyer*, BauR 2007, 815 (816); *Kment*, DVBl. 2007, 1275 (1278); *Spannowsky*, in: Spannowsky/Hofmeister, BauGB 2007, S. 27 (39); *ders.*, NuR 2007, 521 (526); *ders.*, in: Berliner Kommentar, § 13a, Rn. 46; *Uechtritz*, BauR 2007, 476 (483).
1364 Vgl. *Spannowsky*, in: BauGB 2007, S. 27 (39); *ders.*, NuR 2007, 521 (526).
1365 Vgl. B. II. 6. e) bb) (4) (c) (dd).

lich erheblicher Umweltauswirkungen ohne Weiteres – auch rückwirkend – in Kraft gesetzt wird[1366] oder bei Nichtanwendbarkeit des beschleunigten Verfahrens aufgrund des UP-Screenings im Regelplanungsverfahren erneut aufgestellt wird[1367] bzw. in dem der die Schwelle von 70000 qm Grundfläche bzw. Versiegelungsfläche überschreitende Bebauungsplan unter Beachtung der Anforderungen des Regelplanungsverfahrens erneut aufgestellt wird, geheilt werden. Ansonsten können sie allenfalls gem. § 215 Abs. 1 S. 1 BauGB – § 214 Abs. 2a BauGB spricht den Fall einer fehlerhaften Größenbestimmung des Bebauungsplans der Innenentwicklung nicht an, so dass dieser auch kein „nach § 214 Abs. 2a BauGB beachtlicher Fehler", d. h. ein in § 214 Abs. 2a BauGB zwar angesprochener, aber trotz dieser Regelung beachtlicher Fehler, im Sinne von § 215 Abs. 1 S. 2 BauGB ist – durch rügelosen Fristablauf unbeachtlich werden. Die bereits vor dem Innenstadtentwicklungsgesetz bestehende Regelung des jetzigen § 215 Abs. 1 S. 1 BauGB lässt nämlich nur bestimmte, in § 214 Abs. 1, Abs. 2 u. Abs. 3 BauGB wenigstens mittelbar angesprochene und trotz der dort vorgesehenen Fehlerfolgenregelungen ausdrücklich als beachtlich eingestufte formelle Fehler bzw. beachtlich bleibende materielle Fehler durch rügelosen Fristablauf unbeachtlich werden; sie gilt daher nicht für Fehler, die in § 214 Abs. 1, Abs. 2 u. Abs. 3 BauGB in keinster Weise angesprochen werden und daher trotz Bestehens dieser Fehlerfolgenregelungen für die Rechtswirksamkeit eines Bebauungsplans beachtlich sind (z. B. für alle materiell-rechtlichen Fehler mit Ausnahme der in § 214 Abs. 2 u. Abs. 3 S. 2 2. Hs. BauGB angesprochenen Anforderungen des § 8 Abs. 2-4 BauGB und des § 1 Abs. 7 BauGB). An dieser Systematik wollte das Innenstadtentwicklungsgesetz mit § 215 Abs. 1 S. 2 BauGB nicht erkennbar etwas ändern. Daher können Fehler bei der für § 13a Abs. 1 S. 2 BauGB notwendigen Größenbestimmung eines Bebauungsplans, die innerhalb des § 214 Abs. 2a BauGB nicht angesprochen ist, auch nicht gem. § 215 Abs. 1 S. 2 BauGB durch rügelosen Fristablauf unbeachtlich werden. Dies gilt insbesondere auch im Hinblick auf eine fehlerhafte Anwendung der Kumulationsregelung des § 13a Abs. 1 S. 2 Nr. 1 a. E. BauGB.[1368] Setzt der Bebauungsplan eine Grundflächenzahl im Sinne von § 19 Abs. 1 BauNVO fest, kann die Ermittlung der für § 13a Abs. 1 S. 2 BauGB maßgeblichen Grundflächengröße in absoluten Zahlen ebenfalls schwierig und daher fehleranfällig sein, vor allem wenn keine Straßenbegrenzungslinie festgesetzt ist oder nur Teilflächen eines Grundstücks überhaupt baulich nutzbar sind.[1369] Eine fehlerhafte Berechnung des Größenwerts eines Bebauungsplans (der Innenentwicklung) kann bei Anwendung des beschleunigten Verfahrens auch zu einem Abwägungsfehler

---

1366 Vgl. B. II. 6. e) bb) (4) (c) (dd); Fn. 1045.
1367 Vgl. B. II. 6. e) bb) (4) (c) (dd).
1368 *Birk*, KommJur 2007, 81 (85); *Gierke*, in: Brügelmann, § 13a, Rn. 151 (Stand: Februar 2008); *Söfker*, in: Krautzberger/Söfker, Baugesetzbuch, Rn. 165a.
1369 *Gierke*, in: Brügelmann, § 13a, Rn. 69 (Stand: Februar 2008).

führen, wenn fälschlicherweise von einem kleinflächigen Bebauungsplan der Innenentwicklung ausgegangen wird, dessen Eingriffe in Natur und Landschaft § 13a Abs. 2 Nr. 4 BauGB von vornherein von einer evtl. bestehenden Ausgleichspflicht suspendiert, tatsächlich aber ein großflächiger Bebauungsplan der Innenentwicklung vorliegt, für den § 1a Abs. 3 S. 1 BauGB ohne jede Einschränkung gilt.[1370] Berücksichtigt eine Gemeinde aufgrund der rechtswidrigen Anwendung der Regelung des § 13a Abs. 2 Nr. 4 BauGB bei Aufstellung eines nur vermeintlich kleinflächigen Bebauungsplans der Innenentwicklung in der Abwägung die Ausgleichspflicht gem. § 1a Abs. 3 S. 1 2. Alt. BauGB für neu ermöglichte Eingriffe nicht, kann der Bebauungsplan nämlich unter einem gem. § 214 Abs. 1 S. 1 Nr. 1 BauGB beachtlichen Abwägungsfehler[1371] in Form eines Ermittlungsdefizits leiden, weil bei der Zusammenstellung des Abwägungsmaterials der in der Abwägung zu berücksichtigende Aspekt des § 1a Abs. 3 S. 1 2. Alt. BauGB von vornherein nicht einbezogen wurde. Ein solcher Fehler ist zwar wegen § 2 Abs. 3, § 214 Abs. 1 S. 1 Nr. 1, Abs. 3 S. 2 1. Hs. BauGB seit der im EAG-Bau (2004) eingeführten, ausdrücklichen Aufgliederung der Abwägung in mehrere, zu trennende Schritte ein Verfahrensfehler;[1372] er beruht aber nicht auf einer unzutreffenden Beurteilung der Voraussetzung nach § 13a Abs. 1 S. 1 BauGB, so dass § 214 Abs. 2a Nr. 1 BauGB nicht gilt.[1373] Die Einordnung eines derartigen Abwägungsfehlers als Verfahrensfehler wird eindeutig dadurch bestätigt, dass § 214 Abs. 2a Nr. 1 BauGB „nur" die Verletzung von Verfahrens- und Formvorschriften und der Vorschriften über das Verhältnis des Bebauungsplans zum Flächennutzungsplan, die auf einer unzutreffenden Beurteilung der Voraussetzung nach § 13a Abs. 1 S. 1 BauGB beruht, als für die Rechtswirksamkeit des Bebauungsplans unbeachtlich bestimmt, jedoch darüberhinaus keine anderen materiellen Fehler anspricht. Wäre die Nichtbeachtung der naturschutzrechtlichen Ausgleichspflicht gem. § 1a Abs. 3 S. 1 2. Alt. BauGB aufgrund unberechtigter Einordnung eines kleinflächigen Bebauungsplans als solchen der Innenentwicklung kein formeller Verfahrensfehler, sondern ein materiell-rechtlicher Abwägungsfehler, wäre dieser Fehler trotz § 214 Abs. 2a Nr. 1 BauGB,

---

1370 *Spannowsky*, in: Spannowky/Hofmeister, BauGB 2007, S. 27 (39); *ders.*, NuR 2007, 521 (525 u. 526).
1371 *Gierke*, in: Brügelmann, § 13a, Rn. 136 (Stand: Februar 2008); *Spannowsky*, in: Spannowsky/Hofmeister, BauGB 2007, S. 27 (38); *ders.*, NuR 2007, 521 (525); *ders.*, in: Berliner Kommentar, § 13a, Rn. 33 (Stand: Juli 2007).
1372 BT-Drs. 15/2250, S. 63 u. 64/65.
1373 Im Ergebnis so *Spannowsky*, in: Spannowsky/Hofmeister, BauGB 2007, S. 27 (37); *ders.*, NuR 2007, 521 (525); *ders.*, in: Berliner Kommentar, § 13a, Rn. 33 (Stand: Juli 2007); bestätigt bei *Gierke*, in: Brügelmann, § 13a, Rn. 136 (Stand: Februar 2008). Dort wird aber behauptet, es liege schon kein Verfahrens- oder Formfehler und kein Fehler im Hinblick auf das Verhältnis von Flächennutzungsplan und Bebauungsplan, wie von § 214 Abs. 2a Nr. 1 BauGB vorausgesetzt, vor. Beachte hierzu aber BT-Drs. 15/2250, S. 63 u. 64/65.

sofern nicht § 214 Abs. 3 S. 2 2. Hs. BauGB griffe, für die Rechtswirksamkeit des rechtswidrig im beschleunigten Verfahren aufgestellten Bebauungsplans beachtlich. Dadurch würde die Effektivität von § 214 Abs. 2a Nr. 1 BauGB bei kleinflächigen Bebauungsplänen stark eingeschränkt. Dies aber widerspräche der mit § 214 Abs. 2a Nr. 1 BauGB verfolgten Zwecksetzung, einem Bebauungsplan trotz Fehleinschätzung über das Vorliegen einer Innenentwicklungsmaßnahme möglichst umfassend zur Rechtswirksamkeit zu verhelfen.[1374] Daher ist rechtsdogmatisch davon auszugehen, dass, wenn eine Gemeinde einen Bebauungsplan, der die größenmäßigen Voraussetzungen des § 13a Abs. 1 S. 2 Nr. 1 BauGB erfüllt, unzutreffend als solchen der Innenentwicklung einordnet und daher rechtswidrig das beschleunigte Verfahren mit der in § 13a Abs. 2 Nr. 4 BauGB statuierten Vergünstigung anwendet, der Bebauungsplan zwar möglicherweise an einem gem. § 214 Abs. 1 S. 1 Nr. 1 BauGB beachtlichen Ermittlungsdefizit und damit an einem Verfahrensfehler leidet. Dieser beruht jedoch auf einer unzutreffenden Beurteilung der Voraussetzung nach § 13a Abs. 1 S. 1 BauGB und ist daher, sofern auch die sonstigen Anforderungen des § 214 Abs. 2a Nr. 1 BauGB erfüllt sind, unbeachtlich.

Im Hinblick auf die Schwierigkeiten bei der Bestimmung der für § 13a Abs. 1 S. 2 BauGB relevanten Größe des Bebauungsplans ist zu bedenken, dass im Fall von § 13a Abs. 1 S. 3 BauGB, wenn also zur Einordnung in das Schwellenwertkonzept des § 13a Abs. 1 S. 2 BauGB die bei Durchführung des Bebauungsplans voraussichtlich versiegelte Fläche prognostisch ermittelt werden muss, keine exakte Vorhersage der Versiegelungsfläche verlangt wird, so dass ein gerichtlich nur eingeschränkt nachprüfbarer Einschätzungsspielraum besteht.[1375] Dies kann zwar eine Gemeinde durchaus zu einer für sie günstigen Schätzung verleiten, die Werte unterhalb der relevanten Grenzwerte von 20000 qm bzw. 70000 qm erreicht, um so ohne Weiteres oder aufgrund des UP-Screenings das beschleunigte Verfahren anwenden zu können, auch wenn bei Realisierung des Bebauungsplans vorhersehbar doch eine größere Fläche versiegelt werden wird,[1376] sofern die Prognose der Versiegelungsfläche dabei plausibel bleibt. Hierin ist somit ein gewisses Risiko der Umgehung[1377] der an sich strikten Schwellenwertfestsetzung angelegt. Andererseits wird die Gemeinde durch den Beurteilungsspielraum von der beinahe unmöglichen Aufgabe suspendiert, im Fall des § 13a Abs. 1 S. 3 BauGB bereits zur Klärung der Anwendung des beschleunigten Verfahrens, d. h. zu einem Zeitpunkt, zu dem die genauen Festsetzungen des Bebauungsplans noch nicht feststehen, insbesondere bei zu erwartenden Versiegelungsflächen in Bereich von 20000 qm bzw. 70000 qm die

---

1374 Vgl. BT-Drs. 16/2932, S. 5; vgl. auch Mustereinführungserlass, S. 19, abrufbar unter http://www.is-argebau.de/ (zuletzt abgerufen am 10.05.2008).
1375 *Tomerius*, ZUR 2008, 1 (4); vgl. auch B. II. 6. c) cc).
1376 *Scheidler*, BauR 2007, 650 (653); *Tomerius*, ZUR 2008, 1 (4).
1377 *Scheidler*, BauR 2007, 650 (653); *Tomerius*, ZUR 2008, 1 (4).

künftige Versiegelungsfläche akkurat vorhersagen zu müssen, um im beschleunigten Verfahren einen rechtswirksamen Bebauungsplan aufstellen zu können, ohne auf eine Grundflächenfestsetzung gem. § 13a Abs. 1 S. 2 BauGB ausweichen zu müssen. Bei groben Fehleinschätzungen ausgehend von unrichtigen Beurteilungsgrundlagen oder völlig abwegigen Vorstellungen über die für die gewünschte Planung notwendigen Bodenversiegelungen überschreitet die Gemeinde den ihr eingeräumten Beurteilungsspielraum, so dass aufgrund § 13a Abs. 1 S. 3 BauGB nicht in erheblichem Umfang Manipulationen bei der Eröffnung des Anwendungsbereichs zu erwarten sein dürften, zumal die Gemeinde im Sinne der aus europarechtlichen Gründen gebotenen worst-case-Betrachtung für eine methodisch korrekte Prognose bei Unsicherheiten über das konkrete Ausmaß der Versiegelung von einer Maximalversiegelung ausgehen muss.[1378]

Die fehlende Planerhaltungsvorschrift im Hinblick auf eine verfahrensentscheidende Fehlberechnung der Größe des Bebauungsplans kann dadurch aufgefangen werden, dass die Gemeinde bei Berechnungsunsicherheiten oder Zweifeln an der Nachvollziehbarkeit ihrer Versiegelungsflächenprognose und einer Annäherung an die Schwellenwerte von 20000 qm bzw. 70000 qm jedenfalls ein UP-Screening durchführt bzw. das Regelplanungsverfahren mit Umweltprüfung anwendet,[1379] um auf der sicheren Seite zu sein und keinen erheblichen Berechnungsaufwand auszulösen, der dem beabsichtigten Beschleunigungseffekt des beschleunigten Verfahrens ohnehin zuwiderlaufen würde.

§ 214 Abs. 2a Nr. 1 1. Alt. BauGB erfasst wegen des Vorrangs des § 214 Abs. 1 S. 1 Nr. 2 BauGB letztlich nur Fälle des Verstoßes gegen § 2 Abs. 3 BauGB sowie gegen die Pflicht zur Begründung des Bebauungsplans bzw. bereits seines Entwurfs mit separatem, auf der Umweltprüfung basierendem Umweltbericht gem. § 9 Abs. 8, § 2a BauGB,[1380] sofern sie auf einer unzutreffenden

---

1378 Vgl. Rn. 597.
1379 *Spannowsky*, in: Spannowsky/Hofmeister, BauGB 2007, S. 27 (40); *ders.*, NuR 2007, 521 (526).
1380 *Gierke*, in: Brügelmann, § 13a, Rn. 153 (Stand: Februar 2008); ungenauer hier *Stock*, in: E/Z/B/K, § 214, Rn. 129d (Stand: Mai 2007), obwohl er die Spezialität von § 214 Abs. 1 S. 1 Nr. 2 BauGB erkennt.
Vgl. auch *Spannowsky*, in: Berliner Kommentar, § 13, Rn. 22 (Stand: Juli 2005), der darauf verweist, dass es bei einer fehlerhaften Beurteilung der Voraussetzungen des vereinfachten Verfahrens trotz § 214 Abs. 1 S. 1 Nr. 2 2. Hs. a. E. BauGB in der Regel bei einem gem. § 214 Abs. 1 S. 1 Nr. 3 BauGB beachtlichen Fehler bleibt, weil wegen der unberechtigten Nichtdurchführung der Umweltprüfung ein in wesentlichen Punkten unvollständiger Umweltbericht und damit eine in wesentlichen Punkten unvollständige Begründung vorliegt. Bestätigt bei *Stock*, in: E/Z/B/K, § 214, Rn. 55 (Stand: Mai 2007), wobei dort darauf verwiesen wird, dass es anders als im vereinfachten Verfahren innerhalb des beschleunigten Verfahrens eine übergreifende Planerhaltungsvorschrift, die gerade die falsche Weichenstellung zugunsten des beschleunigten Verfahrens *als solche allgemein* gegen die Unwirksamkeitsfolge abschirmt, gibt. *Lemmel*, in: Berliner Kommentar, § 214, Rn. 32 (Stand: Juli 2005), macht deutlich, dass trotz § 214 Abs. 1

Beurteilung des Vorliegens einer Maßnahme der Innenentwicklung beruhen. Derartige Fehler wären ansonsten gem. § 214 Abs. 1 S. 1 Nr. 1 u. Nr. 3 BauGB in der Regel beachtlich.

c) Bewertung des Anwendungsbereichs

aa) Weite des Anwendungsbereichs

Die Unbeachtlichkeit der fehlerhaften Annahme, dass ein aufzustellender Bebauungsplan ein solcher der Innenentwicklung ist, für die Rechtswirksamkeit eines aufgrund der falschen Beurteilung rechtswidrig im beschleunigten Verfahren aufgestellten Bebauungsplans war bereits im Regierungsentwurf des Innenstadtentwicklungsgesetzes so vorgesehen.[1381] Und schon innerhalb des Gesetzgebungsverfahrens wurde die Weite der Unbeachtlichkeitsklausel kritisiert. Der Bundesrat hat in seiner Stellungnahme zum Gesetzentwurf die Streichung dieser Fehlerfolgenregelung gefordert. Wegen des Fehlens einer abschließenden Definition eines „Bebauungsplans der Innenentwicklung" in § 13a Abs. 1 S. 1 BauGB wurde eine derart weite, nur die gezielte Inanspruchnahme von Flächen (isoliert) außerhalb von Ortslagen als Maßnahme der Innenentwicklung ausschließende Planerhaltungsvorschrift für nicht gerechtfertigt erachtet. Sie leiste einer unangemessen weiten und großzügigen Auslegung des Begriffs der „Innenentwicklung" geradezu Vorschub mit unter Umständen gravierenden Folgen für Natur und Landschaft.[1382] Zudem wurde kritisiert, dass derart weitgehende Fehlerfolgenregelungen den Gemeinden eine erhebliche Fehlerquote bei der

---

S. 1 Nr. 2 2. Hs. a. E. BauGB ein auf der fehlerhaften Anwendung des *vereinfachten* Verfahrens beruhender Ermittlungs- und Bewertungsmangel nach § 214 Abs. 1 S. 1 Nr. 1 BauGB beachtlich sein kann.
Vgl. aber nun BVerwG, Urt. vom 04.08.2009 – 4 CN 4/08, ZfBR 2009, 676 (676 u. 677/678), das einen mit der Verkennung der Voraussetzungen des vereinfachten Verfahrens verbundenen Verstoß (auch) gegen die Pflichten zur Begründung des Planentwurfs bzw. des Bebauungsplans, konkret zur Erstellung eines Umweltberichts, über § 214 Abs. 1 S. 1 Nr. 3 BauGB hinaus *entsprechend* § 214 Abs. 1 S. 1 Nr. 2 2. Hs. BauGB als unbeachtlich einstuft, *sofern* die Durchführung einer Umweltprüfung gemeinschaftsrechtlich nicht geboten war. Der letzte Halbsatz bestätigt die unter B. II. 8. a) dargestellte Argumentation hinsichtlich der Europarechtskonformität der Regelung des § 214 Abs. 1 S. 1 Nr. 2 2. Hs. BauGB. Nicht entschieden hat das Bundesverwaltungsgericht, ob die erweiternde Anwendung von § 214 Abs. 1 S. 1 Nr. 2 2. Hs. BauGB auch im Fall der Verkennung der Voraussetzungen des § 13a Abs. 1 BauGB gilt oder ob für diesen Fall allein § 214 Abs. 2a Nr. 1 BauGB zur Anwendung kommt.

1381 BT-Drs. 16/2496, S. 7. (Die Regelung war im Regierungsentwurf in § 214 Abs. 2a S. 1 Nr. 1 BauGB enthalten.)

1382 BR-Drs. 558/06, S. 9, zurückgehend auf BR-Drs. 558/1/06, S. 12; BT-Drs. 16/2932, S. 4. Vgl. auch Stellungnahme Nr. 58/06 des Ausschusses Verwaltungsrecht des Deutschen Anwaltvereins vom 02.11.2006, S. 9, abrufbar unter http://anwaltverein.de/downloads/stellungnahmen/2006-58.pdf (zuletzt abgerufen am 15.11.2008).

Aufstellung von Bauleitplänen unterstellten.[1383] Hierbei stellt sich die durchaus berechtigte Frage, ob es nicht, wenn man von vornherein große Fehlerpotentiale bei der Beurteilung des Vorliegens einer Maßnahme der Innenentwicklung im Sinne des § 13a Abs. 1 S. 1 BauGB erkennt und für das Eingreifen der Planerhaltungsvorschrift des § 214 Abs. 2a Nr. 1 BauGB daher nicht einmal verlangt, dass die Einordnung eines Bebauungsplans als solchen der Innenentwicklung wenigstens nachvollziehbar ist, gesetzgebungstechnisch sinnvoller und rechtsstaatlich korrekter wäre, die Handhabbarkeit des § 13a Abs. 1 S. 1 BauGB durch konkrete Definitionen zu erleichtern und daher das Fehlerpotential von vornherein zu vermindern, als dieses durch weite Planerhaltungsvorschriften zu kompensieren.[1384] Dass nämlich bei der Klärung des Vorliegens eines Bebauungsplans der Innenentwicklung in nicht zu vernachlässigendem Ausmaß Fehleinschätzungen möglich sind, bestätigte auch der Praxistest,[1385] wobei dort aus der Sicht planender Städte im Hinblick auf erkennbare Schwierigkeiten bei der Einordnung von Bebauungsplänen als solche der Innenentwicklung natürlich die Weite der Planerhaltungsvorschrift des § 214 Abs. 2a Nr. 1 BauGB begrüßt wurde.[1386] Die großzügige Planerhaltungsvorschrift des § 214 Abs. 2a Nr. 1 BauGB erhöht gerade in Fällen, in denen die Einordnung eines Bebauungsplans als solchen der Innenentwicklung schwierig und daher mit Unsicherheiten verbunden ist, die Rechtsbeständigkeit des im beschleunigten Verfahren aufgestellten Bebauungsplans[1387] und daher auch die Planungssicherheit für Bauherren, die aus dem Bebauungsplan Rechte ableiten, so dass in zweierlei Hinsicht ein Beschleunigungseffekt erzielt wird, zum einen weil das Vorliegen einer Maßnahme der Innenentwicklung nicht unbedingt abschließend und daher u. U. aufwändig geklärt werden muss, um das beschleunigte Verfahren rechtswirksam anwenden zu können, und zum anderen weil die für einen solchen Bebauungsplan durch die Anwendung des beschleunigten Verfahrens erreichbare Vereinfachung und Verkürzung des Planungsverfahrens und damit der Schaffung von Baurechten nicht nachträglich durch gerichtliche Verfahren wieder zunichtegemacht werden können.[1388] Die Weite des Anwendungsbereichs des § 214 Abs. 2a Nr. 1 BauGB kann aber auch zu einer von vornherein sehr großzügigen Auslegung des Be-

---

1383 BR-Drs. 558/06, S. 9, zurückgehend auf BR-Drs. 558/1/06, S. 12; BT-Drs. 16/2932, S. 4.
1384 Vgl. *Reidt*, NVwZ 2007, 1029 (1030).
1385 Vgl. Fn. 83 u. 84.
1386 *Bunzel*, Difu-Praxistest, S. 12 u. 27, abrufbar unter http://www.difu.de/publikationen/difu-berichte/4_06/11.phtml (zuletzt abgerufen am 01.03.2008).
1387 *Bunzel*, Difu-Praxistest, S. 80, abrufbar unter http://www.difu.de/publikationen/difu-berichte/4_06/11.phtml (zuletzt abgerufen am 01.03.2008).
1388 *Bunzel*, Difu-Praxistest, S. 80, abrufbar unter http://www.difu.de/publikationen/difu-berichte/4_06/11.phtml (zuletzt abgerufen am 01.03.2008); *Portz*, in: Spannowsky/Hofmeister, BauGB 2007, S. 1 (4). Vgl. Fn. 22.

griffs der Innenentwicklung verleiten.[1389] Bedenkt man, dass es einer Gemeinde, wenn sie einigermaßen geschickt vorgeht und die Annahme einer Maßnahme der Innenentwicklung betont,[1390] auch wenn dies, anders als im Rahmen des § 214 Abs. 2a Nr. 4 BauGB für die fehlerhafte, aber rechtswirksame Einordnung eines Vorhabens als generell nicht umweltverträglichkeitsprüfungspflichtig oder nur -vorprüfungspflichtig erforderlich, nicht nachvollziehbar ist, aufgrund von § 214 Abs. 2a Nr. 1 BauGB anscheinend relativ einfach möglich ist, einen Bebauungsplan rechtswirksam im beschleunigten Verfahren aufzustellen, obwohl tatsächlich die Voraussetzung des § 13a Abs. 1 S. 1 BauGB nicht erfüllt ist, würde die Weite des Anwendungsbereichs des § 214 Abs. 2a Nr. 1 BauGB bedeuten, dass eine Gemeinde *in erheblichem Umfang* ohne das tatsächliche Vorliegen der Voraussetzung des § 13a Abs. 1 S. 1 BauGB einen Bebauungsplan mit den Verfahrenserleichterungen des beschleunigten Verfahrens aufstellen könnte. Die Weichen für die Anwendung des beschleunigten Verfahrens würden damit in weitem Umfang von den Gemeinden gestellt und nicht gem. § 13a Abs. 1 S. 1 BauGB vom Gesetzgeber.[1391]

Die erhebliche Kritik an der Planerhaltungsvorschrift des § 214 Abs. 2a Nr. 1 BauGB führte jedoch nicht zu deren Änderung oder Streichung. Die Bundesregierung verwies vielmehr in ihrer Gegenäußerung zur Stellungnahme des Bundesrats in Bezug auf die abstrakte, nicht-definierende Formulierung einer Maßnahme der Innenentwicklung in § 13a Abs. 1 S. 1 BauGB auf die wortgleiche Formulierung in der Bodenschutzklausel gem. § 1a Abs. 2 S. 1 2. Hs. BauGB,[1392] wodurch wohl zum Ausdruck gebracht werden sollte, dass aufgrund der Tatsache, dass sich der Begriff „Innenentwicklung" bereits seit dem Jahr 2004 im Baugesetzbuch befindet, mittlerweile trotz fehlender Definition nicht mehr unklar sei, was darunter zu verstehen ist. Zudem betonte die Bundesregierung, dass die Gemeinden durch die Regelung des § 214 Abs. 2a Nr. 1 BauGB bei der gem. § 13a Abs. 1 S. 1 BauGB vorzunehmenden Beurteilung nicht mit den Fehlerfolgen belastet werden sollten. Die Regelung gehe deshalb nicht zu weit, weil sie zum einen eine „Beurteilung", d. h. eine tatsächliche Prüfung und Bewertung des Sachverhalts, verlange und bei einer gezielten Inanspruchnahme von Flächen (isoliert) außerhalb von Ortslagen nicht gelte.[1393] Dabei lässt die Bundesregierung zwar unberücksichtigt, dass der Begriff der Maßnahmen der Innenentwicklung in der Bodenschutzklausel mangels ihrer Re-

---

1389 *Scheidler*, ZfBR 2006, 752 (753); *ders.*, BauR 2007, 650 (651); *Uechtritz*, BauR 2007, 476 (483, Fn. 32).
1390 Vgl. Fn. 1353 u. 1354 unter Beachtung, dass auch außerhalb der gezielten Inanspruchnahme von Flächen (isoliert) außerhalb der Ortslage kein bewusster Verstoß gegen § 13a Abs. 1 S. 1 BauGB vorliegen darf, vgl. B. II. 8. b) bb) und Fn. 1360.
1391 Vgl. *Gronemeyer*, BauR 2007, 815 (823).
1392 BT-Drs. 16/2932, S. 5.
1393 BT-Drs. 16/2932, S. 5.

levanz in der Rechtsprechung keine nähere Konkretisierung erfahren hat.[1394] Jedoch ist der obigen[1395] näheren Beleuchtung des Begriffs der Innenentwicklung zu entnehmen, dass aufgrund einer grammatikalischen, teleologischen, systematischen, historischen und europarechtskonformen Interpretation von § 13a Abs. 1 S. 1 BauGB ein Bebauungsplan weitgehend eindeutig als Innenentwicklungs- oder Nichtinnenentwicklungsbebauungsplan bestimmt werden kann.[1396] Die von der Bundesregierung genannten Schranken für die Anwendbarkeit des § 214 Abs. 2a Nr. 1 BauGB, die gezielte Inanspruchnahme von Flächen außerhalb von Ortslagen und das Fehlen einer echten Beurteilung, können zwar, wie oben gezeigt,[1397] tatsächlich umgangen werden, wenn der Gemeinde nicht der Vorwurf eines bewussten Verstoßes gegen die von ihr erkannte Nichteröffnung des Anwendungsbereichs oder der ohne echte Beurteilung der Voraussetzung des § 13a Abs. 1 S. 1 BauGB erfolgten, stillschweigenden Unterstellung von deren Vorliegen gemacht werden kann, so dass die Schranken des § 214 Abs. 2a Nr. 1 BauGB in diesen Fällen nicht effektiv sind. Dabei darf jedoch nicht völlig unberücksichtigt bleiben, dass gerade in den Fällen, in denen die Annahme eines Innenentwicklungsbebauungsplans nicht einmal nachvollziehbar ist, ein bewusster, von § 214 Abs. 2a Nr. 1 BauGB nicht erfasster Verstoß gegen § 13a Abs. 1 S. 1 BauGB sehr naheliegend ist.[1398] Daher kann der Auffassung *Reidts*,[1399] die Weite des § 214 Abs. 2a Nr. 1 BauGB bedeute aufgrund des Mangels einer konkreteren Definition von Maßnahmen der Innenentwicklung in § 13a Abs. 1 S. 1 BauGB die Korrektur eines gesetzgeberischen Defizits zur Gewährleistung mangelfreier Bebauungspläne auf der Seite der Anwendungsvoraussetzungen durch eine Planerhaltungsvorschrift, nur eingeschränkt zugestimmt werden. Ebenso wenig kann dem Gesetzgeber wegen der guten Auslegbarkeit des Begriffs der Innenentwicklung gerade aufgrund zahlreicher Anhaltspunkte für die bei der Interpretation einzuschlagende Richtung gänzlich der Anspruch abgesprochen werden, Voraussetzungen für von vornherein möglichst mangelfreie Bauleitpläne schaffen zu wollen. Auch der Kritik dahingehend, dass durch eine zunehmende Ausweitung der Planerhaltungsvorschriften der §§ 214 ff. BauGB ein immer stärkeres Gewicht auf die Analyse von Fehlern von Bauleitplänen gelegt werde, anstatt von vornherein durch hand-

---

1394 Vgl. B. I. 2. b) cc).
1395 B. II. 1.- 3.
1396 *Spannowsky*, in: Berliner Kommentar, § 13a, Rn. 12 (Stand: Juli 2007); *ders.*, NuR 2007, 521 (523); *ders.*, in: Spannowsky/Hofmeister, BauGB 2007, S. 27 (32); *Scheidler*, ZfBR 2006, 752 (752); *ders.*, BauR 2007, 650 (625); mit Einschränkungen auch *Mitschang*, ZfBR 2007, 433 (435).
1397 B. II. 8. b) aa) u. bb); Fn. 1360 u. 1390.
1398 Fn. 1360.
1399 *Reidt*, NVwZ 2007, 1029 (1030).

habbare Anforderungen an die Planaufstellung Fehler zu vermeiden,[1400] kann daher nur teilweise beigepflichtet werden. Es ist jedoch einzuräumen, dass die für die Eröffnung des Anwendungsbereichs des beschleunigten Verfahrens erforderliche Prüfung der Voraussetzungen des § 13a Abs. 1 BauGB insgesamt eine Abkehr von einem wesentlichen Ziel des EAG-Bau (2004) ist, durch die Einführung der Umweltprüfung für grundsätzlich alle Bauleitpläne das Planungsverfahren einheitlich und *dadurch* möglichst einfach und gut handhabbar auszugestalten.[1401] § 13a BauGB verfolgt das Ziel einer Verfahrensvereinfachung und -entlastung auf eine andere Art und Weise.

bb) Europarechtliche Aspekte

Im Hinblick auf die Regelung des § 214 Abs. 2a Nr. 1 BauGB bestehen jedoch unzweifelhaft erhebliche europarechtliche Bedenken,[1402] weil mit § 214 Abs. 2a Nr. 1 BauGB eine der in § 13a Abs. 1 BauGB vorgesehenen Gewährleistungsregelungen dafür,[1403] dass keine Pläne mit voraussichtlich erheblichen Umweltauswirkungen entgegen Art. 3 Abs. 1 Plan-UP-RL ohne Umweltprüfung aufgestellt werden können, in ihrer Effektivität jedenfalls eingeschränkt wird, indem tatsächlich auch Bebauungspläne, die nicht solche der Innenentwicklung sind, aber irrtümlich als solche beurteilt werden, rechtswirksam im beschleunigten Verfahren aufgestellt werden können. Gerade auch aufgrund der nicht ganz abstreitbaren Möglichkeit der Umgehung der Einschränkungen des § 214 Abs. 2a Nr. 1 BauGB dahingehend, dass der Bebauungsplan nicht gezielt Flächen (isoliert) außerhalb von Ortslagen in Anspruch nehmen und auch ansonsten nicht bewusst gegen das Nichtvorliegen der Voraussetzung des § 13a Abs. 1 S. 1 BauGB verstoßen darf, werden diese Bedenken verstärkt. Art. 3 Abs. 3 u. Abs. 4 Plan-UP-RL räumen den Mitgliedstaaten zwar einen gewissen Spielraum bei der Bestimmung der Umweltprüfungspflichtigkeit der Pläne ein, die nur die Nutzung kleiner Gebiete auf lokaler Ebene betreffen oder nicht unter die in Art. 3 Abs. 2 Plan-UP-RL aufgeführte Art von Plänen fallen. Der Spielraum ist aber überschritten, wenn bei typisierender Betrachtungsweise in nicht nur unerheblichem Umfang Pläne von der Umweltprüfungspflicht ausgenommen werden, die voraussichtlich erhebliche Umweltauswirkungen haben und daher gem. Art. 3 Abs. 1 Plan-UP-RL umweltprüfungspflichtig sind.[1404] Bei Bebauungsplänen, die

---

1400 Vgl. *Schwarz*, LKV 2007, 454 (454) unter Verweis auf *Berkemann* und *Reidt*, NVwZ 2007, 1029 (1030).
1401 BT-Drs. 15/2250, S. 28 u. 29; *Reidt*, NVwZ 2007, 1029 (1030 u. 1032).
1402 *Reidt*, NVwZ 2007, 1029 (1030); *Schwarz*, LKV 2007, 454 (454) unter Verweis auf *Berkemann*; vgl. auch *Gierke*, in: Brügelmann, § 13a, Rn. 154 (Stand: Februar 2008).
1403 Vgl. B. II. 6. d) aa).
1404 Vgl. Fn. 638 u. 646; *Gierke*, in: Brügelmann, § 13a, Rn. 154 (Stand: Februar 2008), verweist darauf, dass eine Verletzung der auf nationaler Ebene gem. Art. 3 Abs. 5 Plan-UP-RL getroffenen Vorschriften über die Umweltprüfungspflichtigkeit nur dann unbe-

nicht unmittelbar der Innenentwicklung im Sinne von § 13a Abs. 1 S. 1 BauGB dienen, geht der deutsche Gesetzgeber in § 13a BauGB selbst davon aus, dass sie – bei typisierender Betrachtungsweise – voraussichtlich mit erheblichen Umweltauswirkungen verbunden sind, gerade weil er sie vom Anwendungsbereich des beschleunigten Verfahrens ausnimmt. Zudem ist mit ihnen auch nicht unbedingt das mit § 13a BauGB auf rein nationaler Ebene verfolgte Ziel der Stärkung der Innenentwicklung und der Verminderung der Flächenneuinanspruchnahme erreichbar.[1405] Daher ist es im Hinblick darauf unlogisch und mit den Vorgaben der Plan-UP-RL kaum zu vereinbaren,[1406] dass aufgrund von § 214 Abs. 2a Nr. 1 BauGB im beschleunigten Verfahren auch solche Bebauungspläne rechtswirksam aufgestellt werden können, die nicht Bebauungspläne der Innenentwicklung sind. Die Tatsache, dass der Gesetzgeber, indem er auf eine abschließende Definition von „Maßnahmen der Innenentwicklung" verzichtet, die Möglichkeit offen hält, das beschleunigte Verfahren grundsätzlich auch auf künftige, sich im Laufe der Entwicklung einer Stadt, z. B. aufgrund wirtschaftlicher oder demografischer Veränderungen, als notwendig herausstellende, jetzt noch unvorhersehbare Maßnahmen anwenden zu können,[1407] ist an sich zu begrüßen, gerade weil nicht absehbar ist, welche Anpassungen der Bauleitplanung an strukturelle Veränderungen erforderlich sein werden, die von der Zielsetzung und Ausgangslage des beschleunigten Verfahrens erfasst sein können. Allein die weite Planerhaltung gem. § 214 Abs. 2a Nr. 1 BauGB für die Aufstellung von Bebauungsplänen, die keine Maßnahmen der Innenentwicklung betreffen, erscheint problematisch, besonders weil dadurch der Anwendungsbereich des beschleunigten Verfahrens auf Maßnahmen ausgedehnt wird, die auch nach einem „stadtentwicklungsplanerischen Verständnis"[1408] keine Innenentwicklung mehr sind und für die an sich die Privilegierungen des beschleunigten Verfahrens nicht intendiert sind.[1409] Die Notwendigkeit einer Einschränkung des § 214

---

achtlich sein kann, wenn trotz des Irrtums bei der Anwendung des beschleunigten Verfahrens keine erheblichen Umweltauswirkungen des Plans zu erwarten sind – egal, ob die Gemeinde die bestehenden Regelungen über die Bestimmung der Umweltprüfungspflichtigkeit einhalten wollte oder bewusst gegen sie verstoßen hat. Vgl. Fn. 1361.

1405 Vgl. *Spannowksy*, in: Spannowsky/Hofmeister, BauGB 2007, S. 27 (32, Fn. 4); *ders.*, NuR 2007, 521 (523, Fn. 6); *Tomerius*, ZUR 2008, 1 (6/7).
1406 *Gierke*, in: Brügelmann, § 13a, Rn. 154 (Stand: Februar 2008). A. A. *Spannowsky*, in: Spannowsky/Hofmeister, BauGB 2007, S. 27 (32); *ders.*, NuR 2007, 521 (523): *Spannowsky* geht aber dabei davon aus, dass in §§ 214 f. BauGB nur solche Fehler unbeachtlich sind, die nicht zugleich einen Verstoß gegen europarechtliche Vorgaben darstellen (NuR 2007, 521 (526)). A. A. auch *Kment*, DVBl. 2007, 1275 (1278), der aber davon ausgeht, dass das Kriterium der Innenentwicklung rein national definiert ist und nicht gleichzeitig einen gemeinschaftsrechtlichen Hintergrund hat.
1407 *Krautzberger*, UPR 2007, 53 (53/54); *Mitschang*, ZfBR 2007, 433 (435/436).
1408 *Krautzberger*, UPR 2007, 53 (53).
1409 Vgl. Fn. 1405.

Abs. 2a Nr. 1 BauGB über die vom Gesetzgeber selbst angenommenen Schranken hinaus bestätigt sich insbesondere vor dem Hintergrund, dass schon bei der Eingrenzung des Anwendungsbereichs des beschleunigten Verfahrens gem. § 13a Abs. 1 S. 1 BauGB teilweise entgegen dem Verständnis des Gesetzgebers[1410] eine eher restriktive Auslegung des Begriffs der Innenentwicklung vorzunehmen ist, um nicht gegen europäisches Recht zu verstoßen.[1411] Dem widerspräche es, durch § 214 Abs. 2a Nr. 1 BauGB die Aufstellung von Nichtinnenentwicklungsbebauungsplänen im beschleunigten Verfahren in nicht völlig unerheblichem Umfang als rechtswirksam einzuordnen. § 214 Abs. 2a Nr. 1 BauGB ist daher in Übereinstimmung mit der Tatsache, dass der deutsche Gesetzgeber mit der Einführung des beschleunigten Verfahrens und daher auch mit den dafür vorgesehenen Planerhaltungsvorschriften Spielräume innerhalb der Plan-UP-RL ausnutzen, aber nicht überschreiten wollte, zur Gewährleistung seiner Richtlinienkonformität und auch aufgrund des mit § 13a BauGB verfolgten Ziels der Verfahrensprivilegierung nur von die Innenentwicklung unmittelbar stärkenden Bebauungsplänen dahingehend teleologisch zu reduzieren, dass die unzutreffende Beurteilung der Voraussetzung nach § 13a Abs. 1 S. 1 BauGB nur dann für die Rechtswirksamkeit des im beschleunigten Verfahrens aufgestellten Bebauungsplans unbeachtlich ist, wenn der Bebauungsplan, obwohl er kein solcher der Innenentwicklung ist, voraussichtlich keine erheblichen Umweltauswirkungen hat und daher nicht gem. Art. 3 Abs. 1 Plan-UP-RL der Umweltprüfungspflicht unterliegt.[1412] Unter dieser Voraussetzung, ergänzt dadurch, dass § 214 Abs. 2a Nr. 1 BauGB bei einer bewussten Ignoranz des weitgehend eindeutig bestimmbaren Anwendungsbereichs von Bebauungsplänen der Innenentwicklung nicht anwendbar ist, wird die Anwendbarkeit des beschleunigten Verfahrens gem. § 13a Abs. 1 S. 1 BauGB auch nicht, wie befürchtet,[1413] in weitem Umfang über tatsächliche Innenentwicklungsmaßnahmen hinaus ausgedehnt.

Das Unbeachtlichwerden einer trotz § 214 Abs. 2a Nr. 1 BauGB beachtlichen unzutreffenden Annahme des Vorliegens einer Maßnahme der Innenentwicklung gem. § 215 Abs. 1 S. 2 BauGB ist insbesondere wegen der Möglichkeit, den Fehler jedenfalls ein Jahr lang rügen zu können, was für die Effektivität der

---

1410 BR-Drs. 558/1/06, S. 7, bezeichnet den Anwendungsbereich des § 13a Abs. 1 S. 1 BauGB als sehr weit; ebenso *Schröer*, NZBau 2006, 703 (704); *ders.*, NZBau 2008, 46 (47), auf der Grundlage erster Erfahrungen in der Praxis.
1411 *Bienek/Krautzberger*, UPR 2008, 81 (83); angedeutet bei *Bunzel*, LKV 444 (450); *Tomerius*, ZUR 2008, 1 (3), unter Bezugnahme auf das (rein nationale) Ziel einer effektiven Beschränkung der Flächenneuinanspruchnahme. Vgl. die nicht grundsätzlich eine Maßnahme der Innenentwicklung darstellende Änderung eines Bebauungsplans innerhalb des Siedlungsbereichs aus europarechtlichen Gründen bei B. II. 1. b) cc) (1) (c) und (2) (d).
1412 Vgl. *Gierke*, in: Brügelmann, § 13a, Rn. 154 (Stand: Februar 2008); Fn. 1361.
1413 B. II. 8. c) aa).

Rügemöglichkeit und des Rechtsschutzes zeitlich bei weitem ausreichend ist,[1414] – wird nicht gem. § 215 Abs. 2 BauGB korrekt auf die Rügefrist und die Rechtsfolgen ihres Verstreichenlassens hingewiesen, können in § 215 Abs. 1 BauGB genannte Fehler sogar unbefristet gerügt werden – und unter Berücksichtigung des auch europarechtlich als allgemeiner Rechtsgrundsatz des Gemeinschaftsrechts anerkannten Prinzips der Rechtssicherheit[1415] europarechtskonform.[1416] Dies gilt auch für das bereits angesprochene[1417] Unbeachtlichwerden von trotz § 214 Abs. 2a Nr. 3 u. Nr. 4 BauGB beachtlichen Fehlern beim UP-Screening und bei der Beurteilung des Ausschlussgrundes gem. § 13a Abs. 1 S. 4 BauGB.

III. Verfahrensbesonderheiten des beschleunigten Verfahrens

§ 13a Abs. 2 BauGB enthält diejenigen Regelungen für das beschleunigte Verfahren, die dieses neben den Besonderheiten bei der Klärung des Anwendungsbereich gem. § 13a Abs. 1 BauGB im Vergleich zum Regelplanungsverfahren für Bebauungspläne ausmachen. Gerade durch diese formellen und materiellen Verfahrensmodifikationen soll der beabsichtigte Beschleunigungs- und Vereinfachungseffekt[1418] für Bebauungspläne der Innenentwicklung erreicht werden, der einen Anreiz für eine tatsächliche Stärkung der Innenentwicklung gegenüber einer bisher kaum aufzuhaltenden Außenentwicklung geben soll.

1. Entsprechende Geltung der Vorschriften des vereinfachten Verfahrens nach § 13 Abs. 2 und Abs. 3 S. 1 BauGB, § 13a Abs. 2 Nr. 1 BauGB

Als „wichtigste Besonderheit"[1419] des beschleunigten Verfahrens wird dabei die in § 13a Abs. 2 Nr. 1 BauGB vorgesehene entsprechende Geltung der Vorschrif-

---

1414 Vgl. EuGH, Urt. vom 14.12.1995 – Rs. C-312/93, Slg. 1995, I-4599 (4620 f.).
1415 Vgl. z. B. EuGH, Urt. vom 21.09.1983 – Rs. 205-215/82, Slg. 1983, 2633 (2669 (Rn. 30)); EuGH, Urt. vom 11.07.2002 – Rs. C-62/00, Slg. 2002, I-6325 (6361 (Rn. 35)); EuGH, Urt. vom 27.02.2003 – Rs. C-327/00, Slg. 2003, I-1877 (1925 (Rn. 52)); EuGH, Urt. vom 12.12.2002 – Rs. C-470/99, Slg. 2002, I-11617 (11686 (Rn. 77)). Vgl. auch *Kahl*, in: Calliess/Ruffert, EUV/EGV, Art. 10, Rn. 32.
1416 *Kment*, DVBl. 2007, 1275 (1281/1282); *ders.*, DÖV 2006, 462 (464/465).
1417 Vgl. B. II. 6. e) (4) (c) (dd) und B. II. 7. b) cc) (3) (b).
1418 Vgl. *Krautzberger*, in: E/Z/B/K, § 13, Rn. 34 (Stand: März 2007).
1419 *Battis*, in: B/K/L, § 13a, Rn. 11; *Otto*, NJ 2007, 63 (53), bezeichnet die Verfahrensbesonderheiten als „verfahrensrechtlichen Kern" des beschleunigten Verfahrens; *Battis/Krautzberger/Löhr*, NVwZ 2007, 121 (124), speziell hinsichtlich des Verzichts auf die Umweltprüfung; ähnlich *Birk*, KommJur 2007, 81 (82), hinsichtlich des Entfallens von Umweltprüfung und Umweltbericht; ähnlich *Starke*, JA 2007, 488 (488/489), hinsichtlich des Entfallens der Umweltprüfung.

ten des vereinfachten Verfahrens nach § 13 Abs. 2 u. Abs. 3 S. 1 BauGB erachtet. Aus § 13a Abs. 2 Nr. 1 BauGB wird deutlich, dass das beschleunigte Verfahren an vorhandene Regelungen des vereinfachten Verfahrens gem. § 13 Abs. 2 u. Abs. 3 BauGB anknüpft, dieses jedoch durch die weiteren Verfahrensbesonderheiten des beschleunigten Verfahrens in § 13a Abs. 2 Nr. 2 u. Nr. 4 BauGB noch ergänzt.[1420]

a) Entfallen der umweltbezogenen Verfahrensschritte entsprechend § 13 Abs. 3 S. 1 BauGB

Die von § 13a Abs. 2 Nr. 1 BauGB angeordnete entsprechende Geltung der Vorschrift des § 13 Abs. 3 S. 1 BauGB für das beschleunigte Verfahren bedeutet, dass bei Anwendung des beschleunigten Verfahrens keine Umweltprüfung gem. § 2 Abs. 4 BauGB durchzuführen ist und daher auch alle weiteren mit dieser in Zusammenhang stehenden[1421] Verfahrensschritte der Verfassung eines Umweltberichts gem. § 2a S. 2 Nr. 2 u. S. 3 BauGB, der Angabe nach § 3 Abs. 2 S. 2 BauGB, welche Arten umweltbezogener Informationen verfügbar sind, und der zusammenfassenden Erklärung gem. § 10 Abs. 4 BauGB entbehrlich sind. Ebenso wird auf das Monitoring gem. § 4c BauGB verzichtet.

aa) Ausgangslage

Aus Anlass der Umsetzung der Plan-UP-RL hatte das EAG-Bau 2004 in § 2 Abs. 4 S. 1 BauGB für grundsätzlich alle Bauleitpläne die Durchführung einer Umweltprüfung als formalisiertes Verfahren zur Ermittlung sowie zur Beschreibung und Bewertung der voraussichtlich erheblichen Umweltauswirkungen der Planung in einem Umweltbericht eingeführt, deren Ergebnis wie die sonstigen von der Planung abwägungserheblich betroffenen Belange gem. § 2 Abs. 4 S. 4 BauGB in der Abwägung gem. § 1 Abs. 7 BauGB zu berücksichtigen ist. Die Umweltprüfung ist damit ein gegenüber § 2 Abs. 3 BauGB besonderes Verfahren zur Ermittlung und Bewertung des umweltbezogenen Abwägungsmaterials,[1422] das die Aufnahme abwägungsrelevanter umweltschützender Belange in

---

[1420] Vgl. B. II. 4. a) bb). BT-Drs. 16/2496, S. 9 u. 12; *Bienek*, SächsVBl. 2007, 49 (50); *Krautzberger*, UPR 2007, 170 (174); *Schröer*, NZBau 2006, 703 (704); *Spannowsky*, in: Spannowsky/Hofmeister, BauGB 2007, S. 27 (37); *ders.*, NuR 2007, 521 (525); *Uechtritz*, BauR 2007, 476 (477). Unklar hier *Mitschang*, ZfBR 2007, 433 (447), der das beschleunigte Verfahren als Unterfall des vereinfachten einordnet.
[1421] *Battis/Krautzberger/Löhr*, NVwZ 2007, 121 (124); *Krautzberger*, in: E/Z/B/K, § 13a, Rn. 63 (Stand: Mai 2007); *ders.*, UPR 2007, 170 (172); *Wallraven-Lindl/Strunz/Geiß*, Das Bebauungsplanverfahren nach dem BauGB 2007, S. 148.
[1422] Vgl. BT-Drs. 15/2250, S. 29; *Bunzel*, in: BauGB 2004 – Nachgefragt, S. 117 (117); *Gierke*, in: Brügelmann, § 13a, Rn. 10 (Stand: Februar 2008), nennt § 2 Abs. 4 BauGB eine Spezialvorschrift zu § 2 Abs. 3 BauGB; *Stüer*, NVwZ 2005, 508 (509); *Wagner/Paßlick*, in: Hoppe, UVPG, § 17, Rn. 130. *Krautzberger/Stüer*, DVBl. 2004, 914 (917),

das Abwägungsmaterial sicherstellen soll.[1423] Dies entspricht dem der Plan-UP-RL zugrunde liegenden Verfahrensgedanken (Art. 1 Plan-UP-RL; Grund 4 Begründung Plan-UP-RL), wonach Umweltprüfung und Umweltbericht als Verfahrensschritte die materiell-rechtlich korrekte Einbeziehung der Umwelterwägungen in die Planung und damit deren Rechtmäßigkeit gewährleisten sollen.[1424] Die Pflicht zur Umweltprüfung als Verfahrensschritt bei der Aufstellung grundsätzlich aller Bauleitpläne ging dabei über die Vorgaben der Plan-UP-RL, die nur Pläne mit voraussichtlich erheblichen Umweltauswirkungen gem. Art. 3 Abs. 1 Plan-UP-RL zwingend einer Umweltprüfung unterwirft, hinaus,[1425] um Abgrenzungen zwischen umweltprüfungspflichtigen und nicht-umweltprüfungspflichtigen Bauleitplanungsverfahren zu vermeiden und damit das Bauleitplanungsverfahren durch Standardisierung der Verfahrensschritte zu vereinfachen sowie die Rechtssicherheit zu erhöhen.[1426] Nur in § 13 BauGB war unter den engen Voraussetzungen[1427] des § 13 Abs. 1 BauGB gem. § 13 Abs. 3 S. 1 BauGB unter Ausnutzung von Spielräumen der Plan-UP-RL eine Ausnahme von der generellen Umweltprüfungspflichtigkeit von Bauleitplänen vorgesehen.[1428] Die vollständig in das Bauleitplanungsverfahren integrierte Umweltprüfung wurde als sog. (unselbständiges) Trägerverfahren für *alle* bauplanungsrechtlich relevanten umweltbezogenen Maßgaben und Prüfverfahren ausgestaltet, wodurch alle umweltbezogenen Anforderungen und Verfahrensschritte für das Bauleitplanungsverfahren in der Umweltprüfung ohne weitere Sonderverfahren und Parallelprüfungen vereint werden sollten und das Bauleitplanungsverfahren abschließend über den erforderlichen Umweltschutz im Zusammenhang mit der Planung entscheiden sollte.[1429] Dies ergibt sich ganz offensichtlich daraus, dass

---

betonen, dass die Umweltprüfung nur die ohnehin für die Abwägung nach § 1 Abs. 7 BauGB erforderlichen Umweltbelange erfasst.
1423 Vgl. BT-Drs. 15/2250, S. 30; *Kuschnerus*, BauR 2001, 1211 (1213), bezogen auf die Umweltverträglichkeitsprüfung von Bebauungsplänen nach dem UVPG (2001).
1424 Vgl. BT-Drs. 15/2250, S. 27 u. 28; *Krautzberger/Stüer*, DVBl. 2004, 914 (916); *Mitschang*, in: Berliner Kommentar, § 2, Rn. 129 (Stand: September 2007); *Stüer*, NVwZ 2005, 508 (511 u. 515).
1425 Vgl. B. II. 6. a) aa).
1426 BT-Drs. 15/2250, S. 28 u. 29; *Gierke*, in: Brügelmann, § 13a, Rn. 10 (Stand: Februar 2008), unter Verweis auf BT-Drs. 15/2250, S. 29; *Krautzberger/Stüer*, DVBl. 2004, 914 (917); *Reidt*, NVwZ 2007, 1029 (1030 u. 1032); *Schmitz/Federwisch*, Einzelhandel und Planungsrecht, Rn. 255, unter Verweis auf BT-Drs. 15/2250, S. 29. Vgl. Fn. 1401.
1427 BT-Drs. 15/2250, S. 30; *Krautzberger*, in: E/Z/B/K, § 2, Rn. 179 (Stand: September 2007). Vgl. Fn. 460.
1428 *Scheidler*, ZfBR 2006, 752 (755); *ders.*, BauR 2007, 650 (654); *Schmitz/Federwisch*, Einzelhandel und Planungsrecht, Rn. 294; *Stüer*, NVwZ 2005, 508 (508); *Uechtritz*, BauR 2007, 476 (477 u. 481). Vgl. Fn. 489 u. 598.
1429 BT-Drs. 15/2250, S. 28 u. 29 u. 30 u. 35; *Halama*, in: BauGB 2004 – Nachgefragt, S. 114 (114/115); *Krautzberger*, in: E/Z/B/K, § 2, Rn. 155 u. 162 u. 164 u. 177 (Stand:

§ 2 Abs. 4 S. 1 BauGB für den Gegenstand der Umweltprüfung auf die für die Bauleitplanung im Baugesetzbuch explizit angesprochenen Belange des Umweltschutzes nach § 1 Abs. 6 Nr. 7, § 1a BauGB verweist und in § 1a Abs. 3 BauGB mit der naturschutzrechtlichen Eingriffsregelung und in § 1a Abs. 4 BauGB in Form der Verträglichkeitsprüfung nach der FFH-RL (vgl. Grund 19 Begründung Plan-UP-RL) (an sich) besondere unselbständige Prüfverfahren und Rechtsfolgen zugunsten einzelner Umweltbelange vorgesehen sind.[1430]

§ 13a BauGB sieht nun zur Verfahrensbeschleunigung für die Aufstellung von Bebauungsplänen der Innenentwicklung eine weitere Ausnahme von der in § 2 Abs. 4 S. 1 BauGB vorgesehenen grundsätzlichen Umweltprüfungspflichtigkeit von Bebauungsplänen vor. Dabei reagiert der Gesetzgeber auch darauf, dass die zeit- und kostenaufwändige Pflicht zur Durchführung einer Umweltprüfung die Gemeinden zögern ließ, ihre Innenstädte zur Nachverdichtung zu überplanen.[1431]

Um abschätzen zu können, ob mit dem Verzicht auf die umweltbezogenen Verfahrensschritte tatsächlich eine Verfahrensvereinfachung und -beschleunigung und damit ein Anreiz zur verstärkten Innenentwicklung erzielt werden kann, muss man sich zunächst vor Augen halten, wie viel Aufwand mit der Durchführung einer Umweltprüfung tatsächlich verbunden ist.

bb) Verfahren der Umweltprüfung und seine Wirkung

(1) Gegenstand und Umfang der Umweltprüfung

Gem. § 2 Abs. 4 S. 1 BauGB ist für die Belange des Umweltschutzes nach § 1 Abs. 6 Nr. 7 BauGB und § 1a BauGB eine Umweltprüfung zur Ermittlung, Beschreibung und Bewertung der voraussichtlichen erheblichen Umweltauswirkungen der Planung durchzuführen, die dann als Ergebnis der Umweltprüfung *zusammengefasst*[1432] gem. § 2 Abs. 4 S. 4 BauGB in der Abwägung zu berücksichtigen sind. Die Umweltprüfung bezieht sich also weitgehend nur[1433] auf den Katalog der in § 1 Abs. 6 Nr. 7 BauGB und § 1a BauGB aufgeführten Umwelt-

---

September 2007); *Schmitz/Federwisch*, Einzelhandel und Planungsrecht, Rn. 256; *Wagner/Paßlick*, in: Hoppe, UVPG, § 17, Rn. 124 u. 195; Vgl. Fn. 1094.

1430 BT-Drs. 15/2250, S. 29 u. 30; *Söfker*, in: E/Z/B/K, § 1, Rn. 143 (Stand: September 2005); *Wagner*, in: E/Z/B/K, § 1a, Rn. 151 u. 178 (Stand: September 2007); *Wagner/Paßlick*, in: Hoppe, UVPG, § 17, Rn. 124 u. 195 u. 214 ff. Vgl. Fn. 1094.

1431 *Reidt*, NVwZ 2007, 1029 (1030); *Birk*, KommJur 2007, 81 (82), verweist auf die allgemeine Kritik aus der kommunalen Praxis an der flächendeckenden Einführung der Umweltprüfung und des Umweltberichts; vgl. *Spannowsky*, in: Berliner Kommentar, § 13a, Rn. 3 (Stand: Juli 2007).

1432 *Halama*, in: BauGB 2004 – Nachgefragt, S. 161 (161).

1433 *Halama*, in: BauGB 2004 – Nachgefragt, S. 161 (161); *Söfker*, in: E/Z/B/K, § 1, Rn. 143 (Stand: September 2005).

belange, der daher in Verbindung mit den in Anlage 1 BauGB statuierten Anforderungen an den aufgrund der Umweltprüfung zu verfassenden Umweltbericht (vgl. § 2a S. 2 Nr. 2 BauGB) als im Rahmen der Umweltprüfung abzuarbeitende Checkliste genutzt werden kann.[1434] Dabei müssen diese Umweltbelange nicht bei jedem Plan mit gleicher Intensität behandelt werden. Vielmehr legt die Gemeinde unter Beteiligung der Behörden und sonstigen Träger öffentlicher Belange, deren Aufgabenbereich durch die Planung berührt werden kann, zu Beginn der Umweltprüfung für jeden Bauleitplan fest, in welchem Umfang und Detaillierungsgrad die Ermittlung der Belange für die Abwägung erforderlich ist (§ 2 Abs. 4 S. 2 i. V. m. § 4 Abs. 1 S. 1 BauGB), sog. Scoping. Die Umweltprüfung bezieht sich gem. § 2 Abs. 4 S. 3 BauGB zudem nur auf das, was nach gegenwärtigem Wissensstand und allgemein anerkannten Prüfmethoden sowie nach dem Inhalt und Detaillierungsgrad des Bauleitplans angemessenerweise verlangt werden kann. Dies bedeutet zum einen, dass der Umfang der Ermittlungspflicht je nach Art der Planung und auch des betroffenen Gebiets differiert.[1435] Dies bedeutet zum anderen, dass man bei typischer Gebietsstruktur des Planbereichs verstärkt auf typisierende Betrachtungsweisen und allgemeine Erfahrungen zurückgreifen und auf umfangreiche und detaillierte Erhebungen der konkreten Umweltauswirkungen verzichten kann.[1436] Sind Informationen über Umweltauswirkungen einer Planung schon vorhanden, können sie herangezogen werden bzw. können aus relativ groben Informationen über die Umweltauswirkungen Rückschlüsse über das Maß der konkreten Auswirkungen gezogen werden.[1437] Aus § 2 Abs. 4 S. 3 BauGB folgt auch, dass die Umweltprüfung nicht zwingend eine abschließende Klärung der Umweltauswirkungen einer bestimmten Planung verlangt, sofern dafür die Entwicklung neuer Prüfmethoden notwendig wäre und verfügbare Erkenntnisquellen nicht ausreichten.[1438] Sie muss nicht mit unverhältnismäßigem Aufwand die letzte Kenntnislücke über die Umweltauswirkungen einer Planung zu schließen versuchen (vgl. Nr. 3 lit. a Anlage 1 BauGB). Sie kann es z. B. vielmehr offenlassen, welche der möglichen Umweltauswirkungen am wahrscheinlichsten ist, und in der Abwägung dann die nachteiligsten Auswirkungen zugrunde legen, sofern die genaue Aufklärung der Auswirkungen erheblichen Kosten- und Zeitaufwand verursachen würde.[1439] § 2 Abs. 4 S. 3 BauGB soll gerade vermeiden, dass durch die Umweltprüfung im

---

1434 *Bunzel*, in: BauGB 2004 – Nachgefragt, S. 120 (120/121); *Krautzberger*, in: E/Z/B/K, § 2, Rn. 195 (Stand: September 2007).
1435 *Krautzberger*, in: E/Z/B/K, § 2, Rn. 230 (Stand: September 2007).
1436 *Bunzel*, in: BauGB 2004 – Nachgefragt, S. 124 (125).
1437 *Bunzel*, in: BauGB 2004 – Nachgefragt, S. 124 (125).
1438 BVerwG, Urt. vom 21.03.1996 – C 19.94, E 100, 370 (377); *Kuschnerus*, BauR 2001, 1211 (1215), bezogen auf die Umweltverträglichkeitsprüfung von Bebauungsplänen nach dem UVPG (2001); *Söfker*, in: E/Z/B/K, § 1, Rn. 144a (Stand: September 2005); *Wagner/Paßlick*, in: Hoppe, UVPG, § 17, Rn. 143.
1439 *Bunzel*, in: BauGB 2004 – Nachgefragt, S. 161 (161/162).

Vergleich zur ohnehin gem. § 2 Abs. 3 BauGB erforderlichen Ermittlung des Abwägungsmaterials zusätzlicher Verfahrensaufwand verursacht wird,[1440] indem übermäßige fachliche Anforderungen an sie gestellt werden.[1441] Wegen § 2 Abs. 4 S. 1 BauGB, wonach die in der Umweltprüfung ermittelten voraussichtlichen erheblichen Umweltauswirkungen in einem Umweltbericht beschrieben und bewertet werden sollen, der gem. § 2a S. 2 Nr. 2 BauGB die Vorgaben der Anlage 1 BauGB beachtet, sind die dort vorgegebenen Mindestinhalte[1442] des Umweltberichts, vor allem Nr. 2 Anlage 1 BauGB, bei der Durchführung der Umweltprüfung zu beachten. So verlangt Nr. 2 lit. d Anlage 1 BauGB die Einbeziehung von Planalternativen bei der Prüfung der Umweltauswirkungen der Planung. Dies bedeutet aber nicht, dass alle möglichen Planalternativen mit ihren Auswirkungen im Detail geprüft werden müssten. Vielmehr dürfen aufgrund einer überschlägigen Einschätzung weniger zur Erreichung des Planungsziels geeignete Planalternativen oder Alternativen mit offensichtlich besonders erheblichen Umweltauswirkungen in einem frühen Stadium aus der Betrachtung herausgenommen werden.[1443] Wird ein Bebauungsplan aus einem neueren Flächennutzungsplan entwickelt, bei dessen Aufstellung Untersuchungen über geeignete Standorte für die Umsetzung des auch mit dem Bebauungsplan verfolgten städtebaulichen Ziels gemacht worden sind, kann die Prüfung von Standortalternativen für den Bebauungsplan oft ganz entfallen.[1444] Die gem. Nr. 2 lit. a Anlage 1 BauGB erforderliche Bestandsaufnahme der einschlägigen Aspekte des derzeitigen Umweltzustands und die gem. Nr. 2 lit. b Anlage 1 BauGB erforderliche Prognose über die Entwicklung des Umweltzustands bei Durchführung und bei Nichtdurchführung der Planung erfasst gleichzeitig die für § 1a Abs. 3 S. 1 BauGB ohnehin erforderliche Prüfung von Eingriffen in Natur und Landschaft im Sinne des Bundesnaturschutzgesetzes bei Realisierung der Planung.[1445] Die Anforderungen des § 1a Abs. 3 BauGB über die Vermeidung und

---

1440 BT-Drs. 15/2250, S. 29 u. 35/36, stellt heraus, dass die Verfahrensschritte der Umweltprüfung im Wesentlichen die Arbeitsschritte wiedergeben, die bei der Zusammenstellung des umweltrelevanten Abwägungsmaterials für eine sachgerechte Abwägung ohnehin erforderlich sind. *Krautzberger*, in: E/Z/B/K, § 2, Rn. 229 (Stand: September 2007); *Krautzberger/Stüer*, DVBl. 2004, 914 (917); *Kuschnerus*, BauR 2001, 1211 (1215 u. 1218), bezogen auf die Umweltverträglichkeitsprüfung für Bebauungspläne nach den Regelungen des UVPG (2001).
1441 *Wagner/Paßlick*, in: Hoppe, UVPG, § 17, Rn. 131 u. 141.
1442 *Krautzberger*, in: E/Z/B/K, § 2, Rn. 190 (Stand: September 2007). Vgl. Fn. 1434.
1443 BVerwG, Urt. vom 25.01.1996 – 4 C 5/95, BauR 1996, 511 (511 u. 516); *Bunzel*, in: BauGB 2004 – Nachgefragt, S. 126 (126/127); *Kuschnerus*, BauR 2001, 1211 (1219), bezogen auf die Umweltverträglichkeitsprüfung für Bebauungspläne nach dem UVPG (2001).
1444 *W. Schrödter*, LKV 2008, 109 (112).
1445 *Krautzberger*, in: E/Z/B/K, § 2, Rn. 192 (Stand: September 2007); *Mitschang*, in: Berliner Kommentar, § 2, Rn. 109 u. 115 (Stand: September 2007).

den Ausgleich von Eingriffen in Natur und Landschaft sind nur durch die Ermittlung des Ausgangszustands des Naturhaushalts und des Landschaftsbildes erfüllbar, weil nur auf dieser Grundlage die Auswirkungen einer Planung auf das Landschaftsbild und die Leistungs- und Funktionsfähigkeit des Naturhaushalts i. S. d. § 18 Abs. 1 BNatSchG entsprechenden landesrechtlichen Vorschrift und damit durch die Planrealisierung erfolgende Eingriffe in Natur und Landschaft prognostiziert werden können, um danach die planerischen Möglichkeiten zu deren Vermeidung oder wenigstens zu deren Ausgleich ermitteln zu können.[1446]
Aus den Vorgaben, dass in der Umweltprüfung die voraussichtlichen erheblichen Umweltauswirkungen ermittelt und bewertet werden sollen und dass gem. § 2 Abs. 4 S. 4 BauGB ihr Ergebnis in der Abwägung des § 1 Abs. 7 BauGB berücksichtigt werden soll, ergibt sich, dass sich die Umweltprüfung nicht mit solchen Umweltbelangen beschäftigen muss, die erkennbar so gering von der Planung betroffen sind, dass dies nicht abwägungsrelevant sein kann.[1447]

(2) Begründung des Plans bzw. des Planentwurfs und Umweltbericht gem. § 2a BauGB

Aus § 2a S. 1 BauGB ergibt sich, dass der gem. § 2 Abs. 4 S. 1 BauGB zu verfassende Umweltbericht, in dem die in der Umweltprüfung ermittelten, voraussichtlichen erheblichen Umweltauswirkungen beschrieben und bewertet werden (vgl. § 2 Abs. 4 S. 1, § 2a S. 2 Nr. 2 BauGB), bereits einen gesonderten Teil (§ 2a S. 3 BauGB) der dem Planentwurf beizufügenden Entwurfsbegründung bildet und daher wie diese schon für die Fertigstellung des Planentwurfs erstellt werden muss. Die Entwurfsbegründung wird mit dem Planentwurf gem. § 3 Abs. 2 S. 1 BauGB öffentlich ausgelegt sowie sie auch Gegenstand der Behördenbeteiligung zum Planentwurf gem. § 4 Abs. 2 S. 1 BauGB ist. Die Öffentlichkeit soll sich im Sinne der Transparenz des Planungsverfahrens gerade ein Bild von der Umweltverträglichkeit bzw. -unverträglichkeit der Planung machen können.[1448] Schon bei der ortsüblichen Bekanntmachung der öffentlichen Auslegung des Planentwurfs ist aus demselben Grund gem. § 3 Abs. 2 S. 2 1. Hs. BauGB auch eine Angabe darüber nötig, welche Arten umweltbezogener Informationen verfügbar sind, und die nach der Einschätzung der Gemeinde wesentlichen, bereits vorliegenden umweltbezogenen Stellungnahmen sind Teil der gem.

1446 *Bunzel*, in: BauGB 2004 – Nachgefragt, S. 131 (131/132).
1447 *Berkemann*, in: BauGB 2004 – Nachgefragt, S. 141 (143); *Kuschnerus*, BauR 2001, 1211 (1214 u. 1215), bezogen auf die Umweltverträglichkeitsprüfung für Bebauungspläne nach dem UVPG (2001); *Söfker*, in: E/Z/B/K, § 1, Rn. 144a (Stand: September 2005); *Wagner/Paßlick*, in: Hoppe, UVPG, § 17, Rn. 141 u. 144.
1448 *Krautzberger/Stüer*, DVBl. 2004, 914 (919), sprechen von einer „gläsernen Verwaltung" nach angloamerikanischem Vorbild; *Wagner/Paßlick*, in: Hoppe, UVPG, § 17, Rn. 67 u. 89 u. 90.

§ 3 Abs. 2 S. 1 BauGB öffentlich auszulegenden Planunterlagen.[1449] Der Umweltbericht ist sodann, d. h. nach der Öffentlichkeits- und Behördenbeteiligung, um sich eventuell aus den eingegangenen Stellungnahmen ergebende zusätzliche Erkenntnisse über voraussichtliche erhebliche Umweltauswirkungen des Plans fortzuschreiben.[1450] Zudem ist er nach dem Planbeschluss um Angaben darüber zu ergänzen, wie die gesetzlich festgelegten Ziele des Umweltschutzes und die Umweltbelange, vor allem das Ergebnis der Umweltprüfung, in der Abwägung, also in dem konkret aufgestellten Plan, berücksichtigt wurden (vgl. Nr. 1 lit. b Anlage 1 BauGB).[1451] Die sonstigen, nicht umweltbezogenen Auswirkungen eines Plans und die gestalterische Abwägung gem. § 1 Abs. 7 BauGB sind gem. § 2a S. 2 Nr. 1 BauGB in der allgemeinen Planentwurfs- bzw. Planbegründung außerhalb des Umweltberichts darzustellen.[1452] Daher sollte der Umweltbericht bei der Darstellung der Abwägung der Umweltbelange auf die sonstige Planbegründung Bezug nehmen, um die verschiedenen Teile der Planbegründung in einer logischen Beziehung zueinander ohne Widersprüche darzustellen.[1453] Als gesonderter Teil der Planbegründung gem. § 2a S. 3, § 9 Abs. 8 BauGB ist der Umweltbericht gem. § 10 Abs. 3 S. 2 BauGB mit dem in Kraft gesetzten Plan zu Jedermanns Einsicht bereitzuhalten. Er ist ein Fachbeitrag über die von der Planung berührten Umweltbelange[1454] und eine Dokumentation der Ergebnisse der Umweltprüfung und der Berücksichtigung des umweltrelevanten Abwägungsmaterials.[1455] Er muss die strukturellen und inhaltlichen Vorgaben der Anlage 1 BauGB berücksichtigen. Um den Umfang des Umweltberichts zu beschränken und ihn auch für fachliche Laien in der Öffentlichkeit, die durch den Umweltbericht effektiv über die (je nach Stand der Planung) erkannten Umweltauswirkungen eines Plans informiert werden soll, lesbar und verständlich zu halten (vgl. Nr. 3 lit. c Anlage 1 BauGB), sollten erstellte Fachgutachten über Umweltauswirkungen des Plans nicht insgesamt, sondern nur in ihren Ergebnissen in den Umweltbericht aufgenommen werden.[1456] Umfang und

---

1449 BT-Drs. 15/2250, S. 43; *Krautzberger/Stüer*, DVBl. 2004, 914 (919); *W. Schrödter*, LKV 2008, 109 (109).
1450 § 2a S. 2 BauGB spricht von der Begründung und damit vom Umweltbericht „entsprechend dem Stand des Verfahrens"; vgl auch *Bunzel*, in: BauGB 2004 – Nachgefragt, S. 143 (143/144); *Wagner/Paßlick*, in: Hoppe, UPVG, § 17, Rn. 90 u. 138.
1451 *Bunzel*, in: BauGB 2004 – Nachgefragt, S. 143 (144); *Mitschang*, in: Berliner Kommentar, § 2, Rn. 128 (Stand: September 2007), spricht von einer „planungsprozessbegleitenden Ausarbeitung von Begründung und Umweltbericht"; *Schmitz/Federwisch*, Einzelhandel und Planungsrecht, Rn. 280.
1452 Vgl. Fn. 834.
1453 *W. Schrödter*, LKV 2008, 109 (111).
1454 *Krautzberger*, in: E/Z/B/K, § 2, Rn. 153 (Stand: September 2007).
1455 *Krautzberger*, in: E/Z/B/K, § 2, Rn. 187 u. 234 (Stand: September 2007).
1456 *Bunzel*, in: BauGB 2004 – Nachgefragt, S. 145 (145); *Krautzberger*, in: E/Z/B/K, § 2, Rn. 192 (Stand: September 2007); vgl. auch *Kuschnerus*, BauR 2001, 1211 (1219 u.

Detailliertheit des Umweltberichts sollten so bemessen sein, dass klar wird, worin die voraussichtlich erheblichen Umweltauswirkungen gesehen werden.[1457] Die gem. Nr. 3 lit. c Anlage 1 BauGB verlangte allgemein verständliche Zusammenfassung soll es vor allem der Öffentlichkeit im Rahmen ihrer Beteiligung gem. § 3 Abs. 2 S. 1 BauGB ermöglichen, sich einen schnellen Überblick über die Umweltauswirkungen der Planung zu verschaffen, wobei für detaillierte Erkenntnisse auf den Umweltbericht im Übrigen verwiesen werden kann.[1458] Unter Berücksichtigung von § 214 Abs. 1 S. 1 Nr. 3 BauGB ist zu beachten, dass bei der Erstellung des Umweltberichts im Hinblick auf die Rechtswirksamkeit des Bebauungsplans sorgfältig vorgegangen werden muss, denn der Umweltbericht als separater Teil der Planbegründung darf allenfalls in unwesentlichen Punkten unvollständig sein, um keinen für die Rechtswirksamkeit des Bebauungsplans beachtlichen Formfehler darzustellen.[1459]

(3) Zusammenfassende Erklärung gem. § 10 Abs. 4 BauGB

Gem. § 10 Abs. 4 BauGB ist zusätzlich zum Umweltbericht eine zusammenfassende Erklärung als selbständiges Dokument neben der Planbegründung gem. § 9 Abs. 8 BauGB zu erstellen.[1460] Sie ist kein Rechtmäßigkeits- oder Rechtswirksamkeitserfordernis für den Bebauungsplan.[1461] Sie bezieht sich auf den *beschlossenen* Bebauungsplan und insbesondere auf den Umweltbericht,[1462] indem sie Auskunft gibt über die Art und Weise, wie die Umweltbelange in dem Bebauungsplan berücksichtigt wurden, und aus welchen Gründen die beschlossene Planvariante nach Abwägung mit den geprüften, in Betracht kommenden anderweitigen Planungsmöglichkeiten gewählt wurde, was gem. Nr. 2 lit. d u. Nr. 1 lit. b Anlage 1 BauGB überwiegend auch Gegenstand des Umweltberichts ist. Die zusammenfassende Erklärung bezieht sich darüberhinaus auf die Berücksichtigung sämtlicher Ergebnisse der Öffentlichkeits- und Behördenbeteiligung, also nicht nur der Beteiligungsergebnisse im Hinblick auf umweltrelevante Belange.[1463] Die zusammenfassende Erklärung hat demnach den Teil der Planbegründung zum Gegenstand, der die Abwägungsentscheidung darstellt.[1464] Sie ist jedoch nicht einfach eine Abschrift dieses Teils der Planbegründung, sondern

---

1220), bezogen auf die Umweltverträglichkeitsprüfung von Bebauungsplänen nach dem UVPG (2001).
1457 *Bunzel*, in: BauGB 2004 – Nachgefragt, S. 145 (146).
1458 *Krautzberger*, in: E/Z/B/K, § 2, Rn. 221 (Stand: September 2007).
1459 *W. Schrödter*, LKV 2008, 109 (109).
1460 *Bunzel*, in: BauGB 2004 – Nachgefragt, S. 168 (168).
1461 *Berkemann*, in: BauGB 2004 – Nachgefragt, S. 169 (169/170); *Bunzel*, in: BauGB 2004 – Nachgefragt, S. 168 (169).
1462 *Bunzel*, in: BauGB 2004 – Nachgefragt, S. 168 (168/169) u. S. 171 (171).
1463 *Bunzel*, in: BauGB 2004 – Nachgefragt, S. 171 (171).
1464 *Bunzel*, in: BauGB 2004 – Nachgefragt, S. 171 (171).

stellt entsprechend ihrer Bezeichnung nochmals *zusammenfassend* diesen Abschnitt der Begründung in seinen *wesentlichen* Inhalten *prägnant* dar.[1465] Im Hinblick auf die in der Abwägung ausgeschiedenen Planalternativen fasst sie die gem. Nr. 2 lit. d Anlage 1 BauGB im Umweltbericht enthaltenen Angaben zusammen. Die zusammenfassende Erklärung gibt einen Kurzüberblick über das Spektrum der im konkreten Fall abwägungsrelevanten Belange und ermöglicht ein schnelleres Auffinden ausführlicher Darstellungen im Umweltbericht und in der Planbegründung. Sie selbst soll daher als „zusammenfassende" Erklärung auf ausführliche Erläuterungen verzichten.[1466] Indem auch sie gem. § 10 Abs. 3 S. 2 BauGB zu Jedermanns Einsicht bereitzuhalten ist, soll mit ihr eine bessere Information der Öffentlichkeit über den Plan erreicht und damit die Transparenz der Planung gefördert werden, gerade weil sie undetailliert und daher auch für planungs- und umweltrechtliche Laien verständlicher über die wesentlichen bei der Planung berücksichtigten Belange Auskunft gibt.[1467]

(4) Monitoring gem. § 4c BauGB

Entsprechend der Vorgabe von Nr. 3 lit. b Anlage 1 BauGB soll bereits der Umweltbericht eine Beschreibung der geplanten Maßnahmen zur Überwachung der erheblichen Auswirkungen der Durchführung des Bauleitplans auf die Umwelt, sog. Monitoring, enthalten, mit denen die planende Gemeinde ihrer Pflicht gem. § 4c BauGB nachkommen will. Die Gemeinde muss sich daher schon im Rahmen der Planaufstellung über Maßnahmen zur Überwachung der umweltbezogenen Auswirkungen der Planrealisierung Gedanken machen. Dabei ist zu berücksichtigen, dass die Gemeinde beim Monitoring gem. § 4c S. 2, § 4 Abs. 3 BauGB durch die Fachbehörden unterstützt wird, so dass sie selbst für Umweltauswirkungen, die thematisch in den Zuständigkeitsbereich einer bestimmten Fachbehörde fallen, keine Überwachungsmaßnahmen vorsehen muss, sondern sich auf die entsprechenden Informationspflichten der Behörden über erhebliche, insbesondere unvorhergesehene nachteilige Umweltauswirkungen gem. § 4 Abs. 3 BauGB verlassen kann.[1468] Das Monitoring dient dazu, Abweichungen zwischen den prognostizierten und den tatsächlichen Umweltauswirkungen einer Planung frühzeitig erkennen und entsprechend frühzeitig reagieren zu kön-

---

1465 *Berkemann*, in: BauGB 2004 – Nachgefragt, S. 172 (172/173); *Bunzel*, in: BauGB 2004 – Nachgefragt, S. 171 (171/172).
1466 *Berkemann*, in: BauGB 2004 – Nachgefragt, S. 172 (172/173); *Bunzel*, in: BauGB 2004 – Nachgefragt, S. 171 (171/172).
1467 *Berkemann*, in: BauGB 2004 – Nachgefragt, S. 172 (173).
1468 BT-Drs. 15/2250, S. 45: Die Unterrichtungspflicht der Behörden ist eine Bringschuld; *Battis*, in: B/K/L, § 4, Rn. 8; *Bunzel*, in: BauGB 2004 – Nachgefragt, S. 219 (219) u. 223 (223); so auch *Wallraven-Lindl/Strunz/Geiß*, Das Bebauungsplanverfahren nach dem BauGB 2007, S. 147.

nen (vgl. § 4c S. 1 BauGB).[1469] Dabei muss die Gemeinde nicht für die Erkennung aller theoretisch möglicherweise auftretender, bisher nicht bzw. nicht richtig erkannter Umweltauswirkungen Vorsorge treffen.[1470] Umfang und Detaillierungsgrad des Monitorings variieren wie die der Umweltprüfung von Fall zu Fall. Auch für das Monitoring gilt die Maßgabe des § 2 Abs. 4 S. 3 BauGB, dass die Überwachungsmaßnahmen in einem angemessenen Verhältnis zu Umfang und Detaillierungsgrad des Bauleitplans stehen müssen und sich an den daraus ableitbaren Belastungen und Schutzerfordernissen unter Berücksichtigung spezieller Merkmale oder Empfindlichkeiten der Plangebiets und seines Umfelds orientieren müssen.[1471] Die Überwachung muss und darf die im Planungsverfahren und im Umweltbericht getroffenen Prognosen als Anhaltspunkt nehmen, muss aber nicht eine Neuermittlung der bereits ermittelten und in der Planung berücksichtigten Umweltauswirkungen[1472] vornehmen.[1473] Zudem muss nicht unbedingt jede im Rahmen der Umweltprüfung angenommene erhebliche Umweltauswirkung überwacht werden, sondern nur solche Umweltauswirkungen, deren Prognose typischerweise unsicher ist oder die besonders riskant sind.[1474] Überwachungsmaßnahmen können nach der Stärke der prognostizierten Umweltauswirkungen differieren.[1475] Das Monitoring ist eine Verpflichtung der Gemeinde nach Abschluss der Bauleitplanung, die die Rechtswirksamkeit des Bauleitplans nicht tangiert.[1476]

(5) Bedeutung für die Abwägung

§ 2 Abs. 4 S. 1 u. S. 4 BauGB beschreibt entsprechend der Vorgaben der Plan-UP-RL[1477] die Umweltprüfung als gegenüber § 2 Abs. 3 BauGB besonderen Verfahrensschritt[1478] zur Ermittlung und Bewertung speziell des umweltrelevan-

---

1469 *Bunzel*, in: BauGB 2004 – Nachgefragt, S. 219 (219/220) u. 225 (226); *Krautzberger/ Stüer*, DVBl. 2004, 914 (921); vgl. *Leidinger*, in: Hoppe, UVPG, § 14a, Rn. 9, in Bezug auf § 14m UVPG. Zu den möglichen Reaktionen vgl. BT-Drs. 15/2250, S. 47; *Bunzel*, in: BauGB 2004 – Nachgefragt, S. 225 (226).
1470 *Bunzel*, in: BauGB 2004 – Nachgefragt, S. 219 (220).
1471 *Bunzel*, in: BauGB 2004 – Nachgefragt, S. 219 (220).
1472 Vgl. BT-Drs. 15/2250, S. 45.
1473 BT-Drs. 15/2250, S. 47; *Bunzel*, in: BauGB 2004 – Nachgefragt, S. 219 (219 u. 220).
1474 Vgl. BT-Drs. 15/2250, S. 45; *Bunzel*, in: BauGB 2004 – Nachgefragt, S. 219 (220/221).
1475 *Bunzel*, in: BauGB 2004 – Nachgefragt, S. 219 (221).
1476 *Berkemann*, in: BauGB 2004 – Nachgefragt, S. 227 (227); *Bunzel*, in: BauGB 2004 – Nachgefragt, S. 225 (225).
1477 Vgl. Grund 9 Begründung Plan-UP-RL.
1478 BT-Drs. 15/2250, S. 29; *Bunzel*, in: BauGB 2004 – Nachgefragt, S. 117 (117) u. 163 (163); *Gierke*, in: Brügelmann, § 13a, Rn. 10 (Stand: Februar 2008), nennt § 2 Abs. 4 BauGB eine Spezialvorschrift zu § 2 Abs. 3 BauGB; *Krautzberger*, in: E/Z/B/K, § 2, Rn. 234 (Stand: September 2007); *W. Schrödter*, LKV 2008, 109 (110); *Wallraven-

ten Abwägungsmaterials, das dann wie alle sonstigen abwägungserheblichen Belange, die beispielhaft in § 1 Abs. 5 u. Abs. 6 BauGB aufgezählt sind, in der planerischen Abwägungsentscheidung gem. § 1 Abs. 7 BauGB ohne jede Vorrangstellung oder generell größere Gewichtigkeit zu berücksichtigen ist. Die Umweltprüfung nimmt also die materielle Planentscheidung nicht vorweg und schränkt auch den Gestaltungsspielraum der Gemeinde nicht durch eine generelle Erhöhung des materiellen Gewichts der Umweltbelange, etwa im Sinne eines Optimierungsgebots, ein.[1479] Ein genereller Vorrang der Umweltbelange vor sonstigen durch die Planung berührten Belangen würde auch dem in § 1 Abs. 5 BauGB enthaltenen Nachhaltigkeitsprinzip widersprechen, das verlangt, die umweltschützenden Anforderungen mit den sozialen und wirtschaftlichen in Einklang zu bringen, was im Rahmen der Abwägung geschehen soll.[1480] Ein echter Einklang der unterschiedlichen Anforderungen im Rahmen der Abwägung wäre bei einem generellen Vorrang der umweltschützenden Anforderungen vor den übrigen vielfach nicht möglich. Andererseits bringt die Umweltprüfung, die entsprechend Art. 1 Plan-UP-RL gerade ein hohes Umweltschutzniveau sicherstellen soll, faktisch wohl durchaus eine Aufwertung der Umweltbelange innerhalb der Bauleitplanung mit sich.[1481] Zum einen schon deshalb, weil in ihr als eigenem Verfahren(sschritt) ohne gleichzeitige Befassung mit anderen möglicherweise von der Planung betroffenen Belangen *systematisch* und *konzentriert* allein das umweltbezogene Abwägungsmaterial anhand der Belangliste von § 1 Abs. 6 Nr. 7, § 1a BauGB aufbereitet wird,[1482] was entsprechend der Vorgabe von Art. 1 Plan-UP-RL gerade die fachliche Qualität der Planung erhöhen soll,[1483] indem die Ermittlung und Bewertung des umweltbezogenen Abwägungsmaterials in einem eigenen ordnungsgemäßen Verfahren ein Garant bzw.

Lindl/Strunz/Geiß, Das Bebauungsplanverfahren nach dem BauGB 2007, S. 148; *Wagner/Paßlick*, in: Hoppe, UVPG, § 17, Rn. 114. Vgl. Fn. 1422.

1479 BVerwG, Urt. vom 21.03.1996 – 4 C 19.94, E 100, 370 (370 u. 376), bezogen auf die Umweltverträglichkeitsprüfung nach der UVP-RL (85/337/EWG); vgl. BT-Drs. 15/2250, S. 29; *Battis*, in: B/K/L, § 2, Rn. 7; *Bunzel*, in: BauGB 2004 – Nachgefragt, S. 163 (163); *Halama*, in: BauGB 2004 – Nachgefragt, S. 164 (164); *Krautzberger*, in: E/Z/B/K, § 2, Rn. 235 (Stand: September 2007); *Krautzberger/Stüer*, DVBl. 2004, 914 (923); *Kuschnerus*, BauR 1211 (1214 u. 1215), bezogen auf die Umweltverträglichkeitsprüfung von Bebauungsplänen nach dem UVPG (2001); *W. Schrödter*, LKV 2008, 109 (110); *Schwarz*, LKV 2007, 454 (454) unter Verweis auf *W. Schrödter*; *Stüer*, NVwZ 2005, 508 (511); *Wagner*, in: E/Z/B/K, § 1a, Rn. 178 (Stand: September 2007); *Wagner/Paßlick*, in: Hoppe, UVPG, § 17, Rn. 180.

1480 *Bunzel*, in: BauGB 2004 – Nachgefragt, S. 163 (163).

1481 Vgl. *Halama*, in: BauGB 2004 – Nachgefragt, S. 164 (164); *Wagner*, in: E/Z/B/K, § 1a, Rn. 178 (Stand: September 2007); *Wagner/Paßlick*, in: Hoppe, UVPG, § 17, Rn. 136.

1482 Vgl. *Bunzel*, in: BauGB 2004 – Nachgefragt, S. 163 (163); *Battis*, in: B/K/L, § 2, Rn. 7; *Gassner*, UVPG, § 17, Rn. 6; *Wagner*, in: E/Z/B/K, § 1a, Rn. 178 (Stand: September 2007).

1483 *Stüer*, NVwZ 2005, 508 (511).

jedenfalls Indiz für dessen korrekte materiell-rechtliche Einbeziehung sein soll.[1484] Zum anderen dadurch, dass die abwägungserheblichen Umweltbelange nicht einzeln, jeder für sich mit seinem jeweiligen Gewicht in die Abwägung eingestellt werden, sondern dass gem. § 2 Abs. 4 S. 4 BauGB das Ergebnis der Umweltprüfung als solches, also die abwägungserheblich betroffenen Umweltbelange als Einheit mit deren Gewicht in die Abwägung eingestellt werden.[1485] Dieses *kann* durchaus größer sein als die Summe der den einzelnen abwägungserheblich betroffenen Umweltbelangen zukommenden Gewichte. Dies resultiert aus der Gesamtbetrachtung aller konkret relevanten umweltbezogenen Schutzgüter in der Umweltprüfung inklusive etwaiger Wechselwirkungen zwischen den Schutzgütern, wobei kumulierende Wirkungen von Vor- und Zusatzbelastungen ebenso zu beachten sind wie Synergieeffekte.[1486] Zudem ist zu berücksichtigen, dass das EAG-Bau bei der Ausgestaltung der Umweltprüfung in Nr. 2 lit. c Anlage 1 BauGB die Anforderungen der naturschutzrechtlichen Eingriffsregelung des § 1a Abs. 3 S. 1 BauGB in Form des Gebots der Vermeidung oder wenigstens des Ausgleichs von Eingriffen zur Erfüllung der in Art. 1 Plan-UP-RL genannten Ziele einer nachhaltigen Entwicklung – § 1a Abs. 3 BauGB ist eine Konkretisierung des Nachhaltigkeitsgrundsatzes[1487] – und eines hohen Umweltschutzniveaus entsprechend lit. g Anhang I Plan-UP-RL ausdrücklich auf alle Umweltbelange übertragen hat.[1488] Die daher bereits in der Umweltprüfung anzustellenden Überlegungen zur Vermeidung, Verringerung und zum Ausgleich nachteiliger Auswirkungen auf die Umwelt fließen wegen § 2 Abs. 4 S. 4 BauGB in die Abwägung gem. § 1 Abs. 7 BauGB ein und können so die Qualität der Planungsentscheidung im Hinblick auf den Umweltschutz ebenfalls erhö-

---

1484 Vgl. BT-Drs. 15/2250, S. 28; in diesem Sinne auch *Kuschnerus*, BauR 2001, 1211 (1223), für die Umweltverträglichkeitsprüfung von Bebauungsplänen nach dem UVPG (2001). Vgl. Fn. 838.
1485 BVerwG, Beschl. vom 22.03.1999 – 4 BN 27.98, BauR 2000, 239 (240); *Gassner*, UVPG, § 17, Rn. 6; *Halama*, in: BauGB 2004 – Nachgefragt, S. 164 (165); ebenso *Kuschnerus*, BauR 2001, 1211 (1214 u. 1216), bezogen auf die Umweltverträglichkeitsprüfung von Bebauungsplänen nach dem UVPG (2001); vgl. auch *Wagner*, in: E/Z/B/K, § 1a, Rn. 178 (Stand: Oktober 2008); *Wagner/Paßlick*, in: Hoppe, UVPG, § 17, Rn. 180; a. A. *W. Schrödter*, LKV 2008, 109 (110). Vgl. Fn. 1432.
1486 *Halama*, in: BauGB 2004 – Nachgefragt, S. 164 (165) u. 165 (165/166); angedeutet bei *Wagner/Paßlick*, in: Hoppe, UVPG, § 17, Rn. 136.
1487 Vgl. BVerwG, Beschl. vom 31.01.1997 – 4 NB 27.96, E 104, 68 (73 u. 77): Die naturschutzrechtliche Eingriffsregelung verdeutlicht, dass beispielsweise die Leistungsfähigkeit des Naturhaushalts als Bestandteil der natürlichen Lebensgrundlagen zu schützen ist. Die naturschutzrechtliche Eingriffsregelung konkretisiert für den Fall zu erwartender Eingriffe in Natur und Landschaft eines der programmatischen Hauptziele, nämlich § 1 Abs. 5 S. 1 BauGB, jeder Bauleitplanung. Angedeutet bei *Götze/Müller*, ZUR 2008, 8 (8. u. 11); vgl. auch *Stüer*, NVwZ 2005, 508 (511).
1488 *Krautzberger*, in: E/Z/B/K, § 2, Rn. 208 (Stand: September 2007); *Stüer*, NVwZ 2005, 508 (513).

hen.[1489] Daraus ergibt sich insgesamt, dass der besondere Verfahrensschritt der Umweltprüfung, obwohl er unmittelbar die Bedeutung der Umweltbelange für die planerische Abwägungsentscheidung nicht erhöht, doch *faktisch* die materiell-rechtliche Bedeutung der Umweltbelange für die Abwägungsentscheidung infolge des erhöhten verfahrensrechtlichen Standards bei ihrer Aufbereitung steigert.[1490]

cc) Verzicht auf die Umweltprüfung im beschleunigten Verfahren

Unter Ausnutzung des Spielraums in Art. 3 Abs. 1 i. V. m. Abs. 3 u. Abs. 4 Plan-UP-RL, wonach Pläne, die voraussichtlich keine erheblichen Umweltauswirkungen haben, nicht der Pflicht zur Durchführung einer Umweltprüfung unterliegen, verzichtet das beschleunigte Verfahren gem. § 13a Abs. 2 Nr. 1, § 13 Abs. 3 S. 1 BauGB auf die Durchführung einer Umweltprüfung und der mit ihr verbundenen Verfahrensschritte des Umweltberichts gem. § 2a BauGB, der Angaben nach § 3 Abs. 2 S. 2 BauGB, welche Arten umweltbezogener Informationen verfügbar sind, der zusammenfassenden Erklärung gem. § 10 Abs. 4 BauGB und des Monitorings gem. § 4c BauGB. Diese Verfahrensschritte sind wegen ihres starken Bezugs zur Umweltprüfung gleichsam akzessorisch zur Umweltprüfung und entfallen folglich mit dieser.[1491] Dies ändert jedoch nichts daran, dass entsprechend der auch im beschleunigten Verfahren geltenden Abwägungsregelungen der § 2 Abs. 3, § 1 Abs. 6 Nr. 7, § 1a BauGB die abwägungserheblich betroffenen Umweltbelange wie die sonstigen Abwägungsbelange ermittelt und bewertet werden müssen, um sie in der Abwägung gem. § 1 Abs. 7 BauGB entsprechend ihres Gewichts berücksichtigen können. Lediglich auf das eigens auf die Umweltbelange bezogene, formalisierte Verfahren[1492] zur Ermittlung

---

1489 *Stüer*, NVwZ 2005, 508 (515).
1490 *Halama*, in: BauGB 2004 – Nachgefragt, S. 164 (164/165); *Stüer*, NVwZ 2005, 508 (515); *Wagner*, in: E/Z/B/K, § 1a, Rn. 136 u. 182 (Stand: September 2007).
1491 *Battis/Krautzberger/Löhr*, NVwZ 2007, 121 (124); *Krautzberger*, UPR 2007, 170 (172); *ders.*, in: E/Z/B/K, § 13a, Rn. 63 (Stand: Mai 2007); *Mitschang*, ZfBR 2007, 433 (443); dies wurde für die zusammenfassende Erklärung erst durch das Innenstadtentwicklungsgesetz (BT-Drs. 16/2496, S. 5) klargestellt; es wurde aber schon vorher angenommen, dass sie mit der Umweltprüfung entfällt, weil sie sich vor allem auf die Ergebnisse der Umweltprüfung im Umweltbericht bezieht, vgl. *Bunzel*, BauGB 2004 – Nachgefragt, S. 197 (198); *Krautzberger*, in: E/Z/B/K, § 13, Rn. 46 (Stand: März 2007); *ders.*, in: Krautzberger/Söfker, Baugesetzbuch, Rn. 148; so auch *Mitschang*, LKV 2007, 102 (108); *Wallraven-Lindl/Strunz/Geiß*, Das Bebauungsplanverfahren nach dem BauGB 2007, S. 148.
1492 *Bienek*, SächsVBl. 2007, 49 (50); *Bunzel*, in: BauGB 2004 – Nachgefragt, S. 117 (117); *Dirnberger*, Bay. Gemeindetag 2/2007, 51(52); *Gierke*, in: Brügelmann, § 13a, Rn. 10 (Stand: Februar 2008), bezeichnet § 2 Abs. 4 BauGB als Spezialvorschrift zu § 2 Abs. 3 BauGB; *Krautzberger*, in: E/Z/B/K, § 2, Rn. 191 (Stand: September 2007) und § 13, Rn. 47 (Stand: März 2007); *ders.*, UPR 2007, 170 (173); *Wallraven-Lindl/*

und Bewertung der relevanten Umweltbelange in Form einer eigenständigen Umweltprüfung wird verzichtet.[1493] Zudem muss die Plan(entwurfs)begründung gem. § 2a S. 1, § 9 Abs. 8 BauGB grundsätzlich, d. h. unabhängig von einem auf der Grundlage einer Umweltprüfung zu erstellenden Umweltbericht, Auskunft darüber geben, wie sich der Bauleitplan auf die Umwelt auswirkt (vgl. § 2a S. 2 Nr. 1 BauGB) und die betroffenen Umweltbelange in die Planung eingegangen sind.[1494]

dd) Hinweispflicht gem. § 13a Abs. 3 S. 1 Nr. 1 BauGB

(1) Europarechtlicher Hintergrund der Regelung

Macht die Gemeinde von der ihr in § 13a Abs. 2 Nr. 1, § 13 Abs. 3 S. 1 BauGB eingeräumten Möglichkeit Gebrauch, einen Bebauungsplan der Innenentwicklung im beschleunigten Verfahren ohne Umweltprüfung und die mit ihr verbundenen Verfahrensschritte aufzustellen, muss sie gem. § 13a Abs. 3 S. 1 Nr. 1 BauGB ortsüblich bekanntmachen, dass der Bebauungsplan im beschleunigten Verfahren ohne Umweltprüfung aufgestellt werden soll. Bei großflächigen Bebauungsplänen der Innenentwicklung, bei denen die Anwendbarkeit des beschleunigten Verfahrens ohne Umweltprüfung maßgeblich vom Ergebnis der Vorprüfung des Einzelfalls gem. § 13a Abs. 1 S. 2 Nr. 2 BauGB abhängt, muss die ortsübliche Bekanntmachung über die Nichtdurchführung einer Umweltprüfung und damit die Anwendung des beschleunigten Verfahrens zudem die

---

Strunz/Geiß, Das Bebauungsplanverfahren nach dem BauGB 2007, S. 148. Vgl. Fn. 483 u. 1422.

[1493] *Battis*, in: B/K/L, § 13a, Rn. 11; *Battis/Krautzberger/Löhr*, NVwZ 2007, 121 (124); *Bienek*, SächsVBl. 2007, 49 (50); *Blechschmidt*, ZfBR 2007, 120 (121); *Bunzel*, LKV 2007, 444 (448); *ders.*, Difu-Praxistest, S. 37, abrufbar unter http://www.difu. de/publikationen/difu-berichte/4_06/11.phtml (zuletzt abgerufen am 01.03.2008); *Dirnberger*, Bay. Gemeindetag 2/2007, 51(52); *Gierke*, in: Brügelmann, § 13a, Rn. 115 (Stand: Februar 2008); *Krautzberger*, UPR 2007, 170 (173); *ders.*, in: E/Z/B/K, § 13a, Rn. 64 (Stand: Mai 2007); *ders.*, in: Krautzberger/Söfker, Baugesetzbuch, Rn. 154a; *Kuschnerus*, Der standortgerechte Einzelhandel, Rn. 605; *Mitschang*, ZfBR 2007, 433 (443); Mustereinführungserlass, S. 8, abrufbar unter http://www.is-argebau.de/ (zuletzt abgerufen am 10.05.2008); *Portz*, in: Spannowsky/Hofmeister, BauGB 2007, S. 1 (5); *Reidt*, NVwZ 2007, 1029 (1031); *Söfker*, in: Spannowsky/Hofmeister, BauGB 2007, S. 17 (19); *Starke*, JA 2007, 488 (489); *Uechtritz*, BauR 2007, 476 (481); *Wallraven-Lindl/Strunz/Geiß*, Das Bebauungsplanverfahren nach dem BauGB 2007, S. 148. Vgl. Fn. 902.

[1494] *Bunzel*, Difu-Praxistest, S. 37, abrufbar unter http://www.difu.de/publikationen/difu-berichte/4_06/11.phtml (zuletzt abgerufen am 01.03.2008); *Krautzberger*, in: E/Z/B/K, § 2, Rn. 156a (Stand: September 2007); *ders.*, in: Krautzberger/Söfker, Baugesetzbuch, Rn. 154a; *Portz*, in: Spannowsky/Hofmeister, BauGB 2007, S. 1 (5); *Reidt*, NVwZ 2007, 1029 (1031); *Söfker*, in: Spannowsky/Hofmeister, BauGB 2007, S. 17 (19). Vgl. Fn. 834.

dafür wesentlichen Gründe enthalten (§ 13a Abs. 3 S. 1 Nr. 1 2. Hs. BauGB). Damit soll der Vorgabe von Art. 3 Abs. 7 Plan-UP-RL, wonach der Öffentlichkeit die nach Art. 3 Abs. 5 Plan-UP-RL getroffenen Schlussfolgerungen darüber, dass ein Plan i. S. v. Art. 3 Abs. 3 o. Abs. 4 Plan-UP-RL voraussichtlich keine erheblichen bzw. erhebliche Umweltauswirkungen hat, so dass er gem. Art. 3 Abs. 1 Plan-UP-RL umweltprüfungspflichtig ist oder nicht, einschließlich der Gründe für die Entscheidung gegen eine Umweltprüfung *zugänglich zu machen sind*,[1495] und wohl auch den Anforderungen von Art. 6 Abs. 2 lit. b UVP-RL in der Fassung der Öffentlichkeitsbeteiligungs-RL (2003/35/EG), wonach die Öffentlichkeit durch öffentliche Bekanntmachung oder auf anderem geeignetem Wege frühzeitig im Rahmen umweltbezogener Entscheidungsverfahren gem. Art. 2 Abs. 2 (UVP-RL (85/337/EWG)), spätestens jedoch, sobald die Informationen nach vernünftigem Ermessen zur Verfügung gestellt werden können, über die Tatsache zu informieren ist, dass das Projekt, auf das sich das Entscheidungsverfahren bezieht, Gegenstand einer Umweltverträglichkeitsprüfung ist,[1496] entsprochen werden. Bei der Art. 3 Abs. 5 S. 1 2. Var. Plan-UP-RL entsprechenden abstrakt-generellen Festlegung nicht umweltprüfungspflichtiger Pläne in § 13a Abs. 1 S. 2 Nr. 1 BauGB erfolgt nämlich die Bekanntmachung der Tatsache, dass diese kleinflächigen Bebauungspläne unter den weiteren Voraussetzungen des § 13a Abs. 1 S. 1, S. 4 u. S. 5 BauGB als Pläne im Sinne von Art. 3 Abs. 3 1. Alt. Plan-UP-RL bzw. als Pläne im Sinne von Art. 3 Abs. 4 Plan-UP-RL eingeordnet werden, die keine voraussichtlich erheblichen Umweltauswirkungen haben und daher keiner Pflicht zur Durchführung einer Umweltprüfung unterliegen, einschließlich der Gründe für diese Einschätzung, schon im Rahmen der öffentlichen Zugänglichmachung der Gesetzesbegründung, so dass innerhalb des konkreten Bebauungsplanungsverfahrens für einen kleinflächigen Bebauungsplan der Innenentwicklung nach den Anforderungen des Art. 3 Abs. 7 Plan-UP-RL der Öffentlichkeit keine weiteren Informationen zur Verfügung gestellt werden müssten.[1497] Aufgrund der Verpflichtung aus Art. 6 Abs. 2 lit. b

---

1495 BT-Drs. 16/2496, S. 15; BT-Drs. 15/2250, S. 44, bezogen auf § 13 Abs. 3 S. 2 BauGB, wobei dort auch auf Art. 2 Abs. 3 lit. b UVP-RL (85/337/EWG) verwiesen wird, der aber den Fall betrifft, dass im Einzelfall eine von der UVP-RL an sich nicht gedeckte, echte Ausnahme von der Umweltverträglichkeitsprüfungspflicht gemacht wird; *Battis*, in: B/K/L, § 13a, Rn 18; *Dirnberger*, Bay. Gemeindetag 2/2007, 51 (53); *Gierke*, in: Brügelmann, § 13a, Rn. 137 (Stand: Februar 2008); *Kment*, DVBl. 2007, 1275 (1278); *Krautzberger*, UPR 2006, 405 (408); *ders.*, in: Krautzberger/Söfker, Baugesetzbuch, Rn. 154e; *Mitschang*, ZfBR 2007, 433 (446, Fn. 136); *Scheidler*, ZfBR 2006, 752 (756); *ders.*, BauR 2007, 650 (656). Vgl. *Gassner*, UVPG, § 14a, Rn. 14 und *Leidinger*, in: Hoppe, UVPG, § 14a, Rn. 23, in Bezug auf § 14a Abs. 2 UVPG.
1496 In Bezug auf die Hinweispflicht nach § 13 Abs. 3 S. 2 BauGB BT-Drs. 15/2250, S. 44 u. 51; *Gierke*, in: Brügelmann, § 13, Rn. 108 (Stand: September 2006).
1497 Vgl. § 14a Abs. 2 S. 1 UVPG, wo auch nur für die Fälle der Feststellung der Umweltprüfungspflichtigkeit aufgrund eines UP-Screenings eine Information der Öffentlichkeit

UVP-RL in der Fassung der Öffentlichkeitsbeteiligungs-RL (2003/35/EG) muss die Öffentlichkeit jedoch im Rahmen umweltbezogener Entscheidungsverfahren gem. Art. 2 Abs. 2 UVP-RL (85/337/EWG) über die Tatsache, dass ein Projekt einer Umweltverträglichkeitsprüfung unterzogen wird, informiert werden. Bedenkt man, dass eine Umweltprüfung nach den Vorschriften des Baugesetzbuchs entsprechend den Anforderungen der Plan-UP-RL den Anforderungen einer nach der UVP- bzw. UVP-Änderungs-RL (85/337/EWG und 97/11/EG) innerhalb des Bauleitplanungsverfahrens durchzuführenden Umweltverträglichkeitsprüfung entspricht[1498] und im Bauleitplanungsverfahren gem. § 2 Abs. 4 S. 1 BauGB im Regelfall eine Umweltprüfung durchzuführen ist, wobei die Öffentlichkeit gem. § 3 Abs. 1 S. 1 BauGB und § 3 Abs. 2 BauGB ohnehin über die Durchführung einer möglicherweise mit voraussichtlich erheblichen Umweltauswirkungen verbundenen Planung und die Tatsache der Durchführung einer Umwelt(verträglichkeits)prüfung informiert wird, indem die öffentlich zugängliche Planentwurfsbegründung gem. § 2a S. 1, S. 2 Nr. 2 BauGB einen auf der Grundlage der Umweltprüfung erstellten Umweltbericht enthält, und sogar an der Planung beteiligt wird, ergibt sich, dass es für die von Art. 6 Abs. 2 lit. b UVP-RL in der Fassung der Öffentlichkeitsbeteiligungs-RL (2003/35/EG) geforderte Information innerhalb der Bauleitplanung sicherlich ausreicht, die Öffentlichkeit nur über die Nichtdurchführung einer Umweltprüfung *explizit* zu informieren, gerade weil sie bei Nichtinformation auf die Durchführung einer Umwelt(verträglichkeits)prüfung vertrauen kann.[1499] Dementsprechend ist bei kleinflächigen Bebauungsplänen der Innenentwicklung, die im beschleunigten Verfahren aufgestellt werden, genauso wie gem. § 13 Abs. 3 S. 2 BauGB bei Anwendung des vereinfachten Verfahrens eine Information über die Nichtdurchführung einer Umweltprüfung vorgesehen.[1500]

In den Fällen des § 13a Abs. 1 S. 2 Nr. 2 BauGB, in denen die Einschätzung, dass der Plan voraussichtlich keine erheblichen Umweltauswirkungen hat und daher nicht umweltprüfungspflichtig ist, auf einer Kombination einer abstraktgenerellen Artfestlegung im Gesetz mit einer Einzelfallprüfung gem. Art. 3 Abs. 5 S. 1 3. Var. Plan-UP-RL basiert, ergeben sich die Einordnung des Plans als nicht umweltprüfungspflichtig und die Gründe dafür abschließend erst aus dem UP-Screening, so dass nur eine § 13a Abs. 3 S. 1 Nr. 1 BauGB entspre-

---

über die Durchführung bzw. Nichtdurchführung einer Umweltprüfung für jedes einzelne Planungsverfahren vorgesehen ist.
1498 Vgl. B. II. 7. a) aa) und Fn. 1088.
1499 BT-Drs. 15/2250, S. 44 u. 51 zu § 13 Abs. 3 S. 2 BauGB. Ebenso *Gierke*, in: Brügelmann, § 13, Rn. 108 (Stand: September 2006); vgl. auch *Krautzberger*, UPR 2007, 170 (173); *ders.*, in: E/Z/B/K, § 13, Rn. 48 (Stand: März 2007).
1500 Vgl. im Unterschied dazu die im Fachplanungsrecht zu beachtende Regelung des § 14a Abs. 2 S. 1 Plan-UP-RL, wonach sowohl die Feststellung der Umweltprüfungspflichtigkeit als auch die Feststellung der Nichtumweltprüfungspflichtigkeit aufgrund eines UP-Screenings der Öffentlichkeit zugänglich zu machen sind.

chende, für jeden einzelnen großflächigen Bebauungsplan der Innenentwicklung vorgesehene Information über die Anwendung des beschleunigten Verfahrens und damit die Einordnung des (konkreten) Bebauungsplans als nicht mit voraussichtlich erheblichen Umweltauswirkungen verbunden, einschließlich der Angabe der wesentlichen Gründe, aufgrund derer für den (konkreten) großflächigen Bebauungsplan gem. § 13a Abs. 1 S. 2 Nr. 2 BauGB keine Umweltprüfung durchzuführen ist, Art. 3 Abs. 7 Plan-UP-RL gerecht werden kann. Gerade weil[1501] sich bei einem großflächigen Bebauungsplan der Innenentwicklung seine Einordnung als nicht umweltprüfungspflichtig und die wesentlichen Gründe dafür erst aus der in § 13a Abs. 1 S. 2 Nr. 2 BauGB vorgesehenen Vorprüfung des Einzelfalls ergeben, sieht § 13a Abs. 3 S. 3 BauGB vor, dass die in § 13a Abs. 3 S. 1 Nr. 1 BauGB vorgesehene Bekanntmachung bei großflächigen Bebauungsplänen der Innenentwicklung erst nach Abschluss des UP-Screenings erfolgt. Zugleich wird mit § 13a Abs. 3 S. 1 Nr. 1 BauGB auch im Fall großflächiger Bebauungspläne unzweifelhaft dem soeben dargestellten Konzept der Umsetzung von Art. 6 Abs. 2 lit. b UVP-RL in der Fassung der Öffentlichkeitsbeteiligungs-RL (2003/35/EG) ins deutsche Bauleitplanungsrecht genügt. Generell sollen die Bekanntmachungspflichten des § 13a Abs. 3 BauGB die Öffentlichkeit über die Besonderheiten des beschleunigten Verfahrens im Vergleich zum Regelplanungsverfahren informieren.[1502] Eine explizite Information über das Absehen von einer Umweltprüfung sieht § 13 Abs. 3 S. 2 BauGB für das vereinfachte Verfahren vor, wobei § 13a BauGB in seinem Absatz 2 Nummer 1 gerade nicht auf diese Regelung verweist, sondern in Absatz 3 eigene Hinweispflichten vorsieht, was wohl u. a. darauf beruht, dass es i. R. d. Bekanntmachung gem. § 13 Abs. 3 S. 2 BauGB mangels in § 13 BauGB vorgesehenen UP-Screenings bzw. auf Grund der ausschließlich abstrakt-generellen Festlegung nicht-umweltprüfungspflichtiger Pläne in § 13 BauGB außerhalb der Gesetzesbegründung generell keiner Angabe der (wesentlichen) Gründe für die Einordnung eines konkreten Bebauungsplans als nicht umweltprüfungspflichtig bedarf, was für die Fälle des § 13a Abs. 1 S. 2 Nr. 2 BauGB daher ohnehin eigens geregelt werden musste.

(2) Umfang der Hinweispflicht gem. § 13a Abs. 3 S. 1 Nr. 1 BauGB

Bei kleinflächigen Bebauungsplänen der Innenentwicklung beschränkt sich der gem. § 13a Abs. 3 S. 1 Nr. 1 BauGB erforderliche Hinweis unstreitig nur auf die Angabe, dass der Bebauungsplan im beschleunigten Verfahren ohne Umweltprüfung aufgestellt wird. Der Praxistest förderte jedoch Probleme im Hinblick auf die gem. § 13a Abs. 3 S. 1 Nr. 1 2. Hs. BauGB vorgesehene Angabe der wesentlichen Gründe für die Anwendung des beschleunigten Verfahrens auf groß-

---

1501 Vgl. BT-Drs. 16/2496, S. 15.
1502 BT-Drs. 16/2496, S. 15.

flächige Bebauungspläne der Innenentwicklung zutage.[1503] Berücksichtigt man, dass § 13a Abs. 3 S. 1 Nr. 1 BauGB vor allem dazu dient, die Öffentlichkeit überhaupt über die Anwendung des beschleunigten Verfahrens ohne Umweltprüfung zu informieren und § 13a Abs. 3 S. 1 Nr. 1 BauGB von der Angabe der für die Anwendung des beschleunigten Verfahrens auf großflächige Bebauungspläne der Innenentwicklung „wesentlichen" Gründe spricht, wobei die Angabe gem. § 13a Abs. 3 S. 3 BauGB erst nach Abschluss des UP-Screenings erfolgen soll und auch erst aufgrund dessen erfolgen kann, ergibt sich, dass § 13a Abs. 3 S. 1 Nr. 1 2. Hs. BauGB die wesentlichen, sich aus dem UP-Screening ergebenden Gründe dafür meint, aufgrund derer der Bebauungsplan als nicht mit voraussichtlich erheblichen Umweltauswirkungen verbunden eingeordnet wurde. Die Bekanntmachung gem. § 13a Abs. 3 S. 1 Nr. 1 2. Hs. BauGB verlangt daher nicht eine Darstellung des UP-Screenings im Detail. Andererseits ist ein bloßer Hinweis auf die Anwendung des beschleunigten Verfahrens „aufgrund des UP-Screenings" sicherlich keine ausreichende Angabe der „wesentlichen Gründe" für die Anwendung des beschleunigten Verfahrens auf den großflächigen Bebauungsplan der Innenentwicklung.[1504] Als „wesentlich" für die Anwendung des beschleunigten Verfahrens werden die im Rahmen des UP-Screenings ermittelten, einbezogenen und bewerteten Umweltauswirkungen des Bebauungsplans – diese stellen die Gründe für die Einordnung des Bebauungsplans als nicht umweltprüfungspflichtig dar, indem sie den Untersuchungsgegenstand der Vorprüfung und damit die Grundlage für die Einschätzung der voraussichtlichen Erheblichkeit bzw. Nichterheblichkeit der Umweltauswirkungen des Bebauungsplans bilden – einzuschätzen sein, die im Rahmen des UP-Screenings den Ausschlag für die Einschätzung gegeben haben, dass der Plan voraussichtlich keine erheblichen Umweltauswirkungen hat.[1505] Die Angabe der wesentlichen Gründe in § 13a Abs. 3 S. 1 Nr. 1 2. Hs. BauGB stellt daher eine Kurzzusammenfassung des UP-Screenings in seinen für die Ablehnung einer Umweltprüfungspflicht entscheidenden Aspekten dar, wobei als Grundlage dafür auf die der Gemeinde ohnehin zu empfehlende Dokumentation des UP-Screenings zurückgegriffen werden kann.[1506] Dies dürfte auch den Anforderungen des Art. 3 Abs. 7 Plan-

---

1503 *Bunzel*, Difu-Praxistest, S. 44, abrufbar unter http://www.difu.de/publikationen/difu-berichte/4_06/11.phtml (zuletzt abgerufen am 01.03.2008).

1504 *Wallraven-Lindl/Strunz/Geiß*, Das Bebauungsplanverfahren nach dem BauGB 2007, S. 166. Zu diesbezüglichen Zweifeln vgl. *Bunzel*, Difu-Praxistest, S. 44, abrufbar unter http://www.difu.de/publikationen/difu-berichte/4_06/11.phtml (zuletzt abgerufen am 01.03.2008).

1505 *Bunzel*, LKV 2007, 444 (449); ähnlich *Wallraven-Lindl/Strunz/Geiß*, Das Bebauungsplanverfahren nach dem BauGB 2007, S. 166. *Krautzberger*, in: Krautzberger/Söfker, Baugesetzbuch, Rn. 154e, verlangt eine kurze Angabe der Umweltaspekte, die in dem konkreten Bebauungsplan überhaupt von Bedeutung sein können, und welche Prüfungen zu welchen Ergebnissen geführt haben.

1506 Vgl. B. II. 6. e) bb) (3) (f).

UP-RL genügen, der zwar, anders als § 13a Abs. 3 S. 1 Nr. 1 BauGB, nicht explizit von der Zugänglichmachung nur der *wesentlichen* Gründe für die Einordnung eines Plans im Sinne von Art. 3 Abs. 3 o. Abs. 4 Plan-UP-RL als voraussichtlich nicht mit erheblichen Umweltauswirkungen verbunden spricht, aber entsprechend seines Telos nur eine für die Öffentlichkeit auch verständliche Information über die Grundlagen der Einordnung eines Plans als nicht umweltprüfungspflichtig gewährleisten will, wofür eine vollumfängliche Darstellung des UP-Screenings in Details, die sich noch dazu auf das Vorprüfungsergebnis nicht entscheidend auswirkten, nicht notwendig und u. U. sogar irreführend ist.[1507] Hinsichtlich genauerer Informationen kann, falls vorhanden, auf die Dokumentation des Screenings (in der Planbegründung[1508]) verwiesen werden.

(3) Planerhaltungsvorschrift des § 214 Abs. 2a Nr. 2 BauGB

(a) Deklaratorische Bedeutung der Regelung

§ 214 Abs. 2a Nr. 2 BauGB ordnet das Unterbleiben (und damit auch die Fehlerhaftigkeit) der Hinweise nach § 13a Abs. 3 BauGB oder ihrer ortsüblichen Bekanntmachung als für die Rechtswirksamkeit des im beschleunigten Verfahren aufgestellten Bebauungsplans unbeachtlich ein,[1509] so dass Fehler bei den Hinweispflichten nach § 13a Abs. 3 BauGB ohne Einschränkung ohne Konsequenzen für die Rechtswirksamkeit eines Bebauungsplans sind. Obwohl die Hinweispflichten nach § 13a Abs. 3 BauGB zu den Verfahrens- und Formvorschriften des Baugesetzbuchs für Bebauungspläne und damit für Satzungen nach dem Baugesetzbuch (§ 10 Abs. 1 BauGB) gehören und ihre Verletzung daher, weil sie nicht in § 214 Abs. 1 S. 1 Nr. 1-4 BauGB – speziell nicht in der auch auf im beschleunigten Verfahren aufgestellte Bebauungspläne anwendbaren, Vorschriften über die Information und Beteiligung der Öffentlichkeit betreffenden Regelung des § 214 Abs. 1 S. 1 Nr. 2 1. Hs. BauGB – ausdrücklich als beachtlicher Fehler bezeichnet wird, gem. § 214 Abs. 1 S. 1 1. Hs. BauGB schon im Umkehrschluss dazu unbeachtlich für die Rechtswirksamkeit des Bebauungs-

---

1507 Europäische Kommission, Umsetzung Richtlinie 2001/42/EG, 2003, Nr. 7.22, abrufbar unter http://www.erneuerbare-energien.de/files/pdfs/allgemein/application/pdf/sea_guidance.pdf (zuletzt abgerufen am 24.07.2008), weist darauf hin, dass es für die von Art. 3 Abs. 7 Plan-UP-RL verlangte Veröffentlichung der nach Art. 3 Abs. 5 Plan-UP-RL getroffenen Schlussfolgerungen *hilfreich* sein kann, anzugeben, wie die in Anhang II Plan-UP-RL angegebenen Kriterien berücksichtigt wurden, was impliziert, dass nicht grundsätzlich und zwingend eine vollumfängliche Darstellung der Berücksichtigung der Kriterien des Anhangs II Plan-UP-RL bei der Einordnung des Plans als nicht umweltprüfungspflichtig erfolgen muss.
1508 *Bunzel*, LKV 2007, 444 (450). Vgl. Fn. 985.
1509 Vgl. BT-Drs. 16/2496, S. 17.

plans der Innenentwicklung wäre bzw. ist,[1510] trifft § 214 Abs. 2a Nr. 2 BauGB eine eigenständige Fehlerfolgenregelung gleichen Inhalts. Dies erklärt sich vor dem Hintergrund, dass § 214 Abs. 1 S. 1 Nr. 2 2. Hs. BauGB einen Verstoß gegen den § 13a Abs. 3 S. 1 Nr. 1 BauGB entsprechenden Hinweis gem. § 13 Abs. 3 S. 2 BauGB, der ebenfalls schon im Umkehrschluss zu § 214 Abs. 1 S. 1 Nr. 2 1. Hs. BauGB für die Rechtswirksamkeit des im vereinfachten Verfahren aufgestellten Bebauungsplans unbeachtlich ist, auch ausdrücklich als unbeachtlich aufführt und dies für den Hinweis nach § 13a Abs. 3 S. 1 Nr. 1 BauGB daher gleichfalls explizit klargestellt werden sollte,[1511] um gar nicht erst Missverständnisse in Bezug auf Fehler bei der im beschleunigten Verfahren vorgesehenen Hinweispflicht gem. § 13a Abs. 3 S. 1 Nr. 1 BauGB aufkommen zu lassen.

(b) Bedenken hinsichtlich der Sachgerechtigkeit und Europarechtskonformität der Planerhaltungsvorschrift

Aufgrund der völligen Folgenlosigkeit der Fehlerhaftigkeit und des Unterlassens der Hinweise nach § 13a Abs. 3 S. 1 BauGB erscheint die Statuierung der Hinweispflichten geradezu sinnlos.[1512] Die Bundesregierung rechtfertigt in Reaktion auf die vom Bundesrat geäußerte Kritik an der Regelung des § 214 Abs. 2a Nr. 2 BauGB[1513] die Folgenlosigkeit eines Mangels beim Hinweis nach § 13a Abs. 3 S. 1 Nr. 1 BauGB damit, dass die Öffentlichkeit bzw. die Planbetroffenen im Rahmen der Öffentlichkeits- bzw. Betroffenenbeteiligung gem. § 13a Abs. 2 Nr. 1, § 13 Abs. 2 S. 1 Nr. 2 i. V. m. § 3 Abs. 2 BauGB, deren Gegenstand gem. § 3 Abs. 2 S. 1 BauGB neben dem Planentwurf auch dessen Begründung gem. § 2a S. 1 BauGB ist, aus der Entwurfsbegründung den Verzicht auf die Umweltprüfung ablesen könne bzw. könnten,[1514] schon weil der Begründung dann der § 2a S. 2 Nr. 2 BauGB entsprechende Umweltbericht als gesonderter Teil (§ 2a S. 3 BauGB) fehle. Damit sei dem Informationsinteresse der Öffentlichkeit bzw. der Betroffenen Genüge getan.[1515] Dabei ist jedoch zum einen zu bedenken, dass das Erkennenkönnen des Entfallens der Umweltprüfung aus der Begründung des Planentwurfs viel indirekter ist als ein ausdrücklicher, § 13a Abs. 3 S. 1 Nr. 1 BauGB entsprechender Hinweis. Zum anderen erscheint die völlige Unbeachtlichkeit von Fehlern bei der Hinweispflicht nach § 13a Abs. 3 S. 1 Nr. 1 BauGB

1510 *Blechschmidt*, ZfBR 2007, 120 (124); *Stock*, in: E/Z/B/K, § 214, Rn. 51 u. 129e (Stand: Mai 2007); BT-Drs. 15/2250, S. 63 und *Kment*, AöR 130 [2005], 570 (602), bezogen auf § 13 Abs. 3 S. 2 BauGB.
1511 *Blechschmidt*, ZfBR 2007, 120 (124); ähnlich *Stock*, in: E/Z/B/K, § 214, Rn. 129e (Stand: Mai 2007).
1512 *Müller-Grune*, BauR 2007, 985 (991).
1513 BR-Drs. 558/06, S. 9, zurückgehend auf BR-Drs. 558/1/06, S. 12.
1514 BT-Drs. 16/2932, S. 5; *Uechtritz*, BauR 2007, 476 (483).
1515 BT-Drs. 16/2932, S. 5.

vor dem Hintergrund, dass die Hinweispflicht auf Vorgaben des Art. 3 Abs. 7 Plan-UP-RL und wohl auch des Art. 6 Abs. 2 lit. b UVP-RL in der Fassung der Öffentlichkeitsbeteiligungs-RL (2003/35/EG) gründet und gerade dazu dient, eine Ausnahme von der regelmäßig anzunehmenden Umweltprüfungspflicht transparent zu machen, vor allem in den Fällen des bewussten Verstoßes gegen § 13a Abs. 3 S. 1 Nr. 1 BauGB, die gem. § 214 Abs. 2a Nr. 2 BauGB ebenfalls unbeachtlich sein sollen, besonders problematisch.[1516] Weder der Wortlaut noch die Gesetzesbegründung sehen nämlich für solche Fälle, anders als bei § 214 Abs. 2a Nr. 1, Abs. 2 Nr. 1 u. Nr. 2, Abs. 1 S. 1 Nr. 2 2. Hs. a. E. BauGB,[1517] eine Ausnahme vor. Mit der Verpflichtung zur effektiven Umsetzung europäischer Richtlinien (Art. 10, Art. 249 Abs. 3 EGV (= Art. 288 Abs. 3, Art. 291 Abs. 1 AEUV, Art. 4 Abs. 3 EUV in der Fassung des Vertrags von Lissabon, vgl. ABl. EU Nr. C 115 vom 09.05.2008, S. 367 u. 384)) erscheint es kaum vereinbar, wenn sogar bewusste Verletzungen des gemeinschaftsrechtlich vorgegebenen Transparenzgebots für die Rechtswirksamkeit eines Plans unerheblich bleiben.[1518] Für die Problematik der uneingeschränkten Unbeachtlichkeitserklärung eines Fehlers gem. § 214 Abs. 2a Nr. 2 BauGB ist es auch irrelevant, dass in anderen Fällen eine Verletzung von europarechtlich vorgegebenen Beteiligungs- und damit Verfahrensvorschriften – wenigstens außerhalb von bewussten Verfahrensverstößen – dann europarechtskonform als für die Rechtswirksamkeit eines Bebauungsplans unbeachtlich eingeordnet wird,[1519] wenn sich der Beteiligungsfehler nicht kausal auf das Planergebnis auswirken konnte (vgl. § 214

1516 *Battis*, in: B/K/L, § 214, Rn. 16; *Battis/Krautzberger/Löhr*, NVwZ 2007, 121 (128); *Gierke*, in: Brügelmann, § 13a, Rn. 137 u. 156 (Stand: Februar 2008). *Spannowsky*, NuR 2007, 521 (526) und *ders.*, in: Spannowsky/Hofmeister, BauGB 2007, S. 27 (39), hebt hervor, dass §§ 214 f. BauGB die Erwägung zugrunde liegt, dass einfache Verfahrensfehler der Rechtswirksamkeit eines Bebauungsplans nicht im Wege stehen sollen, es sei denn, dass sie zugleich einen Verstoß gegen Europarecht darstellen.
BR-Drs. 558/06, S. 9, zurückgehend auf BR-Drs. 558/1/06, S. 12, kritisiert § 214 Abs. 2a Nr. 2 BauGB zwar nicht im Hinblick auf seine Europarechtskonformität, kritisiert aber wohl gerade die Unbeachtlichkeit bewusster Verstöße gegen die Hinweispflichten nach § 13a Abs. 3 S. 1 BauGB, indem die Unangemessenheit der Unbeachtlichkeit auch gravierender Mängel in der Öffentlichkeitsbeteiligung gerügt wird.
1517 Vgl. Fn. 1360 u. *Battis*, in: B/K/L, § 214, Rn. 12; *Stock*, in: E/Z/B/K, § 214, Rn. 112 (Stand: Mai 2007).
1518 Vgl. BT-Drs. 15/2250, S. 63, wo auch der deutsche Gesetzgeber betont, dass den auf europäischen Richtlinien beruhenden Verfahrensanforderungen ein hoher Stellenwert zukommt und ihre Verletzung nicht sanktionslos bleiben darf. Vgl. BT-Drs. 15/2250, S. 44, wo ein Verfahrensfehler angenommen wird, wenn bewusst und daher offensichtlich rechtsmissbräuchlich gegen die Pflicht zur Auslegung der wesentlichen, bereits vorliegenden umweltbezogenen Stellungnahmen gem. § 3 Abs. 2 S. 1 BauGB verstoßen wurde, die gem. BT-Drs. 15/2250, S. 43, auch nur Transparenzzwecken dient. *Battis*, in: B/K/L, § 214, Rn. 16; *Battis/Krautzberger/Löhr*, NVwZ 2007, 121 (128).
1519 Vgl. Fn. 1064 u. 1337.

Abs. 1 S. 1 Nr. 2 2. Hs. 1. Var. BauGB[1520]), wobei diese Überlegung der gesamten internen Unbeachtlichkeitsklausel des § 214 Abs. 1 S. 1 Nr. 2 2. Hs. BauGB zugrunde liegt.[1521] Ein Verstoß gegen die Vorgabe des Art. 3 Abs. 7 Plan-UP-RL bzw. Art. 6 Abs. 2 lit. b UVP-RL in der Fassung der Öffentlichkeitsbeteiligungs-RL (2003/35/EG) kann, da die Pflicht zur Zugänglichmachung der nach Art. 3 Abs. 5 Plan-UP-RL getroffenen Schlussfolgerungen und der Tatsache der Durchführung bzw. Nichtdurchführung einer Umwelt(verträglichkeits)prüfung entsprechend des Transparenzgebots einen reinen Informationszweck ohne unmittelbare Eröffnung einer Partizipationsmöglichkeit für die Öffentlichkeit verfolgt, niemals (unmittelbar) für das Planergebnis kausal werden. Demnach könnte ein Verstoß gegen die Anforderungen von Art. 3 Abs. 7 Plan-UP-RL und Art. 6 Abs. 2 lit. b UVP-RL in der Fassung der Öffentlichkeitsbeteiligungs-RL (2003/35/EG) entsprechend des rein auf die Kausalität des Fehlers für das Planergebnis abstellenden Ansatzes und damit des das deutsche Recht prägenden Verständnisses der (rein) dienenden Funktion des Verfahrensrechts[1522] grundsätzlich als unbeachtlich eingeordnet werden und Art. 3 Abs. 7 Plan-UP-RL sowie Art. 6 Abs. 2 lit. b UVP-RL in der Fassung der Öffentlichkeitsbeteiligungs-RL (2003/35/EG) wären im Ergebnis zu inhaltslosen Vorgaben ohne jegliche Durchsetzungsmacht degradiert, deren Befolgung auf reine Freiwilligkeit bauen müsste. Dabei verfolgen Art. 3 Abs. 7 Plan-UP-RL und Art. 6 Abs. 2 lit. b UVP-RL in der Fassung der Öffentlichkeitsbeteiligungs-RL (2003/35/EG) jedoch ernsthaft den Zweck, das Planungsverfahren für die Öffentlichkeit transparent zu machen, der nach der zur Rechtfertigung von Planerhaltungsvorschriften rein auf die Kausalität eines Fehlers für das Planergebnis abstellenden Ansicht grundsätzlich völlig verfehlt werden könnte, ohne dass dies für die Rechtswirksamkeit des Bebauungsplans beachtlich wäre. Das Transparenzgebot mag zwar von geringerer verfahrensrechtlicher Bedeutung[1523] sein als das oftmals mit Beteiligungsvorschriften verfolgte Ziel der korrekten Ermittlung des Abwägungsmaterials. Dies rechtfertigt es vor dem Hintergrund von Art. 249 Abs. 3, Art. 10 EGV (= Art. 288 Abs. 3, Art. 291 Abs. 1 AEUV, Art. 4 Abs. 3 EUV in der Fassung des Vertrags von Lissabon, vgl. ABl. EU Nr. C 115 vom 09.05.2008, S. 367 u. 384) jedoch nicht, Verstöße gegen Art. 3 Abs. 7 Plan-UP-RL und Art. 6 Abs. 2 lit. b UVP-RL in der Fassung der Öffentlichkeitsbeteiligungs-RL (2003/35/EG) völlig unabhängig davon, ob das von der Verpflichtung verfolgte Ziel erreicht wird, als für die Rechtswirksamkeit eines Bebauungsplans unbeachtlich zu erklären. Dies bestätigt sich vor dem Hintergrund, dass auch in-

---

1520 Vgl. Fn. 1065 u. 1066.
1521 *Dürr*, in: Brügelmann, § 214, Rn. 37 (Stand: Dezember 2005).
1522 VGH Mannheim, Urt. vom 15.10.1985 – 10 S 822/82, NVwZ 1986, 663 (664); *Kment*, DVBl. 2007, 1275 (1275); *ders.*, DÖV 2006, 462 (463). Vgl. Fn. 1056.
1523 *Stock*, in: E/Z/B/K, § 214, Rn. 51 (Stand: Mai 2007); vgl. zur Argumentation mit der Wesentlichkeit einer Vorschrift auch *Kment*, DÖV 2006, 462 (467).

nerhalb der internen Unbeachtlichkeitsklausel des § 214 Abs. 1 S. 2 Nr. 2 2. Hs. BauGB gerade wegen des europarechtlichen Hintergrunds des Verfahrensanforderungen neben der Kausalität des Fehlers für das Planungsergebnis zusätzlich darauf abgestellt wird, ob der durch die Verfahrensanforderung verfolgte Zweck trotz ihrer Verletzung erfüllt wurde,[1524] so dass man auch dort keinen *rein* auf die Kausalität des Verfahrensfehlers für das Planergebnis abstellenden Standpunkt vertritt.

(c) Inhalt der gemeinschaftsrechtlich auferlegten Pflichten

Dennoch kann der Ansicht des Gesetzgebers – jedenfalls teilweise – durchaus gefolgt werden. Weder Art. 3 Abs. 7 Plan-UP-RL noch Art. 6 Abs. 2 lit. b UVP-RL in der Fassung der Öffentlichkeitsbeteiligungs-RL (2003/35/EG) verlangen nämlich einen ausdrücklichen, öffentlich bekanntzumachenden Hinweis über die Nichtdurchführung bzw. Durchführung einer Umwelt(verträglichkeits)prüfung, sondern die Vorgabe ist nur, der *Öffentlichkeit* die nach Art. 3 Abs. 5 Plan-UP-RL getroffenen Schlussfolgerungen, einschließlich der Gründe für die Entscheidung, *zugänglich zu machen*[1525] bzw. die *Öffentlichkeit* über die Durchführung einer Umweltverträglichkeitsprüfung entweder durch *öffentliche Bekanntmachung oder auf anderem geeigneten Wege* zu informieren. Die Plan-UP-RL unterscheidet in ihrem Wortlaut eindeutig zwischen einer öffentlichen Zugänglichmachung und einer öffentlichen Bekanntgabe, was an Art. 9 Abs. 1 Plan-UP-RL offensichtlich wird.[1526] Dass die beiden Formen der Information der Öffentlichkeit unterschiedlich verstanden werden und auch verstanden werden dürfen, wird dadurch bestätigt, dass z. B. gem. § 10 Abs. 3 S. 1 BauGB Art 9 Abs. 1 1. Hs. Plan-UP-RL entsprechend der Beschluss des Bebauungsplans bzw. seine Genehmigung ortsüblich bekannt zu machen sind, während der beschlossene Plan und die zusammenfassende Erklärung gem. § 10 Abs. 3 S. 2 BauGB Art. 9 Abs. 1 lit. a u. lit. b Plan-UP-RL entsprechend „nur" zu jedermanns Einsicht bereitzuhalten sind, was im Hinblick auf Art. 249 Abs. 3, Art. 10 EGV (= Art. 288 Abs. 3, Art. 291 Abs. 1 AEUV, Art. 4 Abs. 3 EUV in der Fassung des Vertrags von Lissabon, vgl. ABl. EU Nr. C 115 vom 09.05.2008, S. 367 u. 384) bislang nicht merklich beanstandet wurde.

Eine öffentliche Zugänglichmachung der Einordnung eines Plans als solchen im Sinne des § 13a Abs. 1 S. 2 Nr. 2 BauGB bzw. im Sinne von Art. 3 Abs. 3 o.

1524 Vgl. Fn. 1066.
1525 Vgl. *Kment*, DVBl. 2007, 1275 (1278/1279).
1526 *Kment*, DVBl. 2007, 1275 (1278/1279). Irreführend hier Europäische Kommission, Umsetzung Richtlinie 2001/42/EG, 2003, Nr. 7.22, abrufbar unter http://www.erneuerbare-energien.de/files/pdfs/allgemein/application/pdf/sea_ guidance.pdf (zuletzt abgerufen am 24.07.2008), wo zur Konkretisierung von Art. 3 Abs. 7 Plan-UP-RL davon gesprochen wird, dass öffentlich bekannt zu geben ist, ob eine Umweltprüfung erforderlich ist.

Abs. 4, Abs. 5 S. 1 3. Var. Plan-UP-RL, der aufgrund einer abstrakt-generellen Festlegung einer Art nicht umweltprüfungspflichtiger Pläne in Verbindung mit einer Vorprüfung des Einzelfalls nach Einschätzung der Gemeinde voraussichtlich keine erheblichen Umweltauswirkungen hat und keiner Pflicht zur Durchführung einer Umweltprüfung unterliegt, erfolgt ohne Weiteres auch durch die öffentliche Auslegung der Planentwurfsbegründung, aus der sich die Anwendung des beschleunigten Verfahrens unter Nichtdurchführung einer Umweltprüfung ergibt. Ebenso wird dabei der im deutschen Bauleitplanungsrecht im Umkehrschluss zu Art. 6 Abs. 2 lit. b UVP-RL in der Fassung der Öffentlichkeitsbeteiligungs-RL (2003/35/EG) vorgesehenen Information über die Nichtdurchführung einer Umwelt(verträglichkeits)prüfung bei im beschleunigten Verfahren aufgestellten Bebauungsplänen der Innentwicklung Genüge getan. Wird das Beteiligungsverfahren nach § 13a Abs. 2 Nr. 1, § 13 Abs. 2 S. 1 Nr. 2 1. Alt. BauGB gewählt, erhält zwar nur die planbetroffene Öffentlichkeit Einblick in den Planentwurf und seine Begründung. Bei dieser ist aber aufgrund ihrer Planbetroffenheit auch das Informationsinteresse besonders groß, während es bei der sonstigen Öffentlichkeit eher gering ausgeprägt ist, so dass für dessen Befriedigung die Bereithaltung der Begründung des beschlossenen Bebauungsplans zu Jedermanns Einsicht gem. § 10 Abs. 3 S. 2 BauGB ausreichend erscheint, zumal Art. 3 Abs. 7 Plan-UP-RL nicht zwingend eine Information der bzw. Informationsmöglichkeit für die Öffentlichkeit noch während des laufenden Planungsverfahrens verlangt. Art. 6 Abs. 2 lit. b i. V. m. Art. 1 Abs. 2 UVP-RL in der Fassung der Öffentlichkeitsbeteiligungs-RL (2003/35/EG) verlangen zwar eine möglichst frühzeitige Information der *gesamten* Öffentlichkeit im Sinne von Art. 1 Abs. 2 1. Alt. UVP-RL in der Fassung der Öffentlichkeitsbeteiligungs-RL (2003/35/EG) und nicht nur der betroffenen Öffentlichkeit, jedoch nur positiv über die Tatsache der Durchführung einer Umweltverträglichkeitsprüfung im Rahmen umweltbezogener Entscheidungsverfahren, nicht grundsätzlich auch über die Tatsache ihrer Nichtdurchführung. Die (positive) Information der Öffentlichkeit über die Durchführung einer Umweltverträglichkeitsprüfung dient nämlich der Umsetzung[1527] des in der Aarhus-Konvention (= UN/ECE-Übereinkommen über den Zugang zu Informationen, die Öffentlichkeitsbeteiligung an Entscheidungsverfahren und den Zugang zu Gerichten in Umweltangelegenheiten vom 25.06.1998) vorgesehenen Zugangs der Öffentlichkeit zu Informationen *in Umweltangelegenheiten* und der vorgesehenen Beteiligung der Öffentlichkeit an Entscheidungsverfahren *in Umweltangelegenheiten* (vgl. Art. 1 Aarhus-Konvention), d. h. Entscheidungenverfahren über bestimmte Tätigkeiten, die erhebliche Auswirkungen auf die Umwelt haben können (vgl. Art. 6 Abs. 1 lit. b Aarhus-Konvention, Grund 7 Begründung Öffentlichkeitsbeteili-

---

[1527] Vgl. BT-Drs. 15/2250, S. 51. Vgl. Grund 5-7 Begründung Öffentlichkeitsbeteiligungs-RL (2003/35/EG).

gungs-RL (2003/35/EG)), speziell der von Art. 6 Abs. 2 lit. e Aarhus-Konvention verlangten Information der (betroffenen) Öffentlichkeit über die Tatsache, dass die Tätigkeit, die erhebliche Auswirkungen auf die Umwelt kann (vgl. Art. 6 Abs. 1 lit. b Aarhus-Konvention), einem Verfahren zur Umweltverträglichkeitsprüfung unterliegt. Durch die Information über die Durchführung einer Umweltverträglichkeitsprüfung soll eine effektive Beteiligung der Öffentlichkeit an Entscheidungsverfahren in Umweltweltangelegenheiten gewährleistet werden. Im beschleunigten Verfahren ohne Umweltprüfung dürfen aufgrund der Anwendungsvoraussetzungen des § 13a Abs. 1 BauGB nur Pläne, die nicht voraussichtlich erhebliche Umweltauswirkungen haben, aufgestellt werden. Für derartige Pläne verlangen weder die Öffentlichkeitsbeteiligungs-RL noch die Aarhus-Konvention eine Information und Beteiligung der Öffentlichkeit, grundsätzlich auch nicht in Form einer expliziten Information über die Nichtdurchführung einer Umwelt(verträglichkeits)prüfung, weil aufgrund der nur geringfügigen Auswirkungen der Planung auf die Umwelt im Hinblick auf die (auch subjektiven Interessen entsprechende) Sicherung eines hohen Umweltschutzniveaus (Art. 1 Aarhus-Konvention, Grund 6 Begründung Öffentlichkeitsbeteiligungs-RL (2003/35/EG)) keine Öffentlichkeitsbeteiligung erforderlich ist. Nur weil nach den Regelungen des deutschen Bauleitplanungsrechts im Regelbebauungsplanungsverfahren gem. § 2 Abs. 4 S. 1 BauGB grundsätzlich eine Umweltprüfung durchgeführt wird, die Öffentlichkeit gem. § 3 Abs. 1 S. 1 BauGB und § 3 Abs. 2 BauGB über die Durchführung der möglicherweise mit voraussichtlich erheblichen Umweltauswirkungen verbundenen Planung informiert und an dieser beteiligt wird und sie nach dem System des Baugesetzbuchs grundsätzlich darauf vertrauen kann, entweder über die Nichtdurchführung einer Umwelt(verträglichkeits)prüfung informiert zu werden oder von der Durchführung einer solchen ausgehen zu dürfen, ist ein expliziter Hinweis auf die Nichtdurchführung einer Umweltprüfung innerhalb der Bauleitplanung weder von der Öffentlichkeitsbeteiligungs-RL (2003/35/EG) noch von der Aarhus-Konvention geboten. Sie verlangen nur eine effektive Information positiv über die Durchführung einer Umwelt(verträglichkeits)prüfung und eine effektive Beteiligungsmöglichkeit an umweltverträglichkeitsgeprüften Entscheidungsverfahren, nicht jedoch unbedingt auch eine Information über die Nichtdurchführung. Diese ist, soweit sie in § 13 Abs. 3 S. 2 BauGB und § 13a Abs. 3 S. 1 Nr. 1 BauGB statuiert ist, von Art. 6 Abs. 2 lit. b UVP-RL in der Fassung der Öffentlichkeitsbeteiligungs-RL (2003/35/EG) nicht zwingend geboten und dient, soweit sie nicht aufgrund anderweitiger Anforderungen an das Verfahren, z. B. aufgrund von Art. 3 Abs. 7 Plan-UP-RL, notwendig ist, „nur" einer europarechtlich insoweit nicht gebotenen, weitgehenden Transparenz des Verfahrens. Wenn die Öffentlichkeit innerhalb des beschleunigten Verfahrens nicht über die Nichtdurchführung einer Umwelt(verträglichkeits)prüfung informiert wird, werden ihr dadurch keinerlei Beteiligungsrechte abgeschnitten und zudem wird die Planungsqualität im Hinblick auf das Umweltschutzniveau nicht verschlechtert, da der Plan gem. § 13a Abs. 1 BauGB (wie auch gem. § 13 Abs. 1 BauGB) eine geringe Umweltrelevanz aufweist und die Anforderungen gem. § 2 Abs. 3, § 1 Abs. 6 Nr. 7, § 1a, § 1 Abs. 7 BauGB auch ohne Umweltprüfung uneingeschränkte Geltung haben, so dass das Interesse der Bevölkerung an einer Information nur in Bezug auf die Nichtdurchführung einer Umwelt(verträglichkeits)prüfung nicht als besonders groß einzuschätzen ist und die Information daher auch im Hinblick auf die Transparenz des Verfahrens nicht essentiell erscheint.[1528] Insofern ist es aus europarechtlichen sowie aus rechtsstaatlichen Gründen zulässig, wenn ein Verstoß gegen die aus der Perspektive des Art. 6 Abs. 2 lit. b UVP-RL in der Fassung der Öffentlichkeitsbeteiligungs-RL (2003/35/EG) nur aus Gründen der Verfahrenstransparenz freiwillig eingeführte Pflicht zu einem Hinweis, dass keine Umwelt(verträglichkeits)prüfung durchgeführt wird, die auch von Art. 3 Abs. 7 Plan-UP-RL (in Bezug auf großflächige Bebauungspläne der Innenentwicklung) nicht unbedingt in dieser Form verlangt wird, als für Rechtswirksamkeit eines Bebauungsplans unbeachtlich eingeordnet wird, weil auf die Hinweispflicht insoweit, wie vom Praxistest jedenfalls für kleinflächige Bebauungspläne der Innenentwicklung gefordert,[1529] schon von vornherein hätte verzichtet werden können. Dies korrespondiert mit der Tatsache, dass die in § 214 Abs. 1 S. 1 Nr. 2 2. Hs. BauGB vorgesehene umfassende Unbeachtlichkeit einer Verletzung der Hinweispflicht gem. § 13 Abs. 3 S. 2 BauGB, deren Statuierung ebenfalls aus Art. 3 Abs. 7 Plan-UP-RL und Art. 6 Abs. 2 lit. b UVP-RL in der Fassung der Öffentlichkeitsbeteiligungs-RL (2003/35/EG) abgeleitet wird,[1530] in europarechtlicher Hinsicht bisher jedenfalls nicht deutlich beanstandet wurde.[1531]

Wegen der Verpflichtung aus Art. 3 Abs. 7 Plan-UP-RL i. V. m. Art. 3 Abs. 5 S. 1 3. Var. Plan-UP-RL sieht es § 13a Abs. 3 S. 1 Nr. 1 2. Hs. BauGB für großflächige Bebauungspläne der Innenentwicklung, die im beschleunigten Verfahren aufgestellt werden sollen, vor, neben der Tatsache der Nichtdurchfüh-

---

1528 *Stock*, in: E/Z/B/K, § 214, Rn. 51 (Stand: Mai 2007), spricht von einer geringen verfahrensrechtlichen Bedeutung der Information über die Nichtdurchführung einer Umweltprüfung.
1529 *Bunzel*, Difu-Praxistest, S. 10 u. 44, abrufbar unter http://www.difu.de/publikationen/difu-berichte/4_06/11.phtml (zuletzt abgerufen am 01.03.2008).
1530 Vgl. Fn. 1495 u. 1496.
1531 Vgl. *Kment*, AöR 130 [2005], 570 (602), der in seiner Begründung allerdings Art. 6 Abs. 2 lit. b UVP-RL in der Fassung der Öffentlichkeitsbeteiligungs-RL nicht anspricht. Vielmehr geht er davon aus, dass die Unbeachtlichkeit eines Verstoßes gegen die Hinweispflicht gem. § 13 Abs. 3 S. 2 BauGB europarechtlich unproblematisch ist, weil die Plan-UP-RL für im vereinfachten Verfahren aufstellbare, ausschließlich nichtumweltprüfungspflichtige Pläne keinerlei Anwendungsbereich habe und daher auch keine Vorgaben aus ihr verletzt werden können, wenn Verfahrensanforderungen des vereinfachten Verfahrens in § 214 Abs. 1 S. 1 Nr. 2 2. Hs. BauGB als unbeachtlich eingestuft werden können.

rung einer Umweltprüfung auch die bezogen auf den konkreten Bebauungsplan wesentlichen Gründe, aufgrund derer der Plan im UP-Screening als nicht mit voraussichtlich erheblichen Umweltauswirkungen verbunden eingeordnet wurde, ortsüblich bekannt zu machen, so dass sie auf diesem Wege der Öffentlichkeit zugänglich gemacht werden. Wurde diese Hinweispflicht gem. § 13a Abs. 3 S. 1 Nr. 1 2. Hs. BauGB nicht korrekt erfüllt, kann der vom Gesetzgeber vorgebrachten Argumentation zur Rechtfertigung der völligen Unbeachtlichkeit eines Verstoßes gegen § 13a Abs. 3 S. 1 Nr. 1 BauGB gem. § 214 Abs. 2a Nr. 2 BauGB nur unter Einschränkungen gefolgt werden. Wurde nämlich weder eine Dokumentation des UP-Screenings noch eine Zusammenfassung von dessen wesentlichen Aspekten in die Plan- und Planentwurfsbegründung aufgenommen, sind aus diesen die wesentlichen Gründe dafür, warum die Vorprüfung des Einzelfalls den Bebauungsplan als nicht umweltprüfungspflichtig einordnete, nicht eindeutig erkennbar,[1532] obwohl gerade auch sie gem. Art. 3 Abs. 7 Plan-UP-RL der Öffentlichkeit zugänglich gemacht werden sollen. Zwar muss die Plan- bzw. Entwurfsbegründung gem. § 2a S. 2 Nr. 1 BauGB grundsätzlich und unabhängig von einem auf einer Umweltprüfung basierenden Umweltbericht Auskunft darüber geben, wie sich der Bebauungsplan u. a. auf die Umwelt auswirkt.[1533] Sie muss aber gerade nicht zwingend explizit auf die Vorprüfung gem. § 13a Abs. 1 S. 2 Nr. 2 BauGB und die in deren Rahmen entscheidende voraussichtliche Nichterheblichkeit der Umweltauswirkungen der Planung und die dafür wesentlichen Gründe eingehen. Die in der Vorprüfung angenommene Nichterheblichkeit der Umweltauswirkungen des Plans könnte in einem solchen Fall nur aus der allgemeinen Beschreibung der Umweltauswirkungen des Plans in der Plan-(entwurfs)begründung erschlossen werden, was ohne den konkreten Bezug auf die Vorprüfung kaum dem von Art. 3 Abs. 7 Plan-UP-RL angestrebten Transparenz- und Nachvollziehbarkeitseffekt genügen dürfte.[1534] Insgesamt ist damit festzustellen, dass § 214 Abs. 2a Nr. 2 BauGB für die Fälle einer Verletzung von § 13a Abs. 3 S. 1 Nr. 1 BauGB im Hinblick auf seine Europarechtskonformität und auch auf die Intention des Gesetzgebers, mit § 13a BauGB und den dafür geschaffenen Planerhaltungsvorschriften insgesamt eine gemeinschaftsrechtlich zulässige Ausnahme von der in der Plan-UP-RL vorgesehenen Pflicht zur Durchführung einer Umweltprüfung für Bebauungspläne zu schaffen, dahingehend teleologisch zu restringieren ist, dass die Planerhaltungsvorschrift keine

---

1532 Vgl. *Kment*, DVBl. 2007, 1275 (1279).
1533 *Bunzel*, Difu-Praxistest, S. 37, abrufbar unter http://www.difu.de/publikationen/difu-berichte/4_06/11.phtml (zuletzt abgerufen am 01.03.2008); *Krautzberger*, in: E/Z/B/K, § 2, Rn. 156a (Stand: September 2007); *ders.*, in: Krautzberger/Söfker, Baugesetzbuch, Rn. 154a; *Portz*, in: Spannowsky/Hofmeister, BauGB 2007, S. 1 (5); *Reidt*, NVwZ 2007, 1029 (1031); *Söfker*, in: Spannowsky/Hofmeister, BauGB 2007, S. 17 (19). Vgl. Fn. 834 u. 1494.
1534 Vgl. *Kment*, DVBl. 2007, 1275 (1279).

Anwendung findet, wenn – in der Regel *neben* der Pflicht gem. § 13a Abs. 3 S. 1 Nr. 1 1. Hs. BauGB, die Aufstellung des Bebauungsplans im beschleunigten Verfahren ohne Umweltprüfung ortsüblich bekannt zu machen – die Pflicht gem. § 13a Abs. 3 S. 1 Nr. 1 2. Hs. BauGB, die wesentlichen Gründe, aufgrund derer ein großflächiger Bebauungsplan der Innenentwicklung i. R. d. UP-Screenings als nicht mit voraussichtlich erheblichen Umweltauswirkungen verbunden eingeordnet wurde, ortsüblich bekannt zu machen, nicht korrekt erfüllt wurde, es sei denn, die Plan- und -entwurfsbegründung geben darüber *explizit* Auskunft.[1535] Vor diesem Hintergrund bestätigt sich die bereits ausgesprochene Empfehlung an die Gemeinden, die Durchführung und das Ergebnis des UP-Screenings gem. § 13a Abs. 1 S. 2 Nr. 2 BauGB in der Plan(entwurfs)begründung zu dokumentieren.[1536]

ee) Bewertung des Verzichts auf die speziellen, umweltbezogenen Verfahrensschritte

(1) Entfallen der Umweltprüfung

(a) Uneingeschränkte Ermittlung und Bewertung des umweltbezogenen Abwägungsmaterials

Wie sich aus den obigen Ausführungen ergibt, ist die Durchführung einer Umweltprüfung, besonders wegen der Verfassung eines Umweltberichts schon für die Auslegung des Planentwurfs, der im Lauf des Planungsverfahrens fortzuschreiben ist, mit nicht unerheblichem Verfahrensaufwand verbunden. Die zusammenfassende Erklärung gem. § 10 Abs. 4 BauGB erfordert als Zusammenfassung von Umweltbericht und sonstigen Teilen der Planbegründung ebenfalls Zeit und Mühen. Die von der Gemeinde durchzuführenden Maßnahmen zur Überwachung der erheblichen Umweltauswirkungen aufgrund der Durchführung des Bauleitplans nehmen, gerade weil die Gemeinde ansonsten nicht mit der Überwachung des Umweltzustands befasst ist,[1537] ebenfalls personelle, zeitliche und damit finanzielle Ressourcen einer Gemeinde in Anspruch. Daher erscheint der in § 13a Abs. 2 Nr. 1, § 13 Abs. 3 S. 1 BauGB vorgesehene Verzicht auf diese umweltbezogenen Verfahrensschritte auf den ersten Blick als mit erheblichen Verfahrenserleichterungen verbunden, durch die das Bebauungsplanungsverfahren für die Innenentwicklung erheblich beschleunigt und aufgrund

---

1535 Vgl. *Gierke*, in: Brügelmann, § 13a, Rn. 137 (Stand: Februar 2008), der davon ausgeht, dass Verstöße gegen § 13a Abs. 3 S. 1 Nr. 1 BauGB wegen des Hintergrunds in Art. 3 Abs. 7 Plan-UP-RL stets für die Rechtswirksamkeit des Bebauungsplans beachtlich sind, *sofern sie nicht im Verfahren geheilt werden*.
1536 Vgl. B. II. 6. e) bb) (3) (f).
1537 *W. Schrödter*, LKV 2008, 109 (112).

reduzierten Aufwands kostengünstiger wird. Bereits der Praxistest ergab jedoch durchaus geteilte Ansichten darüber, ob der Verzicht auf die speziell umweltbezogenen Verfahrensschritte tatsächlich verfahrensvereinfachend und kostensenkend wirkt.[1538] Dies beruht vor allem darauf, dass das Entfallen der besonderen, rein umweltbezogenen Verfahrensschritte nicht von der gem. § 2 Abs. 3, § 1 Abs. 6 Nr. 7, § 1a BauGB statuierten Pflicht entbindet, die durch die Planung abwägungserheblich betroffenen Umweltbelange zu ermitteln und zu bewerten, um sie in der Abwägung gem. § 1 Abs. 7 BauGB ihrem Gewicht entsprechend berücksichtigen zu können, so dass bei Verzicht auf die Umweltprüfung eine dieser jedenfalls weitgehend entsprechende Ermittlung und Bewertung der Umweltbelange *als Teil der allgemeinen Ermittlung und Bewertung* aller abwägungserheblichen Belange durchgeführt werden muss.[1539] Zudem muss die Plan-(entwurfs)begründung gem. § 2a S. 2 Nr. 1, § 9 Abs. 8 BauGB in jedem Fall, also auch ohne Pflicht zur Erstellung eines separaten Umweltberichts, Auskunft über die wesentlichen Auswirkungen der Planung und damit auch deren Umweltauswirkungen geben.[1540] Vor allem im Hinblick darauf, dass bei Maßnahmen der Innenentwicklung, gerade wenn man an die Überplanung von Konversionsflächen oder an Nachverdichtungsmaßnahmen denkt, wegen Altlasten oder Lärm- bzw. Schadstoffimmissionen[1541] oder einer in der Phase der Nichtnutzung erfolgten Ansiedlung besonders (§ 10 Abs. 2 Nr. 10 BNatSchG) oder streng (§ 10 Abs. 2 Nr. 11 BNatSchG) geschützter Tier- oder Pflanzenarten (§§ 42 f., § 62 i. V. m. § 11 S. 1 BNatSchG, als unmittelbar geltendes Recht, keine Rahmenvorschriften[1542])[1543] Umweltbelange ebenfalls von erheblicher Planungs-

---

1538 *Bunzel*, Difu-Praxistest, S. 20 u. 36/37, abrufbar unter http://www.difu.de/publikationen/difu-berichte/4_06/11.phtml (zuletzt abgerufen am 01.03.2008).
1539 *Bunzel*, Difu-Praxistest, S. 37, abrufbar unter http://www.difu.de/publikationen/difu-berichte/4_06/11.phtml (zuletzt abgerufen am 01.03.2008); *Gierke*, in: Brügelmann, § 13a, Rn. 10 u. 144 (Stand: Februar 2008), unter Verweis darauf, dass § 2 Abs. 4 BauGB lediglich eine Spezialvorschrift zu § 2 Abs. 3 BauGB ist; *Krautzberger*, in: E/Z/B/K, § 2, Rn. 185 u. 191 u. 234 (Stand: September 2007); *Portz*, in: Spannowsky/Hofmeister, BauGB 2007, S. 1 (5); *Söfker*, in: Spannowsky/Hofmeister, BauGB 2007, S. 17 (19); *Wallraven-Lindl/Strunz/Geiß*, Das Bebauungsplanverfahren nach dem BauGB 2007, S. 175. Vgl. Fn. 1422 u. 1492 u. 1493.
1540 BT-Drs. 15/2250, S. 29: Dort wird bei Einführung der generellen Pflicht zur Durchführung einer Umweltprüfung darauf verwiesen, dass diese im Wesentlichen die Arbeitsschritte wiedergibt, die bei der Zusammenstellung des umweltrelevanten Abwägungsmaterials für eine sachgerechte Abwägung ohnehin erforderlich sind. *Gierke*, in: Brügelmann, § 13a, Rn. 10 u. 144 (Stand: Februar 2008); *Portz*, in: Spannowsky/ Hofmeister, BauGB 2007, S. 1 (5); *Söfker*, in: Spannowsky/Hofmeister, BauGB 2007, S. 17 (19). Vgl. auch Fn. 834 u. 1494 u. 1533.
1541 *Bunzel*, Difu-Praxistest, S. 37, abrufbar unter http://www.difu.de/publikationen/difu-berichte/4_06/11.phtml (zuletzt abgerufen am 01.03.2008); *Kuschnerus*, Der standortgerechte Einzelhandel, Rn. 605.
1542 VGH Kassel, Urt. vom 21.01.2008 – 4 N 869/07, ZUR 2008, 380 (381).

relevanz sein können, ohne dass unbedingt der Ausschlussgrund des § 13a Abs. 1 S. 5 BauGB erfüllt sein müsste,[1544] ist die Ermittlung und Bewertung der Umweltauswirkungen einer solchen Planung, insbesondere bei Notwendigkeit von Gutachten zum Immissionsschutz oder zu Bodenbelastungen, auch ohne besonderes Umweltprüfungsverfahren aufwändig, so dass die durch den Verzicht auf die Umweltprüfung erstrebte Vereinfachung relativiert wird.[1545] Andererseits sind die Umweltberichte von Planungen im Innenbereich, die keine erhebliche Umweltrelevanz aufweisen, oftmals wenig aussagekräftig und ohnehin fast nur aufgrund ihrer § 2a S. 3 BauGB entsprechenden Stellung als gesonderter Teil der Begründung erkennbar,[1546] was auf wenig Aufwand für ihre Erstellung schließen lässt, so dass ein Verzicht auf die Umweltprüfung und den Umweltbericht deshalb in diesen Fällen keine ins Gewicht fallende Vereinfachung darstellt.

(b) Entfallen der Vorteile des systematisierten Verfahrens und Auswirkungen des Entfallens der Umweltprüfung auf die Nachhaltigkeit der Planung

Mit dem Verzicht auf die Umweltprüfung entfällt in der Regel nicht nur das oben dargestellte, durch sie faktisch erhöhte[1547] Gewicht der Umweltbelange in der Abwägung, das auf der gezielten und konzentrierten Ermittlung und Bewertung der abwägungserheblichen Umweltbelange unter Ausschluss sonstiger Belange in einem eigenen Verfahren(sschritt) und der dabei erfolgenden Gesamtbetrachtung beruht. Es ist auch zu bedenken, dass die Umweltprüfung, gerade weil durch sie gem. Art. 1 Plan-UP-RL ein hohes Umweltschutzniveau gewährleistet werden soll, darauf ausgelegt ist, von der Planung betroffene Umweltbelange möglichst frühzeitig in diese einbeziehen und nicht erst, wenn die Entscheidung über den Planinhalt schon weitgehend gefallen ist.[1548] Dies bestätigt

---

1543 *Uechtritz*, BauR 2007, 476 (481). Dies wird in der Regel nur bei kleinflächigen Bebauungsplänen der Innenentwicklung der Fall sein können, weil sich aus der bei großflächigen Bebauungsplänen der Innenentwicklung durchzuführenden Vorprüfung bei der Betroffenheit besonders geschützter Arten in der Regel ergeben wird, dass der Plan voraussichtlich erhebliche Umweltauswirkungen hat, vgl. *Wallraven-Lindl/Strunz/Geiß*, Das Bebauungsplanverfahren nach dem BauGB 2007, S. 161.
1544 Vgl. *Wagner*, in: E/Z/B/K, § 1a, Rn. 242 (Stand: Oktober 2008).
1545 Vgl. *Bunzel*, Difu-Praxistest, S. 37, abrufbar unter http://www.difu.de/publikationen/difu-berichte/4_06/11.phtml (zuletzt abgerufen am 01.03.2008); *Kuschnerus*, Der standortgerechte Einzelhandel, Rn. 605.
1546 *Reidt*, NVwZ 2007, 1029 (1031).
1547 Vgl. B. III. 1. a) bb) (5).
1548 Vgl. Grund 4 Begründung Plan-UP-RL, wo von einer Berücksichtigung der Umweltauswirkungen bei der Ausarbeitung und vor der Annahme des Plans gesprochen wird. Europäische Kommission, Umsetzung Richtlinie 2001/42/EG, 2003, S. 2 (Vorwort) und Nr. 2.3, abrufbar unter http://www.erneuerbare-energien.de/files/pdfs/allgemein/application/pdf/sea_guidance.pdf (zuletzt abgerufen am 24.07.2008); *Halama*, in:

sich z. B. durch die Pflicht, bereits dem Planentwurf gem. § 2a S. 1, S. 2 Nr. 2 BauGB einen Umweltbericht über die ermittelten und bewerteten Belange des Umweltschutzes beifügen zu müssen, der im Laufe der Planung je nach deren Fortschritt fortgeschrieben werden muss. Im Rahmen der Umweltprüfung und des auf ihrer Grundlage zu erstellenden Umweltberichts müssen die Auswirkungen der Planung auf die Umwelt bereits zu einem Zeitpunkt explizit und gesondert von anderen Auswirkungen herausgearbeitet werden, zu dem die voraussichtlichen Auswirkungen noch nicht unbedingt abschließend feststehen. Dadurch soll erreicht werden, dass umweltbezogene Auswirkungen – auch wenn sie noch auf vorläufigen Einschätzungen beruhen – schon in die Planung eingehen können.[1549] Daher kann der Verzicht auf die Umweltprüfung im beschleunigten Verfahren jedenfalls in den Fällen die Umweltqualität von Bebauungsplänen der Innenentwicklung im Vergleich zu Regelplanungsverfahren verschlechtern, in denen auch Bebauungspläne der Innenentwicklung mit nicht nur völlig geringfügigen, wenn auch nicht erheblichen Auswirkungen auf die Umwelt verbunden sind.

Hinzukommt, dass im Rahmen der Umweltprüfung das sonst explizit nur im Rahmen des § 1a Abs. 3 S. 1 BauGB angesprochene Konzept, Einwirkungen auf die Umwelt möglichst zu vermeiden oder zumindest so weit wie möglich zu minimieren bzw. nachteilige Auswirkungen auf die Umwelt wenigstens auszugleichen, auf alle abwägungserheblich betroffenen Umweltbelange übertragen (Nr. 2 lit. c Anlage 1 BauGB) und damit gem. § 2 Abs. 4 S. 4 BauGB zum Gegenstand der Abwägung gem. § 1 Abs. 7 BauGB gemacht wurde, was dem durch Einführung der Umweltprüfung gem. Art. 1 Plan-UP-RL angestrebten Ziel, eine nachhaltige Entwicklung zu fördern, entspricht.[1550] Zwar gilt der Grundsatz der Nachhaltigkeit gem. § 1 Abs. 5 BauGB für jede planerische Abwägungsentscheidung und daher auch unabhängig von der Durchführung einer Umweltprüfung. Die Umweltprüfung bietet aber eine besondere Möglichkeit, das umweltrelevante Abwägungsmaterial anhand der Checkliste von § 1 Abs. 6 Nr. 7, § 1a i. V. m. Anlage 1 BauGB systematisch und daher rechtssicher sowie ohne Beachtung anderer, nicht umweltrelevanter Abwägungsbelange aufzubereiten, was eine korrekte Ermittlung und Bewertung und damit auch eine fehlerfreie materiell-rechtliche Berücksichtigung der Umweltbelange erleichtert[1551] und durch die explizite Prüfung der Möglichkeiten des Vermeidens, Verringerns oder wenigstens Ausgleichens von Auswirkungen auf die Umwelt

---

BauGB 2004 – Nachgefragt, S. 161 (161); *Krautzberger*, in: E/Z/B/K, § 2, Rn. 151 (Stand: September 2007).
1549 Vgl. *Halama*, in: BauGB 2004 – Nachgefragt, S. 161 (161).
1550 *Stüer*, NVwZ 2005, 508 (508 u. 511). Vgl. Fn. 1487 u. 1488.
1551 *Krautzberger*, in: E/Z/B/K, § 2, Rn. 195 (Stand: September 2007); *Kuschnerus*, BauR 2001, 1346 (1358); *Wallraven-Lindl/Strunz/Geiß*, Das Bebauungsplanverfahren nach dem BauGB 2007, S. 162. Vgl. Fn. 1482.

schon in der Umweltprüfung entsprechend des Verfahrensgedankens auch zu einer besseren Berücksichtigung dieses Aspekts des Nachhaltigkeitsgrundsatzes gem. § 1 Abs. 5 BauGB beitragen kann.[1552] Der mit dem Entfallen der Umweltprüfung verbundene Verzicht darauf, durch das Verfahren der Umweltprüfung eine materiell-rechtlich korrekte Beachtung der Umweltbelange in der Abwägung sicherzustellen, darf nämlich nicht unterschätzt werden, gerade weil eine systematische Ermittlung und Bewertung der abwägungserheblichen Belange im Regelfall, d. h., wenn bei der Abwägung als solcher nicht oberflächlich und ohne Berücksichtigung des vorher Ermittelten und Bewerteten vorgegangen wird, durchaus erheblich dazu beitragen kann, dass auch die Abwägung als solche, in der die ermittelten und bewerteten Belange gegen- und untereinander auszugleichen sind, bezogen auf die Umweltbelange korrekt bzw. zumindest ohne für die Rechtswirksamkeit des Bebauungsplans beachtlichen Abwägungsfehler im Sinne der § 214 Abs. 1 S. 1 Nr. 1, Abs. 3 S. 2 BauGB verläuft, besonders, wenn das umweltrelevante Abwägungsmaterial in dem separaten Dokument des Umweltberichts beschrieben und bewertet wurde. Andererseits hindert die Gemeinde nichts daran, auch ohne gesetzlich vorgeschriebene Notwendigkeit und ohne Verpflichtung zur Verfassung eines Umweltberichts zur Vermeidung von Abwägungsfehlern die abwägungserheblichen Umweltbelange anhand des Katalogs der § 1 Abs. 6 Nr. 7, § 1a BauGB systematisch zu ermitteln und zu bewerten und dabei das umweltbezogene Abwägungsmaterial geordnet darzustellen, ohne dabei allerdings die Anforderungen der Anlage 1 BauGB mit der dort vorgesehenen Einleitung (Nr. 1 Anlage 1 BauGB) oder einer allgemein verständlichen Zusammenfassung des Umweltberichts (Nr. 3 lit. c Anlage 1 BauGB) beachten zu müssen, zumal sie unabhängig von einer Pflicht zur Erstellung eines Umweltberichts die Auswirkungen der Planung auf die Umwelt, wie die sonstigen Auswirkungen der Planung, in der Planentwurfsbegründung gem. § 2a S. 2 Nr. 1 BauGB und in der Planbegründung gem. § 9 Abs. 8 BauGB darlegen muss.[1553]

(c) Wegfall des Trägerverfahrens für sonstige umweltbezogene Prüfverfahren

Wegen der Ausgestaltung der Umweltprüfung als Trägerverfahren,[1554] das alle planungsrechtlich relevanten umweltbezogenen Maßgaben und Prüfverfahren miteinbezieht, erfasst sie neben der Prüfung der naturschutzrechtlichen Eingriffsregelung des § 1a Abs. 3 BauGB die bei möglicherweise erheblicher Beeinträchtigung von Gebieten i. S. d. § 1 Abs. 6 Nr. 7 lit. b BauGB, d. h. der Gebiete von gemeinschaftlicher Bedeutung und der Europäischen Vogelschutzgebiete im Sinne des Bundesnaturschutzgesetzes, in ihren für die Erhaltungsziele

---

1552 *Stüer*, NVwZ 2005, 508 (515).
1553 Vgl. Fn. 834 u. 1494 u. 1533.
1554 Vgl. Fn. 1094 u. 1429.

oder den Schutzzweck maßgeblichen Bestandteilen erforderliche Verträglichkeitsprüfung nach § 1a Abs. 4 BauGB (§ 34 Abs. 2, § 35 S. 2, § 11 S. 1 BNatSchG).[1555] Dasselbe gilt für die Prüfung eines planerischen Eingriffs in Lebensräume von besonders oder streng geschützten Arten gem. §§ 42 f. BNatSchG,[1556] die insbesondere erforderlich ist, wenn die Planung eine in Anhang IV FFH-RL genannte Tier- oder Pflanzenart oder eine europäische Vogelart im Sinne von Art. 1 Abs. 1 Vogelschutz-RL (vgl. § 10 Abs. 2 Nr. 9, Nr. 10 lit. b lit. bb BNatSchG) beeinträchtigen kann. Diese Prüfung tritt neben die nach § 1a Abs. 4 BauGB erforderliche Verträglichkeitsprüfung, wenn die Tier- oder Pflanzenart auch in Anhang II FFH-RL genannt ist und sich zugleich in einem Gebiet von gemeinschaftlicher Bedeutung befindet bzw. wenn die Vogelart vom Schutzbereich des Art. 1 Vogelschutz-RL erfasst ist und sich gleichzeitig in einem Europäischen Vogelschutzgebiet befindet.[1557] Mit dem Entfallen der Umweltprüfung und der mit ihr einhergehenden auch materiell-rechtlichen Stärkung[1558] der Umweltbelange scheint daher die Gefahr verbunden zu sein, die Prüfung der Auswirkungen einer Planung auf FFH- und Vogelschutzgebiete, die auf europarechtlichen Vorgaben beruht, und auf besonders oder streng geschützte Tier- und Pflanzenarten, deren Schutz ebenfalls in Umsetzung der FFH- und der Vogelschutz-RL zu beachten ist,[1559] könnte sich verschlechtern. Hierbei ist allerdings zum einen zu beachten, dass gem. § 13a Abs. 1 S. 5 BauGB das beschleunigte Verfahren ohne Umweltprüfung ohnehin ausgeschlossen ist, wenn Anhaltspunkte für eine Beeinträchtigung der Schutzgüter des § 1 Abs. 6 Nr. 7 lit. b BauGB bestehen, so dass schon bei der Möglichkeit einer Beeinträchtigung der Erhaltungsziele oder des Schutzzwecks eines Gebiets von gemeinschaftlicher Bedeutung oder eines Europäischen Vogelschutzgebiets im Sinne des Bundesnaturschutzgesetzes durch den Bebauungsplan ohnehin das Regelplanungsverfahren mit Umweltprüfung anzuwenden ist. Zum anderen ist zu bedenken, dass die Umweltprüfung, die grundsätzlich nur das umwelterhebliche *Abwägungs*material einer Planung ermittelt und bewertet,[1560] für die Prüfung der

---

1555 BT-Drs. 15/2250, S. 29 u. 30 u. 40; *Halama*, in: BauGB 2004 – Nachgefragt, S. 114 (115); *W. Schrödter*, LKV 2008, 109 (111); *Wagner/Paßlick*, in: Hoppe, UVPG, § 17, Rn. 195. Vgl. Fn. 1094.
1556 *W. Schrödter*, LKV 2008, 109 (111).
1557 BVerwG, Urt. vom 17.01.2007 – 9 A 20/05, E 128, 1 (16 ff. (Rn. 27 ff.) und 73 ff. (Rn. 157 ff.)), handelt Habitatschutz bzw. Verträglichkeitsprüfung und Artenschutz gesondert ab; *Gassner*, UPR 2006, 430 (430); *Wagner*, in: E/Z/B/K, § 1a, Rn. 242 u. 244 u. 252 (Stand: Oktober 2008).
1558 Vgl. B. III. 1. a) bb) (5).
1559 *Krautzberger*, in: B/K/L, § 1, Rn. 65c; *Wagner*, in: E/Z/B/K, § 1a, Rn. 242 (Stand: September 2007).
1560 Vgl. § 2 Abs. 4 S. 4 BauGB; vgl. die Einordnung der Umweltprüfung als Spezialausprägung von § 2 Abs. 3 BauGB in Fn. 1422 u. 1492 u. 1493 u. 1539. Auch der Wort-

Auswirkungen einer Planung auf die Erhaltungsziele und den Schutzzweck von Gebieten von gemeinschaftlicher Bedeutung und Europäischer Vogelschutzgebiete und für die Prüfung planerischer Eingriffe in Lebensräume besonders oder streng geschützter Arten nicht vollumfänglich geeignet ist, weil in den Fällen, in denen ein Gebiet im Sinne des § 1 Abs. 6 Nr. 7 lit. b BauGB in seinen für die Erhaltungsziele oder den Schutzzweck maßgeblichen Bestandteilen *erheblich* beeinträchtigt werden kann, über die grundsätzliche Zulässigkeit einer solchen Planung gem. § 1a Abs. 4 BauGB der Maßstab des § 34 Abs. 2, Abs. 3 u. Abs. 4, § 35 S. 2 BNatSchG einschließlich der Einholung einer Stellungnahme der Europäischen Kommission entscheidet. Ist eine bestimmte Planung nach § 34 Abs. 2 BNatSchG unzulässig, kann dies auch nicht im Rahmen der Abwägung nach § 1 Abs. 7 BauGB überwunden werden,[1561] sondern allenfalls in eng begrenzten Ausnahmen gem. § 34 Abs. 3 u. Abs. 4 BNatSchG. Dasselbe gilt in den Fällen des Eingriffs in Lebensräume besonders (vgl. § 10 Abs. 2 Nr. 10 BNatSchG) oder streng geschützter (vgl. § 10 Abs. 2 Nr. 11 BNatSchG) Arten gem. §§ 42 f. BNatSchG, in denen keine Ausnahme gem. § 43 Abs. 8 BNatSchG und keine Befreiung gem. § 62 BNatSchG[1562] erteilt werden kann.[1563]

---

laut von § 2 Abs. 4 S. 2 BauGB stellt in Bezug auf die Umweltprüfung ausdrücklich auf die Ermittlung der Belange *für die Abwägung* ab.

1561 *Krautzberger/Stüer*, DVBl. 2004, 914 (921/922); *W. Schrödter*, LKV 2008, 109 (111); *Wagner/Paßlick*, in: Hoppe, UVPG, § 17, Rn. 217; *Wulfhorst*, in: Landmann/Rohmer, Umweltrecht, Band III, § 17 UVPG, Rn. 9 (Stand: April 2005). Vgl. Fn. 1207.

1562 Zur Problematik, ob § 62 BNatSchG mangels Ableitung aus dem Gemeinschaftsrecht für eine Befreiung nach Anhang IV FFH-RL geschützte Arten in der Praxis angewandt werden sollte, vgl. *Wagner*, in: E/Z/B/K, § 1a, Rn. 244a (Stand: Oktober 2008) m. w. N.

1563 Vgl. VGH Kassel, Urt. vom 21.02.2008 – 4 N 869/07, ZUR 2008, 380 (380 u. 381): Dort wird festgestellt, dass ein Bebauungsplan, dessen Verwirklichung an artenschutzrechtlichen Zugriffs- und Störungsverboten im Sinne von § 42 BNatSchG scheitert, gegen § 1 Abs. 3 S. 1 BauGB, der nicht in der Abwägung überwindbar ist, verstoßen kann, jedenfalls sofern keine Befreiungslage gem. § 62 BNatSchG vorliegt. Denn in diesem Fall stehen der Realisierung des Bebauungsplans dauerhafte rechtliche Hindernisse entgegen. Vgl. VGH Kassel, Urt. vom 21.12.2000 – 4 N 2435/00, NuR 2001, 702 (702 u. 704). Vgl. OVG Rheinland-Pfalz, Urt. vom 13.02.2008 – 8 C 10368/07, ZfBR 2008, 582 (584); *Pauli*, BauR 2008, 759 (760).
§ 42 BNatSchG ist an sich kein Planungsverbot (vgl. *Krautzberger*, in: B/K/L, § 1, Rn. 65c, der davon spricht, dass § 42 BNatSchG kein Planungsleitsatz ist), so dass nicht schon die Aufstellung eines Bauleitplans, sondern erst die Vornahme der zu seiner Verwirklichung notwendigen Handlungen einen artenschutzrechtlichen Dispens erfordert. Adressat des § 42 BNatSchG und der Befreiungsvorschrift § 62 BNatSchG ist nicht der Planbegeber, sondern derjenige, der den Plan in die Tat umsetzen will (vgl. *Pauli*, BauR 2008, 759 (760 u. 767)). Voraussetzung für die Rechtmäßigkeit eines Bebauungsplans ist daher nicht das Vorliegen einer Befreiung, sondern das Vorliegen einer sog. *Befreiungslage*, d. h., es ist ausreichend, wenn für die zur Verwirklichung der jeweiligen Planung erforderlichen Vorhaben eine Befreiung erteilt werden kann, was

Einem solchen Plan fehlt die planerische Rechtfertigung gem. § 1 Abs. 3 S. 1 BauGB, was ebenfalls nicht in der Abwägung gem. § 1 Abs. 7 BauGB überwindbar ist. Daraus ergibt sich, dass eine nach § 1a Abs. 4 BauGB oder §§ 42 f. BNatSchG erforderliche Prüfung wegen der besonderen Rechtsfolgen dieser Prüfverfahren ohnehin nicht immer vollständig in die Umweltprüfung, die umweltrelevantes *Abwägungs*material ermittelt und bewertet, integriert werden kann,[1564] so dass die Prüfungen durch ein Entfallen der Umweltprüfung auch nicht zwingend verschlechtert werden bzw. würden, gerade weil sie aufgrund ihres u. U. unmittelbaren Entscheidungsmaßstabs über die Zulässigkeit einer Planung[1565] über den Zweck der sonstigen Umweltprüfung hinausgehen und die Regelungen von § 1a Abs. 4 BauGB, §§ 42 f. BNatSchG im beschleunigten Verfahren ebenfalls uneingeschränkte Geltung haben.[1566] *Krautzberger/Stüer* schlugen bei Erlass des EAG-Bau (2004) vor, die Anforderungen des § 1a Abs. 4 BauGB auf der *Grundlage* der Umweltprüfung abzuarbeiten, weil diese durch die Ermittlung und Bewertung der Umweltauswirkungen eines Bauleitplans eine gute *Grundlage* für die Klärung der Vorfrage, ob eine Verträglichkeitsprüfung notwendig ist, für die Verträglichkeitsprüfung gem. § 34 Abs. 2 BNatSchG als solche und für die Entscheidung, ob ein Bauleitplan trotz Feststellung seiner Unverträglichkeit dennoch gem. § 34 Abs. 3 u. Abs. 4 BNatSchG eine zulässige

---

ermittelt und bewertet werden muss (BVerwG, Urt. vom 16.03.2006 – 4 A 1075.04, E 125, 116 (317 (Rn. 562)); unter Verweis darauf VGH Kassel, Urt. vom 21.02.2008 – 4 N 869/07, ZUR 2008, 380 (381); ebenso VGH Kassel, Urt. vom 20.12.2000 – 4 N 2435/00, NuR 2001, 702 (704); OVG Rheinland-Pfalz, Urt. vom 13.02.2008 – 8 C 10368/07, ZfBR 2008, 582 (584); vgl. auch BVerwG, Beschl. vom 25.08.1997 – 4 NB 12.97, ZfBR 1997, 320 (320/321).
Vgl. *Söfker*, in: E/Z/B/K, § 1, Rn. 144e (Stand: September 2005); *Pauli*, BauR 2008, 759 (767); *Spannowsky*, NuR 2007, 521 (526); *W. Schrödter*, LKV 2008, 108 (111); *Wagner*, in: E/Z/B/K, § 1a, Rn. 244 (Stand: Oktober 2008).

1564 *Bunzel*, in: BauGB 2004 – Nachgefragt, S. 134 (135); *Krautzberger/Stüer*, DVBl. 2004, 914 (921/922); *Mitschang*, in: Berliner Kommentar, § 2, Rn. 113 (Stand: September 2007); *Wagner/Paßlick*, in: Hoppe, UVPG, § 17, Rn. 218; *Wulfhorst*, in: Landann/Rohmer, Umweltrecht, Band III, § 17 UVPG, Rn. 9 (Stand: April 2005).
Der EuGH entschied (Urt. vom 10.01.2006 – Rs. C-98/03, Slg. 2006, I-53 (92 (Rn. 41 f.) u. 95 (Rn. 55 f.))), dass die Integration der FFH-Verträglichkeitsprüfung in bereits vorhandene Verfahren des nationalen Rechts nicht dazu führen dürfe, dass es zu erheblichen Beeinträchtigungen des Biotopverbundes durch unbeabsichtigte, weil nicht geplante Eingriffe kommt. In diesem Fall ist eine eigenständige Verträglichkeitsprüfung unabhängig von vorhandenen Verfahren geboten. (vgl. *Wagner*, in: E/Z/B/K, § 1a, Rn. 175 (Stand: Oktober 2008)).

1565 Vgl. *Wagner*, in: E/Z/B/K, § 1a, Rn. 179 (Stand: September 2007).

1566 Vgl. *Pauli*, BauR 2008, 759 (763). Die generelle Freistellung bestimmter Verfahren vom europarechtlich gebotenen Artenschutzrecht wäre zudem unzulässig, vgl. EuGH, Urt. vom 10.01.2006 – Rs. C-98/03, Slg. 2006, I-53 (97 (Rn. 61) u. 104 (Rn. 83)); BVerwG, Urt. vom 21.06.2006 – 9 A 28.05, E 126, 166 (166/167 u. 176/177 (Rn 38)).

Planung darstellt, bildeten.¹⁵⁶⁷ Eine andere Ansicht¹⁵⁶⁸ empfiehlt im Hinblick auf ein effizientes Vorgehen bei der Planaufstellung, zunächst als Beginn der Umweltprüfung zu klären, ob der Plan die Erhaltungsziele oder den Schutzzweck von Gebieten mit gemeinschaftlicher Bedeutung und Europäischer Vogelschutzgebiete im Sinne des Bundesnaturschutzgesetzes im Sinne von § 1a Abs. 4 BauGB erheblich beeinträchtigen kann. Ist dies der Fall, ist als Nächstes die Verträglichkeitsprüfung nach § 34 Abs. 2 BNatSchG durchzuführen. Denn ergibt diese die Unverträglichkeit des Bauleitplans und sind die Voraussetzungen von § 34 Abs. 3 bzw. Abs. 4 BNatSchG nicht erfüllt, steht dem Bauleitplan ein unüberwindbares Hindernis entgegen, so dass die konkrete Planung abzubrechen und keine (weitere) Umweltprüfung durchzuführen ist bzw. die Ergebnisse einer schon durchgeführten Umweltprüfung u. U. völlig nutzlos und daher unnötiger Ermittlungsmehraufwand wären.¹⁵⁶⁹ Dasselbe ist auf die Prüfung der Anforderungen der §§ 42 f. BNatSchG zu übertragen. *Schrödter* empfiehlt, bei Durchführung einer Umweltprüfung die unzulässigen Eingriffe in die europarechtlich geschützten Habitate bzw. Arten in einem eigenen Abschnitt des Umweltberichts, also getrennt von der Darstellung der Umweltprüfung im Übrigen, detailliert zu beschreiben und zu bewerten.¹⁵⁷⁰ Darauf soll die Begründung des Vorliegens oder Nichtvorliegens einer Ausnahme bzw. Befreiungslage gem. § 34 Abs. 3 und Abs. 4 BNatSchG bzw. § 62 BNatSchG folgen. In der allgemeinen Begründung zum Bauleitplan gem. § 2a S. 1, § 9 Abs. 8 BauGB ist ebenfalls auf das Ergebnis dieser im Umweltbericht dargestellten Prüfungen zu verweisen, weil es bei diesen nicht nur um umweltrelevantes *Abwägungs*material geht. Daher schlägt *Schrödter* als Alternative vor, sich im Umweltbericht auf die Darstellung und Bewertung der Eingriffe in FFH- und Vogelschutzgebiete sowie in Lebensräume von geschützten Arten zu beschränken und die Entscheidung über die Zulässigkeit des Eingriffs im konkreten Fall in der allgemeinen Begründung zum Bebauungsplan darzustellen.¹⁵⁷¹ Daraus wird insgesamt deutlich, dass die korrekte Durchführung der Verträglichkeitsprüfung nach der FFH- bzw. Vogelschutz-RL und der Prüfung von Eingriffen in Lebensräume geschützter Arten auch ohne Umweltprüfung ohne Weiteres fehlerfrei durchgeführt werden kann und diese keineswegs deren Korrektheit garantiert, da die

---

1567 *Krautzberger/Stüer*, DVBl. 2004, 914 (922).
1568 Vgl. auch BT-Drs. 15/2250, S. 39.
1569 *Bunzel*, in: BauGB 2004 – Nachgefragt, S. 134 (135); *Mitschang*, in: Berliner Kommentar, § 2, Rn. 114 (Stand: September 2007).
1570 So auch *Wagner/Paßlick*, in: Hoppe, UVPG, § 17, Rn. 217.
1571 *W. Schrödter*, LKV 2008, 109 (111); auch *Wagner*, in: E/Z/B/K, § 1a, Rn. 227 (Stand: Oktober 2008), empfiehlt aufgrund der vom BVerwG für die Verträglichkeitsprüfung statuierten strengen Dokumentationspflichten (BVerwG, Urt. vom 17.01.2007 – 9 A 20.05, E 128, 1 (3 u. 33 f. (Rn. 69 f.)), die Darlegungen im Umweltbericht zur Verträglichkeitsprüfung nicht mit den sonstigen Darlegungen im Umweltbericht zu vermengen. Vgl. auch *Halama*, in: BauGB 2004 – Nachgefragt, S. 114 (115).

Prüfungen ohnehin aus dem Konzept der Umweltprüfung ausschwenken und in ihr eine Sonderstellung einnehmen.

(d) Wegfall des Trägerverfahrens für die Prüfung der naturschutzrechtlichen Eingriffsregelung

Die Anforderungen der naturschutzrechtlichen Eingriffsregelung gem. § 1a Abs. 3 S. 1 BauGB dahingehend, Eingriffe in Natur und Landschaft durch die Planung möglichst zu vermeiden oder wenigstens auszugleichen, die gem. Nr. 2 lit. c Anlage 1 BauGB innerhalb der Umweltprüfung auf alle Umweltauswirkungen eines Bauleitplans übertragen wurden, bedürfen, auch wenn die Prüfung der Vorgaben des § 1a Abs. 3 S. 1 BauGB gem. § 2 Abs. 4 S. 1 BauGB in die Umweltprüfung integriert erfolgt, ebenfalls gesonderter Betrachtung. Zwar kann die im Rahmen der Umweltprüfung gem. Nr. 2 lit. a u. lit. b Anlage 1 BauGB erforderliche Bestandsaufnahme des derzeitigen Umweltzustands und die Prognose über dessen Entwicklung bei Durchführung der Planung uneingeschränkt zur Feststellung dafür verwendet werden, mit welchen und welch erheblichen Eingriffen in Natur und Landschaft im Sinne der § 18 BNatSchG entsprechenden landesrechtlichen Regelung die beabsichtigte Planung verbunden ist.[1572] Es ist jedoch zu beachten, dass die Anforderungen des § 1a Abs. 3 S. 1 BauGB, Eingriffe in Natur und Landschaft zu vermeiden oder wenigstens auszugleichen, weitaus strikter sind als die für alle Umweltbelange innerhalb der Umweltprüfung gem. Nr. 2 lit. c Anlage 1 BauGB zu beachtende Anforderung. Gerade das für unvermeidbare bzw. im Rahmen der Abwägung zu rechtfertigende vermeidbare Eingriffe in Natur und Landschaft statuierte Kompensationsgebot ist nur für die von § 1a Abs. 3 BauGB geschützten Umweltbelange *grundsätzlich* zu beachten, während sonstige planbedingte Beeinträchtigungen der Umwelt viel leichter ohne weitergehende Überlegungen zu Ausgleichsmöglichkeiten im Rahmen der Abwägung überwindbar sind.[1573] Daran ändert auch die Anforderung der Nr. 2 lit. c Anlage 1 BauGB nichts, denn dort wird keine so strenge Berücksichtigung des Kompensationsinteresses für die Fälle, in denen das Integritätsinteresse der umweltbezogenen Schutzgüter nicht gewahrt werden kann, verlangt wie nach § 1a Abs. 3 S. 1 BauGB; Nr. 2 lit. c Anlage 1 BauGB ist nur eine der naturschutzrechtlichen Eingriffsregelung ähnliche Regelung, keine mit

---

1572 *Krautzberger*, in: E/Z/B/K, § 2, Rn. 192 (Stand: September 2007); *Mitschang*, in: Berliner Kommentar, § 2, Rn. 109 (Stand: September 2007). Vgl. Fn. 1445 u. 1446.

1573 Vgl. BVerwG, Beschl. vom 31.01.1997 – 4 NB 27.96, E 104, 68 (77); *Uechtritz*, NuR 2001, 374 (377, Fn. 22), der auf das erhebliche Gewicht der von der Eingriffsregelung geschützten Belange verweist und auf BVerwG, Beschl. vom 31.01.1997 – 4 NB 27.96, NVwZ 1997, 1213 (1214 f.) = E 104, 68 (73 f.) Bezug nimmt. Unklar bei *Stüer*, NVwZ 2005, 508 (513).

dieser identische.[1574] Mit den gegenüber Nr. 2 lit. c Anlage 1 BauGB strengeren Anforderungen des § 1a Abs. 3 S. 1 BauGB muss man sich daher auch innerhalb der Umweltprüfung besonders sorgfältig und eigenständig auseinandersetzen, schon im Hinblick darauf, dass vor allem die ausgleichslose Hinnahme eines unvermeidbaren oder jedenfalls innerhalb der Abwägung zu rechtfertigenden vermeidbaren Eingriffs in Natur und Landschaft wegen § 1a Abs. 3 S. 1 BauGB und dessen Betonung des Kompensationsinteresses in der späteren Abwägung einer stärkeren Rechtfertigung bedarf als bei einer sonstigen negativen Auswirkung auf die Umwelt.[1575] Die *grundsätzliche* Berücksichtigung des Kompensationsinteresses für den Fall, dass das Integritätsinteresse nicht gewahrt werden kann,[1576] ist für den Bereich der Abwägung außerhalb der Anforderungen des § 1a Abs. 3 S. 1 BauGB nämlich nicht notwendig. Die Rechtsfolge der generellen Ausgleichspflicht konkret nicht vermiedener bzw. unvermeidbarer Eingriffe ist daher eine Besonderheit des § 1a Abs. 3 BauGB, die innerhalb der Umweltprüfung auch besonders berücksichtigt werden muss.[1577] Bei der Integration der Prüfung der naturschutzrechtlichen Eingriffsregelung gem. § 1a Abs. 3 S. 1 BauGB in die Umweltprüfung ist zudem zu beachten, dass diese dazu führen kann, dass die Belange von Natur und Landschaft aufgrund stärkeren Gewichts anderer relevanter Umweltbelange im Rahmen des Ergebnisses der Umweltprüfung mit geringerem Gewicht in die nachfolgende Abwägung eingestellt werden als dies bei isolierter Betrachtung der Belange von Natur und Landschaft der Fall wäre.[1578] Daraus ist ersichtlich, dass die Prüfung der Anforderungen der naturschutzrechtlichen Eingriffsregelung innerhalb der Umweltprüfung nicht unbedingt eine ebenso effektive bzw. gleichwertige Umsetzung von deren Vorgaben im Planergebnis garantiert wie eine Berücksichtigung der Belange von Natur und Landschaft innerhalb der allgemeinen Anforderung an die Bauleitplanung gem. § 2 Abs. 3 BauGB. Zudem kann die Prüfung der naturschutzrechtlichen Eingriffsregelung wegen der gesetzlich vorgesehenen *grundsätzlichen* Berücksichtigung des Kompensationsinteresses bei unvermeidbaren bzw. innerhalb der Abwägung zu rechtfertigenden vermeidbaren Eingriffe ohnehin nicht immer vollumfänglich in die ansonsten für die Umweltprüfung anzustellenden Denkabläufe integriert werden, so dass der Verzicht auf die Umweltprüfung keineswegs mit einer verschlechterten Berücksichtigung der Anforderungen des § 1a Abs. 3

1574 *Krautzberger*, in: E/Z/B/K, § 2, Rn. 208 (Stand: September 2007); unklar bei *Stüer*, NVwZ 2005, 508 (513).
1575 Vgl. *Wagner/Paßlick*, in: Hoppe, UVPG, § 17, Rn. 205 u. 207; vgl. *Uechtritz*, NuR 2001, 374 (377, Fn. 22).
1576 BVerwG, Beschl. vom 31.01.1997 – 4 NB 27/06, DVBl 1997, 1112 (1113); *Wagner/Paßlick*, in: Hoppe, UVPG. § 17, Rn. 200 u. 207.
1577 *Wagner/Paßlick*, in: Hoppe, UVPG, § 17, Rn. 209; a. A. *Mitschang*, in: Berliner Kommentar, § 2, Rn. 109 (Stand: September 2007).
1578 *Wagner/Paßlick*: in: Hoppe, UVPG, § 17, Rn. 210.

BauGB, die jedenfalls für großflächige Bebauungspläne der Innenentwicklung auch innerhalb des beschleunigten Verfahrens uneingeschränkt gelten, verbunden sein muss.

(e) Begrenzter Aufwand bei der Durchführung einer Umweltprüfung

Ferner ist zu beachten, dass auch für die Umweltprüfung keine neuen Prüfmethoden entwickelt werden müssen und kein unangemessener Aufwand erforderlich ist, sondern sie sich gem. § 2 Abs. 4 S. 3 BauGB nur auf das beziehen muss, was nach gegenwärtigem Wissensstand und allgemein anerkannten Prüfmethoden sowie nach Inhalt und Detaillierungsgrad des Bebauungsplans angemessenerweise verlangt werden kann, was gerade zusätzlichen Verfahrensaufwand durch die Umweltprüfung im Vergleich zum allgemeinen Ermittlungs- und Bewertungsgebot des § 2 Abs. 3 BauGB ausschließen soll.[1579] Dies inkludiert bei typischen Gebietseigenschaften typisierende Betrachtungsweisen.[1580] Andererseits muss auch im Rahmen der in § 2 Abs. 3 BauGB allgemein geregelten Ermittlung und Bewertung grundsätzlich aller abwägungserheblich betroffenen Belange einer Planung bei völlig fehlenden oder unzureichenden Kenntnissen der Gemeinde externer Sachverstand in Form von Gutachten über die Auswirkungen einer Planung herangezogen werden.[1581] Daraus folgt insgesamt, dass mit dem Entfallen der Umweltprüfung gem. § 13a Abs. 2 Nr. 1, § 13 Abs. 3 S. 1 BauGB als solcher, als formalisiertes Verfahren zur Ermittlung und Bewertung nur der abwägungserheblichen Umweltbelange, wohl keine wesentliche Verfahrensvereinfachung und Entlastung der Gemeinden verbunden ist, weil sie sich mit den Umweltauswirkungen der Planung wegen § 2 Abs. 3, § 1 Abs. 6 Nr. 7, § 1a BauGB weitgehend genauso intensiv beschäftigen müssen wie im Regelplanungsverfahren.[1582] Andererseits kann der Verzicht auf die Umweltprüfung, auch wenn Bebauungspläne der Innenentwicklung, die unter den Voraussetzungen des § 13a Abs. 1 BauGB im beschleunigten Verfahren ohne Umweltprüfung aufgestellt werden können, in der Regel nur mit geringen Umweltproblemen verbunden sein dürften,[1583] der materiell-rechtlichen Bedeutung der Umweltbelange durchaus abträglich sein, ohne dass die Planung dabei abwägungsfehlerhaft sein müsste, gerade weil die betroffenen Umweltbelange nicht unbedingt so

---

1579 Vgl. Fn. 1440.
1580 Vgl. Fn. 1436.
1581 Vgl. *Bunzel*, Difu-Praxistest, S. 37, abrufbar unter http://www.difu.de/publikationen/difu-berichte/4_06/11.phtml (zuletzt abgerufen am 01.03.2008).
1582 *Bunzel*, Difu-Praxistest, S. 37, abrufbar unter http://www.difu.de/publikationen/difu-berichte/4_06/11.phtml (zuletzt abgerufen am 01.03.2008); obwohl dies erkannt wird, sehen *Wallraven-Lindl/Strunz/Geiß*, Das Bebauungsplanverfahren nach dem BauGB 2007, S. 175, im Entfallen der Umweltprüfung einen wesentlichen Entlastungsfaktor.
1583 *Uechtritz*, BauR 2007, 476 (481). Vgl. § 13a Abs. 1 S. 2 Nr. 2 BauGB und B. II. 6. d) aa) (11).

frühzeitig und als Einheit inklusive ihrer jeweiligen Wechselwirkungen in die Abwägung eingestellt werden, sondern jeder Belang einzeln mit seinem Gewicht. Dies *kann* zu einer Absenkung des Umweltschutzniveaus im Rahmen der Bebauungsplanung der Innenentwicklung führen, wobei dies aber insbesondere hinsichtlich solcher abwägungserheblich betroffener Umweltbelange nicht zu erwarten ist, für die auch innerhalb des beschleunigten Verfahrens unabhängig von einer Umweltprüfung besondere Rechtsfolgen bzw. Prüfverfahren vorgesehen sind.

(2) Entfallen des Umweltberichts

Die Verfassung eines speziellen Umweltberichts, der die ermittelten und bewerteten abwägungserheblichen Belange des Umweltschutzes nach Maßgabe der Anlage 1 BauGB darstellt, hat dagegen für das Umweltschutzniveau der Planung und deren Inhalt auch unter Berücksichtigung des Verfahrensgedankens geringere Bedeutung. Zwar kann die Ausformulierung der ermittelten und bewerteten Umweltbelange in einem Umweltbericht deren materiell-rechtlich korrekte Berücksichtigung i. R. d. § 1 Abs. 7 BauGB zusätzlich fördern und jedenfalls wegen § 2a S. 1, S. 2 Nr. 2 BauGB zu einer frühzeitigen Berücksichtigung der Umweltbelange[1584] beitragen. Andererseits kann er jedoch immer nur so gut sein, wie die Umweltprüfung, also die Ermittlung und Bewertung der abwägungserheblichen Umweltauswirkungen der Planung, auf die er sich bezieht. Dass die in der Umweltprüfung erzielten Erkenntnisse in irgendeiner Form für die folgende Abwägung schriftlich festgehalten werden sollten, ergibt sich schon aus dem Zweck der Umweltprüfung, das umweltbezogene Abwägungsmaterial aufzubereiten, und gilt grundsätzlich auch für die (allgemein) gem. § 2 Abs. 3 BauGB ermittelten und bewerteten abwägungserheblichen Belange. Auch im Hinblick auf die von einem Umweltbericht unabhängige Pflicht, die Auswirkungen der Planung gem. § 2a S. 2 Nr. 1 BauGB in der Planentwurfsbegründung und in der Planbegründung gem. § 9 Abs. 8 BauGB darzustellen, ist ohnehin eine schriftliche Fixierung des Abwägungsmaterials geboten.[1585] Diese kann völlig formlos und sozusagen nebenbei zur Ermittlung und Bewertung der abwägungserheblich betroffenen Belange geschehen. Auch die gerade im Hinblick auf § 214 Abs. 1 S. 1 Nr. 1, Abs. 3 S. 2 BauGB erforderliche Aufnahme der Abwägung gem. § 1 Abs. 7 BauGB als solcher in die Plan(entwurfs)begründung kann unmittelbar verfahrensbegleitend, gleichsam als Protokollierung der Abwägungsentscheidung, erfolgen. Die Pflicht zur Verfassung eines *förmlichen* Umweltberichts, der den Erfordernissen der Anlage 1 BauGB genügt, bedeutet dagegen mehr als dies – auch mehr als die gem. § 2a S. 2 Nr. 1, § 9 Abs. 8 BauGB

1584 *Krautzberger*, in: E/Z/B/K, § 2, Rn. 159 (Stand: September 2007); vgl. Fn. 1548 u. 1549.
1585 Vgl. Fn. 834 u. 1494 u. 1533.

notwendige Darlegung der wesentlichen, auch umweltbezogenen Auswirkungen der Planung als allgemeine Anforderung an die Plan(entwurfs)begründung. Das folgt schon daraus, dass der Umweltbericht, gerade weil er wie die Plan(entwurfs)begründung Teil der öffentlichen Auslegung des Planentwurfs bzw. der zu Jedermanns Einsicht bereitzuhaltenden Planbegründung ist und die Transparenz der Planung hinsichtlich ihrer Umweltauswirkungen *in besonderem Maß* gewährleisten soll, gem. Nr. 3 lit. c Anlage 1 BauGB eine allgemein verständliche Zusammenfassung der erforderlichen Angaben nach der Anlage 1 BauGB enthalten soll. Er verlangt eine auch für den Laien nachvollziehbare Darstellung, worin die voraussichtlich erheblichen Umweltauswirkungen der Planung liegen, und erlaubt nicht allein eine schlicht unrezensierte Übernahme von im Rahmen der Umweltprüfung eingeholter Fachgutachten.[1586] Gerade darin liegt der mit dem Umweltbericht verbundene, gegenüber der Umweltprüfung als solcher und auch der Plan(entwurfs)begründung im Übrigen zusätzliche Aufwand. Dieser wird insbesondere daraus deutlich, dass die Stadt Freising im Praxistest darauf verwies, dass für die Erstellung des Umweltberichts durch ein engagiertes Planungsbüro, dem zugleich die Durchführung der Umweltprüfung übertragen wurde, wegen des mit dem Umweltbericht verbundenen *formalen* Aufwands oftmals ein zusätzliches Honorar zu leisten sei, da die Regelsätze der HOAI (= Honorarordnung Architekten und Ingenieure) diesen nicht abdeckten. Zudem wurde bemerkt, dass der Umweltbericht in jedem Fall auch erhebliche verwaltungsinterne Kosten verursache, weil private Planungsbüros für die Erstellung des Umweltberichts eingearbeitet und unterstützt werden müssten.[1587] Das Entfallen des Umweltberichts kann also insofern in zweifacher Hinsicht Kosten reduzieren und wurde daher vom Deutschen Städte- und Gemeindebund ausdrücklich begrüßt.[1588] Deshalb ist auch der Ansicht *Kuschnerus*' zu widersprechen, der davon ausgeht, dass der mit einem Umweltbericht einhergehende Aufwand nicht mehr ins Gewicht falle, wenn die Umweltbelange ohnehin für die Planung ermittelt und bewertet sowie inklusive ihrer Berücksichtigung in der Abwägung in der Plan(entwurfs)begründung dargelegt werden müssten.[1589] Die Durchführung der Umweltprüfung selbst und damit auch die Ermittlung und Bewertung des umweltbezogenen Abwägungsmaterials gem. § 2 Abs. 3, § 1 Abs. 7 Nr. 6, § 1a BauGB sind zwar sicher aufwändiger und damit teurer als die Erstellung eines Umweltberichts, so dass die Kosten- und Zeitersparnis allein durch das Entfallen

---

1586 Vgl. Fn. 1456.
1587 *Bunzel*, Difu-Praxistest, S. 37, abrufbar unter http://www.difu.de/publikationen/difu-berichte/4_06/11.phtml (zuletzt abgerufen am 01.03.2008).
1588 *Portz*, in: Spannowsky/Hofmeister, BauGB 2007, S. 1 (4/5).
1589 *Kuschnerus*, BauR 2001, 1346 (1349). Vgl. Fn. 834.

des Umweltberichts nicht als erheblich einzustufen sein dürfte,[1590] aber doch als spürbar.

Im Hinblick darauf, dass der Umweltbericht bereits einen separaten Teil der dem Planentwurf beizufügenden Entwurfsbegründung darstellen muss und dabei neben speziellen Transparenz- und Informationszwecken im Hinblick auf die Umweltauswirkungen eines Plans dazu dienen soll, durch die Öffentlichkeits- und Behördenbeteiligung zum Planentwurf die bis dahin ermittelten Umweltauswirkungen der Planung um eventuell bisher unberücksichtigte Aspekte ergänzen zu können[1591] und so alle von der Planung abwägungserheblich betroffenen Umweltbelange auch tatsächlich in die Planung einbeziehen zu können, ist anzumerken, dass bezogen auf die nicht umweltrelevanten, von der Planung betroffenen Belange in der Planentwurfsbegründung auch keine gesonderte, besonders verständliche Darstellung des bisher Ermittelten und Bewerteten erfolgt, ohne dass dies zu auffälligen Unzulänglichkeiten bei der korrekten Ermittlung des Abwägungsmaterials in diesen Bereichen geführt hätte, so dass dies auch innerhalb des beschleunigten Verfahrens in Bezug auf die Umweltbelange nicht zu erwarten ist, zumal die Umweltauswirkungen von im beschleunigten Verfahren aufstellbaren Bebauungsplänen auf Grund der Einschränkungen im Anwendungsbereich bei typisierender Betrachtungsweise ohnehin als nicht erheblich einzustufen sind.

Im Zusammenhang mit dem Entfallen des Umweltberichts ist es für die Gemeinden zudem als entlastend zu bewerten, dass § 214 Abs. 1 S. 1 Nr. 3 BauGB für Fehler bei der Plan(entwurfs)begründung außerhalb des Umweltberichts eine großzügigere und damit die Rechtsbeständigkeit des Bebauungsplans deutlicher erhöhende Fehlerfolgenregelung vorsieht als für Fehler beim Umweltbericht.

(3) Entfallen der zusammenfassenden Erklärung

Das Entfallen der zusammenfassenden Erklärung gem. § 10 Abs. 4 BauGB im Rahmen des beschleunigten Verfahrens trägt ebenfalls zur Entlastung und Beschleunigung des Bebauungsplanungsverfahrens insgesamt bei, auch wenn sie weder eine Rechtmäßigkeits- noch eine Rechtswirksamkeitsvoraussetzung eines Bebauungsplans ist.[1592] Die zusammenfassende Erklärung bringt für den Bebau-

---

1590 *Portz*, in: Spannowsky/Hofmeister, BauGB 2007, S. 1 (5); *Söfker*, in: Spannowsky/Hofmeister, BauGB 2007, S. 17 (19).
1591 Vgl. BVerwG, vgl. Beschl. vom 18.12.1987 – 4 NB 2/87, NVwZ 1988, 822 (823); vgl. § 4a Abs. 1 BauGB; vgl. Grund 15 Begründung Plan-UP-RL; BT-Drs. 15/2250, S. 32; *Krautzberger*, in: E/Z/B/K, § 3, Rn. 11 (Stand: Januar 2005); *ders.*, in: E/Z/B/K, § 4, Rn. 1 (Stand: Januar 2005); *Kuschnerus*, Der standortgerechte Einzelhandel, Rn. 640; *Oldiges*, in: Steiner, Besonderes Verwaltungsrecht, Teil III, Rn. 68, allgemein in Bezug auf die Öffentlichkeitsbeteiligung; *Schmitz/Federwisch*, Einzelhandel und Planungsrecht, Rn. 269; *Stüer*, NVwZ 2005, 508 (508 u. 509).
1592 Vgl. Fn. 1461.

ungsplan selbst keinerlei neuen Erkenntniswert mehr, sondern dient vor allem der Information der Öffentlichkeit und der Transparenz der Planung. Dafür muss der Teil der Planbegründung, der sich auf die Abwägung bezieht, in allgemein verständlicher Weise zusammengefasst werden und zwar so, dass die Zusammenfassung einen Leitfaden für das Auffinden detaillierterer Angaben in Planbegründung und Umweltbericht bilden kann. Durch den Verzicht auf die zusammenfassende Erklärung entfällt der für ihre Verfassung notwendige (verwaltungsinterne) Zeit- und damit auch Kostenaufwand ersatzlos, ohne dass sich dies in irgendeiner Weise negativ auf den Planungsinhalt auswirken könnte.

(4) Entfallen des Monitorings

Ob der Verzicht auf das Monitoring gem. § 4c BauGB tatsächlich zur Entlastung der Gemeinde führt, lässt sich angesichts der Tatsache, dass die Überwachung der Planrealisierung in Bezug auf die Umweltauswirkungen erst durch das EAG-Bau 2004 eingeführt wurde und sich die Überwachungskonzepte der Gemeinden ohnehin erst im Aufbau befinden, schwer voraussagen.[1593] Zudem kann es durchaus sein, dass die Gemeinden selbst wegen der Unterstützung durch die Fachbehörden gem. § 4c S. 2, § 4 Abs. 3 BauGB durch das Monitoring ohnehin nicht sehr stark belastet sind. Ferner sind Bebauungspläne der Innenentwicklung, die gem. § 13a Abs. 1 BauGB im beschleunigten Verfahren aufgestellt werden können, in der Regel nicht mit erheblichen Umweltauswirkungen verbunden, so dass der Überwachungsaufwand von vornherein gem. § 4c S. 1 BauGB, wonach nur die erheblichen Umweltauswirkungen überwacht werden müssen, stark reduziert wäre. Daraus ergibt sich, dass das Entfallen des Monitorings im beschleunigten Verfahren wohl allenfalls zu einer geringen Reduktion von Aufwand und Kosten führt. Im Praxistest wurde der Verzicht auf das Monitoring insoweit eindeutig als (kleiner) Entlastungsfaktor eingeschätzt, als aufgrund der Entbehrlichkeit des Monitorings keinerlei Überlegungen zu notwendigen Überwachungsmaßnahmen und diesbezügliche Abstimmungen mit Fachbehörden sowie Ausführungen über die geplanten Maßnahmen in der Planbegründung erforderlich sind.[1594]

(5) Hinweispflicht gem. § 13a Abs. 3 S. 1 Nr. 1 BauGB

Der an die Stelle der speziell umweltbezogenen Verfahrensschritte tretende Hinweis gem. § 13a Abs. 3 S. 1 Nr. 1 BauGB verkehrt den Entlastungs- und Beschleunigungseffekt nicht wieder ins Gegenteil, zum einen, weil die Information der Öffentlichkeit gem. § 13a Abs. 3 S. 2 BauGB mit einer ohnehin erfolgenden

---

1593 *Bunzel*, Difu-Praxistest, S. 37, abrufbar unter http://www.difu.de/publikationen/difu-berichte/4_06/11.phtml (zuletzt abgerufen am 01.03.2008).
1594 *Bunzel*, Difu-Praxistest, S. 37, abrufbar unter http://www.difu.de/publikationen/difu-berichte/4_06/11.phtml (zuletzt abgerufen am 01.03.2008).

ortsüblichen Bekanntmachung des Planaufstellungsbeschlusses gem. § 2 Abs. 1 S. 2 BauGB verbunden werden kann.[1595] Zum anderen ist im Zusammenhang mit der Notwendigkeit der Angabe der wesentlichen Gründe, aufgrund derer ein großflächiger Bebauungsplan der Innenentwicklung im UP-Screening als nicht mit voraussichtlich erheblichen Umweltauswirkungen verbunden eingestuft wurde, zu bedenken, dass das UP-Screening im Hinblick auf die Rechtsbeständigkeit des Bebauungsplans ohnehin in irgendeiner Form dokumentiert werden sollte,[1596] weshalb die für die Bekanntgabepflicht gem. § 13a Abs. 3 S. 1 Nr. 1 2. Hs. BauGB erforderliche Zusammenstellung der wesentlichen Gründe für die Einordnung eines großflächigen Bebauungsplans der Innenentwicklung als nicht umweltprüfungspflichtig auf der Grundlage dieser Dokumentation weitgehend unaufwändig möglich sein dürfte. Desweiteren darf nicht vergessen werden, dass es für die Rechtswirksamkeit der von § 13a Abs. 3 S. 1 Nr. 1 2. Hs. BauGB geforderten Angabe nach der hier vertretenen Auffassung sogar ausreichend ist, wenn in der Planentwurfs- bzw. Planbegründung eine explizite Dokumentation des UP-Screenings gem. § 13a Abs. 1 S. 2 Nr. 2 BauGB enthalten ist.[1597] Gerade die Tatsache, dass eventuelle Verletzungen der Hinweispflicht – aus europarechtlichen Gründen zwar nur unter Einschränkungen – gem. § 214 Abs. 2a Nr. 2 BauGB folgenlos für die Rechtswirksamkeit des Bebauungsplans sind,[1598] schränkt den mit der Hinweispflicht gem. § 13a Abs. 3 S. 1 Nr. 1 BauGB in der Praxis verbundenen Verfahrensaufwand ein. Mit der Verfahrensanforderung des § 13a Abs. 3 S. 1 Nr. 1 BauGB ist daher offensichtlich kein erheblicher Aufwand verbunden, der den mit dem Entfall der Umweltprüfung und insbesondere der korrespondierenden Verfahrensschritte erzielbaren Entlastungseffekt wieder aufheben würde.

(6) Psychologische Entlastung der Gemeinden

Auch in den Fällen, in denen die Umweltprüfung und die mit ihr verbundenen Verfahrensschritte bei objektiver Betrachtung wegen relativ geringer Umweltrelevanz der Bauleitplanung, gerade in Fällen der Überplanung von Flächen im Innenbereich, wenig aufwändig sind und mit dem Entfallen der spezifischen Verfahrensschritte wegen der Fortgeltung der Anforderungen der § 2 Abs. 3, § 1 Abs. 6 Nr. 7, § 1a BauGB nur ein marginaler Entlastungseffekt einhergeht,[1599] kann der gesetzliche Verzicht auf diese Verfahrensschritte in § 13a Abs. 2 Nr. 1, § 13 Abs. 3 S. 1 BauGB dazu beitragen, den Gemeinden ihre wegen der im Regelplanungsverfahren grundsätzlichen Pflicht zur Durchführung einer Um-

---

1595 *Dirnberger*, Bay. Gemeindetag 2/2007, 51 (53).
1596 Vgl. B. II. 6. e) bb) (3) (f).
1597 Vgl. B. III. 1. a) dd) (3) (c).
1598 *Müller-Grune*, BauR 2007, 985 (991).
1599 Vgl. Fn. 1546.

weltprüfung bestehende Scheu gerade auch vor Planungen für Maßnahmen der Innenentwicklung, die voraussichtlich nicht mit erheblichen Umweltauswirkungen verbunden sind, zu nehmen, und somit wenigstens einen psychologischen Entlastungseffekt herbeiführen,[1600] der die Innenentwicklung tatsächlich gegenüber der Außenentwicklung stärken kann. Diese Erwartung kann sich darauf stützen, dass in der Vergangenheit zur Umgehung der Pflicht zur Durchführung einer Umweltprüfung versucht worden ist, den engen Anwendungsbereich des ebenfalls auf die umweltbezogenen Verfahrensschritte verzichtenden vereinfachten Verfahrens, das weitgehend nur eine bestandssichernde Bebauungsplanung zulässt,[1601] (rechtswidrig) extensiv auszulegen. Nun ist der Verzicht auf die umweltbezogenen Verfahrensschritte auch im Rahmen des durch das Innenstadtentwicklungsgesetz geschaffenen beschleunigten Verfahrens für Bebauungspläne der Innenentwicklung erlaubt, das einen erheblich weiteren Anwendungsbereich als das vereinfachte Verfahren hat. Daher ist mittels § 13a BauGB der von den Gemeinden erstrebte Verzicht auf die speziell umweltbezogenen Verfahrensschritte in weiterem Umfang als bisher und zudem erheblich rechtssicherer möglich als durch eine extensive, dem Willen des Gesetzgebers widersprechende Auslegung des § 13 Abs. 1 BauGB.[1602]

b) Öffentlichkeits- und Behördenbeteiligung gem. § 13 Abs. 2 BauGB

Die in § 13a Abs. 2 Nr. 1 BauGB vorgesehene entsprechende Geltung der Vorschriften des vereinfachten Verfahrens beinhaltet neben dem Verzicht auf die speziell umweltbezogenen Verfahrensschritte zur Verfahrensvereinfachung und -verkürzung die Geltung der besonderen Beteiligungsvorschriften des § 13 Abs. 2 BauGB, die die Vorschriften des Regelplanungsverfahrens über die Öffentlichkeits- und Behördenbeteiligung gem. §§ 3, 4 BauGB modifizieren. Eine Bewertung solcher Modifikationen muss jedenfalls beachten, dass die Öffentlichkeits- und Behördenbeteiligungsvorschriften der §§ 3, 4 BauGB gem. § 4a Abs. 1 BauGB, wie von Grund 15 Begründung Plan-UP-RL neben der Transparenz des Planungsverfahrens als Motiv für die Öffentlichkeits- und Behördenbeteiligung im Rahmen der Aufstellung von (umweltprüfungspflichtigen) Plänen angeführt, insbesondere der vollständigen Ermittlung und zutreffenden Bewertung der von der Planung berührten Belange dienen, v. a. indem sie von der Planung nicht nur geringfügig betroffene Belange für die planende Stelle (leichter)

1600 *Reidt*, NVwZ 2007, 1029 (1030 u. 1031); auf die einer Förderung der Innenentwicklung entgegenstehende generelle Umweltprüfungspflicht verweist auch *Spannowsky*, in: Berliner Kommentar, § 13a, Rn. 3 (Stand: Juli 2007). Vgl. auch *Wagner/Paßlick*, in: Hoppe, UVPG, § 17, Rn. 24. Vgl. Fn. 1431. Auch § 13 BauGB als Ausnahme von der generellen Pflicht zur Durchführung einer Umweltprüfung wurde als Entlastung empfunden, vgl. Fn. 837.
1601 Vgl. Fn. 456.
1602 *Uechtritz*, BauR 2007, 476 (481); vgl. BT-Drs. 15/2250, S. 30 u. 50 u. 51

erkennbar machen und diese dadurch, sofern sie schutzwürdig und von einigem Gewicht sind, abwägungserheblich werden bzw. einfacher als abwägungserheblich augenscheinlich werden.[1603] Zur Gewährleistung einer korrekten Aufbereitung des Abwägungsmaterials hat das EAG-Bau (2004) daher die Öffentlichkeits- und Behördenbeteiligung entsprechend der ins Baugesetzbuch eingegangenen Stärkung des Verfahrens, dem für die materielle Richtigkeit der innerhalb des Verfahrens getroffenen planerischen Entscheidung indizielle Bedeutung zukommt, erweitert und in § 3 Abs. 1, Abs. 2, § 4 Abs. 1, Abs. 2 BauGB eine jeweils zweistufige Öffentlichkeits- und Behördenbeteiligung bei der Aufstellung eines Bauleitplans vorgesehen.[1604]

aa) Öffentlichkeitsbeteiligung

(1) Absehen von der frühzeitigen Öffentlichkeitsbeteiligung, § 13 Abs. 2 S. 1 Nr. 1 1. Alt. BauGB

Gem. § 13a Abs. 2 Nr. 1, § 13 Abs. 2 S. 1 Nr. 1 1. Alt. BauGB kann im beschleunigten Verfahren von der in § 3 Abs. 1 S. 1 BauGB vorgesehenen frühzeitigen Beteiligung der Öffentlichkeit abgesehen werden, ohne dass dafür die Voraussetzungen des § 3 Abs. 1 S. 2 BauGB vorliegen müssen.[1605] Eine ähnliche Regelung enthielt das BauGB-Maßnahmengesetz (1990), das in seinem § 2 Abs. 2 ebenfalls einen Verzicht auf die frühzeitige Öffentlichkeitsbeteiligung er-

---

1603 BVerwG, Beschl. vom 18.12.1987 – 4 NB 2/87, NVwZ 1988, 822 (823); BT-Drs. 15/ 2250, S. 32 u. 45; *Krautzberger*, in: E/Z/B/K, § 3, Rn. 11 (Stand: Januar 2005); *ders.*, in: E/Z/B/K, § 4, Rn. 1 (Stand: Januar 2005); *Kuschnerus*, Der standortgerechte Einzelhandel, Rn. 640; *Oldiges*, in: Steiner, Besonderes Verwaltungsrecht, Teil III, Rn. 68, speziell in Bezug auf die Öffentlichkeitsbeteiligung; *Schmitz/Federwisch*, Einzelhandel und Planungsrecht, Rn. 269; *Stüer*, NVwZ 2005, 508 (508 u. 509).
Zur Definition der Abwägungserheblichkeit vgl. BVerwG, Beschl. vom 09.11.1979 – 4 N 1.78, 4 N 2-4.79, E 59, 87 (102 u. 103 u. 104).
1604 Vor dem EAG-Bau war die *Behördenbeteiligung* nur *einstufig*, nur bezogen auf den *Planentwurf*, ausgestaltet: Vgl. BT-Drs. 15/2250, S. 31, 43, 45; *Battis*, in: B/K/L, § 3, Rn. 2; *Bunzel*, in: BauGB 2004 – Nachgefragt, S. 94 (94); *Krautzberger/Stüer*, DVBl. 2004, 914 (919); *Mitschang*, in: Berliner Kommentar, § 2, Rn. 130 (Stand: September 2007); *Schmitz/Federwisch*, Einzelhandel und Planungsrecht, Rn. 264; *Wagner/Paßlick*, in: Hoppe, UVPG, § 17, Rn. 72, unter Verweis auf den Hintergrund der frühzeitigen Behördenbeteiligung in der Plan-UP-RL, wobei auf Art. 6 Abs. 2 Plan-UP- RL verwiesen wird. In Rn. 77 wird der Haupthintergrund der frühzeitigen Behördenbeteiligung richtigerweise in Art. 5 Abs. 4 Plan-UP-RL gesehen (vgl. BT-Drs. 15/2250, S. 31 u. 42 u. 44).
1605 *Battis*, in: B/K/L, § 3, Rn. 10. Liegen die Voraussetzungen von § 3 Abs. 1 S. 2 BauGB vor, kann die frühzeitige Öffentlichkeitsbeteiligung *gänzlich* entfallen; sie muss auch nicht in Form des § 13a Abs. 3 S. 1 Nr. 2 BauGB durchgeführt werden, vgl. *Bunzel*, LKV 2007, 444 (448); *Wallraven-Lindl/Strunz/Geiß*, Das Bebauungsplanverfahren nach dem BauGB 2007, S. 166.

laubte, um das Planungsverfahren für Bebauungspläne zur Deckung eines dringenden Wohnbedarfs der Bevölkerung (§ 2 Abs. 1 BauGB-MaßnahmenG (1990)) zu beschleunigen.[1606]

(a) Hinweis gem. § 13a Abs. 3 S. 1 Nr. 2 BauGB

(aa) Vergleich mit der frühzeitigen Öffentlichkeitsbeteiligung gem. § 3 Abs. 1 S. 1 BauGB

Genauso wenig wie im Rahmen des BauGB-Maßnahmengesetzes (1990), das als Ersatz für die frühzeitige Öffentlichkeitsbeteiligung der Öffentlichkeit innerhalb ihrer Beteiligung zum Planentwurf gem. § 3 Abs. 2 BauGB nicht nur ein Recht auf Einsicht- und Stellungnahme, sondern auch auf eine Erörterung der Planung einräumte (vgl. § 2 Abs. 2 BauGB-MaßnahmenG (1990)), entfällt die frühzeitige Öffentlichkeitsbeteiligung gem. § 3 Abs. 1 S. 1 BauGB, wenn im beschleunigten Verfahren von der in § 13a Abs. 2 Nr. 1, § 13 Abs. 2 S. 1 Nr. 1 1. Alt. BauGB eingeräumten Option des Verzichts auf sie Gebrauch gemacht wird, ersatzlos.[1607] Vielmehr muss die Gemeinde, sieht sie im beschleunigten Verfahren gem. § 13a Abs. 2 Nr. 1, § 13 Abs. 2 S. 1 Nr. 1 1. Alt. BauGB von der frühzeitigen Öffentlichkeitsbeteiligung ab, gem. § 13a Abs. 3 S. 1 Nr. 2 BauGB vor der Beteiligung zum Planentwurf gem. § 13a Abs. 2 Nr. 1, § 13 Abs. 2 S. 1 Nr. 2, § 3 Abs. 2 BauGB[1608] ortsüblich bekannt machen, wo sich die Öffentlichkeit, d. h. jede natürliche oder juristische Person, die von der Planung betroffen oder auch nur an ihr interessiert ist,[1609] über die allgemeinen Ziele und Zwecke sowie die wesentlichen Auswirkungen der Planung unterrichten kann und dass sie sich innerhalb einer bestimmten Frist zur Planung äußern kann. Damit entspricht die bei einem Verzicht auf die reguläre frühzeitige Öfffentlichkeitsbeteiligung gem. § 3 Abs. 1 S. 1 BauGB an deren Stelle tretende Beteiligung der Öffentlichkeit gem. § 13a Abs. 3 S. 1 Nr. 2 BauGB weitgehend[1610] der in § 3 Abs. 1 S. 1 BauGB vorgesehenen Beteiligung, bei der die Öffentlichkeit auch über die all-

---

1606 Vgl. A. IV. 2.
1607 BT-Drs. 16/2932, S. 5; *Kment*, DVBl. 2007, 1275 (1278); *Krautzberger*, in: Krautzberger/Söfker, Baugesetzbuch, Rn. 154e; *Uechtritz*, BauR 2007, 476 (483), nennt § 13a Abs. 3 S. 1 Nr. 2 BauGB ein „Surrogat" für § 3 Abs. 1 S. 1 BauGB.
1608 So ausdrücklich *Wallraven-Lindl/Strunz/Geiß*, Das Bebauungsplanverfahren nach dem BauGB 2007, S. 167.
1609 *Battis*, in: B/K/L, § 3, Rn. 6; *Krautzberger*, in: E/Z/B/K, § 3, Rn. 13a (Stand: März 2007).
1610 *Bunzel*, LKV 2007, 444 (448); *Krautzberger*, in: E/Z/B/K, § 13a, Rn. 69 (Stand: Mai 2007); *Mitschang*, ZfBR 2008, 227 (240 u. Fn. 186); *ders.*, ZfBR 2008, 227 (240, Fn. 186); *Reidt*, NVwZ 2007, 1029 (1031); *Wallraven-Lindl/Strunz/Geiß*, Das Bebauungsplanverfahren nach dem BauGB 2007, S. 166, sprechen von einer vereinfachten Form der frühzeitigen Öffentlichkeitsbeteiligung.

gemeinen Ziele und Zwecke der Planung und ihre voraussichtlichen Auswirkungen öffentlich zu unterrichten ist und ihr Gelegenheit zur Äußerung zu geben ist. Die öffentliche Unterrichtung im Rahmen des § 3 Abs. 1 S. 1 BauGB muss grundsätzlich unmittelbar über die vorgesehenen Angaben zur Planung informieren, z. B. dadurch, dass diese im Amtsblatt der Gemeinde, gem. § 4a Abs. 4 S. 1 BauGB in ihrem Internetauftritt, in einem Aushang an der Gemeindetafel, in den örtlichen Tageszeitungen oder in einer öffentlichen Veranstaltung, z. B. einer Bürgerversammlung, öffentlich dargelegt werden,[1611] während im Rahmen des z. B. durch Veröffentlichung im Amtsblatt der Gemeinde oder in der örtlichen Tagespresse oder durch Aushang an der Gemeindetafel ortsüblich bekanntzumachenden Hinweises gem. § 13a Abs. 3 S. 1 Nr. 2 BauGB nur auf den Ort verwiesen werden muss, an dem sich die Öffentlichkeit selbst die von § 13a Abs. 3 S. 1 Nr. 2 BauGB vorgesehenen Informationen über die Planung beschaffen kann. Ähnlich ist es jedoch auch im Rahmen des § 3 Abs. 1 S. 1 BauGB möglich, über die örtliche Presse eine Mitteilung verlautbaren zu lassen, dass an einer bestimmten Stelle über die Planung unterrichtet wird und Gelegenheit zu Äußerungen dazu besteht;[1612] erfolgt die Unterrichtung in diesem Fall z. B. durch eine öffentliche Ausstellung,[1613] besteht zu Hinweis und Unterrichtungsmöglichkeit nach § 13a Abs. 3 S. 1 Nr. 2 BauGB kein formaler Unterschied. Ebenso kann auch für die von § 13a Abs. 3 S. 1 Nr. 2 BauGB vorgesehene Unterrichtung der Öffentlichkeit eine Bürgerversammlung abgehalten werden, deren Stattfinden genauso wie im Rahmen einer Beteiligung nach § 3 Abs. 1 S. 1 BauGB vorher ortsüblich publik gemacht werden muss.

Die frühzeitige Öffentlichkeitsbeteiligung gem. § 3 Abs. 1 S. 1 BauGB muss im Unterschied zur von § 13a Abs. 3 S. 1 Nr. 2 BauGB vorgesehenen Beteiligung neben den Zielen und Zwecken und den voraussichtlichen bzw. wesentlichen Auswirkungen der Planung auch über in Betracht kommende, sich wesentlich unterscheidende Alternativen zur Neugestaltung oder Entwicklung eines Gebiets Auskunft geben. Ferner verleiht die frühzeitige Öffentlichkeitsbeteiligung gem. § 3 Abs. 1 S. 1 BauGB der Öffentlichkeit ein *Recht auf Erörterung* des Gegenstands der Beteiligung mit der Gemeinde, während § 13a Abs. 3 S. 1 Nr. 2 BauGB lediglich ein *Äußerungsrecht* einräumt, die Gemeinde aber nicht zu einer Erörterung, d. h. einer Erläuterung der Planung und der zu ihr im Rahmen des § 3 Abs. 1 S. 1 BauGB ergangenen Informationen *im Dialog*[1614] mit

---

1611 *Krautzberger*, in: E/Z/B/K, § 3, Rn. 18 (Stand: Januar 2005); *Schmitz/Federwisch*, Einzelhandel und Planungsrecht, Rn. 260.
1612 *Krautzberger*, in: E/Z/B/K, § 3, Rn. 18 (Stand: März 2007).
1613 Vgl. *Battis*, in: B/K/L, § 3, Rn. 9; *Krautzberger*, in: E/Z/B/K, § 3, Rn. 18 (Stand: März 2007).
1614 *Krautzberger*, in: Krautzberger/Söfker, Baugesetzbuch, Rn. 99a.

den Vertretern der Öffentlichkeit, verpflichtet.[1615] Während § 13a Abs. 3 S. 1 Nr. 2 BauGB ausdrücklich vorsieht, dass der Hinweis eine Frist für die Äußerungsmöglichkeit der Öffentlichkeit bestimmen kann, enthält die frühzeitige Öffentlichkeitsbeteiligung gem. § 3 Abs. 1 S. 1 BauGB dagegen explizit keine derartige Möglichkeit einer Fristbindung. Eine solche wird aber dennoch als zulässig erachtet,[1616] so dass sich § 3 Abs. 1 S. 1 BauGB und § 13a Abs. 3 S. 1 Nr. 2 BauGB insofern nicht unterscheiden. Die Frist muss bei der Beteiligung gem. § 3 Abs. 1 S. 1 BauGB so bemessen sein, dass der Öffentlichkeit unter Berücksichtigung der Art der Planung und auch der Art und Weise der Unterrichtung effektiv die Möglichkeit gegeben wird, sich mit den allgemeinen Zielen und Zwecken der Planung, den Planalternativen und den voraussichtlichen Auswirkungen der Planung so auseinanderzusetzen, dass sie darüber in eine Erörterung mit der Gemeinde eintreten könnte.[1617]

(bb) Forderung nach einem Verzicht auf § 13a Abs. 3 S. 1 Nr. 2 BauGB

Bei direkter Anwendung von § 13 Abs. 2 S. 1 Nr. 1 1. Alt. BauGB im Rahmen des vereinfachten Verfahrens ist eine § 13a Abs. 3 S. 1 Nr. 2 BauGB entsprechende Hinweispflicht nicht vorgesehen. Daher wurde vom Praxistest vorgeschlagen, auch im Rahmen des beschleunigten Verfahrens, wenigstens bei der Aufstellung von kleinflächigen Bebauungsplänen der Innenentwicklung, *gänzlich* auf die Stufe einer (frühzeitigen) Öffentlichkeitsbeteiligung, sowohl im Sinne von § 3 Abs. 1 S. 1 BauGB als auch von § 13a Abs. 3 S. 1 Nr. 2 BauGB, zu verzichten, weil nicht einzusehen sei, warum gerade im beschleunigten Verfahren, das schon von seinem Namen her das Planungsverfahren verkürzen soll, durch die Hinweispflicht des § 13a Abs. 3 S. 1 Nr. 2 BauGB ein gegenüber der Ausgestaltung des vereinfachten Verfahrens gem. § 13 Abs. 2 S. 1 Nr. 1 1. Alt. BauGB *zusätzlicher* Verfahrensschritt vorgesehen werde.[1618]
Die frühzeitige „Jedermann-Öffentlichkeitsbeteiligung" gem. § 3 Abs. 1 S. 1 BauGB als erster Teil einer zweistufigen „Jedermann-Öffentlichkeitsbeteiligung" gem. § 3 Abs. 1 u. Abs. 2 BauGB beruht nicht auf europarechtlichen Vorgaben,[1619] – Art. 6 Abs. 1 u. Abs. 2 Plan-UP-RL verlangen nur eine frühzeitige

---

1615 *Krautzberger*, in: Krautzberger/Söfker, Baugesetzbuch, Rn. 154e; *Wallraven-Lindl/Strunz/Geiß*, Das Bebauungsplanverfahren nach dem BauGB 2007, S. 167.
1616 *Battis*, in: B/K/L, § 3, Rn. 9.
1617 *Battis*, in: B/K/L, § 3, Rn. 9; *Krautzberger*, in: E/Z/B/K, § 3, Rn. 21 (Stand: Januar 2005).
1618 *Bunzel*, Difu-Praxistest, S. 10 u. 36 u. 44, abrufbar unter http://www.difu.de/publikationen/difu-berichte/4_06/11.phtml (zuletzt abgerufen am 01.03.2008).
1619 *Kment*, DVBl. 2007, 1275 (1277/1278); *ders.*, AöR 130 [2005], 570 (604); vgl. *Krautzberger*, UPR 2007, 53 (54); *Wagner/Paßlick*, in: Hoppe, UVPG, § 17, Rn. 69. A. A. *Wallraven-Lindl/Strunz/Geiß*, Das Bebauungsplanverfahren nach dem BauGB 2007, S. 165, bezogen auf § 13a Abs. 3 S. 1 Nr. 2 BauGB. Vgl. Fn. 1338.

und effektive Öffentlichkeits- und Behördenbeteiligung zum Plan*entwurf* und zum *Umweltbericht* für *umweltprüfungspflichtige* Pläne, die beide zum Zeitpunkt der frühzeitigen Öffentlichkeitsbeteiligung gem. § 3 Abs. 1 S. 1 BauGB noch nicht vorliegen – so dass ein Hinweis auf ihr Entfallen und eine anderweitige Unterrichtungs- und Äußerungsmöglichkeit auch nicht aufgrund europarechtlicher Anforderungen geboten sein kann. Im Rahmen des vereinfachten Verfahrens wird der mögliche ersatzlose Verzicht auf die frühzeitige Öffentlichkeitsbeteiligung gem. § 13 Abs. 2 S. 1 Nr. 1 1. Alt. BauGB als echte Ausnahme zur ansonsten bereits vor dem EAG-Bau (2004) im deutschen Bauleitplanungsrecht vorgesehenen zweistufigen Öffentlichkeitsbeteiligung in Form von frühzeitiger Beteiligung und Beteiligung zum Planentwurf dadurch gerechtfertigt, dass das vereinfachte Verfahren nach einer Anwendungsvariante nur bei der Änderung und Ergänzung eines Bauleitplans anwendbar ist, die die Grundzüge der Planung nicht berühren (§ 13 Abs. 1 1. Var. BauGB), so dass die allgemeine Öffentlichkeit schon innerhalb des Planungsverfahrens für den zu ändernden oder ergänzenden Bauleitplan aufgrund des Fortbestehens der Grundzüge dieser Planung auch über die nun erfolgende Planung ausreichend unterrichtet wurde und ihre Beteiligung am Planänderungs- bzw. -ergänzungsverfahren daher – auch auf der konkretisierteren Planungsstufe des Planentwurfs (vgl. § 13 Abs. 2 S. 1 Nr. 2 1. Alt. BauGB) – nicht unbedingt erforderlich ist (vgl. Wertung von § 3 Abs. 1 S. 2 Nr. 2 BauGB und des § 4a Abs. 3 S. 4 BauGB[1620]).[1621] In den Fällen, in denen der im vereinfachten Verfahren aufstellbare Bebauungsplan in einem Gebiet nach § 34 BauGB den sich aus der Eigenart der näheren Umgebung ergebenden Zulässigkeitsmaßstab nicht wesentlich verändert (§ 13 Abs. 1 2. Var. BauGB), sieht man aufgrund der geringen Maßstabsveränderungen, die ein solcher Bebauungsplan mit sich bringen kann, § 13 Abs. 2 S. 1 Nr. 2 BauGB, d. h. die Beteiligung auch nur der betroffenen Öffentlichkeit zum Planentwurf, hinsichtlich der korrekten Ermittlung und Bewertung der abwägungserheblichen privaten Belange und (in Verbindung mit der allgemeinen Zugänglichkeit des beschlossenen Plans und seiner Begründung) der gebotenen Transparenz des Verfahrens als genügend an.[1622] Der Anwendungsbereich des beschleunigten Verfahrens ist dagegen[1623] gerade nicht auf *insgesamt* bestandswahrende Bebauungspläne beschränkt,[1624] auch wenn die im Plangebiet bereits vorhandenen Auswirkungen auf die *Umwelt* nicht erheblich gesteigert werden dürfen,[1625] so

---

1620 *Krautzberger*, in: E/Z/B/K, § 4a, Rn. 29 (Stand: Mai 2007).
1621 *Krautzberger*, UPR 2007, 170 (171); *ders.*, in: E/Z/B/K, § 13, Rn. 35 (Stand: März 2007); *Löhr*, in: B/K/L, § 13, Rn. 4.
1622 *Krautzberger*, UPR 2007, 170 (171); *ders.*, in: E/Z/B/K, § 13, Rn. 35 (Stand: März 2007).
1623 Vgl. für das vereinfachte Verfahren Fn. 456.
1624 Vgl. B. II. 4. a) bb).
1625 Vgl. B. II. 6. d) aa) (4) (b) (cc).

dass ein gänzlicher Verzicht auf eine (frühzeitige) allgemeine Öffentlichkeitsbeteiligung auch nicht mit dem Verweis auf eine bereits früher erfolgte, auf eine im Wesentlichen gleiche Planung bezogene allgemeine Öffentlichkeitsbeteiligung bzw. auf ein geringes Informations- und Beteiligungsinteresse der (allgemeinen) Öffentlichkeit und eine dadurch bedingte verminderte Notwendigkeit einer frühzeitigen allgemeinen Öffentlichkeitsbeteiligung – auch im Hinblick auf eine möglichst von Anfang an korrekte und umfassende Ermittlung des Abwägungsmaterials – infolge marginaler Veränderungen des status quo durch die Planung gerechtfertigt werden kann. Ein im beschleunigten Verfahren aufstellbarer Bebauungsplan der Innenentwicklung darf zwar in Relation zum status quo keine voraussichtlich erheblichen Umweltauswirkungen mit sich bringen, er darf jedoch, anders als die *insgesamt* bestandswahrenden Bebauungspläne i. S. v. § 13 Abs. 1 BauGB, den nicht-ökologischen Ausgangszustand, z. B. die Betroffenheit von sozialen oder wirtschaftlichen städtebaulich relevanten Belangen, ohne Weiteres gravierend verändern, was erhebliche und neue Auswirkungen auf planungsrechtlich relevante private und öffentliche Belange mit sich bringen kann. Wenn z. B. ein brachgefallenes Kasernengelände oder brachgefallene Industrieflächen innerhalb des Siedlungsbereichs neu für Wohnnutzung vorgesehen werden sollen, müssen dabei beispielsweise die Notwendigkeiten von Schulen, Kindergärten und -tagesstätten, Einkaufsmöglichkeiten u. Ä. im Vergleich zur Ausgangslage neu berücksichtigt werden. Durch Bebauungspläne der Innenentwicklung kann innerhalb des beschleunigten Verfahrens zudem die bestehende Umweltsituation verbessert werden, gerade wenn bei Konversionsmaßnahmen u. Ä. die neu vorgesehene Nutzung weniger umweltauswirkungsintensiv ist als die vorherige, so dass die Umweltauswirkungen der neuen Planung in Relation zur bestehenden Bebauung bzw. bestehenden Baurechten neu ermittelt und bewertet werden müssen und nicht weitgehend auf Betrachtungen im Rahmen bisheriger Planungen zurückgegriffen werden kann. Ebenso können bestehende Umweltauswirkungen unter weitgehender Wahrung ihrer Gesamterheblichkeit durch Bebauungspläne i. S. v. § 13a Abs. 1 BauGB in ihrer Verteilung auf und in ihrer Erheblichkeit für die einzelnen Umweltschutzgüter verändert werden, was jeweils, weil sich bisherige Betroffenheiten von (eventuell) planungsrelevanten Belangen ändern, innerhalb von § 2 Abs. 3 BauGB neu ermittelt und bewertet werden muss.

Der Hinweis des § 13a Abs. 3 S. 1 Nr. 2 BauGB gewährleistet für das beschleunigte Verfahren, dass, auch wenn von § 13a Abs. 2 Nr. 1, § 13 Abs. 2 S. 1 Nr. 2 1. Alt. BauGB Gebrauch gemacht wird, sich in jedem Fall die *gesamte* Öffentlichkeit über die Planung *informieren* und daran *mitwirken* kann.[1626] Dies dient keinem Selbstzweck oder nur den Interessen der Öffentlichkeit an der

---

1626 *Bunzel*, Difu-Praxistest, S. 44/45, abrufbar unter http://www.difu.de/publikationen/difuberichte/4_06/11.phtml (zuletzt abgerufen am 01.03.2008); *Mitschang*, ZfBR 2007, 433 (444).

Transparenz der Verwaltung und ihrer Kontrolle sowie an einer Partizipation an der Planung vor Verfestigung derselben[1627] von Planungsbeginn an entsprechend des Demokratie- und Rechtsstaatsprinzips.[1628] Hinter der frühzeitigen Öffentlichkeitsbeteiligung steht auch der Gedanke, dass bereits in deren Rahmen wertvolle Hinweise zu von der Planung betroffenen privaten Belangen von Seiten der Plangebietseigentümer und -bewohner und der Anrainer sowie von *sonstigen, nicht unbedingt selbst von der Planung (abwägungserheblich) betroffenen* Personen gegeben werden,[1629] die bei der Ausarbeitung des konkreten Planentwurfs schon berücksichtigt werden können, so dass die frühzeitige Öffentlichkeitsbeteiligung auch in der kommunalen Praxis als wichtig anerkannt ist.[1630] Wenn diese Belange nämlich erst im Rahmen der Beteiligung zum konkreten Planentwurf gem. § 3 Abs. 2 BauGB für die Gemeinde erkennbar werden und eine Änderung der Planung notwendig machen, muss der Plan gem. § 4a Abs. 3 S. 1 BauGB erneut das Beteiligungsverfahren zum Planentwurf gem. § 3 Abs. 2, § 4 Abs. 2 BauGB durchlaufen, was das Verfahren deutlich mehr verlängern kann und wegen der Korrektur des Planentwurfs jedenfalls aufwändiger ist als die zeitlich sehr unaufwändige frühzeitige Öffentlichkeitsbeteiligung.[1631] Gerade weil im beschleunigten Verfahren aufstellbare Bebauungspläne der Innenentwicklung nicht auf Festsetzungen mit *insgesamt* weitgehender Bestandswahrung beschränkt sind, kann eine mannigfaltige, im Verhältnis zur Ausgangslage veränderte Betroffenheit privater Belange durch die Planung bestehen, deren Ermittlung und zutreffende Bewertung weitaus schwieriger sein kann als im Rahmen des § 13 BauGB. Dabei ist auch zu berücksichtigen, dass es gem. § 214

1627 BVerwG, Beschl. vom 18.12.1987 – 4 NB 2/87, NVwZ 1988, 822 (823), bezogen auf den Zweck einer Beteiligung der *gesamten* Öffentlichkeit an der Planung und die Rechtfertigung der eingeschränkten Beteiligung im Fall des § 4a Abs. 3 S. 4 BauGB; *Battis*, in: B/K/L, § 3, Rn. 8; *Krautzberger*, in: E/Z/B/K, § 3, Rn. 11 (Stand: März 2007); *Wagner/Paßlick*, in: Hoppe, UVPG, § 17, Rn. 60, in Bezug auf § 3 Abs. 1 BauGB.
1628 BVerfG, Urt. vom 14.01.1986 – 2 BvE 14/83 und 4/84, E 70, 324 (358), spricht von einem „allgemeinen Öffentlichkeitsprinzip der Demokratie". *Battis*, in: B/K/L, § 3, Rn. 2 u. 3; *Bönker*, in: Hoppe/Bönker/Grotefels, Öffentliches Baurecht, § 3, Rn. 188; *Fackler*, BayVBl. 1993, 353 (354); *Krautzberger*, in: E/Z/B/K, § 3, Rn. 11 (Stand: März 2007); *W. Schrödter*, in: Schrödter, Baugesetzbuch, § 3, Rn. 3. Vgl. auch *Schoch*, in: Isensee/Kirchhof, Handbuch des Staatsrechts, Band III, § 37, Rn. 138.
1629 *Battis*, in: B/K/L, § 3, Rn. 3.
1630 *Battis*, in: B/K/L, § 3, Rn. 3.
1631 *Reidt*, NVwZ 2007, 1029 (1031); vgl. auch BT-Drs. 15/2250, S. 31 u. 45 und *Schmitz/Federwisch*, Einzelhandel und Planungsrecht, Rn. 265, im Hinblick auf die § 3 Abs. 1 BauGB entsprechende frühzeitige Behördenbeteiligung gem. § 4 Abs. 1 BauGB. Vgl. *Krautzberger*, in: E/Z/B/K, § 13, Rn. 41 (Stand: März 2007); § 4a Abs. 3 BauGB gilt auch innerhalb des vereinfachten und daher auch innerhalb des beschleunigten Verfahrens, so ausdrücklich *Wallraven-Lindl/Strunz/Geiß*, Das Bebauungsplanverfahren nach dem BauGB 2007, S. 148.

Abs. 1 S. 1 Nr. 1 BauGB einen beachtlichen formellen Abwägungsfehler in Form eines Ermittlungs- oder Bewertungsdefizits darstellen kann, wenn die Gemeinde einen abwägungserheblichen Belang, der ihr hätte bekannt sein müssen, ihr aber konkret nicht bekannt war, nicht in die Abwägung einstellt oder einen bekannten Belang mit konkret unzutreffender Gewichtigkeit in die Abwägung einbezieht. Solche Nichteinstellungen bzw. Fehlbewertungen in der Abwägung können u. a. darauf fußen, dass während des Planaufstellungsverfahrens nicht die *gesamte* Öffentlichkeit mit in die Planung einbezogen wurde. Eine Beteiligung der *gesamten* Öffentlichkeit ist im beschleunigten Verfahren wegen § 13a Abs. 2 Nr. 1, § 13 Abs. 2 S. 1 Nr. 2 1. Alt. BauGB aber gerade nur im Rahmen der frühzeitigen Öffentlichkeitsbeteiligung gem. § 3 Abs. 1 S. 1 BauGB bzw. gem. § 13a Abs. 3 S. 1 Nr. 2 BauGB zwingend vorgesehen. Zudem ist zu beachten, dass sich aus der in § 13a Abs. 3 S. 1 Nr. 2 BauGB vorgesehenen Öffentlichkeitsbeteiligung ebenso wie aus einer alternativ durchzuführenden allgemeinen frühzeitigen Öffentlichkeitsbeteiligung gem. § 3 Abs. 1 S. 1 BauGB wichtige Hinweise im Hinblick auf die Vertreter der Öffentlichkeit ergeben können, die gem. § 13a Abs. 2 Nr. 1, § 13 Abs. 2 S. 1 Nr. 2 1. Alt. BauGB als betroffene Öffentlichkeit zum Planentwurf beteiligt werden müssen, wodurch diesbezügliche eigene Ermittlungen der Gemeinde deutlich reduziert werden können und die durch die Beteiligung eines gegenüber § 3 Abs. 2 BauGB reduzierten Kreises der Öffentlichkeit zum Planentwurf erzielbare Verfahrensbeschleunigung unterstützt wird. Insofern ist es sicherlich *sachlich gerechtfertigt*, die frühzeitige allgemeine Öffentlichkeitsbeteiligung gem. § 3 Abs. 1 S. 1 BauGB im beschleunigten Verfahren im Unterschied zum vereinfachten Verfahren nicht ersatzlos entfallen lassen zu dürfen und ersatzweise die Hinweispflicht des § 13a Abs. 3 S. 1 Nr. 2 BauGB und die damit verbundene Beteiligungsmöglichkeit der gesamten Öffentlichkeit vorzusehen, auf die schon aus Praktikabilitätsgründen gerade wegen der insgesamt nicht weitgehend bestandswahrenden Funktion von im beschleunigten Verfahren aufstellbaren Bebauungsplänen der Innenentwicklung nicht gänzlich verzichtet werden sollte und im Zusammenhang mit § 13a Abs. 2 Nr. 1, § 13 Abs. 2 S. 1 Nr. 2 1. Alt. BauGB im Hinblick auf die Anforderungen des Demokratie- und Rechtsstaatsprinzips nicht (gänzlich) verzichtet werden dürfte.

Indiziell für die grundsätzliche Notwendigkeit einer Beteiligung der allgemeinen Öffentlichkeit im Bauleitplanungsverfahren ist die Tatsache, dass man sich im Hinblick auf den im vereinfachten Verfahren möglichen generellen Verzicht auf eine allgemeine Öffentlichkeitsbeteiligung dazu veranlasst sah, dies *ausdrücklich* zu rechtfertigen, was nicht notwendig wäre, wenn man innerhalb des Bauleitplanungsverfahrens ohne Weiteres und generell verfassungsrechtlich unproblematisch auf eine allgemeine Öffentlichkeitsbeteiligung verzichten könnte. Dies folgt insbesondere daraus, dass mit dem Verzicht auf eine allgemeine Öffentlichkeitsbeteiligung verbundene Risiken im Hinblick auf eine korrekte Aufbereitung des Abwägungsmaterials ohnehin gem. § 214 Abs. 1 S. 1 Nr. 1 BauGB die Gemeinde trägt und daher eine für das Planergebnis relevante, fehlerhafte Aufbereitung des Abwägungsmaterials, unabhängig von einer für die vollständige Ermittlung und Bewertung des Abwägungsmaterials vorgesehenen Pflicht zur allgemeinen Öffentlichkeitsbeteiligung, in der Regel einer rechtswirksamen Planung entgegensteht, so dass ein Verzicht auf die allgemeine Öffentlichkeitsbeteiligung, die *nur* einer vollständigen Ermittlung und zutreffenden Bewertung des Abwägungsmaterials dienen soll, im Hinblick auf die Gewährleistung einer rechtmäßigen Planung nicht eigens gerechtfertigt werden müsste. Desweiteren ist zu berücksichtigen dass der Bundesrat in seiner Stellungnahme zum Innenstadtentwicklungsgesetz die in § 214 Abs. 2a Nr. 2 BauGB vorgesehene grundsätzliche Unbeachtlichkeit eines Verstoßes gegen die in § 13a Abs. 3 S. 1 Nr. 2 BauGB vorgesehene Öffentlichkeitsbeteiligung für die Rechtswirksamkeit eines im beschleunigten Verfahren aufgestellten Bebauungsplans als unangemessen rügte,[1632] was ebenfalls darauf hindeutet, dass ein völliger Verzicht auf eine irgendwie geartete Beteiligung der gesamten Öffentlichkeit an der Bebauungsplanung als unverhältnismäßig und damit rechtsstaatswidrig anzusehen ist, weil die Begriffe „Angemessenheit" und „Verhältnismäßigkeit" in der juristischen Fachterminologie als Synonyme gebraucht werden.[1633] Auch wenn es nach bisher allgemeiner Auffassung aus verfassungsrechtlichen Gründen nicht notwendig ist, an Rechtsetzungsakten der Verwaltung generell die Öffentlichkeit oder wenigstens die betroffene Öffentlichkeit zu beteiligen,[1634] ist gerade in Verfahren wie dem Bauleitplanverfahren, in denen den Planungsträgern – insbesondere wegen ihres kommunalen Selbstverwaltungsrechts gem. Art. 28 Abs. 2 S. 1 GG und der Komplexität, Vielschichtigkeit und Offenheit städtebaulicher Ausgangslagen, Ziele und Lösungen[1635] – ein planerischer Gestaltungsspielraum eingeräumt ist und keine die gesamte Planungsentscheidung umfassende, strikte Bindung an materiell-rechtliche Vorgaben des unmittelbar demokratisch legitimierten parlamentarischen Gesetzgebers in Form eines Konditionalprogramms[1636] besteht und eine Vielzahl verschiedener Belange zum Ausgleich gebracht werden muss, eine Ausnahme dazu anzunehmen.[1637] Eine Betei-

---

1632 BT-Drs. 16/2932, S. 4, zurückgehend auf BR-Drs. 558/1/06, S. 12.
1633 Vgl. *Pieroth/Schlink*, Grundrechte, Rn. 289; *Stern*, Staatsrecht, Band III/2, § 84 II. 4. a).
1634 Vgl. BVerfG, Beschl. vom 25.05.1976 – 2 BvL 1/75, E 42, 191 (205); BVerwG, Beschl. vom 15.10.1979 – 2 N 1/78, E 59, 48 (55); BVerwG, Urt. vom 22.07.2004 – 7 CN 1/04, E 121, 283 (286), die generelle Notwendigkeit der Beteiligung der von einer Inhalts- und Schrankenbestimmung des Eigentums Betroffenen verneinend; *Möstl*, in: Erichsen/Ehlers, Allgemeines Verwaltungsrecht, § 18, Rn. 18.
1635 Vgl. *Hofmann-Riem*, AöR 130 [2005], 5 (29 u. 30/31).
1636 Vgl. *Hofmann-Riem*, AöR 130 [2005], 5 (15/16).
1637 Vgl. BVerfG, Urt. vom 14.01.1986 – 2 BvE 14/83 und 4/84, E 70, 324 (355), spricht davon, dass gerade das im parlamentarischen Verfahren gewährleistete Maß an Öffent-

ligung der Öffentlichkeit am Planungsverfahren vermag als Ausgleich zu den beschränkten formell-gesetzlichen Inhaltsvorgaben die Richtigkeit der Planung und ihre Legitimität zu gewährleisten.[1638] Dies gilt umso mehr, als dass Bebauungspläne nicht nur unerhebliche Eingriffe in grundrechtlich geschützte Bereiche, insbesondere den von Art. 14 Abs. 1 GG geschützten, mit sich bringen können, die zwar in der Regel unter Gesetzesvorbehalt stehen, der aber bei wesentlichen Eingriffen grundsätzlich vom parlamentarischen Gesetzgeber ausgeübt werden muss, was bei der Delegation von Rechtsetzungsbefugnissen auf die Verwaltung ebenfalls zu berücksichtigen ist.[1639] Zudem ist zu bedenken, dass es für Bebauungspläne als abstrakt-generelle Regelungen keinen für die Zeit seiner Geltung feststehenden Kreis von Planbetroffenen gibt, sondern sich der Kreis der Betroffenen vielmehr ständig ändert und dabei Rechtspositionen i. S. v. Art. 14 Abs. 1 GG unterschiedlicher Grundrechtsträger inhaltlich ausgestaltet werden. Eine grundsätzliche Beschränkung schon der Information über die Planung auf die zum Zeitpunkt des Planungsverfahrens Planbetroffenen erscheint daher zu eng, wenngleich aufgrund von Zuzügen aus anderen Gemeinden schon mangels ihrer Bestimmbarkeit ohnehin nicht alle möglicherweise später von der Planung Betroffenen effektiv die Möglichkeit zur Information oder gar Einflussnahme auf die Planung erhalten können. Zwar gilt in den Organen, die innerhalb der Gemeinde über Bebauungspläne beschließen, der Grundsatz der Öffentlichkeit und Ort, Zeit und Tagesordnung der Sitzungen der entsprechenden Gremien müssen allgemein bekanntgemacht werden (vgl. Art. 29, 32 Abs. 2 S. 2 Nr. 2 2. Hs., Art. 52, 55 Abs. 2 GO Bayern). Dabei allein erhält die Öffentlichkeit jedoch nicht unbedingt die Möglichkeit, tatsächlich vom Inhalt der angestrebten Planung Kenntnis zu nehmen und eine sachgerechte Berücksichtigung planungsrechtlich relevant tangierter Interessen nachvollziehen zu können, da die Öffentlichkeit nur den Gesprächsverlauf im Gemeinderat oder in einem entsprechenden beschließenden Ausschuss wahrnehmen kann, nicht aber unbedingt den konkreten Beratungsgegenstand. Insofern ist es im Sinne der durch das Rechts-

---

lichkeit der Auseinandersetzung und Entscheidungssuche Möglichkeiten des Ausgleichs widerstreitender Interessen eröffnet, die sich bei einem weniger transparenten Vorgehen so nicht ergäben; *Möstl*, in: Erichsen/Ehlers, Allgemeines Verwaltungsrecht, § 18, Rn. 18 u. 19.

[1638] *Möstl*, in: Erichsen/Ehlers, Allgemeines Verwaltungsrecht, § 18, Rn. 16 u. 19; vgl. *Hofmann-Riem*, AöR 130 [2005], 5 (35 u. 64/65 u. 67), allgemein zum Ausgleich einer verringerten Bestimmtheit von Regelungen und damit eingehender verringerter Bestimmtheit der Rechtsanwendung durch die Schaffung von Verfahrensregeln, Transparenzvorkehrungen und Beteiligungsmöglichkeiten; vgl. dazu auch BVerfG, Beschl. vom 13.07.2004 – 1 BvR 1298, 1299/94, 1332/95, 613/97, E 111, 191 (217 u. 218).

[1639] Vgl. BVerfG, Beschl. vom 08.08.1978 – 2 BvL 8/77, E 49, 89 (126); BVerfG, Beschl. vom 08.08.1978 – 2 BvL 8/77, E 49, 89 (126/127); *Hoffmann-Riem*, AöR 130 [2005], 5 (8 u. 40).

staatsprinzip gebotenen Transparenz[1640] der Verwaltung beim Erlass abstrakt-genereller Regelungen, bei dem sie über einen Gestaltungsspielraum verfügt, notwendig, als Ausgleich zu dem der Gemeinde vom parlamentarischen Gesetzgeber eingeräumten bzw. von Art. 28 Abs. 2 S. 1 GG garantierten, gestalterischen Planungsspielraum das Planungsverfahren auch für die allgemeine Öffentlichkeit als „Kontrollorgan" der Verwaltung zugänglich zu machen und dadurch in Form einer *effektiven, umfassenden* Transparenz der Verwaltung im Bereich der Planung einen gerechten Ausgleich aller betroffenen Interessen ohne Bevorzugung von Einzelinteressen[1641] und somit die Rechtmäßigkeit der Planung zu sichern, zumal Bebauungspläne insbesondere im Hinblick auf Art. 14 GG unmittelbare, nicht nur geringfügige Grundrechtsrelevanz aufweisen. Zur Wahrung des Rechtsstaatsprinzips reicht es aber wohl aus, wenn der allgemeinen Öffentlichkeit ein Informationsrecht über die Planung eingeräumt wird, denn schon durch dieses wird gewährleistet, dass sich Vertreter der allgemeinen Öffentlichkeit über die Planung unterrichten und gegebenenfalls Anregungen gegenüber Planbetroffenen oder Gemeinderatsmitgliedern vorbringen und das Handeln der Gemeinde auf seine Rechtmäßigkeit hin überprüfen können, um eventuell sogar ein Einschreiten der Rechtsaufsichtsbehörde anregen zu können. Ein Partizipationsrecht erscheint dagegen in einer grundsätzlich repräsentativ ausgestalteten Demokratie für die *allgemeine* Öffentlichkeit wegen fehlender, konkret abzusehender Planbetroffenheit nicht zwingend erforderlich[1642] – mangels allgemeinen Gesetzesvollziehungsanspruchs und damit der allgemeinen Gewährleistung einer Popularklagebefugnis[1643] aufgrund von Art. 19 Abs. 4 GG auch nicht als Gewährung einer (ersten) Rechtsschutzmöglichkeit bereits innerhalb des Planungsverfahrens.[1644] Insofern ist zumindest die von § 13a Abs. 3 S. 1 Nr. 2 BauGB bzw. § 3 Abs. 1 S. 1 BauGB vorgesehene Unterrichtung bzw. Unterrichtungsmöglichkeit für die allgemeine Öffentlichkeit über eine nicht von vornherein auf eine insgesamt weitgehende Bestandswahrung beschränkte Bebauungsplanung innerhalb des beschleunigten Verfahrens im Zusammenhang mit der Option des § 13a Abs. 2 Nr. 1, § 13 Abs. 2 S. 1 Nr. 2 1. Alt. BauGB rechtsstaatlich geboten und nicht verzichtbar.[1645]

1640 *Hoffmann-Riem*, AöR 130 [2005], 5 (68).
1641 Vgl. BVerfG, Beschl. vom 13.07.2004 – 1 BvR 1298, 1299/94, 1332/95, 613/97, E 111, 191 (217); vgl. *Hoffmann-Riem*, AöR 130 [2005], 5 (10, 35).
1642 Vgl. Hoffmann-Riem, AöR 130 [2005], 5 (68).
1643 Vgl. BVerfG, Beschl. vom 03.10.1961 – 2 BvR 4/60, E 13, 132 (151); BVerfG, Beschl. vom 10.05.2001 – 1 BvR 481/01 u. 518/01, NVwZ 2001, 1148 (1149); *Pieroth/Schlink*, Grundrechte, Rn. 1060.
1644 Vgl. *Wagner/Paßlick*, in: Hoppe, UVPG, § 17, Rn. 60.
1645 Vgl. *Mitschang*, ZfBR 2007, 433 (444); *ders.*, ZfBR 2008, 227 (240), der herausstellt, dass die Möglichkeit der Betroffenenbeteiligung gem. § 13a Abs. 2 Nr. 1, § 13 Abs. 2 S. 1 Nr. 2 1. Alt. BauGB aufgrund von § 13a Abs. 3 S. 1 Nr. 2 BauGB mit der dort vorgesehenen Informations- und Beteiligungsmöglichkeit nicht zu Lasten der allgemeinen,

(cc) Inhaltliche Anforderungen an den Hinweis gem. § 13a Abs. 3 S. 1 Nr. 2 BauGB

Neben der Forderung nach einem gänzlichen Verzicht auf die an die Stelle der frühzeitigen Öffentlichkeitsbeteiligung gem. § 3 Abs. 1 S. 1 BauGB tretende (allgemeine) Öffentlichkeitsbeteiligung gem. § 13a Abs. 3 S. 1 Nr. 2 BauGB wurde im Praxistest zudem vorgebracht, dass es im Hinblick auf die Öffentlichkeitsbeteiligung nach § 13a Abs. 3 S. 1 Nr. 2 BauGB unklar sei, welche Verfahrensunterlagen konkret zur Information der Öffentlichkeit über die allgemeinen Ziele und Zwecke sowie die wesentlichen Auswirkungen der Planung bereitgestellt werden müssten,[1646] wie lange die Frist zur Äußerung mindestens bemessen sein müsse[1647] und ob auch die Unterrichtungsmöglichkeit für die Öffentlichkeit fristgebunden werden könne oder ab dem Hinweis nach § 13a Abs. 3 S. 1 Nr. 2 BauGB unbeschränkt bestehen müsse.[1648] Ferner wurden Unklarheiten dahingehend geäußert, wie mit eingehenden Anregungen umzugehen und ob die Öffentlichkeit über deren Behandlung zu informieren sei.[1649]

Um eine angemessene und dem Zweck der von § 13a Abs. 3 S. 1 Nr. 2 BauGB statuierten Pflicht entsprechende[1650] Zeit für die Kenntnisnahme des Hinweises gem. § 13a Abs. 3 S. 1 Nr. 2 BauGB, das Einholen der von dem Hinweis angekündigten Informationen zur Bebauungsplanung und das Bedenken und Vorbringen einer Äußerung zur Planung einzuräumen, ist regelmäßig eine Äußerungsfrist von zwei Wochen ab dem Zeitpunkt der bekannt gemachten Eröffnung der Informationsmöglichkeit ausreichend,[1651] zumal zum Zeitpunkt der (modifizierten) frühzeitigen Öffentlichkeitsbeteiligung ohnehin in der Regel erst das Grundkonzept der Planung feststeht und die Auswirkungen der Planung im Detail noch nicht konkret absehbar sind. Innerhalb der Beteiligung nach § 3 Abs. 1 S. 1 BauGB und daher auch innerhalb der dieser weitgehend entspre-

---

nicht betroffenen Öffentlichkeit geht, woraus zu schließen ist, dass ein vollständiger Verzicht auf die Beteiligung der allgemeinen Öffentlichkeit innerhalb des beschleunigten Verfahrens seiner Ansicht nach nicht rechtmäßig wäre.

1646 *Bunzel*, Difu-Praxistest, S. 45, abrufbar unter http://www.difu.de/publikationen/difu-berichte/4_06/11.phtml (zuletzt abgerufen am 01.03.2008).

1647 *Bunzel*, Difu-Praxistest, S. 44, abrufbar unter http://www.difu.de/publikationen/difu-berichte/4_06/11.phtml (zuletzt abgerufen am 01.03.2008).

1648 *Bunzel*, Difu-Praxistest, S. 44, abrufbar unter http://www.difu.de/publikationen/difu-berichte/4_06/11.phtml (zuletzt abgerufen am 01.03.2008); vgl. auch *Wallraven-Lindl/Strunz/Geiß*, Das Bebauungsplanverfahren nach dem BauGB 2007, S. 167.

1649 *Bunzel*, Difu-Praxistest, S. 45, abrufbar unter http://www.difu.de/publikationen/difu-berichte/4_06/11.phtml (zuletzt abgerufen am 01.03.2008).

1650 Vgl. Fn. 1617. Dort wird für die Bemessung der innerhalb von § 3 Abs. 1 S. 1 BauGB bestimmbaren Frist ebenfalls auf den Zweck der Beteiligung abgestellt.

1651 *Bunzel*, LKV 2007, 444 (450); *Wallraven-Lindl/Strunz/Geiß*, Das Bebauungsplanverfahren nach dem BauGB 2007, S. 167, wobei dort der genaue Fristbeginn jeweils unklar bleibt.

chenden Beteiligung nach § 13a Abs. 3 S. 1 Nr. 2 BauGB ist eine Information über allgemeine Grundzüge der beabsichtigten Planung ausreichend.[1652] Daher müssen zur Information der Öffentlichkeit gem. § 13a Abs. 3 S. 1 Nr. 2 BauGB zweckentsprechend nur solche Unterlagen bereitgehalten bzw. solche Informationen in sonstiger Weise zur Verfügung gestellt werden, aus denen Angaben über die *allgemeinen* Ziele und Zwecke sowie die *wesentlichen* Auswirkungen der (beabsichtigten) Planung entnommen werden können. Anhaltspunkte dafür, um welche Unterlagen bzw. Informationen es sich dabei im Detail handelt, ergeben sich daraus, was im Rahmen der Anwendung des § 3 Abs. 1 S. 1 BauGB z. B. ein öffentlicher Aushang über die erforderlichen Angaben zu beinhalten hat.[1653] Mehr muss auch die Informationsmöglichkeit der Öffentlichkeit gem. § 13a Abs. 3 S. 1 Nr. 2 BauGB nicht beinhalten. Der Umgang mit eingegangenen Stellungnahmen der Öffentlichkeit zur Planung ergibt sich aus dem Zweck der Öffentlichkeitsbeteiligung, das für die Planung relevante Abwägungsmaterial korrekt zu ermitteln und zu bewerten (§ 4a Abs. 1 BauGB). Die Gemeinde muss also eingegangene Stellungnahmen der Öffentlichkeit auf ihre Planungs- und Abwägungsrelevanz hin prüfen und bei diesbezüglichen Zweifeln weitere Ermittlungen anstellen. Dabei als abwägungsrelevant eingestufte Belange muss sie sodann in der Abwägung gem. § 1 Abs. 7 BauGB für den Planentwurf bzw. den endgültig zu beschließenden Plan berücksichtigen. Was daran zweifelhaft sein soll, ist nicht ersichtlich. Eine gesonderte Information der Belangvorbringer ist, weil sie weder in § 13a Abs. 3 S. 1 Nr. 2 BauGB noch in § 3 Abs. 1 BauGB – anders als für die Öffentlichkeitsbeteiligung zum Planentwurf gem. § 3 Abs. 2 S. 4 2. Hs. BauGB – explizit vorgesehen ist, nicht notwendig.

Hinsichtlich einer Fristbindung auch der Informationsmöglichkeit für die allgemeine Öffentlichkeit über die allgemeinen Ziele und Zwecke sowie die wesentlichen Auswirkungen der Planung gem. § 13a Abs. 3 S. 1 Nr. 2 BauGB *unabhängig* von der Möglichkeit, Anregungen vorzubringen, macht § 13a Abs. 3 S. 1 Nr. 2 BauGB keinerlei Angaben. Die Informationsmöglichkeit für die Öffentlichkeit ohne gleichzeitiges Partizipationsrecht dient allein der Befriedigung des Informationsinteresses der Bevölkerung und der Transparenz des Planungsverfahrens vor der endgültigen Fixierung des Planinhalts, wobei der in § 13a Abs. 3 S. 1 Nr. 2 BauGB vorgesehenen Pflicht, eine Unterrichtungsmöglichkeit zur Verfügung zu stellen, grundsätzlich auch durch eine zeitlich auf *einen* bestimmten Termin fixierte und erst recht durch eine zeitlich länger befristete, *effektive* Möglichkeit zur Erlangung der geforderten Informationen Genüge getan wird. Daher kann die von § 13a Abs. 3 S. 1 Nr. 2 BauGB vorgesehene Unterrichtungsmöglichkeit, sofern dafür eine grundsätzlich länger bestehende Informationsquelle zur Verfügung gestellt wird, außerhalb der Gewährung einer

---

1652 *Reidt*, NVwZ 2007, 1029 (1030/1031).
1653 So auch *Krautzberger*, in: Krautzberger/Söfker, Baugesetzbuch, Rn. 154e.

für die effektive Wahrnehmung des von § 13a Abs. 3 S. 1 Nr. 2 BauGB eingeräumten Äußerungsrechts notwendigen Möglichkeit zur Information, grundsätzlich unbeschränkt eng befristet werden. Die von § 13a Abs. 3 S. 1 Nr. 2 BauGB vorgesehene Informationsmöglichkeit kann daher in jedem Fall mit dem Inkrafttreten des Bebauungsplans gem. § 10 Abs. 3 S. 4 BauGB enden, denn dann steht der konkrete Planinhalt fest und der Plan und seine Begründung können gem. § 10 Abs. 3 S. 2 BauGB von Jedermann eingesehen werden, so dass es zusätzlich zu den in der Planbegründung enthaltenden Angaben über die konkreten Ziele und Zwecke der Planung und die Auswirkungen des konkret beschlossenen Plans der Information über die allgemeinen Ziele und Zwecke einer noch weitgehend vorläufigen Planung sowie die bei Planungsbeginn absehbaren Auswirkungen derselben gem. § 13a Abs. 3 S. 1 Nr. 2 BauGB nicht mehr bedarf. Wählt die Gemeinde gem. § 13a Abs. 2 Nr. 1, § 13 Abs. 2 S. 1 Nr. 2 2. Alt. BauGB die Regel-Öffentlichkeitsbeteiligung zum Planentwurf gem. § 3 Abs. 2 BauGB, kann Jedermann den Planentwurf und seine Begründung einsehen, so dass ebenfalls kein Grund dafür besteht, die Informationen gem. § 13a Abs. 3 S. 1 Nr. 2 BauGB länger als für eine effektive Unterrichtung der Öffentlichkeit notwendig aufrechtzuerhalten, gerade weil die Begründung zum Planentwurf gem. § 2a S. 2 Nr. 1 BauGB gleichfalls über die Ziele und Zwecke der Planung sowie ihre Auswirkungen Auskunft gibt und dabei schon konkreter ist als die allgemeinen Informationen gem. § 13a Abs. 3 S. 1 Nr. 2 BauGB zu Planungsbeginn. Wählt die Gemeinde dagegen die Möglichkeit des § 13a Abs. 2 Nr. 1, § 13 Abs. 2 S. 1 Nr. 2 1. Alt. BauGB und gibt sie nur der betroffenen, nicht der allgemeinen, Öffentlichkeit Gelegenheit, den Planentwurf und seine Begründung einzusehen und zu ihnen Stellung zu nehmen, kann es durchaus Sinn machen, die für die allgemeine Öffentlichkeit allein zugängliche Information gem. § 13a Abs. 3 S. 1 Nr. 2 BauGB noch aufrechtzuerhalten, auch wenn dabei keine Stellungnahmen mehr vorgebracht werden können. Die Informationen gem. § 13a Abs. 3 S. 1 Nr. 2 BauGB sind dann nämlich die einzige Möglichkeit, aufgrund derer sich die *allgemeine* Öffentlichkeit wenigstens über die Planung im Groben informieren kann, so dass sie überhaupt etwas Inhaltliches über diese weiß und aufgrund dessen wenigstens von der Planung Betroffene dazu veranlassen kann, im Rahmen von deren Beteiligung zum Planentwurf noch Stellungnahmen vorzubringen, um bisher nicht oder zu wenig berücksichtigte Aspekte in die Planung einfließen zu lassen und so eine korrekte planerische Abwägung zu ermöglichen. Daher kann es für eine Gemeinde von Vorteil sein, wenn, sofern es nach der Art der Unterrichtungsmöglichkeit – bei einer Bürgerversammlung als Informationsquelle im Sinne von § 13a Abs. 3 S. 1 Nr. 2 BauGB scheidet das von vornherein aus – überhaupt möglich ist, im Fall des § 13a Abs. 2 Nr. 1, § 13 Abs. 2 S. 1 Nr. 2 1. Alt. BauGB die Bereithaltung der Informationen gem. § 13a Abs. 3 S. 1 Nr. 2 BauGB nicht wie die Stellungnahmemöglichkeit befristet wird, sondern bis zum Abschluss der Betroffenenbeteiligung zum Planentwurf aufrechterhalten wird,[1654] wobei dies aufgrund demokratischer oder rechtsstaatlicher Erwägungen keineswegs zwingend ist.

(b) Planerhaltungsvorschrift des § 214 Abs. 2a Nr. 2 BauGB

(aa) Reichweite der Planerhaltungsvorschrift

In Entsprechung[1655] zu § 214 Abs. 1 S. 1 Nr. 2 1. Hs. BauGB, aus dem sich in der Zusammenschau mit § 214 Abs. 1 S. 1 1. Hs. BauGB ergibt, dass ein Verstoß gegen die Vorschrift über die frühzeitige Öffentlichkeitsbeteiligung gem. § 3 Abs. 1 BauGB als Verfahrensfehler für die Rechtswirksamkeit eines Bebauungsplans generell unbeachtlich ist, weil er in § 214 Abs. 1 S. 1 Nr. 2 1. Hs. BauGB nicht explizit als beachtlich aufgeführt ist, sieht § 214 Abs. 2a Nr. 2 BauGB vor, dass ein Unterbleiben und damit auch die Fehlerhaftigkeit des Hinweises gem. § 13a Abs. 3 S. 1 Nr. 2 BauGB, der im beschleunigten Verfahren an die Stelle der Beteiligung gem. § 3 Abs. 1 BauGB tritt, für die Rechtswirksamkeit eines im beschleunigten Verfahren aufgestellten Bebauungsplans unbeachtlich ist, auch wenn die Verletzung der Verfahrensregelung bewusst[1656] erfolgt. Weder der Wortlaut noch die Gesetzesbegründung sehen für solche Fälle anders als bei § 214 Abs. 1 S. 1 Nr. 2 2. Hs. a. E., Abs. 2 Nr. 1 u. Nr. 2, Abs. 2a Nr. 1 BauGB[1657] eine Ausnahme vor. In Bezug auf den Hinweis nach § 13a Abs. 3 S. 1 Nr. 2 BauGB hätte es der Regelung des § 214 Abs. 2a Nr. 2 BauGB ebenso wenig bedurft wie in Bezug auf § 13a Abs. 3 S. 1 Nr. 1 BauGB,[1658] da eine Verletzung von Verfahrensvorschriften auch des beschleunigten Verfahrens schon gem. § 214 Abs. 1 S. 1 1. Hs. BauGB unbeachtlich ist, wenn sie nicht in § 214 Abs. 1 S. 1 Nr. 1-4 BauGB ausdrücklich als beachtlich eingestuft wird, was bezüglich § 13a Abs. 3 S. 1 Nr. 2 BauGB nicht der Fall ist. § 214 Abs. 2a Nr. 2 BauGB hat also insofern nur eine klarstellende Funktion und beugt Rechtsunsicherheit hinsichtlich der Beachtlichkeit von Verstößen gegen die Hinweispflichten gem. § 13a Abs. 3 BauGB vor.[1659]

Im Zusammenhang mit der in § 214 Abs. 2a Nr. 1 BauGB vorgesehenen Unbeachtlichkeit von Verfahrens- und Formfehlern, die auf einer unzutreffenden Annahme des Vorliegens einer Maßnahme der Innenentwicklung beruhen, wurde die Regelung im Gesetzgebungsverfahren vom Bundesrat als zu weitge-

---

1654 A. A. *Wallraven-Lindl/Strunz/Geiß*, Das Bebauungsplanverfahren nach dem BauGB 2007, S. 167, die davon ausgehen, dass eine Information ohne Möglichkeit zur Äußerung keinen Sinn ergibt.
1655 BT-Drs. 16/2932, S. 5; *Uechtritz*, BauR 2007, 476 (483).
1656 *Battis/Krautzberger/Löhr*, NVwZ 2007, 121 (127/128).
1657 Vgl. Fn. 1517.
1658 Vgl. B. III. 1. a) dd) (3) (a).
1659 Vgl. *Stock*, in: E/Z/B/K, § 214, Rn. 129e (Stand: Mai 2007). Vgl. Fn. 1511.

hend kritisiert.[1660] Die Unbeachtlichkeit auch gravierender Mängel bei der Öffentlichkeitsbeteiligung innerhalb des beschleunigten Verfahrens, d. h. wohl vor allem bewusst verursachter Mängel oder Mängel in Form des völligen Unterbleibens des Hinweises gem. § 13a Abs. 3 S. 1 Nr. 2 BauGB, sei unangemessen,[1661] d. h. unverhältnismäßig und daher rechtsstaatswidrig,[1662] zumal gem. § 214 Abs. 2a Nr. 1 BauGB noch nicht einmal dessen Anwendungsvoraussetzung gem. § 13a Abs. 1 S. 1 BauGB vorliegen muss, was jedoch unter Berücksichtigung der Vorgabe von Art. 3 Abs. 1 Plan-UP-RL nach der hier vertretenen Auffassung sehr restriktiv ausgelegt werden muss (vgl. B. II. 8. c) bb)). Die Bundesregierung wies in ihrer Gegenäußerung zur Stellungnahme des Bundesrats die Kritik mit dem Argument zurück, dass es mit der im Bauleitplanungsverfahren schon seit jeher vorgesehenen Unbeachtlichkeit des gänzlichen Unterbleibens der frühzeitigen Öffentlichkeitsbeteiligung gem. § 3 Abs. 1 BauGB unvereinbar wäre, wenn ein Fehler beim Hinweis nach § 13a Abs. 3 S. 1 Nr. 2 BauGB, der gleichsam an die Stelle der frühzeitigen Öffentlichkeitsbeteiligung tritt, für beachtlich erklärt würde.[1663]

(bb) Notwendigkeit einer Restriktion aufgrund verfassungsrechtlicher Anforderungen und in Harmonisierung zu sonstigen gesetzlichen Regelungen einer allgemeinen frühzeitigen Öffentlichkeitsbeteiligung

Allerdings ist bei dieser Argumentation zu beachten, dass im Regelplanungsverfahren auf die frühzeitige (allgemeine) Öffentlichkeitsbeteiligung noch eine allgemeine Öffentlichkeitsbeteiligung zum Planentwurf gem. § 3 Abs. 2 BauGB erfolgt, innerhalb derer sich die *gesamte* Öffentlichkeit nochmals oder bei Verfahrensfehlern im Rahmen von § 3 Abs. 1 BauGB u. U. erstmals über die mittlerweile schon konkretere Planung informieren und Stellungnahmen vorbringen kann und deren Fehlerhaftigkeit gem. § 214 Abs. 1 S. 1 Nr. 2 BauGB nur sehr eingeschränkt der Rechtswirksamkeit des Bebauungsplans nicht im Wege steht. Dadurch wird eine effektive Beteiligung der *gesamten* Öffentlichkeit als Voraussetzung für eine wirksame Planung gewährleistet. Innerhalb des beschleunigten Verfahrens dagegen besteht gem. § 13a Abs. 2 Nr. 1, § 13 Abs. 2 S. 1 Nr. 2 1. Alt. BauGB die Möglichkeit, nur der von der Planung *betroffenen* Öffentlichkeit Gelegenheit zur Stellungnahme zum Planentwurf zu geben und die allgemeine Öffentlichkeit auf dieser Planungsstufe außen vor zu lassen. Daher ist die allgemeine Öffentlichkeit, wenn die Hinweispflicht gem. § 13a Abs. 3 S. 1 Nr. 2 BauGB insofern verletzt wurde, dass der Öffentlichkeit kein oder ein fehlerhafter Hinweis darüber gegeben wurde, wo sie sich zu den allge-

---

1660 BT-Drs. 16/2932, S. 4, zurückgehend auf BR-Drs. 558/1/06, S. 12.
1661 BT-Drs. 16/2932, S. 4, zurückgehend auf BR-Drs. 558/1/06, S. 12. Vgl. Fn. 1632.
1662 Vgl. B. III. 1. b) aa) (1) (a) (bb).
1663 BT-Drs. 16/2932, S. 5.

meinen Zielen und Zwecken und den wesentlichen Auswirkungen der Planung informieren und dazu Stellung nehmen kann, oder die allgemeine Informations- und Stellungnahmemöglichkeit tatsächlich nicht bestand, bei Anwendung des § 13a Abs. 2 Nr. 1, § 13 Abs. 2 S. 1 Nr. 2 1. Alt. BauGB mangels generell vorgesehener Nachholungsmöglichkeit der allgemeinen Öffentlichkeitsbeteiligung bei der Planung völlig ausgeschlossen, ohne dass dies wegen § 214 Abs. 2a Nr. 2 BauGB die Rechtswirksamkeit der Planung tangieren würde. Dies erscheint mit dem den Beteiligungsvorschriften zugrundeliegenden Transparenzgebot, das ein Merkmal rechtsstaatlicher und demokratischer Planung ist, das nach dem Wortlaut von § 214 Abs. 2a Nr. 2 BauGB sogar bewusst umgangen werden kann, nur schwer vereinbar (vgl. B. III. 1. b) aa) (1) (a) (bb)). Die Anwendung des § 214 Abs. 2a Nr. 2 BauGB bei grundsätzlich allen Verstößen gegen § 13a Abs. 3 S. 1 Nr. 2 BauGB führt zudem im Ergebnis dazu, dass man auch von vornherein auf die Statuierung der Hinweispflicht hätte verzichten können, gerade weil sie für die Rechtswirksamkeit der Planung ohne unmittelbare Relevanz ist, wobei der Gesetzgeber diesem Vorschlag des Praxistests[1664] gerade nicht folgte. Zwar ist im Rahmen des vereinfachten Verfahrens gem. § 13 Abs. 2 S. 1 Nr. 1 1. Alt. BauGB die frühzeitige Öffentlichkeitsbeteiligung völlig entbehrlich, woraus man folgern könnte, dass dies dann wenigstens aufgrund der Fehlerfolgenregelungen auch im beschleunigten Verfahren letztlich so sein dürfe. Dabei ist jedoch zu berücksichtigen, dass der mögliche gänzliche Verzicht auf die frühzeitige allgemeine Öffentlichkeitsbeteiligung innerhalb des vereinfachten Verfahrens damit gerechtfertigt wird *und* werden kann, dass die allgemeine Öffentlichkeit bereits bei der Aufstellung des Plans, dessen Grundzüge durch die anstehende Planänderung bzw. -ergänzung nicht berührt werden, schon (mindestens) einmal allgemein beteiligt wurde, bzw. damit, dass bei unwesentlichen Änderungen des bereits bestehenden bauplanungsrechtlichen Zulässigkeitsmaßstabs durch einen Bebauungsplan das Beteiligungs- und Informationsinteresse der (allgemeinen und der betroffenen) Öffentlichkeit und die Bedeutung einer möglichst frühzeitigen Einbeziehung der allgemeinen wie auch der betroffenen Öffentlichkeit im Hinblick auf die Abwägung nicht so groß ist und daher die Beteiligung (auch nur der Planbetroffenen) zum Planentwurf (in Verbindung mit der allgemeinen Zugänglichkeit des beschlossenen Plans und seiner Begründung) zur Erfüllung der mit der Öffentlichkeitsbeteiligung verfolgten Zwecke ausreichend ist.[1665] Das beschleunigte Verfahren dagegen ist gerade nicht wie das vereinfachte Verfahren auf *insgesamt* bestandswahrende Bebauungspläne beschränkt, so dass die für dieses geltende Argumentation im Hinblick auf die Wahrung des Transparenzgebots im Rahmen der Planung trotz Verzichts auf die frühzeitige allgemeine Öffentlichkeitsbeteiligung auch nicht

---

1664 Vgl. Fn. 1618.
1665 Vgl. Fn. 1621 u. 1622.

auf die Rechtfertigung der Unbeachtlichkeit einer Verletzung von § 13a Abs. 3 S. 1 Nr. 2 BauGB übertragbar ist. Zudem ist zu berücksichtigen, dass Bebauungspläne der Innenentwicklung, anders als grundsätzlich *insgesamt* bestandswahrende, im vereinfachten Verfahren aufstellbare Bebauungspläne, eine mannigfaltige, gegenüber dem Ausgangszustand neue bzw. andersartige Betroffenheit unterschiedlicher Belange hervorrufen können, zu deren korrekter Ermittlung, gerade auch im Hinblick auf § 214 Abs. 1 S. 1 Nr. 1 BauGB, eine Beteiligung der *gesamten* Öffentlichkeit nicht nur unerheblich beitragen kann, so dass die von § 214 Abs. 2a Nr. 2 BauGB statuierte grundsätzliche Unbeachtlichkeit eines Verstoßes gegen § 13a Abs. 3 S. 1 Nr. 2 BauGB, gerade wenn von § 13a Abs. 2 Nr. 1, § 13 Abs. 2 S. 1 Nr. 2 1. Alt. BauGB Gebrauch gemacht wird und daher eine *allgemeine* Öffentlichkeitsbeteiligung nicht wenigstens im Rahmen der Beteiligung zum Planentwurf korrekt nachgeholt wird, letztlich auch gar nicht zwingend die Rechtswirksamkeit des Bebauungsplans herbeizuführen vermag. Vor diesem Hintergrund wäre es sachgerechter, eine Verletzung der Hinweispflicht nach § 13a Abs. 3 S. 1 Nr. 2 BauGB nur dann als unbeachtlich einzuordnen, wenn sich der Beteiligungsfehler nicht kausal auf das Planergebnis ausgewirkt hat bzw. auswirken konnte, weil in diesem Fall wenigstens *ein* Zweck der Öffentlichkeitsbeteiligung gem. § 13a Abs. 3 S. 1 Nr. 2 BauGB, nämlich die korrekte Ermittlung und Bewertung des Abwägungsmaterials, trotz des Beteiligungsfehlers im Ergebnis nicht unterlaufen wurde. Diese Wertung liegt auch der internen Unbeachtlichkeitsklausel des § 214 Abs. 1 S. 1 Nr. 2 2. Hs. BauGB für grundsätzlich als beachtlich eingestufte Fehler bei der Öffentlichkeitsbeteiligung zum Planentwurf zugrunde.[1666]

Andererseits aber ist zu bedenken, dass die (frühzeitige) allgemeine Öffentlichkeitsbeteiligung nicht nur durch ihren Beitrag zur umfassenden Ermittlung und zutreffenden Bewertung des Abwägungsmaterials ein korrektes Planergebnis gewährleisten soll. Vielmehr dient sie auch der Transparenz der Planung für die gesamte Öffentlichkeit entsprechend des Demokratie- und Rechtsstaatsprinzips, was in Form der gleichzeitig eröffneten Kontrollmöglichkeit des Verwaltungshandelns ebenfalls die Gesetzmäßigkeit der Planung unterstützt. Wird von der Option der bloßen Betroffenenbeteiligung zum Planentwurf gem. § 13a Abs. 2 Nr. 1, § 13 Abs. 2 S. 1 Nr. 2 1. Alt. BauGB Gebrauch gemacht, ist die Öffentlichkeitsbeteiligung gem. § 13a Abs. 3 S. 1 Nr. 2 BauGB die einzige *Informations*möglichkeit für die *gesamte* Öffentlichkeit im Hinblick auf *die in Gang befindliche* Planung, für die es keine Nachholungsmöglichkeit im Rahmen der Beteiligung zum Planentwurf gibt. Gerade bei bewussten Verletzungen von § 13a Abs. 3 S. 1 Nr. 2 BauGB erscheint daher § 214 Abs. 2a Nr. 2 BauGB als zu weit gehend und mit Art. 20 Abs. 2 S. 1, Abs. 3 GG nur schwer vereinbar. Bei nur „fahrlässigen" Verletzungen der Hinweispflicht des § 13a Abs. 3 S. 1

[1666] *Dürr*, in: Brügelmann, § 214, Rn. 37 (Stand: Dezember 2005). Vgl. Fn. 1521.

Nr. 2 BauGB führt die Planerhaltungsvorschrift des § 214 Abs. 2a Nr. 2 BauGB in Kombination mit der Wahl der Betroffenenbeteiligung zum Planentwurf ebenfalls dazu, dass die *allgemeine* Öffentlichkeit von jeder (effektiven) Informationsmöglichkeit im Hinblick auf den Planinhalt bis zum Inkrafttreten des Plans, also bis zu seiner Verfestigung, und der ihr gem. § 13a Abs. 3 S. 1 Nr. 2 BauGB ausdrücklich eingeräumten Partizipationsmöglichkeit ausgeschlossen bleibt, obwohl im beschleunigten Verfahren aufstellbare Bebauungspläne nicht auf *insgesamt* weitgehend bestandswahrende Festsetzungen beschränkt sind. Im Rahmen der Hinweispflicht des § 13a Abs. 3 S. 1 Nr. 1 BauGB wurde es nach der hier vertretenen Auffassung bezogen auf § 214 Abs. 2a Nr. 2 BauGB für gerechtfertigt erachtet, wenn bei einem Verstoß gegen die Hinweispflicht gegenüber der Öffentlichkeit gem. § 13a Abs. 3 S. 1 Nr. 1 BauGB gleichsam als Fehlerheilung nur die Planbetroffenen *noch während* des Planungsverfahrens bei deren Beteiligung zum Planentwurf aus diesem bzw. der Entwurfsbegründung das Entfallen der Umweltprüfung ablesen können (vgl. B. III. 1. a) dd) (3) (c)). Daraus könnte man schließen, wenigstens für unvorsätzliche Fehler bei der allgemeinen Öffentlichkeitsbeteiligung gem. § 13a Abs. 3 S. 1 Nr. 2 BauGB auch durch die Beteiligung nur der betroffenen Öffentlichkeit zum Planentwurf ebenfalls eine Fehlerheilung annehmen zu dürfen. Dabei ist jedoch zu beachten, dass die Information über den wenigstens vorläufigen Planinhalt und eine damit sogar verbundene Möglichkeit zur Partizipation für die *allgemeine* Öffentlichkeit und daher auch für die Wahrung des Transparenzgebots und des Demokratie- und Rechtsstaatsprinzips weitaus wichtiger sind als die Information, dass das Planungsverfahren ohne den Verfahrensschritt der Umweltprüfung stattfinden wird. Aufgrund der Bedeutung einer *allgemeinen* Öffentlichkeitsbeteiligung für die Transparenz der Planung schon in ihrem Planungsverlauf und die ausdrücklich eingeräumte Möglichkeit zur Partizipation an dieser vor endgültiger Verfestigung der Planung kann ein Verstoß nicht durch die Beteiligung nur der betroffenen Öffentlichkeit zum Planentwurf geheilt werden.

Daraus ergibt sich insgesamt, dass § 214 Abs. 2a Nr. 2 BauGB verfassungskonform restriktiv auszulegen ist und keine Anwendung finden kann, wenn gegen § 13a Abs. 3 S. 1 Nr. 2 BauGB bewusst verstoßen wird oder wenn die Anforderungen des § 13a Abs. 3 S. 1 Nr. 2 BauGB unvorsätzlich nicht eingehalten wurden, sofern zum Planentwurf jeweils gem. § 13 Abs. 2 Nr. 1, § 13 Abs. 2 S. 1 Nr. 2 1. Alt. BauGB nur eine eingeschränkte Beteiligung der *planbetroffenen*, statt einer Beteiligung der *allgemeinen*, Öffentlichkeit gem. § 13 Abs. 2 Nr. 1, § 13 Abs. 2 S. 1 Nr. 2 2. Alt., § 3 Abs. 2 BauGB stattfindet. Um Widersprüchlichkeiten und Ungleichheiten zu vermeiden, muss – auch im Sinne des erläuterten Telos der frühzeitigen allgemeinen Öffentlichkeitsbeteiligung gem. § 3 Abs. 1 S. 1 BauGB – in den Fällen, in denen die Gemeinde nicht von der ihr in § 13a Abs. 2 Nr. 1, § 13 Abs. 2 S. 1 Nr. 1 1. Alt. BauGB eingeräumten Option Gebrauch macht und daher auch im beschleunigten Verfahren an die

Anforderungen des § 3 Abs. 1 S. 1 BauGB gebunden ist, im Hinblick auf § 214 Abs. 1 S. 1 1. Hs., S. 1 Nr. 2 1. Hs. BauGB dasselbe gelten. Diese restriktive Auslegung von § 214 Abs. 2a Nr. 2, Abs. 1 S. 1 1. Hs., S. 1 Nr. 2 1. Hs. BauGB entspricht der Wertung der grundsätzlichen Unbeachtlichkeit von Verstößen gegen § 3 Abs. 1 BauGB im Regelplanungsverfahren infolge der vollumfänglichen Nachholbarkeit der Beteiligung der allgemeinen Öffentlichkeit im Rahmen der Beteiligung zum Planentwurf gem. § 3 Abs. 2 BauGB und des möglichen gänzlichen Verzichts auf eine (frühzeitige) allgemeine Öffentlichkeitsbeteiligung im vereinfachten Verfahren infolge ihrer verminderten Bedeutung in dieser Verfahrensart. Im Sinne der Normenklarheit und -bestimmtheit wäre eine entsprechende Klarstellung durch den Gesetzgeber wünschenswert.

(2) Beteiligung nur der betroffenen Öffentlichkeit zum Planentwurf, § 13 Abs. 2 S. 1 Nr. 2 1. Alt. BauGB

Gem. § 13a Abs. 2 Nr. 1, § 13 Abs. 2 S. 1 Nr. 2 BauGB steht die Gemeinde im Rahmen des beschleunigten Verfahrens vor der Wahl, als zweite Stufe der Öffentlichkeitsbeteiligung den Planentwurf mit seiner Begründung und den wesentlichen, bereits vorliegenden umweltbezogenen Stellungnahmen wie im Regelplanungsverfahren gem. § 13a Abs. 2 Nr. 1, § 13 Abs. 2 S. 1 Nr. 2 2. Alt., § 3 Abs. 2 BauGB für die Dauer eines Monats öffentlich unter Eröffnung einer allgemeinen Stellungnahmemöglichkeit auszulegen, wobei gem. § 13a Abs. 2 Nr. 1, § 13 Abs. 3 S. 1 BauGB bei der vorherigen ortsüblichen Bekanntmachung der öffentlichen Auslegung Angaben gem. § 3 Abs. 2 S. 2 BauGB dazu, welche Arten umweltbezogener Informationen verfügbar sind, mit dem Verzicht auf die Umweltprüfung grundsätzlich entbehrlich sind, oder als Besonderheit des vereinfachten und damit auch des beschleunigten Verfahrens nur der betroffenen Öffentlichkeit innerhalb angemessener Frist Gelegenheit zur Stellungnahme zu geben. Gem. § 13a Abs. 2 Nr. 1, § 13 Abs. 2 S. 2 BauGB ist auch bei der Beteiligung nur der betroffenen Öffentlichkeit zum Planentwurf gem. § 3 Abs. 2 S. 2 2. Hs. BauGB i. V. m. § 4a Abs. 6 S. 2 BauGB, § 47 Abs. 2a a. E. VwGO auf die Präklusion des § 4a Abs. 6 S. 1 BauGB und die durch das Innenstadtentwicklungsgesetz eingeführte[1667] Präklusion des § 47 Abs. 2a VwGO hinzuweisen.[1668]

1667 BT-Drs. 16/2496, S. 5 u. 8 u. 11 u. 18; vgl. auch *Bunzel*, Difu-Praxistest, S. 82 f., abrufbar unter http://www.difu.de/publikationen/difu-berichte/4_06/11.phtml (zuletzt abgerufen am 01.03.2008).
1668 *Battis/Krautzberger/Löhr*, NVwZ 2007, 121 (125); *Gierke*, in: Brügelmann, § 13a, Rn. 114 u. § 13, Rn. 96 (Stand: Februar 2008) u. Rn. 100 (Stand: September 2006); *Krautzberger*, UPR 2007, 170 (171); *ders.*, in: Krautzberger/Söfker, Baugesetzbuch, Rn. 152; *Mitschang*, ZfBR 2007, 433 (443); *Müller-Grune*, BauR 2007, 985 (990); *Uechtritz*, BauR 2007, 476 (481); *Wallraven-Lindl/Strunz/Geiß*, Das Bebauungsplan-

(a) Betroffene Öffentlichkeit

„Betroffene Öffentlichkeit" im Sinne des § 13 Abs. 2 S. 1 Nr. 2 1. Alt BauGB meint diejenigen natürlichen und juristischen Personen, die durch die Planung bzw. ihre rechtlichen und tatsächlichen Auswirkungen abwägungserheblich[1669] in ihren privaten Rechten bzw. Interessen betroffen sind[1670] bzw. – um im Hinblick auf die Vermeidung eines für die Rechtswirksamkeit des Bebauungsplans trotz § 214 Abs. 1 S. 1 Nr. 2 2. Hs. BauGB gem. § 214 Abs. 1 S. 1 Nr. 2 1. Hs. BauGB beachtlichen Beteiligungsfehlers sicher zu gehen – sein können[1671] und daher auch ein besonderes Interesse daran haben, über die im Planentwurf schon konkretisierte Planung informiert zu werden und an der Planung in Form von Stellungnahmen mitwirken zu können. Betroffene sind daher insbesondere Eigentümer und sonstige dinglich Berechtige an Grundstücken im Plangebiet oder in dessen Nachbarschaft, sofern sich die Planung auch auf sie (abwägungserheblich) auswirkt. Dasselbe gilt für Mieter und Pächter sowie sonstige – auch nur obligatorisch – Nutzungsberechtigte solcher Grundstücke oder darauf befindlicher Anlagen.[1672] Um von § 13a Abs. 2 Nr. 1, § 13 Abs. 2 S. 1 Nr. 2 1. Alt. BauGB Gebrauch machen zu können, muss die Gemeinde die von der konkreten Planung betroffene Öffentlichkeit, d. h. die (möglicherweise) in abwägungserheblicher Weise in ihren Belangen betroffenen Vertreter der Öffentlichkeit, individuell ermitteln,[1673] um konkret ihr Gelegenheit zur Stellungnahme geben zu können.

---

verfahren nach dem BauGB 2007, S. 145; Mustereinführungserlass, S. 8 u. 11, abrufbar unter http://www.is-argebau.de/ (zuletzt abgerufen am 10.05.2008).
1669 Vgl. Fn. 1603.
1670 *Berkemann*, in: BauGB 2004 – Nachgefragt, S. 196 (196); *Spannowsky*, in: Berliner Kommentar, § 13, Rn. 25 (Stand: Juli 2005); *Mitschang*, ZfBR 2007, 433 (443 u. Fn. 99); Wallraven-*Lindl/Strunz/Geiß*, Das Bebauungsplanverfahren nach dem BauGB 2007, S. 145.
1671 *Krautzberger*, in: E/Z/B/K, § 13, Rn. 37 (Stand: März 2007); *ders.*, in: Krautzberger/Söfker, Baugesetzbuch, Rn. 152; *ders.*, UPR 2007, 170 (171); *Scheidler*, ZfBR 2006, 752 (754); *ders.*, BauR 2007, 650 (653).
1672 *Berkemann*, in: BauGB 2004 – Nachgefragt, S. 196 (196/197); *Gierke*, in: Brügelmann, § 13, Rn. 89 u. 90 (Stand: September 2006); *Krautzberger*, UPR 2007, 170 (171); *ders.*, in: E/Z/B/K, § 13, Rn. 36 (Stand: März 2007); *Löhr*, in: B/K/L, § 13, Rn. 5 u. 6; *Mitschang*, ZfBR 2007, 433 (443, Fn. 443); *Reidt*, NVwZ 2007, 1029 (1031); *Wallraven-Lindl/Strunz/Geiß*, Das Bebauungsplanverfahren nach dem BauGB 2007, S. 144/145.
1673 *Gierke*, in: Brügelmann, § 13, Rn. 93 (Stand: Feburar 2008); *Krautzberger*, in: E/Z/B/K, § 13, Rn. 37 (Stand: März 2007); *ders.*, in: Krautzberger/Söfker, Baugesetzbuch, Rn. 152; *Krautzberger/Stüer*, DVBl. 2004, 914 (920); *Mitschang*, ZfBR 2007, 433 (443); *Reidt*, NVwZ 2007, 1029 (1031); *Scheidler*, ZfBR 2006, 752 (754); *ders.*, BauR 2007, 650 (653); *Wallraven-Lindl/Strunz/Geiß*, Das Bebauungsplanverfahren nach dem BauGB 2007, S. 145.

(b) Gelegenheit zur Stellungnahme

§ 13a Abs. 2 Nr. 1, § 13 Abs. 2 S. 1 Nr. 2 1. Alt BauGB verlangen, dass der betroffenen Öffentlichkeit zum Entwurf des Bebauungsplans und seiner Begründung inklusive wesentlicher, bereits vorliegender umweltbezogener Stellungnahmen gem. § 3 Abs. 2 S. 1 BauGB – § 3 Abs. 2 BauGB gilt grundsätzlich auch im Rahmen der Beteiligung gem. § 13a Abs. 2 Nr. 1, § 13 Abs. 2 S. 1 Nr. 2 1. Alt. BauGB, nur nicht mit der Maßgabe der allgemeinen öffentlichen Auslegung und Stellungnahmemöglichkeit[1674] – Gelegenheit zur Stellungnahme gegeben wird. Die Einräumung einer Gelegenheit zur Stellungnahme für die Betroffenen ähnelt der Anhörung der Beteiligten vor Erlass eines belastenden Verwaltungsakts gem. § 28 Abs. 1 VwVfG[1675] und verlangt wie diese nicht eine Zustimmung der Betroffenen,[1676] sondern nur die Möglichkeit, sich zum Beteiligungsgegenstand äußern zu können. Wie den Betroffenen Gelegenheit zur Stellungnahme einzuräumen ist, schreibt weder § 13 Abs. 2 S. 1 Nr. 2 1. Alt. BauGB noch § 13a Abs. 2 Nr. 1 BauGB vor. Eine ordnungsgemäße Einräumung der Gelegenheit zur Stellungnahme liegt sicher vor, wenn die Gemeinde den ermittelten, von der Planung betroffenen Vertretern der Öffentlichkeit einzeln durch Postsendung den Planentwurf bzw. eine Ausfertigung desselben und seine Begründung einschließlich der wesentlichen, bereits vorliegenden umweltbezogenen Stellungnahmen, sofern es solche, gerade wegen der in § 13a Abs. 2 Nr. 1, § 13 Abs. 2 S. 1 Nr. 1 2. Alt. BauGB eingeräumten Option des Verzichts auf die frühzeitige Behördenbeteiligung gem. § 4 Abs. 1 BauGB und der auch innerhalb des beschleunigten Verfahrens gem. § 4a Abs. 2 2. Alt. BauGB bestehenden Möglichkeit,[1677] die Konsultation von Öffentlichkeit und Behörden zum Planentwurf gleichzeitig durchzuführen, sowie der Tatsache, dass rechtmäßig im beschleunigten Verfahren aufstellbare Bebauungspläne nicht mit voraussichtlich erheblichen Umweltauswirkungen verbunden sind, überhaupt gibt, mit der Bitte um Äußerung zusendet.[1678] Ausreichend ist aber auch eine mündliche Beteiligung der Betroffenen dahingehend, dass sie z. B. mit dem Planentwurf

---

1674 *Krautzberger*, UPR 2007, 170 (171); *Mitschang*, ZfBR 2007, 433 (443).
1675 *Berkemann*, BauGB 2004 – Nachgefragt, S. 196 (197); *Krautzberger*, UPR 2007, 170 (171, Fn. 7); *Löhr*, in: B/K/L, § 13, Rn. 6; *Mitschang*, ZfBR 2007, 433 (443).
1676 *Krautzberger*, UPR 2007, 170 (171); *ders.*, in: E/Z/B/K, § 13, Rn. 38 (Stand: März 2007); vgl. auch *Berkemann*, in: BauGB 2004 – Nachgefragt, S. 196 (197); *Scheidler*, ZfBR 2006, 752 (754); *ders.*, BauR 2007, 650 (653).
1677 Vgl. *Krautzberger*, in: E/Z/B/K, § 13, Rn. 41 (Stand: März 2007), in Bezug auf das vereinfachte Verfahren gem. § 13 BauGB.
1678 *Berkemann*, BauGB 2004 – Nachgefragt, S. 196 (197); *Gierke*, in: Brügelmann, § 13, Rn. 96 (Stand: Februar 2008); *Krautzberger*, in: E/Z/B/K, § 13, Rn. 38 (Stand: März 2007); *ders.*, UPR 2007, 170 (171); *Löhr*, in: B/K/L, § 13, Rn. 6; *Mitschang*, ZfBR 2007, 433 (443); *Scheidler*, ZfBR 2006, 752 (754); *ders.*, BauR 2007, 650 (654); *Wallraven-Lindl/Strunz/Geiß*, Das Bebauungsplanverfahren nach dem BauGB 2007, S. 145.

und der Begründung inklusive der wesentlichen, bereits vorliegenden umweltbezogenen Stellungnahmen aufgesucht werden oder sie unter Hinweis auf ihre eigene Betroffenheit von der Planung über eine Einsichtnahmemöglichkeit dieser Unterlagen individuell benachrichtigt werden und sie dabei jeweils darauf hingewiesen werden, zur Planung (in Einzelgesprächen oder schriftlich) Stellung nehmen zu können.[1679] Möglich ist auch die Einberufung einer Versammlung der Betroffenen, bei der diese zur Stellungnahme im Hinblick auf die einsehbaren bzw. bereits eingesehenen Planunterlagen i. S. v. § 3 Abs. 2 S. 1 BauGB aufgefordert werden.[1680] Für die den Betroffenen einzuräumende Stellungnahmemöglichkeit ist insbesondere zu beachten, dass die tatsächlich Betroffenen effektiv die Möglichkeit zur näheren Befassung mit dem Planentwurf, seiner Begründung und den wesentlichen, bereits vorliegenden umweltbezogenen Stellungnahmen erhalten, um ihrerseits eine Stellungnahme dazu bedenken und abgeben zu können. Daher ist es nicht möglich, durch *ortsübliche allgemeine* Bekanntmachung *die Betroffenen* zu Stellungnahmen zu den an einem bestimmten Ort und zu bestimmten Zeiten einsehbaren Planunterlagen i. S. v. § 3 Abs. 2 S. 1 BauGB aufzufordern,[1681] da dabei nicht gewährleistet ist, dass die Betroffenen, sofern sie sich überhaupt als solche erkennen können, dies bei Anwendung der üblichen Sorgfalt tatsächlich zur Kenntnis nehmen und so effektiv von ihrem Informations- und Partizipationsrecht Gebrauch machen können. In diesem Sinne ist es aber durchaus möglich, die Planbetroffenen individuell darüber zu benachrichtigen, wo und wann der Planentwurf und seine Begründung inklusive der wesentlichen, bereits vorliegenden umweltbezogenen Stellungnahmen einsehbar sind, und sie – wie innerhalb der Bekanntmachung gem. § 3 Abs. 2 S. 2 BauGB – gleichzeitig über ihre Möglichkeit zur Stellungnahme innerhalb einer bestimmten, von der Gemeinde gesetzten Frist zu informieren. Eingehende Stellungnahmen sind wie im Verfahren gem. § 3 Abs. 2 BauGB zu behandeln,[1682] d. h. insbesondere gem. § 3 Abs. 2 S. 4 BauGB.

1679 *Gierke*, in: Brügelmann, § 13, Rn. 96 (Stand: Februar 2008); *Krautzberger*, UPR 2007, 170 (171); *Mitschang*, ZfBR 2007, 433 (443); *Spannowsky*, in: Berliner Kommentar, § 13, Rn. 25 (Stand: Juli 2005).
1680 *Löhr*, in: B/K/L, § 13, Rn. 6; *Spannowsky*, in: Berliner Kommentar, § 13, Rn. 25 (Stand: Juli 2005). Zur Möglichkeit der Einräumung einer mündlichen Stellungnahmemöglichkeit vgl. auch *Krautzberger*, UPR 2007, 170 (171); *Mitschang*, ZfBR 2007, 433 (443).
1681 Vgl. *Berkemann*, in: BauGB 2004 – Nachgefragt, S. 196 (197).
1682 *Gierke*, in: Brügelmann, § 13, Rn. 100 (Stand: September 2006); *Krautzberger*, UPR 2007, 170 (171); *ders.*, in: E/Z/B/K, § 13, Rn. 38 (Stand: März 2007); *Löhr*, in: B/K/L, § 13, Rn. 6; *Mitschang*, ZfBR 2007, 433 (443). Vgl. Fn. 1674.

(c) Angemessene Frist

§ 13 Abs. 2 S. 1 Nr. 2 1. Alt. BauGB verlangt, der betroffenen Öffentlichkeit Gelegenheit zur Stellungnahme innerhalb angemessener Frist zu geben, ohne dabei anzugeben, wie lange eine Stellungnahmefrist bemessen sein muss, um angemessen zu sein. Aufgrund systematischer Auslegung des § 13 Abs. 2 S. 1 Nr. 2 1. Alt. BauGB ergibt sich, dass eine Einsicht- und Stellungnahmefrist von einem Monat, wie sie in § 3 Abs. 2 S. 1 BauGB für die reguläre Öffentlichkeitsbeteiligung zum Planentwurf vorgesehen ist, aus der Sicht des Gesetzgebers in jedem Fall angemessen ist, weil ansonsten die gesetzliche Fristbestimmung selbst unangemessen wäre.[1683] Vor dem Hintergrund, dass der Gesetzgeber in § 13 Abs. 2 S. 1 Nr. 2 BauGB die Alternative zwischen der öffentlichen Auslegung der Planunterlagen und der dabei eingeräumten Stellungnahmemöglichkeit i. S. v. § 3 Abs. 2 S. 2 u. S. 1 BauGB für die Dauer eines Monats und der Betroffenenbeteiligung zu denselben Planunterlagen, bei der Gelegenheit zur Stellungnahme innerhalb angemessener Frist zu geben ist, eröffnet und er dabei in § 3 Abs. 2 S. 1 BauGB genaue Zeitangaben macht, während er im Rahmen des § 13 Abs. 2 S. 1 Nr. 2 1. Alt. BauGB nur von einer „angemessenen Frist" spricht, ergibt sich, dass eine angemessene Frist nicht grundsätzlich auch einen Monat betragen muss,[1684] sondern der Gemeinde bei der Fristfestsetzung i. R. d. § 13 Abs. 2 S. 1 Nr. 2 1. Alt. BauGB vielmehr ein Spielraum eingeräumt ist. Ansonsten hätte der Gesetzgeber, zumal er in § 13 Abs. 2 S. 1 Nr. 2 2. Alt. BauGB ausdrücklich auf § 3 Abs. 2 BauGB verweist, die dortige Monatsfrist auch in § 13 Abs. 2 S. 1 Nr. 2 1. Alt. BauGB übernommen.

Die Angemessenheit der Frist, die zur Stellungnahme gem. § 13 Abs. 2 S. 1 Nr. 2 1. Alt. BauGB einzuräumen ist, hat sich zum einen an ihrem Zweck zu orientieren. Die Stellungnahmefrist muss so lange sein, dass sich die Betroffenen umfassend über den Plan und seine Begründung inklusive der darin beschriebenen Auswirkungen der Planung (vgl. § 2a S. 2 Nr. 1 BauGB) sowie über die wesentlichen, bereits vorliegenden umweltbezogenen Stellungnahmen informieren und sich aufgrund dessen Gedanken darüber machen können, ob sie selbst, vor allem auch im Hinblick auf eine spätere Klagemöglichkeit (§ 47 Abs. 2a VwGO, § 3 Abs. 2 S. 2 2. Hs. BauGB), noch eine Stellungnahme zur Planung abgeben möchten und ob ein aus ihrer Sicht relevanter, bisher noch nicht oder nicht entsprechend seiner Gewichtigkeit berücksichtigter, von der Planung berührter Aspekt vorgebracht werden soll.[1685] Zum anderen ist zu be-

---

[1683] Vgl. *Gierke*, in: Brügelmann, § 13, Rn. 98 (Stand: September 2006); *Wallraven-Lindl/Strunz/Geiß*, Das Bebauungsplanverfahren nach dem BauGB 2007, S. 145.

[1684] Vgl. *Wallraven-Lindl/Strunz/Geiß*, Das Bebauungsplanverfahren nach dem BauGB 2007, S. 145.

[1685] Vgl. *Berkemann*, BauGB 2004 – Nachgefragt, S. 105 (106); *Gierke*, in: Brügelmann, § 13, Rn. 98 (Stand: September 2006); vgl. *Krautzberger*, in: Krautzberger/Söfker, Baugesetzbuch, Rn. 152.

denken, dass auch § 4a Abs. 3 S. 3 BauGB im Fall der nochmaligen Beteiligung zum Planentwurf aufgrund einer Änderung der Planung nach bereits erfolgter Beteiligung zum Planentwurf gem. § 3 Abs. 2 BauGB oder § 4 Abs. 2 BauGB eine *angemessene* Verkürzung der Stellungnahmefristen von einem Monat gem. § 3 Abs. 2 S. 1 BauGB und § 4 Abs. 2 S. 2 BauGB erlaubt.[1686] Die § 4a Abs. 3 S. 3 BauGB vorhergehende Regelung des § 3 Abs. 3 S. 2 BauGB (1998)[1687] erlaubte eine auf zwei Wochen verkürzte Frist. Wenn zwar nun weder § 4a Abs. 3 S. 3 BauGB noch § 13 Abs. 2 S. 1 Nr. 2 1. Alt. BauGB eine Mindestfrist vorsehen und daher der Gemeinde grundsätzlich eine flexible Fristengestaltung ermöglichen, bildet die Zweiwochenmindestfrist in der früheren Regelung doch einen guten Orientierungspunkt dafür, wie lange eine angemessene Frist mindestens bemessen sein muss.[1688] Denn auch die zweiwöchige Mindestfrist des § 3 Abs. 3 S. 2 BauGB (1998) wollte der Öffentlichkeit eine angemessene Reaktionszeit für eine Stellungnahme zur Planung garantieren, noch dazu in Bezug auf eine Planung, über die sie sich schon einmal informieren konnte und die nur während des Planungsverfahrens nochmals geändert oder ergänzt wurde, die also jedenfalls teilweise schon und noch bekannt sein müsste. § 2 Abs. 3 BauGB-MaßnahmenG (1990) erlaubte es zur Beschleunigung des Planungsverfahrens für Bebauungspläne zur Deckung eines dringenden Wohnbedarfs, die Monatsfrist für die öffentliche Auslegung des Planentwurfs bis auf zwei Wochen zu verkürzen.[1689] Daher ergibt sich aus dieser historisch-systematischen Auslegung unter Berücksichtigung des Zwecks der Betroffenenbeteiligung, dass auch bei der Beteiligung gem. § 13 Abs. 2 S. 1 Nr. 2 1. Alt. BauGB eine Stellungnahmefrist von weniger als zwei Wochen wohl nur in ganz seltenen Fällen einer besonders einfach gelagerten Planung noch angemessen sein kann,[1690] ansonsten aber wohl eine Frist von zwei Wochen nicht unterschritten werden darf, um noch eine angemessene Informations- und Bedenkzeit einzuräumen,[1691] zumal Bebauungspläne der Innenentwicklung i. S. d. § 13a Abs. 1 BauGB nicht insgesamt auf eine weitgehende Bestandswahrung beschränkt sind. Die Angemessenheit der Frist bestimmt sich grundsätzlich von Fall zu Fall, je nach der Komplexität der Planung und der qualitativen und quantitativen Erheblichkeit

---

1686 Vgl. *Berkemann*, BauGB 2004 – Nachgefragt, S. 105 (105/106).
1687 BGBl. (1997) I S. 2081 (2086).
1688 *Berkemann*, in: BauGB 2004 – Nachgefragt, S. 105 (106); *Bunzel*, LKV 2007, 444 (448); *Wallraven-Lindl/Strunz/Geiß*, Das Bebauungsplanverfahren nach dem BauGB 2007, S. 145.
1689 Vgl. Fn. 28.
1690 *Berkemann*, in: BauGB 2004 – Nachgefragt, S. 105 (106); a. A. *Battis*, in: B/K/L, § 4a, Rn. 4, in Bezug auf § 4a Abs. 3 S. 3 BauGB.
1691 Vgl. *Löhr*, in: B/K/L, § 13, Rn. 8; *Gierke*, in: Brügelmann, § 13, Rn. 98 (Stand: September 2006); *Krautzberger*, UPR 2007, 170 (171); *ders.*, in: Krautzberger/Söfker, Baugesetzbuch, Rn. 152; *Mitschang*, ZfBR 2007, 433 (443); *Scheidler*, ZfBR 2006, 752 (754); *ders.*, BauR 2007, 650 (653/654).

ihrer Auswirkungen, denn von diesen hängt ab, wie lange eine adäquate Reaktionszeit bemessen ein muss.[1692]

(d) Planerhaltungsvorschriften

Fehler bei der Öffentlichkeits- bzw. Betroffenenbeteiligung gem. § 13a Abs. 2 Nr. 1 i. V. m. § 13 Abs. 2 S. 1 Nr. 2 BauGB sind gem. § 214 Abs. 1 S. 1 Nr. 2 1. Hs. BauGB für die Rechtswirksamkeit des Bebauungsplans grundsätzlich beachtlich. Als Ausnahme dazu ordnet es jedoch § 214 Abs. 1 S. 1 Nr. 2 2. Hs. BauGB als für die Rechtswirksamkeit unbeachtlich ein, wenn der von § 13a Abs. 2 Nr. 1, § 13 Abs. 2 S. 1 Nr. 2 1. Alt., S. 2, § 3 Abs. 2 S. 2 2. Hs. BauGB bzw. von § 13a Abs. 2 Nr. 1, § 13 Abs. 2 S. 1 Nr. 2 2. Alt, § 3 Abs. 2 S. 2 2. Hs. BauGB im Rahmen der Beteiligung zum Planentwurf vorgesehene Hinweis auf die in § 4a Abs. 6 S. 1 BauGB und § 47 Abs. 2a VwGO geregelten Präklusionen unterlassen wurde;[1693] nur die Präklusionen treten aufgrund des Mangels des Hinweises nicht ein (vgl. § 4a Abs. 6 S. 2 BauGB, § 47 Abs. 2a letzter Hs. VwGO).[1694] Dasselbe gilt natürlich im Erst-recht-Schluss, wenn der Hinweis fehlerhaft, z. B. unklar, erging.

Ebenso ist es gem. § 214 Abs. 1 S. 1 Nr. 2 2. Hs. BauGB unbeachtlich, wenn im Rahmen der Beteiligung der Öffentlichkeit bzw. der betroffenen Öffentlichkeit gem. § 13a Abs. 2 Nr. 1 i. V. m § 13 Abs. 2 S. 1 Nr. 2 BauGB nur einzelne zu beteiligende Personen nicht beteiligt worden sind, die entsprechenden Belange jedoch unerheblich waren oder in der Entscheidung berücksichtigt worden sind. Daraus folgt, dass das völlige Unterlassen der Beteiligung gem. § 13a Abs. 2 Nr. 1, § 13 Abs. 2 S. 1 Nr. 2 BauGB einen für die Rechtswirksamkeit des Bebauungsplans beachtlichen Fehler darstellt.[1695] Unbeachtlich ist nur das Unterlassen der Beteiligung *einzelner* zu beteiligender Vertreter der (betroffenen) Öffentlichkeit, jedoch nur unter der Voraussetzung, dass die Belange, die diese Personen im Fall ihrer korrekten Beteiligung vorgebracht hätten, unerheblich, d. h. nicht planungsrelevant, gewesen wären oder unabhängig von der tatsächlichen, korrekten Beteiligung in der Planentscheidung berücksichtigt wurden, so dass die fehlerhafte bzw. Nicht-Beteiligung ohne Auswirkungen auf die Planung geblieben ist. Das Gesetz stellt damit sicher, dass eine inkorrekte Beteiligung der Öffentlichkeit dann für die Rechtswirksamkeit des Bebauungsplans nicht von vornherein unbeachtlich ist, wenn die korrekte Beteiligung die Planentscheidung hätte beeinflussen können, deren materielle Richtigkeit gerade durch die

---

1692 Vgl. *Gierke*, in: Brügelmann, § 13, Rn. 98 (Stand: September 2006); *Löhr*, in: B/K/L, § 13, Rn. 8; *Spannowsky*, in: Berliner Kommentar, § 13, Rn. 27 (Stand: Juli 2005).
1693 BT-Drs. 16/2496, S. 17; *Battis/Krautzberger/Löhr*, NVwZ 2007, 121 (127); *Blechschmidt*, ZfBR 2007, 120 (123).
1694 BT-Drs. 16/2496, S. 18; *Blechschmidt*, ZfBR 2007, 120 (123); *Kuchler*, BauR 2007, 835 (836, Fn. 9); *Müller-Grune*, BauR 2007, 985 (990).
1695 *Berkemann*, in: BauGB 2004 – Nachgefragt, S. 196 (197).

vorgesehene Beteiligung gefördert werden soll (vgl. § 4a Abs. 1 BauGB), so dass ein Beteiligungsfehler gerade nur dann als unbeachtlich eingestuft wird, wenn der hinter der Beteiligungsregelung stehende Zweck trotz ihrer Verletzung erreicht wurde.[1696] Diese Unbeachtlichkeitsregelung entlastet die planende Gemeinde gerade bei der Wahl der Beteiligung nur der betroffenen Öffentlichkeit gem. § 13a Abs. 2 Nr. 1, § 13 Abs. 2 S. 1 Nr. 2 1. Alt. BauGB ein wenig von dem Risiko,[1697] dass der Bebauungsplan, wenn ihr bei der Ermittlung der von der Planung abwägungserheblich betroffenen Vertreter der Öffentlichkeit ein Fehler unterläuft, aufgrund dessen sie nicht allen an sich zu beteiligenden Personen Gelegenheit zur Stellungnahme innerhalb angemessener Frist einräumt, von vornherein an einem für die Rechtswirksamkeit des Bebauungsplans beachtlichen Fehler leidet.

bb) Behördenbeteiligung

(1) Absehen von der frühzeitigen Beteiligung der Behörden, § 13 Abs. 2 S. 1 Nr. 1 2. Alt. BauGB

Gem. § 13a Abs. 2 Nr. 1, § 13 Abs. 2 S. 1 Nr. 1 2. Alt. BauGB kann im Rahmen des beschleunigten Verfahrens auch von der frühzeitigen Beteiligung der Behörden und sonstigen Träger öffentlicher Belange, deren Aufgabenbereich durch die Planung berührt werden kann, im Sinne von § 4 Abs. 1 BauGB abgesehen werden.

(a) Ablauf und Zwecksetzung der frühzeitigen Behördenbeteiligung

Um die Auswirkungen eines aufgrund von § 13a Abs. 2 Nr. 1, § 13 Abs. 2 S. 1 Nr. 1 2. Alt. BauGB möglichen Verzichts auf die frühzeitige Behördenbeteiligung bewerten zu können, sind zunächst Ablauf und Zweck des Verfahrensschritts kurz darzustellen.

Die der frühzeitigen Unterrichtung der Öffentlichkeit gem. § 3 Abs. 1 BauGB entsprechende – § 4 Abs. 1 S. 1 BauGB führt diese Entsprechung ausdrücklich an – frühzeitige Unterrichtung der Behörden und sonstigen Träger öffentlicher Belange, deren Aufgabenbereich durch die Planung (abwägungsrelevant[1698]) berührt werden kann, wurde erst durch das EAG-Bau (2004) ins Baugesetzbuch eingeführt.[1699] Bis dahin war eine (einstufige) Behördenbeteiligung nur zum Planentwurf entsprechend § 4 Abs. 2 BauGB vorgesehen. Dabei diente die Einführung der frühzeitigen Behördenbeteiligung nicht nur dem den Beteiligungs-

---

1696 Vgl. Fn. 1065 u. 1066 u. 1521.
1697 Vgl. *Stock*, in: E/Z/B/K, § 214, Rn. 48 (Stand: Mai 2007). Vgl. Fn. 1002.
1698 *Krautzberger*, in: E/Z/B/K, § 4, Rn. 31 (Stand: Januar 2005).
1699 BT-Drs. 15/2250, S. 12 u. 31 u. 44; *Schmitz/Federwisch*, Einzelhandel und Planungsrecht, Rn. 264. Vgl. Fn. 1604.

vorschriften allgemein zugrunde liegenden Ziel, die von der Planung berührten Belange vollständig zu ermitteln und zutreffend zu bewerten (vgl. § 4a Abs. 1 BauGB), sondern insbesondere auch der Umsetzung der Vorgabe von Art. 5 Abs. 4 Plan-UP-RL,[1700] wonach die Behörden, die in ihrem umweltbezogenen Aufgabenbereich von den durch die Durchführung des Plans verursachten Umweltauswirkungen betroffen sein könnten, bei der Festlegung des Umfangs und Detaillierungsgrads der in den Umweltbericht aufzunehmenden Informationen und damit bei der Festlegung von Umfang und Detaillierungsgrad der Umweltprüfung, zu konsultieren sind. Daher weist § 4 Abs. 1 S. 1 a. E. BauGB ausdrücklich darauf hin, die Behörden und sonstigen Träger öffentlicher Belange, deren Aufgabenbereich durch die Planung berührt werden kann, bei ihrer frühzeitigen Beteiligung an der Planung zur Äußerung *auch* im Hinblick auf den erforderlichen Umfang und Detaillierungsgrad der Umweltprüfung nach § 2 Abs. 4 BauGB aufzufordern, die die Gemeinde gem. § 2 Abs. 4 S. 2 BauGB zu Beginn der Umweltprüfung festzulegen hat.[1701] Dabei soll entsprechend Art. 5 Abs. 4 Plan-UP-RL externer Sachverstand von Behörden und sonstigen Trägern öffentlicher Belange, deren Aufgabenbereich durch die Planung berührt werden kann, genutzt werden, gem. Art. 5 Abs. 4 i. V. m. Art. 6 Abs. 3 Plan-UP-RL vor allem der Sachverstand der Behörden, die in ihrem umweltbezogenen Aufgabenbereich durch die Planung berührt werden können, um dadurch unnötigen Ermittlungsaufwand, aber auch Ermittlungsdefizite und Fehlbewertungen im Rahmen der Umweltprüfung zu vermeiden.[1702] Durch die frühzeitige Einbeziehung externen Sachverstands soll – wie durch die frühzeitige Öffentlichkeitsbeteiligung – zudem, unabhängig von europarechtlichen Vorgaben, aber in völligem Einklang mit diesen, zur Verfahrensstraffung eine möglichst frühzeitige vollständige Aufbereitung aller, nicht nur der umweltbezogenen, abwägungserheblichen Belange ermöglicht werden, so dass frühzeitig das gesamte abwägungsrelevante Material mit in die Planung einbezogen werden kann, um so die Wahrscheinlichkeit zu verringern, den Planentwurf nach den Beteiligungsverfahren der § 3 Abs. 2, § 4 Abs. 2 BauGB auf Grund bis dahin nicht erkannter oder nicht ausreichend berücksichtigter Auswirkungen der Planung nochmals ändern zu müssen und gem. § 4a Abs. 3 BauGB die Beteiligungsverfahren der § 3 Abs. 2, § 4 Abs. 2 BauGB wiederholen zu müssen.[1703] Zudem kann eine frühzeitige Einbeziehung externen Sachverstands allgemein, d. h. auch außerhalb einer Umweltprüfung und umweltbezogener Auswirkungen einer Planung, dazu beitra-

---

1700 BT-Drs. 15/2250, S. 31 u. 42 u. 44; *Schmitz/Federwisch*, Einzelhandel und Planungsrecht, Rn. 264. Vgl. diesbezügliche Irrungen in Fn. 1604.
1701 Vgl. *Bunzel*, in: BauGB 2004 – Nachgefragt, S. 94 (95).
1702 BT-Drs. 15/2250, S. 31 u. 45; *Schmitz/Federwisch*, Einzelhandel und Planungsrecht, Rn. 265.
1703 BT-Drs. 15/2250, S. 31 u. 45; *Bunzel*, in: BauGB 2004 – Nachgefragt, S. 94 (95) u. S. 102 (102 u. 103); *Schmitz/Federwisch*, Einzelhandel und Planungsrecht, Rn. 265.

gen, aufgrund der eingehenden Stellungnahmen eigene, im Hinblick auf die Auswirkungen der Planung ansonsten erforderliche Ermittlungen der Gemeinde entbehrlich zu machen und so den zeitlichen, personellen und kostenmäßigen Aufwand für die Ermittlung des Abwägungsmaterials zu reduzieren sowie Fehler bei der Zusammenstellung des Abwägungsmaterials gem. § 2 Abs. 3 BauGB zu vermeiden.[1704] Im Rahmen der (zweiten) Behördenbeteiligung gem. § 4 Abs. 2 BauGB können sich die Behörden und sonstigen Träger öffentlicher Belange, deren Aufgabenbereich durch die Planung berührt werden kann, in ihren Stellungnahmen auf gegenüber der ersten Beteiligungsstufe zusätzliche Aspekte beschränken und bezüglich einer ihrer Ansicht nach noch immer nicht ausreichenden Berücksichtigung schon im Rahmen des frühzeitigen Beteiligungsverfahrens vorgebrachter Stellungnahmen auf diese verweisen sowie in Ermangelung von weiteren Einwänden gegen oder Anregungen für die Planung ganz auf eine Stellungnahme verzichten. Diese Abschichtung zwischen den Beteiligungsverfahren kann die zweite Beteiligungsstufe hinsichtlich des Umfangs neuer, planungsrechtlich relevanter Aspekte erheblich minimieren.[1705] Im Unterschied zu § 3 Abs. 1 S. 1 BauGB verlangt § 4 Abs. 1 S. 1 BauGB nur die Einbeziehung solcher Behörden und sonstiger Träger öffentlicher Belange in die frühzeitige Behördenbeteiligung, deren Aufgabenbereich durch die Planung (abwägungserheblich) berührt werden *kann*, also nicht die Einbeziehung aller, von der Planung keinesfalls in ihrem Aufgabenreich tangierter Behörden, wenngleich der Kreis der zu Beteiligenden dadurch nicht grundsätzlich stark eingeengt wird.[1706] Die frühzeitige Behördenbeteiligung gem. § 4 Abs. 1 S. 1 BauGB muss nicht unbedingt schriftlich erfolgen, sie muss aber als adressatenbezogene Beteiligung[1707] die zu beteiligenden Behörden individuell unterrichten bzw. über die Unterrichtungsmöglichkeit informieren und zur Stellungnahme auffordern, was z. B., insbesondere bei einer geringen Zahl der zu beteiligenden Behörden und sonstigen Träger öffentlicher Belange, (fern)mündlich oder, insbesondere bei einer erheblichen Zahl der zu beteiligenden Behörden und sonstigen Träger öffentlicher Belange, postalisch oder mittels des Einsatzes elektronischer Informationstechnologien (vgl. § 4a Abs. 4 S. 1 BauGB) möglich ist. In jedem Fall muss die Gemeinde für die Beteiligung gem. § 4 Abs. 1 S. 1 BauGB die Behörden und sonstigen Träger öffentlicher Belange, deren Aufgabenbereich durch die Planung berührt werden kann, individuell ermitteln und individuell zur Äußerung über die Planung auf der Grundlage der ihnen zugänglich zu machenden Informationen i. S. v. § 3 Abs. 1 S. 1 BauGB auffordern.[1708] Zumindest die eingehen-

---

1704 BT-Drs. 15/2250, S. 31 u. 45; *Battis*, in: B/K/L, § 4a, Rn. 4.
1705 *Bunzel*, in: BauGB 2004 – Nachgefragt, S. 102 (102/103).
1706 *Battis*, in: B/K/L, § 4, Rn. 3; *Krautzberger*, in: E/Z/B/K, § 4, Rn. 32 (Stand: Januar 2005).
1707 *Krautzberger*, in: E/Z/B/K, § 4, Rn. 39 (Stand: Januar 2005).
1708 *Krautzberger*, in: E/Z/B/K, § 4, Rn. 39 (Stand: Januar 2005).

den umweltbezogenen Stellungnahmen müssen im Hinblick darauf, dass sie gem. § 3 Abs. 2 S. 1 BauGB Gegenstand der Öffentlichkeitsbeteiligung zum Planentwurf sind, niedergeschrieben werden.[1709] Bunzel empfiehlt, zur nachvollziehbaren und damit rechtssicheren Verfahrensgestaltung die frühzeitige Behördenbeteiligung schriftlich oder gem. § 4a Abs. 4 S. 1 BauGB in elektronischer Form durchzuführen.[1710] Führt die frühzeitige Behördenbeteiligung gem. § 4 Abs. 1 S. 1 BauGB zu einer Änderung der bisher beabsichtigten Planung, schließt sich gem. § 4 Abs. 1 S. 2 BauGB – wie im Fall einer Änderung der Planung aufgrund der frühzeitigen Öffentlichkeitsbeteiligung (vgl. § 3 Abs. 1 S. 3 BauGB) – unmittelbar die Behördenbeteiligung zum Planentwurf gem. § 4 Abs. 2 BauGB ohne erneute frühzeitige Behördenbeteiligung gem. § 4 Abs. 1 S. 1 BauGB an.

(b) Beteiligung der Behörden und sonstigen Träger öffentlicher Belange gem. § 13a Abs. 1 S. 2 Nr. 2 a. E. BauGB bzw. ersatzloses Entfallen der frühzeitigen Behördenbeteiligung

(aa) UP-Screening mit Behördenbeteiligung gem. § 13a Abs. 1 S. 2 Nr. 2 BauGB

Macht eine Gemeinde von der in § 13a Abs. 2 Nr. 1, § 13 Abs. 2 S. 1 Nr. 1 2. Alt. BauGB vorgesehenen Option des Absehens von der frühzeitigen Behördenbeteiligung gem. § 4 Abs. 1 S. 1 BauGB Gebrauch, entfällt diese nicht immer ersatzlos.[1711] Zwar sieht § 13a BauGB, anders als für den Verzicht auf die frühzeitige Öffentlichkeitsbeteiligung, keine an die Stelle der frühzeitigen Behördenbeteiligung gem. § 4 Abs. 1 S. 1 BauGB tretende, dieser weitgehend entsprechende Hinweispflicht gegenüber den Behörden und sonstigen Trägern öffentlicher Belange unter Einräumung einer Stellungnahmemöglichkeit vor. Es ist jedoch zu bedenken, dass im Rahmen der gem. § 13a Abs. 1 S. 2 Nr. 2 BauGB vorgesehenen Vorprüfung des Einzelfalls zur Einschätzung, ob ein großflächiger Bebauungsplan voraussichtlich erhebliche Umweltauswirkungen hat oder nicht, gem. § 13a Abs. 1 S. 2 Nr. 2 a. E. BauGB die Behörden und sonstigen Träger öffentlicher Belange, deren Aufgabenbereiche durch die Planung berührt werden können, zu beteiligen sind. Auch wenn dabei nach der hier vertretenen Ansicht (vgl. B. II. 6. e) bb) (3) (b) (bb)) im Unterschied zu § 4 Abs. 1 S. 1 BauGB nur die Behörden und sonstigen Träger öffentlicher Belange, die durch die Planung in ihrem *umweltbezogenen* Aufgabenbereich berührt werden können, in das UP-Screening einzubeziehen sind, ist diese Beteiligung dennoch mit der frühzeitigen Behördenbeteiligung gem. § 4 Abs. 1 S. 1 BauGB ver-

---

1709 *Berkemann*, in: BauGB 2004 – Nachgefragt, S. 93 (94).
1710 *Bunzel*, in: BauGB 2004 – Nachgefragt, S. 95 (96).
1711 Vgl. B. II. 7. e) bb).

gleichbar, weil sie eine Beteiligung von Behörden und sonstigen Trägern öffentlicher Belange, deren Aufgabenbereiche durch die Planung berührt werden können, am Anfang der Planung darstellt, wenngleich sie vorrangig nur der Klärung des Anwendungsbereichs des beschleunigten Verfahrens im Fall von großflächigen Bebauungsplänen der Innenentwicklung dient.[1712] Indem sich die Behörden und sonstigen Träger öffentlicher Belange hierbei zu den voraussichtlichen Umweltauswirkungen der Planung äußern, nehmen sie, wie im Rahmen des Verfahrens gem. § 4 Abs. 1 S. 1 BauGB, zu Auswirkungen der Planung Stellung, wenn auch *ausschließlich* auf den ökologischen Bereich bezogen, wie das nicht nur Art. 3 Abs. 6 i. V. m. Art. 6 Abs. 3 Plan-UP-RL für das UP-Screening, sondern auch Art. 5 Abs. 4 i. V. m. Art. 6 Abs. 3 Plan-UP-RL für die Konsultation der Behörden zum Scoping bei umweltprüfungspflichtigen Plänen vorsehen. Im Unterschied zur allgemeinen frühzeitigen Behördenbeteiligung gem. § 4 Abs. 1 S. 1 BauGB, deren Fehlerhaftigkeit gem. § 214 Abs. 1 S. 1 1. Hs. BauGB im Umkehrschluss zu § 214 Abs. 1 S. 1 Nr. 2 1. Hs. BauGB grundsätzlich für die Rechtswirksamkeit des Bebauungsplans unbeachtlich ist, also auch, wenn sie völlig unterlassen wurde, ist eine fehlerhafte Behördenbeteiligung gem. § 13a Abs. 1 S. 2 Nr. 2 a. E. BauGB, wie bereits erläutert,[1713] nicht generell für die Rechtswirksamkeit des im beschleunigten Verfahren aufgestellten Bebauungsplans irrelevant. Vielmehr ist das völlige Unterlassen der Behördenbeteiligung gem. § 214 Abs. 2a Nr. 3 a. E. BauGB ein für die Rechtswirksamkeit des Bebauungsplans beachtlicher Fehler; nur die Nichtbeteiligung bzw. erst recht die fehlerhafte Beteiligung nur einzelner zu beteiligender Behörden oder sonstiger Träger öffentlicher Belange am UP-Screening ist für die Rechtswirksamkeit des Bebauungsplans unbeachtlich. Dies gilt nach der hier vertretenen,[1714] aus europarechtlichen Gründen notwendigen, restriktiven Auslegung von § 214 Abs. 2a Nr. 3 BauGB zudem nur dann, wenn die von den einzelnen fehlerhaft (nicht)beteiligten Behörden oder sonstigen Trägern öffentlicher Belange im Fall ihrer korrekten Beteiligung vorgebrachten Belange entweder für die Vorprüfung unbeachtlich gewesen wären oder trotz der Nichtbeteiligung innerhalb der Vorprüfung berücksichtigt wurden. Daraus wird deutlich, dass die in § 13a Abs. 1 S. 2 Nr. 2 a. E. BauGB vorgesehene, der frühzeitigen Behördenbeteiligung gem. § 4 Abs. 1 S. 1 BauGB jedenfalls teilweise entsprechende Behördenbeteiligung vom Gesetzgeber – auch unabhängig von der zusätzlichen Notwendigkeit einer restriktiven Auslegung von § 214 Abs. 2a Nr. 3 BauGB – im Hinblick auf die Rechtswirksamkeit des Bebauungsplans strenger ausgestaltet wurde als die allgemeine frühzeitige Behördenbeteiligung des § 4 Abs. 1 S. 1 BauGB, was wohl darauf zurückzuführen ist, dass die Vorgabe des Art. 3 Abs. 6 Plan-UP-RL, auf

---

1712 *Bunzel*, LKV 2007, 444 (448); *Jäde*, in: J/D/W, BauGB, § 13a, Rn. 11; *Wallraven-Lindl/Strunz/Geiß*, Das Bebauungsplanverfahren nach dem BauGB 2007, S. 168/169.
1713 Vgl. B. II. 6. e) bb) (4) (b).
1714 Vgl. B. II. 6. e) bb) (4) (d) (bb).

der die Behördenbeteiligung nach § 13a Abs. 1 S. 2 Nr. 2 a. E. BauGB beruht, (möglichst) effektiv gem. Art. 10, Art. 249 Abs. 3 EGV (= Art. 288 Abs. 3, Art. 291 Abs. 1 AEUV, Art. 4 Abs. 3 EUV in der Fassung des Vertrags von Lissabon, vgl. ABl. EU Nr. C 115 vom 09.05.2008, S. 367 u. 384) umgesetzt werden sollte. Zwar basiert auch § 4 Abs. 1 BauGB auf einer europarechtlichen Vorgabe, nämlich der des Art. 5 Abs. 4 Plan-UP-RL,[1715] die gem. Art. 249 Abs. 3, Art. 10 EGV (= Art. 288 Abs. 3, Art. 291 Abs. 1 AEUV, Art. 4 Abs. 3 EUV in der Fassung des Vertrags von Lissabon, vgl. ABl. EU Nr. C 115 vom 09.05.2008, S. 367 u. 384) ebenfalls effektiv in nationales Recht zu transformieren ist und nicht durch weitreichende Unbeachtlichkeitsregelungen unterlaufen werden darf. Dabei ist jedoch zum einen zu bedenken, dass die Pflicht, Behörden und sonstige Träger öffentlicher Belange, die in ihrem umweltbezogenen Aufgabenbereich durch die Planung berührt werden können, bei der Festlegung von Umfang und Detaillierungsgrad der Umweltprüfung zu beteiligen, vor allem im Interesse der Gemeinde, die die Umweltprüfung in eigener Verantwortung durchzuführen hat, besteht und vornehmlich ihrer Entlastung dient. „Verzichtet" sie auf diese, *muss* das keine Konsequenzen für die korrekte Aufbereitung des (umweltbezogenen) Abwägungsmaterials und damit für die materielle Richtigkeit des Planergebnisses haben, so dass der Beteiligungsfehler mangels kausaler Bedeutung für das Planergebnis, dessen Korrektheit durch die in Form der Behördenbeteiligung europarechtlich vorgesehene, verfahrensmäßige Sicherstellung einer vollständigen Ermittlung und zutreffenden Bewertung des Abwägungsmaterials gerade gewährleistet werden soll, als unbeachtlich eingestuft werden kann. Falls der Gemeinde aufgrund der Verletzung der Anforderungen der frühzeitigen Behördenbeteiligung im Rahmen der Umweltprüfung Fehler bei der Ermittlung und Bewertung des umweltbezogenen Abwägungsmaterials unterlaufen, die sich möglicherweise kausal auf das Ergebnis der planerischen Abwägung auswirken, hat sie entsprechend der Maßgaben des § 214 Abs. 1 S. 1 Nr. 1 BauGB ohnehin die Konsequenzen daraus zu tragen, indem der Verstoß gegen die Beteiligungsvorschrift des § 4 Abs. 1 S. 1 BauGB in diesen Fällen in der Regel der Rechtswirksamkeit des Bebauungsplans im Wege steht. Zudem ist zu bedenken, dass es neben der frühzeitigen Beteiligung der Behörden zur Planung eine weitere Beteiligung derselben zum Planentwurf gibt, in deren Rahmen Fehler auf der ersten Beteiligungsstufe insofern geheilt werden können, als sich bislang fehlerhaft oder nicht beteiligte Behörden und sonstige Träger öffentlicher Belange genauso zur Planung äußern können, wie es an sich schon auf der ersten Beteiligungsstufe hätte möglich sein sollen. Diese Stellungnahmen können die Planung in derselben Weise beeinflussen, wie wenn sie schon im Rahmen der frühzeitigen Beteiligung eingegangen wären, und heilen insofern Verfahrensfehler auf der ersten Beteiligungsstufe. Vor diesem Hintergrund ist die

---

1715 Vgl. Fn. 1604 u. 1700.

grundsätzliche Unbeachtlichkeit von Verstößen gegen § 4 Abs. 1 S. 1 BauGB auch im Hinblick auf Art. 5 Abs. 4 Plan-UP-RL i. V. m. Art. 249 Abs. 3, Art. 10 EGV (= Art. 288 Abs. 3, Art. 291 Abs. 1 AEUV, Art. 4 Abs. 3 EUV in der Fassung des Vertrags von Lissabon, vgl. ABl. EU Nr. C 115 vom 09.05.2008, S. 367 u. 384) sachgerecht.

(bb) Ersatzloses Entfallen der frühzeitigen Behördenbeteiligung bei kleinflächigen Bebauungsplänen der Innenentwicklung

Bei kleinflächigen Bebauungsplänen der Innenentwicklung im Sinne von § 13a Abs. 1 S. 2 Nr. 1 BauGB kann die frühzeitige Behördenbeteiligung aufgrund von § 13a Abs. 2 Nr. 1, § 13 Abs. 2 S. 1 Nr. 1 2. Alt. BauGB tatsächlich ersatzlos entfallen.

(cc) Verzicht auf die frühzeitige Behördenbeteiligung gem. § 4 Abs. 1 S. 1 BauGB als Konsequenz zu ihrem europarechtlichen Hintergrund

Die allgemeine frühzeitige Behördenbeteiligung gem. § 4 Abs. 1 S. 1 BauGB ist zwar, wie oben dargestellt,[1716] nicht nur auf die Umweltauswirkungen einer Planung bezogen, sondern soll grundsätzlich alle mit der Planung verbundenen Aspekte einbeziehen. Wegen Art. 5 Abs. 4 Plan-UP-RL und dem in § 4 Abs. 1 S. 1 a. E. BauGB hervorgehobenen Hinweis, die Behörden und sonstigen Träger öffentlicher Belange zur Äußerung *auch* im Hinblick auf den erforderlichen Umfang und Detaillierungsgrad der Umweltprüfung aufzufordern, wobei Art. 5 Abs. 4 Plan-UP-RL einen wesentlichen Anlass bildete,[1717] § 4 Abs. 1 BauGB ins Baugesetzbuch einzuführen, steht die frühzeitige Behördenbeteiligung jedoch erkennbar in deutlichem Zusammenhang mit der Umweltprüfung und der bei dieser bestehenden Pflicht der Gemeinde, gem. § 2 Abs. 4 S. 2 BauGB Umfang und Detaillierungsgrad der Umweltprüfung festzulegen.[1718] Ist im Rahmen des beschleunigten Verfahrens gem. § 13a Abs. 2 Nr. 1, § 13 Abs. 3 S. 1 BauGB keine Umweltprüfung durchzuführen, so erscheint es insofern jedenfalls nachvollziehbar, auch auf die frühzeitige Behördenbeteiligung in Form des § 4 Abs. 1 S. 1 BauGB zu verzichten.

1716 B. III. 1. b) bb) (1) (a) u. (b) (aa).
1717 BT-Drs. 15/2250, S. 31 u. 42 u. 44; *Mitschang*, in: Berliner Kommenar, § 2, Rn. 139 (Stand: September 2007); *Wagner/Paßlick*, in: Hoppe, UVPG, § 17, Rn. 77. Vgl. Fn. 1700.
1718 *Bunzel*, in: BauGB 2004 – Nachgefragt, S. 94 (95).

(2) Beteiligung nur der berührten Behörden und sonstigen Träger öffentlicher Belange, § 13 Abs. 2 S. 1 Nr. 3 1. Alt. BauGB

Wie die allgemeine Öffentlichkeitsbeteiligung gem. § 3 Abs. 2 BauGB zum Planentwurf beim vereinfachten und beschleunigten Verfahren gem. § 13a Abs. 2 Nr. 1, § 13 Abs. 2 S. 1 Nr. 2 1. Alt. BauGB auf eine Beteiligung nur der betroffenen Öffentlichkeit eingeschränkt werden kann, indem dieser Gelegenheit zur Stellungnahme zu den Planunterlagen i. S. v. § 3 Abs. 2 S. 1 BauGB innerhalb angemessener Frist gegeben wird, kann auch die gem. § 4 Abs. 2 BauGB vorgesehene Einholung von Stellungnahmen zum Planentwurf und dessen Begründung bei allen Behörden und sonstigen Trägern öffentlicher Belange, deren Aufgabenbereich durch die Planung berührt werden kann, gem. § 13 Abs. 2 S. 1 Nr. 3 1. Alt. BauGB dahingehend modifiziert werden, nur den berührten Behörden und sonstigen Trägern öffentlicher Belange Gelegenheit zur Stellungnahme innerhalb angemessener Frist zu geben.

(a) Berührte Behörden und sonstige Träger öffentlicher Belange

„Berührt" sind dabei solche Behörden und sonstige Träger öffentlicher Belange, in deren Aufgabenbereich die Vertretung öffentlicher Belange fällt, die durch die Planung (tatsächlich) in abwägungserheblicher Weise betroffen werden,[1719] so dass diese öffentlichen Belange gleichsam von diesen Behörden und sonstigen Trägern öffentlicher Belange repräsentiert werden. Diese muss die Gemeinde ermitteln, um ihnen Gelegenheit zur Stellungnahme geben zu können. Bedenkt man, dass im Regelbeteiligungsverfahren gem. § 4 Abs. 2 S. 1 BauGB auch nur bei den Behörden und sonstigen Trägern öffentlicher Belange, deren Aufgabenbereich durch die Planung (abwägungserheblich) berührt werden *kann*, zum Planentwurf und seiner Begründung Stellungnahmen einzuholen sind, ergibt sich, dass die Einschränkung des Kreises der zu Beteiligenden auf die *tatsächlich* berührten Behörden und sonstigen Träger öffentlicher Belange die Anzahl der in die Behördenbeteiligung zum Planentwurf Einzubeziehenden wohl nicht so stark vermindert[1720] wie die gem. § 13a Abs. 2 Nr. 1, § 13 Abs. 2 S. 1 Nr. 2 1. Alt. BauGB mögliche Ersetzung der Jedermann-Beteiligung gem. § 3 Abs. 2 BauGB durch die Beteiligung der tatsächlich bzw. möglicherweise[1721] betroffenen Öffentlichkeit, auch wenn der Kreis der Behörden und sonstigen Träger öffentlicher Belange, deren Aufgabenbereich durch die Planung berührt werden *kann*, u. U. relativ weit ist.[1722] Dies ergibt sich insbesondere im Hinblick

---

1719 Vgl. *Krautzberger*, in: E/Z/B/K, § 4, Rn. 31 (Stand: Januar 2005).
1720 *Gierke*, in: Brügelmann, § 13, Rn. 104 (Stand: September 2006), geht davon aus, dass zwischen dem Kreis der zu Beteiligenden in § 4 Abs. 2 BauGB und in § 13 Abs. 2 S. 1 Nr. 3 1. Alt. BauGB kein Unterschied besteht.
1721 Vgl. Fn. 1671.
1722 Vgl. Fn. 1706.

darauf, dass eine Gemeinde, um einen – nur unter den engen Voraussetzungen des § 214 Abs. 1 S. 1 Nr. 2 2. Hs. BauGB für die Rechtswirksamkeit des Bebauungsplans unbeachtlichen – Fehler im Rahmen der Beteiligung der berührten Behörden und sonstigen Träger öffentlicher Belange gem. § 13 Abs. 2 S. 1 Nr. 3 1. Alt. BauGB zu vermeiden, bei bestehenden Unsicherheiten über die tatsächliche (abwägungserhebliche) Berührtheit des Aufgabenbereichs einer Behörde oder eines sonstigen Trägers öffentlicher Belange durch die Planung die Behörde bzw. den sonstigen Träger öffentlicher Belange im Zweifel in die Beteiligung zum Planentwurf einbeziehen sollte,[1723] zumal aufwändige Ermittlungen zur abschließenden Feststellung einer tatsächlichen Berührtheit dem mit dem beschleunigten Verfahren und seinen Verfahrensprivilegierungen in § 13a Abs. 2 BauGB verfolgten Ziel einer Verfahrensvereinfachung und -verkürzung zuwiderlaufen würden.

(b) Gelegenheit zur Stellungnahme innerhalb angemessener Frist

Für die Einräumung einer Gelegenheit zur Stellungnahme gem. § 13a Abs. 2 Nr. 1, § 13 Abs. 2 S. 1 Nr. 3 1. Alt. BauGB gilt grundsätzlich dasselbe wie bei der Behördenbeteiligung nach § 4 Abs. 1 u. Abs. 2 BauGB, die als adressatenbezogene, nicht teilnehmeroffene Beteiligung ebenfalls eine individuelle Beteiligung der Behörden und sonstigen Träger öffentlicher Belange verlangt.[1724] Eine postalische Übersendung des Planentwurfs und seiner Begründung mit der Aufforderung zur Stellungnahme ist dabei genauso möglich wie eine elektronische Übermittlung gem. § 4a Abs. 4 S. 1 BauGB (vgl. Wertung des § 4a Abs. 4 S. 2 BauGB). Ebenso können die Behörden und sonstigen Träger öffentlicher Belange gem. § 4a Abs. 4 S. 1 BauGB per email über ihre Stellungnahmemöglichkeiten zum ins Internet eingestellten Planentwurf und seiner Begründung aufgefordert werden. Auch kann mit den zu beteiligenden Behörden eine Plankonferenz abgehalten werden.[1725]

Weil den berührten Behörden und sonstigen Trägern öffentlicher Belange – wie der betroffenen Öffentlichkeit i. R. d. § 13 Abs. 2 S. 1 Nr. 2 1. Alt. BauGB – eine adäquate Zeit zur Prüfung des Planentwurfs und seiner Begründung und zum Bedenken von Stellungnahmen zu diesen verbleiben muss, sollte die Frist, die ihnen zur Stellungnahme eingeräumt wird, orientiert an § 4a Abs. 3 S. 3 BauGB und § 3 Abs. 3 S. 2 BauGB (1998) in der Regel zwei Wochen nicht un-

---

1723 *Gierke*, in: Brügelmann, § 13, Rn. 104 (Stand: September 2006), geht davon aus, dass zwischen dem Kreis der zu Beteiligenden in § 4 Abs. 2 BauGB und in § 13 Abs. 2 S. 1 Nr. 3 1. Alt. BauGB kein Unterschied besteht. Vgl. B. II. 6. e) bb) (3) (b) (bb) und Fn. 880 u. 1003.
1724 *Krautzberger*, in: E/Z/B/K, § 4, Rn. 39 (Stand: Januar 2005). Vgl. Fn. 1707.
1725 *Krautzberger*, in: E/Z/B/K, § 4, Rn. 39 (Stand: Januar 2005).

terschreiten,[1726] kann aber gleichzeitig in der Regel deutlich kürzer sein als die Monatsfrist des § 4 Abs. 2 S. 2 BauGB,[1727] so dass in den meisten Fällen eine Frist von zwei Wochen angemessen sein wird, sofern die Planung nicht mit besonders erheblichen und schwer überschaubaren Auswirkungen verbunden ist.[1728] Die für die Stellungnahme der berührten Behörden und sonstigen Träger öffentlicher Belange angemessene Frist kann sich dabei von der für die Stellungnahmen der betroffenen Öffentlichkeit angemessenen Frist unterscheiden, weil sie als sachverständiger einzustufen sind und daher die Möglichkeit einer schnelleren fachlichen Auseinandersetzung mit der Planung unterstellt werden darf. Für die Beteiligung der berührten Behörden und sonstigen Träger öffentlicher Belange nach § 13a Abs. 2 Nr. 1, § 13 Abs. 2 S. 1 Nr. 3 1. Alt. BauGB gilt im Übrigen dasselbe wie für die Beteiligung gem. § 4 Abs. 2 BauGB, so dass auch die Präklusion des § 4a Abs. 6 S. 1 BauGB zu beachten ist, auf die im Umkehrschluss zu § 4a Abs. 6 S. 2 BauGB im Rahmen der Behördenbeteiligung zum Planentwurf nicht hingewiesen werden muss, um sie eintreten zu lassen.[1729]

(c) Planerhaltungsvorschrift

Für Fehler bei der Behördenbeteiligung zum Planentwurf gem. § 13a Abs. 2 Nr. 1, § 13 Abs. 2 S. 1 Nr. 3 BauGB ist § 214 Abs. 1 S. 1 Nr. 2 BauGB mit denselben Voraussetzungen und Rechtsfolgen wie bei der Öffentlichkeitsbeteiligung zum Planentwurf zu beachten.

cc) Bewertung des Beschleunigungseffekts der modifizierten Öffentlichkeits- und Behördenbeteiligung

(1) Optionen des § 13 Abs. 2 Nr. 1 BauGB

(a) Weitgehende Identität der Beteiligungen gem. § 3 Abs. 1 BauGB und § 13a Abs. 3 S. 1 Nr. 2 BauGB und Sachgerechtigkeit einer allgemeinen frühzeitigen Öffentlichkeits- und Behördenbeteiligung

Die Hinweispflicht des § 13a Abs. 3 S. 1 Nr. 2 BauGB und die in dem Hinweis vorgesehene Informations- und Beteiligungsmöglichkeit der allgemeinen Öf-

---

1726 *Bunzel*, LKV 2007, 444 (448); *Wallraven-Lindl/Strunz/Geiß*, Das Bebauungsplanverfahren nach dem BauGB 2007, S. 147.
1727 *Krautzberger*, UPR 2007, 170 (172); *ders.*, in: E/Z/B/K, § 13, Rn. 41 (Stand: März 2007); *ders.*, in: Krautzberger/Söfker, Baugesetzbuch, Rn. 152a; *Scheidler*, ZfBR 2006, 752 (755); *ders.*, BauR 2007, 650 (654).
1728 Vgl. *Löhr*, in: B/K/L, § 13, Rn. 8.
1729 *Battis*, in: B/K/L, § 4a, Rn. 14; *Krautzberger*, in: Krautzberger/Söfker, Baugesetzbuch, Rn. 152a; *ders.*, in: E/Z/B/K, § 13, Rn. 41 (Stand: März 2007); *ders.*, UPR 2007, 170 (172).

fentlichkeit bezüglich der allgemeinen Ziele und Zwecke und der wesentlichen Auswirkungen der Planung scheinen einer Verfahrensvereinfachung und -beschleunigung durch den Verzicht auf die frühzeitige Öffentlichkeitsbeteiligung des § 3 Abs. 1 BauGB aufgrund von § 13a Abs. 2 Nr. 1, § 13 Abs. 2 S. 1 Nr. 1 1. Alt. BauGB entgegenzustehen, vor allem, weil sie zu einer der frühzeitigen Öffentlichkeitsbeteiligung des § 3 Abs. 1 BauGB sehr ähnlichen[1730] Beteiligung der allgemeinen Öffentlichkeit in einem frühen Stadium der Planung führen. Die Öffentlichkeit muss sich lediglich die Information über die Planung grundsätzlich selbst bei der im Hinweis angegebenen Stelle besorgen, da diese nicht schon Teil des Hinweises ist, wie dies bei der in § 3 Abs. 1 S. 1 BauGB vorgesehenen öffentlichen Unterrichtung aber auch nicht zwingend der Fall sein muss.[1731] Zudem bedeutet die frühzeitige Öffentlichkeitsbeteiligung gem. § 3 Abs. 1 S. 1 BauGB, weil die Unterrichtung der Öffentlichkeit z. B. im Rahmen einer Bürgerversammlung an einem Abend stattfinden kann, trotz der bei dieser vorgesehenen Erörterungsmöglichkeit nicht unbedingt einen besonderen Zeitaufwand.[1732] Der Verwaltungsaufwand zur Vorbereitung der frühzeitigen Öffentlichkeitsbeteiligung gem. § 3 Abs. 1 S. 1 BauGB und zur Vorbereitung der Informationen, die die interessierte Öffentlichkeit aufgrund des Hinweises gem. § 13a Abs. 3 S. 1 Nr. 2 BauGB einholen können muss, dürfte in etwa gleich sein.[1733] Auch von der Literatur wird die Öffentlichkeitsbeteiligung gem. § 13a Abs. 3 S. 1 Nr. 2 BauGB als der regulären frühzeitigen Öffentlichkeitsbeteiligung sehr ähnlich eingestuft,[1734] wobei die von § 13a Abs. 3 S. 1 Nr. 2 BauGB vorgesehene Öffentlichkeitsbeteiligung je nach Wahl der konkreten Beteiligungsform sogar mit mehr Aufwand verbunden sein kann als die Beteiligung nach § 3 Abs. 1 S. 1 BauGB, wenn man bedenkt, dass z. B. im Rahmen einer aufgrund § 3 Abs. 1 S. 1 BauGB abgehaltenen Bürgerversammlung geäußerte Stellungnahmen gleichsam „in einem Aufwasch" eingehen und alle Erörterungen an diesem einen Termin abgehandelt werden können, während bei Einräumung einer Gelegenheit zur Stellungnahme bei der Stadtverwaltung i. R. v. § 13a Abs. 3 S. 1 Nr. 2 BauGB für jeden Stellungnehmenden ein Einzeltermin erforderlich ist.[1735] Daher wird sogar vertreten, der Beschleunigungseffekt der durch § 13a Abs. 3 S. 1 Nr. 2 BauGB modifizierten frühzeitigen Öffentlichkeitsbeteiligung liege darin, dass ihre Unterlassung gem. § 214 Abs. 2a Nr. 2 BauGB zwar rechtswidrig, aber für die Rechtswirksamkeit des Bebauungsplans – nach dem Wortlaut des Gesetzes uneingeschränkt – unbeachtlich ist, dass also zur Erzielung einer Verfahrensbeschleunigung bei Verzicht auf die frühzeitige

---

1730 Vgl. B. III. 1. b) aa) (1) (a) (aa).
1731 Vgl. B. III. 1. b) aa) (1) (a) (aa); insbesondere Fn. 1613.
1732 *Reidt*, NVwZ 2007, 1029 (1030).
1733 Vgl. Fn. 1653.
1734 Vgl. Fn. 1610.
1735 Vgl. *Reidt*, NVwZ 2007, 1029 (1031).

Öffentlichkeitsbeteiligung gem. § 3 Abs. 1 S. 1 BauGB vollständig gegen die Pflicht zur Öffentlichkeitsbeteiligung gem. § 13a Abs. 3 S. 1 Nr. 2 BauGB verstoßen werden müsse.[1736] Dem ist jedoch entgegenzuhalten, dass dies nicht nur für die Öffentlichkeitsbeteiligung gem. § 13a Abs. 3 S. 1 Nr. 2 BauGB gelten würde, sondern (bei Geltung der Verfahrensanforderungen des Regelplanungsverfahrens[1737]) auch für die des § 3 Abs. 1 S. 1 BauGB, deren Verletzung im Schluss aus § 214 Abs. 1 S. 1 1. Hs., S. 1 Nr. 2 1. Hs. BauGB uneingeschränkt unbeachtlich ist, so dass jedes Planungsverfahren nach der obigen Ansicht durch ein rechtswidriges Unterlassen der regulären bzw. u. U. modifizierten frühzeitigen Öffentlichkeitsbeteiligung beschleunigt werden könnte. Zudem muss das Unterlassen jeglicher frühzeitigen Beteiligung der Öffentlichkeit an der Planung das Verfahren nicht unbedingt beschleunigen, weil dadurch von der Planung betroffene private Belange erst in der Beteiligung zum Planentwurf für die planende Stelle (konkret) erkennbar und damit im Fall ihrer Abwägungsrelevanz erst in die Planung einbeziehbar werden können, was dazu führen kann, dass der Plan auf die Beteiligung zum Planentwurf hin geändert werden muss und die Beteiligungsverfahren zum Planentwurf gem. § 4a Abs. 3 S. 1 BauGB wiederholt werden müssen, wodurch das Verfahren letztlich mehr verzögert werden kann als durch eine frühzeitige Beteiligung der Öffentlichkeit gem. § 13a Abs. 2 Nr. 1, § 13 Abs. 2 S. 1 Nr. 1 1. Alt., § 13a Abs. 3 S. 1 Nr. 2 BauGB oder § 3 Abs. 1 BauGB.[1738] Zudem kann ein Absehen von der frühzeitigen Öffentlichkeitsbeteiligung die Gemeinde zu – insbesondere vor dem Hintergrund, dass im beschleunigten Verfahren aufstellbare Bebauungspläne der Innenentwicklung nicht auf insgesamt weitgehend bestandswahrende Festsetzungen beschränkt sind und daher gegenüber der baurechtlichen Ausgangslage völlig andere, mannigfaltige Betroffenheiten privater Belange mit sich bringen können – aufwändigen, eigenen Ermittlungen in Bezug auf die Betroffenheiten privater Belange veranlassen, die bei Durchführung einer frühzeitigen Öffentlichkeitsbeteiligung und aufgrund dabei eingehender Stellungnahmen nicht in dem Ausmaß notwendig sind. Ein völliger Verzicht auf eine irgendwie geartete frühzeitige Öffentlichkeitsbeteiligung würde also ein Verfahren nicht unbedingt beschleunigen, so dass es sachgerecht ist, auch im Rahmen des § 13a Abs. 2 Nr. 1, § 13 Abs. 2 S. 1 Nr. 1 1. Alt. BauGB eine erststufige Öffentlichkeitsbeteiligung gem. § 13a Abs. 3 S. 1 Nr. 2 BauGB schon zu Beginn der Planung vorzusehen, um wie durch § 3 Abs. 1 S. 1 BauGB eine möglichst frühzeitige Einbeziehung aller abwägungs-

---

1736 *Müller-Grune*, BauR 2007, 985 (991).
1737 Vgl. B. III. 1. b) aa) (1) (b).
1738 BT-Drs. 15/2250, S. 31 u. 45; *Reidt*, NVwZ 2007, 1029 (1030/1031); § 4a Abs. 3 BauGB gilt auch innerhalb des vereinfachten und daher auch innerhalb des beschleunigten Verfahrens, so ausdrücklich *Wallraven-Lindl/Strunz/Geiß*, Das Bebauungsplanverfahren nach dem BauGB 2007, S. 148; vgl. auch *Krautzberger*, in: E/Z/B/K, § 13, Rn. 41 (Stand: März 2007). Vgl. Fn. 1631.

relevanten Belange zu erreichen.[1739] Aus diesen Gründen[1740] erscheinen auch der bei kleinflächigen Bebauungsplänen der Innenentwicklung gem. § 13a Abs. 1 S. 2 Nr. 1 BauGB nach § 13a Abs. 2 Nr. 1, § 13 Abs. 2 S. 1 Nr. 1 2. Alt. BauGB mögliche völlige Verzicht auf eine frühzeitige Behördenbeteiligung und die bei großflächigen Bebauungsplänen der Innenentwicklung gem. § 13a Abs. 2 Nr. 1, § 13 Abs. 2 S. 1 Nr. 1 2. Alt, § 13a Abs. 1 S. 2 Nr. 2 a. E. BauGB mögliche Beschränkung der frühzeitigen Behördenbeteiligung auf die Umweltauswirkungen der Planung allenfalls in Fällen sehr einfacher Planungen, bei denen die abwägungserheblichen Betroffenheiten gleichsam auf der Hand liegen, verfahrensbeschleunigend, zumal keine bzw. nur eine beschränkte Abschichtung[1741] zwischen den Beteiligungsstufen und damit keine bzw. nur eine beschränkte Entlastung der Beteiligung zum Planentwurf, die insbesondere im Hinblick auf § 3 Abs. 1 S. 3, § 4 Abs. 1 S. 2 BauGB und § 4a Abs. 3 BauGB vorteilhaft ist, möglich ist. Die Einstufigkeit der Behördenbeteiligung muss sich zwar letztlich nicht negativ auf die Vollständigkeit des Abwägungsmaterials auswirken und zu gem. § 214 Abs. 1 S. 1 Nr. 1 BauGB beachtlichen formellen Abwägungsfehlern führen, weil es eine jedenfalls weitgehend genauso umfassende[1742] Behördenbeteiligung zum Planentwurf gibt, kann aber infolge einer sich erst aus der Beteiligung zum Planentwurf ergebenden Notwendigkeit einer Planänderung zu Verfahrensverzögerungen führen. Ein wirklicher Beschleunigungseffekt erscheint also in der Regelung des § 13a Abs. 2 Nr. 1, § 13 Abs. 2 S. 1 Nr. 1 BauGB nicht erkennbar; vielmehr lässt sie in manchen Fällen sogar das Risiko einer Verfahrensverzögerung vermuten. Vor diesem Hintergrund wäre es den Gemeinden im Rahmen des beschleunigten Verfahrens trotz der von § 13a Abs. 2 Nr. 1, § 13 Abs. 2 S. 1 Nr. 1 2. Alt. BauGB eingeräumten Option zu empfehlen, auch in diesem eine (umfassende) frühzeitige Behördenbeteiligung gem. § 4 Abs. 1 S. 1 BauGB durchzuführen, in die nach einer bereits erläuterten Auffassung[1743] die bei großflächigen Bebauungsplänen der Innenentwicklung gem. § 13a Abs. 1 S. 2 Nr. 2 a. E. BauGB erforderliche Beteiligung von Behörden und sonstigen Trägern öffentlicher Belange an der Vorprüfung des Einzelfalls zwar nicht automatisch vollständig integriert wird bzw. in die Beteiligung gem. § 13a Abs. 1 S. 2 Nr. 2 a. E. BauGB zwar nicht einfach aufgeht, die aber ohne Weiteres parallel zur Behördenbeteiligung am UP-Screening durchgeführt werden darf. Letztere kann, sofern explizit auf sie eingegangen wird, in eine allgemeine

---

1739 Vgl. BT-Drs. 15/2250, S. 31 u. 45, betont bei der Einführung der frühzeitigen Behördenbeteiligung, dass sie das Aufstellungsverfahren straffen und im Hinblick auf den Zeit- und Kostenaufwand verbessern soll. Vgl. Fn. 1630.
1740 *Reidt*, NVwZ 2007, 1029 (1030/1031). Vgl. Fn. 1703 u. 1704.
1741 Vgl. Fn. 1705.
1742 Vgl. Fn. 1720.
1743 Vgl. B. II. 6. e) bb) (3) (b) (bb) und B. II. 6. e) bb) (4) (b).

frühzeitige Öffentlichkeitsbeteiligung gem. § 4 Abs. 1 S. 1 BauGB integriert werden.[1744]

(b) Erheblicher Beschleunigungseffekt durch § 13 Abs. 2 S. 1 Nr. 1 BauGB aus Sicht der Praxisteststädte

Dennoch schätzten die Praxisteststädte den Beschleunigungs- und Vereinfachungseffekt von § 13a Abs. 2 Nr. 1, § 13 Abs. 2 S. 1 Nr. 1 BauGB als erheblich ein.[1745] Sie begründeten dies mit dem Entfallen des Aufwands für die Erstellung der für die frühzeitigen Beteiligungen erforderlichen Planunterlagen und der Einsparung von Material-, Porto- und Veröffentlichungskosten.[1746] Dabei nahmen sie durch das Entfallen der Erstellung und verwaltungsinternen Abstimmung der für die frühzeitige Beteiligung erforderlichen Planunterlagen und ihrer politischen Freigabe einen Zeitgewinn von bis zu 22 Wochen an.[1747] Hierbei scheinen die Praxisteststädte vergessen zu haben, dass auch für die in § 13a Abs. 3 S. 1 Nr. 2 BauGB vorgesehene modifizierte frühzeitige Öffentlichkeitsbeteiligung Planunterlagen zur Information für die Öffentlichkeit erstellt werden müssen und Veröffentlichungskosten wegen der ortsüblichen Bekanntmachung des Hinweises entstehen können. Dies wurde jedoch in der Einschätzung des Praxistests durchaus berücksichtigt. Es wurde darauf verwiesen, dass die Unterlagen im Rahmen der Einleitung des Planungsverfahrens gleichsam nebenbei ohne merklichen Aufwand vorbereitet werden könnten und der gem. § 13a Abs. 3 S. 1 Nr. 2 BauGB erforderliche Hinweis gem. § 13 Abs. 3 S. 2 BauGB mit der Bekanntmachung des Planaufstellungsbeschlusses verbunden werden könne, so dass kein zusätzlicher Aufwand und keine zusätzlichen Kosten entstünden.[1748] Warum dann aber nicht auch die für die Öffentlichkeitsbeteiligung gem. § 3 Abs. 1 S. 1 BauGB erforderlichen Unterlagen, die nahezu denselben Informationsgehalt[1749] aufweisen müssen wie die für die Beteiligung nach § 13a Abs. 3 S. 1 Nr. 2 BauGB erforderlichen Unterlagen, unaufwändig nebenbei zur Einleitung des Planaufstellungsverfahrens erstellt werden können, ist kaum ver-

---

1744 Vgl. Fn. 876 u. 1009.
1745 *Bunzel*, Difu-Praxistest, S. 20, abrufbar unter http://www.difu.de/publikationen/difu-berichte/4_06/11.phtml (zuletzt abgerufen am 01.03.2008); wohl zustimmend *Mitschang*, ZfBR 2007, 433 (443/444).
1746 *Bunzel*, Difu-Praxistest, S. 20, abrufbar unter http://www.difu.de/publikationen/difu-berichte/4_06/11.phtml (zuletzt abgerufen am 01.03.2008).
1747 *Bunzel*, Difu-Praxistest, S. 21, abrufbar unter http://www.difu.de/publikationen/difu-berichte/4_06/11.phtml (zuletzt abgerufen am 01.03.2008).
1748 *Bunzel*, Difu-Praxistest, S. 21, abrufbar unter http://www.difu.de/publikationen/difu-berichte/4_06/11.phtml (zuletzt abgerufen am 01.03.2008).
1749 Vgl. B. III. 1. b) aa) (1) (a) (aa); Fn. 1610 u. 1653.

ständlich.[1750] Zudem ist zu beachten, dass der in § 2 Abs. 1 S. 2 BauGB vorgesehene Planaufstellungsbeschluss und seine ortsübliche Bekanntmachung keine Rechtmäßigkeitsvoraussetzungen eines Bebauungsplans und daher im Hinblick auf die Rechtswirksamkeit des Bebauungsplans verzichtbar sind[1751] und deshalb der Hinweis gem. § 13a Abs. 3 S. 1 Nr. 2 BauGB, auch wenn er gem. § 13a Abs. 3 S. 2 BauGB mit der Bekanntmachung des Planaufstellungsbeschlusses verbunden wird, letztlich genauso mit eigenständigen Veröffentlichungskosten verbunden ist wie eine Beteiligung gem. § 3 Abs. 1 S. 1 BauGB, es sei denn, die Gemeinde will ohnehin von an den bekanntgemachten Planaufstellungsbeschluss gebundenen Wirkungen, z. B. §§ 14, 15 u. 33 BauGB, Gebrauch machen,[1752] um z. B. gem. § 33 BauGB zur schnelleren Umsetzung von im beschleunigten Verfahren in Planung befindlichen Innenentwicklungsmaßnahmen deren Realisierung noch vor dem Abschluss des Planungsverfahrens zuzulassen.[1753] Dass mit der Beteiligung von Behörden und sonstigen Trägern öffentlicher Belange im Rahmen des UP-Screenings gem. § 13a Abs. 1 S. 2 Nr. 2 a. E. BauGB bei großflächigen Bebauungsplänen der Innenentwicklung durchaus ein dem Verfahrensschritt nach § 4 Abs. 1 S. 1 BauGB zumindest ähnlicher Aufwand verbunden ist,[1754] wurde vom Praxistest wenigstens insofern berücksichtigt, als die mit dem beschleunigten Verfahren verbundenen Vereinfachungs- und Beschleunigungseffekte bei großflächigen Bebauungsplänen der Innenentwicklung aufgrund der Notwendigkeit eines UP-Screenings insgesamt als wesentlich geringer eingeschätzt werden als bei kleinflächigen Bebauungsplänen.[1755] Dies zeigt sich auch daran, dass nach den ersten echten Praxiserfahrungen im Fall von großflächigen Bebauungsplänen häufig von vornherein das Regelplanungsverfahren angewendet wird, insbesondere weil wegen der durch die grundsätzliche Notwendigkeit eines UP-Screenings bedingten *aufwändigen* Klärung des Anwendungsbereichs des beschleunigten Verfahrens in diesen Fällen in diesem im Vergleich zur sofortigen Anwendung des Regelplanungsverfahrens kein Anwendungsvorteil gesehen wird.[1756] Im Hinblick darauf, dass

---

1750 *Krautzberger*, in: Krautzberger/Söfker, Baugesetzbuch, Rn. 154e, stellt ausdrücklich heraus, dass die zur Einsichtnahme bereitzuhaltenden allgemeinen Ziele und Zwecke sowie die Auswirkungen der Planung die gleichen sind, wie sie im Fall der frühzeitgen Öffentlichkeitsbeteiligung nach § 3 Abs. 1 BauGB verlangt werden. Vgl. Fn. 1653.
1751 BVerwG, Beschl. vom 15.04.1988 – 4 N 4.87, E 79, 200 (204 u. 206); *Söfker*, in: E/Z/B/K, § 2, Rn. 24 (Stand: September 2007).
1752 BVerwG, Beschl. vom 15.04.1988 – 4 N 4.87, E 79, 200 (205); *Söfker*, in: E/Z/B/K, § 2, Rn. 25 (Stand: September 2007).
1753 Vgl. B. I. 4. a).
1754 *Bunzel*, Difu-Praxistest, S. 34/35, abrufbar unter http://www.difu.de/publikationen/difu-berichte/4_06/11.phtml (zuletzt abgerufen am 01.03.2008). Vgl. Fn. 1074.
1755 *Bunzel*, Difu-Praxistest, S. 20 u. 21, abrufbar unter http://www.difu.de/publikationen/difu-berichte/4_06/11.phtml (zuletzt abgerufen am 01.03.2008).
1756 *Schröer*, NZBau 2008, 46 (47 u. 48).

§ 4 Abs. 1 S. 1 BauGB eine individuelle Beteiligung[1757] der Behörden und sonstigen Träger öffentlicher Belange, deren Aufgabenbereich durch die Planung berührt werden kann, verlangt, ist die Einsparung von Porto- und Materialkosten für die für die Beteiligung möglicherweise erforderliche Vervielfältigung und Zusendung von Planunterlagen und Aufforderungen zur Äußerung in erheblicher Anzahl durch den bei kleinflächigen Bebauungsplänen der Innenentwicklung möglichen ersatzlosen Verzicht auf diese Beteiligungsstufe dagegen wenigstens nachvollziehbar, wobei diese im Zeitalter der Kommunikation über elektronische Medien (vgl. § 4a Abs. 4 S. 1 BauGB) schon allein durch die Wahl des Kommunikationsmittels stark reduzierbar sind.

(2) Optionen des § 13 Abs. 2 S. 1 Nr. 2 1. Alt. u. Nr. 3 1. Alt. BauGB

(a) Aufwand der Ermittlung der konkreten Betroffen- bzw. Berührtheit und Erleichterung infolge frühzeitiger Beteiligungen

Gerade die für die modifizierten Beteiligungen[1758] zum Planentwurf gem. § 13a Abs. 2 Nr. 1, § 13 Abs. 2 S. 1 Nr. 2 1. Alt. u. Nr. 3 1. Alt. BauGB notwendigen individuellen Ermittlungen der von der Planung in ihren privaten Belangen abwägungserheblich betroffenen Personen mit Namen und Adresse und der Behörden und sonstigen Träger öffentlicher Belange, in deren Aufgabenbereich die Wahrnehmung von abwägungserheblich betroffenen öffentlichen Belangen fällt, können mit erheblichem Aufwand verbunden sein, zumal die Gemeinde, um keinen Bebauungsplan mit einem für die Rechtswirksamkeit beachtlichen Fehler aufzustellen, der in einem Normenkontrollverfahren für unwirksam erklärt werden könnte, hier sehr sorgfältig ermitteln muss, weil trotz § 214 Abs. 1 S. 1 Nr. 2 2. Hs. BauGB allenfalls die Nichtbeteiligung *einzelner* zu beteiligender betroffener Personen bzw. berührter Behörden oder sonstiger Träger öffentlicher Belange unter bestimmten weiteren Voraussetzungen einen für die Rechtswirksamkeit unbeachtlichen Fehler darstellt.[1759] Gerade aus diesem Grund wird vertreten, bei der Ermittlung der Betroffenen und Berührten eher großzügig vorzugehen und eine nur möglicherweise bestehende Betroffenheit bzw. Berührtheit ausreichen zu lassen, wodurch sich aber andererseits der Kreis der zu beteiligen-

---

1757 Vgl. Fn. 1707.
1758 *Krautzberger*, in: E/Z/B/K, § 13, Rn. 41 (Stand: März 2007) und *ders.*, UPR 2007, 170 (172), geht davon aus, dass die in § 13 Abs. 2 S. 1 Nr. 2. 1. Alt. und Nr. 3 1. Alt. BauGB vorgesehenen Modifikationen der Beteiligungen zum Planentwurf nach der Vorstellung des Gesetzgebers wahlweise *insgesamt*, also bei der Öffentlichkeits- *und* der Behördenbeteiligung, genutzt werden oder insgesamt nicht genutzt werden. Zwingend ist dieses Verständnis jedoch weder aufgrund Wortlauts noch im Hinblick auf den Telos von § 13 Abs. 2 S. 1 Nr. 2 u. Nr. 3 BauGB.
1759 *Reidt*, NVwZ 2007, 1029 (1031); *Wallraven-Lindl/Strunz/Geiß*, Das Bebauungsplanverfahren nach dem BauGB 2007, S. 145. Vgl. Fn. 1671 u. B. III. 1. b) bb) (2) (a).

den Vertreter der Öffentlichkeit und der Behörden und sonstigen Träger öffentlicher Belange wieder dem Umfang der gem. § 3 Abs. 2, § 4 Abs. 2 BauGB zu Beteiligenden annähert. Infolge dessen verpufft die durch die reduzierte Anzahl der zum Planentwurf zu Konsultierenden intendierte Verfahrensvereinfachung und -straffung. Während die Eigentümer von planbetroffenen Grundstücken relativ leicht aus dem Grundbuch entnommen werden können, kann sich die Ermittlung von Mietern, Pächtern und sonstigen, nicht dinglich nutzungsberechtigten Personen schwierig gestalten, vor allem wenn die Rechtsbeziehung zu dem Grundstück nach außen nicht offensichtlich ist. Dabei ist zu bedenken, dass die in §§ 3 u. 4 BauGB vorgesehenen Beteiligungsverfahren u. a. dazu dienen, von der Planung berührte Belange (vgl. § 4a Abs. 1 BauGB) und damit auch die Belangträger für die planende Stelle überhaupt erst erkennbar zu machen. Sind bei einer Gemeinde auf den Hinweis gem. § 13a Abs. 3 S. 1 Nr. 2 BauGB nur sehr wenige Stellungnahmen eingegangen oder wurde gegen die Hinweispflicht verstoßen und/oder wurde auch von der frühzeitigen Behördenbeteiligung abgesehen bzw. beschränkte sie sich auf den gem. § 13a Abs. 1 S. 2 Nr. 2 BauGB nach der hier vertretenen Auffassung erforderlichen Umfang, so kann es durchaus sein, dass die Gemeinde vor der Beteiligung zum Planentwurf noch nicht sehr konkret einschätzen kann, auf wessen Belange sich die Planung *im Detail* abwägungserheblich auswirken könnte. Dies bestätigt die oben vertretene[1760] Auffassung, dass ein Verzicht auf eine möglichst umfassende frühzeitige Öffentlichkeits- und Behördenbeteiligungen den Verfahrensaufwand keineswegs grundsätzlich zu reduzieren vermag, was im Zusammenhang mit der gem. § 13a Abs. 2 Nr. 1, § 13 Abs. 2 S. 1 Nr. 2 1. Alt. u. Nr. 3 1. Alt. BauGB einschränkbaren Beteiligung zum Planentwurf zusätzlich daraus deutlich wird, dass gerade aufgrund von Erkenntnissen aus den frühzeitigen Beteiligungen die konkreten Betroffenheiten und Berührtheiten von Personen und Behörden und sonstigen Träger öffentlicher Belange einfacher und zudem rechtssicherer abgeschätzt werden können, um damit in Form der Beteiligung nur der betroffenen Öffentlichkeit und der berührten Behörden und sonstigen Träger öffentlicher Belange tatsächlich, wie beabsichtigt, eine Verfahrensbeschleunigung durch eine reduzierte Anzahl der zum Planentwurf zu Konsultierenden erzielen zu können.[1761] Um daher die mit dem Verweis des § 13a Abs. 2 Nr. 1 BauGB auf § 13 Abs. 2 S. 1 Nr. 2 1. Alt. u. Nr. 3 1. Alt. BauGB verfolgte Intention, das beschleunigte Verfahren gegenüber dem Regelplanungsverfahren einfacher und schneller zu gestalten, nicht durch aufwändige Ermittlungen der tatsächlichen Betroffen- und Berührtheiten bzw. durch eine sehr großzügige Auslegung des Betroffen- bzw. Berührtseins unter Einbezug vieler Zweifelsfälle und einer dadurch bedingten,

---

1760 Vgl. B. III. 1. b) cc) (1) (a).
1761 So *Krautzberger*, in: E/Z/B/K, § 4, Rn. 33 (Stand: Januar 2005), für die sich aus der Durchführung von § 4 Abs. 1 S. 1 BauGB ergebende präzisere Möglichkeit zur Bestimmung der gem. § 4 Abs. 2 BauGB zu beteiligenden Behörden.

den Anforderungen von § 3 Abs. 2, § 4 Abs. 2 BauGB nahekommenden Anzahl der zu Beteiligenden geradezu zu konterkarieren, wird empfohlen, auch innerhalb des beschleunigten Verfahrens das Regelbeteiligungsverfahren gem. § 13a Abs. 2 Nr. 1, § 13 Abs. 2 S. 1 Nr. 2 2. Alt., § 3 Abs. 2 bzw. § 13 Abs. 2 S. 1 Nr. 3 2. Alt., § 4 Abs. 2 BauGB anzuwenden, sobald sich ergibt, dass die Ermittlung der Betroffenen und Berührten mit erheblichem Aufwand verbunden ist.[1762] Ist jedoch der mit der Ermittlung der betroffenen Öffentlichkeit bzw. der berührten Behörden und sonstigen Träger öffentlicher Belange verbundene Aufwand überschaubar, ist durch die Wahl des Beteiligungsverfahrens gem. § 13a Abs. 2 Nr. 1, § 13 Abs. 2 S. 1 Nr. 2 1. Alt. u. Nr. 3 1. Alt. BauGB wegen des in einem solchen Fall im Vergleich zu § 3 Abs. 2, § 4 Abs. 2 BauGB verkleinerten Kreises der zu Konsultierenden[1763] und einer dadurch regelmäßig bedingten verminderten Anzahl eingehender und damit abzuarbeitender Stellungnahmen, die noch dazu aufgrund der Betroffenheit bzw. Berührtheit der Stellungnehmenden meist sachnah und -dienlich sowie selten völlig planungsirrelevant sind, durchaus eine Verfahrensbeschleunigung erzielbar. Auch aus der Möglichkeit, die Frist zur Stellungnahme kürzer zu bemessen als die im Regelplanungsverfahren vorgesehene Monatsfrist, kann eine Beschleunigung des Planaufstellungsverfahrens, wenn auch wohl nur um ein bis zwei Wochen, erreicht werden,[1764] zumal auch im beschleunigten Verfahren gem. § 4a Abs. 2 2. Alt. BauGB die Beteiligung der Öffentlichkeit und die der Behörden zum Planentwurf gleichzeitig durchgeführt werden können.[1765]

1762 *Berkemann*, in: BauGB 2004 – Nachgefragt, S. 196 (197); *Gierke*, in: Brügelmann, § 13, Rn. 93 (Stand: Februar 2008); *Löhr*, in: B/K/L, § 13, Rn. 5; *Mitschang*, ZfBR 2007, 433 (443); *Spannowsky*, in: Berliner Kommentar, § 13, Rn. 24 (Stand: Juli 2005); *Wallraven-Lindl/Strunz/Geiß*, Das Bebauungsplanverfahren nach dem BauGB 2007, S. 145.

1763 Nach *Löhr* liegt die Beschleunigung vor allem in der reduzierten Zahl der zu Beteiligenden, weniger in der Verkürzung der Frist, da diese nicht so erheblich ist, in: B/K/L, § 13, Rn. 8; zustimmend *Gierke*, in: Brügelmann, § 13, Rn. 98 (Stand: September 2006).

1764 *Reidt*, NVwZ 2007, 1029 (1031); vgl. auch *Krautzberger*, UPR 2007, 170 (171); a. A. *Bunzel*, Difu-Praxistest, S. 21, abrufbar unter http://www.difu.de/publikationen/difu-berichte/4_06/11.phtml (zuletzt abgerufen am 01.03.2008), wo von einer Praxisteststadt in der Phase der Öffentlichkeits- und Behördenbeteiligung zum Plan*entwurf* keine Beschleunigung erwartet wird.

1765 *Berkemann*, in: BauGB 2004 – Nachgefragt, S. 103 (103); *Krautzberger/Stüer*, DVBl. 2004, 914 (919/920), führen diese Parallelität als Aspekt der Verfahrensstraffung an. *Krautzberger*, in: E/Z/B/K, § 13, Rn. 41 (Stand: März 2007); *ders.*, UPR 2007, 170 (172), geht davon aus, dass dies innerhalb des vereinfachten Verfahrens der Normalfall ist.

(b) Effektuierung der Planung durch die Beteiligung nur der Planbetroffenen zum Planentwurf

Indem § 13a Abs. 2 Nr. 1, § 13 Abs. 2 S. 1 Nr. 2 1. Alt. u. Nr. 3 1. Alt. BauGB nur den von der konkreten Planung betroffenen Vertretern der Öffentlichkeit und nur den berührten Behörden und sonstigen Trägern öffentlicher Belange Gelegenheit zur Stellungnahme zum Planentwurf gibt, wird von der ansonsten im Bauleitplanungsrecht vorgesehenen Struktur einer sehr umfassenden Beteiligung am Planungsverfahren, d. h. der gesamten Öffentlichkeit und aller Behörden und sonstigen Träger öffentlicher Belange, bei denen immerhin die Einschränkung besteht, dass durch die Planung eine (abwägungserhebliche) Berührung von Belangen, deren Vertretung in den Aufgabenbereich der Behörde bzw. des sonstigen Vertreters öffentlicher Belange fällt, möglich erscheinen muss,[1766] abgewichen. Dies muss nicht zu einer qualitativen Verschlechterung der Beteiligung zum Planentwurf und daher zu einer schlechteren Berücksichtigung von der Planung betroffener Belange in der planerischen Abwägung führen – im Gegenteil. Seit 1976[1767] sieht das Baugesetzbuch im Rahmen des Bauleitplanungsverfahrens die Beteiligung von grundsätzlich Jedermann vor,[1768] wie dies nach jetziger Rechtslage gem. § 3 BauGB der Fall ist und bezogen auf die Behördenbeteiligung mit der soeben dargestellten leichten Einschränkung in § 4 BauGB entsprechend geregelt ist. Danach können sich grundsätzlich jeder Vertreter der Öffentlichkeit und ein sehr weiter Kreis von Behörden und sonstigen Trägern öffentlicher Belange am Planaufstellungsverfahren beteiligen. Während dafür aber die Behörden und sonstigen Träger öffentlicher Belange im Rahmen von § 4 Abs. 1 u. Abs. 2 BauGB gezielt und individuell, z. B. in einem an sie gerichteten Rundschreiben, über die frühzeitige Beteiligungsmöglichkeit sowie über den Planentwurf und die Stellungnahmemöglichkeit informiert werden (vgl. auch die Privilegierung in § 4a Abs. 4 S. 3 BauGB),[1769] so dass es ihnen leicht gemacht wird, sich auch tatsächlich am Planungsverfahren zu beteiligen, ist die Öffentlichkeit aufgrund der öffentlichen Unterrichtung gem. § 3 Abs. 1 S. 1 BauGB und der ortsüblichen Bekanntmachung der öffentlichen Auslegung des Planentwurfs gem. § 3 Abs. 2 S. 2 BauGB in der Regel auf kurze Mitteilungen in der örtlichen Tageszeitung oder in Amtsblättern und Gemeindetafeln angewiesen, um von ihren Informations- und Beteiligungsmöglichkeiten überhaupt Kenntnis zu erlangen. Dies relativiert vor allem im Hinblick darauf, dass besonders Amtsblätter und Gemeindetafeln heutzutage keine gebräuchlichen Informationsmedien mehr darstellen, und darauf, dass nicht ortsansässige, von der Planung betroffene Personen sich in der Regel aus diesen Informationsmedien ge-

---

1766 *Löhr*, in: B/K/L, § 13, Rn. 7.
1767 BauGB-Novelle 1976, BGBl. (1976) I S. 2221.
1768 *Krautzberger*, UPR 2007, 53 (54).
1769 Vgl. Fn. 1707.

nauso wenig wie aus der örtlichen Tagespresse zu informieren pflegen, die tatsächliche Beteiligungsmöglichkeit von Jedermann gem. § 3 BauGB erheblich.[1770] Im Rahmen des § 13a Abs. 2 Nr. 1, § 13 Abs. 2 S. 1 Nr. 2 1. Alt. BauGB werden dagegen die tatsächlich von der Planung betroffenen Personen, die auch ein besonderes Interesse an der Planung und an einer Einflussnahmemöglichkeit auf sie haben, gezielt informiert und nur ihnen wird Gelegenheit zur Stellungnahme eingeräumt, wobei durch sie mit großer Wahrscheinlichkeit die von der Planung betroffenen privaten Belange, deren Träger gerade sie sind, ausreichend und vollumfänglich in die Planung eingebracht werden können. Dazu wird sicherlich auch die mit dem Innenstadtentwicklungsgesetz im Interesse der Investitions- und Rechtssicherheit[1771] in § 47 Abs. 2a VwGO eingeführte prozessuale[1772] bzw. formelle[1773] Präklusionsregelung ihren Beitrag leisten, indem sie die Bürger- bzw. Betroffenenbeteiligung zum Planentwurf dadurch, dass ihre schuldhafte Nichtbeachtung den (Prinzipal-)Rechtsschutz[1774] gegen einen Bebauungsplan beschränken kann, entsprechend der dem Europarecht entspringenden Betonung der Beteiligungsrechte noch deutlicher als bisher[1775] als Obliegenheit ausgestaltet und damit aufwertet. Somit werden die Planbetroffenen durch das Damoklesschwert einer möglichen Rechtsschutzbeschränkung in besonderem Maße dazu angehalten, aus ihrer Sicht von der Planung betroffene (private) Belange (spätestens) im Rahmen der Beteiligung zum Planentwurf

---

1770 Vgl. *Krautzberger*, in: E/Z/B/K, § 3, Rn. 18 (Stand: März 2007): § 3 Abs. 1 BauGB verlangt gerade keine individuelle Benachrichtigung der planbetroffenen Grundeigentümer. Vgl. auch *Battis*, in: B/K/L, § 3, Rn. 14; *Krautzberger*, in: E/Z/B/K, § 4a, Rn. 33 (Stand: Mai 2007). *Krautzberger*, UPR 2007, 53 (54); *ders.*, UPR 2007, 170 (174/175); *Krautzberger/Stüer*, DVBl. 2007, 160 (163).
1771 BT-Drs. 16/2496, S. 11; vgl. auch *Bunzel*, Difu-Praxistest, S. 82 u. 83, abrufbar unter http://www.difu.de/publikationen/difu-berichte/4_06/11.phtml (zuletzt abgerufen am 01.03.2008).
1772 *Blechschmidt*, ZfBR 2007, 120 (126); *Bienek*, SächsVBl. 2007, 49 (51); *Starke*, JA 2007, 488 (491); Mustereinführungserlass, S. 8 u. 29, abrufbar unter http://www.is-argebau.de/ (zuletzt abgerufen am 10.05.2008).
1773 *Krautzberger/Stüer*, DVBl. 2007, 160 (168); *Stüer*, BauR 2007, 1495 (1498); a. A. *Spannowsky*, in: Berliner Kommentar, § 13a, Rn. 10 (Stand: Juli 2007), der von einer materiellen Präklusion spricht.
1774 BR-Drs. 558/1/06, S. 2; weniger deutlich in Bezug auf den Prinzipalrechtsschutz BT-Drs. 16/2496, S. 11; *Blechschmidt*, ZfBR 2007, 120 (126); *Krautzberger/Stüer*, DVBl. 2007, 160 (168); *Starke*, JA 2007, 488 (491); *Stüer*, BauR 2007, 1495 (1499); vgl. auch Mustereinführungserlass, S. 29/30, abrufbar unter http://www.is-argebau.de/ (zuletzt abgerufen am 10.05.2008).
1775 Vgl. BVerwG, Beschl. vom 09.11.1979 – 4 N 1.78, 4 N 2-4.79, E 59, 87 (103/104), zur Erkennbarkeit von Belangen; *Battis/Krautzberger/Löhr*, NVwZ 2007, 121 (128); *Blechschmidt*, ZfBR 2007, 120 (126); *Brohm*, Öffentliches Baurecht, § 15, Rn. 17; *Krautzberger/Stüer*, DVBl. 2007, 160 (168); *Oldiges*, in: Steiner, Besonderes Verwaltungsrecht, Teil III, Rn. 68 u. 68a; *Stüer*, BauR 2007, 1495 (1498/1499, Fn. 48).

auch tatsächlich fristgerecht vorzubringen.[1776] Damit ist die begrenzte Öffentlichkeitsbeteiligung gem. § 13a Abs. 2 Nr. 1, § 13 Abs. 2 S. 1 Nr. 2 1. Alt. BauGB, bei der eine effektive Beteiligungsmöglichkeit der tatsächlich Betroffenen durch deren gezielte Information über die Planung und die Partizipationsmöglichkeit sichergestellt wird,[1777] zielführender ausgestaltet als die allgemeine Öffentlichkeitsbeteiligung zum Planentwurf gem. § 3 Abs. 2 BauGB, was aufgrund der auf der Zielgerichtetheit der Beteiligung beruhenden größeren Effektivität zur Straffung des Verfahrens beitragen kann, indem die Wahrscheinlichkeit des Vorbringens für die Planung völlig irrelevanter Aspekte, mit denen sich die Gemeinde wenigstens kurz ebenfalls auseinandersetzen muss, vermindert wird. Die Beteiligung der allgemeinen Öffentlichkeit, die durchaus ebenfalls die sachgerechte Ermittlung und Bewertung des Abwägungsmaterials zu unterstützen vermag,[1778] findet nur noch auf der ersten Beteiligungsstufe gem. § 13a Abs. 2 Nr. 1, § 13 Abs. 2 S. 1 Nr. 1 1. Alt. BauGB i. V. m. § 3 Abs. 1 S. 1 BauGB o. § 13a Abs. 3 S. 1 Nr. 2 BauGB statt. In deren Rahmen geht es um eine Stellungnahme zu den allgemeinen Zielen und Zwecken und den wesentlichen Auswirkungen der Planung. Hierzu können in der Regel auch nicht von der Planung betroffene Personen mit relativ großer Wahrscheinlichkeit etwas Sachdienliches beitragen, während dies bei den Auswirkungen des Planentwurfs im Detail mangels eigener konkreter Betroffenheit von der Planung und damit mangels genaueren Interesses an der Planung eher selten der Fall sein wird. Daher wird durch die Beschränkung der Beteiligungsmöglichkeit zum Planentwurf auf die von der Planung Betroffenen in Verbindung mit der verbesserten Sicherstellung von deren tatsächlicher Partizipationsmöglichkeit die Qualität der Öffentlichkeitsbeteiligung im Ergebnis nicht verschlechtert,[1779] sondern sogar effektuiert und die Öffentlichkeitsbeteiligung wird trotz weiterhin grundsätzlich be-

---

1776 *Krautzberger/Stüer*, DVBl. 2007, 160 (168); vgl. auch *Bunzel*, Difu-Praxistest, S. 82 u. 83, abrufbar unter http://www.difu.de/publikationen/difu-berichte/4_06/11.phtml (zuletzt abgerufen am 01.03.2008).

1777 *Krautzberger*, UPR 2007, 53 (54); *ders.*, UPR 2007, 170 (175); *Krautzberger/Stüer*, DVBl. 2007, 160 (163); *Mitschang*, ZfBR 2007, 433 (444); *ders.*, ZfBR 2008, 227 (240).

1778 Vgl. B. III. 1. b) aa) (1) (a) (bb), Fn. 1629 u. B. III. 1. b) aa) (1) (b) (bb).

1779 Vgl. *Krautzberger*, UPR 2007, 170 (175); *ders.*, UPR 2007, 53 (54); Kritik im Hinblick auf die Möglichkeit, die *allgemeine* Bürgerbeteiligung auf die frühzeitige Öffentlichkeitsbeteiligung zu beschränken, kommt von der Stellungnahme Nr. 37/06 des Ausschusses Verwaltungsrecht des Deutschen Anwaltvereins vom 28.06.2006, S. 4 u. 5, abrufbar unter http://anwaltverein.de/downloads/stellungnahmen/2006-37.pdf (zuletzt abgerufen am 15.11.2008) und Stellungnahme Nr. 58/06 vom 02.11.2006, S. 6 u. 7, abrufbar unter http://anwaltverein.de/downloads/stellungnahmen/2006-58.pdf (zuletzt abgerufen am 15.11.2008).

stehender Zweistufigkeit[1780] aufgrund der Fristenregelung in § 13 Abs. 2 S. 1 Nr. 2 1. Alt. BauGB und der Einschränkung der zu Beteiligenden gestrafft.[1781] Eine im Hinblick auf die Verfahrensbeschleunigung effektive Einschränkung des Kreises der zum Planentwurf zu Konsultierenden ist jedoch, wie bereits dargelegt,[1782] nur möglich, wenn sich die tatsächlich betroffenen Personen und tatsächlich berührten Behörden und sonstigen Träger öffentlicher Belange relativ unaufwändig und gleichzeitig präzise ermitteln lassen, wozu umfassende frühzeitige Öffentlichkeits- und Behördenbeteiligungen nicht unerheblich beizutragen vermögen.

(c) Vergleich der Beteiligungen gem. § 13 Abs. 2 S. 1 Nr. 3 1. Alt. BauGB und § 4 Abs. 2 BauGB

Daraus ergibt sich auch, dass durch die Modifizierung des Verfahrens nach § 4 Abs. 2 BauGB in § 13a Abs. 2 Nr. 1, § 13 Abs. 2 S. 1 Nr. 3 1. Alt. BauGB kein allzu deutlicher Beschleunigungseffekt zu erwarten sein dürfte, weil auch im Rahmen des regulären Beteiligungsverfahrens zum Planentwurf gem. § 4 Abs. 2 BauGB nicht bei allen, sondern nur bei solchen Behörden und sonstigen Trägern öffentlicher Belange Stellungnahmen einzuholen sind, deren Aufgabenbereich durch die Planung berührt werden kann, so dass i. R. d. § 4 Abs. 2 BauGB im Vergleich zu § 3 Abs. 2 BauGB eine gewisse, wenn auch nicht grundsätzlich bedeutende Einschränkung des Kreises der zu Konsultierenden besteht, der durch die Beteiligung nur der tatsächlich berührten Behörden und sonstigen Träger öffentlicher Belange *nicht generell* so erheblich weiter eingeschränkt wird, wie dies bei der Beteiligung nur der betroffenen Öffentlichkeit in Relation zur Beteiligung von Jedermann der Fall ist.[1783] Dies bestätigt sich vor allem vor dem Hintergrund, dass eine Gemeinde bei Zweifeln darüber, ob von einer Behörde oder einem sonstigen Träger öffentlicher Belange wahrgenommene Belange von der Planung tatsächlich abwägungserheblich betroffen sind, ob die Behörde bzw. der sonstige Träger öffentlicher Belange also von der Planung im Sinne des § 13 Abs. 2 S. 1 Nr. 3 1. Alt. BauGB berührt ist, zur Vermeidung eines trotz § 214 Abs. 1 S. 1 Nr. 2 2. Hs. BauGB für die Rechtswirksamkeit des Bebauungsplans beachtlichen Fehlers und zur Vermeidung erheblichen Aufwands für eine ab-

---

1780 A. A. *Mitschang*, ZfBR 2007, 433 (443 u. 444 u. 447); *ders.*, ZfBR 2008, 109 (109) unter Verweis auf *Söfker*; *ders.*, ZfBR 2008, 227 (240); *Schröer*, NZBau 2006, 703 (704).
1781 Nach *Löhr* liegt die Beschleunigung vor allem in der reduzierten Zahl der zu Beteiligenden, weniger in der Verkürzung der Frist, da diese nicht so erheblich ist, in: B/K/L, § 13, Rn. 8; zustimmend *Gierke*, in: Brügelmann, § 13, Rn. 98 (Stand: September 2006). Vgl. Fn. 1763 u. 1764.
1782 Vgl. B. III. 1. b) cc) (2) (a).
1783 *Löhr*, in: B/K/L, § 13, Rn. 7; *Spannowsky*, in: Berliner Kommentar, § 13, Rn. 26 (Stand: Juli 2005). Vgl. Fn. 1720.

schließende Klärung der tatsächlichen Betroffenheit die Behörde bzw. den sonstigen Träger öffentlicher Belange in jedem Fall in die Planung einbeziehen sollte.[1784] Dies gilt zwar auch für die Beteiligung der betroffenen Öffentlichkeit;[1785] der demnach zu beteiligende Kreis von Vertretern der Öffentlichkeit ist aber dennoch regelmäßig erheblich kleiner als die gesamte, im Rahmen von § 3 Abs. 2 BauGB zu beteiligende Öffentlichkeit.

(3) *Außerhalb der Möglichkeit der Verfahrensbeschleunigung zu berücksichtigende Aspekte*

Obgleich der Praxistest den Beschleunigungseffekt der durch § 13a Abs. 2 Nr. 1, § 13 Abs. 2 BauGB gegenüber dem Regelplanungsverfahren modifizierten Behörden- und Öffentlichkeitsbeteiligung insgesamt als bedeutend eingeschätzt hat, wird auch von diesem trotz Vorliegens der Anwendungsvoraussetzungen des § 13a Abs. 1 BauGB vor allem die Anwendung der alternativ zu § 3 Abs. 1, Abs. 2 BauGB bestehenden Möglichkeit der reduzierten Öffentlichkeitsbeteiligung gem. § 13a Abs. 2 Nr. 1, § 13 Abs. 2 S. 1 Nr. 1 1. Alt, Nr. 2 1. Alt. BauGB nur in solchen Fällen empfohlen, in denen tatsächlich Zeitdruck für die Planung besteht. Ansonsten plädiert man eher für die Anwendung des Regelverfahrens der Öffentlichkeitsbeteiligung, weil die größere Transparenz des Verfahrens und die umfassendere Beteiligungsmöglichkeit der ganzen Bevölkerung, insbesondere wenn die Planung umfangreiche oder bedeutende Auswirkungen hat und damit Erörterungsbedarf und Unmut in der Bevölkerung auslöst, zu einer größeren Akzeptanz der Planung in der Bevölkerung beitragen kann.[1786] Zudem ist zu beachten, dass die modifizierte Öffentlichkeits- und Behördenbeteiligung gem. § 13a Abs. 2 Nr. 1, § 13 Abs. 2 BauGB im Endeffekt nur dann das Planungsverfahren für einen Bebauungsplan der Innenentwicklung zu beschleunigen vermag, wenn die weiteren Verfahrensschritte der Beratung über die Stellungnahmen, der Erarbeitung der zu beschließenden Fassung des Bebauungsplans und des Beschlusses über den Bebauungsplan unmittelbar im Anschluss an die Beteiligung zum Planentwurf durchgeführt werden, denn ansonsten verpufft ein im Beteiligungsverfahren erzielter Zeitgewinn sofort wieder.[1787]

1784 *Gierke*, in: Brügelmann, § 13, Rn. 104 (Stand: September 2006), geht davon aus, dass zwischen dem Kreis der zu Beteiligenden in § 4 Abs. 2 BauGB und in § 13 Abs. 2 S. 1 Nr. 3 1. Alt. BauGB kein Unterschied besteht. Vgl. Fn. 1720.
1785 Vgl. Fn. 1671.
1786 *Bunzel*, Difu-Praxistest, S. 36, abrufbar unter http://www.difu.de/publikationen/difu-berichte/4_06/11.phtml (zuletzt abgerufen am 01.03.2008); für die Erhöhung der Akzeptanz der Planung durch die uneingeschränkte Beteiligung von Behörden und Öffentlichkeit auch *Mitschang*, LKV 2008, 227 (228); vgl. auch *Wallraven-Lindl/Strunz/Geiß*, Das Bebauungsplanverfahren nach dem BauGB 2007, S. 144.
1787 *Reidt*, NVwZ 2007, 1029 (1031).

2. Verhältnis zwischen Bebauungsplan (der Innenentwicklung) und Flächennutzungsplan, § 13a Abs. 2 Nr. 2 BauGB

Als materiell-rechtliche Besonderheit bei der Aufstellung von Bebauungsplänen der Innenentwicklung im beschleunigten Verfahren sieht § 13a Abs. 2 Nr. 2 BauGB vor, dass ein Bebauungsplan, der von Darstellungen des Flächennutzungsplans abweicht, auch aufgestellt werden kann, bevor der Flächennutzungsplan geändert oder ergänzt ist. Dabei darf die geordnete städtebauliche Entwicklung des Gemeindegebiets nicht beeinträchtigt werden. Für den Flächennutzungsplan ist eine Anpassung im Wege der Berichtigung durchzuführen. Dies bedeutet, dass eine materiell-rechtliche Anforderung an den Bebauungsplan, nämlich die in § 8 Abs. 2 S. 1 BauGB vorgesehene Entwicklung des Bebauungsplans aus dem bestehenden Flächennutzungsplan (sog. Entwicklungsgebot), modifiziert wird und gleichzeitig eine dadurch erforderliche Anpassung des Flächennutzungsplans, die eine Übereinstimmung der im Flächennutzungsplan in den Grundzügen vorgesehenen städtebaulichen Entwicklung einer Gemeinde mit der im Bebauungsplan nach außen verbindlich geregelten, konkreten städtebaulichen Ordnung herbeiführen soll, ohne eigenes förmliches Planänderungsverfahren gem. § 1 Abs. 8, § 1 ff. BauGB ermöglicht wird.[1788] Die Vorschrift des § 13a Abs. 2 Nr. 2 BauGB statuiert also sowohl eine gegenüber dem Regelplanungsverfahren privilegierte materiell-rechtliche Anforderung an den Bebauungsplan, der im beschleunigten Verfahren aufgestellt wird, als auch eine verfahrensmäßige Entlastung bei der Änderung oder Ergänzung eines Flächennutzungsplans in Form einer (bloßen) Berichtigung,[1789] die es verhindern soll, dass die Erleichterung der materiellen Anforderung an den Bebauungsplan durch ein nach den Regeln der §§ 1 ff. BauGB durchzuführendes (aufwändiges) Änderungs- bzw. Ergänzungsverfahren für den Flächennutzungsplan wieder aufgehoben wird.[1790]

1788 *Battis/Krautzberger/Löhr*, NVwZ 2007, 121 (125); *Battis*, in: B/K/L, § 13a, Rn. 15; *Krautzberger*, in: E/Z/B/K, § 13a, Rn. 71 (Stand: Mai 2007); vgl. auch Mustereinführungserlass, S. 9, abrufbar unter http://www.is-argebau.de/ (zuletzt abgerufen am 10.05.2008).
1789 *Krautzberger*, in: E/Z/B/K, § 13a, Rn. 71 (Stand: Mai 2007); *Spannowsky*, in: Spannowsky/Hofmeister, BauGB 2007, S. 27 (33).
1790 *Spannowsky*, in: Berliner Kommentar, § 13a, Rn. 7 (Stand: Juli 2007); *ders.*, NuR 2007, 521 (523); *ders.*, in: Spannowsky/Hofmeister, BauGB 2007, S. 27 (33).

a) Gehalt der Regelung im Hinblick auf den Bebauungsplan

aa) Entwicklungsgebot gem. § 8 Abs. 2 S. 1 BauGB und Modifikationen gem. § 8 Abs. 2 S. 2, Abs. 3 und Abs. 4 BauGB – Ausgangslage

(1) § 8 Abs. 2 S. 1 BauGB

Gem. § 8 Abs. 2 S. 1 BauGB sind Bebauungspläne als verbindliche Bauleitpläne (§ 1 Abs. 2 2. Alt., § 8 Abs. 1 S. 1 BauGB) aus dem Flächennutzungsplan als vorbereitendem Bauleitplan (§ 1 Abs. 2 1. Alt. BauGB) zu entwickeln. Dem liegt die gesetzgeberische Vorstellung einer Zweistufigkeit der Bauleitplanung zugrunde, bei der der zunächst aufgestellte, großräumige, grundsätzlich das gesamte Gemeindegebiet erfassende Flächennutzungsplan zwingende, prioritäre planerische Vorgaben für die nachfolgende, kleinräumige, auf einzelne Grundstücke bezogene Bebauungsplanung enthält.[1791] „Entwickeln" bedeutet dabei nicht, dass ein Bebauungsplan eine reine Vollzugsstufe des Flächennutzungsplans ist. Vielmehr muss der Bebauungsplan die gem. § 5 Abs. 1 S. 1 BauGB im Flächennutzungsplan *in den Grundzügen* nach den voraussehbaren Bedürfnissen der Gemeinde für das ganze Gemeindegebiet dargestellte, sich aus der beabsichtigten städtebaulichen Entwicklung ergebende Art der Bodennutzung aufgreifen und diese Grundkonzeption in nach außen rechtsverbindliche (§ 8 Abs. 1 S. 1 BauGB) Arten der Bodennutzung im Sinne von §§ 9, 9a BauGB *konkret und parzellenscharf* ausgestalten.[1792] Dabei ist auch eine Abweichung von den Darstellungen des Flächennutzungsplans möglich, soweit sie sich aus dem Übergang in die konkrete Planungsstufe rechtfertigt und die vom Flächennutzungsplan für das Plangebiet des Bebauungsplans vorgesehene städtebauliche Konzeption in diesem (engen, kleinräumigen) Bereich nicht angetastet wird.[1793] Ein in diesem Sinne aus dem Flächennutzungsplan entwickelter Bebauungsplan ist im Umkehrschluss zu § 10 Abs. 2 S. 1 BauGB nicht genehmigungspflichtig.

(2) § 8 Abs. 2 S. 2 BauGB

In Abweichung zur Regelung des § 8 Abs. 2 S. 1 BauGB, die wegen der vorgesehenen Entwicklung des Bebauungsplans aus dem Flächennutzungsplan verlangt, dass zur Zeit der Aufstellung eines Bebauungsplans ein (wirksamer) Flä-

---

[1791] Löhr, in: B/K/L, § 8, Rn. 2.
[1792] Vgl. BVerwG, Urt. vom 26.02.1999 – 4 CN 6/98, NVwZ 2000, 197 (198); Manssen, in: B/H/K/M, Öffentliches Recht in Bayern, 4. Teil, Rn. 209; Oldiges, in: Steiner, Besonderes Verwaltungsrecht, Teil III, Rn. 63; Reidt, in: Gelzer/Bracher/Reidt, Bauplanungsrecht, Rn. 183.
[1793] BVerwG, Urt. vom 26.02.1999 – 4 CN 6/98, NVwZ 2000, 197 (197 u. 198). Vgl. Fn. 305.

chennutzungsplan besteht,[1794] sieht § 8 Abs. 2 S. 2 BauGB die Aufstellung eines sog. isolierten oder selbständigen Bebauungsplans ohne vorherige oder wenigstens gleichzeitige Aufstellung eines Flächennutzungsplans vor, wenn dieser Bebauungsplan ausreicht bzw. mehrere[1795] selbständige Bebauungspläne zusammen ausreichen, um die städtebauliche Entwicklung für das gesamte Gemeindegebiet zu ordnen, zumal dann wegen § 1 Abs. 3 S. 1 BauGB die Aufstellung eines Flächennutzungsplans nicht gerechtfertigt und daher nicht rechtmäßig möglich wäre.[1796] Ein solcher isolierter Bebauungsplan bedarf gem. § 10 Abs. 2 S. 1 BauGB der Genehmigung.

(3) § 8 Abs. 3 BauGB

Gem. § 8 Abs. 3 S. 1 BauGB kann eine Gemeinde im sog. Parallelverfahren gleichzeitig mit der Aufstellung, Änderung, Ergänzung oder Aufhebung eines Bebauungsplans auch den Flächennutzungsplan aufstellen, ändern oder ergänzen. Dabei kann gem. § 8 Abs. 3 S. 2 BauGB der Bebauungsplan vor dem gleichzeitig aufgestellten, geänderten oder ergänzten Flächennutzungsplan bekannt gemacht und damit gem. § 10 Abs. 3 S. 4 BauGB in Kraft gesetzt werden, wenn nach dem Stand der Planungsarbeiten (zum Flächennutzungsplan) anzunehmen ist, dass der Bebauungsplan aus den künftigen Darstellungen des Flächennutzungsplans entwickelt sein wird. Ein solcher frühzeitig bekannt gemachter Bebauungsplan unterliegt gem. § 10 Abs. 2 S. 1 BauGB der Genehmigungspflicht.

Das Parallelverfahren gem. § 8 Abs. 3 S. 1 BauGB, das durch eine *zeitliche Verfahrensparallelität* der Aufstellung, Änderung, Ergänzung oder Aufhebung des Bebauungsplans und der Aufstellung, Änderung oder Ergänzung des Flächennutzungsplans gewährleistet, dass im Ergebnis – also zur Zeit des Inkrafttretens des Bebauungsplans und des Wirksamwerdens des Flächennutzungsplans[1797] – der Bebauungsplan, wie in § 8 Abs. 2 S. 1 BauGB vorgesehen, der im Flächennutzungsplan für diesen Teil seines Plangebiets vorgesehenen städtebaulichen Konzeption im Sinne des Entwicklungsgebots entspricht, weil Flächennutzungsplan und Bebauungsplan im Rahmen der Verfahrensparallelität *inhaltlich* – wie durch Anwendung des Parallelverfahrens in der Regel von vornherein gewollt – entsprechend aufeinander abgestimmt werden und werden können,[1798] bietet sich insbesondere in solchen Fällen an, in denen unter einem gewissen

---

1794 *Reidt*, in: Gelzer/Bracher/Reidt, Bauplanungsrecht, Rn. 208.
1795 *Löhr*, in: B/K/L, § 8, Rn. 7; *Reidt*, in: Gelzer/Bracher/Reidt, Bauplanungsrecht, Rn 193.
1796 Vgl. *Bielenberg/Runkel*, in: E/Z/B/K, § 8, Rn. 4 u. 12 (Stand: April 2000); *Gierke*, in: Brügelmann, § 8, Rn. 116 (Stand: März 2004).
1797 *Löhr*, in: B/K/L, § 8, Rn. 8.
1798 BVerwG, Beschl. vom 03.10.1984 – 4 N 4.84, E 70, 171 (172 u. 177); *Bielenberg/Runkel*, in: E/Z/B/K, § 8, Rn. 15 u. 18 (Stand: April 2000); *Löhr*, in: B/K/L, § 8, Rn. 8; *Reidt*, in: Gelzer/Bracher/Reidt, Bauplanungsrecht, Rn. 210.

Zeitdruck[1799] ein Bebauungsplan aufgestellt, geändert, ergänzt oder aufgehoben werden soll, diese bebauungsplanerische Konzeption aber nicht aus dem bestehenden Flächennutzungsplan gem. § 8 Abs. 2 S. 1 BauGB entwickelt werden kann, so dass dieser im Hinblick auf die beabsichtigte Bebauungsplanung geändert werden muss.[1800] Indem ein ansonsten in Verfahrensparallelität zur Aufstellung, Änderung oder Ergänzung des Flächennutzungsplans und damit auch in inhaltlicher Abstimmung[1801] mit diesem gem. § 8 Abs. 3 S. 1 BauGB aufgestellter, geänderter, ergänzter oder aufgehobener Bebauungsplan nur unter der Voraussetzung vor der Bekanntmachung und dem Wirksamwerden des Flächennutzungsplans (vgl. § 6 Abs. 5 S. 2 BauGB) bekannt gemacht und damit in Kraft gesetzt werden darf, dass anzunehmen ist, dass der Bebauungsplan bezogen auf sein Plangebiet aus den künftigen Darstellungen des noch nicht wirksamen, in Planung befindlichen Flächennutzungsplans im Sinne von § 8 Abs. 2 S. 1 BauGB entwickelt sein wird, was ab dessen materieller Planreife beurteilt werden kann,[1802] wird auch für den Fall der frühzeitigen Bekanntmachung des Bebauungsplans gewährleistet, dass dieser der Grundkonzeption des (erst später wirksam werdenden) Flächennutzungsplans entspricht, so dass im Endergebnis, lässt man die frühzeitige Bekanntmachung außen vor, das in § 8 Abs. 2 S. 1 BauGB vorgesehene Ableitungsverhältnis des Bebauungsplans zum Flächennutzungsplan gewahrt wird.[1803] § 8 Abs. 3 BauGB ist daher insgesamt keine *gravierende* Ausnahme, sondern nur eine *partielle* Lockerung des in § 8 Abs. 2 S. 1 BauGB vorgesehenen Entwicklungsgebots, dem entsprechend der Bebauungsplan an die vom *bestehenden und wirksamen* Flächennutzungsplan vorgegebene Grundkonzeption gebunden ist. Dennoch ist in Bezug auf das Parallelverfahren festzustellen, dass dort das dem Entwicklungsgebot gem. § 8 Abs. 2 S. 1 BauGB zugrunde liegende Verständnis der zweistufigen Bauleitplanung, bei der *zuerst* durch den Flächennutzungsplan eine planerische Gesamtkonzeption für das gesamte Gemeindegebiet dargestellt wird, aus der dann ein *später* aufzustellender Bebauungsplan zu entwickeln ist, dadurch durchbrochen wird, dass der im Parallelverfahren aufgestellte, geänderte oder ergänzte Flächennutzungsplan *inhaltlich unmittelbar* mit dem aufgestellten, geänderten, ergänzten oder aufgehobenen Bebauungsplan abgestimmt wird, so dass *dem Inhalt nach* keine Entwicklung des Bebauungsplans aus dem Flächennutzungsplan mehr vorliegt, son-

---

1799 Vgl. *Oldiges*, in: Steiner, Besonderes Verwaltungsrecht, Teil III, Rn. 63.
1800 Vgl. *Bielenberg/Runkel*, in: E/Z/B/K, § 8, Rn. 15 (Stand: April 2000); *Manssen*, in: B/H/K/M, Öffentliches Recht in Bayern, 4. Teil, Rn. 211; vgl. auch *Mitschang*, ZfBR 2007, 433 (444).
1801 *Bielenberg/Runkel*, in: E/Z/B/K, § 8, Rn. 18 (Stand: April 2000); *Löhr*, in: B/K/L, § 8, Rn. 9.
1802 *Bielenberg/Runkel*, in: E/Z/B/K, § 8, Rn. 17 u. 18 (Stand: April 2000).
1803 *Bielenberg/Runkel*, in: E/Z/B/K, § 8, Rn. 17 (Stand: April 2000); vgl. *Oldiges*, in: Steiner, Besonderes Verwaltungsrecht, Teil III, Rn. 63.

dern eine *nur die Form* des § 8 Abs. 2 Abs. 1 BauGB wahrende, unmittelbar aufeinander abgestimmte Parallelentwicklung von Bebauungsplan und Flächennutzungsplan.[1804] Dabei ist jedoch zu beachten, dass nach Ansicht des Bundesverwaltungsgerichts ein Bebauungsplan schon dann aus dem Flächennutzungsplan im Sinne von § 8 Abs. 2 S. 1 BauGB entwickelt ist, wenn er sich zur Zeit seiner Inkraftsetzung als inhaltliche Konkretisierung des zu dieser Zeit wirksamen Flächennutzungsplans darstellt,[1805] also unabhängig davon, wie es zu dieser inhaltlichen Konkretisierung kam, und das Gericht dabei auf ein „Entwickeltsein" im Ergebnis statt auf ein tatsächliches inhaltliches „Entwickeln"[1806] abstellt. Vor diesem Hintergrund stellt nur die in § 8 Abs. 3 S. 2 BauGB vorgesehene frühzeitige Bekanntmachung des Bebauungsplans eine Abweichung auch von diesem weiten Verständnis des „Entwickelns" im Sinne von § 8 Abs. 2 S. 1 BauGB dar, weil in diesem Fall der Bebauungsplan zur Zeit seines Inkrafttretens gerade nicht die Konkretisierung eines schon wirksamen bzw. eines wenigstens gleichzeitig wirksam werdenden Flächennutzungsplans ist, sondern die Konkretisierung eines erst materiell planreifen.[1807]

(4) § 8 Abs. 4 S. 1 BauGB

Als unstreitig echte Ausnahme[1808] zum Entwicklungsgebot des § 8 Abs. 2 S. 1 BauGB mit der darin enthaltenen, zeitlich und inhaltlich prioritären Stellung des Flächennutzungsplans gegenüber dem Bebauungsplan erlaubt § 8 Abs. 4 S. 1 BauGB die Aufstellung, Änderung, Ergänzung oder Aufhebung eines Bebauungsplans, bevor der Flächennutzungsplan aufgestellt ist, wenn dringende Gründe es erfordern und wenn der Bebauungsplan der beabsichtigten städtebaulichen Entwicklung des Gemeindegebiets nicht entgegenstehen wird. Ein solcher, sog. vorzeitiger Bebauungsplan kann unter den beiden letztgenannten Voraussetzungen aufgestellt, geändert, ergänzt oder aufgehoben werden, obwohl kein wirksamer Flächennutzungsplan vorhanden ist,[1809] ein solcher aber gem. § 1 Abs. 3 S. 1 BauGB in Abgrenzung zu § 8 Abs. 2 S. 2 BauGB zur Steuerung der städte-

---

1804 *Bielenberg/Runkel*, in: E/Z/B/K, § 8, Rn. 4 u. 15 (Stand: April 2000), bezeichnen das Parallelverfahren als besondere Form des Entwickelns.
1805 BVerwG, Urt. vom 29.09.1978 – 4 C 30.76, E 56, 283 (283 u. 286).
1806 BVerwG, Urt. vom 29.09.1978 – 4 C 30.76, E 56, 283 (286).
1807 *Löhr*, in: B/K/L, § 8, Rn. 8, betont, dass die inhaltlichen Anforderungen an den Bebauungsplan hinsichtlich seines „Entwickeltseins" aus dem Flächennutzungsplan i. R. v. § 8 Abs. 3 S. 1 BauGB nicht berührt werden.
1808 *Bielenberg/Runkel*, in: E/Z/B/K, § 8, Rn. 4 u. 19 (Stand: April 2000); *Löhr*, in: B/K/L, § 8, Rn. 10; *Manssen*, in: B/H/K/M, Öffentliches Recht in Bayern, 4. Teil, Rn. 211.
1809 BVerwG, Urt. vom 26.02.1999 – 4 CN 6/98, NVwZ 2000, 197 (197/198); *Reidt*, in: Gelzer/Bracher/Reidt, Bauplanungsrecht, Rn. 197.

baulichen Entwicklung und Ordnung erforderlich wäre.[1810] Die Aufstellung des an sich erforderlichen Flächennutzungsplans muss gem. § 8 Abs. 4 S. 1 BauGB nicht abgewartet werden,[1811] um einen Bebauungsplan unter Berücksichtigung der Anforderung des § 8 Abs. 2 S. 1 BauGB aufstellen, ändern, ergänzen oder aufheben zu dürfen. Vielmehr darf der Bebauungsplan ohne Rücksicht auf die Erforderlichkeit eines Flächennutzungsplans aufgestellt, geändert, ergänzt oder aufgehoben werden, wenn dringende Gründe es erfordern und wenn der Bebauungsplan der beabsichtigten städtebaulichen Entwicklung des Gemeindegebiets nicht entgegenstehen wird. Ist für den Bereich des beabsichtigten Bebauungsplans ein wirksamer Flächennutzungsplan vorhanden, aus dem die beabsichtigte bebauungsplanerische Maßnahme nicht gem. § 8 Abs. 2 S. 1 BauGB entwickelt werden kann, ist § 8 Abs. 4 S. 1 BauGB nicht anwendbar und der bestehende Flächennutzungsplan ist im Hinblick auf eine rechtmäßige Aufstellung des gewollten Bebauungsplans zu ändern, wobei dies im Parallelverfahren geschehen kann.[1812] Nur § 8 Abs. 4 S. 2 BauGB erlaubt die Aufstellung eines vorzeitigen Bebauungsplans trotz Bestehens eines wirksamen Flächennutzungsplans, aus dem der gewünschte Bebauungsplan nicht im Sinne von § 8 Abs. 2 S. 1 BauGB entwickelt werden kann;[1813] dies gilt jedoch nur bei Gebiets- und Bestandsänderungen von Gemeinden oder bei sonstigen Veränderungen der Zuständigkeit für die Aufstellung des Flächennutzungsplans, bei denen der bestehende Flächennutzungsplan wirksam bleibt, und nur unter den Voraussetzungen, dass wie bei § 8 Abs. 4 S. 1 BauGB dringende Gründe die Aufstellung eines vorzeitigen Bebauungsplans erfordern[1814] und der vorzeitige Bebauungsplan der beabsichtigten städtebaulichen Entwicklung des Gemeindegebiets nicht entgegenstehen wird.[1815]

Für die Dringlichkeit eines Grundes für einen vorzeitigen Bebauungsplan muss das (dringende) öffentliche Interesse an der Durchführung der bebauungsplanerischen Maßnahme gegenüber dem Interesse an einem Abwarten der Aufstellung des gem. § 1 Abs. 3 S. 1 BauGB städtebaulich erforderlichen Flächennutzungsplans zur anschließenden Entwicklung des Bebauungsplans aus diesem aus objektiven Gründen überwiegen bzw. muss der Bebauungsplan erforderlich sein, um erhebliche Nachteile für die Entwicklung der Gemeinde zu vermei-

---

1810 *Bielenberg/Runkel*, in: E/Z/B/K, § 8, Rn. 19 (Stand: April 2000); *Gierke*, in: Brügelmann, § 8, Rn. 129 (Stand: März 2004).
1811 *Reidt*, in: Gelzer/Bracher/Reidt, Bauplanungsrecht, Rn. 196.
1812 *Bielenberg/Runkel*, in: E/Z/B/K, § 8, Rn. 19 (Stand: April 2000); *Gierke*, in: Brügelmann, § 8, Rn. 125 (Stand: März 2004); *Reidt*, in: Gelzer/Bracher/Reidt, Bauplanungsrecht, Rn. 197.
1813 *Löhr*, in: B/K/L, § 8, Rn. 14.
1814 *Löhr*, in: B/K/L, § 8, Rn. 14.
1815 *Gierke*, in: Brügelmann, § 8, Rn. 147 (Stand: März 2004); *Philipp*, in: Berliner Kommentar, § 8, Rn. 23 (Stand: Juli 2007).

den.[1816] In diese Abwägung muss die Bedeutung der bebauungsplanerischen Maßnahme ebenso einfließen wie die Frage, ob und inwieweit der aufzustellende Bebauungsplan einem künftigen gemeindeweiten Entwicklungskonzept entgegenstehen würde,[1817] wobei dieser Aspekt im Wortlaut von § 8 Abs. 4 S. 1 BauGB, der explizit verlangt, dass der vorzeitige Bebauungsplan der beabsichtigten städtebaulichen Entwicklung des Gemeindegebiets nicht entgegenstehen wird, auch eigens angesprochen ist.[1818] Es ist also zu fragen, ob eine geordnete städtebauliche Entwicklung eher durch ein Abwarten des Flächennutzungsplans oder eher durch die Aufstellung eines Bebauungsplans gewährleistet werden kann, *auch wenn* er in seinem Planbereich für einen künftigen Flächennutzungsplan vollendete Tatsachen schaffen wird.[1819] Dringende Gründe sind oft dann zu bejahen, wenn der Bebauungsplan dazu dienen kann, eine unerwünschte städtebauliche Entwicklung aufzuhalten oder für die gemeindliche Entwicklung bedeutende Investitionen auf dem Gemeindegebiet zu ermöglichen.[1820] Wie schon angesprochen, setzt die Aufstellung, Änderung, Ergänzung oder Aufhebung eines vorzeitigen Bebauungsplans neben dem Vorliegen dringender Gründe voraus, dass der Bebauungsplan der beabsichtigten städtebaulichen Entwicklung des Gemeindegebiets nicht entgegenstehen wird. Diese Voraussetzung, die für den vorzeitigen Bebauungsplan wegen des Bezugs zur beabsichtigten städtebaulichen Entwicklung wenigstens im Ansatz eine Rückkopplung an das von § 8 Abs. 2 S. 1 BauGB statuierte Entwicklungsgebot darstellt,[1821] indem sie, wie das Entwicklungsgebot des § 8 Abs. 2 S. 1 i. V. m. § 5 Abs. 1 S. 1 BauGB, auf die beabsichtigte städtebauliche Entwicklung Bezug nimmt, die sich jedoch nicht, wie innerhalb des § 8 Abs. 2 S. 1 BauGB, aus einem bestehenden und wirksamen Flächennutzungsplan ergibt, fließt, wie dargestellt,[1822] schon in die Prüfung des Vorliegens dringender Gründe ein. Ferner ist zu bedenken, dass dieser Ausschlussgrund eines vorzeitigen Bebauungsplans einem solchen nur im Wege

---

1816 *Bielenberg/Runkel*, in: E/Z/B/K, § 8, Rn. 19 (Stand: April 2000); *Gierke*, in: Brügelmann, § 8, Rn. 139 (Stand: März 2004); *Reidt*, in: Gelzer/Bracher/Reidt, Bauplanungsrecht, Rn. 201.
1817 BVerwG, Urt. vom 14.12.1984 – 4 C 54.81, BauR 1985, 282 (283); *Reidt*, in: Gelzer/Bracher/Reidt, Bauplanungsrecht, Rn. 201.
1818 BVerwG, Urt. vom 14.12.1984 – 4 C 54.81, BauR 1985, 282 (283).
1819 BVerwG, Urt. vom 14.12.1984 – 4 C 54.81, BauR 1985, 282 (283); *Bielenberg/Runkel*, in: E/Z/B/K, § 8 Rn. 20 (Stand: April 2000); *Gierke*, in: Brügelmann, § 8, Rn. 137 (Stand: März 2004).
1820 *Bielenberg/Runkel*, in: E/Z/B/K, § 8, Rn. 21 (Stand: April 2000); *Gierke*, in: Brügelmann, § 8, Rn. 139 (Stand: März 2004); *Löhr*, in: B/K/L, § 8, Rn. 11; *Reidt*, in: Gelzer/Bracher/Reidt, Bauplanungsecht, Rn. 205.
1821 VGH München, Urt. vom 15.01.1997 – 26 N 96.2907, zitiert nach juris, Rn. 18; *Bielenberg/Runkel*, in: E/Z/B/K, § 8, Rn. 25 (Stand: April 2000); *Gierke*, in: Brügelmann, § 8, Rn. 142 (Stand: März 2004).
1822 Vgl. Fn. 1818.

stehen kann, soweit hinreichend konkrete Vorstellungen der Gemeinde über die städtebauliche Entwicklung des Gemeindegebiets vorliegen, sei es in Form eines Entwurfs für einen Flächennutzungsplan, wobei dessen Planaufstellungsverfahren ruht,[1823] sei es in Form informeller Planungen, z. B. Einzelhandelskonzepte u. Ä.[1824] Auch die in § 1 Abs. 5, Abs. 6 BauGB normierten allgemeinen Planungsziele und -leitlinien sind zu beachten.[1825] Zudem kann die Gemeinde ihre Vorstellungen über die beabsichtigte städtebauliche Entwicklung anlässlich eines vorzeitigen Bebauungsplans neu überdenken. Der vorzeitige Bebauungsplan darf nicht die Weichen für eine neue, in den bisherigen (aufrechterhaltenen) Überlegungen zur städtebaulichen Entwicklung nicht angelegte und damit im Vergleich zu diesen grundlegend andere Entwicklung stellen.[1826] § 8 Abs. 4 S. 1 a. E. BauGB schließt einen vorzeitigen Bebauungsplan nur dann aus, wenn dieser der beabsichtigten städtebaulichen Entwicklung entgegenstünde, nicht, wenn er sie nur erschwerte. D. h., der Ausschlussgrund greift nicht, wenn der Bebauungsplan nicht die Realisierung zentraler Elemente der beabsichtigen städtebaulichen Entwicklung verhindern würde.[1827]

Insgesamt bedeuten die Voraussetzungen für einen vorzeitigen Bebauungsplan, dass er zum einen entgegen dem Entwicklungsgebot gem. § 8 Abs. 2 S. 1 BauGB und der darin vorgesehenen Zweistufigkeit und zeitlichen Abfolge von Flächennutzungs- und Bebauungsplanung ohne eine an sich gem. § 1 Abs. 3 S. 1 BauGB erforderliche, vorherige oder wenigstens parallele Aufstellung eines Flächennutzungsplans aufgestellt, geändert, ergänzt oder aufgehoben werden kann, und zum anderen, dass er dabei auch nicht *streng* an die einer notwendigen Flächennutzungsplanung zugrunde zu legende städtebauliche Konzeption gebunden ist, so dass der vorzeitige Bebauungsplan auch nach Aufstellung des erforderlichen Flächennutzungsplans nicht unbedingt wie i. R. v. § 8 Abs. 3 S. 2 BauGB aus diesem im Sinne von § 8 Abs. 2 S. 1 BauGB abgeleitet erscheinen muss.[1828] Ein vorzeitiger Bebauungsplan ist gem. § 10 Abs. 2 S. 1 BauGB genehmigungspflichtig. Sind die Voraussetzungen eines vorzeitigen Bebauungsplans nicht erfüllt, können der gewollte Bebauungsplan und der erforderliche Flächennut-

---

1823 VGH München, Urt. vom 15.01.1997 – 26 N 96.2907, zitiert nach juris, Orientierungssatz 2 u. Rn. 19; *Bielenberg/Runkel*, in: E/Z/B/K, § 8, Rn. 25 (Stand: April 2000); *Gierke*, in: Brügelmann, § 8, Rn. 142 (Stand: März 2004).
1824 *Bielenberg/Runkel*, in: E/Z/B/K, § 8, Rn. 25 (Stand: April 2000); *Gierke*, in: Brügelmann, § 8, Rn. 142 (Stand: März 2004); *Löhr*, in: B/K/L, § 8, Rn. 12.
1825 *Löhr*, in: B/K/L, § 8, Rn. 12; *Reidt*, in: Gelzer/Bracher/Reidt, Bauplanungsrecht, Rn. 206.
1826 VGH München, Urt. vom 15.01.1997 – 26 N 96.2907, zitiert nach juris, Orientierungssatz 1 u. Rn. 18; *Bielenberg/Runkel*, in: E/Z/B/K, § 8, Rn. 25 (Stand: April 2000); *Gierke*, in: Brügelmann, § 8, Rn. 142 (Stand: März 2004).
1827 *Reidt*, in: Gelzer/Bracher/Reidt, Bauplanungsrecht, Rn. 206.
1828 Vgl. *Gierke*, in: Brügelmann, § 8, Rn. 131 (Stand: März 2004).

zungsplan im Parallelverfahren gem. § 8 Abs. 3 BauGB aufgestellt, geändert, ergänzt und in Bezug auf den Bebauungsplan auch aufgehoben werden.[1829]

bb) Verhältnis der Regelung des § 13a Abs. 2 Nr. 2 BauGB zu § 8 Abs. 3 und Abs. 4 BauGB

(1) Vergleich mit § 8 Abs. 3 BauGB

§ 13a Abs. 2 Nr. 2 BauGB erlaubt es als Besonderheit des beschleunigten Verfahrens, einen Bebauungsplan für Maßnahmen der Innenentwicklung, der von den Darstellungen des bestehenden, wirksamen Flächennutzungsplans die Grenzen des Entwicklungsgebots überschreitend abweicht, aufzustellen oder gem. § 13 Abs. 4 BauGB zu ändern bzw. zu ergänzen, bevor der Flächennutzungsplan (entsprechend) geändert oder ergänzt wurde. D. h., dass ein Bebauungsplan der Innenentwicklung aufgestellt, geändert oder ergänzt werden kann, obwohl der konkrete Planinhalt nicht im Sinne von § 8 Abs. 2 S. 1 BauGB aus dem bestehenden, wirksamen Flächennutzungsplan entwickelt werden kann, ohne dass der Flächennutzungsplan wenigstens gleichzeitig im Parallelverfahren gem. § 8 Abs. 3 BauGB so ergänzt oder geändert werden müsste,[1830] dass der Bebauungsplan im Zeitpunkt seines Inkrafttretens aus dem dann wirksamen bzw. gleichzeitig wirksam werdenden bzw. noch in Änderung oder Ergänzung befindlichen, aber schon materiell planreifen, künftigen Flächennutzungsplan im Sinne des § 8 Abs. 2 S. 1 BauGB entwickelt wäre. Statt einer Änderung oder Ergänzung des Flächennutzungsplans in einem selbständigen Planungsverfahren gem. § 1 Abs. 8, §§ 1 ff. BauGB vor oder jedenfalls gleichzeitig mit der Aufstellung, Änderung oder Ergänzung des nicht aus dem bestehenden Flächennutzungsplan gem. § 8 Abs. 2 S. 1 BauGB entwicklungsfähigen Bebauungsplans der Innenentwicklung sieht § 13a Abs. 2 Nr. 2 3. Hs. BauGB (nur) eine entsprechende Anpassung des Flächennutzungsplans im Wege der Berichtigung als rein redaktionellen Vorgang[1831] vor, durch die der Flächennutzungsplan (im Nachhinein) den Inhalt erhält, aufgrund dessen der Bebauungsplan der Innenentwicklung aus ihm im Sinne von § 8 Abs. 2 S. 1 BauGB entwickelt werden könnte. Zur Verfahrensbeschleunigung soll also ein Bebauungsplan der Innenentwicklung ohne ein im Hinblick auf § 8 Abs. 2 S. 1 BauGB an sich erforderliches und trotz gem. § 8 Abs. 3 BauGB möglicher Verfahrensparallelität zum Bebauungsplanungs-

---

1829 *Reidt*, in: Gelzer/Bracher/Reidt, Bauplanungsrecht, Rn. 208.
1830 *Kirchmeier*, in: Hk-BauGB, § 13a, Rn. 11; *Krautzberger*, in: Krautzberger/Söfker, Baugesetzbuch, Rn. 154b; *Mitschang*, ZfBR 2007, 433 (444); *ders.*, ZfBR 2008, 227 (236); *Reidt*, NVwZ 2007, 1029 (1031). Vgl. Fn. 1799 u. 1800.
1831 BT-Drs. 16/2496, S. 14.

verfahren aufwändiges Plananpassungs- bzw. -änderungsverfahren für den bestehenden Flächennutzungsplan aufgestellt werden können.[1832]

(2) Vergleich mit § 8 Abs. 4 BauGB

Eine ähnliche Regelung[1833] beinhaltet § 8 Abs. 4 S. 1 BauGB. Diese Vorschrift erfasst jedoch – wie soeben gezeigt[1834] – nur den Fall, dass zur Zeit der Aufstellung, Änderung, Ergänzung oder Aufhebung des Bebauungsplans noch kein wirksamer Flächennutzungsplan existiert, aus dem der Bebauungsplan entwickelt werden könnte, ein solcher aber aufgrund des Gebots des § 1 Abs. 3 S. 1 BauGB aufgestellt werden müsste. § 13a Abs. 2 Nr. 2 BauGB gilt dagegen nur in den Fällen, in denen in einer Gemeinde ein wirksamer Flächennutzungsplan schon besteht, der gewollte Bebauungsplan der Innenentwicklung jedoch aus diesem nicht im Sinne von § 8 Abs. 2 S. 1 BauGB entwickelt werden kann;[1835] in diesen Fällen ist § 8 Abs. 4 S. 1 BauGB gerade nicht anwendbar (vgl. B. III. 2. a) aa) (4)) und ist der Flächennutzungsplan außerhalb des Anwendungsbereichs von § 13a Abs. 2 Nr. 2 BauGB grundsätzlich in einem eigenständigen Planungsverfahren, das allenfalls gem. § 8 Abs. 3 BauGB parallel zum Bebauungsplanungsverfahren durchgeführt werden kann, zu ergänzen bzw. ändern. Nur die Regelung des § 8 Abs. 4 S. 2 BauGB erlaubt wie § 13a Abs. 2 Nr. 2 BauGB unter den oben aufgeführten Voraussetzungen[1836] die Aufstellung eines Bebauungsplans ohne die wenigstens gleichzeitige, an sich gem. § 8 Abs. 2 S. 1, § 1 Abs. 3 S. 1 BauGB erforderliche Ergänzung oder Änderung des bestehenden Flächennutzungsplans. Soll ein Bebauungsplan der Innenentwicklung aufgestellt, geändert oder ergänzt werden, existiert aber in der Gemeinde kein an sich gem. § 1 Abs. 3 S. 1 BauGB erforderlicher Flächennutzungsplan, gilt § 13a Abs. 2 Nr. 2 BauGB nicht; der Bebauungsplan kann unter den Voraussetzungen des § 8 Abs. 4 S. 1 BauGB aber als vorzeitiger Bebauungsplan – unter Erfüllung der Maßgaben des § 13a Abs. 1 BauGB auch im beschleunigten Verfahren mit

---

1832 *Portz*, in: Spannowsky/Hofmeister, BauGB 2007, S. 1 (5); *Spannowsky*, in: Spannowsky/Hofmeister, BauGB 2007, S. 27 (33); *ders.*, in: Berliner Kommentar, § 13a, Rn. 7 (Stand: Juli 2007); *ders.*, NuR 2007, 521 (523). Vgl. Fn. 1790.
1833 Vgl *Mitschang*, ZfBR 2007, 433 (444); *Jäde*, in: J/D/W, BauGB, § 13a, Rn. 15; *Spannowsky*, in: Spannowsky/Hofmeister, BauGB 2007, S. 27 (33); *ders.*, NuR 2007, 521 (523 u. 525).
1834 Vgl. B. III. 2. a) aa) (4).
1835 *Gierke*, in: Brügelmann, § 13a, Rn. 116 (Stand: Februar 2008); *Jäde*, in: J/D/W, BauGB, § 13a, Rn. 15; *Kirchmeier*, in: Hk-BauGB, § 13a, Rn. 11; *Mitschang*, ZfBR 2007, 433 (444); *Schmidt-Eichstaedt*, BauR 2007, 1148 (1152); Mustereinführungserlass, S. 9, abrufbar unter http://www.is-argebau.de/ (zuletzt abgerufen am 10.05.2008).
1836 B. III. 2. a) aa) (4).

Ausnahme der Verfahrensbesonderheit des § 13a Abs. 2 Nr. 2 BauGB - aufgestellt werden.[1837]

Die Anwendbarkeit von § 8 Abs. 4 S. 1 BauGB und von § 8 Abs. 4 S. 2 BauGB ist zudem an das Vorliegen dringender Gründe gebunden, während solche i. R. v. § 13a Abs. 2 Nr. 2 BauGB keine ausdrückliche und gegenüber § 13a Abs. 1 BauGB zusätzliche Anwendungsvoraussetzung sind.[1838] Die für die Abweichung vom Grundsatz des § 8 Abs. 2 S. 1 BauGB in § 8 Abs. 4 BauGB erforderliche Dringlichkeit ergibt sich im Rahmen des § 13a Abs. 2 Nr. 2 BauGB bereits kraft Gesetzes aus der Erfüllung der Anwendungsvoraussetzungen des beschleunigten Verfahrens gem. § 13a Abs. 1 BauGB.[1839] Das Innenstadtentwicklungsgesetz will zur notwendigen und als dringend eingeordneten Stärkung der Innenentwicklung zur Erhaltung urbaner Stadtzentren sowie zur Reduzierung der Außenentwicklung und der damit einhergehenden Flächenneuinanspruchnahme das Planungsverfahren für Maßnahmen der Innenentwicklung beschleunigen. Dieses soll grundsätzlich, ohne im Vergleich zu § 13a Abs. 1, Abs. 2 Nr. 2 2. Hs. BauGB zusätzliche Voraussetzungen, nicht durch eine eventuell im Hinblick auf die Innenentwicklungsmaßnahme notwendige Änderung oder Ergänzung des Flächennutzungsplans verzögert werden.

§ 8 Abs. 4 S. 1 BauGB bzw. § 8 Abs. 4 S. 2 BauGB entbinden ferner nicht von der Pflicht, den gem. § 1 Abs. 3 S. 1 BauGB erforderlichen bzw. gem. § 1 Abs. 3 S. 1, § 8 Abs. 2 S. 1 BauGB anzupassenden Flächennutzungsplan nach der Aufstellung, Änderung, Ergänzung oder Aufhebung des Bebauungsplans in einem förmlichen Planungsverfahren gem. §§ 1 ff. BauGB aufzustellen bzw. zu ändern oder zu ergänzen;[1840] lediglich im Hinblick auf den gewünschten Bebauungsplan muss dies noch nicht erfolgen. § 13a Abs. 2 Nr. 2 3. Hs. BauGB erlaubt es dagegen, die Darstellungen des Flächennutzungsplans, von denen die Festsetzungen des Bebauungsplans die Grenzen des Entwicklungsgebots überschreitend abweichen und die daher obsolet und funktionslos[1841] werden, ohne eigenständiges Planänderungs- oder -ergänzungsverfahren nur im Wege der Be-

---

1837 *Schmidt-Eichstaedt*, BauR 2007, 1148 (1152); Mustereinführungserlass, S. 9, abrufbar unter http://www.is-argebau.de/ (zuletzt abgerufen am 10.05.2008).
1838 *Mitschang*, ZfBR 2007, 433 (444); *Uechtritz*, BauR 2007, 476 (481).
1839 *Gierke*, in: Brügelmann, § 13a, Rn. 117 (Stand: Februar 2008); *Spannowsky*, in: Spannowsky/Hofmeister, BauGB 2007, S. 27 (37); *ders.*, NuR 2007, 521 (525); *ders.*, in: Berliner Kommentar, § 13a, Rn. 26 (Stand: Juli 2007).
1840 Vgl. *Gierke*, in: Brügelmann, § 8, Rn. 130 (Stand: März 2004).
1841 BT-Drs. 16/2496, S. 14. Vgl. *Bielenberg/Runkel*, in: E/Z/B/K, § 8, Rn. 28 (Stand: April 2000); *Bunzel*, LKV 2007, 444 (449); *Dirnberger*, Bay. Gemeindetag 2/2007, 51 (53); *Krautzberger*, in: Krautzberger/Söfker, Baugesetzbuch, Rn. 154b; *ders.*, UPR 2006, 405 (408); *Scheidler*, ZfBR 2006, 752 (755); *ders.*, BauR 2007, 650 (655); *Uechtritz*, BauR 2007, 476 (482); Mustereinführungserlass, S. 9, abrufbar unter http://www.is-argebau.de/ (zuletzt abgerufen am 10.05.2008).

richtigung als rein redaktionellem Vorgang anzupassen.[1842] Dies bedeutet, dass § 13a Abs. 2 Nr. 2 3. Hs. BauGB völlig von einem an sich notwendigen Plananpassungsverfahren gem. § 1 Abs. 8, §§ 1 ff. BauGB in Bezug auf den Flächennutzungsplan suspendiert, während § 8 Abs. 4 S. 1 bzw. S. 2 BauGB nur einen Aufschub des Planungsverfahrens für den erforderlichen Flächennutzungsplan bzw. die erforderliche Flächennutzungsplanänderung oder -ergänzung erlaubt.

(3) Vergleich mit früheren Regelungen des Baugesetzbuchs

Die in § 13a Abs. 2 Nr. 2 3. Hs. BauGB eingeräumte Möglichkeit einer inhaltlichen Korrektur des Flächennutzungsplans in Form eines rein redaktionellen Vorgangs ohne förmliches Planungsverfahren stellt daher im geltenden System der Bauleitplanung eine echte Ausnahme dar,[1843] ist aber in der Geschichte des Baugesetzbuchs kein Novum.[1844] Das BauGB-Maßnahmengesetz (1990)[1845] hatte in seinem § 1 Abs. 2 vorgesehen, einen Bebauungsplan, der der Deckung eines dringenden Wohnbedarfs der Bevölkerung dienen sollte, auch aufstellen, ändern oder ergänzen zu können, bevor der Flächennutzungsplan geändert oder ergänzt war. Der Flächennutzungsplan war in diesem Fall wie gem. § 13a Abs. 2 Nr. 2 3. Hs. BauGB im Wege der Berichtigung anzupassen.[1846] Damit ging § 1 Abs. 2 BauGB-MaßnahmenG (1990) wie § 13a Abs. 2 Nr. 2 BauGB von der Situation aus, dass der aufzustellende Bebauungsplan nicht gem. § 8 Abs. 2 S. 1 BauGB aus dem bestehenden, wirksamen Flächennutzungsplan entwickelt werden konnte.[1847] Dennoch sollte kein Flächennutzungsplanänderungs- bzw. –anpassungsverfahren notwendig sein, um den Bebauungsplan aufstellen zu können und Flächennutzungsplan und Bebauungsplan letztlich wieder in ein § 8 Abs. 2 S. 1 BauGB entsprechendes Verhältnis zu bringen. Zu diesem Zweck sollte nur

---

1842 BT-Drs. 16/2496, S. 14; *Bunzel*, LKV 2007, 444 (449); *Dirnberger*, Bay. Gemeindetag 2/2007, 51 (53); *Krautzberger*, UPR 2006, 405 (408); *ders.*, in: Krautzberger/Söfker, Baugesetzbuch, Rn. 154b; *Mitschang*, LKV 2007, 102 (108); *ders.*, ZfBR 2007, 433 (445); *Scheidler*, ZfBR 2006, 752 (755); *ders.*, BauR 2007, 650 (655); *Spannowsky*, in: Spannowsky/Hofmeister, BauGB 2007, S. 27 (27); *Uechtritz*, BauR 2007, 476 (482); Mustereinführungserlass, S. 9, abrufbar unter http://www.is-argebau.de/ (zuletzt abgerufen am 10.05.2008).
1843 *Uechtritz*, BauR 2007, 476 (482, Fn. 28).
1844 A. A. *Uechtritz*, BauR 2007, 476 (482).
1845 Das BauGB-Maßnahmengesetz war in Art. 2 des Wohnungsbau-Erleichterungsgesetzes enthalten, BGBl. (1990) I S. 926, vgl. A. IV. 2.
1846 *Bielenberg/Runkel*, in: E/Z/B/K, § 8, Rn. 27 (Stand: April 2000); *Gierke*, in: Brügelmann, § 13a, Rn. 116 (Stand: Februar 2008); *Krautzberger*, in: E/Z/B/K, § 13a, Rn. 72 (Stand: Mai 2007); *Mitschang*, ZfBR 2007, 433 (445); *ders.*, LKV 2007, 102 (108); *Schmidt-Eichstaedt*, BauR 2007, 1148 (1152).
1847 *Bielenberg/Runkel*, in: E/Z/B/K, § 8, Rn. 27 (Stand: April 2000).

eine redaktionelle Berichtigung[1848] des Flächennutzungsplans vorgenommen werden.

Zudem konnte bis zum EAG-Bau (2004) in Berlin aufgrund der Sonderregel der sog. Berlin-Klausel[1849] in § 246 Abs. 3 BauGB (in der Fassung bis zum EAG-Bau,[1850] vgl. BGBl. (2001) I S. 1950 u. BGBl. (2004) I S. 1359) ein Bebauungsplan auch außerhalb der von § 8 Abs. 4 S. 2 BauGB vorausgesetzten Situation als vorzeitiger Bebauungsplan im Sinne von § 8 Abs. 4 BauGB aufgestellt werden, bevor der bestehende Flächennutzungsplan entsprechend geändert oder ergänzt war; der Flächennutzungsplan war dann ebenfalls im Wege der Berichtigung anzupassen.[1851]

(4) Zusammenfassung der Vergleiche

Insgesamt ergibt sich daher für das Verhältnis der Regelung des § 13a Abs. 2 Nr. 2 BauGB im beschleunigten Verfahren zu den allgemein anwendbaren Vorschriften des § 8 Abs. 3 u. Abs. 4 BauGB, dass durch die in § 13a Abs. 2 Nr. 2 1. Hs. u. 3. Hs. BauGB eingeräumte Möglichkeit, einen nicht aus dem bestehenden Flächennutzungsplan im Sinne von § 8 Abs. 2 S. 1 BauGB entwickelbaren Bebauungsplan der Innenentwicklung aufstellen, ändern oder ergänzen zu dürfen, bevor der Flächennutzungsplan geändert oder ergänzt ist, und diesen nur im Wege der Berichtigung anpassen zu müssen, in den Grenzen des § 13a Abs. 2 Nr. 2 2. Hs. BauGB im Hinblick auf im beschleunigten Verfahren aufstellbare Bebauungspläne, die nicht aus dem bestehenden, wirksamen Flächennutzungsplan entwickelt werden können, ein eigenständiges Planänderungs- oder –ergänzungsverfahren für den Flächennutzungsplan gem. § 1 Abs. 8, §§ 1 ff. BauGB nicht erforderlich ist und daher zur Verkürzung des für die gewünschte Bebauungsplanung erforderlichen „Gesamtbauleitplanungsverfahrens" auch nicht auf das Parallelverfahren gem. § 8 Abs. 3 BauGB zurückgegriffen werden muss,[1852] was das Bebauungsplanungsverfahren zusätzlich zu den bisherigen Möglichkeiten der Verfahrensbeschleunigung aufgrund des Parallelverfahrens entlasten und verkürzen soll.[1853] Die Regelung des § 13a Abs. 2 Nr. 2 BauGB scheint auf den

---

1848 *Bielenberg/Runkel*, in: E/Z/B/K, § 8, Rn. 27 (Stand: April 2000).
1849 *Bielenberg/Runkel*, in: E/Z/B/K, § 8, Rn. 19 (Stand: April 2000).
1850 *Schmidt-Eichstaedt*, BauR 2007, 1148 (1152).
1851 *Gierke*, in: Brügelmann, § 8, Rn. 148 (Stand: März 2004); *Schmidt-Eichstaedt*, BauR 2007, 1148 (1152).
1852 *Gierke*, in: Brügelmann, § 13a, Rn. 118 (Stand: Februar 2008); *Jäde*, in: J/D/W, BauGB, § 13a, Rn. 15; *Mitschang*, ZfBR 2007, 433 (444); *Reidt*, NVwZ 2007, 1029 (1031); *Spannowsky*, in: Spannowsky/Hofmeister, BauGB 2007, S. 27 (33). Vgl. Fn. 1832.
1853 *Mitschang*, LKV 2007, 102 (108).

ersten Blick an § 8 Abs. 4 S. 1 BauGB[1854] oder wenigstens an § 8 Abs. 4 S. 2 BauGB anzuknüpfen, unterscheidet sich aber letztlich sowohl in der Ausgangssituation (fehlender/bestehender Flächennutzungsplan) und den Voraussetzungen (dringende Gründe im konkreten Einzelfall) als auch in der Rechtsfolge (Flächennutzungsplanungsverfahren erforderlich/entbehrlich) von diesen Regelungen. § 13a Abs. 2 Nr. 2 BauGB belebt viel eindeutiger die Vorschrift des § 1 Abs. 2 BauGB-MaßnahmenG (1990) mit teilweise veränderten Voraussetzungen wieder.[1855] Dies wird ergänzend dadurch bestätigt, dass der Regierungsentwurf zum Innenstadtentwicklungsgesetz als Absatz 5 von § 13a BauGB eine Regelung zur Beschleunigung von Innenentwicklungsmaßnahmen auf der Ebene der Vorhabenzulassung und damit des Genehmigungsverfahrens für Vorhaben im Geltungsbereich eines Bebauungsplans, der im beschleunigten Verfahren aufgestellt, geändert oder ergänzt worden ist, vorgesehen hatte.[1856] Während des weiteren Gesetzgebungsverfahrens wurde neben der Äußerung von Kritik an der vorgesehenen Regelung des § 13a Abs. 5 BauGB,[1857] die dazu führte, dass diese letztlich nicht Gesetz wurde,[1858] ausdrücklich festgestellt, dass die Norm § 5 Abs. 4 BauGB-MaßnahmenG (1990) nachgebildet sei.[1859] Insofern ist es nicht fernliegend, davon auszugehen, dass auch § 13a Abs. 2 Nr. 2 BauGB eine Regelung des BauGB-Maßnahmengesetzes (1990) wieder aufgreift, zumal mit dem BauGB-Maßnahmengesetzes (1990) genauso wie mit dem Innenstadtentwicklungsgesetz für bestimmte Zwecke die Planung von Bauland und damit dessen Bereitstellung verkürzt und vereinfacht werden sollte,[1860] sich also die Zielsetzungen der Gesetzesnovellen überschneiden. Die Verwendung derselben oder jedenfalls ähnlicher Mittel zur Erreichung dieser Ziele ist folglich ohne

---

1854 *Spannowsky*, in: Spannowsky/Hofmeister, BauGB 2007, S. 27 (27 u. 33 u. 37); *ders.*, NuR 2007, 521 (525); *ders.*, in: Berliner Kommentar, § 13a, Rn. 24 u. 26 (Stand: Juli 2007); *Uechtritz*, BauR 2007, 476 (481). *Mitschang*, ZfBR 2007, 433 (444), arbeitet auch eher die Unterschiede zwischen § 8 Abs. 4 S. 1 BauGB und § 13a Abs. 2 Nr. 2 BauGB heraus.
1855 Vgl. *Gierke*, in: Brügelmann, § 13a, Rn. 116 (Stand: Februar 2008); *Krautzberger*, in: E/Z/B/K, § 13a, Rn. 72 (Stand: Mai 2007); *Mitschang*, LKV 2007, 102 (108); *ders.*, ZfBR 2008, 227 (237, Fn. 137); *ders.*, ZfBR 2007, 433 (445).
1856 BT-Drs. 16/2496, S. 6.
1857 BR-Drs. 558/1/06, S. 7 u. 8; BT-Drs. 16/2932, S. 2; BT-Drs. 16/3308, S. 14; *Bunzel*, Difu-Praxistest, S. 10/11 u. 20 u. 46 ff., abrufbar unter http://www.difu.de/publikationen/difu-berichte/4_06/11.phtml (zuletzt abgerufen am 01.03.2008); Stellungnahme Nr. 37/06 des Ausschusses Verwaltungsrecht des Deutschen Anwaltvereins vom 28.06.2006, S. 5, abrufbar unter http://anwaltverein.de/downloads/stellungnahmen/2006-37.pdf (zuletzt abgerufen am 15.11.2008) und Stellungnahme Nr. 58/06 vom 02.11.2006, S. 8, abrufbar unter http://anwaltverein.de/downloads/stellungnahmen/2006-58.pdf (zuletzt abgerufen am 15.11.2008).
1858 Vgl. BT-Drs. 16/3308, S. 7 u. 17.
1859 BT-Drs. 16/2932, S. 2, zurückgehend auf BR-Drs. 558/1/06, S. 7.
1860 Vgl. Fn. 29.

Weiteres nachvollziehbar und sogar konsequent. In diesem Sinne konnten bereits bei den Verfahrensbesonderheiten des beschleunigten Verfahrens in Bezug auf die Öffentlichkeitsbeteiligung ebenfalls Ähnlichkeiten zu Regelungen des BauGB-Maßnahmengesetzes (1990) festgestellt werden.[1861]

cc) Verhältnis der Regelung des § 13a Abs. 2 Nr. 2 BauGB zu § 8 Abs. 2 S. 1 BauGB

(1) Ableitungsverhältnis zwischen Bebauungsplan (der Innenentwicklung) und Flächennutzungsplan

Wie § 1 Abs. 2 BauGB-MaßnahmenG (1990) erlaubt auch § 13a Abs. 2 Nr. 2 BauGB die Aufstellung, Änderung oder Ergänzung eines nicht aus dem bestehenden Flächennutzungsplan entwickelbaren Bebauungsplans ohne vorherige Änderung oder Ergänzung des Flächennutzungsplans nur unter der materiellrechtlichen Voraussetzung, dass (dadurch) die geordnete städtebauliche Entwicklung des Gemeindegebiets nicht beeinträchtigt wird.[1862] Ein vorzeitiger Bebauungsplan darf gem. § 8 Abs. 4 S. 1 u. S. 2 BauGB ebenfalls nur unter der Voraussetzung aufgestellt werden, dass der Bebauungsplan der beabsichtigten städtebaulichen Entwicklung des Gemeindegebiets nicht entgegenstehen wird. Wie bereits gezeigt,[1863] führt diese Voraussetzung für einen vorzeitigen Bebauungsplan nicht zwingend dazu, dass der vorzeitige Bebauungsplan letztlich aus dem später aufgestellten bzw. angepassten Flächennutzungsplan im Sinne von § 8 Abs. 2 S. 1 BauGB entwickelt erscheint, so dass der vorzeitige Bebauungsplan gem. § 8 Abs. 4 S. 1 u. S. 2 BauGB nicht nur *der Form nach* wegen der erst auf das Bebauungsplanungsverfahren folgenden gem. § 1 Abs. 3 S. 1 BauGB aber an sich schon zuvor bzw. wenigstens gleichzeitig erforderlichen Flächennutzungsplanung bzw. Flächennutzungsplananpassung, sondern auch *inhaltlich* eine echte Ausnahme vom Entwicklungsgebot des § 8 Abs. 2 S. 1 BauGB darstellt. Fraglich ist daher, ob dies auch für das Verhältnis der Regelung des § 13a Abs. 2 Nr. 2 BauGB zum Entwicklungsgebot gilt.

Für das Verhältnis der gem. § 13a Abs. 2 Nr. 2 1. Hs. BauGB möglichen Aufstellung, Änderung oder Ergänzung eines vom Flächennutzungsplan abweichenden Bebauungsplans vor einer wenigstens parallelen Änderung oder Ergänzung des Flächennutzungsplans zum Entwicklungsgebot gem. § 8 Abs. 2 S. 1 BauGB ist zunächst zu beachten, dass im Rahmen des § 13a Abs. 2 Nr. 2 1. Hs. BauGB wie bei § 8 Abs. 4 BauGB die § 8 Abs. 2 S. 1 BauGB zugrunde liegende Vorstellung einer Zweistufigkeit der Bauleitplanung in der Form, dass zunächst ein Flächennutzungsplan aufgestellt wird, aus dessen grobmaschigen, nur die

---

1861 Vgl. B. III. 1. b) aa) (1) am Anfang und B. III. 1. b) aa) (2) (c).
1862 Vgl. *Bielenberg/Runkel*, in: E/Z/B/K, § 8, Rn. 27 (Stand: April 2000).
1863 Vgl. B. III. 2. a) aa) (4) und Fn. 1828.

Grundzüge der beabsichtigten städtebaulichen Entwicklung betreffenden Darstellungen der Bebauungsplan parzellenscharfe, verbindliche Festsetzungen über die Art der Bodennutzung im Sinne einer gestalterischen Konkretisierung entwickelt, durchbrochen wird. Denn ein gem. § 13a Abs. 2 Nr. 2 1. Hs. BauGB in Abweichung vom bestehenden Flächennutzungsplan aufgestellter Bebauungsplan kann gerade nicht aus dem bestehenden Flächennutzungsplan entwickelt werden. Dies allein begründet jedoch, jedenfalls der Form nach, noch nicht unbedingt eine Ausnahme vom Entwicklungsgebot, wie man am Beispiel des oben erläuterten[1864] Parallelverfahrens gem. § 8 Abs. 3 S. 1 BauGB erkennen kann. Die inhaltliche Abstimmung von Bebauungsplan und Flächennutzungsplan, der gerade im Hinblick auf diesen Bebauungsplan geändert werden muss, weil der Bebauungsplan nicht aus ihm im Sinne von § 8 Abs. 2 S. 1 BauGB entwickelt werden kann, in parallelen Verfahren führt dazu, dass der Bebauungsplan zum Zeitpunkt seines Inkrafttretens aus dem dann ebenfalls gerade wirksam werdenden Flächennutzungsplan wenigstens *der Form nach* entwickelt ist, was nach der Rechtsprechung des Bundesverwaltungsgerichts das Entwicklungsgebot des § 8 Abs. 2 S. 1 BauGB wahrt.[1865] Anders als beim Parallelverfahren erfolgt auf Grund der Regelung des § 13a Abs. 2 Nr. 2 BauGB aber keine inhaltliche Abstimmung des Bebauungsplans mit dem zu ändernden bzw. zu ergänzenden Flächennutzungsplan in dem Sinne, dass das Bebauungsplanungsverfahren und das Planungsverfahren für die im Hinblick auf den Bebauungsplan notwendige Änderung bzw. Ergänzung des Flächennutzungsplans durch Verfahrensparallelität inhaltlich aufeinander abgestimmt würden. Vielmehr findet im Rahmen des § 13a Abs. 2 Nr. 2 BauGB nur *ein* Planungsverfahren für den Bebauungsplan statt, ein Planungsverfahren zur Änderung oder Ergänzung des Flächennutzungsplans soll zur Verfahrensvereinfachung und -beschleunigung gerade vermieden werden. Der Flächennutzungsplan, der, *soweit* gem. § 13a Abs. 2 Nr. 2 1. Hs. BauGB tatsächlich von ihm abgewichen wird, die ihm zugedachte Funktion, gem. § 8 Abs. 2 S. 1 BauGB Grundlage der Bebauungsplanung zu sein, verliert und damit obsolet wird,[1866] ist gem. § 13a Abs. 2 Nr. 2 3. Hs. BauGB im Wege der Berichtigung anzupassen, d. h., *er* muss an dem von ihm abweichenden, *inhaltlich bereits feststehenden Bebauungsplan* so ausgerichtet werden, dass der Bebauungsplan nach der Anpassung aus dem Flächennutzungsplan im Sinne von § 8 Abs. 2 S. 1 BauGB entwickelt werden könnte. Dies bedeutet, dass sich der Flächennutzungsplan in eindeutiger, auch der Form nach offensichtlicher Umkehrung[1867] zum Grundgedanken des § 8 Abs. 2 S. 1 BauGB gleichsam

---

1864 Vgl. B. III. 2. a) aa) (3).
1865 Vgl. Fn. 1805 u. 1806.
1866 Vgl. *Bielenberg/Runkel*, in: E/Z/B/K, § 8, Rn. 28 (Stand: April 2000). Vgl. Fn. 1841.
1867 *Kirchmeier*, in: Hk-BauGB, § 13a, Rn. 11; *Müller-Grune*, BauR 2007, 985 (990); vgl. auch *Krautzberger*, in: E/Z/B/K, § 13a, Rn. 76 (Stand: Mai 2007); *Uechtritz*, BauR 2007, 476 (482). *Bunzel*, LKV 2007, 444 (448), und *Starke*, JA 2007, 488 (489), spre-

aus dem Bebauungsplan entwickeln muss, indem dieser als *zeitlich vorausgehender Bauleitplan* Vorgaben für den Flächennutzungsplan enthält.[1868]

(2) Verbot der Beeinträchtigung der geordneten städtebaulichen Entwicklung

Allenfalls die in § 13a Abs. 2 Nr. 2 2. Hs. BauGB gemachte Einschränkung für die die Grenzen des Entwicklungsgebots überschreitende Abweichung des Bebauungsplans von den Darstellungen des Flächennutzungsplans ohne vorherige Änderung oder Ergänzung desselben gem. § 13a Abs. 2 Nr. 2 1. Hs. BauGB, wonach die geordnete städtebauliche Entwicklung des Gemeindegebiets nicht beeinträchtigt werden darf, könnte der in § 13a Abs. 2 Nr. 2 BauGB vorgesehenen Verfahrenserleichterung des beschleunigten Verfahrens eine Rückkopplung[1869] an das Entwicklungsgebot geben, insbesondere vor dem Hintergrund, dass sich die (beabsichtigte) städtebauliche Entwicklung des Gemeindegebiets gem. § 5 Abs. 1 S. 1 BauGB in ihren Grundzügen gerade aus den Darstellungen eines wirksamen Flächennutzungsplans ergibt.[1870]

(a) Systematische Aspekte für die Interpretation des Begriffs „geordnete städtebauliche Entwicklung"

Das Baugesetzbuch verwendet den Begriff der städtebaulichen Entwicklung mit dem oder ohne den Zusatz „geordnet" an mehreren Stellen, z. B. in § 1 Abs. 3 S. 1, § 1 Abs. 5 S. 1, § 5 Abs. 1 S. 1, § 8 Abs. 4 S. 1, § 34 Abs. 5 S. 1 Nr. 1, § 214 Abs. 2 Nr. 2 u. Nr. 4 BauGB. § 214 Abs. 2 Nr. 2 BauGB stellt dabei ausdrücklich auf die sich „aus dem Flächennutzungsplan ergebende geordnete städtebauliche Entwicklung" ab. Damit soll gewährleistet werden, dass der in § 214 Abs. 2 Nr. 2 BauGB angesprochene Verstoß gegen das Entwicklungsgebot des § 8 Abs. 2 S. 1 BauGB nur dann für die Rechtswirksamkeit des Bebauungsplans unbeachtlich ist, wenn der Flächennutzungsplan dabei dennoch seine Funktion als städtebauliches Steuerungsinstrument auf kommunaler Ebene „im Großen und Ganzen", d. h. im Hinblick auf einen über das Plangebiet des Bebauungsplans hinausreichenden Ortsteil bzw. das gesamte Gemeindegebiet, be-

---

chen von einer Durchbrechung des Entwicklungsgebots. Ebenso *Spannowsky*, in: Berliner Kommentar, § 13a, Rn. 24 (Stand: Juli 2007), was insoweit konsequent ist, als er in § 13a Abs. 2 Nr. 2 BauGB eine Anknüpfung an § 8 Abs. 4 BauGB sieht, der unstreitig eine echte Ausnahme vom Entwicklungsgebot darstellt.

1868 *Müller-Grune*, BauR 2007, 985 (990); *Uechtritz*, BauR 2007, 476 (482).
1869 VGH München, Urt. vom 15.01.1997 – 26 N 96.2907, zitiert nach juris, Rn. 18, in Bezug auf § 8 Abs. 4 S. 1 BauGB als dortige Kriterium, dass der Bebauungsplan der beabsichtigten städtebaulichen Entwicklung nicht entgegenstehen darf; vgl. *Bielenberg/Runkel*, in: E/Z/B/K, § 8, Rn. 25 (Stand: April 2000); *Gierke*, in: Brügelmann, § 8, Rn. 142 (Stand: März 2004). Vgl. Fn. 1821.
1870 *Bielenberg/Runkel*, in: E/Z/B/K, § 8, Rn. 27 (Stand: April 2000).

hält.[1871] § 214 Abs. 2 Nr. 4 BauGB erklärt Verstöße gegen § 8 Abs. 3 BauGB, d. h. genauer gesagt gegen das voraussichtliche Entwickeltsein des Bebauungsplans aus den künftigen Darstellungen des Flächennutzungsplans für den Fall der frühzeitigen Bekanntmachung eines im Parallelverfahren zur Aufstellung, Änderung oder Ergänzung des Flächennutzungsplans aufgestellten, geänderten, ergänzten oder aufgehobenen Bebauungsplans, was insbesondere dann der Fall ist, wenn der Bebauungsplan schon vor materieller Planreife des Flächennutzungsplans in Kraft gesetzt wird,[1872] für unbeachtlich,[1873] wenn durch den Fehler die geordnete städtebauliche Entwicklung nicht beeinträchtigt worden ist. Dieses Kriterium ist nach einer Ansicht immer dann erfüllt, wenn der Bebauungsplan letztlich als aus dem Flächennutzungsplan in seiner endgültigen Fassung entwickelt erscheint.[1874] Andere stellen darauf ab, ob der Bebauungsplan zum Zeitpunkt seines Inkrafttretens mit einer den Grundsätzen von § 1 Abs. 5 u. Abs. 6 BauGB entsprechenden städtebaulichen Ordnung zu vereinbaren ist, die selbst Gegenstand einer fehlerfreien planerischen Abwägungsentscheidung sein könnte,[1875] und verlangen damit ein Entwickeltsein aus einem nach der Sach- und Rechtslage grundsätzlich möglichen (materiell planreifen) Flächennutzungsplan.[1876] Unabhängig davon, wie diese Streitfrage zu entscheiden ist, wird deutlich, dass auch im Rahmen des § 214 Abs. 2 Nr. 4 BauGB, obwohl nicht ausdrücklich wie in § 214 Abs. 2 Nr. 2 BauGB auf die sich aus dem (noch nicht wirksamen) Flächennutzungsplan ergebende geordnete städtebauliche Entwicklung abgestellt wird, dennoch ein Flächennutzungsplan als Maßstab für eine geordnete städtebauliche Entwicklung herangezogen wird.

Bei der Frage, ob die Aufstellung eines vorzeitigen Bebauungsplans gem. § 8 Abs. 4 S. 1 BauGB der beabsichtigten städtebaulichen Entwicklung des Gemeindegebiets entgegenstehen wird, stellt man, obwohl zum Zeitpunkt der Aufstellung des Bebauungsplans gerade noch kein wirksamer Flächennutzungsplan vorhanden ist, unter anderem, sofern sich ein Flächennutzungsplan bereits in Aufstellung befindet, auf sich aus einem solchen ergebende Anhaltspunkte für die beabsichtigte städtebauliche Entwicklung des Gemeindegebiets ab,[1877] wobei ein

---

1871 Vgl. BVerwG, Urt. vom 26.02.1999 – 4 CN 6/98, NVwZ 2000, 197 (198).
1872 *Battis*, in: B/K/L, § 214, Rn. 14; *Dürr*, in: Brügelmann, § 214, Rn. 65 (Stand: Dezember 2005); *Quaas/Kukk*, in: Schrödter, Baugesetzbuch, § 214, Rn. 41; *Stock*, in: E/Z/B/K, § 214, Rn. 122 u. 126 (Stand: Januar 2006).
1873 *Battis*, in: B/K/L, § 214, Rn. 14; *Bracher*, in: Gelzer/Bracher/Reidt, Bauplanungsrecht, Rn. 1081; *Löhr*, in: B/K/L, § 8, Rn. 9.
1874 *Battis*, in: B/K/L, § 214, Rn. 14.
1875 *Dürr*, in: Brügelmann, § 214, Rn. 66 u. 67 (Stand: Dezember 2005); *Stock*, in: E/Z/B/K, § 214, Rn. 127 (Stand: Mai 2007).
1876 *Bracher*, in: Gelzer/Bracher/Reidt, Bauplanungsrecht, Rn. 1081; *Quaas/Kukk*, in: Schrödter, Baugesetzbuch, § 214, Rn. 42.
1877 Vgl. Fn. 1823 u. 1824.

bereits in Aufstellung befindlicher Flächennutzungsplan keine zwingende Voraussetzung für § 8 Abs. 4 S. 1 BauGB ist.[1878]

Dies legt den Schluss nahe, auch im Rahmen von § 13a Abs. 2 Nr. 2 2. Hs. BauGB zur Beurteilung der Frage, ob der in Abweichung vom Flächennutzungsplan aufgestellte, geänderte oder ergänzte Bebauungsplan die geordnete städtebauliche Entwicklung des Gemeindegebiets beeinträchtigt, auf die sich aus dem bestehenden Flächennutzungsplan ergebende städtebauliche Ordnung als Maßstab abzustellen.[1879] Problematisch daran ist aber, dass der Bebauungsplan, für den von der Verfahrensbesonderheit des § 13a Abs. 2 Nr. 2 1. Hs. BauGB Gebrauch gemacht werden soll, gerade nicht im Sinne von § 8 Abs. 2 S. 1 BauGB aus dem bestehenden Flächennutzungsplan entwickelt werden kann und muss,[1880] so dass eine den Rahmen des „Entwickelns" gem. § 8 Abs. 1 S. 2 BauGB überschreitende Abweichung des Bebauungsplans vom wirksamen, bestehenden Flächennutzungsplan der Regelung des § 13a Abs. 2 Nr. 2 1. Hs. BauGB immanent ist. Um daher § 13a Abs. 2 Nr. 2 1. Hs. BauGB nicht jeden Anwendungsbereich zu nehmen, kann eine Beeinträchtigung der geordneten städtebaulichen Entwicklung gem. § 13a Abs. 2 Nr. 2 2. Hs. BauGB jedenfalls nicht schon dann angenommen werden, wenn der Bebauungsplan nicht aus dem bestehenden Flächennutzungsplan im Sinne von § 8 Abs. 2 S. 1 BauGB entwickelt werden kann. Auch vor dem Hintergrund, dass selbst dann, wenn § 8 Abs. 2 S. 1 BauGB für die Aufstellung eines Bebauungsplans uneingeschränkte Geltung hat, ein Verstoß gegen das Entwicklungsgebot gem. § 214 Abs. 2 Nr. 2 BauGB nur dann einen für die Rechtswirksamkeit des Bebauungsplans beachtlichen Fehler darstellt, wenn dadurch die sich aus dem Flächennutzungsplan ergebende geordnete städtebauliche Entwicklung beeinträchtigt wird, wäre die Annahme, dass jede nicht dem Entwicklungsgebot entsprechende Abweichung des Bebauungsplans vom Flächennutzungsplan gem. § 13a Abs. 2 Nr. 2 2. Hs. BauGB die geordnete städtebauliche Entwicklung des Gemeindegebiets beein-

---

1878 *Bielenberg/Runkel*, in: E/Z/B/K, § 8, Rn. 25 (Stand: April 2000); *Mitschang*, ZfBR 2007, 433 (444).
1879 Vgl. *Jäde*, in: J/D/W, BauGB, § 13a, Rn. 16, und *Kuschnerus*, Der standortgerechte Einzelhandel, Rn. 606, ziehen als Maßstab für § 13a Abs. 2 Nr. 2 2. Hs. BauGB wie bei § 214 Abs. 2 Nr. 2 BauGB die sich aus dem Flächennutzungsplan ergebende geordnete städtebauliche Entwicklung heran, die dann beeinträchtigt ist, wenn der Bebauungsplan den über seinen Planbereich hinausgehenden Raum und die dort vorgesehene Grundkonzeption des Flächennutzungsplans berührt. Vgl. Fn. 1871.
1880 Vgl. *Bielenberg/Runkel*, § 8, Rn. 27 (Stand: April 2000), in Bezug auf die wortlautgleiche Regelung des § 1 Abs. 2 BauGB-MaßnahmenG (1990); *Krautzberger*, in: Krautzberger/Söfker, Baugesetzbuch, Rn. 154b; *Mitschang*, ZfBR 2007, 433 (444 u. 445); *Wallraven-Lindl/Strunz/Geiß*, Das Bebauungsplanverfahren nach dem BauGB 2007, S. 172. Auch *Gierke*, in: Brügelmann, § 13a, Rn. 120 (Stand: Februar 2008), geht davon aus, dass die Ausgangssituationen in § 214 Abs. 2 Nr. 2 BauGB und § 8 Abs. 4 S. 1 BauGB andere sind als in § 13a Abs. 2 Nr. 2 2. Hs. BauGB.

trächtigt, zu eng, weil § 13a Abs. 2 Nr. 2 1. Hs. BauGB, der an sich eine Verfahrensprivilegierung mit sich bringen soll, an die Rechtswirksamkeit eines Bebauungsplans eine strengere Anforderung stellen würde als das Entwicklungsgebot des § 8 Abs. 2 S. 1 BauGB i. V. m. § 214 Abs. 2 Nr. 2 BauGB. Wie sich gerade aus der Fehlerfolgenregelung des § 214 Abs. 2 Nr. 2 BauGB ergibt, verlangt man auch in den Fällen, in denen § 8 Abs. 2 S. 1 BauGB uneingeschränkte Geltung hat, für die Rechtswirksamkeit des Bebauungsplans nicht zwingend, dass der Bebauungsplan eine dem Flächennutzungsplan vollumfänglich entsprechende gestalterische Konkretisierung desselben im Sinne des § 8 Abs. 2 S. 1 BauGB ist. Entscheidend ist gem. § 214 Abs. 2 Nr. 2 BauGB vielmehr auch in diesen Fällen, dass der Bebauungsplan der im Flächennutzungsplan dargestellten geordneten städtebaulichen Entwicklung *insgesamt*, also in seiner auf das gesamte Gemeindegebiet oder jedenfalls auf ein über das Plangebiet des Bebauungsplans hinausgehendes Gebiet bezogenen Grundkonzeption entspricht bzw. diese zumindest nicht beeinträchtigt. Dies könnte auch einen Anhaltspunkt dafür geben, was als Maßstab für die Voraussetzung des § 13a Abs. 2 Nr. 2 2. Hs. BauGB, die ebenfalls eine die Wirksamkeit des Bebauungsplans nicht tangierende und sogar von vornherein rechtmäßige Abweichung des Bebauungsplans vom Entwicklungsgebot erlauben soll, heranzuziehen ist.[1881] Der Unterschied von § 13a Abs. 2 Nr. 2 1. Hs. u. 2. Hs. BauGB zur Geltung des Entwicklungsgebots im Regelplanungsverfahren unter Anwendbarkeit der Planerhaltungsvorschrift des § 214 Abs. 2 Nr. 2 BauGB bestünde dann darin, dass die Regelung des § 214 Abs. 2 Nr. 2 BauGB nicht anwendbar ist, wenn bei der Planung bewusst gegen die Anforderungen des Entwicklungsgebots verstoßen wird.[1882] Im Rahmen des § 13a Abs. 2 Nr. 2 BauGB schadet es dagegen nicht bzw. ist gerade der Fall betroffen, dass sich die planende Gemeinde der Nichteinhaltung des Entwicklungsgebots bewusst ist; § 13a Abs. 2 Nr. 2 BauGB würde dann genau für diese Konstellation eine Sonderregelung gegenüber den Rechtswirksamkeitsanforderungen des Regelplanungsverfahrens darstellen. Gegen eine unveränderte Heranziehung des für § 8 Abs. 4 BauGB und das dortige Erfordernis, dass der vorzeitige Bebauungsplan der *beabsichtigten* städtebaulichen Entwicklung des Gemeindegebiets *nicht entgegenstehen* wird, geltenden Maßstabs für die Voraussetzung des § 13a Abs. 2 Nr. 2 BauGB[1883] spricht jedenfalls prima

---

1881 Vgl. *Jäde*, in: J/D/W, BauGB, § 13a, Rn. 16; *Kuschnerus*, Der standortgerechte Einzelhandel, Rn. 606, vgl. Fn. 1879. A. A. *Krautzberger*, in: Krautzberger/Söfker, Baugesetzbuch, Rn. 154b. Er geht davon aus, dass der Maßstab des § 13a Abs. 2 Nr. 2 2. Hs. BauGB weniger streng sein muss als der des § 214 Abs. 2 Nr. 2 BauGB, weil das Entwicklungsgebot gerade nicht gilt und § 13a Abs. 2 Nr. 2 2. Hs. BauGB anders als § 214 Abs. 2 Nr. 2 BauGB nicht auf die *sich aus dem Flächennutzungsplan ergebende* geordnete städtebauliche Entwicklung abstellt.
1882 *Stock*, in: E/Z/B/K, § 214, Rn. 112 (Stand: Mai 2007).
1883 *Uechtritz*, BauR 2007, 476 (482), geht davon aus, dass die in § 8 Abs. 4 S. 1 BauGB enthaltene Formulierung, wonach ein vorzeitiger Bebauungsplan „der beabsichtigten

facie, dass der Gesetzgeber in § 13a Abs. 2 Nr. 2 2. Hs. BauGB in Kenntnis der Regelung zum vorzeitigen Bebauungsplan und wohl auch deren Ähnlichkeit zur in § 13a Abs. 2 Nr. 2 BauGB statuierten Verfahrensbesonderheit des beschleunigten Verfahrens eine andere Formulierung wählte, die schon durch den gewählten Ausdruck „geordnete städtebauliche Entwicklung" im Gegensatz zur „*beabsichtigten* städtebaulichen Entwicklung" in § 8 Abs. 4 S. 1 BauGB eine jedenfalls dem Wortlaut nach weniger zukunftsorientierte Sichtweise impliziert.

(b) Teleologische Aspekte für die Interpretation des Begriffs „geordnete städtebauliche Entwicklung"

Was als Maßstab für die Prüfung der Frage, ob der gem. § 13a Abs. 2 Nr. 2 1. Hs. BauGB vom Flächennutzungsplan abweichende Bebauungsplan die geordnete städtebauliche Entwicklung des Gemeindegebiets im Sinne von § 13a Abs. 2 Nr. 2 2. Hs. BauGB beeinträchtigt, heranzuziehen ist, hängt vor allem vom Telos dieser Regelung ab. § 13a Abs. 2 Nr. 2 2. Hs. BauGB beabsichtigt zum einen, die Gemeinde dazu zu veranlassen, bei der für Bebauungspläne, die im Verhältnis zur Gemeindegebietsgröße (vgl. § 13a Abs. 1 S. 2 BauGB) relativ kleinflächig sind, gem. § 13a Abs. 2 Nr. 2 1. Hs. BauGB erlaubten, die Grenzen des Entwicklungsgebots überschreitenden Abweichung vom Flächennutzungsplan und damit auch von der darin vorgesehenen städtebaulichen Entwicklung des gesamten Gemeindegebiets die Entwicklung des gesamten Gemeindegebiets nicht aus den Augen zu verlieren.[1884] Es soll, wie durch die im Rahmen von § 8 Abs. 4 S. 1 BauGB statuierte Anforderung an einen vorzeitigen Bebauungsplan, dass er der beabsichtigten städtebaulichen Entwicklung des Gemeindegebiets nicht entgegenstehen wird,[1885] vermieden werden, dass sich durch vom Flächennutzungsplan abweichende Bebauungspläne der Innenentwicklung die städtebauliche Gesamtentwicklung des Gemeindegebiets in eine Richtung bewegt, die der *an sich von der Gemeinde beabsichtigten* widerspricht. Zudem ist zu beachten, dass jeder Bauleitplan gem. § 1 Abs. 3 S. 1, § 1 Abs. 5 S. 1 BauGB der geordneten und nachhaltigen städtebaulichen Entwicklung dienen und diese

---

städtebaulichen Entwicklung des Gemeindegebiets" nicht entgegenstehen darf, und die Formulierung des § 13a Abs. 2 Nr. 2 2. Hs. BauGB, die eine Beeinträchtigung der städtebaulichen Entwicklung des Gemeindegebiets durch einen vom Flächennutzungsplan abweichenden Bebauungsplan verbietet, trotz der Wortlautdifferenz inhaltsgleich sind. *Wallraven-Lindl/Strunz/Geiß*, Das Bebauungsplanverfahren nach dem BauGB 2007, S. 172, verweisen als Maßstab für § 13a Abs. 2 Nr. 2 2. Hs. BauGB ebenfalls auf die Rspr. zu § 8 Abs. 4 S. 1 BauGB (vgl. Fn. 1817-1819, 1821, 1823 u. 1826).

1884 *Reidt*, NVwZ 2007, 1029 (1031); ähnlich *Krautzberger*, in: Krautzberger/Söfker, Baugesetzbuch, Rn. 154b.

1885 Vgl. B. III. 2. a) aa) (4) und Fn. 1826.

nicht beeinträchtigen soll.[1886] Ein im Regelplanungsverfahren aufgestellter Bebauungsplan, der die geordnete städtebauliche Entwicklung beeinträchtigt, ist nicht rechtmäßig; dasselbe gilt für einen im beschleunigten Verfahren aufgestellten Bebauungsplan.[1887] Indem dies in § 13a Abs. 2 Nr. 2 2. Hs. BauGB besonders hervorgehoben wird, soll das Verbot des missbräuchlichen und aufgrund dessen für eine geordnete städtebauliche Entwicklung nicht erforderlichen Einsatzes[1888] von gem. § 13a Abs. 2 Nr. 2 1. Hs. BauGB vom Flächennutzungsplan abweichenden Bebauungsplänen der Innenentwicklung besonders herausgestellt werden, weil bei diesen aufgrund der Abweichung vom Flächennutzungsplan die Gefahr einer Beeinträchtigung der geordneten städtebaulichen Entwicklung als besonders groß einzuschätzen ist. Ein wirksamer Flächennutzungsplan bildet nämlich gerade einen Maßstab für die geordnete städtebauliche Entwicklung (vgl. § 5 Abs. 1 S. 1 BauGB). Nicht durch die Erforderlichkeit für eine geordnete städtebauliche Entwicklung im Sinne von § 1 Abs. 3 S. 1 BauGB gerechtfertigt sind z. B. solche Bebauungspläne, die eine reine Gefälligkeitsplanung ohne echtes städtebauliches Ziel darstellen.[1889] Auf der Grundlage von § 13a Abs. 2 Nr. 2 2. Hs. BauGB, der ausdrücklich nur auf eine Beeinträchtigung der *geordneten* städtebaulichen Entwicklung des Gemeindegebiets abstellt, sollen jedoch nicht unter Rückgriff auf das in § 1 Abs. 5 S. 1 BauGB enthaltene Ziel einer *nachhaltigen* städtebaulichen Entwicklung andere Gründe als die Beeinträchtigung der *geordneten* städtebaulichen Entwicklung dafür kreiert werden können, dass ein vom Flächennutzungsplan abweichender Bebauungsplan der Innenentwicklung nicht ohne eigenständiges Planänderungsverfahren bzw. –ergänzungsverfahren für den Flächennutzungsplan aufgestellt werden kann, was einer Erweiterung der Anwendungsvoraussetzungen des § 13a Abs. 1 BauGB für das beschleunigte Verfahren bzw. die Verfahrensbesonderheit des § 13a Abs. 2 Nr. 2 1. Hs. BauGB gleichkäme und deren Anwendungsbereich einschränken würde.[1890]

1886 *Battis*, in: B/K/L, § 13a, Rn. 15; *Gierke*, in: Brügelmann, § 13a, Rn. 121 (Stand: Februar 2008), wobei er davon ausgeht, dass § 13a Abs. 2 Nr. 2 2. Hs. BauGB einen gegenüber § 1 Abs. 3 S. 1 BauGB hinausgehenden, speziellen Regelungsgehalt haben muss, weil die Regelung des § 13a Abs. 2 Nr. 2 2. Hs. BauGB ansonsten überflüssig wäre; *Krautzberger*, in: E/Z/B/K, § 13a, Rn. 73 (Stand: Mai 2007); *Stüer*, BauR 2007, 1495 (1502).
1887 *Gierke*, in: Brügelmann, § 13a, Rn. 121 (Stand: Februar 2008); *Krautzberger*, in: E/Z/B/K, § 13a, Rn. 73 (Stand: Mai 2007).
1888 *Battis*, in: B/K/L, § 13a, Rn. 15.
1889 *Battis*, in: B/K/L, § 13a, Rn. 15.
1890 *Battis*, in: B/K/L, § 13a, Rn. 15.

(c) Historisch-systematische Aspekte für die Interpretation des Begriffs „geordnete städtebauliche Entwicklung"

Im Rahmen der im Vergleich zu § 13a Abs. 2 Nr. 2 2. Hs. BauGB wortgleichen Voraussetzung des § 1 Abs. 2 BauGB-MaßnahmenG (1990) für eine Abweichung des Bebauungsplans vom Flächennutzungsplan, wonach die die Grenzen des Entwicklungsgebots überschreitende Abweichung des Bebauungsplans vom Flächennutzungsplan ebenfalls die geordnete städtebauliche Entwicklung des Gemeindegebiets nicht beeinträchtigen durfte, ging man davon aus, dass die Voraussetzung dann erfüllt war, wenn der Flächennutzungsplan in einem eigenständigen – auch parallelen – Planungsverfahren rechtmäßig so hätte geändert oder ergänzt werden können, dass auch mit ihm das städtebauliche Ziel des Bebauungsplans hätte erreicht werden können.[1891] Es war demnach hypothetisch zu prüfen, ob der bestehende Flächennutzungsplan in einem selbständigen Planungsverfahren gem. §§ 1 ff. BauGB rechtmäßig so hätte geändert oder ergänzt werden können, dass der beabsichtigte Bebauungsplan danach aus ihm im Sinne des Entwicklungsgebots hätte abgeleitet werden können. In Übertragung auf § 13a Abs. 2 Nr. 2 2. Hs. BauGB würde das bedeuten, dass der vom Flächennutzungsplan abweichende Bebauungsplan immer schon dann die geordnete städtebauliche Entwicklung des Gemeindegebiets nicht beeinträchtigen würde, wenn der bestehende Flächennutzungsplan formell und materiell rechtmäßig so geändert oder ergänzt werden könnte, dass der Bebauungsplan aus ihm im Sinne des Entwicklungsgebots abgeleitet werden könnte. Diese Auffassung bestätigt sich vor allem vor dem Hintergrund, dass der Flächennutzungsplan, von dem der Bebauungsplan gem. § 13a Abs. 2 Nr. 2 1. Hs. BauGB abweicht, im Wege der Berichtigung gem. § 13a Abs. 2 Nr. 2 3. Hs. BauGB so angepasst wird, dass der Bebauungsplan aus ihm im Sinne des Entwicklungsgebots abgeleitet werden könnte. D. h., der Bebauungsplan nimmt im Rahmen des § 13a Abs. 2 Nr. 2 1. Hs. u. 3. Hs. BauGB unmittelbar Einfluss auf den Inhalt des Flächennutzungsplans. Daher ist es konsequent, gem. § 13a Abs. 2 Nr. 2 2. Hs. BauGB schon im Rahmen der Aufstellung des Bebauungsplans zu berücksichtigen, ob die dort statuierte konkrete städtebauliche Entwicklung auch Teil einer im Flächennutzungsplan rechtmäßig für das ganze Gemeindegebiet in den Grundzügen dargestellten städtebaulichen Entwicklung sein könnte.[1892] Die in § 13a Abs. 2 Nr. 2 3. Hs. BauGB vorgesehene Anpassung des Flächennutzungsplans an den Bebauungsplan der Innenentwicklung soll nicht einen in einem selbständigen Flächennutzungsplananpassungsverfahren nicht rechtmäßig möglichen Inhalt des Flächennutzungsplans erlauben, zumal der gem. § 13a Abs. 2 Nr. 2 3. Hs. BauGB

1891 *Bielenberg/Runkel*, in: E/Z/B/K, § 8, Rn. 27 (Stand: April 2000), für die Regelung des § 1 Abs. 2 BauGB-MaßnahmenG (1990).
1892 Vgl. *Krautzberger*, in; E/Z/B/K, § 13a, Rn. 74 (Stand: Mai 2007); *Spannowsky*, in: Berliner Kommentar, § 13, Rn. 26 (Stand: Juli 2007).

berichtigte Flächennutzungsplan dieselben Funktionen erfüllt wie ein in einem eigenständigen Planungsverfahren geänderter oder ergänzter Flächennutzungsplan. Auch der redaktionell berichtigte Flächennutzungsplan ist ein vollwertiger Flächennutzungsplan. Zudem ist zu bedenken, dass § 13a Abs. 2 Nr. 2 BauGB in Bezug auf den Flächennutzungsplan allgemein nur als Modifikation der *verfahrensmäßigen* Anforderungen eines selbständigen Plananpassungsverfahrens gem. § 1 Abs. 8, §§ 1 ff. BauGB eingeordnet wird,[1893] nicht auch als die materiellen Rechtmäßigkeitsvoraussetzungen des Flächennutzungsplans verändernd. Daher müssen im Fall des § 13a Abs. 2 Nr. 2 1. Hs. u. 3. Hs. BauGB die Anforderungen an einen (inhaltlich) rechtmäßigen Flächennutzungsplan schon im Rahmen der Aufstellung des Bebauungsplans beachtet werden, gerade weil es kein eigenständiges Flächennutzungsplanungsverfahren gibt und der Flächennutzungsplan „nur" redaktionell an den Bebauungsplan angepasst wird.

(d) Weitere Überlegungen für die Interpretation des Begriffs „geordnete städtebauliche Entwicklung"

(aa) Aus der hinter § 13a BauGB stehenden Intention abgeleitete und europarechtliche Aspekte

Wenn es bei der Prüfung der Voraussetzung des § 13a Abs. 2 Nr. 2 2. Hs. BauGB nur darauf ankäme, ob ein dem aufzustellenden Bebauungsplan im Sinne von § 8 Abs. 2 S. 1, § 5 Abs. 1 S. 1 BauGB entsprechender Flächennutzungsplan rechtmäßig aufstellbar wäre, egal welchen Inhalt dieser ansonsten hätte, müsste innerhalb der Klärung der Frage, ob der Bebauungsplan gem. § 13a Abs. 2 Nr. 2 1. Hs. u. 2. Hs. BauGB vom Flächennutzungsplan abweichen darf, außerhalb eines förmlichen Flächennutzungsplanungsverfahrens – denn ein solches soll im Rahmen des § 13a Abs. 2 Nr. 2 BauGB gerade nicht stattfinden – der bestehende Flächennutzungsplan „in Gedanken" geändert oder ergänzt werden, wobei alle materiell-rechtlichen Anforderungen an einen Flächennutzungsplan beachtet werden müssten, um letztlich prüfen zu können, ob der Flächennutzungsplan, aus dem der gewollte Bebauungsplan entwickelt werden könnte, tatsächlich rechtmäßig planbar wäre. Bedenkt man, dass der Flächennutzungsplan das gesamte Gemeindegebiet erfasst, ergibt sich, dass aufgrund der mannigfaltigen Auswirkungen seiner Darstellungen und der zahlreichen abwägungserheblich betroffenen Belange allein die für eine korrekte Abwägung gem. § 1 Abs. 7 BauGB notwendige Ermittlung und Bewertung des Abwägungsmaterials sehr aufwändig sein und erhebliche Zeit in Anspruch nehmen kann, was dem mit der Regelung des § 13a Abs. 2 Nr. 2 BauGB angestrebten Beschleunigungseffekt widersprechen würde. Dabei ist auch zu berücksichtigen, dass die Beachtung der materiellen Anforderungen an einen Flächennutzungsplan grund-

---

[1893] Vgl Fn. 1789.

sätzlich nur sehr eingeschränkt mit der Beachtung der materiellen Anforderungen an den Bebauungsplan kombiniert werden könnte, schon weil das Plangebiet des Flächennutzungsplans erheblich größer ist. Käme es im Rahmen des § 13a Abs. 2 Nr. 2 2. Hs. BauGB nur darauf an, dass der Inhalt des bestehenden Flächennutzungsplans unabhängig vom Ausmaß der Veränderung rechtmäßig so geändert oder ergänzt werden könnte, dass der Bebauungsplan aus ihm entwickelbar wäre, hätte das zudem zur Folge, dass durch die in § 13a Abs. 2 Nr. 2 3. Hs. BauGB vorgesehene Anpassung des Flächennutzungsplans im Wege der Berichtigung ein Flächennutzungsplan jedweden Inhalts wirksam werden könnte, ohne dass dafür eine gem. § 2 Abs. 4 S. 1 BauGB grundsätzlich für alle Bauleitpläne vorgesehene Umweltprüfung stattfinden müsste oder sonstige Verfahrensanforderungen im Hinblick auf den Flächennutzungsplan, z. B. die in §§ 3 u. 4 BauGB vorgesehenen Beteiligungen, eingehalten werden müssten, obwohl die Gestalt des Flächennutzungsplans grundlegend verändert werden könnte. Auch wenn dies im Rahmen des § 1 Abs. 2 BauGB-MaßnahmenG (1990) erlaubt war, ist dabei zu beachten, dass der Anwendungsbereich des § 1 Abs. 2 BauGB-MaßnahmenG (1990), der auf Bebauungspläne, die der Deckung eines dringenden Wohnbedarfs dienen sollten, beschränkt war, weitaus kleiner war als der des beschleunigten Verfahrens gem. § 13a Abs. 1 BauGB, so dass der Verzicht auf die sonst für Flächennutzungspläne geltenden Verfahrensanforderungen eher zu vertreten war. Zudem gab es damals noch keine vom Baugesetzbuch vorgesehene generelle Umweltprüfungspflicht für Flächennutzungspläne, die nun, wenn auch nicht in ihrer generellen Ausgestaltung, schon aus europarechtlichen Gründen beachtet werden muss. Erlaubte man die in § 13a Abs. 2 Nr. 2 1. Hs. BauGB vorgesehene Abweichung des Bebauungsplans vom Flächennutzungsplan gem. § 13a Abs. 2 Nr. 2 2. Hs. BauGB unter der Voraussetzung, dass der Flächennutzungsplan rechtmäßig, egal welchen Inhalt er dadurch ansonsten erhielte, so geändert oder ergänzt werden könnte, dass der Bebauungsplan aus ihm entwickelt werden könnte, könnte es durchaus sein, dass die im Hinblick auf den Bebauungsplan notwendige Anpassung des Flächennutzungsplans, anders als der Bebauungsplan der Innenentwicklung im Sinne von § 13a Abs. 1 BauGB, mit voraussichtlich erheblichen, nicht bereits einer Umweltprüfung unterzogenen Umweltauswirkungen verbunden ist, so dass sie gem. Art. 3 Abs. 1 Plan-UP-RL einer Pflicht zur Durchführung einer Umweltprüfung unterliegt. Dies ist z. B. dann nicht ausgeschlossen, wenn zur Anpassung an den Bebauungsplan die Grundkonzeption des Flächennutzungsplans, beispielsweise aufgrund des Trennungsgrundsatzes des § 50 BImSchG, wesentlich verändert werden muss (vgl. Wertung des Art. 3 Abs. 3 2. Alt. Plan-UP-RL). Schon aus europarechtlichen Gründen verbietet sich daher eine Auslegung des § 13a Abs. 2 Nr. 2 2. Hs. BauGB dahingehend, dass es nur darauf ankommt, dass der Flächennutzungsplan rechtmäßig so geändert oder ergänzt werden könnte, dass der Bebauungsplan aus ihm entwickelt werden könnte. Der Ansatzpunkt der Auslegung der im

Vergleich zu § 13a Abs. 2 Nr. 2 2. Hs. BauGB wortlautgleichen Regelung des § 1 Abs. 2 BauGB-MaßnahmenG (1990) dahingehend, im Rahmen der Abweichung des Bebauungsplans vom Flächennutzungsplan unter anschließender entsprechender Anpassung des Flächennutzungsplans an den Bebauungsplan im Wege bloßer Berichtigung ohne eigenes Planungsverfahren bereits im Bebauungsplanungsverfahren als Voraussetzung für die Abweichung des Bebauungsplans vom Flächennutzungsplan die für ein eigenständiges Flächennutzungsplanänderungs- bzw. -ergänzungsverfahren geltenden (materiell-rechtlichen) Rechtmäßigkeitsanforderungen an die Anpassung des Flächennutzungsplans zu beachten, erscheint jedoch auch für die Auslegung des § 13a Abs. 2 Nr. 2 2. Hs. BauGB brauchbar und im Sinne rechtsstaatlicher Planung sogar geboten.

(bb) Bestehender Flächennutzungsplan als Maßstab für eine geordnete städtebauliche Entwicklung

Im Hinblick darauf, dass es ein Telos des § 13a Abs. 2 Nr. 2 2. Hs. BauGB ist, die Gemeinde dazu zu veranlassen, im Rahmen der Abweichung des Bebauungsplans vom Flächennutzungsplan nicht die Gesamtentwicklung der Gemeinde aus den Augen zu verlieren und in eine an sich nicht gewünschte Richtung zu lenken,[1894] ist zu beachten, dass der bestehende Flächennutzungsplan ein wichtiger Anhaltspunkt dafür ist, in welche Richtung die städtebauliche Entwicklung einer Gemeinde nach deren Willen grundsätzlich gehen soll (vgl. § 5 Abs. 1 S. 1 BauGB);[1895] denn will sie die darin vorgegebene Richtung der städtebaulichen Entwicklung ändern, darf und muss sie gem. § 1 Abs. 3 S. 1, § 1 Abs. 8 BauGB den bestehenden Flächennutzungsplan ändern. Solange das nicht geschieht, bildet ein bestehender, wirksamer Flächennutzungsplan einen Maßstab für die gewollte städtebauliche Entwicklung einer Gemeinde. Daher kann für die Frage, ob der Bebauungsplan die geordnete städtebauliche Entwicklung des Gemeindegebiets beeinträchtigt, der bestehende Flächennutzungsplan, obwohl der Bebauungsplan gem. § 13a Abs. 2 Nr. 2 1. Hs. BauGB vom Flächennutzungsplan über die Grenzen des Entwicklungsgebots hinaus abweichen darf, nicht ohne Relevanz sein. Die Bindungswirkung des bestehenden Flächennutzungsplans muss nur gleichzeitig schwächer sein als im Rahmen des Entwicklungsgebots, weil dieses durch § 13a Abs. 2 Nr. 2 1. Hs. BauGB modifiziert wird. *Gierke* leitet die Relevanz des bestehenden Flächennutzungsplans im Rahmen des § 13a Abs. 2 Nr. 2 2. Hs. BauGB auch aus dessen Kontext mit dem 1. Halbsatz ab. Weil dort eine Abweichung des Bebauungsplans vom (bestehenden) Flächennutzungsplan

---

1894 Vgl. Fn. 1826 u. 1884.
1895 Vgl. BR-Drs. 558/06, S. 9, zurückgehend auf BR-Drs. 558/1/06, S. 6 u. 12, wo hinsichtlich des Maßstabs für die geordnete städtebauliche Entwicklung im Sinne des § 13a Abs. 2 Nr. 2 2. Hs. BauGB auf den bestehenden Flächennutzungsplan abgestellt wird. Vgl. auch *Krautzberger*, in: Krautzberger/Söfker, Baugesetzbuch, Rn. 154b.

erlaubt werde, gleichzeitig aber gem. Halbsatz 2 die geordnete städtebauliche Entwicklung nicht beeinträchtigt werden dürfe, beziehe sich § 13a Abs. 2 Nr. 2 2. Hs. BauGB nicht nur auf die allgemeine Anforderung des § 1 Abs. 3 S. 1 BauGB an jeden Bebauungsplan, der geordneten städtebaulichen Entwicklung zu dienen, sondern habe einen speziellen Regelungsgehalt dahingehend, dass es auf die sich aus dem konkret vorliegenden, wirksamen Flächennutzungsplan ergebende städtebauliche Entwicklung ankommt.[1896]

(e) Ergebnis der verschiedenen Interpretationsansätze

Die Ansatzpunkte der Auslegung des § 13a Abs. 2 Nr. 2 2. Hs. BauGB ergeben zum einen, dass es für die Bestimmung des Begriffs der geordneten städtebaulichen Entwicklung im Sinne des § 13a Abs. 2 Nr. 2 2. Hs. BauGB jedenfalls auch auf den bestehenden Flächennutzungsplan ankommt. Der Versuch der historisch-systematischen Auslegung des § 13a Abs. 2 Nr. 2 2. Hs. BauGB in Anlehnung an § 1 Abs. 2 BauGB-MaßnahmenG (1990) führt dazu, dass es für § 13a Abs. 2 Nr. 2 2. Hs. BauGB entscheidend ist, ob der bestehende Flächennutzungsplan in einem selbständigen Planungsverfahren rechtmäßig so geändert oder ergänzt werden könnte, dass der beabsichtigte Bebauungsplan aus ihm im Sinne von § 8 Abs. 2 S. 1 BauGB entwickelt werden könnte, wobei es aber innerhalb des heutigen Systems der Bauleitplanung – vor allem wegen seiner europarechtlichen Hintergründe – und aufgrund des nicht nur sehr beschränkten Anwendungsbereichs des beschleunigten Verfahrens zu weit ginge, nur darauf abzustellen, ob der Flächennutzungsplan grundsätzlich in einer dem Bebauungsplan im Sinne von § 8 Abs. 2 S. 1, § 5 Abs. 1 S. 1 BauGB entsprechenden Weise geändert werden könnte, egal, wie gravierend die Änderung des Inhalts des Flächennutzungsplans dabei wäre.

Aus der Kombination der verschiedenen Interpretationsansätze folgt damit, dass es für die Frage, ob der vom Flächennutzungsplan abweichende Bebauungsplan die geordnete städtebauliche Entwicklung beeinträchtigt, darauf ankommt, ob der *bestehende* Flächennutzungsplan im Rahmen eines eigenständigen Planungsverfahrens *rechtmäßig so geändert oder ergänzt* werden könnte, dass der Bebauungsplan aus ihm *im Sinne des § 8 Abs. 2 S. 1 BauGB entwickelt* werden könnte, ohne dass dabei die *Grundkonzeption* des Flächennutzungsplans geändert werden müsste,[1897] die enger ist als die im Flächennutzungsplan insge-

---

[1896] *Gierke*, in: Brügelmann, § 13a, Rn. 121 (Stand: Februar 2008). Vgl. Fn. 1886.
[1897] *Gierke*, in: Brügelmann, § 13a, Rn. 121 (Stand: Februar 2008), verlangt, dass sich der vom Flächennutzungsplan abweichende Bebauungsplan in die Gesamtkonzeption des bestehenden Flächenutzungsplans einfügt; ähnlich *Kuschnerus*, Der standortgerechte Einzelhandel, Rn. 606, der i. R. v. § 13a Abs. 2 Nr. 2 2. Hs. BauGB auf den Maßstab des § 214 Abs. 2 Nr. 2 BauGB abstellt; *Starke*, JA 2007, 488 (489, Fn. 23, wo auf *Battis*, in: B/K/L, § 214, Rn. 12 verwiesen wird), stellt als Maßstab für die geordnete städtebauliche auf die Gesamtkonzeption des Flächennutzungsplans ab und damit wohl

samt dargestellten Grundzüge der beabsichtigten städtebaulichen Entwicklung gem. § 5 Abs. 1 S. 1 BauGB.[1898] Die Änderung der Grundkonzeption ist nur in einem eigenständigen Planungsverfahren gem. § 1 Abs. 8, §§ 1 ff. BauGB möglich.[1899] D. h., ähnlich wie in § 214 Abs. 2 Nr. 2 BauGB kommt es gem. § 13a Abs. 2 Nr. 2 2. Hs. BauGB darauf an, ob der bestehende Flächennutzungsplan trotz der zur Anpassung an den von ihm abweichenden Bebauungsplan notwendigen Änderung bzw. Ergänzung seine Steuerungsfunktion für die geordnete städtebauliche Entwicklung des Gemeindegebiets in der bisherigen Form *bezogen auf deren elementare Bestandteile* noch wahrnehmen kann; der Bebauungsplan muss sich also in die auf das gesamte Gemeindegebiet bezogene *Grundkonzeption* des bestehenden Flächennutzungsplans einfügen und darf keine Veränderung derselben erfordern.[1900] Eine im Hinblick auf die Abweichung des Bebauungsplans vom Flächennutzungsplan notwendige Anpassung desselben darf sich daher im Rahmen des § 13a Abs. 2 Nr. 2 BauGB wegen der auf Grund des Verzichts auf ein eigenständiges Planungsverfahren notwendigen inhaltlichen Begrenzung der durch § 13a Abs. 2 Nr. 2 3. Hs. BauGB möglichen Veränderungen des Flächennutzungsplans auch nur auf den Bereich des Flächennutzungsplans beziehen, der dem (gem. § 13a Abs. 1 S. 2 BauGB relativ kleinräumigen) Plangebiet des Bebauungsplans entspricht. Der gewünschte Bebauungsplan darf nicht die Umplanung des Flächennutzungsplans in Gebieten außerhalb seines Plangebiets erfordern,[1901] was zudem eine durch die Großräumigkeit der Anpassung bedingte allzu aufwändige Prüfung der (materiellen) Rechtmäßigkeit der Änderung bzw. Ergänzung des Flächennutzungsplans ver-

---

auch auf den Maßstab des § 214 Abs. 2 Nr. 2 BauGB; *Krautzberger*, in: E/Z/B/K, § 13a, Rn. 74 (Stand: Mai 2007), betont, dass sich die Gemeinde mit den Grundzügen des Flächennutzungsplans auseinandersetzen muss, erlaubt aber eine Abweichung von diesen. Unklar bei *Spannowsky*, in: Berliner Kommentar, § 13a, Rn. 26 u. 29 (Stand: Juli 2007); *ders.*, in: Spannowsky/Hofmeister, BauGB 2007, S. 27 (37), der nur auf die Relevanz eines in seinen Grundzügen nicht zu ändernden Flächennutzungsplans i. R. d. § 13a Abs. 2 Nr. 2 2. Hs. BauGB abstellt, ohne aber deren Veränderung i. R v. § 13a Abs. 2 Nr. 2 BauGB generell zu verbieten.

1898 *Battis*, in: B/K/L, § 13a, Rn. 15.
1899 *Spannowsky*, in: Berliner Kommentar, § 13a, Rn. 29 (Stand: Juli 2007); vgl. *Gierke*, in: Brügelmann, § 13a, Rn. 121 (Stand: Februar 2008).
1900 BVerwG, Urt. vom 26.02.1999 – 4 CN 6/98, NVwZ 2000, 197 (198); *Gierke*, in: Brügelmann, § 13a, Rn. 121 (Stand: Februar 2008); ähnlich *Mitschang*, ZfBR 2007, 433 (444/445); *ders.*, ZfBR 2008, 227 (240).
1901 *Gierke*, in: Brügelmann, § 13a, Rn. 121 u. 122 (Stand: Februar 2008); vgl. unter Verweis auf VG Köln, Urt. vom 09.06.1981 – 2 K 574/79, UPR 1982, 135 (136) und OVG Bremen, Urt. vom 10.03.1981 – 1 T 8/80, ZfBR 1981, 194 (195) *Starke*, JA 2007, 488 (489), der § 13a Abs. 2 Nr. 2 2. Hs. BauGB in Anlehnung an § 214 Abs. 2 Nr. 2 BauGB interpretiert (vgl. Fn. 1897).

meidet.¹⁹⁰² Wenn sich der beabsichtigte Bebauungsplan in seinen Wirkungen auf den Flächennutzungsplan über das eigene Plangebiet hinaus erstreckt und die dadurch auf der Ebene des Flächennutzungsplans ausgelösten bodenrechtlichen Spannungen nur durch eine großräumige Koordinierung derselben in Form einer Umplanung bezogen auf ein über das Plangebiet des Bebauungsplans hinausgehendes Gebiet gelöst werden können, muss dafür ein eigenständiges Flächennutzungsplanänderungsverfahren stattfinden.¹⁹⁰³ Bei derartigen, jedenfalls flächenmäßig erheblichen Änderungen des Flächennutzungsplans müssen die auch sonst für eine rechtmäßige Flächennutzungsplanung zu erfüllenden Verfahrensanforderungen eingehalten werden, zumal in diesem Fall auch begrifflich wohl kaum mehr von der Wahrung der Grundkonzeption des Flächennutzungsplans gesprochen werden kann, da weiträumige und damit umfassende Veränderungen des Plans notwendig sind.

Ansonsten sind für die Prüfung einer rechtmäßigen Änderung des Flächennutzungsplans innerhalb von dessen Grundkonzeption materiell-rechtlich relevante Aspekte wie die Planungsziele und -leitlinien der § 1 Abs. 5 u. Abs. 6, § 1a BauGB, der Trennungsgrundsatz des § 50 BImSchG, das Gebot gerechter Abwägung gem. § 1 Abs. 7 BauGB, die Ziele der Raumordnung gem. § 1 Abs. 4 BauGB, die sich auf Flächennutzungspläne beziehenden Regelungen der Baunutzungsverordnung ebenso zu beachten wie das Gebot der Planrechtfertigung gem. § 1 Abs. 3 S. 1 BauGB,¹⁹⁰⁴ wobei diese bereits daraus folgt, dass der Flächennutzungsplan, soweit der Bebauungsplan die Grenzen des Entwicklungsgebots überschreitend von ihm abweicht, seine Funktion als verbindliche Grund-

---

1902 *Bunzel*, Difu-Praxistest, S. 38/39, abrufbar unter http://www.difu.de/publikationen/difuberichte/4_06/11.phtml (zuletzt abgerufen am 01.03.2008), wo darauf verwiesen wird, dass bei Plangebietsidentität von Bebauungsplan und in Anpassung an ihn zu änderndem bzw. ergänzendem Flächennutzungsplan die Ermittlung, Bewertung und Abwägung der für den Flächennutzungsplan relevanten Belange vollumfänglich innerhalb des Bebauungsplanungsverfahrens stattfinden kann und dies im Hinblick auf den Flächennutzungsplan im Vergleich zum für das Bebauungsplanungsverfahren ohnehin notwendigen Aufwand weitgehend unaufwändig ist.
1903 *Gierke*, in: Brügelmann, § 13a, Rn. 121 (Stand: Februar 2008).
1904 *Krautzberger*, in: Krautzberger/Söfker, Baugesetzbuch, Rn. 154b; *Mitschang*, ZfBR 2007, 433 (445); *ders.*, ZfBR 2008, 227 (240); *Spannowsky*, in: Spannowsky/ Hofmeister, BauGB 2007, S. 27 (37); vgl. *Bielenberg/Runkel*, in: E/Z/B/K, § 8, Rn. 27 (Stand: April 2000). Dabei ist zu beachten, dass § 34 Abs. 5 S. 1 Nr. 1 BauGB für die Aufstellung von Entwicklungs- und Ergänzungssatzungen ähnlich § 13a Abs. 2 Nr. 2 2. Hs. BauGB eine Vereinbarkeit mit der geordneten städtebaulichen Entwicklung verlangt (auf diese Ähnlichkeit stellen *Wallraven-Lindl/Strunz/Geiß*, Das Bebauungsplanverfahren nach dem BauGB 2007, S. 172, ab) und man dafür ebenfalls eine Vereinbarkeit der Innenbereichssatzung mit den für einen entsprechenden Bebauungsplan geltenden Anforderungen des § 1 Abs. 3-7 BauGB abstellt (vgl. *Söfker*, in: E/Z/B/K, § 34, Rn. 106 f. (Stand: März 2006)).

lage der städtebaulichen Ordnung verliert[1905] und insoweit anpassungsbedürftig wird. Hinzukommen die Aussagen der Umweltprüfung in Bezug auf den bestehenden Flächennutzungsplan,[1906] da der Flächennutzungsplan in seinen Grundzügen unverändert bleiben soll, so dass die bei der Umweltprüfung im Rahmen seiner Aufstellung ermittelten und bewerteten Umweltauswirkungen des Flächennutzungsplans auch für seine Änderung bzw. Ergänzung noch weitgehend Gültigkeit haben (vgl. Wertung des Art. 3 Abs. 3 2. Alt. Plan-UP-RL). Eine Ausnahme nimmt *Krautzberger* für die im Rahmen der Prüfung des § 13a Abs. 2 Nr. 2 2. Hs. BauGB zu beachtenden materiellen Anforderungen an eine rechtmäßige Änderung bzw. Ergänzung des Flächennutzungsplans zur Anpassung an den gewollten Bebauungsplan im Vergleich zu den allgemein gem. §§ 1 ff. BauGB geltenden materiell-rechtlichen Anforderungen an einen Flächennutzungsplan dahingehend an, dass bei der Frage, ob ein dem Bebauungsplan entsprechender Flächennutzungsplan rechtmäßig planbar wäre, eine Ausgleichspflicht gem. § 1a Abs. 3 S. 1 2. Alt. BauGB auch für den Flächennutzungsplan ausgeschlossen ist und daher nicht beachtet werden muss, soweit der Bebauungsplan gem. § 13a Abs. 2 Nr. 4 BauGB von der Ausgleichspflicht der naturschutzrechtlichen Eingriffsregelung befreit ist.[1907] Dem ist insoweit zuzustimmen, als dass, soweit durch einen kleinflächigen Bebauungsplan der Innenentwicklung neu ermöglichte Eingriffe in Natur und Landschaft gem. § 13a Abs. 2 Nr. 4 BauGB innerhalb des beschleunigten Verfahrens von vornherein von der Ausgleichspflicht gem. § 1a Abs. 3 S. 1 2. Alt. BauGB suspendiert sind, auch auf der Ebene des Flächennutzungsplans für durch die Änderung bzw. Ergänzung des Flächennutzungsplans zur Anpassung an den gewollten Bebauungsplan bedingte, neu ermöglichte Eingriffe in Natur und Landschaft im Plangebiet des Bebauungsplans – oder gem. § 1a Abs. 3 S. 3 BauGB auch anderswo, wobei das Vorsehen von Ausgleichsflächen und -maßnahmen im Flächennutzungsplan außerhalb des Bebauungsplangebiets zur Anpassung des Flächennutzungsplans an den gewollten Bebauungsplan nach der hier vertretenen Auffassung die Grundzüge der städtebaulichen Ordnung im Sinne des § 13a Abs. 2 Nr. 2 2. Hs. BauGB beeinträchtigen würde – keine naturschutzrechtliche Ausgleichspflicht gem. § 1a Abs. 3 S. 1 2. Alt. BauGB bestehen kann und daher geprüft werden muss. Ansonsten könnte es nämlich sein, dass der Flächennut-

---

1905 Vgl. Fn. 1866.
1906 *Krautzberger*, in: E/Z/B/K, § 13a, Rn. 74 (Stand: Mai 2007).
1907 *Krautzberger*, in: E/Z/B/K, § 13a, Rn. 74 (Stand: Mai 2007); a. A. *Gierke*, in: Brügelmann, § 13a, Rn. 122 (Stand: Februar 2008), der *Krautzberger* hier aber wohl falsch versteht, weil auch *Krautzberger* die Nichtanwendung des § 1a Abs. 3 S. 1 2. Alt. BauGB nur auf die durch den kleinflächigen Bebauungsplan der Innenentwicklung und den entsprechend anzupassenden Flächennutzungsplan ermöglichten Eingriffe bezieht, nicht aber auf sich aus früheren Planungen ergebende Ausgleichspflichten. Vgl. *Krautzberger*, in: E/Z/B/K, § 13a, Rn. 74 2. Absatz am Anfang und am Ende.

zungsplan Ausgleichsflächen vorsehen müsste, der Bebauungsplan aber von der Ausgleichspflicht gem. § 13a Abs. 2 Nr. 4 BauGB befreit ist, so dass entweder auch infolge der Anpassung des Flächennutzungsplans im Wege der Berichtigung gem. § 13a Abs. 2 Nr. 2 3. Hs. BauGB keine § 8 Abs. 2 S. 1 BauGB und § 1a Abs. 3 S. 1 2. Alt., § 1 Abs. 7 BauGB entsprechende Kongruenz zum Bebauungsplan hergestellt würde, sofern die im Flächennutzungsplan vorgesehenen Ausgleichsflächen innerhalb des Plangebiets des Bebauungsplans lägen, oder dass – theoretisch – außerhalb des Plangebiets des Bebauungsplans im Flächennutzungsplan darzustellende Ausgleichsmaßnahmen und -flächen im Rahmen einer sich auf diese Flächen beziehenden späteren Bebauungsplanung berücksichtigt werden müssten,[1908] was im Ergebnis dazu führen würde, dass für durch einen kleinflächigen Bebauungsplan der Innenentwicklung neu ermöglichte Eingriffe letztlich doch ein (nicht erforderlicher) naturschutzrechtlicher Ausgleich gem. § 1a Abs. 3 S. 1 2. Alt., § 1 Abs. 7 BauGB erfolgen würde. Anders liegt der Fall dagegen, wenn im bereits bestehenden Flächennutzungsplan Flächen zum Ausgleich im Sinne von § 1a Abs. 3 S. 1 2. Alt. BauGB im Bebauungsplangebiet des kleinflächigen Bebauungsplans der Innenentwicklung dargestellt sind (vgl. § 5 Abs. 2a BauGB). Die in § 13a Abs. 2 Nr. 4 BauGB für kleinflächige Bebauungspläne der Innenentwicklung vorgesehene Suspension von der naturschutzrechtlichen Ausgleichspflicht beruht auf der Erwägung, dass der Bebauungsplan der Innenentwicklung, indem er einer weiteren Außenentwicklung entgegenwirkt, schon dadurch dazu beiträgt, weitere, erheblichere als mit ihm verbundene Eingriffe in Natur und Landschaft zu verhindern, so dass die mit ihm verbundenen, gem. § 1a Abs. 3 S. 1 1. Alt. BauGB im Rahmen der Abwägung zu rechtfertigenden, neu ermöglichten Eingriffe nicht ausgeglichen werden müssen.[1909] Die im Flächennutzungsplan vorgesehenen Ausgleichsflä-

---

1908 Vgl. BVerwG, Beschl. vom 31.01.2006 – 4 B 49/05, NVwZ 2006, 823 (823 u. 828). *Krautzberger*, in: E/Z/B/K, § 13a, Rn. 89 (Stand: Mai 2007), geht für den Fall, dass nach dem Wirksamwerden eines kleinflächigen Bebauungsplans der Innenentwicklung in einem regulären Planungsverfahren der Flächennutzungsplan neu aufgestellt oder geändert wird, davon aus, dass für mit diesem Bebauungsplan der Innenentwicklung verbundene Eingriffe in Natur und Landschaft ebenso wenig wie im Bebauungsplan Ausgleichsflächen darzustellen sind, da diese nicht realisierbar sind, so dass er ihre Festsetzung im Flächennutzungsplan für sinnlos und sogar unvertretbar hält.

1909 BT-Drs. 16/2496, S. 15; BT-Drs. 16/3308, S. 15, rechtfertigt § 13a Abs. 2 Nr. 4 BauGB damit, dass kleinflächige Bebauungspläne der Innenentwicklung mit überwiegenden Vorteilen für die Natur verbunden sind. Zustimmend *Bunzel*, Difu-Praxistest, S. 40, abrufbar unter http://www.difu.de/publikationen/difu-berichte/4_06/11.phtml (zuletzt abgerufen am 01.03.2008). Ebenso *Battis*, in: B/K/L, § 13a, Rn. 17; *Battis/Krautzberger/Löhr*, NVwZ 2007, 121 (125); *Krautzberger*, in: Krautzberger/Söfker, Baugesetzbuch, Rn. 154d; *ders.*, in: E/Z/B/K, § 13a, Rn. 82 (Stand: Mai 2007); *ders.*, in: B/K/L, § 1a, Rn. 29; *Mitschang*, ZfBR 2007, 433 (446); *Söfker*, in: Spannowsky/Hofmeister, BauGB 2007, S. 17 (20); *Spannowsky*, in: Berliner Kommentar, § 13a, Rn. 30 (Stand: Juli 2007); *Uechtritz*, BauR 2007, 476 (482/483).

chen und -maßnahmen und die diesen zugrunde liegenden Ausgleichspflichten beruhen jedoch darauf, dass irgendwo im Plangebiet des Flächennutzungsplans, nicht unbedingt im Plangebiet des Bebauungsplans (vgl. § 1a Abs. 3 S. 3 BauGB), Eingriffe in Natur und Landschaft neu zugelassen wurden, die nach § 1a Abs. 3 S. 1 2. Alt., § 1 Abs. 7 BauGB ausgleichspflichtig sind, ohne dass diese Eingriffe dazu führen müssen, an anderer Stelle noch erheblichere Eingriffe zu vermeiden. Daher ist es nicht gerechtfertigt, die für Bebauungspläne der Innenentwicklung geltende Regelung § 13a Abs. 2 Nr. 4 BauGB uneingeschränkt auf den Flächennutzungsplan zu übertragen, da die Ausgangssituationen ganz unterschiedlich sind[1910] und ohnehin fraglich ist, ob die in § 13a Abs. 2 Nr. 4 BauGB vorgesehene Suspension von der naturschutzrechtlichen Ausgleichspflicht für kleinflächige Bebauungspläne nicht auch nur – wie der Wortlaut und das hinter der Regelung stehende Motiv nahelegen – für mit dieser Bebauungsplanung selbst verbundene Eingriffe gilt und auf Grund anderer Planungen im Plangebiet des kleinflächigen Bebauungsplans vorgesehene Ausgleichsflächen auch nur unter erneuter Berücksichtigung der Ausgleichspflicht überplant werden dürfen. Das Bundesverwaltungsgericht lässt es zwar ausdrücklich zu, auf naturschutzrechtlichen Ausgleichsflächen, auf denen Beeinträchtigungen von Natur und Landschaft durch einen an anderer Stelle vorgenommenen Eingriff auszugleichen sind, neue Eingriffe in Natur und Landschaft vorzusehen,[1911] jedoch nur unter der Maßgabe, dass dabei für den auf Grund der bestehenden und weiterhin wirksamen Planung ermöglichten Eingriff im Rahmen der neuen Planung eine erneute Ausgleichspflicht ausgelöst wird.[1912] Daher dürfen bei der im Rahmen von § 13a Abs. 2 Nr. 2 2. Hs. BauGB erfolgenden Prüfung einer rechtmäßigen Änderung des Flächennutzungsplans bestehende, im bisherigen Flächennutzungsplan im Plangebiet des nun gewollten Bebauungsplans dargestellte Ausgleichsflächen für Eingriffe, die im bisherigen Flächennutzungsplan nicht im Plangebiet des nun aufzustellenden kleinflächigen Bebauungsplans der Innenentwicklung neu ermöglicht wurden und damit weder durch den aufzustellenden kleinflächigen Bebauungsplan der Innenentwicklung noch durch die Anpassung des Flächennutzungsplans an diesen Bebauungsplan in dem Gebiet des Bebauungsplans erstmals erlaubt werden, – ebenso wenig wie durch den Bebauungsplan – von vornherein ausgleichslos überplant werden. Dies kann nach

---

1910 Vgl. *Gierke*, in: Brügelmann, § 13a, Rn. 122 (Stand: Februar 2008); vgl. *Krautzberger*, in: E/Z/B/K, § 13a, Rn. 88 (Stand: Mai 2007), in Bezug auf die Ausgleichspflicht innerhalb der Anpassung des Flächennutzungsplans an einen großflächigen Bebauungsplan der Innenentwicklung, für den jedoch § 13a Abs. 2 Nr. 4 BauGB nicht gilt.
1911 BVerwG, Beschl. vom 31.01.2006 – 4 B 49/05, NVwZ 2006, 823 (823 u. 828).
1912 BVerwG, Beschl. vom 31.01.2006 – 4 B 49/05, NVwZ 2006, 823 (828); *Krautzberger*, in: E/Z/B/K, § 13a, Rn. 88 (Stand: Mai 2007), nur für das Verhältnis großflächiger Bebauungsplan der Innenentwicklung – Flächennutzungsplan, wobei für großflächige Bebauungspläne der Innenentwicklung § 13a Abs. 2 Nr. 4 BauGB ohnehin nicht gilt.

obiger Argumentation nur gelten, wenn die im Flächennutzungsplan vorgesehenen, im Bebauungsplangebiet liegenden Ausgleichsflächen dem Ausgleich von Eingriffen dienen, die ebenfalls im Bebauungsplangebiet des Bebauungsplans der Innenentwicklung vorgesehen sind. Ansonsten können im Flächennutzungsplan gem. § 1a Abs. 3 S. 1 2. Alt. BauGB vorgesehene Ausgleichsflächen nur dann letztlich ohne anderweitigen naturschutzrechtlichen Ausgleich gem. § 1a Abs. 3 S. 1 2. Alt. BauGB überplant werden, wenn gegenüber der für den Bebauungsplan und die Änderung bzw. Ergänzung des Flächennutzungsplans in der Abwägung gem. § 1 Abs. 7 BauGB erneut zu berücksichtigenden Ausgleichspflicht gem. § 1a Abs. 3 S. 1 2. Alt. BauGB für die Eingriffe, die durch den bestehenden und insoweit unverändert wirksam bleibenden Flächennutzungsplan neu ermöglicht wurden, gewichtigere Belange überwiegen.[1913]

Ferner muss bei der Prüfung der Rechtmäßigkeit der Anpassung des Flächennutzungsplans an den gewollten Bebauungsplan die im Laufe der Zeit gewachsene, tatsächliche städtebauliche Entwicklung der Gemeinde beachtet werden, d. h., in die Betrachtung müssen vorhandene Strukturen und auch die sich daraus ergebenden Möglichkeiten einer organischen Fortentwicklung derselben angemessen einfließen.[1914] Durch § 13a Abs. 2 Nr. 2 2. Hs. BauGB soll gerade verhindert werden, dass die Abweichung des Bebauungsplans vom Flächennutzungsplan gem. § 13a Abs. 2 Nr. 2 1. Hs. BauGB die Weichen für eine nicht gewollte städtebauliche Gesamtentwicklung stellt.[1915] Daher sind in der Abwägung für den im Hinblick auf den Bebauungsplan anzupassenden Flächennutzungsplan auch städtebauliche Entwicklungskonzepte und sonstige von der Gemeinde beschlossene städtebauliche Planungen gem. § 1 Abs. 6 Nr. 11 BauGB zu berücksichtigen. Dies bedeutet, dass innerhalb der Prüfung von § 13a Abs. 2 Nr. 2 2. Hs. BauGB wie im Rahmen des § 8 Abs. 4 S. 1 BauGB informelle Planungen zu berücksichtigen sind, die, wie z. B. Rahmenpläne oder ein bereits in Aufstellung befindlicher neuer Flächennutzungsplan, Anhaltspunkte für die von der Gemeinde künftig gewollte städtebauliche Entwicklung des gesamten Gemeindegebiets enthalten,[1916] die durch die Anforderung des § 13a Abs. 2 Nr. 2 2. Hs. BauGB für einen vom Flächennutzungsplan abweichenden Bebauungsplan gerade nicht aus den Augen verloren werden soll.[1917] Innerhalb der im Rahmen der Prüfung des § 13a Abs. 2 Nr. 2. 2. Hs. BauGB gem. § 1 Abs. 7 BauGB im Hin-

---

1913 Vgl. *Krautzberger*, in: E/Z/B/K, § 13a, Rn. 88 (Stand: Mai 2007).
1914 *Krautzberger*, in: E/Z/B/K, § 13a, Rn. 73 (Stand: Mai 2007).
1915 Vgl. B. III. 2. a) cc) (2) (b).
1916 *Gierke*, in: Brügelmann, § 13a, Rn. 121 (Stand: Februar 2008); *Krautzberger*, in: E/Z/B/K, § 13a, Rn. 74 (Stand: Mai 2007); *Mitschang*, ZfBR 2007, 433 (445); ders., LKV 2007, 102 (108); ders., ZfBR 2008, 227 (240); *Spannowsky*, in: Spannowsky/Hofmeister, BauGB 2007, S. 27 (37); ders., NuR 2007, 521 (525); ders., in: Berliner Kommentar, § 13a, Rn. 26 (Stand: Juli 2007).
1917 Vgl. Fn. 1884.

blick auf einen dem Bebauungsplan im Sinne von § 5 Abs. 1 S. 1, § 8 Abs. 2 S. 1 BauGB entsprechenden Flächennutzungsplan zu treffenden Abwägungsentscheidung[1918] sind, wenn der bisherige Flächennutzungsplan die nun im Bebauungsplan vorgesehene Art der Nutzung an dieser Stelle nicht vorsah, die Auswirkungen des neuen Standorts auf die im Rahmen des Flächennutzungsplans im Fokus stehende geordnete städtebauliche Entwicklung des *gesamten* Gemeindegebiets und nicht nur auf das unmittelbar an das Bebauungsplangebiet angrenzende Gemeindegebiet zu berücksichtigen. Dabei müssen die im gesamten Gemeindegebiet bestehenden Standortalternativen einbezogen werden.[1919] Ergibt sich, dass aufgrund der an diesem Standort neuen Nutzung zur Erzielung eines gerechten Ausgleichs aller planbetroffenen Belange eine Änderung des Flächennutzungsplans über das Plangebiet des gewollten Bebauungsplans hinaus notwendig ist, ist § 13a Abs. 2 Nr. 2 1. Hs. BauGB gem. § 13a Abs. 2 Nr. 2 2. Hs. BauGB ausgeschlossen. Ist der bestehende Flächennutzungsplan unter Aufrechterhaltung seiner Grundkonzeption rechtmäßig so änder- bzw. ergänzbar, dass der beabsichtigte Bebauungsplan aus ihm im Sinne des Entwicklungsgebots entwickelt werden könnte, beeinträchtigt der vom bestehenden Flächennutzungsplan abweichende Bebauungsplan die geordnete städtebauliche Entwicklung im Sinne von § 13a Abs. 2 Nr. 2 2. Hs. BauGB nicht.

(f) Relevanz des bestehenden Flächennutzungsplans

Daraus ergibt sich, dass im Rahmen der in § 13a Abs. 2 Nr. 2 2. Hs. BauGB geregelten materiell-rechtlichen Voraussetzung für eine die Grenzen des Entwicklungsgebots überschreitende Abweichung des Bebauungsplans vom bestehenden Flächennutzungsplan ohne dessen wenigstens gleichzeitige Änderung oder Ergänzung in einem eigenständigen Planungsverfahren gem. § 13a Abs. 2 Nr. 2 1. Hs. BauGB dahingehend, dass dadurch die geordnete städtebauliche Entwicklung des Gemeindegebiets nicht beeinträchtigt werden darf, der bisherige Flächennutzungsplan nicht den alleinigen Maßstab bildet. Er ist aber Maßstab dafür, welches städtebauliche *Grundkonzept* die Gemeinde unter Berücksichtigung der konkreten örtlichen Verhältnisse verfolgt.[1920] Die Grundzüge des bisherigen

---

1918 Ausdrücklich bei *Spannowsky*, in: Spannowsky/Hofmeister, BauGB 2007, S. 27 (37); *ders.*, NuR 2007, 521 (525).
1919 *Bunzel*, LKV 2007, 444 (448/449). Deshalb besteht entgegen der Auffassung *Scheidlers, Starkes* und *Tomerius*' nicht die Gefahr, dass aufgrund der Regelung des § 13a Abs. 2 Nr. 2 BauGB mangels einer normalerweise auf der Ebene der Flächennutzungsplanung erfolgenden Prüfung von Standortalternativen vor allem bei kleinräumigen Bebauungsplänen der Innenentwicklung nicht beachtet wird, wie sie sich in großräumigere Zusammenhänge einfügen, *Scheidler*, ZfBR 2006, 752 (755), *ders.*, BauR 2007, 650 (655); *Starke*, JA 2007, 488 (491/492); *Tomerius*, ZUR 2008, 1 (5).
1920 Vgl. *Kuschnerus*, Der standortgerechte Einzelhandel, Rn. 606, unter Bezugnahme auf § 214 Abs. 2 Nr. 2 BauGB; *Mitschang*, ZfBR 2007, 433 (444/445); *ders.*, ZfBR 2008,

Flächennutzungsplans setzen der Abweichung des Bebauungsplans vom Flächennutzungsplan gem. § 13a Abs. 2 Nr. 2 1. Hs. BauGB Grenzen.[1921] Dabei ist zu beachten, dass § 13a Abs. 2 Nr. 2 2. Hs. BauGB eine Abweichung des Bebauungsplans vom Flächennutzungsplan nur dann ausschließt, wenn dadurch die geordnete städtebauliche Entwicklung *beeinträchtigt* würde. D. h., nicht jedes Berühren der im Flächennutzungsplan in den Grundzügen vorgesehenen städtebaulichen Entwicklung durch den Bebauungsplan schließt – anders als § 13 Abs. 1 BauGB das vereinfachte Verfahren zur Änderung oder Ergänzung des Flächennutzungsplans – die materiell-rechtliche Besonderheit des § 13a Abs. 2 Nr. 2 1. Hs. BauGB aus,[1922] sondern nur eine (nicht nur geringfügige) *Beeinträchtigung* der Grundkonzeption der im Flächennutzungsplan in den Grundzügen dargestellten städtebaulichen Entwicklung. Anders als bei § 13 Abs. 1 BauGB muss im Rahmen des § 13a Abs. 2 Nr. 2 2. Hs. BauGB die aufgrund der Abweichung des Bebauungsplans vom Flächennutzungsplan notwendige Anpassung des Flächennutzungsplans nicht schon von dem in dem bestehenden Flächennutzungsplan zum Ausdruck kommenden planerischen Willen vollumfänglich umfasst ein,[1923] was bei der Prüfung der Rechtmäßigkeit einer Änderung oder Ergänzung des Flächennutzungsplans im Rahmen des § 13a Abs. 2 Nr. 2 2. Hs. BauGB ebenfalls zu beachten. Diesbezüglich bestehen in Übereinstimmung mit Art. 3 Abs. 3 2. Alt. Plan-UP-RL auch keinerlei europarechtliche Bedenken, obwohl § 13 Abs. 1 1. Var. BauGB gerade wegen Art. 3 Abs. 1 u. Abs. 3 2. Alt. Plan-UP-RL nur *geringfügigste* Änderungen bzw. Ergänzungen eines Flächennutzungsplans im vereinfachten Verfahren ohne Umweltprüfung erlaubt. Dies ergibt sich daraus, dass die weitgehende Wahrung bzw. Nichtbeeinträchtigung der Grundkonzeption des Flächennutzungsplans nicht die einzige Voraussetzung dafür ist, dass ein Flächennutzungsplan gem. § 13a Abs. 2 Nr. 2 2. Hs. BauGB ohne eigenständiges Planungsverfahren und damit ohne Umweltprüfung geändert bzw. ergänzt werden darf. Dass die Änderung bzw. Ergänzung des Flächennutzungsplans im Vergleich zum bestehenden, umweltgeprüften Flächennutzungsplan nicht mit ihre Umweltprüfungspflichtigkeit auslösenden, voraussichtlich erheblichen Umweltauswirkungen verbunden ist, wird vielmehr zusätzlich dadurch gewährleistet, dass die Änderung bzw. Ergänzung des Flächennutzungsplans in Anpassung an von ihm abweichende Festsetzungen eines

---

227 (240); *Spannowsky*, in: Berliner Kommentar, § 13a, Rn. 26 und 29 (Stand: Juli 2007); *Starke*, JA 2007, 488 (489).
1921 Vgl. Fn. 1897. Unklar *Spannowsky*, in: Spannowsky/Hofmeister, BauGB 2007, S. 27 (37); ders., NuR 2007, 521 (525); ders., in: Berliner Kommentar, Rn. 26 (Stand: Juli 2007); a. A. *Mitschang*, ZfBR 2007, 433 (447), der behauptet, Darstellungen des Flächennutzungsplans spielten bei Bebauungsplänen der Innenentwicklung keine Rolle mehr.
1922 *Battis*, in: B/K/L, § 13a, Rn. 15.
1923 BVerwG, Urt. vom 09.03.1990 – 8 C 76/88, NVwZ 1990, 873 (874).

Bebauungsplans der Innenentwicklung erfolgt, der selbst aufgrund der in § 13a Abs. 1 BauGB statuierten Voraussetzungen für die Anwendbarkeit des beschleunigten Verfahrens bei pauschaler Betrachtungsweise nicht mit voraussichtlich erheblichen Umweltauswirkungen verbunden ist,[1924] und zudem auf dessen gem. § 13a Abs. 1 S. 2 BauGB im Vergleich zur flächenmäßigen Gesamtgröße eines Flächennutzungsplans relativ kleinflächiges Plangebiet beschränkt ist.

Der bisher wirksam bestehende Flächennutzungsplan allein ist entscheidend für die Frage, ob überhaupt von der Verfahrensbesonderheit des § 13a Abs. 2 Nr. 2 1. Hs. BauGB Gebrauch gemacht werden muss. Denn ist der beabsichtigte Bebauungsplan aus dem bestehenden Flächennutzungsplan im Sinne von § 8 Abs. 2 S. 1 BauGB entwickelbar, bedarf es § 13a Abs. 2 Nr. 2 1. Hs. BauGB nicht und Überlegungen zu § 13a Abs. 2 Nr. 2 2. Hs. BauGB erübrigen sich. Dabei ist zu beachten, dass der Bebauungsplan trotz § 214 Abs. 2 Nr. 2 BauGB an einem für seine Rechtswirksamkeit beachtlichen Fehler leidet, wenn die Gemeinde von vornherein erkennt, dass der gewollte Bebauungsplan nicht aus dem bestehenden Flächennutzungsplan entwickelt werden kann, sich darüber aber absichtlich hinwegsetzt und den Bebauungsplan dessen ungeachtet aufstellt,[1925] es sei denn, die Voraussetzungen von § 13a Abs. 2 Nr. 2 1. Hs. u. 2. Hs. BauGB sind erfüllt.

(g) Konsequenzen für das Verhältnis der Regelung des § 13a Abs. 2 Nr. 2 BauGB zum Entwicklungsgebot und seinen Modifizierungen in § 8 BauGB

Im Hinblick auf die oben[1926] aufgeworfene Frage, ob der gem. § 13a Abs. 2 Nr. 2 1. Hs. BauGB vom Flächennutzungsplan abweichende Bebauungsplan trotz sich aus § 13a Abs. 2 Nr. 2 1. Hs. u. 3. Hs. BauGB sowohl inhaltlich als auch der Form nach eindeutig ergebender Umkehrung der Reihenfolge von Flächennutzungsplan und aus ihm zu entwickelndem Bebauungsplan durch § 13a Abs. 2 Nr. 2 2. Hs. BauGB einen Rückbezug zum Entwicklungsgebot des § 8 Abs. 2 S. 1 BauGB erhält, lässt sich feststellen, dass die Voraussetzung des § 13a Abs. 2 Nr. 2 2. Hs. BauGB für eine die Grenzen des Entwicklungsgebots überschreitende Abweichung des Bebauungsplans vom bestehenden Flächennutzungsplan dazu führt, dass der Bebauungsplan, der nicht aus dem bestehenden Flächennutzungsplan entwickelt werden kann, ohne wenigstens gleichzeitige Änderung oder Ergänzung des Flächennutzungsplans in einem eigenständigen Planungsverfahren nur einen solchen Planinhalt haben darf, der aus einer (formell und) materiell rechtmäßigen Änderung bzw. Ergänzung des bestehenden

---

1924 *Battis/Krautzberger/Löhr*, NVwZ 2007, 121 (125); *Battis*, in: B/K/L, § 13a, Rn. 15; *Krautzberger*, in: E/Z/B/K, § 13a, Rn. 71 (Stand: Mai 2007); vgl. auch *Spannowsky*, in: Berliner Kommentar, § 13a, Rn. 27 (Stand: Juli 2007).
1925 *Stock*, in: E/Z/B/K, § 214, Rn. 112 (Stand: Mai 2007).
1926 Vgl. B. III. 2. a) cc) (2) am Anfang.

Flächennutzungsplans, die zudem die Grundzüge des bestehenden Flächennutzungsplans (weitgehend) nicht verändert, entwickelt werden könnte.[1927] Die Besonderheit besteht darin, dass dieser Flächennutzungsplan nicht, wie außerhalb des Anwendungsbereichs des § 13a Abs. 2 Nr. 2 BauGB notwendig, vor oder im Parallelverfahren gleichzeitig mit dem Bebauungsplan in einem selbständigen Planungsverfahren tatsächlich aufgestellt wird, sondern dass der Flächennutzungsplan, aus dem der Bebauungsplan entwickelt werden könnte, nur im Wege der Berichtigung des bestehenden entsprechend angepasst und wirksam wird. Dafür müssen die materiell-rechtlichen Anforderungen an diesen Flächennutzungsplan schon im Rahmen der Aufstellung des Bebauungsplans bei der Prüfung des § 13a Abs. 2 Nr. 2 2. Hs. BauGB berücksichtigt werden und der bestehende Flächennutzungsplan darf – anders als im Rahmen des Parallelverfahrens – durch die erforderliche Anpassung nicht in seiner Grundkonzeption völlig neu gestaltet werden müssen; diese muss vielmehr weitgehend unverändert bleiben. Daraus folgt, dass der gem. § 13a Abs. 2 Nr. 2 1. Hs. BauGB vom Flächennutzungsplan abweichende und damit nicht an § 8 Abs. 2 S. 1 BauGB gebundene Bebauungsplan durch die Voraussetzung des § 13a Abs. 2 Nr. 2 2. Hs. BauGB doch eine inhaltliche Rückkopplung an den bestehenden Flächennutzungsplan sowie an einen Flächennutzungsplan erhält, aus dem er im Sinne von § 8 Abs. 2 S. 1 BauGB entwickelt werden könnte und der im Rahmen der Berichtigung gem. § 13a Abs. 2 Nr. 2 3. Hs. BauGB auch wirksam wird, so dass die Verfahrensbesonderheit des § 13a Abs. 2 Nr. 2 BauGB insgesamt eher dem Parallelverfahren gem. § 8 Abs. 3 S. 1 BauGB entspricht als dem eindeutig als Ausnahme zum Entwicklungsgebot ausgestalteten § 8 Abs. 4 S. 1 BauGB. Wie beim Parallelverfahren und anders als bei § 8 Abs. 4 S. 1 BauGB[1928] wird im Rahmen des § 13a Abs. 2 Nr. 2 BauGB gemäß dessen Halbsatz 3 der Flächennutzungsplan, aus dem der aufgestellte Bebauungsplan entwickelt werden könnte, *grundsätzlich* tatsächlich wirksam, nur nicht unbedingt schon gleichzeitig mit dem Bebauungsplan, was aber auch im Rahmen des Parallelverfahrens gem. § 8 Abs. 3 S. 2 BauGB möglich ist. Dort ist für die frühzeitige Bekanntmachung des Bebauungsplans vorausgesetzt, dass nach dem Stand der Planungsarbeiten anzunehmen ist, dass der Bebauungsplan aus den künftigen Darstellungen des Flächennutzungsplans entwickelt sein wird. Dieses Kriterium wird in § 13a Abs. 2 Nr. 2 2. Hs. BauGB aufgegriffen, indem nur ein solcher Bebauungsplan vom Flächennutzungsplan abweichen darf, der aus einem rechtmäßig aufstellbaren Flächennutzungsplan im Sinne von § 8 Abs. 2 S. 1 BauGB abgeleitet werden könnte. Der Unterschied zum Parallelverfahren besteht darin, dass dieser Flächennutzungsplan im Rahmen des § 13a Abs. 2 Nr. 2 BauGB nicht aufgrund

---

1927 Vgl. *Bielenberg/Runkel*, in: E/Z/B/K, § 8, Rn. 27 (Stand: April 2000) für § 1 Abs. 2 BauGBMaßnahmenG (1990) ohne die Einschränkung auf die Nichtveränderung der Grundzüge.
1928 Vgl. B. III. 2. a) aa) (3) u. (4).

eines selbständigen Flächennutzungsplanungsverfahrens, sondern in Form bloßer Berichtigung des bestehenden Flächennutzungsplans wirksam entsteht, weshalb dessen Grundkonzeption im Rahmen des § 13a Abs. 2 Nr. 2 3. Hs. BauGB nicht verändert werden darf. Wie es im Parallelverfahren gem. § 8 Abs. 3 S. 1 BauGB auch der Fall ist, wird gem. § 13a Abs. 2 Nr. 2 3. Hs. BauGB ein Flächennutzungsplan im Hinblick auf einen bestimmten, aufzustellenden Bebauungsplan, der nicht aus dem bestehenden Flächennutzungsplan entwickelt werden kann, inhaltlich angeglichen. Dies erfolgt zwar nicht aufgrund zeitlich paralleler und inhaltlich abgestimmter Planungsverfahren, weil es im Rahmen von § 13a Abs. 2 Nr. 2 BauGB nur ein Bauleitplanungsverfahren gibt, sondern dadurch, dass der Flächennutzungsplan an den fertig aufgestellten Bebauungsplan in dem § 5 Abs. 1 S. 1, § 8 Abs. 2 S. 1 BauGB entsprechenden Verhältnis gem. § 13a Abs. 2 Nr. 2 3. Hs. BauGB redaktionell angepasst wird. Dafür muss der Inhalt des in dieser Weise angepassten Flächennutzungsplans gem. § 13a Abs. 2 Nr. 2 2. Hs. BauGB bei der Aufstellung des Bebauungsplans auf seine (materielle) Rechtmäßigkeit hin geprüft werden. Daraus ergibt sich nochmals eindeutig, dass der gem. § 13a Abs. 2 Nr. 2 1. Hs. BauGB die Grenzen des Entwicklungsgebots überschreitend vom Flächennutzungsplan abweichende Bebauungsplan durch die Anforderung des § 13a Abs. 2 Nr. 2 2. Hs. BauGB in einem § 8 Abs. 2 S. 1 BauGB entsprechenden Ableitungsverhältnis zu einem, wenn auch eventuell erst zeitlich nach dem Inkrafttreten des Bebauungsplans wirksam werdenden, künftigen Flächennutzungsplan steht, der noch dazu in seiner Grundkonzeption (weitgehend) dem bestehenden entspricht. Die Verfahrensbesonderheit des beschleunigten Verfahrens gem. § 13a Abs. 2 Nr. 2 BauGB stellt daher trotz der Umkehrung der § 8 Abs. 2 S. 1 BauGB zugrunde liegenden zeitlichen Reihenfolge von Flächennutzungsplan und daraus abgeleitetem Bebauungsplan und trotz der im Bebauungsplan für den Flächennutzungsplan enthaltenen inhaltlichen Vorgaben, anders als § 1 Abs. 2 BauGB-MaßnahmenG (1990),[1929] inhaltlich dennoch keine völlige Abkehr vom Entwicklungsgebot dar, sondern, wegen der Ähnlichkeit zu § 8 Abs. 3 BauGB und der Unantastbarkeit der Grundkonzeption des bestehenden Flächennutzungsplans, nur eine Auflockerung zum Zwecke der Vereinfachung und Beschleunigung des Planungsverfahrens.[1930]

[1929] *Bielenberg/Runkel*, in: E/Z/B/K, § 8, Rn. 4 (Stand: April 2000).
[1930] *Mitschang*, LKV 2007, 102 (108); *ders.*, ZfBR 2007, 433 (445), wobei er aber § 13a Abs. 2 Nr. 2 2. Hs. BauGB weiter interpretiert als die hier vertretene Auffassung; *Reidt*, NVwZ 2007, 1029 (1031); auch *Spannowsky* geht davon aus, dass § 13a Abs. 2 Nr. 2 BauGB sich in die Regelungssystematik des § 8 BauGB einfügt (ebenso *Gierke*, in: Brügelmann, § 13a, Rn. 117 (Stand: Februar 2008)), stellt dabei aber mehr auf eine Ähnlichkeit zu § 8 Abs. 4 BauGB ab, in: Spannowsky/Hofmeister, BauGB 2007, S. 27 (37); *ders.*, NuR 2007, 521 (525). Der Ausschuss Verwaltungsrecht des Deutschen Anwaltvereins spricht in seiner Stellungnahme Nr. 58/06 vom 02.11.2006, S. 3, abrufbar unter http://anwaltverein.de/downloads/stellungnahmen/2006-58.pdf (zuletzt abge-

Damit die Annahme der Gemeinde, der vom Flächennutzungsplan abweichende Bebauungsplan beeinträchtige die geordnete städtebauliche Entwicklung des Gemeindegebiets im Sinne des § 13a Abs. 2 Nr. 2 2. Hs. BauGB nicht, nachvollzogen und auf ihre Richtigkeit hin überprüft werden kann, sollte die Gemeinde zur Erhöhung der Rechtsbeständigkeit des Bebauungsplans in der Planbegründung ihre im Rahmen des § 13a Abs. 2 Nr. 2 1. Hs. u. 2. Hs. BauGB zugrunde gelegten Vorstellungen über die geordnete städtebauliche Entwicklung des Gemeindegebiets und ihre Überlegungen hinsichtlich der von ihr als erfüllt angenommenen Voraussetzung gem. § 13a Abs. 2 Nr. 2 2. Hs. BauGB für eine das Entwicklungsgebot überschreitende Abweichung des Bebauungsplans vom Flächennutzungsplan darlegen.[1931]

dd) Genehmigungspflichtigkeit des Bebauungsplans

(1) Genehmigungspflichtigkeit gem. § 10 Abs. 2 S. 1 BauGB

Die Begründung des Vorliegens der Voraussetzungen für einen vom Flächennutzungsplan abweichenden Bebauungsplan gem. § 13a Abs. 2 Nr. 2 1. Hs. u. 2. Hs. BauGB[1932] ist vor allem im Hinblick auf die allgemeine rechtsaufsichtliche Kontrolle[1932] der Bauleitplanung einer Gemeinde und ein mögliches gerichtliches Verfahren, in denen jeweils die Rechtmäßigkeit des Bebauungsplans überprüft wird, zu empfehlen. Nicht notwendig ist sie dagegen im Hinblick auf eine präventive rechtsaufsichtliche Überprüfung des Bebauungsplans im Rahmen eines Genehmigungsverfahrens bei der höheren Verwaltungsbehörde oder der gem. § 203 Abs. 3 BauGB zuständigen Behörde gem. § 10 Abs. 2 S. 1 BauGB. Mangels ausdrücklicher Nennung des gem. § 13a Abs. 2 Nr. 2 1. Hs. BauGB vom Flächennutzungsplan abweichenden Bebauungsplans in § 10 Abs. 2 S. 1 BauGB unterliegt ein solcher Bebauungsplan, anders als der unter den Voraussetzungen von § 1 Abs. 2 BauGB-MaßnahmenG (1990)[1933] vom Flächennutzungsplan abweichende Bebauungsplan, nicht der Genehmigungspflicht.[1934] Die

---

rufen am 15.11.2008), dagegen davon, dass § 13a Abs. 2 Nr. 2 BauGB das Entwicklungsgebot faktisch abschafft.
1931 *Mitschang*, ZfBR 2007, 433 (445); *Reidt*, NVwZ 2007, 1029 (1031); *Bielenberg/Runkel*, in: E/Z/B/K, § 8, Rn. 27 (Stand: April 2000), bezogen auf die § 13a Abs. 2 Nr. 2 2. Hs. BauGB ähnliche Regelung des § 1 Abs. 2 BauGB-MaßnahmenG (1990).
1932 Vgl. *Gierke*, in: Brügelmann, § 10, Rn. 102 u. 143 (Stand: Mai 2006) und Rn. 144 u. 145 (Stand: Oktober 2004).
1933 Vgl. *Bielenberg/Runkel*, in: E/Z/B/K, § 8, Rn. 27 u. 28 (Stand: April 2000); *Blechschmidt*, ZfBR 2007, 120 (122, Fn. 14); *Gierke*, in: Brügelmann, § 13a, Rn. 116 (Stand: Februar 2008); *Krautzberger*, in: E/Z/B/K, § 13a, Rn. 72 u. 77 (Stand: Mai 2007); *Mitschang*, ZfBR 2007, 433 (445, Fn. 120); *ders.*, ZfBR 2008, 227 (237, Fn 137).
1934 BT-Drs. 16/2496, S. 14; *Battis*, in: B/K/L, § 13a, Rn. 15; *Battis/Krautzberger/Löhr*, NVwZ 2007, 121 (125); *Blechschmidt*, ZfBR 2007, 120 (122); *Bunzel*, Difu-Praxistest,

in § 10 Abs. 2 S. 1 BauGB für isolierte, für gem. § 8 Abs. 3 S. 2 BauGB im Parallelverfahren aufgestellte, frühzeitig bekanntgemachte und für vorzeitige Bebauungspläne vorgesehene Genehmigungspflicht beruht zwar auf dem Gedanken, solche Bebauungspläne vor ihrem Inkrafttreten präventiv auf Rechtsfehler zu prüfen, die bewusst nicht aus einem gem. § 6 BauGB genehmigten, wirksamen Flächennutzungsplan im Sinne von § 8 Abs. 2 S. 1 BauGB entwickelt wurden,[1935] was auch auf vom Flächennutzungsplan abweichende Bebauungspläne im Sinne von § 13a Abs. 2 Nr. 2 1. Hs. BauGB zuträfe. Allerdings wurde nicht der hinter § 10 Abs. 2 S. 1 BauGB stehende Rechtsgedanke selbst ins Gesetz aufgenommen, sondern § 10 Abs. 2 S. 1 BauGB enthält im Hinblick auf genehmigungspflichtige Bebauungspläne eine *abschließende* Aufzählung. Daher kann mangels ausdrücklicher Ergänzung dieser Enumeration durch das Innenstadtentwicklungsgesetz auch nicht angenommen werden, dass vom Flächennutzungsplan abweichende Bebauungspläne gem. § 13a Abs. 2 Nr. 2 1. Hs. BauGB einer Genehmigungspflicht gem. § 10 Abs. 2 S. 1 BauGB (analog) unterliegen.[1936]

Wenn dagegen in einer Gemeinde noch kein wirksamer Flächennutzungsplan existiert, ein solcher aber gem. § 1 Abs. 3 S. 1 BauGB erforderlich wäre, und die Gemeinde unter den Voraussetzungen von § 8 Abs. 4 S. 1, § 13a Abs. 1 BauGB einen vorzeitigen Bebauungsplan der Innenentwicklung im beschleunigten Verfahren aufstellt,[1937] ist dieser gem. § 10 Abs. 2 S. 1 3. Var. BauGB genehmi-

---

S. 38, abrufbar unter http://www.difu.de/publikationen/difu-berichte/4_06/11.phtml (zuletzt abgerufen am 01.03.2008); *ders.*, LKV 2007, 444 (449); *Dirnberger*, Bay. Gemeindetag 2/2007, 51 (53); *Gierke*, in: Brügelmann, § 13a, Rn. 141 (Stand: Februar 2008); *Jäde*, in: J/D/W, BauGB, § 13a, Rn. 17; *Krautzberger*, UPR 2006, 405 (408); *ders.*, in: E/Z/B/K, § 13a, Rn. 77 (Stand: Mai 2007); *ders.*, in: Krautzberger/Söfker, Baugesetzbuch, Rn 154b; *Mitschang*, ZfBR 2007, 433 (444, Fn. 114); *Reidt*, NVwZ 2007, 1029 (1031); *Scheidler*, ZfBR 2006, 752 (755); *ders.*, BauR 2007, 650 (655); *Schmidt-Eichstaedt*, BauR 2007, 1148 (1151); *Starke*, JA 2007, 488 (489); *Stock*, in: E/Z/B/K, § 10, Rn. 51 (Stand: September 2007); *Tomerius*, ZUR 2008, 1 (5); *Uechtritz*, BauR 2007, 476 (482); *Wallraven-Lindl/Strunz/Geiß*, Das Bebauungsplanverfahren nach dem BauGB 2007, S. 174; Mustereinführungserlass, S. 9, abrufbar unter http://www.is-argebau.de/ (zuletzt abgerufen am 10.05.2008).

1935 *Gierke*, in: Brügelmann, § 10, Rn. 106 (Stand: Mai 2006); *Löhr*, in: B/K/L, § 10, Rn. 27; *Schmidt-Eichstaedt*, BauR 2007, 1148 (1151/1152); *Stock*, in: E/Z/B/K, § 10, Rn. 44 f. (Stand: September 2007).

1936 BT-Drs. 16/2496, S. 14; *Bunzel*, LKV 2007, 444 (449); *Gierke*, in: Brügelmann, § 13a, Rn. 141 (Stand: Februar 2008); *Krautzberger*, in: E/Z/B/K, § 13a, Rn. 77 (Stand: Mai 2007); *ders.*, UPR 2006, 405 (408); *Mitschang*, ZfBR 2007, 433 (444, Fn. 114); *ders.*, ZfBR 2008, 227 (237, Fn. 140); *Schmidt-Eichstaedt*, BauR 2007, 1148 (1152); *Scheidler*, ZfBR 2006, 752 (755); *ders.*, BauR 2007, 650 (655); *Starke*, JA 2007, 488 (489, Fn. 21); *Uechtritz*, BauR 2007, 476 (482); Mustereinführungserlass, S. 9, abrufbar unter http://www.is-argebau.de/ (zuletzt abgerufen am 10.05.2008).

1937 Vgl. Fn. 1837.

gungspflichtig,[1938] weil mangels bestehenden Flächennutzungsplans ein vorzeitiger Bebauungsplan im Sinne von § 8 Abs. 4 S. 1 BauGB aufgestellt wird und nicht ein Bebauungsplan im Sinne von § 13a Abs. 2 Nr. 2 1. Hs. BauGB. Dasselbe gilt gem. § 10 Abs. 2 S. 1 1. Var. BauGB, wenn ein Bebauungsplan der Innenentwicklung im beschleunigten Verfahren als selbständiger Bebauungsplan im Sinne von § 8 Abs. 2 S. 2 BauGB aufgestellt wird.[1939] Ein Fall des § 10 Abs. 2 S. 1 2. Var., § 8 Abs. 3 S. 2 BauGB ist nur möglich, wenn die Gemeinde trotz Vorliegens der Voraussetzungen des § 13a Abs. 1, Abs. 2 Nr. 2 2. Hs. BauGB auf die Anwendung des beschleunigten Verfahrens oder, entsprechend der „kann"-Formulierung in § 13a Abs. 2 Nr. 2 1. Hs. BauGB, der Verfahrensbesonderheit[1940] des § 13a Abs. 2 Nr. 2 BauGB verzichtet und den bestehenden Flächennutzungsplan in einem eigenständigen, aber parallelen Planungsverfahren anpasst oder den städtebaulich erforderlichen, aber noch nicht bestehenden Flächennutzungsplan parallel zur Aufstellung des Bebauungsplans der Innenentwicklung aufstellt oder wenn die Voraussetzung des § 13a Abs. 2 Nr. 2. 2. Hs. BauGB nicht erfüllt ist, so dass der Flächennutzungsplan in einem eigenständigen Planungsverfahren geändert oder ergänzt werden muss, wofür die allgemeinen Regelungen zur Genehmigungspflichtigkeit gem. § 10 Abs. 2 S. 1 BauGB gelten.[1941]

(2) Spielraum der Länder zur Statuierung einer Anzeige- oder Genehmigungspflicht

(a) Anzeigepflicht

Im Hinblick auf die Frage, ob die Länder gem. § 246 Abs. 1a BauGB für nicht gem. § 10 Abs. 2 S. 1 BauGB genehmigungspflichtige, im beschleunigten Verfahren aufgestellte Bebauungspläne der Innenentwicklung, gerade wenn sie gem. § 13a Abs. 2 Nr. 2 1. Hs. BauGB vom bestehenden Flächennutzungsplan abweichen, eine Anzeigepflicht bei der höheren Verwaltungsbehörde oder der gem. § 203 Abs. 3 BauGB zuständigen Stelle vorsehen können, ist zum einen festzustellen, dass die für im vereinfachten Verfahren nach § 13 BauGB aufge-

---

1938 *Gierke*, in: Brügelmann, § 13a, Rn. 141 (Stand: Februar 2008); *Krautzberger*, in: E/Z/B/K, § 13a, Rn. 78 (Stand: Mai 2007); *Schmidt-Eichstaedt*, BauR 2007, 1148 (1152); Mustereinführungserlass, S. 9, abrufbar unter http://www.is-argebau.de/ (zuletzt abgerufen am 10.05.2008).
1939 *Gierke*, in: Brügelmann, § 13a, Rn. 141 (Stand: Februar 2008); *Krautzberger*, in: E/Z/B/K, § 13a, Rn. 78 (Stand: Mai 2007); Mustereinführungserlass, S. 9, abrufbar unter http://www.is-argebau.de/ (zuletzt abgerufen am 10.05.2008).
1940 Vgl. *Bunzel*, Difu-Praxistest, S. 38, abrufbar unter http://www.difu.de/publikationen/ difu-berichte/4_06/11.phtml (zuletzt abgerufen am 01.03.2008).
1941 Vgl. *Krautzberger*, in: E/Z/B/K, § 13a, Rn. 78 (Stand: Mai 2007). *Gierke*, in: Brügelmann, § 13a, Rn. 141 (Stand: Februar 2008), scheint diese Fälle zu vergessen.

stellte Bebauungspläne in § 246 Abs. 1a S. 1 2. Hs. BauGB gemachte Ausnahme von der Ermächtigung zur Einführung einer Anzeigepflicht im Rahmen des Innenstadtentwicklungsgesetzes nicht auch auf im beschleunigten Verfahren nach § 13a BauGB aufgestellte Bebauungspläne erweitert wurde, so dass eine landesrechtliche Bestimmung eines Anzeigeverfahrens grundsätzlich möglich erscheint, es sei denn, man ginge von einer Analogie zu § 246 Abs. 1a S. 1 2. Hs. BauGB für das beschleunigte Verfahren aus,[1942] wobei die Planwidrigkeit der Regelungslücke in Bezug auf § 13a BauGB jedenfalls nur schwer zu begründen sein dürfte, da durch das Innenstadtentwicklungsgesetz § 246 Abs. 3 BauGB neu gefasst wurde,[1943] so dass in § 246 BauGB im Rahmen der BauGB-Novelle 2007 eine Neuregelung vorgenommen wurde, die, weil sich der Gesetzgeber speziell mit § 246 BauGB auseinandersetzte, jedenfalls ein Indiz dafür ist, dass § 246 Abs. 1a S. 1 2. Hs. BauGB bewusst nicht um eine Bezugnahme auf § 13a BauGB ergänzt wurde. Zum anderen ist zu berücksichtigen, dass § 10 Abs. 2 S. 1, § 246 Abs. 1a BauGB bundesgesetzliche Verfahrensregelungen zum Bebauungsplanungsverfahren darstellen, wobei das Baugesetzbuch gem. Art. 30, 83 1. Hs., Art. 84 GG von den Ländern als eigene Angelegenheit ausgeführt wird. Für diese Fälle der Landesverwaltung von Bundesgesetzen sieht Art. 84 Abs. 1 S. 1, S. 2 u. S. 5 GG seit der Föderalismusreform im Jahr 2006[1944] vor, dass grundsätzlich die Länder das Verwaltungsverfahren regeln und von Bundesgesetzen, die etwas anderes bestimmen, abweichen dürfen, es sei denn, der Bund hat in Ausnahmefällen wegen eines besonderen Bedürfnisses nach bundeseinheitlicher Regelung das Verwaltungsverfahren ohne Abweichungsmöglichkeit für die Länder geregelt, was gem. Art. 84 Abs. 1 S. 6 GG der Zustimmung des Bundesrats bedarf. § 246 Abs. 1a BauGB wurde mit dem BauROG 1998 (BGBl. (1997) I S. 2081) in § 246 BauGB eingefügt[1945] und unterlag daher nicht den Anforderungen des nun geltenden Art. 84 GG, sondern denen des Art. 84 GG in der bis zur Föderalismusreform geltenden Fassung, nach dessen Abs. 1 Bundesgesetze mit Zustimmung des Bundesrates ohne weitere Voraussetzungen oder Abweichungsmöglichkeiten der Länder die Einrichtung der Behörden und das Verwaltungsverfahren für die durch die Länder als eigene Angelegenheit auszuführenden Bundesgesetze regeln durften. Gemäß der Überleitungsvorschrift des Art. 125b Abs. 2 GG können die Länder von bundesgesetzlichen Regelungen, die auf der Grundlage des Art. 84 Abs. 1 GG in der vor dem 01.09.2006 geltenden Fassung erlassen worden sind, abweichende Regelungen treffen. Dies gilt für Regelungen des Verwaltungsverfahrens bis zum

---

1942 *Krautzberger*, in: E/Z/B/K, § 13a, Rn. 77 (Stand: Mai 2007); *ders.*, in: E/Z/B/K, § 246, Rn. 25a (Stand: September 2007).
1943 BGBl. (2006) I S. 3316 (3319); BT-Drs. 16/3308, S. 10; *Krautzberger*, in: E/Z/B/K, § 246, Rn. 12a (Stand: September 2007).
1944 BGBl. (2006) I S. 2034.
1945 *Krautzberger*, in: E/Z/B/K, § 246, Rn. 8 (Stand: September 2007).

31.12.2008 jedoch nur dann, wenn ab dem 01.09.2006 in dem jeweiligen Bundesgesetz Regelungen des Verwaltungsverfahrens geändert worden sind. Mit dem Innenstadtentwicklungsgesetz wurde gerade durch die Einführung des beschleunigten *Verfahrens* für Bebauungspläne der Innenentwicklung gem. § 13a BauGB innerhalb des Baugesetzbuchs eine Regelung zum Bebauungsplanungs*verfahren* und damit zu einem speziellen Verwaltungs*verfahren* getroffen wurde und insofern wurden die bestehenden Verfahrensregelungen um eine zusätzliche Verfahrensalternative ergänzt und in Form der Verfahrensbesonderheiten des beschleunigten Verfahren geändert. Indem Art. 125b Abs. 2 GG für die Zulässigkeit einer landesrechtlichen Abweichung von nach der Rechtslage vor dem 01.09.2006 erlassenen Regelungen des Verwaltungsverfahrens bereits vor dem 31.12.1008 darauf abstellt, dass ab dem 01.09.2006 in dem jeweiligen Bundesgesetz (*allgemein*) Regelungen *des* Verwaltungsverfahrens geändert worden sind und nicht verlangt, dass gerade die bundesgesetzlichen Verfahrensregelungen geändert wurden, von denen das jeweilige Bundesland abweichen möchte,[1946] dürfen die Länder gem. Art. 125b Abs. 2 GG bereits seit dem Inkrafttreten des Innenstadtentwicklungsgesetzes am 01.01.2007 von dem das Verwaltungsverfahren betreffenden Verbot der Statuierung einer Anzeigepflicht für im vereinfachten Verfahren gem. § 13 BauGB aufgestellte Bebauungspläne gem. § 246 Abs. 1a S. 1 2. Hs. BauGB abweichen. Dasselbe gilt, sofern man überhaupt eine analoge Geltung des Verbots gem. § 246 Abs. 1a S. 1 2. Hs. BauGB für im beschleunigten Verfahren aufgestellte Bebauungspläne vertreten kann, auch für diese. Allerdings ist zu bedenken, dass ein Anzeigeverfahren verfahrensverzögernd wirkt und damit die mit dem beschleunigten Verfahren erzielbare zeitliche Verkürzung des Planungsverfahrens jedenfalls teilweise wieder zunichtemacht.

(b) Genehmigungspflicht

Zudem ist zu bedenken, dass der Bundesgesetzgeber bei Erlass des Innenstadtentwicklungsgesetzes von der Befugnis gem. Art. 84 Abs. 1 S. 5 u. S. 6 GG, die gem. Art. 84 Abs. 1 S. 2 GG bestehende Abweichungskompetenz der Länder von (seit dem 01.09.2006 neu erlassenen) bundesgesetzlichen Regelungen des Verwaltungsverfahrens ausnahmsweise wegen eines besonderen Bedürfnisses nach bundeseinheitlicher Regelung auszuschließen, keinen Gebrauch gemacht hat (vgl. A. V. 1.). Daraus ergibt sich, dass die Länder gem. Art. 84 Abs. 1 S. 2 GG von der Regelung des Baugesetzbuchs, dass im beschleunigten Verfahren aufgestellte Bebauungspläne der Innenentwicklung, auch wenn sie gem. § 13a Abs. 2 Nr. 2 BauGB vom bestehenden Flächennutzungsplan abweichen, im Umkehrschluss zu § 10 Abs. 2 S. 1 BauGB keiner Genehmigungspflicht unter-

---

1946 BT-Drs. 16/813, S. 21; *Jarass*, in: J/P, GG, Art. 125b, Rn. 8; *Stettner*, in: Dreier, Art. 125b, Rn. 6; weniger deutlich *Henneke*, in: Schmidt-Bleibtreu/Hofmann/Hopfauf, GG, Art. 125b, Rn. 2.

liegen, abweichen und für derartige Bebauungspläne ein Genehmigungsverfahren vorsehen dürften.[1947] Hierbei ist auch zu bedenken, dass es im Hinblick auf die Genehmigungs- bzw. Nichtgenehmigungspflichtigkeit dieser Bebauungspläne an einem zur Rechtfertigung einer Ausnahme von der Abweichungskompetenz der Länder gem. Art. 84 Abs. 1 S. 5 GG notwendigen besonderen Bedürfnis nach bundeseinheitlicher Regelung gefehlt hätte, was daraus deutlich wird, dass es der Bundesgesetzgeber in § 246 Abs. 1a BauGB den Ländern auch bisher freistellte, wie bundesgesetzlich vorgesehen auf ein präventives Kontrollverfahren von Bebauungsplänen zu verzichten oder nicht.[1948]

b) Gehalt der Regelung im Hinblick auf den Flächennutzungsplan

§ 13a Abs. 2 Nr. 2 3. Hs. BauGB sieht vor, dass der Flächennutzungsplan, von dem der Bebauungsplan gem. § 13a Abs. 2 Nr. 2 1. Hs. BauGB die Grenzen des Entwicklungsgebots überschreitend abweichen darf, sofern die geordnete städtebauliche Entwicklung gem. § 13a Abs. 2 Nr. 2 2. Hs. BauGB (dadurch) nicht beeinträchtigt wird, im Wege der Berichtigung anzupassen ist. Ohne näher zu beschreiben, wie das zu funktionieren hat, spricht die Gesetzesbegründung nur davon, dass die Berichtigung ein rein *redaktioneller Vorgang* ist,[1949] was impliziert, dass die Berichtigung kein § 1 Abs. 8, §§ 1 ff. BauGB entsprechendes, *förmliches* Flächennutzungsplanänderungs- bzw. -ergänzungsverfahren darstellt.[1950] Dies ergibt sich vor allem vor dem Hintergrund, dass gerade durch § 13a Abs. 2 Nr. 2 3. Hs. BauGB im Rahmen der Verfahrensbesonderheit des beschleunigten Verfahrens gem. § 13a Abs. 2 Nr. 2 BauGB ein Beschleunigungseffekt gegenüber dem ansonsten bei einer das Entwicklungsgebot überschreitenden Abweichung des beabsichtigten Bebauungsplans vom bestehenden Flächennutzungsplan notwendigen Flächennutzungsplanänderungs- bzw. –ergänzungsverfahren zur § 8 Abs. 2 S. 1 BauGB entsprechenden inhaltlichen Abstimmung zwischen Flächennutzungsplan und Bebauungsplan erreicht werden soll.[1951] Als inhaltliche Vorgabe für die Anpassung des Flächennutzungsplans ist ebenso wie beim Parallelverfahren gem. § 8 Abs. 3 BauGB zu beachten, dass es Ziel der Anpassung ist, die Darstellungen des Flächennutzungsplans, von denen

---

1947 *Gierke*, in: Brügelmann, § 13a, Rn. 11 u. 142 (Stand: Februar 2008).
1948 Vgl. *Gierke*, in: Brügelmann, § 13a, Rn. 142 (Stand: Februar 2008).
1949 BT-Drs. 16/2496, S. 14.
1950 BT-Drs. 16/2496, S. 14; *Krautzberger*, in: Krautzberger/Söfker, Baugesetzbuch, Rn. 154b; *Spannowsky*, in: Berliner Kommentar, § 13a, Rn. 27 (Stand: Juli 2007); *Wallraven-Lindl/Strunz/Geiß*, Das Bebauungsplanverfahren nach dem BauGB 2007, S. 172; vgl. Mustereinführungserlass, S. 9, abrufbar unter http://www.is-argebau.de/ (zuletzt abgerufen am 10.05.2008); Vgl. Fn. 1788.
1951 *Mitschang*, LKV 2007, 102 (108); *Spannowsky*, in: Spannowsky/Hofmeister, BauGB 2007, S. 27 (33); *ders.*, in: Berliner Kommentar, § 13a, Rn. 7 (Stand: Juli 2007). Vgl. Fn. 1790.

der Bebauungsplan gem. § 13a Abs. 2 Nr. 2 1. Hs. BauGB die Vorgaben des Entwicklungsgebots überschreitend abweicht, so zu verändern, dass der aufgestellte Bebauungsplan danach aus ihnen im Sinne von § 8 Abs. 2 S. 1 BauGB entwickelt werden könnte.[1952] Die Darstellungen des Flächennutzungsplans, von denen der Bebauungsplan gem. § 13a Abs. 2 Nr. 2 1. Hs. BauGB abweicht, wurden nämlich dadurch, dass sie infolge der Abweichung gem. § 13a Abs. 2 Nr. 2 1. Hs. BauGB ihre ihnen gem. § 8 Abs. 2 S. 1 BauGB zugewiesene Funktion, verbindliche Vorgaben für die Bebauungsplanung zu machen, funktionslos und daher obsolet.[1953] Dies ist mit dem Fall vergleichbar, dass ein Flächennutzungsplan, der aufgrund einer seit seinem Wirksamwerden geänderten Raumordnungsplanung den mittlerweile geltenden Zielen der Raumordnung widerspricht, im Konflikt der für einen Bebauungsplan geltenden materiell-rechtlichen Anforderungen des § 1 Abs. 4 BauGB und des § 8 Abs. 2 S. 1 BauGB seine Leitfunktion hinsichtlich solcher Darstellungen verliert, die den bindenden raumordnerischen Zielen entgegenstehen.[1954] Während aber in diesem Fall unstreitig die den Zielen der Raumordnung widersprechenden Darstellungen des Flächennutzungsplans nur anpassungsbedürftig und nicht ipso iure unwirksam werden,[1955] wird in Bezug auf die durch eine § 13a Abs. 2 Nr. 2 1. Hs. BauGB entsprechende Abweichung des Bebauungsplans obsolet werdenden Darstellungen des Flächennutzungsplans von einer Ansicht vertreten, diese würden durch das Wirksamwerden des Bebauungsplans ipso iure geändert, weil nur so der Verzicht auf ein eigenständiges Planänderungsverfahren zu rechtfertigen sei.[1956] Eine andere Auffassung vertritt, dass die Darstellungen des Flächennutzungsplans, von denen der Bebauungsplan abweicht, durch das Wirksamwerden des Bebauungsplans (nur) ipso iure außer Kraft treten.[1957] Für letztere Ansicht spricht nach historisch-systematischer Auslegung zum einen, dass man auch im Rahmen des § 1 Abs. 2 BauGB-MaßnahmenG (1990) davon ausging, dass die funktionslos gewordenen Darstellungen des Flächennutzungsplans nichtig bzw. unwirksam geworden sind, nicht jedoch automatisch geändert. Dies wurde auf den Wortlaut „Der Flächennutzungsplan ist im Wege der Berichtigung anzu-

---

1952 Vgl. *Gierke*, in: Brügelmann, § 13a, Rn. 124 (Stand: Februar 2008).
1953 Ausdrücklich BT-Drs. 16/2496, S. 14; *Bielenberg/Runkel*, in: E/Z/B/K, § 8, Rn. 28 (Stand: April 2000), bezogen auf die inhaltsgleiche Regelung des § 1 Abs. 2 BauGB-MaßnahmenG (1990); *Krautzberger*, in: Krautzberger/Söfker, Baugesetzbuch, Rn. 154b; Mustereinführungserlass, S. 9, abrufbar unter http://www.is-argebau.de/ (zuletzt abgerufen am 10.05.2008); Vgl. Fn. 1841 u. 1866.
1954 BVerwG, Urt. vom 30.01.2003 – 4 CN 14/01, NVwZ 2003, 742 (743/744).
1955 BVerwG, Urt. vom 30.01.2003 – 4 CN 14/01, NVwZ 2003, 742 (744), stellt heraus, dass in diesem Fall nur streitig ist, wann und auf welche Weise die Anpassung des Flächennutzungsplans zu erfolgen hat.
1956 *Jäde*, in: J/D/W, BauGB, § 13a, Rn. 18; so wohl auch *Schmidt-Eichstaedt*, BauR 2007, 1148 (1152 u. 1153).
1957 *Gierke*, in: Brügelmann, § 13a, Rn. 123 (Stand: Januar 2008).

passen" gestützt. Der Begriff „Berichtigung" impliziere, dass die obsolet gewordenen Darstellungen des Flächennutzungsplans keine Geltung mehr haben. Eine Änderung des Flächennutzungsplans kraft Gesetzes habe der Gesetzgeber dagegen nicht bestimmt.[1958] Dieses aus dem Wortlaut abgeleitete Argument allein schließt es jedoch nicht aus, von einer ipso-iure-Änderung des Flächennutzungsplans mit dem Wirksamwerden des Bebauungsplans auszugehen, denn auch in diesem Fall hätten die obsolet gewordenen Darstellungen des bisherigen Flächennutzungsplans keine Geltung mehr. Es ist jedoch ebenfalls zu bedenken, dass man allgemein in den Fällen, in denen sich nach dem Wirksamwerden bzw. Inkrafttreten eines Bauleitplans die tatsächlichen Verhältnisse,[1959] auf die sich der Bauleitplan bezieht, so verändern, dass die planerische Konzeption *offensichtlich* auf *absehbare Zeit* aufgrund *rechtlicher oder tatsächlicher* Hindernisse[1960] nicht mehr realisiert werden kann und daher *obsolet* wird, von einem Außerkrafttreten des Bauleitplans aufgrund seiner Funktionslosigkeit ausgeht und dabei auch nicht zugleich eine ipso-iure-Änderung des Bauleitplans annimmt.[1961] Dieser Fall ähnelt der in § 13a Abs. 2 Nr. 2 BauGB geregelten Situation,[1962] dass der Flächennutzungsplan, soweit der Bebauungsplan von ihm abweicht, seine Steuerungsfunktion verliert, wenngleich dort der Realisierung der planerischen Konzeption des bestehenden Flächennutzungsplans zum Zeitpunkt des Inkrafttretens des von ihm abweichenden Bebauungsplans in der Regel noch nicht sogleich *aufgrund einer Veränderung der tatsächlichen Verhältnisse* auf absehbare Zeit offensichtlich rechtliche oder tatsächliche Hindernisse entgegenstehen. Zudem widerspricht die Auffassung, der Flächennutzungsplan werde ipso iure mit dem Inkrafttreten des Bebauungsplans geändert, der gesetzlichen Zuständigkeitsregelung für eine Änderung des Flächennutzungsplans in den Fällen, in denen die Flächennutzungsplanung anders als die Bebauungsplanung nicht in die Zuständigkeit der Gemeinde fällt.[1963]

Während durch die gesetzlichen Vorgaben und den Zweck der Anpassung des Flächennutzungsplans im Wege der Berichtigung der Inhalt des angepassten Flächennutzungsplans ausreichend bestimmt ist, zeigten sich im Praxistest Un-

---

1958 *Bielenberg/Runkel*, in: E/Z/B/K, § 8, Rn. 28 (Stand: April 2000).
1959 *Steiner*, in: Planung und Plankontrolle, Otto Schlichter zum 65. Geburtstag, S. 313 (320).
1960 *Steiner*, in: Planung und Plankontrolle, Otto Schlichter zum 65. Geburtstag, S. 313 (320).
1961 BVerwG, Urt. vom 15.03.1967 – IV C 205.65, E 26, 287 (293/294), bezogen auf einen Flächennutzungsplan; BVerwG, Urt. vom 29.04.1977 – IV C 39.75, E 54, 5 (5 u. 11); *Bönker*, in: Hoppe/Bönker/Grotefels, Öffentliches Baurecht, § 3, Rn. 278 u. 279; *Brohm*, Öffentliches Baurecht, § 8, Rn. 19; *Gierke*, in: Brügelmann, § 6, Rn. 188 u. 189 (Stand: Februar 2007); *Reidt*, in: Gelzer/Bracher/Reidt, Bauplanungsrecht, Rn. 856 ff.
1962 Vgl. *Gierke*, in: Brügelmann, § 13a, Rn. 123 (Stand: Februar 2008).
1963 *Gierke*, in: Brügelmann, § 13a, Rn. 123 (Stand: Februar 2008).

klarheiten über die formellen Anforderungen an die Anpassung des Flächennutzungsplans im Wege der Berichtigung.[1964]

aa) Formelle Anforderungen an die Berichtigung des Flächennutzungsplans

(1) Zuständigkeit

Zuständig für die Anpassung des Flächennutzungsplans ist dasjenige Organ der Gemeinde, das auch für eine Änderung oder Ergänzung des Flächennutzungsplans im Rahmen eines eigenständigen Planungsverfahrens gem. § 1 Abs. 8, §§ 1 ff. BauGB zuständig wäre.[1965] Dies ergibt sich schon daraus, dass die Berichtigung gem. § 13a Abs. 2 Nr. 2 3. Hs. BauGB gleichsam ein abgekürztes, unförmliches Flächennutzungsplanänderungs- bzw. -ergänzungsverfahren sein soll.

(2) Verfahren

Verfahrensmäßige Anforderungen an die Anpassung des Flächennutzungsplans im Wege der Berichtigung gibt es nicht, da diese gerade kein förmliches Planänderungs- bzw. -ergänzungsverfahren gem. § 1 Abs. 8, §§ 1 ff. BauGB darstellen soll, sondern, ausweislich der Gesetzesbegründung,[1966] einen redaktionellen Vorgang.[1967] Bei der in der Berlin-Klausel enthaltenen, § 13a Abs. 2 Nr. 2 3. Hs. BauGB entsprechenden Regelung ging man davon aus, dass die Berichtigung „keinerlei förmliches Verfahren" erfordere.[1968] Daher ist auch keine Öffentlichkeits- oder Behördenbeteiligung gem. §§ 3 u. 4 BauGB, keine Ermittlung und Bewertung des Abwägungsmaterials gem. § 2 Abs. 3 BauGB und auch keine Umweltprüfung gem. § 2 Abs. 4 BauGB für die Anpassung des Flächennutzungsplans durchzuführen.[1969] Letztere ist schon deshalb nicht notwendig,

---

1964 *Bunzel*, Difu-Praxistest, S. 38, abrufbar unter http://www.difu.de/publikationen/difu-berichte/4_06/11.phtml (zuletzt abgerufen am 01.03.2008).
1965 *Battis*, in: B/K/L, § 13a, Rn. 15; *Battis/Krautzberger/Löhr*, NVwZ 2007, 121 (125); *Krautzberger*, in: E/Z/B/K, § 13a, Rn. 75 (Stand: Mai 2007). Vgl. Fn. 1963.
1966 Vgl. Fn. 1949.
1967 *Battis/Krautzberger/Löhr*, NVwZ 2007, 121 (125); *Bienek*, SächsVBl. 2007, 49 (51); *Gierke*, in: Brügelmann, § 13a, Rn. 124 (Stand: Februar 2008); *Krautzberger*, in: Krautzberger/Söfker, Baugesetzbuch, Rn. 154b; *Schmidt-Eichstaedt*, BauR 2007, 1148 (1152); *Spannowsky*, in: Berliner Kommentar, § 13a, Rn. 27 (Stand: Juli 2007).
1968 *Schmidt-Eichstaedt*, BauR 2007, 1148 (1152).
1969 Vgl. BT-Drs. 16/2496, S. 14, wonach die Vorschriften über die Aufstellung von Bauleitplänen keine Anwendung finden; *Battis*, in: B/K/L, § 13a, Rn. 15; *Battis/Krautzberger/Löhr*, NVwZ 2007, 121 (125); vgl. *Bunzel*, Difu-Praxistest, S. 38, abrufbar unter http://www.difu.de/publikationen/difu-berichte/4_06/11.phtml (zuletzt abgerufen am 01.03.2008); vgl. *ders.*, LKV 2007, 444 (449); *Krautzberger*, in: E/Z/B/K, § 13a, Rn. 71 u. 75 (Stand: Mai 2007); *Krautzberger/Stüer*, DVBl. 2007, 160 (164); *Mitschang*, ZfBR 2007, 433 (444 u. 445).

weil die Änderung des Flächennutzungsplans in Anpassung an einen Bebauungsplan erfolgt, der selbst, wie durch die Anwendungsvoraussetzungen des § 13a Abs. 1 BauGB für das beschleunigte Verfahren sichergestellt wird, nicht umweltprüfungspflichtig ist,[1970] so dass auch die dem Bebauungsplan im Sinne von § 5 Abs. 1 S. 1, § 8 Abs. 2 S. 1 BauGB entsprechende, flächenmäßig nicht über dessen Plangebiet hinausgehende, die Grundkonzeption des bestehenden, wirksamen Flächennutzungsplans nicht beeinträchtigende Anpassung desselben in der Regel nicht mit voraussichtlich erheblichen, bei der Aufstellung des Flächennutzungsplans im Rahmen der dabei durchgeführten Umweltprüfung noch nicht berücksichtigten (vgl. Wertung des Art. 3 Abs. 3 2. Alt. Plan-UP-RL), anderweitigen Umweltauswirkungen verbunden ist, die eine Pflicht zur Durchführung einer Umweltprüfung für die Anpassung des Flächennutzungsplans auslösen würden.[1971] Daher ist es konsequent, unabhängig davon, ob die Anpassung des Flächennutzungsplans die Grundzüge der Planung im Sinne des § 13 Abs. 1 BauGB unberührt lässt, so dass evtl. das vereinfachte Verfahren für die Änderung oder Ergänzung des Flächennutzungsplans anwendbar wäre, eine Anpassung des Flächennutzungsplans ohne Umweltprüfung zuzulassen.[1972] Dies gilt – wie die im Hinblick auf die Änderung bzw. Ergänzung des Flächennutzungsplans in § 13a Abs. 2 Nr. 2 3. Hs. BauGB vorgesehene Besonderheit der bloßen Berichtigung überhaupt – aber nur, wenn der Flächennutzungsplan tatsächlich im Zusammenhang mit einem im beschleunigten Verfahren gem. § 13a BauGB aufgestellten Bebauungsplan angepasst wird.[1973] Der angepasste Flächennutzungsplan unterliegt, da die allgemeinen Anforderungen an ein förmliches Flächennutzungsplanungsverfahren nicht anzuwenden sind, nicht der in § 6 Abs. 1 BauGB sonst für Flächennutzungspläne vorgesehenen Genehmigungspflicht.[1974] Ebenso wenig besteht, wie im Praxistest bezweifelt wurde,[1975] unabhängig von einer ausdrücklichen Normierung eine Anzeigepflicht bei der Rechtsaufsichtsbehörde in Bezug auf den angepassten Flächennutzungsplan. Die Annahme bestimmter verfahrensmäßiger Anforderungen für die Anpassung des Flächennutzungsplans würde der vom Gesetzgeber ausdrücklich angeordneten Vorgabe,

---

1970 *Battis*, in: B/K/L, § 13a, Rn. 15; *Battis/Krautzberger/Löhr*, NVwZ 2007, 121 (125); *Krautzberger*, in: E/Z/B/K, § 13a, Rn. 71 (Stand: Mai 2007); *Spannowsky*, in: Berliner Kommentar, § 13a, Rn. 27 (Stand: Juli 2007); *Scheidler*, BauR 2007, 650 (655). Vgl. Fn. 1924.
1971 Vgl. B. III. 2. a) cc) (2) (f).
1972 *Spannowsky*, in: Berliner Kommentar, § 13a, Rn. 27 (Stand: Juli 2007).
1973 *Krautzberger/Stüer*, DVBl. 2007, 160 (164).
1974 *Battis*, in: B/K/L, § 13a, Rn. 15; *Battis/Krautzberger/Löhr*, NVwZ 2007, 121 (125); *Birk*, KommJur 2007, 81 (84); *Krautzberger*, in: E/Z/B/K, § 13a, Rn. 71 u. 75 (Stand: Mai 2007); *Stüer*, BauR 2007, 1495 (1502); Mustereinführungserlass, S. 9, abrufbar unter http://www.is-argebau.de/ (zuletzt abgerufen am 10.05.2008).
1975 *Bunzel*, Difu-Praxistest, S. 38, abrufbar unter http://www.difu.de/publikationen/difuberichte/4_06/11.phtml (zuletzt abgerufen am 01.03.2008).

dass die Anpassung ein redaktioneller Vorgang sein soll, widersprechen. Denn diese Maßgabe beinhaltet zum einen, dass die Anpassung des Flächennutzungsplans rein verwaltungsintern, also ohne Öffentlichkeits- und Behörden*beteiligung*, stattfinden soll.[1976] Zudem bedeutet die Vorgabe des rein redaktionellen Vorgangs, dass, *ähnlich* wie ein Bauvorbescheid redaktionell in die Baugenehmigung[1977] übernommen wird oder auf anderen gesetzlichen Vorschriften beruhende Planungen[1978] gem. § 5 Abs. 4 BauGB nachrichtlich in den Flächennutzungsplan übernommen werden, auch die Anpassung der Darstellungen des Flächennutzungsplans hin zu einem – in Relation zu dem (bislang) von ihm abweichenden Bebauungsplan – § 5 Abs. 1 S. 1, § 8 Abs. 2 S. 1 BauGB entsprechenden Inhalt eine nachrichtliche Berichtigung des Flächennutzungsplans ist,[1979] in deren Rahmen die sich aus dem Bebauungsplan der Innenentwicklung für den Flächennutzungsplan ergebenden Vorgaben zwar nicht 1:1, sondern unter Beachtung der Funktion und des Maßstabs des Flächennutzungsplans gem. § 5 Abs. 1 S. 1, § 8 Abs. 1 S. 2 BauGB umgesetzt werden, wofür aber, gerade weil der Inhalt des Flächennutzungsplans durch den Inhalt des Bebauungsplans jedenfalls grundsätzlich vorgegeben wird, worauf wohl die oben dargestellte[1980] Ansicht von einer ipso-iure-Änderung bzw. ipso-iure-Ergänzung des Flächennutzungsplans fußt, kein weiteres eigenständiges Entscheidungsverfahren und daraus resultierende besondere Verfahrensanforderungen notwendig sind, zumal im Rahmen der Aufstellung des Bebauungsplans bei der Prüfung der Anforderung des § 13a Abs. 2 Nr. 2 2. Hs. BauGB bereits die materiellen Rechtmäßigkeitsanforderungen an den angepassten Flächennutzungsplan beachtet werden mussten.

(3) Form und Zeitpunkt

(a) Form

Für die im Wege der Berichtigung erfolgende Anpassung des Flächennutzungsplans ist in § 13a Abs. 2 Nr. 2 3. Hs. BauGB keine besondere Form vorgesehen. Ausdrücklich wird weder ein Beschluss über die Berichtigung des Flächennutzungsplans gem. § 6 Abs. 6 BauGB seitens des für die Berichtigung zuständigen Organs[1981] noch eine § 5 Abs. 5 BauGB entsprechende Begründung der Berichti-

---

1976 Vgl. *Schmidt-Eichstaedt*, BauR 2007, 1148 (1152).
1977 BVerwG, Urt. vom 09.12.1983 – 4 C 44.80, E 68, 241 (244); *Oldiges*, in: Steiner, Besonderes Verwaltungsrecht, Teil III, Rn. 323.
1978 *Bielenberg/Runkel*, in: E/Z/B/K, § 8, Rn. 28 (Stand: April 2000); *Söfker*, in: E/Z/B/K, § 5, Rn. 69 (Stand: Januar 2005).
1979 *Battis/Krautzberger/Löhr*, NVwZ 2007, 121 (125); vgl. *Schmidt-Eichstaedt*, BauR 2007, 1148 (1152).
1980 Vgl. B. III. 2. b) am Anfang.
1981 *Kuschnerus*, Der standortgerechte Einzelhandel, Rn. 607.

gung noch eine ortsübliche Bekanntmachung des berichtigten Flächennutzungsplans bzw. der Berichtigung[1982] in Entsprechung zu der in § 6 Abs. 5 S. 1 BauGB vorgesehenen ortsüblichen Bekanntmachung der Genehmigung des Flächennutzungsplans als Rechtmäßigkeitsvoraussetzung vorgesehen.

Im Rahmen der Sonderregelung der Berlin-Klausel, die ebenfalls eine Abweichung des Bebauungsplans vom Flächennutzungsplan und dessen Anpassung im Wege der Berichtigung vorsah, die ohne jegliches förmliches Verfahren stattfinden sollte, sah man es als ausreichend an, die sich aus dem Bebauungsplan für den Flächennutzungsplan ergebende Anpassung des Flächennutzungsplans in der Begründung des Bebauungsplans zeichnerisch, z. B. in Form einer Vorher-Nachher-Darstellung des von der Anpassung betroffenen Ausschnitts des Flächennutzungsplans, aufzuzeigen und aus der Abweichung des Bebauungsplans heraus zu begründen und diesen Teil der Begründung des Bebauungsplans den Flächennutzungsplanakten beizufügen. Nach Inkrafttreten des Bebauungsplans sollte dann noch ein Vermerk darüber eingefügt werden, dass die Anpassung mit der an einem bestimmten, anzugebenden Tag erfolgten Bekanntmachung des Bebauungsplans wirksam geworden ist.[1983] Diese Vorgehensweise erscheint jedoch im Hinblick darauf, dass der Flächennutzungsplan gem. § 6 Abs. 5 S. 4 BauGB zu Jedermanns Einsicht bereitzuhalten ist, problematisch. Denn bei Einsichtnahme nur in die Planurkunde des Flächennutzungsplans erhielte man Einblick in den noch unberichtigten Flächennutzungsplan mit teilweise obsolet gewordenen Darstellungen und würde demnach falsch informiert.[1984] Mangels irgendwelcher Anhaltspunkte für eine Änderung des Flächennutzungsplans in der Planurkunde selbst bestünde auch kein Anlass, die sonstigen Teile der Flächennutzungsplanakte einzusehen. Im Hinblick auf den Zweck des Zugangs der Öffentlichkeit zum Flächennutzungsplan, nämlich die Öffentlichkeit im Sinne der Transparenz der Verwaltung zu informieren, ist es daher erforderlich, dass die Anpassung des Flächennutzungsplans im Wege der Berichtigung als rein redaktionellem Akt in der Form erfolgt, dass eine Planzeichnung der Änderung bzw. Ergänzung des Flächennutzungsplans mit dem Bebauungsplan im Sinne von § 5 Abs. 1 S. 1, § 8 Abs. 1 S. 2 BauGB entsprechenden zeichnerischen Darstellungen, also eine Planänderungs- bzw. –ergänzungsurkunde tatsächlich (zeichnerisch) erstellt wird,[1985] was auch schon im

---

1982 *Blechschmidt*, ZfBR 2007, 120 (122); *Bunzel*, LKV 2007, 444 (449); *ders.*, Difu-Praxistest, S. 38, abrufbar unter http://www.difu.de/publikationen/difu-berichte/4_06/11.phtml (zuletzt abgerufen am 01.03.2008); *Jäde*, in: J/D/W, BauGB, § 13a, Rn. 18; *Krautzberger*, in: E/Z/B/K, § 13a, Rn. 75 (Stand: Mai 2007); *Schmidt-Eichstaedt*, BauR 2007, 1148 (1152 u. 1153); *Starke*, JA 2007, 488 (489).
1983 *Schmidt-Eichstaedt*, BauR 2007, 1148 (1152).
1984 *Gierke*, in: Brügelmann, § 13a, Rn. 125 (Stand: Februar 2008); *Schmidt-Eichstaedt*, BauR 2007, 1148 (1153).
1985 *Bunzel*, Difu-Praxistest, S. 38, abrufbar unter http://www.difu.de/publikationen/difu-berichte/4_06/11.phtml (zuletzt abgerufen am 01.03.2008); *Gierke*, in: Brügelmann,

Rahmen der Begründung des Bebauungsplans erfolgen kann,[1986] so dass die Berichtigung des Flächennutzungsplans gem. § 13a Abs. 2 Nr. 2 3. Hs. BauGB tatsächlich und offensichtlich als solche erkennbar wird. Dabei sollte – wie bei jeder Planänderung – nicht unmittelbar die bestehende Fassung des Flächennutzungsplans durch Überzeichnung von deren Planurkunde geändert bzw. ergänzt werden, weil sie für den Fall der Unwirksamkeit der Anpassung wieder Bedeutung erlangen kann.[1987] Die im Rahmen der Anpassung erstellte (Teil-)Planurkunde des Flächennutzungsplans sollte in ausgefertigter[1988] Fassung den Flächennutzungsplanakten hinzugefügt werden,[1989] so dass sie Bestandteil der gem. § 6 Abs. 5 S. 4 BauGB öffentlich einzusehenden Planunterlagen wird und dadurch auch den ihr zugedachten Informationszweck erfüllen kann. Die bloße Hinzufügung der Planurkunde des Bebauungsplans, an die der Flächennutzungsplan angepasst wird, zu den Flächennutzungsplanakten reicht dagegen nicht aus. Weil der Flächennutzungsplan gem. § 5 Abs. 1 S. 1 BauGB als gem. § 1 Abs. 2 1. Alt. BauGB vorbereitender Bauleitplan nur die Grundzüge der städtebaulichen Entwicklung darstellt, der Bebauungsplan aber als verbindlicher Bauleitplan gem. § 1 Abs. 2 2. Alt., § 8 Abs. 1 S. 1 BauGB parzellenscharfe, konkrete Regelungen über die Nutzung von Grundstücken enthält, die gem. § 8 Abs. 2 S. 1 BauGB grundsätzlich aus den *allgemeineren*, grobmaschigeren Darstellungen des Flächennutzungsplans entwickelt werden können müssen, ergibt sich, dass zur Berichtigung des Flächennutzungsplans nicht einfach die Festsetzungen des Bebauungsplans in diesen eingefügt werden können, sondern dass der Flächennutzungsplan seinem Maßstab und seinem sonstigen Inhalt entsprechend berichtigt werden muss, weil sich seine Festsetzungen regelmäßig in ihrer Detailliertheit von denen des Bebauungsplans unterscheiden;[1990] es muss gleichsam eine „Rückentwicklung"[1991] der Festsetzungen des Bebauungsplans in Darstellungen des Flächennutzungsplans stattfinden, die die Darstellungen des Flächen-

---

§ 13a, Rn. 125 (Stand: Februar 2008); *Kuschnerus*, Der standortgerechte Einzelhandel, Rn. 607; *Wallraven-Lindl/Strunz/Geiß*, Das Bebauungsplanverfahren nach dem BauGB 2007, S. 173. Vgl. *Bielenberg/Runkel*, in: E/Z/B/K, § 8, Rn. 28 (Stand: April 2000).

[1986] *Schmidt-Eichstaedt*, BauR 2007, 1148 (1152 u. 1153).
[1987] *Gierke*, in: Brügelmann, § 13a, Rn. 125 (Stand: Februar 2008).
[1988] *Gierke*, in: Brügelmann, § 13a, Rn. 126 (Stand: Februar 2008); *Schmidt-Eichstaedt*, BauR 2007, 1148 (1153). *Krautzberger*, in: E/Z/B/K, § 13a, Rn. 75 (Stand: Mai 2007), geht davon aus, dass der Vorgang der Berichtigung der Ausfertigung entspricht.
[1989] *Gierke*, in: Brügelmann, § 13a, Rn. 125 (Stand: Februar 2008); *Schmidt-Eichstaedt*, BauR 2007, 1148 (1153).
[1990] *Gierke*, in: Brügelmann, § 13a, Rn. 124 (Stand: Februar 2008); *Krautzberger*, in: E/Z/B/K, § 13a, Rn. 75 (Stand: Mai 2007); *Schmidt-Eichstaedt*, BauR 2007, 1148 (1153); *Wallraven-Lindl/Strunz/Geiß*, Das Bebauungsplanverfahren nach dem BauGB 2007, S. 173.
[1991] *Wallraven-Lindl/Strunz/Geiß*, Das Bebauungsplanverfahren nach dem BauGB 2007, S. 172/173; zustimmend *Gierke*, in: Brügelmann, § 13a, Rn. 124 (Stand: Februar 2008).

nutzungsplans in ein § 8 Abs. 2 S. 1 BauGB entsprechendes Verhältnis zum Bebauungsplan bringt. Nicht jede (konkrete und parzellenscharfe) Festsetzung des Bebauungsplans ist für den (grobmaschigen) Flächennutzungsplan relevant und auf ihn übertragbar.[1992]
Ein separater Beschluss des für die Anpassung des Flächennutzungsplans zuständigen Organs über die Flächennutzungsplananpassung ist im Rahmen des § 13a Abs. 2 Nr. 2 3. Hs. BauGB nicht vorgesehen und scheint auch – gerade weil auf ein förmliches Planänderungs- bzw. -ergänzungsverfahren verzichtet wird und ein ausdrücklicher Beschluss über die Plananpassung auch für die Information der Öffentlichkeit nicht wesentlich ist – nicht notwendig zu sein.[1993] Dabei ist jedoch zu berücksichtigen, dass die zum Zwecke der Anpassung an den Bebauungsplan erstellte (Teil-)Planurkunde des Flächennutzungsplans der Flächennutzungsplanakte in *ausgefertigter* Form hinzugefügt werden soll. Durch die Ausfertigung wird u. a. bestätigt, dass die vorliegende Fassung des Flächennutzungsplans diejenige ist, die das für die Berichtigung zuständige Organ abschließend als den Anforderungen der Anpassung an den Bebauungsplan entsprechend ansah, die also nach dem Willen dieses Organs eine Anpassung des Flächennutzungsplans im Wege der Berichtigung im Sinne von § 13a Abs. 2 Nr. 2 3. Hs. BauGB darstellen soll,[1994] sog. Authentizitätsfunktion der Ausfertigung. Zur Klarheit, für welche Gestalt des Flächennutzungsplans dies zutrifft, ist daher trotz des grundsätzlichen Verzichts auf ein förmliches Flächennutzungsplanungsverfahren im Rahmen des § 13a Abs. 2 Nr. 2 BauGB analog § 6 Abs. 6 BauGB ein Beschluss über die Anpassung des Flächennutzungsplans im Sinne von § 13a Abs. 2a Nr. 2 3. Hs. BauGB zu empfehlen.[1995]

(b) Öffentliche Bekanntmachung der Berichtigung

Im Praxistest stellte sich die Frage, ob die Berichtigung des Flächennutzungsplans in Entsprechung zur in § 6 Abs. 5 S. 1 BauGB vorgesehenen ortsüblichen Bekanntmachung der Genehmigung des Flächennutzungsplans öffentlich bekannt zu machen ist.[1996] § 13a Abs. 2 Nr. 2 3. Hs. BauGB sieht dies nicht vor. Vor dem Hintergrund, dass die ortsübliche Bekanntmachung der Genehmigung des Flächennutzungsplans im Sinne der Transparenz von Verwaltungsverfahren

---

1992 *Bielenberg/Runkel*, in: E/Z/B/K, § 8, Rn. 28 (Stand: April 2000).
1993 Vgl. *Kuschnerus*, Der standortgerechte Einzelhandel, Rn. 607; so wohl auch *Krautzberger*, in: E/Z/B/K, § 13a, Rn. 75 (Stand: Mai 2007), der davon spricht, den Satzungsbeschluss über den Bebauungsplan *zum Anlass zu nehmen*, auf die Rechtsfolge der Berichtigung *hinzuweisen*.
1994 *Gierke*, in: Brügelmann, § 13a, Rn. 126 (Stand: Februar 2008). Vgl. *Brenner*, in: v. Mangoldt/Klein/Starck, Art. 82, Rn. 16; *Bryde*, in: v. Münch/Kunig, Art. 82, Rn. 9.
1995 *Spannowsky*, in: Berliner Kommentar, § 13a, Rn. 29 (Stand: Juli 2007).
1996 *Bunzel*, Difu-Praxistest, S. 38, abrufbar unter http://www.difu.de/publikationen/difu-berichte/4_06/11.phtml (zuletzt abgerufen am 01.03.2008).

dazu dient, die Öffentlichkeit darüber zu informieren, dass sich die Flächennutzungsplanung geändert hat, gebietet es das Informationsinteresse der Öffentlichkeit in einem demokratischen Rechtsstaat,[1997] sie auch über die im Wege der Berichtigung gem. § 13a Abs. 2 Nr. 2 3. Hs. BauGB vorgenommene Anpassung des Flächennutzungsplans durch ortsübliche Bekanntmachung der Tatsache der Anpassung zu unterrichten, zumal sie ansonsten auf diese nur durch eine (zufällige) Einsichtnahme in den Flächennutzungsplan gem. § 6 Abs. 5 S. 4 BauGB oder eventuell[1998] auch durch eine Einsichtnahme in die Begründung des Bebauungsplans gem. § 10 Abs. 3 S. 2 BauGB, sofern die Berichtigung des Flächennutzungsplans in dieser vorgenommen und darstellt wird, aufmerksam würde, wobei aber derartige Einsichtnahmen in der Regel nur bei einem entsprechenden Anlass vorgenommen werden. Als solcher dient gerade ein Hinweis darüber, dass sich die Flächennutzungsplanung geändert hat, deren genaue Änderung daraufhin eingesehen werden will. Daher sollte im Rahmen des § 13a Abs. 2 Nr. 2 3. Hs. BauGB die Tatsache der Anpassung des Flächennutzungsplans öffentlich bekannt gemacht werden, wie auch sonst eine Änderung des Flächennutzungsplans bekannt gemacht wird.[1999] Dabei kann entweder mit der Bekanntmachung des Beschlusses über den Bebauungsplan gem. § 10 Abs. 3 S. 1 BauGB die Tatsache der Berichtigung des Flächennutzungsplans ortsüblich bekannt gemacht werden,[2000] wobei für genauere Informationen über die Art der Berichtigung gem. § 10 Abs. 3 S. 3 BauGB auf die Einsichtnahmemöglichkeit des § 10 Abs. 3 S. 2 BauGB, sofern die Berichtigung des Flächennutzungsplans in dem betroffenen Planabschnitt in der Begründung des Bebauungsplans dargestellt und in ausgefertigter Form den Bebauungsplanunterlagen beigelegt wurde,[2001] oder des § 6 Abs. 5 S. 4 BauGB verwiesen werden kann. *Schmidt-Eichstaedt* verlangt auch für diese Form der Bekanntmachung nur der Änderung des Flächennutzungsplans einen § 6 Abs. 6 BauGB entsprechenden Beschluss

---

1997 *Schmidt-Aßmann*, in: Isensee/Kirchhof, Handbuch des Staatsrechts, Band II, § 26, Rn. 78, stellt klar, dass die Publikation administrativer Normen ein Teil des Rechtsstaatsgebots ist. Dies gilt auch für Verwaltungsvorschriften, die direkt oder indirekt Wirkungen im Außenverhältnis entfalten sollen. Da Flächennutzungspläne über § 8 Abs. 2 S. 1 BauGB jedenfalls indirekte Außenwirkung entfalten, unterliegen sie, unabhängig von ihrer konkreten Rechtsnatur, demnach auch dem Publikationsgebot. Vgl. auch *Sommermann*, in: v. Mangoldt/Klein/Starck, Art. 20, Rn. 302 u. 303.
1998 Vgl. Fn. 1986.
1999 *Birk*, KommJur 2007, 81 (84); *Bunzel*, LKV 2007, 444 (449); *Gierke*, in: Brügelmann, § 13a, Rn. 127 (Stand: Februar 2008); *Jäde*, in: J/D/W, BauGB, § 13a, Rn. 18; *Schmidt-Eichstaedt*, BauR 2007, 1148 (1153); *Wallraven-Lindl/Strunz/Geiß*, Das Bebauungsplanverfahren nach dem BauGB 2007, S. 173. A. A. *Blechschmidt*, ZfBR 2007, 120 (122); *Starke*, JA 1007, 488 (489).
2000 *Bunzel*, LKV 2007, 444 (449); *Schmidt-Eichstaedt*, BauR 2007, 1148 (1153); vgl. *Wallraven-Lindl/Strunz/Geiß*, Das Bebauungsplanverfahren nach dem BauGB 2007, S. 173; so wohl auch *Krautzberger*, in: E/Z/B/K, § 13a, Rn. 75 (Stand: Mai 2007).
2001 Vgl. Fn. 1986.

der Gemeinde, der anlässlich des Satzungsbeschlusses über den Bebauungsplan gem. § 10 Abs. 1 BauGB ergehen kann.[2002] Oder das zuständige Organ kann mit dem Beschluss über den Bebauungsplan gem. § 10 Abs. 1 BauGB oder später entsprechend § 6 Abs. 6 BauGB bestimmen, dass der *gesamte* Flächennutzungsplan in seiner durch die Anpassung entstandenen Fassung unter Berücksichtigung aller bisheriger Änderungen und Ergänzungen[2003] neu bekannt zu machen ist, wobei in diesem Fall für die Jedermann offenstehende Einsichtnahmemöglichkeit schon eine komplette Flächennutzungsplanurkunde erstellt werden und vorliegen muss und eine in der Begründung zum Bebauungsplan vornehmbare,[2004] nur auf den von der Anpassung betroffenen Ausschnitt des Flächennutzungsplans bezogene Darstellung der Änderung nicht ausreicht.[2005]

(c) Zeitpunkt der Berichtigung

Im Praxistest ergaben sich zudem Zweifel darüber, wann die Anpassung des Flächennutzungsplans im Wege der Berichtigung gem. § 13a Abs. 2 Nr. 2 3. Hs. BauGB vorgenommen werden müsse.[2006] Aufgrund der Tatsache, dass die Darstellungen des Flächennutzungsplans, von denen der Bebauungsplan gem. § 13a Abs. 2 Nr. 2 1. Hs. BauGB die Grenzen des Entwicklungsgebots überschreitend abweicht, mit dem Inkrafttreten des Bebauungsplans funktionslos werden, weil sie, wie durch § 13a Abs. 2 Nr. 2 1. Hs. BauGB erlaubt, keine dem Entwicklungsgebot entsprechende Grundlage eines geltenden Bebauungsplans mehr bilden, besteht grundsätzlich ab dem Inkrafttreten des Bebauungsplans im Hinblick auf § 1 Abs. 3 S. 1 BauGB die Pflicht, den Flächennutzungsplan anzupassen, weil der bestehende keinen tauglichen Maßstab mehr für die tatsächlich vorgesehene und realisierbare städtebauliche Entwicklung und Ordnung bildet. Entsprechend des Zwecks der Berichtigung sollte sie also unverzüglich vorgenommen werden.[2007] Dies ergibt sich auch daraus, dass die Einsichtnahmemöglichkeit des § 6 Abs. 5 S. 4 BauGB ab dem Inkrafttreten des Bebauungsplans bis zur Berich-

---

2002 *Schmidt-Eichstaedt*, BauR 2007, 1148 (1153). Ähnlich *Krautzberger*, in: E/Z/B/K, § 13a, Rn. 75 (Stand: Mai 2007). Diesbezüglich nicht eindeutig *Bunzel*, LKV 2007, 444 (449).
2003 *Jäde*, in: J/D/W, BauGB, § 13a, Rn. 18; *Krautzberger*, in: E/Z/B/K, § 6, Rn. 92 (Stand: April 2005).
2004 Vgl. Fn. 1986.
2005 *Bunzel*, LKV 2007, 444 (449); *Schmidt-Eichstaedt*, BauR 2007, 1148 (1153).
2006 *Bunzel*, Difu-Praxistest, S. 38, abrufbar unter http://www.difu.de/publikationen/difu-berichte/4_06/11.phtml (zuletzt abgerufen am 01.03.2008).
2007 *Gierke*, in: Brügelmann, § 13a, Rn. 124 (Stand: Februar 2008); *Jäde*, in: J/D/W, BauGB, § 13a, Rn. 18; *Krautzberger*, in: E/Z/B/K, § 13a, Rn. 75 (Stand: Mai 2007); *ders.*, in: Krautzberger/Söfker, Baugesetzbuch, Rn. 154b; Mustereinführungserlass, S. 9, abrufbar unter http://www.is-argebau.de/ (zuletzt abgerufen am 10.05.2008).

tigung des Flächennutzungsplans ihren Informationszweck nicht korrekt erfüllen kann.[2008]

bb) Materielle Anforderungen an die Berichtigung des Flächennutzungsplans

Inhaltliche Vorgaben für die Anpassung des Flächennutzungsplans im Wege der Berichtigung als rein redaktionellem Vorgang ergeben sich aus dem Inhalt des Bebauungsplans und der Struktur des Flächennutzungsplans sowie vornehmlich aus dem Zweck der Anpassung des Flächennutzungsplans im Wege der Berichtigung. Die Anpassung des Flächennutzungsplans muss diesem eine solche Gestalt geben, dass aus ihm als vorbereitendem, die Grundzüge der städtebaulichen Entwicklung darstellendem Bauleitplan (§ 5 Abs. 1 S. 1, § 1 Abs. 2 1. Alt. BauGB) der im beschleunigten Verfahren aufgestellte Bebauungsplan im Sinne des Entwicklungsgebots des § 8 Abs. 2 S. 1 BauGB abgeleitet werden könnte.[2009] Wegen des Verzichts auf ein eigenständiges Planänderungs- bzw. –ergänzungsverfahren hinsichtlich des Flächennutzungsplans im Rahmen des § 13a Abs. 2 Nr. 2 BauGB ist für die Anpassung des Flächennutzungsplans als solche[2010] keine Abwägungsentscheidung im Sinne von § 1 Abs. 7 BauGB,[2011] bei der u. a. grundsätzlich[2012] die Anforderungen der naturschutzrechtlichen Eingriffsregelung des § 1a Abs. 3 BauGB zu berücksichtigen wären,[2013] zu treffen. Die Bindungswirkung der Ziele der Raumordnung gem. § 1 Abs. 4 BauGB ent-

---

2008 *Krautzberger*, in: E/Z/B/K, § 13a, Rn. 75 (Stand: Mai 2007); vgl. auch Mustereinführungserlass, S. 9, abrufbar unter http://www.is-argebau.de/ (zuletzt abgerufen am 10.05.2008), wo die Unverzüglichkeit mit dem Zweck der Berichtigung begründet wird. Vgl. *Gierke*, in: Brügelmann, § 13a, Rn. 125 (Stand: Februar 2008).

2009 So ausdrücklich *Gierke*, in: Brügelmann, § 13a, Rn. 124 (Stand: Februar 2008). Vgl. auch den Begriff des Rückentwickelns des Bebauungsplans i. R. d. § 13a Abs. 2 Nr. 2 3. Hs. BauGB bei *Wallraven-Lindl/Strunz/Geiß*, Das Bebauungsplanverfahren nach dem BauGB 2007, S. 173, den *Gierke*, in: Brügelmann, § 13a, Rn. 124 (Stand: Februar 2008), aufgreift; angedeutet bei *Krautzberger*, in: Krautzberger/Söfker, Baugesetzbuch, Rn. 154b. Vgl. Fn. 1952 u. 1991.

2010 Vgl. Fn. 1918: Als Ausgleich dafür findet die Abwägungsentscheidung im Hinblick auf die Änderung bzw. Ergänzung des Flächennutzungsplans schon bei der Prüfung der Voraussetzung des § 13a Abs. 2 Nr. 2 2. Hs. BauGB statt.

2011 *Mitschang*, ZfBR 2007, 433 (445); *Spannowsky*, in: Spannowsky/Hofmeister, BauGB 2007, S. 27 (33); *ders.*, in: Berliner Kommentar, § 13a, Rn. 27 (Stand: Juli 2007); Stellungnahme Nr. 58/06 des Ausschusses Verwaltungsrecht des Deutschen Anwaltvereins vom 02.11.2006, S. 6, abrufbar unter http://anwaltverein.de/downloads/stellungnahmen/2006-58.pdf (zuletzt abgerufen am 15.11.2008). *Battis*, in: B/K/L, § 13a, Rn. 15; *Battis/Krautzberger/Löhr*, NVwZ 2007, 121 (125); *Bunzel*, LKV 2007, 444 (449); *Müller-Grune*, BauR 2007, 985 (990); *Scheidler*, BauR 2007, 650 (655) betonen, dass innerhalb der Berichtigung gerade kein förmliches Planungsverfahren stattfindet.

2012 Zur Ausnahme vgl. B. III. 2. a) cc) (2) (e).

2013 *Krautzberger*, in: E/Z/B/K, § 13a, Rn. 75 (Stand: Mai 2007).

faltet keine unmittelbare Geltung; sie ist jedoch, wie die übrigen materiell-rechtlichen Anforderungen an eine Änderung bzw. Ergänzung des Flächennutzungsplans, bereits in der im Rahmen des § 13a Abs. 2 Nr. 2 2. Hs. BauGB notwendigen Prüfung der Rechtmäßigkeit einer Änderung bzw. Ergänzung des bestehenden Flächennutzungsplans dahingehend, dass der gewollte Bebauungsplan aus ihm entwickelt werden könnte, zu beachten.[2014] Gerade als Ausgleich dafür, dass sich die materiell-rechtlichen Anforderungen an die Anpassung des Flächennutzungsplans im Wege der Berichtigung im Wesentlichen darauf beschränken, den Flächennutzungsplan entsprechend seiner Maßstäblichkeit (§ 5 Abs. 1 S. 1 BauGB) inhaltlich so zu verändern, dass der bislang von ihm abweichende Bebauungsplan der Innenentwicklung aus ihm im Sinne des § 8 Abs. 2 S. 1 BauGB entwickelt werden könnte, ist aufgrund der in § 13a Abs. 2 Nr. 2 2. Hs. BauGB statuierten Anforderung für eine Abweichung des Bebauungsplans vom Flächennutzungsplan bereits im Rahmen der Aufstellung des Bebauungsplans zu prüfen, ob der bestehende Flächennutzungsplan materiell rechtmäßig so geändert werden könnte, dass der beabsichtigte Bebauungsplan aus diesem entwickelt werden könnte, so dass es gerechtfertigt ist, die materiell-rechtlichen Anforderungen an einen Flächennutzungsplan im Rahmen seiner Berichtigung nicht nochmals eigens zu berücksichtigen, weil durch die Anpassung nur der – wie schon im Rahmen des § 13a Abs. 2 Nr. 2 2. Hs. BauGB geprüft – rechtmäßig planbare Flächennutzungsplan tatsächlich wirksam wird, aus dem der Bebauungsplan entwickelt werden könnte. Eine nochmalige Prüfung, ob der an den Bebauungsplan angepasste Flächennutzungsplan die materiell-rechtlichen Anforderungen an einen rechtmäßigen Flächennutzungsplan erfüllt, würde eine Doppelprüfung bedeuten, die der mit § 13a Abs. 2 Nr. 2 3. Hs. BauGB angestrebten Verfahrensbeschleunigung geradezu zuwiderlaufen würde.[2015]

c) *Planerhaltungsvorschriften*

aa) *§ 214 Abs. 2a Nr. 1 BauGB*

Gem. § 214 Abs. 2a Nr. 1 BauGB ist eine Verletzung der Vorschriften über das Verhältnis des Bebauungsplans zum Flächennutzungsplan für die Rechtswirksamkeit des Bebauungsplans unbeachtlich, wenn sie darauf beruht, dass die Voraussetzung nach § 13a Abs. 1 S. 1 BauGB unzutreffend beurteilt worden ist. Diese Fehlerfolgenregelung bezieht sich – wie bereits erläutert[2016] – auf den Fall, dass tatsächlich kein Bebauungsplan der Innenentwicklung vorliegt, die Gemeinde aber, ohne dass ihr eine bewusste und gezielte Inanspruchnahme von Flächen (isoliert) außerhalb von Ortslagen bzw. eine sonstige bewusste Ignoranz

---

2014 Vgl. B. III. 2. a) cc) (2) (e).
2015 Vgl. *Spannowsky*, in: Spannowsky/Hofmeister, BauGB 2007, S. 27 (33).
2016 Vgl. B. II. 8. b) aa) u. bb) u. cc).

der Voraussetzung des § 13a Abs. 1 S. 1 BauGB vorzuwerfen wäre, davon ausgeht, einen Bebauungsplan der Innenentwicklung im Sinne von § 13a Abs. 1 S. 1 BauGB aufzustellen und dabei (allein) mangels Bebauungsplans der Innenentwicklung zu Unrecht von der in § 13a Abs. 2 Nr. 2 1. Hs. BauGB eingeräumten Möglichkeit Gebrauch macht, den Bebauungsplan (bewusst) über die Grenzen des Entwicklungsgebots hinausgehend von Darstellungen des Flächennutzungsplans abweichen zu lassen, bevor der Flächennutzungsplan wenigstens im Parallelverfahren gem. § 8 Abs. 3 BauGB so geändert oder ergänzt ist, dass der Bebauungsplan im Sinne von § 8 Abs. 2 S. 1 BauGB aus ihm entwickelt werden könnte. § 214 Abs. 2a Nr. 1 BauGB ist aus europarechtlichen Gründen[2017] in Bezug auf die Rechtswirksamkeit des mangels Innenentwicklungsmaßnahme gem. § 13a Abs. 1 S. 1 BauGB fehlerhaft im beschleunigten Verfahren aufgestellten *Bebauungsplans* restriktiv auszulegen. Insofern bestehen hinsichtlich der durch § 214 Abs. 2a Nr. 1 BauGB – auch wenn § 214 Abs. 2a am Anfang BauGB und § 214 Abs. 2a Nr. 1 BauGB explizit nur die Rechtswirksamkeit von Bebauungsplänen ansprechen – im Sinne der mit dem beschleunigten Verfahren intendierten Verfahrenserleichterung in Form des Verzichts auf ein selbständiges Flächennutzungsplanänderungs- bzw. -ergänzungsverfahren gem. §§ 1 ff. BauGB ebenfalls bedingten Rechtswirksamkeit des Flächennutzungsplans, der im Wege der Berichtigung an einen im beschleunigten Verfahren unter Inanspruchnahme der Verfahrensbesonderheit des § 13a Abs. 2 Nr. 2 1. Hs. BauGB aufgestellten, nur vermeintlichen Bebauungsplan der Innenentwicklung angepasst wurde, sofern die Anforderung des § 13a Abs. 2 Nr. 2 2. Hs. BauGB beachtet wurde,[2018] keine zusätzlichen europarechtlichen Bedenken. Da der Flächennutzungsplan unter weitgehender Wahrung bzw. Nicht-Beeinträchtigung seiner Grundkonzeption auch in diesem Fall an einen nicht mit voraussichtlich erheblichen Umweltauswirkungen verbundenen, wenn auch nur vermeintlichen Bebauungsplan der Innenentwicklung und noch dazu nur im Plangebiet dieses Bebauungsplans angepasst wird, sind voraussichtlich erhebliche Umweltauswirkungen des angepassten Flächennutzungsplans, die noch nicht im Wesentlichen innerhalb der bei seiner Aufstellung durchgeführten Umweltprüfung erfasst wurden (vgl. Rechtsgedanke aus Art. 3 Abs. 3 2. Alt. Plan-UP-RL), bei pauschaler Betrachtung ausgeschlossen. Daher verlangt Art. 3 Abs. 1 Plan-UP-RL keine Umweltprüfung im Hinblick auf den angepassten Flächennutzungsplan.

bb) Fehlbeurteilung der Voraussetzung des § 13a Abs. 2 Nr. 2 2. Hs. BauGB

Dies gilt aber gerade nur, wenn die Gemeinde die in § 13a Abs. 2 Nr. 2 2. Hs. BauGB statuierte materiell-rechtliche Voraussetzung für die Abweichung des Bebauungsplans vom Flächennutzungsplan, nämlich dass (dadurch) die geord-

---
2017 Vgl. B. II. 8. c) bb).
2018 Vgl. B. III. 2. b) aa) (2).

nete städtebauliche Entwicklung des Gemeindegebiets nicht beeinträchtigt wird, zutreffend beurteilt hat. Die Planerhaltungsvorschrift des § 214 Abs. 2a Nr. 1 BauGB betrifft nur[2019] die unzutreffende Beurteilung der in § 13a Abs. 1 S. 1 BauGB geregelten Voraussetzung des beschleunigten Verfahrens und die deshalb unberechtigter Weise erfolgende Anwendung der Verfahrensbesonderheiten des beschleunigten Verfahrens, die aber ihrerseits korrekt erfolgen muss, damit der Bebauungsplan *allein* aufgrund der Planerhaltungsvorschrift des § 214 Abs. 2a Nr. 1 BauGB nicht an einem für seine Rechtswirksamkeit beachtlichen Fehler leidet.

Für die Fehlbeurteilung des Vorliegens der für die Abweichung des Bebauungsplans vom Flächennutzungsplan notwendigen materiell-rechtlichen Voraussetzung des § 13a Abs. 2 Nr. 2 2. Hs. BauGB, wenn also eine Abweichung des Bebauungsplans der Innenentwicklung bzw. des unzutreffend als solchen der Innenentwicklung beurteilten Bebauungsplans vom Flächennutzungsplan die geordnete städtebauliche Entwicklung beeinträchtigen würde, die Gemeinde dies aber nicht erkennt oder beachtet, sieht § 214 Abs. 2a BauGB keine Fehlerfolgenregelung vor.[2020]

(1) Analoge Anwendung von § 214 Abs. 2a Nr. 1 BauGB

Eine analoge Anwendung existierender Planerhaltungsvorschriften des § 214 Abs. 2a BauGB, v. a. des § 214 Abs. 2a Nr. 1 BauGB, auf Verstöße gegen die Anforderung des § 13a Abs. 2 Nr. 2. 2 Hs. BauGB scheidet schon deshalb aus, weil die Planerhaltungsvorschriften der §§ 214 f. BauGB als Ausnahmen vom sonst für Rechtsnormen geltenden Nichtigkeitsdogma[2021] eng zu interpretieren und daher nicht analogiefähig sind.[2022] Eine Analogie würde zudem voraussetzen, dass das Fehlen einer speziellen Planerhaltungsvorschrift für einen Verstoß gegen § 13a Abs. 2 Nr. 2 2. Hs. BauGB eine *planwidrige* Regelungslücke darstellt, was eindeutig nicht der Fall ist.

Dies ergibt sich deutlich bei Betrachtung des Gesetzgebungsverfahrens zum Innenstadtentwicklungsgesetz. Der Regierungsentwurf zum Innenstadtentwick-

---

2019 Vgl. B. II. 8. b) cc).
2020 *Gierke*, in: Brügelmann, § 13a, Rn. 155 (Stand: Februar 2008) unter Verweis auf *Spannowsky*, in: Berliner Kommentar, § 13a, Rn. 44 (Stand: Juli 2007).
2021 Vgl. *Sachs*, in: Hoffmann-Riem/Schmidt-Aßmann/Voßkuhle, Grundlagen des Verwaltungsrechts, Band II, § 31, Rn. 76; *Stern*, in: Bonner Kommentar, GG, Art. 93, Rn. 271 ff. (Stand: März 1982), auch unter Einbeziehung der Gegenauffassung.
2022 Vgl. *Battis*, in: B/K/L, § 214, Rn. 11, der herausstellt, dass § 214 Abs. 2 BauGB nur *bestimmte* materielle Fehler für unbeachtlich erklärt. Vgl. *Stock*, in: E/Z/B/K, § 214, Rn. 4 ff. (Stand: Mai 2007), zur Systematik der §§ 214 f., wobei er in Rn. 7 betont, dass die Planerhaltungsvorschriften *kasuistisch* gestaltet sind und daher sonstige (nicht ausdrücklich erfasste), insbesondere materiell-rechtliche Gesetzesverstöße nicht in deren Anwendungsbereich fallen.

lungsgesetz hatte in § 214 Abs. 2a BauGB vorgesehen, dass die Verletzung der Vorschriften über das Verhältnis des Bebauungsplans zum Flächennutzungsplan für die Rechtswirksamkeit von Bebauungsplänen unbeachtlich ist, wenn bei Anwendung des § 13a Abs. 2 Nr. 2 BauGB die Voraussetzung für die Anwendung nicht richtig beurteilt worden ist.[2023] D. h., eine Missachtung der mangels Erfüllung der Voraussetzung des § 13a Abs. 2 Nr. 2 2. Hs. BauGB an sich geltenden Anforderung des § 8 Abs. 2 S. 1 (evtl. i. V. m. Abs. 3) BauGB wäre unbeachtlich gewesen, wenn die Gemeinde angenommen hätte, der Bebauungsplan dürfe gem. § 13a Abs. 2 Nr. 2 1. Hs. BauGB die Grenzen des Entwicklungsgebots überschreitend vom bestehenden Flächennutzungsplan ohne dessen vorherige oder wenigstens parallele Änderung oder Ergänzung abweichen, weil dies gem. § 13a Abs. 2 Nr. 2 2. Hs. BauGB die geordnete städtebauliche Entwicklung nicht beeinträchtige, obwohl tatsächlich das Gegenteil der Fall wäre.[2024]

Auf Grund einer Anregung seiner Ausschüsse für Städtebau, Wohnungswesen und Raumordnung und für Innere Angelegenheiten, des Ausschusses für Umwelt, Naturschutz und Reaktorsicherheit und des Rechtsausschusses,[2025] die die Streichung von § 13a Abs. 2 Nr. 2 BauGB und dementsprechend auch der für eine Fehlbeurteilung des § 13a Abs. 2 Nr. 2 2. Hs. BauGB in § 214 Abs. 2a BauGB vorgesehenen Planerhaltungsvorschrift empfohlen hatten, verlangte der Bundesrat in seiner Stellungnahme zum Innenstadtentwicklungsgesetz das Absehen von der für einen Verstoß gegen die Anforderung des § 13a Abs. 2 Nr. 2 2. Hs. BauGB in § 214 Abs. 2a BauGB vorgesehenen Planerhaltungsvorschrift.[2026] Wenn der Bebauungsplan vom Flächennutzungsplan abweichen dürfe, bevor dieser geändert oder ergänzt worden ist, und dabei eine dadurch erfolgende Beeinträchtigung der städtebaulichen Entwicklung für die Rechtswirksamkeit des Bebauungsplans unbeachtlich sei, würde die Kernfunktion des Flächennutzungsplans, die geordnete städtebauliche Entwicklung unter Berücksichtigung der vielfältigen Nutzungs- und Schutzinteressen zu gewährleisten, aufgehoben.[2027] Aufgrund dieser Kritik, die im Übrigen die hier vertretene Auffassung bestätigt, dass innerhalb des § 13a Abs. 2 Nr. 2 2. Hs. BauGB die im bestehenden Flächennutzungsplan vorgesehene städtebauliche Ordnung von Relevanz ist, indem ein Verstoß gegen die Anforderung des § 13a Abs. 2 Nr. 2 BauGB mit dem Funktionsverlust des Flächennutzungsplans in Verbindung gebracht

---

[2023] BT-Drs. 16/2496, S. 7.
[2024] BT-Drs. 16/2496, S. 17.
[2025] BR-Drs. 558/1/06, S. 5 u. 6 u. 12; vgl. auch die Kritik des Ausschusses Verwaltungsrecht des Deutschen Anwaltvereins in seiner Stellungnahme Nr. 58/06 vom 02.11.2006, S. 9/10, abrufbar unter http://anwaltverein.de/downloads/stellungnahmen/2006-58.pdf (zuletzt abgerufen am 15.11.2008).
[2026] BR-Drs. 558/06, S. 9 = BT-Drs. 16/2932, S. 4.
[2027] BR-Drs. 558/06, S. 9, zurückgehend auf BR-Drs. 558/1/06, S. 6 u. 12.

wird,[2028] hat der für das Innenstadtentwicklungsgesetz federführende Bundestagsausschuss für Verkehr, Bau und Stadtentwicklung die in § 214 Abs. 2a BauGB für die Fehlbeurteilung der Voraussetzung des § 13a Abs. 2 Nr. 2 2. Hs. BauGB vorgesehene Fehlerfolgenregelung gestrichen[2029] und § 13a Abs. 2 Nr. 2 2. Hs. BauGB dahingehend präzisiert, dass auf die geordnete städtebauliche Entwicklung *des Gemeindegebiets*[2030] abzustellen ist. In dieser Form sind die Regelungen dann auch Gesetz geworden. Daraus ergibt sich, dass die Fehlbeurteilung der Voraussetzung des § 13a Abs. 2 Nr. 2 2. Hs. BauGB für eine Abweichung des Bebauungsplans vom Flächennutzungsplan gem. § 13a Abs. 2 Nr. 2 1. Hs. BauGB in § 214 Abs. 2a BauGB letztlich bewusst nicht als ein für die Rechtswirksamkeit des Bebauungsplans unbeachtlicher Fehler eingeordnet wurde, so dass auch mangels Planwidrigkeit des Fehlens einer Planerhaltungsvorschrift speziell für einen Verstoß gegen § 13a Abs. 2 Nr. 2 2. Hs. BauGB weder § 214 Abs. 2a Nr. 1 BauGB noch eine andere, sich nicht unmittelbar auf eine Verletzung von § 13a Abs. 2 Nr. 2 2. Hs. BauGB beziehende Planerhaltungsvorschrift des § 214 BauGB auf eine Fehleinschätzung im Rahmen des § 13a Abs. 2 Nr. 2 2. Hs. BauGB analog angewendet werden darf.

(2) Unbeachtlichwerden gem. § 215 Abs. 1 S. 2 BauGB

Aufgrund der Tatsache, dass eine Fehleinschätzung im Rahmen der materiellrechtlichen Regelung des § 13a Abs. 2 Nr. 2 2. Hs. BauGB in § 214 Abs. 2a BauGB nicht als Fehler angesprochen ist, kann sie auch nicht gem. § 215 Abs. 1 S. 2 BauGB durch rügelosen Fristablauf unbeachtlich werden; sie ist kein „nach § 214 Abs. 2a BauGB beachtlicher" Fehler im Sinne von § 215 Abs. 1 S. 2 BauGB.[2031] Dies bestätigt sich vor dem Hintergrund der Systematik von §§ 214 u. 215 BauGB in Bezug auf Verstöße gegen formelle und materielle Anforderungen des Baugesetzbuchs an das Bauleitplanverfahren. § 214 Abs. 1 BauGB stuft Fehler bei formellen Rechtmäßigkeitsanforderungen an einen Bebauungsplan grundsätzlich als unbeachtlich ein, es sei denn, sie werden in § 214 Abs. 1 BauGB ausdrücklich als beachtlich eingestuft, wobei zum Teil in internen Unbeachtlichkeitsklauseln davon wieder Rückausnahmen gemacht werden. In Bezug auf Fehler bei materiellen Rechtmäßigkeitsanforderungen ergibt sich aus § 214 Abs. 2 u. Abs. 3 BauGB, dass diese grundsätzlich beachtlich sind, es

---

2028 Vgl. Fn. 1895.
2029 BT-Drs. 16/3308, S. 9/10 u. 20.
2030 BT-Drs. 16/3308, S. 6 u. 17; damit erhält § 13a Abs. 2 Nr. 2 2. Hs. BauGB dieselbe Form wie die Vorbildregelung in § 1 Abs. 2 BauGB-MaßnahmenG (1990), bei der eine Beeinträchtigung der geordneten städtebaulichen Entwicklung *des Gemeindegebiets* durch die Abweichung des Bebauungsplans vom Flächennutzungsplan ebenfalls ein für die Wirksamkeit des Bebauungsplans beachtlicher Fehler war, vgl. *Bielenberg/Runkel*, in: E/Z/B/K, § 8, Rn. 27 u. 28 (Stand: April 2000).
2031 Vgl. B. II. 8. b) cc).

sei denn, sie werden in § 214 Abs. 2 u. Abs. 3 BauGB, teilweise nur unter bestimmten Voraussetzungen, ausnahmsweise als unbeachtlich eingeordnet. Für fast alle formellen Fehler, die von § 214 Abs. 1 BauGB als beachtlich eingeordnet werden und die die Voraussetzungen der internen Unbeachtlichkeitsklauseln für ihre Unbeachtlichkeit nicht erfüllen, sieht § 215 Abs. 1 S. 1 Nr. 1 BauGB ein Unbeachtlichwerden durch rügelosen Fristablauf vor. Dasselbe gilt gem. § 215 Abs. 1 S. 1 Nr. 2 u. Nr. 3 BauGB für die in § 214 Abs. 2 u. Abs. 3 BauGB angesprochenen materiellen Fehler, die die dort statuierten Voraussetzungen für ihre Unbeachtlichkeit nicht erfüllen. Daraus ergibt sich letztlich, dass Verstöße gegen *materielle* Anforderungen an einen Bebauungsplan, die in § 214 Abs. 2-3 BauGB nicht angesprochen sind, für die Rechtswirksamkeit des Bebauungsplans beachtlich sind und auch nicht gem. § 215 Abs. 1 S. 1 BauGB durch rügelosen Fristablauf für die Rechtswirksamkeit des Bebauungsplans irrelevant werden können, da in § 215 Abs. 1 S. 1 BauGB grundsätzlich (nur) auf bestimmte, in § 214 BauGB ausdrücklich angesprochene materiell-rechtliche Fehler Bezug genommen wird. Da das Innenstadtentwicklungsgesetz an dieser Systematik der §§ 214 f. BauGB nichts ändern wollte, sondern durch § 214 Abs. 2a, § 215 Abs. 1 S. 2 BauGB ausweislich des Wortlauts von § 214 Abs. 2a BauGB die bestehenden Fehlerfolgenregelungen nur in Bezug auf die Besonderheiten des beschleunigten Verfahrens *ergänzen* wollte, resultiert daraus, dass eine Fehleinschätzung im Rahmen der materiell-rechtlichen Rechtmäßigkeitsvoraussetzung gem. § 13a Abs. 2 Nr. 2 2. Hs. BauGB für einen gem. § 13a Abs. 2 Nr. 2 1. Hs. BauGB vom Flächennutzungsplan abweichenden Bebauungsplan, die in § 214 BauGB, speziell in § 214 Abs. 2a BauGB, nicht angesprochen ist, auch nicht gem. § 215 Abs. 1 S. 2 BauGB durch rügelosen Fristablauf für die Rechtswirksamkeit des Bebauungsplans unbeachtlich werden kann.

(3) Anwendung der für eine Verletzung der Anforderungen von § 8 BauGB geltenden Fehlerfolgenregelungen

Es ist jedoch zu bedenken, dass eine Fehlbeurteilung im Rahmen des § 13a Abs. 2 Nr. 2 2. Hs. BauGB und die daraufhin zu Unrecht erfolgende Abweichung des Bebauungsplans vom Flächennutzungsplan über die Grenzen des Entwicklungsgebots hinaus ohne vorherige oder wenigstens parallele Änderung oder Ergänzung des Flächennutzungsplans gem. § 13a Abs. 2 Nr. 2 1. Hs. BauGB zugleich ein (bewusster) Verstoß gegen das an sich vollumfänglich geltende Entwicklungsgebot gem. § 8 Abs. 2 S. 1 BauGB ist.[2032] Ein derartiger Fehler ist unter den Voraussetzungen von § 214 Abs. 2 Nr. 2 BauGB unbeachtlich. Diese Voraussetzungen sind jedoch, wenn der Bebauungsplan die geordnete städtebauliche Entwicklung im Sinne von § 13a Abs. 2 Nr. 2 2. Hs. BauGB beeinträchtigt, zum einen schon deshalb regelmäßig nicht erfüllt, weil § 214 Abs. 2

2032 *Spannowsky*, in: Berliner Kommentar, § 13a, Rn. 44 (Stand: Juli 2007).

Nr. 2 BauGB im Fall des § 13a Abs. 2 Nr. 2 BauGB oftmals gegebene, bewusste Abweichungen von den Vorgaben des Entwicklungsgebots nicht erfasst.[2033] Zum anderen beeinträchtigt ein Bebauungsplan, der vom Flächennutzungsplan über die Grenzen des Entwicklungsgebots hinaus abweicht und dabei die geordnete städtebauliche Entwicklung des Gemeindegebiets im Sinne des § 13a Abs. 2 Nr. 2 2. Hs. BauGB beeinträchtigt, meist auch die sich aus dem Flächennutzungsplan ergebende geordnete städtebauliche Entwicklung im Sinne des § 214 Abs. 2 Nr. 2 a. E. BauGB, schon weil nach der hier vertretenen Auffassung die Anforderungen des § 13a Abs. 2 Nr. 2 2. Hs. BauGB denen des § 214 Abs. 2 Nr. 2 BauGB sehr ähnlich sind. Daher ist der Fehler der unzutreffenden Beurteilung der Voraussetzung des § 13a Abs. 2 Nr. 2 2. Hs. BauGB (meist) ein unter Beachtung des § 214 BauGB für die Rechtswirksamkeit des Bebauungsplans beachtlicher Fehler,[2034] so wie es der Gesetzgeber durch den Verzicht auf eine spezielle Planerhaltungsvorschrift für die Verletzung von § 13a Abs. 2 Nr. 2 2. Hs. BauGB ausdrücklich intendiert hat.

Eine Verletzung des Entwicklungsgebots kann jedoch gem. § 215 Abs. 1 S. 1 Nr. 2 BauGB durch rügelosen Fristablauf unbeachtlich werden.[2035] Dies muss auch dann gelten, wenn die Verletzung des an sich uneingeschränkt geltenden Entwicklungsgebots auf einer Fehlbeurteilung der Voraussetzung des § 13a Abs. 2 Nr. 2 2. Hs. BauGB beruht. Denn wenn die Gemeinde trotz der Eröffnung seines Anwendungsbereichs auf die Anwendung des beschleunigten Verfahrens und damit die Möglichkeit des § 13a Abs. 2 Nr. 2 1. Hs. BauGB von vornherein verzichtet und daher die Vorgaben des § 8 Abs. 2 S. 1 BauGB einhalten muss und ihr dabei ein Fehler unterläuft bzw. sie bewusst gegen die erkanntermaßen geltenden Anforderungen des Entwicklungsgebots verstößt, greift auch § 214 Abs. 2 BauGB bzw. § 215 Abs. 1 S. 1 Nr. 2 BauGB. Nichts anderes kann daher gültig sein, wenn im Rahmen des beschleunigten Verfahrens, das zu einer Verfahrensvereinfachung und -beschleunigung führen soll, wozu auch eine Sicherung der Rechtsbeständigkeit von Plänen gehört,[2036] weil ansonsten infolge von Fehlern bei den als Beschleunigung intendierten Verfahrenserleichterungen und einer dadurch bedingten Unwirksamkeit des Bebauungsplans der Beschleunigungseffekt wieder relativiert würde,[2037] bei tatsächlicher oder – unter Einschränkungen[2038] – jedenfalls vermeintlicher Eröffnung seines Anwendungsbereichs die Voraussetzung des § 13a Abs. 2 Nr. 2 2. Hs. BauGB falsch beurteilt wird, was immer mit einem Verstoß gegen § 8 Abs. 2 S. 1 BauGB einher-

---

2033 *Battis*, in: B/K/L, § 214, Rn. 12. Vgl. Fn. 1882 u. 1925.
2034 *Spannowsky*, in: Berliner Kommentar, § 13a, Rn. 44 (Stand: Juli 2007).
2035 Angedeutet bei *Kirchmeier*, in: Hk-BauGB, § 13a, Rn. 11.
2036 Vgl. BT-Drs. 16/2496, S. 2. Vgl. Fn. 22.
2037 *Bunzel*, Difu-Praxistest, S. 80, abrufbar unter http://www.difu.de/publikationen/difu-berichte/4_06/11.phtml (zuletzt abgerufen am 01.03.2008).
2038 Vgl. B. II. 8. c) bb).

geht.²⁰³⁹ Hat die Gemeinde Zweifel, ob eine Abweichung des Bebauungsplans vom bestehenden Flächennutzungsplan die geordnete städtebauliche Entwicklung beeinträchtigt, ist es ihr im Hinblick auf die Rechtsbeständigkeit des Bebauungsplans zu empfehlen, den Flächennutzungsplan vor oder gem. § 8 Abs. 3 BauGB parallel zur Aufstellung des Bebauungsplans entsprechend zu ändern.²⁰⁴⁰ Nur bei dieser Vorgehensweise kann *rechtmäßig* die Grundkonzeption des Flächennutzungsplans geändert werden.

Im Hinblick darauf, dass Art. 3 Abs. 1 Plan-UP-RL verlangt, Pläne mit voraussichtlich erheblichen Umweltauswirkungen einer Umweltprüfung zu unterziehen, ist zu berücksichtigen, dass ein gem. § 13a Abs. 2 Nr. 2 1. Hs. BauGB vom Flächennutzungsplan abweichender Bebauungsplan u. a. gerade dann die geordnete städtebauliche Entwicklung im Sinne des § 13a Abs. 2 Nr. 2 2. Hs. BauGB beeinträchtigt, wenn es, um den Flächennutzungsplan in ein dem Bebauungsplan gem. § 8 Abs. 2 S. 1 BauGB entsprechendes Verhältnis zu bringen, der Veränderung seiner Grundkonzeption bedarf. Dies kann, obgleich der Bebauungsplan (der Innenentwicklung) nicht mit voraussichtlich erheblichen Umweltauswirkungen verbunden ist, gerade wenn, z. B. aufgrund des Trennungsgrundsatzes gem. § 50 BImSchG, eine völlig neue Verteilung der bisher vorgesehenen Bodennutzungen vorgenommen werden muss, mit voraussichtlich erheblichen Umweltauswirkungen verbunden sein,²⁰⁴¹ die, anders als bei der in Art. 3 Abs. 3 2. Alt. Plan-UP-RL angesprochenen *geringfügigen* Änderung eine Plans, wegen der massiven Änderung des bestehenden Plans sogar in seiner Grundkonzeption noch nicht im Wesentlichen von der bei Aufstellung des bestehenden Flächennutzungsplans durchgeführten Umweltprüfung erfasst worden sind. Um daher die Pflicht aus Art. 3 Abs. 1 Plan-UP-RL durch eine Fehlerfolgenregelung für eine fehlerhafte Bewertung der Anforderung des § 13a Abs. 2 Nr. 2 2. Hs. BauGB nicht den Vorgaben an eine effektive Umsetzung der Plan-UP-RL gem.

2039 *Battis*, in: B/K/L, § 214, Rn. 11, geht zwar davon aus, dass § 214 Abs. 2 BauGB für § 13a Abs. 2 Nr. 2 BauGB keine Regelung trifft. Er führt dies aber in keiner Weise näher aus, so dass unklar bleibt, ob er dies nur für den Fall meint, dass die Gemeinde zu Unrecht vom Vorliegen eines Bebauungsplans der Innenentwicklung ausgeht, wofür § 214 Abs. 2a Nr. 1 BauGB unzweifelhaft eine gegenüber § 214 Abs. 2 BauGB speziellere Planerhaltungsvorschrift bildet, oder auch für den Fall der Fehlbeurteilung (nur) im Rahmen des § 13a Abs. 2 Nr. 2 2. Hs. BauGB, dem aber aus gesetzessystematischen und teleologischen Gründen, wie erläutert, nicht gefolgt werden könnte. Eine von der Anwendbarkeit des § 214 Abs. 2 BauGB auf eine Fehlbeurteilung von § 13a Abs. 2 Nr. 2 2. Hs. BauGB zu trennende Frage ist, ob die Voraussetzungen, die § 214 Abs. 2 BauGB an die Unbeachtlichkeit von Fehlern stellt, im konkreten Einzelfall erfüllt sind.
2040 *Kirchmeier*, in: Hk- BauGB, § 13a, Rn. 11; vgl. auch *Bunzel*, Difu-Praxistest, S. 38, abrufbar unter http://www.difu.de/publikationen/difu-berichte/4_06/11.phtml (zuletzt abgerufen am 01.03.2008), wo auch betont wird, dass § 8 Abs. 3 BauGB wahlweise zu § 13a Abs. 2 Nr. 2 BauGB anwendbar ist.
2041 Vgl. B. III. 2. a) cc) (2) (d) (aa).

Art. 249 Abs. 3, Art. 10 EGV (= Art. 288 Abs. 3, Art. 291 Abs. 1 AEUV, Art. 4 Abs. 3 EUV in der Fassung des Vertrags von Lissabon, vgl. ABl. EU Nr. C 115 vom 09.05.2008, S. 367 u. 384) widersprechend zu umgehen, könnte man annehmen, die Fehlbewertung der Voraussetzung des § 13a Abs. 2 Nr. 2 2. Hs. BauGB dürfe in Bezug auf die Rechtswirksamkeit des außerhalb eines förmlichen Planänderungs- bzw. -ergänzungsverfahrens, nur im Wege der Berichtigung angepassten Flächennutzungsplans[2042] nur dann gem. § 214 Abs. 2 Nr. 2 BauGB bzw. § 215 Abs. 1 S. 1 Nr. 2 BauGB unbeachtlich sein bzw. infolge rügelosen Fristablaufs werden, wenn der an den Bebauungsplan angepasste Flächennutzungsplan nicht mit voraussichtlich erheblichen Umweltauswirkungen verbunden ist. Dabei darf jedoch nicht vergessen werden, dass es nicht grundsätzlich eine ineffektive Umsetzung einer gemeinschaftsrechtlichen Vorgabe darstellt, wenn im Interesse der Rechtssicherheit Verstöße gegen auf gemeinschaftsrechtlichen Vorgaben beruhende (Verfahrens-)Anforderungen nach Ablauf einer gewissen Frist als für die Rechtswirksamkeit des Bauleitplans unbeachtlich eingeordnet werden.[2043] Der Europäische Gerichtshof erkennt, wie bereits erwähnt,[2044] das Prinzip der Rechtssicherheit zur Rechtfertigung eines an eine bestimmte (Ausschluss-)Frist geknüpften Unbeachtlichwerdens von Verstößen gegen auf europarechtlichen Vorgaben beruhende, nationale Verfahrensanforderungen als grundsätzlich zulässig an, sofern innerhalb der Frist *effektiv*[2045] die Möglichkeit besteht, den Gesetzesverstoß zu rügen, was bei der in § 215 Abs. 1 BauGB vorgesehenen Jahresfrist, die zudem nur dann gilt, wenn beim Inkraftsetzen des Bauleitplans auf die Voraussetzungen für eine Fehlerrüge und die Konsequenzen des rügelosen Ablaufs der eingeräumten Frist zur Geltendmachung von Fehlern korrekt hingewiesen wurde,[2046] zweifelsohne der Fall ist. Die Statuierung einer Ausschlussfrist wäre zudem nur dann aus europarechtlichen Gründen gänzlich ausgeschlossen, wenn die europäische Vorgabe, die von dem Gesetzesverstoß betroffen ist, einen bestimmten Zweck verfolgen oder ein besonderes europäisches Recht gewähren soll, wobei der Zweck bzw. das Recht *uneingeschränkt* gerichtlich geschützt werden soll.[2047] Art. 3 Abs. 1 Plan-UP-RL dient vorrangig dem Umweltschutz (vgl. Art. 1 Plan-UP-RL) und nur sekundär auch dem Schutz von subjektiven Verfahrenspositionen, z. B. in Form von Beteiligungsrechten, die ebenfalls insbesondere zur Gewährleistung eines hohen

---

2042 Zur Anwendbarkeit der für den Bebauungsplan vorgesehenen Planerhaltungsvorschriften auch auf den an ihn im Wege der Berichtigung angepassten Flächennutzungsplan vgl. B. III. 2. c) aa).
2043 Vgl. *Kment*, DVBl. 2007, 1275 (1281).
2044 Vgl. B. II. 8. c) bb) und Fn. 1415.
2045 EuGH, Urt. vom 14.12.1995 – Rs. C-312/93, Slg. 1995, I-4599 (4622 (Rn. 16 ff.)).
2046 *Kment*, DVBl. 2007, 1275 (1282).
2047 EuGH, Urt. vom 21.11.2002 – Rs. C-473/00, Slg. 2002, I-10875 (10909/10910 (Rn. 31 f.)); *Kment*, DÖV 2006, 462 (465); *ders.*, DVBl. 2007, 1275 (1282).

Umweltschutzniveaus der Planung beitragen sollen, und gewährt daher keine *besonders* schutzbedürftigen Rechte Planbetroffener oder Zwecke, die *uneingeschränkt* gerichtlich geschützt werden müssen.[2048] Art. 3 Abs. 1 Plan-UP-RL ist somit durch Ausschlussfristen in seiner Effektivität einschränkbar. Daher ist es europarechtlich unbedenklich, wenn Verstöße gegen § 13a Abs. 2 Nr. 2. 2. Hs. BauGB gem. § 215 Abs. 1 S. 1 Nr. 2 BauGB nach rügelosem Fristablauf unbeachtlich werden können. Sollte der Verstoß – ausnahmsweise – durch § 214 Abs. 2 Nr. 2 BauGB als unbeachtlich eingeordnet werden, kann der gem. § 13a Abs. 2 Nr. 2 3. Hs. BauGB an den (rechtswirksamen) Bebauungsplan angepasste Flächennutzungsplan aus europarechtlichen Gründen dagegen nur dann ebenfalls als von vornherein rechtswirksam angesehen werden, wenn die Planänderung bzw. -ergänzung nicht mit voraussichtlich erheblichen Umweltauswirkungen verbunden ist. Ansonsten ist der Flächennutzungsplan als Voraussetzung für seine Rechtswirksamkeit vor rügelosen Fristablauf gem. § 215 Abs. 1 S. 1 Nr. 2 BauGB, dem (rechtswirksamen) Bebauungsplan u. U. zeitlich folgend, in einem eigenständigen Planänderungs- bzw. -ergänzungsverfahren unter Beachtung des § 2 Abs. 4 S. 1 BauGB an den Bebauungsplan anzupassen.

d) Kritik an § 13a Abs. 2 Nr. 2 BauGB

Indem der Bundestagsausschuss für Verkehr, Bau und Stadtentwicklung neben der Streichung der für eine Fehlbeurteilung der Voraussetzung des § 13a Abs. 2 Nr. 2 2. Hs. BauGB in § 214 Abs. 2a BauGB vorgesehenen Planerhaltungsvorschrift in der Regelung des § 13a Abs. 2 Nr. 2 2. Hs. BauGB ein explizites Abstellen auf die städtebauliche Entwicklung *des Gemeindegebiets* der den Bebauungsplan aufstellenden Gemeinde vorschlug, sollte den vom Bundesrat und seinen Ausschüssen geäußerten Bedenken im Hinblick auf die Regelung des § 13a Abs. 2 Nr. 2 BauGB, insbesondere in Verbindung mit der für die Fehlbeurteilung der Voraussetzung des § 13a Abs. 2 Nr. 2 2. Hs. BauGB in § 214 Abs. 2a BauGB vorgesehenen Fehlerfolgenregelung, zusätzlich begegnet werden.[2049] Durch das ausdrückliche Abstellen auf die geordnete städtebauliche Entwicklung des *Gemeindegebiets* sollte die trotz § 13a Abs. 2 Nr. 2 BauGB fortgeltende Kernfunktion des Flächennutzungsplans, die geordnete städtebauliche Entwicklung *für das ganze Gemeindegebiet* (vgl. § 5 Abs. 1 S. 1 BauGB) unter Berücksichtigung der vielfältigen Nutzungs- und Schutzinteressen zu gewährleisten und verschiedenste Belange miteinander in Beziehung zu setzen und zum Ausgleich zu bringen,[2050] hervorgehoben werden und der bestehende Flächen-

---

2048 *Kment*, in: Hoppe, UVPG, Vorb., Rn. 79; *ders.*, DVBl. 2007, 1275 (1282).
2049 BT-Drs. 16/3308, S. 17 u. 20.
2050 Vgl. BR-Drs. 558/1/06, S. 6; deutlich in BR-Drs. 558/06, S. 9, wo hinsichtlich des Maßstabs für die geordnete städtebauliche Entwicklung im Sinne des § 13a Abs. 2 Nr. 2 2. Hs. BauGB auf den bestehenden Flächennutzungsplan abgestellt wird. A. A.

nutzungsplan sollte daher als, wenn auch nicht unbedingt ausschließlicher, Maßstab für die geordnete städtebauliche Entwicklung im Sinne des § 13a Abs. 2 Nr. 2 2. Hs. BauGB verdeutlicht werden.[2051] Vor diesem Hintergrund bestätigt sich die oben vertretene Auffassung nochmals, die Voraussetzung des § 13a Abs. 2 Nr. 2 2. Hs. BauGB für einen vom Flächennutzungsplan abweichenden Bebauungsplan dahingehend zu interpretieren, dass die geordnete städtebauliche Entwicklung dann nicht durch den vom Bebauungsplan abweichenden Flächennutzungsplan beeinträchtigt wird, wenn er aus einem formell und materiell rechtmäßig aufstellbaren, die Grundkonzeption des bestehenden Flächennutzungsplans (weitgehend) wahrenden Flächennutzungsplan im Sinne von § 8 Abs. 2 S. 1 BauGB entwickelt werden könnte, der durch die Berichtigung des bestehenden Flächennutzungsplans gem. § 13a Abs. 2 Nr. 2 3. Hs. BauGB tatsächlich wirksam wird. Dadurch, dass aufgrund der Voraussetzung des § 13a Abs. 2 Nr. 2 2. Hs. BauGB der Bebauungsplan nicht willkürlich, sondern nur unter der Voraussetzung vom bestehenden Flächennutzungsplan abweichen darf, dass dieser unter Beibehaltung seiner Grundkonzeption rechtmäßig gem. §§ 1 ff. BauGB so geändert bzw. ergänzt werden könnte, dass der Bebauungsplan aus ihm im Sinne von § 8 Abs. 2 S. 1 BauGB entwickelt werden könnte, wobei der Flächennutzungsplan in dieser Gestalt zudem gem. § 13a Abs. 2 Nr. 2 3. Hs. BauGB tatsächlich wirksam wird, wenn auch eventuell zeitlich erst später als der Bebauungsplan, wird gewährleistet, dass der bestehende und in seiner Grundkonzeption trotz § 13a Abs. 2a Nr. 2 3. Hs. BauGB weitgehend unverändert bleibende Flächennutzungsplan grundsätzlich, obwohl der Bebauungsplan gem. § 13a Abs. 2 Nr. 2 1. Hs. BauGB von ihm abweicht, wie in § 5 Abs. 1 S. 1 BauGB vorgesehen, Steuerungsinstrument der geordneten städtebaulichen Entwicklung bleibt.

Die den Gesetzentwurf zum Innenstadtentwicklungsgesetz mit beratenden Bundesratsausschüsse hatten die gänzliche Streichung der Verfahrensbesonderheit des § 13a Abs. 2 Nr. 2 BauGB gefordert und dies u. a. mit verfassungsrechtlichen Bedenken begründet. Sie hegten Zweifel an der Vereinbarkeit der Regelung mit dem Rechtsstaats- und Demokratieprinzip, nämlich mit dem aus Art. 20 Abs. 3 GG ableitbaren Prinzip des Vorrangs des Gesetzes und der demokratischen Legitimation allen staatlichen Handelns. Jedes staatliche Handeln unterer Ebenen müsse über eine Legitimationskette vom (unmittelbar demokratisch legitimierten) Gesetzgeber abgeleitet sein. Bei Planungen erfolge dies dadurch, dass Planungen von der höheren Ebene (auf ihre Rechtmäßigkeit) überprüft würden. Auf der Ebene der Kommune (d. h. der kommunalen Bauleitplanung) sei dies der Flächennutzungsplan. Durch § 13a Abs. 2 Nr. 2 BauGB komme es dazu, dass die Legitimation durch den Flächennutzungsplan nicht mehr bestehe, weil

---

wohl *Starke*, JA 2007, 488 (491), wegen seiner Kritik an § 13a Abs. 2 Nr. 2 BauGB. Vgl. Fn. 1895 u. 2027.
2051 Vgl. Fn. 1896.

dieser dem beabsichtigten Bebauungsplan widerspreche, der Bebauungsplan selbst aber nicht überprüft werde. Er sei nicht mehr durch eine Legitimationskette vom Gesetzgeber abgeleitet.[2052] Dem ist zwar insoweit zuzustimmen, als die Genehmigung eines Bauleitplans als Form der präventiven Kommunalaufsicht wie die gesamte Kommunalaufsicht im öffentlichen Interesse dafür sorgen soll, dass Recht und Gesetz eingehalten werden und dass staatliche Behörden, die über eine vom Gesamtvolk vermittelte demokratische Legitimation verfügen, Einfluss auf staatliches Handeln nehmen können.[2053] Allerdings ist der angeführten Argumentation dahingehend, dass die Regelung des § 13a Abs. 2 Nr. 2 BauGB dem Demokratie- und Rechtsstaatsprinzip widerspricht, nicht zu folgen. Wenn § 13a Abs. 2 Nr. 2 1. Hs. BauGB ausdrücklich eine Abweichung des Bebauungsplans von den Darstellungen des Flächennutzungsplans über die von § 8 Abs. 2 S. 1 BauGB gesetzten Grenzen hinaus erlaubt und die Gemeinde davon Gebrauch macht, hält sie sich innerhalb des gesetzlichen Rahmens, der ihr vom unmittelbar demokratisch legitimierten (Bundes-)gesetzgeber eröffnet wurde.[2054] Das fehlende Genehmigungserfordernis für den vom Flächennutzungsplan abweichenden Bebauungsplan und auch für den entsprechend angepassten Flächennutzungsplan bedeutet zudem nicht, dass die Rechtsaufsichtsbehörden in diesem Planungsbereich keine Kompetenzen hätten. Die in den Gemeindeordnungen vorgesehenen allgemeinen Befugnisse der Rechtsaufsicht gelten für die Bauleitpläne, die mit der Verfahrensbesonderheit des § 13a Abs. 2 Nr. 2 BauGB aufgestellt werden, uneingeschränkt,[2055] nur die in § 10 Abs. 2 S. 1 BauGB und § 6 Abs. 1 BauGB besonders geregelte Form der präventiven Kontrolle findet grundsätzlich nicht statt. Daraus folgt, dass die demokratisch legitimierten staatlichen Behörden durchaus Einfluss auf das Handeln der Gemeinde im Rahmen des § 13a Abs. 2 Nr. 2 BauGB nehmen können und sich die Gemeinden nicht in einem aufsichtsfreien Raum befinden. Ferner sind auch die für die Bauleitplanung zuständigen Organe der Gemeinde selbst (personell) unmittelbar demokratisch legitimiert.[2056]

Desweiteren meinten die Bundesratsausschüsse, die bestehenden Regelungen des § 8 BauGB böten ausreichend flexible Lösungen für das Verhältnis Flächennutzungsplan-Bebauungsplan,[2057] so dass es einer weiteren Flexibilisierung gem. § 13a Abs. 2 Nr. 2 BauGB nicht bedürfe. § 13a Abs. 2 Nr. 2 BauGB wurde

---

2052 BR-Drs. 558/1/06, S. 6.
2053 *Becker*, in: B/H/K/M, Öffentliches Recht in Bayern, 2. Teil, Rn. 560.
2054 *Hofmann-Riem*, AöR 130 [2005], 5 (67/68).
2055 Vgl. Fn. 1932.
2056 BVerfG, Urt. vom 31.01.1990 – 2 BvF 3/89, E 83, 60 (72); *Ossenbühl*, in: Festschrift für Schmitt Glaeser, S. 103 (116), bezeichnet den Gemeinderat im Umkreis der Kommunalverwaltung als das Organ „mit dem Höchstmaß an demokratischer Legitimation". Vgl. auch *Hofmann-Riem*, AöR 130 [2005], 5 (67).
2057 BR-Drs. 558/1/06, S. 6.

jedoch vor dem Hintergrund geschaffen, dass bei der § 13a Abs. 2 Nr. 2 BauGB sehr ähnlichen Vorgehensweise in Form paralleler Planungsverfahren für Bebauungsplan und Flächennutzungsplan gem. § 8 Abs. 3 BauGB wegen der, wenn auch inhaltlich und zeitlich abgestimmten, zweierlei Planungsverfahren[2058] und der Notwendigkeit der Genehmigung des Flächennutzungsplans gem. § 6 Abs. 1 BauGB und evtl. auch des Bebauungsplans gem. § 10 Abs. 2 S. 1, § 8 Abs. 3 S. 2 BauGB ein erheblicher Zeit- und Arbeitsaufwand notwendig ist, der im Rahmen des beschleunigten Verfahrens gerade vermindert werden soll, so dass die bestehenden Regelungen des § 8 BauGB zur effektiven Beschleunigung des Planungsverfahrens von Bebauungsplänen der Innenentwicklung nicht flexibel genug erschienen.

e) Bewertung des Beschleunigungseffekts

aa) Verzicht auf ein Planungsverfahren zur Anpassung des Flächennutzungsplans und auf eine Genehmigung des Bebauungsplans

Fraglich ist jedoch, ob die Regelung des § 13a Abs. 2 Nr. 2 BauGB tatsächlich den mit einem Flächennutzungsplanungsverfahren verbundenen Zeit- und Verwaltungsaufwand zu vermindern und den beabsichtigten Beschleunigungseffekt herbeizuführen vermag. § 13a Abs. 2 Nr. 2 BauGB erlaubt im Hinblick auf den Bebauungsplan eine Abweichung vom Flächennutzungsplan, die die Maßgaben des Entwicklungsgebots überschreitet, und sieht zugleich für den Flächennutzungsplan, von dem der Bebauungsplan abweicht und der dadurch, um seine Funktion, Grundlage der städtebaulichen Entwicklung zu sein, wieder vollumfänglich wahrnehmen zu können, anpassungsbedürftig wird, eine Anpassung im Wege der Berichtigung als rein redaktionellen Vorgang vor. Dass ein beabsichtigter Bebauungsplan bei Planungsbeginn über die Maßgaben des Entwicklungsgebots hinaus vom bestehenden, wirksamen Flächennutzungsplan abweichen darf und dieser daher im Hinblick auf einen gewollten Bebauungsplan geändert oder ergänzt wird, ist nichts grundsätzlich Neues. Außerhalb des Anwendungsbereichs des § 13a Abs. 2 Nr. 2 BauGB und des § 8 Abs. 4 S. 2 BauGB ist dies jedoch nur dadurch möglich, dass der Flächennutzungsplan, von dem der Bebauungsplan abweichen will, vor oder gem. § 8 Abs. 3 BauGB jedenfalls parallel zum Bebauungsplanungsverfahren in einem selbständigen Planungsverfahren so geändert oder ergänzt wird, dass der Bebauungsplan aus ihm im Sinne von § 8 Abs. 2 S. 1 BauGB entwickelt werden kann, was aufgrund des notwendigen selbständigen Flächennutzungsplanungsverfahrens mit nicht unerheblichem Aufwand verbunden ist.[2059] Zudem entbindet § 8 Abs. 4 S. 2 BauGB in seinem ohnehin engen Anwendungsbereich nicht von der Pflicht, die an sich schon bei

---

2058 *Spannowsky*, in: Spannowsky/Hofmeister, BauGB 2007, S. 27 (33).
2059 *Portz*, in: Spannowsky/Hofmeister, BauGB 2007, S. 1 (5). Vgl. Fn. 1790.

Aufstellung des nicht aus dem bestehenden Flächennutzungsplan entwickelbaren Bebauungsplans erforderliche Änderung bzw. Ergänzung des Flächennutzungsplans in einem eigenständigen Flächennutzungsplanungsverfahren auch tatsächlich durchzuführen, wenn auch erst nach Aufstellung des Bebauungsplans.[2060] Eine Beschleunigung und Aufwandreduzierung könnte die Regelung des § 13a Abs. 2 Nr. 2 BauGB also insoweit mit sich bringen, als der Flächennutzungsplan, von dem der Bebauungsplan abweicht, gem. § 13a Abs. 2 Nr. 2 3. Hs. BauGB nur im Wege der Berichtigung, d. h. ohne Planungsverfahren gem. § 1 Abs. 8, §§ 1 ff. BauGB, so angepasst wird, dass der Bebauungsplan danach aus ihm entwickelt werden könnte. Ferner sind im Rahmen des § 13a Abs. 2 Nr. 2 BauGB weder der vom Flächennutzungsplan abweichende Bebauungsplan,[2061] anders als ein sonst zur Verfahrensbeschleunigung frühzeitig bekannt gemachter, im Parallelverfahren zur Aufstellung, Änderung oder Ergänzung des Flächennutzungsplans aufgestellter, geänderter, ergänzter oder aufgehobener Bebauungsplan gem. § 8 Abs. 3 S. 2 BauGB oder ein vorzeitiger Bebauungsplan gem. § 8 Abs. 4 S. 2 BauGB, noch der berichtigte Flächennutzungsplan genehmigungsbedürftig, was ebenfalls einen Beschleunigungseffekt auslösen könnte. Die fehlende Genehmigungspflicht des Bebauungsplans – die Genehmigung des Flächennutzungsplans muss auch im Rahmen des § 8 Abs. 3 S. 2 BauGB und erst recht im Rahmen des § 8 Abs. 4 S. 2 BauGB nicht abgewartet werden, um den Bebauungsplan in Kraft setzen zu dürfen – und die dadurch bedingte Möglichkeit einer frühzeitigeren Inkraftsetzung des Bebauungsplans (vgl. § 10 Abs. 3 S. 1 u. S. 4 BauGB) werden auch tatsächlich als verfahrensbeschleunigend eingestuft,[2062] vor allem vor dem Hintergrund, dass das Genehmigungsverfahren gem. § 10 Abs. 2 S. 2, § 6 Abs. 4 BauGB ohne Weiteres drei Monate dauern kann.[2063] Allerdings ist im Hinblick auf eine zügige Realisierungsmöglichkeit von im Bebauungsplan vorgesehenen Vorhaben trotz noch ausstehender, für Bebauungspläne, die gem. § 8 Abs. 3 S. 2, § 8 Abs. 4 S. 2 BauGB außerhalb des Anwendungsbereichs von § 13a Abs. 2 Nr. 2 BauGB vom bestehenden Flächennutzungsplan abweichen, notwendiger Genehmigung zu bedenken, dass gem. § 33 BauGB, der gem. § 33 Abs. 3 S. 1 BauGB ausdrücklich auch für Vorhaben gilt,[2064] die aufgrund eines im beschleunigten Verfahren in Aufstellung befindlichen Bebauungsplans zugelassen werden, eine Genehmi-

---

2060 Vgl. B. III. 2. a) bb) (2).
2061 Vgl. Fn. 1934.
2062 Vgl. *Bunzel*, Difu-Praxistest, S. 20, abrufbar unter http://www.difu.de/publikationen/difu-berichte/4_06/11.phtml (zuletzt abgerufen am 01.03.2008); *Portz*, in: Spannowsky/Hofmeister, BauGB 2007, S. 1 (5); *Reidt*, NVwZ 2007, 1029 (1031).
2063 *Bunzel*, Difu-Praxistest, S. 21, abrufbar unter http://www.difu.de/publikationen/difu-berichte/4_06/11.phtml (zuletzt abgerufen am 01.03.2008): Eine Praxisteststadt bewertet die Zeitersparnis durch den Verzicht auf die Genehmigung des Bebauungsplans mit 13 Wochen.
2064 Vgl. B. I. 4. a).

gung des Bebauungsplans ohnehin nicht abgewartet werden müsste, um auf dessen Grundlage unter den Voraussetzungen von § 33 BauGB - auch i. V. m. § 31 BauGB[2065] - bauliche Anlagen zulassen zu können bzw. zu müssen, so dass der durch den Verzicht auf die Genehmigungspflicht des vom Flächennutzungsplan abweichenden Bebauungsplans erreichbare Zeitvorteil im Hinblick auf die Planrealisierung relativiert wird.[2066]

Der durch § 13a Abs. 2 Nr. 2 BauGB erlaubte[2067] Verzicht auf ein selbständiges Planungsverfahren zur Anpassung des Flächennutzungsplans im Hinblick auf den von seiner jetzigen Fassung abweichenden Bebauungsplan wenigstens in Form eines Parallelverfahrens gem. § 8 Abs. 3 BauGB wurde vom Praxistest mit einer Zeitersparnis von bis zu sechs Monaten bewertet.[2068] Andererseits zeigte sich im Praxistest auch, dass ein Bebauungsplan der Innenentwicklung - je nach den örtlichen Gegebenheiten - vielfach § 8 Abs. 2 S. 1 BauGB entsprechend aus dem bestehenden Flächennutzungsplan entwickelt werden kann,[2069] so dass eine Anpassung des Flächennutzungsplans im Hinblick auf den Bebauungsplan nicht notwendig ist und die in § 13a Abs. 2 Nr. 2 BauGB vorgesehene Verfahrenserleichterung des beschleunigten Verfahrens dementsprechend von vornherein nicht zum Tragen kommen kann, was bezogen auf den gesamten Anwendungsbereich des beschleunigten Verfahrens den mit § 13a Abs. 2 Nr. 2 BauGB verbundenen Entlastungs- und Beschleunigungseffekt im Vergleich zum Regelplanungsverfahren ebenfalls relativiert. Ferner ist der Anwendungsbereich des

---

2065 *Ferner*, in: Hk-BauGB, § 31, Rn. 2; *Krautzberger*, in: B/K/L, § 33, Rn. 9; *Stock*, in: E/Z/B/K, § 33, Rn. 53 u. 65 (Stand: März 2007).

2066 *Reidt*, NVwZ 2007, 1029 (1031). Vgl. Fn. 180, wo der Praxistest bestätigt, dass sich durch die Möglichkeit des § 33 Abs. 1 u. Abs. 3 BauGB die Verfahrensdauer vom Beginn eines Planungsverfahrens gem. § 13a BauGB bis zur Erteilung der ersten Baugenehmigung auf der Grundlage eines gem. § 13a BauGB aufgestellten Bebauungsplans der Dauer eines Genehmigungsverfahrens, in dem der Maßstab des § 34 BauGB anzuwenden ist, nähert.

2067 *Bunzel*, Difu-Praxistest, S. 38, abrufbar unter http://www.difu.de/publikationen/difu-berichte/4_06/11.phtml (zuletzt abgerufen am 01.03.2008): Im Praxistest wurde ausdrücklich betont, dass die Verfahrensbesonderheit des § 13a Abs. 2 Nr. 2 BauGB fakultativ ist und die Gemeinde stattdessen auch ein Paralleländerungsverfahren durchführen kann.

2068 *Bunzel*, Difu-Praxistest, S. 19, abrufbar unter http://www.difu.de/publikationen/difu-berichte/4_06/ 11.phtml (zuletzt abgerufen am 01.03.2008); zustimmend *Portz*, in: Spannowsky/Hofmeister, BauGB 2007, S. 1 (5); *Gierke*, in: Brügelmann, § 13a, Rn. 10 (Stand: Februar 2008), sieht in dem Verzicht auf ein Parallelverfahren eine Entlastung der Gemeinde; auch *Mitschang*, LKV 2007, 102 (108), sieht in § 13a Abs. 2 Nr. 2 BauGB ein „bedeutsames Element möglicher Planbeschleunigungen"; ebenso *Starke*, JA 2007, 488 (491).

2069 *Bunzel*, Difu-Praxistest, S. 19, abrufbar unter http://www.difu.de/publikationen/difu-berichte/4_06/11.phtml (zuletzt abgerufen am 01.03.2008); so auch *Krautzberger*, in: Krautzberger/Söfker, Baugesetzbuch, Rn. 154b.

§ 13a Abs. 2 Nr. 2 1. Hs. u. 3. Hs. BauGB aufgrund der hier vertretenden Interpretation von § 13a Abs. 2 Nr. 2 2. Hs. BauGB zusätzlich dadurch stark eingeengt, dass der Bebauungsplan nur insoweit die Grenzen des Entwicklungsgebots überschreitend vom bestehenden Flächennutzungsplan abweichen darf, als dieser zur Anpassung an den von ihm abweichenden Bebauungsplans unter weitgehender Beibehaltung seiner Grundkonzeption und nur bezogen auf das Plangebiet des Bebauungsplans in einem eigenständigen Planungsverfahren rechtmäßig so geändert oder ergänzt werden könnte, dass der beabsichtige Bebauungsplan aus ihm im Sinne des Entwicklungsgebots abgeleitet werden könnte.

bb) Prüfung der Anforderungen des § 13a Abs. 2 Nr. 2 2. Hs. BauGB

Überhaupt erscheint es vor dem Hintergrund, dass die materiell-rechtlichen Anforderungen an einen rechtmäßig aufstellbaren Flächennutzungsplan, aus dem der beabsichtigte Bebauungsplan im Sinne von § 8 Abs. 2 S. 1 BauGB entwickelt werden könnte, im Rahmen der Prüfung der materiell-rechtlichen Voraussetzung des § 13a Abs. 2 Nr. 2 2. Hs. BauGB für die Abweichung des Bebauungsplans vom Flächennutzungsplan weitgehend wie im Rahmen eines tatsächlichen Flächennutzungsplanänderungs- bzw. -ergänzungsverfahrens gem. §§ 1 ff. BauGB berücksichtigt werden müssen, nicht so leicht nachvollziehbar, dass mit dem Verzicht auf ein eigenständiges Planänderungsverfahren für den Flächennutzungsplan überhaupt ein so erheblicher Zeitvorteil wie angenommen verbunden sein kann. Dabei ist jedoch zu berücksichtigen, dass, wie es seit der BauGB-Novelle aus dem Jahr 1976 (BGBl. (1976) I S. 2221) – auch nach Einführung der in § 8 Abs. 3 u. Abs. 4 BauGB vorgesehenen Flexibilisierungen des bzw. Ausnahmen vom Entwicklungsgebot(s) im Jahr 1979[2070] – immer Forderungen gab, das Entwicklungsgebot weiter aufzulockern,[2071] im Praxistest zum Innenstadtentwicklungsgesetz vorgeschlagen wurde, auch für Bebauungspläne, die nicht die Anwendungsvoraussetzungen des beschleunigten Verfahrens gem. § 13a Abs. 1 BauGB erfüllen, einen § 13a Abs. 2 Nr. 2 BauGB entsprechenden Verzicht auf ein eigenständiges Planänderungsverfahren für die im Hinblick auf einen gewollten Bebauungsplan notwendige Anpassung des Flächennutzungsplans vorzusehen und stattdessen den Flächennutzungsplan nur im Wege der Berichtigung anzupassen, jedenfalls *sofern* das *Plangebiet* des Bebauungsplans und das von der Anpassung betroffene Gebiet des Flächennutzungsplans *identisch* sind.[2072] Dabei wurde vorgetragen, dass die Ermittlung und Abwägung der für den Flächennutzungsplan relevanten Belange in solchen Fällen genauso wie im

---

2070 BGBl. (1979) I S. 949; *Philipp*, in: Berliner Kommentar, § 8, Rn. 18 u. 19 (Stand: Juli 2007).
2071 *Bielenberg/Runkel*, in: E/Z/B/K, § 8, Rn. 19 (Stand: April 2000).
2072 *Bunzel*, Difu-Praxistest, S. 38, abrufbar unter http://www.difu.de/publikationen/difuberichte/4_06/11.phtml (zuletzt abgerufen am 01.03.2008).

beschleunigten Verfahren vollumfänglich innerhalb des Bebauungsplanungsverfahrens bei umfassender Beteiligung von Öffentlichkeit und Behörden erfolgen könne, so dass die zutreffende Ermittlung und Bewertung des Abwägungsmaterials, die Beteiligungsmöglichkeiten und der Abwägungsvorgang selbst durch einen Verzicht auf ein selbständiges Flächennutzungsplanungsverfahren nicht verschlechtert würden. Gleichzeitig würde aber der Aufwand für die Gemeinden spürbar verringert, was sich vor allem vor dem Hintergrund ergibt, dass Erfahrungen mit dem Parallelverfahren gem. § 8 Abs. 3 BauGB zeigen, dass sich die bei gleichzeitiger Durchführung des Flächennutzungs- und Bebauungsplanungsverfahrens im Rahmen der Öffentlichkeitsbeteiligung abgegebenen Stellungnahmen ohnehin fast nur auf den Bebauungsplan beziehen und auch im Rahmen der Behördenbeteiligung zum Flächennutzungsplan keine oder nur den Stellungnahmen zum Bebauungsplan entsprechende Anregungen abgegeben werden.[2073] Aus dieser Argumentation wird deutlich, dass die Berücksichtigung der materiellen Anforderungen an einen Flächennutzungsplan, aus dem der aufzustellende Bebauungsplan entwickelt werden könnte, innerhalb des Bebauungsplanungsverfahrens dieses – jedenfalls hinsichtlich der im Rahmen von § 13a Abs. 2 Nr. 2 BauGB möglichen Änderung des Flächennutzungsplans unter Wahrung seiner Grundkonzeption und beschränkt auf das Plangebiet des Bebauungsplans – nicht mit einem erheblichen Zusatzaufwand belastet.[2074] Dagegen stellt die Durchführung eines eigenständigen Flächennutzungsplanungsverfahrens in einem solchen Fall, auch wenn es gleichzeitig zum Bebauungsplanungsverfahren erfolgt, einen nicht unerheblichen Aufwand dar, ohne dass dabei regelmäßig wesentliche Erkenntnisse im Hinblick auf die planerische Abwägung erzielt werden können. Durch die Möglichkeit einer gleichzeitigen Durchführung der Bebauungs- und Flächennutzungsplanung scheint eine Flächennutzungsplanung auf den ersten Blick zwar keinen zusätzlichen Zeit- und Arbeitsaufwand mit sich zu bringen. Allerdings bedeutet ein eigenständiges Flächennutzungsplanungsverfahren, dass z. B. die dafür notwendigen Planunterlagen für die Öffentlichkeitsbeteiligung gem. § 3 Abs. 1 u. Abs. 2 BauGB und für die Behördenbeteiligung gem. § 4 Abs. 1 u. Abs. 2 BauGB erstellt werden müssen, im Hinblick auf den Flächennutzungsplan eine eigene Umweltprüfung, einschließlich der Verfassung eines Umweltberichts bereits als Teil des Planentwurfs, durchgeführt werden und eine zusammenfassende Erklärung formuliert werden muss, was bei einer bloßen Anpassung des Flächennutzungsplans im Wege der Berichtigung nicht der Fall ist. Für die Berichtigung ist es ausreichend, wenn die notwendigen Anpassungen des Flächennutzungsplans in dessen Planurkunde eingetragen werden bzw. eine entsprechende Flächennutzungsplanänderungs- bzw. -ergänzungsurkunde erstellt wird. Daraus ergibt sich, dass die Anpassung des Flächennutzungsplans im

---

2073 *Bunzel*, Difu-Praxistest, S. 38/39, abrufbar unter http://www.difu.de/publikationen/difu-berichte/4_06/11.phtml (zuletzt abgerufen am 01.03.2008).
2074 Vgl. B. III. 2. a) cc) (2) (e); vgl. Fn. 1902.

Wege der Berichtigung, auch wenn die materiell-rechtlichen Anforderungen an den Flächennutzungsplan im Rahmen der Bebauungsplanung berücksichtigt werden müssen, eine erhebliche Reduzierung des Verfahrensaufwands und damit auch der für die Planung insgesamt notwendigen Zeit mit sich bringen kann, sofern der bestehende Flächennutzungsplan im Hinblick auf den beabsichtigen Bebauungsplan geändert oder ergänzt werden muss.

cc) Stärkung der Innenentwicklung

Nicht nur durch den mit ihr erzielbaren Beschleunigungseffekt kann die Regelung des § 13a Abs. 2 Nr. 2 BauGB einen Beitrag zu dem mit dem Innenstadtentwicklungsgesetz angestrebten Ziel, die Innenentwicklung effektiv zu stärken, leisten. Auf der Grundlage der bis zum Innenstadtentwicklungsgesetz geltenden Rechtslage wurde nämlich gerade bezweifelt, ob ein Vorrang für die Innenentwicklung auf der Ebene der Bebauungsplanung überhaupt erreicht werden kann.[2075] Denn wenn der Bebauungsplan grundsätzlich, mit Ausnahme der parallelen Änderung des Flächennutzungsplans, aus dem bereits bestehenden Flächennutzungsplan entwickelt werden muss, dieser aber trotz Berücksichtigung des § 1a Abs. 2 S. 1 BauGB in weitem Umfang eine Neuinanspruchnahme von Flächen für bauliche Nutzungen vorsieht und gleichzeitig eine an sich an einem Standort innerhalb des Siedlungsbereichs und damit oftmals auf Innenentwicklungsflächen im Sinne des § 13a Abs. 1 S. 1 BauGB beabsichtige Bebauungsplanung nicht § 8 Abs. 2 S. 1 BauGB entsprechend aus dem Flächennutzungsplan entwickelt werden kann, kann die Vorgabe des § 1a Abs. 2 S. 1 BauGB auf der Ebene der Bebauungsplanung eine Ausweitung der Siedlungsfläche in den Außenbereich hinein in der Regel nicht verhindern.[2076] Indem nun innerhalb des beschleunigten Verfahrens für Bebauungspläne der Innenentwicklung der Flächennutzungsplan gem. § 13a Abs. 2 Nr. 2 3. Hs. BauGB unaufwändig im Hinblick auf einen Bebauungsplan, durch den nicht schwerpunktmäßig Flächen (isoliert) außerhalb der Ortslage neu in Anspruch genommen werden, angepasst werden kann, ist es möglich, die Innenentwicklung gerade durch die Bebauungsplanung zu stärken, auch wenn der Flächennutzungsplan keine umfassende Konzentration der Siedlungsentwicklung auf die Innenentwicklung vorsieht, weil dieser unmittelbar durch den beabsichtigten Bebauungsplan, partiell und soweit für diesen erforderlich, unaufwändig geändert werden kann.

2075 *Bunzel*, in: BauGB 2004 – Nachgefragt, S. 129 (130/131).
2076 *Bunzel*, in: BauGB 2004 – Nachgefragt, S. 129 (131); vgl. auch *Spannowsky*, NuR 2007, 521 (526), der auf die Notwendigkeit einer Nachsteuerung auf der Ebene der Raumordnungsplanung abstellt, also auf das Verhältnis von Bauleitplanung und Raumordnungsplanung Bezug nimmt.

f) Wandel der Bedeutung des Flächennutzungsplans

Aufgrund der durch § 13a Abs. 2 Nr. 2 BauGB ermöglichten, der Form nach[2077] eindeutigen Umkehrung und jedenfalls inhaltlichen Lockerung[2078] des in § 8 Abs. 2 S. 1 BauGB vorgesehenen Verhältnisses von Flächennutzungsplan und Bebauungsplan stellt sich die Frage, ob die Regelung des § 13a Abs. 2 Nr. 2 BauGB allein oder auch im Zusammenhang mit anderen Vorschriften die Funktion und Bedeutung des Flächennutzungsplans gewandelt hat.

aa) Im Bereich (qualifizierter) Bebauungspläne

Der Flächennutzungsplan ist gem. § 5 Abs. 1 S. 1 i. V. m. § 8 Abs. 2 S. 1 BauGB im Verhältnis zum Bebauungsplan im Ausgangspunkt so konzipiert worden, dass er zeitlich vorausgehend einen Rahmen für die *längerfristige* städtebauliche Entwicklung des gesamten Gemeindegebiets im Hinblick auf die Bodennutzung vorgibt, der, ohne für die Bürger unmittelbare Geltung zu beanspruchen, für die Gemeinde selbst, also verwaltungsintern, insofern strikte Bindung entfaltet,[2079] als die nach außen verbindlichen, parzellenscharfen Festsetzungen eines Bebauungsplans (vgl. § 1 Abs. 2 2. Alt., § 8 Abs. 1 S. 1 BauGB), der in der Regel jeweils nur ein Teilgebiet des Flächennutzungsplans erfasst, eine gestalterische Konkretisierung der Vorgaben des Flächennutzungsplans sein müssen.[2080] Indem § 13a Abs. 2 Nr. 2 BauGB, zusätzlich zu dem als echte Ausnahme vom Entwicklungsgebot konzipierten § 8 Abs. 4 BauGB, nun eine das Entwicklungsgebot jedenfalls lockernde Abweichung des Bebauungsplans vom bestehenden Flächennutzungsplan erlaubt, ohne dass der Flächennutzungsplan vorher oder wenigstens gleichzeitig so geändert oder ergänzt werden müsste, dass der beabsichtigte Bebauungsplan aus ihm gem. § 8 Abs. 2 S. 1 BauGB entwickelt werden könnte, wird an dem soeben dargelegten Verständnis, der Flächennutzungsplan entfalte für die Bebauungsplanung strikte, nicht der Abwägung unterliegende verwaltungsinterne Bindung, weiter gerüttelt.[2081] Weil aber § 13a Abs. 2 Nr. 2 2. Hs. BauGB eine Abweichung des Flächennutzungsplans vom Bebauungsplan nur unter der Voraussetzung erlaubt, dass dadurch die geordnete städtebauliche Entwicklung des Gemeindegebiets nicht beeinträchtigt wird, weshalb der Bebauungsplan nach der hier vertretenen Auffassung nur dann vom Flächennutzungsplan abweichen darf, wenn der *bestehende* Flächennutzungsplan *unter Wahrung seiner Grundkonzeption* und *innerhalb des Plangebiets des Bebauungsplans* rechtmäßig so geändert bzw. ergänzt werden könn-

---

2077 Vgl. B. III. 2. a) cc) (1).
2078 Vgl. B. III. 2. a) cc) (2) (g).
2079 *Mitschang*, LKV 2007, 102 (103 u. 106); *Stüer*, BauR 2007, 1495 (1501).
2080 Vgl. *Stüer*, BauR 2007, 1495 (1501); ähnlich *Mitschang*, LKV 2007, 102 (103). Vgl. Fn. 1791 u. 1792 u. 1793.
2081 *Stüer*, BauR 2007, 1495 (1501).

te, dass der Bebauungsplan aus dem geänderten bzw. ergänzten Flächennutzungsplan im Sinne des Entwicklungsgebots ableitbar wäre, verliert der bestehende Flächennutzungsplan im Bereich der Innenentwicklung – wie erläutert[2082] – trotz § 13a Abs. 2 Nr. 2 1. Hs. BauGB bei Weitem nicht jede dem Entwicklungsgebot entsprechende Steuerungsfunktion für die Bauleitplanung.[2083] Jedoch ist es durch § 13a Abs. 2 Nr. 2 BauGB jedenfalls wesentlich erleichtert, den bestehenden Flächennutzungsplan im Hinblick auf einen bestimmten Bebauungsplan anzupassen, und ist es möglich, im trotz Abweichung vom bestehenden Flächennutzungsplan wirksamen Bebauungsplan enthaltene Vorgaben für die Anpassung des Flächennutzungsplans innerhalb der Berichtigung desselben nur zu vollziehen. Damit kann der Flächennutzungsplan außerhalb seiner Grundkonzeption, also *in seinen Details*, in dem Bereich, in dem Bebauungspläne der Innenentwicklung aufgestellt werden können, in seiner Funktion, eine *längerfristiges* Bodennutzungskonzept *gemeindeintern verbindlich* vorzugeben,[2084] eingeschränkt werden, soweit die Änderung bzw. Ergänzung der im Flächennutzungsplan vorgesehenen Grundzüge der städtebaulichen Entwicklung außerhalb einer Veränderung der Grundkonzeption des Flächennutzungsplans zur Anpassung an den jeweils gewollten Bebauungsplan ausreicht. Gerade wegen der im Rahmen des § 13a Abs. 2 Nr. 2 BauGB nach der hier vertretenen Auffassung nicht möglichen Veränderung der Grundkonzeption des Flächennutzungsplans kann er jedoch, trotz der Lockerung des Entwicklungsgebots im Rahmen des § 13a Abs. 2 Nr. 2 BauGB, entgegen einer Ansicht in der Literatur[2085] seine Aufgabe, die Entwicklung in den kleinflächigeren Bereichen der Bebauungspläne zu koordinieren, schon noch weitgehend erfüllen. Nur die *prägende* Bedeutung des Flächennutzungsplans im Bereich der Innenentwicklung wird – wenigstens *in seinen Details* – reduziert,[2086] weil Bebauungspläne der Innenentwicklung gerade nicht unbedingt eine gestalterische Konkretisierung desselben sein müssen,

---

2082 Vgl. B. III. 2. a) cc) (2) (d) (bb) und B. III. 2. a) cc) (2) (f).
2083 *Krautzberger*, in: E/Z/B/K, § 13a, Rn. 76 (Stand: Mai 2007); *Krautzberger/Stüer*, DVBl. 2007, 160 (165); *Stüer*, BauR 2007, 1495 (1501/1502); sehr kritisch hier *Spannowsky*, in: Berliner Kommentar, § 13a, Rn. 28 (Stand: Juli 2007), der allerdings § 13a Abs. 2 Nr. 2 2. Hs. BauGB nicht eindeutig dahingehend interpretiert, dass die Grundkonzeption des Flächennutzungsplans gewahrt bleiben muss. Eindeutig a. A. Stellungnahme Nr. 58/06 des Ausschusses Verwaltungsrecht des Deutschen Anwaltvereins vom 02.11.2006, S. 6, abrufbar unter http://anwaltverein.de/downloads/stellungnahmen/2006-58.pdf (zuletzt abgerufen am 15.11.2008). Vgl. B. III. 2. a) cc) (2) (g).
2084 *Gronemeyer*, BauR 2007, 815 (818); *Mitschang*, LKV 2007, 102 (103 u. 106); *ders.*, ZfBR 2008, 227 (227/228); *Spannowsky*, in: Berliner Kommentar, § 13a, Rn. 28 (Stand: Juli 2007); *Tomerius*, ZUR 2008, 1 (5).
2085 *Gronemeyer*, BauR 2007, 815 (818); *Starke*, JA 2007, 488 (491).
2086 Vgl. *Krautzberger/Stüer*, DVBl. 2007, 160 (165); *Stüer*, BauR 2007, 1495 (1501 u. 1502). Vgl. auch *Mitschang*, LKV 2007, 102 (109); *ders.*, ZfBR 2008, 227 (237).

sondern von diesem abweichen können, was dazu führt, dass der Flächennutzungsplan dann im Wege der Berichtigung an den Bebauungsplan angepasst wird. Damit kann ein Bebauungsplan – im Ergebnis genauso wie bisher im Rahmen des § 8 Abs. 3 BauGB, nur auch der Form nach offensichtlich[2087] – unter den Voraussetzungen des § 13a Abs. 1, Abs. 2 Nr. 2 2. Hs. BauGB die städtebauliche Entwicklung abweichend von der im bestehenden, wirksamen Flächennutzungsplan vorgesehenen bestimmen und der daraufhin anpassungsbedürftig gewordene Flächennutzungsplan muss sich inhaltlich eindeutig an dem Bebauungsplan orientieren. In diesen Fällen scheint der Bebauungsplan zum wesentlichen Steuerungsinstrument der Innenentwicklung zu werden,[2088] was aber durch die Regelung des § 13a Abs. 2 Nr. 2 2. Hs. BauGB, die für die vom Flächennutzungsplan abweichende Bebauungsplanung eine Prüfung dahingehend verlangt, ob der bestehende Flächennutzungsplan zur Anpassung an den gewollten Bebauungsplan unter Wahrung seiner Grundkonzeption und nur im Plangebiet des beabsichtigten Bebauungsplans rechtmäßig so geändert bzw. ergänzt werden könnte, dass der Bebauungsplan aus ihm entwickelt werden könnte, wieder erheblich relativiert wird.

bb) Im (nicht qualifiziert überplanten) Innenbereich

Im Maßstab für die Zulässigkeit baulicher Anlagen im unbeplanten bzw. nicht qualifiziert überplanten Innenbereich gem. § 34 BauGB spielt der Flächennutzungsplan für die Zulässigkeit baulicher Anlagen keine Rolle.[2089]

cc) Im (nicht qualifiziert überplanten) Außenbereich

Im Außenbereich im Sinne von § 35 BauGB ist die Bedeutung des Flächennutzungsplans seit der Windenergienovelle 1996 (BGBl. (1996) I S. 1189) mehr und mehr gestärkt worden[2090] und er kann im Außenbereich eine einem Bebau-

---

2087 Auch *Mitschang* erkennt, dass § 13a Abs. 2 Nr. 2 BauGB inhaltlich keine so große Veränderung im Vergleich zur tatsächlich schon bisher bestehenden Planungspraxis mit sich bringt und die Bedeutung des bestehenden Flächennutzungsplans im Bebauungsplanbereich wegen der Möglichkeit, den Flächennutzungsplan im Hinblick auf einen bestimmten Bebauungsplan zu ändern, ohnehin schon gering war, ZfBR 2007, 433 (444 u. 445); angedeutet auch bei *Mitschang*, LKV 2007, 102 (108); *ders.*, ZfBR 2008, 227 (237). Vgl. auch *Reidt*, NVwZ 2007, 1029 (1031).Vgl. Fn. 1800 u. 1804.
2088 *Mitschang*, ZfBR 2008, 109 (111); *ders.*, ZfBR 2007, 433 (445); *ders.*, ZfBR 2008, 227 (239 u. 241).
2089 *Mitschang*, ZfBR 2008, 227 (237).
2090 *Krautzberger/Stüer*, DVBl. 2007, 160 (164); vgl. *Mitschang*, ZfBR 2008, 109 (111); *ders.*, ZfBR 2007, 433 (445); vgl. *ders.*, LKV 2007, 102 (104 f.); *ders.*, ZfBR 2008, 227 (237); vgl. *Stüer*, BauR 2007, 1495 (1502).

ungsplan sehr ähnliche Steuerungsfunktion wahrnehmen.[2091] Im Rahmen der planerischen Kontingentierung privilegierter Vorhaben im Sinne von § 35 Abs. 1 Nr. 2-6 BauGB zur Bewältigung der durch ihre einseitige Privilegierung gem. § 35 Abs. 1 u. Abs. 3 S. 1 BauGB ausgelösten Probleme[2092] durch Darstellungen im Flächennutzungsplan gem. § 35 Abs. 3 S. 3 BauGB entfalten die Darstellungen des Flächennutzungsplans als Inhalts- und Schrankenbestimmungen im Sinne des Art. 14 Abs. 1 S. 2 GG unmittelbare Rechtswirkung nach außen gegenüber bauwilligen Personen[2093] wie sie auch gegenüber den Bauaufsichtsbehörden, sofern sie einem sich von der Gemeinde unterscheidenden Rechtsträger angehören, verbindliche Außenwirkung haben. Die Darstellungen des Flächennutzungsplans über die Ausweisung und den Ausschluss privilegierter Vorhaben im Sinne des § 35 Abs. 3 S. 3 BauGB weisen einen den parzellenscharfen Festsetzungen des Bebauungsplans ähnlichen Detaillierungsgrad auf,[2094] obwohl auch sie grundsätzlich die in § 8 Abs. 2 S. 1 BauGB enthaltene Vorgabe erfüllen müssen, im Hinblick auf einen später aufzustellenden Bebauungsplan entwicklungsfähig und -bedürftig zu sein,[2095] und Darstellungen des Flächennutzungsplans gem. § 5 Abs. 1 S. 1 BauGB die Art der Bodennutzung nur in den Grundzügen festlegen dürfen,[2096] was jedoch (einzelne[2097]) an sich bebauungsplantypische, detaillierte Darstellungen nicht ausschließt, soweit sie erforderlich sind, um einen Nutzungskonflikt, der über die unmittelbar betroffenen Flächen hinausgehend für die mit dem Flächennutzungsplan beabsichtigte gesamträumliche Entwicklung von grundlegender Bedeutung ist, zu lösen.[2098] Zudem erlaubt

---

2091 *Krautzberger*, in: E/Z/B/K, § 13a, Rn. 76 (Stand: Mai 2007); *Krautzberger/Stüer*, DVBl. 2007, 160 (164); vgl. *Mitschang*, LKV 2007, 102 (106); vgl. *ders.*, ZfBR 2008, 227 (238/239); *Stüer*, BauR 2007, 1495 (1501/1502).
2092 Vgl. BVerwG, Urt. vom 17.12.2002 – 4 C 15/01, NVwZ 2003, 733 (735); BVerwG, Urt. vom 19.09.2002 – 4 C 10.01, E 117, 44 (47/48).
2093 *Mitschang*, LKV 2007, 102 (106); *Stüer*, BauR 2007, 1495 (1502).
2094 *Mitschang*, ZfBR 2008, 109 (111); *ders.*, ZfBR 2007, 433 (445); *ders.*, LKV 2007, 102 (105 u. 109); *ders.*, ZfBR 2008, 227 (238).
2095 Vgl. BVerwG, Urt. vom 28.02.1975 – IV C 74.72, E 48, 70 (73 f.); BVerwG, Urt. vom 18.08.2005 – 4 C 13/04, NVwZ 2006, 87 (89).
2096 *Mitschang*, LKV 2007, 102 (105).
2097 Vgl. BVerwG, Urt. vom 18.08.2005 – 4 C 13/04, NVwZ 2006, 87 (90).
2098 Genaueres bei BVerwG, Urt. vom 18.08.2005 – 4 C 13/04, NVwZ 2006, 87 (89), wo auch betont wird, dass sich aus dem Begriff der Grundzüge in § 5 Abs. 1 S. 1 BauGB keine starren, von der jeweiligen planerischen Konzeption der Gemeinde unabhängigen Grenzen für Inhalt, Regelungstiefe und Parzellenschärfe des Flächennutzungsplans ergeben. Vielmehr könnten parzellenscharfe Darstellungen erforderlich sein, um die Grundzüge der Planung überhaupt mit der gebotenen Bestimmtheit darzustellen. Nach BVerwG, Urt. vom 18.08.2005 – 4 C 13/04, NVwZ 2006, 87 (90), müssen Darstellungen des Flächennutzungsplans für den Außenbereich, um öffentliche Belange qualifizieren zu können, eine im Wege der Bebauungsplanung nicht weiter konkretisierungsbedürftige Standortentscheidung enthalten.

§ 5 Abs. 2b BauGB die Aufstellung sachlicher Teilflächennutzungspläne nur für Darstellungen mit den Rechtswirkungen des § 35 Abs. 3 S. 3 BauGB, so dass sich die Aufstellung eines Flächennutzungsplans nicht mehr unbedingt im Sinne des § 5 Abs. 1 S. 1 BauGB auf die Darstellung der sich aus der beabsichtigten städtebaulichen Entwicklung nach den voraussehbaren Bedürfnissen der Gemeinde für das gesamte Gemeindegebiet ergebenden Art der Bodennutzung in all ihren Teilaspekten, wenn auch nur in den Grundzügen beziehen muss, sondern inhaltlich und evtl. auch räumlich[2099], ähnlich dem räumlichen Geltungsbereich eines Bebauungsplans, nur einen konkreten Ausschnitt dessen erfassen kann.[2100] Zur Sicherung eines privilegierte Außenbereichsvorhaben gem. § 35 Abs. 1 Nr. 2-6 BauGB kontingentierenden Flächennutzungsplans im Sinne von § 35 Abs. 3 S. 3 BauGB sieht § 15 Abs. 3 S. 1 BauGB ebenso wie für die Sicherung eines Bebauungsplans (vgl. § 15 Abs. 1 S. 1, § 14 BauGB) die Zurückstellung von Baugesuchen vor.[2101] Darstellungen des Flächennutzungsplans können daher auf die (konkrete) städtebauliche Entwicklung im Außenbereich – jedenfalls in Bezug auf Vorhaben gem. § 35 Abs. 1 Nr. 2-6 BauGB – stark Einfluss nehmen.[2102] Aufgrund der Ähnlichkeit von Darstellungen des Flächennutzungsplans mit dem Regelungsgehalt des § 35 Abs. 3 S. 3 BauGB mit den Festsetzungen eines Bebauungsplans wird mittlerweile gem. § 47 Abs. 1 Nr. 1 VwGO analog ein Normenkontrollantrag gegen derartige Darstellungen eines Flächennutzungsplans für statthaft erachtet.[2103]

dd) Zusammenfassung

Insgesamt ergibt sich daraus, dass der Flächennutzungsplan im Außenbereich gem. § 35 BauGB weitgehend uneingeschränkt und in jüngerer Zeit durch die Konzeption des Baugesetzbuchs mehr und mehr gestärkt seine die (dort) beabsichtigte städtebauliche Entwicklung prägende Wirkung entfalten kann,[2104] während er in überplanten Gebieten, vor allem durch § 8 Abs. 3 u. Abs. 4 BauGB[2105] und § 13a Abs. 2 Nr. 2 BauGB, seine die Bebauungsplanung inhaltlich strikt prägende Wirkung eingebüßt hat, er aber auch dort nicht jede Steuerungsfunktion für die städtebauliche Entwicklung verloren hat; nur die Initiativ-

---

2099 Vgl. *Mitschang*, ZfBR 2008, 227 (238, Fn. 151).
2100 Vgl. *Mitschang*, LKV 2007, 102 (103 u. 107); *ders.*, ZfBR 2008, 227 (238).
2101 *Krautzberger/Stüer*, DVBl. 2007, 160 (164); *Mitschang*, ZfBR 2007, 433 (445); *Stüer*, BauR 2007, 1495 (1501).
2102 *Krautzberger/Stüer*, DVBl. 2007, 160 (164/165); *Mitschang*, ZfBR 2007, 433 (445); vgl. *ders.*, LKV 2007, 102 (105)
2103 BVerwG, Urt. vom 26.04.2007 – 4 CN 3.06, E 128, 382 (382 u. 384, Rn. 11).
2104 *Krautzberger*, in: E/Z/B/K, § 13a, Rn. 76 (Stand: Mai 2007); *Krautzberger/Stüer*, DVBl. 2007, 160 (165); *Stüer*, BauR 2007, 1495 (1501/1502); noch weitergehend *Mitschang*, LKV 2008, 109 (111).
2105 Vgl. Fn. 2087.

gebung[2106] für die städtebauliche Entwicklung hat sich jedenfalls teilweise vom Flächennutzungsplan zum Bebauungsplan hin verschoben. Die Stärkung der Bedeutung des Flächennutzungsplans im Außenbereich beruht vor allem auf der Erkenntnis, dass die komplexen Anforderungen des Umweltschutzes, die auf Grund ihres Raumbezugs oft einer Koordinierung der Bodennutzungen bezogen auf ein großflächiges Areal bedürfen, insbesondere auf der Ebene der die Grundkonzeption der städtebaulichen Entwicklung der gesamten Gemeinde darstellenden Flächennutzungsplanung als vorbereitender Bauleitplanung erfüllt werden können und müssen.[2107] Denn die grundlegenden Entscheidungen über die Bodennutzung, die für den Umweltschutz eine entscheidende Rolle spielen, werden schon auf dieser Stufe der Bauleitplanung getroffen,[2108] die ein das ganze Gemeindegebiet umfassendes Bodennutzungskonzept darstellt.[2109] Die Vorgaben der Vogelschutz- und der FFH-RL sowie der naturschutzrechtlichen Eingriffsregelung gem. § 1a Abs. 3 BauGB stellen dabei Anforderungen an die Bodennutzungsverteilung innerhalb einer Gemeinde, die sich insbesondere auf noch unbebaute, weitgehend naturhafte Flächen außerhalb des dicht bebauten Gemeindegebiets, d. h. vor allem Außenbereichsflächen, auswirken.[2110] Daher war es wichtig, in Form von § 35 Abs. 3 S. 3 BauGB ein Instrument zu schaffen, mit dem auch privilegierte Vorhaben im Außenbereich *verbindlich* planerisch gesteuert werden können, da es in diesem Bereich einen (qualifizierten) verbindlichen Bauleitplan gerade nicht gibt. Die Plan-UP-RL und die UVP-RL sowie die Umgebungslärm-RL (Richtlinie 2002/49/EG des Europäischen Parlaments und des Rates vom 25.06.2002 über die Bewertung und Bekämpfung von Umgebungslärm, ABl. EG Nr. L 189 vom 18.07.2002, S. 12-25) zielen ebenfalls auf ein hohes Umweltschutzniveau der Planung ab und werfen insoweit genauso Standortfragen auf, die schon in der gesamtgemeindlichen Bodennutzungsverteilung des Flächennutzungsplans beachtet werden sollten.[2111] Dagegen kann das Umweltschutzniveau bei der städtebaulich erforderlichen Entwicklung einer Gemeinde innerhalb des vorhandenen Siedlungsbereichs und im Zusammenhang mit diesem von vornherein nicht mehr die Höhe erreichen bzw. auch nur bewahren, die im weitgehend unbebauten, vergleichsweise naturhaften Außenbereich erhalten werden kann, was auch durch eine Stärkung der Bedeutung des Flächennutzungsplans in diesem Bereich nicht geändert werden könnte. Daher ist die partielle Rücknahme der Steuerungswirkung des Flächennutzungsplans in diesem Bereich gerechtfertigt, zumal

---

2106 Vgl. *Gronemeyer*, BauR 2007, 815 (818); vgl. *Spannowsky*, in: Berliner Kommentar, § 13a, Rn. 28 (Stand: Juli 2007).
2107 *Mitschang*, LKV 2007, 102 (109); ders., ZfBR 2008, 227 (230).
2108 *Mitschang*, LKV 2007, 102 (102); ders., ZfBR 2008, 227 (230).
2109 *Mitschang*, LKV 2007, 102 (103).
2110 *Mitschang*, LKV 2007, 102 (109).
2111 *Mitschang*, LKV 2007, 102 (109).

innerhalb der Bebauungsplanung als regelmäßig zur Steuerung der städtebaulichen Entwicklung innerhalb des Siedlungsbereichs in Frage kommendes Instrument unabhängig von Vorgaben des Flächennutzungsplans durch § 1 Abs. 6 Nr. 7, §§ 1a, 2 Abs. 3, § 2 Abs. 4, § 1 Abs. 7 BauGB ein in der konkreten Planungssituation mögliches, hohes Umweltschutzniveau gewährleistet werden kann. Im Außenbereich bietet dagegen die planerische Steuerung durch den Flächennutzungsplan gem. § 35 Abs. 3 S. 3 BauGB neben einer Steuerung auf der Ebene der Raumordnung eine bedeutende Möglichkeit, trotz der planähnlichen Zuweisung privilegierter Vorhaben in den Außenbereich damit möglicherweise verbundenen erhebliche Gefahren für die Umwelt wenigstens einzudämmen.

3. Hervorhebung bestimmter Abwägungsbelange gem. § 13a Abs. 2 Nr. 3 BauGB

Gem. § 13a Abs. 2 Nr. 3 BauGB soll im beschleunigten Verfahren einem Bedarf an Investitionen zur Erhaltung, Sicherung und Schaffung von Arbeitsplätzen, zur Versorgung der Bevölkerung mit Wohnraum oder zur Verwirklichung von Infrastrukturvorhaben in der Abwägung in angemessener Weise Rechnung getragen werden.

a) Dogmatische Einordnung der Regelung

Ausweislich der Gesetzesbegründung handelt es sich dabei nicht um eine § 13a Abs. 1 BauGB ergänzende Anwendungsvoraussetzung des beschleunigten Verfahrens,[2112] etwa in dem Sinne, dass das beschleunigte Verfahren nur dann anwendbar wäre, wenn der Bebauungsplan der Innenentwicklung dem Investitionsbedarf zur Erhaltung, Sicherung und Schaffung von Arbeitsplätzen, zur Versorgung der Bevölkerung mit Wohnraum oder zur Verwirklichung von Infrastrukturvorhaben Rechnung tragen kann, wofür als Bedingung für die Anwendung des beschleunigten Verfahrens ein solcher Investitionsbedarf zwingend bestehen müsste.[2113] Auch der Standort der Regelung in § 13a Abs. 2 BauGB innerhalb der Besonderheiten des beschleunigten Verfahrens und außerhalb der Beschreibung von dessen Anwendungsbereich in § 13a Abs. 1 BauGB sowie der Wortlaut verböten eine derartige Interpretation, stellt dieser doch ausdrücklich darauf ab, einem in den genannten Bereichen bestehenden Investitionsbedarf *in der Abwägung*, also innerhalb einer formell- und materiell-rechtlichen Anforderung gem. § 2 Abs. 3, § 1 Abs. 7 BauGB an das „Wie", nicht an

---

2112 BT-Drs. 16/2496, S. 14/15; ebenso der Mustereinführungserlass, S. 9, abrufbar unter http://www.is-argebau.de/ (zuletzt abgerufen am 10.05.2008).
2113 Vgl. *Krautzberger*, in: Krautzberger/Söfker, Baugesetzbuch, Rn. 154c; *Söfker*, in: Spannowsky/Hofmeister, BauGB 2007, S. 17 (20); *Wallraven-Lindl/Strunz/Geiß*, Das Bebauungsplanverfahren nach dem BauGB 2007, S. 174.

das grundsätzliche „Ob" der Aufstellung eines Bebauungsplans der Innenentwicklung im beschleunigten Verfahren, in angemessener Weise Rechnung zu tragen.[2114] Aus diesem Grund kann § 13a Abs. 2 Nr. 3 BauGB auch nicht als besondere, über § 1 Abs. 3 S. 1 BauGB hinausgehende Anforderung an die Planrechtfertigung eingeordnet werden, nach der die Planung nur ganz bestimmte städtebauliche Ziele verfolgen dürfte.[2115] Aus der Formulierung, dass einem Investitionsbedarf in den angesprochenen Bereichen in der Abwägung in angemessener Weise Rechnung getragen werden soll, ergibt sich vielmehr, dass § 13a Abs. 2 Nr. 3 BauGB, wie auch die Gesetzesbegründung klarstellt,[2116] einen Planungsgrundsatz enthält. Durch § 13a Abs. 2 Nr. 3 BauGB soll der durch den meist erheblichen Anpassungsbedarf in den Bereichen Arbeitsplätze, Wohnbedarf und Infrastrukturausstattung hervorgerufene Investitionsbedarf zur Erhaltung, Sicherung und Schaffung von Arbeitsplätzen, zur Versorgung der Bevölkerung mit Wohnraum und zur Verwirklichung von Infrastrukturvorhaben als in der Abwägung zu berücksichtigender Belang hervorgehoben werden.[2117] Tatsächlich in die gestalterische Abwägungsentscheidung gem. § 1 Abs. 7 BauGB einfließen muss ein in den genannten Bereichen bestehender Investitionsbedarf wie jeder andere möglicherweise für die Planung relevante Belang aber nur, wenn er im konkreten Fall in abwägungserheblicher Weise betroffen wird, denn in § 13a Abs. 2 Nr. 3 BauGB gibt es keinerlei Anhaltspunkte dafür, dass die Regelung die allgemein geltenden Anforderungen an die Abwägung verändern wollte.[2118] Aus diesen folgt aber auch, dass, wie auch die Auflistung von Planungsleitlinien[2119] in § 1 Abs. 6 BauGB mit der „insbesondere"-Formulierung darauf verweist, nicht abschließend zu sein, in der Abwägung jeder im Einzelfall von der Planung abwägungserheblich betroffene Belang zu berücksichtigen ist, unabhängig davon, ob er im Gesetz ausdrücklich als eventuell für die Abwägung relevanter Planungsgrundsatz[2120] aufgeführt wird. Gerade daraus ergeben sich gewisse Zweifel dahingehend, ob die in § 13a Abs. 2 Nr. 3 BauGB angeordnete Berücksichtigung des Investitionsbedarfs in bestimmten Bereichen im Rahmen der Abwägung tatsächlich – wie die in § 1 Abs. 6 BauGB genannten, möglicherweise von der Planung abwägungserheblich betroffenen Belange – als „normaler" Planungsgrundsatz einzuordnen ist, weil die Anforderung,

---

2114 *Gierke*, in: Brügelmann, § 13a, Rn. 131 (Stand: Februar 2008).
2115 *Gierke*, in: Brügelmann, § 13a, Rn. 131 (Stand: Februar 2008).
2116 BT-Drs. 16/2496, S. 14; der Mustereinführungserlass, S. 9, abrufbar unter http://www.is-argebau.de/ (zuletzt abgerufen am 10.05.2008), spricht davon, dass sich die Gemeinden mit den genannten Belangen im Rahmen der Abwägung auseinandersetzen sollen.
2117 BT-Drs. 16/2496, S. 14; *Tomerius*, ZUR 2008, 1 (4); *Wallraven-Lindl/Strunz/Geiß*, Das Bebauungsplanverfahren nach dem BauGB 2008, S. 174.
2118 Vgl. *Birk*, KommJur 2007, 81 (84); *Jäde*, in: J/D/W, BauGB, § 13a, Rn. 19; *Krautzberger*, in: Krautzberger/Söfker, Baugesetzbuch, Rn. 154c.
2119 *Krautzberger*, in: B/K/L, § 1, Rn. 47 unter Verweis auf *Hoppe*.
2120 *Gierke*, in: Brügelmann, § 1, Rn. 530 (Stand: September 2002).

einen in abwägungserheblicher Weise betroffenen Belang in der Abwägung zu berücksichtigen – anders als die Regelungen des § 13a Abs. 2 Nr. 1, Nr. 2 u. Nr. 4 BauGB – keine hervorzuhebende Besonderheit des beschleunigten Verfahrens darstellt[2121] und der in § 13a Abs. 2 Nr. 3 BauGB angeführte Investitionsbedarf nach den allgemeinen Anforderungen an die Abwägung durchaus auch für Bebauungspläne, die keine solchen der Innenentwicklung sind, abwägungserheblich sein kann.[2122] Im Hinblick auf die Einordnung des § 13a Abs. 2 Nr. 3 BauGB als „normalen" Planungsgrundsatz irritiert daher vor allem seine systematische Stellung innerhalb der Verfahrens*besonderheiten* des beschleunigten Verfahrens gem. § 13a Abs. 2 Nr. 1, Nr. 2 u. Nr. 4 BauGB und außerhalb des Katalogs von § 1 Abs. 5 u. Abs. 6, § 1a BauGB, in den die Regelung als Planungsgrundsatz ohne Weiteres auch hätte aufgenommen werden können bzw. in dem sie wegen der Unabgeschlossenheit des Katalogs der Planungsgrundsätze grundsätzlich schon enthalten ist.[2123]

Aufgrund dessen wurde überlegt, ob die ausdrückliche Hervorhebung des in § 13a Abs. 2 Nr. 3 BauGB angeführten Investitionsbedarfs für die Abwägung diesem Belang innerhalb des beschleunigten Verfahrens im Unterschied zum Regelplanungsverfahren ein besonderes Gewicht in der Abwägung zukommen lässt.[2124] Die Annahme, § 13a Abs. 2 Nr. 3 BauGB verleihe dem genannten Investitionsbedarf in der Abwägung ein generell höheres Gewicht, widerspricht aber zu einem dem aus der Gesetzesbegründung eindeutig zu entnehmenden

---

2121 *Battis*, in: B/K/L, § 13a, Rn. 16; *Battis/Krautzberger/Löhr*, NVwZ 2007, 121 (125); *Bunzel*, Difu-Praxistest, S. 39, abrufbar unter http://www.difu.de/publikationen/difuberichte/4_06/11.phtml (zuletzt abgerufen am 01.03.2008); *Dirnberger*, Bay. Gemeindetag 2/2007, 51 (53); *Gronemeyer*, BauR 2007, 815 (817); *Krautzberger*, in: E/Z/B/K, § 13a, Rn. 81 (Stand: Mai 2007); *Reidt*, NVwZ 2007, 1029 (1031); *Spannowsky*, NuR 2007, 521 (525); *Starke*, JA 2007, 488 (489).
2122 *Bunzel*, Difu-Praxistest, S. 40, abrufbar unter http://www.difu.de/publikationen/difuberichte/4_06/11.phtml (zuletzt abgerufen am 01.03.2008); *Gronemeyer*, BauR 2007, 815 (817); *Krautzberger/Stüer*, DVBl. 2007, 160 (164); *Mitschang*, LKV 2007, 433 (446); Stellungnahme Nr. 58/06 des Ausschusses Verwaltungsrecht des Deutschen Anwaltvereins vom 02.11.2006, S. 8, abrufbar unter http://anwaltverein.de/downloads/stellungnahmen/2006-58.pdf (zuletzt abgerufen am 15.11.2008).
2123 *Bunzel*, Difu-Praxistest, S. 39/40, abrufbar unter http://www.difu.de/publikationen/difuberichte/4_06/11.phtml (zuletzt abgerufen am 01.03.2008); *Gierke*, in: Brügelmann, § 13a, Rn. 131 (Stand: Februar 2008); *Spannowsky*, NuR 2007, 521 (525); *Starke*, JA 2007, 488 (489); ähnlich *Krautzberger*, in: Krautzberger/Söfker, Baugesetzbuch, Rn. 154c.
2124 *Bunzel*, Difu-Praxistest, S. 39, abrufbar unter http://www.difu.de/publikationen/difuberichte/4_06/11.phtml (zuletzt abgerufen am 01.03.2008); *Gronemeyer*, BauR 2007, 815 (817); *Krautzberger*, in: Krautzberger/Söfker, Baugesetzbuch, Rn. 154c; Stellungnahme Nr. 58/06 des Ausschusses Verwaltungsrecht des Deutschen Anwaltvereins vom 02.11.2006, S. 8, abrufbar unter http://anwaltverein.de/downloads/stellungnahmen/2006-58.pdf (zuletzt abgerufen am 15.11.2008).

Willlen des Gesetzgebers, der die Regelung des § 13a Abs. 2 Nr. 3 BauGB als einfachen „Planungsgrundsatz" bezeichnet, ohne irgendeinen Anhaltspunkt dafür zu geben, dass diesem von vornherein, d. h. unabhängig von der Bewertung der Abwägungsbelange im konkreten Fall, in der Abwägung ein höheres Gewicht zukommen solle als anderen Planungsgrundsätzen, wie sie in § 1 Abs. 5 u. Abs. 6, § 1a BauGB beispielhaft aufgeführt sind. Auch die Formulierung des § 13a Abs. 2 Nr. 3 BauGB, dem genannten Investitionsbedarf in der Abwägung „in angemessener Weise" Rechnung zu tragen, ergibt nichts anderes. Diese Anforderung an die Abwägung gilt nach dem allgemeinen Abwägungsgrundsatz der Abwägungsproportionalität für jeden von der Planung abwägungsrelevant betroffenen Belang, wobei seine Berücksichtigung in der Abwägung dann angemessen ist, wenn sein Einfluss auf die Abwägungsentscheidung seiner Gewichtigkeit im konkreten Fall entspricht,[2125] so dass die Formulierung „in angemessener Weise" nicht das Gewicht des in § 13a Abs. 2 Nr. 3 BauGB genannten Abwägungsbelangs von vornherein erhöht.[2126] Zum anderen wurde angeführt, dass selbst die Bodenschutzklausel des § 1a Abs. 2 S. 1 BauGB nicht a priori mit einem besonderen Gewicht, etwa gar in Form eines Optimierungsgebots,[2127] in die Abwägung einzustellen ist, weder im Regelplanungsverfahren noch im beschleunigten Verfahren.[2128] Dabei hätte es durchaus nahegelegen, gerade § 1a Abs. 2 S. 1 BauGB im Hinblick auf die Zielsetzung der Einführung des beschleunigten Verfahrens, die Innenentwicklung zu stärken und die Neuinanspruchnahme von Flächen zu verringern, grundsätzlich eine besondere Bedeutung zukommen lassen, zumal § 13a BauGB als verfahrensrechtliche Instrumentierung der materiell-rechtlichen Anforderung der Bodenschutzklausel eingeordnet wird.[2129] Eine von vornherein erhöhte Gewichtung einzelner abwägungserheblicher Belange im beschleunigten Verfahren im Unterschied zum Regelplanungsverfahren wäre zudem kaum mit der Tatsache vereinbar, dass die Anwendung des beschleunigten Verfahrens trotz Vorliegens seiner Anwendungsvoraussetzungen gem. § 13a Abs. 1 BauGB der planenden Gemeinde entsprechend der „kann"-Formulierung in § 13a Abs. 1 S. 1 BauGB freigestellt ist.[2130] Wenn

---

2125 BVerwG, Urt. vom 12.12.1969 – IV C 105.66, E 34, 301 (309); *Manssen*, in: B/H/K/M, Öffentliches Recht in Bayern, Teil 4, Rn. 221; *Oldiges*, in: Steiner, Besonderes Verwaltungsrecht, Teil III, Rn. 59 u. 59a. Vgl. im Ansatz *Gierke*, in: Brügelmann, § 13a, Rn. 131 (Stand: Februar 2008).
2126 *Tomerius*, ZUR 2008, 1 (4); *Wallraven-Lindl/Strunz/Geiß*, Das Bebauungsplanverfahren nach dem BauGB 2007, S. 174. Vgl. *Krautzberger*, in: Krautzberger/Söfker, Baugesetzbuch, Rn. 154b, der aber dennoch von einem gesetzlich vorgebenen, erhöhten Gewicht der Belange ausgeht.
2127 *Halama*, in: BauGB 2004 – Nachgefragt, S. 62 (62); angedeutet bei *Bunzel*, in: BauGB 2004 – Nachgefragt, S. 129 (130); vgl. B. I. 2. b) bb) u. Fn. 149.
2128 *Müller-Grune*, BauR 2007, 985 (990).
2129 Vgl. Fn. 164.
2130 Vgl. Fn. 877.

nämlich eine Gemeinde einen Bebauungsplan unter den Voraussetzungen des § 13a Abs. 1 BauGB im beschleunigten und im Regelplanungsverfahren aufstellen darf, muss es ausgeschlossen sein, dass einem abwägungserheblichen Belang im beschleunigten Verfahren von vornherein ein höheres Gewicht zukommt als im Regelplanungsverfahren. Ansonsten könnte es sein, dass das Ergebnis des Planungsverfahrens, also die konkrete Planung, unterschiedlich ausfiele, je nach dem, welches Planungsverfahren die Gemeinde wählte. Beide Planungsalternativen müssten dabei als rechtmäßig eingestuft werden, weil sie die Vorgaben des jeweiligen Planungsverfahrens einhielten. Dies erscheint vor dem Hintergrund, dass die Gemeinde mit beiden Verfahrensvarianten dasselbe städtebauliche Ziel verfolgt und die abwägungserheblichen Belange mit Ausnahme des in § 13a Abs. 2 Nr. 3 BauGB genannten identisch gewichtet, nicht vertretbar. Je nach Wahl des Planungsverfahrens wäre unter diesen Voraussetzungen ein anderes Planergebnis rechtmäßig. Dies widerspräche der Rechtssicherheit und böte Raum für Umgehungen bzw. Präferierungen bestimmter Planergebnisse durch die Wahl des Verfahrens. Zudem wäre es mit der von Art. 3 Abs. 1 GG geforderten Gleichheit des Gesetzes gegenüber den vom Bebauungsplan betroffenen Grundeigentümern, für deren Grundeigentum der Bebauungsplan eine Inhalts- und Schrankenbestimmung im Sinne des Art. 14 Abs. 1 S. 2 BauGB statuiert, nicht vereinbar, wenn der Inhalt *des Bebauungsplans* bezogen auf identische Planungssachverhalte und -ausgangslagen *je und nur* nach Wahl des Verfahrens unterschiedlich ausfallen könnte, obwohl der Gesetzgeber selbst die Planungsverfahren aufgrund ihrer uneingeschränkten Alternativstellung als gleichwertig einstuft, zwischen ihnen also keine Unterschiede solcher Art und Gewicht annimmt, die ein nur durch die Wahl des Verfahrens bedingtes ungleiches Planungsergebnis rechtfertigen könnten.[2131]

Ein erhöhtes Gewicht des in § 13a Abs. 2 Nr. 3 BauGB genannten Abwägungsbelangs wurde in der Diskussion der Literatur letztlich auch abgelehnt,[2132] obwohl § 13a Abs. 2 Nr. 3 BauGB dadurch als rein *klarstellende* Regelung über die Berücksichtigung eines abwägungserheblichen Belangs an sich inhaltlich ohne echte Bedeutung ist.[2133] Zur Begründung dieser Auffassung wurde auch

---

2131 Näheres dazu unten, unter B. III. 4. e) cc) (5) (b).
2132 *Battis*, in: B/K/L, § 13a, Rn. 16; *Bienek*, SächsVBl. 2007, 49 (51); *Bunzel*, LKV 2007, 444 (447); *Dirnberger*, Bay. Gemeindetag 2/2007, 51 (53); *Gierke*, in: Brügelmann, § 13a, Rn. 131 (Stand: Februar 2008); *Müller-Grune*, BauR 2007, 985 (990); *Jäde*, in: J/D/W, BauGB, § 13a, Rn. 19; *Krautzberger*, in: E/Z/B/K, § 13a, Rn. 81 (Stand: Mai 2007); vgl. *Mitschang*, ZfBR 2007, 433 (446); vgl. *Scheidler*, ZfBR 2006, 752 (752); vgl. *Schröer*, NZBau 2006, 703 (704); vgl. *Söfker*, in: Spannowky/Hofmeister, BauGB 2007, S. 17 (20); *Spannowsky*, in: Berliner Kommentar, § 13a, Rn. 24 u. 34 (Stand: Juli 2007); vgl. *ders.*, NuR 2007, 521 (525); *Wallraven-Lindl/Strunz/Geiß*, Das Bebauungsplanverfahren nach dem BauGB 2007, S. 174.
2133 *Reidt*, NVwZ 2007, 1029 (1031), bezeichnet die Regelung daher als überflüssig; ebenso *Kirchmeier*, in: Hk-BauGB, § 13a, Rn. 14; ähnlich *Jäde*, in: J/D/W, BauGB, § 13a,

darauf verwiesen, dass § 1 Abs. 1 BauGB-MaßnahmenG (1990), wonach bei der Aufstellung, Änderung, Ergänzung und Aufhebung von Bauleitplänen einem dringenden Wohnbedarf der Bevölkerung besonders Rechnung getragen werden sollte, und § 1 Abs. 1 S. 2 BauGB-MaßnahmenG (1993), wonach in Gemeinden mit einem dringenden Wohnbedarf der Bevölkerung bei der Aufstellung, Änderung und Ergänzung von Bebauungsplänen für Gewerbe- und Industriegebiete einem durch den Bebauungsplan voraussichtlich hervorgerufenen zusätzlichen Wohnbedarf in geeigneter Weise Rechnung getragen werden sollte, ebenfalls als einfache, vollumfänglich der Abwägung unterliegende Planungsgrundsätze eingeordnet wurden.[2134] *Gierke* beurteilt die Regelung des § 13a Abs. 2 Nr. 3 BauGB als ein verfahrensrechtliches Optimierungsgebot,[2135] was bedeutet, dass § 13a Abs. 2 Nr. 3 BauGB, gerade weil[2136] der aufgeführte Belang ohnehin schon gem. § 1 Abs. 6 BauGB und dem allgemeinen Abwägungsgrundsatz, alle von der Planung abwägungserheblich berührten Belange zu ermitteln, zu bewerten und ihrem Gewicht entsprechend in die Abwägung als solche einzustellen und in dieser in einen gerechten Ausgleich mit den übrigen Belangen zu bringen, in die Abwägung und damit die Planung einfließen muss, die Gemeinde im Rahmen des beschleunigten Verfahrens besonders auf die Berücksichtigung dieses Belangs aufmerksam machen will. § 13a Abs. 2 Nr. 3 BauGB verpflichtet die Gemeinde, besonders sorgfältig zu ermitteln, ob und in welchem Ausmaß der genannte Belang von der Planung berührt ist, ohne damit eine von vornherein erhöhte Gewichtigkeit des Belangs zu verbinden.[2137] Diese nur klarstellende Bedeutung kommt jeder, also auch der in § 1 Abs. 5 u. Abs. 6 BauGB und § 1a BauGB erfolgenden, ausdrücklichen Nennung möglicherweise abwägungserheblicher Belange zu, gerade weil im konkreten Fall von der Planung abwägungserheblich betroffene Belange unabhängig von ihrer ausdrücklichen Nennung als möglicherweise in der Abwägung zu berücksichtigend in diese einfließen müssen. Indem § 13a Abs. 2 Nr. 3 BauGB den Belang ausdrücklich für das be-

---

Rn. 19; *Spannowsky*, in: Spannowsky/Hofmeister, BauGB 2007, S. 27 (38); *ders.*, in: Berliner Kommentar, § 13a, Rn. 34 (Stand: Juli 2007); *ders.*, NuR 2007, 521 (525); vgl. *Gierke*, in: Brügelmann, § 13a, Rn. 131 (Stand: Februar 2008), der daraus schließt, dass § 13a Abs. 2 Nr. 3 BauGB, um nicht nur etwas ohnehin Geltendes zu wiederholen, etwas anderes bedeuten müsse als die Hervorhebung eines schon nach § 1 Abs. 6 BauGB zu berücksichtigenden, einfachen Abwägungsbelangs.

2134 Vgl. BVerwG, Beschl. vom 28.06.1993 – 4 NB 23.93, ZfBR 1993, 296 (296); *Krautzberger*, in: Krautzberger/Söfker, Baugesetzbuch, Rn. 154c; *Söfker*, in: Spannowsky/Hofmeister, BauGB 2007, S. 17 (20).
2135 Vgl. *Gierke*, in: Brügelmann, § 2, Rn 168 (Stand: Juli 2007)
2136 *Gierke*, in: Brügelmann, § 13a, Rn. 131 (Stand: Februar 2008), vgl. Fn. 2133.
2137 *Gierke*, in: Brügelmann, § 13a, Rn. 131 (Stand: Februar 2008); *Dirnberger*, Bay. Gemeindetag 2/2007, 51 (53); *Krautzberger*, in: E/Z/B/K, § 13a, Rn. 81 (Stand: Mai 2007), geht davon aus, dass § 13a Abs. 2 Nr. 3 BauGB nur sicherstellen will, dass sich die Gemeinde mit dem genannten Belang in der Abwägung auseinandersetzt.

schleunigte Verfahren aufführt, soll insbesondere in diesem die Aufmerksamkeit der Gemeinde gezielt auf ihn gelenkt werden,[2138] um dessen Übergehen auf Grund seiner vom Gesetzgeber gerade für Bebauungspläne der Innenentwicklung angenommenen und auch in Form des § 13a Abs. 2 Nr. 3 BauGB hervorgehobenen[2139] besonderen Bedeutung zu verhindern.[2140] Die Funktion des § 13a Abs. 2 Nr. 3 BauGB liegt also in einer *klarstellenden Verdeutlichung* der Berücksichtigung des genannten Belangs in der Abwägung gem. § 2 Abs. 3, § 1 Abs. 7 BauGB.

Daraus resultiert, dass die Regelung des § 13a Abs. 2 Nr. 3 BauGB weder eine Verfahrensbesonderheit – schon weil der genannte Belang auch im Regelplanungsverfahren zu berücksichtigen sein kann – noch eine Verfahrenserleichterung des beschleunigten Verfahrens darstellt.[2141]

Der Koalitionsvertrag der Großen Koalition machte es zur Vorgabe, „zur Verminderung der Flächeninanspruchnahme und zur Beschleunigung wichtiger Planungsvorhaben, vor allem in den Bereichen Arbeitsplätze, Wohnbedarf und Infrastrukturausstattung", das Planungsrecht für entsprechende Vorhaben zur Stärkung der Innenentwicklung zu vereinfachen und zu beschleunigen.[2142] Das Innenstadtentwicklungsgesetz soll diese Maßgabe umsetzen[2143] und dazu u. a. investitionsfreundliche Rahmenbedingungen für die zügige Durchführung auf Grund des wirtschaftlichen und demografischen Wandels notwendiger Anpassungsmaßnahmen in den Städten und Orten schaffen sowie zur Förderung von Arbeit und Beschäftigung Investitionen stärken.[2144] Durch eine Beschleunigung des Planungsverfahrens soll gerade dem hohen Anpassungs- und Investitionsbedarf in den Bereichen Arbeitsplätze, Wohnbedarf und Infrastruktur *und* bei der

---

2138 *Gierke*, in: Brügelmann, § 13a, Rn. 131 (Stand: Februar 2008).
2139 Vgl. BT-Drs. 16/2496, S. 14; *Birk*, KommJur 2007, 81 (84); *Spannowsky*, in: Berliner Kommentar, § 13a, Rn. 34 (Stand: Juni 2007); *Starke*, JA 2007, 488 (489). Einen gewichtungsmäßigen Vorrang des genannten Belangs annehmend *Krautzberger*, in: Krautzberger/Söfker, Baugesetzbuch, Rn. 154c.
2140 *Gierke*, in: Brügelmann, § 2, Rn. 168 (Stand: Juni 2007); vgl. Mustereinführungserlass, S. 9, abrufbar unter http://www.is-argebau.de/ (zuletzt abgerufen am 10.05.2008); *Jäde*, in: J/D/W, BauGB, § 13a, Rn. 19, spricht von einem „Merkposten" für die gemeindliche Abwägung.
2141 *Battis*, in: B/K/L, § 13a, Rn. 16; *Battis/Krautzberger/Löhr*, NVwZ 2007, 121 (125); *Krautzberger*, in: E/Z/B/K, § 13a, Rn. 81 (Stand: Mai 2007); *Mitschang*, ZfBR 2007, 433 (446); *Reidt*, NVwZ 2007, 1029 (1031); *Scheidler*, ZfBR 2006, 752 (754); ders., BauR 2007, 650 (653); *Spannowsky*, in: Berliner Kommentar, § 13a, Rn. 24 (Stand: Juli 2007); *Uechtritz*, BauR 2007, 476 (480).
2142 Koalitionsvertrag, S. 62, abrufbar unter http://www.bundesregierung.de/Content/ DE/__Anlagen/koalitionsvertrag,property=publicationFile.pdf (zuletzt abgerufen am 04.08.2008); BT-Drs. 16/2496, S. 1.
2143 BT-Drs. 16/2496, S. 1. Vgl. Fn. 5.
2144 BT-Drs. 16/2496, S. 1 u. 9; vgl. *W. Schrödter*, LKV 2008, 109 (109/110).

Innenentwicklung der Städte Rechnung getragen werden.[2145] Vor diesem Hintergrund[2146] ergibt sich, dass § 13a Abs. 2 Nr. 3 BauGB vor allem das hinter § 13a BauGB stehende gesetzgeberische Motiv hervorhebt,[2147] ohne aber entgegen einer Annahme im Praxistest[2148] Anwendungsvoraussetzung des beschleunigten Verfahrens zu sein. Die mit der Einführung des beschleunigten Verfahrens – neben der vornehmlich ökologisch motivierten Stärkung der Innenentwicklung – verfolgten ökonomischen Ziele der Investitionserleichterung werden herausgestellt.[2149] Aus § 13a Abs. 2 Nr. 3 BauGB wird deutlich, dass der Gesetzgeber Bebauungsplänen der Innenentwicklung für die Stadtentwicklung in verschiedenster Hinsicht Bedeutung beimisst.[2150] Auf Grund der Hervorhebung des Belangs im Gesetz und der damit verbundenen ausdrücklichen Aufforderung, sich damit in der Abwägung auseinanderzusetzen, sollte in der Planbegründung die Berücksichtigung des in § 13a Abs. 2 Nr. 3 BauGB genannten Abwägungsbelangs im konkreten Fall explizit dargestellt werden.[2151]

b) Systemwidrigkeit der Regelung

Aus der Funktion des § 13a Abs. 2 Nr. 3 BauGB, ein gesetzgeberisches Ziel des beschleunigten Verfahrens hervorzuheben und einen Planungsgrundsatz klarstellend aufzuführen, folgt, dass die systematische Stellung der Regelung zwischen den das beschleunigte Verfahren vom Regelplanungsverfahren unterscheidenden Verfahrensbesonderheiten gem. § 13a Abs. 2 Nr. 1, Nr. 2 u. Nr. 4 BauGB ihrer

---

2145 Vgl. BT-Drs. 16/2496, S. 1 u. 9 u. 14.
2146 Ähnlich *Müller-Grune*, BauR 2007, 985 (990/991).
2147 *Bunzel*, Difu-Praxistest, S. 39, abrufbar unter http://www.difu.de/publikationen/difuberichte/4_06/11.phtml (zuletzt abgerufen am 01.03.2008); *ders.*, LKV 2007, 444 (447); *Dirnberger*, Bay. Gemeindetag 2/2007, 51 (53); *Krautzberger*, UPR 2006, 405 (408); *Mitschang*, ZfBR 2007, 433 (446); *Scheidler*, ZfBR 2006, 752 (754); *ders.*, BauR 2007, 650 (653); *Spannowsky*, in: Spannowsky/Hofmeister, BauGB 2007, S. 27 (38); *ders.*, in: Berliner Kommentar, § 13a, Rn. 34 (Stand: Juli 2007); *Uechtritz*, BauR 2007, 476 (480). *Gierke*, in: Brügelmann, § 13a, Rn. 131 (Stand: Februar 2008), betont, dass die Verdeutlichung des Motivs nicht der einzige Zweck von § 13a Abs. 2 Nr. 3 BauGB sein kann, weil zur Verdeutlichung eines gesetzgeberischen Motivs auch eine Verdeutlichung innerhalb der Gesetzesbegründung genügt hätte.
2148 *Bunzel*, Difu-Praxistest, S. 39, abrufbar unter http://www.difu.de/publikationen/difuberichte/4_06/11.phtml (zuletzt abgerufen am 01.03.2008). Vgl. Fn. 2112.
2149 Vgl. BT-Drs. 16/2496, S. 14; vgl. *Spannowsky*, in: Berliner Kommentar, § 13a, Rn. 24 (Stand: Juli 2007); *ders.*, NuR 2007, 521 (525). Vgl. auch *Gierke*, in: Brügelmann, § 13a, Rn. 55 u. 131 (Stand: Februar 2008).
2150 *Spannowsky*, in: Berliner Kommentar, § 13a, Rn. 24 (Stand: Juli 2007).
2151 *Gierke*, in: Brügelmann, § 13a, Rn. 131 (Stand: Februar 2008); *Kirchmeier*, in: Hk-BauGB, § 13a, Rn. 14; *Mitschang*, ZfBR 2007, 433 (446); angedeutet bei *Krautzberger*, in: E/Z/B/K, § 13a, Rn. 81 (Stand: Mai 2007); *Wallraven-Lindl/Strunz/Geiß*, Das Bebauungsplanverfahren nach dem BauGB 2007, S. 174. A. A. *Uechtritz*, BauR 2007, 476 (480).

593

Funktion widerspricht[2152] und sie daher in dem gegebenen Regelungszusammenhang einen Fremdkörper[2153] bildet. Systematisch konsequenter wäre es gewesen, entweder § 1 Abs. 6 BauGB oder – wenngleich er nur auf Belange des Umweltschutzes bezogen ist – § 1a BauGB bezogen auf alle Bauleitpläne um den Planungsgrundsatz des § 13a Abs. 2 Nr. 3 BauGB zu ergänzen[2154] oder, wenn man unbedingt an der klarstellenden Hervorhebung des möglicherweise abwägungserheblich betroffenen Belangs gerade und nur im beschleunigten Verfahren festhalten wollte, den Planungsgrundsatz wenigstens nicht als systematische Unterbrechung der in § 13a Abs. 2 Nr. 1, Nr. 2 u. Nr. 4 BauGB aufgeführten echten Verfahrensbesonderheiten des beschleunigten Verfahrens aufzuführen, sondern erst im Anschluss an diese oder als eigenen Absatz des § 13a BauGB. Letzteres ist aber ebenso wie die vorhandene systematische Einordnung nicht sinnvoll, da der in § 13a Abs. 2 Nr. 3 BauGB genannte Belang durchaus auch im Regelplanungsverfahren relevant sein kann und innerhalb des beschleunigten Verfahrens die Planungsgrundsätze der § 1 Abs. 5 u. Abs. 6, § 1a BauGB ohnehin neben § 13a Abs. 2 Nr. 3 BauGB im Rahmen der Abwägung gem. § 2 Abs. 3, § 1 Abs. 7 BauGB zu berücksichtigen sind, so dass zur korrekten Ermittlung des Abwägungsmaterials sowieso ein Blick in den Katalog der Planungsleitlinien gem. § 1 Abs. 5 u. Abs. 6, § 1a BauGB zu empfehlen ist.

c) *Planerhaltungsvorschrift*

Für einen Verstoß gegen die Anforderung des § 13a Abs. 2 Nr. 3 BauGB sieht das Innenstadtentwicklungsgesetz keine besondere Fehlerfolgenregelung vor. Eine solche ist auch nicht angezeigt, denn § 214 Abs. 1 S. 1 Nr. 1 BauGB und § 214 Abs. 3 BauGB enthalten auch für Bebauungspläne der Innenentwicklung uneingeschränkt anwendbare Planerhaltungsvorschriften für Verstöße gegen die Anforderungen einer rechtmäßigen Abwägung gem. § 2 Abs. 3, § 1 Abs. 7 BauGB, die durch § 13a Abs. 2 Nr. 3 BauGB für das beschleunigte Verfahren in keiner Weise modifiziert werden, so dass eine eigenständige Planerhaltungsvor-

---

2152 *Bunzel*, Difu-Praxistest, S. 10 u. 39, abrufbar unter http://www.difu.de/publikationen/difu-berichte/4_06/11.phtml (zuletzt abgerufen am 01.03.2008); vgl. *Dirnberger*, Bay. Gemeindetag 2/2007, 51 (53); *Spannowsky*, in: Berliner Kommentar, § 13a, Rn. 24 u. 34 (Stand: Juli 2007); *ders.*, NuR 2007, 521 (525).
2153 *Scheidler*, ZfBR 2006, 752 (754); *ders.*, BauR 2007, 650 (653); ähnlich *Spannowsky*, in: Spannowsky/Hofmeister, BauGB 2007, S. 27 (38).
2154 *Bunzel*, Difu-Praxistest, S. 40, abrufbar unter http://www.difu.de/publikationen/difu-berichte/4_06/11.phtml (zuletzt abgerufen am 01.03.2008); *Spannowsky*, in: Spannowsky/Hofmeister, BauGB 2007, S. 27 (38); *ders.*, in: Berliner Kommentar, § 13a, Rn. 24 u. 34 (Stand: Juli 2007); *ders.*, NuR 2007, 521 (525); *Tomerius*, ZUR 2008, 1 (4).

schrift für Fehler bei der Abwägung in Bezug auf den in § 13a Abs. 2 Nr. 3 BauGB angeführten Belang überflüssig wäre.[2155]

4. Besonderheiten bei der naturschutzrechtlichen Eingriffsregelung für kleinflächige Bebauungspläne der Innenentwicklung, § 13a Abs. 2 Nr. 4 BauGB

a) Die naturschutzrechtliche Eingriffsregelung gem. § 1a Abs. 3 BauGB und ihr Geltungsbereich

§ 1a Abs. 3 S. 1 BauGB statuiert für die Aufstellung von Bauleitplänen und § 34 Abs. 5 S. 3 i. V. m. § 1a Abs. 3 S. 1 BauGB statuieren für die Aufstellung von Innenbereichssatzungen gem. § 34 Abs. 4 S. 1 Nr. 3 BauGB (sog. Ergänzungssatzungen) die Anforderung, die Vermeidung und den Ausgleich voraussichtlich erheblicher Beeinträchtigungen des Landschaftsbildes sowie der Leistungs- und Funktionsfähigkeit des Naturhaushalts in seinen in § 1 Abs. 6 Nr. 7 lit. a BauGB bezeichneten Bestandteilen in der Abwägung nach § 1 Abs. 7 BauGB zu berücksichtigen. § 1a Abs. 3 S. 2-4 BauGB regeln, wie ein nach der sog. Eingriffsregelung nach dem Bundesnaturschutzgesetz im Sinne des Satzes 1 gebotener Ausgleich erfolgen kann.[2156] Nach § 1a Abs. 3 S. 5 BauGB ist ein Ausgleich nicht erforderlich, soweit die Eingriffe bereits vor der planerischen Entscheidung erfolgt sind oder zulässig waren. Daraus ergibt sich, dass nur durch einen Bauleitplan bzw. eine Ergänzungssatzung neu ermöglichte, voraussichtlich erhebliche Beeinträchtigungen des Landschaftsbilds oder der Leistungs- und Funktionsfähigkeit des Naturhaushalts als Eingriffe in Natur und Landschaft (vgl. § 18 Abs. 1 BNatSchG) eine *Ausgleichspflicht* nach § 1a Abs. 3 S. 1 2. Alt. BauGB innerhalb der Bauleitplanung auslösen können.[2157] Es ist zu beachten, dass die in der Abwägung nach § 1 Abs. 7 BauGB zu berücksichtigende naturschutzrechtliche Eingriffsregelung des § 1a Abs. 3 S. 1 BauGB durch die ausdrückliche Aufspaltung der bauleitplanerischen Abwägung in die formelle Anforderung des Ermittelns und Bewertens des Abwägungsmaterials gem. § 2 Abs. 3 i. V. m. § 214 Abs. 1 S. 1 Nr. 1 BauGB und die für einen Bauleitplan materielle Rechtmäßigkeitsvoraussetzung der Abwägung der betroffenen Belange als solche im Sinne eines gerechten Ausgleichs der von der Planung abwägungsrelevant berührten Belange entsprechend ihrer Gewichtigkeit im konkreten Einzelfall, d. h. den Abwägungsvorgang, gem. § 1 Abs. 7 i. V. m. § 214 Abs. 3 BauGB ebenso wie durch die Einführung der formellen Anforderung der Umweltprüfung für grundsätzlich alle Bauleitpläne gem. § 2 Abs. 4 S. 1 BauGB, mit der für die Belange des Umweltschutzes gem. § 1 Abs. 6 Nr. 7, *§ 1a* BauGB

2155 BT-Drs. 16/2496, S. 17.
2156 *Krautzberger*, in: E/Z/B/K, § 1a, Rn. 90 (Stand: September 2004).
2157 *Krautzberger*, in: E/Z/B/K, § 1a, Rn. 103 (Stand: September 2004).

ein spezielles Verfahren zur Ermittlung und Bewertung des umweltrelevanten Abwägungsmaterials durchzuführen ist, auch zu den formellen Rechtmäßigkeitsanforderungen an einen Bauleitplan zählt und damit eine formelle Komponente erhalten hat.[2158]

Die naturschutzrechtliche Eingriffsregelung des § 1a Abs. 3 BauGB beruht auf dem durch das Investitionserleichterungs- und Wohnbaulandgesetz (1993) (BGBl. (1993) I S. 466) in das Bundesnaturschutzgesetz eingeführten Baurechtskompromiss,[2159] durch den entsprechend der heutigen Regelung des § 21 Abs. 1 BNatSchG (gem. § 11 S. 1 BNatSchG unmittelbar geltendes Recht) die für die Vorhabenzulassung konzipierten naturschutzrechtlichen Regelungen der §§ 18-20 BNatSchG bzw. der entsprechenden landesrechtlichen Regelungen (vgl. § 11 S. 1, § 18 Abs. 4 u. Abs. 5, § 19 Abs. 4 BNatSchG) auf das Bauleitplanungsverfahren, das zwar selbst unmittelbar keine Eingriffe verursacht, sondern solche nur vorbereitet,[2160] transformiert wurden und dafür im Bereich der Vorhabenzulassung in Gebieten mit einem Bebauungsplan im Sinne von § 30 BauGB und in Gebieten mit einem in Aufstellung befindlichen Bebauungsplan gem. § 33 BauGB nicht mehr anzuwenden sind (§ 21 Abs. 2 S. 1 BauGB, gem. § 11 S. 1 BNatSchG unmittelbar geltendes Recht).[2161] Dies beruhte u. a. auf der Erwägung, dass spätestens durch die Aufstellung eines Bebauungsplans eigentumsrechtlich verfestigt über die Nutzung und damit verbundene Veränderungen von Grund und Boden entschieden wird und daher ein flächenmäßiger, dem in § 19 BNatSchG vorgesehenen Verursacherprinzip entsprechender Ausgleich für mit der Realisierung der Nutzung verbundene Eingriffe in Natur und Landschaft effektiv nur auf der Planungsebene erreicht werden kann.[2162] *Ob* ein Bauleitplan eine erhebliche Beeinträchtigung des Landschaftsbildes oder der Leistungs- und Funktionsfähigkeit des Naturhaushalts aufgrund von Veränderungen der Gestalt oder Nutzung von Grundflächen oder Veränderungen des mit der belebten Bodenschicht in Verbindung stehenden Grundwasserspiegels, also einen Eingriff in Natur und Landschaft (§ 18 Abs. 1 BNatSchG), mit sich bringt, beurteilt sich

---

2158 Vgl. BT-Drs. 15/2250, S. 63 u. 64/65. Vgl. Fn. 1372 und B. II. 8. b) cc).
2159 Vgl. A. IV. 3. und Fn. 36.
2160 *Gellermann*, in: Landmann/Rohmer, Umweltrecht, Band IV, § 21 BNatSchG, Rn. 1 (Stand: April 2008); *Krautzberger*, in: E/Z/B/K, § 1a, Rn. 63 (Stand: September 2007);
2161 Vgl. BVerwG, Beschl. vom 31.01.1997 – 4 NB 27.96, E 104, 68 (72); BT-Drs. 15/2250, S. 41; *Gellermann*, in: Landmann/Rohmer, Umweltrecht, Band IV, § 21 BNatSchG, Rn. 1b (Stand: April 2006); *Krautzberger*, in: B/K/L, § 1a, Rn. 17; *ders.*, in: E/Z/B/K, § 1a, Rn. 68 u. 74 (Stand: September 2007); *Oldiges*, in: Steiner, Besonderes Verwaltungsrecht,Teil III, Rn. 49; vgl. *Uechtritz*, NuR 2001, 374 (374); vgl. auch *Wagner/Paßlick*, in: Hoppe, UVPG, § 17, Rn. 197.
2162 *Kloepfer*, Umweltrecht, § 11, Rn. 118; *Krautzberger*, in: B/K/L, § 1a, Rn. 12 u. 18; *ders.*, in: E/Z/B/K, § 1a, Rn. 63 u. 69 (Stand: September 2007); angedeutet bei *Schink*, in: Bauer/Schink, Die naturschutzrechtliche Eingriffsregelung in der Bauleitplanung, S. 1 (4); *Wagner/Paßlick*, in: Hoppe, UVPG, § 17, Rn. 197.

nach den Vorgaben des Bundesnaturschutzgesetzes bzw. der entsprechenden landesrechtlichen Umsetzungen, *wie* mit ihm umzugehen ist, gem. § 21 Abs. 1 BNatSchG nach § 1a Abs. 3 BauGB.[2163] Im Unterschied zu § 19 BNatSchG stellt § 1a Abs. 3 S. 1 BauGB die Vermeidung und den Ausgleich von Eingriffen in Natur und Landschaft *insgesamt* unter das Gebot der Abwägung gem. § 1 Abs. 7 BauGB[2164] und erweitert damit die in § 19 Abs. 3 BNatSchG nur für unvermeidbare und nicht ausgleichbare[2165] Eingriffe vorgesehene Abwägung erheblich, indem z. B. auch das in § 19 Abs. 1 BNatSchG Gebot, vermeidbare Beeinträchtigungen von Natur und Landschaft zu unterlassen, und das Gebot des § 19 Abs. 2 S. 1 BNatSchG, unvermeidbare Eingriffe vollständig auszugleichen oder zu kompensieren, *grundsätzlich* der Abwägung mit den anderen von der Planung betroffenen, öffentlichen und privaten Belangen unterstellt wird.[2166] Zudem wird nicht wie in § 19 Abs. 2 S. 1 BNatSchG zwischen Ausgleichs- und Kompensationsmaßnahmen unterschieden, sondern § 1a Abs. 3 BauGB kennt nur einen umfassenden Begriff des Ausgleichs, der Maßnahmen unmittelbar am Ort des Eingriffs als auch anderswo erfasst (§ 1a Abs. 3 S. 3, § 9 Abs. 1a S. 1, § 200a S. 2 BauGB).[2167] Ferner ist neben der räumlichen auch eine zeitliche Entkoppelung von Eingriff und Ausgleich in Gestalt eines sog. Öko-Kontos in der Form möglich, dass in einem zeitlich früheren Bebauungsplan Ausgleichsflä-

---

2163 BVerwG, Beschl. vom 07.11.2007 – 4 BN 45.07, ZfBR 2008, 180 (180); BT-Drs. 15/2250, S. 41; *Blechschmidt*, DVBl. 2008, 32 (32) unter Verweis auf *Krautzberger*; *Gellermann*, in: Landmann/Rohmer, Umweltrecht, Band IV, § 21 BNatSchG, Rn. 6 (Stand: April 2006); *Krautzberger*, in: B/K/L, § 1a, Rn. 18; *ders.*, in: E/Z/B/K, § 1a, Rn. 66 u. 69 u. 74 (Stand: September 2004); vgl. *Krautzberger/Stüer*, DVBl. 2004, 914 (921); *Stich*, in: Berliner Kommentar, § 1a, Rn. 37 (Stand: August 2002); *Wagner/Paßlick*, in: Hoppe, UVPG, § 17, Rn. 199.
2164 BVerwG, Beschl. vom 07. 11. 2007 – 4 BN 45.07, UPR 2008, 111 (111) = ZfBR 2008, 180 (180); BT-Drs. 15/2250, S. 41; *Berkemann*, in: BauGB 2004 – Nachgefragt, S. 65 (65/66); *Götze/Müller*, ZUR 2008, 8 (12); *Kloepfer*, Umweltrecht, § 11, Rn. 118; *Krautzberger*, in: B/K/L, § 1a, Rn. 12 u. 17; *ders.*, in: E/Z/B/K, § 1a, Rn. 68 (Stand: September 2004); *Oldiges*, in: Steiner, Besonderes Verwaltungsrecht, Teil III, Rn. 50; *Stüer*, NVwZ 2005, 508 (510 u. 513); *Wagner/Paßlick*, in: Hoppe, UVPG, § 17, Rn. 200.
2165 *Krautzberger*, in: B/K/L, § 1a, Rn. 16; *Stich*, in: Berliner Kommentar, § 1a, Rn. 80 (Stand: August 2002).
2166 BT-Drs. 15/2250, S. 41; vgl. *Berkemann*, in: BauGB 2004 – Nachgefragt, S. 67 (68); *Götze/Müller*, ZUR 2008, 8 (12); *Oldiges*, in: Steiner, Besonderes Verwaltungsrecht, Teil III, Rn. 50; *Schink*, in: Bauer/Schink, Die naturschutzrechtliche Eingriffsregelung in der Bauleitplanung, S. 1 (15); *Stich*, in: Berliner Kommentar, § 1a, Rn. 71; *Stüer*, NVwZ 2005, 508 (510 u. 513); *Wagner/Paßlick*, in: Hoppe, UVPG, § 17, Rn. 200.
2167 BT-Drs. 15/2250, S. 41; *Gellermann*, in: Landmann/Rohmer, Umweltrecht, Band IV, § 21 BNatSchG, Rn. 6 (Stand: April 2006); *Krautzberger*, in: B/K/L, § 1a, Rn. 26; *ders.*, in: E/Z/B/K, § 1a, Rn. 68 u. 71 u. 92 u. 99 (Stand: September 2004); *Stich*, in: Berliner Kommentar, § 1a, Rn. 70 (Stand: August 2002); *Stüer*, NVwZ 2005, 508 (510).

chen auf Vorrat festgelegt werden, die mit einem späteren Bebauungsplan verbundenen Eingriffen im Sinne von § 9 Abs. 1a S. 2 BauGB zugeordnet werden können (vgl. § 135a Abs. 2 S. 2 BauGB).[2168]

Die von der Eingriffsregelung nach dem Bundesnaturschutzgesetz gem. § 1a Abs. 3 BauGB erfassten Schutzgüter des Landschaftsbildes und der Leistungs- und Funktionsfähigkeit des Naturhaushalts sind nicht nur aufgrund dieser Regelung im Rahmen der Bauleitplanung zu berücksichtigen. Vielmehr sieht auch § 1 Abs. 6 Nr. 7 lit. a BauGB, der lit. f Anhang I Plan-UP-RL und Nr. 3 Anhang IV UVP-Änderungs-RL (97/11/EG) umsetzt[2169] und auf den § 1a Abs. 3 S. 1 BauGB zur näheren Konkretisierung des Naturhaushalts sogar verweist, vor, Auswirkungen auf Tiere, Pflanzen, Boden, Wasser, Luft, Klima und das Wirkungsgefüge zwischen ihnen und damit auf den Naturhaushalt (vgl. § 10 Abs. 1 Nr. 1 BNatSchG[2170]) im Rahmen der Abwägung gem. § 2 Abs. 3 (in der Regel i. V. m. § 2 Abs. 4), § 1 Abs. 7 BauGB auf ihre Abwägungsrelevanz hin zu prüfen und entsprechend in die Abwägung als solche einzubeziehen oder nicht. Ebenso führt § 1 Abs. 6 Nr. 7 lit. a BauGB die Auswirkungen der Bauleitplanung auf die Landschaft als in der Abwägung zu berücksichtigend an, auch wenn die Begrifflichkeit des Baugesetzbuchs von Naturhaushalt und Landschaft ohne Bezugnahme auf das Bundesnaturschutzgesetz grundsätzlich eine eigenständige, nicht zwingend bedeutungsgleiche ist.[2171] § 1a Abs. 3 BauGB verlangt demgegenüber eine über die Anforderung der § 1 Abs. 6 Nr. 7 lit. a, § 2 Abs. 3, § 1 Abs. 7 BauGB hinausgehende, besondere, mit einem Vermeidungs- und Ausgleichsgebot verbundene Berücksichtigung der Auswirkungen der Planung auf Landschaftsbild und Naturhaushalt in der Abwägung für den Fall, dass die in § 1 Abs. 6 Nr. 7 lit. a BauGB bezeichneten Belange der Leistungs- und Funktionsfähigkeit des Naturhaushalts und des Landschaftsbildes voraussichtlich erheblich beeinträchtigt werden,[2172] ähnlich dem Verhältnis von § 1 Abs. 6 Nr. 7 lit. b BauGB und § 1a Abs. 4 BauGB.[2173]

Anwendungs- bzw. Einstiegsvoraussetzung der naturschutzrechtlichen Eingriffsregelung gem. § 1a Abs. 3 BauGB, § 21 Abs. 1 BNatSchG im Bauleitplanungsrecht ist natürlich, dass aufgrund des Bauleitplans *überhaupt Eingriffe* in Natur und Landschaft im Sinne des § 18 Abs. 1 BNatSchG bzw. der entsprechenden landesrechtlichen Vorschriften, d. h. Veränderungen der dort genannten

---

2168 *Brohm*, Öffentliches Baurecht, § 26, Rn. 28; *Gellermann*, in: Landmann/Rohmer, Umweltrecht, Band IV, § 21 BNatSchG, Rn. 7 (Stand: April 2006); *Kloepfer*, Umweltrecht, § 11, Rn. 119; *Stich*, in: Berliner Kommentar, § 1a, Rn. 84 (Stand: August 2002); *Wagner/Paßlick*, in: Hoppe, UVPG, § 17, Rn. 198.
2169 BT-Drs. 15/2250, S. 38; *Krautzberger*, in: B/K/L, § 1, Rn. 65.
2170 Vgl. BT-Drs. 15/2250, S. 38.
2171 *Söfker*, in: E/Z/B/K, § 1, Rn. 144 (Stand: September 2005).
2172 *Söfker*, in: E/Z/B/K, § 1, Rn. 144 (Stand: September 2005).
2173 Vgl. B. II. 7. c) aa).

Art, die die Leistungs- und Funktionsfähigkeit des Naturhaushalts oder das Landschaftsbild erheblich beeinträchtigen können, zu erwarten sind. Dies ist bei einem Bebauungsplan vor allem dann der Fall, wenn dieser *erstmals* eine bauliche oder sonstige, nicht mehr naturhafte Nutzung von Flächen vorsieht.[2174] Auch aus der grundsätzlichen Suspension von der Ausgleichspflicht für bereits vor der planerischen Entscheidung erfolgte oder zulässige Eingriffe gem. § 1a Abs. 3 S. 5 BauGB ergibt sich, dass die naturschutzrechtliche Eingriffsregelung des § 1a Abs. 3 BauGB *besonders* durch die Planung zugelassene, gegenüber der bisherigen Sach- und Rechtslage *neu ermöglichte Eingriffe* im Fokus hat,[2175] wobei die Voraussetzungen des § 1a Abs. 3 S. 5 BauGB gerade bei der Überplanung bisher schon auf Grund eines nun zu ändernden Bebauungsplans oder nach § 34 BauGB bebaubarer Flächen erfüllt sind.[2176] Ein besonderes Abstellen auf durch die Planung neu ermöglichte Eingriffe bestätigt sich zudem vor dem Hintergrund, dass § 21 Abs. 2 S. 1 BNatSchG bei der Zulassung baulicher Anlagen im Innenbereich gem. § 34 BauGB die Anwendung der §§ 18-20 BNatSchG ausschließt, woraus man folgern könnte, der Gesetzgeber gehe davon aus, dass, gerade weil auf Grund des für ein Innenbereichsgebiet i. S. v. § 34 BauGB notwendigen Bebauungszusammenhangs Bebauung in nicht unerheblichem Umfang, d. h. von gewissem Gewicht,[2177] vorhanden sein muss, eine zusätzliche, sich in die Eigenart der näheren Umgebung einfügende Bebauung *in der Regel* keinen im Verhältnis zur Ausgangslage ins Gewicht fallenden, weiteren Eingriff im Sinne des § 18 Abs. 1 BNatSchG mit sich bringt,[2178] der gem. § 19 BNatSchG vermieden oder wenigstens ausgeglichen werden müsste. Daher wurde die Frage erhoben, ob die naturschutzrechtliche Eingriffsregelung dann nicht auch bei der Überplanung von Innenbereichsflächen im Sinne von § 34 BauGB

2174 *Gellermann*, in: Landmann/Rohmer, Umweltrecht, Band IV, § 21 BNatSchG, Rn. 4 (Stand: April 2006); *Krautzberger*, in: B/K/L, § 1a, Rn. 19; *ders.*, in: E/Z/B/K, § 1a, Rn. 70 (Stand: September 2004).

2175 Vgl. *Krautzberger*, in: E/Z/B/K, § 1a, Rn. 70 (Stand: September 2004) und § 1a, Rn. 102 (Stand: September 2007); *ders.*, in: B/K/L, § 1a, Rn. 19 und 29: Dort wird § 1a Abs. 3 S. 5 BauGB unter Bezugnahme auf die Gesetzesbegründung (BT-Drs. 13/7589, S. 13) vor allem eine klarstellende Funktion zugeschrieben im Hinblick darauf, dass eine Planung, die bereits erfolgte Eingriffe für den neuen Bauleitplan ausnutzt, schon keinen gegenüber der Ausgangslage zusätzlichen Eingriff mit sich bringt und ein solcher daher schon deshalb nicht auszugleichen ist. Vgl. dazu auch *Schink*, in: Bauer/Schink, Die naturschutzrechtliche Eingriffsregelung in der Bauleitplanung, S. 1 (12); *Uechtritz*, NuR 2001, 374 (376).

2176 *Bunzel*, in: BauGB 2004 – Nachgefragt, S. 68 (69); *Krautzberger*, in: E/Z/B/K, § 1a, Rn. 103 (Stand: September 2004) und § 13a, Rn. 82 (Stand: Mai 2007); *Scheidler*, ZfBR 2006, 752 (756); *ders.*, BauR 2007, 650 (655); *Tomerius*, ZUR 2008, 1 (5).

2177 BVerwG, Urt. vom 14.09.1992 – 4 C 15.90, DVBl. 1993, 111 (111); *Krautzberger*, in: B/K/L, § 34, Rn. 2.

2178 *Berkemann*, in: BauGB 2004 – Nachgefragt, S. 65 (66); *Uechtritz*, NuR 2001, 374 (375).

und der Planänderung bei beplanten bebaubaren, wenn auch noch nicht weitgehend bebauten Gebieten insgesamt von vornherein unangewendet bleiben dürfe.[2179] Das Bundesverwaltungsgericht lehnte dies jedoch ab und berief sich darauf, dass die § 21 Abs. 1 BNatSchG, § 1a Abs. 3 S. 1 BauGB nicht zwischen der Überplanung von (beplanten und unbeplanten) Innenbereichsflächen und sonstigen Flächen unterschieden und nur darauf abstellten, ob durch die Planung, unabhängig davon, ob diese auch schon nach bisheriger Rechtslage zulässig waren, Eingriffe in Natur und Landschaft zu erwarten seien, was grundsätzlich auch bei der Überplanung von Innenbereichsflächen möglich sei und daher zunächst geprüft werden müsse.[2180] § 21 Abs. 2 S. 1 BNatSchG ordnete das Gericht ausdrücklich als Spezialregelung im Bereich der Vorhabenzulassung ein, die keine Anhaltspunkte für das generelle Verständnis der naturschutzrechtlichen Eingriffsregelung bietet und nicht davon ausgeht, dass Innenbereichsvorhaben grundsätzlich nicht in Natur und Landschaft eingreifen.[2181] Im Rahmen des § 21 Abs. 1 BNatSchG, § 1a Abs. 3 S. 1 BauGB sind also nicht generell nur gegenüber der Ausgangslage zusätzlich ermöglichte Eingriffe zu beachten,[2182] lediglich eine Ausgleichspflicht gem. § 1a Abs. 3 S. 1 2. Alt. BauGB kann gem.

2179 Vgl. *Berkemann*, in: BauGB 2004 – Nachgefragt, S. 65 (66); *Uechtritz*, NuR 2001, 374 (375).
2180 BVerwG, Urt. vom 31.08.2000 – 4 CN 6.99, E 112, 41 (41 u. 42/43); *Berkemann*, BauGB 2004 – Nachgefragt, S. 65 (66).
2181 BVerwG, Urt. vom 31.08.2000 – 4 CN 6.99, E 112, 41 (44 u. 43); *Uechtritz*, NuR 2001, 374 (375). Vor dem Hintergrund dieser Entscheidung ist es inkonsequent, § 1a Abs. 3 S. 5 BauGB als weitgehend klarstellende Regelung einzuordnen, denn sie erfasst die Überplanung bereits baulich genutzter und nutzbarer Bereiche, die durchaus mit zusätzlichen Eingriffen verbunden sein kann, und ist daher eigentlich eine gesetzliche Sonderregelung für die Überplanung baulich schon genutzter bzw. wenigstens nutzbarer Flächen, wie § 21 Abs. 2 S. 1 BNatSchG eine Sonderregelung für die Vorhabenzulassung enthält (vgl. BVerwG, Urt. vom 31.08.2000 – 4 CN 6.99, E 112, 41 (44)); *Krautzberger*, in: E/Z/B/K, § 1a, Rn. 102 (Stand: September 2007), bestätigt diese Ansicht zu § 1a Abs. 3 S. 5 BauGB vor allem deshalb, weil die Regelung auch bisher nur zulässige, nicht verwirklichte und damit tatsächlich neue Eingriffe erfasst. So auch *Uechtritz*, NuR 2001, 374 (375 u. 376/377). Auch *Gierke* ordnet § 1a Abs. 3 S. 5 BauGB und daher auch § 13a Abs. 2 Nr. 4 BauGB als Ausnahme von den Anforderungen der naturschutzrechtlichen Eingriffsregelung ein, in: Brügelmann, § 13a, Rn. 133 (Stand: Februar 2008); vgl. auch *Krautzberger*, in: E/Z/B/K, § 13a, Rn. 82 (Stand: Mai 2007), bezogen auf § 13a Abs. 2 Nr. 4 BauGB. Hierbei ist auch zu beachten, dass das aus BT-Drs. 13/7589, S. 13, abgeleitete klarstellende Verständnis des Gesetzgebers von § 1a Abs. 3 S. 5 BauGB nicht unbedingt dahingehend zu verstehen ist, dass im Rahmen des § 1a Abs. 3 S. 5 BauGB keine Eingriffe in Natur und Landschaft erfolgen. Es wird ausdrücklich nur klargestellt, dass *kein Ausgleich* erforderlich ist, soweit *Eingriffe* bereits vor der planerischen Entscheidung zulässig waren. Gleiches gilt, wenn die Eingriffe bereits erfolgt sind, wobei hierbei dann aufgrund der Planung tatsächlich kein neuer Eingriff erfolgt.
2182 *Uechtritz*, NuR 2001, 374 (376).

§ 1a Abs. 3 S. 5 BauGB nur für solche Eingriffe bestehen; das von § 1a Abs. 3 S. 1 1. Alt. BauGB statuierte Vermeidungs- bzw. Minimierungsgebot gilt dagegen ohne Einschränkung für alle mit der Planung verbundenen Eingriffe in Natur und Landschaft.

Um die Anforderungen des § 21 Abs. 1 BNatSchG, § 1a Abs. 3 BauGB erfüllen zu können, ist zu Beginn der Planung – bei Durchführung einer Umweltprüfung in deren Rahmen (vgl. Nr. 2 lit. a u. lit. b Anlage 1 BauGB)[2183] – durch eine Bestandsaufnahme des derzeitigen Umweltzustands der Status des Landschaftsbildes und der Leistungs- und Funktionsfähigkeit des Naturhaushalts in seinen in § 1 Abs. 6 Nr. 7 lit. a BauGB bezeichneten Bestandteilen, also der gegenwärtige Zustand von Natur und Landschaft, aufzunehmen und zu bewerten,[2184] um beurteilen zu können, ob und in welchem Umfang durch die Planung Eingriffe im Sinne des § 18 Abs. 1 BNatSchG bzw. im Sinne der landesrechtlichen Umsetzung von § 18 Abs. 1 BNatSchG erfolgen. Dabei ist zu bedenken, dass durch die Anforderung des § 1 Abs. 6 Nr. 7 lit. a BauGB ohnehin im Rahmen des § 2 Abs. 3 BauGB bzw. der Spezialregelung des § 2 Abs. 4 S. 1 BauGB die Betroffenheit der Belange des Naturhaushalts und des Landschaftsbildes durch die Planung im Hinblick auf eine fehlerfreie Abwägung ermittelt und bewertet werden muss, woraus sich das Vorliegen eines Eingriffs im Sinne von § 18 Abs. 1 BNatSchG bzw. entsprechender landesrechtlicher Regelungen ablesen lässt.[2185] Daraufhin ist zu prüfen, ob und inwieweit die auf Grund der bisher beabsichtigten Planung zu erwartenden Eingriffe zur Erreichung des planerischen Ziels tatsächlich – auch in dem Ausmaß – notwendig sind oder wenigstens gemindert werden können[2186] bzw. der Eingriff in dem geplanten Umfang – eventuell sogar trotz seiner grundsätzlichen Vermeidbarkeit – im Rahmen der Abwägung mit anderen für und gegen die Planung sprechenden Aspekten zu rechtfertigen ist. Für innerhalb der Abwägung vertretbare (vermeidbare oder unvermeidbare) Eingriffe ist im Rahmen der Abwägung desweiteren zu beachten, ob und inwieweit, wie und auf welchen Flächen die Eingriffe zur Verwirkli-

---

2183 Vgl. *Mitschang*, in: Berliner Kommentar, § 2, Rn. 109 (Stand: September 2007); *Krautzberger*, in: E/Z/B/K, § 2, Rn. 192 (Stand: September 2007); *Wagner/Paßlick*, in: Hoppe, UVPG, § 17, Rn. 195; vgl. Fn. 1445 u. 1446 u. 1572.
2184 *Krautzberger*, in: B/K/L, § 1a, Rn. 20; *ders.*, in: E/Z/B/K, § 1a, Rn. 71 (Stand: September 2004); *Stich*, in: Berliner Kommentar, § 1a, Rn. 41 u. 56 (Stand: August 2002).
2185 BT-Drs. 15/2250, S. 38; Krautzberger, in: E/Z/B/K, § 1, Rn. 65.
2186 *Berkemann*, in: BauGB 2004 – Nachgefragt, S. 66 (67); *Krautzberger*, in: B/K/L, § 1a, Rn. 20; *ders.*, in: E/Z/B/K, § 1a, Rn. 71 (Stand: September 2004); *Stich*, in: Berliner Kommentar, § 1a, Rn. 41 u. 63 (Stand: August 2002). Vgl. auch *Stüer*, NVwZ 2005, 508 (510).

chung der Ziele von Naturschutz und Landschaftspflege auszugleichen sind.[2187] Über die Anforderungen der naturschutzrechtlichen Eingriffsregelung ist gem. § 1a Abs. 3 S. 1 BauGB also insgesamt innerhalb der Abwägung mit den anderen für die Planung relevanten Belangen gem. § 1 Abs. 7 BauGB zu entscheiden, so dass die von § 19 BNatSchG vorgesehene strenge Stufenfolge nicht gilt.[2188] Gem. § 1a Abs. 3 S. 4 1. Alt, § 11 Abs. 1 S. 2 Nr. 2 BauGB kann ein auf Grund planerischer Abwägung notwendiger Ausgleich von Eingriffen in Natur und Landschaft statt[2189] durch Darstellungen bzw. Festsetzungen in Bauleitplänen auch durch vertragliche Vereinbarungen über die Durchführung des Ausgleichs erfolgen. § 1a Abs. 3 S. 4 2. Alt. BauGB erlaubt zudem einen Ausgleich durch sonstige, nicht in § 1a Abs. 3 BauGB genannte, geeignete Maßnahmen zum Ausgleich auf von der Gemeinde bereitgestellten Flächen.[2190]

b) Besonderheit im beschleunigten Verfahren gem. § 13a Abs. 2 Nr. 4 BauGB

§ 13a Abs. 2 Nr. 4 BauGB beinhaltet als grundsätzlich materiell-rechtliche Besonderheit des beschleunigten Verfahrens,[2191] die entsprechend der obigen Ausführungen[2192] auch eine formell-rechtliche Komponente hat, für kleinflächige Bebauungspläne der Innenentwicklung gem. § 13a Abs. 1 S. 2 Nr. 1 BauGB die Fiktion[2193] des Vorliegens der in § 1a Abs. 3 S. 5 BauGB normierten Voraussetzungen für die Suspension von einer gem. § 1a Abs. 3 S. 1 2. Alt., § 1 Abs. 7 BauGB möglicherweise bestehenden naturschutzrechtlichen Ausgleichspflicht für durch die Planung zu erwartende Eingriffe in Natur und Landschaft,[2194] indem eventuell aufgrund der Planung zu erwartende Eingriffe in Natur und Land-

---

2187 *Berkemann*, in: BauGB 2004 – Nachgefragt, S. 66 (68); *Krautzberger*, in: B/K/L, § 1a, Rn. 21 u. 23; *ders.*, in: E/Z/B/K, § 1a, Rn. 72 (Stand: September 2004); *Stich*, in: Berliner Kommentar, § 1a, Rn. 41.
2188 BVerwG, vom 31.01.1997 – 4 NB 27.96, DVBl. 1997, 1112 (1112 u. 1114); *Gellermann*, in: Landmann/Rohmer, Umweltrecht, Band IV, § 21 BNatSchG, Rn. 7 (Stand: April 2006); *Kloepfer*, Umweltrecht, § 11, Rn. 118 und Rn. 365; *Stich*, in: Berliner Kommentar, § 1a, Rn. 65. Vgl. Fn. 2164.
2189 *Krautzberger*, in: E/Z/B/K, § 1a, Rn. 100 (Stand: September 2004); *Stich*, in: Berliner Kommentar, § 1a, Rn. 99 (Stand: August 2002).
2190 Näheres dazu in BVerwG, Urt. vom 19.09.2002 – 4 CN 1.02, E 117, 58 (67 f.).
2191 *Bienek*, SächsVBl. 2007, 49 (51).
2192 Vgl. B. III. 4. a).
2193 Der Gesetzgeber spricht von einer „gesetzlichen Feststellung", vgl. BT-Drs. 16/2496, S. 15; *Battis/Krautzberger/Löhr*, NVwZ 2007, 121 (125); *Blechschmidt*, ZfBR 2007, 120 (122); *Gierke*, in: Brügelmann, § 13a, Rn. 133 (Stand: Februar 2008); *Jäde*, in: J/D/W, BauGB, § 13a, Rn. 20; *Krautzberger*, in: E/Z/B/K, § 13a, Rn. 82 (Stand: Mai 2007); *ders.*, UPR 2007, 53 (54); *Schröer*, NZBau 2006, 703 (705), spricht von einer unwiderleglichen gesetzlichen Feststellung; *Starke*, JA 2007, 488 (489).
2194 *Krautzberger*, UPR 2007, 53 (54); Mustereinführungserlass, S. 9, abrufbar unter http://www.is-argebau.de/ (zuletzt abgerufen am 10.05.2008).

schaft als vor der planerischen Entscheidung erfolgt oder zulässig eingeordnet werden, unabhängig davon, ob dem tatsächlich so ist, was daher nicht speziell zu untersuchen ist.[2195] Damit sind auch tatsächlich erst durch die Planung neu ermöglichte Eingriffe in Natur und Landschaft von vornherein nicht gem. § 1a Abs. 3 S. 1 2. Alt. BauGB ausgleichspflichtig,[2196] egal, ob dies auch das Ergebnis einer § 1a Abs. 3 S. 1 BauGB vollumfänglich beachtenden Abwägungsentscheidung gem. § 1 Abs. 7 BauGB wäre.[2197] Dies bedeutet aber nicht, dass die gesamte, in § 1a Abs. 3 S. 1 BauGB vorgesehene naturschutzrechtliche Eingriffsregelung für kleinflächige Bebauungspläne der Innenentwicklung innerhalb des beschleunigten Verfahrens ohne Bedeutung ist. § 13a Abs. 2 Nr. 4 BauGB bezieht sich nicht auf den gesamten § 1a BauGB, sondern entbindet durch die Fiktion des Vorliegens der Voraussetzungen des § 1a Abs. 3 S. 5 BauGB – wie diese Regelung auch[2198] – nur von einer sich eventuell aus der Regelung des § 1a Abs. 3 S. 1 2. Alt. BauGB ergebenden Ausgleichspflicht hinsichtlich durch die Planung zu erwartender Eingriffe in Natur und Landschaft. Ebenso wenig wie § 1a Abs. 3 S. 5 BauGB befreit die Fiktion des § 13a Abs. 2 Nr. 4 BauGB von der sich aus § 1a Abs. 3 S. 1 1. Alt. BauGB ergebenden Pflicht zu prüfen, ob und in welcher Erheblichkeit die gewünschte Planung mit Eingriffen in Natur und Landschaft verbunden ist sowie ob und wie diese in der Abwägung mit den anderen von der Planung berührten Belangen unter Verfolgung des Planungsziels vermieden oder wenigstens verringert werden können.[2199] § 13a Abs. 2 Nr. 4 BauGB befreit also nur vom in § 1a Abs. 3 S. 1 BauGB statuierten Kompensationsgebot[2200], nicht vom Schonungsgebot.[2201]

2195 *V. Feldmann*, Grundeigentum 2007, 415 (417); *Götze/Müller*, ZUR 2008, 8 (12); *Krautzberger*, in: E/Z/B/K, § 13a, Rn. 84 (Stand: Mai 2007); *Kuschnerus*, Der standortgerechte Einzelhandel, Rn. 609; *Spannowsky*, in: Spannowsky/Hofmeister, BauGB 2007, S. 27 (37); *ders.*, NuR 2007, 521 (525); *ders.*, in: Berliner Kommentar, § 13a, Rn. 30 (Stand: Juli 2007); Mustereinführungserlass, S. 9, abrufbar unter http://www.is-argebau.de/ (zuletzt abgerufen am 10.05.2008).
2196 Vgl. BT-Drs. 16/2496, S. 15; *Bunzel*, LKV 2007, 444 (449); vgl. *Götze/Müller*, ZUR 2008, 8 (12); vgl. *Scheidler*, ZfBR 2006, 752 (756); *ders.*, BauR 2007, 650 (655); vgl. *Tomerius*, ZUR 2008, 1 (5).
2197 Vgl. *Battis*, in: B/K/L, § 13a, Rn. 17; vgl. *Battis/Krautzberger/Löhr*, NVwZ 2007, 121 (125); vgl. *Mitschang*, ZfBR 2007, 433 (445); vgl. *Müller-Grune*, BauR 2007, 985 (991); *Reidt*, NVwZ 2007, 1029 (1031); vgl. *Schröer*, NZBau 2006, 703 (705).
2198 *Götze/Müller*, ZUR 2008, 8 (12); *Uechtritz*, NuR 2001, 374 (376 u. 377); *ders.*, BauR 2007, 476 (482). Vgl. *Gierke*, in: Brügelmann, § 13a, Rn. 134 (Stand: Februar 2008); vgl. B. III. 4. a).
2199 *Bunzel*, Difu-Praxistest, S. 42 u. 43, abrufbar unter http://www.difu.de/publikationen/difu-berichte/4_06/11.phtml (zuletzt abgerufen am 01.03.2008); *ders.*, LKV 2007, 444 (449); *Dirnberger*, Bay. Gemeindetag 2/2007, 51 (53); *Gierke*, in: Brügelmann, § 13a, Rn. 10 u. 132 u. 134 (Stand: Februar 2008); *Götze/Müller*, ZUR 2008, 8 (12); *Jäde*, in: J/D/W, BauGB, § 13a, Rn. 20; *Krautzberger/Stüer*, DVBl. 2007, 160 (163); *Kuschnerus*, Der standortgerechte Einzelhandel, Rn. 609; *Mitschang*, ZfBR 2007, 433

Bei großflächigen Bebauungsplänen der Innenentwicklung im Sinne des § 13a Abs. 1 S. 2 Nr. 2 BauGB, für die § 13a Abs. 2 Nr. 4 BauGB keine Verfahrensbesonderheit vorsieht, gelten die Anforderungen des § 1a Abs. 3 BauGB uneingeschränkt.[2202] Dies bedeutet, dass im Hinblick auf eine sich eventuell aus den Anforderungen des § 1a Abs. 3 S. 1 2. Alt. BauGB ergebende Ausgleichspflicht für mit der Planung voraussichtlich verbundene Eingriffe in Natur und Landschaft in jedem Einzelfall ermittelt werden muss, ob mit der Planung verbundene Eingriffe gem. § 18 Abs. 1 BNatSchG bzw. gem. der landesrechtlichen Umsetzung dieser Regelung im Sinne von § 1a Abs. 3 S. 5 BauGB schon vor der planerischen Entscheidung erfolgt sind oder wenigstens zulässig waren.[2203] Indem die in § 13a Abs. 2 Nr. 4 BauGB vorgesehene Fiktion nicht für großflächige Bebauungspläne der Innenentwicklung gilt, impliziert sie nicht, dass durch diese (neu) ermöglichte Eingriffe in Natur und Landschaft strikt ausgleichspflichtig sind; vielmehr sind sie es nur nach den im Rahmen der Abwägung des

---

(446); *Reidt*, NVwZ 2007, 1029 (1031); *Tomerius*, ZUR 2008, 1 (6); *Uechtritz*, BauR 2007, 476 (482); *ders.*, NuR 2001, 374 (377), für § 1a Abs. 3 S. 5 BauGB; Mustereinführungserlass, S. 4, abrufbar unter http://www.is-argebau.de/ (zuletzt abgerufen am 10.05.2008), betont, dass (nur) die Erforderlichkeit eines Ausgleichs im Sinne der naturschutzrechtlichen Eingriffsregelung entfällt. Jedenfalls missverständlich hier *Krautzberger*, in: Krautzberger/Söfker, Baugesetzbuch, Rn. 154d; *ders.*, in: E/Z/B/K, § 13a, Rn. 82 (Stand: Mai 2007); *Krautzberger/Stüer*, DVBl. 2007, 160 (163); *Mitschang*, ZfBR 2008, 227 (236), die davon sprechen, dass die Eingriffsregelung des § 1a Abs. 3 BauGB auf kleinflächige Bebauungspläne der Innenentwicklung im beschleunigten Verfahren (insgesamt) keine Anwendung findet. Jedoch stellt auch *Krautzberger*, in: E/Z/B/K, § 13a, Rn. 84 (Stand: Mai 2007), auf ein Entfallen nur der Kompensationspflicht ab. Unklar auch *Wallraven-Lindl/Strunz/Geiß*, Das Bebauungsplanverfahren nach dem BauGB 2007, S. 174, klarer auf S. 161.

2200 *Stüer*, NVwZ 2005, 508 (510); ähnlich *Götze/Müller*, ZUR 2008, 8 (12); *Krautzberger/ Stüer*, DVBl. 2007, 160 (163).

2201 *Stüer*, NVwZ 2005, 508 (510); ähnlich *Götze/Müller*, ZUR 2008, 8 (12).

2202 BT-Drs. 16/2496, S. 15; *Battis*, in: B/K/L, § 13a, Rn. 17; *Battis/Krautzberger/Löhr*, NVwZ 2007, 121 (125); *Gierke*, in: Brügelmann, § 13a, Rn. 132 (Stand: Februar 2008); *Jäde*, in: J/D/W, BauGB, § 13a, Rn. 20; *Kirchmeier*, in: Hk-BauGB, § 13a, Rn. 12; vgl. *Krautzberger*, in: Krautzberger/Söfker, Baugesetzbuch, Rn. 154d; *Mitschang*, ZfBR 2007, 433 (446); *Söfker*, in: Spannowsky/Hofmeister, BauRG 2007, S. 20; *Schröer*, NZBau 2006, 703 (705).

2203 BT-Drs. 16/2496, S. 15; *Battis*, in: B/K/L, § 13a, Rn. 17; vgl. *Battis/Krautzberger/ Löhr*, NVwZ 2007, 121 (125); *Gierke*, in: Brügelmann, § 13a, Rn. 132 (Stand: Februar 2008); *Krautzberger*, UPR 2006, 405 (408); *Mitschang*, ZfBR 2007, 433 (446); *Schröer*, NZBau 2006, 703 (705); *Spannowsky*, in: Berliner Kommentar, § 13a, Rn. 32 (Stand: Juli 2007).
Die Überprüfung der Voraussetzungen des § 1a Abs. 3 S. 5 BauGB unterliegt uneingeschränkter gerichtlicher Kontrolle, vgl. BVerwG, Beschl. vom 04.10.2006 – 4 BN 26.06, UPR 2007, 67 (67).

§ 1 Abs. 7 BauGB zu beachtenden allgemeinen Maßgaben des § 1a Abs. 3 BauGB,[2204] wie das innerhalb der Bauleitplanung grundsätzlich der Fall ist.

c) Hintergrund des § 13a Abs. 2 Nr. 4 BauGB und Rechtfertigung der Fiktion

Mit der in § 13a Abs. 2 Nr. 4 BauGB für das beschleunigte Verfahren vorgesehenen Modifikation der Anforderungen des § 1a Abs. 3 BauGB an die Bauleitplanung für kleinflächige Bebauungspläne der Innenentwicklung will der Gesetzgeber die Praktikabilität des beschleunigten Verfahrens für kleinflächige Bebauungspläne der Innenentwicklung ergänzend zu den sonstigen Verfahrensbesonderheiten erhöhen.[2205] Er will einen besonderen Anreiz dafür geben, kleinflächige Bebauungspläne der Innenentwicklung aufzustellen, indem er deren Aufstellung im Rahmen des beschleunigten Verfahrens durch den generellen Verzicht auf eine sich evtl. aus § 1a Abs. 3 S. 1 2. Alt., § 1 Abs. 7 BauGB ergebende Ausgleichspflicht (zusätzlich) erleichtern will.[2206] Dies bestätigt sich vor allem vor dem Hintergrund, dass der in § 1a Abs. 3 S. 5 BauGB vorgesehene Verzicht auf die Ausgleichspflicht gem. § 1a Abs. 3 S. 1 2. Alt. BauGB als Planungserleichterung für die Überplanung von die Voraussetzungen des § 1a Abs. 3 S. 5 BauGB erfüllenden Flächen, d. h. insbesondere für die Überplanung von Innenbereichsgebieten im Sinne von § 34 BauGB und für die Planänderung in bereits beplanten Gebieten,[2207] eingestuft und deshalb als Beitrag zur Begrenzung der Ausdehnung der Bauflächen in den (bislang unbeplanten) Außenbereich hinein angesehen wurde.[2208] Diese ist eines der Hauptanliegen des beschleunigten Verfahrens für Bebauungspläne der Innenentwicklung und beeinflusst dort bereits die Auslegung des Begriffs „Innenentwicklung" gem. § 13a Abs. 1 S. 1 BauGB. Daher verweist der Gesetzgeber zur Rechtfertigung der in § 13a Abs. 2 Nr. 4 BauGB für kleinflächige Bebauungspläne der Innenentwicklung vorgesehenen Fiktion des Vorliegens der Voraussetzungen des § 1a Abs. 3 S. 5 BauGB auch auf die besonderen Merkmale dieser Bebauungspläne und das

---

2204 Freising hatte im Praxistest diesbezüglich Zweifel geäußert, *Bunzel*, Difu-Praxistest, S. 41, abrufbar unter http://www.difu.de/publikationen/difu-berichte/4_06/11.phtml (zuletzt abgerufen am 01.03.2008); klargestellt im Mustereinführungserlass, S. 9, abrufbar unter http://www.is-argebau.de/ (zuletzt abgerufen am 10.05.2008); vgl. auch *Gierke*, in: Brügelmann, § 13a, Rn. 132 (Stand: Februar 2008); *Götze/Müller*, ZUR 2008, 8 (12); *Jäde*, in: J/D/W, BauGB, § 13a, Rn. 20; *Krautzberger*, in: E/Z/B/K, § 13a, Rn. 87 (Stand: Mai 2007); *Spannowsky*, in: Berliner Kommentar, § 13a, Rn. 32 (Stand: Juli 2007).
2205 BT-Drs. 16/2496, S. 15.
2206 *Bunzel*, LKV 2007, 444 (449).
2207 Vgl. Fn. 2176.
2208 *Uechtritz*, NuR 2001, 374 (377). Auch der Praxistest sieht im Entfallen des Ausgleichserfordernisses jedenfalls teilweise einen wichtigen Entlastungsfaktor, *Bunzel*, Difu-Praxistest, S. 19 u. 40, abrufbar unter http://www.difu.de/publikationen/difu-berichte/4_06/11.phtml (zuletzt abgerufen am 01.03.2008).

allgemein mit dem beschleunigten Verfahren für Bebauungspläne der Innenentwicklung verfolgte Ziel, die weitere Neuinanspruchnahme von Flächen einzuschränken und (mit dieser verbundene) Eingriffe in Natur und Landschaft zu vermeiden.[2209] Weil also Bebauungspläne der Innenentwicklung nur solche Bebauungspläne sind, die nicht gezielt Flächen außerhalb der Ortslage neu in Anspruch nehmen und nur bereits baulich genutzte oder wenigstens vorgeprägte Flächen innerhalb des Siedlungsbereichs bzw. in unmittelbarer Nähe zu diesem überplanen, geht der Gesetzgeber davon aus, dass *kleinflächige* Bebauungspläne aufgrund dessen *in der Regel* nicht mit neuen und bisher nicht möglichen Eingriffen in Natur und Landschaft verbunden sind,[2210] so dass ohnehin die Voraussetzungen des § 1a Abs. 3 S. 5 BauGB erfüllt wären, zumal sie gem. § 13a Abs. 1 S. 2 Nr. 1 BauGB eine bestimmte Größe nicht überschreiten dürfen und zudem die Ausschlussgründe des § 13a Abs. 1 S. 4 u. S. 5 BauGB nicht erfüllt sein dürfen. Sollten sie tatsächlich neue Eingriffe in Natur und Landschaft ermöglichen, so dass die Voraussetzungen von § 1a Abs. 3 S. 5 BauGB an sich nicht vorliegen, enthält § 13a Abs. 2 Nr. 4 BauGB eine echte Fiktion, die der Gesetzgeber damit rechtfertigt, dass Bebauungspläne der Innenentwicklung schon qua Definition dazu beitragen, die Neuinanspruchnahme von bisher baulich ungenutzten und auch ungeprägten Flächen zu vermindern, die regelmäßig weitaus gravierendere neue Eingriffe in Natur und Landschaft mit sich bringt, als sie durch Bebauungspläne der Innenentwicklung neu ermöglicht werden, und die daher auch mit einem erheblicheren Ausgleichserfordernis verbunden ist.[2211,]

[2209] BT-Drs. 16/2496, S. 15. BT-Drs. 16/3308, S. 15, rechtfertigt § 13a Abs. 2 Nr. 4 BauGB damit, dass kleinflächige Bebauungspläne der Innenentwicklung mit überwiegenden Vorteilen für die Natur verbunden sind.

[2210] Vgl. *Krautzberger*, in: E/Z/B/K, § 13a, Rn. 82 (Stand: Mai 2007); vgl. *ders.*, in: E/Z/B/K, § 1a, Rn. 103 (Stand: September 2007), wo er auf den Zusammenhang zwischen voraussichtlich nicht erheblichen Umweltauswirkungen einer Planung (im Fall von § 13 Abs. 1 2. Var. u. 3. Var. BauGB) und der Nicht-Neuermöglichung von Eingriffen in Natur und Landschaft verweist; *ders.*, in: B/K/L, § 1a, Rn. 29, wo er darauf hinweist, dass bei Wiedernutzbarmachungsmaßnahmen die Voraussetzungen von § 1a Abs. 3 S. 5 BauGB häufig vorliegen; vgl. *Tomerius*, ZUR 2008, 1 (6); *Söfker*, in: E/Z/B/K, § 1, Rn. 144 (Stand: September 2005), stellt in Bezug auf § 1 Abs. 6 Nr. 7 lit. a BauGB heraus, dass eine Inanspruchnahme von nicht bebauten Flächen des Außenbereichs für bauliche Zwecke durch die Bauleitplanung zumeist bedeutet, dass Belange des Naturschutzes und der Landschaftspflege berührt sind. Vgl. dazu auch B. II. 6. d) aa) (4) (a).

[2211] Vgl. *Krautzberger*, in: E/Z/B/K, § 13a, Rn. 82 (Stand: Mai 2007); *Uechtritz*, BauR 2007, 476 (482/483). Dieser Rechtfertigung stimmt auch der Praxistest zu, *Bunzel*, Difu-Praxistest, S. 40, abrufbar unter http://www.difu.de/publikationen/difu-berichte/4_06/11.phtml (zuletzt abgerufen am 01.03.2008). Ebenso *Battis*, in: B/K/L, § 13a, Rn. 17; *Battis/Krautzberger/Löhr*, NVwZ 2007, 121 (125); *Krautzberger*, in: Krautzberger/Söfker, Baugesetzbuch, Rn. 154d; *ders.*, in: B/K/L, § 1a, Rn. 29; *Portz*, in: Spannowsky/Hofmeister, BauGB 2007, S. 1 (5); *Söfker*, in: Spannowsky/

[2212] Der Verzicht auf ein eventuell gem. § 1a Abs. 3 S. 1 2. Alt. i. V. m. S. 5 BauGB bestehendes Ausgleichserfordernis wird also damit gerechtfertigt, dass ein (kleinflächiger) Bebauungsplan der Innenentwicklung in der Gesamtbetrachtung grundsätzlich mit überwiegenden Vorteilen für Natur und Landschaft verbunden ist,[2213] indem er vor allem im Außenbereich vorzufindende, bisher baulich weitgehend unberührte Natur und Landschaft baulich unversehrt lässt.

Mit § 13a Abs. 2 Nr. 4 BauGB reagiert der Gesetzgeber auch auf eine die Bebauungsplanung allgemein hemmende, über das gebotene Maß hinausgehende Beachtung des Ausgleichs von Eingriffen in Natur und Landschaft nach § 1a Abs. 3 S. 1 2. Alt. BauGB in der Praxis, die von einer strikten, vollumfänglichen Ausgleichspflicht ausgeht,[2214] was in der Folge zu einem hohen Kompensationsaufwand führt. Zudem wurde die von § 1a Abs. 3 S. 1 2. Alt. BauGB statuierte Kompensationspflicht als „nachhaltige Trauerarbeit"[2215] empfunden, wobei dieser Begriff wohl daraus abgeleitet wird, dass die naturschutzrechtliche Eingriffsregelung mit ihrem Gebot des Vermeidens, Verringerns *und* Ausgleichens von Eingriffen in Natur und Landschaft eine Spezialausprägung des in § 1 Abs. 5 BauGB verankerten Nachhaltigkeitsprinzips ist,[2216] insbesondere weil nicht nur entsprechend des Abwägungsgrundsatzes der Abwägungsproportionalität darauf geachtet werden muss, ob ein durch die Planung ermöglichter Eingriff in Natur und Landschaft in einen gerechten Ausgleich mit den anderen für und gegen die

---

Hofmeister, BauRG 2007, S. 20; *Spannowsky*, in: Berliner Kommentar, § 13a, Rn. 30 (Stand: Juli 2007). Ein wenig kritisch *Mitschang*, ZfBR 2007, 433 (446); kritisch auch *Scheidler*, ZfBR 2006, 752 (756); *ders.*, BauR 2007, 650 (655); ein wenig kritisch auch *Uechtritz*, BauR 2007, 476 (482/483). Vgl. Fn. 1909.

2212 Dem Mustereinführungserlass, S. 9, abrufbar unter http://www.is-argebau.de/ (zuletzt abgerufen am 10.05.2008), kann insofern nicht zugestimmt werden (vgl. *Götze/Müller*, ZUR 2008, 8 (12, Fn. 35)), als er in § 13a Abs. 2 Nr. 4 BauGB nur eine Interpretationsregelung zum ohnehin schon geltenden § 1a Abs. 3 S. 5 BauGB sieht, was an sich bedeuten würde, dass § 13a Abs. 2 Nr. 4 BauGB keine echte Fiktion sein könnte, also in den Fällen nicht greifen würde, in denen der Bebauungsplan der Innenentwicklung tatsächlich Eingriffe neu ermöglicht, so dass die Regelung gegenüber dem ohnehin geltenden Recht keinen eigenen Regelungsgehalt hätte. Von einer gesetzlichen Interpretation geht auch *Krautzberger*, in: Krautzberger/Söfker, Baugesetzbuch, Rn. 154d und in: E/Z/B/K, § 13a, Rn. 82 (Stand: Mai 2007), aus, wobei hier die Unschärfe des Begriffs erkannt wird.

2213 BT-Drs. 16/3308, S. 15. Vgl. Fn. 1909.

2214 *Battis*, in: B/K/L, § 13a, Rn. 17; *Battis/Krautzberger/Löhr*, NVwZ 2007, 121 (125); *Mitschang*, ZfBR 2007, 433 (446).

2215 *Krautzberger/Stüer*, DVBl. 2007, 160 (163); vgl. auch *Stüer*, NVwZ 2005, 508 (513). *Krautzberger/Stüer*, DVBl. 2004, 914 (924), bezogen auf die Berücksichtigung aller betroffenen Umweltbelange in der Abwägung im Zusammenhang mit dem Grundsatz der Gewährleistung einer nachhaltigen Entwicklung.

2216 Vgl. Fn. 1487; vgl. auch BT-Drs. 14/8953, S. 121. Vgl. auch Fn. 127 im Hinblick auf die Bodenschutzklausel, mit der § 1a Abs. 3 BauGB in engem Zusammenhang steht (vgl. Fn. 148).

Planung sprechenden privaten und öffentlichen Belangen gebracht werden kann, sondern *grundsätzlich*[2217] über Kompensationsmöglichkeiten für in ihrer Intensität und ihrem Umfang innerhalb der Abwägung zu rechtfertigende Eingriffe nachgedacht werden muss und ein ausgleichsloser Eingriff in der Regel nur schwer zu rechtfertigen ist.[2218] Die in § 1a Abs. 3 S. 1 2. Alt. BauGB statuierte Ausgleichspflicht hatte deshalb gerade im Bereich der Nachverdichtung wegen des mit ihr verbundenen Verfahrensaufwands und der für sie notwendigen Ausgleichsflächen eine Bebauungsplanung verzögert oder gar verhindert und sich damit als Planungshemmnis entpuppt.[2219] Auch in einem Planspiel zur Flächenkreislaufwirtschaft war die Freistellung von der naturschutzrechtlichen Eingriffsregelung (insgesamt) als Möglichkeit, die Idee des Flächenrecyclings in der Bebauungsplanung stärker zu verwirklichen, eingestuft worden.[2220]

d) Bewertung des Beschleunigungseffekts

Der generelle Verzicht auf einen Ausgleich im Sinne der naturschutzrechtlichen Eingriffsregelung gem. § 1a Abs. 3 S. 1 2. Alt. BauGB durch die Fiktion des Vorliegens der Voraussetzungen von § 1a Abs. 3 S. 5 BauGB für kleinflächige Bebauungspläne der Innenentwicklung, die im beschleunigten Verfahren aufgestellt werden, wurde im Praxistest nur teilweise als sachgerecht eingestuft[2221] und nur zwei Praxisteststädte erkannten in der Regelung einen *wichtigen* Entlastungsfaktor[2222] für die gemeindliche Planung und damit einen echten Anreiz zur bevorzugten Aufstellung von (kleinflächigen) Bebauungsplänen der Innenentwicklung. Entsprechend des Echos des deutschen Städte- und Gemeindebunds auf das Innenstadtentwicklungsgesetz kann § 13a Abs. 2 Nr. 4 BauGB durchaus einen Beitrag zur von § 13a BauGB angestrebten Verlagerung der Siedlungsentwicklung von der Außenentwicklung hin zur Innenentwicklung leisten.[2223]

2217 Vgl. Fn. 1576.
2218 Vgl. Fn. 1573 u. 1575.
2219 *Bunzel*, Difu-Praxistest, S. 40, abrufbar unter http://www.difu.de/publikationen/difu-berichte/4_06/11.phtml (zuletzt abgerufen am 01.03.2008); *Tomerius*, ZUR 2008, 1 (6).
2220 *Preuß/Bizer/Bock u. a.*, in: Perspektive Flächenkreislaufwirtschaft, Band I, S. 37 (43), abrufbar unter http://www.difu.de/index.shtml?/publikationen/ (zuletzt abgerufen am 19.12.2008); *Preuß/Bock/Böhme u. a.*, in: Perspektive Flächenkreislaufwirtschaft, Band II, S. 26 (48), abrufbar unter http://www.difu.de/index.shtml?/publikationen/ (zuletzt abgerufen am 19.12.2008).
2221 *Bunzel*, Difu-Praxistest, S. 40, abrufbar unter http://www.difu.de/publikationen/difu-berichte/4_06/11.phtml (zuletzt abgerufen am 01.03.2008).
2222 *Bunzel*, Difu-Praxistest, S. 19 u. 40, abrufbar unter http://www.difu.de/publikationen/difu-berichte/4_06/11.phtml (zuletzt abgerufen am 01.03.2008); einer Verfahrensvereinfachung und -beschleunigung insgesamt zustimmend *Birk*, KommJur 2007, 81 (84); einer Entlastung zustimmend bzw. einen erheblichen Vorteil gegenüber dem Regelplanungsverfahren annehmend *Schröer*, NZBau 2006, 703 (705).
2223 *Portz*, in: Spannowsky/Hofmeister, BauGB 2007, S. 1 (5).

Weil bei (kleinflächigen) Bebauungsplänen der Innenentwicklung von vornherein kein ohnehin als lästig empfundener[2224] naturschutzrechtlicher Ausgleich erforderlich ist, ohne dass die Voraussetzungen des § 1a Abs. 3 S. 5 BauGB geprüft werden und vorliegen müssen bzw. ohne dass eine Ausgleichspflicht gem. § 1a Abs. 3 S. 1 2. Alt. BauGB allenfalls in der Abwägung gem. § 1 Abs. 7 BauGB durch gewichtigere Belange weggewogen werden kann, könnte man meinen, dass mit der Fiktion des § 13a Abs. 2 Nr. 4 BauGB bei der Aufstellung von kleinflächigen Bebauungsplänen der Innenentwicklung im beschleunigten Verfahren eindeutig ein nicht völlig unerhebliches Stück Verfahrensaufwand entfällt. Gerade die Prüfung der Voraussetzungen des § 1a Abs. 3 S. 5 BauGB kann nämlich durchaus mit nicht unerheblichem Aufwand verbunden sein,[2225] insbesondere weil nicht nur schon erfolgte, auch in der jetzigen Planung in dem Umfang vorgesehene Eingriffe in Natur und Landschaft einbezogen werden müssen, sondern auch geprüft werden muss, welche der geplanten Eingriffe nach der bisherigen Rechtslage schon zulässig gewesen wären, was nicht gleichbedeutend mit der gem. § 1a Abs. 3 S. 1 BauGB im Hinblick auf dessen Eingangsvoraussetzung durchzuführenden Prüfung ist, ob die gewünschte Planung mit Eingriffen in Natur und Landschaft im Sinne der § 18 Abs. 1 BNatSchG entsprechenden landesrechtlichen Regelung verbunden ist. Dort geht es nämlich um die Frage, ob die Planung den *tatsächlichen* status quo von Landschaftsbild und Naturhaushalt im Sinne von § 18 Abs. 1 BNatSchG verändern kann, während es im Rahmen von § 1a Abs. 3 S. 5 BauGB auf die bisherige Sach- *und* Rechtslage ankommt.[2226] Daher ist der mit § 13a Abs. 2 Nr. 4 BauGB intendierte Effekt, das Bebauungsplanungsverfahren praktikabler zu machen, auch nicht grundsätzlich dem Einwand auszusetzen, dass die für die Bauleitplanung allgemein geltende Regelung des § 1a Abs. 3 BauGB ohnehin schon sehr gut handhabbar ist, indem sie gem. § 1a Abs. 3 S. 3 BauGB und § 200a S. 2 BauGB erlaubt, einen erforderlichen Ausgleich außerhalb des unmittelbaren räumlichen Zusammenhangs mit dem Eingriff vorzunehmen,[2227] wodurch auch bei kleinflächigen Bebauungsplänen der Innenwicklung ein notwendiger Ausgleich z. B. außerhalb des vorgesehenen Verdichtungsbereichs möglich ist und daher einer Nachverdichtung nicht, wie teilweise angenommen,[2228] im Wege steht. Denn wenn der von § 1a Abs. 3 S. 1 2. Alt. BauGB geforderte Ausgleich

---

2224 Vgl. Fn. 2215.
2225 *Krautzberger*, in: Krautzberger/Söfker, Baugesetzbuch, Rn. 154d; *Kuschnerus*, Der standortgerechte Einzelhandel, Rn. 609.
2226 OVG Lüneburg, Urt. vom 27.08.1997 – 1 K 7061/95, NVwZ-RR 1998, 301 (302); vgl. *Bunzel*, in: BauGB 2004 – Nachgefragt, S. 68 (69); *Krautzberger*, in: B/K/L, § 1a, Rn. 29.
2227 *Uechtritz*, BauR 2007, 476 (482); *Wagner/Paßlick*, in: Hoppe, UVPG, § 17, Rn. 198, die auch auf die zeitliche Entkoppelung des Ausgleichs verweisen. Vgl. Fn. 2167.
2228 Vgl. Fn. 2219.

für mit der Planung verbundene Eingriffe in Natur und Landschaft wegen § 13a Abs. 2 Nr. 4 BauGB von vornherein nicht notwendig ist, so muss im Rahmen der Abwägung auch nicht geprüft werden, wo und wie eine Kompensation gem. § 1a Abs. 3 S. 1 2. Alt. BauGB am Eingriffsort oder unter den Voraussetzungen des § 1a Abs. 3 S. 3 BauGB bzw. § 200a S. 2 BauGB anderswo möglich wäre, was die gem. § 1 Abs. 7 BauGB zu treffende Abwägungsentscheidung durchaus entlasten kann.[2229] Ebenso wenig kann dem Einwand *Reidts*, der § 13a Abs. 2 Nr. 4 BauGB für weitgehend überflüssig bzw. wenig effektiv hält, weil sich gerade bei kleinflächigen Bebauungsplänen der Innenentwicklung wegen ihres Anwendungsbereichs und der daher allenfalls in geringem Maße neu ermöglichten Eingriffe in Natur und Landschaft[2230] die fehlende Notwendigkeit eines naturschutzrechtlichen Ausgleichs oft auch unmittelbar aus § 1a Abs. 3 S. 5 BauGB[2231] oder aus der Abwägung der Ausgleichspflicht gem. § 1a Abs. 3 S. 1 2. Alt. BauGB mit anderen Belangen gem. § 1 Abs. 7 BauGB ergeben wird,[2232] gefolgt werden, weil es im Hinblick auf den Verfahrensaufwand durchaus einen Unterschied machen kann, ob eine Ausgleichspflicht gem. § 1a Abs. 3 S. 1 2. Alt. BauGB von vornherein nicht besteht und daher auch nicht berücksichtigt werden muss oder ob sie erst auf Grund einer Abwägung mit anderen von der Planung betroffenen Belangen oder nach (nicht völlig unaufwändiger) Prüfung der Voraussetzungen des § 1a Abs. 3 S. 5 BauGB entbehrlich wird.

Allerdings ändert die Fiktion des § 13a Abs. 2 Nr. 4 BauGB nichts daran, dass gem. § 1 Abs. 6 Nr. 7 BauGB die Belange des Umweltschutzes, einschließlich des Naturschutzes und der Landschaftspflege, gem. § 1 Abs. 6 Nr. 7 lit. a BauGB, insbesondere die Auswirkungen der Planung auf Tiere, Pflanzen, Boden, Wasser, Luft, Klima und das Wirkungsgefüge zwischen ihnen als Bestandteile des Naturhaushalts (vgl. § 1a Abs. 3 S. 1 BauGB) sowie die Landschaft (und die biologische Vielfalt), nach den Vorgaben der § 2 Abs. 3, § 1 Abs. 7 BauGB in der Abwägung zu berücksichtigen sind.[2233] Ebenso muss gem. § 1a

---

2229 *Krautzberger*, in: E/Z/B/K, § 13a, Rn. 84 (Stand: Mai 2007); *Uechtritz*, BauR 2007, 476 (482/483); einer Verfahrensbeschleunigung und -vereinfachung insgesamt zustimmend, *Birk*, KommJur 2007, 81 (84).
2230 Vgl. B. II. 6. d) aa) (4) (a) und B. III. 4. c) und Fn. 2210, wo jeweils auf den Zusammenhang zwischen den Umweltauswirkungen einer Planung insgesamt, die bei kleinflächigen Bebauungsplänen der Innenentwicklung, die im beschleunigten Verfahren aufgestellt werden dürfen, voraussichtlich nicht erheblich sind, und den mit ihr verbundenen, neu ermöglichten Eingriffen in Natur und Landschaft abgestellt wird.
2231 *Reidt*, NVwZ 2007, 1029 (1031); vgl. *Tomerius*, ZUR 2008, 1 (6).
2232 *Reidt*, NVwZ 2007, 1029 (1031).
2233 *Bunzel*, Difu-Praxistest, S. 19 u. 42 u. 43, abrufbar unter http://www.difu.de/publikationen/difu-berichte/4_06/11.phtml (zuletzt abgerufen am 01.03.2008); *Gierke*, in: Brügelmann, § 13a, Rn. 134 (Stand: Februar 2008); *Kirchmeier*, in: Hk-BauGB, § 13a, Rn. 12; *Krautzberger*, in: E/Z/B/K, § 13a, Rn. 84 (Stand: Mai 2007);

Abs. 3 S. 1 1. Alt. BauGB die Vermeidung oder wenigstens die Verringerung[2234] voraussichtlich erheblicher Beeinträchtigungen des Landschaftsbildes sowie der Leistungs- und Funktionsfähigkeit des Naturhaushalts in seinen in § 1 Abs. 6 Nr. 7 lit. a BauGB bezeichneten Bestandteilen in der Abwägung nach § 2 Abs. 3, § 1 Abs. 7 BauGB berücksichtigt werden,[2235] wofür trotz § 13a Abs. 2 Nr. 4 BauGB auch bei kleinflächigen Bebauungsplänen der Innenentwicklung zunächst geprüft werden muss, ob die Planung mit Eingriffen in Natur und Landschaft im Sinne der landesrechtlichen Umsetzung von § 18 Abs. 1 BNatSchG verbunden ist. Bei der Berücksichtigung der Umweltbelange gem. § 1 Abs. 6 Nr. 7 lit. a BauGB und des Schonungsgebots des § 1a Abs. 3 S. 1 1. Alt. BauGB in der Abwägung gem. § 1 Abs. 7 BauGB kann es bei entsprechend gewichtiger negativer Betroffenheit der Umweltbelange gem. § 1 Abs. 6 Nr. 7 lit. a BauGB unabhängig von dem in § 1a Abs. 3 S. 1 2. Alt. BauGB geforderten Ausgleich von Eingriffen in Natur und Landschaft im konkreten Planungsfall erforderlich sein, zur Ermöglichung eines gerechten Ausgleichs mit anderen für oder gegen die Planung sprechenden Belangen die Betroffenheit des Landschaftsbildes sowie der Leistungs- und Funktionsfähigkeit des Naturhaushalts zu vermindern und daher Kompensationsmaßnahmen als Ausgleich für einen Eingriff vorzusehen.[2236] Ausgleichsmaßnahmen können zudem z. B. im Hinblick auf den von § 1a Abs. 2 S. 1 BauGB statuierten sparsamen Umgang mit Grund und Boden oder auf Grund der gem. § 1 Abs. 6 Nr. 1 BauGB zu berücksichtigenden Anforderungen an gesunde Wohn- und Arbeitsverhältnisse zur Erzielung eines gerechten Ausgleichs im Rahmen der Abwägung gem. § 1

Krautzberger/Stüer, DVBl. 2007, 160 (163); *Wallraven-Lindl/Strunz/Geiß*, Das Bebauungsplanverfahren nach dem BauGB 2007, S. 161.

2234 Vgl. Fn. 2201.

2235 *Bunzel*, Difu-Praxistest, S. 42 u. 43, abrufbar unter http://www.difu.de/publikationen/difu-berichte/4_06/11.phtml (zuletzt abgerufen am 01.03.2008); *ders.*, LKV 2007, 444 (449); *Dirnberger*, Bay. Gemeindetag 2/2007, 51 (53); *Gierke*, in: Brügelmann, § 13a, Rn. 10 u. 132 u. 134 (Stand: Februar 2008); *Götze/Müller*, ZUR 2008, 8 (12); *Jäde*, in: J/D/W, BauGB, § 13a, Rn. 20; *Krautzberger/Stüer*, DVBl. 2007, 160 (163); *Kuschnerus*, Der standortgerechte Einzelhandel, Rn. 609; *Mitschang*, ZfBR 2007, 433 (446); *Reidt*, NVwZ 2007, 1029 (1031); *Tomerius*, ZUR 2008, 1 (6); *Uechtritz*, BauR 2007, 476 (482); *Wallraven-Lindl/Strunz/Geiß*, Das Bebauungsplanverfahren nach dem BauGB 2007, S. 161. Vgl. Fn. 2199. Der Mustereinführungserlass, S. 4, abrufbar unter http://www.is-argebau.de/ (zuletzt abgerufen am 10.05.2008), betont, dass (nur) die Erforderlichkeit eines Ausgleichs im Sinne der naturschutzrechtlichen Eingriffsregelung entfällt.

2236 So auch *Bunzel*, Difu-Praxistest, S. 19 u. 43, abrufbar unter http://www.difu.de/publikationen/difu-berichte/4_06/11.phtml (zuletzt abgerufen am 01.03.2008); *Gierke*, in: Brügelmann, § 13a, Rn. 10 u. 134 (Stand: Februar 2008); *Krautzberger*, in: E/Z/B/K, § 13a, Rn. 85 (Stand: Mai 2007); *Krautzberger/Stüer*, DVBl. 2007, 160 (163).

Abs. 7 BauGB notwendig sein.[2237] Gerade vor diesem Hintergrund erscheint es zweifelhaft, ob § 13a Abs. 2 Nr. 4 BauGB tatsächlich für kleinflächige Bebauungspläne der Innenentwicklung eine Verfahrensentlastung mit sich bringt,[2238] weil § 13a Abs. 2 Nr. 4 BauGB die allgemeine, sich aus den Erfordernissen an eine gerechte Abwägung aus § 2 Abs. 3, § 1 Abs. 7 i. V. m. § 1 Abs. 6 Nr. 7 lit. a, § 1a Abs. 3 S. 1 1. Alt. BauGB ergebende Pflicht, sich mit den Auswirkungen der Planung auf von § 1a Abs. 3 BauGB geschützte Umweltbelange und deren Vermeidung, Minimierung oder evtl. deren Ausgleich auseinanderzusetzen, nichts ändert.

Hierbei ist allerdings zu bedenken, dass zwischen dem von § 1a Abs. 3 S. 1 2. Alt. BauGB generell angeordneten Ausgleich innerhalb der Abwägung grundsätzlich zu rechtfertigender (vermeidbarer oder unvermeidbarer) Eingriffe in Natur und Landschaft und einer sich eventuell aus der allgemeinen Anforderung der Abwägungsproportionalität i. R. d. § 1 Abs. 7 BauGB aufgrund der Betroffenheit der von § 1a Abs. 3 BauGB geschützten Belange bzw. des Vermeidungs- und Schonungsgebots gem. § 1a Abs. 3 S. 1 1. Alt. BauGB ergebenden Ausgleichspflicht durchaus ein Unterschied besteht. Den Anforderungen des § 1a Abs. 3 S. 1 BauGB und den dort geschützten Belangen des Naturschutzes und der Landschaftspflege kommt zwar bei vollumfänglicher Geltung der naturschutzrechtlichen Eingriffsregelung in der Abwägung kein abstrakter Vorrang gegenüber anderen Belangen und kein abstrakt erhöhtes Gewicht im Sinne eines Optimierungsgebots zu,[2239] so dass die in § 1a Abs. 3 S. 1 BauGB angesprochenen Belange des Umweltschutzes außerhalb oder bei nur eingeschränkter Geltung der besonderen Vorgaben des § 1a Abs. 3 S. 1 BauGB nicht grundsätzlich in der Abwägung leichter zu überwinden sind als bei vollumfänglicher Geltung von § 1a Abs. 3 S. 1 BauGB. Allerdings haben die Belange des Naturschutzes und der Landschaftspflege im Rahmen des § 1a Abs. 3 S. 1 BauGB insofern eine herausgehobene Bedeutung, als nach den Vorgaben des § 1a Abs. 3 S. 1 BauGB in der Abwägung nicht nur darüber zu entscheiden ist, ob Eingriffe in Natur und Landschaft überhaupt zu rechtfertigen sind. Vielmehr muss im Rahmen der Abwägung nicht nur beachtet werden, ob und inwieweit Eingriffe vermieden oder minimiert werden können, sondern auch, ob sie, wenn sie im Rahmen der Ab-

---

[2237] *Krautzberger*, in: B/K/L, § 1a, Rn. 8; *Peine/Spyra/Hüttl*, UPR 2006, 375 (376); *Wallraven-Lindl/Strunz/Geiß*, Das Bebauungsplanverfahren nach dem BauGB 2007, S. 174. Vgl. Fn. 132.

[2238] *Bunzel*, Difu-Praxistest, S. 19 u. 43, abrufbar unter http://www.difu.de/publikationen/difu-berichte/4_06/11.phtml (zuletzt abgerufen am 01.03.2008); vgl. *Reidt*, NVwZ 2007, 1029 (1031).

[2239] BVerwG, Beschl. vom 31.01.1997 – 4 NB 27.96, E 104, 68 (72 u. 74/75); *Götze/Müller*, ZUR 2008, 8 (12); *Kloepfer*, Umweltrecht, § 11, Rn. 118; *Krautzberger*, in: B/K/L, § 1a, Rn. 23; *Stich*, in: Berliner Kommentar, § 1a, Rn. 71 (Stand: August 2002); *Stüer*, NVwZ 2005, 508 (510); *Wagner/Paßlick*, in: Hoppe, UVPG, § 17, Rn. 200.

wägung in dem gewollten Umfang grundsätzlich zu rechtfertigen sind, ausgeglichen werden können und in der Abwägung mit den anderen Belangen auch müssen, so dass § 1a Abs. 3 S. 1 BauGB im Gegensatz zu den anderen Planungsleitlinien in § 1 Abs. 5 u. Abs. 6 BauGB (auch i. V. m. Nr. 2 lit. c Anlage 1 BauGB) neben dem Integritätsinteresse an der Umwelt auch das Kompensationsinteresse als bei Nichtwahrung des Integritätsinteresses *grundsätzlich* in der Abwägung zu berücksichtigend hervorhebt,[2240] das gerade nicht erst dann einzubeziehen ist, wenn die negative Betroffenheit eines Belangs so erheblich ist, dass ohne eine Kompensation ein seiner Bedeutung entsprechender Ausgleich mit anderen Belangen nicht möglich ist. Insofern hat die Kompensation von Eingriffen in Natur und Landschaft außerhalb der Regelung des § 1a Abs. 3 S. 1 2. Alt. BauGB innerhalb der Abwägung eine geringere Bedeutung, wodurch die Betroffenheit der von § 1a Abs. 3 S. 1 BauGB geschützten Belange des Landschaftsbildes und des Naturhaushalts innerhalb der Abwägungsentscheidung des § 1 Abs. 7 BauGB leichter, d. h. ohne ein Nachdenken über Kompensationsmöglichkeiten, überwindbar ist.[2241] Bei der Auseinandersetzung mit den geäußerten Zweifeln an der Erreichung des durch die Regelung des § 13a Abs. 2 Nr. 4 BauGB intendierten Beschleunigungseffekts darf auch nicht übersehen werden, dass kleinflächige, im beschleunigten Verfahren aufstellbare Bebauungspläne der Innenentwicklung aufgrund der in § 13a Abs. 1 BauGB statuierten Voraussetzungen bei pauschaler Betrachtungsweise nicht mit voraussichtlich erheblichen Umweltauswirkungen verbunden sind, sondern an die Umweltauswirkungen vorhandener Nutzungen anknüpfen und diese allenfalls unwesentlich intensivieren,[2242] so dass auch die Betroffenheit der von § 1a Abs. 3 S. 1 BauGB geschützten Umweltbelange und die mit der Planung ermöglichten Eingriffe in Natur und Landschaft im Sinne der entsprechenden landesrechtlichen Umsetzung von § 18 BNatSchG nur unter besonderen Umständen – z. B. bei einem geringen Gewicht der für eine Planung sprechenden Belange – so erheblich sein kann, dass aufgrund dessen zur Herbeiführung eines gerechten Ausgleichs mit den für die Planung sprechenden Belangen die Betroffenheit der gegen die Planung sprechen-

---

2240 BVerwG, Beschl. vom 31.01.1997 – 4 NB 27.96, E 104, 68 (72/73/74); angedeutet bei *Götze/Müller*, ZUR 2008, 8 (11); *Kloepfer*, Umweltrecht, § 11, Rn. 118; *Krautzberger*, in: B/K/L, § 1a, Rn. 23; *Stüer*, NVwZ 2005, 508 (510 u. 513); *Wagner/Paßlick*, in: Hoppe, UVPG, § 17, Rn. 200. Vgl. Fn. 1574.

2241 Vgl. BVerwG, Beschl. vom 31.01.1997 – 4 NB 27.96, E 104, 68 (77); *Uechtritz*, NuR 2001, 374 (377, Fn. 22), der auf das erhebliche Gewicht der von der Eingriffsregelung geschützten Belange verweist und auf BVerwG, Beschl. vom 31.01.1997 – 4 NB 27.96, NVwZ 1997, 1213 (1214 f.) = E 104, 68 (73 f.) Bezug nimmt. Angedeutet bei *Bunzel*, Difu-Praxistest, S. 43, abrufbar unter http://www.difu.de/publikationen/difu-berichte/4_06/11.phtml (zuletzt abgerufen am 01.03.2008) und *Reidt*, NVwZ 2007, 1029 (1032) und *Spannowsky*, in: Berliner Kommentar, § 13a, Rn. 30 (Stand: Juli 2007). Vgl. Fn. 1573 u. 15751573.

2242 Vgl. B. II. 1. a) bb) (2) (e) und B. II. 6. d) aa) (1)-(11).

den, ökologischen Aspekte durch die Vornahme von Ausgleichsmaßnahmen reduziert werden muss.[2243] Gerade das von § 1a Abs. 3 S. 1 2. Alt. BauGB für die Abwägung vorgegebene *generelle* Berücksichtigen der Möglichkeit, innerhalb der Abwägung grundsätzlich zu rechtfertigende Eingriffe in Natur und Landschaft, die nicht verringert werden können bzw. im Hinblick auf einen gerechten Ausgleich nicht müssen, wenigstens auszugleichen, wurde vielfach als „nachhaltige Trauerarbeit"[2244] für eine Planung empfunden, zumal das Kompensationsgebot aufgrund der im Gesetz vorgesehenen unterschiedlichen Varianten für einen naturschutzrechtlichen Ausgleich (§ 1a Abs. 3 S. 2-4, § 200a BauGB) in der planerischen Abwägung in der Regel nur selten gänzlich zu überwinden ist.[2245] Muss auf Grund der Fiktion des § 13a Abs. 2 Nr. 4 BauGB bei kleinflächigen Bebauungsplänen der Innenentwicklung im Fall von im Rahmen der Abwägung grundsätzlich zu rechtfertigenden Eingriffen in Natur und Landschaft nicht mehr generell,[2246] sondern nur ausnahmsweise über eine Eingriffskompensation nachgedacht werden, so kann dies das Planungsverfahren – jedenfalls psychologisch[2247] und damit wenigstens aufgrund eines Placebo-Effekts – durchaus entlasten[2248] und daher einen Anreiz für die Aufstellung kleinflächiger Bebauungspläne der Innentwicklung bilden. Gerade darauf stellten auch die Praxisteststädte, die die Regelung des § 13a Abs. 2 Nr. 4 BauGB als sachgerecht ansahen, ab, indem der in § 13a Abs. 2 Nr. 4 BauGB für die Aufstellung kleinflächiger Bebauungspläne der Innenentwicklung im beschleunigten Verfahren vorgesehene generelle Verzicht auf einen naturschutzrechtlichen Ausgleich als Beseitigung eines wesentlichen Planungshemmnisses für Nachverdichtungsmaßnahmen eingeschätzt wurde.[2249] Wegen der Möglichkeit, Ausgleichsmaßnahmen

---

2243 Vgl. *Reidt*, NVwZ 2007, 1029 (1031) (vgl. Fn. 2232) dem Rechtsgedanken nach. Vgl. *Krautzberger*, in: E/Z/B/K, § 1a, Rn. 103 (Stand: September 2007), der den Zusammenhang zwischen einer Planung, die nicht mit voraussichtlich erheblichen Umweltauswirkungen verbunden ist, und der damit notwendigerweise verbundenen Nichtermöglichung neuer Eingriffe in Natur und Landschaft herausstellt. Vgl. dazu auch Fn. 2210 und B. II. 6. d) aa) (4) (a) und B. II. 1. a) bb) (2) (e).
2244 *Krautzberger/Stüer*, DVBl. 2007, 160 (163); *Stüer*, NVwZ 2005, 508 (513). Vgl. Fn. 2215.
2245 *Uechtritz*, NuR 2001, 374 (377, Fn. 22); *Wagner/Paßlick*, in: Hoppe, UVPG, § 17, Rn. 205 u. 207. Vgl. Fn. 1573 u. 1575 u. 2241.
2246 *Krautzberger*, in: E/Z/B/K, § 13a, Rn. 85 (Stand: Mai 2007); *Krautzberger/Stüer*, DVBl. 2007, 160 (163). Vgl. Fn. 1573.
2247 Vgl. *Preuß/Bock/Böhme u. a.*, in: Perspektive Flächenkreislaufwirtschaft, Band II, S. 26 (48), abrufbar unter http://www.difu.de/index.shtml?/publikationen/ (zuletzt abgerufen am 19.12.2008); vgl. auch *Bizer/Cichorowski*, in: Perspektive Flächenkreislaufwirtschaft, Band III, S. 59 (86), abrufbar unter http://www.difu.de/index.shtml?/publikationen/ (zuletzt abgerufen am 19.12.2008).
2248 *Krautzberger/Stüer*, DVBl. 2007, 160 (163/164).
2249 *Bunzel*, Difu-Praxistest, S. 40, abrufbar unter http://www.difu.de/publikationen/difuberichte/4_06/11.phtml (zuletzt abgerufen am 01.03.2008). Vgl. Fn. 2219.

gem. § 1a Abs. 3 S. 3, § 200a BauGB auch außerhalb des unmittelbaren räumlichen Zusammenhangs mit dem Eingriff vorzusehen,[2250] wegen des Abwägungsvorbehalts in § 1a Abs. 3 S. 1 BauGB und wegen § 1a Abs. 3 S. 5 BauGB[2251] erscheint es zwar nicht ohne Weiteres nachvollziehbar, dass sich die Anforderung des § 1a Abs. 3 S. 1 2. Alt. BauGB für Planungen im Bereich der vom beschleunigten Verfahren erfassten kleinflächigen Bebauungspläne der Innenentwicklung bei korrekter, nicht mit überzogenen Anforderungen belasteter Anwendung des Regelplanungsverfahrens[2252] tatsächlich als so planungshindernd, nämlich als „wesentliches Hemmnis",[2253] auswirkt, wie dies diese Praxisteststädte empfinden. Sicherlich ist die Berücksichtigung der Vorgabe des § 1a Abs. 3 S. 1 2. Alt. BauGB mit einem gewissen Verfahrensaufwand und damit Planungskosten verbunden, ebenso wie durch die Durchführung notwendiger Ausgleichsmaßnahmen Kosten entstehen.[2254] Insoweit hielt aber auch eine der Praxisteststädte den anderen entgegen, dass die Problematik des naturschutzrechtlichen Ausgleichs weitgehend hochstilisiert ist und die mit Ausgleichsmaßnahmen verbundenen Kosten nicht wesentlich zu Buche schlagen.[2255]

Daraus ergibt sich insgesamt, dass mit § 13a Abs. 2 Nr. 4 BauGB nur in eingeschränktem Umfang tatsächlich eine Verfahrensentlastung und damit ein Beschleunigungseffekt verbunden ist, weil der Verzicht auf das Kompensationsgebot des § 1a Abs. 3 S. 1 2. Alt. BauGB die Anforderungen an die Abwägung nicht wesentlich, sondern nur in Teilaspekten verändert, indem die aus der an-

---

2250 Vgl. Fn. 2227.
2251 Vgl. *Bunzel*, Difu-Praxistest, S. 41, abrufbar unter http://www.difu.de/publikationen/difu-berichte/4_06/11.phtml (zuletzt abgerufen am 01.03.2008), wo bemerkt wird, dass für die Überplanung von Innenbereichsflächen regelmäßig auch bisher schon § 1a Abs. 3 S. 5 BauGB galt ebenso wie für Fälle der Wiedernutzbarmachung. Vgl. Fn. 2231 u. 2232.
2252 Vgl. *Bunzel*, Difu-Praxistest, S. 40/41, abrufbar unter http://www.difu.de/publikationen/difu-berichte/4_06/11.phtml (zuletzt abgerufen am 01.03.2008). Vgl. Fn. 2214.
2253 *Bunzel*, Difu-Praxistest, S. 40, abrufbar unter http://www.difu.de/publikationen/difu-berichte/4_06/11.phtml (zuletzt abgerufen am 01.03.2008). Vgl. Fn. 2219. Ein Planspiel zur Flächenkreislaufwirtschaft ergab, dass eine weitere Flexibilisierung des naturschutzrechtlichen Ausgleichs ein Mittel zum Schutz bislang baulich unberührter Flächen sein könnte, vgl. *Preuß/Bock/Böhme u. a.*, in: Perspektive Flächenkreislaufwirtschaft, Band II, S. 26 (31 u. 48 u. 49), abrufbar unter http://www.difu.de/index.shtml?/publikationen/ (zuletzt abgerufen am 19.12.2008).
2254 Vgl. *Bunzel*, Difu-Praxistest, S. 40, abrufbar unter http://www.difu.de/publikationen/difu-berichte/4_06/11.phtml (zuletzt abgerufen am 01.03.2008).
2255 *Bunzel*, Difu-Praxistest, S. 40, abrufbar unter http://www.difu.de/publikationen/difu-berichte/4_06/11.phtml (zuletzt abgerufen am 01.03.2008). In diesem Sinne auch *Bizer/Cichorowski*, in: Perspektive Flächenkreislaufwirtschaft, Band III, S. 91 (99), abrufbar unter http://www.difu.de/index.shtml?/publikationen/ (zuletzt abgerufen am 19.12.2008).

sonsten im Rahmen der Abwägung grundsätzlich zu berücksichtigenden Ausgleichspflicht für in ihrer Intensität zu rechtfertigende Eingriffe resultierende Prüfung des § 1a Abs. 3 S. 5 BauGB und die grundsätzliche Berücksichtigung einer trotz § 1a Abs. 3 S. 5 BauGB bestehenden Ausgleichspflicht gem. § 1a Abs. 3 S. 1 2. Alt. BauGB im Rahmen der Abwägung entfallen,[2256] worin wohl auch der Gesetzgeber die in enthaltene § 13a Abs. 2 Nr. 4 BauGB Verfahrensprivilegierung erkennt.[2257] Die Vorgaben von § 2 Abs. 3, § 1 Abs. 6 Nr. 7 lit. a, § 1a Abs. 3 S. 1 1. Alt., § 1 Abs. 7 BauGB gelten dagegen – wie alle sonstigen Anforderungen an die Abwägung – auch innerhalb des beschleunigten Verfahrens für kleinflächige Bebauungspläne der Innenentwicklung ohne Abstriche, was im Vergleich zur umfassenden Geltung der naturschutzrechtlichen Eingriffsregelung dazu führt, dass die Betroffenheit der von § 1a Abs. 3 BauGB geschützten Belange innerhalb der Abwägung leichter (ausgleichslos) zu überwinden ist, aber dennoch vollumfänglich zu prüfen ist, ob die beabsichtigte Planung Eingriffe in Natur und Landschaft mit sich bringt und ob diese in der Abwägung mit anderen Belangen vermieden oder wenigstens minimiert werden müssen. Weil aber die uneingeschränkte Geltung des § 1a Abs. 3 BauGB gerade auch für Maßnahmen, die nun von § 13a Abs. 1 BauGB erfasst werden, jedenfalls teilweise[2258] als zeit- und kostenaufwändiger Hemmschuh[2259] für eine Planung empfunden wurde, kann § 13a Abs. 2 Nr. 4 BauGB vor allem aus psychologischen Gründen dazu beitragen, die Aufstellung von kleinflächigen Bebauungsplänen der Innenentwicklung attraktiv zu machen und damit dem Ziel, die Außenentwicklung zu bremsen und die Innenentwicklung zu stärken, ein wenig näher zu kommen, zumal die Aufstellung kleinflächiger Bebauungspläne der Innenentwicklung wegen des Verzichts auf die Umweltprüfung, ohne dass dafür ein UP-Screening durchzuführen ist, in der Praxis schon deutlichen Zuspruch gefunden hat.[2260]

e) Kritik an § 13a Abs. 2 Nr. 4 BauGB

Die Regelung des § 13a Abs. 2 Nr. 4 BauGB ist – schon während des Gesetzgebungsverfahrens – deutlich kritisiert worden, vor allem im Hinblick auf die vom Gesetzgeber angeführte Rechtfertigung (vgl. B. III. 4. c)) und damit die Sachgerechtigkeit des generellen Verzichts auf den naturschutzrechtlichen Ausgleich für kleinflächige Bebauungspläne der Innenentwicklung im Verfahren des § 13a BauGB.

2256 Vgl. Fn. 2231 u. 2232.
2257 Vgl. B. III. 4. c) und Fn. 2210 u. 2211.
2258 Vgl. Fn. 2255.
2259 Vgl. Fn. 2219.
2260 *Schröer*, NZBau 2008, 46 (47 u. 48).

aa) Kritikpunkte im Einzelnen

Die mit beratenden Ausschüsse des Bundesrats hatten in ihrer Stellungnahme zu § 13a BauGB verlangt, § 13a Abs. 2 Nr. 4 BauGB ganz zu streichen, insbesondere weil durch den Verzicht auf die Kompensationsverpflichtung der Bodenschutz und die Reduzierung der Neuinanspruchnahme von Flächen nicht gefördert würden.[2261] Gerade weil mit § 13a BauGB ein Beitrag zur Umsetzung der Nationalen Nachhaltigkeitsstrategie[2262] geleistet werden soll[2263] und der Ausgleich innerhalb der Abwägung zu rechtfertigender Eingriffe in Natur und Landschaft ein Aspekt des sparsamen und schonenden Umgangs mit Grund und Boden im Sinne einer nachhaltigen Siedlungsentwicklung ist,[2264] erscheint die Suspension von der Ausgleichspflicht auf den ersten Blick geradezu zweckwidrig. Jedoch ging auch die Bundesregierung in ihrem Gesetzentwurf nicht davon aus, dass § 13a Abs. 2 Nr. 4 BauGB unmittelbar dem Bodenschutz und der Verminderung der Flächenneuinanspruchnahme dient. Sie will durch § 13a BauGB den Bodenschutz *in Form* einer Reduzierung der Neuinanspruchnahme von Flächen dadurch fördern, dass sie die Aufstellung von Bebauungsplänen der Innenentwicklung verfahrensmäßig privilegiert, ohne dass diese ansonsten dem Bodenschutz unmittelbar und besonders dienen müssten.[2265] Bodenschutz und eine Reduzierung der Flächenneuinanspruchnahme sollen vor allem dadurch erreicht werden, dass die Gemeinden aufgrund der mit dem beschleunigten Verfahren im Vergleich zum Regelplanungsverfahren verbundenen Besonderheiten anteilsmäßig mehr Bebauungspläne der Innenentwicklung aufstellen und dadurch die Neuausweisung von Flächen für bauliche Nutzungen auf bislang baulich völlig unberührten (Außenbereichs-)Flächen einschränken. Zudem ist zu bedenken, dass die naturschutzrechtliche Eingriffsregelung des § 1a Abs. 3 BauGB zwar eines der bereits bisher im Baugesetzbuch enthaltenen Instrumente zum Schutz des Bodens vor Inanspruchnahme für bauliche oder sonstige Nutzungen ist, sie jedoch die bislang weitgehend ungebremste Außenentwicklung der Gemeinden und den damit verbundenen stetigen Neuverbrauch von Grund und Boden offensichtlich nicht wirksam zu verhindern vermochte.[2266] Insofern muss ein teilweiser Verzicht auf die Anforderungen der naturschutzrechtlichen Eingriffsregelung für Bebauungspläne, die den Bodenschutz auf andere Art und Weise fördern,

---

2261 BR-Drs. 558/1/06, S. 6; ebenso *Scheidler*, BauR 2007, 650 (655); *ders.*, ZfBR 2006, 752 (756).
2262 Vgl. BT-Drs. 14/8953, S. 121.
2263 Vgl. Fn. 10.
2264 Vgl. BVerwG, Beschl. vom 31.01.1997 – 4 NB 27.96, E 104, 68 (73 u. 77); vgl. auch BT-Drs. 14/8953, S. 121, wo die naturschutzrechtliche Eingriffsregelung ausdrücklich als Beitrag zum Bodenschutz verstanden wird.
2265 Vgl. *Tomerius*, ZUR 2008, 1 (6).
2266 *Peine/Sypra/Hüttl*, UPR 2006, 375 (376). Vgl. Fn. 116.

auch nicht zwangsläufig mit einer Verschlechterung des Bodenschutzes einhergehen. Die Bundesratsausschüsse[2267] kritisierten ebenso wie einige Praxisteststädte[2268] die Regelung des § 13a Abs. 2 Nr. 4 BauGB wegen des generellen Verzichts auf einen naturschutzrechtlichen Ausgleich für kleinflächige Bebauungspläne der Innenentwicklung als zu weitgehend. Sie sahen in § 13a Abs. 2 Nr. 4 BauGB die Gefahr, dass es auf Grund der weiten Auslegung[2269] des Begriffs „Innenentwicklung" in § 13a Abs. 1 S. 1 BauGB, der auch bisher unbebaute Flächen miteinbeziehe, dazu kommen könne, dass gerade für den Innenstadtbereich wichtige Freiraumflächen und auch aus Gründen des Arten- oder Biotopschutzes empfindliche oder wertvolle Bereiche in nicht unerheblichem Umfang ohne einen entsprechenden naturschutzrechtlichen Ausgleich für neu ermöglichte Eingriffe in Natur und Landschaft überplant werden dürften, was nicht sachgerecht sei und zudem dem Grundsatz der nachhaltigen Entwicklung widerspreche,[2270] gerade weil § 1a Abs. 3 BauGB eine besondere Ausprägung des in § 1 Abs. 5 BauGB enthaltenen Nachhaltigkeitsgrundsatzes ist.[2271] Diese Kritik wurde dadurch ergänzt, dass dem beschleunigten Verfahren *Widersprüchlichkeiten* zu anderen Verfahren, nämlich zum vereinfachten Verfahren gem. § 13 BauGB und zur Aufstellung von Ergänzungssatzungen gem. § 34 Abs. 4 S. 1 Nr. 3 BauGB, vorgeworfen wurden, bei denen die naturschutzrechtliche Eingriffsregelung des § 21 Abs. 1 BNatSchG i. V. m. § 1a Abs. 3 BauGB (i. V. m. § 34 Abs. 5 S. 3 BauGB) uneingeschränkt gilt,[2272] obwohl im vereinfachten Verfahren aufstellbare Bebauungspläne – anders als Bebauungspläne der Innenentwicklung – eine *insgesamt* weitgehend nur bestandssichernde und daher

---

2267 BR-Drs. 558/1/06, S. 7. Auch die BT-Fraktion der LINKEN kritisierte § 13a Abs. 2 Nr. 4 BauGB, BT-Drs. 16/3308, S. 15; ebenso die BT-Fraktion von Bündnis 90/Die Grünen, vor allem wegen der Anknüpfung von § 13a Abs. 2 Nr. 4 BauGB an den Schwellenwert des § 13a Abs. 1 S. 2 Nr. 1 BauGB, BT-Drs. 16/3308, S. 16.
2268 *Bunzel*, Difu-Praxistest, S. 19 u. 41 u. 43, abrufbar unter http://www.difu.de/publikationen/difu-berichte/4_06/11.phtml (zuletzt abgerufen am 01.03.2008).
2269 Vgl. Fn. 1410.
2270 BT-Drs. 558/1/06, S. 7; *Bunzel*, Difu-Praxistest, S. 41 u. 43, abrufbar unter http://www.difu.de/publikationen/difu-berichte/4_06/11.phtml (zuletzt abgerufen am 01.03.2008); *Götze/Müller*, ZUR 2008, 8 (13); *Tomerius*, ZUR 2008, 1 (6);
2271 Vgl. BVerwG, Beschl. vom 31.01.1997 – 4 NB 27.96, E 104, 68 (73 u. 77): Die naturschutzrechtliche Eingriffsregelung verdeutlicht, dass beispielsweise die Leistungsfähigkeit des Naturhaushalts als Bestandteil der natürlichen Lebensgrundlagen zu schützen ist. Die naturschutzrechtliche Eingriffsregelung konkretisiert für den Fall zu erwartender Eingriffe in Natur und Landschaft eines der programmatischen Hauptziele, nämlich § 1 Abs. 5 S. 3 BauGB, jeder Bauleitplanung. Angedeutet bei *Götze/Müller*, ZUR 2008, 8 (11). Vgl. Fn. 1487.
2272 *Bunzel*, Difu-Praxistest, S. 41, abrufbar unter http://www.difu.de/publikationen/difu-berichte/4_06/11.phtml (zuletzt abgerufen am 01.03.2008); *Götze/Müller*, ZUR 2008, 8 (13); *Tomerius*, ZUR 2008, 1 (6).

kaum neue Eingriffe in Natur und Landschaft ermöglichende Funktion erfüllen können[2273] und „Maßnahmen der Innenentwicklung" im Sinne von § 13a Abs. 1 S. 1 BauGB in Anlehnung an den Anwendungsbereich von Ergänzungssatzungen ausgelegt werden.[2274] Zudem wurde der der Beschränkung der Regelung des § 13a Abs. 2 Nr. 4 BauGB auf kleinflächige Bebauungspläne der Innenentwicklung zugrunde liegenden Annahme, die Überplanung so kleiner Innenentwicklungsflächen ermögliche in der Regel ohnehin keine neuen bzw. im Vergleich zur Überplanung von Nicht-Innenentwicklungsflächen allenfalls in unerheblichem Umfang neue und daher unter Berücksichtigung von § 1a Abs. 3 S. 5 BauGB ausgleichspflichtige Eingriffe in Natur und Landschaft im Sinne der § 18 Abs. 1 BNatSchG entsprechenden landesrechtlichen Regelung,[2275] von den Bundesratsausschüssen dahingehend widersprochen, dass kleinflächige Bebauungspläne der Innenentwicklung durch das Abstellen auf die Grundflächengröße in § 13a Abs. 1 S. 2 BauGB, nicht auf die absolute Größe der Plangebiets, tatsächlich eine weitaus größere Fläche als 20000 qm erfassen können,[2276] wodurch wohl nach Ansicht der Bundesratsausschüsse der Standpunkt, bei einem im Sinne von § 13a Abs. 1 S. 2 Nr. 1 BauGB kleinflächigen Bebauungsplan der Innenentwicklung seien generell keine ein nicht nur unerhebliches Ausgleichsbedürfnis auslösenden Eingriffe in Natur und Landschaft zu erwarten, nicht zu halten ist.

bb) Reaktion innerhalb des Gesetzgebungsverfahrens

Die Kritik führte jedoch nicht zu Änderungen der in § 13a Abs. 2 Nr. 4 BauGB vorgesehenen Regelung. Die Bundesregierung hatte bereits in der Begründung zum Gesetzentwurf für das Innenstadtentwicklungsgesetz darauf verwiesen, dass es den Gemeinden trotz § 13a Abs. 2 Nr. 4 BauGB unbenommen bleibe, nach allgemeinen Grundsätzen einen Ausgleich zu berücksichtigen und geeignete Festsetzungen zu treffen.[2277] Durch eine im Rahmen der konkreten Planungssituation innerhalb der planerischen Gestaltungsfreiheit mögliche Betonung eines hohen Umweltschutzniveaus als städtebauliche Zielsetzung oder (ausnahmsweise[2278]) aufgrund der objektiven Gewichtigkeit, die Belangen des Umweltschut-

---

2273 Vgl. BT-Drs. 15/2250, S. 30 u. 50/51; *Bunzel*, Difu-Praxistest, S. 41, abrufbar unter http://www.difu.de/publikationen/difu-berichte/4_06/11.phtml (zuletzt abgerufen am 01.03.2008); vgl. *ders.*, in: BauGB 2004 – Nachgefragt, S. 187 (188/189); *Gronemeyer*, BauR 2007, 815 (815 u. 816); *Schmitz/Federwisch*, Einzelhandel und Planungsrecht, Rn. 294. Vgl. B. II. 4. a) bb) und Fn. 456.
2274 Vgl. B. II. 1. a) bb) (2) (d) (aa), (bb), (ee), (ff), (gg).
2275 Vgl. B. III. 4. c).
2276 BR-Drs. 558/1/06; ähnlich auch die BT-Fraktion der Grünen bei ihrer Stellungnahme zu § 13a BauGB, BT-Drs. 16/3308, S. 15/16. Vgl. B. II. 6. a) bb) (2) (a).
2277 BT-Drs. 16/2496, S. 15.
2278 Vgl. B. III. 4. d).

zes[2279] oder anderweitigen[2280] Belangen innerhalb der konkreten Planung zukommt, können Ausgleichsflächen und -maßnahmen bzw. grünflächensichernde Festsetzungen sowie Maßnahmen für die Entwicklung von Natur und Landschaft auch unabhängig von den Anforderungen des § 1a Abs. 3 S. 1 2. Alt. BauGB aus anderen städtebaulichen Gründen[2281] rechtmäßig z. B. in Form von § 9 Abs. 1 Nr. 15, Nr. 20 o. Nr. 25 BauGB i. V. m. § 1 Abs. 3 S. 1, Abs. 6 u. Abs. 7 BauGB festgesetzt werden bzw. – wie oben dargestellt[2282] – festzusetzen sein,[2283] so dass sich der Gesetzgeber auch nicht veranlasst sah, zur Verhinderung eines missbräuchlichen Einsatzes des beschleunigten Verfahrens für kleinflächige Bebauungspläne der Innenentwicklung gerade zur Umgehung der Anforderung des § 1a Abs. 3 S. 1 2. Alt. BauGB und damit verbundener nachteiliger Auswirkungen auf den Schutz von Natur und Landschaft sowie zur Gewährleistung einer nachhaltigen städtebaulichen Entwicklung § 13a Abs. 2 Nr. 4 BauGB zu streichen, insbesondere weil die Anforderungen an die Abwägung in Bezug auf die Umweltbelange gem. § 2 Abs. 3, § 1 Abs. 7, § 1 Abs. 6 Nr. 7 lit. a, § 1a Abs. 3 S. 1 1. Alt. BauGB im beschleunigten Verfahren (für kleinflächige Bebauungspläne der Innenentwicklung) genauso gelten wie im Regelplanungsverfahren und derselben gerichtlichen Kontrolle unterliegen wie dort.[2284] Der Umgehung der vollumfänglichen Geltung der naturschutzrechtlichen Eingriffsregelung innerhalb des beschleunigten Verfahrens für großflächige Bebau-

---

2279 Vgl. Fn. 2236.
2280 Vgl. Fn. 2237.
2281 *Götze/Müller*, ZUR 2008, 8 (12); *Spannowsky*, in: Berliner Kommentar, § 13a, Rn. 31 (Stand: Juli 2007).
2282 Vgl. B. III. 4. d).
2283 *Bunzel*, Difu-Praxistest, S. 42, abrufbar unter http://www.difu.de/publikationen/difuberichte/4_06/11.phtml (zuletzt abgerufen am 01.03.2008); *ders.*, LKV 2007, 444 (449); vgl. Berkemann, in: BauGB 2004 – Nachgefragt, S. 69 (70); *Krautzberger*, in: Krautzberger/Söfker, Baugesetzbuch, Rn. 154d; *ders.*, in: E/Z/B/K, § 13a, Rn. 85 (Stand: Mai 2007); *Portz*, in: Spannowsky/Hofmeister, BauGB 2007, S. 1 (5); *Spannowsky*, NuR 2007, 521 (525); *ders.*, in: Spannowksy/Hofmeister, BauGB 2007, S. 27 (38); *Wallraven/Strunz/Geiß*, Das Bebauungsplanverfahren nach dem BauGB 2007, S. 161 u. 174; Mustereinführungserlass, S. 9/10, abrufbar unter http://www.is-argebau.de/ (zuletzt abgerufen am 10.05.2008).
2284 Einen Beurteilungsspielraum im Rahmen der naturschutzrechtlichen Eingriffsregelung generell verneinend BVerwG, Beschl. vom 04.10.2006 – 4 BN 26.06, UPR 2007, 67 (67). *Bunzel*, LKV 2007, 444 (449); *ders.*, Difu-Praxistest, S. 19 u. 42 u. 43, abrufbar unter http://www.difu.de/publikationen/difu-berichte/4_06/11.phtml (zuletzt abgerufen am 01.03.2008); *Battis*, in: B/K/L, § 13a, Rn. 17; *Battis/Krautzberger/Löhr*, NVwZ 2007, 121 (125); *Dirnberger*, Bay. Gemeindetag 2/2007, 51 (53); *Gierke*, in: Brügelmann, § 13a, Rn. 10 u. 134 (Stand: Februar 2008); *Kirchmeier*, in: Hk-BauGB, § 13a, Rn. 12; *Krautzberger*, in: E/Z/B/K, § 13a, Rn. 84 (Stand: Mai 2007); *Krautzberger/Stüer*, DVBl. 2007, 160 (163); *Kuschnerus*, Der standortgerechte Einzelhandel, Rn. 609; *Uechtritz*, BauR 2007, 476 (482); *Wallraven-Lindl/Strunz/Geiß*, Das Bebauungsplanverfahren nach dem BauGB 2007, S. 161.

ungspläne, die den Schwellenwert von 20000 qm i. S. d. § 13a Abs. 1 S. 2 Nr. 1 BauGB erreichen bzw. überschreiten und für die auch der Gesetzgeber eine generelle Suspension von der naturschutzrechtlichen Ausgleichspflicht nicht für sachgerecht erachtet, wird durch die Kumulationsregelung des § 13a Abs. 1 S. 2 Nr. 1 a. E. BauGB Vorschub geleistet.[2285]

Im Zusammenhang mit der Festsetzung von Ausgleichsflächen bzw. –maßnahmen nach allgemeinen Grundsätzen ist allerdings zu berücksichtigen, dass zwischen der planerischen Festsetzung von Ausgleichsmaßnahmen für mit der Planung verbundene Eingriffe in Natur und Landschaft außerhalb der durch § 1a Abs. 3 S. 1 2. Alt. BauGB statuierten naturschutzrechtlichen Ausgleichspflicht oder für sonstige nachteilige Auswirkungen der Planung oder zur Umsetzung bestimmter städtebaulicher Zielsetzungen und einem durch § 1a Abs. 3 S. 1 2. Alt. BauGB gebotenen Ausgleich durchaus nicht völlig zu vernachlässigende Unterschiede bestehen. § 9 Abs. 1a S. 2 BauGB, der einen „Ausgleich *im Sinne des* § 1a Abs. 3 BauGB" verlangt (vgl. § 9 Abs. 1a S. 1 BauGB), ermöglicht es nur für einen gem. § 1a Abs. 3 S. 1 2. Alt., § 1 Abs. 7 BauGB notwendigen Ausgleich, Flächen oder Maßnahmen zum Ausgleich an anderer Stelle als der des Eingriffs den Grundstücken, auf denen Eingriffe zu erwarten sind, ganz oder teilweise zuzuordnen,[2286] was Voraussetzung dafür ist, dass die Gemeinde gem. § 135a Abs. 2 BauGB selbst und daher effektiv diese Maßnahmen *auf Kosten der Vorhabenträger* oder Eigentümer der Grundstücke durchführen darf;[2287] auch die in § 135a Abs. 1 BauGB ansonsten, d. h. vor allem für Ausgleichsmaßnahmen am Ort des Eingriffs,[2288] vorgesehene Pflicht des Vorhabenträgers, Ausgleichsmaßnahmen *auf seine Kosten* durchzuführen, besteht nur für einen nach § 1a Abs. 3 S. 1 2. Alt. BauGB erforderlichen Ausgleich.[2289] Die in § 1a Abs. 3

2285 *Schwarz*, LKV 2008, 12 (13); *Wallraven-Lindl/Strunz/Geiß*, Das Bebauungsplanverfahren nach dem BauGB 2007, S. 158.
2286 BVerwG, Beschl. vom 04.10.2006 – 4 BN 26.06, UPR 2007, 67 (67); vgl. *Berkemann*, in: BauGB 2004 – Nachgefragt, S. 69 (70); *Bunzel*, LKV 2007, 444 (449); *Gierke*, in: Brügelmann, § 13a, Rn. 135 (Stand: Februar 2008); *Oldiges*, in: Steiner, Besonderes Verwaltungsrecht, Teil III, Rn. 50.
2287 *Brohm*, Öffentliches Baurecht, § 26, Rn. 29; vgl. *Gierke*, in: Brügelmann, § 13a, Rn. 135 (Stand: Februar 2008); vgl. *Krautzberger/Stüer*, DVBl. 2007, 160 (163); *Krautzberger*, in: E/Z/B/K, § 11, Rn. 143 (Stand: Juni 2008); *Stich*, in: Berliner Kommentar, § 1a, Rn. 90 u. 95 (Stand: August 2002).
2288 *Brohm*, Öffentliches Baurecht, § 26, Rn. 29.
2289 BVerwG, Beschl. vom 04.10.2006 – 4 BN 26.06, UPR 2007, 67 (67); *Berkemann*, in: BauGB 2004 – Nachgefragt, S. 69 (70); *Bunzel*, LKV 2007, 444 (449); *Gierke*, in: Brügelmann, § 13a, Rn. 135 (Stand: Februar 2008); *Krautzberger*, in: E/Z/B/K, § 13a, Rn. 84 (Stand: Mai 2007) und § 11, Rn. 143 (Stand: Juni 2008); *Krautzberger/Stüer*, DVBl. 2007, 160 (163); *Oldiges*, in: Steiner, Besonderes Verwaltungsrecht, Teil III, Rn. 50; vgl. *Portz*, in: Spannowsky/Hofmeister, BauGB 2007, S. 1 (5); *Reidt*, NVwZ 2007, 1029 (1032); *Spannowsky*, in: Berliner Kommentar, § 13a, Rn. 31 (Stand: Juli 2007).

S. 4 1. Alt. i. V. m. § 11 Abs. 1 S. 2 Nr. 2 2. UnterVar. BauGB vorgesehene Möglichkeit, einen anderen durch städtebaulichen Vertrag zur „Durchführung des Ausgleichs im Sinne des § 1a Abs. 3 BauGB" auf seine Kosten zu verpflichten, scheidet mangels Geltung des § 1a Abs. 3 S. 1 2. Alt. BauGB ebenfalls aus.[2290] Der Katalog des § 11 Abs. 1 S. 2 BauGB über die Inhalte städtebaulicher Verträge ist jedoch offen (vgl. § 11 Abs. 4 BauGB), so dass z. B. die Durchführung grünordnerischer, nicht auf § 1a Abs. 3 S. 1 2. Alt. BauGB gestützter, sondern sich allein aus den städtebaulichen Zielen einer Gemeinde innerhalb der Abwägung ergebender natur- und landschaftsbezogener Maßnahmen grundsätzlich schon Vertragsgegenstand sein kann,[2291] zumal § 11 Abs. 1 S. 2 Nr. 2 BauGB die Förderung und Sicherung der mit der Bauleitplanung verfolgten Ziele explizit als möglichen Vertragsgegenstand eines städtebaulichen Vertrags anführt.[2292] Andere Stimmen scheinen dagegen eine vertragliche Vereinbarung nur im Hinblick auf die Kostentragung (§ 11 Abs. 1 S. 2 Nr. 3 BauGB), also in Form von Finanzierungsvereinbarungen, für sich außerhalb des § 1a Abs. 3 S. 1 2. Alt. BauGB ergebende Ausgleichs- oder sonstige natur- und landschaftsbezogene Maßnahmen erlauben zu wollen.[2293] Dies könnte auf der Annahme beruhen, dass die vertragliche Verpflichtung zur Durchführung von nicht auf § 1a Abs. 3 S. 1 2. Alt. BauGB gestützten Ausgleichsmaßnahmen der Anwendung der gerade nicht anwendbaren Regelung des § 1a Abs. 3 i. V. m. § 11 Abs. 1 S. 2 Nr. 2 2. UnterVar. BauGB „durch die Hintertür" gleichkommen könnte. *Krautzberger* verweist jedoch zu Recht darauf, dass § 13a Abs. 2 Nr. 4 BauGB nicht be-

---

2290 BVerwG, Beschl. vom 04.10.2006 – 4 BN 26.06, UPR 2007, 67 (67), stellt ausdrücklich fest, dass an die Eingriffsregelung bzw. die von ihr statuierte Ausgleichspflicht anknüpfende Rechtsfolgen nur bei Vorliegen einer Ausgleichspflicht anwendbar sind; *Krautzberger*, in: E/Z/B/K, § 13a, Rn. 86; *Krautzberger/Stüer*, DVBl. 2007, 160 (164); zustimmend auch *Gierke*, in: Brügelmann, § 13a, Rn. 135 (Stand: Februar 2008); Mustereinführungserlass, S. 10, abrufbar unter http://www.is-argebau.de/ (zuletzt abgerufen am 10.05.2008). Vgl. auch *Stich*, in: Berliner Kommentar, § 1a, Rn. 99 (Stand: August 2002).

2291 BVerwG, Urt. vom 11.02.1993 – 4 C 18.91, E 92, 56 (62/63); *Krautzberger*, in: E/Z/B/K, § 13a, Rn. 86 (Stand: Mai 2007) und § 11, Rn. 143 (Stand: Juni 2008) unter Verweis auf *Krautzberger/Stüer*, DVBl. 2007, 160 (164); *Mitschang*, ZfBR 2007, 433 (446); *Reidt*, NVwZ 2007, 1029 (1032); *Wallraven-Lindl/Strunz/Geiß*, Das Bebauungsplanverfahren nach dem BauGB 2007, S. 161.

2292 *Krautzberger*, in: E/Z/B/K, § 13a, Rn. 86 (Stand: Mai 2007) und § 11, Rn. 138 u. 143 (Stand: Juni 2008).

2293 Mustereinführungserlass, S. 10, abrufbar unter http://www.is-argebau.de/ (zuletzt abgerufen am 10.05.2008); *Gierke*, in: Brügelmann, § 13a, Rn. 135 (Stand: Februar 2008); *Spannowsky*, in: Berliner Kommentar, § 13a, Rn. 31 (Stand: Juli 2007), der darauf verweist, dass eine vertragliche Vereinbarung über die Übernahme der gesamten Kosten gegen das Übermaßverbot verstößt, weil das Gesetz eine solche Kostenverteilung für Ausgleichsmaßnahmen außerhalb des § 1a Abs. 3 S. 1 2. Alt. BauGB gerade nicht vorsieht.

zweckt, die konzeptionellen planerischen Gestaltungsmöglichkeiten einer Gemeinde zu verändern. Daher muss es ihr auch möglich sein, in städtebaulichen Verträgen gem. § 11 Abs. 1 S. 2 Nr. 2 BauGB Regelungen zur Umsetzung ihrer rechtmäßigen bauleitplanerischen Ziele zu treffen, wozu z. B. auch die Umsetzung eines kommunalen Konzepts über Mindeststandards an Grünflächen und andere Folgemaßnahmen wegen baulicher Vorhaben zählt.[2294] Vertragsgegenstand eines solchen Vertrags ist nicht ein gem. § 13a Abs. 2 Nr. 4 BauGB gerade nicht relevanter und tatsächlich nicht gegebener naturschutzrechtlicher Ausgleich gem. § 1a Abs. 3 S. 1 2. Alt. BauGB,[2295] sondern ein sich aus der konkreten städtebaulichen Zielsetzung der Gemeinde in der Abwägung ergebender Ausgleich. Zudem ist zu bedenken, dass es inkonsequent wäre, zwar die Kostentragung für eine nicht auf § 1a Abs. 3 S. 1 2. Alt. BauGB gestützte Ausgleichs- bzw. sonstige natur- und landschaftsbezogene Maßnahme vertraglich an den Vorhabenträger oder sonstige Personen übertragen zu können, nicht jedoch auch die Pflicht zur Durchführung, obwohl beide Verpflichtungen für den Betroffenen letztlich sehr ähnlich sind. Die Verpflichtung von Investoren zur Kostenübernahme außerhalb der im Gesetz gem. §§ 135a ff. BauGB vorgesehenen, unausweichlichen Kostentragungspflicht dürfte jedoch in der Regel nicht ohne Weiteres gelingen und daher mit einem erheblichen zeitlichen und personellen Aufwand verbunden sein, der die Intention des beschleunigten Verfahrens konterkarieren kann.[2296] Wenn eine Gemeinde die im Rahmen der planerischen Abwägung nur auf Grund der von ihr freiwillig gewählten städtebaulichen Schwerpunktsetzung oder ausnahmsweise auf Grund der objektiv erheblichen planerischen Betroffenheit von Umweltbelangen notwendigen Ausgleichsmaßnahmen selbst finanzieren muss oder versucht, die Kosten Investoren aufzuerlegen, kann sich dies im interkommunalen Wettbewerb um Investoren, die in der Regel bei gleicher Geeignetheit möglichst günstiges Bauland bevorzugen, als negativer Standortfaktor auswirken, weshalb es angesichts der Konkurrenz unter den Gemeinden um Einwohner und Investoren – bestätigt durch die bislang weitgehend ungebremste Außenentwicklung sogar in der Einwohnerzahl schrumpfender Gemeinden[2297] – eher unwahrscheinlich ist, dass sie ihre städtebauliche Zielsetzung so umweltschutzniveaubetonend ausrichten, dass sie gleichsam freiwillig, d. h.

2294 *Krautzberger*, in: E/Z/B/K, § 13a, Rn. 86 (Stand: Mai 2007); *Krautzberger/Stüer*, DVBl. 2007, 160 (164); vgl. auch *Spannowsky*, in: Berliner Kommentar, § 13a, Rn. 31 (Stand: Juli 2007).
2295 BVerwG, Beschl. vom 04.10.2006 – 4 BN 26.06, UPR 2007, 67 (67); *Krautzberger*, in: E/Z/B/K, § 13a, Rn. 86 (Stand: Mai 2007); *Krautzberger/Stüer*, DVBl. 2007, 160 (164).
2296 *Bunzel*, Difu-Praxistest, S. 43, abrufbar unter http://www.difu.de/publikationen/difuberichte/4_06/11.phtml (zuletzt abgerufen am 01.03.2008); *Götze/Müller*, ZUR 2008, 8 (12); *Reidt*, NVwZ 2007, 1029 (1032); *Wallraven-Lindl/Strunz/Geiß*, Das Bebauungsplanverfahren nach dem BauGB 2007, S. 160.
2297 Vgl. B. I. 1. a).

aufgrund der Suspension gem. § 13a Abs. 2 Nr. 4 BauGB außerhalb der von § 1a Abs. 3 S. 1 2. Alt. BauGB vorgegebenen Pflicht, aus sonstigen städtebaulichen Gründen Ausgleichsmaßnahmen vorsehen *müssen*,[2298] auch wenn sich ein hohes Umweltschutzniveau in einer Gemeinde durchaus auch als positiver, sog. wiecher Standortfaktor[2299] auswirken kann. Dabei ist auch zu bedenken, dass sich die Gemeinde durch die Festsetzung von Ausgleichs- und sonstigen naturschutzrelevanten Flächen immer auch dem Risiko aussetzt, dadurch entstehende Planungsschäden gem. §§ 40 ff. BauGB ausgleichen zu müssen,[2300] welches sie wegen des damit verbundenen finanziellen Aufwands kaum freiwillig eingehen wird, zumal § 13a Abs. 2 Nr. 4 BauGB zum Vorteil der Gemeinde gerade in dieser Hinsicht eine (partielle) Entlastung mit sich bringt. Wegen des besonderen Kostenrisikos, das mit der Festsetzung von Ausgleichsflächen und -maßnahmen u. Ä. außerhalb der Verpflichtung des § 1a Abs. 3 S. 1 2. Alt. BauGB für die Gemeinde verbunden ist, ergibt sich daher insgesamt, dass die nicht durch die Ausgleichspflicht der naturschutzrechtlichen Eingriffsregelung gebotene Festsetzung von Ausgleichsflächen und -maßnahmen und sonstigen natur- und landschaftsbezogenen Maßnahmen für die Gemeinde mit einer weitaus größeren Kostenlast verbunden sein kann als die von § 1a Abs. 3 S. 1 2. Alt. BauGB vorgesehene Ausgleichspflicht. Daher wird sich eine Gemeinde allein zur freiwilligen Wahrung eines hohen Umweltschutzniveaus eher selten in die Lage versetzen, auf Grund ihrer städtebaulichen Konzeption im Rahmen der Abwägung gem. § 1 Abs. 7 BauGB unbedingt Ausgleichsmaßnahmen festsetzen zu wollen und zu müssen.

cc) Auseinandersetzung mit den Kritikpunkten

(1) Ausgleichslose Überplanung ökologisch besonders wertvoller Flächen

Daher stellt sich die Frage, ob ohne Berücksichtigung der in § 1a Abs. 3 S. 1 2. Alt. BauGB geregelten Kompensationspflicht vor dem Hintergrund, dass nicht von § 1a Abs. 3 S. 1 2. Alt. BauGB gebotene, im Ansatz allein in der städtebaulichen Zielkonzeption der Gemeinde begründete und damit „freiwillige" Ausgleichsmaßnahmen als Ergebnis der planerischen Abwägung eher Seltenheitscharakter haben dürften, der in § 13a Abs. 2 Nr. 4 BauGB vorgesehene generelle Verzicht auf die Ausgleichspflicht gem. § 1a Abs. 3 S. 1 2. Alt. BauGB tatsächlich dazu führt, dass wichtige Freiraumflächen und auch aus

---

2298 Vgl. *Krautzberger/Stüer*, DVBl. 2007, 160 (163); *Scheidler*, ZfBR 2006, 752 (756); *ders.*, BauR 2007, 650 (656); *Tomerius*, ZUR 2008, 1 (6).
2299 *Bunzel*, Difu-Praxistest, S. 43, abrufbar unter http://www.difu.de/publikationen/difu-berichte/4_06/11.phtml (zuletzt abgerufen am 01.03.2008); *Götze/Müller*, ZUR 2008, 8 (12).
2300 Vgl. BVerwG, Beschl. vom 31.01.1997 – 4 NB 27.96, E 104, 68 (72); *Berkemann*, in: BauGB 2004 – Nachgefragt, S. 69 (70).

Gründen des Arten- oder Biotopschutzes empfindliche oder wertvolle Bereiche in nicht unerheblichem Umfang grundsätzlich ohne einen entsprechenden naturschutzrechtlichen Ausgleich überplant werden dürfen, dass also auch *erhebliche Eingriffe in Natur und Landschaft* im Rahmen des § 13a BauGB von vornherein ausgleichslos *neu ermöglicht* werden können. Hierbei ist zunächst zu bedenken, dass der generelle Verzicht auf das Ausgleichserfordernis, wie auch die Gesetzesbegründung zur Rechtfertigung vorträgt, nur *kleinflächige* Bebauungspläne der *Innenentwicklung* erfasst. Dies bedeutet nach der oben vertretenen Auffassung,[2301] dass nur Flächen innerhalb des Siedlungszusammenhangs oder in Angrenzung an diesen, die selbst zumindest schon von Bebauung geprägt sein müssen, durch Maßnahmen der Innenentwicklung überplant werden dürfen. Die vollständige Überplanung großer, einen sog. Außenbereich im Innenbereich bildender Flächen, die vorwiegend grün geprägt sind, ist nach der hier vertretenen Ansicht[2302] gerade keine Maßnahme der Innenentwicklung. Daher ist es auch nicht möglich, z. B. innerhalb des Siedlungszusammenhangs vorhandene, als Grüne Lungen mit einer ökologisch und siedlungsklimatisch wichtigen Funktion dienende, große Grünanlagen bzw. Parkflächen durch einen Bebauungsplan der Innenentwicklung im beschleunigten Verfahren umfassend zu überplanen,[2303] so dass auch § 13a Abs. 2 Nr. 4 BauGB nicht zur Anwendung kommen kann.[2304]

Wegen des für eine Maßnahme der Innenentwicklung i. S. v. § 13a Abs. 1 S. 1 BauGB geforderten Zusammenhangs mit dem vorhandenen Siedlungsbereich und der notwendigen baulichen Vorprägung der zu überplanenden Fläche ist es zudem nur in seltenen Fällen möglich, dass im beschleunigten Verfahren aufgrund der von § 13a Abs. 2 Nr. 4 BauGB vorgesehenen Suspension ökologisch besonders wertvolle Flächen des Arten- und Biotopschutzes überplant werden dürfen, ohne dass dafür ein Ausgleich im Sinne von § 1a Abs. 3 S. 1 2. Alt. BauGB berücksichtigt werden müsste. Denn innerhalb des vorhandenen Siedlungsbereichs, vor allem im Bereich von Innenbereichsflächen i. S. v. § 34 BauGB, dürften kaum jemals derartige Schutzgebiete vorhanden sein, schon weil sie auf Grund ihrer Schutzbedürftigkeit dort nicht bestehen können. Und auch in unmittelbarer Nähe des vorhandenen Siedlungsbereichs dürften solche Gebiete aufgrund der die Flächen prägenden (Umwelt-)Auswirkungen der im Siedlungsbereich vorhandenen baulichen Nutzungen selten sein. Daher kann eine Maßnahme der Innenentwicklung allenfalls in vereinzelten Fällen überhaupt eine im Sinne des Arten- und Biotopschutzes ökologisch besonders wertvolle Fläche erfassen,[2305] wobei in diesem Fall das beschleunigte Verfahren und

---

[2301] Vgl. B. II. 1. a) cc).
[2302] Vgl. B. II. 1. b) aa) (3) und (5).
[2303] Vgl. B. II. 1. b) aa) (3).
[2304] So auch *Tomerius*, ZUR 2008, 1 (6).
[2305] Vgl. *Bunzel*, Difu-Praxistest, S. 41, abrufbar unter http://www.difu.de/publikationen/ difu-berichte/4_06/11.phtml (zuletzt abgerufen am 01.03.2008); vgl. auch *Spannowsky*,

damit auch die in § 13a Abs. 2 Nr. 4 BauGB vorgesehene Suspension von der naturschutzrechtlichen Ausgleichspflicht ohnehin teilweise wegen des Ausschlussgrundes gem. § 13a Abs. 1 S. 5 BauGB ausgeschlossen sein dürften, sofern die Planung in Lebensräume von besonders oder streng geschützten Arten gem. §§ 42 f. BNatSchG eingreift und aufgrund dessen *zugleich* Anhaltspunkte für eine Beeinträchtigung der in § 1 Abs. 6 Nr. 7 lit. b BauGB genannten Schutzgüter bestehen.[2306] Desweiteren gelten, sofern der Anwendungsbereich des beschleunigten Verfahrens gem. § 13a Abs. 1 BauGB für die Überplanung im Sinne des Arten- und Biotopschutzes ökologisch besonders wertvoller Flächen tatsächlich eröffnet ist, innerhalb dessen trotz § 13a Abs. 2 Nr. 4 BauGB die Anforderungen von §§ 42 f. BNatSchG uneingeschränkt,[2307] so dass Bebauungspläne der Innenentwicklung, die in Lebensräume besonders oder streng geschützter Arten im Sinne des Bundesnaturschutzgesetzes (vgl. § 10 Abs. 2 Nr. 10 u. Nr. 11 BNatSchG) eingreifen, einer planerischen Rechtfertigung gem. § 1 Abs. 3 S. 1 BauGB entbehren, wenn keine Ausnahmelage im Sinne von § 43 Abs. 8 BNatSchG und keine Befreiungslage im Sinne von § 62 BNatSchG besteht.[2308] Zudem ist zu beachten, dass sich, sofern trotz § 13a Abs. 1 S. 5 BauGB und der hier vertretenen Interpretation von Flächen, die für Maßnahmen der Innenentwicklung in Betracht kommen, ein ökologisch besonders wertvolles Gebiet Gegenstand bzw. Auswirkungsgebiet eines im beschleunigten Verfahren aufstellbaren Bebauungsplans der Innenentwicklung sein kann, auch aus der uneingeschränkt geltenden Pflicht, die Anforderungen der § 1 Abs. 6 Nr. 7, § 1a Abs. 3 S. 1 1. Alt., § 2 Abs. 3, § 1 Abs. 7 BauGB zu berücksichtigen, die Notwendigkeit zur Festsetzung von Ausgleichsmaßnahmen ergeben kann,[2309] die zwar dann nicht auf § 1a Abs. 3 S. 1 2. Alt. BauGB beruhen, sondern auf den sonstigen Anforderungen an eine gerechte Abwägung der von der Planung betroffenen Belange, was aber für den mit dem Ausgleich in jedem Fall bezweckten Schutz von Natur und Landschaft unerheblich ist. Ebenso kann sich aus den auch im beschleunigten Verfahren geltenden, allgemeinen Anforderungen an die Abwägung gem. § 1 Abs. 7 BauGB ergeben, dass ein beabsichtigter Bebauungsplan, der sich mehr als unerheblich auf ökologisch besonders wertvolle Arten oder Gebiete auswirkt, nicht rechtmäßig aufgestellt werden kann, weil zwischen den für und gegen die Planung sprechenden Belangen kein gerechter Aus-

---

NuR 2007, 521 (526). Vgl. B. II. 7. c) bb) und Fn. 1220-1223 in Bezug auf eine Beeinträchtigung der Erhaltungsziele und des Schutzzwecks von FFH- und Vogelschutzgebieten durch Bebauungspläne der Innenentwicklung.
2306 Vgl. Fn. 1557.
2307 Vgl. Fn. 1566.
2308 Vgl. Fn. 1563; vgl. Spannowsky, NuR 2007, 521 (526).
2309 Vgl. Fn. 2236. Zur Berücksichtigung der Auswirkungen eines Bauleitplans auf Tiere und Pflanzen gem. § 1 Abs. 6 Nr. 7 lit. a BauGB unabhängig von §§ 42 f. BNatSchG vgl. *Pauli*, BauR 2008, 759 (759).

gleich erzielt werden kann, die ökologisch nachteiligen Auswirkungen des Plans vielmehr als unzumutbar einzustufen sind.[2310]

Daraus ergibt sich, dass der Einschätzung des Gesetzgebers, aufgrund von kleinflächigen Bebauungsplänen der Innenentwicklung seien in der Regel keine gravierenden neuen und bisher unzulässigen Eingriffe in Natur und Landschaft zu erwarten, gerade weil keine völlige Neuinanspruchnahme tatsächlich weitgehend unberührter und damit besonders schutzwürdiger Flächen möglich ist und zudem die durch Bebauungspläne der Innenentwicklung zu erlaubende Bodennutzung die Umweltauswirkungen der vorhandenen Nutzung – *auch* auf die von § 1a Abs. 3 S. 1 BauGB erfassten Schutzgüter[2311] – allenfalls unwesentlich intensiviert bzw. intensivieren darf[2312] und desweiteren im Fall von § 13a Abs. 1 S. 4 u. S. 5 BauGB das beschleunigte Verfahren ausgeschlossen ist, zuzustimmen ist, zumal es durch die Flächenbegrenzung des § 13a Abs. 1 S. 2 Nr. 1 BauGB auch weitgehend ausgeschlossen sein dürfte, dass sich mit der Planung verbundene, neu ermöglichte kleinere Beeinträchtigungen von Natur und Landschaft verteilt auf die Größe des Plangebiets doch zu einer erheblichen Gesamt-Beeinträchtigung aufsummieren.[2313] Daher ist es, berücksichtigt man die Verfahrensbesonderheit des beschleunigten Verfahrens gem. § 13a Abs. 2 Nr. 4 BauGB, wie hier geschehen,[2314] schon bei der Auslegung des Begriffs der Innenentwicklung dahingehend, dass nach dem Willen des Gesetzgebers mit Maßnahmen der Innenentwicklung neue, mit Nichtinnenentwicklungsmaßnahmen verbundene, in Relation zu Innenentwicklungsmaßnahmen gravierendere Eingriffe in Natur und Landschaft gerade vermieden werden sollen,[2315] durchaus gerechtfertigt, als zusätzlichen Anreiz für die Aufstellung kleinflächiger Bebauungspläne der Innenentwicklung von der Ausgleichspflicht gem. § 1a Abs. 3 S. 1 2. Alt. BauGB abzusehen, zumal das Umweltschutzniveau der Planung trotz § 13a Abs. 2 Nr. 4 BauGB durch die bei der Abwägung gem. § 2 Abs. 3, § 1 Abs. 7 BauGB uneingeschränkt zu berücksichtigenden Anforderungen des § 1 Abs. 6 Nr. 7 lit. a, § 1a Abs. 3 S. 1 1. Alt. BauGB und die Beachtung von §§ 42 f. BNatSchG innerhalb von § 1 Abs. 3 S. 1 BauGB insgesamt weitgehend unverändert bleibt. Hierbei ist auch zu beachten, dass das Gesetz schon bisher mit einer Überplanung verbundene, in Relation zum *tatsächlichen* Ausgangszustand von Landschaftsbild und Naturhaushalt neue, wenn auch *rechtlich* bereits vorher

---

2310 *Spannowsky*, NuR 2007, 521 (526).
2311 Vgl. zum Zusammenhang zwischen den Umweltauswirkungen der Planung und den durch sie im Vergleich zur tatsächlichen Ausgangslage ermöglichten Eingriffen in Natur und Landschaft Fn. 2210 u. 2243. Vgl. B. II. 6. d) aa) (4) (a) und B. II. 1. a) bb) (2) (e).
2312 Vgl. B. II. 6. d) aa), insbesondere B. II. 6. d) aa) (4).
2313 Vgl. z. B. B. II. 6. d) aa) (4) (a) oder B. II. 1. a) bb) (2) (e).
2314 Vgl. B. II. 1 a) bb) (2) (e); B. II. 1. b) aa) (3) u. (4) (a); B. II. 1. b) bb) (3) (a); B. II. 1. b) cc) (1) (b) u. (2) (b) u. (2) (c).
2315 Vgl. B. III. 4. c).

zulässige Eingriffe in Natur und Landschaft gem. § 1a Abs. 3 S. 5 BauGB ausdrücklich ohne eine Ausgleichspflicht gem. § 1a Abs. 3 S. 1 2. Alt. BauGB zuließ, wie es z. B. bei der Überplanung von Innenbereichsflächen im Sinne von § 34 BauGB wegen § 1a Abs. 3 S. 5 BauGB auch im Regelplanungsverfahren der Fall sein konnte und weiterhin sein kann,[2316] ohne dass dies bislang zu deutlichen Protesten im Hinblick auf die Unerträglichkeit des ausgleichslosen Eingriffs in Natur und Landschaft und zu unzumutbaren Zuständen für die von § 1a Abs. 3 BauGB umfassten Umweltschutzgüter geführt hätte.

(2) Ausgleichslose Überplanung in anderen Plänen vorgesehener Ausgleichsflächen

Problematisch erscheint der generelle Verzicht auf den naturschutzrechtlichen Ausgleich gem. § 1a Abs. 3 S. 1 2. Alt. BauGB nach § 13a Abs. 2 Nr. 4 BauGB jedoch in den Fällen, in denen durch den Bebauungsplan der Innenentwicklung Flächen überplant werden sollen, die zum Plangebiet eines vorhandenen Bebauungsplans gehören und in diesem als aufgrund von § 1a Abs. 3 S. 1 2. Alt., § 1 Abs. 7 BauGB für einen Eingriff an anderer Stelle notwendige Kompensationsflächen ausgewiesen sind, ohne aber diesen bestehenden, den ausgeglichenen Eingriff erlaubenden Bebauungsplan insgesamt als Maßnahme der Innenentwicklung im beschleunigten Verfahren zu ändern.[2317] Zwar ist es nach der Rechtsprechung des Bundesverwaltungsgerichts ausdrücklich möglich, auf naturschutzrechtlichen Ausgleichsflächen, auf denen Beeinträchtigungen von Natur und Landschaft durch einen an anderer Stelle vorgenommenen Eingriff auszugleichen sind, neue Eingriffe in Natur und Landschaft zuzulassen,[2318] jedoch nur unter der Maßgabe, dass dadurch für den aufgrund der bestehenden, insoweit wirksam bleibenden Planung ermöglichten Eingriff im Rahmen der neuen eine erneute Ausgleichspflicht ausgelöst wird.[2319] Ansonsten könnte eine gem. § 1a Abs. 3 S. 1 2. Alt. BauGB für einen Bebauungsplan bestehende Ausgleichspflicht durch eine partielle Planänderung ganz einfach umgangen werden. Daher kann es auch im Rahmen der Aufstellung eines kleinflächigen Bebauungsplans der Innenentwicklung, der eine aufgrund einer schon vorhandenen, nicht insgesamt im Rahmen der Innenentwicklungsmaßnahme zu ändernden Planung not-

---

2316 *Bunzel*, Difu-Praxistest, S. 41, abrufbar unter http://www.difu.de/publikationen/difuberichte/4_06/11.phtml (zuletzt abgerufen am 01.03.2008); *Götze/Müller*, ZUR 2008, 8 (13). Vgl. Fn. 2176.
2317 *Reidt*, NVwZ 2007, 1029 (1031).
2318 BVerwG, Beschl. vom 31.01.2006 – 4 B 49/05, NVwZ 2006, 823 (823 u. 828). Vgl. Fn. 1911.
2319 BVerwG, Beschl. vom 31.01.2006 – 4 B 49/05, NVwZ 2006, 823 (828); *Krautzberger*, in: E/Z/B/K, § 13a, Rn. 88 (Stand: Mai 2007), nur bezogen auf das Verhältnis großflächiger Bebauungsplan der Innenentwicklung – Flächennutzungsplan, wobei aber § 13a Abs. 2 Nr. 4 BauGB für großflächige Bebauungspläne ohnehin nicht gilt; vgl. Fn. 1912.

wendige Ausgleichsfläche überplant und dabei Eingriffe in Natur und Landschaft vorsieht, nicht sein, dass dies ausgleichslos möglich ist.[2320] Innerhalb des beschleunigten Verfahrens für kleinflächige Bebauungspläne der Innenentwicklung muss daher trotz § 13a Abs. 2 Nr. 4 BauGB im Rahmen der Abwägung gem. § 1 Abs. 7 BauGB[2321] im Hinblick auf Eingriffe, die durch einen schon vorhandenen, diesbezüglich weiterhin geltenden Bebauungsplan ermöglicht werden und bislang auf den nun durch einen (kleinflächigen) Bebauungsplan der Innenentwicklung erneut überplanten Flächen ausgeglichen wurden, die Ausgleichspflicht gem. § 1a Abs. 3 S. 1 2. Alt. BauGB berücksichtigt werden, wie das für jeden anderen Bebauungsplan in derart gelagerten Planungskonstellationen gilt.[2322] Dies ist jedoch kein Widerspruch oder eine Ausnahme zu § 13a Abs. 2 Nr. 4 BauGB. Denn § 13a Abs. 2 Nr. 4 BauGB suspendiert nur die durch den kleinflächigen Bebauungsplan der Innenentwicklung selbst erfolgenden Eingriffe in Natur und Landschaft generell von der Ausgleichspflicht gem. § 1a Abs. 3 S. 1 2. Alt. BauGB, nicht Eingriffe durch eine vorhergehende Planung, die keinen im beschleunigten Verfahren aufgestellten kleinflächigen Bebauungsplan der Innenentwicklung darstellt. Ansonsten würde der schon bestehende Bebauungsplan, könnte man die für die durch ihn erlaubten Eingriffe notwendigen Ausgleichsflächen im Rahmen des § 13a Abs. 2 Nr. 4 BauGB grundsätzlich ausgleichslos überplanen, nachträglich ebenfalls als Bebauungsplan eingestuft, bei dem von einer Ausgleichspflicht gem. § 1a Abs. 3 S. 1 2. Alt. BauGB ersatzlos suspendiert wird, obwohl der Bebauungsplan gerade nicht die hinter § 13a Abs. 2 Nr. 4 BauGB stehende, nur für kleinflächige Bebauungspläne der Innenentwicklung gegebene Rechtfertigungslage für den generellen Verzicht auf die Ausgleichspflicht nach der naturschutzrechtlichen Eingriffsregelung erfüllt bzw. erfüllen muss.[2323]

2320 *Reidt*, NVwZ 2007, 1029 (1031).
2321 *Krautzberger*, in: E/Z/B/K, § 13a, Rn. 88 (Stand: Mai 2007).
2322 A. A. *Reidt*, NVwZ 2007, 1029 (1031/1032), der zur Vermeidung von Umgehungen darauf verweist, dass es der Gemeinde entsprechend des Hinweises des Gesetzgebers (BT-Drs. 16/2496, S. 15) trotz § 13a Abs. 2 Nr. 4 BauGB unbenommen bleibt, aufgrund allgemeiner Grundsätze Ausgleichsmaßnahmen festzusetzen, wobei er hier einräumt, dass eine außerhalb der Vorgaben des § 1a Abs. 3 S. 1 2. Alt. BauGB angenommene Ausgleichspflicht in der Abwägung leichter zu überwinden ist. Dies aber würde die im Rahmen des Bebauungsplans der Innenentwicklung erfolgende Berücksichtigung eines Ausgleichs für den schon auf Grund einer anderen Planung ermöglichten Eingriff gegenüber den in der anderen Planung uneingeschränkt geltenden Anforderungen des § 1a Abs. 3 S. 1 2. Alt. BauGB entwerten, was auch *Reidt* erkennt.
2323 Vgl. B. III. 2. a) cc) (2) (e).

(3) Europarechtliche Anforderungen

In europarechtlicher Hinsicht ist die generelle Suspension vom naturschutzrechtlichen Ausgleich in § 13a Abs. 2 Nr. 4 BauGB völlig unbedenklich, da die naturschutzrechtliche Eingriffsregelung der §§ 18 ff. BNatSchG keinen europarechtlichen Hintergrund hat.[2324] Im Hinblick auf die europarechtlich vorgegebenen, sehr weitreichenden Pflichten zur Durchführung einer Umweltprüfung und einer FFH-Verträglichkeitsprüfung (vgl. § 1a Abs. 4 BauGB) wird sogar erwogen, insoweit auf das nationale Instrument der naturschutzrechtlichen Eingriffsregelung zu verzichten, als innerhalb eines Bauleitplanungsverfahrens eine Umweltprüfung oder eine FFH-Verträglichkeitsprüfung durchzuführen ist.[2325]

(4) Widersprüchlichkeiten zu anderen städtebaulichen Instrumenten

(a) Zur Ergänzungssatzung

Die uneingeschränkte Geltung der Anforderungen des § 1a Abs. 3 BauGB innerhalb des vereinfachten Verfahrens und innerhalb der Aufstellung von Ergänzungssatzungen im Sinne von § 34 Abs. 4 S. 1 Nr. 3 BauGB bedeutet im Verhältnis zur Regelung des § 13a Abs. 2 Nr. 4 BauGB im beschleunigten Verfahren *vom Ausgangspunkt des Gesetzgebers* für die Einführung des § 13a BauGB nicht unbedingt einen Wertungswiderspruch. Auch wenn „Maßnahmen der Innenentwicklung" in Anlehnung an den Anwendungsbereich von Ergänzungssatzungen interpretiert werden, besteht zwischen Ergänzungssatzungen, die einzelne Außenbereichsflächen konstitutiv in den im Zusammenhang bebauten Ortsteil im Sinne von § 34 Abs. 1 S. 1 BauGB einbeziehen und damit entsprechend des Maßstabs des § 34 Abs. 1-3a BauGB bebaubar machen, und Bebauungsplänen der Innenentwicklung, die die Bebaubarkeit wie jeder Bebauungsplan durch *unterschiedlichste – nicht* gem. § 34 Abs. 5 S. 2 BauGB *nur einzelne –* Festsetzungen nach § 9 BauGB regeln und damit eine Feinsteuerung der Nutzung vornehmen können, ein deutlicher Unterschied.[2326] Während Ergänzungssatzungen weitgehend nur insoweit die Bebaubarkeit von Außenbereichsflächen verändern können, als sich in die vorhandene, prägende Innenbereichsbebauung einfügende bauliche Anlagen zugelassen werden, kann durch Bebauungspläne der Innenentwicklung *neues Baurecht,* das sich von der Eigenart der Umgebungsbebauung unterscheidet, geschaffen werden.[2327] Der Bebauungsplan kann und soll

---

2324 Vgl. BT-Drs. 15/2250, S. 47; *Battis,* in: B/K/L, § 13a, Rn. 17; *Gierke,* in: Brügelmann, § 13a, Rn. 133 (Stand: Februar 2008); *Krautzberger,* UPR 2006, 405 (408, Fn. 22); *ders.,* in: E/Z/B/K, § 13a, Rn. 83 (Stand: Mai 2007).
2325 *Mitschang,* ZfBR 2008, 109 (109).
2326 Vgl. B. II. 1. a) bb) (2) (e).
2327 Vgl. *Gronemeyer,* BauR 2007, 815 (816) in Bezug auf den Unterschied von § 13a BauGB zu § 13 BauGB.

grundsätzlich als Mittel zur Schaffung substantiell neuen Baurechts dienen, die Ergänzungssatzung dagegen nicht[2328] bzw. nur insoweit, als der sich aus der angrenzenden, die Außenbereichsflächen prägenden Innenbereichsbebauung ergebene Zulässigkeitsmaßstab gem. § 34 Abs. 1-3a BauGB auf die Außenbereichsfläche übertragen werden kann.[2329] Für Bebauungspläne ist die Bebauung der Umgebung der zu überplanenden Flächen dagegen nicht *strikt*[2330] bindend. Sollte sich innerhalb eines beschleunigten Bebauungsplanungsverfahrens aus der Anforderung des § 1a Abs. 3 S. 1 1. Alt. i. V. m. § 1 Abs. 7 BauGB, die auch für kleinflächige Bebauungspläne der Innenentwicklung uneingeschränkte Geltung hat, ergeben, dass eine Planungsvariante für einen Bebauungsplan der Innenentwicklung mit bestimmten baulichen Nutzungen mit erheblich größeren Eingriffen in Natur und Landschaft verbunden ist als eine andere, kann der anderen i. R. d. Abwägung der Vorrang gegeben werden, so dass ein Ausgleich des Eingriffs gem. § 1a Abs. 3 S. 1 2. Alt. BauGB, der ebenfalls der Abwägung unterläge, ohnehin nicht mehr bzw. nicht in so erheblichem Maße erforderlich wäre.[2331] Bei Ergänzungssatzungen dagegen gibt es nur einen geringen Spielraum zwischen verschiedenen Möglichkeiten der Bebauung, die durch die Satzung erlaubt werden können. Zudem soll durch die Privilegierung des § 13a Abs. 2 Nr. 4 BauGB *gerade in der Bebauungsplanung* die Innenentwicklung gestärkt werden, weil gerade auf ihrer Grundlage eine fortschreitende Erweiterung der Siedlungsfläche ermöglicht wurde, wenngleich auch der Erlass von Ergänzungssatzungen aufgrund der Parallelinterpretation von Flächen für Ergänzungssatzungen und Bebauungspläne der Innenentwicklung im Sinne der Innenentwicklung ist.[2332] Aufgrund der möglichen unterschiedlichen Auswirkungen und Intentionen von § 13a BauGB und § 34 Abs. 4 S. 1 Nr. 3 BauGB ist es daher nicht grundsätzlich wertungswidersprüchlich, an die Aufstellung kleinflächiger Bebauungspläne der Innenentwicklung in § 13a BauGB andere Anforderungen zu stellen als an die Aufstellung einer Ergänzungssatzung.

(b) Zum vereinfachten Verfahren

Auch der Unterschied zwischen dem vereinfachten Verfahren gem. § 13 BauGB und dem beschleunigten Verfahren für kleinflächige Bebauungspläne der Innenentwicklung dahingehend, dass in ersterem die Anforderungen des § 1a Abs. 3 BauGB ohne eine § 13a Abs. 2 Nr. 4 BauGB entsprechende Regelung uneingeschränkt zu beachten sind, lässt sich durchaus rechtfertigen. § 13 BauGB in der Fassung des EAG-Bau 2004 und des BauGB 2007 wurde vor dem Hintergrund

---

2328 *Söfker*, in: E/Z/B/K, § 34, Rn 92 (Stand: März 2006); *Spannowsky*, NuR 2007, 521 (522). Vgl. Fn. 1234 u. 1235.
2329 Vgl. B. II. 4. a) bb).
2330 Vgl. B. II. 6. d) aa) (4) (b) (cc) u. B. III. 1. b) aa) (1) (a) (bb).
2331 Vgl. B. II. 1. a) bb) (2) (e).
2332 Vgl. B. II. 1. a) bb) (2) (e). Vgl. auch Fn. 210.

geschaffen, formell-verfahrensrechtliche Anforderungen[2333] dort, wo sie europarechtlich nicht notwendig sind[2334] und im Hinblick auf den nationalen Hintergrund der Regelung keine neuen materiell-rechtlich relevanten Aspekte erwarten lassen,[2335] verzichtbar zu machen.[2336] Daher beschränkt sich der Anwendungsbereich des vereinfachten Verfahrens gem. § 13 Abs. 1 BauGB auf weitgehend bestandswahrende[2337] Bebauungspläne. § 13a BauGB stellt dagegen nicht auf eine Bestandswahrung ab, sondern darauf, dass im beschleunigten Verfahren aufstellbare Bebauungspläne solche der Innenentwicklung sind. Deren Aufstellung soll gefördert werden, um die bislang ungebremste Außenentwicklung aufgrund der Bebauungsplanung, durch die bisher bevorzugt baulich ungenutzte Flächen im Außenbereich neu für bauliche Nutzungen ausgewiesen wurden statt – insbesondere wegen der dabei bestehenden Planungskomplexität[2338] – innerhalb des Siedlungsbereichs vorhandene Potentiale auszunutzen, durch verfahrensrechtliche Privilegierungen der Innenentwicklung einzudämmen.[2339] Um die bezweckte Stärkung der Innenentwicklung zu forcieren, wird durch die Verfahrensbesonderheit des § 13a Abs. 2 Nr. 4 BauGB im Rahmen des beschleunigten Verfahrens für kleinflächige Bebauungspläne der Innenentwicklung auch eine grundsätzlich materiell-rechtliche Verfahrensanforderung[2340] des Regelplanungsverfahrens modifiziert. Das beschleunigte Verfahren des § 13a BauGB knüpft zwar gem. § 13a Abs. 2 Nr. 1 BauGB an die Verfahrensbesonderheiten des vereinfachten Verfahrens an und auch die Ausschlussgründe des beschleunigten Verfahrens gem. § 13a Abs. 1 S. 4 u. S. 5 BauGB und die negativen Anwendungsvoraussetzungen für das vereinfachte Verfahren gem. § 13 Abs. 1 Nr. 1 u. Nr. 2 BauGB sind jedenfalls weitgehend identisch. Jedoch wurde § 13a BauGB gerade deshalb als eigene Norm und nicht als Absatz oder Unterfall des § 13 BauGB ins Baugesetzbuch aufgenommen, weil Unterschiede zwischen dem vereinfachten und dem beschleunigten Verfahren bestehen und auch bestehen sollen, wobei das beschleunige Verfahren schon hinsichtlich der Verfahrensmodifikationen – § 13a Abs. 2 Nr. 1 BauGB wird durch § 13a Abs. 2 Nr. 2 u. Nr. 4 BauGB ergänzt – über das vereinfachte hinausgeht.[2341] Vor dem Hintergrund der unter-

---

2333 So ausdrücklich *Gierke*, in: Brügelmann, § 13, Rn. 2 (Stand: Februar 2008).
2334 Vgl. Fn. 598.
2335 Vgl. B. II. 6. e) bb) (1) (b); Fn. 838 u. 839; Fn. 1621 u. 1622.
2336 Vgl. BT-Drs. 15/2250, S. 30; *Krautzberger*, in: E/Z/B/K, § 13, Rn. 12 (Stand: März 2007) u. § 2, Rn. 179 (Stand: September 2007); *Löhr*, in: B/K/L, § 13, Rn. 1a.
2337 *Wallraven-Lindl/Strunz/Geiß*, Das Bebauungsplanverfahren nach dem BauGB 2007, S. 139; vgl. *Gronemeyer*, BauRB 2007, 815 (816); auch *Kirchmeier*, in: Hk-BauGB, § 13a, Rn. 3, arbeitet den Unterschied zwischen § 13 BauGB und § 13a BauGB heraus. Vgl. Fn. 456.
2338 Vgl. B. I. 1. a); insbesondere Fn. 96 u. 98 u. 113 u. 172.
2339 Vgl. B. II. 4. a) bb).
2340 Vgl. B. III. 4. a).
2341 Vgl. B. II. 4. a) bb) und B. III. 1. am Anfang; vgl. Fn. 1420.

schiedlichen Intentionen, die hinter §§ 13 u. 13a BauGB stehen, sind Unterschiede der verfahrensrechtlichen Anforderungen daher grundsätzlich durchaus zu rechtfertigen. Dabei ist auch zu bemerken, dass die Voraussetzungen des § 1a Abs. 3 S. 5 BauGB, die vor allem bei bestandswahrenden Bebauungsplänen vorliegen,[2342] im Anwendungsbereich des § 13 BauGB ohnehin häufig erfüllt sein dürften, diese also im Unterschied zu § 13a Abs. 2 Nr. 4 BauGB in der Regel auch nur geprüft werden müssen und nur nicht schon gesetzlich als gegeben fingiert werden, so dass sich der ungleiche Geltungsumfang der naturschutzrechtlichen Ausgleichsregelung im Ergebnis kaum auswirkt.[2343]

(5) Ausgestaltung des beschleunigten Verfahrens als Wahlverfahren

Bei der Auseinandersetzung mit der Kritik an der Regelung des § 13a Abs. 2 Nr. 4 BauGB wurde zudem darauf hingewiesen, dass es den Gemeinden auch bei Erfüllung der Anwendungsvoraussetzungen des beschleunigten Verfahrens freistehe, dieses nicht anzuwenden und damit auch von dem in § 13a Abs. 2 Nr. 4 BauGB vorgesehenen grundsätzlichen Verzicht auf die naturschutzrechtliche Ausgleichspflicht gem. § 1a Abs. 3 S. 1 2. Alt. BauGB bei kleinflächigen Bebauungsplänen der Innenentwicklung keinen Gebrauch zu machen und stattdessen den beabsichtigten Bebauungsplan im Regelplanungsverfahren unter uneingeschränkter Beachtung der Anforderungen des § 1a Abs. 3 BauGB aufzustellen.[2344]

(a) Empfehlung des Verzichts auf das beschleunigte Verfahren im Zusammenhang mit der naturschutzrechtlichen Eingriffsregelung

Dadurch können sie, sollte sich gem. § 1 Abs. 7, § 1a Abs. 3 S. 1 2. Alt. BauGB innerhalb des Regelplanungsverfahrens tatsächlich eine Ausgleichspflicht ergeben, von der in §§ 135a ff. BauGB gesetzlich vorgesehenen Kostenabwälzung

---

2342 *Bunzel*, Difu-Praxistest, S. 40, abrufbar unter http://www.difu.de/publikationen/difuberichte/4_06/11.phtml (zuletzt abgerufen am 01.03.2008).
2343 Vgl. *Krautzberger*, in: E/Z/B/K, § 1a, Rn. 103 (Stand: September 2007), der darauf verweist, dass der Anwendbarkeit des vereinfachten Verfahrens bei der Überplanung von Innenbereichsflächen und § 1a Abs. 3 S. 5 BauGB eine vergleichbare gesetzgeberische Bewertung zugrunde liegt, nämlich dass die Überplanung in Form einer weitgehend bestandswahrenden Planung nicht mit voraussichtlich erheblichen Umweltauswirkungen und *daher* auch nicht mit neu ermöglichten Eingriffen in Natur und Landschaft verbunden ist. Vgl. Fn. 2210 u. 2243.
2344 *Bunzel*, Difu-Praxistest, S. 42, abrufbar unter http://www.difu.de/publikationen/difuberichte/4_06/11.phtml (zuletzt abgerufen am 01.03.1008); *ders.*, LKV 2007, 444 (449); *Götze/Müller*, ZUR 2008, 8 (12 u. Fn. 36) unter Verweis auf *Krautzberger/Stüer*, DVBl. 2007, 160 (164); *Mitschang*, ZfBR 2007, 433 (446); *Wallraven-Lindl/ Strunz/ Geiß*, Das Bebauungsplanverfahren nach dem BauGB 2007, S. 160. Vgl. Fn. 877.

auf die Vorhabenträger Gebrauch machen,[2345] was gerade dann zu empfehlen ist, wenn eine Gemeinde auch ohne die verpflichtende Anforderung des § 1a Abs. 3 S. 1 2. Alt. BauGB aufgrund ihrer städtebaulichen, umweltschutzorientierten Zielsetzung Ausgleichsmaßnahmen bzw. -flächen für mit der Planung verbundene Beeinträchtigungen von Natur und Landschaft festsetzen wollte bzw. müsste. Ebenso ist einer Gemeinde in dem Fall, in dem sie sich über die exakte Bestimmung der Grundflächengröße im Sinne von § 13a Abs. 1 S. 2 BauGB bzw. der Größe der voraussichtlichen Versiegelungsfläche gem. § 13a Abs. 1 S. 3 BauGB – eventuell auch in Verbindung mit der Kumulationsregelung des § 13a Abs. 1 S. 2 Nr. 1 BauGB[2346] – unsicher ist, sie aber die Größe in dem Bereich der für die Anwendbarkeit des § 13a Abs. 2 Nr. 4 BauGB entscheidenden 20000 qm-Grenze einschätzt, der Verzicht auf das beschleunigte Verfahren und die Anwendung des Regelplanungsverfahrens unter uneingeschränkter Beachtung der naturschutzrechtlichen Eingriffsregelung gem. § 1a Abs. 3 BauGB anzuraten. Denn wie bereits gezeigt,[2347] erfasst die Planerhaltungsvorschrift des § 214 Abs. 2a Nr. 1 BauGB Fälle der fehlerhaften Größenberechnung, die zu einer unberechtigten oder fehlerhaften Anwendung des beschleunigten Verfahrens führen, nicht.[2348] Geht die Gemeinde also fehlerhaft von einem kleinflächigen Bebauungsplan der Innenentwicklung aus, obwohl tatsächlich die 20000 qm-Flächengrenze überschritten wird, und wendet sie das beschleunigte Verfahren zu Unrecht unter Anwendung des in § 13a Abs. 2 Nr. 4 BauGB vorgesehenen generellen Verzichts auf einen naturschutzrechtlichen Ausgleich an, berücksichtigt sie also in der Abwägung die Ausgleichspflicht gem. § 1a Abs. 3 S. 1 2. Alt. BauGB für neu ermöglichte Eingriffe nicht, kann der Bebauungsplan – der Verfahrensfehler des unterlassenen UP-Screenings kann eventuell ohne Weiteres in einem ergänzenden Verfahren geheilt werden[2349] – unter einem Abwägungsfehler[2350] in Form eines Ermittlungsdefizits leiden. Ein solches ist zwar wegen § 2 Abs. 3, § 214 Abs. 1 S. 1 Nr. 1, § 214 Abs. 3 S. 2 BauGB seit der im EAG-Bau (2004) eingeführten ausdrücklichen Aufgliederung der Abwägung in mehrere, formell- und materiell-rechtliche Schritte ein Verfahrensfehler;[2351] er beruht aber nicht auf einer unzutreffenden Beurteilung der Voraussetzung nach

---

2345 *Gierke*, in: Brügelmann, § 13a, Rn. 111 (Stand: Februar 2008); *Krautzberger/Stüer*, DVBl. 2007, 160 (164); *Mitschang*, ZfBR 2007, 433 (446); angedeutet bei *Götze/Müller*, ZUR 2008, 8 (12).
2346 Vgl. Fn. 2285.
2347 Vgl. B. II. 8. b) cc).
2348 *Spannowsky*, in: Spannowsky/Hofmeister, BauGB 2007, S. 27 (38); *ders.*, NuR 2007, 521 (525).
2349 Vgl. B. II. 8. b) cc) und B. II. 6. e) bb) (4) (c) (dd). Vgl. Fn. 1045.
2350 *Spannowsky*, in: Spannowsky/Hofmeister, BauGB 2007, S. 27 (38); *ders.*, NuR 2007, 521 (525); *ders.*, in: Berliner Kommentar, § 13a, Rn. 33 (Stand: Juli 2007); bestätigt bei *Gierke*, in: Brügelmann, § 13a, Rn. 136 (Stand: Februar 2008). Vgl. Fn. 1371.
2351 Vgl. B. II. 8. b) cc) und Fn. 1372.

§ 13a Abs. 1 S. 1 BauGB, so dass § 214 Abs. 2a Nr. 1 BauGB nicht gilt.[2352] Vielmehr ist der Fehler unter den Voraussetzungen des § 214 Abs. 1 S. 1 Nr. 1 BauGB ein beachtlicher Verfahrensfehler, der nur gem. § 215 Abs. 1 S. 1 Nr. 1 BauGB durch rügelosen Fristablauf unbeachtlich werden kann. Eine Heilung in einem ergänzenden Verfahren gem. § 214 Abs. 4 BauGB ist nur möglich, wenn der Fehler nicht die Grundzüge der Planung im Sinne ihrer Identität,[2353] das Grundgerüst der Abwägung bzw. den Kern der Abwägungsentscheidung,[2354] betrifft. Geht die Gemeinde davon aus, der aufzustellende Bebauungsplan sei ein großflächiger Bebauungsplan der Innenentwicklung, obwohl tatsächlich die 20000 qm-Grenze nicht erreicht ist, und stellt sie den Bebauungsplan *im beschleunigten Verfahren* ohne Berücksichtigung der von § 13a Abs. 2 Nr. 4 BauGB statuierten Suspension von der Ausgleichspflicht der naturschutzrechtlichen Eingriffsregelung auf, fehlt für dabei auf der Grundlage des § 1a Abs. 3 S. 1 2. Alt. BauGB festgesetzte Ausgleichsmaßnahmen die Rechtsgrundlage gegenüber den betroffenen Grundeigentümern für die Einschränkung der Nutzbarkeit ihres Eigentums, weil die aufgrund der Bebauungsplangröße innerhalb des beschleunigten Verfahrens anzuwendende Regelung des § 13a Abs. 2 Nr. 4 BauGB *generell* von einer eventuell aufgrund der Abwägung bestehenden Ausgleichspflicht gem. § 1a Abs. 3 S. 1 2. Alt. BauGB befreit. Ebenso wenig gelten für die Kostentragung §§ 135a ff. BauGB.[2355]

2352 Im Ergebnis so *Spannowsky*, in: Spannowsky/Hofmeister, BauGB 2007, S. 27 (38); *ders.*, NuR 2007, 521 (525); *ders.*, in: Berliner Kommentar, § 13a, Rn. 33 (Stand: Juli 2007); bestätigt bei *Gierke*, in: Brügelmann, § 13a, Rn. 138 (Stand: Februar 2008). Dort wird aber behauptet, es liege schon kein *Verfahrens-* oder Formfehler im Sinne des § 214 Abs. 2a Nr. 1 BauGB vor. Vgl. B. II. 8. b) cc) und Fn. 1373.
2353 BVerwG, Urt. vom 18.09.2003 – 4 CN 20.02, NVwZ 2004, 226 (228); *Kalb*, in: E/Z/B/K, § 214, Rn. 219, 238 (Stand: September 2007).
2354 BVerwG, Beschl. vom 16.03.2000 – 4 BN 6.00, ZfBR 2000, 353 (354); vgl. BVerwG, Beschl. vom 10.11.1998 – 4 BN 45.98, NVwZ 1999, 420 (420/421); BVerwG Beschl. vom 20.06.2001 – 4 BN 21.01, NVwZ 2002, 83 (84); BVerwG, Beschl. vom 06.12.2000 – 4 BN 59/00, NVwZ 2001, 431 (432); *Kalb*, in: E/Z/B/K, § 214, Rn. 219, 220, 237 (Stand: September 2007). Abwägungsfehler im Bereich des § 1a Abs. 3 BauGB gelten als „Paradefall" für die Durchführung eines ergänzenden Verfahrens (*Schmidt*, NVwZ 2000, 977 (981)); vgl. OVG Münster, Beschl. vom 03.12.1997 – 7a B 1110/97.NE, BauR 1999, 362 (364/365); vgl. auch *Dolde*, NVwZ 2001, 976 (979/980); vgl. *Kalb*, in: E/Z/B/K, § 214, Rn. 242 (Stand: September 2007).
2355 Vgl. BVerwG, Beschl. vom 04.10.2006 – 4 BN 26.06, UPR 2007, 67 (67); unter Verweis darauf spricht *Reidt*, NVwZ 2007, 1029 (1031), davon, dass etwas nicht Erforderliches den Grundstückseigenetümern nicht zur Pflicht gemacht werden dürfe. Eine nicht erforderliche Pflicht sei zugleich eine unverhältnismäßige und damit unzulässige Belastung. *Spannowsky*, in: Spannowsky/Hofmeister, BauGB 2007, S. 27 (38); *ders.*, NuR 2007, 521 (525); *ders.*, in: Berliner Kommentar, § 13a, Rn. 30 u. 33 (Stand: Juli 2007); bestätigt bei *Gierke*, in: Brügelmann, § 13a, Rn. 136 (Stand: Februar 2008).

(b) Zweifel an der Verfassungsmäßigkeit der Ausgestaltung des beschleunigten Verfahrens als Wahlverfahren

Ob der Hinweis, einer Gemeinde stehe es entsprechend der „kann"-Formulierung in § 13a Abs. 1 S. 1 BauGB frei, auch bei Erfüllung der Anwendungsvoraussetzungen des beschleunigten Verfahrens auf das Regelplanungsverfahren zurückzugreifen und den beabsichtigten kleinflächigen Bebauungsplan der Innenentwicklung in diesem aufzustellen,[2356] die mit der Regelung des § 13a Abs. 2 Nr. 4 BauGB eventuell verbundenen Schwierigkeiten bzw. Nachteile tatsächlich zu verhindern vermag, erscheint jedoch insofern problematisch, als an der Verfassungsmäßigkeit der Regelung des § 13a Abs. 2 Nr. 4 BauGB gerade wegen bzw. in Verbindung mit der Ausgestaltung des beschleunigten Verfahrens als Wahlverfahren[2357] nicht unerhebliche Zweifel zu hegen sind.

(aa) Vergleich von beschleunigtem Verfahren und Regelplanungsverfahren

Wenn nämlich ein im Sinne von § 13a Abs. 1 S. 2 Nr. 1 BauGB kleinflächiger Bebauungsplan die Voraussetzungen für die Anwendbarkeit des beschleunigten Verfahrens gem. § 13a Abs. 1 BauGB mit den Verfahrensbesonderheiten des § 13a Abs. 2 BauGB erfüllt und er im beschleunigten Verfahren aufgestellt wird, sind durch ihn neu ermöglichte Eingriffe in Natur und Landschaft außerhalb der Voraussetzungen von § 1a Abs. 3 S. 5 BauGB gem. § 13a Abs. 2 Nr. 4 BauGB grundsätzlich nicht gem. § 1a Abs. 3 S. 1 2. Alt. BauGB ausgleichspflichtig, so dass der Bebauungsplan, sofern sich nicht aus sonstigen Anforderungen an die im Rahmen des Planungsverfahrens gem. § 2 Abs. 3, § 1 Abs. 7 BauGB durchzuführende Abwägung, insbesondere aus § 1 Abs. 6 Nr. 7, § 1a Abs. 3 S. 1 1. Alt. BauGB, eine Pflicht zum Ausgleich von Beeinträchtigungen von Umweltschutzgütern ergibt, letztlich ohne die Festsetzung von Ausgleichsflächen bzw. -maßnahmen aufgestellt werden kann. Damit kann weder ein Grundeigentümer noch ein sonstiger an Grundstücken Nutzungsberechtigter durch eine Festsetzung von Ausgleichsflächen bzw. -maßnahmen im Bebauungsplan in der von Art. 14 Abs. 1 S. 1 GG geschützten Nutzbarkeit[2358] seiner (privatrechtli-

---

2356 Vgl. Fn. 877 u. 1081.
2357 Vgl. Fn. 877 u. 1081.
2358 BVerfG, Beschl. vom 08.04.1998 – 1 BvR 1680/93, 183, 1580/94, E 98, 17 (35), st. Rspr.; *Manssen*, Staatsrecht II, Rn. 623; *Papier*, in: M/D, Art. 14, Rn. 8 u. 55 (Stand: Juni 2002); *Pieroth/Schlink*, Grundrechte, Rn. 914; *Wieland*, in: Dreier, Art. 14, Rn. 39. Es ist jedoch str., ob mit dem Grundeigentum auch die Baufreiheit geschützt ist: Eine Ansicht befürwortet das, so dass baurechtliche Normen die *im Eigentum wurzelnde Nutzbarkeit* (nur) ausgestalten oder beschränken (*Papier*, in: M/D, Art. 14, Rn. 57 u. 65 (Stand: Juni 2002); *Oldiges*, in: Steiner, Besonderes Verwaltungsrecht, Teil III, Rn. 166 f. unter Verweis auf BVerfG, Beschl. vom 22.05.2001 – 1 BvR 1512, 1677/97, E 104, 1 (11), wo explizit festgestellt wird, dass die Befugnis des Eigentümers, sein Grundstück *im Rahmen der Gesetze* baulich zu nutzen, zum Inhalt des Grundeigentums

chen) vermögenswerten Rechte[2359] an einem Grundstück eingeschränkt werden. Ebenso wenig können Vorhabenträger bzw. Grundeigentümer gem. §§ 135a ff. BauGB zur Durchführung und/oder Kostentragung von Ausgleichsmaßnahmen herangezogen werden, wobei durch die sich aus §§ 135a ff. BauGB ergebenden Pflichten in die von Art. 14 Abs. 1 GG geschützten Rechte der Eigentümer oder Vorhabenträger bzw. jedenfalls in deren allgemeine Handlungsfreiheit gem. Art. 2 Abs. 1 GG eingegriffen wird.[2360] Wählt die Gemeinde dagegen die von

---

gehört. Die bauliche Nutzung vermittle dem Eigentümer *in besonderer Weise* einen Freiheitsraum im vermögensrechtlichen Bereich und ermögliche damit eine eigenverantwortliche Lebensgestaltung.). Die Gegenauffassung versteht unter Baufreiheit nur eine verwaltungsrechtlich vermittelte Bebauungsbefugnis, die dem Bauwilligen vom Staat als Rechtsposition zugeteilt wird. Art. 14 GG schützt demnach *nur* das Recht, ein Grundstück *im Rahmen der Gesetze* zu bebauen (BVerfG, Beschl. vom 19.06.1973 – 1 BvL 39/69 und 14/72, E 35, 263 (276), wo ein „nur" nicht zu finden ist. BVerfG, Beschl. vom 22.05.2001 – 1 BvR 1512, 1677/97, E 104, 1 (11) versteht dies dann unter ausdrücklicher Bezugnahme auf diese Entscheidung auch ohne das „nur".). Nach dieser Ansicht legt also erst der Gesetzgeber durch seine bauplanungs- und bauordnungsrechtlichen Regelungen fest, ob und wie ein Grundstück bebaut werden darf, wie das auch für sonstige Formen der Eigentumsnutzung gilt. Demnach teilt das Bebauungsrecht erst der Gesetzgeber zu und es ist ihm nicht durch ein „an sich" umfassendes und universelles Eigentumsrecht vorgegeben. (*Wieland*, in: Dreier, Art. 14, Rn. 40). Die Baubefugnis wird demnach wie die Befugnis zur wasserrechtlichen oder bergbaulichen Nutzung auf eine öffentlich-rechtliche Nutzungszuweisung zurückgeführt (*Papier*, in M/D, Art. 14, Rn. 59 (Stand: Juni 2002)). Beschränkt ein Bebauungsplan bisher bestehende Baurechte, die nach *beiden Auffassungen* von Art. 14 GG geschützt werden, greift er als Inhalts- und Schrankenbestimmmung trotz der gegenteiligen Ausgangspunkte nach beiden Ansichten in von Art. 14 Abs. 1 S. 1 GG geschützte Baurechte ein (vgl. *Pieroth/Schlink*, Grundrechte, Rn. 899 u. 912 u. 920).

[2359] Nach BVerfG, Beschl. vom 19.06.1985 – 1 BvL 57/79, E 70, 191 (199), erfasst der Schutzbereich von Art. 14 Abs. 1 S. 1 GG jedenfalls diejenigen vermögenswerten Rechtspositionen, die das bürgerliche Recht einem privaten Rechtsträger als Eigentum zuordnet. *Wieland*, in: Dreier, Art. 14, Rn. 46, betont, dass dieses Verständnis von Art. 14 GG darauf beruht, dass die Eigentumsfreiheit dem Grundrechtsträger einen *Freiraum im vermögensrechtlichen Bereich* erhalten und ihm damit die Entfaltung und eigenverantwortliche Gestaltung seines Lebens ermöglichen soll. Diesen Freiraum vermag jedes vermögenswerte Recht zu sichern, das der Berechtige privat nutzen und über das er nach eigener Entscheidung verfügen kann (vgl. BVerfG, Beschl. vom 26.05.1993 – 1 BvR 208/93, E 89, 1 (6); BVerfG, Urt. vom 08.04.1997 – 1 BvR 48/94, E 95, 267 (300), st. Rspr.). Vgl. auch *Manssen*, Staatsrecht II, Rn. 624 u. 626; *Pieroth/Schlink*, Grundrechte, Rn. 903 und 908.

[2360] Besteht eine Pflicht zur Durchführung der Ausgleichsmaßnahme auf dem Grundstück, auf dem der Eingriff erfolgt, schränkt das die freie Nutzbarkeit dieses Grundstücks ein und greift somit, sofern das Grundstück vor Erlass des Bebauungsplans ohne Pflicht zum Ausgleich nutzbar war, nach beiden in Fn. 2358 darstellten Auffassungen in den Schutzbereich des Art. 14 GG ein.

Wird der Eigentümer oder Vorhabenträger i. S. v. § 135a Abs. 2 BauGB nur zur Kostentragung für den an anderer Stelle durch die Gemeinde durchgeführten Ausgleich

§ 13a Abs. 1 S. 1 BauGB eingeräumte Option der Anwendung des Regelplanungsverfahrens trotz Erfüllung der Anwendungsvoraussetzungen des beschleunigten Verfahrens, muss sie im Rahmen der Aufstellung des beabsichtigen kleinflächigen Bebauungsplans der Innenentwicklung die Anforderungen des § 1a Abs. 3 BauGB vollumfänglich berücksichtigen. Für durch die Planung zu erwartende Eingriffe in Natur und Landschaft, für die die Voraussetzungen des § 1a Abs. 3 S. 5 BauGB nicht erfüllt sind, muss innerhalb der Abwägung gem. § 2 Abs. 3, § 1 Abs. 7 BauGB für in ihrer Intensität grundsätzlich zu rechtfertigende Eingriffe auch das Ausgleichsgebot gem. § 1a Abs. 3 S. 1 2. Alt. BauGB berücksichtigt werden, so dass sich aus der Abwägung gem. § 1 Abs. 7 BauGB die Pflicht zur Festsetzung von Ausgleichsflächen oder -maßnahmen gem. § 1a Abs. 3 S. 1 2. Alt. BauGB ergeben kann, obwohl die Gemeinde alle übrigen in

---

verpflichtet, wird ihm also eine Geldleistungspflicht auferlegt, ist umstritten, ob dies in den Schutzbereich von Art. 14 Abs. 1 GG fällt – jedenfalls sofern die Geldleistungspflicht an die von Art. 14 Abs. 1 GG geschützte Nutzbarkeit des Grundstücks anknüpt und diese finanziell belastet – oder in den Schutzbereich von Art. 2 Abs. 1 GG, wobei die allgemeine Handlungsfreiheit in ihrem Schutzbereich die Abgabenfreiheit mitterfasst (vgl. BVerfG, Beschl. vom 25.09.1992 – 2 BvL 5, 8, 14/91, E 87, 153 (169), wonach Steuergesetze in die allgemeine Handlungsfreiheit gerade in ihrer Ausprägung als persönliche Entfaltungsfreiheit im vermögensrechtlichen und beruflichen Bereich eingreifen; *Dreier*, in: Dreier, Art. 2 Abs. 1, Rn. 36; *Papier*, in: M/D, Art. 14, Rn. 161 (Stand: Juni 2002)). Ausgangspunkt des Streits ist die Tatsache, dass Art. 14 Abs. 1 GG nicht das Vermögen als solches schützt, da es kein Recht, sondern der Inbegriff aller geldwerten Güter ist, so dass er auch nicht vor Eingriffen durch die Auferlegung von Geldleistungspflichten schützt (BVerfG, Urt. vom 20.07.1954 – 1 BvR 459, 484, 548, 555, 623, 651, 748, 783, 801/52, 5, 9/53, 96, 114/54, E 4, 7 (Leitsatz 4, 17); BVerfG, Beschl. vom 08.04.1987 – 2 BvR 909, 934, 935, 936, 938, 941, 942, 947/82, 64/83 und 142/84, E 75, 108 (154), st. Rspr; *Manssen*, Staatsrecht II, Rn. 628; *Wieland*, in: Dreier, Art. 14, Rn. 53). Ausnahmsweise kommt ein Verstoß gegen Art. 14 Abs. 1 GG dann in Betracht, wenn die Geldleistungspflichten den Pflichtigen übermäßig belasten und seine Vermögensverhältnisse grundlegend beeinträchtigen (BVerfG, Urt. vom 24.07.1962 – 2 BvL 15, 16/61, E 14, 221 (241)), d. h., die Geldleistungspflichten müssen eine erdrosselnde, konfiskatorische Wirkung entfalten (BVerfG, Beschl. vom 22.03.1983 – 2 BvR 475/78, E 63, 343 (368); BVerfG, Urt. vom 08.04.1997 – 1 BvR 48/94, E 95, 267 (300), st. Rspr.).
Es können jedoch mit der Vermögensbelastung durch eine Geldleistungspflicht zugleich konkrete subjektive Rechtsstellungen des Bürgers als Gegenstände der Eigentumsgarantie des Art. 14 GG tangiert sein. (*Papier*, in: M/D, Art. 14, Rn. 169 (Stand: Juni 2002)). Steuern und sonstige Abgabepflichten können auch an die Innehabung und Nutzung von Eigentum i. S. d. Art. 14 GG anknüpfen (wie das bei der Geldleistungspflicht des § 135a Abs. 2 BauGB der Fall ist) und damit auf diese grundrechtliche Rechtsstellungsgarantie, wenn auch nur mittelbar, belastend einwirken (*Papier*, in: M/D, Art. 14, Rn. 170 (Stand: Juni 2002)). Wenn eine Geldleistungspflicht tatbestandlich an einen Eigentumsgegenstand anknüpft, könnte man sie durchaus als in den Schutzbereich von Art. 14 Abs. 1 S. 1 GG eingreifend erachten (*Papier*, in: M/D, Art. 14, Rn. 175 (Stand: Juni 2002)).

der Abwägung zu berücksichtigenden Aspekte genauso bewertet wie bei Anwendung des beschleunigten Verfahrens und innerhalb des Regelplanungsverfahrens dasselbe städtebauliche Ziel verfolgt. Der Unterschied im Planergebnis beruht *allein* auf der Wahl des Verfahrens. Durch die Festsetzung von Ausgleichsflächen und -maßnahmen im Bebauungsplan als Inhalts- und Schrankenbestimmungen des Eigentums im Sinne von Art. 14 Abs. 1 S. 2 GG können durch Art. 14 Abs. 1 S. 1 GG geschützte Personen in der Nutzbarkeit ihrer Rechte an den von den Ausgleichsmaßnahmen bzw. -flächen betroffenen Grundstücken beeinträchtigt werden. Ebenso werden Vorhabenträger, deren Vorhaben i. S. v. § 1a Abs. 3 S. 1 2. Alt., § 1 Abs. 7 BauGB ausgleichspflichtig in Natur und Landschaft eingreifen, bzw. Eigentümer von Grundstücken, deren im Bebauungsplan zugelassene Nutzung ausgleichspflichtig im Sinne der naturschutzrechtlichen Eingriffsregelung ist, aus §§ 135a ff. BauGB verpflichtet.

(bb) Verfassungsrechtliche Anforderungen – Art. 3 Abs. 1 GG

Wie bereits im Rahmen der Darstellung des Regelungsgehalts von § 13a Abs. 2 Nr. 3 BauGB kurz angerissen,[2361] ist es mit dem Grundsatz der Rechtssicherheit und den Anforderungen des Art. 3 Abs. 1 GG unvereinbar, wenn das Planergebnis eines beabsichtigten (kleinflächigen) Bebauungsplans (der Innenentwicklung) *nur* je nach Wahl des Bebauungsplanungsverfahrens unterschiedlich ausfallen kann, obwohl der Planungsträger mit der Planung unabhängig von der Wahl des Verfahrens jeweils dasselbe städtebauliche Ziel verfolgt und, soweit er keine je nach Planungsverfahren unterschiedlichen, gesetzlich vorgegebenen Gewichtungen beachten muss oder je nach Verfahren entsprechend seiner gesetzlichen Ausgestaltung bestimmte Aspekte in der Abwägung nicht berücksichtigen darf bzw. im Unterschied zu anderen Verfahrensarten berücksichtigen muss, die einzubeziehenden abwägungserheblichen Belange jeweils mit demselben Gewicht in die Abwägung einstellt. Die auch den Gesetzgeber gem. Art. 1 Abs. 3, Art. 20 Abs. 3 GG bindende[2362] Gleichheit des Gesetzes verbietet es, dass durch zwei Bebauungsplanungsverfahren, das beschleunigte Verfahren und das Regelplanungsverfahren, die der Gesetzgeber durch ihre *unbedingte alternative Anwendbarkeit* im Fall der Eröffnung des Anwendungsbereichs des beschleunigten Verfahrens gem. § 13a Abs. 1 BauGB bezogen auf denselben Planungssachverhalt, d. h. die dieselbe planerische Ausgangslage und Zielsetzung, offensichtlich als gleichwertig einstuft, Planungsergebnisse mit unterschiedlich starken Eingriffen in von Art. 14 Abs. 1 S. 1 GG bzw. Art. 2 Abs. 1 GG geschützte Rechtspositionen erzielt werden können, gerade *obwohl und wenn* durch die Verfahren jeweils dasselbe planerische Ziel verfolgt wird. Weil ein

---

[2361] Vgl. B. III. 3. a).
[2362] BVerfG, Urt. vom 23.10.1951 – 2 BvG 1/51, E 1, 14 (Leitsatz 18, 52); *Gubelt*, in: v. Münch/Kunig, Art. 3, Rn. 8; *Pieroth/Schlink*, Grundrechte, Rn. 428.

(kleinflächiger) Bebauungsplan der Innenentwicklung zur Realisierung ein und desselben städtebaulichen Ziels sowohl im Regelplanungsverfahren als auch im beschleunigten Verfahren aufgestellt werden kann und der Gesetzgeber mit § 13a BauGB nur ein neues Planungsverfahren, *keinen neuen Plantyp* schaffen wollte,[2363] ist nicht einzusehen, warum dem aufgestellten kleinflächigen Bebauungsplan der Innenentwicklung je nach Wahl des Planungsverfahrens unterschiedliche Rechtswirkungen zukommen sollten. Auch die gewählte Begrifflichkeit – sowohl im Regelplanungsverfahren als auch im beschleunigten Verfahren geht es innerhalb des sich überlappenden Anwendungsbereichs der Verfahrensarten um „Bebauungspläne der Innenentwicklung" im Sinne des § 13a Abs. 1 S. 1 BauGB – gibt keinen Anhaltspunkt dafür, dass ein zu einem bestimmten Zweck aufgestellter kleinflächiger Bebauungsplan der Innenentwicklung je nach Wahl des Verfahrens mit unterschiedlichen rechtlichen Wirkungen ausgestattet sein sollte, während z. B. innerhalb der Straßenplanung, bei der eine Straße teilweise alternativ durch einen Bebauungsplan oder einen Planfeststellungsbeschluss geplant werden kann (vgl. § 17b Abs. 2 S. 1 FStrG, Art. 38 Abs. 3 S. 1 BayStrWG), aufgrund der unterschiedlichen Begrifflichkeit der alternativen Planungsinstrumente deren (teilweise) unterschiedliche Wirkung[2364] wenigstens angedeutet wird. Durch die alternative Anwendbarkeit von beschleunigtem Verfahren und Regelplanungsverfahren für die Aufstellung *eines* Bebauungsplans der Innenentwicklung ordnet der Gesetzgeber selbst *die Aufstellung eines bestimmten (kleinflächigen) Bebauungsplans der Innenentwicklung* zur Realisierung konkreter städtebaulicher Ziele im beschleunigten Verfahren und im Regelplanungsverfahren als im Sinne der Willkürformel[2365] wesentlich gleiche Sachverhalte ein. Durch die Regelung des § 13a Abs. 2 Nr. 4 BauGB im beschleunigten Verfahren und die uneingeschränkte Geltung des § 1a Abs. 3 S. 1 BauGB im Regelplanungsverfahren wird die Aufstellung eines bestimmten kleinflächigen Bebauungsplans der Innenentwicklung jedoch je nach Wahl des Planungsverfahrens ungleich behandelt, und zwar gerade nicht nur durch unterschiedliche formelle Anforderungen, was unvermeidbar mit alternativen Planungsverfahren verbunden ist; vielmehr kann die unterschiedlich umfangreiche Geltung von § 1a Abs. 3 S. 1 BauGB in beschleunigtem und Regel-Planungsverfahren je nach der konkreten Planungssituation zu inhaltlich unterschiedlichen Ergebnis-

---

[2363] Vgl. *Spannowsky*, NuR 2007, 521 (521 u. 526); *ders.*, in: Spannowsky/Hofmeister, BauGB 2007, S. 27 (40). Vgl. *Müller-Grune*, BauR 2007, 985 (991): „Abschließend ist darauf hinzuweisen, dass es sich bei einem im beschleunigten Verfahren aufgestellten Bebauungsplan um einen Typus handelt, der allgemein dem vom Baugesetzbuch vorgesehenen Bebauungsplan entspricht."
[2364] Zu den unterschiedlichen Wirkungen vgl. *Steiner*, in : Steiner, Besonderes Verwaltungsrecht, Teil IV, Rn. 88 u. 106.
[2365] BVerfG, Urt. vom 16.03.1955 – 2 BvK 1/54, E 4, 144 (155); *Gubelt*, in: v. Münch/ Kunig, Art. 3, Rn. 11.

sen der Planung trotz Verfolgung derselben städtebaulich gerechtfertigten Planungsziele führen. Dies wiederum kann sich unmittelbar auf von Art. 14 Abs. 1 S. 1 GG bzw. Art. 2 Abs. 1 GG geschützte Rechtspositionen unterschiedlich auswirken, ohne dass für die Unterschiedlichkeit der Planergebnisse *nur* aufgrund der Wahl der Verfahrensart *wegen der bedingungslosen Alternativität* von beschleunigtem und Regel-Planungsverfahren für die Aufstellung eines bestimmten Bebauungsplans der Innenentwicklung ein sachlicher Grund ersichtlich wäre, der die Ungleichbehandlung im Wesentlichen gleicher Sachverhalte rechtfertigen könnte, so dass sie nicht als willkürlich einzustufen wäre.[2366] Wegen des Unterschieds im Geltungsumfang von § 1a Abs. 3 BauGB im beschleunigten Verfahren und im Regelplanungsverfahren könnte je nach Wahl des Verfahrens die Berücksichtigung der naturschutzrechtlichen Ausgleichspflicht und damit die Festsetzung von Ausgleichsflächen und -maßnahmen *bewusst* umgangen oder eingesetzt werden,[2367] was mit unmittelbaren Vor- oder Nachteilen für von der Planung betroffene, durch Art. 14 Abs. 1 S. 1 GG bzw. Art. 2 Abs. 1 GG geschützte Personen verbunden sein kann und nur durch die vom allgemeinen Willkürverbot gezogenen sowie die sonstigen innerhalb der pflichtgemäßen Ermessensausübung gem. § 13a Abs. 1 S. 1 BauGB zu beachtenden Grenzen[2368] beschränkt wäre.

In diesem Zusammenhang ist zu bedenken, dass der Gesetzgeber in einer anderen Konstellation, bei der man auf zwei Verfahrensarten ein Ziel planerisch umsetzen kann, die Möglichkeit eines Unterschieds der Verfahrensergebnisse *nur* auf Grund unterschiedlicher Verfahrensanforderungen erkannt hat und entsprechend gegengesteuert hat. So ist es nämlich, wie bereits angedeutet, unter bestimmten Voraussetzungen, wie sie gem. § 13a Abs. 1 BauGB auch das beschleunigte Verfahren im Unterschied zum Regelplanungsverfahren kennzeichnen, möglich, eine bestimmte Straße sowohl durch einen Planfeststellungsbeschluss als auch durch einen Bebauungsplan zu planen (vgl. § 17b Abs. 2 S. 1 FStrG, Art. 38 Abs. 3 S. 1 BayStrWG). Während für das Planfeststellungsverfahren die landesrechtlichen Vorschriften über die Eingriffsregelung entspre-

---

2366 BVerfG, Beschl. vom 15.12.1959 – 1 BvL 10/55, E 10, 234 (246); BVerfG, Urt. vom 23.10.1951 – 2 BvG 1/51, E 1, 14 (Leitsatz 16, 52); BVerfG, Urt. vom 16.03.1955 – 2 BvK 1/54, E 4, 144 (155); *Gubelt*, in: v. Münch/Kunig, Art. 3, Rn. 11.

2367 Vgl. *Krautzberger*, in: B/K/L, § 1a, Rn. 22; *ders.*, in: E/Z/B/K, § 1a, Rn. 73 (Stand: September 2007); *Gellermann*, in: Landmann/Rohmer, Umweltrecht, Band IV, § 21 BNatSchG, Rn. 12 (Stand: April 2008), stellt heraus, dass § 21 Abs. 2 S. 2 BNatSchG, der eine jeweils umfassende Geltung der §§ 18 ff. BNatSchG bzw. der ihrer Umsetzung dienenden landesrechtlichen Regelungen im Planfeststellungsverfahren und im Planungsverfahren für planfeststellungsersetzende Bebauungspläne anordnet, der Vermeidung von Umgehungsmöglichkeiten (nur und je nach Wahl des Verfahrens) dient.

2368 Vgl. *Detterbeck*, Allgemeines Verwaltungsrecht, Rn. 246 u. 333 u. 334. *Krautzberger*, in: E/Z/B/K, § 13a, Rn. 13 (Stand: Mai 2007), verweist auf § 1 Abs. 3 S. 1 BauGB als bei der Wahl des Planungsverfahrens zu beachtenden Grundsatz.

chend der §§ 18 ff. BNatSchG strikte Geltung haben, unterliegt das Schonungs- und Ausgleichsgebot der naturschutzrechtlichen Eingriffsregelung im Bauleitplanungsverfahren gem. § 21 Abs. 1 BNatSchG i. V. m. § 1a Abs. 3 S. 1 BauGB grundsätzlich der Abwägung gem. § 1 Abs. 7 BauGB, so dass dort beispielsweise eine Ausgleichspflicht gem. § 1a Abs. 3 S. 1 2. Alt. BauGB für unvermeidbare Beeinträchtigungen i. S. d. § 19 Abs. 2 S. 1 BNatSchG entsprechenden landesrechtlichen Regelung generell in der Abwägung mit anderen planungsrelevanten Belangen weggewogen werden kann, während für das Planfeststellungsverfahren das von § 19 Abs. 2 BNatSchG statuierte Prinzip der Vollkompensation grundsätzlich strikt gilt. Damit es für die Planung ein und derselben Straße nicht *allein* je nach Wahl des Planungsverfahrens wegen unterschiedlicher Anforderungen der naturschutzrechtlichen Eingriffsregelung zu unterschiedlichen Planergebnissen kommt,[2369] sieht § 21 Abs. 2 S. 2 2. Alt. BNatSchG (gem. § 11 S. 1 BNatSchG unmittelbar geltendes Recht) vor, dass für Bebauungspläne, soweit sie die Planfeststellung ersetzen, also an deren Stelle treten, die Geltung der Vorschriften über die Eingriffsregelung unberührt bleibt. Dies bedeutet, dass auch im Rahmen der planfeststellungsersetzenden Bebauungsplanung Eingriffe in Natur und Landschaft strikt nach den Vorgaben der §§ 18 ff. BNatSchG entsprechenden landesrechtlichen Regelungen zu behandeln sind[2370] und das Vermeidungs- und Ausgleichsgebot daher nicht von vornherein der Abwägung gem. § 1a Abs. 3 S. 1 i. V. m. § 1 Abs. 7 BauGB unterliegt, wodurch gerade eine (bewusste) Umgehung der strikten Anforderungen der Landesnaturschutzgesetze mit ihren §§ 18 ff. BNatSchG entsprechenden Regelungen *allein* durch die Wahl des Planungsverfahrens verhindert werden soll. Obgleich sich ein die Planfeststellung ersetzender Bebauungsplan und ein Planfeststellungsbeschluss in ihren unmittelbaren rechtlichen Wirkungen ohnehin unterscheiden und auch unterscheiden sollen,[2371] trug der Gesetzgeber dafür Sorge, dass die sich auf unmittelbar grundrechtsrelevante Bereiche auswirkenden naturschutzrechtlichen Regelungen entsprechend der §§ 18 ff. BNatSchG nicht durch die Wahl der Planungsverfahrensart ohne tatsächlichen sachlichen Grund und daher missbräuchlich und gleichheitswidrig zugunsten oder zuungunsten Planbetroffener eingesetzt werden können. Zudem ist zu bedenken, dass, soweit sich ein planfeststellungsersetzender Bebauungsplan und ein Planfeststellungsbeschluss in ihren unmittelbaren Auswirkungen unterscheiden, die beiden Verfahrenstypen zur Stra-

---

2369 Vgl. *Krautzberger*, in: B/K/L, § 1a, Rn. 22; *ders.*, in: E/Z/B/K, § 1a, Rn. 73 (Stand: September 2007); *Wagner/Paßlick*, in: Hoppe, UVPG, § 17, Rn. 197; *Gellermann*, in: Landmann/Rohmer, Umweltrecht, Band IV, § 21 BNatSchG, Rn. 12 (Stand: April 2008), stellt heraus, dass § 21 Abs. 2 S. 2 BNatSchG der Vermeidung von Umgehungsmöglichkeiten dient.
2370 *Gellermann*, in: Landmann/Rohmer, Umweltrecht, Band IV, § 21 BNatSchG, Rn. 12 (Stand: April 2006); *Wagner/Paßlick*, in: Hoppe, UVPG, § 17, Rn. 203.
2371 Vgl. Fn. 2364.

ßenplanung in ihren Ergebnissen in der Gesamtbetrachtung letztlich, d. h. insbesondere dadurch, dass ergänzend zum Bebauungsplan weitere behördliche Genehmigungen erlassen werden oder Rechtsverhältnisse aufgrund eigenständiger, zusätzlicher Rechtsakte gestaltet werden, die durch einen Planfeststellungsbeschluss aufgrund seiner Konzentrations- und Gestaltungswirkung unmittelbar erlassen bzw. gestaltet werden, in ihren Auswirkungen auf grundrechtlich geschützte Bereiche nicht differieren und auch nicht differieren sollen, so dass § 21 Abs. 2 S. 2 2. Alt. BNatSchG insofern auch einer Art. 3 Abs. 1 GG entsprechenden Gewährleistung eines einheitlichen (Gesamt-)Planungsergebnisses trotz der Möglichkeit verschiedener Verfahren zur Planung einer bestimmten Straße dient. Eine derartige Gewährleistung besteht wegen der Verfahrensbesonderheit des § 13a Abs. 2 Nr. 4 BauGB hinsichtlich der für einen kleinflächigen Bebauungsplan der Innenentwicklung i. S. d. § 13a Abs. 1 BauGB bestehenden Verfahrensalternativen des Regelplanungsverfahrens und des beschleunigten Verfahrens gerade nicht.

Vor dem Hintergrund, dass der Gesetzgeber wegen der bedingungslosen Alternativstellung von beschleunigtem und Regel-Planungsverfahren bei gleichzeitigem völligen Aufgehen des Anwendungsbereichs des beschleunigten Verfahrens in dem des Regelplanungsverfahrens die Aufstellung eines (kleinflächigen) Bebauungsplans der Innenentwicklung im beschleunigten Verfahren und im Regelplanungsverfahren zur Umsetzung einer bestimmten städtebaulichen Zielsetzung auf der Basis einer konkreten planerischen Ausgangslage offensichtlich als gleichwertig erachtet, so dass er keine Unterschiede solcher Art und solchen Gewichts zwischen einem in Regelplanungsverfahren und einem im beschleunigten Verfahren zur Verwirklichung eines bestimmten städtebaulichen Ziels aufgestellten (kleinflächigen) Bebauungsplans der Innenentwicklung annimmt, die eine Ungleichheit des Planungsergebnisses rechtfertigen könnten, erscheint die ungleiche Geltung des § 1a Abs. 3 S. 1 BauGB auch als im Sinne der sog. Neuen Formel[2372] gleichheitswidrig. Die Ungleichbehandlung könnte dann gerechtfertigt werden, wenn eine Gemeinde, liegen die Anwendungsvoraussetzungen gem. § 13a Abs. 1 BauGB für die Aufstellung eines kleinflächigen Bebauungsplans der Innenentwicklung im beschleunigten Verfahren vor, dieses auch anwenden müsste. Denn gerade die mit dem beschleunigten Verfahren erreichbare unmittelbare Stärkung der Innenentwicklung, die mit einem Bebauungsplan, der nicht ein solcher der Innenentwicklung ist, nicht gefördert wird, und die Tatsache, dass bei einem kleinflächigen Bebauungsplan grundsätzlich allenfalls in geringfügigem Umfang neu ermöglichte und daher im Rahmen der Abwägung an sich gem. § 1a Abs. 3 S. 1 2. Alt., S. 5 BauGB ausgleichspflichtige Eingriffe in Natur und Landschaft zu erwarten sind,[2373] was auch die Nicht-

---

2372 BVerfG, Beschl. vom 07.10.1980 – 1 BvL 50, 89/79, 1 BvR 240/79, E 55, 72 (88); *Gubelt*, in: v. Münch/Kunig, Art. 3 Rn. 14.
2373 Vgl. B. III. 4. c).

geltung der von § 13a Abs. 2 Nr. 4 BauGB statuierten Suspension für großflächige Bebauungspläne der Innenentwicklung i. S. d. § 13a Abs. 1 BauGB rechtfertigt, könnten als zulässige Differenzierungskriterien angesehen werden, aufgrund derer die im Vergleich zum Regelplanungsverfahren eingeschränkte Geltung der naturschutzrechtlichen Eingriffsregelung zur effektiven Stärkung der Innenentwicklung, die den Zweck bzw. rechtfertigenden Grund der Differenzierung darstellen würde, als verhältnismäßig[2374] eingeordnet werden könnte. Gerade wenn die Ungleichbehandlung von Sachverhalten Auswirkungen auf grundrechtlich geschützte Freiheiten, wie hier auf Art. 14 Abs. 1 S. 1 GG bzw. Art. 2 Abs. 1 GG, hat, ist der Spielraum des Gesetzgebers für zulässige Ungleichbehandlungen eingeschränkt.[2375] Dasselbe gilt, wenn die Ungleichbehandlung zwar nach rein sachverhaltsbezogenen Kriterien, im gegebenen Fall anknüpfend an die Aufstellung eines bestimmten kleinflächigen Bebauungsplans der Innenentwicklung i. S. v. § 13a Abs. 1 BauGB, erfolgt, dies aber mittelbar zu einer Ungleichbehandlung von Personen, hier der planbetroffenen Träger der Eigentumsfreiheit gem. Art. 14 Abs. 1 S. 1 GG bzw. der allgemeinen Handlungsfreiheit gem. Art. 2 Abs. 1 GG, führt[2376] bzw. jedenfalls führen kann.

(cc) Verfassungsrechtliche Anforderungen – Rechtsstaatsprinzip

Zudem gebietet es die Rechtssicherheit als Aspekt des aus Art. 20 Abs. 3 GG i. V. m. Art. 28 Abs. 1 S. 1 GG abzuleitenden Rechtsstaatsprinzips[2377] als Verfassungsprinzip, dass staatliches Handeln vorhersehbar ist.[2378] Staatliche Entscheidungen müssen auch aus der ex-ante-Perspektive verlässlich sein, nicht lediglich ex post nur unter Wahrung bestimmter Formen und inhaltlicher Anforderungen änderbar.[2379]

Gerade weil es keinen Anhaltspunkt dafür gibt, dass der Gesetzgeber mit § 13a BauGB einen neuen Typ eines Bebauungsplans schaffen wollte,[2380] und der Gesetzeswortlaut des § 13a Abs. 1 S. 1 BauGB zwar Bebauungspläne der In-

---

2374 Vgl. BVerfG, Beschl. vom 08.02.1994 – 1 BvR 1237/85, E 89, 365 (377). *Gubelt*, in: v. Münch/Kunig, Art. 3, Rn. 14, verweist darauf, dass die Neue Formel den Aspekt der Verhältnismäßigkeit in die Prüfung von Art. 3 Abs. 1 GG integriert.
2375 BVerfG, Beschl. vom 08.02.1994 – 1 BvR 1237/85, E 89, 365 (376) und BVerfG, Beschl. vom 26.01.1993 – 1 BvL 38, 40, 43/92, E 88, 87 (96); *Gubelt*, in: v. Münch/Kunig, Art. 3, Rn. 14.
2376 BVerfG, Beschl. vom 26.01.1993 – 1 BvL 38, 40, 43/92, E 88, 87 (96); *Gubelt*, in: v. Münch/Kunig, Art. 3, Rn. 14.
2377 BVerfG, Urt. vom 01.07.1953 – 1 BvL 23/51, E 2, 380 (Leitsatz 6, 403); *Schmidt-Aßmann*, in: Isensee/Kirchhof, Handbuch des Staatsrechts, Band II, § 26, Rn. 81.
2378 *Schmidt-Aßmann*, in: Isensee/Kirchhof, Handbuch des Staatsrechts, Band II, § 26, Rn. 81; *Schnapp*, in: v. Münch/Kunig, Art. 20, Rn. 27.
2379 *Schmidt-Aßmann*, in: Isensee/Kirchhof, Handbuch des Staatsrechts, Band II, § 26, Rn. 81.
2380 Vgl. Fn. 2363.

nenentwicklung legal definiert, aber gleichzeitig nicht verlangt, dass sie bei Erfüllung der Anforderungen des beschleunigten Verfahrens in diesem aufgestellt werden müssen, sondern vielmehr die Anwendung eines anderen Planungsverfahrens in das pflichtgemäße Ermessen der Gemeinde stellt, ist nicht davon auszugehen, dass der Gesetzgeber mit § 13a BauGB im beschleunigten Verfahren aufgestellten Bebauungsplänen eine andere Wirkung zukommen lassen wollte als im Regelplanungsverfahren aufgestellten, sondern vielmehr davon, dass er einen bestimmten, im beschleunigten Verfahren aufgestellten Bebauungsplan der Innenentwicklung als gleichwertig und im Ergebnis gleichartig zu dem Bebauungsplan erachtet, der alternativ im Regelplanungsverfahren hätte aufgestellt werden können.[2381] Wenn man aber annimmt, dass ein zur Verwirklichung eines bestimmten städtebaulichen Ziels in einem Gebiet einer Gemeinde aufgestellter (kleinflächiger) Bebauungsplan der Innenentwicklung, unabhängig davon, ob er im beschleunigten Verfahren oder in einem anderen Planungsverfahren aufgestellt wird, im Planergebnis gleichartig sein soll und muss, gerade weil Verfahrensgegenstand immer (nur) ein bestimmter kleinflächiger Bebauungsplan der Innenentwicklung ist, muss ab dem Zeitpunkt, ab dem die Aufstellung *eines bestimmten kleinflächigen Bebauungsplans der Innenentwicklung* erwogen wird, aufgrund der Anforderungen des Rechtsstaatsgebots vorhersehbar sein und feststehen, welche materiellen Anforderungen innerhalb des Planungsverfahrens für den Bebauungsplan, unabhängig davon, wie das Verfahren in seinen formellen Anforderungen konkret ausgestaltet ist, zu beachten sein werden. Andernfalls könnten Bebauungspläne der Innenentwicklung nicht unabhängig von der Wahl des Planungsverfahrens als ergebnisgleich und damit in ihrer Wirkung gleichartig und -wertig eingestuft werden. Es muss daher für die Bürger erkennbar sein, ob sie grundsätzlich mit der Festsetzung von naturschutzrechtlichen Ausgleichsflächen und -maßnahmen im Sinne des § 1a Abs. 3 S. 1 2. Alt. BauGB und den damit verbundenen Rechtsfolgen rechnen müssen oder nicht. Sie müssen insbesondere darauf vertrauen können,[2382] nicht von Maßnahmen, die ihre Rechtspositionen beeinträchtigen, betroffen zu werden. Gerade aber weil die Gemeinde für die Aufstellung *des einen* beabsichtigten kleinflächigen Bebauungsplans der Innenentwicklung im Rahmen des ihr eingeräumten Ermessens, nur durch die Anforderungen an eine rechtmäßige Ermessensausübung begrenzt, zwischen beschleunigtem und Regelplanungsverfahren wählen kann und sie gem. § 233 Abs. 1 BauGB sogar innerhalb eines Planaufstellungsverfahrens auch nach sei-

---

2381 Vgl. B. III. 4. e) cc) (5) (b) (bb).
2382 Vertrauensschutz ist ein Aspekt von Rechtssicherheit, vgl. BVerfG, Beschl. vom 23.03.1971 – 2 BvL 17/69, E 30, 392 (403); BVerfG, Beschl. vom 18.11.1980 – 1 BvR 228, 331/73, E 55, 185 (203); *Schmidt-Aßmann*, in: Isensee/Kirchhof, Handbuch des Staatsrechts, Band II, § 26, Rn. 81; *Sommermann*, in: v. Mangoldt/Klein/Starck, Art. 20, Rn. 292.

nem Beginn vom Regelplanungsverfahren ins beschleunigte wechseln kann[2383] und sie jederzeit ein bereits begonnenes Planungsverfahren nur zu dem Zweck abbrechen kann, es in einer anderen Verfahrensart neu beginnen zu können,[2384] ist für den Fall der Überplanung eines Teilgebiets einer Gemeinde durch einen *kleinflächigen Bebauungsplan der Innenentwicklung* mit einem *bestimmten städtebaulichen Ziel* u. U. bis zum Beschluss des Plans nicht vorhersehbar, ob zur Umsetzung des mit *dem* Bebauungsplan konkret verfolgten städtebaulichen Ziels durch die naturschutzrechtliche Eingriffsregelung gem. § 1a Abs. 3 S. 1 2. Alt. BauGB gebotene Ausgleichsmaßnahmen und -flächen festgesetzt werden (dürfen bzw. müssen) oder nicht, obwohl dies für die Betroffenen von unmittelbarer Relevanz für von Art. 14 Abs. 1 S. 1 GG bzw. Art. 2 Abs. 1 GG geschützte Rechtspositionen sein kann. Daran ändert auch die Hinweispflicht des § 13a Abs. 3 S. 1 Nr. 1 BauGB nichts Entscheidendes, da die Information über die Anwendung eines bestimmten Verfahrens nach gefallener (vorläufiger) Entscheidung über die Verfahrensart die *ex ante* für den *konkret* gewollten und auch aufgestellten Bebauungsplan nicht vorhersehbare Geltung oder Nichtgeltung der Anforderungen des § 1a Abs. 3 S. 1 2. Alt. BauGB, gerade auch wegen der Möglichkeit des Wechsels der Verfahrensart, nicht zu kompensieren vermag. Dieser sich erst durch die endgültige Festlegung auf ein bestimmtes Planungsverfahren auflösende Schwebezustand, der definitiv erst mit dem Beschluss des letztlich in Kraft tretenden Bebauungsplans beendet wird, genügt der Anforderung, dass die Rechtsordnung einen greifbaren Maßstab staatlichen Handelns bilden muss, und damit dem Gebot der Rechtssicherheit[2385] nicht.

Gegen diese Argumentation kann auch nicht eingewendet werden, dass ein Bürger gem. § 1 Abs. 3 S. 2 BauGB keinen Anspruch auf die Aufstellung eines bestimmten Bebauungsplans und damit auch keinen Anspruch auf die Anwendung bzw Fortführung[2386] eines bestimmten Planungsverfahrens hat. Die hier aufgeworfene Problematik betrifft nicht *schwerpunktmäßig* den von § 1 Abs. 3 S. 2 BauGB angesprochenen Fall, dass eine Gemeinde trotz städtebaulicher Erforderlichkeit keinen Bebauungsplan aufstellt oder ein eingeleitetes Planungsverfahren – eventuell auch, um es später erneut einzuleiten – wieder abbricht, sondern die gehegten Zweifel an der Rechtsstaatskonformität des § 13a Abs. 2 Nr. 4 BauGB in Verbindung mit der Ausgestaltung des beschleunigten Verfahrens als Wahlverfahren gehen von der Situation aus, dass eine Gemeinden einen *bestimmten*, städtebaulich erforderlichen *kleinflächigen Bebauungsplan der Innenentwicklung* aufstellen will und auch aufstellt und dabei für die Bürger auf-

---

2383 Vgl. B. II. 5.
2384 Vgl. B. II. 5.; Fn. 488.
2385 Vgl. *Schmidt-Aßmann*, in: Isensee/Kirchhof, Handbuch des Staatsrechts, Band II, § 26, Rn. 81.
2386 Vgl. BVerwG, Beschl. vom 09.10.1996 – 4 B 180.96, BauR 1997, 263 (263); *Krautzberger*, in: B/K/L, § 1, Rn. 31.

grund der nur durch die allgemein für die Ausübung des Verwaltungsermessens geltenden Grundsätze beschränkten Entscheidung für das letztlich anzuwendende Planungsverfahren gem. § 13a Abs. 1 S. 1 BauGB bezogen auf *den konkreten kleinflächigen Bebauungsplan der Innenentwicklung* ex ante nicht erkennbar ist, ob in dem dafür notwendigen Bebauungsplanungsverfahren, seine vollständige Durchführung unterstellt, die naturschutzrechtliche Eingriffsregelung vollumfänglich zu beachten ist oder nicht, wobei dies jeweils unterschiedliche Auswirkungen auf grundrechtlich geschützte Rechtspositionen haben kann. § 1 Abs. 3 S. 2 BauGB lässt nur eine Ungewissheit dahingehend zu, dass ein bestimmter, städtebaulich erforderlicher Bebauungsplan, für den eventuell sogar schon ein Planungsverfahren eingeleitet wurde, auch tatsächlich aufgestellt wird, also eine Ungewissheit in Bezug auf das „Ob" eines bestimmten städtebaulichen Instruments; die Regelung rechtfertigt dagegen keine Ungewissheit über die für einen Bauleitplan oder eine städtebauliche Satzung geltenden (materiellen) Anforderungen und damit das inhaltliche „Wie" des jeweiligen städtebaulichen Instruments, das das jeweilige Verfahrensergebnis beeinflussen kann.

(dd) Verfassungsrechtliche Anforderungen – Gebot der praktischen Konkordanz

Gerade im Zusammenhang mit der Regelung des § 1 Abs. 3 S. 2 BauGB, die dem Bürger in Ausgestaltung bzw. zur Gewährleistung der planerischen Gestaltungsfreiheit der Gemeinde als Teil ihrer Planungshoheit[2387] – die wiederum einen Aspekt ihres Selbstverwaltungsrechts darstellt – ein subjektives Recht darauf versagt, dass die Gemeinde ein (städtebaulich erforderliches) Bebauungsplanungsverfahren in einem bestimmten Verfahrenstyp vollständig durchführt und nicht wieder abbrechen darf, um das verfolgte städtebauliche Ziel z. B. durch eine Innenbereichssatzung oder durch ein später erneut einzuleitendes Bebauungsplanungsverfahren umzusetzen, und die damit die Vorhersehbarkeit staatlichen Handelns einschränkt, darf bei der Betrachtung der Verfassungsmäßigkeit der Alternativität von Regelplanungsverfahren und beschleunigtem Verfahren mit der Verfahrensbesonderheit des § 13a Abs. 2 Nr. 4 BauGB bezogen auf einen bestimmten kleinflächigen Bebauungsplan der Innenentwicklung i. S. d. § 13a Abs. 1 BauGB neben dem Rechtsstaatsprinzip auch die kommunale Planungshoheit einer Gemeinde als mit Verfassungsrang ausgestattetes Recht nicht vergessen werden. Aufgrund des bei der Kollision mehrerer Grundrechte bzw. Rechte mit Verfassungsrang wegen der Einheit der Verfassung zu beachtenden Grundsatzes praktischer Konkordanz,[2388] wonach bei der Lösung einer

---

2387 Vgl. BVerwG, Beschl. vom 03.08.1982 – 4 B 145.82, ZfBR 1982, 226 (226 u. 227); vgl. *Krautzberger*, in: B/K/L, § 1, Rn. 31; *ders.*, in: E/Z/B/K, § 13a, Rn. 13 (Stand: Mai 2007); *Söfker*, in: E/Z/B/K, § 1, Rn. 42f (Stand: Dezember 2007); *Oldiges*, in: Steiner, Besonderes Verwaltungsrecht, Teil III, Rn. 28.
2388 Vgl. *Hufen*, Staatsrecht II, Rn. 31; *Manssen*, Staatsrecht II, Rn. 136.

Kollision mehrerer Rechte mit Verfassungsrang jedem Recht eine möglichst umfassende Geltung verschafft werden soll, ist zwar zu berücksichtigen, dass die ermöglichte Anwendbarkeit des Regelplanungsverfahrens trotz Erfüllung der Anwendungsvoraussetzungen des beschleunigten Verfahrens eher der Garantie der Planungshoheit der Gemeinde gem. Art. 28 Abs. 2 S. 1 GG entspricht als eine verpflichtende Anwendung des beschleunigten Verfahrens bei Erfüllung von dessen Voraussetzungen, gerade weil die Gemeinde nicht in das Korsett *eines* bestimmten Planungsverfahrens zur Umsetzung einer bestimmten städtebaulichen Zielvorstellung mittels eines Bebauungsplans gezwungen wird. Andererseits ist aber zu bedenken, dass die umfassende Berücksichtigung der Anforderungen der naturschutzrechtlichen Eingriffsregelung gem. § 1a Abs. 3 S. 1 BauGB im Regelplanungsverfahren als verpflichtende Vorgabe für die Abwägung die einer Gemeinde im Rahmen der Abwägung zustehende planerische Gestaltungsfreiheit als Bestandteil ihrer Planungshoheit mehr einengt als die Regelung des § 13a Abs. 2 Nr. 4 BauGB, aufgrund derer § 1a Abs. 3 S. 1 BauGB nur partiell gilt. Daraus folgt, dass eine verpflichtende Anwendung des beschleunigten Verfahrens für die Aufstellung eines kleinflächigen Bebauungsplans im Sinne von § 13a Abs. 1 S. 2 Nr. 1 BauGB, der die Voraussetzungen des § 13a Abs. 1 BauGB erfüllt, bzw. wenigstens eine verpflichtende Anwendung der in § 13a Abs. 2 Nr. 4 BauGB vorgesehenen Verfahrensbesonderheit die Planungshoheit der Gemeinde in Form von materiell-rechtlichen Vorgaben für die Planung im Ergebnis nicht stärker bzw. sogar weniger stark einschränken würde als die außerhalb des beschleunigten Verfahrens innerhalb des Bebauungsplanungsverfahrens zu beachtenden materiell-rechtlichen Anforderungen.

(ee) Vergleich von beschleunigtem und vereinfachtem Verfahren

Die Anwendungsbereiche von beschleunigtem Verfahren gem. § 13a BauGB und vereinfachtem Verfahren gem. § 13 BauGB, bei dem die Anforderungen der naturschutzrechtlichen Eingriffsregelung uneingeschränkt gelten, können sich ebenfalls überschneiden. Die in diesem Fall bestehende alternative Anwendbarkeit[2389] der Verfahrensarten ist, auch wenn die Planungsverfahren jedenfalls teilweise auf unterschiedlichen Erwägungen beruhen und der Gesetzgeber mit ihnen unterschiedliche Intentionen verfolgt,[2390] bezogen auf im beschleunigten *und* im vereinfachten Verfahren aufstellbare kleinflächige Bebauungspläne der Innenentwicklung in Verbindung mit der nur für das beschleunigte Verfahren

---

2389 *Gierke*, in: Brügelmann, § 13a, Rn. 111 (Stand: Feburar 2008); *Kirchmeier*, in: Hk-BauGB, § 13, Rn. 3; *Krautzberger*, in: Krautzberger/Söfker, Baugesetzbuch, Rn. 153a; ders., in: E/Z/B/K, § 13a, Rn. 21 (Stand: März 2007); *Spannowsky*, in: Berliner Kommentar, § 13a, Rn. 9 (Stand: Juli 2007), spricht ausdrücklich davon, dass die Gemeinde in einem solchen Fall zwischen § 13 BauGB und § 13a BauGB wählen kann. Vgl. Fn. 463.
2390 Vgl. B. III. 4. e) cc) (4) (b) und B. II. 4. a) bb).

geltenden Regelung des § 13a Abs. 2 Nr. 4 BauGB aus den Gründen, die soeben im Hinblick auf die Alternativität von beschleunigtem Verfahren mit der Verfahrensbesonderheit des § 13a Abs. 2 Nr. 4 BauGB und Regelplanungsverfahren mit der uneingeschränkten Geltung von § 1a Abs. 3 S. 1 BauGB für die Aufstellung eines bestimmten kleinflächigen Bebauungsplans der Innenentwicklung dargelegt wurden,[2391] ebenfalls als gleichheitswidrig und gegen das Rechtsstaatsprinzip verstoßend einzustufen. Denn auch in diesem Fall ist es, wenn auch wohl nur ausnahmsweise,[2392] möglich, dass ein im Sinne von § 13a Abs. 1 S. 2 Nr. 1 BauGB kleinflächiger Bebauungsplan bei Anwendbarkeit sowohl des vereinfachten als auch des beschleunigten Verfahrens je und *nur* nach Wahl der Verfahrensart bei Verfolgung *ein und der derselben* städtebaulichen Zielsetzung ein unterschiedliches Planergebnis aufgrund des unterschiedlichen Geltungsumfangs der naturschutzrechtlichen Eingriffsregelung aufweist.

(ff) Vergleich des beschleunigten Verfahrens mit Innenbereichssatzungen

Verfassungsrechtlich unproblematisch ist dagegen das Verhältnis kleinflächiger Bebauungspläne der Innenentwicklung zu Ergänzungssatzungen gem. § 34 Abs. 4 S. 1 Nr. 3 BauGB. Bei letzteren ist zwar gem. § 34 Abs. 5 S. 3 BauGB die naturschutzrechtliche Eingriffsregelung gem. § 1a Abs. 3 BauGB uneingeschränkt zu berücksichtigen und die Anwendungsbereiche von (kleinflächigen) Bebauungsplänen der Innenentwicklung und Ergänzungssatzungen können sich, zumal Flächen für Maßnahmen der Innenentwicklung nach der hier vertretenen Auffassung u. a. in Anlehnung an Gebiete auszulegen sind, für die gem. § 34 Abs. 4 S. 1 Nr. 3 BauGB eine Ergänzungssatzung aufgestellt werden kann, überschneiden.[2393] Es ist jedoch zu bedenken, dass durch eine Innenbereichssatzung i. S. v. § 34 Abs. 4 S. 1 Nr. 3 BauGB im Unterschied zur Bebauungsplanung lediglich eine dem Außenbereich im Sinne von § 35 BauGB zuzuordnende Fläche konstitutiv in den angrenzenden (beplanten oder unbeplanten) Innenbereich einbezogen und dabei grundsätzlich nur entsprechend des sich aus der im Innenbereich vorhandenen Bebauung ergebenden Maßstabs im Sinne von §§ 34 Abs. 1-3a BauGB bebaubar gemacht werden kann, so dass gem. § 34 Abs. 5 S. 2 BauGB in der Ergänzungssatzung auch nur einzelne Festsetzungen nach § 9 Abs. 1 BauGB getroffen werden können. Mit einem Bebauungsplan dagegen kann für ein solches Gebiet substantiell neues, sich nicht *unmittelbar* an die vorhandene, die Außenbereichsflächen prägende Innenbereichsbebauung anlehnendes Baurecht geschaffen werden. Natürlich kann ein Bebauungsplan auch nur eine derartige Bebauung als zulässig festsetzen, wie sie sich aus dem Maßstab der die Außenbereichsfläche ohnehin schon prägenden Innenbereichsbebauung

---

2391 Vgl. B. III. 4. e) cc) (5) (b) (bb) und (cc).
2392 Vgl. B. III. 4. e) cc) (4) (b) a. E.; vgl. Fn. 2342 u. 2343.
2393 Vgl. B. II. 1. a) bb) (2) (d) (aa) u. (ee).

ergibt. Ein Bebauungsplan regelt aber auch in diesem Fall die zulässige Bebauung im Grundsatz unabhängig von der vorhandenen, an sein Plangebiet angrenzenden Innenbereichsbebauung und insoweit selbständig, während die Ergänzungssatzung eine Bebauung immer nur in Anlehnung an die sich aus der gerade vorhandenen Innenbereichsbebauung ergebende Prägung der Außenbereichsflächen erlauben kann. Ändert sich diese, ändert sich auch die Bebaubarkeit der Außenbereichsflächen aufgrund der Ergänzungssatzung. Daraus wird deutlich, dass dem Bebauungsplan trotz der Möglichkeit einer alternativen Anwendung von Bebauungsplan und Ergänzungssatzung in bestimmten Fällen doch grundsätzlich eine andere, selbständigere und damit weitergehende Wirkung zukommt als einer Ergänzungssatzung. Trotz teilweiser *faktischer* Funktionsgleichheit[2394] von Bebauungsplanung und Ergänzungssatzung kann es vor dem Hintergrund, dass die rein *rechtliche* Wirkung der beiden bauleitplanerischen Handlungsformen nicht völlig identisch ist und, anders als bei einem in verschiedenen Planungsverfahren aufstellbaren kleinflächigen Bebauungsplan der Innenentwicklung bei Verfolgung ein und derselben städtebaulichen Zielsetzung, nach dem Willen des Gesetzgebers auch nicht sein soll,[2395] im Hinblick auf Art. 3 Abs. 1 GG gerechtfertigt werden, dass sich der Geltungsumfang der naturschutzrechtlichen Eingriffsregelung für einen kleinflächigen Bebauungsplan der Innenentwicklung und für eine für dasselbe Gebiet aufstellbare Ergänzungssatzung unterscheidet. Wenn der Gesetzgeber die Innenentwicklung gerade durch die und in der Bebauungsplanung und nicht durch jede städtebauliche Satzung, auch wenn sie der Intention einer verstärkten Innenentwicklung entspräche,[2396] fördern und privilegieren will, kann dies aufgrund der unterschiedlichen rechtlichen Wirkungen und damit verbundenen Steuerungsmöglichkeiten der Satzungen durchaus gerechtfertigt werden.[2397]

Im Hinblick auf die Vorhersehbarkeit staatlichen Handelns ist zwar zu berücksichtigen, dass es für den Bürger wegen der zur Umsetzung eines städtebaulichen Ziels teilweise alternativ bestehenden Möglichkeiten, einen kleinflächigen Bebauungsplan der Innenentwicklung im beschleunigten Verfahren aufzustellen oder eine Ergänzungssatzung zu erlassen, ebenso wie bei der dargestellten[2398] alternativen Anwendbarkeit verschiedener Bebauungsplanungsverfahren für einen bestimmten kleinflächigen Bebauungsplan der Innenentwicklung nicht von vornherein erkennbar ist, ob bei der Umsetzung eines bestimmten städtebaulichen Ziels durch die Gemeinde die Ausgleichspflicht der naturschutzrechtlichen Eingriffsregelung zu berücksichtigen ist oder nicht. Allerdings wurde es im Sinne praktischer Konkordanz mehrerer Rechte bzw. Grundsätze von Verfas-

---

2394 Vgl. Fn 1230.
2395 Vgl. Fn. 2328 u. B. II. 4. a) bb).
2396 Vgl. B. II. 1. a) bb) (2) (e).
2397 Vgl. B. III. 4. e) cc) (4) (a).
2398 Vgl. B. III. 4. e) cc) (5) (b) (cc) u. (ee).

sungsrang, d. h. des Rechtsstaatsprinzips und des kommunalen Selbstverwaltungsrechts, ins planerische Ermessen der Gemeinde (Art. 28 Abs. 2 S. 1 GG) gestellt, ob sie ein bestimmtes, durch beide Handlungsformen umsetzbares städtebauliches Ziel letztlich mittels eines Bebauungsplans oder mittels einer Ergänzungssatzung realisiert, zumal die Instrumente rechtlich nicht dieselbe Wirkung haben und auch nicht haben sollen, was sie von in verschiedenen Verfahren aufstellbaren Bebauungsplänen zur Umsetzung ein und derselben städtebaulichen Zielsetzung unterscheidet. Der Bürger kann also bei einem Gebiet, für das ein vorgesehenes städtebauliches Ziel sowohl durch Bebauungsplanung als auch durch Ergänzungssatzung erreicht werden kann, nicht von vornherein vorhersehen, welches Verfahren zur Anwendung kommen wird, um das Ziel zu verwirklichen, obwohl sich der Einsatz unterschiedlicher städtebaulicher Instrumente verschieden auf grundrechtlich geschützte Rechtspositionen auswirken kann. Dies folgt gerade auch aus § 1 Abs. 3 S. 2 BauGB. Die Unvorhersehbarkeit der Wahl des konkreten städtebaulichen Instruments blieb bisher im Hinblick auf die Anforderungen des Rechtsstaatsprinzips in Abwägung mit der Garantie der Selbstverwaltungshoheit einer Gemeinde gem. Art. 28 Abs. 2 S. 1 GG bezogen auf die Alternativität von Bebauungsplänen und Innenbereichssatzungen, speziell Entwicklungssatzungen im Sinne von § 34 Abs. 4 S. 1 Nr. 2 BauGB, die ebenfalls teilweise funktionsgleich an die Stelle eines Bebauungsplans treten können und bei denen die Anforderungen der naturschutzrechtlichen Eingriffsregelung keinerlei Geltung haben, unbeanstandet und kann in Abwägung mit der Garantie der Planungshoheit einer Gemeinde auch gerechtfertigt werden, gerade weil sich die städtebaulichen Instrumente des Bebauungsplans und der Innenbereichssatzungen in ihrer rechtlichen Wirkung und damit der Steuerung der gemeindlichen Entwicklung durchaus unterscheiden. Im Hinblick auf die Möglichkeit der Aufstellung *eines beabsichtigen* kleinflächigen Bebauungsplans der Innenentwicklung in unterschiedlichen Planungsverfahren dagegen lässt sich ein Vorrang des Art. 28 Abs. 2 S. 1 GG in Form einer möglichst weitgehenden Wahlfreiheit des Planungsverfahrens mit der Wirkung, dass die zur Verfügung stehenden Verfahren *nur und je* nach ihrer konkreten Ausgestaltung zu unterschiedlichen Planergebnissen führen können, gegenüber dem Gebot der Vorhersehbarkeit staatlichen Handelns nicht rechtfertigen, insbesondere da bereits aufgrund der stets gleichen Begrifflichkeit Verfahrensgegenstand jeweils die Aufstellung eines konkreten kleinflächigen Bebauungsplans der Innenentwicklung ist und von daher kaum einzusehen ist, dass *allein je nach* Aufstellungsverfahren ein anderes Planergebnis rechtmäßig sein soll. Das Innenstadtentwicklungsgesetz kreierte mit § 13a BauGB gerade keinen neuen Plantyp,[2399] sondern nur ein neues Aufstellungsverfahren für bisher schon mögliche Pläne. Somit muss es, wenn *ein* Bebauungsplan mit einem bestimmten städtebaulichen Ziel aufgestellt

---

2399 Vgl. Fn. 2363.

werden *soll*, vorhersehbar sein, was im Verfahren *inhaltlich* berücksichtigt werden muss, egal, in welchem Verfahren der Bebauungsplan konkret aufgestellt wird.

(gg) Empfehlungen zur Herstellung der Verfassungskonformität

Insgesamt ergibt sich daher, dass die Regelung des § 13a Abs. 2 Nr. 4 BauGB in Verbindung mit der alternativen Anwendbarkeit von beschleunigtem Verfahren und Regelplanungsverfahren den Anforderungen des Art. 3 Abs. 1 GG und des Rechtsstaatsprinzips widerspricht. Die Verfassungskonformität der Regelung des § 13a Abs. 2 Nr. 4 BauGB wäre jedoch dadurch herstellbar, dass, sofern ein beabsichtigter kleinflächiger Bebauungsplan der Innenentwicklung die Anforderungen des beschleunigten Verfahrens erfüllt, für die Aufstellung des Bebauungsplans entweder das beschleunigte Verfahren angewendet werden muss oder – als milderer Eingriff in das kommunale Selbstverwaltungsrecht[2400] – auch im Regelplanungsverfahren bzw. im vereinfachten Verfahren die naturschutzrechtliche Eingriffsregelung nur in dem von § 13a Abs. 2 Nr. 4 BauGB statuierten Umfang gilt. Dafür müsste aber vor Aufstellung eines Bebauungsplans grundsätzlich geprüft werden, ob er die Anforderungen des § 13a Abs. 1 S. 1, S. 2 Nr. 1, S. 4 u. S. 5 BauGB erfüllen würde, was das Bauleitplanungsverfahren insgesamt verkomplizieren und damit den mit der Einführung von § 13a BauGB durch das Innenstadtentwicklungsgesetz verfolgten Zweck verfehlen würde. Im Sinne der Praktikabilität des Bebauungsplanungsverfahrens wäre es daher besser, der Gesetzgeber würde zur Herstellung der Verfassungskonformität von § 13a BauGB von § 13a Abs. 2 Nr. 4 BauGB ganz absehen.

2400 Vgl. B. III. 4. e) cc) (5) (b) (dd).

C. Resümee

Nachdem nun die einzelnen Anwendungsvoraussetzungen und Verfahrensbesonderheiten des durch das Innenstadtentwicklungsgesetz neu geschaffenen besonderen Planungsverfahrens für Bebauungspläne der Innenentwicklung jeweils näher beleuchtet und in ihrem Geltungsumfang und ihrer Effektivität für die mit § 13a BauGB verfolgte Intention beurteilt wurden, verbleibt als Abschluss eine Gesamtbewertung des gegenüber dem Regelplanungsverfahren modifizierten beschleunigten Verfahrens.

Aus der näheren Betrachtung des beschleunigten Verfahrens gem. § 13a BauGB ergibt sich hinsichtlich seines Anwendungsbereichs zum einen, dass den in ersten Reaktionen auf das Innenstadtentwicklungsgesetz geäußerten Unklarheiten[2401] in Bezug auf die Interpretation des Begriffs „Bebauungsplan der Innenentwicklung" gem. § 13a Abs. 1 S. 1 BauGB nicht zugestimmt werden kann, sondern dass diese Einstiegsvoraussetzung des beschleunigten Verfahrens vielmehr durch grammatikalische, historische, teleologische, systematische und europarechtskonforme Auslegung gut konkretisiert werden kann und damit nicht als besonders unbestimmt einzustufen ist.[2402] Gewisse Zweifelsfälle im Anwendungsbereich sind mit nahezu jeder Einführung eines besonderen, die Verfahrensanforderungen des entsprechenden Regelplanungsverfahrens modifizierenden Planungsverfahrens für nur einen bestimmten Ausschnitt der in dem entsprechenden Regelplanungsverfahren möglichen Verfahrensgegenstände verbunden, die erst im Laufe einer längerfristigen Anwendung und durch die Rechtsprechung für die Gesetzesanwender verbindlich geklärt werden können, wobei nach den obigen Ausführungen[2403] und aufgrund der bewährten Auslegungsmethoden die Frage der Eröffnung des Anwendungsbereichs gem. § 13a Abs. 1 S. 1 BauGB in vermeintlichen Zweifelsfällen weitgehend eindeutig beantwortet werden kann.[2404] Da § 214 Abs. 2a Nr. 1 BauGB nach der hier vertretenen Auffassung aus gemeinschaftsrechtlichen Gründen sehr restriktiv ausgelegt werden muss[2405] und nicht jede, nicht bewusste Fehleinschätzung[2406] bei der Einordnung eines Bebauungsplans als solchen der Innenentwicklung – außerhalb der Reichweite von § 214 Abs. 1 u. Abs. 2 BauGB – für die Rechtswirksamkeit eines aufgrund dessen rechtswidrig im beschleunigten Verfahren aufgestellten Bebau-

---

2401 Vgl. Fn. 84 u. 85.
2402 Vgl. *Mitschang*, ZfBR 2007, 433 (435); *Scheidler*, ZfBR 2006, 752 (753); *ders.*, BauR 2007, 650 (652); *Spannowsky*, in: Berliner Kommentar, § 13a, Rn. 12 (Stand: Juli 2007); *ders.*, NuR 2007, 521 (523); *ders.*, in: Spannowsky/Hofmeister, BauGB 2007, S. 27 (32); *Tomerius*, ZUR 2008, 1 (6).
2403 Vgl. B. II. 1.-3.
2404 Vgl. B. II. 8. c) aa).
2405 Vgl. B. II. 8. c) bb).
2406 Vgl. B. II. 8. b) bb).

ungsplans unbeachtlich ist, besteht zum anderen nicht die Gefahr, dass das beschleunigte Verfahren mit seinen vor allem formell-rechtlich gravierenden Modifizierungen gegenüber dem Regelplanungsverfahren in vielen Fällen rechtswidrig, aber rechtswirksam zur Anwendung kommen kann, obwohl sein Anwendungsbereich gem. § 13a Abs. 1 S. 1 BauGB nicht eröffnet ist und daher die Zielsetzung des Bebauungsplans nicht der mit § 13a BauGB vom Gesetzgeber verfolgten Intention *einer (unmittelbaren) Stärkung der Innenentwicklung* durch die Verfahrensprivilegierungen des beschleunigten Verfahrens entspricht.[2407] Nicht die Gemeinden bestimmen gerichtlich nicht kontrollierbar durch eine großzügige Auslegung des Begriffs der Innenentwicklung in weitem Umfang über die rechtswirksame Anwendung des beschleunigten Verfahrens, sondern – jedenfalls überwiegend – der Gesetzgeber durch § 13a Abs. 1 S. 1 BauGB.[2408] Eine Verdrängung des Regelplanungsverfahrens[2409] durch das beschleunigte Verfahren außerhalb der tatsächlichen Innenentwicklungsfälle ist daher jedenfalls nicht zu befürchten.

Teilweise wird angenommen,[2410] das beschleunigte Verfahren werde bei Eröffnung seines Anwendungsbereichs regelmäßig zur Anwendung kommen und damit im Bereich der Innenentwicklung das Regelplanungsverfahren weitgehend ablösen. Dabei bleibt unberücksichtigt, dass es – lässt man die oben angesprochene[2411] Problematik der Verfassungsmäßigkeit des § 13a Abs. 2 Nr. 4 BauGB in Verbindung mit der auch für kleinflächige Bebauungspläne der In-

---

2407 Vgl. Fn. 1405.
2408 Vgl. Fn. 1391 und B. II. 8. c) aa) u. bb). Stellungnahme Nr. 37/06 des Ausschusses Verwaltungsrecht des Deutschen Anwaltvereins vom 28.06.2006, S. 4 u. 5, abrufbar unter http://anwaltverein.de/downloads/stellungnahmen/2006-37.pdf (zuletzt abgerufen am 15.11.2008) und Stellungnahme Nr. 58/06 vom 02.11.2006, S. 3 u. 6 u. 9, abrufbar unter http://anwaltverein.de/downloads/stellungnahmen/2006-58.pdf (zuletzt abgerufen am 15.11.2008), mit der gegenteiligen Annahme; kritisch auch *Scheidler*, ZfBR 2006, 752 (757); *ders.*, BauR 2007, 650 (657).
2409 Vgl. Fn. 464; vgl. *Gronemeyer*, BauR 2007, 815 (818); Stellungnahme Nr. 37/06 des Ausschusses Verwaltungsrecht des Deutschen Anwaltvereins vom 28.06.2006, S. 4, abrufbar unter http://anwaltverein.de/downloads/stellungnahmen/2006-37.pdf (zuletzt abgerufen am 15.11.2008) und Stellungnahme Nr. 58/06 vom 02.11.2006, S. 6, abrufbar unter http://anwaltverein.de/downloads/stellungnahmen/2006-58.pdf (zuletzt abgerufen am 15.11.2008); *Mitschang*, ZfBR 2008, 227 (237 u. 239); *ders.*, ZfBR 2008, 109 (111); noch vorsichtiger *Mitschang*, ZfBR 2007, 433 (447); ansatzweise auch *Scheidler*, ZfBR 2007, 752 (753); *ders.*, BauR 2007, 650 (652). Im Ergebnis wie hier *Krautzberger*, UPR 2007, 170 (175).
2410 *Schröer*, NZBau 2007, 293 (293), bezogen auf Planungen innerhalb des Siedlungskörpers; *ders.*, NZBau 2006, 703 (705), bezogen auf Bebauungspläne innerhalb des bereits besiedelten Bereichs; *Starke*, JA 2007, 488 (491), für Planungen in im Zusammenhang bebauten Ortsteilen; ein wenig vorsichtiger *Bunzel*, LKV 2007, 444 (450). Vgl. Fn. 451 u. 464 u. 2409.
2411 Vgl. B. III. 4. e) (5) (b).

nenentwicklung geltenden Ausgestaltung des beschleunigten Verfahrens als Wahlverfahren beiseite – einer Gemeinde entsprechend des ihr gem. § 13a Abs. 1 S. 1 BauGB eingeräumten Ermessens freisteht, das beschleunigte Verfahren trotz Eröffnung seines Anwendungsbereichs nicht anzuwenden. Gerade weil eine Gemeinde in jedem Fall das Regelplanungsverfahren anwenden darf, muss sie, auch wenn ernsthaft die Möglichkeit der Erfüllung der Tatbestandsmerkmale des § 13a Abs. 1 BauGB besteht, nicht unbedingt prüfen, ob das beschleunigte Verfahren anwendbar sein könnte oder nicht. Die durch das EAG-Bau (2004) eingeführte grundsätzliche Pflicht zur Durchführung einer Umweltprüfung im Regelplanungsverfahren ermöglicht es, einen Bebauungsplan ohne mehr oder weniger aufwandintensive Prüfung der Umweltprüfungspflichtigkeit in jedem Einzelfall rechtssicher aufzustellen. Die infolge der Standardisierung der Verfahrensschritte für grundsätzlich jeden Bebauungsplan erzielbare Vereinfachung des Verfahrens darf nicht gering geschätzt werden.[2412] Hinzukommt, dass die Klärung der Anwendungsvoraussetzungen für das beschleunigte Verfahren gem. § 13a Abs. 1 BauGB zum einen schon wegen der im Hinblick auf die Rechtswirksamkeit des Bebauungsplans notwendigen, möglichst exakten Bestimmung der Grundflächengröße bzw. voraussichtlichen Versiegelungsfläche[2413] – insbesondere, wenn die Fläche im Bereich von 20000 qm bzw. 70000 qm anzusiedeln ist – oftmals nicht völlig unaufwändig erfolgen kann. Zum anderen ist die für großflächige Bebauungspläne der Innenentwicklung grundsätzlich gem. § 13a Abs. 1 S. 2 Nr. 2 BauGB erforderliche Vorprüfung des Einzelfalls unter Beteiligung der Behörden und sonstigen Träger öffentlicher Belange, deren Aufgabenbereiche durch die Planung berührt werden können, ein Verfahrensschritt, der die mit dem beschleunigten Verfahren erzielbare Verfahrensvereinfachung merklich reduziert, gerade weil Fehler im Rahmen des UP-Screenings trotz § 214 Abs. 2a Nr. 3 BauGB zur Unwirksamkeit des im beschleunigten Verfahren aufgestellten großflächigen Bebauungsplans führen können und aus europarechtlichen Gründen auch müssen und daher auf eine möglichst korrekte, nicht zu oberflächliche Durchführung der Vorprüfung geachtet werden sollte. So wurde bereits im Praxistest die mit dem beschleunigten Verfahren erzielbare zeitliche Verkürzung des Planungsverfahrens bei großflächigen Bebauungsplänen (der Innenentwicklung) als wesentlich geringer einge-

---

2412 Vgl. *Götze/Müller*, ZUR 2008, 8 (8), die eine immer stärkere Atomisierung und Verkomplizierung des Bauplanungsrechts bemerken; *Müller-Grune*, BauR 2007, 985 (991/992); *Reidt*, NVwZ 2007, 1029 (1030 u. 1032); Stellungnahme Nr. 37/06 des Ausschusses Verwaltungsrecht des Deutschen Anwaltvereins vom 28.06.2006, S. 5, abrufbar unter http://anwaltverein.de/downloads/stellungnahmen/2006-37.pdf (zuletzt abgerufen am 15.11.2008) und Stellungnahme Nr. 58/06 vom 02.11.2006, S. 7, abrufbar unter http://anwaltverein.de/downloads/stellungnahmen/2006-58.pdf (zuletzt abgerufen am 15.11.2008). Vgl. Fn. 1401.
2413 Vgl. B. II. 8. b) cc) i. V. m. B. II. 6. e) bb) (4) (c) (dd) bzw. i. V. m. B. III. 4. e) cc) (5) (a).

schätzt als bei kleinflächigen[2414] und erste echte Praxiserfahrungen ergaben, dass bei der Feststellung, dass der beabsichtigte Bebauungsplan der Innenentwicklung ein großflächiger ist, wegen des mit der Vorprüfung verbundenen Verfahrensaufwands und auch aus Gründen der Rechtssicherheit in manchen Gemeinden von vornherein von der Anwendung des beschleunigten Verfahrens abgesehen wird.[2415] Wenn nämlich die Anwendbarkeit des beschleunigten Verfahrens aufwändiger Prüfungen bedarf, gleichen sich die durch die Verfahrensprivilegien des beschleunigten Verfahrens gem. § 13a Abs. 2 BauGB erzielbaren Verfahrensaufwands-, Zeit- und Kostenreduktionen mit dem Aufwand für die Klärung des Anwendungsbereichs (teilweise) wieder aus.[2416] Zudem ist, auch wenn die Vorprüfung, wie vom Gesetzgeber vorgesehen,[2417] tatsächlich unaufwändig und rasch durchgeführt werden kann, die Hemmschwelle, eine Vorprüfung durchführen zu müssen, die im Ergebnis sogar eine Pflicht zur Anwendung des Regelplanungsverfahrens unter Durchführung einer umfassenden Umweltprüfung ergeben kann, unter Umständen größer als die Scheu vor der generellen Pflicht zur Durchführung einer Umweltprüfung innerhalb des Regelplanungsverfahrens. Dieses kann ohne Überlegungen zum Anwendungsbereich und daher ohne Weiteres angewandt werden. Daraus ergibt sich, dass mit dem beschleunigten Verfahren gem. § 13a BauGB vor allem für kleinflächige Bebauungspläne der Innenentwicklung,[2418] bei denen die Klärung des Anwendungsbereichs mangels Notwendigkeit eines UP-Screenings mit Behördenbeteiligung in der Regel *relativ* einfach ist, ein echter bzw. teilweise wenigstens psychologischer[2419] Beschleunigungs- und Entlastungseffekt erzielt werden kann, indem eine förmliche Umweltprüfung und die mit ihr verbundenen speziellen Verfahrensschritte entfallen, der Kreis der zum Planentwurf zu beteiligenden Öffentlichkeit und Behörden eingeschränkt sowie die Frist zur Stellungnahmemöglichkeit für die Behörden und die Öffentlichkeit verkürzt werden kann und der Bebauungsplan vom Flächennutzungsplan ohne dessen wenigstens gleichzeitige Änderung oder Ergänzung und ohne dadurch bedingte Genehmigungspflichtigkeit des Bebauungsplans und Notwendigkeit eines förmlichen Flächennutzungsplananpassungsverfahrens abweichen kann. Für kleinflächige Bebauungspläne der Innenentwicklung hat das beschleunigte Verfahren daher, sofern nicht die Ausschlussgründe des § 13a Abs. 1 S. 4 u. S. 5 BauGB erfüllt sind, durchaus das

---

2414 *Bunzel*, Difu-Praxistest, S. 20, abrufbar unter http://www.difu.de/publikationen/difuberichte/4_06/11.phtml (zuletzt abgerufen am 01.03.2008).
2415 *Schröer*, NZBau 2008, 46 (47); vgl. auch *Mitschang*, ZfBR 2008, 109 (109), unter Bezugnahme auf *Strobach* im Hinblick auf Erfahrungen aus der Stadt Mainz.
2416 Vgl. *Schröer*, NZBau 2008, 46 (47 u. 48); *Tomerius*, ZUR 2008, 1 (2).
2417 Vgl. Fn. 894.
2418 *Schröer*, NZBau 2008, 46 (47 u. 48).
2419 Vgl. B. III. 1. a) ee) (6).

Potential, zum Regelverfahren zu werden.[2420] Gerade weil in den Fällen, in denen ein Bebauungsplan keine voraussichtlich erheblichen Umweltauswirkungen hat, die Durchführung einer Umweltprüfung als lästige, nur kostenverursachende, ein inhaltlich weitgehend sinnloses Verfahren absolvierende Pflicht empfunden wurde und insofern schon § 13 BauGB als Entlastung begrüßt wurde,[2421] kann das beschleunigte Verfahren für kleinflächige Bebauungspläne, für das kein hinsichtlich des erforderlichen Aufwands einer Umweltprüfung ähnliches bzw. ähnlich empfundenes UP-Screening durchzuführen ist, durchaus – jedenfalls aus psychologischen Gründen – einen Anreiz zu einer verstärkten Innenentwicklungsplanung der Gemeinden geben.[2422] Die weitere Verschiebung des sich bisher aus § 2 Abs. 4 S. 1 BauGB und § 13 BauGB ergebenden Regel-Ausnahme-Verhältnisses[2423] von Umweltprüfungspflichtigkeit und Nicht-Umweltprüfungspflichtigkeit von Bauleitplänen und die damit verbundene Rücknahme der Umweltprüfungspflichtigkeit auf das europarechtlich geforderte Ausmaß stellt für Bebauungspläne, die keine voraussichtlich erheblichen Umweltauswirkungen haben, grundsätzlich eine sinnvolle Deregulierung[2424] dar, die aber nur dann tatsächlich verfahrensvereinfachend und -beschleunigend wirkt, wenn der Aufwand zur Prüfung, ob ein Bebauungsplan tatsächlich keine voraussichtlich erheblichen Umweltauswirkungen hat und damit nicht umweltprüfungspflichtig ist, nicht weitgehend ebenso erheblich ist bzw. als ebenso erheblich empfunden wird wie die Durchführung einer förmlichen Umweltprüfung selbst.[2425] Dies ist gerade bei der für kleinflächige Bebauungspläne der Innenentwicklung erfolgten, Art. 3 Abs. 5 S. 1 2. Var. Plan-UP-RL entsprechenden, *rein abstrakt-generellen* Festlegung nicht umweltprüfungspflichtiger Bebauungspläne der Fall, bei denen die unter Umständen komplizierte Feststellung der fehlenden Umweltprüfungspflichtigkeit bereits für alle erfassten Fälle im Gesetzgebungsverfahren vorgenommen wurde, so dass solche Pläne „ohne Weiteres"[2426] und damit ver-

---

2420 *Schröer*, NZBau 2008, 46 (47 u. 48).
2421 Vgl. Fn. 837; Fn. 838; Fn. 839. Vgl. auch *Mitschang*, ZfBR 2008, 227 (234); *Uechtritz*, BauR 2007, 476 (491).
2422 Vgl. Fn. 1600 und B. III. 1. a) ee) (6). Ohne Beschränkung auf kleinflächige Bebauungspläne vgl. auch *Blechschmidt*, DVBl. 2008, 32 (32) unter Verweis auf *Krautzberger*; *Krautzberger*, UPR 2007, 53 (58); *ders.*, UPR 2007, 170 (175); *Krautzberger/Stüer*, DVBl. 2007, 160 (169); *Mitschang*, ZfBR 2008, 109 (109) unter Verweis auf *Söfker*; *Schröer*, NZBau 2008, 46 (48). Sehr skeptisch *Bizer/Cichorowski*, in: Perspektive Flächenkreislaufwirtschaft, Band III, S. 91 (99), abrufbar unter http:// www.difu.de/index.shtml?/publikationen/ (zuletzt abgerufen am 19.12.2008).
2423 *Spannowsky*, in: Berliner Kommentar, § 13a, Rn. 5 (Stand: Juli 2007); *ders.*, NuR 2007, 521 (522); vgl. *Krautzberger*, UPR 2007, 53 (58); vgl. *Krautzberger/Stüer*, DVBl. 2007, 160 (169).
2424 *Blechschmidt*, ZfBR 2008, 32 (33) unter Verweis auf *Portz*; vgl. auch *Scheidler*, ZfBR 2006, 752 (757); *ders.*, BauR 2007, 650 (656/657).
2425 Vgl. *Tomerius*, ZUR 2008, 1 (2).
2426 *Schröer*, NZBau 2008, 46 (47).

gleichsweise einfach im beschleunigten Verfahren aufgestellt werden können. Gerade weil die im Regelplanungsverfahren bei Nichterfüllung der Voraussetzungen des § 1a Abs. 3 S. 5 BauGB innerhalb der Abwägung grundsätzlich zu berücksichtigende Pflicht zum Ausgleich von Eingriffen in Natur und Landschaft gem. § 1a Abs. 3 S. 1 2. Alt. BauGB teilweise, jedenfalls subjektiv, als sehr aufwändig und für den Bereich der Nachverdichtung sogar als wesentliches Planungshindernis empfunden wurde,[2427] macht die in § 13a Abs. 2 Nr. 4 BauGB vorgesehene generelle Suspension von der naturschutzrechtlichen Ausgleichspflicht das beschleunigte Verfahren für kleinflächige Bebauungspläne der Innenentwicklung für die Gemeinden zusätzlich interessant[2428] und kann daher dazu beitragen, dass – jedenfalls im Bereich kleinflächiger Bebauungspläne – eine Verlagerung der Entwicklung weg von der Außenentwicklung hin zur Verminderung der Flächenneuinanspruchnahme unter Ausnutzung innerhalb des Siedlungsbereichs vorhandener Potentiale erreicht wird.[2429] Allerdings sollten sich die Gemeinden wegen § 13a Abs. 1 S. 2 Nr. 1 a. E. BauGB davor hüten, zur Umgehung einer Vorprüfung gem. § 13a Abs. 1 S. 2 Nr. 2 BauGB oder der naturschutzrechtlichen Ausgleichspflicht gem. § 1a Abs. 3 S. 1 2. Alt. BauGB bzw. der generellen Pflicht zur Durchführung einer Umweltprüfung gem. § 2 Abs. 4 S. 1 BauGB im Regelplanungsverfahren ein von vornherein einheitlich gewolltes städtebauliches Projekt taktisch in mehrere kleine Einzelprojekte aufzuspalten, um das Gesamtprojekt auf der Grundlage mehrerer kleinflächiger Bebauungspläne der Innenentwicklung zu realisieren.

Weil sich die mit § 13a BauGB erstrebte Privilegierung der Bebauungsplanung der Innenentwicklung in der Regel auf kleinflächige Bebauungspläne der Innenentwicklung konzentrieren wird, die zusammen mit kumulierenden Plänen eine Grundflächengröße bzw. eine voraussichtliche Versiegelungsfläche von 20000 qm nicht überschreiten dürfen, bleibt abzuwarten, ob diese Flächengrenze ausreichend ist, um die Innenentwicklung durch das beschleunigte Verfahren tatsächlich effektiv, d. h. nicht nur punktuell, zu stärken.[2430] Dabei ist auch zu

---

2427 Vgl. Fn. 2219.
2428 *Krautzberger/Stüer*, DVBl. 2007, 160 (169); *Mitschang*, ZfBR 2008, 109 (109) unter Verweis auf *Söfker*; *Schröer*, NZBau 2008, 46 (46). Vgl. B. III. 4. d) a. E.
2429 Ohne Beschränkung auf kleinflächige Bebauungspläne der Innenentwicklung *Blechschmidt*, DVBl. 2008, 32 (32) unter Verweis auf *Krautzberger*; *Krautzberger*, UPR 2007, 170 (175); *ders.*, UPR 2007, 53 (58); *Krautzberger/Stüer*, DVBl. 2007, 160 (169); *Schröer*, NZBau 2008, 46 (48); *Spannowsky*, NuR 2007, 521 (526); *Uechtritz*, BauR 2007, 476 (491). Zweifelbehaftet *Starke*, JA 2007, 488 (491).
2430 *Schröer*, NZBau 2006, 703 (705) vertritt, dass die (beiden) Schwellenwerte des § 13a Abs. 1 S. 2 BauGB für die Zielerreichung des § 13a BauGB ausreichend sind. Vgl. aber B. II. 6. e) bb) (3) (d) (dd). *Bunzel*, Difu-Praxistest, S. 21, abrufbar unter http://www.difu.de/publikationen/difu-berichte/4_06/11.phtml (zuletzt abgerufen am 01.03.2008): Im Rahmen des Praxistests wurde festgestellt, dass der Anwendungsfall des § 13a Abs. 1 S. 2 Nr. 2 BauGB in den Praxisteststädten vergleichsweise selten einschlägig ist.

beachten, dass es über die Ursachen der bislang im Vergleich zur Außenentwicklung vernachlässigten Innenentwicklung geteilte Ansichten gibt. Einerseits wird nämlich davon ausgegangen, dass die fehlende Schwerpunktsetzung auf die Innenentwicklung innerhalb der Bebauungsplanung nicht auf den Anforderungen des zu komplizierten und dadurch aufwändigen (Regel-)Planungsverfahrens beruht, sondern vielmehr auf über lange Zeit in ihrer Entwicklung geduldeten städtebaulichen Missständen,[2431] so dass eine Beschleunigung und Vereinfachung des Planungsverfahrens für den Bereich der Innenentwicklung kaum ihre wesentliche Stärkung herbeizuführen in der Lage wäre. Sieht man hingegen andererseits die Komplexität einer Planung im Bereich der Innenentwicklung aufgrund der innerhalb des Siedlungsbereichs schon vorhandenen Bauten und Nutzungen, deren Fortbestand in die Planung miteinbezogen werden muss und nur schwer zu lösende Nutzungskonflikte mit dem beabsichtigten Inhalt der neuen Planung hervorrufen kann, und den dadurch bedingten erheblichen personellen, zeitlichen und damit finanziellen Planungsaufwand als wesentliches Hindernis einer Ausschöpfung vorhandener Innenentwicklungspotentiale, das zur Bevorzugung der Neuüberplanung bislang nicht bebauter Freiflächen führte,[2432] so kann das jedenfalls für kleinflächige Bebauungspläne der Innenentwicklung mit Verfahrensvereinfachungen und -beschleunigungen verbundene beschleunigte Verfahren die Innenentwicklungsplanung tatsächlich begünstigen. Dies geschieht zwar nicht dadurch, dass einer Gemeinde die eventuell schwierig zu treffende Abwägungsentscheidung gem. § 1 Abs. 7 BauGB unter gerechtem Ausgleich aller von der konkreten Planung betroffenen Belange entsprechend ihres Gewichts abgenommen oder grundsätzlich in eine gewisse Richtung gelenkt wird. Sie bleibt genauso komplex wie im Regelplanungsverfahren. Dafür aber wird das sonstige Planungsverfahren durch den Verzicht auf eine förmliche Umweltprüfung und die damit verbundenen Verfahrensschritte, die Möglichkeit einer das Entwicklungsgebot überschreitenden Abweichung des Bebauungsplans vom Flächennutzungsplan ohne dessen wenigstens gleichzeitige Änderung oder Ergänzung, ohne gleichzeitige Genehmigungspflichtigkeit des Bebauungsplans und ohne Notwendigkeit eines eigenständigen, förmlichen Flächennutzungsplanungsverfahrens, die Möglichkeit einer verschlankten Öffentlichkeits- und Behördenbeteiligung sowie durch den Verzicht auf die naturschutzrechtliche Aus-

---

2431 *Reidt*, NVwZ 2007, 1029 (1030). Vgl. auch *Preuß/Bizer/Bock u. a.*, in: Perspektive Flächenkreislaufwirtschaft, Band I, S. 56 (62), abrufbar unter http://www.difu.de/index.shtml?/publikationen/ (zuletzt abgerufen am 19.12.2008), wonach Planungshemmnisse für Innenbereichsprojekte nach Ansicht der Planer nicht für die zögerliche Innenentwicklung verantwortlich sind. Ebenso *Jekel*, in: Perspektive Flächenkreislaufwirtschaft, Band I, S. 113 (134), abrufbar unter http://www.difu.de/index.shtml?/ publikationen/ (zuletzt abgerufen am 19.12.2008).
2432 *Jekel*, in: Perspektive Flächenkreislaufwirtschaft, Band I, S. 113 (117 u. 118), abrufbar unter http://www.difu.de/index.shtml?/publikationen/ (zuletzt abgerufen am 19.12.2008). Vgl. auch Fn. 96; Fn. 98; Fn. 112; Fn. 172.

gleichspflicht in der Regel nicht völlig unwesentlich zeitaufwands- und damit kostenmäßig verschlankt,[2433] so dass der für die Innenentwicklungsplanung im Bereich der Abwägung notwendige, gegenüber einer Überplanung von Freiflächen außerhalb des bestehenden Siedlungsbereichs erhöhte Verfahrensaufwand meist nicht nur ansatzweise kompensiert wird. Dementsprechend wurden innerhalb eines Planspiels zur Flächenkreislaufwirtschaft neben einer erstrangig genannten (unmittelbaren) finanziellen Förderung der Aufbereitung von Flächen im Innenbereich – die Städtebauförderung bevorzugt schon seit Jahren Innen-(stadt)entwicklungsmaßnahmen[2434] – und der Honorierung der Flächensparbemühungen einer Gemeinde im Rahmen des kommunalen Finanzausgleichs auch Anreize für Bestandsflächenentwicklungen als Mittel zur Lenkung der Siedlungsentwicklung auf den Innenbereich aufgeführt, was wohl auch Anreize in Form von Verfahrensprivilegierungen inkludiert.[2435]

Allerdings ist die die Innenentwicklung stärkende Wirkung des § 13a BauGB unabhängig davon, ob sich der beschleunigende Effekt ohnehin im Wesentlichen auf kleinflächige Bebauungspläne beschränkt, bereits im Ansatz dadurch begrenzt, dass § 13a BauGB eine Gemeinde in keinster Weise daran hindert, (wie bisher) trotz vorhandener, für die beabsichtigte Planung geeigneter Innenentwicklungspotentiale Flächen im bislang baulich ungenutzten (Außen-)Bereich ohne unmittelbare Anknüpfung an den bestehenden Siedlungsbereich neu für Bebauung vorzusehen. In diesem Fall können ihr zwar die mit dem beschleunigten Verfahren verbundenen Verfahrensprivilegierungen nicht zugute kommen, was jedoch in Anbetracht der Tatsache, dass die Überplanung von baulich ungenutzten Flächen wegen geringerer Rücksichtnahmepflichten auf bereits vorhandene, fortbestehende Nutzungen und einer geringeren Relevanz des Trennungsgebots sowie des Gebots der Konfliktbewältigung inhaltlich einfacher ist, für den Gesamtverfahrensaufwand in Relation zur Aktivierung von Innenent-

---

2433 *Bunzel*, LKV 2007, 444 (450); *Portz*, in: Spannowsky/Hofmeister, BauGB 2007, S. 1 (4). Zur Erreichung der mit dem beschleunigten Verfahren verfolgten Ziele allgemein vgl. *Spannowsky*, in: Spannowsky/Hofmeister, BauGB 2007, S. 27 (40); *ders.*, NuR 2007, 521 (526).

2434 BT-Drs. 16/3308, S. 14. Vgl. BT-Drs. 14/8953, S. 122/123 (Nationale Nachhaltigkeitsstrategie), wo die Städtebauförderung, welche die Innenentwicklung und die Wiedernutzbarmachung von aufgegebenen Flächen zum Schwerpunkt hat, als Mittel zur Reduzierung der Siedlungsflächenzuwachses angesehen wird. Vgl. Fn. 163.

2435 *Jekel*, in: Perspektive Flächenkreislaufwirtschaft, Band I, S. 113 (116), abrufbar unter http://www.difu.de/index.shtml?/publikationen/ (zuletzt abgerufen am 19.12.2008). Vgl. auch S. 117, 118, 134. Vgl auch *Preuß/Bizer/Bock u. a.*, in: Perspektive Flächenkreislaufwirtschaft, Band I. S. 56 (62), abrufbar unter http://www.difu.de/index.shtml?/publikationen/ (zuletzt abgerufen am 19.12.2008); *Bizer/Cichorowski*, in: Perspektive Flächenkreislaufwirtschaft, Band III, S. 35 (49), abrufbar unter http://www.difu.de/index.shtml?/publikationen/ (zuletzt abgerufen am 19.12.2008); *dies.*, in: Perspektive Flächenkreislaufwirtschaft, Band III, S. 59 (86), abrufbar unter http://www.difu.de/index.shtml?/publikationen/ (zuletzt abgerufen am 19.12.2008).

wicklungspotentialen nicht unbedingt von erheblichem Nachteil ist. Daher wird es zur Erreichung einer effektiven Reduzierung der Neuinanspruchnahme bisher ungenutzter Flächen für nötig gehalten, den Vorrang der Innenentwicklung stärker und unmittelbarer als durch eine bloße Privilegierung der Innenentwicklung zu forcieren und nicht gleichzeitig eine weitere Außenentwicklung mehr oder weniger (vgl. § 1a Abs. 2 S. 1 BauGB) frei zur Wahl zu stellen. So wird vorgeschlagen, die Bodenschutzklausel nicht mehr unter das Gebot der Abwägung zu stellen, sondern dahingehend zu verschärfen, dass eine bestimmte Planung *strikt* nur dann nicht als Maßnahme der Innenentwicklung umgesetzt werden muss, wenn nachgewiesen ist, dass kein der beabsichtigten Planung entsprechendes Innenentwicklungspotential vorhanden ist,[2436] womit jedoch eine deutliche Erhöhung des Bebauungsplanungsaufwands einherginge.[2437] Wie innerhalb eines Planspiels zur Flächenkreislaufwirtschaft die Verknappung des Bauflächenangebots im Außenbereich und die Schaffung rechtlich verbindlicher Grenzen für die Neuausweisung von Bauflächen als wichtige Instrumente zur Lenkung der Siedlungsentwicklung weg von einer Flächenneuinanspruchnahme eingestuft wurden,[2438] so schlug auch *Spannowsky* in seiner Bewertung von § 13a BauGB ergänzend zum beschleunigten Verfahren für Bebauungspläne der Innenentwicklung, das seiner Einschätzung nach durchaus einen Beitrag, aber eben auch nur einen solchen, zur Begrenzung der Siedlungsentwicklung in den Außenbereich hinein leisten kann,[2439] vor, die Siedlungsflächenentwicklung auf höherer Ebene als auf der der Bebauungsplanung, d. h. auf der Ebene der Flächennutzungs- und Raumordnungsplanung, für diese *verbindlich* einzugrenzen.[2440] Dadurch könnte man die im Rahmen der Bebauungsplanung mögliche Flächenneuinanspruchnahme nicht dem Abwägungsgebot unterliegend (vgl. § 8 Abs. 2 S. 1, § 1 Abs. 4 BauGB) und nicht nur auf die freiwillige Inanspruchnahme bestimmter Verfahrensprivilegierungen bauend eingrenzen und dabei durch die weiträumigere Sichtweise höherrangiger Planungen gleichzeitig im Rahmen eines gesamträumlichen Raumnutzungskonzepts für eine Region oder wenigstens eine Gemeinde den zu erwartenden Flächenbedarf entsprechend der absehbaren Bedürfnisse und Notwendigkeiten in der Gemeinde bzw. Region *effektiv* koordinieren.[2441] Innerhalb des jeweiligen einzelnen Bebauungspla-

---

2436 *Tomerius*, ZUR 2008, 1 (7).
2437 Vgl. B. I. 2. b) bb).
2438 *Jekel*, in: Perspektive Flächenkreislaufwirtschaft, Band I, S. 113 (116 u. 117), abrufbar unter http://www.difu.de/index.shtml?/publikationen/ (zuletzt abgerufen am 19.12.2008).
2439 *Spannowsky*, NuR 2007, 521 (526); *ders.*, in: Spannowsky/Hofmeister, BauGB 2007, S. 27 (40).
2440 *Spannowsky*, NuR 2007, 521 (526); *ders.*, in: Spannowsky/Hofmeister, BauGB 2007, S. 27 (40).
2441 Vgl. auch *Preuß/Bock/Böhme u. a.*, in: Perspektive Flächenkreislaufwirtschaft, Band II, S. 26 (27 u. 29 u. 48 u. 56/57), abrufbar unter http://www.difu.de/index.shtml?/

nungsverfahrens wäre man an diese Raumnutzungsentscheidungen der höherrangigen Planung strikt gebunden, so dass dort die Problematik einer möglichst weitgehenden Konzentration auf vorhandene Innenentwicklungspotentiale nur noch einen geringeren Stellenwert haben müsste, was das Bebauungsplanungsverfahren hinsichtlich dieser Thematik entlasten könnte.

Insgesamt bleibt somit festzustellen, dass die Einführung des beschleunigten Verfahrens durch das Innenstadtentwicklungsgesetz im Hinblick auf eine Stärkung der Innenentwicklung einen Schritt in die richtige Richtung bedeutet,[2442] dass es aber vermutlich noch nicht den Abschluss städtebaulicher oder sonstiger planungsrechtlicher Regelungen für eine aus vielfältigen Gründen notwendige Konzentration der Siedlungsentwicklung auf Potentiale in den vorhandenen Siedlungsbereichen bzw. deren unmittelbarer Umgebung darstellt.

---

publikationen/ (zuletzt abgerufen am 19.12.2008), bezogen auf die Regionalplanung und Flächennutzungsplanung; *Preuß/Bock/Böhme u. a.*, in: Perspektive Flächenkreislaufwirtschaft, Band II, S. 103 (104/105 u. 106/107), abrufbar unter http://www.difu.de/index.shtml?/publikationen/ (zuletzt abgerufen am 19.12.2008); *Preuß/Böhme/Bunzel/Ferber*, in: Perspektive Flächenkreislaufwirtschaft, Band II, S. 114 (115 u. 116), abrufbar unter http://www.difu.de/index.shtml?/publikationen/ (zuletzt abgerufen am 19.12.2008); *Bizer/Cichorowski*, in: Perspektive Flächenkreislaufwirtschaft, Band III, S. 35 (47), abrufbar unter http://www.difu.de/index.shtml?/ publikationen/ (zuletzt abgerufen am 19.12.2008).

2442 Vgl. *Krautzberger/Stüer*, DVBl. 2007, 160 (169), die die BauGB-Novelle 2007 bzw. das neu eingeführte beschleunigte Verfahren aber darüberhinaus als „alles in allem einfach gelungen" bezeichnen.

Abkürzungsverzeichnis

a. A.	anderer Ansicht
ABl.	Amtsblatt
Abs.	Absatz
a. E.	am Ende
AEUV	Vertrag über die Arbeitsweise der Europäischen Union, der aufgrund von Art. 2 des Vertrags von Lissabon an die Stelle des EGV tritt (vgl. ABl. EU Nr. C 306 vom 17.12.2007, S. 1 ff. u. 42 ff.); der Vertrag von Lissabon ist am 01.12.2009 in Kraft getreten
Alt.	Alternative
AöR	Archiv des öffentlichen Rechts
Art.	Artikel
BayBO	Bayerische Bauordnung
BauGB	Baugesetzbuch
BauGB-MaßnahmenG	BauGB-Maßnahmengesetz
BauNVO	Verordnung über die bauliche Nutzung der Grundstücke, Baunutzungsverordnung
BauO Berlin	Bauordnung Berlin
BauROG	Bau- und Raumordnungsgesetz 1998
BauR	Zeitschrift für das gesamte öffentliche und zivile Baurecht
BayDSchG	Gesetz zum Schutz und der Pflege der Denkmäler, Bayerisches Denkmalschutzgesetz
Bay. Gemeindetag	Bayerischer Gemeindetag
BayStrWG	Bayerisches Straßen- und Wegegesetz
BayVBl.	Bayerische Verwaltungsblätter
BayVGH	Bayerischer Verwaltungsgerichtshof
BBodSchG	Gesetz zum Schutz vor schädlichen Bodenveränderungen und zur Sanierung von Altlasten, Bundes-Bodenschutzgesetz
Beschl.	Beschluss
BGBl.	Bundesgesetzblatt
BGH	Bundesgerichtshof
BImSchG	Bundesimmissionsschutzgesetz
BImSchV	Verordnung zur Durchführung des Bundesimmissionsschutzgesetzes

BNatSchG	Gesetz über Naturschutz und Landschaftspflege, Bundesnaturschutzgesetz
BR-Drs.	Bundesratsdrucksache
BT	Bundestag
BT-Drs.	Bundestagsdrucksache
BVerwG	Bundesverwaltungsgericht
BVerfG	Bundesverfassungsgericht
bzw.	beziehungsweise
ca.	circa
CDU	Christlich Demokratische Union
CSU	Christlich-Soziale Union
ders.	derselbe
d. h.	das heißt
dies.	dieselben
DÖV	Die öffentliche Verwaltung
DVBl.	Deutsche Verwaltungsblätter
E	Entscheidung
EAG-Bau	Europarechtsanpassungsgesetz Bau (2004)
EG	Europäische Gemeinschaft
EGV	Vertrag zur Gründung der Europäischen Gemeinschaft
Einl.	Einleitung
etc.	et cetera
EU	Europäische Union
EuG	Gericht erster Instanz
EuGH	Europäischer Gerichtshof
EUV	Vertrag über die Europäischen Union
evtl.	eventuell
f.	folgende
ff.	fortfolgende
FFH-Gebiet	Flora-Fauna-Habitat-Schutzgebiet
FFH-RL	Richlinie 92/43/EWG des Rates vom 21.05.1002 zur Erhaltung der natürlichen Lebensräume sowie der wildlebenden Tiere und Pflanzen
FFH-Verträglichkeitsprüfung	Verträglichkeitsprüfung nach der FFH-RL
Fn.	Fußnote
FStrG	Bundesfernstraßengesetz

gem.	gemäß
GG	Grundgesetz
ggf.	gegebenenfalls
GewArch	Gewerbearchiv
GO	Gemeindeordnung
ha	Hektar
Hrsg.	Herausgeber
hrsg	herausgegeben
Hs.	Halbsatz
i. d. R.	in der Regel
i. F. v.	in Form von
i. R. d.	im Rahmen des/der
i. R. e.	im Rahmen eines/einer
i. R. v.	im Rahmen von
i. S. d.	im Sinne der/des
i. S. v.	im Sinne von
IUV-Richtlinie	Richtlinie 96/61/EG des Rates vom 24.09.1996 über die integrierte Vermeidung und Verminderung der Umweltverschutzung
i. V. m.	in Verbindung mit
JA	Juristische Arbeitsblätter
KommJur	Kommunaljurist
LBO	Landesbauordnung
lit.	Buchstabe
LKV	Landes- und Kommunalverwaltung
m. w. N.	mit weiteren Nachweisen
NJ	Neue Justiz
NJW	Neue Juristische Wochenschrift
Nr.	Nummer
Nrn.	Nummern
NuR	Natur und Recht
NVwZ	Neue Zeitschrift für Verwaltungsrecht
NVwZ-RR	Neue Zeitschrift für Verwaltungsrecht-Rechtsprechungs-Report
NWVBl.	Nordrhein-Westfälische Verwaltungsblätter

NZBau	Neue Zeitschrift für Baurecht und Vergaberecht
o.	oder
o. Ä.	oder Ähnliches
Öffentlichkeitsbeteiligungs-RL	Richtlinie 2003/35/EG des Europäischen Parlaments und des Rates vom 26.05.2003 über die Beteiligung der Öffentlichkeit bei der Ausarbeitung bestimmter umweltbezogener Pläne und Progroamme und zur Änderung der Richtlinien 85/337/EWG und 96/61/EG des Rates in Bezug auf die Öffentlichkeitsbeteiligung und den Zugang zu Gerichten
OVG	Oberverwaltungsgericht
Plan-UP-RL	Richtlinie 2001/42/EG des Europäischen Parlaments und des Rates vom 27.06.2001 über die Prüfung der Umweltauswirkungen bestimmter Pläne und Programme
qm	Quadratmeter
RL	Richtlinie
Rn.	Randnummer
ROG	Raumordnungsgesetz
Rs.	Rechtssache
Rspr.	Rechtsprechung
S.	Seite/Satz
SächsVBl.	Sächsische Verwaltungsblätter
Seveso-II-RL	Richtlinie 96/82/EG des Rates vom 09.12.1996 zur Beherrschung der Gefahren bei schweren Unfällen mit gefährlichen Stoffen
Slg.	Sammlung
sog.	sogenannte(r)
SPD	Sozialdemokratische Partei Deutschlands
SpStr.	Spiegelstrich
str.	streitig
st. Rspr.	ständige Rechtsprechung

u.	und
u. a.	unter anderem/und andere
UAbs.	Unterabsatz
u. ä.	und ähnliche
u. Ä.	und Ähnliche(s)
Umgebungslärm-RL	Richtlinie 2002/49/EG des Europäischen Parlaments und des Rates vom 25.06.2002 über die Bewertung und Bekämpfung von Umgebungslärm
UnterVar.	Untervariante
UP	Umweltprüfung
UPR	Umwelt- und Planungsrecht
UP-Screening	Vorprüfung zur Feststellung der Umweltprüfungspflichtigkeit
URG	Umweltrechtsbehelfsgesetz
Urt.	Urteil
u. U.	unter Umständen
UVP	Umweltverträglichkeitsprüfung
UVP-Änderungs-RL	Richtlinie 97/11/EG des Rates vom 03.03.1997 zur Änderung der Richtlinie 85/337/EWG über die Umweltverträglichkeitsprüfung bei bestimmten öffentlichen und privaten Projekten
UVPG	Gesetz über die Umweltverträglichkeitsprüfung
UVP-RL	Richtlinie 85/337/EWG des Rates vom 27.06.1985 über die Umweltverträglichkeitsprüfung bei bestimmten öffentlichen und privaten Projekten
UVP-Screening	Vorprüfung zur Feststellung der Umweltverträglichkeitsprüfungspflichtigkeit
v.	vom
v. a.	vor allem
Var.	Variante
VG	Verwaltungsgericht
VGH	Verwaltungsgerichtshof
vgl.	vergleiche
Vogelschutz-RL	Richtlinie des Rates vom 02.04.1979 über die Erhaltung der wildlebenden Vogelarten
Vorb.	Vorbemerkung
Vorlagebeschl.	Vorlagebeschluss

VwGO	Verwaltungsgerichtsordnung
VwVfG	Verwaltungsverfahrensgesetz
WHG	Gesetz zur Ordnung des Wasserhaushalts, Wasserhaushaltsgesetz
WKW	Wärmekraftwerk
z. B.	zum Beispiel
ZfBR	Zeitschrift für deutsches und internationales Bau- und Vergaberecht
z. T.	zum Teil
ZUR	Zeitschrift für Umweltrecht

Literaturverzeichnis

Battis, Ulrich/Ingold, Albert, Screening-Verfahren in der Bauleitplanung, LKV 2007, S. 433-439;

Battis, Ulrich/Krautzberger, Michael/Löhr, Rolf-Peter, Gesetz zur Erleichterung von Planungsvorhaben für die Innenentwicklung der Städte („BauGB 2007"), NVwZ 2007, S. 121-128;

dies., Baugesetzbuch – BauGB –, 10. Auflage, München 2007 (zitiert: *Bearbeiter*, in: B/K/L);

Becker, Ulrich, Bayerisches Kommunalrecht, in: Becker, Ulrich/Heckmann, Dirk/Kempen, Bernhard/ Manssen, Gerrit, Öffentliches Recht in Bayern, 4. Auflage, München 2008, 2. Teil, S. 73-234 (zitiert: *Becker*, in: B/H/K/M, Öffentliches Recht in Bayern, 2. Teil);

Bergmann, Eckhard/Dosch, Fabian/Jakubowski, Peter, Prolog, in: Perspektive Flächenkreislaufwirtschaft. Kreislaufwirtschaft in der städtischen/stadtregionalen Flächennutzung – Fläche im Kreis. Ein ExWoSt-Forschungsfeld. Band 1. Theoretische Grundlagen und Planspielkonzeption, hrsg. vom Bundesamt für Bauwesen und Raumordnung (BBR), S. 10-12, abrufbar unter http://www.difu.de/index.shtml?/publikationen/ (zuletzt abgerufen am 19.12.2008) (zitiert: *Bergmann/Dosch/Jakubowski*, in: Perspektive Flächenkreislaufwirtschaft, Band I, abrufbar unter http://www.difu.de/index.shtml?/publikationen/ (zuletzt abgerufen am 19.12.2008));

dies., Neue Flächenstrategien erforderlich, in: Perspektive Flächenkreislaufwirtschaft. Kreislaufwirtschaft in der städtischen/stadtregionalen Flächennutzung – Fläche im Kreis. Ein ExWoSt-Forschungsfeld. Band 1. Theoretische Grundlagen und Planspielkonzeption, hrsg. vom Bundesamt für Bauwesen und Raumordnung (BBR), S. 17-22, abrufbar unter http://www.difu.de/index.shtml?/publikationen/ (zuletzt abgerufen am 19.12.2008) (zitiert: *Bergmann/Dosch/Jakubowski*, in: Perspektive Flächenkreislaufwirtschaft, Band I, abrufbar unter http://www.difu.de/index.shtml?/ publikationen/ (zuletzt abgerufen am 19.12.2008));

dies., Flächenkreislaufwirtschaft: Theorie, Politikansatz, Aktionsfelder, in: Perspektive Flächenkreislaufwirtschaft. Kreislaufwirtschaft in der städtischen/stadtregionalen Flächennutzung – Fläche im Kreis. Ein ExWoSt-Forschungsfeld. Band 1. Theoretische Grundlagen und Planspielkonzeption, hrsg. vom Bundesamt für Bauwesen und Raumordnung (BBR), S. 23-36, abrufbar unter http://www.difu.de/index.shtml?/publikationen/ (zuletzt abgerufen am 19.12.2008) (zitiert: *Bergmann/Dosch/Jakubowski*, in: Perspektive Flächenkreislaufwirtschaft, Band I, abrufbar unter http://www.difu.de/index.shtml?/publikationen/ (zuletzt abgerufen am 19.12.2008));

Berkemann, Jörg (Hrsg.), BauGB 2004 – Nachgefragt. 250 Fragen zum BauGB 2004, Bonn 2006 (zitiert: *Bearbeiter*, in: BauGB – Nachgefragt);

Bienek, Heinz, Die Novelle des Baugesetzbuches 2007, SächsVBl. 2007, S. 49-54;

Bienek, Heinz/Krautzberger, Michael, Aktuelle Fragen zum städtebaulichen Innenbereich nach § 34 BauGB und zum Außenbereich nach § 35 BauGB, UPR 2008, S. 81-93;

Birk, Hans-Jörg, Planungsrechtliche Vorschriften des Gesetzes zur Erleichterung von Planungsvorhaben für die Innenentwicklung der Städte – BauGB 2007, KommJur 2007, S. 81-88;

Bischopink, Olaf, Die Umsetzung von Einzelhandels- und Zentrenkonzepten mit den Mitteln der Bauleitplanung, BauR 2007, S. 825-835;

Bizer, Kilian/Cichorowski, Georg, Planspiele „Neue Instrumente": Operationalisierung der Instrumente im Arbeitsprogramm, in: Perspektive Flächenkreislaufwirtschaft. Kreislaufwirtschaft in der städtischen/stadtregionalen Flächennutzung – Fläche im Kreis. Ein ExWoSt-Forschungsfeld. Band 3. Neue Instrumente für neue Ziele, hrsg. vom Bundesamt für Bauwesen und Raumordnung (BBR), S. 35-58, abrufbar unter http://www.difu.de/index.shtml?/publikationen/ (zuletzt abgerufen am 19.12.2008) (zitiert: *Bizer/ Cichorowski*, in: Perspektive Flächenkreislaufwirtschaft, Band III, abrufbar unter http://www.difu.de/index.shtml?/publikationen/ (zuletzt abgerufen am 19.12.2008));

dies., Planspielergebnisse, in: Perspektive Flächenkreislaufwirtschaft. Kreislaufwirtschaft in der städtischen/stadtregionalen Flächennutzung – Fläche im Kreis. Ein ExWoSt-Forschungsfeld. Band 3. Neue Instrumente für neue Ziele, hrsg. vom Bundesamt für Bauwesen und Raumordnung (BBR), S. 59-90, abrufbar unter http://www.difu.de/index.shtml?/publikationen/ (zuletzt abgerufen am 19.12.2008) (zitiert: *Bizer/Cichorowski*, in: Perspektive Flächenkreislaufwirtschaft, Band III, abrufbar unter http:// www.difu.de/index.shtml?/publikationen/ (zuletzt abgerufen am 19.12.2008));

dies., Neue Instrumente im Spiegel der Planspiele, in: Perspektive Flächenkreislaufwirtschaft. Kreislaufwirtschaft in der städtischen/stadtregionalen Flächennutzung – Fläche im Kreis. Ein ExWoSt-Forschungsfeld. Band 3. Neue Instrumente für neue Ziele, S. 91-102, hrsg. vom Bundesamt für Bauwesen und Raumordnung (BBR), abrufbar unter http://www.difu.de/ index.shtml?/publikationen/ (zuletzt abgerufen am 19.12.2008) (zitiert: *Bizer/Cichorowski*, in: Perspektive Flächenkreislaufwirtschaft, Band III, abrufbar unter http://www.difu.de/index.shtml?/publikationen/ (zuletzt abgerufen am 19.12.2008));

Blechschmidt, Rolf, BauGB-Novelle 2007: Beschleunigtes Verfahren, Planerhaltung und Normenkontrollverfahren, ZfBR 2007, S. 120-126;

ders., Bericht zum Kolloquium zu aktuellen bau- und planungsrechtlichen Fraugen am 23.10.2007, DVBl. 2008, S. 32-33;

Bock, Stephanie/Böhme, Christa/Bunzel, Arno u. a., Ausführliche Darstellung der Planspielregionen, in: Perspektive Flächenkreislaufwirtschaft. Kreislaufwirtschaft in der städtischen/stadtregionalen Flächennutzung – Fläche im Kreis. Ein ExWoSt-Forschungsfeld. Band 1. Theoretische Grundlagen und Planspielkonzeption, hrsg. vom Bundesamt für Bauwesen und Raumordnung (BBR), Anhang, S. 80-112, abrufbar unter http://www.difu.de/index.shtml?/publikationen/ (zuletzt abgerufen am 19.12.2008) (zitiert: *Bock/Böhme/Bunzel u. a.*, in: Perspektive Flächenkreislaufwirtschaft, Band I, abrufbar unter http://www.difu.de/index.shtml?/publikationen/ (zuletzt abgerufen am 19.12.2008));

Boeddinghaus, Gerhard, BauNVO. Baunutzungsverordnung. Kommentar, 5. Auflage, Heidelberg, München, Landsberg, Berlin 2005 (zitiert: *Boeddinghaus*, BauNVO);

Brohm, Winfried, Öffentliches Baurecht. Bauplanungs-, Bauordnungs- und Raumordnungsrecht, 3. Auflage, München 2002 (zitiert: *Brohm*, Öffentliches Baurecht);

Brügelmann, Hermann (Mitbegründer), Baugesetzbuch. Kommentar. Band 1, Band 2 und Band 5, Loseblattsammlung, Stuttgart (zitiert: *Bearbeiter*, in: Brügelmann (Stand));

Bunzel, Arno, Die Umweltverträglichkeitsprüfung bei bauplanungsrechtlichen Vorhaben, ZfBR 2002, S. 124-133;

ders., BauGB-Novelle 2006 im Praxistest. Ergebnisbericht, in Auftrag gegeben vom Bundesamt für Bauwesen und Raumordnung an den Verein für Kommunalwissenschaften e. V. als Rechtsträger des Deutschen Instituts für Urbanistik, Berlin 2006, abrufbar unter http://www.difu.de/publikationen/difu-berichte/4_06/11.phtml (zuletzt abgerufen am 01.03.2008) (zitiert: *Bunzel*, Difu-Praxistest, abrufbar unter http://www.difu.de/publikationen/difu-berichte/4_06/11.phtml (zuletzt abgerufen am 01.03.2008));

ders., Das beschleunigte Verfahren für Bebauungspläne der Innenentwicklung, LKV 2007, S. 444-450;

ders., Weiterungen des interkommunalen Abstimmungsgebots, ZfBR 2008, S. 132-141;

Calliess, Christian/Ruffert, Matthias (Hrsg.), EUV/EGV. Das Verfassungsrecht der Europäischen Union mit Europäischer Grundrechtscharta. Kommentar, 3. Auflage, München 2007 (zitiert: *Bearbeiter*, in: Calliess/Ruffert, EUV/EGV);

Detterbeck, Steffen, Allgemeines Verwaltungsrecht mit Verwaltungsprozessrecht, 6. Auflage, München 2008 (zitiert: *Detterbeck*, Allgemeines Verwaltungsrecht);

Dirnberger, Franz, BauGB 2007 – Das Gesetz zur Erleichterung von Planungsvorhaben für die Innenentwicklung der Städte –, Bayerischer Gemeindetag 2/2007, S. 51-56 (zitiert: *Dirnberger*, Bay. Gemeindetag 2/2007);

Dolde, Klaus-Peter, Das ergänzende Verfahren nach § 215a I BauGB als Instrument der Planerhaltung, NVwZ 2001, S. 976-982;

Dolzer, Rudolf/Vogel, Klaus/Graßhof, Karin (Hrsg.), Bonner Kommentar zum Grundgesetz. Band 10. Art. 89-104, Loseblattsammlung, Heidelberg (zitiert: *Bearbeiter*, in: Bonner Kommentar, GG (Stand));

Dreier, Horst (Hrsg.), GG. Grundgesetz. Kommentar. Band I. Präambel, Art. 1-19, 2. Auflage, Tübingen 2004 (zitiert: *Bearbeiter*, in: Dreier);

Dreier, Horst (Hrsg.), GG. Grundgesetz. Kommentar. Band III. Art. 83-146, 2. Auflage, Tübingen 2008 (zitiert: *Bearbeiter*, in: Dreier);

Eberl, Wolfgang/Martin, Dieter/Greipl, Egon Johannes, Bayerisches Denkmalschutzgesetz. Kommentar unter besonderer Berücksichtigung finanz- und steuerrechtlicher Aspekte, hrsg. von Busse, Jürgen, 6. Auflage, Stuttgart 2007 (zitiert: *Bearbeiter*, in: Eberl/Martin/Greipl, Bayerisches Denkmalschutzgesetz);

Erbguth, Wilfried, Rechtsschutzfragen und Fragen der §§ 214 und 215 BauGB im neuen Städtebaurecht, DVBl. 2004, S. 802-810;

Ernst, Werner/Zinkahn, Willi/Bielenberg, Walter (Begründer)/*Krautzberger, Michael*, Baugesetzbuch. Kommentar. Band I, Band II und Band IV, Loseblattsammlung, München (zitiert: *Bearbeiter*, in: E/Z/B/K (Stand));

dies., Baugesetzbuch. Kommentar. Band V, Loseblattsammlung, München (zitiert: *Bearbeiter*, in: E/Z/B/K, Band V (Stand));

Fackler, Christian, Die Bürgerbeteiligung gemäß § 3 BauGB als subjektives öffentliches Recht, BayVBl. 1993, S. 353-362;

Faßbender, Kurt, Grundfragen und Herausforderungen des europäischen Umweltplanungsrechts, NVwZ 2005, S. 1122-1133;

Feldhaus, Gerhard (Hrsg.), Bundesimmissionsschutzrecht. Kommentar. Band 2. Rechtsverordnungen zum BImSchG – B 2.1 bis B 2.11 – Zugehörige Verwaltungsvorschriften, Loseblattsammlung, Heidelberg, München, Landsberg, Frechen, Hamburg (zitiert: *Bearbeiter*, in: Feldhaus, Bundesimmissionsschutzrecht, Band 2 (Stand));

von Feldmann, Peter, Die Novelle des Baugesetzbuches 2007. Erleichterung bei der Planung für die Innenstadtentwicklung, Grundeigentum 2007, S. 415-419;

Ferner, Hilmar/Kröninger, Holger/Aschke, Manfred (Hrsg.), Baugesetzbuch mit Baunutzungsverordnung. Handkommentar, 2. Auflage, Baden-Baden 2008 (zitiert: *Bearbeiter*, in: Hk-BauGB);

Gassner, Erich, Gesetz über die Umweltverträglichkeitsprüfung. Kommentar, Heidelberg 2006 (zitiert: *Gassner*, UVPG);
ders., Rechtsprechung zum gemeinschaftsrechtlich vorgegebenen Gebiets- und Artenschutz, UPR 2006, S. 430-432;
Gatawis, Siegbert, Die Neuregelung des § 34 III Baugesetzbuch (BauGB), NVwZ 2006, S. 272-277;
Gelzer, Konrad/Bracher, Christian-Dietrich/Reidt, Olaf, Bauplanungsrecht, 7. Auflage, Köln 2004 (zitiert: *Bearbeiter*, in: Gelzer/Bracher/Reidt, Bauplanungsrecht);
Ginzky, Harald, Die Richtlinie über die Prüfung der Umweltauswirkungen bestimmter Pläne und Programme – Interpretation und Umsetzungsempfehlungen –, UPR 2002, S. 47-53;
Götze, Roman/Müller, Wolfram, Das Gesetz zur Erleichterung von Planungsvorhaben für die Innenentwicklung der Städte („BauGB 2007") – Zu „Risiken und Nebenwirkungen" eines Planungserleichterungsgesetzes, ZUR 2008, S. 8-16;
Gronemeyer, Nils, Änderungen des BauGB und der VwGO durch das Gesetz zur Erleichterung von Planungsvorhaben für die Innenentwicklung der Städte, BauR 2007, S. 815-825;
Günter, Gisela, Das neue Recht der UVP nach dem Artikelgesetz – Ist die UVP-Änderungsrichtlinie europarechtskonform umgesetzt? –, NuR 2002, S. 317-324;

Halama, Günter, Die Metamorphose der „Krabbenkamp"-Formel in der Rechtsprechung des Bundesverwaltungsgerichts, DVBl. 2004, S. 79-83;
Heckmann, Dirk, Polizei- und Sicherheitsrechts, in: Becker, Ulrich/Heckmann, Dirk/Kempen, Bernhard/Manssen, Gerrit, Öffentliches Recht in Bayern, 4. Auflage, München 2008, 3. Teil, S. 235-389 (zitiert: *Heckmann*, in: B/H/K/M, Öffentliches Recht in Bayern, 3. Teil);
Hendler, Reinhard, Der Geltungsbereich der EG-Richtlinie zur strategischen Umweltprüfung, NuR 2003, S. 2-11;
Hoffmann-Riem, Wolfgang, Gesetz und Gesetzesvorbehalt im Umbruch. Zur Qualitäts-Gewährleistung durch Normen, AöR 130 [2005], S. 5-70;
Hoppe, Werner (Hrsg.), Gesetz über die Umweltverträglichkeitsprüfung (UVPG). Kommentar mit Erläuterungen zum Umwelt-Rechtsbehelfsgesetz, Öffentlichkeitsbeteiligungsgesetz und Gesetz zur Beschleunigung von Planungsverfahren für Infrastrukturvorhaben, 3. Auflage, Köln, Berlin, München 2007 (zitiert: *Bearbeiter*, in: Hoppe, UVPG);

Hoppe, Werner/Bönker, Christian/Grotefels, Susan, Öffentliches Baurecht. Bauplanungsrecht mit seinen Bezügen zum Raumordnungsrecht, Bauordnungsrecht, 3. Auflage, München 2004 (zitiert: *Bearbeiter*, in: Hoppe/Bönker/Grotefels, Öffentliches Baurecht);

Hufen, Friedhelm, Staatsrecht II. Grundrechte, 2. Auflage, München 2009 (zitiert: *Hufen*, Staatsrecht II);

Jäde, Henning/Dirnberger, Franz/Weiß, Josef, Baugesetzbuch. Baunutzungsverordnung. Kommentar, 5. Auflage, Stuttgart, München, Hannover, Berlin, Weimar, Dresden 2007 (zitiert: *Bearbeiter*, in: J/D/W, BauGB);

Janning, Heinz, Ausschluss und Beschränkung des Einzelhandels nach § 1 Abs. 5 und 9 BauNVO (in der neueren Rechtsprechung, insbesondere des OVG Münster), BauR 2005, S. 1093-1109;

ders., Der Ausschluss des zentrenschädigenden Einzelhandels im unbeplanten Innenbereich, BauR 2005, S. 1723-1733;

Jarass, Hans/Pieroth, Bodo, Grundgesetz für die Bundesrepublik Deutschland. Kommentar, 9. Auflage, München 2007 (zitiert: *Bearbeiter*, in: J/P, GG);

Jekel, Gregor, Einschätzungen flächenrelevanter Akteursgruppen zur Flächenkreislaufwirtschaft, in: Perspektive Flächenkreislaufwirtschaft. Kreislaufwirtschaft in der städtischen/stadtregionalen Flächennutzung – Fläche im Kreis. Ein ExWoSt-Forschungsfeld. Band 1. Theoretische Grundlagen und Planspielkonzeption, hrsg. vom Bundesamt für Bauwesen und Raumordnung (BBR), Anhang, S. 113-135, abrufbar unter http://www.difu.de/index.shtml?/publikationen/ (zuletzt abgerufen am 19.12.2008) (zitiert: *Jekel*, in: Perspektive Flächenkreislaufwirtschaft, Band I, abrufbar unter http://www.difu.de/index.shtml?/publikationen/ (zuletzt abgerufen am 19.12.2008));

Junker, Rolf/Kühn, Gerd, Nahversorgung in Großstädten. Difu-Beiträge zur Stadtforschung 47, Berlin 2006 (zitiert: *Junker/Kühn*, Nahversorgung in Großstädten);

Kloepfer, Michael, Umweltrecht, 3. Auflage, München 2004 (zitiert: *Kloepfer*, Umweltrecht);

Kment, Martin, Zur Europarechtskonformität der neuen baurechtlichen Planerhaltungsregeln, AöR 130 [2005], S. 570-617;

ders., Die raumordnungsrechtliche Planerhaltung im Lichte des europäischen Rechts – Eine Untersuchung des § 10 ROG –, DÖV 2006, S. 462-469;

ders., Das neue Umwelt-Rechtsbehelfsgesetz und seine Bedeutung für das UVPG. Rechtsschutz des Vorhabenträgers, anerkannter Vereinigungen und Dritter, NVwZ 2007, S. 274-280;

ders., Planerhaltung auf dem Prüfstand: Die Neuerungen der §§ 214, 215 BauGB 2007 europarechtlich betrachtet, DVBl. 2007, S. 1275-1282;

König, Helmut/Roeser, Thomas/Stock, Jürgen, Baunutzungsverordnung – BauNVO –, 2. Auflage, München 2003 (zitiert: *Bearbeiter,* in: König/ Roeser/Stock, BauNVO);

Krautzberger, Michael, Gesetz zur Erleichterung von Planungsvorhaben für die Innenentwicklung der Städte („BauGB 2007") – Zum Gesetzentwurf der Bundesregierung –, UPR 2006, S. 405-411;

ders., Die BauGB-Novelle 2007 ist in Kraft getreten – Zum Gesetz zur Erleichterung von Planungsvorhaben für die Innenentwicklung der Städte –, UPR 2007, S. 53-58;

ders., Bauleitplanung im vereinfachten und im beschleunigten Verfahren nach dem BauGB 2007, UPR 2007, S. 170-175;

Krautzberger, Michael/Schliepkorte, Jörg, Vorarbeiten für ein Gesetz zur Anpassung des Baugesetzbuchs an EU-Richtlinien (Europarechtsanpassungsgesetz Bau – EAG Bau), UPR 2003, S. 92-97;

Krautzberger, Michael/Söfker, Wilhelm, Baugesetzbuch. Leitfaden mit Synopse, 8. Auflage, Heidelberg, München, Landsberg, Berlin 2007 (zitiert: *Bearbeiter,* in: Krautzberger/Söfker, Baugesetzbuch);

Krautzberger, Michael/Stüer, Bernhard, Städtebaurecht 2004: Umweltprüfung und Abwägung – Vom schlichten Wegwägen zum Grundsatz der nachhaltigen Trauerarbeit –, DVBl. 2004, S. 914-924;

dies., BauGB 2007: Stärkung der Innenentwicklung, DVBl. 2007, S. 160-169;

Kuchler, Ferdinand, Welche Vorschriften der Planerhaltung gelten seit dem In-Kraft-Treten des Gesetzes zur Erleichterung von Planungsvorhaben für die Innenentwicklung der Städte – für vor und nach diesem Zeitpunkt aufgestellte Flächennutzungspläne und Satzungen nach dem BauGB?, BauR 2007, S. 835-839;

Kuschnerus, Ulrich, Die Umweltverträglichkeitsprüfung in der Bauleitplanung. Zur praktischen Abwicklung der UVP bei der Aufstellung von Bebauungsplänen, BauR 2001, S. 1211-1223;

ders., Die Umweltverträglichkeitsprüfung in der Bauleitplanung – 2. Teil –, BauR 2001, S. 1346-1358;

ders., Der standortgerechte Einzelhandel, Bonn 2007 (zitiert: *Kuschnerus,* Der standortgerechte Einzelhandel);

von Landmann, Robert/Rohmer, Gustav (Begründer), Umweltrecht. Kommentar. Band I. Bundes-Immissionsschutzgesetz (BImSchG), hrsg. von Beckmann, Martin, Loseblattsammlung, München (zitiert: *Bearbeiter,* in: Landmann/Rohmer, Umweltrecht, Band I (Stand));

von Landmann, Robert/Rohmer, Gustav (Begründer), Umweltrecht. Kommentar. Band III. Sonstiges Umweltrecht, hrsg. von Beckmann, Martin, Loseblattsammlung München (zitiert: *Bearbeiter,* in: Landmann/Rohmer, Umweltrecht, Band III (Stand));

von Landmann, Robert/Rohmer, Gustav (Begründer), Umweltrecht. Kommentar. Band IV. Sonstiges Umweltrecht, hrsg. von Beckmann, Martin, Loseblattsammlung, München (zitiert: *Bearbeiter*, in: Landmann/Rohmer, Umweltrecht, Band IV (Stand));

von Mangoldt, Hermann/Klein, Friedrich/Starck, Christian (Hrsg.), Kommentar zum Grundgesetz. Band 2. Artikel 20 bis 82, 5. Auflage, München 2005 (zitiert: *Bearbeiter*, in: v. Mangoldt/Klein/Starck);

Manssen, Gerrit, Staatsrecht II. Grundrechte, 5. Auflage, München 2007 (zitiert: *Manssen*, Staatsrecht II);

ders., Die planungsrechtliche Einordnung von Konversionsflächen, BauR 2008, S. 31-35;

ders., Öffentliches Baurecht, in: Becker, Ulrich/Heckmann, Dirk/Kempen, Bernhard/Manssen, Gerrit, Öffentliches Recht in Bayern, 4. Auflage, München 2008, 4. Teil, S. 391-502 (zitiert: *Manssen*, in: B/H/K/M, Öffentliches Recht in Bayern, 4. Teil);

Maunz, Theodor/Dürig, Günter (Begründer), Grundgesetz. Kommentar. Band II. Art. 6-16a, Loseblattsammlung, München (zitiert: *Bearbeiter*, in: M/D (Stand));

Mitschang, Stephan, Umweltverträglichkeitsprüfung in der Bauleitplanung – neue Impulse durch die EG-Änderungsrichtlinie zur UVP-Richtlinie (Teil 2) –, ZfBR 2001, S. 380-391;

ders., UVP-pflichtige Bebauungspläne, GewArch 2002, S. 274-286;

ders., Bebauungspläne im beschleunigten Verfahren, ZfBR 2007, S. 433-447;

ders., Die heutige Bedeutung der Flächennutzungsplanung: Aufgaben, Stand und Perspektiven für ihre Weiterentwicklung, LKV 2007, S. 102-109;

ders., Strukturveränderungen in der Bauleitplanung und ihre Auswirkungen auf die Planungspraxis, ZfBR 2008, S. 227-240;

ders., Bericht von der wissenschaftlichen Fachtagung „Fach- und Rechtsprobleme der Innenentwicklung bei Städten und Gemeinden" am 17. und 18. September 2007 an der TU-Berlin, Institut für Stadt- und Regionalplanung ISR, Fachgebiet Städtebau- und Siedlungswesen – Orts-, Regional- und Landesplanung, ZfBR 2008, S. 109-111;

Möstl, Markus, Normative Handlungsformen, in: Erichsen, Hans-Uwe/Ehlers, Dirk (Hrsg.), Allgemeines Verwaltungsrecht, 13. Auflage, Berlin 2006, §§ 18, 19, S. 547-600 (zitiert: *Möstl*, in: Erichsen/Ehlers, Allgemeines Verwaltungsrecht);

Müller-Grune, Sven, „Beschleunigtes Verfahren" und „Bebauungspläne der Innenentwicklung" – der neue § 13a BauGB, BauR 2007, S. 985-992;

von Münch, Ingo/Kunig, Philip (Hrsg.), Grundgesetz-Kommentar, Band 1. Präambel bis Art. 19, 5. Auflage, München 2003 (zitiert: *Bearbeiter*, in: v. Münch/Kunig);

dies. (Hrsg.), Grundgesetz-Kommentar, Band 2. Art. 20-69, 5. Auflage, München 2001 (zitiert: *Bearbeiter*, in: v. Münch/Kunig);

dies. (Hrsg.), Grundgesetz-Kommentar, Band 3. Art. 70-146, 5. Auflage, München 2000 (zitiert: *Bearbeiter*, in: v. Münch/Kunig);

Murswiek, Dietrich, „Nachhaltigkeit" – Probleme der rechtlichen Umsetzung eines umweltpolitischen Leitbildes, NuR 2002, S. 641-648;

Oldiges, Martin, Baurecht, in: Steiner, Udo (Hrsg.), Besonderes Verwaltungsrecht, 8. Auflage, Heidelberg 2006, Teil III, S. 363-575 (zitiert: *Oldiges*, in: Steiner, Besonderes Verwaltungsrecht, Teil III);

Ossenbühl, Fritz, Gedanken zur demokratischen Legitimation der Verwaltung, in: Horn, Hans Detlef in Verbindung mit Häberle, Peter/Schambeck, Herbert/Stern, Klaus (Hrsg.), Recht im Pluralismus, Festschrift für Walter Schmitt Glaeser zum 70. Geburtstag, Berlin 2003, S. 103-118 (zitiert: *Ossenbühl*, in: Festschrift für Schmitt Glaeser);

Otto, Christian-W., Änderungen im Städtebaurecht, NJ 2007, S. 63-64;

Paul, Matthias, Rechtliche Bindungen und Steuerungsmöglichkeiten der Gemeinde bei der Ansiedlung von Einkaufszentren in der Innenstadt, NVwZ 2004, S. 1033-1040;

Pauli, Felix, Artenschutz in der Bauleitplanung, BauR 2008, S. 759-770;

Peine, Franz-Joseph/Spyra, Wolfgang/Hüttl, Reinhard, Vorschläge zur Aktivierung des flächenhaften Bodenschutzes, UPR 2006, S. 375-382;

Pieroth, Bodo/Schlink, Bernhard, Grundrechte. Staatsrecht II, 24. Auflage, Heidelberg 2008 (zitiert: *Pieroth/Schlink*, Grundrechte);

Portz, Norbert, Die Bedeutung der Innenentwicklung für die Zukunft unserer Städte, in: Spannowsky, Willy/Hofmeister, Andreas (Hrsg.), BauGB 2007. Neue Anforderungen und Möglichkeiten für Städte und Gemeinden, Köln, München 2007, S. 1-15 (zitiert: *Portz*, in: Spannowsky/Hofmeister, BauGB 2007);

Preuß, Thomas, Zusammenfassung: Strategie Flächenkreislaufwirtschaft, in: Perspektive Flächenkreislaufwirtschaft. Kreislaufwirtschaft in der städtischen/stadtregionalen Flächennutzung – Fläche im Kreis. Ein ExWoSt-Forschungsfeld. Band 1. Theoretische Grundlagen und Planspielkonzeption, hrsg. vom Bundesamt für Bauwesen und Raumordnung (BBR), S. 64-67, abrufbar unter http://www.difu.de/index.shtml?/publikationen/ (zuletzt abgerufen am 19.12.2008) (zitiert: *Preuß*, in: Perspektive Flächenkreislaufwirtschaft, Band I, abrufbar unter http://www.difu.de/index.shtml?/publikationen/ (zuletzt abgerufen am 19.12.2008));

Preuß, Thomas/Bizer, Kilian/Bock, Stephanie u. a., Handlungsbereiche, Instrumente und Akteure einer stadtregionalen Flächenkreislaufwirtschaft, in: Perspektive Flächenkreislaufwirtschaft. Kreislaufwirtschaft in der städtischen/stadtregionalen Flächennutzung – Fläche im Kreis. Ein ExWoSt-

Forschungsfeld. Band 1. Theoretische Grundlagen und Planspielkonzeption, hrsg. vom Bundesamt für Bauwesen und Raumordnung (BBR), S. 37-47, abrufbar unter http://www.difu.de/index.shtml?/publikationen/ (zuletzt abgerufen am 19.12.2008) (zitiert: *Preuß/Bizer/Bock u. a.*, in: Perspektive Flächenkreislaufwirtschaft, Band I, abrufbar unter http://www.difu.de/index.shtml?/publikationen/ (zuletzt abgerufen am 19.12.2008));

Preuß, Thomas/Bizer, Kilian/Bock, Stephanie u. a., Planspielregionen, in: Perspektive Flächenkreislaufwirtschaft. Kreislaufwirtschaft in der städtischen/stadtregionalen Flächennutzung – Fläche im Kreis. Ein ExWoSt-Forschungsfeld. Band 1. Theoretische Grundlagen und Planspielkonzeption, hrsg. vom Bundesamt für Bauwesen und Raumordnung (BBR), S. 56-63, abrufbar unter http://www.difu.de/index.shtml?/publikationen/ (zuletzt abgerufen am 19.12.2008) (zitiert: *Preuß/Bizer/Bock u. a.*, in: Perspektive Flächenkreislaufwirtschaft, Band I, abrufbar unter http://www.difu.de/index.shtml?/publikationen/ (zuletzt abgerufen am 19.12.2008));

Preuß, Thomas/Bock, Stephanie/Böhme, Christa u. a, Handlungsbereiche und Instrumente: Planspielergebnisse, in: Perspektive Flächenkreislaufwirtschaft. Kreislaufwirtschaft in der städtischen/stadtregionalen Flächennutzung – Fläche im Kreis. Ein ExWoSt-Forschungsfeld. Band 2. Was leisten bestehende Instrumente?, hrsg. vom Bundesamt für Bauwesen und Raumordnung (BBR), S. 26-102, abrufbar unter http://www.difu.de/index.shtml?/publikationen/ (zuletzt abgerufen am 19.12.2008) (zitiert: *Preuß/Bock/Böhme u. a.*, in: Perspektive Flächenkreislaufwirtschaft, Band II, abrufbar unter http://www.difu.de/index.shtml?/publikationen/ (zuletzt abgerufen am 19.12.2008));

Preuß, Thomas/Bock, Stephanie/Böhme, Christa u. a., Bewertung der Planspielergebnisse zu den bestehenden Instrumenten, in: Perspektive Flächenkreislaufwirtschaft. Kreislaufwirtschaft in der städtischen/stadtregionalen Flächennutzung – Fläche im Kreis. Ein ExWoSt-Forschungsfeld. Band 2. Was leisten bestehende Instrumente?, hrsg. vom Bundesamt für Bauwesen und Raumordnung (BBR), S. 103-113, abrufbar unter http://www.difu.de/index.shtml?/publikationen/ (zuletzt abgerufen am 19.12.2008) (zitiert: *Preuß/Bock/Böhme u. a.*, in: Perspektive Flächenkreislaufwirtschaft, Band II, abrufbar unter http://www.difu.de/index.shtml?/publikationen/ (zuletzt abgerufen am 19.12.2008));

Preuß, Thomas/Böhme, Christa/Bunzel, Arno/Ferber, Uwe, Schlussfolgerungen und Handlungsempfehlungen, in: Perspektive Flächenkreislaufwirtschaft. Kreislaufwirtschaft in der städtischen/stadtregionalen Flächennutzung – Fläche im Kreis. Ein ExWoSt-Forschungsfeld. Band 2. Was leisten bestehende Instrumente?, hrsg. vom Bundesamt für Bauwesen und

Raumordnung (BBR), S. 114-125, abrufbar unter http://www.difu.de/
index.shtml?/publikationen/ (zuletzt abgerufen am 19.12.2008) (zitiert:
Preuß/Böhme/Bunzel/Ferber, in: Perspektive Flächenkreislaufwirtschaft,
Band II, abrufbar unter http://www.difu.de/index.shtml?/ publikationen/
(zuletzt abgerufen am 19.12.2008));

Reidt, Olaf, Die Genehmigung von großflächigen Einzelhandelsvorhaben – die
rechtliche Bedeutung des neuen § 34 Abs. 3 BauGB, UPR 2005, S. 241-247;
ders., Wer die Wahl hat, hat die Qual – Vor- und Nachteile des beschleunigten
Verfahrens gem. § 13a BauGB, NVwZ 2007, S. 1029-1032;
ders., Die Sicherung zentraler Versorgungsbereiche durch aktive Bauleitplanung
– § 9 Abs. 2a BauGB und andere Möglichkeiten [1], BauR 2007,
S. 2001-2012;
ders., Zentrale Versorgungsbereiche auf Grund von (informellen) Planungen –
interkommunale Abstimmung und weitere Anforderungen nach § 34 III
BauGB, NVwZ 2007, S. 664-666;
Rieger, Wolfgang, Großflächige Einzelhandelsbetriebe im unbeplanten Innenbereich – Probleme bei der Anwendung des neuen § 34 Abs. 3 BauGB –,
UPR 2007, S. 366-373;

Sachs, Michael, Verfahrensfehler im Verwaltungsverfahren, in: Hoffmann-Riem, Wolfgang/ Schmidt-Aßmann, Eberhard/Voßkuhle, Andreas
(Hrsg.), Grundlagen des Verwaltungsrechts. Band II. Informationsordnung. Verwaltungsverfahren. Handlungsformen, München 2008, § 31,
S. 751-799 (zitiert: *Sachs*, in: Hoffmann-Riem/Schmidt-Aßmann/
Voßkuhle, Grundlagen des Verwaltungsrechts, Band II);
Scheidler, Alfred, Erleichterung von Planungsvorhaben für die Innenentwicklung der Städte nach dem jüngsten BauGB-Entwurf, ZfBR 2006, S. 752-757;
ders., Das beschleunigte Verfahren für Bebauungspläne der Innenentwicklung –
Anmerkungen zum neuen § 13a BauGB –, BauR 2007, S. 650-657;
Schink, Alexander, Die naturschutzrechtliche Eingriffsregelung in der Bauleitplanung – Anforderungen für die planerische Abwägung - , in: Bauer,
Joachim/Schink, Alexander (Hrsg.), Die naturschutzrechtliche Eingriffsregelung in der Bauleitplanung. Schriftenreihe des Landkreistages Nordrhein-Westfalen. Band 9, Köln 1996, S. 1-33 (zitiert: *Schink*, in: Bauer/
Schink, Die naturschutzrechtliche Eingriffsregelung in der Bauleitplanung);
ders., Umweltverträglichkeitsprüfung in der Bauleitplanung, UPR 2004, S. 81-94;
Schlacke, Sabine, Das Umwelt-Rechtsbehelfsgesetz, NuR 2007, S. 8-16;

Schlichter, Otto/Stich, Rudolf/Driehaus, Hans-Joachim/Paetow, Stefan (Hrsg.), Berliner Kommentar zum Baugesetzbuch, Band I und Band II, Loseblattsammlung, Köln, Berlin, München (zitiert: *Bearbeiter*, in: Berliner Kommentar (Stand));

Schmidt, Jörg, Möglichkeiten und Grenzen der Heilung von Satzungen nach § 215a BauGB, NVwZ 2000, S. 977-983;

Schmidt-Aßmann, Eberhard, Der Rechtsstaat, in: Isensee, Josef/Kirchhof, Paul (Hrsg.), Handbuch des Staatsrechts der Bundesrepublik Deutschland. Band II. Verfassungsstaat, 3. Auflage, Heidelberg 2004, § 26, S. 541-612 (zitiert: *Schmidt-Aßmann*, in: Isensee/Kirchhof, Handbuch des Staatsrechts, Band II);

Schmidt-Bleibtreu, Bruno (Begründer)/*Hofmann, Hans/Hopfauf, Axel* (Hrsg.), GG. Kommentar zum Grundgesetz, 11. Auflage, Köln, München 2008 (zitiert: *Bearbeiter*, in: Schmidt-Bleibtreu/Hofmann/Hopfauf, GG);

Schmidt-Eichstaedt, Gerd, Erste Fragen und Antworten zur praktischen Anwendung des beschleunigten Verfahrens nach § 13a BauGB 2006/2007, BauR 2007, S. 1148-1159;

ders., Was gibt es Neues im Besonderen Städtebaurecht? – Die Änderungen im zweiten Kapitel des Baugesetzbuchs durch die BauGB-Novelle 2006/2007, LKV 2007, S. 439-444;

Schmitz, Holger, Die Sicherung zentraler Versorgungsbereiche und der verbrauchernahen Versorgung, ZfBR 2007, S. 532-538;

ders., Die Sicherung zentraler Versorgungsbereiche und der verbrauchernahen Versorgung, in: Spannowsky, Willy/Hofmeister, Andreas (Hrsg.), BauGB 2007. Neue Anforderungen und Möglichkeiten für Städte und Gemeinden, Köln, München 2007, S. 43-57 (zitiert: *Schmitz*, in: Spannowsky/Hofmeister, BauGB 2007);

Schmitz, Holger/Federwisch, Christof, Einzelhandel und Planungsrecht. Schaffung von Baurecht für Einzelhandelsvorhaben unter Berücksichtigung des Europarechtsanpassungsgesetzes (EAG Bau). Baurecht und Bautechnik BuB. Band 14, hrsg. von Breitschaft, Günter/Dütz, Wilhelm/Scholz, Rupert/Sonnenberger, Hans-Jürgen/Wilke, Dieter, Berlin 2005 (zitiert: *Schmitz/Federwisch*, Einzelhandel und Planungsrecht);

Schoch, Friedrich, Entformalisierung staatlichen Handelns, in: Isensee, Josef/ Kirchhof, Paul (Hrsg.), Handbuch des Staatsrechts, Band III. Demokratie – Bundesorgane, 3. Auflage, Heidelberg 2005, § 37, S. 131-227 (zitiert: *Schoch*, in: Isensee/Kirchhof, Handbuch des Staatsrechts, Band III);

Söfker, Wilhelm, Das Gesetz zur Erleichterung von Planungsvorhaben für die Innenentwicklung der Städte, in: Spannowsky, Willy/Hofmeister, Andreas (Hrsg.), BauGB 2007. Neue Anforderungen und Möglichkeiten für Städte und Gemeinden, Köln, München 2007, S. 17-26 (zitiert: *Söfker*, in: Spannowsky/Hofmeister, BauGB 2007);

ders., Zum Entwurf eines Gesetzes zur Neufassung des Raumordnungsgesetzes (GeROG), UPR 2008, S. 161-168;

Schrödter, Hans (Begründer), Baugesetzbuch. Kommentar, 7. Auflage, München 2006 (zitiert: *Bearbeiter*, in: Schrödter, Baugesetzbuch);

Schrödter, Wolfgang, Umweltprüfung in der Bauleitplanung, LKV 2008, S. 109-112;

ders., Die neue Umweltverbandsklage gegen Bebauungspläne nach dem Umwelt-Rechtsbehelfsgesetz, LKV 2008, S. 391-397;

Schröer, Thomas, Die BauGB-Novelle 2006 (Teil 1), NZBau 2006, S. 703-705;

ders., Die BauGB-Novelle 2006 (Teil 2), NZBau 2006, S. 773-774;

ders., Was ist ein Bebauungsplan der Innenentwicklung?, NZBau 2007, S. 293-294;

ders., Ein Jahr BauGB-Novelle 2007: Erste Erfahrungen aus der Praxis, NZBau 2008, S. 46-48;

Schröter, Frank, Siedlungs- und Verkehrsfläche 2006, abrufbar unter http://www-public.tu-bs.de:8080/~schroete/Bodenverbrauch/flaechenabschaetzung.htm (zuletzt abgerufen am 06.02.2009);

Schröter, Frank, Bodenzähler. Flächenverbrauch in der Bundesrepublik Deutschland, abrufbar unter, http://www-public.tu-bs.de:8080/~schroete/Bodenverbrauch/Aktueller_Stand.htm (zuletzt abgerufen am 06.02.2009);

Schwarz, Tim, Planungsbeschleunigung durch das BauGB-Änderungsgesetz – Wissenschaftliche Fachtagung am 19. und 20. März 2007 an der TU-Berlin, LKV 2007, S. 454;

ders., Screening im beschleunigten Verfahren nach § 13a BauGB, LKV 2008, S. 12-18;

Sitsen, Michael, Die Umweltverträglichkeitsprüfung bei Änderungs- oder Erweiterungsvorhaben, UPR 2008, S. 292-299;

Spannowsky, Willi, Die Einführung eines beschleunigten Verfahrens für Bebauungspläne der Innenentwicklung, NuR 2007, S. 521-526;

ders., Die Einführung eines beschleunigten Verfahrens für Bauleitpläne der Innenentwicklung, in: Spannowsky, Willy/Hofmeister, Andreas (Hrsg.), BauGB 2007. Neue Anforderungen und Möglichkeiten für Städte und Gemeinden, Köln, München 2007, S. 27-41 (zitiert: *Spannowsky*, in: Spannowsky/Hofmeister, BauGB 2007);

Starke, Thomas, Die BauGB-Novelle 2007, JA 2007, S. 488-492;

Steiner, Udo, Der funktionslose Bebauungsplan, in: Berkemann, Jörg/Gaentzsch, Günter/Halama, Günter/Heeren, Helga/Hien, Eckart/Lemmel, Hans-Peter (Hrsg.), Planung und Plankontrolle. Entwicklungen im Bau- und Fachplanungsrecht. Otto Schlichter zum 65. Geburtstag, Köln, Berlin, Bonn, München 1995, S. 313-329 (zitiert: *Steiner*, in: Planung und Plankontrolle, Otto Schlichter zum 65. Geburtstag);

ders., Recht der Verkehrsinfrastruktur, insbesondere der öffentlichen Straßen und Wege, in: Steiner, Udo (Hrsg.), Besonderes Verwaltungsrecht, 8. Auflage, Heidelberg 2006, Teil IV, S. 577-651 (zitiert: *Steiner*, in: Steiner, Besonderes Verwaltungsrecht, Teil IV);

ders., Raumordnungs- und Landesplanungsrecht, in: Steiner, Udo (Hrsg.), Besonderes Verwaltungsrecht, 8. Auflage, Heidelberg 2006, Teil V, S. 653-692 (zitiert: *Steiner*, in: Steiner, Besonderes Verwaltungsrecht, Teil V);

Stern, Klaus, Das Staatsrecht der Bundesrepublik Deutschland. Band III/2. Allgemeine Lehren der Grundrechte, München 1994 (zitiert: *Stern*, Staatsrecht, Band III/2);

Streinz, Rudolf (Hrsg.), EUV/EGV. Vertrag über die Europäische Union und Vertrag zur Gründung der Europäischen Gemeinschaft, München 2003 (zitiert: *Bearbeiter*, in: Streinz, EUV/EGV);

Stüer, Bernhard, Die Nachhaltigkeit als Kompensationselement in der planerischen Ausgleichsentscheidung. Bessere Ergebnisse durch das qualifizierte Verfahren einer Umweltprüfung?, NVwZ 2005, S. 508-515;

ders., Normenkontrolle von Bauleitplänen. Der Flächennutzungsplan auf Wanderschaft zur Rechtsnorm, BauR 2007, S. 1495-1503;

Tomerius, Stephan, Auswirkungen der Baugesetzbuch-Novelle 2007 – Impulse für mehr Innenentwicklung und Flächensparen in den Gemeinden?, ZUR 2008, S. 1-7;

Uechtritz, Michael, Die naturschutzrechtliche Eingriffsregelung bei der Überplanung von bebaubaren Flächen nach §§ 30, 34 BauGB – zugleich eine Anmerkung zu BVerwG, Urt. v. 31.8.2000, NuR 2001, 150 –, NuR 2001, S. 374-377;

ders., Neuregelungen im EAG Bau zur „standortgerechten Steuerung des Einzelhandels", NVwZ 2004, S. 1025-1033;

ders., Die Neuregelungen zur standortgerechten Steuerung des Einzelhandels – Versuch einer Zwischenbilanz, DVBl. 2006, S. 799-810;

ders., § 34 III BauGB – Klarstellungen und offene Fragen, NVwZ 2007, S. 660-663;

ders., Die Änderungen des BauGB durch das Gesetz zur Erleichterung von Planungsvorhaben für die Innenentwicklung der Städte – „BauGB 2007", BauR 2007, S. 476-491;

Vietmeier, Hans, Die Steuerung des großflächigen Einzelhandels nach §§ 2 und 34 BauGB, BauR 2005, S. 480-490;

Wahlhäuser, Jens, Neues zu § 34 Abs. 3 BauGB. Anmerkungen zu OVG Nordrhein-Westfalen, Urteil vom 11.12.2006 – 7 A 964/05 –, BauR 2007, 845, BauR 2007, S. 1359-1364;

Wallraven-Lindl, Marie-Luis/Strunz, Anton/Geiß, Monika, Das Bebauungsplanverfahren nach dem BauGB 2007. Muster, Tipps und Hinweise für eine zweckmäßige und rechtssichere Verfahrensgestaltung. Difu-Arbeitshilfe, Berlin 2007 (zitiert: *Wallraven-Lindl/Strunz/Geiß*, Das Bebauungsplanverfahren nach dem BauGB 2007);

Ziekow, Jan, Das Umweltrechtsbehelfsgesetz im System des deutschen Rechtsschutzes, NVwZ 2007, S. 259-267.

Regensburger Beiträge zum Staats- und Verwaltungsrecht

Herausgegeben von Gerrit Manssen

Band 1   Simone Maria Koitek: Windenergieanlagen in der Raumordnung. 2005.

Band 2   Barbara Reil: Reformüberlegungen zur Richtervorlage. Beitrag zur Funktionenverteilung zwischen Bundesverfassungsgericht und Fachgerichtsbarkeiten bei der Kontrolle des parlamentarischen Gesetzgebers. 2005.

Band 3   André Zorger: Der Beirat für Stadtgestaltung der Stadt Regensburg. Eine Untersuchung zur baurechtlichen und kommunalrechtlichen Zulässigkeit. 2005.

Band 4   Gerrit Manssen / Boguslaw Banaszak (Hrsg.): Religionsfreiheit in Mittel- und Osteuropa zwischen Tradition und Europäisierung. 2006.

Band 5   Markus Tändler: Umweltprüfung und Umweltkontrolle in der Bauleitplanung. Eine Bewertung aus juristischer und kommunalpraktischer Sicht. 2006.

Band 6   Christian Bartsch: Vorbeugender Hochwasserschutz im Recht der Raumordnung und Landesplanung. 2007.

Band 7   Anja Rösch: Das A-Modell im Bundesautobahnbau. Bau, Erhaltung, Betrieb und Finanzierung von Bundesautobahnabschnitten durch Private und Refinanzierung auf Grundlage der Autobahnmaut. 2008.

Band 8   Tanja Böhm: Nicht gemeldete erlaubnispflichtige Schusswaffen in Bayern. Eine empirische Untersuchung unter Sportschützen und Jägern. 2007.

Band 9   Gerrit Manssen (Hrsg.): Die Finanzierung von politischen Parteien in Europa. Bestandsaufnahme und europäische Perspektive. 2008.

Band 10   Stefan Diemer: Die Verantwortlichkeit der Organe öffentlich-rechtlicher Wettbewerbsversicherungsanstalten. Eine Darstellung unter besonderer Berücksichtigung der Versicherungskammer Bayern Versicherungsanstalt des öffentlichen Rechts. 2008.

Band 11   Martin Denecke: Das Selbstgestaltungsrecht der Gemeinde im baulichen Bereich. 2009.

Band 12   Albert J. Schmid: Die Eignung als Zugangskriterium für ein öffentliches Amt unter besonderer Berücksichtigung des Fragerechts des Dienstherren. 2009.

Band 13   Gerrit Manssen (Hrsg.): Die verfassungsrechtlich garantierte Stellung der Abgeordneten in den Ländern Mittel- und Osteuropas. 2009.

Band 14   Benedikt Grünewald: Die Betonung des Verfahrensgedankens im deutschen Verwaltungsrecht durch das Gemeinschaftsrecht. 2010.

Band 15   Marion Robl: Das beschleunigte Verfahren für Bebauungspläne der Innenentwicklung. Ein Aspekt des Innenstadtentwicklungsgesetztes („BauGB 2007"). 2010.

www.peterlang.de